Treinamento, Desenvolvimento e Educação em Organizações e Trabalho

T787   Treinamento, desenvolvimento e educação em organizações e trabalho: fundamentos para a gestão de pessoas / [autores] Jairo E. Borges-Andrade, Gardênia da Silva Abbad, Luciana Mourão ; [colaboradores] Acileide Cristiane F. Coelho ... [et al.]. – Porto Alegre : Artmed, 2006.
576 p. : il. ; 28 cm.

ISBN 978-85-363-0744-2

1. Psicologia – Trabalho. I. Borges-Andrade, Jairo E. II. Abbad, Gardênia da Silva. III. Mourão, Luciana. IV. Coelho, Acileide Cristiane F.

CDU 159.9:331

Catalogação na publicação: Júlia Angst Coelho – CRB 10/1712

Treinamento, Desenvolvimento e Educação em Organizações e Trabalho

fundamentos para a gestão de pessoas

Jairo E. Borges-Andrade
Gardênia da Silva Abbad
Luciana Mourão
e colaboradores

Reimpressão 2007

2006

© 2006, Artmed Editora S.A.

Capa
Gustavo Demarchi

Ilustração da capa
Priscila Borges

Preparação do original
Kátia Michelle Lopes Aires

Leitura final
Carla Rosa Araujo

Supervisão editorial
Mônica Ballejo Canto

Projeto e editoração
Armazém Digital Editoração Eletrônica – Roberto Vieira

Reservados todos os direitos de publicação, em língua portuguesa, à
ARTMED® EDITORA S.A.
Av. Jerônimo de Ornelas, 670 - Santana
90040-340 Porto Alegre RS
Fone (51) 3027-7000 Fax (51) 3027-7070

É proibida a duplicação ou reprodução deste volume, no todo ou em parte, sob quaisquer formas ou por quaisquer meios (eletrônico, mecânico, gravação, fotocópia, distribuição na Web e outros), sem permissão expressa da Editora.

SÃO PAULO
Av. Angélica, 1091 - Higienópolis
01227-100 São Paulo SP
Fone (11) 3665-1100 Fax (11) 3667-1333

SAC 0800 703-3444

IMPRESSO NO BRASIL
PRINTED IN BRAZIL

Autores

Jairo E. Borges-Andrade (org.)
M.Sc. e Ph.D. em Sistemas Instrucionais pela Universidade do Estado da Flórida, Tallahassee, EUA. Professor Titular do Departamento de Psicologia Social e do Trabalho, Instituto de Psicologia, Universidade de Brasília.

Gardênia da Silva Abbad (org.)
Doutora em Psicologia pela Universidade de Brasília. Mestre em Psicologia Social e do Trabalho. Professora Adjunta do Departamento de Psicologia Social e do Trabalho, Instituto de Psicologia, Universidade de Brasília.

Luciana Mourão (org.)
Doutora em Psicologia pela Universidade de Brasília. Mestre em Administração pela Universidade Federal de Minas Gerais. Especialista em Comunicação Organizacional. Professora no Curso de Administração da Associação Internacional de Educação Continuada e de Cursos de Pós-Graduação da Fundação Getulio Vargas. Sócia-Diretora da HOJE/ EMP Consulting.

Acileide Cristiane F. Coelho
Bacharel em Psicologia pela Universidade de Brasília. Bolsista de iniciação científica no projeto Pronex – Treinamento e comportamento no trabalho.

Amanda Moura Walter
Especialista em Administração de Recursos Humanos. Mestranda em Psicologia.

Ana Rachel Carvalho Silva
Bacharel em Psicologia pela Universidade de Brasília.

Anderson de Souza Sant'Anna
Doutor em Administração pelo CEPEAD, Universidade Federal de Minas Gerais.

Anderson César Veloso Viana
Psicólogo. Mestre em Administração pela Universidade Federal da Bahia.

Antonio Virgílio Bittencourt Bastos
Doutor em Psicologia. Professor Titular do Departamento de Psicologia da Universidade Federal da Bahia. Pesquisador 1-A do CNPq.

Christine Marie Cormier Chaim
Graduada em Psicologia pelo UniCeub. Especialista em Recursos Humanos pela Universidade de São Paulo e em Metodologia de Pesquisa pela Universidade de Brasília.

Clarissa Tolentino Ribeiro Sales
Bacharel em Psicologia pela Universidade de Brasília.

Elisabeth Loiola
Doutora em Administração pela Universidade Federal da Bahia. Pesquisadora do CNPq.

Erika Rodrigues Magalhães Lacerda
Mestre em Psicologia Social e do Trabalho pela Universidade de Brasília. Especialista em Educação a Distância pela Universidade Católica de Brasília. Psicóloga e Bacharel em Psicologia pela Universidade de Brasília. Consultora técnica do Sebrae Nacional.

Fabiana Queiroga
Psicóloga pela Universidade Federal da Paraíba. Mestranda da Universidade de Brasília.

Francisco Antonio Coelho Junior
Mestre em Psicologia pela Universidade de Brasília. Doutorando em Psicologia Social, Trabalho e Organizações pelo Departamento de Psicologia Social e do Trabalho da Universidade de Brasília.

Helena Correa Tonet
Doutora em Psicologia. Mestre em Administração. Professora na Universidade Católica de Brasília e Fundação Universa. Consultora organizacional.

Hugo Pena Brandão
Mestre em Administração pela Universidade de Brasília. Especialista em Marketing pela Universidade Federal do Rio de Janeiro e em Elaboração e Análise de Projetos pela Fundação Getulio Vargas. Doutorando em Psicologia pela Universidade de Brasília.

AUTORES

Isa Aparecida de Freitas
Doutora em Psicologia pela Universidade de Brasília.
Master em Marketing.

Jorge Santos Néris
Mestre em Administração pela Universidade Federal da Bahia.

José Florêncio Rodrigues Jr.
Doutor e Mestre em Educação pela Emory University, Atlanta, Georgia, EUA. Licenciatura em Filosofia.

Juliana Barreiros Porto
Doutora e Mestre em Psicologia pela Universidade de Brasília.

Kátia C. de Lira Todeschini
Bacharel em Psicologia pela Universidade de Brasília. Bolsista de iniciação científica no projeto Pronex – Treinamento e comportamento no trabalho.

Katia E. Puente-Palacios
Doutora em Psicologia Organizacional pela Universidade de Brasília.

Leida Maria de Oliveira Mota
Mestre em Psicologia Social e do Trabalho pela Universidade de Brasília. Professora do Centro Universitário de Brasília e da Universidade Católica de Brasília (MBA em Gestão de Recursos Humanos). Consultora organizacional.

Lívia Cruz Tourinho de Melo
Aluna do programa de Pós-Graduação em Psicologia da Universidade Federal da Bahia.

Luciana Dias Vieira Ferreira
Especialista em Informática em Educação pela União Educacional de Brasília.

Luiza Helena Branco Greca da Cunha
Especialista em Recursos Humanos pela Universidade de São Paulo.

Maja Meira
Mestre em Psicologia Social e do Trabalho pela Universidade de Brasília. Psicóloga pela Universidade Federal da Paraíba.

Márcia Nardelli Monteiro de Castro
Mestre em Ciência da Informação pela Universidade Federal de Minas Gerais. Especialista em Pedagogia Empresarial pelo Instituto de Educação de Minas Gerais.

Márcia Oliveira Staffa Tironi
Mestre e Psicóloga pela Universidade Federal da Bahia.

Marcus Riether
Bacharel em Estatística pela Universidade de Brasília.

Maria de Fátima Bruno-Faria
Doutora em Psicologia pela Universidade de Brasília. Mestre em Psicologia Social e do Trabalho. Especialista em Administração de Recursos Humanos. Professora visitante na Universidade de Brasília.

Maria Fernanda Borges-Ferreira da Silva
Mestre em Psicologia Social e do Trabalho pela Universidade de Brasília. Graduada em Psicologia.

Miramar Ramos Maia Vargas
Doutora em Psicologia pela Universidade de Brasília. Mestre em Psicologia Social e do Trabalho. Especialista em Educação a Distância.

Pedro Paulo Murce Meneses
Mestre e Doutorando em Psicologia. Doutorando em Psicologia pela Universidade de Brasília.

Rafaella de Andrade Vieira
Graduada em Psicologia pela Universidade de Brasília.

Renata Silveira Carvalho
Psicóloga. Mestre em Psicologia Social e do Trabalho pela Universidade de Brasília.

Rommel Soares Ferreira Nogueira
Psicólogo. Mestrando em Psicologia Social e do Trabalho pela Universidade de Brasília.

Ronaldo Pilati Rodrigues
Doutor em Psicologia pela Universidade de Brasília.

Sônia Maria Guedes Gondim
Doutora em Psicologia pela Universidade Federal do Rio de Janeiro. Mestre em Psicologia Social pela Universidade Gama Filho, Rio de Janeiro. Especialista em Gerência de Recursos Humanos pela Fundação Machado Sobrinho, Minas Gerais. Consultora na área de Psicologia Organizacional e do Trabalho e Gestão de Pessoas.

Sonia Regina Pereira Fernandes
Doutora em Saúde Pública e Mestre em Saúde Coletiva pela Universidade Federal da Bahia.

Suzana M. Valle Lima
Ph.D. em Sociologia das Organizações pela Universidade de Wisconsin, Madison, EUA. Psicóloga e Mestre em Psicologia pela Universidade de Brasília. Pesquisadora na Empresa Brasileira de Pesquisa Agropecuária. Professora e pesquisadora associada da Universidade de Brasília.

Tatiana Junqueira Salles
Economista pela Universidade de Brasília. Mestranda em Psicologia Social e do Trabalho pela Universidade de Brasília.

Thaís Zerbini
Mestre em Psicologia Social e do Trabalho. Doutoranda em Psicologia pela Universidade de Brasília. Graduada em Psicologia pela Universidade Federal de Uberlândia.

Tomás de Aquino Guimarães
Doutor em Sociologia pela Universidade de São Paulo. Mestre em Administração pela Fundação Getulio Vargas. Graduado em Administração pela Associação de Ensino Unificado do Distrito Federal. Professor Adjunto no Departamento de Administração da Universidade de Brasília. Pesquisador 1-C do CNPq.

Valeska Rodrigues Velloso Cordeiro
Mestre em Psicologia pela Universidade de Brasília. Especialista em Desenvolvimento de Recursos Humanos e Relações Sociais pelo Conservatoire National des Arts e Métiers e École de Hautes Etudes Commerciales, Paris, França.

Vanessa Porto Brixi
Bolsista de iniciação científica no projeto Pronex – Treinamento e comportamento no trabalho.

Zélia Miranda Kilimnik
Doutora em Administração pelo CEPEAD, Universidade Federal de Minas Gerais.

Aos nossos cônjuges, filhos e demais familiares, pela parceria intelectual, carinho e renúncia à nossa presença, durante a elaboração deste livro. Aos nossos alunos e participantes de nossas investigações, pelo que aprendemos com eles nas atividades de ensino e pesquisa.

Apoio:
Programa de Apoio a Núcleos de Excelência –
Pronex / CNPq / MCT

Prefácio

Aprendizagem e desenvolvimento são hoje um novo estilo de vida nas organizações. Os empregados querem aprender e desenvolver suas habilidades para evoluírem e amadurecerem em suas carreiras. As organizações investem grandes volumes de recursos em atividades de aprendizagem e desenvolvimento – mais de 250 bilhões de dólares. As organizações sabem que, para serem viáveis e competitivas nesta "planície", elas precisam ser coleções de habilidades adaptáveis em sua força de trabalho e ter empregados, executivos e gestores com conhecimentos e habilidades atualizados. Portanto, as atividades de aprendizagem e desenvolvimento precisam produzir resultados organizacionais concretos e mensuráveis. As interações de aprendizagem, desenvolvimento e treinamento devem demonstrar valor agregado às estratégias e aos negócios das organizações. Isso, contudo, é mais fácil falar do que fazer. Na verdade, relatos da indústria sugerem que apenas dez por cento do que os empregados aprenderam é aplicado no trabalho. Por quê? Porque as organizações não vêem os benefícios da liderança, do desenvolvimento e do treinamento? Venha conhecer a ciência do treinamento.

A ciência do treinamento, representada em parte neste volume, procura compreender as condições que facilitam a aquisição de habilidades e a transferência do treinamento. Esta é, sem dúvida, uma ciência do treinamento enraizada em teoria, métodos, trabalho empírico e aplicações. Durante a última década, essa ciência tem feito avanços que começam a identificar o que funciona ao planejar, fornecer, validar e transferir sistemas de treinamento. A ciência fez considerável progresso na provisão de princípios e orientações baseados em pesquisas para criar ambientes de aprendizagem que promovam a aquisição de habilidades e o desenvolvimento de conhecimento, assim como facilitem a transferência de habilidades para o trabalho. Essa é a boa notícia. Entretanto, ainda resta muito a fazer, principalmente na América Latina. Venha conhecer a contribuição brasileira.

Este volume constitui, talvez, o primeiro livro latino-americano abrangente sobre efetividade de treinamento. Jairo E. Borges-Andrade e colaboradores compuseram uma série de capítulos que abordam todo o espectro da aprendizagem e do treinamento, desde a teoria até o planejamento, as abordagens, as aplicações e a prática. Um livro com base científica sobre o que meus colegas no Brasil estão fazendo para compreender efetividade de aprendizagem e treinamento. Este é um livro necessário. Um infusão necessária de energia, pensamento e lições aprendidas para a ciência do treinamento – e para a psicologia organizacional latino-americana.

Assim, este livro é um bem-vindo recurso acadêmico para estudantes, pesquisadores e gerentes de recursos humanos. Ele é único na América Latina para se compreender a ciência e a prática de aprendizagem e desenvolvimento. Tomara que venham outros. Obrigado, Jairo e colegas!

Eduardo Salas, Ph.D.
University of Central Florida

i

Apresentação

O mundo do trabalho está em mutação. Os avanços tecnológicos em automação, comunicação e informática, os novos modelos de gestão, a globalização, a terceirização e o desemprego têm provocado significativas modificações nas organizações e no trabalho. Este ganhou novas dimensões, tornando-se mais complexo e ocupando papel de destaque cada vez maior na vida das pessoas. É notório o crescimento do debate sobre temas como formação profissional, gestão de pessoas, modernidade organizacional, aprendizagem e competências.

As mudanças demográficas, culturais, sociais e, sobretudo, as econômicas e tecnológicas estão transformando o trabalho. As organizações precisam olhar com mais cuidado para o pessoal que nelas atua. Os seus sistemas de treinamento, desenvolvimento e educação (TD&E) passaram a ocupar posição estratégica. Diante desse cenário, os profissionais que atuam em gestão de pessoas buscam novos pilares que possibilitem a reestruturação dos sistemas de TD&E, e as organizações passam a investir mais em ações que visam à formação dessas pessoas.

Quais têm sido os efeitos dessa busca e desse investimento? Em que medida os profissionais responsáveis pelo sistema de TD&E nas organizações estão preparados para lidar com os cenários e os desafios a ele inerentes? As organizações têm conduzido de maneira adequada suas avaliações de necessidades para fornecer subsídios para esse sistema? Como têm sido delineadas soluções em TD&E? Como se faz a avaliação das soluções implementadas? Essas soluções têm impacto no trabalho? Existe suporte para que as pessoas possam aplicar no trabalho aquilo que aprenderam em TD&E? Qual o retorno obtido de tudo que tem se feito? Como responder todas essas perguntas?

O presente livro intenta oferecer opções diversificadas de respostas. Elas se fundamentam em resultados divulgados por centenas de projetos de pesquisa realizados no Brasil e no exterior que visaram produzir conhecimento e desenvolver tecnologias em TD&E nas três últimas décadas. Como já notado por autores de publicações internacionais, houve impressionante acúmulo de informações científicas, intensamente disseminadas em periódicos científicos. Era preciso sistematizá-las e torná-las acessíveis em um único veículo que pudesse ser lido por profissionais e estudiosos brasileiros de organizações e trabalho (O&T). Este livro foi concebido para isso. Tem nome e sobrenome, ou título e subtítulo, mas aceitaria ser carinhosamente apelidado de "TD&E em O&T".

O grupo que integra o Núcleo de Excelência "Treinamento e Comportamento no Trabalho", coordenado pelo primeiro autor, tem como sede a Universidade de Brasília (UnB) e é apoiado pelo Programa de Apoio a Núcleos de Excelência (Pronex) do Ministério da Ciência e Tecnologia, edital de 1998 da FINEP, atualmente administrado pelo CNPq. O projeto foi iniciado também com a participação das Universidades Federais da Bahia e de Minas Gerais (UFBA e UFMG, respectivamente). Durante sua implementação foi incluída a Universidade Federal de Uberlândia (UFU). Formalmente, o início ocorreu em 2001, e o encerramento será em 2006. Entretanto, as origens das atividades do núcleo remontam à década de 1980, na UnB, UFMG, Embrapa e antiga Telebrás. Seus membros já planejam a continuidade das mesmas, para os próximos anos.

Na UnB, o núcleo de excelência é composto por membros do Departamento de Psicologia Social e do Trabalho. Na UFMG, os docentes atuam em administração, na UFU, atuam em psicologia, e na UFBA, em ambos os cursos. Contudo, o núcleo conta com uma rede de colaboradores bem maior que essa, que pode ser constatada pelo exame das vinculações institucionais dos autores do presente livro. São mais de 50 pesquisadores, entre professores, doutorandos, mestrandos, bolsistas de iniciação científica e graduandos. Há ainda importante participação de profissionais que atuam com TD&E em organizações públicas e privadas.

O projeto estabeleceu como metas a produção de tecnologias de avaliação de TD&E, o estudo de impacto de ações de TD&E e de seus preditores no trabalho, a incorporação desse conhecimento e o uso daquelas tecnologias em organizações e no mundo do trabalho, a formação de profissionais (graduados, especialistas, mestres e doutores) para atuarem em O&T e a divulgação do conhecimento produzido em artigos, livros e congressos científicos.

Esse conhecimento e a descrição daquelas tecnologias foram aqui constituídos em quatro partes: "Contexto e desafios em TD&E", "Avaliação de necessidades e delineamento de soluções em TD&E", "Avaliação dos sistemas de TD&E" e "TD&E em organizações e trabalho: casos". O Apêndice, por sua vez, traz o resultado de pesquisas que permitiram a construção dessas quatro partes, e está disponível no *site* www.artmed.com.br.

A Parte I demarca o campo no qual o livro está inserido, especialmente no que tange a quatro dimensões básicas: trabalho, organizações, aprendizagem e, em decorrência, TD&E.

O Capítulo 1 analisa as relações entre a reestruturação produtiva e a (re) (des)qualificação do trabalhador. O Capítulo 2 prossegue, em uma linha de argumento sobre a necessidade de considerarmos os programas voltados à formação profissional do trabalhador brasileiro. O Capítulo 3 muda o foco para a segunda dessas dimensões, apresentando dados recentes sobre as relações entre práticas inovadoras em gestão da produção industrial e o que é feito em gestão de pessoas no contexto nacional, enquanto o Capítulo 4 discute como as políticas relativas a essa gestão precisam associar modernidade organizacional com competências individuais. "É tanta coisa pra gente saber, ... o que dizer, o que calar, a quem querer" (Gilberto Gil).

Na seqüência, os Capítulos 5 e 6 tratam da terceira dimensão básica: a aprendizagem. O quinto capítulo discute como o desenvolvimento de competências pode ser beneficiado por trilhas de aprendizagem nas organizações, e o sexto trata dos modos como pode ocorrer a aprendizagem nas organizações e propõe mecanismos para a articulação entre processos individuais e coletivos de aquisição e conversão de conhecimentos.

Os Capítulos 7, 8 e 9 – os últimos da Parte I – tratam da quarta dimensão: TD&E. Esse tratamento é iniciado pelo Capítulo 7, que leva o leitor a realizar uma análise sobre os diferentes conceitos envolvidos na expressão "treinamento, desenvolvimento e educação". Tem continuidade no Capítulo 8, que descreve sua história e seus desenvolvimentos tecnológicos e identifica seu atual papel estratégico nas organizações. O Capítulo 9 fecha esta parte, analisando criticamente o que tem sido feito com freqüência no campo de TD&E e propondo uma abordagem – adotada no restante do livro – para que os profissionais desse campo desenvolvam competências técnicas e políticas.

A Parte II está dividida entre o diagnóstico (Capítulos 10 a 12) e a busca de soluções (Capítulos 13 a 16).

O Capítulo 10 oferece as bases conceituais e teóricas para o diagnóstico de necessidades em TD&E, bases essas anunciadas em alguns capítulos anteriores. Tanto a noção de competências quanto a forma como elas devem ser mensuradas constituem a essência desse capítulo. Em seguida, o Capítulo 11 apresenta detalhada proposta metodológica para diagnosticar competências em organizações, mostrando que esse diagnóstico pressupõe muitas saídas para a gestão de pessoas, sendo TD&E uma delas. Nessa mesma linha de raciocínio, o Capítulo 12 enfatiza a relevância de levar em conta o contexto, ao avaliar necessidades que possam subsidiar ações de TD&E, e ressalta que muitas vezes essas soluções não são apropriadas para problemas de desempenho. "Pular de precipício em precipício, pagar pra ver o invisível e depois enxergar" (Jean e Paulo Garfunkel).

Se o diagnóstico aponta problemas, é preciso tentar resolvê-los. O Capítulo 13 propõe abordagens instrucionais para planejar ações de TD&E, mas antes demonstra as teorias que as fundamentam. O capítulo seguinte leva o leitor a refletir sobre a seleção e o emprego de taxonomias de objetivos, visando ao planejamento instrucional e sua avaliação, mas igualmente preocupado em explicitar esses fundamentos teóricos. "... em tudo o que faço, existe um porquê" (Rita Lee e Luiz Sérgio). O Capítulo 15 apresenta uma proposta, passo a passo, para efetuar esse planejamento e a avaliação de aprendizagem. Tal proposta tem como base os princípios enunciados nos capítulos anteriores. O Capítulo 16 encerra a Parte II com a proposta de um modelo para planejamento instrucional de treinamento a distância com uso de múltiplas mídias que atendam públicos-alvo com diferentes interesses ou necessidades.

A Parte III traz em seu capítulo inicial a proposta de um modelo teórico de avaliação. Esse modelo é desmembrado, nos Capítulos 19 a 25, em seus elementos constituintes. Há ainda dois capítulos (18 e 26) com foco metodológico, um em construção de medidas e delineamentos e outro em estratégias de análise de dados e retroalimentação do sistema de TD&E.

O Capítulo 17 indica que o papel da avaliação deve ir além do julgamento de valor sobre os resultados do sistema de TD&E. Ela precisa buscar os porquês. Para isso, propõe um modelo que integra elementos (características da clientela, procedimentos, processos e aprendizagem) relativos a este sistema com elementos do contexto (necessidades, suporte, disseminação e efeitos no desempenho dos indivíduos e das organizações e retorno de investimentos) em que este opera. O modelo, contudo, demanda uma adequada mensuração. O Capítulo 18 apresenta os problemas metodológicos relativos a ela, os tipos e características das medidas, os princípios para sua construção e coleta e os diferentes delineamentos metodológicos em avaliação de TD&E.

Com base nesses fundamentos metodológicos e levando em conta os elementos constituintes daquele modelo de avaliação, prosseguem mais sete capítulos. O Capítulo 19 sugere medidas para avaliar a disseminação de informações sobre TD&E e o Capítulo 20 descreve procedimentos e instrumentos para mensurar o suporte que as organizações oferecem ao sistema de TD&E. Em ambos, portanto, o foco é no contexto em que se insere este sistema.

O foco então muda, para privilegiar alguns elementos constituintes deste sistema. O Capítulo 21 argumenta pela necessidade de incluir medidas sobre características da clientela, identifica aquelas mais freqüentemente investigadas e sugere métodos para sua mensuração. O seguinte aponta as questões críticas que devem ser consideradas, na escolha das informações a considerar em uma avaliação de procedimentos, apoio e processos instrucionais, e descreve instrumentos de medida e resultados de pesquisa geralmente encontrados. O Capítulo 23 define o que é aprendizagem e descreve métodos para avaliá-la como efeito imediato desses procedimentos, apoio e processos.

Com o foco outra vez no contexto, o Capítulo 24 discute os conceitos de impacto de TD&E no trabalho e nas organizações e descreve as diferentes maneiras pelas quais o impacto pode ser mensurado, com relato de experiências existentes e reflexões sobre os principais problemas encontrados. O capítulo seguinte discute o conceito e as medidas de retorno de investimento em TD&E e os indicadores sociais para mensurá-lo. Não basta medir, medir e medir. "Procuro nas coisas vagas, ciência, ...procuro na paisagem, cadência" (Carlinhos Brown, Marisa Monte e Arnaldo Antunes). Finalizando a Parte III, o Capítulo 26 propõe como elaborar relatórios para retroalimentar o sistema de TD&E e introduz a questão dos métodos e técnicas para análise de dados, na busca da confirmação e da refutação. Seus autores evidentemente não pretendem esgotar o assunto, pois muitas dessas ferramentas de análise são bastante complexas, mas apresentam algumas opções para a análise de dados.

É insuficiente conhecer o cenário, a teoria e os métodos. É preciso fazer uso desse conhecimento, para então a competência profissional ser demonstrada. A Parte IV abre espaço para três estudos de caso.

O Capítulo 27 relata o caso de um programa de treinamento, desde o levantamento das necessidades até a sua avaliação, fazendo uma saudável ponte entre o que foi visto nos capítulos anteriores e a prática no contexto do Banco do Brasil. O Capítulo 28 privilegia as estratégias ativas de ensino, especialmente o *role-playing*, algo bastante demandado por aprendizes adultos em TD&E. Detalha sua utilização e experiência prática e remete aos princípios teóricos e de planejamento instrucional já discutidos neste livro. O último capítulo apresenta um difícil caso de avaliação de um programa de desenvolvimento de pessoas, em que boa parte do que é prescrito, para construir um modelo adequado e coletar e analisar dados, não pode ser usado. Os autores descrevem os problemas que encontraram e como conseguiram superá-los. "O jeito é criar um novo samba, sem rasgar a velha fantasia" (Paulinho da Viola).

Finalmente, no Apêndice, disponível no *site* da editora, é apresentado um quadro analítico e comparativo de algumas pesquisas feitas pelos membros do Núcleo de Excelência "Treinamento e Comportamento no Trabalho", até 2005. Essas informações foram organizadas por alunas de iniciação científica, com a finalidade de apresentar a base de conhecimento que forneceu os fundamentos mais atuais e contextualizados para a elaboração dos capítulos deste livro. Ao leitor atento, o quadro poderá insinuar o quanto ainda há por fazer. Aos pesquisadores, é um convite para colocar a "mão na massa" e começar tudo outra vez, mas a partir de outro sustentáculo. "É como se o livro dos tempos pudesse ser lido trás pra frente, frente pra trás" (Gilberto Gil).

Jairo Eduardo Borges-Andrade
Gardênia da Silva Abbad
Luciana Mourão

Sumário

Prefácio xi
Eduardo Salas

Apresentação xiii

PARTE I
Contexto e desafios em TD&E

1. Trabalho e qualificação: questões conceituais e desafios postos
   pelo cenário de reestruturação produtiva 23
   Antonio Virgílio Bittencourt Bastos

2. Formação profissional 41
   Luciana Mourão e Katia E. Puente-Palacios

3. Práticas inovadoras em gestão de produção e de pessoas e TD&E 65
   *Sônia Maria Guedes Gondim, Antonio Virgílio Bittencourt Bastos,
   Jairo E. Borges-Andrade e Lívia Cruz Tourinho de Melo*

4. Modernidade organizacional, política de gestão de pessoas
   e competências profissionais 85
   Zélia Miranda Kilimnik e Anderson de Souza Sant'Anna

5. Trilhas de aprendizagem como estratégia de TD&E 97
   Isa Aparecida de Freitas e Hugo Pena Brandão

6. Aprendizagem em organizações: mecanismos que articulam processos
   individuais e coletivos 114
   Elisabeth Loiola, Jorge Santos Néris e Antonio Virgílio Bittencourt Bastos

7. Bases conceituais em treinamento, desenvolvimento e educação – TD&E 137
   Miramar Ramos Maia Vargas e Gardênia da Silva Abbad

8. História e importância de TD&E 159
   Ronaldo Pilati

9. Competência técnica e política do profissional de TD&E 177
   Jairo E. Borges-Andrade

PARTE II
Avaliação de necessidades e delineamento de soluções em TD&E

10. Bases conceituais e teóricas de avaliação de necessidades em TD&E 199
    Suzana M. Valle Lima e Jairo E. Borges-Andrade

11. Aspectos metodológicos do diagnóstico de competências em organizações 216
    *Tomás de Aquino Guimarães, Maria de Fátima Bruno-Faria
    e Hugo Pena Brandão*

12. Contexto de trabalho, desempenho competente e necessidades em TD&E 231
    Gardênia da Silva Abbad, Isa Aparecida de Freitas e Ronaldo Pilati

13. Abordagens instrucionais em planejamento de TD&E 255
    *Gardênia da Silva Abbad, Rommel Nogueira
    e Amanda Moura Walter*

14. Taxonomias de objetivos em TD&E 282
    José Florêncio Rodrigues Jr.

15. Planejamento instrucional em TD&E 289
    *Gardênia da Silva Abbad, Thaís Zerbini,
    Renata Silveira Carvalho e Pedro Paulo Murce Meneses*

16. TD&E a distância: múltiplas mídias e clientelas 322
    Márcia Nardelli Monteiro de Castro e Luciana Dias Vieira Ferreira

PARTE III
Avaliação dos sistemas de TD&E

17. Avaliação integrada e somativa em TD&E 343
    Jairo E. Borges-Andrade

18. Construção de medidas e delineamentos em avaliação de TD&E 359
    Ronaldo Pilati e Jairo E. Borges-Andrade

19. Medidas de disseminação de informações em avaliação de TD&E 385
    Maja Meira, Fabiana Queiroga e Jairo E. Borges-Andrade

20. Medidas de suporte em avaliação de TD&E 395
    *Gardênia da Silva Abbad, Francisco A. Coelho Jr.,
    Isa Aparecida de Freitas e Ronaldo Pilati*

21. Medidas de características da clientela em avaliação de TD&E 422
    *Pedro Paulo Murce Meneses, Gardênia da Silva Abbad,
    Thaís Zerbini e Erika Rodrigues Magalhães Lacerda*

22. Medidas de avaliação de procedimentos, processos e apoio instrucionais em TD&E 443
    Gardênia da Silva Abbad

23. Medidas de aprendizagem em avaliação de TD&E 469
    *Gardênia da Silva Abbad, Maria Fernanda Borges-Ferreira
    e Rommel Nogueira*

24. Medidas de impacto de TD&E no trabalho e nas organizações 489
    *Isa Aparecida de Freitas, Jairo E. Borges-Andrade,
    Gardênia da Silva Abbad e Ronaldo Pilati*

25. Medidas de valor final e retorno de investimento em avaliação de TD&E 505
    *Luciana Mourão, Jairo E. Borges-Andrade
    e Tatiana Junqueira Salles*

26. Estratégias de análise de dados e retroalimentação do sistema de TD&E 514
    Ronaldo Pilati, Marcus Riether e Juliana Barreiros Porto

PARTE IV
TD&E em organizações e trabalho: casos

27. "Excelência profissional": um programa de treinamento do Banco do Brasil 533
    *Luiza Helena Branco Greca da Cunha, Valeska Rodrigues Velloso Cordeiro
    e Christine Marie Cormier Chaim*

28. Metodologia ativa em TD&E com ênfase no *role-playing* 540
    Helena Tonet e Leida Maria de Oliveira Mota

29. "Cuidar-se para cuidar": avaliação de um programa de
    desenvolvimento de pessoas de um hospital 558
    *Sonia Regina Pereira Fernandes, Antonio Virgílio Bittencourt Bastos,
    Márcia Oliveira Staffa Tironi e Anderson César Veloso Viana*

Apêndice 571
Índice 573

Parte I
Contexto e desafios em TD&E

1. Trabalho e qualificação: questões conceituais e desafios postos pelo cenário de reestruturação produtiva
2. Formação profissional
3. Práticas inovadoras em gestão de produção e de pessoas e TD&E
4. Modernidade organizacional, política de gestão de pessoas e competências profissionais
5. Trilhas de aprendizagem como estratégia de TD&E
6. Aprendizagem em organizações: mecanismos que articulam processos individuais e coletivos
7. Bases conceituais em treinamento, desenvolvimento e educação – TD&E
8. História e importância de TD&E
9. Competência técnica e política do profissional de TD&E

"Filho vir da escola
Problema maior de estudar
Que é pra não ter meu trabalho
E vida de gente levar"
Canção do Sal (Milton Nascimento)

"Antes mundo era pequeno
Porque Terra era grande
Hoje o mundo é muito grande
Porque Terra é pequena
Do tamanho da antena parabolicamará"
Parabolicamará (Gilberto Gil)

1

Trabalho e qualificação: questões conceituais e desafios postos pelo cenário de reestruturação produtiva

Antonio Virgílio Bittencourt Bastos

Objetivos

Ao final deste capítulo, o leitor deverá:

- Descrever o processo de reestruturação produtiva, problematizando os desafios postos às organizações e trabalhadores na contemporaneidade.
- Identificar os principais marcos na trajetória de construção da vertente de estudo sobre qualificação do trabalhador.
- Discutir o conceito de qualificação no trabalho, identificando as suas dimensões constituintes e as principais perspectivas teóricas que contribuíram para as definições desse conceito.
- Comparar as diferentes teses sobre a qualificação no capitalismo contemporâneo, considerando o processo de reestruturação produtiva.
- Analisar a realidade brasileira em termos do processo de reestruturação produtiva e qualificação no trabalho.
- Refletir sobre as implicações dos debates sobre qualificação no trabalho para as ações de TD&E em contextos organizacionais.

INTRODUÇÃO

As ações de treinamento, desenvolvimento ou qualificação do trabalhador ocupam um dos papéis centrais no conjunto de práticas que denominamos gestão de pessoas em contextos organizacionais. Seus impactos, por sua vez, são fundamentais tanto para os ajustes indivíduo-trabalho que se traduzem em diferenças de desempenhos individuais e coletivos quanto para as relações entre organização e seus contextos, garantindo-lhes, ou não, produtividade e competitividade. Este imbricado elo que une diferentes níveis de desempenho coloca relevantes questões – de investigação e de intervenção – sobre como se articulam as transformações macrossociais (econômicas, tecnológicas, organizacionais) e as demandas de qualificação de cada trabalhador em particular. Tais questões tornam-se emergentes e desafiadoras quando se considera o complexo e paradoxal processo, em curso, de reestruturação produtiva.

O presente capítulo se detém nesta discussão que possui uma rica trajetória no campo científico de diferentes disciplinas e no âmbito das entidades – sindicais, educacionais e profissionais – que lidam com as implicações contraditórias sobre o trabalhador e as organizações, do processo de reestruturação produtiva. Para tanto, toma como eixo central, a questão da qualificação no trabalho, buscando revelar os problemas conceituais e as teses polêmicas acerca do futuro da qualificação no capitalismo contemporâneo.

Assim, o objetivo principal deste capítulo consiste em fornecer um quadro geral sobre o cenário em que as definições de políticas e as ações de treinamento e desenvolvimento se concretizam, abrindo a perspectiva de compreendê-las à luz dos fatores macrossociais que modelam tal cenário e que são, com freqüência, desprezados por profissionais da área. Outras dimensões importantes deste cenário são objeto de tratamento dos Capítulos 2, 3, 4 e 5 que integram a primeira parte deste livro, todos voltados para analisar, no mundo do trabalho em geral ou nas organizações em particular, como as mudanças em curso colocam novos e complexos desafios para o desenvolvimento das pessoas.

O CENÁRIO DE TRANSFORMAÇÕES NO MUNDO DO TRABALHO

Há uma extensa literatura – acadêmica e gerencial – voltada para a reflexão sobre os rumos da sociedade e, em particular, sobre a emergência de novos cenários para o mundo do trabalho. As grandes transformações sociais, econômicas, tecnológicas e políticas que marcaram o final do século XX potencializaram, em perspectivas diferenciadas, análises sobre os seus determinantes e projeções sobre os seus desdobramentos.

Após um rápido delineamento do quadro geral das mudanças em curso, com ênfase nas alterações tecnológicas, discutiremos os impactos organizacionais (nas estruturas e nos modelos de gestão) como contexto para a compreensão das complexas questões que cercam as demandas de desempenho e formação para o trabalhador.

Globalização: as mudanças socioeconômicas e tecnológicas

Devido à crescente globalização da economia, com as disputas por mercados e tecnologia em nível mundial, torna-se difícil pensar em uma economia nacional forte fechada em si mesma. Embora globalização não signifique homogeneização (Ianni, 1994), a existência de um mercado global reforça a demanda por bens e serviços de elevada qualidade (ver as normas internacionais ISO-9000), fator que acelera a corrida pelo desenvolvimento tecnológico e torna os mercados mais competitivos. De forma sintética, o Quadro 1.1 apresenta uma definição e as principais dimensões que dão base ao processo de globalização.

O acelerado processo de inovação tecnológica – uma verdadeira terceira revolução industrial – envolve a disseminação da robótica, informática, microeletrônica, química fina, biotecnologia. A tecnologia passa a ser a "matéria-prima por excelência" (Frigotto, 1991, p.265), fato que tem grande impacto na escala de produção, na organização do processo produtivo, na centralização do capital, na organização do processo de trabalho e na qualificação do trabalhador.

O taylorismo, baseado no parcelamento, na especialização e na intensificação do trabalho, revelou-se especialmente adaptado à produção de grandes séries a custo reduzido, em situação de mercados mais estáveis, utilizando uma tecnologia de produção em massa ou de grandes lotes (Woodward, 1965) com um sistema de automação rígida. A partir de meados dos anos de 1960, a crise econômica, a instabilidade dos mercados e o movimento operário conduziram à revisão da crença de que a "divisão parcelada do trabalho e o emprego intensivo de capital fixo eram, por excelência, a panacéia do aumento da produtividade" (Enguita, 1991, p.244).

Reestruturação produtiva

Processo complexo de mudanças na configuração de sistemas produtivos, envolvendo novas tecnologias, novas formas de organização do trabalho e novos processos gerenciais e institucionais, com o objetivo de superar as deficiências e limitações do modelo *taylorista-fordista*. A reestruturação produtiva é fortemente estimulada pelo ambiente competitivo criado pela *globalização*, na medida em que racionaliza recursos e reduz custos de produção. Ao mesmo tempo, esta reestruturação impacta o Estado, na medida em que são requeridos investimentos para as mudanças tecnológicas, para a requalificação da mão-de-obra, além de diversas mudanças institucionais. (Bastos e Lima, 2002)

As mudanças tecnológicas conduzem à implantação de sistemas de produção flexíveis que, ao contrário dos sistemas rígidos, melhor se adaptam às incertezas e variações de mercado. De forma contrária, a automação com base na microeletrônica e informáti-

---

Quadro 1.1
O PROCESSO DE GLOBALIZAÇÃO E SUAS PRINCIPAIS DIMENSÕES

O que é globalização	Dimensões desse processo
Processo econômico, político e cultural que busca integrar os países em um único bloco, envolvendo a criação do mercado mundial, através: a) da internacionalização do capital; b) do predomínio do capital financeiro sobre o capital produtivo; c) da eliminação de barreiras e fronteiras que possam impedir a concorrência e, como conseqüência; d) da polarização centro-periferia e da subordinação de economias, nações e culturas. (Bastos e Lima, 2002).	1. Alteração da noção de espaço, com o encurtamento das distâncias. 2. Alta circulação do capital financeiro e tecnológico, ampliando a competição entre países e empresas. 3. Aumento da imprevisibilidade dos fatos políticos, econômicos, sociais e culturais, diminuindo a capacidade de planejamento. 4. Bombardeio de informações e transformações de significados. 5. Criação de possibilidades de se viver diferentes identidades (Malvezzi, 2000, apud Borges e Yamamoto, 2004).

ca permite que as máquinas possam ser adaptadas com flexibilidade às exigências e características do produto, podendo ser utilizadas tanto para a produção de grandes como de pequenos lotes gerando, com isso, ganhos significativos de produtividade (Coriat, 1988).

Os processos de automação, ao integrarem as esferas da concepção e de produção, conduzem uma transformação de um modelo de "maquinofatura" para o modelo "sistemofatura", cujas características envolvem não apenas a mudança na base técnica da produção com a introdução da microeletrônica, mas a alteração nos modelos organizacionais intra e extra-empresas que implicam em novos padrões de relações industriais e interempresariais (Kaplinsky, 1989, em Guimarães e Castro, 1990).

As mudanças na base técnica da produção associam-se à emergência de novas ocupações, enquanto outras tendem a desaparecer de forma gradual, ganhando importância aquelas diretamente associadas com os processos de inovação tecnológica, com formação técnica especializada. Por exemplo, o crescimento do teletrabalho (Felstead e Jewson, 2000) é um arranjo que tem profundo impacto sobre os modelos de organização e gestão e impõe, por outro lado, enormes desafios para o próprio trabalhador.

Considerando esse conjunto de intensas transformações, para alguns autores, o uso intensivo de tecnologia de base microeletrônica levaria a um novo paradigma – *especialização flexível* – em substituição ao *paradigma taylorista-fordista*. De outro ponto de vista contrário, argumenta-se que não se pode caracterizar as mudanças como um novo "paradigma", desde que a introdução da microeletrônica não rompe com os pilares básicos do taylorismo-fordismo. A realidade seria mais complexa, podendo os dois modelos coexistirem, dependendo do país, do setor produtivo, do tipo de produção e do mercado de trabalho (Antunes, 1995). Lobo (1993) considera tais mudanças práticas construídas em determinados contextos histórico e sociocultural que, quando retomadas em outros contextos, são adaptadas, desconstruídas e reconstruídas.

O quadro de intensa reorganização da produção se dá em conjunção com outras alterações socioeconômicas abrangentes, como:

- As mudanças socioculturais elegem a questão da relação homem/sistema produtivo/natureza como um dos mais importantes desafios deste início de século. Esse movimento tende a ser forte condicionante da atividade econômica, já que clama por uma reorganização da produção e do consumo em moldes novos – o "desenvolvimento sustentável". Para Rattner (1991), a preocupação com o meio ambiente será condição indispensável para a sobrevivência das organizações.
- Cresce o setor de serviços, incluindo-se aí assistência à saúde e à educação, o setor de vendas e os serviços governamentais. Nos países industrializados, há uma participação gradativamente menor dos empregos industriais no produto nacional bruto. Offe (1989) refere-se à emergência de uma "sociedade de serviços pós-industrial". O trabalho no setor terciário ou de serviços traz feições próprias que o distinguem do trabalho industrial, apesar de, como este, ser também dependente de salário. Entre outros aspectos, torna-se, comparando-se com as linhas de montagem fordistas, mais difícil fixar o tipo e quantidade, o lugar e o ritmo de trabalho aconselháveis. Adicionalmente, a variabilidade dos casos processados no trabalho é de tal ordem que as tarefas de padronização e definição de controles se torna mais complexa.
- Redefine-se o papel do Estado. Parece em curso uma tendência que busca redefini-lo, afastando-o do papel de principal agente econômico. Como afirmam Kanawati, Gladstone, Prokopenko e Rodgers (1989), após a Segunda Guerra Mundial, o Estado assumiu o caráter de propulsor do crescimento econômico, quer regulamentando toda a atividade econômica, quer intervindo diretamente na produção de bens. Em muitos países, a redefinição do papel do Estado envolve a desregulamentação da atividade econômica, a privatização de empresas públicas e, muitas vezes, o envolvimento do setor privado na prestação de serviços sociais, missão do aparelho estatal.

Impacto nas organizações: estrutura e gestão

As organizações não poderiam ficar imunes às transformações ambientais que configuram o quadro da globalização e avanços da tecnologia. Congruente com a emergência de um paradigma da especialização flexível, a busca de flexibilidade passa a ser um eixo dominante no conjunto de experiências de inovação organizacionais.

Na realidade, existem múltiplos significados de "flexibilidade" como descritos por Salerno (1993): da organização da produção (equipamentos de multiuso), da capacitacão do trabalhador (multitarefas, multiqualificação), dos contratos de trabalho, da formação dos salários e da redução dos encargos e regulamentação social. Também, pode-se afirmar, não existe um único modelo inovador de organização, como assinalam Veltz e Zarifian (em Fleury e Fleury, 1995); certamente, há uma diversidade de caminhos percorridos pelas empresas para se ajustarem e interferirem neste novo cenário. Ressaltada tal pluralidade, algumas tendências gerais merecem destaque:

- Inúmeras ferramentas têm sido desenvolvidas na busca de maior flexibilidade organizacional, na qual se destacam, pela freqüência de uso e pela ampla literatura disponível, os programas de *Just In Time* (JIT), células de manufatura, engenharia simultânea. A preocupação com a competitividade global leva à centralidade dos programas de qualidade total (TQC/TQM – *total quality control* ou *total quality management*) e do ajuste aos sistemas de normatização (série ISO, por exemplo). O trabalho em equipe tem sido um aspecto básico da reestruturação organizacional: CCQs (círculos de controle da qualidade), equipes temporárias, "força-tarefa", são exemplos de estratégias de organização do trabalho que tomam como unidade não mais o cargo individual, e sim o grupo de trabalhadores. Para um exame mais completo deste conjunto de práticas, ver o Capítulo 3, que trata de como ações de treinamento, desenvolvimento e educação (TD&E) são articuladas com a introdução de práticas inovadoras de gestão da produção em empresas brasileiras.
- A emergência de novos *formatos* organizacionais, menos burocráticos, busca atender aos clientes com suas exigências de variedade de individualização dos produtos. Esses formatos envolvem um projeto compartilhado entre todos os elementos da empresa, estruturas flexíveis com menor peso possível da hierarquia, garantia de um trabalho realmente útil e inteligente, busca de melhoria constante do trabalho cotidiano por meio do fluxo duplo de diálogo, respeito aos valores específicos dos que trabalham. Ganha força o discurso por uma administração participativa, a partir da falência dos princípios da administração científica (Toledo, 1988). Práticas que configuram novos modelos de gestão de pessoas também podem ser mais bem vistas nos Capítulos 3 e 4. No seu conjunto, elas se preocupam em substituir o controle por estratégias de envolvimento e comprometimento.
- A busca de estruturas mais leves conduz ao enxugamento das organizações, possibilitado em grande parte pela introdução de novas tecnologias, envolvendo cortes de pessoal e a terceirização de parte de suas atividades. Dessa e de outras práticas de enxugamento, decorre a heterogenização da força de trabalho – trabalhos de tempo parcial, trabalhos temporários, subcontratação de serviços. A essas práticas também se associam a reestruturação do conceito de carreira, que deixa de ser vista como um vínculo duradouro ou permanente com uma organização e passa a ser uma coleção de trabalhos e empregos guiada por um projeto pessoal.

Em síntese, como assinala Hage (1995), parecem duradouros nas organizações de trabalho movimentos em quatro direções que as conduzem para arranjos institucionais crescentemente complexos:

a) A redução do tamanho da unidade de negócio.
b) O movimento em direção a uma estrutura orgânica, como aquela que caracteriza as pequenas empresas de alta tecnologia.
c) A criação de *joint ventures*, freqüentemente entre uma grande empresa e uma pequena empresa.
d) A emergência de redes organizacionais.

A Figura 1.1, apresentada por Bastos e Lima (2002), sintetiza os principais pontos destacados para caracterizar as mudanças em curso no mundo do trabalho e os seus impactos organizacionais.

Associados aos impactos sobre as estruturas e os modelos de gestão organizacionais, dois complexos fenômenos são alvo de intenso debate no bojo das discussões sobre o processo de reestruturação produtiva: a questão da fragilização ou precarização do emprego (atenção especial ao denominado desemprego estrutural como decorrência das mudanças tecnológicas) e a questão da qualificação, nosso objeto de interesse neste capítulo e que passará a ser abordada no próximo segmento. Na realidade, essas duas polêmicas questões terminam encontrando-se no tratamento do conceito de *empregabilidade*. Em que medida organização e trabalhador devem ser responsabilizados pelo desenvolvimento de qualificações que assegurem a permanência do sujeito no mercado de trabalho, ampliando a sua capacidade para lidar com a crescente instabilidade ou fragilidade dos vínculos de trabalho?

Neste ponto, é importante destacar que as tendências descritas como o grande cenário que caracteriza o mundo do trabalho contemporâneo não podem ser vistas como um processo homogêneo e que acontece no mesmo ritmo, intensidade e características em quaisquer partes do mundo. Como bem afirma Antunes (1995, p.54), inexiste uma "tendência generalizante e uníssona, quando se pensa o mundo do trabalho [...] Há uma processualidade contraditória e multiforme". Tais tendências são afetadas por contextos nacionais (centro e periferia), segmentos da produção, contextos organizacionais específicos e, mesmo, composição da mão-de-obra quanto a gênero (Neves, 1992).

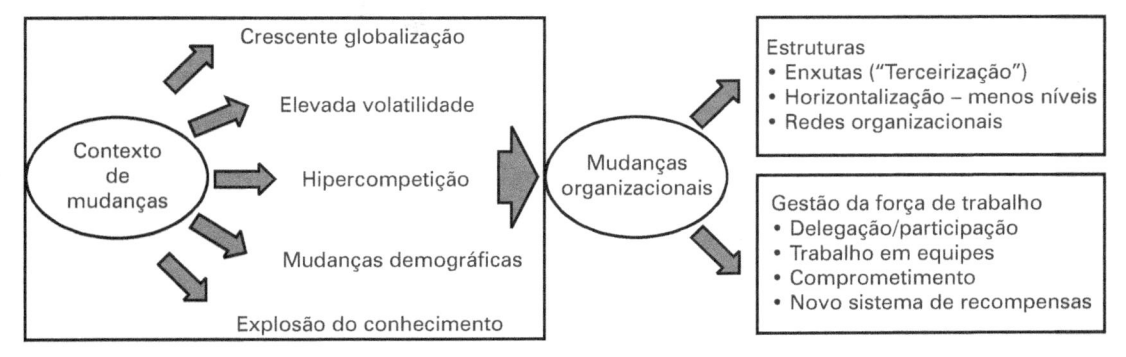

Figura 1.1 Contexto em transformação e novos formatos organizacionais.
Fonte: Bastos e Lima (2002).

TRABALHO E QUALIFICAÇÃO

Como assinalado anteriormente, uma importante questão que emerge do conjunto de transformações que estão reconfigurando o mundo do trabalho é a da *qualificação* do trabalhador. Que novas demandas são postas ao trabalhador para atuar neste cenário? Como desenvolver competências que permitam lidar com a transitoriedade dos vínculos, os avanços tecnológicos, os novos modelos de gestão e de organização do trabalho? Em que medida emprego-desemprego é conseqüência dos níveis de qualificação para o trabalho? Tais questões extrapolaram os debates acadêmicos, técnicos e científicos e invadiram as múltiplas esferas da vida cotidiana – tanto em casa como no trabalho – ganhando o *status* de desafio pessoal, organizacional e nacional com larga difusão pela grande mídia.

Qualificação: sua centralidade em um mundo em transição

Pensar os desafios da qualificação *no* e *para* o trabalho nos insere em um vértice que interliga os complexos processos de transformação apresentados, as políticas públicas voltadas para lidar com os seus subprodutos, especialmente o desemprego, as ações das diversas instituições educacionais e de formação do trabalhador, os movimentos sindicais e sociais, entre vários outros atores importantes. É devido a esta inserção que a *qualificação* passa a ser uma explicação poderosa para o êxito ou as restrições das pessoas e, mesmo, dos países em transitarem por esse cenário turbulento de reestruturação produtiva e globalização. Indivíduo, escola, empresa, Estado, todos estão implicados no diagnóstico e no equacionamento dos desafios de qualificação que emergem na contemporaneidade.

No mundo do trabalho, em particular, a importância de tal tema é justificada pelo possível papel central desempenhado pela qualificação no processo de implantação de novas tecnologias e técnicas de gestão. O estreito vínculo entre as mudanças tecnológicas e organizacionais que afetam a natureza e a gestão dos processos de trabalho e as novas demandas postas ao trabalhador, em termos de qualificação e desempenho, pode ser claramente visto no modelo desenvolvido por Howard (1995), esquematicamente apresentado na Figura 1.2.

Howard (1995) aponta que, apesar da sua inegável heterogeneidade, as transformações têm tornado o trabalho, de uma forma geral, mais *complexo*, mais *cognitivo*, mais *fluido*, mais *invisível*, com maior *incerteza* e *interligado*.

O crescente uso das tecnologias da informação está subjacente ao crescimento de demandas cognitivas que requerem maior qualificação do trabalhador e, em decorrência, tornam o trabalho mais complexo. O acréscimo de habilidades, a introdução da equipe como unidade estruturante do processo de trabalho e a flexibilização das definições destes postos são os responsáveis pela característica de crescente fluidez. A maior incerteza advém, em parte, das definições menos precisas dos postos, pela natureza cognitiva das tarefas que impõem problemas menos rotineiros e, enfim, pelo desmantelamento do mercado interno, com a redução da perspectiva de uma carreira dentro de uma organização. Trabalhos crescentemente automatizados ou informatizados e estruturados em equipe tornam-se mais interconectados (dentro e fora da organização), característica que, associada à sua natureza mais cognitiva e abstrata, os torna também mais "invisíveis", demandando revisões nas estratégias

As mudanças tecnológicas tornam o trabalho MAIS		Demandam trabalhadores com MAIS
COGNITIVO	*Transformação e mudanças*	INTELIGÊNCIA
COMPLEXO	Trabalho	DIFERENCIAÇÃO
FLUIDO	Trabalhador Formas de trabalhar	RESPONSABILIDADE
INCERTO		ADAPTABILIDADE
INTERCONECTADO		HABILIDADE RELACIONAL
INVISÍVEL		CAPACIDADE DE CRESCIMENTO

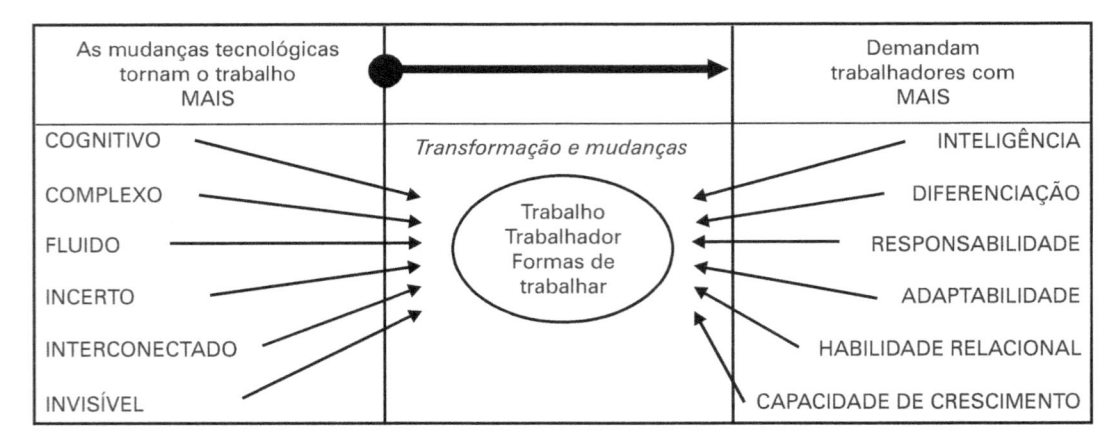

Figura 1.2 Mudanças tecnológicas e o novo perfil do trabalhador.
Fonte: Adaptado de Howard (1995).

de acompanhamento e avaliação. Modificações na forma e no local de execução das tarefas, tal como se dá nos casos de *telecommuting*, inspiram uma revisão das abordagens tradicionais de controle e supervisão.

Nessa mesma linha de argumentação existem evidências de que o crescimento do setor de serviços, influenciado pelos processos de informatização, leva a um crescente contingente de profissionais voltados para a criação, o processamento, a distribuição e a disseminação da informação, que passa a ser o recurso estratégico (Assis, 1985). O conteúdo do trabalho passa, portanto, a envolver habilidades cognitivas mais complexas em detrimento da habilidade motora.

Quais as implicações de todas essas alterações para os indivíduos? Como parte do seu modelo analítico, Howard (1995) aponta algumas características do novo trabalhador em organizações de ponta numa sociedade pós-industrial. Uma primeira característica refere-se à capacidade intelectual e formação adequada para o manejo das novas ferramentas tecnológicas e para lidar, efetivamente, com problemas menos estruturados e facilmente decompostos em rotinas de trabalho. Maior *diferenciação* e maior *adaptabilidade* são características pessoais relacionadas à maior complexidade, incerteza e mutabilidade dos contextos organizacional e de trabalho. A natureza mais interconectada com que o trabalho passa a ser realizado (em equipes) demanda, ainda, um trabalhador com habilidades *relacionais* mais desenvolvidas: capacidade de comunicação, de negociação, de influência, de solucionar conflitos, entre outras. Isso demanda sensibilidade para interpretar e responder não apenas a mensagens cognitivas, mas também emocionais. Uma orientação para o crescimento pessoal ou o autodesenvolvimento é, portanto, outro importante requisito pessoal. Finalmente, o requisito de responsabilidade é importante em ambientes com maior incerteza, com papéis menos claramente definidos, com equipamentos tecnológicos sofisticados e caros e, especialmente, em trabalhos partilhados com outros colegas da mesma equipe.

Em síntese, "o trabalho pós-industrial em organizações adaptativas será complexo e com maior demanda cognitiva. Será fluido e constantemente mutável. Em seu ambiente, vincular-se a postos estáveis é difícil. Incerteza e invisibilidade ampliarão a natureza abstrata do trabalho, porém a interconexão com os outros engendrará novos papéis e relacionamentos" (Howard, 1995, p.524-525).

Completando as noções que integram o modelo proposto pela autora, uma idéia é fundamental. Esse é um processo heterogêneo, e dois grandes filtros diferenciam os impactos das alterações tecnológicas em contextos específicos de trabalho:

- Os contextos nacionais funcionam como um primeiro filtro. O movimento desencadeado pelas mudanças tecnológicas espraia-se com ritmo e características próprios em diversos países, em função de diferentes políticas estatais relacionadas ao desenvolvimento econômico e social.
- As características organizacionais constituem o segundo filtro: como lentes, elas filtram as influências sociais e tecnológicas e, assim, diferenciam, com as suas políticas, os impactos sobre os trabalhadores.

As idéias apresentadas por Howard (1995) estão longe de serem consensuais no campo. Na realidade, há muitos problemas que cercam o próprio conceito de qualificação, os vínculos entre tecnologia e qualificação e, especialmente, as perspectivas que se colocam para o trabalhador neste contexto de reestruturação produtiva. É o que veremos a seguir.

Qualificação: explorando as dimensões desse conceito

Há, como na grande maioria dos conceitos científicos nas ciências sociocomportamentais, uma enorme variedade na forma de se definir e trabalhar com o conceito de qualificação. Esse grande dissenso acadêmico (Castro, 1994) envolve não apenas a natureza do fenômeno, mas a sua mudança ao longo do tempo, a sua articulação com vários níveis de análise (indivíduos, organizações, coletivos, estado). Para discutirmos as questões conceituais que, ainda hoje, cercam a pesquisa sobre qualificação profissional, vamos iniciar com uma breve retrospectiva histórica a respeito desse domínio de investigação.

Para Marx, "o conceito de qualificação é tomado enquanto um conjunto de condições físicas e mentais que compõe a capacidade ou a força de trabalho despendida em atividades voltadas para a produção de valores de uso" (Machado, 1994, p.9). Nesse conceito está em jogo a capacidade de trabalho da mão-de-obra como condição fundamental da produção capitalista, uma vez que cria a possibilidade de agrupar um valor adicional ao seu próprio valor por meio da mais-valia.

É, no entanto, no interior das linhas de pesquisa sobre a formação profissional na sociologia do trabalho francesa, nos anos de 1940 e 1950, que floresce o interesse investigativo sistemático sobre a qualificação profissional.[1] Mais precisamente, ao trabalho de George Friedman são atribuídos os fundamentos iniciais dessa vertente de pesquisa. Embora não apareça como uma categoria teórica, Friedman se ocupou, nos seus trabalhos empíricos, com os conteúdos da qualificação. Apoiava-se, assim, em uma noção de qualificação associada à complexidade da tarefa e ao domínio requerido de saberes para executá-las. Ou seja, Friedman tomava qualificação como a *qualidade do trabalho* e o *tempo de formação* necessário para realizá-lo (Tartuce, 2004). Tal perspectiva, no campo, é considerada como "substancialista" ou "essencialista", por vincular de forma bastante direta os desenvolvimentos tecnológicos ao conjunto de habilidades e conhecimentos para lidar com os mesmos. Há, portanto, a qualificação do trabalho (o seu conteúdo) e uma qualificação do trabalhador (o domínio de saberes necessário para executar o trabalho). Em síntese, a qualificação é "uma 'coisa' que pode ser mensurada pelo grau e pela freqüência de atividade intelectual que o trabalho exige para ser executado" (Aluaf, 1976, apud Tartuce, 2004).

Um outro marco importante na sociologia do trabalho francesa associa-se ao nome de Pierre Naville, cujas pesquisas são consideradas fundantes para uma outra matriz interpretativa do fenômeno da qualificação profissional – a matriz denominada *relativista*. Segundo essa concepção, a qualificação não se reduz ao conteúdo do trabalho por envolver uma "relação complexa entre as operações técnicas e a estimativa de seu valor social" (Dubar, 1998, p.89). A qualificação é um fenômeno que resulta de processos sociais, tais como as negociações entre capital e trabalho, envolvendo os julgamentos nos quais estão embutidos valores sociais que se alteram ao longo do tempo e dos contextos. Assim, a resposta à questão "o que é qualificação?" requer uma perspectiva histórica que leve em consideração a diversidade de condições sociais, econômicas e políticas em diferentes momentos do tempo: diferentes sociedades terão, em diferentes épocas, critérios distintos para definir o que é um trabalho qualificado. Ao apresentar a perspectiva de P. Naville, Tartuce (2004, p.365) afirma: "diferentemente de Friedmann, portanto, não basta apenas pensar na *qualificação do trabalhador* e na *do trabalho*, mas é preciso *relacioná-las* e ver os conflitos existentes entre as *qualificações adquiridas* pelos indivíduos e as *qualificações requeridas* pela 'indústria' – ou seja, pela sociedade, para satisfazer suas necessidades". Em síntese, a qualificação não é uma "coisa" ou um atributo que possa ser descrito em sua essência, não se podendo tomar a qualidade do trabalho como determinante da qualificação.

Impulsionados pelas transformações no mundo do trabalho pós-guerra – especialmente as mudanças tecnológicas –, os dois autores fixaram as raízes de duas vertentes que polarizaram os debates e a pesquisa sobre qualificação profissional nas décadas seguintes. Os desdobramentos das suas linhas de raciocínio, ainda hoje, estão presentes nas polêmicas que cercam o campo. Como nos alerta Ferreti (2004), a ausência de um pleno consenso entre teóricos e pesquisadores vinculados às duas maneiras de pensar e estudar a qualificação profissional traduz-se na polissemia com que o termo *qualificação* é tratado na literatura.

Na realidade, a natureza polissêmica do conceito de qualificação se revela ainda mais ampla, não se restringindo à polêmica "essencialista" *versus* "relativista". Além desta vertente sociológica francesa, Manfredi (1998) nos apresenta outras perspectivas, na sua análise dos significados que têm sido atribuídos às noções de qualificação e competência, no âmbito de vários domínios disciplinares. O Quadro 1.2 sintetiza o esquema analítico construído pela autora, no que se refere ao conceito de qualificação.

Traçado esse quadro geral, Manfredi (1998) termina opondo uma visão marxista às demais, ao afir-

Quadro 1.2
SÍNTESE DAS CONCEPÇÕES DE QUALIFICAÇÃO (MANFREDI, 1998)

AS NOÇÕES DE QUALIFICAÇÃO A PARTIR DA ECONOMIA DA EDUCAÇÃO	
Qualificação como sinônimo de preparação de "capital humano"	**A noção de qualificação formal**
a) Vincula-se à teoria do "capital humano" dos economistas americanos T. Schultz e F. Harbinson nos anos de 1970. b) Trata a questão no nível macrossocial e destaca a importância da educação para o desenvolvimento socioeconômico. c) Forma recursos humanos (habilidades, experiência, educação) para atuarem nos processos de desenvolvimento do país. d) Gera políticas educacionais e criação de sistemas de formação profissional vinculados às necessidades dos setores mais organizados do capital.	a) Também voltada para o nível macrossocial, apóia-se na noção de qualificação como titulação, diplomação, certificação de pessoas. b) Embasa o planejamento da demanda de profissionais, considerando o mercado ou as necessidades sociais. c) Avalia o custo-benefício dos investimentos em educação, com a taxa de retorno medida pelos ganhos salariais associados ao maior tempo de escolaridade. d) Taxas médias de escolarização e duração da escolaridade passam a ser parâmetros internacionais de avaliação e replanejamento das políticas educacionais.
AS NOÇÕES DE QUALIFICAÇÃO A PARTIR DA SOCIOLOGIA DO TRABALHO	
O modelo taylorista e fordista de qualificação	**A qualificação social do trabalho e do trabalhador**
a) Qualificação "adstrita" ao posto de trabalho: as normas e os manuais já definem o conjunto de tarefas e habilidades esperadas de cada posto de trabalho (matriz *job/skills*). b) Existe uma relação direta entre perfil requerido e requisitos formais (escolaridade, experiência, etc.). A qualificação é algo adquirido (conhecimentos, habilidades, destrezas) pelo indivíduo ao longo de sua trajetória escolar e de experiência no trabalho. c) Formar para o trabalho é sinônimo de treinamento básico que assegure o desempenho nas tarefas do cargo. d) Entra em crise com as transformações no mundo do trabalho.	a) Expressão da perspectiva marxista, trabalha com a polaridade: qualificação-desqualificação como um fenômeno dialético e sociocultural, rompendo as visões tecnicistas e unilaterais. b) Desqualificação: alienação, fragmentação, divisão entre trabalho manual e intelectual. É algo inerente ao processo de trabalho capitalista que requer o controle e a disciplina. O trabalhador não tem autonomia para conceber e definir ritmo e intensidade do trabalho. c) Qualificação: possibilidade de uma apropriação criadora, e não simples repetição/reprodução. Os trabalhadores, como sujeitos coletivos, se constroem e se qualificam no e a partir do trabalho, apesar do controle do capital.

mar que a questão da qualificação pode ser vista sob dois eixos:

a) A qualificação como preparação para o mercado de trabalho, envolvendo um processo de formação profissional, um percurso escolar e de experiência que permite a inserção e manutenção no mercado.
b) A qualificação como um processo de desqualificação-qualificação que resulta da relação social entre capital e trabalho. A essas duas vertentes, a autora acrescenta a corrente de estudos da sociologia francesa que produziu importantes pesquisas sobre a qualificação em situações concretas de trabalho, já apresentados anteriormente.

De forma coerente com o até aqui exposto, Laranjeira (1997, p.191-192) considera que as divergências em relação à qualificação não ocorrem apenas em relação ao seu conceito, mas estendem-se aos critérios utilizados para medi-la, fato que aprofunda a busca de maior consenso sobre o conceito. Existem, segundo o autor, dois caminhos para avaliar-se o grau de qualificação de uma ocupação: um *objetivista* e um *construtivista*. No primeiro, coerente com a perspectiva "essencialista", são levados em consideração critérios como o tempo necessário ao aprendizado da função, o tipo de conhecimento exigido ou ainda o grau de autonomia no seu desempenho. Na segunda, congruente com a visão "relativista", a qualificação obedeceria a critérios históricos, e não técnicos na sua construção, integrando um processo por meio do qual relações sociais se reproduzem.

Apesar da grande diversidade que marca os usos do conceito de qualificação, como visto até o momento, podemos sintetizá-los em três concepções que assumem nuanças específicas em trabalhos de diferentes autores. Assim, tem-se a qualificação:

- como um conjunto de características das rotinas de trabalho, expressa empiricamente como tempo de aprendizagem no trabalho ou por capacidades adquiríveis por treinamento; deste modo, qualificação do posto de trabalho e do trabalhador se equivalem;
- como uma decorrência do grau de autonomia do trabalhador e por isso mesmo oposta ao controle gerencial;
- como construção social, complexa, contraditória e multideterminada.

A qualificação como conteúdo do trabalho

Desenvolvendo a concepção da *identidade da qualificação com o posto de trabalho*, Carrillo (1994, apud Bastos e Lima, 2002) discute as dificuldades em medir a qualificação dos trabalhadores, considerando-a um *continuum* de três aspectos distintos, que constituem, na realidade, formas alternativas de se definir a qualificação:

- Ligada aos atributos do indivíduo; definida pelo capital humano, relacionada com os anos de estudo e as habilidades aprendidas nos empregos anteriores. São consideradas as experiências laborais anteriores ao emprego ou situação atual, incluindo o conhecimento de um ofício ou atividade específica.
- Vinculada às exigências do próprio posto de trabalho; definida pelos níveis de conhecimento, habilidade e responsabilidade atribuídos ao posto e como consequência dependente da definição do próprio posto. A aquisição da qualificação é fundamentalmente relacionada com os sistemas de aprendizagem e capacitação.
- Relacionada com a estrutura organizativa, definida pelas empresas de acordo com as exigências da produção e com seus princípios de organização do trabalho, de sorte que suas categorias corresponderiam à organização hierárquica em postos e níveis. Entretanto, pelo menos nos setores econômicos nos quais a organização sindical tem poder de barganha, esta estrutura de qualificação varia em função da capacidade de negociação dos sindicatos.

A qualificação como grau de autonomia

A produção científica apoiada na concepção que identifica qualificação com a autonomia do trabalhador caracteriza-se por concebê-la como um fenômeno relacionado ao processo de trabalho. A dimensão relevante para a polêmica entre qualificação e desqualificação é o grau de controle do capital sobre o trabalhador, entrando em jogo a divisão técnica do trabalho e a sua forma de gestão. A qualificação, então, estaria vinculada à margem de autonomia dada ao trabalhador, uma vez que a rígida divisão levada a efeito pelo taylorismo/fordismo conduz à progressiva perda da qualificação. Como já apresentado no modelo desenvolvido por Manfredi (1998), embora a qualificação seja vista como uma possibilidade (especialmente pela ação do coletivo de trabalhadores no interior das relações por eles construídas), a tônica dominante é que a desqualificação constitui-se algo inerente ao modo de produção capitalista.

A qualificação como constructo social

A perspectiva relativista que nasce dos trabalhos de Pierre Naville deságua, mais recentemente, em uma vertente que assume a qualificação como uma construção social de competências. Segundo essa vertente, a qualificação não apenas está ligada aos aspectos técnicos, aos conhecimentos e habilidades necessárias ao desempenho da função como também não se restringe ao modo como o trabalho é gerido. Ela enfatiza os aspectos políticos e sociais contidos nas relações de e na produção, resultado de uma correlação de forças entre capital e trabalho.

Ou seja, trata-se de um processo socialmente construído em situações históricas concretas. Como nos afirma Neves e Leite (1998, p.11): "é na dinâmica que se estabelece entre capital e trabalho que se diferenciam as classificações do emprego estabelecidas pela empresa e a qualificação dos trabalhadores".

Castro (1993), de forma coerente com a sua concepção de processo de trabalho, e na perspectiva de entender a *qualificação como constructo social*, afirma que esta inclui:

- Relações inter, intra e extraclasse ou seja o entrechoque de interesses e motivações *inter* (capital e trabalhadores), *intra* (diferentes segmentos dos trabalhadores como engenheiros, técnicos e peões) e *extra* (cortes por gênero, etnia, geração) classes sociais.
- Relações entre poderes e saberes no local de trabalho em que se torna importante:
  - verificar a construção das classificações e categorizações da qualificação, não só pelas chefias, mas também pelos trabalhadores;
  - considerar a dependência da definição de qualificação da tradição, do costume e da organização coletiva que sustenta tais costumes e tradições;
  - observar a pertinência das características do tipo adquirido (tempo de escolaridade, por exemplo) e das qualidades do tipo adscrito (sexo, cor, idade) na construção das classificações dos trabalhadores e das tarefas por eles executados.
- Capacidades adquiríveis por treinamento, transmissíveis pela linguagem, com a devida separação entre a qualificação do posto de trabalho e a qualificação do trabalhador.
- As qualificações tácitas, construídas no cotidiano fabril e extrafabril e não-transmissíveis pela linguagem.

Construção social

O termo *construtivismo* deriva do latim *construtere*, que significa "interpretar" ou "analisar", com ênfase na "construção ativa" e pessoal de um significado em particular. Nas ciências sociais, construtivismo tem sido usado em duas acepções diferentes: retratando o organismo como um agente ativo em seu próprio desenvolvimento e como um meio de sublinhar os contextos sociais que constroem e orientam nossos esforços para conhecer, comunicar e transformar. (Mahoney, 1998, p.100-101)
A noção de que as construções pessoais de entendimento são restringidas pelo ambiente social (isto é, o contexto de linguagem compartilhada e sistemas de significados que se desenvolvem, persistem e evoluem todo o tempo) é a essência do pensamento construcionista social (Mahoney, 1997, p.66)

Explorando a noção de *"construção social"*, podemos afirmar que, no mundo do trabalho e, particularmente, nas organizações, vivemos imersos em um conjunto de normas e regras que definem ações esperadas e formas de recompensar ou não tais ações. Conseqüentemente, o conceito de trabalhador qualificado é, em certa medida, o resultado dessas regras que se tornam dominantes em um momento histórico ou em um contexto específico. Assim, embora o uso dos conceitos de "qualificado" ou "desqualificado" tenha como base um núcleo de características ou atributos que os sustentem, o emprego desses conceitos é afetado por diferenças de ordens diversas que organizam os grupos sociais, a exemplo de idade, gênero, categorias profissionais, entre tantas outras.

Ou seja, a noção de qualificação é configurada ou construída, em contextos específicos, por processos organizacionais, redes sociais e coalizões com diferentes níveis de poder. Assim sendo, é resultado de um processo histórico e pode ser mais ou menos consensual entre os atores organizacionais, a exemplo dos gestores, empresários, trabalhadores em suas diversas categorias.

O Quadro 1.3 oferece uma síntese das características que diferenciam as três principais perspectivas de entendimento do fenômeno da qualificação.

A tensão entre qualificação e competência

Entre as muitas polêmicas que cercam a questão da qualificação do trabalhador no contexto das inovações tecnológicas e reestruturação produtiva, uma ganhou especial destaque ao longo das duas últimas décadas do século passado. Trata-se da disputa entre qualificação e competência como conceitos, linhas de pesquisa e modelos de organização das relações capital-trabalho no interior das empresas que melhor se ajustem à realidade contemporânea do mundo do trabalho. Até aqui tivemos oportunidade de revelar a complexidade envolvida no conceito de qualificação e os múltiplos usos que dele são feitos. As discussões sobre competência, de forma específica, você encontra nos Capítulos 4 e 11.

É bem verdade, como destaca Tartuce (2004), que este é um debate – com forte componente político – tipicamente francês, pela especificidade com que o sistema de qualificação naquele país se institucionalizou – uma ampla grade de classificações profissionais que hierarquiza indivíduos por meio dos postos de trabalho e ramos profissionais. No Brasil, trata-se de um debate sobretudo acadêmico já que "a relação diploma/cargo/salário nunca foi regulamentada e as classificações profissionais não têm sentido empírico" (p.374).

Quadro 1.3
SÍNTESE DAS PRINCIPAIS CONCEPÇÕES SOBRE O CONCEITO DE QUALIFICAÇÃO

Perspectivas	Elementos característicos
Conjunto de atributos dos postos de trabalho	• Características descritas nas rotinas e postos de trabalho, nos planos de classificação de cargos. • Aquisição mediante educação e treinamento. • Desconsideração do conjunto de habilidades adquiridas ao longo da vida – "qualificações tácitas".
Grau de autonomia no trabalho	• Foco no processo de trabalho e grau de controle do trabalhador. • Foco em como o trabalho é dividido e gerenciado. • Excessiva divisão e disciplina: expropriação do saber e perda progressiva.
Construção social	• Amplia o conceito: "é um processo socialmente construído em situações históricas". • É mais do que escolaridade e exigências do posto. • Vai além da competência técnica: elementos da origem – gênero, etnia, personalidade. • Dispõe regras socialmente partilhadas.

No âmbito da sociologia e da pedagogia, há uma intensa problematização em torno dos conceitos de qualificação e de competência. Mais especificamente, no campo da sociologia do trabalho e na sua interface com a educação, há uma larga tradição do uso do conceito de qualificação para investigar os impactos das transformações tecnológicas. O crescente interesse teórico e, sobretudo, do uso do modelo de competência nas organizações e nos processos de formação do trabalhador desperta vários questionamentos sobre objetivos, problemas subjacentes e implicações sociais e políticas de tal mudança. Quais as implicações de se deixar de utilizar a lógica da qualificação e passar-se para a lógica das competências em um momento de ampla reestruturação produtiva?

Há posicionamentos extremamente críticos que reduzem todo esse movimento a estratégias de ampliar o controle e a exploração dos trabalhadores. Ramos (2001), por exemplo, conclui que o fato de a noção de competência enfraquecer duas dimensões centrais no conceito de qualificação (conceitual e social) e reafirmar apenas uma (a dimensão experimental) não o substitui; apenas o desloca para um plano secundário "como forma de se consolidar como categoria ordenadora da relação trabalho-educação no capitalismo tardio" (p.283). Para a autora, nestas novas relações de produção, a ascendência da dimensão psicológica (embutida no conceito de competência) sobre a sociológica (trazida pelo conceito de qualificação) esconde a busca da adaptabilidade individual. Em síntese, a noção de competência é vista como associada a uma concepção natural-funcionalista do homem, subjetivo-relativista de conhecimento e à visão de *homoeconomicus* presente na sociologia funcionalista. Trata-se, afirma a autora, de uma teoria limitada e que atua "como uma ideologia que busca conferir legitimidade aos novos padrões de acumulação de capital e de relações sociais" (p.304). Esse mesmo posicionamento crítico e uma "desconfiança" em relação ao uso da competência, nas práticas organizacionais e pedagógicas, é compartilhado por Deluiz (2002). A emergência do modelo de competência, na década de 1990, associa-se, para a autora, ao aprofundamento da globalização e busca de competitividade, tendo em vista o uso, controle, formação e avaliação do desempenho do trabalhador no novo padrão de acumulação capitalista. A hegemonia desse modelo associa-se à perda de poder das entidades políticas representativas da classe trabalhadora, inserindo-se em uma lógica individualizante. Para a autora, "o modelo das qualificações ancorado na negociação coletiva cedeu lugar à gestão individualizada das relações de trabalho. A relação de coletivos (a empresa) com indivíduos tende a enfraquecer as ações coletivas no campo do trabalho e a despolitizar a ação política sindical" (p.39).

Para Deluiz (2002), no entanto, pode-se perceber aspectos positivos e negativos desse modelo. Entre os primeiros encontram-se:

a) um certo enriquecimento do trabalho que ganha maior centralidade;
b) a exigência de domínios cognitivos mais complexos e, em decorrência de maior escolaridade; tal exigência se traduz em uma maior polivalência e na possibilidade de desenvolver competências coletivas em um trabalho crescentemente em equipe.

Esse potencial transformador, no entanto, é limitado pelas relações de poder, cuja supremacia do capital impõe uma forte intensificação dos ritmos de trabalho, ampliação de tarefas à custa de diminuição de postos de trabalho, perda de estabilidade no emprego, competitividade e individualismo. Todas essas características se constituem em fontes geradoras de estresse, tensão e adoecimento do trabalhador.

Na realidade, como afirma Alaniz (2002) a vertente que trabalha com o conceito de qualificação vê com extrema desconfiança o nível de poder de negociação que o operário conseguirá obter na organização baseada em competência, cuja lógica que organiza as negociações, inclusive de qualificação, deixa de se pautar no coletivo dos trabalhadores. Esse é, basicamente, o argumento desenvolvido por Dubar (1998), quando não reconhece novidade nem maior racionalidade no modelo de gestão centrado em competências. Para o autor, tal modelo é expressão de uma lógica individualista em oposição a uma lógica coletivista subjacente ao modelo de qualificação. Fundamentado na análise que realiza de diversos autores franceses, conclui que não existem evidências de que deverá substituir de modo durável o modelo de qualificação.

Na perspectiva dos estudos organizacionais, especialmente a área de gestão de pessoas, há um claro reconhecimento de que a noção de competência rompe a tradicional dimensão individual com que fora tratada nos primórdios pela área. Assume uma dimensão estratégica em função das transformações que marcam o processo de reestruturação produtiva. Como afirma Ruas (2005), a construção da noção de competência decorre da "crescente instabilidade da atividade econômica, pela baixa previsibilidade da relação das empresas com seus mercados e clientes e pela intensificação das estratégias de customização" (p.36). Em um mundo onde o setor de serviços se torna dominante, a noção de competência reporta-se à capacidade de o sujeito lidar com cada situação ou evento, mobilizando recursos adequados para oferecer respostas à situação. Assim, mais do que um repertório de conhecimentos e habilidades, como presente na definição clássica de qualificação, a competência seria definida pela capacidade de mobilização de recursos pessoais.

Uma definição representativa desta vertente nos é oferecida por Resende (2000): "a transformação de conhecimentos, aptidões, habilidades, interesse, vontade, etc., em resultados práticos" (p.32). Para o autor, tais elementos isolados, sem a sua utilização para atingir um objetivo, significam não ter competência. Competência sempre envolve, portanto, a combinação de conhecimento com comportamentos.

Os conceitos de qualificação e de competência se ajustam, portanto, a dois contextos ou momentos distintos do mundo do trabalho. O primeiro reporta-se a um mundo com a atividade econômica mais estável, concorrência limitada, emprego formal, força das entidades sindicais e um modelo de organização do trabalho fundado em cargos definidos com tarefas prescritas e programadas. São opostas as características que marcam o momento atual no qual emerge e ganha força a noção de competência. Sem dúvida, no entanto, os processos de regulação do trabalho a partir do modelo de competência (envolvendo, por exemplo, natureza do contrato e políticas de remuneração e benefícios) enfrentam dificuldades técnicas e políticas que dificultam a sua efetiva implementação nas organizações imersas em uma cultura – nacional e/ou organizacional – mais coletivista. No entanto, quando se trata dos processos de organização do trabalho (definição dos postos) e de preparação dos indivíduos para desempenhá-lo (as ações de TD&E), o conceito de competência se mostra muito mais apropriado e não enfrenta as resistências que seu uso mais ampliado suscita.

AS TESES SOBRE OS RUMOS DA QUALIFICAÇÃO NO CAPITALISMO CONTEMPORÂNEO

Como já assinalamos em várias passagens anteriores, o interesse acadêmico pela questão da qualificação emerge em paralelo à necessidade de se compreender o conjunto de mudanças tecnológicas e seus impactos nos processos de organização do trabalho. Como afirma Ferreti (2004), economistas e sociólogos estavam preocupados com as possibilidades e os limites da automação, nos anos de 1950 e 1960, e suas reflexões antecipam questões econômicas, políticas, sociais e culturais que se tornaram cada vez mais presentes com o avanço dos processos de automação.

Assim, as questões conceituais, na realidade, não se separaram de análises sobre o futuro da qualificação. Essa intensa polêmica pode ser sintetizada na questão: o que está ocorrendo com a qualificação do trabalhador nesses novos arranjos organizacionais impactados pelos avanços tecnológicos?

A partir de reflexões teóricas e de muitos estudos empíricos, podem ser identificadas quatro teses básicas, que discutem o futuro do trabalho e da qualificação sob o capitalismo, a seguir apresentadas. Vamos privilegiar as duas teses que ocupam os pólos opostos no debate – a requalificação *versus* a desqualificação.

A tese da requalificação

Apoiada na perspectiva de um *otimismo tecnológico*, a tese enuncia que a requalificação é inevitável, como subproduto do desenvolvimento das forças produtivas, que exigiria uma elevação da qualificação média da força de trabalho.

Os trabalhos clássicos dos sociólogos franceses, por exemplo, partiam de uma visão de que as novas máquinas e equipamentos permitiriam liberar o homem de tarefas desgastantes, repetitivas e monótonas, possibilitando a sua ocupação com tarefas mais complexas e qualificantes, humanizando o trabalho industrial.

A fragmentação e rotinização, marcas do paradigma taylorista-fordista, a par dos subprodutos pessoais e organizacionais (insatisfação, absenteismo, rotatividade), seria incompatível com o novo paradigma da *especialização flexível*, que demandaria também uma flexibilização funcional. Tal flexibilização pode envolver a agregação de novas tarefas para um trabalhador (como nas ilhas de fabricação), assim como a rotação do trabalhador por diferentes tarefas, como nas experiências de trabalho em equipes (Machado, 1992). Enquanto a polivalência envolveria apenas o rodízio entre atividades, sem mudanças qualitativas das tarefas (na tradição administrativa, um "alargamento do cargo"), a politecnia demandaria a agregação de tarefas que exigem habilidades mais complexas e criativas (o denominado "enriquecimento do cargo").

Nessa perspectiva, parte-se do princípio de que, sob uma nova lógica produtiva (embora coerente com os interesses do sistema capitalista), e por força das mudanças na base técnica, outras inovações organizacionais são incorporadas (*círculos de controle de qualidade, células de fabricação, kanban, just-in-time*), gerando novas demandas de qualificação que se apresentam como necessárias à produção flexível, sobretudo aquelas habilidades que preparam o indivíduo para o enfrentamento de situações imprevistas (Zarifian, 1998) e tarefas cada vez mais complexas.

Neste novo cenário, ter uma mão-de-obra abundante e não-qualificada deixa de ser uma vantagem competitiva para os países em desenvolvimento pois "a internacionalização do capital produtivo busca economias que se adaptem à possibilidade de oferecer, mais rapidamente, serviços complementares mais sofisticados" (Kon, 1991, p.9). Em estudo com a indústria automobilística, Souza (1988) relata a necessidade de um novo perfil de trabalhador, com a exigência de maior nível de escolaridade e ampliação dos conhecimentos e habilidades na área de eletrônica. Ocupações semiqualificadas são substituídas por ocupações técnicas, observando-se a tendência, mesmo no segmento industrial, de crescimento do número de trabalhadores não-manuais em relação aos trabalhadores manuais. O modelo de Howard (1995) apresentado anteriormente é um exemplo típico desta perspectiva otimista e que associa os impactos das novas tecnologias a uma ampliação da qualificação do trabalhador.

Um marco importante é o trabalho de Kern e Schumann (apud Leite, 1994), que, contrariando dados de sua pesquisa desenvolvida nos anos de 1970 nas mesmas empresas, constataram que a racionalização produtiva se tornou sistêmica, englobando, inclusive, o interesse dos trabalhadores. Existiria, então, uma forte ligação entre a racionalização e a qualificação, notando-se um movimento tanto quantitativo (a exigência de trabalhadores mais qualificados, polivalentes) quanto qualitativo (valoração da competência social – poder de decisão, de comunicação, sociabilidade – ao lado da competência técnica).

A tese da desqualificação

Partindo de um *pessimismo tecnológico*, a tese defende que, sob o capitalismo, o processo de desqualificação é contínuo e progressivo, tanto em termos absolutos como relativos. Tal tese, fortemente embasada nos trabalhos de Braverman, constituiu o contraponto que dominou os debates durante os anos de 1970.

As idéias de Braverman tiveram uma ampla acolhida no meio acadêmico. Geraram uma aguda crítica ao progresso técnico, que, segundo o autor, aprofunda a parcelização, rotinização e degradação do trabalho e, adicionalmente, amplia a perda de conhecimento e saberes que, de forma crescente, estão sendo transferidos para as máquinas.

Braverman (1974) partia da convicção de que o capital monopolista tem por propósito manter o trabalhador desqualificado pela necessidade de melhor exercer o seu controle sobre ele. Mostrava que não há interesse do capital em promover a criatividade no trabalho, ou em desenvolver a iniciativa e a autonomia do trabalhador, mas, pelo contrário, com a separação rígida entre concepção e execução, o capital monopolista reforça o seu controle e dominação, sendo a desqualificação um processo inevitável e progressivo.

O autor afirma, inclusive, que "a perfeita expressão do conceito de qualificação na sociedade capitalista é o que se encontrou nos lemas estéreis e rudes dos primeiros tayloristas, que descobriram a grande verdade do capitalismo segundo a qual o trabalhador deve tornar-se um instrumento de trabalho nas mãos do capitalismo..." (p.375). Denunciava que

> a divisão do trabalho, a simplificação dos instrumentos de trabalho, a especialização, a separação entre execução e produção e o aumento do controle, entre outras características desse modo de produção, levaram o trabalhador a afastar-se cada vez mais do produto de seu trabalho, a subutilizar suas potencialidades e seu saber – fontes de poder [...] – embora não raras vezes surjam outras práticas de resistência dos trabalhadores aos limites impostos pelas organizações (apud Garay, 1997, p.55).

Congruente com esse viés pessimista e crítico, Enguita (1991) aponta exemplos de processos de inovação tecnológica que desqualificam o trabalho, atendendo a interesses do capital, tanto econômicos quanto de controle da força de trabalho. A mudança consiste na reunião de postos de trabalho já fragmentados e a possibilidade de um rodízio nas tarefas, dentro de normas de produtividade. Para o Brighton Labour Process Group (1991), a autonomia e o enriquecimento de tarefas seriam formas mais eficientes do poder do capital, que "define e faz valer os limites dentro dos quais o trabalhador é obrigado a agir", ao controlar os sistemas de pagamentos e de normas e punições.

Outras teses sobre os rumos da qualificação

Uma terceira tese – a da *polarização das qualificações* – compreende a qualificação como um processo contraditório, assinalando que o processo de trabalho sob o capitalismo moderno não necessita mais do que uma pequena parcela de trabalhadores altamente qualificados, ao lado de uma grande massa submetida ao processo de desqualificação. Trata-se, portanto, de uma variação da tese da desqualificação e expressa-se no trabalho de Freyssenet (apud Paiva, 1991).

Finalmente, a tese da *qualificação relativa* considera que o capitalismo moderno necessita de seres humanos mais qualificados em termos absolutos (tanto para a produção, quanto para o consumo), ou seja, se verificaria um aumento da qualificação média, enquanto a qualificação relativa (a relação entre conhecimentos individuais e o nível de conhecimentos atingidos pela humanidade) seria reduzida, em comparação com épocas anteriores.

As posições das diferentes teses sobre o movimento da qualificação no capitalismo estão fixadas no Quadro 1.4.

CONSIDERAÇÕES FINAIS

Desde os estudos clássicos da corrente francesa no período de 1940 a 1960, constata-se uma disparidade de resultados e opiniões sobre os efeitos da automação sobre a qualificação do trabalhador. Não estamos diante de uma questão que possa ser facilmente respondida por meio de dados de pesquisa (os problemas conceituais e os pressupostos das diversas correntes podem gerar resultados congruentes com os modelos dentro dos quais foram construídos). Castillo (1997), após examinar pesquisas que apóiam e/ou restringem os impactos positivos das transformações tecnológicas sobre a qualificação do trabalhador, conclui que a falta de precisão conceitual está na base de diferentes interpretações dos dados obtidos, e a falta de critérios consensuais dificulta a tarefa de comparar e integrar os estudos empíricos, na sua maioria estudos de casos.

O fato, no entanto, é que vem se acumulando, tanto no exterior quanto no Brasil, um amplo conjunto de pesquisas empíricas sobre o processo de reestruturação produtiva e seus impactos sobre a qualificação. Estudos com diferentes recortes e abrangência agregam informações, embora estejamos ainda distantes de compor o mosaico diversificado que caracteriza os impactos do processo de reestruturação produtiva sobre as demandas de qualificação do trabalhador.

Um desses trabalhos possui um recorte interessante. Paiva, Calheiros e Potengy (2003), tomando como pano de fundo a reestruturação produtiva e as mudanças no mercado de trabalho, investigaram três grupos de trabalhadores – potenciais ganhadores (profissionais de microeletrônica e novos meios de comunicação), potenciais perdedores (profissionais que aderiram a planos de demissão voluntária) e "ideológicos alternativos em processo de integração" (terapeutas corporais, praticantes de "adivinhações" e de alimentação alternativa). O objetivo foi o de descrever as trajetórias e estratégias formativas utilizadas por trabalhadores com níveis elevados de escolaridade e que foram, de algum modo, conduzidos a buscar inserções alternativas face à reestruturação do mercado

Quadro 1.4
SÍNTESE DAS PRINCIPAIS TESES SOBRE OS RUMOS DA QUALIFICAÇÃO

Teses	Elementos característicos
Tese da requalificação	• Elevação da qualificação média da força de trabalho. • Um marco: Kern e Schuman apontam a reprofissionalização do trabalho. • Visão positiva do impacto das tecnologias: não aprofunda a divisão do trabalho e amplia as atribuições dos postos de trabalho. • Utilização mais ampla da competência operária. • Declínio do autoritarismo: maior autonomia e respeito ao trabalhador
Tese da desqualificação	• Progressiva: mesma tendência da passagem do artesanato para a manufatura. • Posição de Braverman (1974). • Interesse do capital em manter o trabalhador desqualificado para exercer o seu controle. • Falsidade do conceito de qualificação quando associado a adestramento para o trabalho, pois os cursos possuem conteúdos muito restritos.
Tese da polarização da qualificação	• Qualificação de um pequeno grupo. Desqualificação da grande massa. • Processo contraditório.
Tese da qualificação relativa	• O capitalismo necessitaria de pessoas com maior qualificação absoluta (para produção e consumo). • A qualificação relativa se reduz (a relação entre conhecimentos individuais e o nível atingido pela sociedade).

de trabalho. Entre as várias conclusões do estudo destacam-se:

a) Há um paradoxo quanto à qualificação – a maior exigência de conhecimentos convive, no Brasil, com a queda da qualidade de ensino e, por outro lado, com o desperdício de qualificação e experiência.
b) A qualificação real se impôs sobre a qualificação formal – embora a sociedade ainda valorize o diploma, o mercado o vê apenas como um indicador acerca das competências do seu portador.
c) A qualificação real envolve a capacidade de resistir às frustrações e lidar com o sofrimento, algo mais necessário nos contextos mais precarizados e informais.
d) A busca de inserção alternativa implica no manejo de conhecimentos que, anteriormente, eram de posse da empresa – capacidade de avaliar a situação, ter visão de futuro e ser flexível.

Com recorte metodológico bastante distinto, encontramos a pesquisa de Menezes-Filho e Rodrigues (2003), que teve como objetivo o de estabelecer conexões entre o recente aumento no uso relativo de trabalhadores qualificados (em comparação aos não qualificados) e medidas de tecnologia na manufatura brasileira nas últimas duas décadas. A economia brasileira passou por um processo de reajuste no início dos anos de 1990, com a abertura ao exterior, diminuição das barreiras tarifárias, ampliação e estreitamento de laços comerciais e, como conseqüência, maior absorção de tecnologia. Todo esse processo, tomando a mão-de-obra no geral e em vários segmentos produtivos, traduz-se em um aumento da qualificação, no estudo mensurada por anos de escolaridade. Os autores concluem que a transferência de tecnologia é um dos fatores responsáveis pelo aumento do uso relativo de qualificação no Brasil.

Finalmente, um terceiro estudo traz para o centro da discussão a perspectiva do trabalhador. Lombardi (1997) conduziu uma pesquisa que buscou levantar as percepções dos trabalhadores sobre os impactos das mudanças no sistema produtivo e nos modelos de gestão de recursos humanos. Em linhas gerais, são apontados ganhos que convivem, lado a lado, com uma ampliação das pressões mentais e físicas (uma intensificação do trabalho) com conseqüências para a saúde. Neste particular, é interessante destacar que o conceito de multifuncionalidade – um dos indicadores de enriquecimento do trabalho e de ampliação da qualificação – é um fator gerador de estresse já que, na prática, se traduz em um acréscimo de atividades, com a redistribuição de funções eliminadas do processo para os trabalhadores que permanecem empregados.

Esses e muitos outros estudos levam ao crescimento do número de pesquisadores que admitem ser possível a convivência de modelos com conseqüências até antagônicas em termos de qualificação (Machado, 1992). Ou seja, a relação entre reestruturação produtiva e qualificação deve ser analisada em uma perspectiva contingente.

Frigotto (1992), mesmo afirmando o caráter anti-social das novas tecnologias, ressalta que o impacto das alterações tecnológicas sobre o processo de trabalho não configura "espaço para visões apologéticas e nem para perspectivas apocalípticas" (p.51). Antunes (1995) fala de trabalhadores *centrais* e *periféricos* e afirma que, ao mesmo tempo em que se verifica uma tendência para qualificação do trabalho dos primeiros, há uma intensa desqualificação dos outros.

Leite e Rizek (1997) afirmam que, embora cresçam as evidências de que se configura um novo paradigma emergente e que este tende a elevar os requisitos de qualificação (claramente, de escolaridade), essa relação se dá de forma bastante heterogênea quando se consideram as segmentações do mercado de trabalho e as diferentes formas de inserção dos trabalhadores. Para as autoras, "os caminhos de reestruturação se revestem, assim, de elementos homogêneos para em seguida tomar uma forma extremamente heterogênea tanto intra-setorialmente como entre e intra-regionalmente" (p.185). Há, por conseguinte, distintas trajetórias que revelam uma realidade múltipla que não pode ser reduzida à dualidade que caracteriza o dilema tradicionalmente – qualifica ou desqualifica? Nas palavras das autoras:

Contrapondo-se às análises [...] que tendem a considerar os processos de reestruturação a partir de modelos (quer sejam eles virtuosos, como o da especialização flexível, quer sejam baseados na precarização), tais dados indicam que trabalhos precarizados e multiqualificados parecem conviver não só em diferentes setores, mas também em diferentes empresas dentro de um mesmo setor e, inclusive, entre diferentes setores da mão-de-obra dentro de uma mesma empresa. (Leite e Rizek, 1997, p.191)

Esse conjunto parcial de dados que emergem das pesquisas mais recentes, ao mesmo tempo em que enfraquece a tese de uma única explicação sobre os rumos da qualificação neste contexto de reestruturação produtiva – seja pessimista, seja otimista – fortalece o entendimento da qualificação como uma *construção social*. O que isso significa? Que as idéias e as práticas que configuram o campo da qualificação *no* e *para* o trabalho são historicamente construídas e trazem as marcas dos contextos sociais, culturais e políticos em que se inserem. Neste sentido, torna-se importante estar atento aos fatores específicos de uma organização que modelam as políticas e práticas de treinamento, desenvolvimento e educação. Tais políticas e práticas são construídas no interior de um complexo jogo de interesses e de disputas que se ancoram em perspectivas, muitas vezes opostas, de como entender o papel das pessoas na organização e os deveres da organização para com as pessoas. Isso significa, como destacado no Capítulo 9, que o profissional deve possuir a competência política para analisar tal contexto e compreender as relações de poder subjacentes às suas práticas.

Em síntese, a complexidade e a heterogeneidade são marcas do processo de qualificação, o que sinaliza para uma convivência de vários modelos de qualificação, considerando-se os múltiplos filtros – de políticas nacionais e organizacionais, segmento produtivo, natureza do processo de trabalho, tipo e tamanho da empresa – que são mediadores das influências societais mais gerais. Ter esta perspectiva mais ampla e olhar a conjuntura maior em que as práticas de TD&E ocorrem devem estar na base de uma reflexão crítica continuada para os profissionais da área.

NOTAS

1. Tartuce (2004) oferece um conjunto de elementos que nos permite compreender o que torna a questão da qualificação algo central para a sociologia do trabalho na França. Vale destacar a existência de um conjunto de práticas que vinculavam o sistema educativo ao siste-

ma produtivo – um ordenamento social das profissões e da estrutura de cargos que era legitimado e hierarquizado pelo diploma e tempo de formação. Essa consistência dentro de um modo de regulação fordista começava a dar sinais de esgotamento com as transformações tecnológicas que se anunciavam já nos anos de 1950.

QUESTÕES PARA DISCUSSÃO

- Escolha um tipo de organização (banco, empresa automobilística, empresa de comunicação, por exemplo) e procure identificar características associadas ao processo de reestruturação produtiva discutido.
- Levante e confronte os argumentos dos autores que vêem o processo de reestruturação em curso como gerador de saldos positivos ou negativos para a organização e o trabalhador.
- É possível aceitar-se o princípio do determinismo tecnológico afirmando-se que essas transformações realmente exigem um novo perfil de trabalhador?
- Que principais elementos fazem da qualificação profissional um conceito polissêmico?
- O que você conclui acerca das diferentes teses sobre os rumos da qualificação no capitalismo contemporâneo?
- Como você se posiciona frente à tensão que cerca os usos dos conceitos de *qualificação* e de *competência*?
- O que significa assumir uma perspectiva contingente ao se analisar as relações entre reestruturação produtiva e qualificação profissional?
- Que desafios a discussão sobre reestruturação produtiva e qualificação coloca para o profissional de TD&E?

REFERÊNCIAS

ALANIZ, E. P. Competência ou qualificação profissional: noções que se opõem ou se complementam? In: REUNIÃO ANUAL DA ANPED. EDUCAÇÃO: MANIFESTOS, LUTAS E UTOPIAS. 25., Caxambu-MG: Anped publicações, 2002.

ANTUNES, R. *Adeus ao trabalho?* Ensaios sobre as metamorfoses e a Centralidade do Mundo do Trabalho. São Paulo: Cortez; Campinas: Ed. da Universidade Estadual de Campinas, 1995.

ASSIS, S. L. O. Da sociedade industrial para a sociedade de serviço: características desta revolução. *Revista de Administração*, v. 20, n. 2, p. 85-87, 1985.

BASTOS, A. V. B.; LIMA, A. A. B. *Trabalho e educação:* bases conceituais. Brasília: SESI, 2002. v. 1, 178 p.

BORGES, L. O.; YAMAMOTO, O. H. O mundo do trabalho. In: ZANELLI; J. C.; BORGES-ANDRADE, J. E.; BASTOS, A. V. B. (Org.). *Psicologia, organizações e trabalho no Brasil.* Porto Alegre: Artmed, 2004. p.24-62.

BRAVERMAN, H. *Trabalho e capital monopolista:* a degradação do trabalho no século XX. 3. ed. Rio de Janeiro: Guanabara, 1974.

BRIGTHON LABOUR PROCESS GROUP. O processo de trabalho capitalista. In: Silva, T. T., (org.). *Trabalho, sociedade e prática social.* Porto Alegre: Artmed, 1991. p. 15-43.

CASTILLO, N. I. Alguns questionamentos sobre a hipótese da requalificação do trabalho. *Educação & Sociedade*, [S. l.], ano XVIII, n. 58, p.54-83, jul. 1997.

CASTRO, N. A. Organização do trabalho, qualificação e controle na indústria moderna. In: MACHADO, L. et. al. (Org.). *Trabalho e educação.* 2. ed. Campinas: Papirus, 1994. p. 69-86. (Coletânea CBE.)

CASTRO, N. A. Qualificações, qualidades e classificações. *Educação e Sociedade*, Campinas, CEDES, n. 45, 1993.

CORIAT, B. Automação programável, novas formas e conceitos de organização de produção. In: SCHIMITZ, H.; CARVALHO, R. *Automação, competitividade e trabalho:* a sexperiência internacional. São Paulo: Hucitec, 1988. p. 13-61.

DELUIZ, N. O modelo das competências profissionais no mundo do trabalho e na educação: implicações para o currículo. *Cadernos da 2ª Oficina de Planejamento Estratégico para a Implantação das Escolas Técnicas do Sistema Único de Saúde – SUS – Módulo II:* Delineamento dos Projetos Político-Pedagógico das Novas Escolas Técnicas do SUS. Brasília: Ministério da Saúde/PROFAE, v. 1. p. 36-58, 2002.

DUBAR, C. A sociologia do trabalho frente à qualificação e à competência. *Educação e Sociedade*: Revista quadrimestral de Ciência da Educação/CEDES, Campinas, ano 19, n. 64, p. 87-103, set. 1998.

DUBAR, C. A sociologia do trabalho frente à qualificação e à competência. *Educação e Sociedade*, v.19, n. 64, p.87-103, set. 1998.

ENGUITA, M. Tecnologia e sociedade: a ideologia da racionalidade técnica, a organização do trabalho e a educação. In: Silva, T. T., (org.). *Trabalho, educação e prática social.* Por Alegre: Artmed, 1991. p. 230-253.

FELSTEAD, A.; JEWSON, N. *In home, at work:* towards an understanding of homeworking. London: Routledge, 2000.

FERRETTI, J. C. Considerações sobre a apropriação das noções de qualificação profissional pelos estudos a respeito das relações entre trabalho e educação. *Educação e Sociedade*, Campinas, v. 25, n. 87, p. 401-422, mai./ago. 2004.

FLEURY, M. T.; FLEURY, A. *Aprendizagem e inovação organizacional:* as experiências de Japão, Coréia e Brasil. São Paulo: Atlas, 1995.

FRIGOTTO, G. Trabalho – educação e tecnologia: treinamento polivalente ou formação politécnica? In: Silva, T. T., (Org.). *Trabalho, educação e prática social.* Porto Alegre: Artmed, 1991. p. 254-274.

FRIGOTTO, G. As mudanças tecnológicas e educação da classe trabalhadora: politecnia, polivalência ou qualificação profissional (síntese do simpósio). In: *Trabalho e Educação.* Campinas, SP: Papirus: Cedes; São Paulo: Ande: Anped, 1992. p. 45-52.

GARAY, A. B. S. As diferentes faces do processo de qualificação: algumas dimensões esquecidas. *Revista de Administração*, São Paulo, v. 32, n. 3, p.52-61, jul./set. 1997.

GUIMARÃES, A. S. A.; CASTRO, N. A. Trabalho, sindicalismo e reconversão industrial no Brasil nos anos 90. Lua Nova, São Paulo, v.22, p. 207-228, 1990.

HAGE, J. Post-industrial Lives: new demands, new prescriptions. In: HOWARD, A. *The changing nature of work*. San Francisco: Jossey-Bass, 1995. p. 485-512.

HOWARD, A. *The changing nature of work*. San Francisco: Jossey-Bass, 1995.

IANNI, O. O mundo do trabalho. *Perspectiva*, São Paulo, v.8, n. 1, p. 2-12, 1994.

KANAWATI, G.; et al. Adjustment at the micro level. *International Labour Review*, [S.l.], v. 128, n. 3, p. 269-296, 1989.

KON, A. A modernização tecnológica brasileira e o ajustamento dos recursos humanos. *Revista de Administração de Empresas*, [S.l.], v. 31, n. 4, p.5-16, 1991.

LARANGEIRA, S. Qualificação. In: CATTANI, A. D. (Org.). *Trabalho e tecnologia*: dicionário crítico. Petrópolis: Vozes; Porto Alegre: Editora Universidade, 1997. p. 191-195.

LEITE, E. M. O resgate da qualificação. 1994. Tese (Doutorado em Sociologia) – Departamento de Sociologia da Faculdade de Filosofia, Letras e Ciências Humanas, Universidade de São Paulo, São Paulo, 1994.

LEITE, M. P.; RIZEK, C. S. Projeto: reestruturação produtiva e qualificação. *Educação & Sociedade*, ano XVIII, n. 58, p.178-198, jul. 1997.

LOBO, E. Modelo japonês e práticas brasileiras: sobre o modelo japonês. São Paulo: EDUSP / Aliança Cultural Brasil-Japão, 1993.

LOMBARDI, M. R. Reestruturação produtiva e condições de trabalho: Percepções dos trabalhadores. *Educação & Sociedade*, ano XVIII, n. 61, p. 64-87, dez./1997.

MACHADO, L. Mudanças tecnológicas e a educação da classe trabalhadora. In: *Trabalho e Educação*. Campinas, SP: Papirus: Cedes; São Paulo: Ande: Anped, 1992. p. 9-24.

MACHADO, L. R. S. Mudanças tecnológicas e educação da classe trabalhadora. In: MACHADO, L. et al. (Org.). *Trabalho e educação*. 2. ed. Campinas: Papirus, 1994, p. 9-23. (Coletânea CBE).

MAHONEY, M. J. Evolução contínua das ciências cognitivas e psicoterapias. In: NEIMEYER, R. A.; MAHONEY, E M. J. (Org) *Construtivismo e psicoterapia*. Porto Alegre: Artmed, 1997. p.38-59.

MAHONEY, M. J. *Processos humanos de mudança*: as bases científicas da psicoterapia. Porto Alegre: Artmed, 1998.

MANFREDI, S. M. Trabalho, qualificação e competência profissional – das dimensões conceituais e políticas. *Educação e Sociedade*, Campinas, v. 19, n. 64, set. 1998.

MENEZES-FILHO, N. A.; RODRIGUES JR., M. Tecnologia e demanda por qualificação na indústria brasileira. *RBE*, Rio de Janeiro, v. 57, n. 3, p.569-603, jul./set. 2003.

NEVES, M. A. Mudanças tecnológicas e organizacionais e os impactos sobre o trabalho e a qualificação profissional. In: MACHADO, L.R.S. et. al. *Trabalho e educação*. Campinas: Papirus, Cedes; São Paulo: Ande, Anped, 1992.

NEVES, M. A.; LEITE, M. P. Qualificação e formação profissional: um novo desafio. In: LEITE, M. P.; NEVES, M. A. (Org.). *Trabalho, qualificação e formação profissional*. São Paulo: Rio de Janeiro: ALAST, 1998. p. 9-18.

OFFE, C. Trabalho: a categoria chave da sociologia? *Revista Brasileira de Ciências Sociais*, [S.l.], v. 10, n. 4, p. 5-20, 1989.

PAIVA, V. Produção e qualificação para o Trabalho: uma revisão da bibliografia internacional. *Cadernos SENEB*, Brasília, MEC, São Paulo, Cortez.,1991.

PAIVA, V.; CALHEIROS, V.; POTENGY, G. Trabalho e estratégias formativas: um exemplo empírico. *Cadernos de Pesquisa*, [S.l.], n. 120, p. 111-128, nov. 2003.

RAMOS, M. N. *Pedagogia das competências*: autonomia ou adaptação? São Paulo: Cortez, 2001.

RATTNER, H. Tecnologia e desenvolvimento sustentável: uma avaliação crítica. *Revista de Administração*, v. 26, n. 1, p. 5-9, 1991.

RESENDE, E. *O Livro das competências*: desenvolvimento das competências: a melhor auto-ajuda para pessoas, organizações e sociedade. Rio de Janeiro: Qualitymark, 2000.

RUAS, R. L. Gestão por competências: uma contribuição à estratégia das organizações. In: RUAS, R.L.; ANTONELLO, C.S.; BOFF, L.H. *Os novos horizontes da gestão: aprendizagem organizacional e competências*. Porto Alegre: Bookman, 2005. p.34-54.

SALERNO, M. Modelo japonês, trabalho brasileiro: sobre o modelo japonês. São Paulo: EDUSP/Aliança Cultural Brasil-Japão, 1993.

SOUZA, N. B. Os efeitos sociais das novas tecnologias nas fábricas. In: NEDER, R. T. et al. *Automação e movimento sindical no Brasil*. São Paulo: Hucitec, 1988.

TARTUCE, G. L. B. P. Algumas reflexões sobre a qualificação do trabalho a partir da sociologia francesa do pós-guerra. *Educação e Sociedade*, Campinas, v. 25, n. 87, p. 353-382, maio/ago. 2004.

TOLEDO, F. *Recursos humanos*: crise e mudanças. São Paulo: Atlas, 1988.

WOODWARD, J. *Industrial organizations*: theory and practice. Londres: Oxford University, 1965.

ZARIFIAN, P. A gestão da e pela competência. In: SEMINÁRIO INTERNACIONAL DE EDUCAÇÃO PROFISSIONAL, TRABALHO E COMPETÊNCIAS, 28 a 29 de novembro de 1996, Rio de Janeiro: Anais... Rio de Janeiro: CIET/UNESCO, 1998. p. 15-23.

2

Formação profissional

Luciana Mourão e Katia E. Puente-Palacios

Objetivos

Ao final deste capítulo, o leitor deverá:

- Identificar os principais fatores que influenciam a formação profissional.
- Discutir sobre o papel dos cursos técnicos e dos cursos universitários na formação profissional.
- Apontar os principais avanços e as principais defasagens da formação profissional no Brasil.
- Identificar os principais programas públicos relativos à formação profissional.
- Apontar diferenças e semelhanças entre os programas públicos e os privados.
- Apontar os maiores desafios para a realização de programas públicos concernentes à formação profissional no Brasil.
- Discutir as principais questões envolvidas no processo de monitoramento e avaliação de programas relativos à formação e à qualificação profissional.

INTRODUÇÃO

O mundo do trabalho está em mutação. Fenômenos como a globalização, a terceirização, os novos modelos de gestão, os avanços tecnológicos, o crescimento do desemprego e a automação têm provocado significativas mudanças nas organizações e nas formas de trabalho. Os profissionais que trabalham com a gestão de pessoas nas organizações buscam novos pilares que possibilitem a reestruturação das relações de trabalho e da própria concepção do mesmo diante dessas transformações.

O trabalho está ganhando dimensões novas, tornando-se mais complexo e ocupando papel de destaque cada vez maior na vida das pessoas. A concepção do trabalho tem se alterado com as diferentes formas de organização da sociedade. A importância atribuída a ele na sociedade ocidental concede ao papel de trabalhador lugar de destaque entre os papéis sociais. Para os indivíduos da nossa cultura, o trabalho é uma necessidade básica não só pela sua função econômica, mas também pela identidade que lhes concede. Assim, se o trabalho é definidor da identidade dos sujeitos, um Estado em que predomina o desemprego e onde a mão-de-obra é desqualificada em termos de formação profissional terá sérios problemas sociais a resolver.

O Brasil, certamente, encontra-se na situação descrita, sobretudo pela baixa qualificação de seus trabalhadores, evidenciada a partir do baixo nível de escolaridade da população brasileira. O relatório produzido pela Organização das Nações Unidas (ONU), com parceria do Instituto Brasileiro de Geografia e Estatística (IBGE), relata que o Brasil, em 2001, tinha aproximadamente 15 milhões de analfabetos, um número elevado apesar de uma melhoria geral nos níveis de escolaridade da população na última década. Mesmo considerando essa melhoria nos níveis de escolaridade, de acordo com o Censo do IBGE – 1998, a média de freqüência do brasileiro à escola é de apenas 5,9 anos (considerado um ano por série concluída com aprovação).

A precariedade da educação no país e a urgência de fazer que o Brasil passe a ter condições de competir com países do primeiro mundo colocam o estudo e a discussão sobre formação profissional e programas públicos de treinamento e capacitação na ordem do dia. Portanto, é necessário que se analise e que se discuta questões como: O que é formação profissional? Em que cenário está inserido o debate sobre formação profissional, treinamento e empregabilidade? Quais as interfaces entre esses conceitos? Quais os programas públicos e privados de formação profissional realizados no Brasil? Esses programas têm sido avaliados? Como deve ser a avaliação dos programas de formação profissional?

As propostas deste capítulo são apresentar os conceitos centrais relacionados à formação profissional e à avaliação de programas, e fazer uma reflexão crítica tanto da dimensão teórica como da dimensão prática desses conceitos no Brasil.

FORMAÇÃO PROFISSIONAL: CONCEITOS E ASPECTOS CENTRAIS

Até o advento da Revolução Industrial, os modelos de produção no Ocidente eram essencialmente artesanais. Isso fazia com que a formação profissional tivesse um caráter familiar. Nas comunidades havia artesãos – ferreiros, alfaiates, padeiros, sapateiros, marceneiros, oleiros – cujos produtos e serviços atendiam à comunidade. A partir da Revolução Industrial, as técnicas de produção em massa empregadas exigiram a especialização da mão-de-obra e um novo pensar acerca da formação profissional. Essa nova realidade tornou visceral a relação entre formação profissional e sistema produtivo. Por esse motivo, é preciso entender as bases e a evolução do sistema capitalista para que o estudo da formação profissional possa fazer sentido.

A formação profissional, tal como é entendida hoje, está diretamente ligada ao contexto de trabalho produtivo do sistema capitalista. A noção do trabalhador como profissional responsável por um determinado tipo de produto (como sapatos, camisas ou utensílios para casa) foi substituída pela noção do trabalhador como uma peça do sistema produtivo. Naturalmente, a formação dos trabalhadores da sociedade moderna é distinta da formação dos antigos aprendizes que acompanhavam o trabalho de um "mestre" até serem capazes de executar o serviço. Atualmente, a formação profissional é considerada como parte da formação educacional e discutida pelas universidades, pelas escolas técnicas, pelos órgãos do governo, pelos sindicatos e pelas empresas que compõem o sistema produtivo.

No sistema capitalista, as empresas ditam a formação profissional de que necessitam. O conceito de empregabilidade, claramente apoiado no desemprego crescente, faz com que a responsabilidade por buscar atender às demandas de formação exigidas pelo setor produtivo recaia sobre os cidadãos. Ou seja, devido ao novo cenário do trabalho, caracterizado pelo desemprego crescente e pelo aumento das demandas cognitivas para a realização das atividades de trabalho, a educação tem sofrido mudanças em sua função social. Nesse cenário, parte do papel da educação como promotora da eqüidade social fica comprometido, ao tempo em que é mantido – e até acentuado – o papel de garantidora de um mercado de trabalho. Embora essas mudanças de papéis possam parecer contraditórias, o que ocorre é que, com o novo conceito de empregabilidade, a educação para o trabalho deixa de ser uma política social de pleno emprego e passa a caracterizar-se como uma busca individual competitiva por uma colocação no mercado de trabalho. Segundo Aranha (2001, p.281), "por empregabilidade entende-se a responsabilização do trabalhador pela obtenção e manutenção do seu emprego, por meio de um processo contínuo de formação e aperfeiçoamento".

Empregabilidade, terceirização, inovações tecnológicas, globalização, automação, trabalho em domicílio, modelos de gestão, tempo de trabalho, gestão participativa, saúde do trabalhador, desemprego crescente e mudanças nas ações coletivas dos trabalhadores são questões que precisam ser consideradas no debate sobre formação profissional.

Formação profissional é uma expressão recente para antigos processos históricos que envolvem o trabalhador e o trabalho. Cattani (2002) conceitua formação profissional como todos os processos educativos em escolas ou empresas que permitam, ao indivíduo, adquirir e desenvolver conhecimentos teóricos, técnicos e operacionais relacionados à produção de bens e serviços. Dessa definição, há quatro aspectos que precisam ser ressaltados:

a) A natureza processual da formação profissional.
b) A sua ligação com o sistema educacional.
c) O fato de a formação profissional poder ser desenvolvida em escolas ou em empresas.
d) O objetivo precípuo de fornecer ao indivíduo conhecimentos teóricos, técnicos e operacionais relacionados ao sistema produtivo.

A compreensão de que a formação profissional tem natureza processual é fundamental para que ela não seja confundida com a realização de eventos isolados. A formação profissional, como o próprio nome diz, se propõe a formar pessoas para exercer determinadas profissões. Portanto, não é algo de curto prazo, que pretenda treinar trabalhadores em uma ou outra habilidade.

A ligação entre formação profissional e sistema educacional é importante porque o trabalho é também uma forma de inserção na sociedade. As universidades e os cursos técnicos são os dois principais elos entre educação e formação profissional, mas a própria Lei de Diretrizes e Bases da Educação prevê que até mesmo a educação básica precisa dar condições de o cidadão progredir no trabalho: "A educação básica tem por finalidade desenvolver o educando, assegurar-lhe a formação comum indispensável para o exercício da cidadania e fornecer-lhe meios para progredir no trabalho e em estudos posteriores" (Brasil, 1996). Na verdade, a educação para o trabalho é vista como uma forma de promover maior eqüidade social e menores discrepâncias na acirrada luta por um espaço no mercado de trabalho (DIEESE, 1998). Se ela está ou não conseguindo cumprir essa sua função integradora na sociedade é uma questão que precisa ser debatida.

Em relação ao fato de a formação profissional poder ser realizada tanto pelo governo como pelo setor privado, importa discutir a transformação do papel do Estado em praticamente todo o mundo. O Estado tem deixado de ser visto como o único provedor do bem-estar social, e as empresas também passam a assumir esse papel. É crescente a discussão de conceitos como responsabilidade social das empresas, cidadania organizacional e *marketing* social. A formação dos trabalhadores é uma das muitas funções que já foram de responsabilidade exclusiva do Estado, mas que dia a dia passam a ser percebidas como funções também do setor produtivo. No entanto, a atuação do Estado na formação profissional é imprescindível, por causa da relação direta entre formação profissional e desenvolvimento do país e também pela necessidade de ir além da formação mais imediata e específica geralmente oferecida pelo setor produtivo. No caso do Brasil, a Constituição Federal, em seu art. 205, estabelece que a educação, direito de todos e dever do Estado e da família, visará também à qualificação para o trabalho e garante, em seu art. 6, o trabalho como um dos direitos sociais dos cidadãos brasileiros.

Apesar de a própria Lei de Diretrizes e Bases prever que a educação básica deve cuidar também da preparação para o trabalho, não restam dúvidas de que os cursos técnicos e as universidades têm papel preponderante na contribuição da formação profissional. Os cursos técnicos, que em muitos países são os principais responsáveis pela formação profissional, não têm tido o reconhecimento e a função que deveriam ter no Brasil. Ainda é comum ouvir em uma seleção de trabalhadores expressões do tipo "ele fez um cursinho técnico" ou "ele só tem o curso técnico". Naturalmente, o curso técnico não substitui a formação superior, pois são opções complementares de qualificação para o trabalho. Muitas funções que hoje são exercidas por profissionais graduados poderiam ser exercidas, sem nenhuma dificuldade, por pessoas que tivessem realizado um curso técnico naquela área. Os objetivos de um curso técnico e de um curso superior são distintos. No curso técnico, busca-se fornecer um ferramental que possibilite ao cidadão exercer cargos técnicos em diferentes profissões. Já os cursos de graduação têm como objetivo, além de fornecer "técnicas, desenvolver o pensamento crítico sobre a profissão, o seu papel social etc." Embora existam muitas formas de desenvolvimento profissional, além dos cursos técnicos e universitários, a relação entre formação profissional e o sistema educacional ocorre basicamente por meio deles.

Finalmente, cabe analisar o objetivo da formação profissional de "permitir ao indivíduo adquirir e desenvolver conhecimentos teóricos, técnicos e operacionais relacionados à produção de bens e serviços". A definição de Cattani (2002) não fala em "fornecer conhecimentos aos indivíduos", mas em permitir ao indivíduo adquirir e desenvolver conhecimentos. Essa ênfase é importante porque atribui aos trabalhadores um papel central no processo de formação profissional, e não um papel passivo de quem espera receber algo. Essa responsabilização do indivíduo pelo seu saber-fazer é criticada, pois acentua o aspecto individual e "a-social" da política empregatícia e fortalece as políticas governamentais de exclusão social, de um lado, e as políticas compensatórias de outro (Aranha, 2001, p.281). De maneira adicional, é preciso considerar os trabalhadores como sujeitos do processo de construção de um saber ocupacional, e não como meros objetos do sistema produtivo. Assim, não cabe ao Estado "formar" profissionalmente os cidadãos, tampouco deixar que eles "busquem sua formação". O papel do Estado é o de fornecer as condições para que o cidadão possa formar-se para atuar no mundo do trabalho.

No mundo das empresas, a formação profissional se aproxima do conceito de treinamento e desenvolvimento (T&D), pois é uma estratégia operacional em que se busca qualidade e produtividade, polivalência, enriquecimento das tarefas, aumento da responsabilidade dos trabalhadores. Aranha (2000) aponta o caráter funcional e a busca de alcançar objetivos em curto prazo como as principais características da formação profissional nas empresas. Para a autora, no contexto da empresa, a formação profissional obedece a imperativos precisos, tais como a adequação da força de trabalho ao processo produtivo e a implementação de uma cultura própria da instituição, de forma a enquadrar a formação e o conhecimento para torná-los convenientes às suas demandas específicas. Todavia, essa realidade começa a mudar. Uma tendência apontada na literatura de T&D é de que a aprendizagem se torne um fenômeno mais aberto, e não apenas restrito às salas de aula. Por isso, é possível que as empresas comecem a buscar outros espaços para o desenvolvimento da atividade formativa, de maneira a tornar a formação um processo contínuo e múltiplo dentro das empresas.

Já para os trabalhadores, a formação profissional está associada a idéias de autonomia e autovalorização (Cattani, 2002). Os cidadãos estão cada vez mais assustados com a dificuldade de conseguir e manter um lugar no mercado de trabalho, e, diante desse cenário, a formação profissional é percebida como um "passaporte" para o trabalho. Sousa e colaboradores (1999) consideram que a educação hoje traz consigo uma vinculação direta com a ascensão social, tal qual era preconizado pela teoria do capital humano. Ou seja, quanto maior a escolaridade, maior a chance de conseguir um posto de trabalho em um mundo em que o trabalho é cada vez mais escasso.

Como os parágrafos anteriores demonstraram, a formação profissional não pode ser estudada como se tivesse um conceito delimitado e um significado único, na sociedade. De fato, trata-se de um conceito multifacetado e, por vezes, com diferentes significados. Segundo Cattani (2002), há duas dimensões a serem consideradas no estudo da formação profissional. A primeira é uma dimensão restrita, operacional, de preparação para o trabalho, como um subproduto do sistema educacional. Essa é a dimensão mais conhecida e difundida. Nessa dimensão, a formação profissional seria instrução e adestramento da mão-de-obra, adequação dos recursos humanos às necessidades pontuais e específicas das empresas e antídoto para o desemprego. A segunda dimensão assume um *status* teórico mais relevante, com maior densidade política e social. Nessa dimensão, a formação profissional integra o complexo debate da relação educação-trabalho e assume papel estratégico para recuperação da positividade do trabalho. Implica o questionamento sobre o papel condicionador da escola e o trabalho como princípio educativo e libertador ou como fator de alienação e domesticação produtivista, conforme se observa na Tabela 2.1.

Em países em desenvolvimento, a formação profissional é um aspecto diretamente relacionado à questão do desemprego. A competição pelo mercado de trabalho já não se dá apenas dentro das fronteiras dos países; a disputa por emprego passa a ser globalizada. A formação profissional nem sempre é um antídoto para o desemprego. Por exemplo, há países do primeiro mundo que têm formação profissional de qualidade e altas taxas de desemprego. No entanto, não se pode discutir questões relacionadas ao mercado de trabalho sem se analisar a relação entre emprego e formação profissional.

A qualificação profissional, entendida como o conjunto de habilidades, conhecimentos e competências de que o indivíduo dispõe para o seu desempenho profissional, não é um processo alheio às condições de vida das pessoas. As exigências de qualificações são mais facilmente atendidas quando o sujeito do processo vem de situações estruturais facilitadoras. Em países com disparidades e desigualdades sociais, no momento em que o indivíduo busca a inserção no mercado de trabalho, essas discrepâncias ficam explicitadas. O desemprego e a formação profissional não são distribuídos de maneira equânime pela população. Ao contrário, há uma relação inversa nessa distribuição: quem tem acesso a melhor formação profissional tem menores chances de precisar enfrentar o desemprego. Assim, de um lado, há jovens com formação de primeiro mundo para os quais as portas do mercado de trabalho estão abertas. De outro, há um enorme contingente de pessoas que travam uma luta diária para conseguir o primeiro emprego.

Segundo Singer (1999, p.31),

> o mundo do trabalho, nas economias capitalistas democráticas da Europa, América do Norte e, com algumas adaptações, também da América do Sul, e do nosso País, estruturou um sistema de relações de trabalho em que prevalece o trabalho assalariado formal, a relação de emprego padrão.

Contudo, o autor analisa que esta relação de emprego padrão entrou em crise desde a abertura do mercado nacional (pelo governo de Fernando Collor em 1990) e que um emprego com carteira assinada tem passado a ser considerado um privilégio.

Segundo Offe (1999, p.57),

> naturalmente, o treinamento, a escolaridade e a melhoria das habilidades humanas ocorrem nas escolas, em cursos, nos regimes de mercado e nas administrações que temos nos nossos países. Entendo que isso também está sendo desenvolvido no Brasil. Embora necessário, não é uma abordagem suficiente para solucionar o problema do desemprego.

Tabela 2.1
AS DUAS DIMENSÕES DA FORMAÇÃO PROFISSIONAL (FP)

Dimensão restrita	Dimensão ampla
- Dimensão mais operacional de preparação para o trabalho. - Mais conhecida e difundida. - FP como subproduto do sistema educacional. - Adequação das pessoas às necessidades das empresas. - Antídoto para o desemprego. - Instrução e adestramento da mão-de-obra.	- Possui *status* teórico mais relevante: maior densidade política e social. - Integra o debate da relação educação-trabalho. - Questiona o papel condicionador da escola. - Questiona o trabalho (princípio educativo e libertador x fator de alienação produtivista). - Busca a recuperação da positividade do trabalho.

Offe (1999) considera a sociedade de alta tecnologia como uma sociedade que emprega pessoas, mas que rapidamente diminui a capacidade de empregar. Para ele, o nível de emprego não vai ser afetado por essa tendência das chamadas sociedades baseadas no conhecimento. Em suas palavras:

> Creio que a visão estatista e engajada da social-democracia sobre treinamento e qualificação é mais provável que signifique a antecipação de um mercado de trabalho, no qual o trabalho deve ser criado para uma mão-de-obra de alta qualificação, com altos benefícios e altos salários. Mas essa não é a história completa, porque esses trabalhos, quantitativamente, serão tão limitados que nem todos terão possibilidade de tê-los (p.66).

As idéias de Offe corroboram a forte ligação entre a falta de formação profissional e o desemprego. Em um cenário de vagas limitadas no mercado de trabalho e de aumento da demanda cognitiva em praticamente todas as atividades, é de se esperar que os trabalhadores mais qualificados tenham maiores chances de conseguir um emprego e manter-se nele. Na verdade, as próprias empresas têm interesse em reter esses trabalhadores e em capacitá-los. Aranha (2001, p.281) analisa que "as políticas governamentais e de organismos internacionais têm reforçado a necessidade de as empresas se envolverem mais diretamente na formação dos trabalhadores, em especial estabelecendo esquemas próprios de formação, com ou sem parcerias com agências formadoras e o sistema oficial de ensino". Apesar dos avanços ocorridos na área, a formação profissional proporcionada pelas empresas, ainda é mais imediatista e restrita. Mesmo assim, a Comissão Econômica para a América Latina (CEPAL, 1994) estabeleceu, entre suas propostas de formação para a América Latina, o estímulo dos governos a empresas, por meio de reduções tributárias e fiscais, para que estas adotem escolas de orientação técnica.

Para Aranha (2001), as argumentações que objetivam conferir à empresa a centralidade na formação profissional sustentam-se em duas idéias básicas: a de que, frente à rapidez das transformações organizacionais e tecnológicas, as organizações encontram-se em lugar estratégico, pois é nelas que as inovações chegam com maior velocidade, e a de que a relação custo-benefício para a formação profissional é mais eficaz e produtiva na formação continuada, que atinge o trabalhador em exercício, e não na formação inicial, voltada para os jovens que ainda não ingressaram no mercado de trabalho.

No entanto, Aranha (2001) analisa que os próprios autores defensores desse modelo de formação (no qual as empresas ocupam o papel central) apontam limitações no tipo de educação profissional. Entre elas está o fato de somente as grandes empresas ou as mais estruturadas terem condições de assumir diretamente a capacitação e as limitações da maioria das empresas para estabelecerem a sua própria demanda em termos da formação dos trabalhadores (o que vai ao encontro das pesquisas sobre levantamento de necessidades de treinamento, as quais mostram que este ainda é um dos aspectos mais frágeis dos sistemas de treinamento das organizações).

No debate sobre qualificação profissional e desemprego, é preciso considerar a argumentação de Pochmann (1999) de que "o crescimento econômico por si só não gera emprego suficiente para todos e que o problema do emprego não é exclusivamente de ordem econômica, mas é também um problema político". Exatamente por ser um problema político, precisa-se que a discussão sobre a formação profissional ganhe também dimensão política. A questão é que o acesso à qualificação profissional não é igual para todos, problema que se torna mais grave diante da complexidade das condições socioeconômicas e culturais do Brasil e das discrepâncias entre as classes e regiões. Essa condição de desigualdade não pode ser esquecida no debate sobre formação profissional no país.

FORMAÇÃO PROFISSIONAL NO BRASIL: AVANÇOS E DEFASAGENS

No Brasil, o tema da formação profissional entrou na agenda política dos atores sociais em momentos históricos diferentes, mas somente na última década foi que se constituiu uma agenda política comum. Isso não é sem motivo. Desde quando implantado (na década de 1940), até recentemente, o Brasil seguiu o modelo internacional de formação profissional denominado fordista. Esse modelo qualifica de forma competente um reduzido grupo de profissionais e deixa que a grande massa de trabalhadores seja treinada para suas tarefas específicas apenas no próprio local de trabalho (DIEESE, 1998).

A estimativa é que menos de 10% da População Economicamente Ativa (PEA) do Brasil tenha tido acesso a algum tipo de processo concernente à formação profissional (Cattani, 2002). Além do problema específico da formação profissional, é preciso considerar a precariedade dos ensinos básico e médio e a baixa escolarização dos brasileiros, o que agrava a situação da qualificação da mão-de-obra nacional.

O primeiro governo de Getulio Vargas instituiu, na década de 1940, o sistema de financiamento para a preparação para o trabalho, necessário à indústria e ao comércio, por meio de uma contribuição compulsória das empresas sobre a folha de pagamento. Como resultado, o Brasil conviveu com dois sistemas nacionais de formação profissional: o das escolas técnicas federais e estaduais, que se consolidaram aos poucos no cenário nacional, e o constituído pelo Senai e pelo Senac, financiado com recursos públicos e gerido de forma privada pelas entidades nacionais de empresários da indústria e do comércio (DIEESE, 1998).

Segundo, Pochmann (1999), o modelo de formação profissional brasileiro se ancora em bases organizacionais e financeiras distintas: de um lado, cursos de curta e média duração (governamentais), mais voltados para o atendimento do desenvolvimento de uma economia tradicional e, de outro, cursos de curta duração do Ministério do Trabalho e Emprego (MTE). O fato de haver duas bases distintas leva ao questionamento da eficácia, da eficiência e da efetividade desses cursos, principalmente porque o cenário atual é muito distinto do verificado no pós-guerra, e a maioria desses cursos (exceto os de curta duração do MTE) foi elaborada quando havia uma estruturação do mercado de trabalho, a partir da valoração e expansão do emprego assalariado. Com as recentes transformações da economia nacional, desde 1990, sinais de inadequação são percebidos, principalmente decorrentes da diversidade de ocupações atuais.

Para Manfredi (2000, p.1) "estamos em um momento de criação e reelaboração de várias concepções de educação profissional (e sindical) que retratam de forma diferenciada os interesses dos grupos sociais envolvidos nesses processos de transformação social". A respeito desses interesses diferenciados e da desigualdade entre as classes, existe uma discussão de que, na verdade, não só a formação profissional é um processo que, no Brasil, privilegia determinados grupos, mas que o próprio sistema educacional também é discriminatório. Para Girão (2001, p.332), as camadas sociais têm acesso a processos diferenciados de formação profissional, e algumas camadas sequer são atingidas por esse sistema de qualificação de trabalhadores. "Embora existam, desde a década de 1940, um modelo de formação técnico-profissional no país e programas de qualificação institucional com recursos do Fundo de Amparo ao Trabalhador, esses sistemas não atendem às novas exigências da produção, nem dão a formação necessária ao trabalhador".

No trabalho feito pelo DIEESE (1998) em que há proposição de questões que precisam ser consideradas no debate nacional acerca da formação profissional, é apresentado um mapeamento da formação profissional tradicional no Brasil. Apresentam-se as agências, o público, os tipos de atividade e o financiamento tanto em relação aos organismos do setor público como também ao setor privado, conforme se pode observar nas Tabelas 2.2 e 2.3.

Os dados contidos nas Tabelas 2.2 e 2.3 permitem concluir que há semelhanças entre as agências públicas e privadas de formação profissional quanto ao público-alvo (jovens e adultos) e também quanto ao tipo de atividade. Contudo, as agências privadas enfatizam cursos técnicos nas áreas de agroindústria, transporte e comércio, enquanto as públicas têm um leque mais amplo de abrangência.

Em relação à discussão sobre uma política de formação profissional para o país, Côrrea (2001) analisa que o presente momento histórico é privilegiado para se compreender os embates entre os diferentes atores sociais em relação à formação profissional por estar em construção um projeto que está se tornando hegemônico. A autora destaca três propostas distintas dentre as várias concepções:

a) Os projetos do Estado, construídos pelos Ministérios da Educação e do Trabalho e Emprego.
b) Os projetos e as concepções das principais centrais sindicais de trabalhadores.
c) Os projetos dos empresários do setor industrial, organizados na CNTI, nas federações das indústrias e outros fóruns empresariais.

O debate sobre formação profissional envolve, portanto, três atores sociais: o governo, as empresas e os trabalhadores – cada um deles com interesses e propostas distintos. Offe (1999) analisa que, para enfrentar o desemprego, é necessário equilibrar "as três pontas do triângulo": Estado, mercado e comunidade, pois caso se confie em apenas uma delas, tende-se a minar e a incapacitar as outras.

Para Côrrea (2001, p.278), "compreender os pontos de convergência entre esses projetos e essas práticas, suas similitudes e diferenças, bem como os contornos que assumem ao serem operacionalizados, principalmente o empresarial, pode suscitar o fortalecimento de espaços alternativos, mais sintonizados com os interesses dos setores interessados na democratização dessas práticas sociais educativas".

O governo brasileiro tem feito esforços no sentido de melhorar a formação privada por meio:

a) de reformas no ensino técnico federal, que apontam para o estabelecimento de uma lógica de mercado na definição de seus cursos e funcionamento;
b) da intensificação do caráter privado de instituições como o Senai e o Senac;
c) do estímulo a empresas a adotarem e criarem seus sistemas próprios de formação profissional (como o Projeto Educação para a Competitividade do FINEP, custeado com recursos do FAT, que oferece ótimas condições para as empresas que resolverem

Tabela 2.2
FORMAÇÃO PROFISSIONAL TRADICIONAL, AGÊNCIAS, PÚBLICO, TIPOS DE ATIVIDADE E FINANCIAMENTO – SETOR PÚBLICO

Agências	Público a que se destina	Tipos de atividades	Financiamento
Ministério da Educação • Escolas agrotécnicas federais de ensino médio • Escolas técnicas de ensino médio vinculadas às universidades federais • CEFETS: centros federais de educação tecnológica de ensino médio e ensino superior • Escolas de ensino fundamental com a pré-qualificação em agropecuária	Jovens e adultos	Cursos técnicos de ensino médio e de auxiliar técnico	Governo Federal/ Ministério da Educação
Escolas técnicas estaduais e municipais	Jovens e adultos	Cursos técnicos de ensino médio e de auxiliar técnico	Público
Escolas públicas estaduais e municipais	Jovens	Cursos de iniciação ao trabalho	Público
Universidades	Adultos	Cursos de graduação, seguindo a legislação reguladora do exercício profissional Cursos de aperfeiçoamento, especialização, mestrado, doutorado e pós-doutorado	Público
Emater – Empresa de Assistência Técnica e Extensão Rural	Adultos	Cursos de assistência técnica agrícola e extensão rural	Governo Federal/ Ministério da Agricultura
Centros de treinamento especializados da Telebrás, Petrobrás e Eletrobrás[1]	Adultos	Cursos de especialização em telecomunicações, petróleo e energia elétrica	Empresas estatais
Escola de Administração Fazendária (ESAF)	Adultos	Cursos de especialização em finanças públicas	Governo Federal/ Secretaria de Administração
Escola Nacional de Administração Pública (ENAP)	Adultos	Cursos de especialização em serviço público	Governo Federal/ Secretaria de Administração
Ministério do Trabalho	Jovens e adultos	Programas de formação profissional, por meio do Sistema Nacional de Mão-de-obra e Conselho Federal de Mão-de-obra	Governo Federal, estados, municípios, empresas e outras instituições da sociedade civil

Fonte: DIEESE – Departamento Intersindical de Estatística e Estudos Socioeconômicos (1998). *Formação profissional: um novo espaço de negociação.* São Paulo. p.32.
[1] Em função da privatização, a Telebrás não compõe mais o quadro do sistema público de formação profissional.

Tabela 2.3
FORMAÇÃO PROFISSIONAL TRADICIONAL, AGÊNCIAS, PÚBLICO, TIPOS DE ATIVIDADE E FINANCIAMENTO – SETOR PRIVADO

Agências	Público a que se destina	Tipos de atividades	Financiamento
Senai (Serviço Nacional de Aprendizagem Industrial) e Senac (Serviço Nacional de Aprendizagem Comercial) • Escolas técnicas • Centros de treinamento • Centros de formação profissional • Centros de desenvolvimento de pessoal • Unidades de treinamento operacional • Agências de treinamento	Jovens e adultos, para a indústria e para atividades do comércio em geral	Cursos nas áreas da indústria e do comércio com conteúdos específicos para iniciação a aprendizagem, qualificação, aperfeiçoamento e habilitação específica	Contribuição mensal compulsória dos empregadores da indústria/empregadores do comércio, no valor de 1% da folha de pagamento
Senar – Serviço Nacional de Aprendizagem Rural	Trabalhadores rurais	Cursos sobre temas ligados à agroindústria, agropecuária, extrativismo vegetal e animal e cooperativas rurais	Contribuição mensal compulsória dos empregadores rurais, no valor de 2,5% da folha de pagamento
Senat – Serviço Nacional de Aprendizagem em Transportes	Jovens e adultos, para atividades da área de transportes em geral	Cursos sobre temas ligados às atividades de transportes em geral	Contribuição mensal compulsória dos empregadores em transportes, no valor de 2,5% da folha de pagamento
Sebrae – Serviço Brasileiro de Apoio às Médias e Pequenas Empresas	Micro e pequenos empresários	Cursos para micro e pequeno empresários nas áreas da indústria e do comércio	0,3% das contribuições sociais devidas ao Sesc, Sesi, Senai, Senac
Unidades de ensino de nível superior/universidades e faculdades	Adultos	Cursos de graduação e pós-graduação conforme legislação profissional	Próprio e de outras fontes da sociedade civil
Entidades sindicais de trabalhadores Escolas e colégios sindicais	Jovens e adultos	Cursos profissionalizantes para jovens e adultos na área da indústria com conteúdos específicos para iniciação, aprendizagem e qualificação para o trabalho	Próprios trabalhadores e fontes da sociedade civil

Fonte: DIEESE – Departamento Intersindical de Estatística e Estudos Socioeconômicos (1998). *Formação profissional: um novo espaço de negociação*. São Paulo. p.33.

investir diretamente na formação profissional de seus trabalhadores) (Aranha, 2001).

Cattani (2002) considera que os principais organismos vocacionados para a formação profissional (Senai e Senac) são subordinados às confederações empresariais e que as atividades deles são incipientes e atendem a interesses localizados. O trabalho desenvolvido por esses organismos é significativo respectivamente para alguns segmentos da indústria e do comércio, mas eles realizam muito mais eventos de treinamento do que investimentos em processos de educação e desenvolvimento para o trabalho.

Um outro organismo de formação profissional é o Sebrae, voltado para o atendimento de micro e pequenos empresários, com foco definido para o empreendedorismo. O Sebrae oferece cursos abertos à comunidade como um todo, mas a sua atuação no que se refere à qualificação de trabalhadores, assim como o Senai e o Senac, é ainda pontual, pois não se destina a todos os cidadãos brasileiros.

Do ponto de vista educacional, é preciso considerar que a Lei do Ensino Profissionalizante (1971) subordinou o ensino médio ao objetivo de preparação para o trabalho. Essa medida enfraqueceu as escolas públicas e fortaleceu as particulares (que mantiveram conteúdos que dão acesso ao ensino superior). A Central Única dos Trabalhadores (CUT) criticou essa divisão, considerando-a segregadora e elitista: "O sistema educacional brasileiro sempre dividiu a educação para o trabalho para filhos dos pobres, sendo a educação em geral projetada para filhos das famílias mais abastadas e ricas" (CUT, 2003).

De fato, a "preparação para o trabalho" prevista na referida lei tem resultados questionáveis, pois os alunos que completam o ensino médio em escolas públicas, em geral, são menos valorizados no mercado de trabalho do que aqueles que obtêm a mesma formação em escolas particulares. As escolas técnicas federais constituíam exceção à baixa qualidade da preparação para o trabalho no ensino médio de escolas públicas. Contudo, segundo Cattani (2002), a partir da década de 1990, as escolas técnicas federais também tiveram sua importância reduzida.

No outro extremo do processo educativo, estão os cursos de especialização e MBAs[1], cada vez mais voltados para as demandas específicas das empresas. Esses cursos aumentam a valorização do mercado aos profissionais que carregam tal título no currículo. Em função do custo alto dos cursos de especialização e MBAs, retoma-se a discussão do sistema educacional que privilegia as camadas mais altas da sociedade e contribui para a manutenção do *status quo*.

Ainda em relação ao investimento em formação profissional, o governo implementou o Plano Nacional de Qualificação do Trabalhador (Planfor)[2]. Trata-se de um programa público concebido como um dos mecanismos da Política Pública de Trabalho e Renda (PPTR), no âmbito do Fundo de Amparo ao Trabalhador (FAT). É um programa de âmbito nacional, sob a responsabilidade do Ministério do Trabalho e Emprego (MTE). Seu objetivo é garantir uma oferta de educação profissional permanente de forma a contribuir para:

a) reduzir o desemprego e o subemprego da PEA;
b) combater a pobreza e a desigualdade social;
c) elevar a produtividade, a qualidade e a competitividade do setor produtivo.

De maneira resumida, poderia se afirmar que o Planfor é uma política pública que propõe a criação de uma Rede Nacional de Educação Profissional, abrangendo, pelo menos, o seguinte grupo de instituições:

- Universidades, especialmente unidades de extensão.
- Escolas técnicas federais, estaduais e municipais.
- Fundações e organizações empresariais, em particular o "Sistema S" – Senai-Sesi-Senac-Sesc-Senar-Senat-Sest-Sebrae.
- Sindicatos e organizações de trabalhadores.
- Escolas profissionais livres.
- Entidades comunitárias (Brasil, 2003).

Na avaliação da CUT (2003), o Planfor, que utiliza os recursos do FAT, tornou-se o principal instrumento governamental de formação profissional, pois o programa visa à geração de emprego e renda e baseia-se também na "qualificação", "requalificação", "treinamento" e "educação de trabalhadores".

O MTE iniciou o Planfor em 1995, considerando-o um componente básico do desenvolvimento sustentado, com eqüidade social. A meta global do programa era disponibilizar, em médio e longo prazos, oferta de educação profissional suficiente para qualificar, a cada ano, pelo menos 20% da PEA, o que corresponde a cerca de 15 milhões de pessoas[3]. Para a equipe do MTE, esse percentual é o mínimo necessário para garantir, de cinco em cinco anos, uma chance de atualização profissional para cada trabalhador. A respeito dessa meta, é preciso considerar que:

a) mesmo que a meta fosse cumprida, não haveria garantia de que toda a população de trabalhadores seria treinada no período de cinco anos;
b) mesmo que todos fossem treinados, um treinamento a cada cinco anos não atende às necessidades de atualização dos profissionais no cenário atual, no qual as mudanças são tão rápidas.

A forma de implementação do Planfor previu, desde o início, a articulação e a consolidação de parcerias com a mobilização de boa parte da rede de educação profissional do país. A premissa do governo é que o FAT possa financiar a qualificação de cerca de 7% da PEA ao ano, ficando os 13% restantes por conta de outros fundos públicos e privados, fundos esses já existentes ou que venham a ser criados para essa finalidade (Brasil, 2003). O Planfor tem dois focos prioritários: atender grupos vulneráveis, que têm dificuldade de acesso a outras alternativas de qualificação profissional e "alavancar" ou "catalisar" recursos de parcerias, com o setor público ou privado, para ampliar o raio de cobertura do Planfor e possibilitar o desenvolvimento sustentado. Assim, embora tenha como foco geral a PEA, o Planfor garante pelo menos 80% dos recursos e 90% das vagas para quatro categorias: pessoas desocupadas, pessoas em risco de desocupação permanente ou conjuntural, empreendedores urbanos/rurais, pessoas autônomas, cooperadas, autogeridas (Tabela 2.4). Além desses públicos, o Planfor reserva até 10% das vagas e 16% dos recursos para qualificar grupos definidos com base em prioridades locais/regionais, inclusive, membros de conselhos e fóruns estaduais/municipais.

A proposta do MTE é de que o Planfor seja implementado de forma participativa e descentralizada para fortalecer a capacidade de execução local, por meio de dois mecanismos:

a) Planos Estaduais de Qualificação (PEQs), circunscritos a uma unidade federativa, sob responsabilidade das Secretarias Estaduais de Trabalho (STbs), sujeitas à aprovação dos Conselhos Estaduais do Trabalho (CETs) e negociações com os Conselhos Municipais do Trabalho (CMTs).

b) Parcerias Nacionais e Regionais (PARCs) do MTE com organismos públicos e privados, sobretudo organizações dos trabalhadores e do empresariado, para programas e projetos de alcance regional ou nacional.

O Planfor estrutura-se em três eixos fundamentais:

a) Articulação institucional.
b) Avanço conceitual.
c) Apoio à sociedade civil.

A execução do programa é feita pela rede de entidades de educação profissional, formada por organismos públicos e privados, federais, estaduais ou municipais, governamentais ou não, com ou sem fins lucrativos, que abrange: universidades, faculdades, centros tecnológicos e institutos de ensino superior; escolas técnicas de nível médio; Sistema S (Senai, Sesi, Senac, Sesc, Senar, Sest, Senat, Sebrae); fundações, associações, sindicatos e centrais sindicais de trabalhadores; fundações, associações, confederações e federações de empresários, e outras organizações de educa-

Tabela 2.4
PÚBLICO-ALVO PRIORITÁRIO DO PLANFOR

Grupos	Composição
Pessoas desocupadas	– Desempregados com seguro desemprego – Desempregados sem seguro desemprego – Cadastrados no SINE e agências de trabalho de sindicatos – Jovens que buscam o primeiro trabalho
Pessoas ocupadas, em risco de desocupação permanente ou conjuntural	– Empregados em setores que estão passando por modernização ou reestruturação, enxugando quadros e/ou exigindo novo perfil profissional. Ex.: bancos, portos, indústrias, administração pública – Em atividades sujeitas à instabilidade por fatores como clima, restrição legal, ciclo econômico. Ex.: pescadores em períodos de defeso – Agricultores em atividades sujeitas a flagelos do clima (seca, geada, inundação) e a conjunturas do mercado internacional (crises financeiras, medidas de protecionismo) – Trabalhadores domésticos
Pessoas ocupadas, em risco de desocupação permanente ou conjuntural	– Beneficiários do crédito popular (Proger, Pronaf) – Beneficiários do Brasil Empreendedor – Agricultores familiares – Assentados rurais – Sócios ou donos de pequenos negócios urbanos
Pessoas autônomas, associadas, cooperadas ou autogeridas	– Trabalhadores autônomos – Participantes de associações, cooperativas, grupos de produtores que assumem a gestão para garantir sua continuidade e os empregos

Fonte: Brasil (2003).

ção profissional. Os executores são selecionados e contratados de acordo com a Lei das Licitações, e qualquer entidade de educação profissional que atenda aos requisitos legais e técnicos definidos e aos objetivos e diretrizes do Planfor pode candidatar-se para ser contratada.

Os PEQs recebem no mínimo 70% do investimento anual do Planfor. Para distribuir os recursos entre os PEQs, são adotados quatro critérios:

a) Focalização: indicada pela distribuição da PEA total, ponderada pela PEA de baixa escolaridade (até três anos de estudo) e em situação de pobreza.
b) Eficiência: indicada pelo percentual de treinandos encaminhados ao mercado de trabalho após a conclusão do curso.
c) Continuidade: compensação mínima para garantir níveis de execução já atingidos pelo PEQ.
d) Contrapartida: "bônus" para os que investirem recursos além da contrapartida mínima fixada em lei.

A alocação de recursos entre as PARCs obedece a critérios semelhantes, submetidos anualmente à homologação do CODEFAT. A distribuição tem sido orientada para favorecer centrais sindicais e organizações dos trabalhadores, que absorvem cerca de 70% do orçamento destinado às PARCs.

O Planfor foi iniciado em 1995 e até 2002 qualificou cerca de 20 milhões de trabalhadores, o que é um número baixo se for considerado que o programa previa qualificar 15 milhões de brasileiros a cada ano. O investimento nesses sete anos foi de R$ 2,94 bilhões (Tabela 2.5), além de contrapartidas dos governos estaduais e parceiros privados, em especial as centrais sindicais e federações empresariais. O Planfor chegou a mais de 85% dos 5,5 mil municípios do Brasil, especialmente os atingidos pelo processo da pobreza.

Entre os avanços do programa, o MTE aponta uma série de inovações no campo da política pública de qualificação profissional. Entre essas inovações, afirma-se que o Planfor:

a) é descentralizado e pioneiro em matéria de parcerias entre o setor público e privado, governamental e não-governamental, que otimizam recursos e reduzem custos;
b) mobiliza amplamente a capacidade instalada de qualificação profissional no país: cerca de 1,5 mil entidades formadoras, ligadas a universidades, sindicatos, escolas técnicas públicas e privadas, instituições de formação profissional;
c) faz a qualificação chegar na "ponta", beneficiando regiões e populações mais sujeitas à pobreza e à exclusão social, com foco prioritário em desempregados, trabalhadores do setor informal, microprodutores e grupos vulneráveis como mulheres, negros/pardos, pessoas portadoras de deficiências;
d) valoriza e fortalece o tripartismo no planejamento e gestão da PPTR, por meio do CODEFAT e dos Conselhos Estaduais/Municipais de Trabalho, formados por representação paritária de trabalhadores, empresários e governo. Hoje, mais de 2.300 municípios já possuem Conselhos Municipais de Trabalho, e em todos os Estados da Federação funcionam seus Conselhos Estaduais;
e) envolve, em seu planejamento, gestão, execução e avaliação – um universo de cerca de 30 mil técnicos, especialistas e outros atores sociais em todo o país;
f) promove, assim, todo um processo de diálogo social participativo, "de baixo para cima", garantindo o atendimento das reais necessidades do setor produtivo e da sociedade, mediante negociação e bus-

Tabela 2.5
RESULTADOS PLANFOR 1995-2002

Ano	Treinandos (milhões)	Investimento (R$ milhões)	Municípios atendidos	Entidades executoras
1995	0,1	28	nd	nd
1996	1,2	220	2.614	500
1997	2,0	348	3.843	827
1998	2,3	409	4.279	1.323
1999	2,7	354	3.990	1.466
2000	3,3	437	4.824	2.066
2001	4,0	497	nd	nd
2002	4,3	650	nd	nd
1995/2002	19,9	2.943	–	–

Fonte: Relatórios gerenciais do Planfor.

ca de consensos entre governo, trabalhadores e empresários" (Brasil, 2003).

Mesmo apontando esses aspectos positivos, a própria equipe do MTE avalia que "a qualificação profissional, em si e por si mesma, não cria empregos, não promove o desenvolvimento, não gera emprego, nem faz justiça social, mas é um componente indispensável de políticas públicas que visem a tais propósitos" (Brasil, 2003). Para eles, a qualificação agrega valor ao trabalho e ao trabalhador, aumenta as chances de obter e manter trabalho, amplia as oportunidades de geração de renda, melhora a qualidade dos produtos e serviços, torna as empresas mais competitivas e o trabalhador mais competente. O MTE considera que a qualificação profissional é um direito do trabalhador, em uma sociedade que quer ser justa e democrática.

Participando do debate social a respeito de formação profissional, a equipe do Departamento Intersindical de Estatística e Estudos Socioeconômicos (DIEESE) avalia que as transformações na qualificação para o trabalho não garantem necessariamente um trabalhador mais capacitado e com maior autonomia. Eles apresentam questões da formação profissional presentes na agenda sindical:

- O que é a preparação para o trabalho?
- A quem se destina?
- Quando fazer formação profissional?
- Onde deve ser realizada e quem deve executar?
- Como deve ser feita?
- Com que recursos?
- Qual a relação entre formação profissional e mercado de trabalho?
- Como se relacionam educação básica e formação profissional?
- Como se relacionam a formação profissional e a organização do trabalho?
- Como se relacionam desenvolvimento científico e tecnológico e educação?
- Que formação profissional interessa aos trabalhadores?
- O que deve ser um sistema público de formação profissional?

Essas questões envolvem problemas como as relações entre educação e trabalho, o alcance da formação profissional, o(s) momento(s) de realização da formação profissional; a inter-relação entre empresa, escola, sindicato e outras instituições da sociedade civil; a própria concepção de aprendizagem e a prática pedagógica; as origens e a gestão dos recursos, a abrangência da educação profissional; a vinculação ou não da formação profissional aos padrões e formas de organização do trabalho; as relações entre políticas públicas de educação, emprego e renda e um programa nacional de formação profissional, dentre outros. Para o DIEESE (1998, p.22), "[a] formação profissional requerida pelas novas formas de trabalho tem como principais pressupostos uma educação básica de qualidade, a flexibilidade de conteúdos, o atendimento à constante requalificação ou substituição e a inclusão de elementos comportamentais como iniciativa, participação, discernimento, envolvimento e compromisso, entre outros".

De fato, o mundo moderno exige profissionais cada vez mais polivalentes, e o trabalho em equipe acentua a demanda por profissionais que aprendam não só conhecimentos e habilidades, mas também competências. Os sindicatos têm realizado negociações referentes à formação profissional, principalmente quanto à qualificação necessária à utilização de novas tecnologias. Do Planfor, por exemplo, participam a CUT, a Força Sindical e a Confederação Geral dos Trabalhadores (CGT), além de parcerias que buscam a formação profissional de integrantes do Movimento dos Trabalhadores Rurais Sem Terra (MST), cada uma dessas organizações contribui, oferecendo informações sobre o tipo de exigências requeridas dos trabalhadores e que deveriam ser, pelo menos parcialmente, contempladas pelo programa. Segundo a CUT (2003), questões como o desemprego tecnológico, as dificuldades crescentes que os desempregados têm encontrado para arranjar uma nova ocupação, a crescente precarização do trabalho nos setores tradicionais e a sua transformação em paradigma para o trabalho nos setores dinâmicos e a dificuldade do jovem em obter o primeiro emprego passaram a se sobrepor à tradicional agenda dos sindicatos nas últimas décadas.

A CUT (2003) pondera que a formulação de políticas no campo da formação profissional tem de levar em conta a situação atual dos trabalhadores brasileiros, os quais apresentam baixos índices de escolarização formal e um precário desempenho escolar. Como organização sindical, a proposta da CUT para a formação profissional no Brasil defende o direito à educação como direito inalienável. Ou seja, como condição necessária não só à participação ativa do trabalhador nas políticas de geração de emprego e renda, mas também como medida de suas possibilidades no exercício pleno da cidadania. Para a CUT, "formação profissional sem educação básica serve ao aprofundamento da precarização das relações de trabalho e converte-se em adestramento dos trabalhadores; adestramento cujo modelo tem sido historicamente desenvolvido pelo Sistema S, a serviço do capital, para formar mão-de-obra e não para formar trabalhadores".

Os programas de educação profissional desenvolvidos pela CUT pretendem viabilizar a recuperação da educação básica e a elevação da escolaridade dos trabalhadores, investindo no desenvolvimento e aprofundamento de metodologias próprias que articulem a educação básica com a formação profissional. O objetivo é apresentar um modelo de educação para o trabalho alternativo ao modelo governamental. Contudo, a proposta não é de "substituir o sistema regular de ensino ou a obrigação do Estado em garantir educação pública, gratuita, laica, unitária e de qualidade para toda a população" (CUT, 2003).

A luta dos trabalhadores – e dos sindicatos como seus representantes – por uma formação profissional de qualidade no Brasil inclui três demandas:

a) A vinculação do planejamento das políticas de emprego e formação profissional às políticas regionais de desenvolvimento.
b) A implantação de observatórios permanentes das situações de emprego e da formação profissional.
c) A participação multipartite nesse processo.

Da análise da situação da formação profissional brasileira, conclui-se que algumas ações têm sido tomadas. O destaque é o programa Panflor do Ministério do Trabalho e Emprego, que representou, nos últimos anos, o maior investimento em formação profissional no país. Resta saber se o investimento realizado está gerando resultados, não só no caso do Planfor, mas em todos os programas, públicos e privados, de formação profissional. Sem avaliação, o país fica à mercê das opiniões dos gestores e corre o risco de não direcionar corretamente suas ações e seus projetos, agravando ainda mais a já precária situação da formação profissional no Brasil. Portanto, a seguir são discutidos os princípios gerais da avaliação de programas assim como as suas contribuições para o acompanhamento da efetividade dos programas de formação e qualificação profissional.

AVALIAÇÃO DE PROGRAMAS DE FORMAÇÃO E QUALIFICAÇÃO PROFISSIONAL

Em sentido amplo, a avaliação de programas constitui um exame sistemático e rigoroso, a partir de critérios específicos, do andamento e dos êxitos obtidos por uma política ou programa em relação às metas que se tinha proposto e aos efeitos esperados nos grupos-alvo. De fato, a pesquisa de avaliação não é um tipo particular de delineamento de pesquisa ou metodologia. Ela pode usar vários métodos como *survey*, métodos correlacionais, experimentos ou quase-experimentos e também métodos qualitativos, como entrevistas e observação. A grande questão não é o método, mas o objetivo da pesquisa, que é determinar quão bem um programa opera ou não e quais os resultados reais por ele produzidos.

Posavac e Carey (1997) entendem a avaliação de programas como um conjunto de métodos e ferramentas necessários para determinar se um serviço:

a) é necessário e utilizável;
b) é oferecido de maneira suficientemente intensiva para suprir as necessidades que tenham sido identificadas como não-atendidas;
c) é oferecido tal como foi planejado;
d) efetivamente atende as pessoas necessitadas, dentro de um custo razoável e sem outros tipos de efeitos não-desejados.

Os autores enfatizam que, com a utilização de métodos de pesquisa provenientes da psicologia, sociologia, administração, ciências políticas, economia e educação, os processos de avaliação estão voltados para a realização de melhorias nos programas avaliados.

Naturalmente, as avaliações de programas de formação profissional não são iguais. Existe variação em relação ao conteúdo do programa a ser avaliado (que por vezes demanda dos avaliadores um conhecimento específico da área), como também uma variação em relação aos tipos de avaliação. Assim, os avaliadores necessitam conhecer os tipos de avaliação e identificar o mais indicado para aquele determinado programa de formação profissional.

Segundo Oskamp (1981), há dois grandes tipos de pesquisas de avaliação: a avaliação formativa e a somativa. A avaliação formativa analisa programas em seus vários estágios, focalizando o processo no qual eles operam e produzindo um retorno para ajudar a desenvolver sua operação. A pesquisa formativa é freqüentemente menos elaborada do que a avaliação feita posteriormente e menos preocupada com delineamentos de rigor científico e com a significância estatística. Essa pesquisa dá maior ênfase às descobertas do processo, efeitos e problemas típicos daquele programa. Em resumo, a avaliação formativa salienta o processo de monitoração. A somativa, por sua vez, é aplicada em um estágio posterior à avaliação e analisa principalmente os resultados do programa e inclui monitoração de operações, avaliação de impacto e análise da eficiência. Por se deter nos resultados, a avaliação somativa busca a verificação e não a descoberta, ou seja, centra-se claramente na verificação do quanto o programa cumpriu seus objetivos e que outros efeitos ele gerou.

Na avaliação somativa, Oskamp (1981) recomenda que o avaliador mantenha-se como externo, use cuidadosamente métodos e medidas e se preocupe com delineamentos rigorosos de pesquisa, e não com métodos informais ou impressionísticos.

Em relação ao objeto central dos processos de avaliação, há três tipos: a avaliação de metas, a de impacto e a de processos – todas importantes no desenvolvimento da avaliação de programas sociais. A Tabela 2.6 sintetiza os aspectos principais que Sulbrandt (1993) aponta para cada tipo.

Tabela 2.6
AVALIAÇÃO DE METAS, DE IMPACTO E DE PROCESSOS EM AVALIAÇÃO DE PROGRAMAS, SEGUNDO SULBRANDT (1993)

Avaliação de metas	Avaliação de impacto	Avaliação de processos
– É o tipo de estudo mais tradicional. – O êxito do programa costuma ser medido em termos do grau de alcance das metas. – Esse tipo de avaliação busca explicar discrepâncias entre as metas estabelecidas e os resultados obtidos. – Vários problemas podem surgir na avaliação de metas, como: a) a identificação correta da meta; b) a existência de metas múltiplas; c) a seleção de metas a serem incluídas na avaliação; d) as trocas de metas durante o decorrer do programa.	– Determina os efeitos diretos de uma intervenção social. – Identifica em que medida as condições dos grupos-alvo mudaram em função do programa e se as mudanças ocorreram na direção desejada. – Investiga a efetividade do programa e recorre a mecanismos que permitam estabelecer as relações de causalidade entre as ações do programa e o resultado final específico. – É essencial quando: a) há interesse em entender as causas do êxito de um programa, b) quando se quer pôr em prova a utilidade de novos esforços para melhorar uma situação-problema, c) quando se pretende comparar programas de caráter similar. – Para saber se os impactos são ou não imputáveis ao programa, é necessário utilizar delineamento quase-experimental, que permita captar a relação causal entre programa e resultado. – Para realizar um quase-experimento na avaliação de um programa social é preciso que: a) os objetivos sejam expressos em enunciados precisos sobre metas e impactos; b) as localidades e as situações de execução do programa sejam relativamente controladas; c) as variáveis que caracterizam o programa sejam estáveis entre as regiões e durante o transcorrer do tempo; d) a intervenção seja significativa para produzir impacto.	– Realiza um trabalho sistemático para medir a cobertura do programa social, estabelecer o grau no qual ele está chegando à população-alvo e realizar um acompanhamento de seus processos. – Possibilita conhecer os mecanismos pelos quais o programa tem produzido êxito ou fracasso e identificar estratégias alternativas. – Enquanto as avaliações de metas e de impacto são somativas, a avaliação de processos é formativa. – É uma tarefa complexa na qual é preciso: a) especificar a seqüência de passos e as supostas relações causais que conduzem os insumos aos produtos do programa; b) determinar e processar as informações que permitam dar seguimento ao programa; c) analisar, por meio de indicadores, a efetividade dos componentes do programa na obtenção das metas e apontar enfoques alternativos para sua implementação; d) aplicar os resultados da investigação. – Tem capacidade de prover informações acerca dos problemas e dos desvios durante a execução do programa. – Limita-se à investigação dos fatores técnico-instrumentais sem examinar outras variáveis de tipo organizacional, social e cultural que afetam o programa.

O conceito de avaliação de programas costuma ser confundido com outras atividades, em função da sua abrangência. Para facilitar a compreensão desse conceito, Posavac e Carey (1997) estabelecem algumas diferenciações entre a avaliação de programas e atividades correlatas, as quais são resumidas na Tabela 2.7.

Um aspecto importante a ser considerado na avaliação de programas de formação profissional é que a maior parte desses programas está voltada para a consecução de objetivos que podem ser observados apenas algum tempo após a conclusão do programa. Em função do tempo transcorrido entre a atividade e os seus resultados, torna-se menos claro o que deve ser observado para se julgar se aquela atividade foi conduzida apropriadamente ou não. Assim, para a avaliação de programas de formação profissional, faz-se necessário um cuidado especial na escolha de critérios. Recomenda-se que essa atividade seja precedida de debate entre os avaliadores, a equipe do programa, os financiadores e os participantes do programa de formação.

Como a maior parte das avaliações de formação profissional busca mensurar o impacto desses programas na vida dos participantes e na comunidade na qual estão inseridos, é preciso que o delineamento contemple coletas de dados da situação antes do programa de formação e depois dele. Se possível, essas informações devem conter delineamentos experimentais ou quase-experimentais, pois a existência de um grupo-controle é muito importante para se medir os reais resultados obtidos por um programa de formação ou de qualificação profissional.

Rossi e Freeman (1989) abordam alguns conceitos-chave úteis para a compreensão e o acompanhamento de processos de avaliação de programas, quando se opta por realizar estudos experimentais ou quase-experimentais, sendo os principais apresentados na Tabela 2.8.

Na avaliação de programas de formação profissional, é preciso ênfase na implementação de melhorias, pois o processo de formação é contínuo e dinâmico. As melhorias nos programas podem ser sugeridas quando forem identificadas discrepâncias entre o que é observado e o que é planejado ou demandado, como ilustra a Figura 2.1. Os avaliadores podem ajudar à própria equipe responsável pelo programa de formação profissional a descobrir essas discrepâncias.

Tabela 2.7
COMPARAÇÃO ENTRE AVALIAÇÃO DE PROGRAMAS E ATIVIDADES CORRELATAS, SEGUNDO POSAVAC E CAREY (1997)

Atividades	Avaliação de programas
Pesquisa básica: preocupa-se com questões de interesse teórico, sem se concentrar especificamente em necessidades individuais ou organizacionais.	Tem como foco a geração de informações para contribuir com a implantação de melhorias nos programas e para criar as condições de exame dos resultados do programa. As descobertas das avaliações têm que ser relevantes e tempestivas para ajudar os administradores no processo de tomada de decisões.
Avaliação individual: profissionais de áreas como a psicologia educacional, recursos humanos e de aconselhamento administram testes de inteligência, atitude, interesse, personalidade com o propósito de avaliar as necessidades individuais por serviços ou mesmo mensurar as qualificações para um trabalho ou uma promoção.	Os resultados da avaliação de programas contribuem para uma comunidade atendida pelo próprio programa avaliado, e não necessariamente para as pessoas individualmente.
Auditorias: avaliam aspectos legais e orçamentários ligados aos programas patrocinados por instituições governamentais, verificando se eles estão ocorrendo de acordo com a legislação vigente.	As diferenças em termos de treinamento e de orientação entre avaliadores e auditores estabelecem diferenças em relação às variáveis examinadas, à ênfase em análise e aos tipos de recomendações oferecidas. Se um avaliador de programa, que busca ajudar a implementar melhorias nos serviços do programa, for visto como um auditor na busca da verificação da conformidade com a legislação, é fácil imaginar que o avaliador acabará não tendo acesso fácil a informações mais acuradas.

Tabela 2.8
CONCEITOS-CHAVE RELACIONADOS À AVALIAÇÃO DE PROGRAMAS, SEGUNDO ROSSI E FREEMAN (1989)

Conceitos-chave	Explicação sintética
Fatores desorientadores	Variáveis estranhas que contribuem para que os efeitos "verdadeiros" de uma intervenção sejam escondidos ou enfatizados em demasia.
Estudos segmentados	Desenho de investigação de impacto no qual o grupo-alvo que não seja exposto ao tratamento é identificado por meio de pesquisas, realizando-se comparações com o que foi exposto.
Efeitos resultantes brutos	Resultados gerais medidos por uma avaliação, dos quais só uma parte pode ter sido causada pela intervenção.
Impacto	Efeitos claros do programa.
Metanálise	Coleta e análise sistemática de séries de análises de impacto de um programa ou grupo de programas relacionados, realizada a fim de proporcionar uma estimativa firme e generalizável dos efeitos claros.
Efeitos claros	Resultados de uma intervenção depois da eliminação dos efeitos desorientadores.
Medição substitutiva	Variável que se usa para representar aquela que seja difícil de medir diretamente.
Quase-experimento	Delineamento de uma avaliação de impacto no qual os grupos experimentais e de controle não foram escolhidos aleatoriamente.
Experimento aleatório	Delineamento de uma avaliação de impacto no qual os grupos experimentais e de controle foram escolhidos aleatoriamente.
Confiabilidade	Grau no qual os resultados obtidos em uma medição são reproduzíveis em administrações repetidas (sempre e quando todas as condições de medição são as mesmas).
Reprodutibilidade	Grau no qual outros investigadores podem reproduzir os resultados de um estudo em uma réplica.
Séries temporais	Delineamento de avaliação de impacto no qual os efeitos se estimam a partir de séries de medições repetidas tomadas antes e depois da intervenção.
Erro do Tipo I ou falso-positivos	Corresponde a tomar, no estabelecimento dos níveis de significância estatística para a avaliação de um programa, uma decisão positiva quando a decisão correta é uma negativa, isto é, concluir que um programa tem um efeito quando na realidade ele não tem. A probabilidade de cometer o erro do Tipo I é igual ao nível de significância estabelecido.
Erro do Tipo II ou falso-negativos	Corresponde a tomar, no estabelecimento dos níveis de significância estatística para a avaliação de um programa, uma decisão negativa quando a decisão correta é uma positiva, isto é, não detectar um efeito real do programa.
Informação faltante ou dados omissos	Dados vazios, isto é, ausência de casos completos ou de uma porção das medições requeridas para outros casos.

Posavac e Carey (1997) classificam as avaliações de acordo com os seus objetivos, dividindo-as em quatro tipos básicos: avaliação de necessidades, de processos, de resultados e de eficiência. As características de cada tipo estão apresentadas na Tabela 2.9.

Em relação aos processos de educação apresentados anteriormente, observa-se que, no processo de avaliação, a efetividade do programa será evidenciada na medida em que ele não apenas venha a atingir as metas traçadas no desenho do projeto, mas que traga benefícios à população-alvo, em um determinado cenário social. Outra consideração importante a se observar é que os autores – como Posavac e Carey, Sulbrandt e Rossi e Freeman – focalizam não só a avaliação dos resultados finais, mas também a avaliação do processo de desenvolvimento do programa.

Uma outra classificação que também é apresentada para as avaliações de programas é a proposta por Sulbrandt (1993), Stiefel e Wesseler (1992) e por outros. Essa classificação as divide em: tradicional e

```
┌─────────────────────────────────────────────────────────────────┐
│                          Discrepâncias                          │
│                    (oportunidades de melhoria)                  │
│   ┌──────────────┐              ↓            ┌──────────────┐   │
│   │ objetivos do │ ←- - - - - - - - - - - -→ │ necessidades │   │
│   │   programa   │                           │da população- │   │
│   │              │                           │    alvo      │   │
│   └──────────────┘                           └──────────────┘   │
│                                                                 │
│   ┌──────────────┐                           ┌──────────────┐   │
│   │   serviços   │ ←- - - - - - - - - - - -→ │ implementação│   │
│   │   prestados  │                           │  do programa │   │
│   └──────────────┘                           └──────────────┘   │
│                                                                 │
│   ┌──────────────┐                           ┌──────────────┐   │
│   │   resultados │ ←- - - - - - - - - - - -→ │   resultados │   │
│   │   projetados │                           │    obtidos   │   │
│   └──────────────┘                           └──────────────┘   │
└─────────────────────────────────────────────────────────────────┘
```

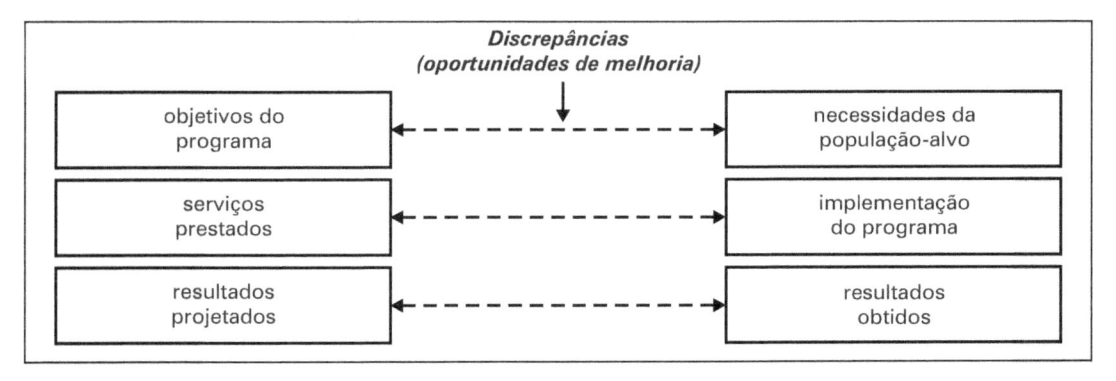

Figura 2.1 O modelo de avaliação de programas com foco em implantação de melhorias, segundo Posavac e Carey (1997).

Tabela 2.9
CLASSIFICAÇÃO DOS TIPOS BÁSICOS DE AVALIAÇÃO DE PROGRAMAS, SEGUNDO POSAVAC E CAREY (1997)

Avaliação de necessidades	Avaliação de processos	Avaliação de resultados	Avaliação de eficiência
Tem como foco a identificação de necessidades não atendidas, bem como a mensuração do nível de não-atendimento presente numa organização ou comunidade. A avaliação das necessidade não atendidas é um primeiro passo, para o planejamento efetivo de um programa.	Envolve a documentação da medida em que a implementação de um programa tem ocorrido. Na visão dos autores, é crucial a aprendizagem sobre como o programa atualmente funciona antes de implementá-lo em outras localidades.	Envolve vários níveis de complexidade. Preocupa-se com o grau de atendimento do público-alvo. Envolve comparação entre participantes e não-participantes. Evidencia em que medida o programa causou melhorias nos participantes. Avalia se as melhorias sustentam-se ao longo do tempo.	Mesmo em programas bem-sucedidos, é preciso lidar com a questão dos custos. Se um avaliador é solicitado a comparar dois ou mais programas projetados para gerar resultados similares, a eficiência pode ser avaliada em termos da relação custo-benefício: resultados similares podem ser obtidos com menos recursos.

global (ou integral). Em função das críticas formuladas à tradicional, buscou-se desenvolver caminhos que permitam que esta prática se converta em uma ferramenta adequada, útil e relevante para o desenvolvimento de melhores programas sociais. A avaliação global não tem o objetivo de fornecer "pacotes prontos", e sim de estabelecer critérios gerais que se devem cumprir. Tem a vantagem de permitir que tanto os gestores como os avaliadores dos programas usem seu julgamento para definir indicadores que sejam, ao mesmo tempo, aceitos pelos colaboradores, úteis para o processo de prestação de contas (*accountability*) e para as decisões futuras e suficientes para cobrir os objetivos principais do programa (Taschereau, 1998). Contudo, deve-se evitar tentar criar um número tão grande de indicadores que torne este processo impraticável.

Entre os cuidados essenciais à boa condução de uma avaliação de programas está a atenção para os colaboradores (depositários) envolvidos no processo. Taschereau (1998) explica que os avaliadores conduzem seu trabalho diante de um conjunto de múltiplos e, por vezes, conflituosos interesses. Os beneficiários finais das intervenções (pessoas que têm a qualidade de vida afetada pelas políticas e pelos serviços fornecidos pelas instituições em seus países) podem estar preocupados com os resultados da avaliação. Na prática, entretanto, o grupo de colaboradores de alguma forma relacionados e empenhados no processo consiste naqueles que têm interesse direto no programa. Entre eles podem estar:

- Os elaboradores das políticas e os participantes do processo decisório.
- Os patrocinadores dos programas.
- Os gestores do programa.
- A equipe de *staff*.
- O grupo de participantes do programa.
- Os colaboradores contextuais (organizações, grupos e indivíduos envolvidos no programa, como órgãos governamentais e grupos comunitários).
- Gerente de avaliação (a pessoa ou a unidade responsável por gerenciar todo o processo, inclusive pelos termos de referência da avaliação e pelo recrutamento e seleção dos avaliadores).
- Os avaliadores (grupos ou indivíduos responsáveis pelo delineamento e condução da tarefa).

Compatibilizar os interesses de todos esses indivíduos no processo de avaliação de um programa de formação profissional é um desafio, porque há dois riscos inerentes envolvidos: a perda do foco da avaliação e a demasiada complexidade do processo avaliativo.

Sulbrandt (1993) defende a avaliação global e argumenta que ela permite estudar os êxitos de um determinado programa em termos da eficiência e da eficácia da organização para levá-lo a cabo. Além disso, a avaliação global é capaz de mostrar:

a) o meio institucional e social em que se desenvolve o programa;
b) os processos e atividades socioburocráticas e técnicas que têm lugar no transcurso de sua implementação;
c) o ambiente social e físico nos quais operam os funcionários e os grupos-alvo ou os clientes;
d) os principais atores sociais envolvidos com o programa, seus interesses, valores, comportamentos e estratégias, incluindo como atores centrais os grupos de beneficiários diretos e os gestores públicos.

De fato, essa visão mais integral tem feito com que essa proposta de avaliação ganhe força em substituição ao método tradicional, sobretudo pelo fato de ela complementar o enfoque tradicional com outros renovados, de forma a suprir o que falta aos desenhos clássicos, porém, mantendo seu nível de análise e seu alto grau de rigor metodológico.

A avaliação global prevê que, junto às principais perguntas sobre a ocorrência ou não do êxito do programa, devem estar outras relacionadas ao *como* e ao *porquê*. Para isso, é necessário identificar os principais atores sociais envolvidos no programa e definir o campo no qual o programa opera. De maneira geral, pode-se dizer que esse novo enfoque de avaliação concentra-se nos processos objetivos e subjetivos que influenciam os resultados do programa e tenta mostrar como os diferentes fatores operam no decorrer do tempo, seguindo uma cadeia causal, o que gera variações nos resultados. Pela sua abrangência, a avaliação global demanda uma metodologia de caráter aberto e eclético, o que prevê diversificação tanto do delineamento de pesquisa quanto das técnicas de coleta de dados.

Uma das críticas que a avaliação tradicional enfrenta é que há uma concepção de implementação programada, "assepticamente tecnocrática e com controle total sobre os elementos para sua execução" (Sulbrandt, 1993, p.344). Como o mundo da implementação é bastante mais complexo e incerto que o imaginado pelos *experts* em planejamento e elaboração de projetos, a avaliação tradicional oferece resultados que podem ser questionáveis. De fato, uma série de restrições surge do meio dinâmico e turbulento em que interagem forças políticas e sociais com interesses e valores diferentes, bem como interferências de um meio organizacional complexo, múltiplo, fragmentado das instituições responsáveis pela implementação. Essas restrições não são mensuradas pela avaliação tradicional, o que fortalece a busca pela avaliação global, pois é crescente a preocupação de como os ambientes administrativos podem influenciar programas e projetos. Assim, a característica mais marcante da avaliação global é o enfoque geral e integral do planejamento, com o uso de técnicas substantivas que detalham as relações entre os constructos básicos, utilizando indicadores relacionados aos constructos e colhendo dados quantitativos e qualitativos.

Finalmente, uma última classificação para as avaliações de programas é a que as divide, de acordo com a abordagem, entre avaliações objetivas (realizadas por observadores externos presumivelmente não contaminados pelos vários colaboradores) e avaliações colaborativas (que envolvem diferentes colaboradores no processo). Taschereau (1998) considera que há uma tendência dos gestores responsáveis pela prestação de contas (*accountability*) de optar por uma abordagem mais colaborativa na investigação do impacto. Para a autora, a avaliação colaborativa fundamenta-se em quatro pressupostos principais:

- Possibilidade de combinação entre rigor metodológico e abordagem participativa para a avaliação de impacto, pois manter uma distância dos colaboradores para garantir a objetividade não necessariamente resulta em menos vieses.

- Envolvimento ativo da pessoa-chave que tem um interesse na avaliação de impacto auxilia a manter o foco nas questões relevantes do processo e aumenta a probabilidade de que os resultados sejam usados.
- Avaliação de impacto de abordagem colaborativa pode constituir-se em uma atividade de aprendizagem e aumentar a capacidade institucional de autoavaliação e de autodesenvolvimento.
- Avaliação de impacto é um processo cujos resultados são interativos e refletem os objetivos, o contexto e as circunstâncias de atividades e de programas, portanto, as técnicas do processo de avaliação devem ser desenhadas de acordo com as especificidades de cada situação.

De fato, na avaliação colaborativa são considerados interesses e opiniões de diferentes atores sociais envolvidos no processo. Portanto, uma das maiores vantagens da abordagem colaborativa para a avaliação de impacto é permitir que diferentes partes esclareçam os seus objetivos, pois os diferentes colaboradores podem ter interesses diferenciados neste processo. Em suma, a avaliação colaborativa permite conquistar, desde o início, uma concordância em relação à proposta, às expectativas e aos usuários em potencial de uma determinada avaliação, o que facilita a realização da mesma e a utilização futura de seus resultados, pois, quando as pessoas participam do processo, elas tendem a lhe atribuir maior confiabilidade.

Cada tipo de avaliação demanda cuidados específicos. Contudo, existem alguns cuidados que devem ser tomados independentemente de a avaliação ser:

a) formativa ou somativa;
b) de metas, impacto ou processos;
c) com foco em melhorias ou com outros focos;
d) tradicional ou global;
e) objetiva ou colaborativa.

Esses "cuidados essenciais" estão presentes no debate atual sobre avaliação de programas e devem ser considerados tanto pelos executores dessa atividade como por gestores de programas de formação profissional.

Segundo Posavac e Carey (1997), as qualidades de um bom processo de avaliação estão fundamentadas no uso de medidas que apresentem as seguintes qualidades: multiplicidade de fontes e de variáveis, não-reatividade (a medição não pode alterar as situações em análise), validade (mensuração daquilo a que o programa está desenhado para mudar), confiabilidade (diferentes observadores que estudam o mesmo fenômeno reportam níveis similares das variáveis em análise), sensibilidade para captar mudanças, efetividade de custo-benefício.

De acordo com Sulbrandt (1993), há três críticas às avaliações nas quais se têm centrado o debate:

- Os resultados não são conclusivos.
- As conclusões não são produzidas a tempo para ajudar no processo de tomada de decisão.
- Os altos dirigentes públicos encarregados das políticas sociais, bem como os gerentes desses programas, têm dado baixo grau de relevância e de utilidade à consideração das avaliações.

Diante da visível expansão das avaliações de programas e do crescente valor atribuído aos processos avaliativos, é preciso analisar as críticas para buscar compreender o que há por trás delas e estimular a geração de novas formas de avaliar programas sociais. Para Sulbrandt (1993), a falta de relevância e os resultados não-conclusivos são as críticas mais difíceis de serem solucionadas, pois elas não estão ligadas apenas ao rigor da investigação, mas fundamentalmente às próprias bases que sustentam o processo.

Algumas investigações têm mostrado que as políticas e os programas sociais são afetados por sérias restrições tanto relativas aos próprios programas, como restrições relativas às organizações encarregadas da sua execução ou as que se referem ao meio ambiente social e político. O debate atual sobre avaliação alerta para o cuidado que deve ser tomado no sentido de levar em conta os elementos estruturais e os fatores institucionais que afetam a implementação. Cada vez mais se reconhece que os problemas na implementação de políticas sociais ocorrem devido aos problemas internos de organização e funcionamento das equipes que os executam e também por causa das restrições específicas de caráter político, social, administrativo e tecnológico que afetam essas políticas e programas.

Uma outra questão presente no debate sobre este assunto é a delicada consequência da avaliação de metas imediatas e, em particular, do uso exclusivo de métodos quase-experimentais em sua execução. O problema é que, com isso, tem-se ignorado a tarefa de melhorar o conhecimento dos modelos teóricos subjacentes e também o próprio conhecimento em torno da intervenção social. Explicitar a teoria que está por trás das presunções causais do programa é tarefa essencial para se contestar a pergunta "Por que se atingiram as metas?". A teoria é o conjunto de proposições inter-relacionadas que dá conta da maneira pela qual os problemas sociais foram gerados e operam e a forma como podem ser tratados. O exame dos modelos teóricos permitirá avançar em duas frentes: a construção de um conhecimento válido sobre as bases da intervenção social e a adequada compreensão do fenômeno da execução – bem ou malsucedida – de programas sociais. Oskamp (1981) explica que, em estudos quase-experimentais, o pesquisador não possui muito controle sobre a manipulação da variável independente, mas tem controle de como, quando e por quem a variável dependente é mensurada. Como, nesses casos, não é possível avançar na compreensão das múltiplas e importantes razões pelas quais uma política ou um programa tem êxito ou fracassa, o autor recomenda que essas avaliações sejam complementadas com um esforço para ter explícitos os modelos teóricos sobre os quais o programa descansa.

Cronbach (1983) chama a atenção para um aspecto importante nas avaliações, que é o lugar onde o programa é desenvolvido, "em muitas investigações, o efeito depende dos fatores associados ao lugar – como o mercado de trabalho local ou o currículo escolar, por exemplo" (Cronbach, 1983, p.322). O autor explica que cada lugar tem suas especificidades e que raramente se consegue um estudo no qual a variabilidade de locais tenha poder estatístico. Assim, um mesmo experimento repetido em dois lugares pode mostrar efeitos positivos em um e negativos em outro. No Brasil, esta é uma questão particularmente delicada em função das fortes diferenças sociais, econômicas e culturais entre as regiões.

Independentemente do tipo de avaliação adotado, o cuidado com a ética também é fundamental. Posavac e Carey (1997) dedicam um capítulo especialmente para discutir essa questão e identificam cinco tipos de dimensões do processo de avaliação de programas que envolvem questões éticas relacionadas: ao tratamento das pessoas, a conflitos de papéis com que têm que lidar os avaliadores, ao reconhecimento das diferentes necessidades dos colaboradores, à validade das avaliações, à prevenção de possíveis efeitos não desejados que possam ser gerados pela avaliação. Em termos dessas situações, o grande desafio é fazer que os colaboradores reconheçam os pontos fracos dentro de um espírito de solução de problemas, e não de condenação. Afinal, a melhoria dos programas ocorre gradualmente.

Por fim, uma questão que merece cuidado em relação aos programas é o fato de que a maior parte deles produz resultados em médio e longo prazos, o que demanda delineamentos que incluam estudos longitudinais. Todavia, Cronbach (1983) adverte que um dos maiores problemas da avaliação é que os programas mudam de um ano para outro e que raramente uma linha de ação mantém-se constante por um período que permita mensurar resultados em curto, médio e longo prazos, sem a intervenção de variáveis que foram modificadas durante o processo de avaliação.

Esses cuidados podem ser considerados como "básicos", independentemente do tipo de avaliação adotado ou mesmo do tipo de programa. Contudo, há outros aspectos que merecem a atenção dos avaliadores de acordo com o programa, o momento da avaliação ou os colaboradores envolvidos. Por exemplo, o cuidado com aspectos metodológicos e o risco de viés são inerentes ao processo. Nenhuma avaliação, por mais rigorosa que se proponha a ser, pode garantir resultados sem ressalvas. Portanto, os avaliadores devem estar conscientes dos limites do processo avaliativo e apresentar, na comunicação de resultados, as limitações do estudo.

O planejamento da avaliação é um passo fundamental para garantir a qualidade dessa tarefa. Posavac e Carey (1997) estabelecem um conjunto de questões que devem ser respondidas pelo avaliador antes de se iniciar o processo de planejamento:

- Quem demanda a avaliação?
- Que tipo de avaliação é mais apropriada?
- Por que a avaliação é demandada?
- Que recursos estão disponíveis para dar suporte à avaliação? A Figura 2.2 ilustra o contexto envolvido no processo de planejamento.

O esquema apresentado, elaborado a partir de recomendações feitas por Posavac e Carey (1997), pode ser bastante útil para o planejamento de avaliação de programas de formação profissional. Um aspecto importante a ser considerado é que tão logo esteja decidida a realização de uma avaliação, o seu planejamento deve começar o mais cedo possível, pois dessa etapa dependerão todas as demais.

No caso do Brasil, o Planfor foi um programa de formação profissional que contou com um sistema de monitoramento e avaliação, orientado para a melhoria e correção de rumos das ações. Isso representa um avanço importante para o país, pois a cultura da avaliação de programas é tão importante quanto o planejamento dos mesmos.

O sistema de avaliação do Planfor incluiu quatro mecanismos, em diferentes níveis, integrados e complementares:

a) Acompanhamento técnico-gerencial de cada PEQ/PARC, contratado pelas STbs e parceiros, como projeto especial de apoio à gestão.
b) Avaliação externa e acompanhamento de egressos do PEQ/PARC, também contratada pelas STbs e parceiros, como projeto especial, executado principalmente por universidades.

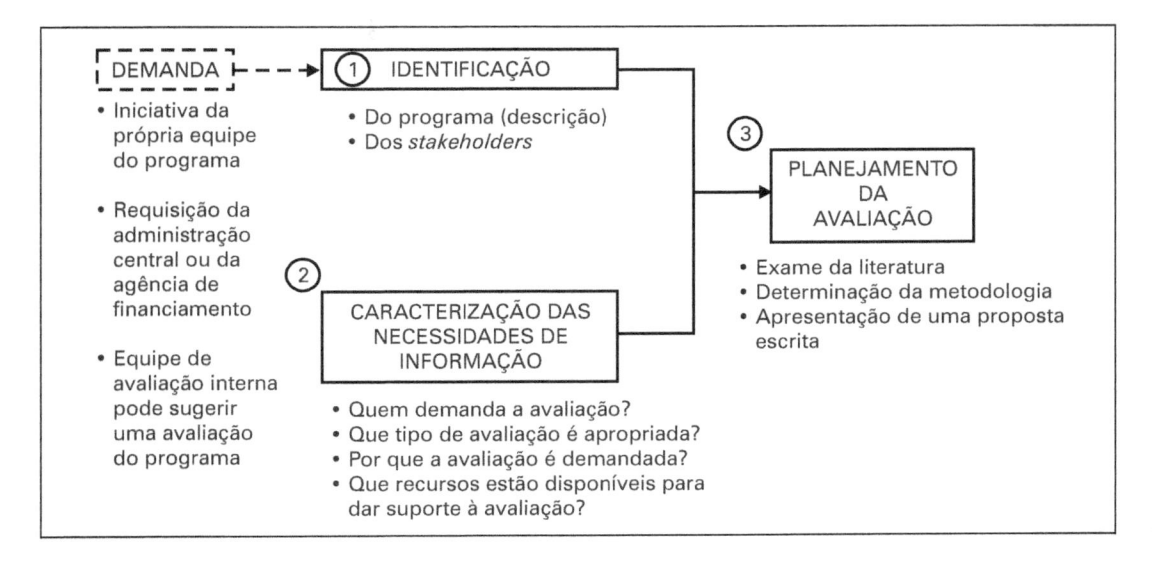

```
┌─────────────────────────────────────────────────────────────────────────────┐
│  ┌─DEMANDA─┐ - - - ▶ ①   IDENTIFICAÇÃO                                       │
│  • Iniciativa da      • Do programa (descrição)                              │
│    própria equipe     • Dos stakeholders              ③                      │
│    do programa                                                               │
│                                                       ┌─────────────────┐    │
│  • Requisição da                                      │  PLANEJAMENTO   │    │
│    administração                                      │       DA        │    │
│    central ou da                                      │   AVALIAÇÃO     │    │
│    agência de      ②                                 └─────────────────┘    │
│    financiamento      CARACTERIZAÇÃO DAS                                     │
│                       NECESSIDADES DE          • Exame da literatura         │
│  • Equipe de          INFORMAÇÃO               • Determinação da metodologia │
│    avaliação interna                           • Apresentação de uma proposta│
│    pode sugerir       • Quem demanda a avaliação?   escrita                  │
│    uma avaliação      • Que tipo de avaliação é apropriada?                  │
│    do programa        • Por que a avaliação é demandada?                     │
│                       • Que recursos estão disponíveis para                  │
│                         dar suporte à avaliação?                             │
└─────────────────────────────────────────────────────────────────────────────┘
```

Figura 2.2 O contexto do planejamento de uma avaliação para Posavac e Carey (1997).

c) Supervisão técnico-operacional do Planfor a cargo do MTE, por meio de oficinas, seminários, visitas técnicas e outros mecanismos, valendo-se de equipe própria e de entidades contratadas nas unidades federativas, para cobertura das ações do PEQ/PARC.

d) Avaliação nacional do Planfor. A avaliação nacional foi conduzida por meio de duas estratégias: uma coordenação técnica do MTE no sentido de harmonizar, integrar e sintetizar as avaliações dos PEQs/PARCs e da supervisão operacional, com participação de técnicos das STbs, parceiros, equipes de avaliação, da supervisão e especialistas, e uma Comissão Nacional de Avaliação, de caráter consultivo, em nível de assessoria direta ao Ministro do Trabalho e Emprego e/ou ao CODEFAT, formada por especialistas de diferentes áreas. Na condição de projeto prioritário do Governo Federal, o Planfor estava também sujeito a diversos mecanismos de monitoramento e fiscalização independentes que atuam no país: do Tribunal de Contas da União, do Ministério da Fazenda, do Ministério do Planejamento e da Presidência da República, das Procuradorias e outros organismos dos estados e do Distrito Federal.

Como parte de uma política pública, o Planfor foi orientado pelas diretrizes do Governo Federal. De 1996 a 2002, foi considerado como um dos programas prioritários, integrando o Plano Plurianual de Investimentos (PPA) 2000-2003. A avaliação do Planfor baseia-se na análise de nove dimensões básicas definidas a partir de 2000 como aspectos essenciais da avaliação do programa (Tabela 2.10). Embora essas dimensões estejam divididas na avaliação da eficiência, eficácia e efetividade social, o MTE salienta que é indispensável uma visão de conjunto, pois os critérios e os indicadores se entrelaçam. As nove dimensões abrangeram 77 perguntas, que, por sua vez, expressavam critérios/indicadores básicos para a avaliação. Essas perguntas foram consideradas relevantes para os diversos colaboradores envolvidos (gestores, financiadores, executores, treinandos e demais atores do Planfor, além de organismos de outros países interessados na experiência brasileira).

Foram contratadas equipes responsáveis pela avaliação externa dos treinamentos realizados pelas PEQs ou pelas PARCs, as quais receberam a incumbência de responder às 77 perguntas e usar a classificação definida pela equipe do MTE, para que os dados das parcerias pudessem ser comparados e para que fosse possível realizar uma avaliação nacional do programa, a partir das avaliações feitas de cada parceria e dos Planos Estaduais de Qualificação. A Tabela 2.11 mostra a classificação que as equipes de avaliadores externos deveriam utilizar para apontar se cada indicador foi ou não atendido satisfatoriamente.

Os resultados nacionais do programa e de cada parceria foram divulgados em relatórios anuais, o que demonstra transparência por parte do MTE. A avalia-

Tabela 2.10
AVALIAÇÃO DO PLANFOR: CONCEITOS E DIMENSÕES BÁSICAS

Conceitos	Dimensões	Nº de questões
Eficiência	1. Focalização da demanda	5
	2. Focalização do público-alvo	13
	3. Programas de qualificação	16
	4. Entidades executoras	9
	5. Otimização de investimentos	6
	6. Gestão de PEQs e PARCs	10
	7. Gestão do Planfor	4
	Subtotal	63
Eficácia	8. Efeitos da qualificação para os treinandos	9
Efetividade social	9. Desempenho como política pública	5
	Total de questões = critérios/indicadores	77

Fonte: Brasil (2000).

Tabela 2.11
CLASSIFICAÇÃO DE ALTERNATIVAS DE RESPOSTAS USADAS PELA AVALIAÇÃO EXTERNA

Código	Significado
+S	sim, plenamente = resposta positiva à questão, sem restrições
-S	sim, com ressalvas = resposta positiva, com restrições ou limitações
-N	não, com atenuantes = resposta negativa, admitido empenho na direção esperada
+N	não, sem dúvida = resposta totalmente negativa
NA	não avaliado = questão não abordada pela avaliação
SI	sem informação suficiente para enquadramento nas demais alternativas
NSA	não se aplica = admitida em alguns casos de PARCs, em função da especificidade de seus públicos/programas

Fonte: Brasil (2000).

ção mostrou que a maior parte dos indicadores foram atendidos. Muitos avaliadores utilizaram também entrevistas e observação. A conclusão é que o Sistema de Monitoramento e Avaliação do Planfor apresenta muitos erros, mas não há dúvida de que significa um grande passo para o Brasil. O programa deixou contribuições para o país no que diz respeito à qualificação profissional e à conscientização de que os processos de avaliação de programas são fundamentais.

CONSIDERAÇÕES FINAIS

Uma das questões mais relevantes na discussão da formação profissional atualmente é a obsolescência do conhecimento. Antigamente, as pessoas aprendiam um ofício para o resto de suas vidas. Hoje, as pessoas estão em constante processo de formação profissional, o que aproxima este conceito de treinamento. Portanto, se a necessidade de formação para a atuação no mundo do trabalho é constante, a responsabilidade pela atualização permanente não pode ficar apenas a cargo do Estado. As empresas precisam assumir parte da responsabilidade na qualificação de seus profissionais. Já existe um movimento, nas grandes organizações públicas e privadas, para transformar seus programas e centros de treinamento em "universidades corporativas". Embora exista uma série de problemas relativos a este conceito e à sua operacionalização, essa mudança é mais um sintoma de que a educação profissional precisa ser um processo permanente.

A literatura da área mostra que, embora a formação profissional não seja "um remédio milagroso" contra o desemprego, a qualificação está diretamente relacionada à inserção e à manutenção das pessoas no mundo do trabalho. Por esse motivo, o crescimento das taxas de desemprego pode sinalizar que a formação profissional será cada vez mais valorizada, além de reforçar o debate em relação à função democrática da formação profissional, pois, se essa formação não for pública, em boa parte, os excluídos ficarão cada vez mais excluídos.

De fato, o processo de formação profissional e os treinamentos organizacionais estão inseridos no complexo cenário do sistema capitalista. As formas como esses processos se estruturam obedecem à própria lógica competitiva e desigual desse sistema produtivo. Como as empresas têm aumentado mais e mais o seu poder – por vezes, algumas multinacionais são consideradas mais importantes do que as próprias nações –, é preciso cuidar para que a educação para o trabalho não esteja a serviço exclusivamente do mercado.

A revisão da bibliografia e a análise de algumas experiências apontam para a complexidade do tema e para a necessidade de ampliar e democratizar o debate sobre formação profissional e treinamento no Brasil. Uma significativa parte da vida das pessoas é dedicada à educação e ao treinamento, e as mudanças econômicas, sociais, culturais, tecnológicas e demográficas geram a necessidade de maior conhecimento sobre as relações estruturantes do mundo do trabalho. Os processos de treinamento e de formação profissional têm sido claramente influenciados por este contexto de mudanças constantes e aceleradas.

O debate atual evidencia que não se pode estudar programas de treinamento e desenvolvimento, sejam eles públicos, sejam privados, sem considerar esse cenário mais amplo em que as organizações se inserem. Assim, entre as questões centrais para o sistema de treinamento e desenvolvimento das organizações, dois importantes aspectos precisam ser considerados: o aumento das taxas mundiais de desemprego e o processo de formação profissional dos cidadãos.

O desemprego não está associado apenas ao crescimento populacional ou aos inegáveis avanços tecnológicos, mas também a questões como políticas públicas de qualificação de mão-de-obra e ao próprio sistema capitalista de organização e concepção do trabalho. A formação profissional, por sua vez, é um conceito interligado ao de treinamento e desenvolvimento, porém é mais abrangente e se insere no contexto das políticas educacionais do país.

Finalmente, é preciso considerar que a maior demanda cognitiva dos trabalhadores, como efeito das mudanças atuais do sistema produtivo, é uma clara tendência para a área, passando-se da produção humana manufaturada para a produção de serviços. Todos os postos de trabalho têm passado por uma aumento de sua exigência de carga cognitiva em função, sobretudo, do acelerado avanço tecnológico, que tem propiciado, cada vez mais, a substituição do homem pela máquina. Em função desse cenário e como parte dele, observa-se o aumento dos investimentos em treinamento e em pesquisa sobre treinamento pela necessidade crescente de adaptação às transformações – uma condição para a sobrevivência das empresas no mercado globalizado.

QUESTÕES PARA DISCUSSÃO

- Quais são as intercessões entre os conceitos de treinamento e de formação profissional?
- Como se dá a interface entre educação e formação profissional?
- Qual a situação atual da formação profissional no Brasil?
- Quais os principais programas de formação profissional públicos e privados no Brasil?
- Quais as principais questões envolvidas no processo de monitoramento e avaliação de programas de formação e qualificação profissional?

NOTAS

1. MBA é a sigla de *Master Business Administration*.
2. Em 2003, o Planfor foi substituído pelo Plano Nacional de Qualificação (PNQ), o qual apresentou algumas mudanças em relação ao Planfor. Entre as mudanças estão a busca por cursos de mais longa duração, maior ênfase na descentralização de recursos e investimento no desenvolvimento de novas metodologias para a formação profissional.
3. O Censo 2000 aponta uma PEA de 75 milhões de pessoas, considerando-se os maiores de 16 anos ocupados ou desocupados.

REFERÊNCIAS

ARANHA, A.V.S. *Formação profissional na Fiat Automóveis e a padronização internacional de trabalhadores na empresa*. Tese (Doutorado em Educação: História e Filosofia da Educação) –Pontifícia Universidade Católica, São Paulo, 2000.

ARANHA, A.V.S. *Formação profissional nas empresas:* locus privilegiado da educação do trabalhador? In: PIMENTA, S.M.;

CÔRREA, M.L. *Gestão, trabalho e cidadania.* Belo Horizonte: Autêntica Editora/Cepead/Face/UFMG, 2001.

BORGES-ANDRADE, J.E. Avaliação somativa de sistemas instrucionais: integração de três propostas. *Tecnologia Educacional*, v.11, n.46, p. 29-39, 1982.

BORGES-ANDRADE, J.E. Desenvolvimento de medidas em avaliação de treinamento. *Revista Estudos de Psicologia*, v.7, p.31-43, 2002. Número especial.

BRASIL. *Guia de avaliação do Planfor.* Brasília, 2000.

_____. *Leis de diretrizes e bases da educação nacional.* Lei n. 9.394, de 20 dez. 1996.

_____. Ministério do Trabalho e Emprego. Secretaria de Políticas Públicas de Emprego. *Avaliação do Planfor 2001.* Brasília: MTE, SPPE, 2002. (Série Avaliações do Planfor)

_____. Ministério do Trabalho e Emprego. Secretaria de Políticas Públicas de Emprego. *Qualificação do trabalhador.* Disponível em: www.mte.gov.br. Acesso em: 01mar. 2003.

CANO, I. *Introdução à avaliação de programas sociais.* Rio de Janeiro: FGV, 2002.

CATTANI, A.D.(org.) *Trabalho e tecnologia:* dicionário crítico. 4.ed. Verbetes: Formação Profissional e Teoria do Capital Humano. Petrópolis: Vozes, 2002.

COOK, T.D.; CAMPBELL, D.T. *Quasi experiments:* design & analysis issues for field settings. Chicago: Rand McNally, 1979.

CORRÊA, M.L. *Representações sociais e mobilização da subjetividade:* limites para a educação profissional e sindical. In: PIMENTA, S.M.; CORRÊA, M.L. *Gestão, trabalho e cidadania.* Belo Horizonte: Autêntica, 2001.

CRONBACH, L.J. *Designing evaluations of educational and social programs.* Washington: Jossey-Bass, 1983.

DEPARTAMENTO INTERSINDICAL DE ESTATÍSTICA E ESTUDOS SÓCIO-ECONÔMICOS (DIEESE). (2001). *A situação do trabalho no Brasil.* São Paulo.

_____. *Formação profissional:* um novo espaço de negociação. São Paulo, 1998.

GIRÃO, I.C.C. *Representações sociais de gênero:* suporte para as novas formas de organização do trabalho. In: PIMENTA, S.M.; CORRÊA, M.L. *Gestão, trabalho e cidadania.* Belo Horizonte: Autêntica Editora/Ceped/Face/UFMG, 2001.

LARANJEIRA, S.M.G. *Verbete qualificação.* In: CATTANI, A.D. (Org.). *Trabalho e tecnologia:* dicionário crítico. 4. ed. Petrópolis: Vozes, 2002.

MANFREDI, S.M. A reestruturação do trabalho e os desafios para a formação profissional no Brasil – Projetos e perspectivas dos diferentes atores sociais. IN: CONGRESSO LATINOAMERICANO DE SOCIOLOGIA DEL TRABAJO, ALAST, 3., *Anais...* Buenos Aires, 2000. Mimeo.

OFFE, C. *Reforma do estado e trabalho.* In: NABUCO, M.R.; CARVALHO NETO, A. (Org.). *Relações de trabalho contemporâneas.* Belo Horizonte: IRT PUC/MG, 1999.

OSKAMP, S. *Applied social psychology.* Washington, D.C.: Prentice-Hall, 1981. p. 98-145.

PATTON, M.Q. *Practical evaluation.* California: Sage, 1982.

PIMENTA, S.M. *Trabalho e cidadania:* as possibilidades de uma (re)construção política. In: PIMENTA, S.M.; CÔRREA, M.L. *Gestão, trabalho e cidadania.* Belo Horizonte: Autêntica, 2001.

POCHMANN, M. *O mundo do trabalho em mudança.* In: NABUCO, M.R.; CARVALHO NETO, A. (Org.). *Relações de trabalho contemporâneas.* Belo Horizonte: IRT PUC/MG, 1999.

POSAVAC, E.J.; CAREY, R.G. *Program evaluation:* methods and case studies. New Jersey: Prentice-Hall, 1997.

ROSSI, P.; FREEMAN, H. *Evaluácion:* un enfoque sistemático. New York: Sage, 1989. Cap. 5: Estrategias para análisis de impacto.

SALAS, E.; CANNON-BOWERS, J.A. The science of training: a decade of progress. *Annual Review Psychology*, v. 52, p. 471-499, 2001.

SILVA, N.D.V.; KASSOUF, A.L. (2002). *O trabalho e a escolaridade dos brasileiros jovens.* Trabalho apresentado no Encontro da Associação Brasileira de Estudos Populacionais, 13., em Ouro Preto, Minas Gerais, de 4 a 8 de novembro de 2002.

SILVA, P.L.B.; COSTA, N.R. *A avaliação de programas públicos:* reflexões sobre a experiência brasileira: relatório técnico. Brasília: Instituto de Pesquisa Econômica Aplicada – IPEA, 2002.

SILVA, R.T. Eficiência e eficácia da ação governamental: uma análise comparativa de sistemas de avaliação. Brasília: Instituto de Pesquisa Econômica Aplicada – IPEA, 2002.

SOCHACZEWSKI, S. (Coord.). et al. *Diálogo social, negociação coletiva e formação profissional no Brasil.* Montevideo: Cinterfor, 2000.

SOUSA, D.B. et al. *Trabalho e educação:* centrais sindicais e reestruturação produtiva no Brasil. Rio de Janeiro: Quartet, 1999.

STIEFEL, M.; WESSELER, M. Seguimiento, evaluación y participación: algunas falacias habituales y nuevas orientaciones. In: KLIKSBERG, B. (Comp.). *Cómo enfrentar la pobreza?* 2. ed. Grupo Buenos Aires: Editorial Latinoamericano, 1992.

SULBRANDT, J. *La evaluación de los programas sociales:* una perspectiva crítica de los modelos usuales. Centro Latinoamericano de Administración para el Desarrollo – CLAD, 1993. p. 309-350.

TASCHEREAU, S. *Evaluating the impact of trainning and institutional development programs:* a collaborative approach. Washington, D.C.: Economic Development Institute of The World Bank, 1998.

WEISS, C. *Evaluation research:* methods of assessing program effectiveness. Prentice Hall, 1972. In: Sulbrandt, José. (1993). La evaluación de los programas sociales: una perspectiva crítica de los modelos usuales. CLAD. pp. 309-350.

3

Práticas inovadoras em gestão de produção e de pessoas e TD&E*

Sônia Maria Guedes Gondim, Antonio Virgílio Bittencourt Bastos,
Jairo E. Borges-Andrade e Lívia Cruz Tourinho de Melo

Objetivos

Ao final deste capítulo, o leitor deverá:

- Conceituar mudança e inovação organizacionais.
- Estabelecer inter-relações entre mudança, inovação e práticas de gestão, de produção e de pessoas nas organizações.
- Descrever práticas de inovação de gestão de produção e de pessoas.
- Analisar as relações entre essas práticas e treinamento formal no conjunto de ações de TD&E.
- Apresentar insumos para a reflexão, sobre ações de TD&E, entre profissionais desta área.

INTRODUÇÃO

É curioso o que tem ocorrido em relação à mudança organizacional. De um lado, encontramos defensores fervorosos, talvez a grande maioria dos acadêmicos e gestores, que a vêem como desejável e inevitável em um mundo globalizado, cuja competitividade é a mola mestra. De outro, no entanto, há uns poucos que a observam com desconfiança, entre os quais se destaca Grey (2004), para quem a mudança sem precedentes no cenário mundial e organizacional é um exagero. O cerne da questão é a aceitação do discurso de que as organizações devem adotar novas ações para garantir sua sobrevivência, tornando-se receptivas à incorporação de práticas de gestão de produção e de pessoas, na esperança de verem asseguradas sua vantagem competitiva.

Neste capítulo, não temos a pretensão de negar que a mudança esteja ocorrendo no mundo atual. Aliás, isso tem sido uma das razões que justificam o intenso debate do tema em seus diversos ângulos nos últimos anos (Wood Jr., 2002), contribuindo para a ampliação de seu espaço na produção do conhecimento em estudos organizacionais, com impactos visíveis nas ações gerenciais, como as de treinamento, desenvolvimento e educação corporativa (TD&E).

É preciso salientar, porém, que a crença de que a introdução de práticas inovadoras de gestão de produção e de pessoas qualifica a organização a adquirir uma condição confortável no mercado desconsidera que tal vantagem competitiva é somente temporária, pois à medida que as outras organizações seguem seu exemplo e o imitam, atinge-se a homogeneidade, o que retira a pretensa vantagem, compelindo a organização a buscar novas alternativas de gestão para demarcar sua diferença em relação às outras, fortalecendo a espiral crescente que parece nunca ter fim (Grey, 2004). Os defensores da mudança ignoram também que o sucesso alcançado na introdução de uma prática de gestão em uma organização não garante o mesmo resultado em outra, visto a dificuldade de se generalizar sua implementação, em especial pelas diversidades culturais e/ou organizacionais.

A crença de que devemos almejar continuamente inovações em gestão, dada a mudança no cenário econômico mundial encontra apoio, em parte, na justificativa de que o fracasso na aplicação dessas práticas seja atribuído a falhas no processo de implementação e à resistência à mudança dos trabalhadores. Em resumo, o problema não estaria na prática em si, mas na sua forma de introdução, o que, por conseguinte, contribuiria para sua reprodução sem a avaliação de adequação à realidade situacional da organização.

É importante esclarecer que este capítulo não tem o objetivo de enaltecer a mudança e a introdução de práticas inovadoras de gestão, e sim apresentar uma visão panorâmica da indústria brasileira a respeito da adoção dessas novas práticas, com base nos dados de uma pesquisa empírica realizada em 2002. Tem-se o intuito de oferecer subsídios para a compreensão desse processo e de chamar a atenção para a necessidade de assumir uma postura crítica, justificada, em especial, pelas repercussões que tais práticas desencadeiam

---

*Agradecemos às seguintes instituições: UFBA, UnB, UFMG, UFPE e UFSC, que possibilitaram a realização da pesquisa aqui apresentada.

nas ações gerenciais, principalmente as que envolvem TD&E.

Organizamos este capítulo de modo que fosse abordada inicialmente a mudança organizacional, para depois relacioná-la com a introdução das práticas de inovação em gestão de produção (práticas direcionadas para a racionalização dos processos de trabalho) e gestão de pessoas (práticas direcionadas para o desenvolvimento de pessoas) e, em seqüência, procedermos a uma breve descrição sobre as práticas de gestão adotadas no Brasil, analisando as que demandaram treinamento. Para finalizar, faremos uma análise relacionando focos de necessidades e de avaliação de TD&E e a percepção de gestores do domínio de habilidades cognitivas, relacionais e motoras dos trabalhadores quando da implementação dessas práticas. É importante esclarecer, mais uma vez, que as análises realizadas encontram suporte em um estudo empírico realizado em 2002 por uma equipe de pesquisadores do PRONEX, Treinamento e Comportamento no Trabalho,[1] com 215 gestores de produção de diversos ramos da indústria brasileira com mais de 150 empregados, tendo sido uma réplica de pesquisa realizada pela Universidade de Sheffield (Reino Unido), também conduzida em outros países como Austrália, Japão, Espanha, China, Portugal e Finlândia (Bastos, Loiola, Gondim e Peixoto, 2004).

A MUDANÇA ORGANIZACIONAL E A DEMANDA PELA INOVAÇÃO

A mudança é um tema que tem despertado o interesse de estudiosos de diversas áreas, que abordam, de variadas perspectivas, os impactos trazidos por esse fenômeno. Encontramos também muitos artigos que discutem a abrangência que o termo vem assumindo nos últimos anos (por exemplo, Araújo, 2001; Bruno-Faria, 2003, Lima e Bressan, 2003; Motta, 1999; Wood Jr., 2002).

A despeito das diversificadas definições mencionadas nesses artigos de revisão sobre o tema de mudança organizacional, concluímos a favor das seguintes características do fenômeno:

- Resposta a alterações no ambiente externo e/ou interno da organização.
- Planejamento e intencionalidade da ação (quando há maior controle do ambiente) *versus* mudanças reativas e, conseqüentemente, não planejadas (quando há pouco controle das variáveis ambientais).
- Movimento para o reposicionamento organizacional (no qual a organização "está" e onde "gostaria de estar"), o que exige integração dos componentes da organização (estrutura, estratégia, tecnologias, pessoas, produtos, cultura, diretrizes políticas etc.).
- Percepção dos gestores sobre a mudança e o conseqüente comprometimento da administração superior, que repercute no escopo da mudança a ser alcançada.
- Impactos menores (incrementais) ou maiores (estruturais) nas partes ou no todo da organização, com foco na mudança de comportamento, na alteração de processos e na adaptação ao ambiente, que demandariam tempo diferenciado para serem incorporados.

Em poucas palavras, trata-se de um tipo de evento que difere na forma, qualidade ou estado, ao longo de um tempo, de componentes da organização, cujo principal objetivo é a melhoria do desempenho global, em resposta às demandas externas e/ou internas (Lima e Bressan, 2003).

Cabe destacar, não obstante, que alguns autores, entre os quais Burke e Litwin (1992), Nadler, Shaw e Walton (1994, apud Bruno-Faria, 2003) e Weick e Quinn (1999), consideram que a mudança organizacional se manifesta de dois modos distintos: o contínuo e o descontínuo.

- Mudança contínua, incremental ou transacional: compreende ações que alteram apenas alguns aspectos da organização, procedendo pequenos ajustes sistemáticos e ocorrendo em situações de ambiente estável.
- Mudança descontínua, episódica ou transformacional: compreende ações episódicas de ruptura com padrões anteriores, atingindo toda a organização e provocando seu redirecionamento em função das grandes transformações em seu ambiente.

A mudança contínua caracterizar-se-ia pela manutenção de um padrão preexistente e seria constante, cumulativa e evolutiva, ocorrendo a partir de pequenos ajustes no cotidiano da organização, e culminaria, então, em mudanças significativas. A mudança episódica, por sua vez, caracterizar-se-ia pela mudança intencional do padrão existente e seria esporádica e descontínua, ocorrendo em períodos de crise e de instabilidade das organizações (Figura 3.1).

Ainda que a distinção entre mudança contínua e descontínua seja demarcada na literatura, elas não devem ser consideradas como antagônicas, mas intrínsecas ao ciclo organizacional caracterizado por fases distintas de intensidade da mudança. Nesse ciclo, as organizações oscilam entre momentos de pequenas mudanças, caracterizadas por melhorias con-

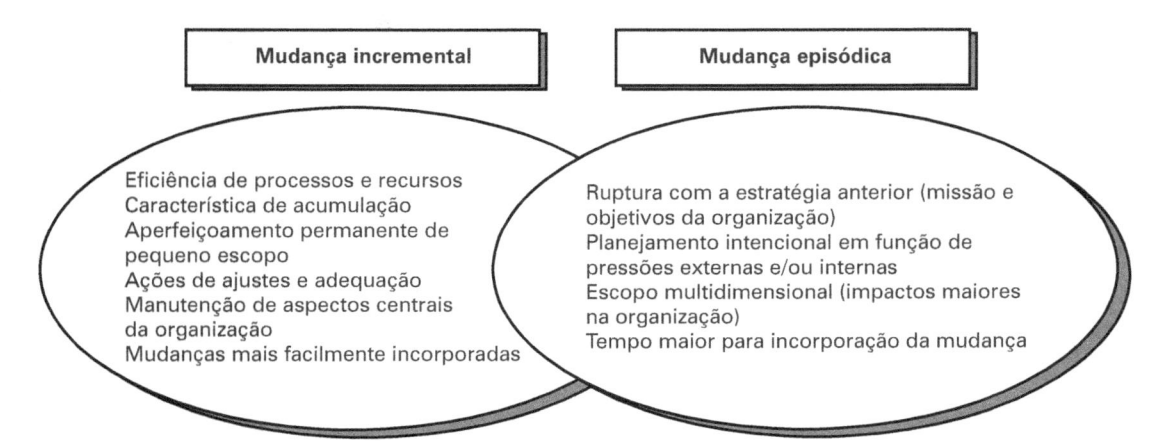

Mudança incremental
- Eficiência de processos e recursos
- Característica de acumulação
- Aperfeiçoamento permanente de pequeno escopo
- Ações de ajustes e adequação
- Manutenção de aspectos centrais da organização
- Mudanças mais facilmente incorporadas

Mudança episódica
- Ruptura com a estratégia anterior (missão e objetivos da organização)
- Planejamento intencional em função de pressões externas e/ou internas
- Escopo multidimensional (impactos maiores na organização)
- Tempo maior para incorporação da mudança

Figura 3.1 Características das mudanças contínua e descontínua.
Fonte: Elaborado pelos autores com base na literatura sobre mudança organizacional referida neste capítulo.

tínuas, apenas para garantir a estabilidade dos processos, e aqueles momentos de mudanças de maior envergadura, com impactos em todos os processos organizacionais.

As práticas de inovação de gestão, na sua maioria, provocam mudanças de pequeno e grande impacto nas organizações. Algumas estão mais focalizadas nos processos de produção, não repercutindo de modo tão intenso nos processos administrativos, tais como células de produção (CP) e manutenção produtiva total (MPT), enquanto nas outras práticas o impacto é em toda a organização, como, por exemplo, a gestão da qualidade total (GQT) e a cultura de aprendizagem (CA). Há aquelas também, cujos impactos mais visíveis estão nas relações interorganizacionais, como ocorre com a terceirização (TER) e a parceria na cadeia de suprimentos (PCS).

A Figura 3.2 ilustra as fases das organizações, demonstrando a oscilação entre pequenas e grandes mudanças, entremeadas por fases de adaptação. Pequenas mudanças, para fins de manutenção de fluxo contínuo da organização, viriam a demandar, ao lon-

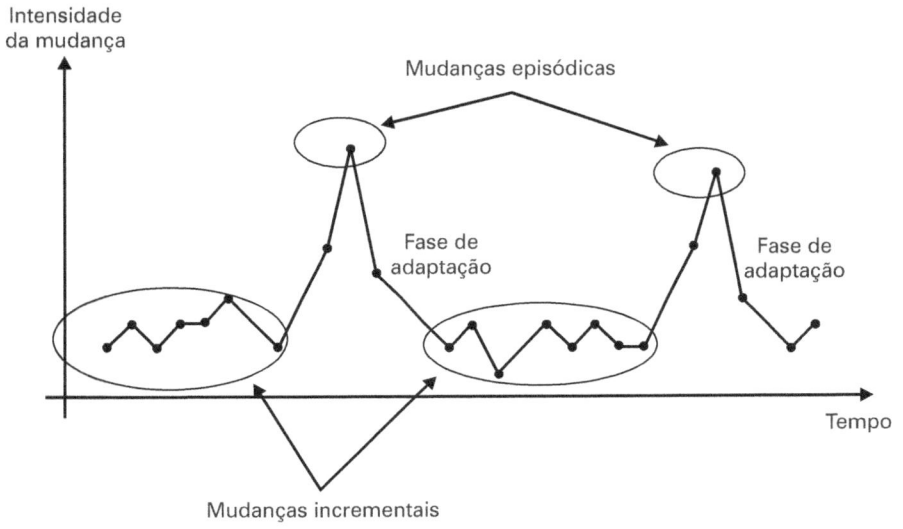

Figura 3.2 Mudança incremental e episódica no ciclo de vida organizacional – tempo *versus* intensidade.
Fonte: Elaborado pelos autores.

go do tempo, mudanças substantivas e de maior impacto. A mudança episódica, então, tornar-se-ia previsível para aquelas organizações, cujo investimento contínuo em pequenos ajustes (incrementais) as capacitassem a empreender mudanças de maior abrangência. É preciso esclarecer que não estamos ignorando que mudanças de maior impacto venham a ocorrer diante de alterações ambientais inesperadas, como as decorrentes de transformações nas políticas econômicas (quebra de monopólio, abertura comercial), e de fusões. Em grande parte desses casos, o ambiente orienta a mudança, deixando pouca liberdade de planejamento e controle de processo por parte da organização ("sobrevive aquela que consegue se adaptar"), o que prevê a abordagem ecológica das populações (Lima e Bressan, 2003).

Em resumo, concluímos que a mudança planejada tem como ponto de partida a condição na qual a organização se encontra, assim como a escolha de estratégias a serem adotadas para se alcançar esta nova condição. Inúmeras variáveis interferem no êxito ou fracasso de processos planejados de mudança, entre as quais destacamos a cultura, objeto de análise de Hofstede (2005), que a define em cinco dimensões: atitude para com a incerteza (aversão à incerteza), distância de poder, individualismo (*versus* coletivismo), orientação temporal (médio e longo prazo) e gênero (masculinidade/feminilidade).

Ainda que não tenhamos como objetivo discorrer sobre cada uma das dimensões mencionadas no parágrafo anterior, pois isso nos levaria a uma digressão pouco defensável para a proposta deste capítulo, nem apresentar todos os resultados da referida pesquisa de Hofstede e colaboradores, cabe assinalar que, ao comparar os resultados brasileiros com outros países da América Latina, os autores em questão concluíram que os brasileiros possuem baixo grau de tolerância à incerteza, e isso chama a atenção, pois sinaliza que, no caso brasileiro, todo processo planejado de mudança tem mais chances de êxito se levar em conta a transparência das ações e a criação de normas e regras que as orientem, como forma de dirimir a insegurança do trabalhador. Isso se mostra de modo mais evidenciado pelo fato de o Brasil ser um país de maioria católica e que, segundo Hofstede, dá suporte à crença de que há uma verdade "absoluta", o que torna ainda mais problemático lidar com a ambigüidade e a incerteza, fortalecendo a atitude de evitar arriscar-se em novos caminhos, como a incorporação de práticas de inovação.

Aparentemente, o que afirmamos pode despertar incredulidade, visto que o Brasil é tratado como um país que importa modismos facilmente (Caldas e Wood Jr., 1999), mas nossa intenção é a de defender a existência de um duplo movimento: de um lado, o desejo de gestores e consultores em incorporar inovações, na esperança de que práticas provenientes de outros contextos resolvam nossos problemas e, de outro, a resistência à incorporação passiva por parte dos trabalhadores, que se vêem obrigados a modificar rotinas e procedimentos de realização de tarefas e atividades, contrariando, em algumas circunstâncias, a sua experiência profissional acumulada.

Chegou o momento, então, de discorrermos em detalhes sobre uma das vias pelas quais a mudança organizacional pode vir a ocorrer: a da adoção de práticas inovadoras de gestão.

A INOVAÇÃO E A GESTÃO DE PRODUÇÃO E GESTÃO DE PESSOAS

A inovação está intimamente relacionada com processos de mudança e é uma maneira de empreender ações planejadas nas organizações, definindo-se como um fenômeno a partir do qual se viabiliza, no contexto organizacional, um conjunto de idéias (conhecimentos) oriundas da criatividade de seus membros ou provenientes da replicação de modelos adotados em outras organizações e avaliados como bem-sucedidos. A inovação pode dar-se no âmbito de projetos e produtos, mas também de outros processos, gerenciais e sociais.

Bruno-Faria (2003) assinala que, independentemente de a idéia ter se originado da criatividade individual ou da tentativa de reprodução de modelos, um dos requisitos básicos para que ela venha a se tornar uma inovação é a análise de sua viabilidade operacional. Há pelo menos três principais componentes da inovação: a criação, a operacionalização e a difusão. A criação é o primeiro passo, podendo ser decorrente de iniciativas individuais e grupais ou do contato com modelos adotados por outras organizações e que sejam passíveis de imitação. O segundo passo é a viabilidade prática, e o terceiro é a difusão dos processos e produtos inovados para outros contextos organizacionais (Kanter, Kao e Wiersema, 1998 citados por Bruno-Faria, 2003, p.118).

Desse modo, considera-se a inovação como o resultado da implementação de idéias, processos, produtos e serviços originários dos indivíduos e/ou grupos na organização, bem como da introdução de novas tecnologias e demais novos elementos externos à organização e que sejam reconhecidos por ela como valiosos para o alcance de seus objetivos finais (Bruno-Faria, 2003). Um ambiente aberto e o conseqüente estímulo à criatividade são considerados importantes para a manutenção de um bom clima organizacional e de um ambiente voltado para a aprendizagem contínua.

O que queremos salientar é que, embora haja inúmeras práticas inovadoras disponíveis no mercado, a sua implementação no contexto das organizações não demanda só decisões no nível da gerência superior, mas também envolvimento e capacitação de pessoas, visto que sua adequada utilização depende de os trabalhadores as visualizarem como mais vantajosas do que as adotadas até então, comprometendo-se com o aprendizado e a mudança de seus métodos de trabalho, demonstrando o domínio das habilidades requeridas.

Loiola, Teixeira, Neres e Rios (2003) ressaltam que, há muito, as organizações se vêem estimuladas a avaliar suas práticas de gestão, contribuindo não só para o surgimento de novas práticas, como igualmente para a difusão das já existentes. Os referidos autores apontam duas principais razões para esse movimento: a primeira, a ascensão do modelo japonês de administração após a Segunda Guerra Mundial e, a segunda, as tentativas isoladas de melhoria de desempenho que surgiram em diversos países, com destaque para os Estados Unidos da América e para a Alemanha. Esses autores seguem afirmando que, embora o movimento seja de longa data, poucas pesquisas foram realizadas com o intuito de compreender melhor este movimento. Os autores destacam, então, a pesquisa realizada pelo Center for Organization and Innovation (ESRC) do Institute of Work Psychology (IW), pertencente à Universidade de Sheffield (Bolden, Waterson, Warr, Clegg e Wall, 1997), cuja réplica foi realizada no Brasil no ano de 2002, e a partir da qual, como dito na introdução deste capítulo, as análises aqui apresentadas e discutidas foram extraídas (Bastos, Loiola, Gondim e Peixoto, 2004).

As práticas de inovação de gestão podem ser divididas em dois grupos: racionalização de processos de trabalho (Gestão da Produção) e desenvolvimento de pessoas, conforme especificado nos Quadros 3.1 e 3.2, respectivamente.

O processo de reengenharia de negócios (PRN) tem como alvo a mudança estrutural da organização e

Quadro 3.1
PRÁTICAS INOVADORAS COM FOCO NA RACIONALIZAÇÃO DOS PROCESSOS DE TRABALHO

Prática	Aspectos centrais
1. Processo de Reengenharia de Negócios (PRN)	– *Racionalizar* processos de produção – *Eliminar* procedimentos desnecessários.
2. Parcerias na Cadeia de Suprimentos (PCS)	– Realizar *alianças* estratégicas com fornecedores e clientes.
3. Terceirização (TER)	– *Desobrigar-se* de certos processos e subprocessos de fabricação, deixando-os para outras companhias.
4. Empoderamento (EPO)	– *Delegar* responsabilidade considerável para agilizar o processo de tomada de decisão.
5. Manutenção Produtiva Total (MPT)	– *Envolver todo o pessoal* de operação em pequenas manutenções ou reparos.
6. Engenharia Simultânea (ES)	– *Projetar e produzir simultaneamente* produtos.
7. Tecnologia Integrada por Computadores (TIC)	– *Conectar* equipamentos computadorizados. – *Otimizar* a integração de tecnologias e a comunicação entre sistemas.
8. Células de Produção (CP)	– *Organizar o "chão de fábrica"*. – Criar condições para fabricação de uma *unidade integral*.
9. Produção *Just in Time* (JIT)	– *Ajustar a produção* em resposta direta às demandas de clientes externos ou internos.

Fonte: Bolden e colaboradores (1997), Araújo (2001), Bastos e colaboradores (2004), Peixoto (2004), Gondim e colaboradores. (2003).

Quadro 3.2
PRÁTICAS INOVADORAS COM FOCO NO DESENVOLVIMENTO DE PESSOAS

Prática	Aspectos centrais
1. Cultura de Aprendizagem (CA)	– Oferecer uma variedade de *oportunidades* a todos os trabalhadores de *produzir conhecimento, aplicá-lo* na realidade organizacional e *difundi-lo* entre seus pares.
2. Trabalho em Equipes (TEQ)	– Alocar o pessoal de operação em *equipes*, de modo que possa ser garantido o *trabalho colaborativo e complementar*.
3. Gestão da Qualidade Total (GQT)	– Buscar *mudanças contínuas* para melhorar a qualidade. – Buscar a *participação* de todos.

Fonte: Araújo (2001), Bolden e colaboradores (1997), Peixoto (2004) e Gondim e colaboradores (2003).

dos processos de trabalho com foco na eliminação de procedimentos dispensáveis que prejudicam a eficiência e a eficácia da organização. O aumento da velocidade de resposta ao cliente (responsividade) por meio de fortes alianças com os fornecedores é um dos principais objetivos de empresas que adotam a prática de PCS, pois facilita a troca de informações e o reabastecimento rápido de estoques quando surge a demanda do cliente externo.

O *just in time* (JIT) também tem uma grande preocupação com a demanda do cliente externo, e, nesse caso, alianças com o fornecedor se tornam relevantes para manter a política de baixo estoque, mas o seu foco maior é na inversão dos processos internos de trabalho (cliente interno), de modo que a produção seja iniciada a partir do pedido do cliente. A premissa é a de que essa inversão daria mais flexibilidade à organização para se ajustar às flutuações de mercado, associando padrão de qualidade a custos reduzidos dos produtos.

A intenção da organização ao aderir à TER é a de se dedicar intensivamente ao seu principal negócio, desobrigando-se de assumir custos daquelas atividades consideradas periféricas e que não agregariam valor às suas atividades-fim. Pretende-se, com esta medida, alcançar maior eficiência, qualidade e competitividade.

O empoderamento (EPO) é uma prática de racionalização de processos de tomada de decisão, pois seu principal objetivo é o de descentralizar as decisões em vários níveis da organização para que ela ganhe rapidez de respostas às demandas internas e externas. Embora seja compreensível a defesa de que o "empoderamento" desenvolva pessoas na medida em que as faz assumir responsabilidades decisórias, no nosso entendimento, ele é avaliado como uma alternativa para lidar com a complexidade organizacional, que, muitas vezes, dificulta a agilidade de resposta à demanda do cliente e dos desafios ambientais, tornando necessária maior proximidade do decisor com o nível operacional.

A MPT está relacionada com a GQT e também com o JIT. Para se conseguir viabilizar programas de qualidade total e assegurar a inversão no processo de produção interna, é preciso adotar procedimentos que permitam garantir o pleno funcionamento do sistema produtivo. Uma das maneiras de se consegui-lo é pela manutenção preventiva, e não-corretiva. Tais procedimentos exigem que o pessoal da operação atue na prevenção dos defeitos a partir da identificação antecipada de problemas no produto e nas máquinas ou suas peças. Uma vez previsto o problema, o conserto é imediato, minimizando as chances de interrupções bruscas e demoradas (paradas) no processo de produção.

A engenharia simultânea (ES) parte da premissa de que identificar o problema somente após o planejamento e o desenvolvimento de projetos é prejudicial para a agilidade organizacional. Sendo assim, adotar procedimentos que facilitem a integração entre o planejamento e a produção permitiriam antecipar problemas futuros e encontrar soluções alternativas para tornar factível o processo de fabricação. O foco, então, encontra-se no trabalho cooperativo, tanto entre setores da própria organização quanto entre fornecedores e outros parceiros externos.

A tecnologia integrada por computadores (TIC) tem como objetivo principal agilizar a troca de informações e a comunicação interna entre os sistemas, de modo que o usuário possa ter acesso a dados atualizados, tornando-se mais capacitado a tomar decisões. Essa modalidade de técnica fundamenta-se fortemente nos princípios da teoria cibernética, que ressaltam a importância da comunicação entre sistemas informatizados para auxiliar o próprio sistema a tomar decisões por meio de *feedbacks* obtidos pela decodificação de mensagens e o conseqüente desencadeamento automático de procedimentos de autocorreção.

A última das práticas de racionalização dos processos a ser comentada é a das CP, que busca o planejamento integral do trabalho por meio da criação de grupos semi-autônomos. A formação de unidades ou células de trabalho tornaria mais ágil o processo de produção, visto que todas as etapas seriam cumpridas em seu interior, sem que fosse necessário dar continuidade ao processo em outro setor ou unidade da organização.

A cultura de aprendizagem (CA) (Quadro 3.2), segundo Fleury (2001), Senge (1990) e Eboli (2001), enfatiza a importância do aprendizado como forma de desenvolver competências e aumentar a competitividade da empresa. A premissa é a de que a única maneira de lidar com as constantes mudanças ambientais é fazer com que a organização esteja em contínuo processo de aprendizagem, cujos aspectos importantes são: produzir conhecimento (interno ou por meio de colaboração externa), aplicar e difundir o conhecimento produzido. Nas palavras de Zarifian (2001), o objetivo seria fazer com que a organização, em vez de ser apenas qualificada (conhecimento aprendido), tornasse-se qualificante (conhecimento continuamente produzido).

Com base na premissa de que grupos heterogêneos são capazes de encontrar soluções mais rápidas e criativas para os problemas que se apresentam para as organizações, a prática de trabalho em equipes (TEQ) alia os benefícios da interação grupal e das diversidades individuais (formação escolar, experiência, idade, etc.) à complexidade das demandas de mercado. A crença subjacente é a de que não se pode pensar no crescimento organizacional sem que sejam desenvolvidas as capacidades e habilidades individuais, e, nesse caso, os grupos contribuem para que isso ocorra, visto que a complementaridade e a cooperação são valores fundamentais para o êxito de equipes de trabalho (Schermerhorn, Hunt e Osborn, 1999).

A GQT surgiu em decorrência de pelo menos três fatores inter-relacionados:

a) Diminuição da tolerância do cliente para com a falha humana.
b) Difusão da tendência de encantar o cliente.
c) Competitividade no mercado (Araújo, 2001).

Apesar de haver escolas diferenciadas de qualidade, algumas mais direcionadas para a certificação e padronização de normas e outras mais centradas no gerenciamento, o compromisso dos programas de qualidade é para com o aprimoramento contínuo dos processos organizacionais em que a participação e o desenvolvimento de pessoas passam a ser fatores-chave. Enfim, a qualidade organizacional só poderá vir a ser efetivamente alcançada se houver envolvimento do trabalhador.

Uma vez que demonstramos a relação entre mudança e inovação organizacionais e tenhamos descrito algumas práticas de gestão, iremos nos ater, a partir deste ponto, a uma análise geral da introdução de práticas de inovação no contexto industrial brasileiro.

UM POUCO DO CENÁRIO DA INTRODUÇÃO DE PRÁTICAS DE INOVAÇÃO: A INDÚSTRIA BRASILEIRA É INOVADORA?

Appelbaum e Batt (1994) e Osterman (1998) desenvolveram estudos sobre a introdução de práticas de gestão da produção no cenário organizacional americano e concluíram ter havido uma grande difusão na implementação dessas práticas, em parte porque elas contribuem para os resultados organizacionais, tanto no que tange à lucratividade quanto à produtividade. Os autores advertem, no entanto, que as pesquisas por eles realizadas apontam a dificuldade de avaliar qual ou quais das práticas seriam as responsáveis mais diretas pelo êxito no alcance dos resultados.

Um dos principais focos da pesquisa de Appelbaum e Batt (1994) foi a utilização do treinamento formal quando da introdução de novas práticas. A partir dos dados coletados na amostra de empresas pesquisadas durante o período investigado, as autoras concluíram que as empresas investem muito pouco em TD&E. As líderes do mercado investem bem mais. O curioso é que, apesar de TD&E ter sido associado a processos de mudança organizacional e os dirigentes de empresas manifestarem o desejo de mudança, o investimento ainda é pequeno. Outra conclusão que merece ser citada é a de que os empregadores e os gestores sinalizam a necessidade de treinar os empregados durante o processo de implementação, com foco principal direcionado para as atitudes e o domínio afetivo, que, de algum modo, repercutiriam em comportamentos esperados no trabalho. O treinamento teria como principal objetivo suprir essas necessidades e desenvolver algumas habilidades relacionais, tais como comunicação, dinâmica de grupo e composição de equipes. As empresas que disseram adotar práticas de gestão de equipes de trabalho foram as que destinaram maiores recursos para programas mais amplos de TD&E.

O estudo de Osterman (1998) incluiu algumas outras variáveis a fim de estabelecer uma correlação com o uso de práticas inovadoras. Uma dessas variáveis foi a das práticas de recursos humanos. O referido autor concluiu haver correlação entre as empresas consideradas mais inovadoras, ou seja, que adotam maior número de práticas inovadoras, e a tendência a inovar nas modalidades de pagamento, no treinamento extensivo e nos esforços para conseguir maior comprometimento dos trabalhadores. Por outro lado, o pesquisador encontrou uma correlação negativa entre empresas muito inovadoras e a existência de segurança no trabalho e promoção baseada no mérito e antiguidade (reconhecimento no trabalho).

A réplica brasileira da pesquisa da Universidade de Sheffield (Reino Unido) sobre práticas de inovação, que aludimos nas seções anteriores,[2] buscou investigar usos e impactos da implementação de práticas inovadoras de gestão no contexto da indústria brasileira. Foi realizado um *survey* com 215 organizações industriais brasileiras com mais de 150 funcionários, escolhidas a partir de cadastros regionais e nacionais,[3] o objetivo de mapear a extensão de uso e impactos das 12 práticas de gestão anteriormente mencionadas nos Quadros 3.1 e 3.2. A técnica da coleta de dados utilizada foi a entrevista telefônica com gestores e engenheiros de produção das referidas organizações.

Ao procedermos a uma análise de *cluster*[4] tomando como referência os dois grandes conjuntos de práticas inovadoras – desenvolvimento de pessoas (GQT, CA e TEA) e racionalização dos processos de trabalho (EPO, PRN, JIT, TIC, CP, PCS, TER, MPT e ES) – os resultados indicaram, no geral, maior adoção do primeiro conjunto de práticas, com escore médio de 3,45 (escala de 1 a 5). Embora, não tão distinto, a adoção das práticas de racionalização do trabalho obteve um escore médio de 2,81.

A partir dos resultados, foi possível identificar empresas que apresentaram média superior ou inferior à média geral no uso dos dois conjuntos de práticas, assim como aquelas empresas que apresentaram uma média mais alta em um dos tipos de práticas estudadas. As empresas foram, então, classificadas em *clusters* que refletiam os padrões de inovação das mesmas, conforme a Tabela 3.1.

A Tabela 3.1 evidencia o fato de que as empresas brasileiras não só adotam uma postura de abertura à inovação diante da incorporação de novas práticas de gestão, como são mais receptivas a práticas que visam ao desenvolvimento de pessoas, do que àquelas relacionadas à racionalização de processos de trabalho.

Em conformidade com o que se encontrou no contexto americano, há uma ampla difusão dessas 12 práticas no Brasil. No cenário brasileiro, os resultados alcançados com a implementação das práticas foram avaliados positivamente, o que parece ter contribuído para que os gestores de nosso país afirmassem planejar a continuidade e intensificação de seu uso nos próximos anos. Houve, no entanto, uma variabilidade no que tange ao ano de introdução das práticas no Brasil.

Tabela 3.1
PADRÕES DE ADOÇÃO DAS PRÁTICAS INOVADORAS DE GESTÃO

Clusters	n	%	Escore médio Racionalização de processos	Escore médio Desenvolvimento de pessoas
Muito inovadoras	62	28,8	3,62	4,34
Pouco inovadoras	29	13,5	1,65	1,73
Mais inovadoras no desenvolvimento de pessoas	67	31,2	2,53	3,8
Mais inovadoras na racionalização do trabalho	57	26,5	2,95	3,02
TOTAL	215	*100*	*2,81*	*3,45*

Fonte: Dados da pesquisa – Tabela elaborada pelos autores.

Ao se levar em conta a década em que as práticas foram introduzidas nas empresas brasileiras (antes de 1960 a 2002), identificamos que, apesar de não haver grande diferença temporal nos períodos demarcados, foi a partir de 1990 que houve uma intensificação desta difusão, ao contrário dos Estados Unidos, cuja introdução data dos anos de 1980 ou mesmo antes disso. As práticas mais jovens introduzidas no Brasil são, respectivamente, MPT (94,5%), EPO (93,6%), PRN (93%), TIC (92,4%) e PCS (92,1%), introduzidas nos períodos de 1990-1997 e 1998-2002 (para verificar siglas consulte os Quadros 3.1 e 3.2).

Ocupando o primeiro lugar no *ranking* das práticas mais antigas utilizadas pelas empresas brasileiras, encontram-se a GQT (5,1%) e a ES (1,6%). As práticas mais utilizadas entre os anos de 1980-1989 foram a ES (10,2%), a TEQ (9,9%), a CP (9,5%) e a CA (9,2%) (Bastos et al., 2004).

Constatação evidenciada tanto no contexto brasileiro quanto no americano é a ausência de um posicionamento mais crítico a respeito da implementação e dos impactos da adoção das práticas, sendo estas, muitas vezes, adotadas mais como uma forma de acompanhar o modismo do que uma estratégia organizacional planejada e avaliada sistematicamente (Appelbaum e Batt, 1994; Osterman, 1998; Caldas e Wood Jr., 1999). Tal situação se revela muito presente quando se considera a relação entre a implementação de tais práticas e TD&E. Nesse sentido, também são escassos os trabalhos que fazem uma avaliação mais aprofundada desta relação.

Um ponto positivo é que este resultado fortalece a crença de que as organizações brasileiras demonstram abertura à inovação, contrariando as conclusões de Hofstede e colaboradores (2005) de que o brasileiro é resistente a mudanças e tem medo de se arriscar. Contudo, um ponto obscuro que requer ser explorado com um pouco mais de cuidado é o da ênfase no desenvolvimento de pessoas em detrimento da racionalização dos processos de trabalho, pois isso não significa que as organizações defendam as ações de TD&E para que elas sejam incorporadas. Trocando em miúdos, apesar de as práticas de desenvolvimento de pessoas serem mais usadas do que as de racionalização dos processos de trabalho, o fato de as últimas exigirem, de modo mais visível, investimentos elevados em tecnologias e maquinarias, aumentando o risco no seu manuseio, podem levar os gestores brasileiros a crer que o treinamento tornar-se-ia mais urgente quando estivesse em jogo a incorporação de práticas de racionalização de processos de trabalho. Embora essa linha de raciocínio faça sentido, não estamos seguros quanto a isso, pois os resultados se apresentaram ambíguos, o que veremos mais adiante.

TD&E E PRÁTICAS INOVADORAS DE GESTÃO

Nesta seção, iremos apresentar três inter-relações:

a) A demanda de treinamento formal das empresas brasileiras pesquisadas quando da introdução de práticas de racionalização de processos de trabalho ou de gestão de pessoas.
b) Os focos das necessidades de treinamento e da avaliação de sua eficácia.
c) A percepção do nível de preparo dos trabalhadores em termos de habilidades cognitivas, relacionais[5] e motoras para o aprendizado das novas práticas.

Ao cruzarmos os dados (adoção de práticas de inovação e realização de treinamento formal para introdução da prática), encontramos os resultados apresentados na Tabela 3.2.

A partir das informações apresentadas na Tabela 3.2, é possível observar que mais de 56% das empresas que adotaram uma das 12 práticas utilizaram treinamento formal para qualificar os trabalhadores envolvidos no processo. As práticas de desenvolvimento de pessoas apresentaram escores elevados com pouca variação (92 a 95%), confirmando a análise de *cluster* mencionada na seção anterior, destacando o perfil inovador da indústria brasileira no que tange ao investimento em pessoas. As práticas de racionalização de processos de trabalho, porém, apresentaram mais variações em seus escores (de 64 a 95%). No que diz respeito ao uso do treinamento formal, porém, a variabilidade de escores aumentou.

Entre as práticas de desenvolvimento de pessoas, a que menos parece demandar treinamento formal, apesar de o escore ser elevado, é a de TEQ (escore 83). O que parece ser inquestionável é que a GQT exige treinamento formal, talvez pelo escopo de mudança que envolve a organização como um todo, não sendo pontual como o trabalho em equipe, que nem sempre é recomendável e apropriado a todos os setores de trabalho. A variabilidade também aparece nitidamente quando analisamos as práticas de racionalização de processos de trabalho, cujos valores oscilaram de 57 a 96. A prática que parece demandar menos treinamento formal, na percepção dos gestores das empresas pesquisadas, é a TER, o que faz sentido, porque, quando esta é a opção da organização, seu objetivo é o de transferir o controle de processos de trabalho para a organização terceirizada, desobrigando-se de investimento na formação de pessoas. A TIC é que tem seu escore equivalente ao da GQT (96), o que parece compreensível pelo fato de requerer a disseminação do domínio da informática para obter êxito na sua implementação.

Tabela 3.2
INTRODUÇÃO DE PRÁTICAS DE INOVAÇÃO E TREINAMENTO NAS EMPRESAS BRASILEIRAS PESQUISADAS

Práticas	Total de empresas que utilizaram prática*	Total de empresas que utilizaram treinamento formal**	Uso de treinamento formal por prática (%)	Ênfase
GQT	203 (94%)	196	96	Desenvolvimento de pessoas
CA	198 (92%)	179	90	Desenvolvimento de pessoas
TEQ	206 (95%)	172	83	Desenvolvimento de pessoas
TIC	184 (85%)	177	96	Racionalização de processos
EPO	200 (93%)	185	92,5	Racionalização de processos
PRN	190 (88%)	171	90	Racionalização de processos
PCS	206 (95%)	144	70	Racionalização de processos
MPT	177 (82%)	157	88,7	Racionalização de processos
CP	145 (67%)	123	84,8	Racionalização de processos
JIT	173 (80%)	126	72,8	Racionalização de processos
ES	138 (64%)	91	66	Racionalização de processos
TER	178 (82%)	103	57,8	Racionalização de processos

*O número entre parênteses indica a percentagem do uso da prática em relação ao total de empresas pesquisadas (n=215).
Fonte: Dados da pesquisa – tabela elaborada pelos autores.

Em resumo, talvez possamos arriscar concluir que as práticas de racionalização de processos de trabalho e de desenvolvimento de pessoas, que exigem mudanças de maior escopo na organização (as transformacionais), são percebidas como de maior risco, o que torna defensável a preocupação redobrada com o planejamento de sua implementação, inclusive, de ações de TD&E. Do ponto de vista histórico, como analisado no Capítulo 8, existe uma antiga e freqüente associação entre TD&E e estratégia e comportamento organizacionais.

Para Abbad, Pilati e Pantoja (2003), o impacto da implementação de práticas de gestão nas políticas de TD&E ainda não se apresenta visível, visto que nem sempre se pode estabelecer uma relação direta, mas pelo menos uma questão merece ser destrinçada: por que uma organização necessitaria treinar seus trabalhadores para introduzir uma prática inovadora?

Borges-Andrade e Abbad O-C (1996) destacam que as organizações estão em constante busca para criar oportunidades de aprendizagem para os seus colaboradores, o que justificaria ações voltadas para TD&E (para esclarecimentos sobre a diferenciação entre estes conceitos ver Capítulo 7). Além disso, o treinamento está atrelado tradicionalmente à identificação e à superação de deficiências no desempenho, à preparação para novas funções e à adaptação dos colaboradores à implementação de novas tecnologias no trabalho (Borges-Andrade, 2002), podendo ser definido como uma tecnologia que envolve o planejamento de um conjunto de princípios e prescrições coordenados entre si, funcionando como estrutura que oferece alternativas eficazes para alguns problemas de desempenho e de planejamento sistemático de eventos instrucionais.

Importa destacar a relação estreita entre ações de TD&E e desempenho no trabalho, pois é a partir dessas ações que as habilidades motoras, cognitivas e afetivas (com destaque para as habilidades relacionais, interativas ou interpessoais) podem ser desenvolvidas, visando tornar o indivíduo competente para desempenhar com êxito o que lhe é demandado. Os Capítulos 14 e 15 podem fornecer ao leitor uma visão mais completa sobre sistemas de classificação dessas habilidades, mas é importante lembrar que distintos sistemas de classificação podem denominá-las de formas diferenciadas.

Borges-Andrade (2002) ressalta que o campo de TD&E é, de maneira geral, imediatamente associado ao planejamento sistemático de eventos instrucionais. Tal processo se baseia nos subsídios provenientes da análise dos requisitos do trabalho e das capacidades do treinando, assim como nos princípios da tecnologia instrucional, com o objetivo de garantir ótimas condições para a aquisição dos conhecimentos, habilidades e/ou atitudes necessárias ao exercício de um dado papel ocupacional (mais informações sobre esse processo podem ser encontradas no Capítulo 15).

Na tentativa de responder à questão sobre as razões que justificaram o uso de treinamento na introdução de práticas de gestão, podemos dizer que as organizações investem em treinamento formal ao introduzirem novas práticas de gestão quando avaliam que é preciso capacitar os trabalhadores, haja vista as habilidades e as atitudes (domínio afetivo) que se tornam demandadas, o que orientaria de modo mais objetivo os atores organizacionais em suas rotinas e métodos de trabalho, assim como no alcance dos objetivos institucionais mais amplos.

De modo geral, TD&E exige identificação das necessidades, planejamento e avaliação, conforme é discutido no Capítulo 9. Iremos nos referir mais especificamente à identificação de necessidades e à avaliação de TD&E, pelo fato de termos incluído duas questões relativas a esses aspectos na pesquisa realizada no Brasil. Uma dessas questões solicitava aos gestores que definissem se o foco de identificação de necessidades estava localizado no diagnóstico organizacional amplo (DOA), diagnóstico de competência de equipes e ocupações (DCEQ), desempenho do indivíduo (DIN) e autoplanejamento da carreira feito pelo próprio indivíduo (AUTIN) (para mais detalhes sobre esses focos, ver Capítulo 10). A outra questão procurava investigar se o foco da avaliação de TD&E estava localizado na satisfação pessoal dos participantes (SP), no conteúdo aprendido (CONT), no impacto nas rotinas de trabalho (RT) e nos impactos nos processos organizacionais amplos (POA) (os Capítulos 17 e 18 definem com mais clareza o que esses focos significam e como podem ser medidos nas organizações).

Embora os leitores encontrem, nos capítulos referidos entre parênteses, informações mais detalhadas sobre necessidades e avaliação de TD&E, algumas noções serão objeto de breves comentários neste capítulo, uma vez que a análise que realizamos relaciona necessidades, avaliação e domínio de habilidades na introdução de práticas de inovação.

A identificação e a avaliação das necessidades de treinamento é um primeiro passo para o desenvolvimento de um programa desse tipo. De acordo com Cooper e Rovertson (1995), uma avaliação de necessidade é conduzida para sinalizar onde o treinamento é necessário na organização (análise organizacional), quais necessidades deverão ser enfocadas (análise da tarefa) e quem precisa ser treinado (análise pessoal). Tal análise organizacional avalia o escopo e a abrangência da mudança, em função de seus impactos, e a conseqüente identificação de setores e unidades que demandariam intervenções mais diretas de treinamento. A análise das tarefas é uma descrição das operações do trabalho e das condições nas quais ele deverá ser executado. A análise também examina o desempenho das tarefas atuais e as habilidades necessárias para o êxito na execução. Enfim, na análise das tarefas, a preocupação é com a elaboração de uma lista de tarefas envolvidas na realização do trabalho e a posterior análise com base em critérios, como a dificuldade para aprender, a importância da tarefa e a quantidade de ênfase de treinamento exigida, ao se levar em conta, obviamente, os conhecimentos e as habilidades para o sucesso no desempenho ou a minimização do erro na execução. Por fim, a análise pessoal não focaliza o diagnóstico nas tarefas ou habilidades para sua realização, mas sim no quão bem cada um dos indivíduos desempenha as tarefas e as habilidades exigidas no trabalho, visando empreender ações de aperfeiçoamento funcional. O propósito é identificar deficiências de desempenho de indivíduos que podem ser amenizadas via treinamento formal. Assim, na análise pessoal, ocorre a identificação de padrões de desempenho baseadas em comportamentos observáveis bem-sucedidos e se procede a uma comparação do desempenho idealizado com o desempenho real, para fins de orientação de diagnóstico de necessidades de treinamento. É oportuno acrescentar, no entanto, que o prognóstico de necessidade pode ser decorrente da análise do contexto de mudança e das implicações de tais mudanças para conhecimentos, habilidades e atitudes que virão a ser requeridos durante e após a implementação, o que torna inviável a comparação a que nos referimos entre desempenho real e ideal, pois os novos conhecimentos, habilidades e atitudes iriam apresentar-se totalmente distintos dos até então exigidos das pessoas.

Outra etapa fundamental no processo de elaboração de programas de treinamento em organizações é o da "avaliação de treinamento", principal responsável pelo provimento de informações que garantem a retroalimentação e, portanto, o aperfeiçoamento constante de tais programas.

Hamblin (1978) apresentou um modelo que busca sistematizar a avaliação do treinamento em cinco níveis, que enfatizam os impactos do treinamento a partir dos objetivos propostos para o curso:

- **Reação**, que objetiva apreender as atitudes e opiniões dos treinados em relação aos diversos aspectos do treinamento, ou sua satisfação com o mesmo (SP).

- **Aprendizagem**, que usa indicadores para avaliar o conteúdo aprendido, comparando os treinados antes e depois do treinamento, e se os objetivos instrucionais foram alcançados (CONT).
- **Comportamento no cargo**, que leva em conta o desempenho dos indivíduos no trabalho, antes e depois do treinamento, tentando inferir se houve transferência e aplicação do conteúdo aprendido para o contexto de trabalho (RT).
- **Organização**, que toma como critério de avaliação o funcionamento da organização, ou mudanças que nela possam ter ocorrido em decorrência do treinamento (POA).
- **Valor final**, que tem como foco a produção ou o serviço prestado pela organização, o que geralmente implica comparar custos do treinamento com os seus benefícios (POA).

Freitas e Araújo (2000) comentam que, em síntese, para Hamblin (1978), os cinco níveis se inter-relacionam e que uma reação favorável repercute na aprendizagem, que, por sua vez, gera impactos no comportamento no cargo e, em seqüência, na organização e no valor final.

Importa contemplar que esse modelo foi proposto há mais de três décadas e, por este motivo, provavelmente não abrange outros fatores que possam promover impacto, atualmente a eficácia dos resultados dos programas de treinamentos. A partir dessa necessidade, Borges-Andrade (1982) elaborou um modelo denominado MAIS, ou Modelo de Avaliação Integrado e Somativo (para detalhes ver Capítulo 17), composto por cinco componentes fundamentais que um sistema de avaliação de treinamento deve abarcar (insumos, processos, procedimentos, ambiente e resultados).

Um dos aspectos mais importantes desse modelo é o fato de considerar variáveis internas e externas (como, por exemplo, ambiente) que interferem na eficácia dos treinamentos. Sem dúvida, esse modelo é um marco dentro da perspectiva da avaliação dos programas de treinamento, tanto que originou uma série de outros estudos que visam desvendar variações que envolvem a efetividade dos treinamentos. Merece destaque, entre os trabalhos oriundos do MAIS, o modelo IMPACTO, elaborado por Abbad (1999) e que propõe a avaliação integrada do impacto do treinamento no trabalho. Segundo Meneses e Abbad (2002), no IMPACTO, a avaliação acontece com a consideração dos componentes de percepção de suporte organizacional, características do treinamento, características da clientela, reação e impacto do treinamento no trabalho.

Conforme o que se discute no Capítulo 9, apesar da existência de distintos métodos para avaliar necessidades e de muitos modelos de avaliação de TD&E, percebe-se que, em muitas organizações, ainda não existe uma preocupação em implementar tais métodos e modelos no dia-a-dia. Estudos que reforçam essa importância têm sido instigados, principalmente, pela crescente demanda por programas de treinamentos, oriundas, muitas vezes, da introdução de práticas de gestão.

Ao estabelecermos relações entre a introdução de práticas de inovação e as necessidades de treinamento, é preciso considerar também o nível de preparo dos trabalhadores para incorporar tais práticas. Isso nos permite analisar criticamente algumas relações com a escolha do foco das necessidades e do foco da avaliação dos resultados de TD&E.

Segundo essa perspectiva, a incorporação de práticas de inovação em gestão tem requerido novos conhecimentos, habilidades e atitudes dos trabalhadores, o que repercute no redesenho de perfis profissionais (Gílio, 2000). Os responsáveis por processos seletivos, por exemplo, têm enfatizado o crescimento das habilidades relacionais como requisito do mercado de trabalho. O argumento ao qual tais profissionais recorrem é o de que as habilidades técnico-motoras, que envolvem a aquisição de conhecimento especializado, podem ser desenvolvidas por meio de treinamentos teórico/práticos, enquanto as habilidades interpessoais ou relacionais necessárias, por exemplo, em equipes de trabalho, não são facilmente treináveis, visto que, na opinião deles, tais habilidades estão muito relacionadas a características individuais de personalidade e ao processo de socialização da pessoa ao longo de sua vida (Gondim, Brain e Chaves, 2002). Nesse sentido, para profissionais de recursos humanos, se a habilidade é difícil de ser treinada, o processo seletivo deve aprimorar a forma de avaliar o potencial de relacionamento interpessoal do candidato a emprego (critério diferenciador) e, caso haja carência de formação técnica, supri-la por meio de treinamentos teóricos e/ou práticos.

É justificável introduzir essa temática, visto que, na pesquisa brasileira, incluímos três questões, solicitando ao gestor que avaliasse o nível de preparo dos trabalhadores em termos de habilidades cognitivas, motoras e relacionais (domínio afetivo na taxionomia de Bloom e colaboradores, 1974). Definimos habilidades cognitivas como as relacionadas à compreensão de instruções verbais e à capacidade de raciocinar sobre problemas em busca de soluções, as habilidades relacionais às referentes ao saber se relacionar bem com outras pessoas e trabalhar em grupos heterogêneos e, por fim, as habilidades motoras, atinentes à motricidade, ou seja, a agilidade e a presteza nos movimentos que envolvem as mãos e a coordenação visuomotora na execução das tarefas (Gondim, Melo e Rodrigues, 2003).

Para fins de compreensão do que acontece no cenário industrial brasileiro, iremos nos concentrar, a partir de agora, nos resultados e nas análises que pudemos realizar a partir do cruzamento entre necessidades e avaliação de TD&E e nível de preparo dos trabalhadores em termos de habilidades cognitivas, motoras e relacionais na implementação das práticas inovadoras.

RELAÇÕES ENTRE NECESSIDADE E AVALIAÇÃO DE TD&E E DOMÍNIO DE HABILIDADES DOS TRABALHADORES

Nesta seção, iremos nos dedicar à apresentação de alguns resultados da pesquisa que realizamos em 2002 com o objetivo de compreender a realidade da indústria brasileira, segundo a perspectiva de gestores. Apenas as cinco questões mencionadas na seção anterior serão alvo de comentários.

Inicialmente, pretendíamos avaliar de que modo poderíamos estabelecer relações entre focos de necessidade de treinamento e de avaliação de TD&E para aquelas empresas que relataram ter feito uso deste conjunto de ações para a introdução de práticas de inovação. Para tal, usamos o aplicativo SPSS (*Statistical Package of Social Science*), versão 10, e procedemos a uma análise fatorial por correspondência denominada HOMALS. Trata-se de uma técnica qualitativa de redução e agrupamento de dados que permite representar três ou mais variáveis nominais em poucas dimensões, geralmente duas. Seu produto é um gráfico de quantificação (número de casos) distribuídos em duas (ou mais) dimensões de análise. Cada dimensão possui um valor próprio que mede a informação dada. Quanto mais próximo de 1, mais poder de análise a dimensão possui: Dimensão 1 – corte vertical e Dimensão 2 – corte horizontal.

É preciso esclarecer, contudo, que, em virtude do formato final do questionário de pesquisa, as análises de dados daí decorrentes devem ser feitas com cautela, visto que, apesar de as respostas sobre usos e seus impactos serem feitas em relação a cada prática separadamente, as perguntas sobre foco de necessidades e de avaliação de treinamento formal, bem como as três perguntas sobre nível de preparo de habilidades do trabalhador na época de introdução da prática, foram incluídas na segunda parte do questionário que contemplava questões genéricas. Dito de outro modo, quando os gestores respondiam se o foco da necessidade ou de avaliação de treinamento era um ou outro, assim como se os seus empregados estavam muito ou pouco preparados em termos cognitivos, relacionais e motores, o faziam tomando como referência o conjunto das práticas utilizadas em sua organização, e não a uma ou a outra em particular.

Necessidade de treinamento *versus* avaliação em TD&E

A Figura 3.3 (valor próprio: Dimensão 1 – 0,593 e Dimensão 2 – 0,580, sugerindo análise de corte vertical) apresenta os resultados da análise HOMALS, relacionando os focos de identificação das necessidades e de avaliação de TD&E.

A distribuição gráfica apresentada indica, no seu lado esquerdo, uma aproximação de respostas entre os focos de necessidades em DOA e DCEQ, associados ao foco de avaliação de TD&E em POA. No lado direito da referida figura, visualizamos a aproximação de respostas do foco de identificação de necessidades em AUTIN e do foco de avaliação em SP, assim como uma maior proximidade entre o foco de necessidade em DIN e os dois focos de avaliação, RT e CONT.

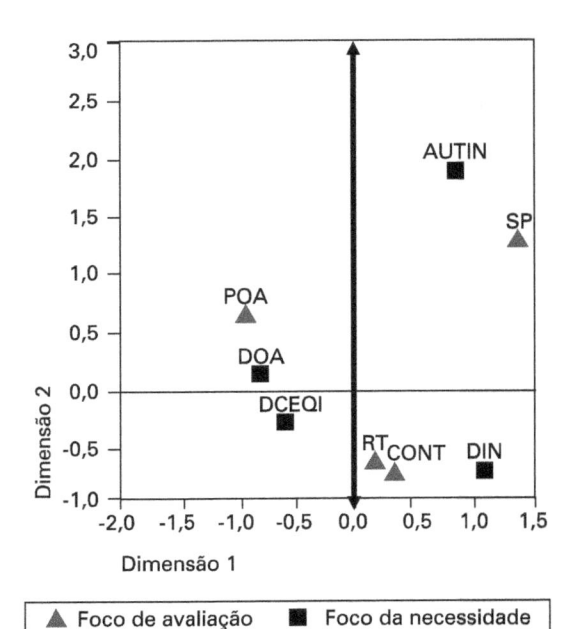

Distribuição de freqüência de foco de necessidade de treinamento: DOA – 59; DCEQ – 63; DIN –57; AUTIN – 28 e *missing* (duas opções) – 13.
Distribuição da freqüência de foco de avaliação de treinamento: SP – 28; CONT – 30; RT – 78; POA – 65 e *missing* (duas opções) – 18.

Figura 3.3 Necessidade *versus* avaliação em TD&E.

O que podemos concluir é que as identificações de necessidades de TD&E se distribuem em termos de maior freqüência entre DCEQ (n=63), DOA (n=59) e DIN (n=57), e o foco de avaliação se concentra nos RT (n=78) e nos POA (n=65), sinalizando haver uma congruência entre as escolhas dos focos de necessidade e de avaliação. Quando o diagnóstico da necessidade se situa no AUTIN (n=28), a avaliação se dá no plano da SP (n=28), quando a necessidade é definida a partir do desempenho individual, a avaliação ocorre no nível do CONT (n=30) e RT. Por último, quando o foco das necessidades está no plano do DOA (n=59) e do DCEQ (n=63), o foco da avaliação se localiza nos POA (n=65).

Necessidade em TD&E *versus* domínio de habilidades do trabalhador

Daremos início a esta subseção apresentando as Figuras de 3.4 a 3.6, que assinalam as associações de respostas entre foco de identificação de necessidades de TD&E e percepção de domínio de habilidades cognitivas, relacionais e motoras.

A Figura 3.4 (valor próprio: Dimensão 1 – 0,635 e Dimensão 2 – 0,588, sugerindo análise de corte vertical) estabelece a relação entre o foco de identificação de necessidades e percepção, da parte de gestores, sobre o preparo dos trabalhadores em habilidades cognitivas quando da introdução das práticas inovadoras na empresa. A Figura 3.4 sinaliza que a percepção de melhor preparo cognitivo dos trabalhadores está relacionada com respostas que indicam que o foco da identificação de necessidades foi em AUTIN ou em DOA (embora este apareça um pouco mais distante). O nível de preparo moderado (a maioria das respostas, n=104) mantém relações mais estreitas com identificação de necessidades de DIN, mantendo proximidade também com a percepção de pouco preparo cognitivo associado ao DCEQ.

A Figura 3.5 (valor próprio: Dimensão 1 – 0,600 e Dimensão 2 – 0,534, sugerindo análise de corte vertical) evidencia as relações entre identificação de necessidades e preparo em termos de habilidades relacionais. Essa figura sinaliza o fato de que, quando o foco da identificação de necessidades está no autoplanejamento e no desempenho individual, os gestores

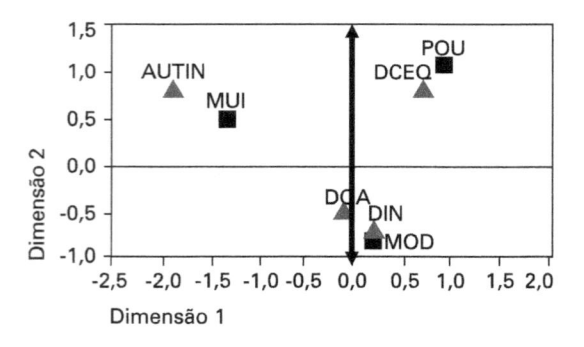

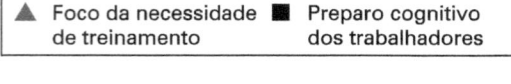

▲ Foco da necessidade de treinamento ■ Preparo cognitivo dos trabalhadores

Distribuição da freqüência de nível de preparo cognitivo dos trabalhadores: muito preparados (MUI) – 54; moderadamente preparados (MOD) – 104; pouco preparados (POU) – 59; *missing* – 3.
Distribuição de freqüência de foco de necessidade de treinamento: DOA – 59; DCEQ – 63; DIN – 57; AUTIN – 28; *missing* (duas opções) – 13.

Figura 3.4 Necessidade em TD&E *versus* domínio cognitivo.

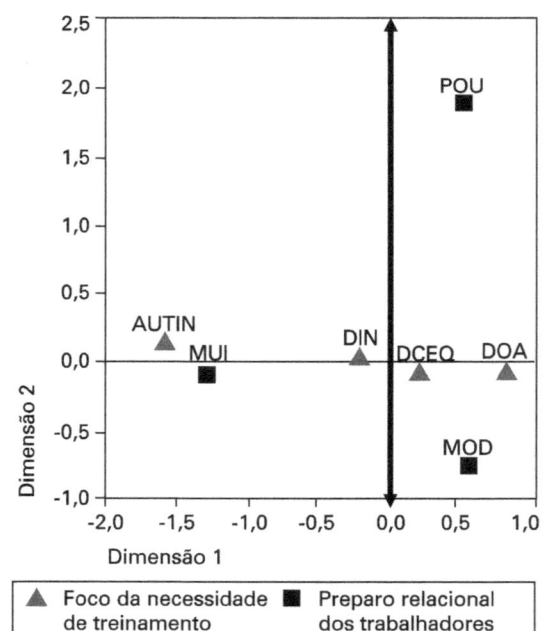

▲ Foco da necessidade de treinamento ■ Preparo relacional dos trabalhadores

Distribuição de freqüência de nível de preparo interpessoal dos trabalhadores: muito preparados (MUI) – 63; moderadamente preparados (MOD) – 105; pouco preparados (POU) – 49; *missing* – 3.
Distribuição de freqüência de foco de necessidade de treinamento: DOA – 59; DCEQI – 63; DIN – 57; AUTIN – 28; *missing* (duas opções) – 13.

Figura 3.5 Necessidade em TD&E *versus* domínio relacional.

percebem os trabalhadores como mais preparados em termos relacionais, enquanto o despreparo ou preparo moderado dos trabalhadores estão relacionados com o diagnóstico de competências de equipes e o diagnóstico organizacional amplo.

A Figura 3.6 (valor próprio: Dimensão 1 – 0,589 e Dimensão 2 – 0,528, sugerindo análise de corte vertical) permite a visualização da relação entre foco de identificação de necessidades e percepção de preparo em habilidades motoras. De um lado, encontramos aproximações entre DOA, AUTIN e DCEQ e a percepção de grande preparo dos trabalhadores em termos motores. De outro, a percepção de nível moderado de despreparo motor do trabalhador está associada ao foco no desempenho individual.

A que conclusões podemos chegar sobre relações entre foco de identificação de necessidades e nível de preparo dos trabalhadores? Em termos gerais, os trabalhadores são percebidos pelos gestores como bem preparados nas habilidades motoras e modernamente preparados nas habilidades cognitivas e relacionais, para enfrentar a introdução das práticas de inovação nas empresas. Ficou visível que, quando o foco de identificação de necessidades está localizado no AUTIN, os gestores percebem os trabalhadores como habilidosos em termos cognitivos, motores e relacionais. Quando o foco é no DOA, os trabalhadores são percebidos como bem preparados em termos de habilidades cognitivas e motoras, mas não em termos relacionais. Quando o foco é no DCEQ, os trabalhadores são percebidos como moderadamente ou despreparados no que tange às habilidades cognitivas e interpessoais, mas bem preparados em termos motores. Por último, quando o foco da identificação de necessidades é no DIN, os trabalhadores são percebidos como bem preparados nas habilidades relacionais, mas apresentam pouco ou moderado domínio de habilidades cognitivas e motoras.

De que modo estes resultados podem ser úteis a um profissional da área de TD&E? Diríamos que é digno de nota o fato de o AUTIN estar associado ao elevado domínio de habilidades cognitivas, motoras e relacionais, porque o que se sabe é que a introdução de práticas de inovação em gestão é uma iniciativa da empresa, e não do trabalhador, tanto é assim que o autoplanejamento foi o foco de identificação de necessidades que apresentou menor freqüência de escolha pelas empresas pesquisadas. Talvez isso signifique que, quando os gestores lançam mão do autoplanejamento, avaliam que os trabalhadores conseguem analisar o que está acontecendo no cenário mais amplo e ajam prospectivamente no sentido de investir no domínio de habilidades que seriam fundamentais para sua permanência no emprego, mas, a rigor, é preciso ponderar esta linha de raciocínio, visto que a competência de analisar o cenário mais amplo e agir prospectivamente exige o uso de estratégias metacognitivas de alta complexidade, que talvez na prática, não se encontrem bem desenvolvidas nos trabalhadores brasileiros com baixo nível de instrução.

Outra conclusão importante no nosso ponto de vista é a de que o DCEQ foi o foco de identificação de necessidades mais utilizado, seguido do DOA e pelo foco na identificação de DIN. Os resultados sugerem que, quando o foco da necessidade está localizado no DCEQ, os gestores avaliam os trabalhadores pouco ou moderadamente preparados no que tange às habilidades cognitivas e relacionais, o que pode ser um indício de que os esforços de TD&E deveriam ser dirigidos para suprir as lacunas nesses domínios, ao passo que, para o DOA, a ênfase deveria ser dada à aquisi-

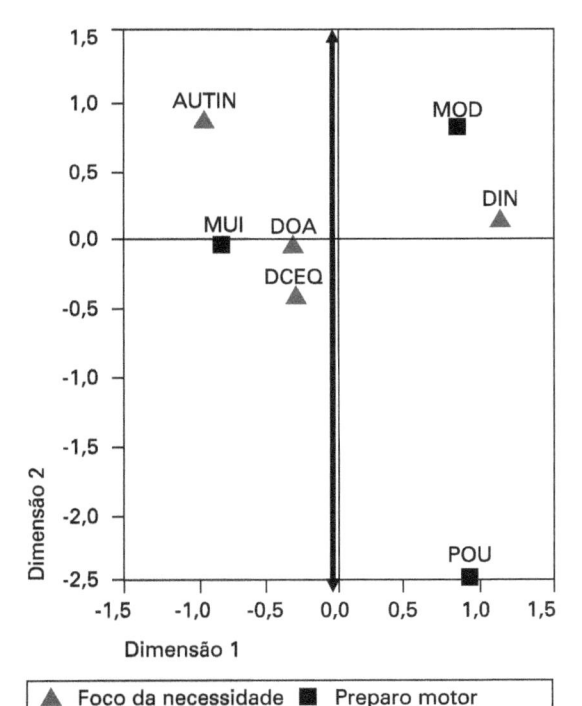

Distribuição de freqüência de nível de preparo motor dos trabalhadores: muito preparados (MUI) – 109; moderadamente preparados (MOD) – 84; pouco preparados (POU) 24; *missing* – 3.
Distribuição de freqüência de foco de necessidade de treinamento: DOA – 59; DCEQI – 63; DIN – 57; AUTIN – 28; *missing* (duas opções) – 13.

Figura 3.6 Necessidade em TD&E *versus* domínio motor.

ção de domínio relacional, visto haver relação de proximidade entre a escolha deste foco de necessidade e a percepção de pouco ou moderado preparo nesse domínio. Quando o foco de necessidade é no DIN, o domínio motor e o cognitivo parecem ser prioritários, pela relação de correspondência encontrada entre este foco de necessidades e a atribuição de moderado preparo ou despreparo dos trabalhadores nos dois domínios. Cabe alertar que essas interpretações não indicam necessariamente que os gestores agem assim, mas como os resultados sugerem que eles parecem agir. Além disso, nunca é demais lembrar que quaisquer ações de TD&E devem levar em conta a análise criteriosa das práticas de gestão, das habilidades demandadas e do nível de domínio em que se encontram os trabalhadores. Os Capítulos 12 e 20 tratam de questões ligadas ao contexto organizacional, entre as quais as práticas de gestão de desempenho.

Avaliação de TD&E *versus* domínio de habilidades do trabalhador

Avançaremos a discussão dos dados da pesquisa nacional a partir das relações entre foco de avaliação de treinamento e percepção de domínio das habilidades cognitivas, relacionais e motoras (ver Figuras de 3.7 a 3.9).

A Figura 3.7 (valor próprio: Dimensão 1 – 0,591 e Dimensão 2 – 0,575, sugerindo análise de corte vertical) evidencia a relação entre foco da avaliação do treinamento e percepção de preparo em habilidades cognitivas, sinalizando uma aproximação, de um lado, entre os focos de avaliação em SP e POA, e, de outro, a percepção de grande preparo ou preparo moderado cognitivo dos trabalhadores. No lado direito da Figura 3.7 visualizamos, em contrapartida, uma associação do despreparo dos trabalhadores em termos cognitivos com os focos de avaliação em CONT e em RT.

A Figura 3.8 (valor próprio: Dimensão 1 – 0,614 e Dimensão 2 – 0,595, sugerindo análise de corte vertical), por sua vez, ilustra a relação entre foco da avaliação do treinamento e percepção de preparo em habilidades relacionais dos trabalhadores.

A disposição das variáveis na Figura 3.8 sugere aproximação de respostas entre foco de avaliação na SP do participante e nos POA e a percepção de um bom nível de preparo relacional dos trabalhadores (muito e moderamente preparados). Em contrapartida, a percepção de despreparo está associada aos focos de avaliação em CONT e em RT.

A Figura 3.9 (valor próprio: Dimensão 1 – 0,585 e Dimensão 2 – 0,523, sugerindo análise de corte vertical) apresenta a relação entre foco da avaliação do

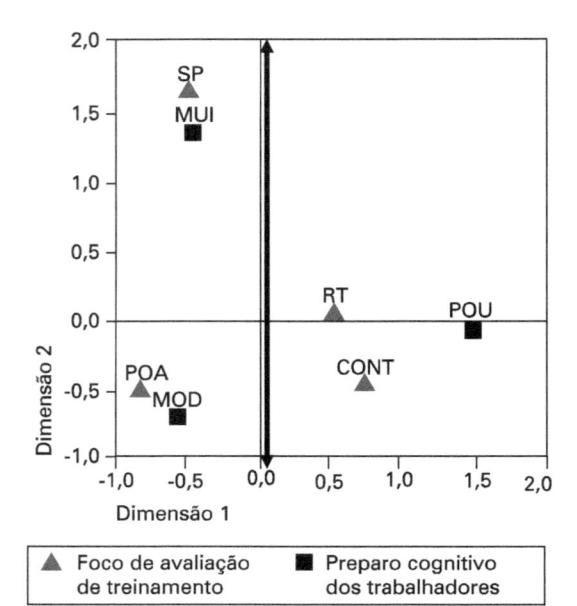

Distribuição de freqüência de nível de preparo cognitivo dos trabalhadores: muito preparados (MUI) – 109; moderadamente preparados (MOD) – 84; pouco preparados (POU) – 24; *missing* – 3.
Distribuição da freqüência de foco de avaliação de treinamento: SP – 28; CONT – 30; RT – 78; POA – 65 e *missing* (duas opções) – 18.

Figura 3.7 Avaliação de TD&E e domínio cognitivo.

treinamento e a percepção de preparo em habilidades motoras do trabalhador. Ficam evidenciadas as aproximações entre percepção de preparo motor adequado, quando os focos de avaliação recaem sobre os POA, na SP e no CONT. Em contrapartida, identificamos uma relação entre percepção de despreparo ou moderado preparo motor e o foco de avaliação de treinamento em RT.

Neste ponto, retomaremos novamente as duas questões formuladas em relação às Figuras 3.4, 3.5 e 3.6. Uma delas é a que conclusões podemos chegar sobre relações entre foco de avaliação de treinamento e nível de preparo dos trabalhadores? Ficou visível que, se o foco de avaliação esteve na SP do participante ou nos POA, os gestores avaliaram os trabalhadores como habilidosos em termos cognitivos, relacionais e motores. Quando o foco da avaliação esteve localizado no CONT ou no RT, os trabalhadores foram percebidos como moderadamente preparados ou despreparados em termos de habilidades cognitivas e relacionais, sendo que, no caso de conteúdos aprendidos, os trabalhadores foram percebidos como mais bem preparados em termos motores.

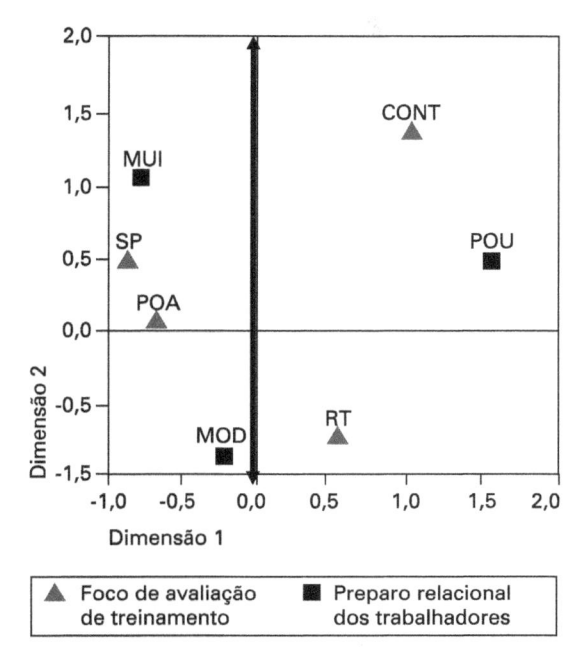

Distribuição de freqüência de nível de preparo interpessoal dos trabalhadores: Muito preparados (MUI) – 109; moderadamente preparados (MOD) – 84; pouco preparados (POU) – 24; *missing* – 3.
Distribuição da freqüência de foco de avaliação de treinamento: SP – 28; CONT – 30; RT – 78; POA – 65; *missing* (duas opções) – 18.

Figura 3.8 Avaliação em TD&E *versus* domínio relacional.

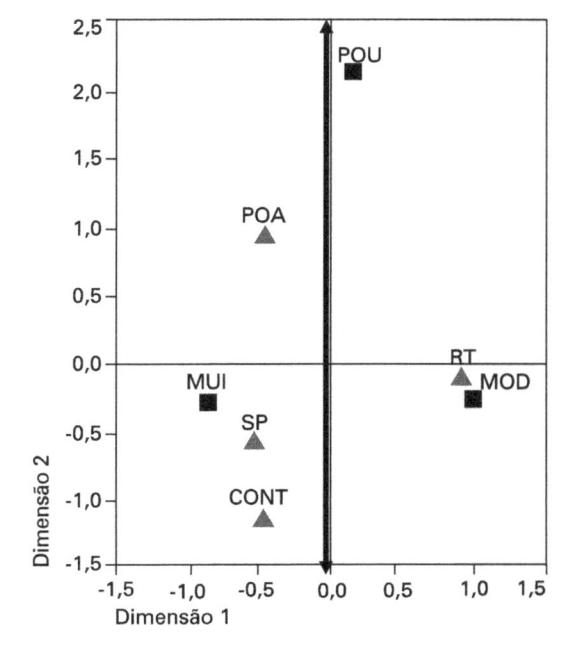

Distribuição de freqüência de nível de preparo motor dos trabalhadores: muito preparados (MUI) – 109; moderadamente preparados (MOD) – 84; pouco preparados (POU) – 24; *missing* – 3.
Distribuição da freqüência de foco de avaliação de treinamento: SP – 28; CONT – 30; RT – 78; POA – 65; *missing* (duas opções) – 18.

Figura 3.9 Avaliação em TD&E *versus* domínio motor.

A segunda questão a que nos reportaremos é a seguinte: de que modo esses resultados podem ser úteis a um profissional da área de TD&E? Uma conclusão importante, no nosso ponto de vista, é a de que RT foi o foco de avaliação mais utilizado, seguido pelo POA e pela avaliação de CONT.

O que chama mais a nossa atenção é a aproximação entre respostas de foco de avaliação em RT (como o mais escolhido) e a percepção de despreparo dos trabalhadores nos três domínios de habilidades, em especial o cognitivo e o relacional. O que justificaria uma aproximação como essa? Uma razão possível pode ser a de que a percepção de despreparo de trabalhadores, quando da introdução de práticas de inovação, torna necessário criar indicadores que avaliem de que modo o investimento em treinamento poderia vir a trazer benefícios concretos para o exercício cotidiano do trabalho. Em outras palavras, o treinamento formal visando à introdução de novas práticas de gestão deve ser capaz de responder aos desafios de vir a mudar métodos e procedimentos de realização de tarefas da parte do trabalhador, e tal efetividade parece depender de um planejamento instrucional capaz de mobilizar os três domínios: cognitivo, afetivo (relacional) e motor. O primeiro aumentaria a capacidade de o trabalhador lidar com a complexidade de algumas práticas que envolvem tecnologias mais sofisticadas. O segundo domínio, o relacional (afetivo), prepararia o trabalhador para não só internalizar a importância do bom relacionamento com sua equipe de trabalho, seus colaboradores de diversos níveis hierárquicos e seus parceiros internos e externos, como também ofereceria condições para a manifestação de comportamentos mais flexíveis, que seriam congruentes com esta orientação. Por último, o terceiro domínio, o motor, auxiliaria o trabalhador a automatizar alguns procedimentos que se tornam cada vez mais indispensáveis no setor industrial, dada a amplitude do uso de novas tecnologias no processo de produção.

Por último, gostaríamos de mencionar outra conclusão, a de que a avaliação de POA ocupa uma posição de destaque na avaliação de treinamentos (e deveria também ter destaque no diagnóstico de necessidades de treinamento), o que, de um lado, podemos considerar um avanço, quando analisamos a ênfase tradicional em avaliar o treinamento apenas em termos de SP e de CONT (para mais informações sobre estes focos de avaliação, ver os Capítulos 22 e 23), mas, de outro lado, coloca os profissionais da área diante de um grande desafio, o de desenvolver ferramentas confiáveis para evidenciar relações causais entre TD&E e os resultados organizacionais mais amplos, como mudança cultural, lucratividade e impactos no contexto de atuação da organização (os Capítulos 24 e 25 são dedicados à avaliação desse tipo de impacto).

CONSIDERAÇÕES FINAIS

No início deste capítulo, enumeramos os objetivos instrucionais que orientaram a sua estruturação e destacamos a importância de compreender a amplitude do conceito de mudança organizacional e de analisar criticamente a adesão inquestionável de que vivemos em um período de mudanças sem precedentes na história da humanidade. Ressaltamos também a pertinência de estabelecer relações entre mudança e a introdução de práticas de gestão de produção e de pessoas nas organizações contemporâneas, com o intuito de sinalizar uma das formas adotadas por empresas ao desencadear processos de mudança, principalmente os de caráter transformacional. Para cumprir esse objetivo, descrevemos algumas práticas de inovação de gestão de produção e de pessoas e analisamos a introdução dessas práticas e seus impactos nas demandas de TD&E no Brasil, procedendo a breves comparações com o cenário americano.

Esperamos que o leitor tenha encontrado insumos que coloquem em dúvida a crença de que, para sobreviverem e se tornarem competitivas, as organizações devam empreender uma luta contínua para incorporar práticas de inovação em gestão de processos de trabalho (gestão de produção) e desenvolvimento de pessoas, sem que esta adoção seja feita com base em uma análise mais criteriosa de seus reais benefícios para a organização em questão. As análises sobre a realidade da indústria brasileira que abordamos neste capítulo estiveram apoiadas em dados de uma réplica da pesquisa desenvolvida originalmente pela Universidade de Sheffield, cuja adaptação, visando à inclusão de outras dimensões da realidade de nosso país, demandou acréscimos no instrumento original, com o intuito de atender aos interesses acadêmicos de pesquisadores brasileiros que compõem a equipe autora deste livro, entre as quais as questões sobre TD&E e domínio de habilidades, que não foram contempladas no instrumento original, mas foram objeto de análise neste capítulo.

Em decorrência disso, temos a obrigação de destacar as limitações de nossas conclusões, uma delas pelo fato de os gestores entrevistados terem sido solicitados a dar opiniões retrospectivamente, ou seja, na ocasião da introdução das práticas, o que pode enviesar essa avaliação. Ademais, enfrentamos dificuldades, tendo em vista que tais questões eram tratadas de modo geral, e não relacionadas a cada uma das práticas adotadas pela empresa.

Acreditamos, não obstante, que muitos resultados e análises aqui considerados poderão servir de insumos para a reflexão dos leitores deste livro e dos especialistas em TD&E, vindo a ter impactos em sua prática profissional. Nossas análises poderão ser especialmente úteis para aqueles profissionais inseridos em organizações de médio e grande porte que adotam ou pretendem introduzir práticas inovadoras de gestão, na esperança de obter resultados positivos, não tanto no que tange à satisfação pessoal dos participantes, modalidade rudimentar comum de avaliação, mas no que tange ao desempenho individual, às rotinas e aos métodos de trabalho e, principalmente, aos resultados organizacionais mais amplos.

Ao reconhecermos que as ações de TD&E devam estar alinhadas a políticas mais amplas da organização, que envolvem decisões de processos de mudança e de introdução de novas práticas de gestão, compete ao profissional de TD&E zelar pela consistência entre o tipo de prática a ser introduzida, o diagnóstico das necessidades e o foco de avaliação de treinamento formal, assim como o domínio de habilidades e competências requeridos para sua implementação. Um profissional da área que esteja comprometido com este alinhamento poderá vir a contribuir de modo mais efetivo no planejamento de ações mais consistentes do ponto de vista teórico e empírico, dando mais visibilidade e credibilidade a esta área especializada, forte aliada na estratégia organizacional.

QUESTÕES PARA DISCUSSÃO

- Conceitue mudança e inovação organizacionais.
- Considerando as inter-relações entre mudança, inovação e práticas de gestão de produção e de pessoas nas organizações, descreva práticas de inovação de gestão.

- Que tendências existem para a área de TD&E, considerando o cenário em constante mutação?

NOTAS

1. Gostaríamos de registrar os nossos agradecimentos a todos os pesquisadores, estudantes de graduação e pós-graduação, pertencentes à UFBA, UnB, UFMG, UFPE e UFSC, que contribuíram não só para a coleta de dados da referida pesquisa como também colaboram na produção de diversos artigos, dissertações e teses decorrentes de recortes de análise e desdobramentos subseqüentes da pesquisa original.
2. Com o apoio do Conselho Nacional de Desenvolvimento Científico e Tecnológico (CNPq).
3. Alimentos e bebidas (n=26); metal pesado (n=26),; borracha, plástico e couro (n=22); equipamento eletroeletrônico (n=19); pedra, vidro e concreto (n=18); móveis e madeiras (n=17); papel (n=17) maquinaria industrial e comercial (n=17); têxtil (n=12); publicações (n=12); equipamento de medida e análise (n=8); produtos de metas fabricados (n=7); equipamento de transporte (n=5); vestuário (n=5); química e petróleo (n=4).
4. Análise de *cluster* é um procedimento multivariado para detectar grupos homogêneos nos dados e foi realizada com uso do aplicativo SPSS.
5. Cabe esclarecer que, apesar de adotarmos a taxonomia de objetivos educacionais de Bloom, Krathwohl e Masia (1974), dos domínios cognitivo, afetivo e motor, tendo como princípios orientadores respectivamente a complexidade, a internalização e a automatização, no caso da pesquisa a que estamos nos referindo neste capítulo optamos por destacar no domínio afetivo apenas as habilidades interativas ou relacionais, tendo em vista a sua importância na adoção de muitas práticas de inovação que fazem uso do trabalho colaborativo, dentre elas o trabalho em equipes.

REFERÊNCIAS

ABBAD, G. *Um modelo integrado de avaliação do impacto do treinamento no trabalho – IMPACT*. Tese (Doutorado) – Universidade de Brasília, Brasília, 1999.

ABBAD, G.; PILATI, R.; PANTOJA M. J. Preditores de efeitos de treinamento: o estado da arte e o futuro necessário. *Revista de Administração da USP*, v.38, n.3, p.205-218, 2003.

APPELBAUM, E.; BATT, R. *The New American workplace*. Ithaca, New York: ILR, 1994.

ARAÚJO, L. C. G. *Tecnologias de gestão organizacional*. São Paulo: Atlas, 2001.

BASTOS, A. V. B. et al. Práticas inovadoras de organização e gestão do trabalho: usos e impactos em empresas industriais brasileiras. ENANPAD – ENCONTRO NACIONAL DE PROGRAMAS DE PÓS-GRADUAÇÃO EM ADMINISTRAÇÃO, 28., –Curitiba – Paraná CD – ROM, 2004.

BLOOM, B.S.; KRATHWOHL, D.R.; MASIA, B.B. *Taxonomia de objetivos educacionais*. Compêndio segundo: domínio afetivo. Porto Alegre: Globo, 1974.

BOLDEN, R. et al. A new taxonomy of modern manufacturing practices. *International Journal of Operations & Production Management.*, v.17, n.11, 1112-1130, 1997.

BORGES-ANDRADE, J. E. Avaliação somativa de sistemas instrucionais: Integração de três propostas. *Tecnologia Educacional*, v.11, n.46, p.29-39, 1982.

_____. Desenvolvimento de medidas em avaliação de treinamento. *Estudos de Psicologia (Natal)*, n.7 , p.31-43, 2002. Número especial.

BORGES-ANDRADE, J. E.; ABBAD O-C., G. Treinamento no Brasil: reflexões sobre suas pesquisas. *Revista de Administração*, v.31, n.2, p.112-125, 1996.

BRUNO-FARIA, M. F. Criatividade, inovação e mudança organizacional. In: LIMA, S.M.V. (Org.). *Mudança organizacional*: teoria e gestão. Rio de Janeiro: FGV, 2003. p.111-142

BURKE, W.; LITWIN, G. A causal model of organizational performance and change. *Journal of Management*, v. 18, p.523-545, 1992.

CALDAS, M. P.; WOOD JR., T. Para inglês ver: importação de tecnologia gerencial no Brasil. In: _____. (Org.). *Transformação e realidade organizacional*: uma perspectiva brasileira. São Paulo: Atlas, 1999.

COOPER, C.L.; ROBERTSON, I. T. *International review of industrial and organizational psychology*. Chichester, New York: Wiley, 1995.

EBOLI, M. Um novo olhar sobre a educação corporativa. In: DUTRA, J. (Org.). *Gestão por competências*. São Paulo: Gente, 2001. p.109-130.

FLEURY, M.T.L. Aprendizagem e gestão do conhecimento. DUTRA, J. (Org.). *Gestão por competências*. São Paulo: Gente, 2001. p.95-107.

FREITAS, M. F. ; ARAÚJO, I. A. Avaliação de impacto de treinamento no trabalho: uma experiência no Banco do Brasil: In: ENCONTRO ANUAL DA ANPAD, 24., Florianópolis: ANPAD, [CD-ROM], 2000.

GÍLIO, I. *Trabalho e educação*:formação profissional e mercado de trabalho. São Paulo: Nobel, 2000.

GONDIM, S. M. G.; BRAIN, F.; CHAVES, M. Perfil profissional, formação escolar e mercado de trabalho segundo a perspectiva de profissionais de recursos humanos. *Revista r-POT*, v.3, n. 2, p.119-152, 2003.

GONDIM, S. M. G.; MELO, L. T.; RODRIGUES, A. C. A. Práticas de inovação e habilidades profissionais: os trabalhadores estão preparados para a mudança organizacional? ENANPAD – Encontro Nacional de Programas de Pós-graduação em Administração, 27., Atibaia, São Paulo – CD- ROM, 2003.

GREY, C. O fetiche da mudança. *Revista de Administração de Empresas – RAE*, São Paulo, v. 44,n.1, p.10-25, 2004.

HAMBLIN, A. C. *Avaliação e controle de treinamento*. São Paulo: McGraw-Hill, 1978.

HOFSTEDE, G. Disponível em: http://www.geert-hofstede.com/ hofste de_brazil.shtml,. Acesso em 14 de julho de 2005.

LIMA, S. M. V.; BRESSAN, C. L. Mudança organizacional: uma introdução. In: LIMA, S.M.V. (Org.) *Mudança organizacional*: teoria e gestão. Rio de Janeiro: FGV, 2003. p.17-63

LOIOLA, E.; TEIXEIRA, J. C. A.; NERIS, J. S; RIOS, M. C. Padrões de adoção de práticas inovadoras de produção e organização no

Brasil. ENANPAD – ENCONTRO NACIONAL DE PROGRAMAS DE PÓS-GRADUAÇÃO EM ADMINISTRAÇÃO, 27., Atibaia, São Paulo – CD – ROM, 2003.

MAGALHÃES, M. L.; BORGES-ANDRADE, J. E. Auto e hetero avaliação no diagnóstico de necessidades de treinamento. *Estudos de Psicologia*, Natal, v. 6, n. 1, p. 33-50, 2001.

MENESES, P. P. M.; ABBAD, G. Impacto do treinamento no trabalho: preditores individuais e situacionais. In: ENCONTRO DA ASSOCIAÇÃO NACIONAL DOS PROGRAMAS DE PÓS-GRADUAÇÃO EM ADMINISTRAÇÃO. Anais... Salvador, ANPAD [CD-ROM], 2002.

MOTTA, P. R. *Transformação organizacional*: a teoria e a prática de inovar. Rio de Janeiro: Qualitymark, 1999.

NADLER, L. *The handbook of human resources development*. New York: Wiley, 1984. p.1-47.

OSTERMAN, P. Work reorganisation in an era of restructuring: trends in difusion and impacts on employee welfare. Paper work. *Sloan Foundation the MIT Performance Center*, 1998.

PEIXOTO, A. *O uso e a efetividade de modernas práticas de gestão do trabalho e da produção:* um survey da indústria brasileira. Salvador. Dissertação (Mestrado) – NPGA, UFBA, 2004.

SCHERMERHORN, J. R.; HUNT, J. G.; OSBORN, R. N. *Fundamentos do comportamento organizacional*. Porto Alegre: Bookman, 1999.

SENGE, P. *A quinta disciplina*: arte, teoria e prática da organização. São Paulo: Best Seller.

WEICK, K. E.; QUINN, R. E. Organizational change and development. *Annual Review of Psychology*, v. 50, 361-368, 1999.

WOOD JR, T. (Coord.). *Mudança organizacional* São Paulo: Atlas, 2002.

ZARIFIAN, P. *Objetivo competência*. Por uma nova lógica. São Paulo: Atlas, 2001.

4

Modernidade organizacional, políticas de gestão de pessoas e competências profissionais

Zélia Miranda Kilimnik e Anderson de Souza Sant'Anna

Objetivos

Ao final deste capítulo, o leitor deverá:

- Identificar os diversos fatores e indicadores de modernidade organizacional.
- Conceituar competências individuais.
- Identificar as principais abordagens acerca das competências individuais, destacando seus pontos de consenso e dissenso.
- Identificar as características de modernidade organizacional fundamentais ao suporte e desenvolvimento das competências individuais requeridas ao enfrentamento do atual contexto dos negócios.
- Reconhecer a necessidade de inovações nas políticas e práticas de gestão de pessoas, com vistas a se estabelecer uma ambiência organizacional favorável à atração, ao desenvolvimento e à retenção dos talentos dotados das novas competências individuais requeridas.

INTRODUÇÃO

Conforme salientam Marquardt e Engel (1993), em nenhuma outra época na história das organizações as pessoas com suas competências e talentos foram tão valorizadas como atualmente. De fato, se há um ponto em relação ao qual poucos se opõem é que, com o intuito de fazer frente às atuais transformações do mundo dos negócios, as organizações têm necessitado de indivíduos cada vez mais talentosos e competentes.

Para autores como Pucik, Thichy e Barnett (1992), Prahalad e Hamel (1990) e Bartlett e Ghoshal (1987), na medida em que fontes tradicionais de vantagem competitiva, como tecnologia e mão-de-obra barata, não mais se revelam suficientes para prover uma posição competitiva sustentável, os indivíduos e suas competências passam a ser enfatizados como elementos centrais de diferenciação estratégica. Corroborando essa visão, Bartlett e Ghoshal (1987) chegam a afirmar que as organizações que agora concorrem por clientes e mercados em escala jamais vista têm sido levadas a competir também pelo *recurso* elevado à categoria de o mais importante de todos: *o talento humano*.

Se, por um lado, essa nova realidade tem trazido à tona a importância da valorização do chamado *capital intelectual* e de se reconhecer a relevância das pessoas e seu desenvolvimento como fontes primordiais de vantagens competitivas sustentáveis (Porter, 1990), por outro lado, assiste-se a uma contínua automatização e rotinização de funções. É notório, ainda, o apelo à terceirização de uma série de atividades, que se convertem em trabalho precário e sem segurança, quando não em desemprego estrutural (Storey, 1995).

Da mesma forma, não raro, observam-se relatos acerca de intensificação no volume de trabalho imposto aos trabalhadores em decorrência, por exemplo, de sucessivos processos de enxugamento organizacional, de sofisticação de mecanismos e formas de controle, potencializada pelas novas tecnologias adotadas, assim como de elevação das pressões sobre os trabalhadores, incluindo-se aquelas por contínua atualização profissional, legitimadas por discursos como os da competitividade, empregabilidade e competência.

Tendo por base tal contexto, a proposta deste capítulo é discutir até que ponto a demanda por profissionais dotados de competências cada vez mais complexas e sofisticadas tem sido acompanhada por uma modernidade organizacional que favoreça o desenvolvimento e a aplicação das novas competências requeridas. Neste capítulo, visa-se, ainda, expandir as perspectivas que limitam a compreensão do conceito de competência à mera identificação e atração de profissionais dela dotados, deixando para segundo plano as considerações quanto à necessidade de construção de uma ambiência organizacional em que sejam levadas em consideração as expectativas dos novos perfis de profissionais requeridos, assim como de uma efetiva manifestação do conjunto das competências demandadas.

A rigor, seria de se esperar que as novas competências organizacionais e pessoais, capazes de respostas ao novo momento vivenciado pelo mundo dos negócios, estivesse associada uma modernidade das políticas e práticas de gestão. No entanto, na prática, é isso o que se constata? Em outros termos, a gestão da organização, em especial a gestão de seus recursos humanos, tem evoluído com vistas a propiciar as condições necessárias ao desenvolvimento e à efetiva aplicação das novas competências individuais demandadas?

Conforme observa Eboli (1996), em países capitalistas centrais, a modernidade está calcada, dentre outros fatores, na modernização das relações indivíduo-trabalho-organização. Este, no entanto, parece ser o principal desafio a ser enfrentado pelas organizações brasileiras: buscar a modernidade nas políticas e práticas de gestão de seus recursos humanos – desafio que não se coloca apenas no âmbito interno das organizações, mas também nos ambientes macro-político-social, os quais têm, historicamente, reforçado um caráter de modernização que se poderia descrever como conservador e autoritário. Não obstante todo o processo de democratização pelo qual vem passando o país, não há como ignorar o forte legado de práticas e comportamentos tradicionais e autoritários, que ainda se fazem presentes nas relações que se estabelecem entre indivíduos e organizações (Faoro, 1992; Leite, 1992).

A MODERNIDADE NO CONTEXTO DA SOCIEDADE E DAS ORGANIZAÇÕES

Em termos históricos, a noção de modernidade pode ser introduzida a partir de determinadas caracterizações, como o mito da tecnologia, o domínio da razão científica, a idéia de progresso, a exaltação da democracia, que a diferenciam de períodos ou fases anteriores da humanidade, como o *mundo primitivo*, o *mundo antigo* e o *mundo medieval*.

Para Alain Touraine, pensador francês social-democrata, a noção de modernidade, por suas características centrais, resulta de duas grandes correntes de pensamento: de um lado, o racionalismo greco-romano, retomado pelos humanistas da Renascença; de outro, a concepção cristã de alma, secularizada por meio da noção de sujeito. Para ele, no entanto, durante muito tempo, a modernidade foi definida apenas pela eficácia da racionalidade instrumental, ignorando o sujeito humano como liberdade e como criação. Dessa redução, acrescenta Touraine (1994), decorrem os fundamentos de sua crise, cuja superação – e estabelecimento de uma *nova modernidade* – pressupõe o resgate de sua outra metade: o sujeito.

Sob essa perspectiva, a modernidade pode, portanto, ser compreendida como o redirecionar do homem para o centro da sociedade, contemplando suas várias dimensões: tecnológica (combinando racionalização e subjetivação), social (na medida em que a subjetivação só é possível por meio do movimento social), política (visto que a democracia é o regime que permite a expressão política do indivíduo) e cultural (uma vez que valores de liberdade e eficácia se encontram em sua origem). Em uma tentativa de descrever as principais características da modernidade no âmbito da sociedade, baseada nas idéias de Touraine (1994), mas agregando também idéias de pensadores nacionais, entre eles Buarque (1994), Zajdsznajder (1993), Motta (1992) e Faoro (1992), Eboli (1996) destaca um conjunto de atributos que caracteriza uma sociedade moderna, considerando as seguintes dimensões: cultural (compreendendo fatores éticos e de valorização do ser humano), política (abrangendo a noção de democracia e de respeito à cidadania), social (compreendendo o sujeito como ator que se insere nas relações sociais, transformando-as), administrativa (envolvendo a preocupação com a definição de estratégias e metas), econômica (considerando os aspectos econômicos como subordinados aos objetivos sociais) e tecnológica (compreendendo a tecnologia como instrumento para um desenvolvimento sustentável, alinhando progresso e bem-estar).

Partindo desse marco teórico-conceitual, assim como da compreensão de uma organização moderna como aquela que "reproduz as características de uma sociedade moderna e, ao mesmo tempo, favorece o ingresso e o desenvolvimento de indivíduos igualmente modernos" (Eboli, 1996, p.54), a autora, visando transpor as características da modernidade no âmbito da sociedade para o contexto organizacional, estabelece um elenco de indicadores para sua análise nesse nível (Quadro 4.1).

Utilizando técnicas de análise estatística multivariada, Sant'Anna (2002) obteve, a partir de pesquisa com 684 profissionais da área de administração, um agrupamento dos indicadores de modernidade, propostos por Eboli (1996), em três fatores, denominados modernidade administrativa e das práticas de gestão de pessoas, modernidade política e modernidade cultural (Quadro 4.2).

Conforme salienta Eboli (1996), estabelecer os indicadores de modernidade organizacional constitui etapa fundamental para a realização de pesquisas nesta área, uma vez que somente a partir da identificação e seleção das principais variáveis é possível avaliar a modernidade na gestão empresarial de forma mais completa e abrangente.

Quadro 4.1
INDICADORES DE MODERNIDADE ORGANIZACIONAL, SEGUNDO EBOLI (1996)

Dimensões	Indicadores de modernidade organizacional
Cultural	• Permitem-se ambigüidades e diversidade. • Permite-se e estimula-se a diversidade de práticas, comportamentos e atitudes. • Valorizam-se a iniciativa, a responsabilidade e a liberdade. • Orienta-se para o futuro, embora não se elimine o passado. • Há preocupação com princípios éticos. • Clima interno favorece mudanças, inovação e aprendizagem.
Política	• Regime político é democrático. • Processo decisório é descentralizado e democrático. • Existem sistemas de representação. • Permite-se que os atores sociais se formem e ajam livremente. • Comprometem-se as pessoas com seus processos. • Estimula-se a ação política. • Favorecem-se a consciência e o exercício da cidadania. • Estimulam-se a autonomia, a iniciativa de ação e decisão. • Conflito é um sintoma saudável.
Social	• Alteridade é a base das relações sociais. • Há horizontalização das relações sociais. • Há encorajamento à integração social. • Estimula-se a participação das pessoas nos processos organizacionais. • Diminuem-se as distâncias e barreiras sociais. • Objetivos sociais subordinam-se a valores éticos. • Favorece-se que as pessoas se mantenham informadas. • Favorece-se que as pessoas atinjam seus objetivos, materiais ou psicológicos.
Administrativa	• Há definição clara da missão, dos objetivos, das estratégias e metas. • Elaboram-se projetos. • Direção tem visão a longo prazo e preocupa-se com planejamento. • Políticas e práticas promovem a tomada de risco, a criatividade, a eficácia e o desempenho das pessoas. • Políticas e práticas estimulam o autodesenvolvimento. • Preocupa-se em avaliar resultados, em níveis organizacional e pessoal.
Econômica	• Objetivos econômicos subordinam-se a objetivos sociais e princípios éticos. • Preocupação com eficácia e prosperidade traduz-se em participação no mercado, produtividade, lucratividade, rentabilidade, retorno sobre investimentos e qualidade dos produtos ou serviços ofertados.
Tecnológica	• Há utilização de tecnologias que favoreçam a eficácia. • Há flexibilidade para a inovação. • Aspectos técnicos subordinam-se à racionalidade econômica. • Há harmonia entre tecnologia e utilização da criatividade humana. • Tecnologia é meio, e não fim. • Tecnologia favorece a interação social. • Combina-se universo técnico e cultural. • Favorece-se o alto grau de informação das pessoas.

Fonte: Eboli (1996, p.47).

Quadro 4.2
INDICADORES DE MODERNIDADE ORGANIZACIONAL, SEGUNDO SANT'ANNA (2002)

Modernidade administrativa e das práticas de gestão de pessoas	O sistema de remuneração da organização recompensa os atos de competência. A organização é fortemente orientada para resultados. Há um sistema de avaliação que permite diferenciar o bom e o mau desempenho. A organização equilibra adequadamente a preocupação com resultados financeiros, com as pessoas e com a inovação. As políticas e práticas de recursos humanos estimulam as pessoas a se preocuparem com a aprendizagem contínua. Os principais critérios para promoção são a competência e a produtividade da pessoa. A organização combina de forma equilibrada a utilização de tecnologias avançadas com a criatividade das pessoas. A tecnologia empregada favorece a interação entre pessoas e áreas. As políticas e práticas da organização estimulam que as pessoas estejam sempre bem informadas e atualizadas. A estratégia, a missão, os objetivos e as metas da organização são claramente definidos. As políticas e práticas de recursos humanos da organização estimulam o desenvolvimento pessoal e profissional. De modo geral, os empregados sabem o que devem fazer para colaborar com os objetivos da organização.
Modernidade política	O processo decisório na organização é descentralizado. A organização favorece a autonomia para tomar decisões. No que se refere ao aspecto político, o regime que vigora na organização pode ser caracterizado como democrático. Os processos de tomada de decisão são participativos e transparentes. A organização conta com sistemas de gestão participativos que estimulam a iniciativa e a ação das pessoas. A organização admite a diversidade de comportamentos e respeita as diferenças individuais. O ambiente de trabalho facilita o relacionamento entre as pessoas, mesmo de níveis hierárquicos diferentes.
Modernidade cultural	O clima interno da organização estimula idéias novas e criativas. O clima interno da organização estimula que as pessoas estejam em contínuo processo de aprendizagem, no seu dia-a-dia de trabalho. Na organização há um clima estimulante para que as pessoas realizem suas atividades, buscando se superar. A organização encoraja a iniciativa e a responsabilidade individual.

Fonte: Sant'Anna (2002, p.215).

A modernidade no contexto das organizações brasileiras

Conforme destaca Gonçalves (1997), a modernidade tem sido comumente evocada para destacar a relevância de as organizações se prepararem para enfrentar a competição nos padrões da nova configuração do mundo dos negócios, por meio da adoção de estruturas, estratégias, políticas e práticas de gestão que favoreçam a formação de conteúdos culturais que estimulem um comportamento competente. Para esse autor, as armas convencionais e toda a experiência reunida em gestão não se têm mostrado suficientes às demandas impostas pelo atual ambiente vivenciado pelas organizações. É preciso, segundo ele, romper com o passado, deixar de lado experiências tradicionais e criar novidades e soluções criativas, capazes de dotar as organizações das competências necessárias às demandas desse novo ambiente.

Nessa direção, para fazer face às características da sociedade moderna, as organizações devem ser processualmente orientadas e focadas nos seus clientes, devem ser ágeis e enxutas, e suas tarefas devem pressupor, por parte de quem as executa, amplo conhecimento do negócio, autonomia, responsabilidade e habilidades para a tomada de decisões em ambientes cada vez mais complexos, requerendo, por conseguinte, uma revisão completa dos modelos tradicionais de empresa, tanto do ponto de vista estrutural, quanto da gestão do negócio e do trabalho. O grande desafio consiste, no entanto, em desenvolver pessoas com o perfil requerido por esse novo tipo de organização. É um esforço que exige transformar empregados de tarefas em profissionais de processo, repensar os papéis dos gestores e dos empregados nessa nova organização, reinventar os sistemas de gestão e fazer com que o aprendizado seja parte do dia-a-dia dos negócios da empresa, bem como moldar uma nova cultura que dê suporte à nova maneira de trabalhar.

Em pesquisa envolvendo profissionais de Recursos Humanos e estudos de casos em empresas brasileiras, Fischer (1998) aponta movimentos de mudança nas políticas e práticas de gestão de pessoas, notadamente nos processos de captação, desenvolvimento e remuneração (como a procura por profissionais de elevado nível educacional), a introdução de práticas organizacionais estimuladoras ao autodesenvolvimento e a busca de novos mecanismos de remuneração, tais como participação nos resultados, remuneração variável e remuneração por competências. A partir de diagnósticos e trabalhos de consultoria, Fleury e Fleury (1995) também observam mudanças nas práticas de gestão de pessoas, sobretudo com a disseminação de novos conceitos, como o de competência.

Além desses aspectos, Fleury e Fleury (2001) destacam novas tendências, como a ênfase em novos desenhos organizacionais, que propiciem maior integração e comunicação; a valorização de competências direcionadas à inovação de produtos, processos e serviços; um papel mais relevante da função Recursos Humanos na definição das estratégias do negócio e no estabelecimento de políticas e práticas mais modernas, adequadas ao processo de atrair, reter e desenvolver os melhores talentos, assim como um deslocamento da unidade de gestão do cargo para o indivíduo. Muito embora relatem tendências de mudanças gerais na estrutura e no sistema de gestão das empresas, notadamente naquelas mais avançadas, Fleury e Fleury (2001), assim como Fischer (2001), Dutra (2001) e Fischer (1998) revelam-se cautelosos quanto à possibilidade de generalização dessas transformações para o conjunto das organizações brasileiras, as quais, em sua grande maioria, ainda se defrontam com modelos tradicionais de gestão.

A respeito desse tema, vale mencionar resultados de pesquisa realizada por Kilimnik (2000), que constatou que, em 79% das organizações-alvo do estudo, prevaleciam modelos tradicionais de gestão de recursos humanos. Em uma análise mais detalhada dos dados, a autora observa, no entanto, que parte significativa dessas empresas já começava a se aproximar de uma configuração intermediária, na qual são incorporados alguns traços de modernidade. A questão, no entanto, como salienta Kilimnik (2000), é se esses resultados espelham uma fase de transição que culminará com uma configuração, de fato, mais moderna ou se esse deslocamento representa apenas uma solução intermediária que visa preservar vantagens dos modelos tradicionais, minimizando, porém, ameaças quanto a mudanças mais radicais.

Para Eboli (2001), um verdadeiro salto na direção da modernidade da gestão de Recursos Humanos exigirá mudanças significativas no comportamento das organizações. Estruturas verticalizadas e centralizadas deverão ceder espaço a estruturas horizontais e amplamente descentralizadas. A rígida divisão entre trabalho mental e manual deverá ser eliminada, tarefas fragmentadas e padronizadas deverão tornar-se integrais e complexas, exigindo, em todos os níveis da organização, pessoas com capacidade de pensar e executar múltiplas tarefas. Além disso, destaca-se que um alinhamento entre competências empresariais e humanas é essencial, o que não pressupõe mudanças profundas só na estrutura, nos sistemas (em especial nos sistemas de comunicação e de tomada de decisões), nas políticas e práticas de gestão de pessoas, mas, principalmente, na mentalidade, nos valores e na cultura organizacionais.

COMPETÊNCIAS: VELHO CONCEITO, NOVOS SIGNIFICADOS E DEFINIÇÕES

O conceito de competência não é recente. Na verdade, essa idéia é consideravelmente antiga, porém foi (re)conceituada e (re)valorizada no presente, em decorrência de fatores como os processos de reestruturação produtiva em curso, a intensificação das descontinuidades e imprevisibilidades das situações econômicas, organizacionais e de mercado e as sensíveis mudanças nas características do mercado de trabalho, resultantes, em especial, dos processos de globalização. Esses aspectos têm exigido das organizações, notadamente daquelas atuantes em setores mais competitivos da economia, uma ampla capacidade adaptativa, assim como a busca sistemática por elementos que visem assegurar uma competitividade sustentável.

No entanto, são muitas as definições atribuídas à expressão "competência individual". A inexistência de um consenso quanto a seu conceito, além de divergências de caráter filosófico e ideológico, pode, também, ser atribuída à adoção da expressão com diferentes enfoques, em áreas distintas do conhecimento.

Diante da inexistência de unanimidade quanto ao conceito de competência, Barato (1998) destaca a prevalência de duas correntes principais: a perspectiva inglesa, que define competências tomando como referência o mercado de trabalho e enfatizando fatores ou aspectos ligados a descritores de desempenho requeridos pelas organizações, e a francesa, que enfatiza a vinculação entre trabalho e educação, indicando as competências como uma resultante de processos sistemáticos de aprendizagem. Os primeiros estudos realizados sobre o tema nos remetem à perspectiva anglo-saxônica, em especial aos trabalhos de autores como Spencer e Spencer (1993), Boyatzis (1982) e McClelland e Dailey (1972).

Para McClelland e Dailey (1972), a competência pode ser sintetizada como o conjunto de características individuais observáveis, como conhecimentos, habilidades, objetivos e valores, capazes de predizer e/ou causar um desempenho efetivo ou superior no trabalho ou em outras situações da vida. Spencer e Spencer (1993), influenciados pelos estudos realizados por D. C. McClelland sobre o caráter profundo (incluindo fatores ligados à personalidade, como motivos, traços e autoconceito do indivíduo) e superficial das competências (habilidades e conhecimentos), também as definem como as características subjacentes ao indivíduo que se relacionam a um critério de eficácia e/ou desempenho superior na execução de um dado trabalho ou vivência de uma dada situação. Outro expoente dessa corrente é Boyatis (1982), que, a partir das exigências do cargo, procura fixar ações e comportamentos específicos esperados, destacando preocupação com os resultados apresentados pelo indivíduo.

Representando, por sua vez, a corrente francesa, há que se salientar contribuições de autores como Le Bortef (1994), Zarifian (2001) e Dubar (1998). Para Zarifian (2001), muito embora as definições atuais que fundamentam o chamado *modelo da competência* tenham emergido na literatura em meados dos anos de 1980, essas categorias se caracterizam, ainda hoje, pela influência marcante das abordagens típicas dos anos de 1970, estabelecidas em torno do conceito de *qualificação do emprego*. O autor destaca, no entanto, como méritos desse novo enfoque, a ênfase dada à competência do indivíduo (e não à qualificação de um emprego), manifestada e avaliada quando de sua utilização em situação profissional (na relação prática do indivíduo com a situação profissional, isto é, na maneira como a enfrenta).

Mesmo ciente da existência de pontos que ainda precisam ser mais bem trabalhados, o autor considera importante reconhecer o potencial desse novo conceito, sobretudo, ao possibilitar uma concepção de organização muito mais simples e clara que a da burocracia das grandes organizações tradicionais, fortemente hierarquizadas, divididas funcionalmente em cargos e associadas a uma divisão muito rígida e complexa do trabalho, lastreada por pesadas ferramentas de controle. Analisando o debate em torno da competência, na França, Zarifian (1996) deixa claro que a discussão em torno de tal conceito ganha os contornos atuais exatamente quando as organizações para fazerem frente à intensificação dos processos de globalização e acirramento da concorrência são levadas a encontrarem novas e criativas soluções, em tempo real, para problemas cada vez mais complexos, envolvendo qualidade, custo, prazos, variedade e inovação.

Diante desse quadro, uma concepção de competência amplamente disseminada nesse país a retrata como um conjunto de saberes mobilizados em situação de trabalho: os conhecimentos específicos para a execução de uma tarefa, as aptidões, a inteligência pessoal e profissional, a vontade de colocar em prática e desenvolver novas competências (Dubar, 1998; Stroobants, 1997). Desse modo, compreende-se a competência como uma resultante de múltiplos saberes, obtidos das mais variadas formas: via transferência, aprendizagem, adaptação, os quais possibilitam ao indivíduo criar uma base de conhecimentos e habilidades capazes de resolução de problemas em situações concretas.

Outros autores, como Le Bortef (1994), também têm enfatizado esses mesmos elementos como definidores da competência. Apoiando-se na tríade *saberes, saber-fazer* e *saber-ser*, o autor promove um minucioso estudo da competência, o qual propicia importantes considerações.

Em primeiro lugar, o autor destaca que a competência não é um estado nem um conhecimento que se possui, pois a experiência cotidiana nos revela que pessoas que dispõem de conhecimentos e capacidades nem sempre sabem mobilizá-los em situações de trabalho ou momentos oportunos. Em segundo lugar, a competência é contingencial, ou seja, exerce-se sob um contexto particular, exigindo flexibilidade e ampla capacidade de atualização. Em terceiro lugar, a competência não é apenas um constructo operatório, mas também um constructo social.

Assim sendo, o autor reconhece que o indivíduo envolvido no processo de conhecimento ou de compreensão é guiado por sistemas de valores, de significações e por modelos que são socialmente compartilhados. Em decorrência disso, a competência não está dissociada das políticas e práticas organizacionais, ao que elas se valorizam ou depreciam, aos circuitos de informação que geram, à concepção dos papéis ou das funções que instituem, havendo, portanto, políticas e práticas organizacionais que podem favorecer a competência, enquanto outras podem dificultá-la ou mesmo destruí-la.

Para Dubar (1998), outros elementos definem o conceito de competência tal como apresentado no contexto atual. Destacam-se a valorização da mobilidade e do acompanhamento individual da carreira, acarretando novas práticas de avaliação de desempenho e *balanços de competências,* novos critérios de avaliação que valorizam as chamadas *competências de terceira dimensão* (Aubrum e Orofiamma, 1991), as quais se caracterizam por não serem habilidades manuais nem conhecimentos técnicos, mas, antes, qualidades pessoais e relacionais (responsabilidade, autonomia, trabalho em equipe, etc.); a ênfase dada pelas organizações à formação contínua, em relação estreita com suas estratégias e cuja meta primeira é transformar as identidades salariais (Dubar et al., 1989); a multiplicação da adoção de fórmulas de individualização dos salários, de acordos de empresa (ligando a carreira ao desempenho e à formação) e de experimentações de novas formas de mobilidade horizontal, com vistas a se permitir a manutenção do emprego, assim como o desabono, direto ou indireto, dos antigos sistemas de classificação, fundados nos *níveis de qualificação* e oriundos das negociações coletivas.

Apesar das diferentes perspectivas e modelos, Barato (1998, p.13) indica como ponto comum às diversas noções de competência "a capacidade pessoal de articular saberes com fazeres característicos de situações concretas de trabalho". Outro ponto comum às diversas acepções contemporâneas de competência é a grande conformidade desse conceito com as demandas advindas dos processos de reestruturação e modernização produtiva em voga (Sant'Anna, 2002; Shiroma e Campos, 1997).

Atualmente, a noção de competência tem-se ampliado, visando incorporar novas questões, tais como a necessidade de maior articulação entre competências organizacionais, individuais e as estratégias organizacionais, maior integração do conceito de competências às políticas e práticas de gestão de pessoas, o reconhecimento de que cabe à empresa um importante papel de estimular e dar o suporte necessário para que as pessoas possam exercer suas competências e, concomitantemente, receberem o que as organização têm a lhes oferecer (Ruas et al., 2005; Dutra, 2004; Fleury e Fleury, 2001).

O atual contexto dos negócios e as competências individuais requeridas

Fatores como o aprimoramento da tecnologia, a derrubada de fronteiras geográficas e o entrelaçamento de mercados, decorrentes, notadamente, dos processos de globalização, têm resultado na demanda por um *novo* profissional, o qual disponha de competências mais abrangentes que as requeridas nas etapas anteriores do desenvolvimento do capitalismo.

Nessa direção, capacidades como a manipulação mental de modelos, a compreensão de tendências e o domínio de processos globais de aquisição de competências de longo prazo são cada vez mais enfatizados. Simultaneamente, valoriza-se a capacidade de comunicação verbal, oral e visual, assim como a capacidade de captar rapidamente as conexões entre conhecimento, configuração de situações interativas e processos.

Da mesma forma, tendo em vista a grande ênfase na promoção de um novo patamar de cooperação, calcado no trabalho em equipe e em times multifuncionais, tem-se fortemente aludido a disposições interativas e valores humanos que facilitam a integração em equipes interdisciplinares e heterogêneas, incluindo virtudes como paciência, tolerância, predisposição para apreender a perspectiva do outro e compreender suas atitudes. Além dessas virtudes, deve-se mencionar a disposição para aceitar e integrar as mudanças e lidar em ambientes dominados por incertezas e ambigüidades.

Deluiz (1996), em uma tentativa de sumarização das competências mais enfatizadas no atual contexto dos negócios, assinala cinco grandes grupos de competências: técnico-intelectuais (competências que encerram habilidades básicas como aprender e pensar), organizacionais e metodológicas (associadas à capacidade de organizar o próprio trabalho, estabelecer meios próprios e gerenciar o tempo e o espaço), comunicativas (ligadas à capacidade de se comunicar com grupos), sociais (vinculadas ao saber ser e à capacidade de transferir conhecimentos) e comportamentais (advindas da necessidade de incorporar a subjetividade do trabalhador aos processos produtivos).

Em nível gerencial, Barlett e Ghoshal (1987) identificam três grandes categorias de competências comumente requeridas: características de personalidade (atitudes, traços e valores intrínsecos ao caráter e personalidade do indivíduo), atributos de conhecimento (conhecimentos, experiência e discernimento, adquiridos por treinamento e desenvolvimento da carreira) e habilidades especializadas (ligadas aos requisitos específicos do trabalho). No Quadro 4.3, são apresentadas as competências identificadas por esses autores para os diversos níveis gerenciais.

Rhinesmith (1993), por seu turno, destaca como competências gerenciais fundamentais a capacidade de gerir a competitividade (capacidade de coletar informações relativas a pessoal, capital, tecnologia, fornecedores, processos ou oportunidades de mercado em uma base global e saber utilizá-las), a capacidade de gerir a complexidade (capacidade de apreender o todo, ter visão sistêmica e estar apto a lidar com interesses concorrentes, contradições e conflitos inerentes à nossa época, gerir interesses de múltiplos parceiros e gerenciar várias questões ao mesmo tempo), a capacidade de gerir a adaptabilidade (ter flexibilidade, adaptabilidade e disposição para a mudança, ter equilíbrio emocional, tolerância ao estresse, energia e maturidade), a capacidade de gerir equipes (capacidade de atuar como facilitador e incentivador dos esforços da equipe), a capacidade de gerir a incerteza (capacidade de lidar com transformações contínuas por meio do equilíbrio entre mudança e controle) e a capacidade de gerir o aprendizado (capacidade de aprender sobre si mesmo continuamente, treinar e desenvolver os demais e facilitar a constante aprendizagem organizacional).

A partir da análise das diversas tipologias de competências propostas por autores estrangeiros (Zarifian, 2001; Perrenoud, 2001; Dubar, 1998; Stroobants, 1997; Bartlett e Ghoshal, 1987; Le Bortef, 1994; Rhinesmith, 1993 entre outros) e nacionais (entre os quais, Fleury e Fleury, 2001; Dutra, 2001; Resende, 2000; Coda, 1999; Leite, 1996; Demo, 1994),

Sant'Anna (2002), sintetiza um elenco de 15 competências mais reiteradamente mencionadas nesses trabalhos, conforme apresentado no Quadro 4.4.

Identificadas as competências mais reiteradamente demandadas pelas organizações atuais e reconhecendo-se as potencialidades que uma efetiva aplicação do conceito de competência pode propiciar ao desenvolvimento de ações organizativas capazes de respostas mais assertivas ao ambiente turbulento e mutável que caracteriza o presente contexto dos negócios, bem como de viabilização das condições necessárias ao desenvolvimento, por parte dos trabalhadores, do máximo de seu potencial enquanto seres humanos, cabe investigar até que ponto as políticas e práticas de gestão de Recursos Humanos prevalecentes nas organizações têm favorecido, ou requerem ser modernizadas no sentido de criar as condições necessárias ao desenvolvimento, à aplicação e à retenção das competências individuais requeridas.

AS RELAÇÕES ENTRE MODERNIDADE ORGANIZACIONAL E COMPETÊNCIAS INDIVIDUAIS

A noção de competência tem se tornado uma constante na pauta das discussões acadêmicas e empresariais. No âmbito das empresas, essa discussão se justifica pela crescente modificação contextual decorrente dos processos de globalização e competição. Nesse contexto, assiste-se a um movimento de busca por sistemas de gestão que possam assegurar resultados cada vez mais efetivos. Os novos sistemas de gestão de pessoas, em fase avançada de desenvolvimento, adotam a lógica da competência, diferente do modelo anterior, baseado nas noções de cargo e de qualificações, o que reflete, principalmente, a formação adquirida pelos trabalhadores no sistema formal de educação.

No entanto, o que se observa é que a adoção de modelos calcados no conceito de competência tem se limitado à atração e identificação de profissionais dotados de conhecimentos, habilidades e atitudes requeridas, e nesse novo contexto as organizações não têm conseguido explorar todo o potencial que tais modelos oferecem. Em especial, constata-se que as políticas e práticas de gestão não têm evoluído de forma a dar um efetivo suporte ao desenvolvimento e à aplicação das competências demandadas, o que, por sua vez, poderia, em um efeito circular, catalisar os processos de modernidade organizacional.

Essas observações vão ao encontro do proposto por Eisenberg e colaboradores (1986) quanto à importância de se considerar as contrapartidas ofereci-

Quadro 4.3
COMPETÊNCIAS GERENCIAIS, SEGUNDO BARTLETT E GHOSHAL (1987)

Nível	Tarefa	Atitudes/traços	Conhecimento	Habilidades
Operacional	Cria e busca oportunidades. Atrai e usa habilidades e recursos escassos. Administra o desenvolvimento contínuo do desempenho.	Orientação para resultados. Criativo e intuitivo. Persuasivo, atraente. Competitivo, persistente.	Conhecimento operacional detalhado. Conhecimento técnico dos competidores e clientes. Conhecimento dos recursos internos e externos. Compreensão das operações do negócio.	Foco nas oportunidades. Habilidade para reconhecer potencial e obter comprometimento. Habilidade para motivar e impulsionar pessoas. Habilidade para sustentar a energia da organização em torno de objetivos diferentes.
Intermediário	Supervisiona, desenvolve e apóia pessoas e iniciativas. Liga conhecimentos dispersos, habilidades e práticas. Administra pressões de curto e longo prazos.	Orientação para pessoas. Apoiativo, paciente. Integrador, flexível. Perceptivo, exigente.	Ampla experiência organizacional. Conhecimento de pessoas e de como influenciá-las. Compreensão da dinâmica interpessoal. Compreensão das relações de meios e fins.	Desenvolve pessoas e relações. Habilidade para delegar, desenvolver e dar poder. Habilidade para desenvolver relações e equipes. Habilidade para reconciliar diferenças.
Direção	Desafia pressupostos e expande oportunidades e padrões de desempenho. Constrói um contexto de cooperação e confiança. Cria senso de missão e ambição corporativa.	Visionário voltado para a instituição. Amplia os desafios. Mente aberta, justa. Perspicaz, inspirador.	Compreensão da organização e seu contexto. Grande compreensão dos negócios e operações. Entende a organização como sistema de estruturas, processos e cultura. Amplo conhecimento de organizações, indústrias e sociedades.	Equilibra o alinhamento e o desafio. Habilidade para criar ambiente de trabalho motivador. Habilidade para inspirar confiança e crença na instituição. Habilidade para combinar discernimento conceitual com desafios motivacionais.

Fonte: Barlett e Ghoshal (1987, p.105).

Quadro 4.4
COMPETÊNCIAS INDIVIDUAIS REQUERIDAS

Competências individuais requeridas

Capacidade de aprender rapidamente novos conceitos e tecnologias
Capacidade de trabalhar em equipes
Criatividade
Visão de mundo ampla e global
Capacidade de comprometer-se com os objetivos da organização
Capacidade de comunicação
Capacidade de lidar com incertezas e ambigüidades
Domínio de novos conhecimentos técnicos associados ao exercício do cargo ou função ocupada
Capacidade de inovação
Capacidade de relacionamento interpessoal
Iniciativa de ação e decisão
Autocontrole emocional
Capacidade empreendedora
Capacidade de gerar resultados efetivos
Capacidade de lidar com situações novas e inusitadas

Fonte: Sant'Anna (2002, p.215).

---

das pela organização a seus profissionais. Para tanto, os autores desenvolveram o conceito de *percepção do suporte organizacional*, que envolve o conjunto de crenças mantidas pelos empregados acerca da medida em que a organização valoriza suas contribuições e seu bem-estar. O constructo, assim definido, pode significar uma dimensão importante para a avaliação que o trabalhador faz de múltiplos aspectos do seu contexto de trabalho, tendo implicações no que se refere a decisões, inclusive de sair da organização, o que pode vir a representar perdas significativas se considerarmos todos os custos envolvidos na atração, na seleção e no desenvolvimento dos profissionais dotados das competências demandadas.

Um estudo comparativo de casos realizado em quatro empresas do setor de telecomunicações por Kilimnik e colaboradores (2003) referenda o exposto. O que se pôde concluir, com base nas observações e entrevistas realizadas junto aos profissionais das empresas alvo do estudo, é que, não obstante a incorporação de novas e inovadoras metodologias e ferramentas de gestão, as mesmas não se encontram articuladas, de forma a estabelecerem uma ambiência organizacional efetivamente capaz de propiciar aos profissionais que nelas atuam possibilidades mais amplas de aplicação e desenvolvimento das competências requeridas.

Vale salientar, também, a percepção dos respondentes quanto à significativa demanda pelo conjunto das competências pesquisadas, maior ênfase naquelas relacionadas à *performance* organizacional, como a capacidade de se gerar resultados e de se comprometerem com os objetivos organizacionais, o que vem ao encontro da própria noção de competência, entendida como a capacidade de se mobilizar múltiplos saberes, com vistas à geração de resultados efetivos (Perrenoud, 2001). É importante destacar, também, dentre as competências apontadas pelos respondentes como as mais requeridas, aquelas descritas por Aubrum e Orofiamma (1991) como *competências de terceira dimensão*, entre as quais se incluem: capacidade de comunicação, de relacionamento interpessoal, de trabalho em equipes, dentre outras de natureza eminentemente social e relacional.

Já em relação à modernidade organizacional, os resultados confirmaram suposições iniciais acerca de menores graus de modernidade, em comparação às competências requeridas. Cabe ressaltar, nesse sentido, percepções quanto à prevalência de processos de tomada de decisões pouco participativos, transparentes e descentralizados, bem como de baixos graus de autonomia conferida aos trabalhadores. Dessa forma, apesar de terem sido constatados incentivos organizacionais à aprendizagem contínua, ao trabalho em equipes, assim como ao compartilhamento de informações, ainda prevalecem práticas autoritárias e centralizadoras.

Tais achados, somados aos baixos graus de modernidade verificados junto à dimensão política, reforçam a tese defendida por M. Leite (1996), segundo a qual a modernização em voga no país compreende um processo que, ainda hoje, pode ser definido como de modernização conservadora, sugerindo a necessidade de adoção, por parte das organizações, de políticas e práticas de gestão mais aderentes aos novos perfis profissionais requeridos.

Uma análise comparativa dos resultados em pesquisas, realizadas junto a graduandos e profissionais da área de administração e pós-graduados do setor de telecomunicações, evidenciou que as exigências quanto a um novo perfil de trabalhador não têm sido devidamente acompanhadas por um novo conjunto de princípios, calcados na autonomia e na maior participação dos trabalhadores nos processos decisórios (Kilimnik et al., 2003; Sant'anna et al., 2002; Sant'Anna et al., 2004).

Resta, todavia, a possibilidade de que a presença de profissionais dotados das novas competências requeridas, porém insatisfeitos com a defasagem entre o que lhes é exigido e as contrapartidas em termos de suporte organizacional, possa resultar em pressões por mudanças, capazes de conduzir as organizações a uma real modernidade de suas políticas e práticas de gestão, as quais assegurem um efetivo desenvolvimento e retenção desses talentos. Afinal, tanto a modernidade organizacional constitui importante suporte para o desenvolvimento de competências individuais quanto as competências podem ser fundamentais para a construção de uma organização realmente moderna.

CONSIDERAÇÕES FINAIS

Cada vez torna-se mais necessário identificar os diversos fatores e indicadores de modernidade organizacional e compreender o conceito de competências individuais. Mais que isso, é preciso identificar as características de modernidade organizacional fundamentais ao suporte e ao desenvolvimento das competências individuais requeridas ao enfrentamento do atual contexto dos negócios, pois esses dois constructos (modernidade organizacional e competências individuais) estão intimamente relacionados.

Os tempos atuais exigem que se reconheça a necessidade de inovações nas políticas e nas práticas de gestão de pessoas, com vistas a se estabelecer uma ambiência organizacional favorável à atração, ao desenvolvimento e à retenção dos talentos dotados das novas competências individuais requeridas.

Na verdade, fala-se muito em inovações organizacionais que provocam o achatamento de estruturas, democratizam relações, enriquecem trabalhos, envolvem e comprometem trabalhadores até então alijados de todo o processo decisório, transformando culturas arcaicas em culturas de vanguarda. Cabe, no entanto, melhor compreender até que ponto esse discurso tem resultado em uma modernidade das práticas e políticas de gestão que privilegie a real valorização do trabalho humano e estimule relações organizacionais mais modernas e saudáveis, favorecedoras da competência e da competitividade.

QUESTÕES PARA DISCUSSÃO

- Com base nas definições apresentadas neste capítulo, o que se entende por competência individual?
- Considerando as abordagens anglo-americana e francesa sobre a competência, quais seus principais pontos de dissenso e de consenso?
- Quais as competências individuais mais reiteradamente demandadas pelas organizações no atual contexto dos negócios?
- De que forma os indicadores de modernidade organizacional descritos por Eboli (1996) podem impactar o desenvolvimento e aplicação das competências requeridas pelas organizações para o enfrentamento do atual contexto dos negócios?
- Qual a importância do suporte organizacional para o desenvolvimento e aplicação de competências?
- Até que ponto a difusão do discurso que faz apelo à valorização dos trabalhadores e à necessidade de competências cada vez mais abrangentes e sofisticadas tem sido acompanhada por uma modernidade organizacional que favoreça o desenvolvimento e a aplicação das competências requeridas, com contrapartidas para os trabalhadores em termos de maior bem-estar, satisfação e participação nas decisões organizacionais que os afetam?
- Até que ponto as políticas e práticas das organizações estão evoluindo para lidar adequadamente com esse novo perfil profissional requerido? Dentro desse contexto, que políticas e práticas necessitariam ser revistas e/ou desenvolvidas?

REFERÊNCIAS

AUBRUN, S.; OROFIAMMA, S. *Les compétences de troisième dimension*. Paris: CFF-CNAM, 1991. Relatório de Pesquisa.

BARATO, J. N. *Competências essenciais e avaliação do ensino universitário*. Brasília: UnB, 1998.

BARTLETT, C. A.; GHOSHAL, S. The myth of the generic manager: New personal competencies for new management roles. *California Management Review*, v. 40, n. 1, p. 93-116, 1987.

BOYATZIS, R. E. *The competent manager*: a model for effective performance. New York: John Wiley, 1982.

BUARQUE, C. *A revolução nas prioridades: da modernidade técnica à modernidade ética*. São Paulo: Paz e Terra, 1994.

CODA, R. *Learning how to manage human assets based on skills and competences*: lessons from the brazilian electrical sector. São Paulo: FEA/USP, 1999. Mimeograf.

DELUIZ, N. A globalização econômica e os desafios à formação profissional. In: CONED, 1., *Anais...* Belo Horizonte: CONED, 1996.

DEMO, P. *O futuro tabalhador do futuro*: ótica estratégica do desenvolvimento humano. Brasília: OIT, 1994.

DUBAR, C. A sociologia do trabalho frente à qualificação e à competência. *Educação e Sociedade*. Campinas, n. 64, p. 87-103, set. 1998.

DUBAR, C. et al. *Innovations de formation et transformation de la socialisation professionnelle par et dans l'entreprise*. Lille, 1989. Relatório de pesquisa.

DUTRA, J. S. *Competência*. São Paulo: Atlas, 2004.

_____. Gestão de pessoas com base em competências. In: DUTRA, J. S. (Org.). *Gestão por competências*. São Paulo: Gente, 2001.

EBOLI, M. P. *Modernidade na gestão de bancos*. 1996. Tese (Doutorado em Administração) – FEA/USP, São Paulo, 1996.

_____. Um novo olhar sobre a educação corporativa: desenvolvimento de talentos no século XXI. In: DUTRA, J. S. (Org.). *Gestão por competências*. São Paulo: Gente, 2001.

EISENBERGER, R. et al. Perceived organizational support. *Journal of Applied Psychology*, v.71, n.3, p. 500-507, 1986.

FAORO, R. A questão nacional: a modernização. *Revista de Estudos Avançados*, São Paulo, v. 6, n. 14, jan./abr. 1992.

FISCHER, A. L. O conceito de modelo de gestão de pessoas: modismo e realidade em gestão recursos humanos nas empresas brasileiras. In: DUTRA, J. S. (Org.). *Gestão por competências*. São Paulo: Gente, 2001.

FISCHER, R. *A construção do modelo competitivo de gestão de pessoas no Brasil*: um estudo sobre as empresas consideradas exemplares. 1998. Tese (Doutorado em Administração) – FEA/USP, São Paulo, 1998.

FLEURY, A.; FLEURY, M. T. L. *Aprendizagem e inovação organizacional*: as experiências de Japão, Coréia e Brasil. São Paulo: Atlas, 1995.

_____. *Estratégias empresariais e formação de competências*: um quebra-cabeça caleidoscópico da indústria brasileira. São Paulo: Atlas, 2001.

GONÇALVES, J. E. L. Os novos desafios da empresa do futuro. *Revista de Administração de Empresas*, São Paulo, v. 37, n.3, p. 10-9, jul./set. 1997.

KILIMNIK, Z. M. *Trajetórias e transições de carreiras profissionais de recursos humanos*. 2000. Tese (Doutorado em Administração) – CEPEAD/UFMG, Belo Horizonte, 2000.

KILIMINIK, Z. M.; SANT'ANNA, A. S; LUZ, T. R. *Competências individuais requeridas, modernidade organizacional e satisfação no trabalho*: uma análise das políticas de gestão e desenvolvimento profissional em empresas de telecomunicações. Belo Horizonte: CEPEAD/UFMG, 2003. Relatório de Pesquisa.

LE BOTERF, G. *De la compétence*: essai sur un attracteur étrange. Paris: Editions d'Organizations, 1994.

LEITE, E. Trabalho e qualificação: a classe operária vai à escola. REUNIÃO DO GT CAMBIO TECNOLÓGICO, CALIFICACIÓN Y CAPACITACIÓN DA RED LATINOAMERICANA DE EDUCACIÓN Y TRABAJO, 1., *Anais...* São Paulo: UNICAMP, 1993.

LEITE, M. P. A qualificação reestruturada e os desafios da formação profissional. *Novos Estudos*. São Paulo, n. 45, p. 79-96, jul. 1996.

_____. Novas formas de gestão da mão-de-obra e sistemas participativos: uma tendência à democratização das relações de trabalho. *Educação e Sociedade*, Campinas, n. 45, p. 190-210, ago. 1992.

MARQUARDT, M. J.; ENGEL, D. W. *Global Human Resource Development*. Englewood Cliffs: Prentice-Hall, 1993.

McCLELLAND, D. C.; DAILEY, C. *Improving officer selection for the foreign service*. Boston: McBer, 1972.

MOTTA, R. A busca da competitividade nas empresas. *Revista de Administração de Empresas*, São Paulo, v. 35, n. 2, p. 12-16, mar./abr. 1992.

PERRENOUD, P. *Ensinar*: agir na urgência, decidir na incerteza. Porto Alegre: Artmed, 2001.

PORTER, M E. *The competitive advantage of nations*. London: Mcmillan, 1990.

PRAHALAD, C. K.; HAMEL, G. The core competence of the corporation. *Harvard Business Review*, v. 68, n. 3, p. 79-91, May/Jun. 1990.

PUCIK, W.; THICHY, N.M.; BARNETT, C.K. *Globalization and human resource management*: creating and leading the competitive organization. New York: John Wiley, 1992.

RHINESMITH, S.H. *Guia gerencial para a globalização*. Rio de Janeiro: Berkeley, 1993.

SANT'ANNA, A.S. *Competências individuais requeridas, modernidade organizacional e satisfação no trabalho*: uma análise de organizações mineiras sob a ótica de profissionais da área da administração. 2002. Tese (Doutorado em Administração) – CEPEAD/UFMG, Belo Horizonte, 2002.

SANT'ANNA, A. S.; KILIMNIK, Z.M.; CASTILHO, I.V. Competências e modernidade organizacional: profissionais mais competentes, políticas e práticas de gestão mais avançadas? In: ASAMBLEA ANNUAL DE CLADEA, 39., *Anais...* República Dominicana: CLADEA, 2004.

SPENCER, L.M.; SPENCER, S. *Competence at work*. New York: John Wiley, 1993.

STOREY, J. *Human resource management*: a critical text. London: Routledge, 1995.

STROOBANTS, M. *Savoir-faire et compétence au travail*. Bruxelles: Éditions de l'Université de Bruxelles, 1993.

TOURAINE, A. *A crítica da modernidade*. Petrópolis: Vozes, 1994.

WEIL, P. *Organizações e tecnologias para o terceiro milênio*. Rio de Janeiro: Rosa dos Tempos, 1991.

ZAJDSZNAJDER, L. Pós-modernidade e tendências da administração contemporânea. *Boletim Técnico do SENAC*, v. 19, n. 3, p. 10-9, set./dez. 1993.

ZARIFIAN, P. A gestão da e pela competência. In: SEMINÁRIO INTERNACIONAL EDUCAÇÃO PROFISSIONAL, TRABALHO E COMPETÊNCIAS. Anais... Rio de Janeiro: Centro Internacional para Educação, Trabalho e Transferência de Tecnologia, 1996.

_____. *Objetivo competência*: por uma nova lógica. São Paulo: Atlas, 2001.

5

Trilhas de aprendizagem como estratégia de TD&E

Isa Aparecida de Freitas e Hugo Pena Brandão

Objetivos

Ao final deste capítulo, o leitor deverá:

- Descrever conceitos, proposições e aplicações práticas relativas à gestão de competências.
- Associar a noção de "trilhas de aprendizagem" à abordagem das competências.
- Descrever trilhas de aprendizagem como resultado da integração de diferentes recursos de aprendizagem disponíveis no ambiente social.
- Discutir as possibilidades de utilização de trilhas de aprendizagem na formulação de estratégias de desenvolvimento de competências em ambientes organizacionais.

INTRODUÇÃO

A dinâmica organizacional tem sido um tema bastante explorado nos últimos anos. Pesquisas e ensaios teóricos com freqüência abordam as mudanças no ambiente empresarial e a utilização de tecnologias gerenciais para fazer frente a uma conjuntura cada vez menos estável. São comuns as tentativas de identificar modelos de gestão mais eficazes, fontes de vantagem competitiva e mecanismos para promover o desenvolvimento organizacional.

A "gestão baseada em competências" – ou, simplesmente, gestão de competências – tem sido apontada como um modelo gerencial alternativo aos instrumentos tradicionalmente utilizados pelas organizações. Com o pressuposto de que o domínio de certos recursos é determinante do desempenho superior de pessoas e organizações, esse modelo propõe-se a integrar e orientar esforços, sobretudo os relacionados à gestão de pessoas, para desenvolver e sustentar competências consideradas fundamentais à consecução dos objetivos organizacionais. Nesse contexto, a noção de "trilhas de aprendizagem" surge como estratégia para promover o desenvolvimento de competências e tem como referência não só as expectativas da organização, mas também conveniências, necessidades, desempenhos e aspirações profissionais das pessoas.

O presente capítulo tem o objetivo de descrever a utilização do conceito de trilhas de aprendizagem como alternativa ao desenvolvimento profissional em um contexto de gestão de competências, analisando e discutindo as principais proposições e práticas que permeiam essas abordagens. São discutidos, entre outros tópicos, a noção de competência, a interdependência entre a aprendizagem e a competência, e a construção de trilhas de aprendizagem. Ao final do capítulo são apresentadas conclusões e recomendações de ordem prática.

O texto não tem a pretensão de apresentar uma revisão exaustiva da literatura sobre o tema, nem de esgotar as discussões em torno das relações causais entre a aprendizagem, a competência e o desempenho. Os objetivos principais do capítulo são: contribuir para o debate teórico e prático em torno do tema e estimular a realização de novos estudos.

A NOÇÃO E A GESTÃO DE COMPETÊNCIAS

No século XV, o termo "competência" pertencia essencialmente à linguagem jurídica. Dizia respeito à faculdade atribuída a alguém ou a uma instituição para apreciar e julgar certas questões. Por extensão, a expressão competência veio a designar o reconhecimento social sobre a capacidade de alguém pronunciar-se a respeito de determinado assunto e, mais tarde, passou a ser utilizada também para qualificar o indivíduo capaz de realizar certo trabalho (Isambert-Jamati, 1997).

A freqüente utilização do termo competência no campo da gestão organizacional fez com que ele adquirisse variadas conotações, e que fosse utilizado de diferentes maneiras, conforme relatam Brandão e Guimarães (2001) e McLagan (1997). Contudo, as abordagens mais modernas que usam esse conceito, buscam não só considerar as diversas dimensões do trabalho, mas também associar a competência ao desempenho (Ropé e Tanguy, 1997; Dutra et al., 1998).

O conceito que parece ter aceitação mais ampla tanto no meio acadêmico como no ambiente empresarial é o seguinte: *competências representam combinações sinérgicas de conhecimentos, habilidades e atitudes, expressas pelo desempenho profissional, dentro de determinado contexto organizacional* (Durand, 2000; Nisembaum, 2000; Santos, 2001; grifo nosso). Sob essa perspectiva, as competências são reveladas quando as pessoas agem perante as situações profissionais com as quais se defrontam (Zarifian, 1999). Elas servem como ligação entre as condutas individuais e a estratégia da organização (Prahalad e Hamel, 1990).

As competências agregam valor econômico e valor social a indivíduos e a organizações, na medida em que contribuem para a consecução de objetivos organizacionais e expressam o reconhecimento social sobre a capacidade de determinada pessoa (Brandão e Guimarães, 2001; Zarifian, 1999), conforme ilustra a Figura 5.1.

Há autores que associam a noção de competência não apenas a pessoas, mas também a equipes de trabalho e a organizações. Zarifian (1999), por exemplo, defende a idéia de que não se deve desconsiderar a perspectiva da equipe no processo produtivo e sugere que uma competência pode ser inerente a um grupo de trabalho. Para ele, em cada equipe se manifesta uma competência coletiva, que representa mais do que a simples soma das competências de seus membros. Le Boterf (1999) reforça esse entendimento, ressaltando que as competências coletivas emergem das cooperações, trocas e articulações estabelecidas entre os componentes do grupo de trabalho. Segundo esse autor, embora cada membro da equipe tenha um papel ocupacional distinto, há um espaço de atuação comum, no qual cada competência individual complementa as demais, dando origem a uma competência coletiva.

Prahalad e Hamel (1990), por sua vez, referem-se à competência como um atributo da organização, o qual confere vantagem competitiva a ela e gera valor distintivo percebido pelos clientes. O *design* de motores eficientes da Honda e a capacidade de miniaturização da Sony são exemplos de competência citados por esses autores. Em resumo, dados os conceitos de competência vistos, é possível classificar as competências como *profissionais* ou *humanas* (aquelas relacionadas a indivíduos ou a equipes de trabalho) e *organizacionais* (aquelas inerentes à organização como um todo), ressaltando-se que as competências profissionais, aliadas a outros recursos dão origem e sustentação às competências organizacionais (Brandão e Guimarães, 2001).

Muitas empresas têm adotado modelos de gestão baseados no conceito de competência, visando orientar esforços para planejar, captar, desenvolver e avaliar as competências necessárias nos diferentes níveis da organização (individual, grupal e organizacional). Brandão e Guimarães (2001), ao analisarem os pressupostos e aplicações da gestão de competências, apresentam o diagrama disposto na Figura 5.2 para ilustrar as etapas desse modelo de gestão.

De acordo com esses autores, a gestão de competências é um processo contínuo cuja etapa inicial é a formulação da estratégia da organização. Nessa etapa, seriam definidos a missão, a visão de futuro e os macroobjetivos da organização. Missão organizacional é o propósito principal ou a razão pela qual uma organização existe. A visão diz respeito ao estado futuro desejado pela organização, ou seja, aquilo que a organização deseja ser em um futuro próximo. Os macroobjetivos – ou objetivos estratégicos –, por sua vez, representam os alvos a atingir ou a situação a ser buscada pela organização em um dado período de tempo (Souza, 2001).

Após essa primeira etapa, a organização realizaria o diagnóstico das competências organizacionais

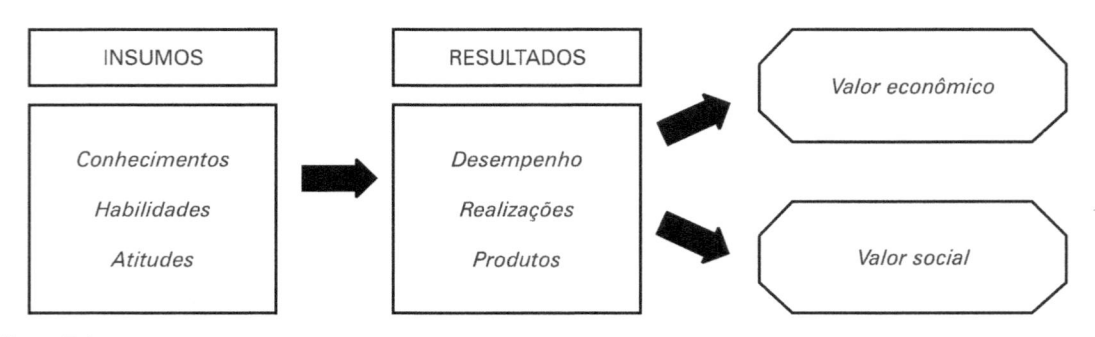

Figura 5.1 Competências como fonte de valor para o indivíduo e para a organização.
Fonte: Fleury e Fleury (2001).

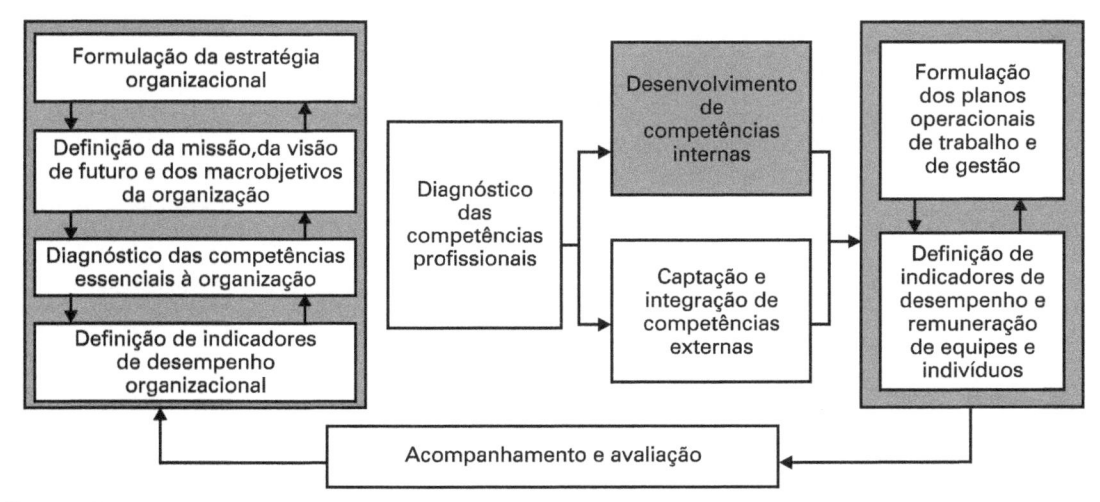

Figura 5.2 Modelo de gestão baseado em competências.
Fonte: Adaptado de Guimarães e colaboradores (2001).

necessárias à concretização de seus objetivos estratégicos. Definiria também indicadores de desempenho no nível corporativo. Esses indicadores representam medidas da eficiência ou da eficácia das ações adotadas para concretizar a visão de futuro. É possível, assim, realizar um diagnóstico das competências profissionais, ou seja, identificar o *gap*, ou lacuna, existente entre as competências necessárias para o alcance dos objetivos estratégicos e as competências internas disponíveis na organização.

Os diagnósticos das competências organizacionais e profissionais subsidiam as decisões de investimento no desenvolvimento e/ou na captação de competências. A captação diz respeito à seleção de competências externas e sua integração ao ambiente organizacional, que pode ocorrer, no nível individual, por intermédio de ações de recrutamento e seleção de pessoas e, no nível organizacional, por meio de *joint-ventures* ou alianças estratégicas. O desenvolvimento refere-se ao aprimoramento das competências internas disponíveis na organização, que ocorre, no nível individual, por meio da aprendizagem e, no nível organizacional, por intermédio de investimentos em pesquisa.

Essas etapas permitem a formulação de planos operacionais e de gestão e dos respectivos indicadores de desempenho e de remuneração de equipes e indivíduos. Por fim, há uma etapa de acompanhamento e avaliação, que funciona como mecanismo de retroalimentação ou *feedback*, dentro de uma abordagem sistêmica, à medida que os resultados alcançados são comparados com aqueles que eram esperados.

O desenvolvimento de competências – parte fundamental nesse processo –, por sua vez, se dá por meio da aprendizagem, seja ela individual ou coletiva, e envolve a aquisição de conhecimentos, habilidades e atitudes relevantes a determinado propósito (Durand, 2000). Essa interdependência entre o desenvolvimento de competências e a aprendizagem é o tema que será tratado a seguir.

A INTERDEPENDÊNCIA ENTRE A COMPETÊNCIA E A APRENDIZAGEM

Uma competência profissional, segundo Le Boterf (1999), resulta da mobilização, por parte do indivíduo, de uma combinação de recursos. Para esse autor, a competência da pessoa é decorrente da aplicação conjunta, no trabalho, de conhecimentos, habilidades e atitudes, que representam os três recursos ou dimensões da competência.

O *conhecimento*, segundo Durand (2000) e Davenport e Prusak (1998), corresponde a um conjunto de informações reconhecidas e integradas pelo indivíduo dentro de um esquema preexistente. Esse esquema lhe permite "entender o mundo" e causa um impacto em seu julgamento ou comportamento. Em outras palavras, é o saber que a pessoa acumulou ao longo da vida. Essa dimensão, para Bloom e colaboradores (1979), representa algo relacionado à lembrança de idéias ou fenômenos, alguma coisa armazenada na memória da pessoa.

A *habilidade*, por sua vez, está relacionada à capacidade de fazer uso produtivo do conhecimento, ou seja, de instaurar conhecimentos e utilizá-los em uma ação (Durand, 2000). Segundo Bloom e colaboradores (1979), uma definição comum sobre habilidade é a de que o indivíduo pode buscar conhecimentos e experiências anteriores para examinar e solucionar um problema qualquer. As habilidades podem ser classificadas como *intelectuais*, quando abrangem essencialmente processos mentais de organização de informações, e como *motoras* ou *manipulativas*, quando exigem fundamentalmente uma coordenação neuromuscular (Bloom et al., 1979; Gagné et al., 1988).

Finalmente, a *atitude*, terceira dimensão da competência, refere-se a aspectos sociais e afetivos relacionados ao trabalho (Durand, 2000). Gagné e colaboradores (1988) comentam que as atitudes são estados complexos do ser humano que afetam o comportamento em relação a pessoas, coisas e eventos, determinando a escolha de um curso de ação pessoal. O efeito da atitude é justamente ampliar a reação positiva ou negativa de uma pessoa, ou seja, sua predisposição, em relação a algo. Essa última dimensão está relacionada a um sentimento, uma emoção ou um grau de aceitação ou rejeição da pessoa em relação aos outros, a objetos ou a situações.

Comparando-se essas definições com as proposições de alguns autores da área de pedagogia e planejamento instrucional, é possível identificar semelhanças conceituais entre a aprendizagem e a competência. Pestalozzi (apud Larroyo, 1974) por exemplo, idealizou a aprendizagem como o desenvolvimento natural, espontâneo e harmônico das capacidades humanas, que se revelam na tríplice atividade da cabeça, das mãos e do coração (*head, hand* e *heart*) – isto é, na vida intelectual, psicomotora e moral do indivíduo. Bloom e colaboradores (1973 e 1979), por sua vez, em suas pesquisas na área da psicologia instrucional, desenvolveram uma classificação de objetivos educacionais baseada em três domínios: cognitivo (objetivos relacionados à memória e ao desenvolvimento de capacidades intelectuais), psicomotor (objetivos vinculados ao desenvolvimento de habilidades motoras), e afetivo (objetivos que descrevem mudanças de interesses e valores), como pode ser visto no Capítulo 14.

A Figura 5.3 ilustra a analogia existente entre as chaves da aprendizagem individual (Pestalozzi apud Larroyo, 1974), os domínios dos objetivos educacionais (Bloom et al., 1973 e 1979) e as dimensões da competência (Durand, 2000), explicitando as relações de interdependência entre a aprendizagem e a competência.

A aprendizagem representa o processo ou o meio pelo qual se adquire a competência, enquanto a competência representa uma manifestação do que o indivíduo aprendeu. Tanto a aprendizagem quanto a competência estão relacionadas ao conceito de mudança. Na aprendizagem, a mudança é verificada por meio da comparação dos escores de testes aplicados antes e depois da estratégia educacional adotada, como é o caso das provas realizadas no início e ao final de disciplinas acadêmicas. No que concerne à competência, a mudança é observada quando se compara o desempenho do indivíduo antes e depois do processo de aprendizagem. Assim, a competência demonstrada pelo desempenho do indivíduo geralmente é visualizada como uma nova forma de realizar as tarefas, com mais qualidade ou mais precisão. Essa mudança do comportamento no trabalho é decorrente de novos conhecimentos, habilidades e atitudes adquiridos pela pessoa por meio de elementos inseridos em objetivos instrucionais de treinamentos, como um resultado de aprendizagem desejado pela organização.

Pode-se dizer, então, que a competência é resultante da aplicação de conhecimentos, habilidades e atitudes adquiridos pela pessoa em qualquer processo de aprendizagem, seja ele natural ou induzido. Ela

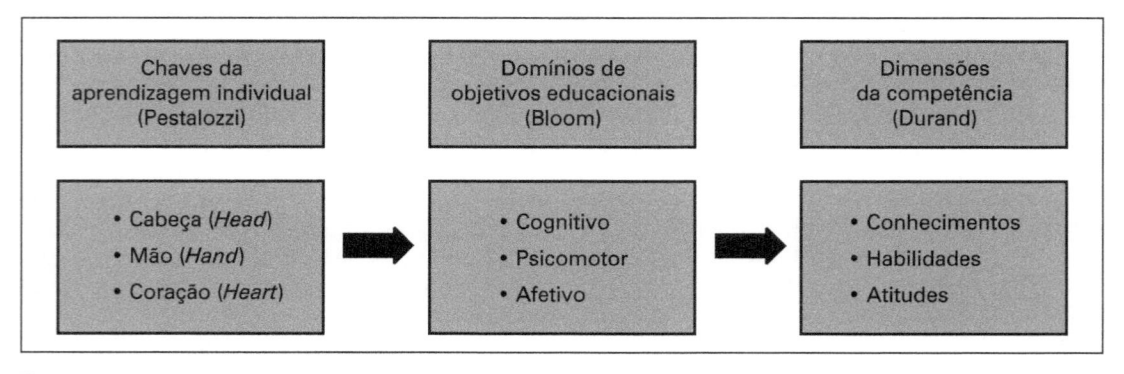

Figura 5.3 As relações conceituais entre a aprendizagem e a competência.
Fonte: Brandão, Guimarães e Borges-Andrade (2001).

revela, inexoravelmente, que o indivíduo aprendeu algo novo, porque mudou sua forma de atuar. Por exemplo, quando uma pessoa participa de um treinamento para aprender a utilizar um novo *software*, a aprendizagem ocorre nesse contexto, em sala de aula, mediante a assimilação de novos conhecimentos, de demonstração, de discussão com os colegas, de exercícios e de avaliação. O indivíduo apresentará um desempenho competente no trabalho se for capaz de realizar suas tarefas utilizando o *software* de forma adequada.

Se assim ocorrer, ele estará demonstrando que aprendeu a utilizar essa nova ferramenta, tendo desenvolvido uma competência que pode ser observada pelo seu desempenho profissional.

Como o desenvolvimento de competências ocorre por meio da aprendizagem, parece fundamental para as organizações o desenvolvimento de mecanismos para ampliar, ao mesmo tempo, a capacidade e a velocidade de aprendizagem de seus empregados. As empresas estão premidas, então, não só a proverem às pessoas ações educacionais que lhes permitam desenvolver as competências necessárias ao negócio, mas também a criar um ambiente organizacional que seja estimulador e facilitador da aprendizagem. Para Zarifian (1999), o desafio é fazer com que a organização seja não apenas qualificada e competitiva, mas também "qualificante", no sentido de oferecer diversas oportunidades de crescimento a seus membros.

Le Boterf (1999) reforça esse entendimento, ressaltando que o desenvolvimento de competências profissionais depende basicamente de três fatores: do interesse do indivíduo por aprender, de um ambiente de trabalho e de um estilo de gestão que incentivem a aprendizagem, e do sistema de formação disponível ao indivíduo. Esse autor explica que o mapeamento de competências relevantes à consecução dos objetivos organizacionais serve a três finalidades explícitas: aos empregados, serve de parâmetro para orientar o seu desenvolvimento profissional; aos gestores, constitui critério para avaliação de desempenho e ferramenta para promover o desenvolvimento de suas equipes, e à área de recursos humanos, serve para orientar o recrutamento, a gestão de carreiras e sobretudo os planos de formação.

A questão é que historicamente o desenvolvimento profissional nas empresas esteve bastante associado a ações formais de treinamento, não raras vezes episódicas e separadas do contexto no qual os resultados organizacionais são obtidos. As possibilidades de crescimento sustentável, ao contrário, residem justamente no alinhamento das ações de treinamento, desenvolvimento e educação (TD&E) aos fatores críticos de sucesso e às competências necessárias à consecução dos objetivos estratégicos da organização (Junqueira, 2000).

Concepções tradicionais de programas de formação adotam como referência a construção de "grades de treinamento" para promover o desenvolvimento profissional de equipes e indivíduos. As "grades" representam conjuntos de ações de aprendizagem – geralmente restritas a cursos formais e vinculadas ao desempenho de um cargo específico –, às quais devem ser submetidos, com orientação de obrigatoriedade, todos os empregados que desempenham certa função ou que aspiram a determinada posição na organização, conforme relata Freitas (2002).

Tais concepções parecem ineficientes, sobretudo porque, ao restringirem a capacitação à realização de cursos formais, desconsideram diversas outras possibilidades de aprendizagem, inclusive o próprio ambiente de trabalho, que, segundo Le Boterf (1999), talvez seja o principal espaço educacional dentro das organizações. Para esse autor, qualquer situação de trabalho pode tornar-se uma oportunidade de aprendizagem à medida que constitui um objeto de análise, um momento de reflexão e de profissionalização.

Assim, embora empresas e trabalhadores sintam necessidade de aprender e desenvolver competências, nem sempre os recursos educativos disponíveis são percebidos pelos interessados. Como a vida profissional e social oferece às pessoas múltiplas oportunidades de aprendizagem, parece fundamental associar à estrutura formal de educação experiências profissionais, novas tecnologias aplicadas à educação e até mesmo atividades culturais e de lazer, entre outros recursos.

As tradicionais grades de treinamento têm sido criticadas, ainda, por vincular o processo de desenvolvimento das pessoas essencialmente à estrutura de cargos da organização, desconsiderando a diversidade e o dinamismo do conteúdo de cargos ou funções. Com a introdução de novas tecnologias e a freqüente reestruturação dos modelos de organização da produção, carreiras e cargos estão cada vez menos estáveis e menos lineares (Gui, 2000). A estrutura de cargos, ao delimitar de forma rígida e estática as atribuições e responsabilidades de indivíduos, acaba inibindo a ampliação do papel ocupacional das pessoas e o desenvolvimento de competências que vão além das prescrições do cargo.

O caráter de obrigatoriedade com que os cursos da "grade de treinamento" são submetidos às pessoas, por sua vez, além de explicitar o controle psicossocial da organização sobre o processo de desenvolvimento do indivíduo, parece basear-se em pressuposto pouco razoável: o de que todos são iguais em termos de motivação, aspirações profissionais, objetivos de carreira, competências e experiência. Não raras vezes, simplesmente por estar previsto na grade de treinamento à qual a pessoa está submetida, o profissional é designado para participar de cursos em áreas de conhecimento em que já possui formação e experiência. Esse tipo de situação é ineficaz e representa desperdício de recursos (Freitas, 2002).

Seria mais motivador, produtivo e prazeroso se o empregado pudesse eleger, dentre diversas opções de aprendizagem disponíveis, a mais adequada para si (Le Boterf, 1999), porque cada indivíduo tem seus gostos e preferências, e adotar a estratégia de desenvolvimento mais apropriada para si faz parte não só da identificação da pessoa com o trabalho que realiza, mas também da busca de harmonia entre os interesses pessoais e organizacionais. Para desenvolver competências, é preciso dar às pessoas a oportunidade de mudar a forma como pensam e interagem, e não simplesmente obrigá-las a fazê-lo (Junqueira, 2000).

Na busca pela concepção de estratégias de treinamento, desenvolvimento e educação (TD&E) que considerem o indivíduo como parte de um contexto social e organizacional mais amplo e que extrapolem as delimitações do cargo, surge, então, o conceito de "trilhas de aprendizagem". As "trilhas" são alternativas às tradicionais "grades de treinamento", o que será discutido a seguir.

TRILHAS DE APRENDIZAGEM COMO ALTERNATIVA AO DESENVOLVIMENTO DE COMPETÊNCIAS

Trilhas de aprendizagem são caminhos alternativos e flexíveis para promover o desenvolvimento pessoal e profissional (Freitas, 2002). Segundo Senge (1998), o termo *learning* (aprendizagem, em inglês) é derivado do indo-europeu "*leis*", que significa "trilha" ou "sulco na terra", em analogia à atividade de arar e semear. Aprender, então, poderia ser entendido como aumentar a competência por meio da experiência adquirida ao se seguir uma trilha (Junqueira, 2000).

Quando o profissional define um curso de ação para o seu crescimento profissional está, na prática, construindo uma trilha. Segundo Freitas (2002), cada um concebe sua trilha de aprendizagem a partir de suas conveniências, necessidades, ponto de partida e ponto a que deseja chegar, integrando em seu planejamento de carreira as expectativas da organização, o desempenho esperado, suas aspirações profissionais, as competências que já possui e aquelas que ainda necessita desenvolver. Levando em consideração todas essas variáveis, o profissional elege, dentre os recursos educacionais disponíveis, aqueles mais adequados aos seus objetivos e aos estilos de aprendizagem de sua preferência. Assim, trilhas de aprendizagem constituem uma estratégia para desenvolver competências voltadas para o aprimoramento do desempenho atual e futuro.

Dessa forma, conforme ilustra a Figura 5.4, diferentes pessoas, ainda que tenham os mesmos interesses, constroem trilhas diferentes. Pode-se observar que o Profissional A percorreu uma trajetória diferente do Profissional B. Além disso, como aprender faz nascer novas necessidades e projetos, cada ponto de chegada representa um novo ponto de partida (Le Boterf, 1999).

Ao comentar que se profissionalizar significa navegar em uma rede de oportunidades de desenvolvimento, Le Boterf (1999) faz analogia entre a construção de uma trilha de aprendizagem e o estabelecimento de uma rota de navegação. O navegador, de posse de cartas geográficas, de previsões meteorológicas e do mapa de oportunidades disponíveis, estabelece o seu trajeto para chegar ao porto de destino. O profissional, da mesma forma, a partir de suas preferências, competências atuais, anseios de desenvolvimento e dos recursos formativos disponíveis, escolhe um caminho para desenvolver as competências necessárias para concretizar seus objetivos, respeitando ritmos, preferências e limitações (Freitas, 2002).

Uma trilha representa uma manifestação de desejo de crescimento e de realização profissional. São diversas as variáveis que podem determinar a sua construção: anseios de desenvolvimento profissional, necessidades presentes e futuras da organização, busca por satisfação pessoal e por diversificação de experiências, introdução de novas estratégias e tecnologias, deficiências de desempenho e necessidades de aprimoramento, entre outras.

As trilhas de aprendizagem também se diferenciam das grades de treinamento pela riqueza e diversidade dos recursos de aprendizagem contemplados. Além de cursos presenciais, podem compor uma trilha: treinamentos auto-instrucionais, estágios, reuniões de trabalho, viagens de estudo, seminários, jornais, livros, revistas, *sites* e grupos de discussão na internet, filmes, vídeos e outros meios alternativos de aprimoramento pessoal e profissional.

Grades de treinamento podem ser analogamente comparadas a celas de uma prisão, na medida em que submetem o trabalhador a uma condição de heteronomia. As trilhas de aprendizagem remetem à idéia de liberdade, de autonomia para construir o próprio caminho. As celas de uma prisão impõem um ambiente fechado ao indivíduo, assim como ocorre com as grades de treinamento, nas quais as opções de aprendizagem são restritas e impostas pela organização inde-

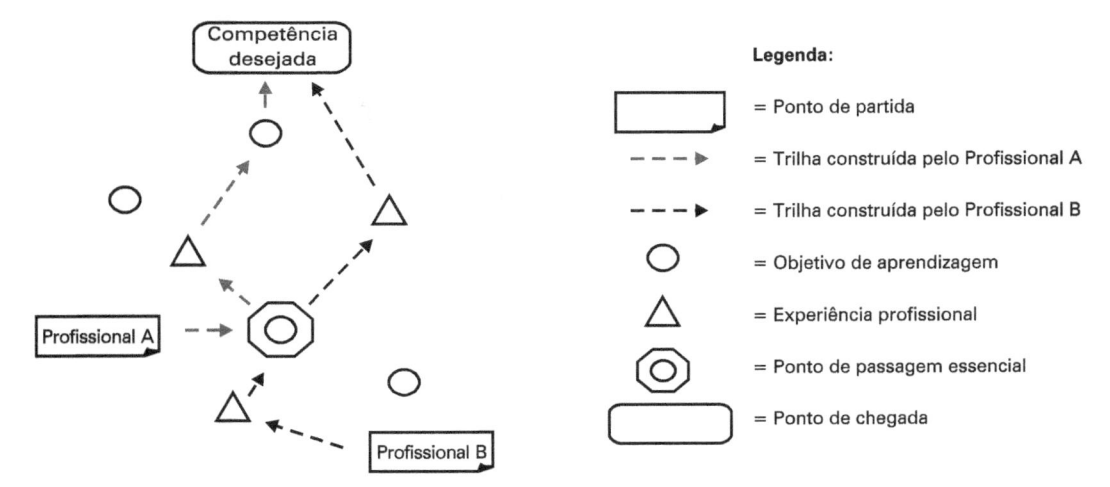

Figura 5.4 A construção de trilhas de aprendizagem.
Fonte: Le Boterf (1999).

pendentemente das necessidades e preferências de cada pessoa. Trilhas de aprendizagem, por sua vez, oferecem ao indivíduo múltiplas opções de capacitação, assim como autonomia para escolha daquelas mais apropriadas às suas necessidades e conveniências. A organização não mais impõe o que o indivíduo deve fazer, mas sim apresenta um leque de opções para o desenvolvimento de competências relevantes à sua atuação.

Além disso, como as trilhas se vinculam à formação de competências, geralmente extrapolam as necessidades de um cargo específico, contribuindo para o desenvolvimento integral e contínuo da pessoa e para o desempenho de papéis ocupacionais mais amplos. Nesse sentido, trilhas de aprendizagem representam também estratégias para o desenvolvimento da carreira profissional, constituindo planos de carreira.

O Quadro 5.1, a seguir, ilustra a formatação de uma trilha e descreve as competências que se deseja desenvolver (pontos de chegada), bem como as opções de aprendizagem, os recursos e os prazos que hipoteticamente seriam necessários para desenvolvê-las.

Ao contrário das grades de treinamento, que têm orientação de obrigatoriedade e representam desígnios eminentemente organizacionais, o conceito de trilhas de aprendizagem procura conciliar as necessidades da organização com as aspirações de seus membros, assegurando certa autonomia às pessoas. Representam, portanto, parceria entre empresa e empregado, cada qual assumindo sua parcela de responsabilidade sobre o processo de desenvolvimento de competências (Freitas, 2002). A empresa dá o norte, cria um ambiente propício à aprendizagem, disponibiliza as oportunidades e orienta a sua utilização. O empregado, por sua vez, manifesta interesse, inteira-se das necessidades e das oportunidades disponíveis e busca o apoio necessário para traçar seu caminho. Essa co-responsabilidade parece bastante salutar, até porque o desenvolvimento decorrente da construção de trilhas gera valor econômico e social para ambas as partes.

A CONCEPÇÃO DE ESTRATÉGIAS DE TD&E COM BASE NA NOÇÃO DE TRILHAS DE APRENDIZAGEM

A seguir será descrito o processo de desenvolvimento de um modelo de educação corporativa em que as trilhas de aprendizagem são a estratégia de promoção do desenvolvimento de competências profissionais. Para tanto, ressalta-se a interdependência entre as ações de TD&E e as estratégias organizacionais, vinculadas ao negócio da empresa. A Figura 5.5, a seguir, mostra alguns componentes fundamentais para subsidiar a concepção de estratégias de TD&E nas organizações.

A Figura 5.5 mostra que as estratégias e ações de TD&E, para serem eficazes, precisam estar alinhadas à estratégia organizacional. A partir do diagnóstico das competências essenciais à organização, são realizadas análises para identificar as competências que os profissionais da empresa devem possuir (no presente) para concretizar as estratégias organizacionais. Devem ser identificadas, também, as competências que serão importantes em um futuro próximo. Essa etapa é composta por análises subsidiadas por perguntas

Quadro 5.1
EXEMPLO DE FORMATAÇÃO DE UMA TRILHA DE APRENDIZAGEM

Objetivos definidos	Opções de aprendizagem	Recursos necessários	Prazos para realização
Desenvolver a competência de "criar e aproveitar oportunidades negociais, considerando os recursos disponíveis, os riscos e os benefícios resultantes"	• Seminário "O Gestor Empreendedor" • Livro *Inovação e espírito empreendedor* (Peter Drucker, Ed. Pioneira, 1986) • Filme *Um homem e seu sonho* (Ford Copolla, Abril Vídeo, 1988).	• Orçamento • Ambiente adequado à leitura • TV e vídeo	Abril de 2007
Desenvolver a competência de "negociar com o cliente, apresentando argumentos convincentes e considerando as expectativas das partes"	• Curso "Negociando com o Cliente" • Vídeo "Negociação: o processo ganha-ganha" (Siamar, 30 min.)	• Orçamento • TV e vídeo • Tempo	Junho de 2007
Desenvolver competências para atuar na "Gerência de Negócios Internacionais"	• Curso de Especialização "Negócios Internacionais" • Estágio na "Gerência de Negócios Internacionais" • Revista Brasileira de Comércio Exterior • *Site* do International Trade Center na internet	• Orçamento • Ambiente para leitura • Computador conectado à internet	Dezembro de 2008

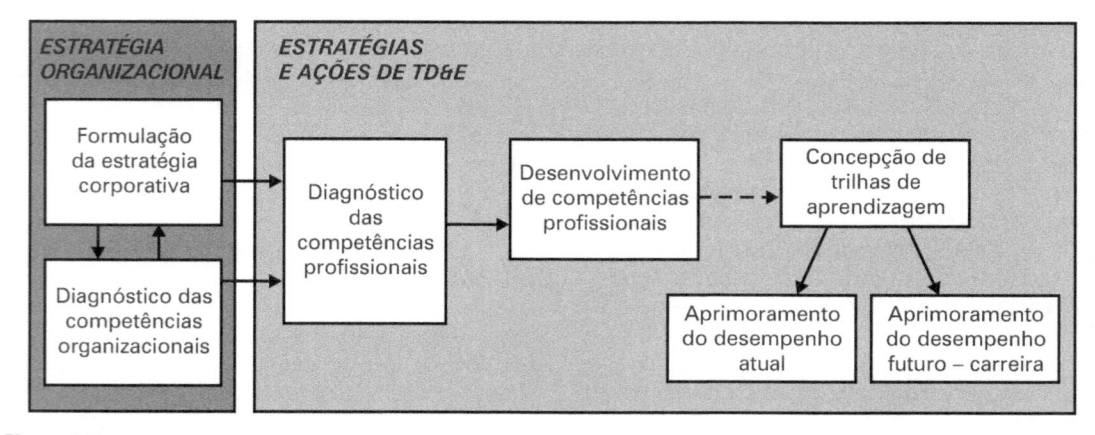

Figura 5.5 Estratégias organizacionais e ações de TD&E.

como: diante da necessidade de gerar e manter as competências organizacionais X, Y e Z, quais competências os profissionais da empresa precisam ter atualmente? Considerando as tendências do mercado, a evolução tecnológica e os direcionamentos estratégicos da organização, quais competências profissionais serão requeridas no futuro?

A partir das respostas a essas perguntas, os profissionais de TD&E, juntamente com outras pessoas-chave da empresa, identificam as competências profissionais necessárias ao sucesso da organização. Isso significa que as competências identificadas precisam ser validadas pelos representantes de todas as áreas da empresa, pois eles são os conhecedores do negócio e das peculiaridades de cada área de atuação da organização. O diagnóstico das competências profissionais consiste, ainda, em identificar quais competências profissionais já estão desenvolvidas e, portanto, precisam ser mantidas, e quais ainda necessitam ser geradas e/ou aprimoradas. Essa etapa constitui a base para a formulação de estratégias e ações de TD&E, tendo como referência a competência ou o desempenho, atual e desejado, no presente e no futuro, tanto para a organização quanto para o indivíduo.

A noção de trilhas de desenvolvimento profissional focaliza essencialmente as diversas possibilidades de aprendizagem presentes na organização e em seu ambiente externo, e contribui para que a aprendizagem se realize de acordo com os interesses da organização e do aprendiz. Embora essa noção tenha como pressuposto a autonomia do indivíduo para construir o seu próprio caminho, não se pode atribuir essa responsabilidade somente a ele. Cabe à organização fornecer os direcionamentos necessários e as oportunidades reais de aprendizagem. Para conceber estratégias de TD&E com base no conceito de trilhas, é importante que a organização implemente diversas ações, dentre as quais se destacam:

- Definir e divulgar os rumos da organização: missão, visão e estratégia de atuação.
- Identificar as competências essenciais à organização.
- Identificar e divulgar as competências necessárias a cada segmento profissional para manter a competitividade da organização no mercado.
- Especificar e disseminar padrões de desempenho exigidos dos profissionais – desempenho competente.
- Identificar e divulgar critérios para ascensão profissional (requisitos tais como experiência, formação e competências necessárias).

- Identificar, nos ambientes interno e externo, opções de aprendizagem para o desenvolvimento de cada uma das competências profissionais consideradas relevantes à organização.
- Divulgar as opções de aprendizagem disponíveis, vinculando-as a cada competência a ser desenvolvida. Cada opção precisa especificar quais competências ela desenvolve e o que se espera do aprendiz em termos de desempenho no trabalho.
- Estimular as pessoas a desenvolverem suas trilhas de aprendizagem, mediante uso de apoio social, de recursos financeiros e de suporte da organização.
- Valorizar e reconhecer os profissionais que se mantêm em processo de melhoria contínua do desempenho e em busca de crescimento profissional.

Dessa forma, para que cada profissional possa construir sua trilha de aprendizagem, é necessário que a organização crie um "mapa de oportunidades de desenvolvimento profissional", as quais possam ser adaptadas a diferentes situações e valorizadas como promotoras de aprendizagem. Segundo Le Boterf (1999), essas opções de aprendizagem podem ser de três tipos, como descrito no Quadro 5.2.

Um dos aspectos enfatizados no conceito de trilhas é a abertura da aprendizagem ao contexto social, porque se parte do pressuposto de que as pessoas aprendem nas mais diversas situações, e não apenas na escola e no trabalho. A partir dessa premissa, pode-se propor um quarto tipo de situação de aprendizagem, que são as opções presentes no ambiente social. Assim, além de outras possibilidades, também são opções de aprendizagem a leitura de livros e revistas, os filmes e as peças de teatro, a participação em projetos voluntários, as viagens, as conversas com amigos de outras organizações e a audiência em palestras disponíveis na comunidade. Tais opções expressam o reconhecimento de que a aprendizagem é mais importante do que a forma sob a qual ela foi realizada e a crença de que as pessoas aprendem de acordo com suas necessidades, gostos e preferências.

A lista de opções de aprendizagem não é exaustiva. Por isso, cabe aos profissionais de TD&E das organizações identificar, manter e renovar as opções mais relevantes para cada caso, dependendo da área de atuação e do tipo de negócio. Novas situações de aprendizagem podem, portanto, ser incluídas a qualquer tempo. Além disso, para despertar e manter o interesse das pessoas pela construção de suas trilhas de aprendizagem, é fundamental tornar visíveis as oportunidades de desenvolvimento profissional disponibilizadas pela organização, assim como programar estratégias e

Quadro 5.2
OS TRÊS TIPOS DE OPÇÕES DE APRENDIZAGEM

Tipo 1 Situações cuja finalidade principal e tradicional é o treinamento	Tipo 2 Situações criadas para serem formadoras, mas que não são consideradas treinamento	Tipo 3 Situações de trabalho que podem tornar-se oportunidades de desenvolvimento
• Cursos presenciais dentro ou fora da empresa • Cursos a distância • Seminários • Viagens de estudo • Substituição temporária de um superior hierárquico • Condução de grupo de trabalho • Rodízio de funções • Leitura de livros, manuais e rotinas	• Consultas a especialistas • Intercâmbio de práticas • Realização de projetos com defesa diante de uma banca • Acompanhamento por tutor ou alguém mais experiente • Trabalho em parceria com consultores externos • Participação em reuniões profissionais externas • Criação de manuais pedagógicos • Jantares de trabalho	• Concepção de novos equipamentos ou de processos • Redação de obras ou artigos • Realização de missões específicas (auditoria ou avaliação) • Condução de projetos • Exercício da função de tutor • Trabalho temporário em outro posto de trabalho • Alternância entre funções operacionais e gerenciais

Fonte: Le Boterf (1999).

ações de comunicação interna para estimular essa participação.

Em relação às condições básicas necessárias para que uma organização possa implementar um sistema de educação corporativa com base na noção de trilhas de aprendizagem, há três requisitos básicos:

- Ter um conjunto sistematizado de informações sobre todo o processo de desenvolvimento profissional, no que se refere a opções de aprendizagem, tanto internas quanto externas à organização (cada ação de aprendizagem precisa estar vinculada a um conjunto de competências profissionais).
- Dispor de um sistema de gerenciamento de carreira, que permita a pessoa planejar e investir em seu desenvolvimento pessoal e profissional.
- Possuir como propósito o reconhecimento das pessoas comprometidas com o processo de desenvolvimento profissional e o aproveitamento delas de acordo com suas competências.

A utilização da noção de trilhas de aprendizagem pressupõe a vinculação entre o caminho do indivíduo e a estratégia da organização. Esses vínculos tornam o planejamento do desenvolvimento profissional capaz de gerar resultados concretos e mantém a motivação das pessoas para construir novas trilhas de aprendizagem.

No próximo tópico será descrita uma experiência prática de implementação de um modelo de educação corporativa baseado na noção de trilhas de aprendizagem.

EXEMPLO DE APLICAÇÃO PRÁTICA: O CASO DO BANCO DO BRASIL

A partir do relato de Freitas (2002), descreve-se a seguir a experiência do Banco do Brasil na adoção de trilhas de desenvolvimento profissional.[1] Os dados foram coletados por pesquisa documental, em relatórios, pareceres e publicações da empresa, por pesquisa na *web*, utilizando-se como referência o *site* da Universidade Corporativa Banco do Brasil (2003) na internet, e por observação participante, na medida em que os dois autores do presente capítulo participaram da equipe de formulação e implementação do modelo adotado pela organização.

O Banco do Brasil havia adotado, por um longo período, o conceito de "grades de treinamento" para formação de seus funcionários. Nesse modelo, eram listados os treinamentos indicados para um cargo específico, com obrigatoriedade de participação para os que exercem aquele cargo. Buscando aprimorar suas práticas e flexibilizar o processo de desenvolvimento profissional, a empresa concebeu e implementou um novo modelo de educação corporativa, denominado internamente "Trilhas de Desenvolvimento Profissional", conforme detalhado por Freitas (2002).

Para facilitar a compreensão do leitor, o referido modelo será descrito em tópicos na seguinte ordem: objetivos, base teórica, concepção metodológica, pontos de partida para construção de trilhas e divulgação implementada.

Objetivos do sistema trilhas de desenvolvimento profissional

O modelo adotado pelo Banco do Brasil foi concebido com os seguintes objetivos:

- Oferecer aos funcionários uma visão sistêmica da formação profissional na empresa.
- Tornar visíveis as expectativas da organização em relação ao desempenho e, conseqüentemente, em relação às competências necessárias para atuar nos diversos segmentos funcionais.
- Sugerir meios alternativos de aprimoramento profissional e pessoal, favorecendo o desenvolvimento integral do indivíduo.
- Estimular, nos funcionários, a filosofia de autodesenvolvimento contínuo.
- Tornar o sistema de formação profissional aberto ao ambiente social, no sentido de incorporar as opções de aprendizagem ali disponíveis.

Base teórica

Como visto anteriormente, trilhas de aprendizagem são "caminhos alternativos e flexíveis para o desenvolvimento pessoal e profissional" (Freitas, 2002). Isso significa dizer que os caminhos são múltiplos e específicos para cada pessoa, uma vez que a trajetória percorrida por um indivíduo pode ser diferente da percorrida por outro, mesmo que eles exerçam idênticas funções.

O modelo concebido pelo Banco do Brasil baseia-se nas quatro aprendizagens essenciais necessárias ao profissional do século XXI, segundo a Unesco: *aprender a conhecer, aprender a fazer, aprender a viver junto e aprender a ser*. Segundo Delors (1996), as principais caracterizações desses pilares são:

- *Aprender a conhecer*. As rápidas transformações geradas pelo progresso científico e as novas formas de atividade econômica e social exigem dos atuais e futuros profissionais a conciliação de uma cultura geral, com a necessidade de aprofundamento em uma área específica de atuação.

- *Aprender a fazer*. É necessário aos profissionais atuais e aos do futuro desenvolver a capacidade de enfrentar situações inusitadas que requerem, na maioria das vezes, o trabalho coletivo em pequenas equipes ou em unidades organizacionais maiores.

- *Aprender a viver junto*. O conhecimento sobre o outro, sua história, tradição e cultura, a aceitação da diversidade humana, torna-se necessidade inadiável graças à percepção da crescente interdependência dos seres humanos. A realização de projetos comuns e a gestão inteligente e pacífica dos conflitos envolvem a análise compartilhada de riscos e a ação conjunta em face dos desafios do futuro.

- *Aprender a ser*. O desenvolvimento da autonomia e da capacidade de julgar e o fortalecimento da responsabilidade pessoal na realização do destino coletivo tornam-se variáveis críticas de sucesso para o enfrentamento das situações complexas. A dimensão do *saber ser* contempla o desenvolvimento da autonomia, da responsabilidade profissional e social (cidadania) e da responsabilidade pelo autodesenvolvimento.

Delors (1996) destaca que o conceito de educação ao longo de toda a vida permanece como estratégica fundamental, tanto para os indivíduos quanto para as organizações. A educação permanente deve constituir uma construção contínua do ser humano, de seu saber e de suas aptidões, assim como de sua faculdade de julgar e agir. A vida profissional e social oferece múltiplas oportunidades de aprendizagem, bem como de atuação. O potencial educativo das experiências profissionais, das novas tecnologias vídeo-informáticas, das atividades culturais e de lazer soma-se à base educativa formal indispensável oferecida pela sociedade.

Além dos quatro pilares da aprendizagem para o século XXI, o Banco do Brasil utilizou, como referencial teórico, o conceito de navegação profissional (Le Boterf, 1999), cujos pressupostos já foram descritos anteriormente neste capítulo.

Concepção metodológica: como construir trilhas na prática

O Sistema Trilhas de Desenvolvimento Profissional foi desenvolvido no ano de 2000, por dois grupos de trabalho, formados por analistas da área de Recursos Humanos do Banco do Brasil, entre os quais os dois autores do presente capítulo.

Os grupos de trabalho atuaram em dois momentos distintos. O primeiro momento foi destinado à revisão da literatura sobre o tema e contou com a participação de quatro analistas que atuavam na área de treinamento e desenvolvimento. O segundo grupo teve como objetivo operacionalizar os conceitos para transformá-los em práticas aplicáveis pelos funcionários, no dia-a-dia de trabalho. Esse grupo foi composto por cinco analistas, sendo três participantes do grupo anterior e dois novos profissionais que atuavam na área de gestão do desempenho e da carreira. A partir do compartilhamento da base teórica, o grupo se defrontou com as seguintes questões práticas: como construir trilhas de aprendizagem? A partir de que pontos de partida? Como manter os pressupostos teórico-filosóficos? Como estimular o planejamento de trilhas de aprendizagem no dia-a-dia? Onde e como disponibilizar para todos as orientações sobre o novo modelo de educação corporativa?

O pressuposto básico utilizado para responder a essas questões foi o de que a construção de trilhas de aprendizagem começa sempre com um sonho profissional e que esse sonho, embora possa ter origens comuns, é diferente para cada pessoa. Um sonho profissional foi considerado uma manifestação de desejo, de crescimento e de realização. Analisando as possibilidades e o cotidiano profissional, foram propostos quatro pontos de partida básicos para orientar a construção de trilhas. Eram eles: necessidade de aperfeiçoar o desempenho atual, interesse em ampliar competências em um tema específico, direcionamento estratégico da empresa, e aspiração profissional de crescimento na carreira. A seguir será demonstrada a construção do Sistema Trilhas de Desenvolvimento Profissional para cada um desses "pontos de partida", a exceção do último módulo – "aspiração profissional de crescimento na carreira" –, que ainda está em desenvolvimento.

Trilhas de aprendizagem para aperfeiçoar o desempenho atual

O objetivo desse módulo foi identificar opções de aprendizagem que visassem ao aprimoramento do desempenho dos funcionários. Para tanto foi preciso inicialmente analisar o instrumento de Gestão do Desempenho Profissional (GDP) utilizado pelo Banco. Esse instrumento contempla metas e fatores (padrões de desempenho). Para construção das trilhas, utilizou-se como referência os fatores, que descrevem aspectos comportamentais necessários à atuação profissional de cada pessoa. Conceitualmente, os fatores ou padrões de desempenho representam competências profissionais básicas exigidas dos funcionários da empresa.

O instrumento de GDP do Banco do Brasil foi construído com base nos pressupostos do *balanced scorecard* (Kaplan e Norton, 1997), sendo o desempenho de funcionários e de equipes de trabalho avaliado em cinco diferentes perspectivas: estratégia e operações, satisfação do cliente, comportamento organizacional, resultado econômico e processos internos. Os fatores de desempenho (ou competências profissionais requeridas) estão associados a cada uma dessas cinco perspectivas, demonstrando ao funcionário o que a organização espera dele em termos de desempenho.

O grupo de trabalho analisou todos os fatores da GDP e decidiu reduzir o número de fatores de desempenho e adequar semanticamente suas descrições – para considerar as especificidades de cada segmento profissional da empresa –, a fim de aprimorar o instrumento e reduzir sua complexidade. O instrumento, então, passou a ser constituído por treze fatores (competências profissionais) associados às cinco perspectivas de desempenho, conforme ilustra a Figura 5.6, na p.123. As novas descrições de fatores e perspectivas de desempenho foram validadas semanticamente por profissionais de diversos segmentos da empresa: administradores, gerentes de equipe e avaliados.

Uma vez concluídos os ajustes na GDP, procedeu-se a identificação das opções de aprendizagem (internas e externas à organização) capazes de promover a melhoria do desempenho em cada um dos 13 fatores. Foi realizada, nessa etapa, análise dos objetivos instrucionais e dos resultados esperados de todos os treinamentos disponíveis na organização, a fim de verificar quais deles proporcionavam o aprimoramento profissional em cada fator de desempenho. Em alguns casos, para realizar esse estudo e classificação, o grupo de trabalho recorreu também à análise do material didático e a entrevistas com os planejadores instrucionais dos cursos, sobretudo quando seus objetivos instrucionais não estavam definidos de forma suficientemente clara.

Dessa análise resultou uma planilha, que identificava a relação de cada treinamento com os fatores de desempenho (competências profissionais) que ele poderia desenvolver ou aprimorar. Os planejadores instrucionais responsáveis pelos treinamentos avaliaram a pertinência dessa associação e propuseram alguns ajustes. Trabalho semelhante foi feito com as publicações internas do Banco (revistas, fascículos formativos, etc.), tendo a vinculação com os fatores de desempenho sido feita pela análise do conteúdo de cada publicação.

A etapa seguinte foi a de identificar, no ambiente social, outras opções de aprendizagem disponíveis que pudessem favorecer o aprimoramento do desempenho dentro de cada fator (competência profissional). Estágios, vídeos, bibliografia, *sites* na internet e até filmes de circuito comercial foram identificados e associados aos fatores de desempenho.

O funcionário pôde, assim, a partir da sua avaliação de desempenho, identificar as opções de aprendizagem disponíveis para aperfeiçoar seu desempenho em um fator específico (competência profissional). Ao pesquisar as informações sobre cada fator de desempenho, disponíveis na intranet da empresa e em publicações internas, o funcionário encontra descritos os treinamentos que alavancam o desempenho naquele fator, além de publicações internas, bibliografia, *sites* na internet, cursos *on-line*, filmes e outras opções de aprendizagem.

A Figura 5.6, a seguir, apresenta as cinco perspectivas da GDP e os 13 fatores de desempenho (competências profissionais) a elas associadas. É destacada como exemplo a competência liderança, com a estrutura de informações disponível no Sistema Trilhas de Desenvolvimento Profissional para quem deseja se aperfeiçoar nessa competência profissional. Para cada uma das demais competências, existe um conjunto de informações semelhantes.

Trilhas de aprendizagem por domínio temático

Domínios temáticos são áreas de conhecimento sobre as quais o Banco do Brasil, em razão de sua estratégia organizacional e dos mercados em que atua, possui interesse especial. Eles expressam os campos de conhecimento relevantes ao desenvolvimento dos negócios da empresa.

Todos os treinamentos promovidos internamente pelo Banco – em um total de 102 diferentes cursos, seminários e oficinas – tiveram seus objetivos instrucionais e conteúdos analisados pelo grupo de trabalho. Essa análise possibilitou a categorização desses treinamentos em dois grandes domínios: *Negócios* e *Apoio aos Negócios*. Os treinamentos voltados para *Negócios* são aqueles que abordam os fundamentos, a instrumentalização e as estratégias para concretização de negócios com diferentes segmentos da clientela do Banco, de acordo com os atuais pilares negociais da empresa: varejo, atacado, governo e gestão de recursos de terceiros. Os treinamentos voltados para o *Apoio aos Negócios*, por sua vez, tratam de temas que dão suporte à realização e manutenção dos negócios, tais como economia e finanças, gestão de crédito e gestão de pessoas.

Para cada um dos temas, foram identificadas também opções de aprendizagem disponíveis no ambiente social (estágios, vídeos, publicações diversas, bibliografia, *sites* na internet e filmes), que pudessem favorecer a aquisição de competências profissionais nessas áreas de conhecimento, tal como feito na construção de trilhas para aperfeiçoar o desempenho profissional (GDP). A classificação das opções de aprendizagem identificadas, de acordo com os domínios temáticos, foi submetida à crítica de técnicos de diver-

Fator liderança
Descrição do fator Cataliza esforços individuais e grupais para concretizar objetivos organizacionais
Padrões de desempenho – Define com a equipe as prioridades de trabalho – Acompanha o trabalho da equipe e indica necessidades de aprimoramento – Outros
Opções de aprendizagens – Cursos e outros treinamentos – Publicações internas e externas – Vídeos e filmes – Estágios – *Sites* na internet – Bibliografia

Perspectivas e fatores de desempenho da GDP

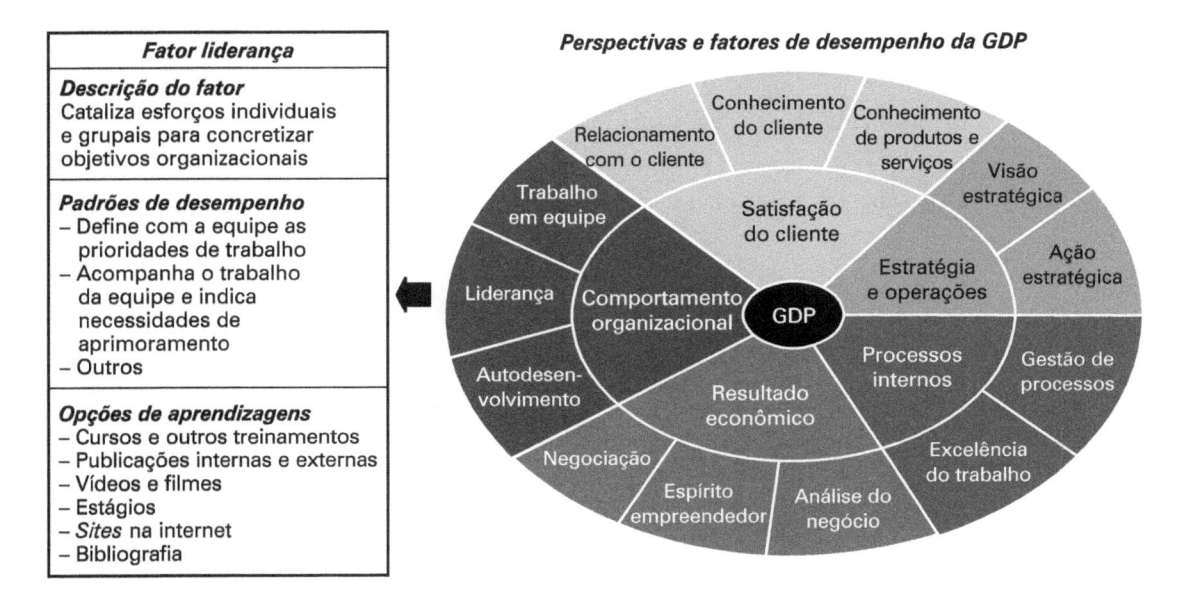

(Diagrama circular com GDP no centro, cercado pelas perspectivas: Satisfação do cliente, Estratégia e operações, Processos internos, Resultado econômico, Comportamento organizacional; e pelos 13 fatores: Conhecimento do cliente, Conhecimento de produtos e serviços, Visão estratégica, Ação estratégica, Gestão de processos, Excelência do trabalho, Análise do negócio, Espírito empreendedor, Negociação, Autodesenvolvimento, Liderança, Trabalho em equipe, Relacionamento com o cliente)

Figura 5.6 Trilhas de aprendizagem para aperfeiçoar o desempenho profissional.
Fonte: Banco do Brasil (2003).

sas áreas de atuação da Empresa, os quais puderam sugerir alterações na categorização realizada, bem como a inclusão e a exclusão de opções de aprendizagem. Esse procedimento teve como objetivo não apenas validar a categorização realizada pelo grupo de trabalho, mas também obter o envolvimento de técnicos das diversas diretorias do Banco no processo de construção do Sistema Trilhas de Aprendizagem.

A Figura 5.7, a seguir, apresenta os domínios temáticos de interesse do Banco. No centro da ilustração estão as áreas ou pilares negociais da empresa (varejo, atacado, governo e gestão de recursos de terceiros) e, ao redor, as áreas de conhecimento que perpassam esses quatro pilares negociais, dando apoio à realização dos negócios. Ao selecionar um dos temas, o funcionário tem acesso à relação de opções de aprendizagem disponíveis para aprimorar-se naquela área de conhecimento.

Trilhas de aprendizagem por direcionamento estratégico

Este módulo do sistema trilhas de desenvolvimento profissional foi desenvolvido em parceria com a unidade responsável pela formulação da estratégia da organização. O direcionamento estratégico indica os rumos que a empresa deseja seguir, seus focos de atuação para cumprimento de sua missão, os novos mercados em que deseja atuar, as tecnologias a serem utilizadas e os novos produtos que poderão ser desenvolvidos. Todas essas informações podem sugerir a construção de uma trilha de aprendizagem, como forma de se antecipar e se preparar para o futuro.

Na elaboração desse módulo, utilizou-se como referencial a missão e a visão de futuro da empresa, dando-se ênfase aos relacionamentos que o Banco desejava potencializar com clientes, acionistas, sociedade e funcionários. Com base nesses focos de relacionamento, foram identificados referenciais de desempenho profissional necessários à concretização da estratégia corporativa, assim como as opções de aprendizagem disponíveis para o seu aprimoramento, a exemplo do que se fez na elaboração dos módulos "Trilhas para Aperfeiçoar o Desempenho Profissional" e "Trilhas por Domínio Temático".

Para construir uma trilha por direcionamento estratégico, o funcionário deveria primeiramente definir em que foco de relacionamento (clientes, acionistas, sociedade ou funcionários) desejaria investir. A partir dessa decisão, consultaria os fatores de desempenho relacionados a esse foco e escolheria as opções de aprendizagem mais indicadas.

Divulgação do sistema trilhas de desenvolvimento profissional

As informações sobre o Sistema Trilhas foram divulgadas em mídia eletrônica e em mídia impressa,

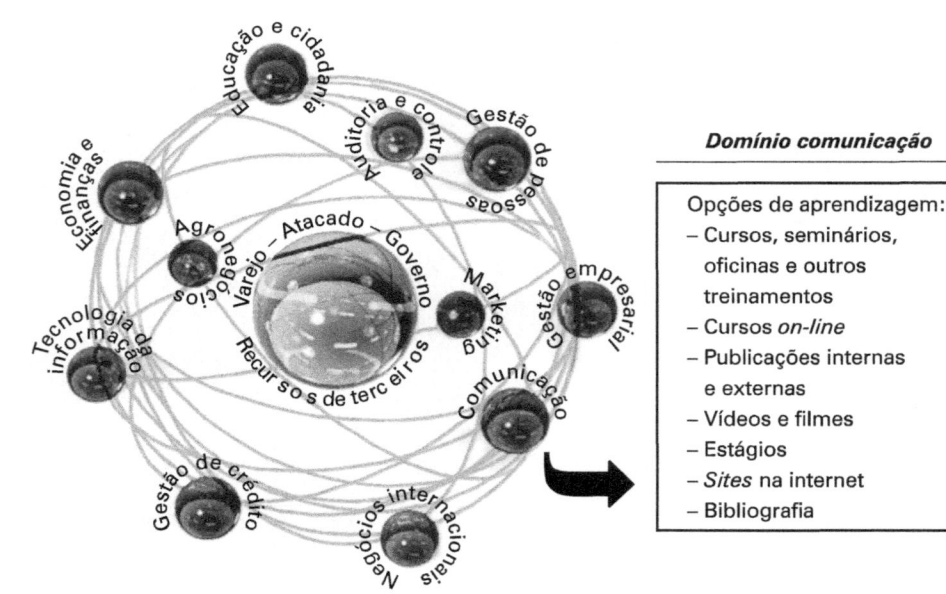

Figura 5.7 Trilhas de aprendizagem por domínio temático.
Fonte: Banco do Brasil (2003).

com o objetivo de garantir que as informações estivessem disponíveis a todos os funcionários. Na mídia eletrônica as informações foram disponibilizadas, na intranet corporativa. Desde a sua divulgação, a página do sistema tem-se situado entre as cinco páginas mais visitadas do Portal da Universidade Corporativa Banco do Brasil (http://uni.bb.com.br), o que demonstra o interesse dos funcionários pela questão. Quanto à mídia impressa, as informações foram veiculadas em publicações internas denominadas fascículos do Programa Profissionalização (Banco do Brasil, 2001).

A partir da distribuição da primeira publicação em mídia impressa, foi constatado grande interesse dos funcionários pelo tema. Foram recebidos vários *e-mails*, telefonemas e mensagens impressas, solicitando informações adicionais, assim como pedidos de reenvio de fascículos do Programa Profissionalização, que já haviam sido distribuídos anteriormente, abordando temas relacionados ao planejamento da carreira.

Nas orientações sobre a formulação de trilhas de aprendizagem, foi trabalhada também a necessidade de especificar os recursos necessários à realização das opções de aprendizagem desejadas: tempo, orçamento, equipamentos, local de realização, oportunidade de aplicação das aprendizagens no trabalho atual e futuro, o apoio da equipe de trabalho e do gestor. Os funcionários foram estimulados a responder a essas questões, antes de iniciar a construção de suas trilhas, visando tornar o planejamento do desenvolvimento profissional mais factível e de acordo com a realidade de cada funcionário.

Discussões sobre o tema foram realizadas também com os gestores de equipes, em sala de aula, nas oficinas gerenciais promovidas pelo Banco. Os gestores foram orientados a registrar, na avaliação de desempenho de seus funcionários, as trilhas de aprendizagem que cada um desejava desenvolver, bem como a apoiar e incentivar esse desenvolvimento. O envolvimento do gestor na formulação das trilhas de seus funcionários constitui uma forma de garantir que as ações de aprimoramento profissional previstas sejam efetivamente implementadas e que estas estejam em sintonia com as estratégias organizacionais.

O Sistema Trilhas de Desenvolvimento Profissional levou aos funcionários do Banco, inclusive àqueles localizados em regiões menos providas de possibilidades de formação, oportunidades de aprendizagem, orientações e estímulos ao autodesenvolvimento. Percebe-se que, na concepção do sistema adotado pela empresa, foram contemplados os pressupostos teóricos sugeridos por Delors (1996), Le Boterf (1999), Junqueira (2000) e outros. O modelo representa um avanço em relação às práticas tradicionais de educação corporativa, configurando um importante instrumento para o desenvolvimento de competências profissionais e organizacionais.

CONSIDERAÇÕES FINAIS

A intensa competição que se estabelece em âmbito mundial tem impelido o meio empresarial a desenvolver e incorporar novas tecnologias de gestão para fazer frente aos desafios. Em um contexto em que a competitividade das empresas parece derivar de sua capacidade de desenvolver competências e integrá-las em torno dos objetivos organizacionais, a gestão de competências aparece como modelo de gestão alternativo, que se propõe a orientar esforços, sobretudo os relacionados à gestão de pessoas. O objetivo é desenvolver e sustentar competências consideradas essenciais à consecução da estratégia corporativa.

Não parece recomendável, no entanto, que o desenvolvimento dessas competências se baseie na criação de "grades de treinamento", às quais pessoas e equipes de trabalho são submetidas, com obrigatoriedade de participação. Essa concepção parece aprofundar o controle psicossocial da organização sobre seus empregados e, ao desconsiderar preferências, necessidades e aspirações individuais, desmotiva as pessoas em relação à aprendizagem e inibe a ampliação de papéis ocupacionais.

O processo de desenvolvimento de competências deve considerar não apenas as expectativas da organização em relação ao desempenho profissional, mas, também, ritmos e estilos de aprendizagem, aspirações e preferências pessoais. Embora ainda não existam evidências empíricas que comprovem a superioridade de um modelo em relação ao outro, as trilhas de aprendizagem parecem ajustar-se melhor à lógica das competências, sobretudo por conferir certa autonomia às pessoas, em contraponto à heteronomia imposta pelas tradicionais grades de treinamento.

Além disso, a implantação de trilhas de aprendizagem leva a organização a ter de fazer a gestão dos conhecimentos necessários à sua atuação, sistematizando e disponibilizando as informações relativas à aprendizagem para os indivíduos. Isso contribui para que a organização repense constantemente suas estratégias em termos de desenvolvimento de competências, atualizando-se, buscando novas opções e otimizando as estratégias mais eficientes.

Essa atualização permanente precisa ser seguida por ações de ampla divulgação, considerando que a responsabilidade pelo processo de desenvolvimento deve ser compartilhada entre empresa e empregado e que o domínio de uma competência gera valor econômico e social para o trabalhador e para a organização.

Parece fundamental que as empresas assumam um papel "qualificante", com responsabilidade social, não só no sentido de promover, incentivar e apoiar as iniciativas individuais de seus membros, mas ainda de oferecer a eles múltiplas oportunidades de desenvolvimento pessoal e profissional. Do contrário, a utilização de conceitos como competência e trilhas de aprendizagem poderia até conferir um aspecto moderno às práticas de gestão, mas, de fato, não representaria uma significativa inovação gerencial.

Tratando-se de estudo sobre assunto emergente no meio organizacional e que ainda se encontra em estágio incipiente de desenvolvimento, espera-se que este texto tenha oferecido contribuições de ordem prática às organizações. Do ponto de vista acadêmico, espera-se ter contribuído para o debate teórico, bem como ensejado a realização de pesquisas em torno do tema. Pesquisadores poderiam se dedicar, por exemplo, a avaliar a efetividade de modelos de educação corporativa baseados no conceito de trilhas de aprendizagem.

QUESTÕES PARA DISCUSSÃO

- Como pode ser evidenciada a interdependência entre a aprendizagem, a competência e o desempenho profissional?
- Que críticas podem ser feitas à utilização de grades de treinamento em programas de formação profissional?
- Por que a noção de trilhas de aprendizagem parece ajustar-se melhor à gestão de competências?

NOTA

1. Embora a literatura utilize a expressão "trilhas de aprendizagem", o Banco do Brasil adotou a denominação "trilhas de desenvolvimento profissional" em seu modelo de educação corporativa, de forma que, neste capítulo, as duas formas representam a mesma idéia.

REFERÊNCIAS

BANCO DO BRASIL. *Trilhas de desenvolvimento profissional.* Brasília, jun. 2001. (Coleção "Profissionalização": uma publicação do programa de profissionalização da Universidade Corporativa Banco do Brasil, n. 24)

_____. *Trilhas de desenvolvimento profissional.* Portal da Universidade Corporativa Banco do Brasil. Disponível em: http://uni.bb.com.br, 17 de Novembro, 2003.

BLOOM, B.S.; KRATHWOHL, Da.R.; MASIA, B.B. *Taxonomia de objetivos educacionais:* domínio afetivo. Porto Alegre: Globo, 1973.

BLOOM, B.S. et al. *Taxonomia de objetivos educacionais:* domínio cognitivo. Porto Alegre: Globo, 1979.

BRANDÃO, H.P.; GUIMARÃES, T.A. Gestão de competências e gestão de desempenho: tecnologias distintas ou instrumentos de um mesmo constructo? *Revista de Administração de Empresas*, São Paulo, v.41, n.1, p.08-15, jan./mar. 2001.

BRANDÃO, H.P.; GUIMARÃES, T.A.; BORGES-ANDRADE, J.E. Competências profissionais relevantes à qualidade no atendimento bancário. *Revista de Administração Pública*, Rio de Janeiro, v.35, n.6, p.61-81, nov./dez. 2001.

BRUNO-FARIA, M.F.; BRANDÃO, H.P. Gestão de competências: identificação de competências relevantes a profissionais da Área de T&D de uma organização pública do Distrito Federal. *Revista de Administração Contemporânea*, Rio de Janeiro, v.7, n.3, p. 35-56, jul./set. 2003.

DAVENPORT, T.H.; PRUSAK, L. *Working knowledge:* how organizations manage what they know. Boston: Harvard Buniness School Press, 1998.

DELORS, J. Educar para o futuro. *O Correio da UNESCO*, Rio de Janeiro: Fundação Getúlio Vargas, ano 24, n. 6, jun. 1996.

DURAND, T. L'alchimie de la compétence. *Revue Française de Gestion*, Paris, 127, p.84-102, Janvier-Février 2000.

DUTRA, JS.; HIPÓLITO, J.A.M.; SILVA, C.M.. Gestão de pessoas por competências: o caso de uma empresa do setor de telecomunicações. In: ENANPAD, 22. Anais... Foz do Iguaçu: ANPAD, 1998.

FLEURY, A.;FLEURY, M.T. *Estratégias empresariais e formação de competências: um quebra-cabeça caleidoscópico da indústria brasileira*. São Paulo: Atlas, 2001.

FREITAS, I.A. Trilhas de desenvolvimento profissional: da teoria à prática. In: ENANPAD, 26. Anais... Salvador: ANPAD, 2002.

GAGNÉ, R.M.; BRIGGS, L.J.; WAGER, W.W. *Principles of instructional design*. Orlando: Holt, Rinehart and Winston, 1988.

GUI, R.T. *Trilhas de desenvolvimento profissional*: plano de trabalho. Brasília, mimeo, 2000.

GUIMARÃES, T.A. et al. Forecasting core competencies in an R&D Environment. *R&D Management Review*, Manchester, UK, v.31, n.3, p.249-255, 2001.

ISAMBERT-JAMATI, V. O apelo à noção de competência na revista *L'orientation scolaire et profissionelle*: da sua criação aos dias de hoje. In: ROPÉ, F.; TANGUY, L. (Org.). *Saberes e competências: o uso de tais noções na escola e na empresa*. Campinas: Papirus, 1997.

JUNQUEIRA, C.B. *Trilhas de desenvolvimento profissional*. Porto Alegre, mimeo, 2000.

KAPLAN, R.S.; NORTON, D.P. *A estratégia em ação: balanced scorecard*. Rio de Janeiro: Campus, 1997.

LARROYO, F. *História geral da pedagogia*. São Paulo: Mestre Jou, 1974.

LE BOTERF, G. *Compéténce et navigation professionnelle*. Paris: Éditions d'Organisation, 1999.

MCLAGAN, P.A. Competencies: the next generation. *Training & Development*, p.40-47, May 1997.

NISEMBAUM, H. *A competência essencial*. São Paulo: Infinito, 2000.

PRAHALAD, C.K.; HAMEL, G. The core competence of the corporation. *Harvard Business Review*, Boston, p. 79-91, May-June 1990.

ROPÉ, F.; TANGUY, L. Introdução. In: *Saberes e competências:* o uso de tais noções na escola e na empresa. Campinas: Papirus, 1997. p. 15-24.

SANTOS, A.C. O uso do método Delphi na criação de um modelo de competências. *Revista de Administração*, São Paulo, v.36, n.2, p.25-32, abr./jun. 2001.

SENGE, P. *A quinta disciplina*. São Paulo: Best-Seller, 1998.

SOUZA, E.C.L. *Gestão de organizações de aprendizagem*. Brasília: Universidade de Brasília – UnB e Serviço Social da Indústria – SESI, 2001.

STEWART, T.A. *Capital intelectual*: a nova vantagem competitiva das empresas. Rio de Janeiro: Campus, 1998.

ZARIFIAN, P. *Objectif compétence:* pour une nouvelle logique. Paris: Liaisons, 1999.

6

Aprendizagem em organizações: mecanismos que articulam processos individuais e coletivos

Elizabeth Loiola, Jorge Santos Néris e Antonio Virgílio Bittencourt Bastos

Objetivos

Ao final deste capítulo, o leitor deverá:

- Discorrer sobre diferentes abordagens da aprendizagem organizacional e analisar múltiplas tensões presentes nesse campo de conhecimento.
- Analisar e avaliar diferentes mecanismos e fontes de aprendizagem de indivíduos nas organizações.
- Identificar fatores condicionantes da aprendizagem de indivíduos nas organizações.
- Descrever formas de conversão de conhecimentos dos indivíduos em conhecimento organizacional.
- Associar abordagens do campo de aprendizagem organizacional com abordagens no campo de gestão do conhecimento.
- Descrever os diferentes tipos de conhecimento, estabelecendo nexos entre eles e os mecanismos de aprendizagem e de conversão de conhecimentos dos indivíduos em conhecimento organizacional.

INTRODUÇÃO

A instabilidade do cenário mundial atual, que desencadeia mudanças contínuas nos sistemas sociais, repercute na configuração de novos formatos organizacionais e na adoção de modelos gerenciais alternativos aos tradicionais. Esses modelos gerenciais, por sua vez, demandam trabalhadores e gestores dotados de novos conhecimentos, habilidades e atitudes, isso é, de novas competências, e dispostos a renová-las. É a capacidade de aprender que permite desenvolver competências, gerando impactos positivos sobre a sustentabilidade de condições de competitividade e de sobrevivência das organizações.

A temática do conhecimento, isto é, suas formas de geração, de difusão e de gestão, vem tornando-se central no campo dos estudos organizacionais. Igual importância vem adquirindo a temática da aprendizagem. Embora sobrepostas, ambas possuem especificidades e vêm sendo exploradas a partir de múltiplas perspectivas.

Acadêmicos, consultores e gestores têm demonstrado redobrado interesse sobre a temática de aprendizagem organizacional e de suas implicações no contexto de trabalho e nas organizações. Duas grandes vertentes integram o campo de estudos sobre aprendizagem organizacional: a da aprendizagem organizacional, representada, sobretudo, pelos pesquisadores acadêmicos, e a vertente das organizações que aprendem, desenvolvida especialmente por consultores e pesquisadores orientados para a transformação organizacional (Argyris e Schön, 1974).

Acadêmicos e pesquisadores tendem a enfatizar a construção de teorias sobre o fenômeno, com base em investigação empírica e em método científico de investigação. Essas teorias procuram dar conta de processos de aprendizagem nas organizações e fatores associados aos mesmos. Gestores e consultores, por sua vez, propendem a normalizar e prescrever o que as organizações devem fazer para aprender com base em análises de experiências práticas bem-sucedidas, generalizadas para outros contextos. Embora não constituam dois mundos isolados, já que parte importante da pesquisa acadêmica termina sendo influenciada por idéias e modelos que nascem do contexto de consultorias e vice-versa, as abordagens sobre aprendizagem mencionadas revelam significativas diferenças que são fontes de tensão e geradoras de debates que animam todo o campo (Bastos, Gondim e Loiola, 2004).

As abordagens sobre a temática do conhecimento organizacional também podem ser agrupadas em duas grandes vertentes. A primeira delas enfoca o conhecimento como ativo, como algo a ser comprado, possuído ou vendido, enfatizando as dificuldades de identificar e de armazenar os ativos de conhecimento de uma organização. Essa bibliografia, que foca o conhecimento como objeto, é complementada por outra, que tem como foco o processo de criação e de difusão do conhecimento. Essa segunda vertente privilegia o enfoque dos processos individuais e sociais de aquisição e de transferência de conhecimento e de subprocessos correlacionados com criatividade, inovação, motivação e comunicação (Spender, 2001). Assim, enquanto a primeira vertente dedica pouca atenção aos indivíduos e grupos dentro das organizações em seus processos de aquisição e de transferência de conhecimentos, a menos que o ativo de conhecimento não esteja separado delas, a segunda vertente trata o fenômeno do conhecimento organizacional de forma mais ampla, situacional e da perspectiva de seus sujeitos, associando-o com outros processos organizacionais (Spender, 2001).

Ademais, o relativo consenso sobre o caráter de bem público do conhecimento[1] tem sido contestado, e vem crescendo a importância de argumentos sobre sua natureza quase-privada, sobretudo em se tratando de conhecimento tecnológico. Evidencia-se também um crescente interesse em torno dos mecanismos de governança[2] por meio dos quais fluem a produção e a distribuição de conhecimentos relevantes para a vida organizacional (Antonelli, 2002).

O termo *gestão do conhecimento* encontra diversas definições na literatura especializada. É um processo sistemático, articulado e intencional, apoiado nas Tecnologias da Informação e Comunicação (TIC) para identificar, gerar, compartilhar e aplicar o conhecimento organizacional (Tarapanoff, 2003). Para efeito deste capítulo, vamos entender a gestão do conhecimento conforme proposto por Nonaka e Takeuchi (1995): atividade de divulgar o conhecimento embutido nas práticas individuais e coletivas da organização.

O objetivo deste capítulo é apresentar e discutir questões teóricas e conceituais que cercam a aprendizagem, a geração e o uso do conhecimento, explorando como se articulam os processos individuais e coletivos em contextos organizacionais. Vamos começar a discussão sobre os aspectos que levam a tensões específicas no campo da aprendizagem.

APRENDIZAGEM ORGANIZACIONAL: UM PANORAMA DOS PRINCIPAIS DEBATES, TENDÊNCIAS E MODELOS DE ANÁLISES

O fenômeno da aprendizagem é complexo e difícil de precisar. No entender de Pozo (2002, p.59), tratando o fenômeno em nível individual, "o conceito de aprendizagem é mais uma *categoria natural* que um conceito bem definido". Esse fato, ainda segundo Pozo (2002), não é um fenômeno peculiar ao campo da aprendizagem. Ao contrário do que alguns pensavam ou pensam, o conhecimento em geral, assim como a produção científica, em particular, compartilha dessa indeterminação.

Quando observamos o campo da aprendizagem organizacional, podemos constatar claramente aquela imprecisão conceitual. Com efeito, os autores que estudam o tema se percebem, por vezes, caminhando em uma verdadeira selva. Existe, portanto, pouco ou nenhum consenso na área (Prange, 2001). Tal fato aparece para alguns autores como indicativo de fecundidade, enquanto, para outros, representa um sintoma de inconsistência e incoerência (Easterby-Smith e Araújo, 2001).

Easterby-Smith e Araújo (2001) atribuem tal diversidade conceitual ao fato de que a temática de aprendizagem organizacional atraiu a atenção de acadêmicos de disciplinas díspares: estratégia, economia, sociologia, etc. Em função dessa força centrípeta da área de aprendizagem organizacional em relação a outras áreas de conhecimento, houve a interação, e mesmo a sobreposição, entre o conceito de aprendizagem e outros conceitos trabalhados naquelas disciplinas. Assim, as sucessivas tentativas de reconstrução do conceito de aprendizagem organizacional a partir da perspectiva de disciplinas diversas explicam parte da polissemia e fragmentação do campo, antes referida.

Ademais, a atração de olhares de consultores para o campo vai ser a fonte de mais diversidade conceitual. Tais consultores, em regra, vêm desenvolvendo uma literatura de caráter marcadamente prescritivo, tipicamente voltada para resultados de curto prazo, em oposição a uma atitude mais compreensiva em relação ao fenômeno da aprendizagem organizacional abraçada pelos acadêmicos. Concretizam-se, assim, duas perspectivas na literatura: *Organizações de aprendizagem* (Argyris e Schon, 1996) e *Aprendizagem organizacional* (Easterby-Smith e Araújo, 2001).

Bastos, Gondim e Loiola (2004) acrescentam mais uma fonte de variabilidade conceitual ao campo. Os diferentes níveis de análise do fenômeno (individual, grupal ou organizacional) levam à transposição de conceitos sem a devida consciência das implicações para a construção teórica, ampliando a falta de consenso no campo e, em conseqüência, tornando o fenômeno da aprendizagem de uma complexidade instigante.

Diante do caráter contraditório e paradoxal que envolve esse fenômeno, marcado por múltiplas tensões, optou-se em aprofundar, no próximo subitem, algumas das fontes basilares dessas tensões, sintetizadas nas seguintes polaridades: aprendizagem individual *versus* aprendizagem organizacional e aprendizagem como processo técnico *versus* aprendizagem como processo social. Pretendemos, dessa forma, ressaltar algumas das principais lacunas teóricas e metodológicas presentes na literatura. Além disso, apresentaremos os modelos mais difundidos de análise de aprendizagem organizacional.

Aprendizagem individual ou aprendizagem organizacional

Observamos, no início deste capítulo, que uma das explicações para a polissemia em aprendizagem organizacional reside no fato de que os autores tendem a enfatizar um dos possíveis níveis de análise do fenômeno: individual (ver Capítulos 13 e 23), grupal ou organizacional. Essa ênfase não é fortuita e reflete um debate de difícil solução, uma vez que é de natureza epistemológica. Em suma, a tensão se resume à seguinte questão: quem é o sujeito da aprendizagem?

Autores como Abbad e Borges-Andrade (2004), sob uma perspectiva psicológica, consideram que a aprendizagem é um processo que se realiza exclusivamente no nível dos indivíduos, sendo que seus efeitos podem se propagar pelos grupos, pelas equipes ou pela organização como um todo. Assim, tanto a aquisição como a socialização de conhecimentos dos indivíduos nas organizações ocorreriam em processos formais e informais, ao longo do próprio trabalho, em interações com clientes ou fornecedores, em reuniões, em eventos, etc. O processo de socialização, em especial, garantiria a replicação de padrões de condutas estratégicas, operacionais, administrativas, mercadológicas e relacionais.

Há outros autores que partem de uma perspectiva culturalista, como Cook e Yanow (1996), que admitem a existência de aprendizagem organizacional (aprendizagem da organização) no processo produtivo de uma comunidade. Para ilustrarem suas posições, os autores, em particular, descrevem o caso de três pequenas oficinas cujo conhecimento necessário à produção de flautas reside na cultura daquelas coletividades, não pertencendo a cada indivíduo isoladamente. Esses autores defendem que a aprendizagem organizacional deve ser analisada a partir da perspectiva cultural, e o grupo, não o indivíduo, é que deve ser tomado como unidade de análise.

Há ainda autores no campo de aprendizagem organizacional que atribuem a líderes o papel e a capacidade de imprimir às organizações inteiras suas visões e seus ideais. São os casos de March e Olsen (1976), Argyris e Schon (1996) e Simon (1996). Esses autores retiram inspiração para seus modelos de aprendizagem organizacional de teorias centradas no indivíduo. Assim, a aprendizagem dos indivíduos (tipicamente dos líderes) seria identificada com a aprendizagem da organização. Nessa última visão, as organizações, assim como os indivíduos, teriam capacidade de aprender.

Para Kim (1993), a aprendizagem organizacional deve ser entendida como o processo pelo qual a aprendizagem individual se torna inserta na *memória e estrutura* da organização. Assim, esse autor preconiza a existência, nas organizações, de uma espécie de *memória documental*, registro de rotinas e procedimentos, que pode ser resgatada pelos indivíduos em problemas futuros. Esse resgate é feito, segundo o autor, pela *memória ativa* da organização. Abbad e Borges-Andrade (2004), entre outros, criticam tal perspectiva. Dizer que uma organização aprende, tem memória, etc., seriam exemplos do que tais autores denominam viés antropomórfico, que consistiria em atribuir características de seres humanos a entes e objetos inanimados.

Na verdade, é difícil precisar se autores que usam conceitos de memória documental, de memória ativa e outros conceitos similares estariam presos na armadilha da antropomorfização ou se estariam utilizando aqueles conceitos, assim como o de aprendizagem organizacional, de maneira metafórica. Contudo, a preocupação com o viés antropomórfico é relevante, pois, como salienta Piaget (apud Blanch, Jardim e Grigoli, 2001), isso se constituiria num obstáculo animista, uma limitação à compreensão adequada dos conceitos científicos, assim como à compreensão do fenômeno estudado.

Jones (1995) diz que muitos dos conceitos de aprendizagem organizacional parecem fundamentar-se, implicitamente, em modelos cognitivistas de organizações. O exame da literatura indica, todavia, a presença de muitos diferentes modos de interpretar tais modelos. Esses modelos consideram as organizações como entidades capazes de aprender ou seriam utilizados apenas como uma metáfora? Segundo o mesmo autor, a revisão da literatura demonstra existirem duas abordagens alternativas, que se dizem baseadas em modelos cognitivistas de organizações. A primeira delas se assenta na noção de organização enquanto "mente coletiva" (*collective mind*), considerando que a referência ao "pensamento organizacional" não é uma metáfora, mas sim denota um fenômeno empiricamente demonstrável das organizações. Para Jones (1995), essa é uma utilização reducionista de conceitos do cognitivismo. A segunda alternativa considera que o termo "conhecimento organizacional" expressa uma metáfora. Nesse último caso, a referência a organizações como entidades dotadas de capacidade de pensar e lembrar é improcedente porque as organizações não agem independentemente das pessoas que as constroem e as gerenciam.

Argyris e Schon (1996) e Loiola e Rocha (2000), em contrapartida, admitem a existência de dois fenômenos singulares e interdependentes: o da aprendizagem individual e o da aprendizagem organizacional. Embora dependente da aprendizagem individual, a aprendizagem organizacional, argumentam aqueles autores, não se restringiria apenas à aprendizagem dos indivíduos, apresentando-se maior que esse somatório, porque dela adviriam relações e conjunções que ampliariam o potencial do conhecimento gerado e/ou adquirido pelos indivíduos.

Tal processo, que no âmbito da psicologia organizacional passou a ser abordado como "multinível" (Klein e Kozlowski, 2000), seria denominado "transferência vertical", de cima para baixo e de baixo para cima, incluindo componentes somativos e multiplicativos (Abbad e Borges-Andrade, 2004).

Autores da abordagem de organizações de aprendizagem consideram, no entanto, que quem aprende é a organização, sem preocupação com a evidenciação de diferentes níveis e elementos de mediação envolvidos no processo de aprendizagem dos indivíduos nas organizações. Seguindo o trabalho precursor de Senge (1990), tais autores estão precipuamente preocupados em emular organizações que aprendem, de modo que a capacidade da organização em aprender é um pressuposto fundamental nessa abordagem. Essa abordagem, assim como a abordagem de aprendizagem organizacional, são os focos do próximo subitem.

Em relação a tal perspectiva, Easterby-Smith e Araújo (2001) acrescentam que os esforços de seus teóricos se voltam para a identificação de modelos ou formas ideais. Em outras palavras, a partir de organizações que se revelam "aptas" em aprender, buscam-se características consideradas essenciais para favorecer o aprendizado. Assim, muitos dos trabalhos em organização de aprendizagem resultam da intervenção de consultores e administradores profissionais. Daqui resulta uma crítica contundente às abordagens neste âmbito. Essas abordagens negligenciam a objetividade crítica, já que seus autores visam muito mais à oportunidade de outros trabalhos de consultoria, enfatizando, assim, os sucessos obtidos em detrimento das discussões dos problemas encontrados, o que apontaria muitas das limitações no desenvolvimento dos estudos sobre organizações de aprendizagem (Tsang, 1997).

Por outro lado, Kiechel (1990) afirma que a noção de "organizações que aprendem" está se constituindo um amplo guarda-chuva conceitual organizador de um conjunto de valores e idéias que buscam tornar as organizações mais ágeis em relação ao atendimento dos clientes. Desse modo, são inúmeros, ainda que carentes do rigor acadêmico, os livros produzidos nesse âmbito, apontando meios para a construção de organizações que aprendem.

Peter Senge, autor de *A quinta disciplina*, é um dos autores mais citados e influentes nessa vertente. Para esse autor, organizações de aprendizagem consistem em instituições nas quais se valoriza o aprendizado coletivo. Mais precisamente, seriam organizações capazes de oferecer um ambiente em que os indivíduos teriam liberdade e estímulo para inovar por meio da colaboração mútua. Domínio pessoal, visão compartilhada, modelos mentais, aprendizado em equipe e pensamento sistêmico comportam as cinco disciplinas que, segundo Senge (1990), são os fundamentos de uma organização que aprende. Outros autores, no entanto, tratam do conceito de organização de aprendizagem de modo mais ou menos distinto, evidenciando a fragmentação conceitual também dentro deste campo. Contudo, como salientam Bastos, Gondim e Loiola (2004), tais definições englobam algumas características fundamentais:

- Associa-se uma valência positiva ao conceito de "aprendizagem": ou seja, *organizações que aprendem* são aquelas bem-sucedidas.
- A dimensão valorativa do conceito se associa, muitas vezes, aos valores culturais típicos de economias desenvolvidas, de modo que as contingências são negligenciadas.
- Por fim, o conceito assume um caráter eminentemente prescritivo, devido à ênfase na orientação prática de grande parte destes estudos.

São essas limitações da abordagem de organizações de aprendizagem que os acadêmicos criticam. Assim, a literatura em aprendizagem organizacional se volta, fundamentalmente, para uma abordagem descritiva, concentrando-se na observação e análise dos processos de aprendizagem organizacional, em detrimento dos resultados e das condições para favorecer um bom aprendizado das organizações (Tsang, 1997). Esta natureza compreensiva tende a pressupor, por sua vez, uma análise distanciada e crítica dos processos, baseada em rigor metodológico próprio da atividade acadêmica, além de uma observância dos aspectos contextuais que envolvem a aprendizagem organizacional que, nessa perspectiva, integram os processos.

Sendo assim, não se trataria de prescrever condições para o bom aprendizado organizacional, e sim de entender como as organizações e os indivíduos aprendem em determinado contexto. A implicação é que os resultados desses processos também podem ser entendidos em termos de fracassos, minando a valorização positiva tão característica da literatura em organizações de aprendizagem. Questiona-se, dessa maneira, a ênfase dada aos aspectos positivos da aprendizagem organizacional, já que esta pode redundar em mudanças comportamentais, cognitivas e afetivas que, por exemplo, levem ao conservadorismo e ao cinismo. É preciso lembrar que se aprende também com os erros cometidos.

Robey, Boudreau e Rose (2000) postulam que aprendizagem organizacional se refere ao modo como a organização, ao longo de sua história, adquire conhecimento, como este se dissemina e como repercute no desempenho futuro da organização. Pode-se concluir, portanto, que nem sempre a aprendizagem organizacional se dá de forma utilitarista, isto é, nem sempre se aprende o que é considerado positivo e eficiente. As organizações aprendem para o "bem" e para o "mal". As organizações e seus indivíduos aprendem também como evitar conflitos, como contornar problemas sem resolvê-los, como postergar situações, como perceber as coisas sob uma perspectiva amarga, como atribuir responsabilidades por fracassos aos outros, em uma série de rotinas defensivas (Argyris, 1992).

Apesar das dificuldades inerentes a tentativas de sínteses entre diferentes abordagens já mencionadas anteriormente, Tsang (1997) propõe uma síntese entre as abordagens de organizações de aprendizagem e aprendizagem organizacional, argumentando que tais vertentes não podem ser tratadas como dicotômicas. Segundo o autor, a questão é como chegar a uma boa teoria. Para tanto, o diálogo entre ambas perspectivas é fundamental. Estudos descritivos e prescritivos devem e podem ser entendidos de modo integrado e complementar. Os estudos descritivos dariam origem às prescrições, que seriam revisadas por meio de novos estudos descritivos, como fica claro na Figura 6.1.

No entanto, essa proposta de integração se configura em mais uma problemática para o campo, já que as abordagens envolvem aspectos filosóficos, premissas e métodos, por vezes, conflitantes.

Segundo Bastos, Gondim e Loiola (2004), a justificativa para aproximar as duas vertentes deriva do reconhecimento da complexidade do fenômeno da aprendizagem organizacional, que tem recebido contribuições distintas de diversas áreas científicas sem, contudo, haver ainda respostas satisfatórias para as indagações sobre este objeto de estudo. Haveria, portanto, necessidade de formular modelos mais complexos para lidar com a complexidade do fenômeno.

Alguns desses modelos de análise são enfocados no próximo subitem na discussão de outra fonte de tensão no campo da aprendizagem organizacional. Antes de avançarmos para a discussão de tais modelos, vamos nos deter em discutir mais uma fonte de tensão no campo de aprendizagem organizacional: aprendizagem como processo técnico *versus* aprendizagem como processo social.

Aprendizagem como processo técnico ou como processo social

Para Easterby-Smith e Araújo (2001), a distinção mais significativa entre os autores da vertente aprendizagem organizacional está no fato de a enfatizarem como um processo técnico ou social. No primeiro caso, supõe-se que a aprendizagem organizacional consiste no processamento eficaz de informações, tanto de dentro quanto de fora da organização. Já no segundo, o foco incide sobre os modos pelos quais os indivíduos atribuem significado a suas experiências de trabalho, o que pressupõe uma definição de aprendizagem em termos de processos sociais.

Em relação à dimensão técnica, os autores ainda acrescentam que, geralmente, a referência aos processos políticos é feita com o intuito de eliminá-los. É o caso de Argyris quando se refere às rotinas organizacionais defensivas que reduzem a capacidade de aprendizagem e resultam de ameaças políticas, ou o de Senge (1990), que vê a atividade política como uma restrição ao estabelecimento de organizações de aprendizagem.

Freqüentemente, tais críticas são realizadas por autores que entendem a aprendizagem como um fenômeno socialmente construído. Essa corrente de estudo parte da constatação de que dados não têm significados per si, como a abordagem técnica parece supor – daí a aprendizagem organizacional ser focalizada a partir dos modos pelos quais as pessoas atribuem significado a suas experiências de trabalho. Como a interpretação de informações é sempre tendenciosa, conscientemente ou não, o processo interpretativo é sempre mediado por relações de poder. Coopey (apud Easterby-Smith e Araújo, 2001) defende que a tentativa de eliminar a política na organização é ingênua e idealista, já que a política é inerente

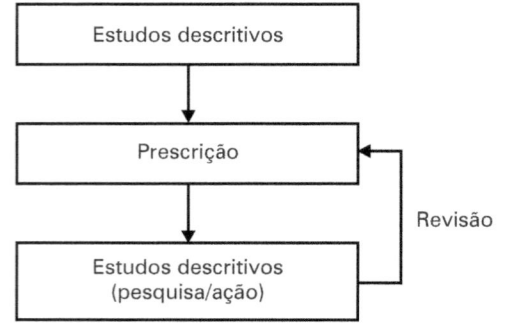

Figura 6.1 Integração entre teorias prescritivas e descritivas.
Fonte: Tsang (1997).

aos processos sociais. Essa discussão, no âmbito de treinamento, desenvolvimento e educação (TD&E), é retomada nos Capítulos 9 e 29.

Por outro lado, a adoção de uma postura técnica tem redundado em formulações prescritivas que, segundo Prange (2001), têm retardado o desenvolvimento de teoria sobre aprendizagem em organizações. Segundo a autora, isso acontece porque muitos teóricos da aprendizagem adotam, implícita ou explicitamente, uma posição metateórica que lida com um mundo objetivo, refletindo uma ontologia realista e uma epistemologia positivista. O conhecimento assim produzido teria caráter universal, ou seja, seria válido para qualquer observador, o que fundamentaria as teorias de caráter prescritivo. Além disso, por estar mais centrada na ação do que na reflexão, esta perspectiva tão cara à abordagem técnica, cria, muito freqüentemente, obstáculos à realização de mudanças transformadoras (Leitão e Rousseau, 2004).

É a partir da aproximação entre aprendizagem e mudanças transformadoras que Leitão e Rousseau (2004, p.686) defendem o caráter social da aprendizagem, reconhecem que o humano e o social não se separam e preconizam que não existe descontinuidade entre conhecimento, aprendizado e mudança: "Toda mudança implica mudar o conhecimento e mudar o conhecimento significa aprender, porque todo conhecimento é aquilo que aprendemos ao longo da vida. Os três fenômenos estão ontologicamente associados".

A proposta de Leitão e Rousseau (2004) é uma crítica às teorias que relacionam conhecimento, mudança e aprendizagem de modo descontínuo, as quais se relacionam com uma compreensão inadequada dos processos de mudança organizacional e gestão do conhecimento. Ainda segundo Leitão e Rousseau (2004), o processo de aprender-conhecer-mudar pode ser simples ou complexo. No primeiro caso, altera-se um comportamento (ação) sem que haja uma mudança nos valores ou visão de mundo (paradigma). Já no segundo, os próprios valores são modificados. Dessa forma, eles distinguem dois tipos de mudança: a de adaptação e a de transformação.

O entendimento da aprendizagem como fenômeno social tem levado inúmeros autores em aprendizagem nas organizações a revisarem os escritos de Vygotsky. Castro e Loiola (2003), por exemplo, argumentam sobre a necessidade de se retornar às teorias de aprendizagem, sobretudo às ligadas ao socioconstrutivismo, para se compreender os processos de aprendizagem em organizações. Os autores constatam, com base em Vygotsky, que a aprendizagem é um fenômeno individual, embora condicionado tanto pela "interação social" quanto pelo ambiente material. Assim, da perspectiva de Vygotsky, não é procedente falar em "aprendizagem organizacional", concluem Castro e Loiola (2003), que propõem usar em seu lugar a terminologia "aprendizagem em organizações". Argumentam, em seguida, que as organizações podem encontrar meios de se apropriar do conhecimento e sugerem como isso pode ser possível:

> Chamamos a atenção do leitor para a diferença entre aprendizagem (processo) e conhecimento. Este último é, a depender das circunstâncias, insumo e/ou produto dos processos de aprendizagem. Assim, pode ser compartilhado na organização e até pertencer de várias formas à organização, como, por exemplo, através de normas e "segredos" técnicos. Se for razoável falar em compartilhamento de conhecimento na organização e em apropriação de conhecimento pela organização, será aceitável considerar a possibilidade da existência de conhecimento da organização (mesmo não havendo fronteiras claras entre ele e o individual) ou conhecimento organizacional. (Castro e Loiola, 2003, p.15)

Nonaka (1994) também critica a perspectiva que considera a organização como um sistema de processamento de informações ou como uma solucionadora de problemas. Esse autor defende que o conhecimento é produzido pelo indivíduo, cabendo à organização articular e amplificar o conhecimento produzido.

De modo geral, ao focar a aprendizagem como um processo de atribuição de significados, os autores dessa linha de pensamento entendem a aprendizagem como um processo de reconstrução do conhecimento, que emerge de interações sociais no ambiente de trabalho. Tais interações permitiriam a construção de um significado comum por meio da socialização de conhecimentos explícitos e, principalmente, de conhecimentos tácitos entre os membros da organização. É nesse sentido que os processos de aprendizagem aparecem entrelaçados na cultura organizacional. Brown e Duguid (1996) acreditam que as instruções formais são inadequadas, uma vez que muito do conhecimento importante para os processos organizacionais não existe no papel, e sim na comunidade como um conjunto. Em síntese, essa perspectiva entende que o aprendizado ocorre em processos de socialização nos quais o indivíduo é o sujeito da aprendizagem.

Modelos de aprendizagem organizacional

Kolb (1997), a partir de sua abordagem vivencial, postula que o aprendizado efetivo teria de contemplar as quatro habilidades registradas na Figura 6.2, alocadas em duas dimensões: experiência concre-

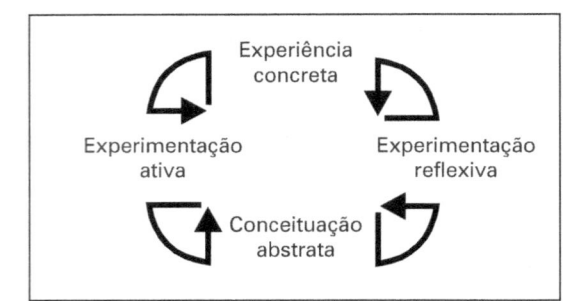

Figura 6.2 Modelo de aprendizagem vivencial.
Fonte: Kolb (1997).

ta e conceituação abstrata, experimentação ativa e experimentação reflexiva. Nesse sentido, para uma melhor gestão do processo, seria necessário que, além de cultivarem a aprendizagem de modo deliberado, as organizações procurassem manter o equilíbrio entre esses eixos. Esse autor enfatiza, assim, que os mais eficazes sistemas de aprendizagem são os que conseguem tolerar diferenças de perspectivas.

Conforme já comentado neste capítulo, para Kim (1993), a transformação da aprendizagem individual em aprendizagem organizacional tem como elo a memória, entendida como uma estrutura que desempenha papel ativo nas ações humanas. Para compreender o papel ativo da memória, o autor utiliza o conceito de modelos mentais, descritos por Senge como "imagens internas profundamente arraigadas de como o mundo funciona, e que têm uma poderosa influência sobre o que fazemos porque também afetam o que vemos" (Kim, 1993, p.67). Dessa maneira, Kim (1993, p.79) destaca que os modelos mentais "fornecem o contexto segundo o qual se deve observar e interpretar materiais novos" e "determinam como a informação armazenada é relevante para uma dada situação". Em seu modelo, uma organização aprende à medida que modelos mentais de diferentes indivíduos são compartilhados. Para o autor, explicitar modelos mentais é crucial para tornar a aprendizagem organizacional independente de indivíduos.

Nonaka e Takeuchi (1997, p.69) propõem um modelo de criação do conhecimento organizacional que envolve a conversão de conhecimento tácito em conhecimento explícito e vice-versa. O conhecimento tácito foi definido por Spender (1996, p.67) como "aquele que ainda não foi abstraído da prática". Por natureza, esse tipo de conhecimento é difícil de ser comunicado. O conhecimento tácito consiste em um tipo de conhecimento automatizado, sobre o qual os indivíduos não se perguntam ao agir, mas que é essencial à ação. Tal conhecimento está, portanto, inexoravelmente ligado à atividade prática, exigindo processos de interação social para ser explicitado. Ao contrário, o conhecimento explícito (legislação em um mercado externo, por exemplo) poderia ser facilmente compartilhado na organização, não exigindo sequer o contato pessoal. Assim, o modelo de Nonaka e Takeuchi (1997) baseia-se na interação entre os quatro processos:

- *Socialização*: difusão do conhecimento tácito por meio do compartilhamento de experiências (observação, imitação e prática). Sem alguma forma de experiência compartilhada, é extremamente difícil para uma pessoa projetar-se no processo de raciocínio do outro indivíduo. Muitas vezes, a mera transferência de informações fará pouco sentido se estiver desligada das emoções associadas e dos contextos específicos nos quais as experiências compartilhadas são embutidas (Nonaka e Takeuchi, 1997, p.69).
- *Externalização*: articulação do conhecimento tácito em conceitos explícitos.
- *Combinação*: sistematização de conceitos em um sistema de conhecimentos, por meio da combinação de conhecimentos distintos. Dizem os autores: "A reconfiguração das informações existentes através da classificação, do acréscimo, da combinação e da categorização do conhecimento explícito [...] pode levar a novos conhecimentos" (Nonaka e Takeuchi, 1997, p.75-76).
- *Internalização*: incorporação do conhecimento explícito no conhecimento tácito. A inovação, ou seja, o conhecimento novo, surgirá da "interação entre o conhecimento explícito e o conhecimento tácito" (Nonaka e Takeuchi, 1997, p.10).

Albino e colaboradores (2001), partindo da teoria formulada por Nonaka e Takeuchi (1997), consideram que as duas últimas interações de seu modelo (externalização e combinação) são as mais críticas, uma vez que requerem mudança na natureza do conhecimento. Os autores argumentam, com base em Choo (1996), que a conversão do conhecimento tácito em conhecimento explícito é essencial para fortalecer o desempenho da organização, pois o conhecimento explícito permitiria o aperfeiçoamento do controle dos processos de produção e de inovação.

Argyris e Schon (1996) propõem um modelo de aprendizagem alinhado com o de Kolb. De acordo com os primeiros autores, na aprendizagem de ciclo duplo, ocorrem mudanças nos valores da teoria em uso nos processos de investigação organizacional, enquanto na aprendizagem de ciclo simples ocorre apenas a detecção e correção de erros, sem alteração dos valores da teoria em uso (teoria de ação instrumental) (Figura 6.3). Essa explicitação seria condição essencial para o bom funcionamento dos processos de TD&E, do diagnóstico de necessidades (ver Capítulo 10), passando pela formulação de objetivos (ver Capítulo 15), até o planejamento da avaliação (ver Capítulo 17).

Segundo Easterby-Smith (2001), os laços simples e duplo de aprendizagem se tornaram populares entre administradores profissionais e teóricos da aprendizagem devido à fácil adaptação aos modelos de mudança organizacional. A aprendizagem de laço único se associa à mudança incremental, enquanto a de laço duplo se relaciona com transformações radicais nas organizações.

Apesar da popularidade, tal modelo é freqüentemente contestado. Em primeiro lugar, embora o circuito duplo de aprendizagem apareça como superior ao de circuito simples, não há como determinar qual dessas possibilidades é mais adequada, *a priori*. Isso faz com que o mérito da ação (a tentativa de inovar, por exemplo) possa se perder frente a resultados negativos para a organização. Ademais, o modelo de Argyris é centrado no indivíduo e nos resultados, além de ser eminentemente reativo. Ignora, portanto, os problemas de percepção, poder e ideologia.

A problemática de como as organizações aprendem se traduz em como ocorre a transferência da aprendizagem individual e de grupo para a aprendizagem organizacional.[3] Conforme já comentado anteriormente, Argyris e Schon (1996) e Loiola e Rocha (2000) preconizam a interdependência entre os fenômenos de aprendizagem individual e de aprendizagem organizacional, reconhecendo que nem tudo o que é aprendido pelos indivíduos se transforma em aprendizado organizacional e que o aprendizado organizacional não é a mera soma de saberes dos indivíduos. A sintonia entre conceitos basilares e modelo de análise é um dos requisitos no campo do conhecimento científico. Mas como alcançar tal sintonia em uma área de conhecimento tão marcada pela fragmentação, pela polêmica e pela incompletude de suas abordagens? Sem dúvida, modelos de análise robustos que associem a aprendizagem de indivíduos e a aprendizagem organizacional ainda estão em construção. Neste capítulo, vamos dar destaque a um desses modelos, que foi proposto por Tacla e Figueiredo (2003). No entanto, como sua compreensão requer definições conceituais ainda não-realizadas, sua apresentação e discussão vão ser realizadas no próximo item.

A RELAÇÃO ENTRE CONHECIMENTO E APRENDIZAGEM

Como observamos anteriormente, um dos aspectos que fez emergir o interesse pela aprendizagem nas organizações diz respeito às turbulências ambientais que passaram a afetar o desempenho das organizações e empresas, impelindo-as a gerar ou incorporar inovações tecnológicas ou gerenciais. Essas inovações são tratadas no Capítulo 3, que também mostra como elas podem estar associadas à TD&E na indústria brasileira.

Nesse contexto de turbulência, a aprendizagem organizacional tem sido entendida em duas perspectivas, basicamente: como uma estratégia ativa da eficiência inovadora ou como o próprio fenômeno da inovação de produtos ou processos (Brito e Brito, 1997). Aliado a esse fato, cresce o interesse por modelos que dêem conta do processo de conversão da aprendizagem individual em aprendizagem organizacional. Alguns desses modelos foram apresentados e discutidos no item anterior deste capítulo.

Vimos que os problemas de tais modelos são comuns. Esses modelos não resolvem claramente a tensão entre aprendizagem individual e aprendizagem organizacional, seja porque negligenciam a diversidade de tipos de conhecimento envolvidos nesses processos, seja porque menosprezam os diferentes níveis do fenômeno da aprendizagem organizacional. A desagregação do fenômeno de aprendizagem organizacional em mecanismos de aquisição de conhecimentos pelos indivíduos e mecanismos de conversão de conhecimentos adquiridos pelos indivíduos em conhecimento organizacional pode representar uma primeira aproximação para o desenvolvimento de um modelo de análise de aprendizagem organizacional que minimize alguns dos problemas antes registrados.

Para avançarmos no sentido de delimitação desse modelo, vamos fazer novas considerações acerca do conceito de conhecimento no contexto das organizações, doravante chamado de "conhecimento organizacional". Em seguida, retomando a temática da aprendizagem, vamos nos concentrar nos processos de aquisição e conversão de conhecimento nas organizações.

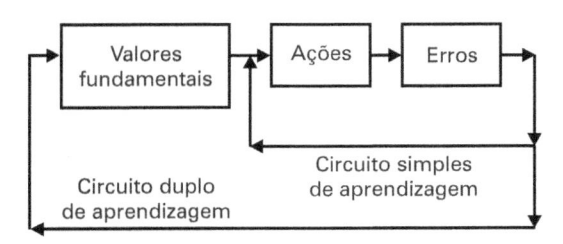

Figura 6.3 Circuito duplo de aprendizagem.
Fonte: Argyris (1992, p.114).

Conceitos de conhecimento e processos de aprendizagem

Como advertem Anand, Glick e Manz (2002), o conhecimento organizacional tem sido definido na literatura de várias maneiras. Como exemplos de tais definições, os autores lembram o conceito de Nonaka e Takeuchi (1997) que se referem ao conhecimento como uma "crença verdadeira justificada", o de Nelson e Winter (1982), que tomam o conhecimento como rotinas existentes nos vários níveis da organização e, por fim, a conceituação de Argote e Ingran (2000), que o define como habilidades e competências. Alinhando-nos a Anand, Glick e Manz (2002), optamos, neste capítulo, por englobar tais definições de modo a obter um entendimento amplo e abrangente de conhecimento, que, em termos organizacionais, se reporta a "qualquer informação, crença ou capacitação que a organização possa aplicar às suas atividades" (Anand, Glick e Manz, 2002, p.59). Dessa forma, não impomos restrições prévias aos conhecimentos que os atores organizacionais venham a julgar importantes para o desenvolvimento de suas atividades e, ao mesmo tempo, dispomos de uma visão mais ampla e integrada das questões relacionadas ao conhecimento, fundamental à compreensão dos processos de aprendizagem organizacional em ambientes complexos.

Conforme já mencionado anteriormente, o conhecimento organizacional pode ser classificado em tácito e explícito. Já a interface entre o conhecimento tácito e o explícito se define como conhecimento articulado (Antonelli, 2002). As distinções entre diferentes tipos de conhecimentos organizacionais se mostram relevantes, na medida em que a conversão do conhecimento tácito em conhecimento explícito, assim como a articulação entre eles, é importante para a compreensão de processos de geração, de difusão e transferência de conhecimento organizacional.

Segundo Dewey (apud Rojas, 1999), a interação entre o sujeito e sua experiência de trabalho é um meio privilegiado da gênese de um saber tácito reelaborado permanentemente. Esse princípio construtivista, associado ao conceito de "zona de desenvolvimento proximal" de Vygotsky, permitirá a Rojas propor que o saber operário constitui uma "zona de inovação". Essa "zona" representaria o encontro entre o saber não-estruturado e o argumento racional, de modo que o processo de inovação repousaria na conversão do saber tácito em saber explícito, adquirindo a forma de aprendizagens fortemente interativas. Com uma metodologia mais avançada, segundo o autor, pode-se vincular a "zona de inovação" a interações sistemáticas entre instituições e atores de diversas ordens (empresas, escolas, centros de investigação), em um ambiente social, que se constituiria em uma comunidade de práticas. Essa discussão, ao contrário do que se apresenta, não é nova. Conhecimentos tácitos predominavam nos treinamentos em serviço e na formação de aprendizes feitas por mestres, já em séculos anteriores ao XX, como lembram os Capítulos 2 e 8.

Como visto no item anterior deste capítulo, ao lidarem com a dimensão tácita do conhecimento, Nonaka e Takeuchi (1997) consideram que é necessário explicitá-lo, uma vez que se preocupam, sobretudo, com a forma pela qual o conhecimento é repassado dos indivíduos para a coletividade.

No entender de Popper e Lipshitz (2000), essa transferência, ou institucionalização do conhecimento individual na organização, constitui o próprio fenômeno da aprendizagem organizacional. Para que esta ocorra, os indivíduos precisam operar o que os mesmos autores denominam de mecanismos de aprendizagem organizacional. Tais mecanismos são operados pelos indivíduos com o intuito de desenvolver e disseminar o conhecimento em múltiplos níveis da organização. TD&E são, muitas vezes, usados como mecanismos formais para operar transformações dessa natureza nas organizações.

Gnyawali e Stewart (2003) advertem, contudo, que o reconhecimento da necessidade de criar o conhecimento organizacional, que está profundamente disseminado na literatura, é insuficiente para compreender os processos de aprendizagem ativados pelos atores. Para tanto, os autores sugerem uma perspectiva contingencial, cuja contingência crítica seria a percepção dos atores em relação ao ambiente. Esses autores argumentam que diferentes condições ambientais requerem apropriados processos de aprendizagem para criar o conhecimento.

Para construir um modelo[4] contingencial de aprendizagem, Gnyawali e Stewart (2003) partem da constatação de que existem dois grandes estilos ou modelos de aprendizagem: o "informativo" e o "interativo". No primeiro caso, enfatiza-se a aquisição, distribuição e interpretação da informação, com o objetivo de refinar os esquemas e transferi-los aos indivíduos e unidades da organização. Aquisição de conhecimento de outras formas (Huber, 1991), aprendizagem pela imitação (Levitt e March, 1988) e aprendizagem por busca (Garvin, 1993) são exemplos de mecanismos que representam essa perspectiva. O pressuposto básico do modelo "informativo" é que o sistema de aprendizagem tem como objetivo buscar uma representação mais acurada do mundo (Von Krogh et al., 1994, apud Gnyawali e Stewart, 2003). Em outro sentido, o modelo "interativo" reflete os processos em que ocorre a interação social e o diálogo entre os membros. O foco recai na promoção de mudanças fundamentais nos esquemas existentes na organização.

Em seguida, os autores colocam a seguinte questão: enquanto lentes para compreender a realidade, tais modelos podem, independentemente, abarcar a complexidade do processo de aprendizagem organizacional? A resposta é negativa. Com base em teorias cognitivas, Gnyawali e Stewart (2003) vão defender que tais modelos são complementares, porque a criação e transformação de esquemas, bem como a aquisição de informação, são processos interdependentes. Nas palavras desses autores:[5]

> Assim, para que a aprendizagem organizacional ocorra, as organizações devem possuir mecanismos internos e processos que permitam a acumulação e distribuição de informações relevantes. Também precisam de mecanismos de suporte ao diálogo e à interação, de modo que o conhecimento organizacional venha a ser desenvolvido e disseminado por toda a organização. (Gnyawali e Stewart, 2003, p.65-66, tradução livre)

Por outro lado, está claro que, com a crescente complexidade dos conhecimentos requeridos para que uma organização se mantenha competitiva ao longo do tempo, o conhecimento organizacional é adquirido cada vez mais em múltiplas organizações, daí a distinção entre conhecimento interno, aquele que reside dentro dos limites formais da organização, e conhecimento externo, aquele que não reside dentro destes limites (Anand, Glick e Manz, 2002). Ambos tipos de conhecimento podem ser de natureza tácita ou explícita, implicando também mecanismos diversos de aquisição e conversão. Ainda de acordo com a literatura, tais processos são complementares e interdependentes (Holmqvist, 2003).

Diante dessa complexidade, torna-se mais evidente que o fenômeno da aprendizagem (individual ou organizacional) não pode ser entendido como uma simples aquisição e transferência horizontal de informações, como implícito no conjunto de estudos que toma o conhecimento apenas como ativo organizacional que deve ser acessado, elaborado e distribuído, uma vez que não se sustenta sem uma visão integrada do conhecimento organizacional e de suas várias formas de expressão e sem uma noção de transferência vertical, entre os níveis individual, grupal e organizacional. Assim, não há uma resposta fácil e simples à questão de como as organizações aprendem. Essa resposta é necessariamente complexa e só pode ser encontrada, ainda que incompleta, no contexto em que as organizações operam. Nesse sentido, cabe destacar a escassez de estruturas analíticas e estudos empíricos que explorem as implicações práticas dos processos pelos quais conhecimentos são adquiridos por indivíduos e convertidos para o nível organizacional (Tacla e Figueiredo, 2003).

Buscando compreender esta dinâmica, Tacla e Figueiredo (2003) fazem uso do termo "aprendizagem tecnológica". Os autores consideram que este termo tem sido utilizado, na literatura, com dois sentidos alternativos. O primeiro deles diz respeito ao caminho ao longo do qual segue a acumulação de competência tecnológica (a competência tecnológica pode ser acumulada em diferentes direções e a diferentes taxas e velocidades). Já o segundo se refere aos vários processos pelos quais os conhecimentos são adquiridos pelos indivíduos e convertidos para o nível organizacional.

Alinhando-nos a Tacla e Figueiredo (2003), tomaremos a aprendizagem organizacional no segundo dos sentidos apresentados. Ou seja, daqui em diante, ao falarmos dessa aprendizagem, referir-nos-emos aos dois processos de aprendizagem tecnológica sustentados por Tacla e Figueiredo (2003): aquisição de conhecimentos pelos indivíduos, classificados em externos e internos, e conversão de conhecimentos adquiridos pelos indivíduos em conhecimento organizacional, subdivididos em socialização e codificação (Figura 6.4). Ainda que tais processos atuem de forma dinâmica e inter-relacionada na prática organizacional, trataremos de analisá-los de modo independente nas próximas seções, a fim de compreendermos suas singularidades.

Processos de aquisição de conhecimento organizacional

Os processos de aquisição de conhecimento organizacional têm recebido especial atenção frente aos imperativos de inovação tecnológica. Nesse sentido, dois temas são constantes na literatura: processos de aquisição externa e processos de aquisição interna, ainda que não sejam tratados exclusivamente sob tais rótulos. Vejamos a natureza de cada um deles, bem como os mecanismos que os compõem.

Na tentativa de dar conta da complexidade do processo de aprendizado de indivíduos na empresa e de sua conversão em aprendizado organizacional, que envolvem diferentes custos e idiossincrasias e podem aumentar a eficiência, redefinir direções e dimensões relevantes do processo produtivo, Cassiolato (2003) sintetiza, no Quadro 6.1, algumas de suas diversas dimensões.

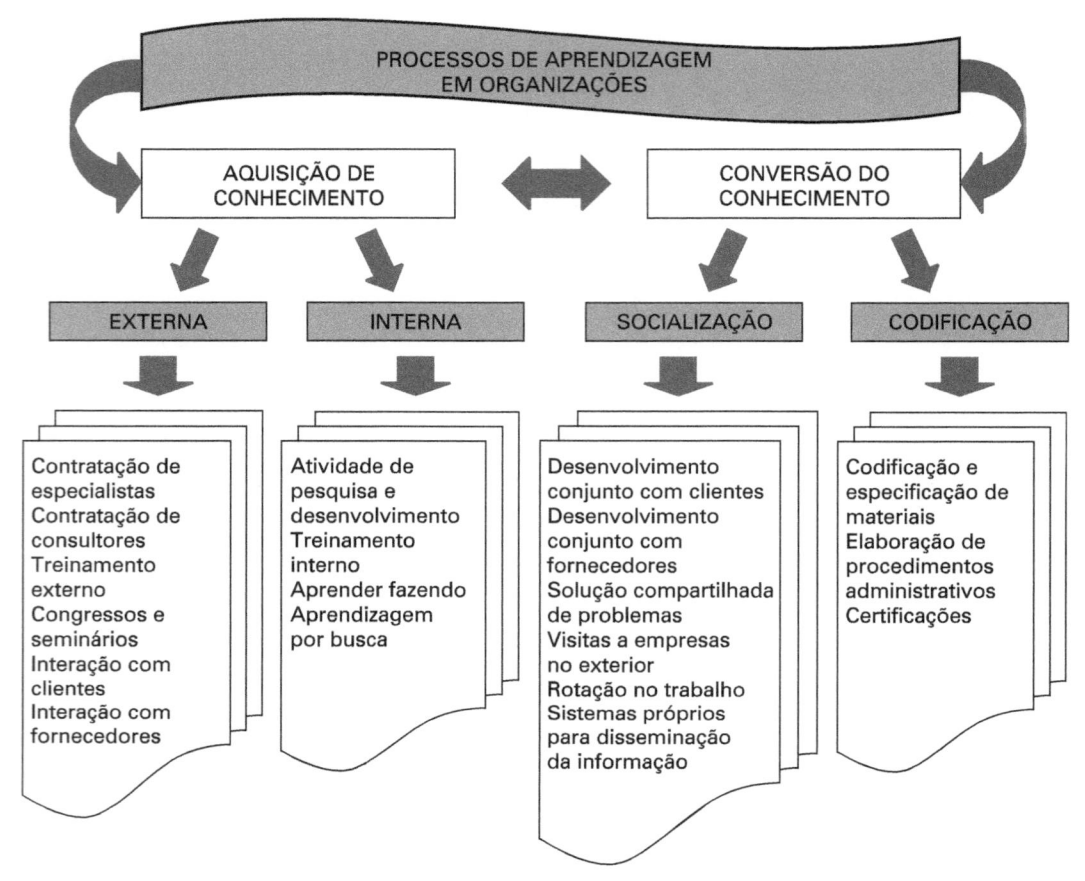

```
                    PROCESSOS DE APRENDIZAGEM
                         EM ORGANIZAÇÕES

         AQUISIÇÃO DE              ⇔         CONVERSÃO DO
         CONHECIMENTO                        CONHECIMENTO

    ↓              ↓                      ↓              ↓
  EXTERNA       INTERNA             SOCIALIZAÇÃO     CODIFICAÇÃO
```

EXTERNA	INTERNA	SOCIALIZAÇÃO	CODIFICAÇÃO
Contratação de especialistas Contratação de consultores Treinamento externo Congressos e seminários Interação com clientes Interação com fornecedores	Atividade de pesquisa e desenvolvimento Treinamento interno Aprender fazendo Aprendizagem por busca	Desenvolvimento conjunto com clientes Desenvolvimento conjunto com fornecedores Solução compartilhada de problemas Visitas a empresas no exterior Rotação no trabalho Sistemas próprios para disseminação da informação	Codificação e especificação de materiais Elaboração de procedimentos administrativos Certificações

Figura 6.4 Aquisição e conversão de conhecimento em organizações: modelo proposto por Tacla e Figueredo, (2003).

Quadro 6.1
COMBINAÇÕES DE APRENDIZADO INTERNO E EXTERNO NAS ORGANIZAÇÕES

	Dimensões do aprendizado da organização	
	Interna	Externa
Especificidades	Ligado às principais funções da firma: P&D, *design*, engenharia, produção e *marketing*	Está relacionado com a natureza sistêmica e complexa dos novos produtos e processos
Tipos de aprendizados	Aprender fazendo Aprender pelo uso Aprender pela busca	Aprender pela imitação Aprender pela interação Aprender pela cooperação

Fonte: Cassiolato (apresentação de *slides* 2003; www.ie.ufrj.br/redesist).

Existiria uma combinação ótima entre aprendizado interno e aprendizado externo? Tacla e Figueiredo (2003) concluíram, com base em estudo de caso de uma empresa de bens de capital no Brasil, que o aprendizado depende da variedade, do grau de interação e da intensidade de uso das fontes internas e externas de conhecimento. Antonelli (2002) observa que, quanto maior a complexidade do conhecimento tecnológico requerido para gerar novas tecnologias, maior será a probabilidade de utilização de mecanismos de aprendizagem externos. Em sentido contrário, quanto maior for a cumulatividade de conhecimentos específicos a produtos e processos de uma empresa, maiores são os incentivos para a internalização do processo de geração de conhecimento. Focalizando a experiência de casos de *joint ventures*[6] internacionais sediadas no Brasil, Oliveira, Drummond e Rodrigues (1999, p.119) apresentam evidências de aprendizado, tecnológico e gerencial, "principalmente no que se refere ao parceiro brasileiro, a dependência da empresa estrangeira pode prolongar-se indefinidamente, e a empresa local pode manter suas atuais fronteiras de atividade quando a aprendizagem não for encarada de maneira estratégica e planejada".

Aquisição externa

Entre as razões que justificariam a necessidade de buscar conhecimento fora dos limites formais da organização, são freqüentemente citados o aumento do volume de conhecimentos envolvido nos processos decisórios e a exploração de novos conhecimentos associados a novas tecnologias. Os tipos de aprendizado relacionados à aquisição externa de conhecimentos são: aprendizado pela imitação, aprendizado pela interação e aprendizado pela cooperação (Quadro 6.1).

Tomando por base sua natureza (explícita ou tácita) e o volume de conhecimento que se busca, Anand, Glick e Manz (2002) desenvolveram as seguintes categorias de aquisição externa de conhecimento:

- *Obtenção de pequenos volumes de conhecimento explícito*: já que os conhecimentos almejados são em pequena quantidade e de natureza explícita, podem ser obtidos por meio de processos informais que dispensam interações mais intensas. Crescimento no volume de vendas da concorrência, novas promoções de vendas lançadas pela concorrência são exemplos de conhecimentos desta categoria. Esses volumes de conhecimento podem ser conseguidos por meio de parceiros, investidores e contatos sociais dos gerentes em diferentes contextos: associações profissionais, palestras, conversas por telefone, *e-mail*, relatórios, publicações técnicas, etc.

- *Obtenção de pequenos volumes de conhecimento tácito*: ao contrário do caso anterior, a obtenção de conhecimento tácito, mesmo em pequenas quantidades, exige interações mais intensas. Como a quantidade de conhecimento a ser conseguida é pequena, o tempo de tais interações é relativamente menor que nos casos em que se busca grande volume de conhecimento tácito, como verificaremos em seguida. Como exemplos de conhecimento desta categoria, os autores citam informações relativas a reações governamentais frente a processos de fusão, opiniões legais, etc. Para obtê-los, a organização pode fazer uso de equipes interorganizacionais, encaixe de consultores e especialistas contingenciais contratados por um curto período de tempo.

- *Obtenção de grandes volumes de conhecimento explícito*: está relacionada ao fornecimento de informações rotineiras e facilmente compreensíveis. Nesta categoria, são buscados conhecimentos como relatórios de créditos sobre amostras de consumidores, comportamento/satisfação do consumidor, entre outros. Para conseguir conhecimentos desta natureza, as organizações, freqüentemente, utilizam intercâmbio eletrônico de informações. Ganham relevância os sistemas de compartilhamento eletrônico de informações como o *Eletronic Data Interchange* (EDI), usado para repassar aos fornecedores informações instantâneas sobre os estoques, e o *Extensible Markup Language* (XML), que possibilitou, recentemente, o compartilhamento de informações mesmo em pequenas empresas.

- *Obtenção de grandes volumes de conhecimento tácito*: quando se trata de obter grande quantidade de conhecimentos não-rotineiros e complexos, as organizações precisam lidar com um conhecimento que é tácito por natureza. Mudanças em grande escala, a exemplo de ofertas de novos bens e serviços ou a promoção de produtos em um novo país, exigem grande volume de conhecimento tácito que pode ser obtido adequadamente por meio de fortes interações pessoais. Alianças estratégicas ou formas de relacionamento relativamente duradouras como redes organizacionais representam métodos para obter tais conhecimentos.

Os processos de aquisição externa apresentam, segundo Anand, Glick e Manz (2002), algumas desvantagens, entre as quais a principal diz respeito à possibilidade de que informações estratégicas e conhecimentos acerca de tecnologias proprietárias sejam passados a concorrentes. Essa possibilidade é maior em modalidades de obtenção de conhecimento tácito, uma vez que a interação é mais forte.

Aquisição interna

Os processos de aquisição interna de conhecimento, ou seja, os meios de obtenção de conhecimento nos limites formais da organização, são virtualmente ilimitados. É difícil, se não impossível, precisar *a priori* como os indivíduos assimilam ou constroem o conhecimento organizacional. Tal constatação não implica, porém, um relativismo extremo e, com isso, a impossibilidade de se estudar os processos de aprendizagem. Estamos apenas reforçando a idéia de que o sucesso de certo mecanismo está vinculado ao contexto em que aplicado, muito embora alguns métodos de aquisição de conhecimento sejam amplamente valorizados em determinadas sociedades.[7] Ao enfatizar a concepção de que o indivíduo aprende em um contexto, estamos justamente chamando atenção para o fato de que o reconhecimento de determinados mecanismos de aprendizagem sugerem, em nosso trabalho, apenas um ponto de partida. Feita essa consideração, que mecanismos de aquisição interna de conhecimento têm sido valorizados atualmente?

A abordagem evolucionária, em particular, tem apontado a importância de alguns mecanismos, tais como: aprender fazendo (*learning by doing*), aprender com a mudança (*learning by changing*), aprender pela análise de desempenho, aprender pelo treinamento (*learning through training*), aprender pela pesquisa (*learning by searching*) e aprender pelo uso, como apresentado no Quadro 6.1.

Duhá (2003) apresenta, por sua vez, diferentes formas e situações de aprendizagem organizacional, discutidas na literatura por autores como Kolb, Geus, Argyris e Stata. Reuniões, por exemplo, são consideradas oportunidades para discussão e análise de eventos passados, constituindo-se em meios de utilizar a experiência como aprendizagem. Entre outros, também é destacado o processo de planejamento organizacional, que pode desencadear um ciclo de mudanças expressivas dentro das organizações, representando uma oportunidade singular para a aprendizagem.

O intercâmbio de conhecimento científico tácito e de conhecimento tecnológico tácito parece ser mais fácil dentro de comunidades caracterizadas por interações repetitivas e de práticas fortes de comunicação recíproca e entre organizações localizadas em distritos industriais. Já o intercâmbio de conhecimento articulado tende a encontrar maiores incentivos em clubes e coalizões tecnológicas cujos membros estão sujeitos a processos de avaliação robustos, e os requisitos de seletividade são elevados (Antonelli, 2002).

Segundo Abbad e Borges-Andrade (2004), há, basicamente, dois tipos de aprendizagem nas organizações: a natural e a induzida. Enquanto a primeira ocorre informalmente por meio de mecanismos como a tentativa e erro, imitação, observação, busca de ajuda interpessoal, busca de materiais escritos e contatos informais com colegas, a segunda obedece a uma lógica formal e sistemática, estruturada especialmente para aperfeiçoar os processos de aquisição, manutenção e generalização de conhecimentos, habilidades e atitudes. Esses tipos de aprendizagem compreenderiam, ainda segundo os autores, as ações de TD&E orientadas para atender necessidades específicas de trabalho. O Capítulo 9 discute conceitualmente e diferencia essas ações.

Com o advento do taylorismo, o treinamento aparece como o primeiro mecanismo formal de aquisição de conhecimento nas organizações (ver Capítulo 8). No entanto, sob essa lógica, o treinamento era entendido muito mais como uma receita que deveria ser seguida pelo trabalhador, sem qualquer tipo de questionamento, muitas vezes justificando sua caracterização como "adestramento". No cenário atual, em que a aquisição e manutenção de conhecimento nas organizações tornam-se cada vez mais relevantes, o treinamento tende a ser entendido sob uma perspectiva que permite ao trabalhador refletir sobre o que lhe é transmitido. Supõe-se, neste caso, que o treinando, ao conhecer a lógica do processo é capaz de adaptar o conteúdo aprendido a situações concretas, em vez de seguir "receitas" cegamente, o que na literatura de TD&E é denominado de transferência de treinamento (ver Capítulos 23 e 24).

A busca por profissionais que saibam mobilizar suas qualificações não só alterou o significado do treinamento, mas também ampliou os mecanismos formais de aquisição de conhecimentos. Nasceram, assim, os processos de educação, desenvolvimento de pessoal, e, mais recentemente, as organizações vêm criando as chamadas "universidades corporativas".[8] Na verdade, o próprio conteúdo a ser aprendido se modificou, como reflexo das transformações no mundo do trabalho. Atualmente, mais do que superar deficiências de desempenho no trabalho, as organizações buscam preparar os indivíduos para novas funções, adaptar os trabalhadores para a introdução de novas tecnologias ou promover o livre crescimento dos seus membros. É justamente essa diversidade de objetivos o que justifica o uso de diferentes mecanismos de aprendizagem, ou seja, das vantagens específicas que cada um deles pode oferecer (Abbad e Borges-Andrade, 2004). É preciso lembrar dos conceitos sobre qualificação e formação profissional, já discutidos respectivamente nos Capítulos 1 e 2.

Abbad e Borges-Andrade (2004) indicam também que as organizações investem em processos de TD&E esperando, entre outras coisas, que ocorram transferências de aprendizagem para o trabalho e para o desempenho das equipes e da organização como um todo. Em muitos casos, porém, as ações de TD&E se mostram ineficazes, tendo em vista aqueles objetivos, por não haver suporte ao uso do que foi aprendido no trabalho. Segundo os autores, é preciso haver suporte à transferência, ou seja, apoio ambiental à participação nas atividades de TD&E e ao uso eficaz dos conhecimentos, habilidades e atitudes adquiridos. Em síntese, os autores advertem que "TD&E sozinhos não são capazes de garantir a transferência de aprendizagem. O ambiente de trabalho é o principal responsável pela ocorrência e durabilidade dos efeitos de TD&E sobre o desempenho do indivíduo" (p.264). Para mais informações sobre esse suporte, ver Capítulos 12 e 20.

Segundo os autores mencionados, a necessidade de suporte não se restringe às ações formais. A transferência do conteúdo aprendido de modo assistemático também é favorecida pelo apoio de condições apropriadas. Nesse âmbito, os estudos sobre mecanismos informais de aquisição de conhecimento podem trazer luz sobre quais condições são importantes em tais casos. Recentemente, observamos uma revalorização dos mecanismos informais, ganhando destaque na literatura aqueles pautados na experiência de trabalho, como é o caso da aprendizagem pela imitação, pela observação e, em especial, o aprender fazendo, que passamos a analisar.

Seguindo a tendência de enfatizar a importância da interação social e, portanto, o papel ativo dos indivíduos na construção do conhecimento, Attewell (1996, p.210) diz, referindo-se à difusão do conhecimento tecnológico, que este tem de ser redescoberto pela organização. Nesse processo de redescoberta, ou melhor, de reconstrução de conhecimentos três mecanismos de aprendizado se distinguem: aprender fazendo, aprender pelo uso e aprender pela busca (Quadro 6.1).

A habilidade de um indivíduo responder às situações reais e de fazer as coisas, em vez de apenas falar sobre elas, reflete o conhecimento disponível (*know-how*), aprendido pela prática. Ademais, a chave para aquisição de conhecimento tácito é a experiência, uma vez que, sem alguma forma de experiência compartilhada, é extremamente difícil para uma pessoa projetar-se no processo de raciocínio de outro indivíduo. Em síntese, registra-se que o *know-how*, além de corresponder a conhecimento disponível e baseado na prática, também é conhecimento distribuído e parcial. Esse conhecimento é disponível porque é mais revelado na prática de como fazer as coisas do que nos discursos sobre a prática. É distribuído porque para fazer "coisas", usualmente, é necessário o concurso de conhecimentos detidos por vários membros de uma equipe de trabalho, e é parcial porque nenhum membro de equipe de trabalho detém todo o conhecimento necessário para fazer "coisas". "A experiência compartilhada não leva ao conhecimento idêntico de todos em razão de possuírem ferramentas idênticas" (Duguid e Brown, 2001, p.64).

Attewell (1996) entende o aprender fazendo como uma espécie de reinvenção necessária para a difusão tecnológica, e não como simples adestramento, treinamento em habilidades pela repetição, como atesta a seguinte afirmação: "A reinvenção e *o aprender fazendo* são, em parte, respostas à dificuldade ou incompletude da transferência do conhecimento técnico entre firmas" (Attewell, 1996, p.211). Certamente, nessa proposição de Attewell (1996), há uma forte valorização das interações em situações de trabalho.

De acordo com Hippel e Tyre (1995), aprender fazendo consiste, basicamente, em um processo de tentativa e erro por meio do qual se resolvem problemas que surgem durante a implantação de determinada tecnologia. Segundo os autores, duas razões justificam o fato de que todos os problemas e, portanto, suas soluções não podem ser identificados antes do uso da tecnologia, pelos seguintes motivos:

- Em primeiro lugar, é impossível antecipar todos os problemas. Muitos deles aparecem apenas durante a situação concreta de uso de determinada tecnologia, o que pode levar à demanda de novas informações ou conhecimentos.
- Em segundo lugar, como os usuários aprendem ao longo da utilização de produtos e processos, novos problemas que demandarão soluções ainda não previstas ou existentes podem emergir.

Dessa forma, os autores distinguem situações nas quais os problemas podem ser avaliados antes da introdução de determinadas tecnologias no ambiente de trabalho (projetos de máquinas, equipamentos, etc.) e problemas que são visualizados apenas após a utilização de tais tecnologias. Com isso, Hippel e Tyre (1995) não pretendem negar a importância de se antecipar e evitar falhas. Os autores lembram, inclusive, que os processos de simulação ou a admissão de margens de segurança são práticas que tornam determinadas tecnologias menos dependentes de possíveis variações no ambiente de trabalho. Todavia, os mesmos autores defendem que nenhum "jogo corporativo", ou técnica semelhante, pode predizer problemas que nascem das mudanças causadas pela inserção de novas tecnologias no ambiente de trabalho. Enfim, Hippel e Tyre consideram que a inovação deve ser vista, por tudo que foi dito, como um processo contínuo e com mecanismos "arbitrários" ao longo do caminho.

No modelo de análise de Tacla e Figueiredo (2002) e de Figueiredo (2004), a aquisição interna de conhecimento deve ser enfocada quanto à sua variedade de tipos, que podem envolver atividades de rotina ou inovadoras, à sua intensidade, que se refere ao modo como a empresa usa os diferentes tipos de processos de aquisição de conhecimento interno ao longo do tempo, ao seu funcionamento, abarcando tanto a forma como o processo foi criado como sua forma de operação, à interação que procura captar as influências recíprocas entre todas as dimensões do modelo de análise.

Processos de conversão do conhecimento organizacional

Socialização do conhecimento

O problema da socialização em estudos organizacionais não é novo. Muito pelo contrário, tem representado, implícita ou explicitamente, um elemento central nas formulações administrativas, desde as suas origens no início do século XX. Naquela época, a busca pela produtividade era justificada pela idéia de que os interesses individuais eram idênticos aos organizacionais. Como essa identidade de interesses, defendida pelos clássicos da administração, estava subordinada à introdução dos métodos científicos em substituição aos métodos empíricos, pode-se depreender que a racionalidade formal justificava, a priori, o fenômeno da socialização nas organizações. Ainda que essa lógica tenha permanecido, como sugere Dellagnelo e Machado-da-Silva (2000),[9] é certo que o meio pelo qual ocorre a socialização nas organizações tem mudado, o que se verifica na teoria e prática de novos arranjos organizacionais, em resposta ao contexto pós-industrial. O caráter dessas mudanças e, principalmente, o papel que a aprendizagem desempenha hoje nos processos de socialização, é o que observaremos em seguida.

O processo de socialização pode ser definido como o meio pelo qual a organização busca amoldar, em níveis diversos, o indivíduo às suas necessidades (Motta, 1993). Esse controle social foi exercido, inicialmente, com base na racionalidade econômica clássica. Em conseqüência, tanto Taylor (1990) quanto Fayol (1990) privilegiaram apenas as características individuais úteis para a empresa no processo produtivo, daí a conhecida fórmula "trabalhador certo no lugar certo", defendida por tais autores.

A seleção e o treinamento, com vistas a disciplinar o trabalho operário, tornaram-se a essência do processo de socialização nas empresas vinculadas ao paradigma taylorista-fordista. Essa lógica, na qual o progresso emana da ordem, irá criar, por mais paradoxal que pareça, certa incapacidade das organizações em se adaptarem às circunstâncias de mudança. Com efeito, a organização delineada pelos clássicos não é nada além da organização burocrática, e suas disfunções[10] são encobertas pela precisão e regularidade que tal modelo oferece. Nesse ambiente, as relações de poder ganham pouca visibilidade, o que demonstra o poder da racionalidade formal de reduzir os conflitos. Dessa maneira, o indivíduo é "subtraído" dos processos organizacionais, sobretudo, do processo decisório.

Todavia, essa subtração nunca é total.[11] A "descoberta" da organização informal pelos teóricos das relações humanas atesta esse fato. Contudo, tais teóricos se limitam, basicamente, a sugerir que uma das formas básicas de orientar os fatores psicológicos para a produtividade é buscar a identificação do operário com a organização. Dessa maneira, segundo Fleury e Vargas (1987), surgem as atividades integrativas: reuniões sociais, clubes, jornais de circulação interna e "caixinhas de sugestão", inserindo novas práticas de socialização nas empresas.

Apesar da posição de Ford sobre a inconveniência do contato social entre trabalhadores, a ênfase no aspecto social, na idéia de que as únicas variáveis influentes na produtividade estão relacionadas intrinsecamente à situação de trabalho, originará, mais tarde, um conjunto de idéias rotulado de "enriquecimento de cargos": *rotação de cargos* (revezamento entre as pessoas envolvidas nas tarefas de um processo produtivo), *ampliação horizontal* (agrupamento de diversas tarefas da mesma natureza em um único cargo) e *ampliação vertical* (agrupamento de tarefas de diferentes naturezas para um cargo). Tais práticas delineiam novos processos de aquisição de conhecimentos pelos indivíduos em situações de trabalho, incrementando a difusão de conhecimento nas empresas. Entretanto, essas práticas ainda representam alterações periféricas, uma vez que apenas o conhecimento de natureza operacional (*know-how*) é privilegiado. Isso pode ser visualizado no fato de que o enriquecimento de cargos continua projetando cargos individuais, e, principalmente, a distribuição de poder dentro da organização sofre poucas modificações. Mais uma vez, o trabalhador não é envolvido no processo, ou seja, concepção e execução continuam como funções separadas (Fleury e Vargas, 1987).

Conforme os mesmos autores, uma proposta efetiva de reestruturação só vem a surgir com o conceito de grupo semi-autônomo, fruto da concepção sociotécnica das organizações. O postulado desses pesquisadores é o de que o sistema produtivo só pode atingir o máximo de produtividade após a otimização do funcionamento conjunto dos sistemas técnico e social. Assim, o esquema de grupos semi-autônomos não propõe uma sistemática definida para a sua implantação, como no caso do enriquecimento de cargos, representando "uma equipe de trabalhadores que executa, cooperativamente, as tarefas que são designadas ao grupo, sem que haja uma predefinição de funções para os membros" (Fleury e Vargas, 1987). Nos grupos semi-autônomos, o *know-how* está distribuído entre um grupo de pessoas que trabalham juntas. De fato, a maioria das práticas de trabalho é, em alguma medida, prática social, que une as pessoas mediante atividades interdependentes. Assim, o *know-how*, crescentemente, passa a refletir a habilidade de trabalhar com outras pessoas (Brown e Duguid, 1996).

Muitas das transformações em curso no universo organizacional indicam novos valores em que a inovação e a mudança aparecem como elementos centrais. O significado dessa nova ordem se expressa na necessidade de constante reinterpretação do ambiente organizacional e na difusão de tais conceitos na organização. Dessa forma, o processo de socialização assume uma dinâmica jamais vista: os conceitos de seleção e treinamento são reestruturados e, ainda assim, definem apenas uma mínima parte do processo de socialização. Já as atividades integrativas tendem a perder o caráter periférico que possuíam, e a aprendizagem é entendida, a um só tempo, como instrumento e finalidade do processo de socialização, tornando-se uma questão central. Ao valorizar a aprendizagem e a criatividade, as organizações tendem a dar razão aos interacionistas, que defendem a idéia de que a organização é criada a partir da ação dos indivíduos. Dessa forma, a realidade organizacional é entendida como uma construção social, produtora e produto de significados criados e sustentados pelos indivíduos em interações simbólicas (Motta, 1993).

Em consonância com essa abordagem, Nonaka e Takeuchi (1997, p.69) postulam, então, uma "teoria dinâmica de criação do conhecimento organizacional", na qual definem socialização como um processo de interação entre indivíduos que, ao partilharem determinada experiência de trabalho, operam uma conversão de conhecimento tácito em conhecimento explícito ou tácito compartilhado.

Além da dificuldade de tornar explícito todo o conhecimento, o seu registro, por si só, não parece garantir aplicabilidade. É o que dizem Brown e Duguid (1996) ao analisarem os relatos das pesquisas realizadas por Orr, publicadas em 1987 e 1990, versando sobre as dificuldades encontradas por técnicos em manutenção de máquinas copiadoras para diagnosticar e solucionar problemas unicamente com o auxílio de um sistema de ajuda baseado em árvore de decisão. Os autores verificaram que a narração de situações-problema anteriores dava ensejo a diálogos profícuos, a partir dos quais soluções para problemas mais complexos emergiam. Desse modo,

> Brown e Duguid concluíram que contar histórias pode criar conhecimento coletivo de maneira mais enriquecedora do que o simples seguir a árvore de decisão. Esta árvore baseia-se, demasiadamente talvez, na suposição da efetividade de escolhas racionais e no modelo mecanicista de processamento de informações, ignorando o papel "social" do trabalho, ou seja, a fundamental interação com o usuário da tecnologia. Histórias, pelo contrário, possuem uma generalidade flexível que as torna adaptáveis a particularidades. (Brown e Duguid, 1996, p.65).

No entanto, ainda que reconheçamos a necessidade de se enfatizar a importância do conhecimento tácito, mobilizado em todo processo produtivo, como um "componente" transferido apenas em processo de socialização, no sentido apresentado por Nonaka e Takeuchi (1997), sentimos, no presente capítulo, a necessidade de ampliar o conceito de socialização e compreendê-lo para além da necessidade de explicitação de conhecimento tácito, pois entendemos, assim como Rojas (1999, p.164), que "em contextos produtivos complexos e incertos cresce a necessidade de uma organização de trabalho mais integrada e apoiada no uso de diversos saberes". Ou seja, em sentido amplo, o que justifica a ênfase nos processos de socialização, hoje, é a impossibilidade concreta de que um indivíduo, em particular, tenha todas as competências implicadas em processos de fabricação.

Dessa forma, tomamos os processos de socialização como um conjunto de mecanismos postos em marcha pelas organizações para difundir o conhecimento (tácito ou explícito) entre seus membros, de modo a convertê-lo em conhecimento organizacional. Enfim, esse conceito segue a proposta de Tacla e Figueiredo (2003) que acrescenta aos mecanismos de socialização já comentados os seguintes: Desenvolvimento conjunto com fornecedores, treinamento, solução compartilhada de problemas, visitas a empresas no exterior, rotação no trabalho e sistemas próprios para disseminação da informação.

A análise do processo de socialização abarca sua variedade – presença ou ausência de diferentes mecanismos por meio dos quais os indivíduos compartilham seus conhecimentos nas organizações; intensidade – a distribuição dos processos de socialização ao longo do tempo, considerando-se, por exemplo, que uma maior sistematicidade dos processos de socialização guardam uma forte associação com os processos de codificação; e seu funcionamento – envolve o modo como os mecanismos de socialização são criados e como funcionam ao longo do tempo. Esse *modus operandi* do processo de socialização também impacta fortemente sobre o processo de conversão de conhecimentos, interação que implica tanto a consideração sobre a necessidade de canalização dos diferentes tipos de conhecimento tácito em sistemas de socialização efetivos, como a percepção de que a própria socialização de conhecimentos pode ser influenciada pelos processos de aquisição de conhecimentos, se internos ou externos (Figueiredo, 2004). Essa discussão dos processos de socialização fornece argumentos adicionais, àqueles apresentados no Capítulo 12, para alertar os leitores sobre os perigos da crença de que TD&E são soluções apropriadas para todos os problemas de desempenho e mesmo para prover todas as aprendizagens necessárias em uma organização ou no trabalho.

Codificação do conhecimento

A codificação do conhecimento também remonta às origens da administração clássica. Com a introdução dos métodos científicos na administração e, conseqüente, organização racional do trabalho, surge a prescrição das rotinas. Segundo Taylor (1990), praticamente todos os atos dos trabalhadores deveriam ser precedidos de atividades preparatórias da direção, de modo a possibilitar a rápida e correta execução das tarefas. Diante de um contexto relativamente estável, como atestava o capitalismo industrial no início do século XX, os problemas decorridos desta forma de codificar o conhecimento, a exemplo da discrepância entre o prescrito e o realizado, não foram notados. No ambiente atual, repleto de incertezas e ambigüidades, percebe-se que o registro, por si só, não garante aplicabilidade. Isso não elimina a necessidade de codificação, mas a insere em uma lógica interativa, em contraponto à racionalidade unilateral inerente ao taylorismo.

A codificação de conhecimento nas organizações pode ser entendida como o processo pelo qual se dá a criação de procedimentos e rotinas organizacionais, representando soluções bem-sucedidas (Dosi, Teece e Winter, 1992). Nessa lógica, a codificação se justifica, *a priori*, pela necessidade de padronização, que tende a favorecer os processos de comunicação nas organizações.

Isso nos leva a questionar: será todo ato de padronização uma ação taylorista? A resposta é negativa. Primeiro, devemos considerar que a busca de um padrão não é um fim em si mesmo, a busca do melhor caminho, como supunha Taylor. Isso significa que os padrões são criados para atender objetivos específicos e estão sujeitos, por diversos fatores, a mudanças. Segundo, tomar a padronização como parâmetro implica o envolvimento em uma lógica circular, na qual o produto (rotinas e procedimentos) prevalece sobre o processo (como tais procedimentos e rotinas foram codificados), não nos permitindo diferenciar qualquer outra lógica daquela apresentada pelo taylorismo. De maneira simples, é o processo de codificação que nos interessa. No entanto, vejamos a confusão a que se pode chegar caso o taylorismo seja identificado com um de seus produtos: a padronização.

Em seu trabalho *Tempos e movimentos reconquistados*, Adler (2000, p.267) questiona: "E se a padronização, propriamente compreendida e posta em prática, provar-se uma fonte de aprendizado contínuo e de motivação?". Essa questão deriva da seguinte problemática[12] levantada pelo autor:

> A fabricação nos Estados Unidos está no início de uma revolução, e hipótese como estas estão se tornando novos princípios adotados no trabalho. Este novo evangelho coloca Frederick Winslow Taylor e seus estudos de tempos e movimentos como um vilão. Este novo credo define que a qualidade, a produtividade e a aprendizagem dependem da capacidade da gerência de libertar os trabalhadores das limitações coercivas da burocracia. Insiste que padrões detalhados, implementados com grande disciplina em uma organização hierárquica, inevitavelmente alienarão os empregados, envenenarão as relações de trabalho, sufocarão a iniciativa e inovação e aleijarão a capacidade de uma empresa de mudar e aprender. (Adler, 2000, p.267).

Adler (2000) defende, então, que esse novo credo está errado. Em outras palavras, o autor afirma que é possível, dentro da lógica taylorista, o encorajamento da inovação e da aprendizagem. Seu argumento é que:

> Os padrões formais de trabalho desenvolvidos por engenheiros industriais e impostos aos trabalhadores são alienantes. Mas os procedimentos que são delineados pelos próprios trabalhadores em um esforço con-

tínuo e bem-sucedido para melhorar a produtividade, a qualidade, as habilidades e a compreensão podem humanizar mesmo as mais disciplinadas formas de burocracia. (2000, p.268)

Adler (2000) chega à conclusão de que há processos de padronização que não são alienantes, uma vez que reconhecem o saber operário. Concordamos com ele, e esse raciocínio pode ser estendido para TD&E (ver Capítulos 7, 9 e 29), especialmente nas etapas de diagnóstico de necessidades (ver Capítulos 10 e 11) e avaliação de resultados (ver Capítulos 23, 24 e 25). No entanto, o reconhecimento do saber advindo da experiência e da comunicação como um importante meio de criar o conhecimento organizacional coloca a codificação em um patamar diverso daquele apresentado pelo taylorismo, ao contrário do que Adler (2000) supõe. A padronização, realizada pelos próprios trabalhadores, tende a ser mais adequada aos imperativos de inovação e flexibilidade, o que pode ser mais bem compreendido a partir dos conceitos de memória documental e memória ativa propostos por Kim (1993). Entendemos que, nesse caso, não há antropomorfização, uma vez que a ênfase recai sobre os processos de transferência, que são, em si mesmos, processos de aprendizagem, levados a cabo pelos indivíduos. Estes constroem os padrões (memória documental) que, em um momento posterior, são resgatados pelos próprios indivíduos (memória ativa) para solucionar problemas na organização. Esse parece ser o pressuposto de Kim (1993) e de Rojas (1999) ao utilizarem a expressão memória organizacional.

Como visto em item anterior deste capítulo, para Kim (1993), a aprendizagem organizacional deve ser entendida como o processo pelo qual a aprendizagem individual se torna inserida na *memória* e estrutura da organização. Assim, o autor supõe uma espécie de *memória documental*, registro de rotinas e procedimentos, que pode ser resgatada pelos indivíduos em problemas futuros. Esse resgate é feito, segundo o autor, pela *memória ativa* da organização.

O conceito de memória ativa ilustra o porquê de a padronização realizada pelos próprios trabalhadores ser mais flexível. Ao entender a memória ativa como um conjunto de modelos mentais compartilhados, Kim (1993) observa que esse conceito determina as experiências a serem lembradas, assim como o foco de ação. Dessa forma, a memória ativa é voltada para um sistema de atividades nas quais a concepção e a execução andam juntas. Pode-se separar memória documental e memória ativa, em termos teóricos, mas, na prática, esta última necessariamente envolve a primeira. Assim, a memória ativa define a conversão do conhecimento de indivíduos e grupos para o nível organizacional na medida em que a codificação não pode ter sido concebida por um indivíduo em particular. Por outro lado, ao restaurar as funções de concepção e execução no grupo, o compartilhamento do conhecimento tácito se valoriza. Dessa forma, torna-se mais fácil questionar rotinas e procedimentos. Isso não quer dizer que tenhamos saído do "circuito simples" para o "circuito duplo de aprendizagem". Em síntese, o fenômeno da socialização é inerente aos processos de aprendizagem e, como tal, não pode ser abstraído dos processos de codificação. Não se trata de mudar ou não determinado procedimento, mas sim de como se chegou a ele.

Procuramos, nesta seção, fugir ao reducionismo que entende a padronização como um fenômeno taylorista. Isso nos parece fundamental, na medida em que as certificações tendem a se tornar decisivas no mundo de hoje, no que tange às estratégias de sobrevivência em ambientes complexos. Acreditamos, como Rojas (1999, p.164), que, em contextos dessa natureza, "cresce a necessidade de uma organização de trabalho mais integrada e apoiada no uso de diversos saberes". Portanto, a certificação, enquanto critério de competitividade, não se submete à lógica taylorista. Ainda que idealizada fora da organização, a busca por uma certificação pode se pautar em uma lógica que atenda a reconstrução de seus objetivos dentro da organização, assim como tende a ocorrer com as questões referentes à transferência tecnológica. Trata-se, mais uma vez, de valorizar a disseminação do conhecimento tácito, envolvido em todo ato de padronização levado a efeito pelos próprios sujeitos em situações de trabalho.

No caso do conhecimento tácito, o uso de linguagem é desnecessário, e a conversão ocorre por meio da observação, imitação e prática. Muitas vezes, a mera transferência de informações fará pouco sentido se estiver desligada das emoções associadas e dos contextos específicos nos quais as experiências compartilhadas estão embutidas.

Analogamente, podemos compreender a importância de se reconstruir o conhecimento de um padrão estabelecido por outrem, assim como a formação de uma memória ativa, no seguinte exemplo:

> Um número de pessoas pode ler um livro, mas eles se tornam um grupo sem desenvolvimento de uma mente coletiva ou prática. Para tal, eles deveriam ir juntos a um seminário e discutir o livro, partilhando uma atividade intelectual para desenvolver outros tipos de entendimentos tais como o retórico, ou como apresentar, defender e entender o argumento de um livro. O tipo de prática que leva à mente coletiva sugere um paralelo com um conhecimento mais profundo. (Spender, 1996, p.14)

Já observamos que tornar explícito o conhecimento individual, do grupo ou da organização, assim como registrá-lo, é preocupação recorrente nos estudos sobre aprendizagem nas organizações. Autores que analisam a inovação e o progresso técnico, como Dosi, Teece e Winter (1992), postulam que o conhecimento da organização está armazenado nas rotinas, representando soluções bem-sucedidas para problemas particulares. No entanto, tais autores advertem que é fundamental enfatizar o caráter intrinsecamente social e coletivo do aprendizado e a dificuldade em explicitá-lo completamente. Essa é uma das razões elencadas para o fato de que nem tudo o que grupos ou indivíduos aprendem se torna aprendizado ou conhecimento organizacional. Serve ainda para dar sustentação à proposição de que todo conhecimento organizacional é localizado e segue trajetórias que são peculiares às empresas, trajetórias essas que são dependentes de caminho (*path dependence*). Em outras palavras: as trajetórias de aprendizado são moldadas em contextos de práticas e organizacionais específicos, o que, por sua vez, torna a possibilidade de transferência e replicabilidade desse conhecimento, assim como as possibilidades de mudanças nessas trajetórias, no mínimo, limitadas.

> [As rotinas] moldam e são moldadas pelo comportamento do grupo, que é complexo, por definição. Isto significa que o conhecimento inserido nas rotinas jamais pode ser completamente codificado, não permitindo a reprodutibilidade de práticas produtivas ótimas. (Dosi, Teece e Winter, 1992, p.182)

Em última análise, a codificação do conhecimento é essencial para que inovações desenvolvidas ou adotadas pela organização adquiram um caráter organizacional. Ao longo de processos de codificação que envolvem indivíduos ou grupos em situações de trabalho, ocorre muita troca de experiências, de modo que os processos de codificação também representam processos de socialização do conhecimento. Em virtude disso, Tacla e Figueiredo (2003) definiram a codificação como os diferentes processos para formatar o conhecimento tácito (exemplo, manuais, formatos organizados, *software*, padrões, projetos e procedimentos). Interessa também a intensidade e o *modus operandi* desses processos de padronização, uma vez que a codificação ausente ou intermitente e o modo com que a padronização do conhecimento é realizada podem limitar ou expandir as possibilidades de aprendizagem organizacional, assim como os impactos sobre a sistemática de codificação de conhecimentos derivados de sua interação com os modos de aquisição do conhecimento (Figueiredo, 2004).

CONSIDERAÇÕES FINAIS

A primeira questão tratada neste capítulo se relaciona à própria pertinência do conceito de aprendizagem organizacional. Há autores que consideram inapropriada essa denominação, tendo em vista que só os indivíduos aprendem. Para estes, falar em aprendizagem organizacional é incorrer no erro de antropomorfização. Já outra corrente, sobretudo aquela formada em torno das organizações de aprendizagem, desconhece essa discussão quase totalmente. Para autores dessa corrente, não só as organizações aprendem, como é possível modelá-las para aprenderem. E mais: existiria um tipo ideal de "organização de aprendizagem" (Bastos, Gondim e Loiola, 2004).

Há, todavia, outra corrente que incorpora as relações entre aprendizagem individual e organizacional. Considerando que a aprendizagem organizacional é mais do que o somatório das aprendizagens individuais, essa corrente postula que, embora dependa dos indivíduos para aprender, a organização pode aprender independente de um indivíduo particular. Pode-se falar, portanto, em interdependência dos processos de aprendizagem individual e das organizações (Loiola, Rocha, Teixeira, 2002).

Uma segunda questão é: como as organizações aprendem? Aqui também há muitas bifurcações. No entanto, progressivamente, vêm ganhando espaço as abordagens que tomam como referência a complexidade e a natureza multideterminada do fenômeno da aprendizagem organizacional. Em linhas gerais, essas abordagens reconhecem a existência de fatores que condicionam a aprendizagem organizacional em nível dos indivíduos, dos grupos e do ambiente. Os indivíduos aprendem em contextos socioculturais, organizacionais e de experiência. A condição primeira para aprender é sua própria predisposição, embora tal condição seja insuficiente porque o processo de aprendizagem é condicionado, também, por processos tipicamente cognitivos e pelas habilidade cognitivas e interpessoais de aprendizes e mestres, por fatores do contexto e do ambiente, também.

No entanto, nem tudo o que os indivíduos aprendem se transforma em conhecimento organizacional. Por isso, Argyris (1997) ressalta a necessidade de a aprendizagem ser um objetivo explícito da organização. Tornar explícito o conhecimento individual, do grupo ou da organização, assim como registrá-lo, é preocupação recorrente nos estudos em aprendizagem organizacional. Autores que analisam a inovação e o progresso técnico, como Dosi, Teece e Winter (1992), postulam que o conhecimento da organização está armazenado nas rotinas, que representam soluções bem-sucedidas para problemas particulares. No entanto, tais autores advertem que é fundamental enfatizar o caráter intrinsecamente social e coletivo do aprendizado e a dificuldade em explicitá-lo completamente.

Historicamente, as organizações, por sua vez, vêm desenvolvendo estratégias, denominadas estratégas de conversão pela literatura, com o objetivo de transformar o conhecimento adquirido pelos indivíduos em conhecimento organizacional. Neste capítulo, duas das estratégias de conversão são enfatizadas: a socialização e a codificação.

O processo de socialização pode ser definido como o meio pelo qual a organização busca moldar, em níveis diversos, o indivíduo às suas necessidades (Motta, 1993). Inicialmente, esse controle social foi exercido com base em princípios de racionalidade econômica clássica. Em consequência, tanto Taylor quanto Fayol privilegiaram apenas as características dos indivíduos úteis para a empresa no processo produtivo e daí a conhecida regra de o "trabalhador certo no lugar certo", definida por tais autores. A seleção e o treinamento, com vistas a disciplinar o trabalho operário, tornaram-se a essência do processo de socialização nas empresas vinculadas ao paradigma taylorista-fordista.

Mais recentemente, práticas de seleção e treinamento foram reestruturadas e, ainda assim, definem apenas uma mínima parte do processo de socialização. Já as atividades integrativas tendem a perder o caráter periférico que possuíam e, adicionalmente, a aprendizagem é entendida, a um só tempo, como instrumento e finalidade do processo de socialização, tornando-se uma questão central. Ao valorizar a aprendizagem e a criatividade, a realidade organizacional é entendida como uma construção social, produtora e produto de significados criados e sustentados pelos indivíduos em interações simbólicas (Motta, 1993).

Em sentido amplo, o que justifica a ênfase nos processos de socialização, hoje, é a impossibilidade concreta de que um indivíduo, em particular, tenha uma visão completa dos processos de fabricação. Dessa forma, os processos de socialização são postos em marcha pelas organizações no sentido de difundir o conhecimento (tácito ou explícito) entre seus membros, de modo a convertê-lo em conhecimento organizacional.

Já a codificação do conhecimento também é essencial para que o conhecimento adquirido pelos indivíduos nas organizações adquiram um caráter organizacional. Se tais conhecimentos e práticas forem codificados por um indivíduo em particular ou por membros de outras organizações, é fundamental a troca de experiências, de modo que os processos de codificação também representem processos de socialização do conhecimento. Tacla e Figueiredo (2003) definem a codificação como o conjunto dos diferentes processos para formatar o conhecimento tácito (exemplo, manuais, formatos organizados, *software*, padrões, projetos e procedimentos). No entanto, é a memória ativa que define a conversão do conhecimento para o nível organizacional na medida em que a codificação não pode ter sido concebida por um indivíduo em particular.

O aprendizado é fenômeno localizado em territórios e em organizações. A aprendizagem de indivíduos nas organizações e sua transformação em aprendizagem organizacional dependem da variedade, do grau de interação e da intensidade de uso das fontes internas e externas de conhecimento, assim como da variedade, intensidade de uso e de interação entre os diferentes mecanismos de socialização e de codificação do que foi aprendido pelos indivíduos nas organizações (Tacla e Figueiredo, 2003). Ademais, as partes da organização se diferenciam e, assim, incorporam diferentes formas de aprender. O mesmo pode ser estendido a organizações inteiras, que vão desenvolver, a partir dessas inter-relações, estilos específicos de aprendizagem. Assim, graus de discricionariedade diferentes são encontrados em relação às condutas de aprendizagem das organizações: elas apresentam diferentes trajetórias em relação à aprendizagem.

QUESTÕES PARA DISCUSSÃO

- Considerando os diversos problemas que cercam o uso do conceito de aprendizagem organizacional, qual a melhor alternativa para articular aprendizagens individuais e coletivas?
- Que diferenças são fundamentais entre a perspectiva que toma a aprendizagem organizacional como um fenômeno técnico e a visão que a trata como um fenômeno social?
- Compare e analise criticamente os diferentes modelos que buscam explicar como aprendizagens individuais se transformam em organizacionais.
- Como se relacionam os fenômenos *aprendizagem organizacional* e *gestão do conhecimento*?
- Diferencie, como proposto no modelo de Tacla e Figueredo (2002), os processos de aquisição e os de conversão do conhecimento. Em que medida esses dois processos abarcam os elementos fundamentais para a compreensão da aprendizagem organizacional?
- Quais são as implicações dos estudos sobre aprendizagem organizacional e gestão do conhecimento para a atuação do profissional de TD&E?

NOTAS

1. Bens não-privados, por conseqüência, são aqueles em que o consumo não pode dar-se de maneira individual e/ou exclusiva. Se isso acontece, têm-se os bens de natureza pública, em relação aos quais o mercado, pura e simplesmente, não funciona como bom gerenciador e alocador de recursos, tornando-se necessária a sua substituição, ou complementação, por outras estruturas de governança.
2. Correspondem a formas de coordenação formais e informais.
3. Aqui o conceito de transferência está sendo usado para se referir aos processos de transferência horizontal e vertical da abordagem multinível, que tratam de processos de propagação de um nível para outro (indivíduo, grupo e organização), como tratado em vários capítulos deste livro.
4. Segundo os autores, um modelo de aprendizagem constitui uma organização sistemática dos processos pelos quais é aprimorada a distribuição de conhecimento nas organizações.
5. Então, para a aprendizagem organizacional ocorrer, organizações devem possuir mecanismos e processos internos que dão suportes aos processos de acumulação e de distribuição de informações relevantes para a organização. Organizações também precisam de mecanismos de suporte ao dialogo e à interação, de forma que estruturas de aprendizagem e estoques de conhecimentos podem ser desenvolvidos e disseminados na organização.
6. Correspondem a associações entre empresas para fins de desenvolvimento tecnológico ou de penetração em mercados. Nesses casos, mecanismos de aprendizagem pela interação e aprendizagem pela cooperação são usualmente ativados.
7. Segundo Pozo (2000), cada sociedade gera sua própria cultura de aprendizagem, de modo que encontramos, ao longo da história, alterações em termos do que se aprende e também de como se aprende.
8. De acordo com Abbad e Borges-Andrade (2004), as "universidades corporativas" representam mais uma possibilidade de facilitação da aprendizagem e difusão de novos conhecimentos, habilidades e atitudes. Geralmente, são adotadas por grandes empresas e atuam desenhando disciplinas e currículos que visam à formação contínua daqueles envolvidos com a organização. Para os autores, muitas dessas "universidades corporativas", na realidade, não passam de "escolas corporativas" ou meros centros de treinamento, uma vez que não privilegiam a geração de conhecimentos e tecnologia, ou seja, não fazem pesquisa.
9. Os achados destes autores indicam que as novas formas organizacionais apresentam, apenas, um maior potencial de flexibilidade. Este fato seria justificado por Dellagnelo e Machado-da-Silva (2000) pela idéia de que ainda predominaria nas organizações uma lógica de ação voltada para o cálculo utilitário de conseqüências.
10. Tais disfunções delineiam o aspecto central da crítica administrativa da burocracia. Foi criticada por Motta (1993, p.79), uma vez que representa "a expressão da razão do poder, muito mais do que do poder da razão". Ou seja, para a crítica administrativa os problemas são fundamentalmente de organização, e não de dominação, como defende Motta.
11. O entendimento deste aspecto perpassa pela necessidade de se compreender a diferença entre o "tipo ideal" e a burocracia concreta e historicamente situada.
12. Antes de propor a problemática, o autor cita três máximas: "A padronização é a morte da criatividade. A regimentação de tempos e movimentos evita a melhoria contínua. A hierarquia sufoca a aprendizagem".

REFERÊNCIAS

ABBAD, G.S.; BORGES-ANDRADE, J.E. Aprendizagem humana em organizações de trabalho. In: ZANELLI, J.C.; BORGES-ANDRADE, J. E.; BASTOS, A. V. B. (Org.). *Psicologia, organizações e trabalho no Brasil*. Porto Alegre: Artmed, 2004. p. 237-275.

ADLER, P. S. Tempos e movimentos reconquistados. In: HOWARD, R. et al. *Aprendizado organizacional*: gestão de pessoas para a inovação contínua. Rio de Janeiro: Campus, 2000. p. 267-287.

ALBINO, V.; GARAVELLI, A. C; SCHIUMA, G. A metric for measuring knowledge codification in organisation learning. *Technovation*, v.21, p. 413-422, 2001.

ANAND, V.; GLICK, W.H; MANZ, C.C. Capital social: explorando a rede de relações da empresa. *Revista de Administração de Empresas*, v. 42, n. 4, p.57-71, out./dez. 2002.

ANTONELLI, C. Economics of knowledge and the governance of commons knowledge. *Revista Brasileira de Inovação*, Ano 1, n. 1, jan./jun. 2002. p.29-48.

ARGOTE, L.; INGRAM, P. Knowledge transfer: a basis for competitive advantage. *Organizational Behaviour and Human Decision Processes*, v. 82, n. 1, p. 150-169, 2000.

ARGYRIS, C. *Enfrentando defesas empresariais*: facilitando o aprendizado organizacional. Rio de Janeiro: Campus, 1992.

_____. Incompetência hábil. In: STARKEY, K. (Ed.). *Como as organizações aprendem*: relatos dos sucessos das grandes empresas. São Paulo: Futura, 1997. p. 103-114.

ARGYRIS, C.; SCHÖN, D.A. *Theory in practice*. San Francisco: Jossey-Bass, 1974.

_____. *Organizational learning II*: theory, method, and practice. Massachusetts: Addison-Wesley, 1996.

ATTEWELL, P. Technology diffusion and organizational learning. In: COHEN, M.D.; SPROULL, L.S. (Ed.) *Organizational learning (Organization Science)*. California, London: Sage, 1996. p. 203-229.

BASTOS, A.V.; GONDIM, S.; LOIOLA, E. Aprendizagem organizacional versus organizações que aprendem: características e desafios que cercam essas duas abordagens de pesquisa. *RAUSP – Revista de Administração*, v. 39, n. 3, jul./set, p. 220-230, 2004.

BLANCH, R.M. et al. Idéias de que os alunos lançam mão para explicar problemas relacionados ao cotidiano: esforço do pensamento ou obstáculos ao saber científico? *Ensaios e Ciência*, Campo Grande, v.5, n.3, p. 31-54, 2001.

BRITO, M.; BRITO, V. G. Aprendizagem nas organizações: paradigmas de análise, teoria e cultura organizacional. *Organizações & Sociedade*, Salvador, v.4, n. 10, 1997.

BROWN, J.S.; DUGUID, P. Organizational learning and communities-of-practice. toward a unified view of working, learning, and innovation. In: COHEN, M.D.; SPROULL, L.S. (Ed.). *Organizational learning (Organization Science)*. California, London: Sage, 1996. p. 58-82.

CASSIOLATO (Apresentação slides 2003). Disponível em: http://www.redesist.ie.ufrj.br/. Acesso em: 20 jun. 2005.

CASTRO, L.; LOIOLA, E. Aprendizagem em organizações: uma discussão conceptual baseada em Lev Vygotsky. *Caderno de Pesquisa em Administração*, São Paulo, v. 10, n. 4, p. 9-16, out./dez. 2003.

CHOO, C. W. The knowing organisation: how organizations use information to construct meaning, create knowledge and make decisions. *International Journal of Information Management*, v. 16, n.5, p. 329-340, 1996.

COOK, S. D. N.; YANOW, D. Culture and organizational learning. In: COHEN, M. D.; SPROULL, L. S. (Ed.). *Organizational learning (Organization Science)*. California, London: Sage, 1996. p. 430-459.

DELLAGNELO, E. L; MACHADO-DA-SILVA, C. L. Novas formas organizacionais: onde se encontram as evidências empíricas de ruptura com o modelo burocrático de organizações? *Organizações & Sociedade*, Salvador, v. 7, n. 19. p. 19-33, set./dez. 2000.

DEMO, P. *Complexidade e aprendizagem*: a dinâmica não linear do conhecimento. São Paulo: Atlas, 2002.

DOSI, G.; TEECE, D. J.; WINTER, S. Toward a theory of corporate coherence: preliminary remarks. In: DOSI, G.; GIANNETTI, R.; TONINELLI, P. A. (Ed.). *Technology and enterprise in a historical perspective*. Oxford: Clarendon, 1992. p. 185-209.

DUHÁ, A. H. Práticas que estimulam a aprendizagem e a geração de conhecimento dentro das organizações. Disponível em: <http://www.pucrs.br/face/man/artigos.doc>. Acesso em: 24 abril 2003.

EASTERBY-SMITH, M.; ARAUJO, L. Aprendizagem organizacional: oportunidades e debates atuais. In: EASTERBY-SMITH, M.; BURGOYNE, J.; ARAUJO, L. (Coord.). *Aprendizagem organizacional e organização de aprendizagem*: desenvolvimento na teoria e na prática. Atlas, 2001. p. 15-38.

FAYOL, H. *Administração industrial e geral*. 10. ed. São Paulo: Atlas, 1990.

FLEURY, A. C. C.; VARGAS, N. Aspectos conceituais. In: FLEURY, A. C. C.; VARGAS, N. (Org.). *Organização do trabalho*. São Paulo: Atlas, 1987. p.17-37.

GARVIN, D. Building a learning organization. *Harvard Business Review*, v. 71, n. 4, p. 78-91, 1993.

GNYAWALI, D. R.; STEWART, A. C. A contingency perspective on organizational learning: integrating environmental context, organizational learning processes, and types of learning. *Organization Studies*. Thousand Oaks: SAGE Publications, v. 34, n.1, p. 63-89, 2003.

HIPPEL, E. V.; TYRE M. J. How learning by doing is done: problem identification in novel process equipment. *Research Policy*, v. 24, p. 1-12, 1995.

HOLMQVIST, M. A dynamic model of intra- and interorganizational learning. *Organization Studies*, Thousand Oaks, v. 24, n.1, p. 95-123, 2003.

HUBER, G. P. Organizational learning: the contributing processes and the literatures. *Organization Science*, v.2, p. 89-115, 1991.

JONES, M. Organizational learning: collective mind or cognitivist metaphor? *Accting, Mgmt. & Info. Tech.*, v. 5, n. 1, p. 61-67, 1995.

KIM, D. H. O elo entre a aprendizagem individual e a aprendizagem organizacional. In: KLEIN, David A. (Org.) *A gestão estratégica do capital intelectual*: recursos para a economia baseada em conhecimento, 1993. p. 61-92.

KLEIN, K.; KOZLOWSKI, S. M. J. *Multilevel theory*: research and methods in organizations. San Francisco: Jossey Bass, 2000.

KOLB, D. A. A gestão e o processo de aprendizagem. In: STARKEY, K. (Ed.). *Como as organizações aprendem*: relatos do sucesso das grandes empresas. São Paulo: Futura, 1997.

LEITÃO, S. P. ; ROUSSEAU, K. Introdução à natureza da mudança transformadora nas organizações na perspectiva da biologia cognitiva. *RAP*, Rio de Janeiro, v. 38, n. 5, p.683-710, set./out. 2004.

LEVITT, B.; MARCH, J. Organizational learning. *Annual Review of Sociology*, v.14, p. 319-340, 1988.

LOIOLA, E.; ROCHA, M. C. Aprendendo a aprender: análise de três estudos de caso em aprendizagem organizacional a partir do construtivismo. In: ENANPAD 2000, 24., 1998. *Anais...* Florianópolis: ANPAD, 2000. CD ROM. p.1-15.

MARCH, J. G.; OLSEN, J. P. Organizational learning and the ambiguity of the past. In: _____ . *Ambiguity and choice in organizations*. Oslo: Universitetsforlaget, 1976. p. 54-67.

MOTTA, F. C. P. Controle social nas organizações. Revisitado por VASCONCELOS, I. F.F. G.; WOOD JR., T. *Revista de Administração de Empresas*, São Paulo, v.33, n.5, p.68-87, set./out. 1993.

NELSON, R. R; WINTER, S. G. *An evolutionary theory of economic change*. Belknap: Harvard University, 1982.

NONAKA, I. A dynamic theory of organizational knowledge creation. *Organization Science*, v.5, n.1, p. 15-37, 1994.

NONAKA, I. ; TAKEUCHI, H. *Criação do conhecimento na empresa*. Rio de Janeiro: Campus, 1997.

POPPER, M.; LIPSHITZ, R. Organizational learning: mechanisms, culture, and feasibility. *Management Learning*, v.31, p. 181-196, 2000.

POZO, J. I. *Aprendizes e mestres*: a nova cultura da aprendizagem. Porto Alegre: Artmed, 2002.

PRANGE, C. *Aprendizagem organizacional*: desesperadamente em busca de teorias? In: EASTERBY-SMITH, M.; BURGOYNE, J.; ARAUJO, L. (Coord.). *Aprendizagem organizacional e organização de aprendizagem*: desenvolvimento na teoria e na prática. Atlas, 2001. p.41-63.

ROBEY, D.; BOUDREAU, M.-C.; ROSE, G. Information technology and organizational learning: a review and assessment of research. *Accounting Management and Information Technologies*, v.10, p. 125-155, 2000.

ROJAS, E. *El saber obrero y la innovación em la empresa*: las competencias y las calificaciones laborales. Montevideo: Cinterfor, 1999.

SENGE, P. M. *A quinta disciplina*. São Paulo: Best Seller, 1990.

SIMON, H. A. Bounded rationality and organizational learning. In: COHEN, M. D.; SPROULL, L. S. (Ed.). *Organizational learning (Organization science)*. California, London: Sage, 1996. p. 175-187.

SPENDER, J. C. Gerenciando sistemas de conhecimento. In: FLEURY, M. T. L. ; OLIVEIRA JR., M. M. (Org.). *Gestão estratégica do conhecimento*: integrando aprendizagem, conhecimento e competências. São Paulo: Atlas, 2001. p. 27-49.

_____ . Organizational knowledge, learning and memory: three concepts in search of a theory. *Journal of Organizational Change Management*, [s. l.], v. 9, n. 1, p.63-78, 1996.

TACLA, C.; FIGUEIREDO, P. N. Processos de aprendizagem e acumulação de competências tecnológicas: evidências de uma empresa de bens de capital no Brasil. *Revista de Administração Contemporânea*, v.7, n. 3, p. 101-126, 2003.

TAYLOR, F. W. *Princípios de administração científica*. 8. ed. São Paulo: Atlas, 1990.

TSANG, E. W. K. Organizational learning and the learning organization: a dichotomy between descriptive and prescriptive research. *Human Relations*, v. 50, n.1, p. 73-89, 1997.

7

Bases conceituais em treinamento, desenvolvimento e educação – TD&E

Miramar Ramos Maia Vargas e Gardênia da Silva Abbad

Objetivos

Ao final deste capítulo, o leitor deverá:

- Descrever a origem da expressão treinamento e desenvolvimento (T&D).
- Diferenciar o uso da expressão treinamento e desenvolvimento (T&D) com relação à expressão treinamento, desenvolvimento e educação (TD&E).
- Diferenciar ações de indução de aprendizagem: informação, instrução, treinamento, desenvolvimento e educação.
- Analisar o uso dos conceitos e princípios de educação aberta, educação continuada ou educação ao longo da vida, educação a distância e educação corporativa.
- Analisar o conceito e principais características das universidades corporativas.
- Analisar o conceito e principais características do e-learning.
- Explicar o uso da expressão treinamento, desenvolvimento e educação (TD&E) em substituição a treinamento e desenvolvimento (T&D), analisando suas diferenças.

INTRODUÇÃO

A pluralidade de conceitos e definições é um fato observado em praticamente qualquer área do conhecimento. Ao longo da história, cada autor acresce sua visão própria acerca do fenômeno que estuda, manifestando sua concordância ou discordância com as visões de outros autores que o precederam. Parece tratar-se de ocorrência natural, fruto de uma evolução que reflete, em última análise, o processo de crescimento e maturidade da área objeto de estudo.

Contudo, se por um lado essa proliferação de conceitos e definições pode mostrar-se salutar pela oxigenação que provoca, por outro exige que, de tempos em tempos, seja feito um processo de análise para que essas diferentes contribuições possam ser examinadas, descartadas ou organizadas de forma a não obstruir o avanço do conhecimento na área. A literatura na área de treinamento e desenvolvimento de pessoal não é diferente. Com uma história de longa data, o processo que envolve a aprendizagem humana no trabalho atraiu a atenção de estudiosos e pesquisadores que foram, gradativamente, tentando decifrar e caracterizar as diversas facetas do fenômeno.

Lawrie (1990) afirma que muitos profissionais que trabalham nas áreas de gestão de pessoas nas organizações não conseguem fazer distinção entre treinamento, desenvolvimento e educação. Essa lacuna na definição e, acrescenta o autor, na forma de pensar e de agir, pode levar a esforços cujos resultados nem sempre seriam aqueles exatamente esperados. Afinal, não se consegue atingir um alvo, a menos que ele esteja claramente demarcado. Assim, afirma Lawrie, faz sentido trabalhar esses conceitos porque uma definição clara propicia melhor compreensão dos resultados que se deseja obter e dos métodos apropriados ao planejamento, execução e avaliação das diferentes ações educacionais.

O mesmo tipo de problema conceitual também foi apontado por Bastos (1991). Na visão do autor, seguindo a regra das ciências sociocomportamentais, a área de treinamento e desenvolvimento (T&D) – para a qual convergem conhecimentos de psicologia, educação e administração, entre outras áreas do saber – encontra-se envolta em uma série de problemas conceituais. Bastos afirma que pelo menos quatro conceitos largamente utilizados na área são normalmente diferenciados nas tentativas empreendidas por alguns autores de imprimir-lhes maior precisão conceitual: instrução, treinamento, desenvolvimento e educação.

Assim, existe na literatura da área de treinamento e desenvolvimento de pessoal uma pluralidade de conceitos e definições que merecem um exame mais detalhado, mesmo porque, com o passar dos anos, novos termos foram sendo adicionados, alguns inclusive ainda carentes de uma definição mais clara que leve a uma melhor compreensão do seu significado e aplicação.

Com base nesse cenário, o foco do presente capítulo se volta para a definição e contextualização histórica e funcional de vários conceitos importantes na área de aprendizagem humana nas organizações. Na tentativa de abraçar os principais conceitos existentes na literatura, optou-se por uma escolha que:

a) envolvesse os principais conceitos usados tanto neste livro, como em outras publicações da área;
b) contemplasse termos atuais recentemente incorporados ao cotidiano das organizações de trabalho.

Com base nesses dois critérios, foram identificados alguns conceitos que serão trabalhados, ao longo do Capítulo, em três grandes grupos.

- O primeiro grupo abordará cinco conceitos que estão presentes, há mais tempo, na literatura da área:
  - Informação
  - Instrução
  - Treinamento
  - Desenvolvimento
  - Educação
- No segundo grupo, serão tratados alguns conceitos que traduzem a nova visão de homem e de educação que predomina nas organizações de trabalho do século XXI:
  - Educação aberta
  - Educação continuada ou educação ao longo da vida
- Por último, o terceiro grupo abordará quatro conceitos que, nas últimas décadas, passaram a ter um destaque especial na literatura que trata de aprendizagem humana nas organizações:
  - Educação a distância
  - Educação corporativa
  - Universidade corporativa
  - *E-learning*

Antes de dar início à discussão dos conceitos, será feito um breve histórico sobre a origem e o significado da expressão treinamento e desenvolvimento (T&D), nomenclatura que acabou dando identidade a uma das grandes áreas da psicologia social e do trabalho. Conhecer um pouco dessa história é interessante por dois motivos. Primeiro, ajudará o leitor a compreender melhor a definição desses e de outros conceitos que serão estudados no decorrer do capítulo. Segundo, a história é importante para se compreender a nova nomenclatura que permeia e dá identidade ao livro como um todo – treinamento, desenvolvimento e educação (TD&E).

ORIGEM DA EXPRESSÃO
TREINAMENTO E DESENVOLVIMENTO (T&D)

As primeiras ações envolvendo treinamento e desenvolvimento de pessoal podem ser reportadas aos primórdios da civilização, quando o homem da caverna repassava aos seus descendentes os conhecimentos básicos que asseguravam a sobrevivência e a continuidade da espécie humana. Muitos milênios passaram até que, em face do progresso alcançado pela humanidade, as atividades de treinamento e desenvolvimento de pessoal começassem a ser percebidas, compreendidas, sistematizadas e utilizadas em benefício mais amplo. A Segunda Guerra Mundial marcou o início do processo de reconhecimento e sistematização das ações de treinamento e desenvolvimento de pessoal. Nos anos que se seguiram, o interesse despertado pela área gerou um conjunto de conhecimentos que passou a ser substancialmente utilizado pelas organizações (Vargas, 1996).

Por que a área ficou internacionalmente conhecida como *treinamento e desenvolvimento* (T&D)?

A expressão *treinamento e desenvolvimento* surgiu dentro do cenário empresarial norte-americano, no contexto de criação da American Society for Training and Development (ASTD). Uma síntese do processo de criação e evolução da ASTD será apresentada a seguir, feita com base nos registros históricos da própria entidade.

A história da ASTD mostra que as sementes da sua criação foram lançadas em Nova Orleans, estado norte-americano de Louisiana, durante a reunião de um comitê de treinamento do American Petroleum Institute, em 1942. Os Estados Unidos estavam em guerra, e o treinamento de pessoal era crítico para atender as necessidades do aumento de produção e de recolocação dos trabalhadores que vieram suprir as vagas criadas em função do alistamento militar.

No ano seguinte, 1943, um grupo formado por pessoas envolvidas com treinamento em diferentes organizações participou da primeira reunião oficial da American Society of Training Directors (nome original da entidade), em Baton Rouge, Louisiana. Esse grupo começou a pensar em termos de um escopo mais amplo para a área de treinamento de pessoas, tornando-se o núcleo de um grupo verdadeiramente nacional, convertido depois em entidade oficial, em 1945, em Chicago. Outros grupos de treinamento locais e regionais, bem como aqueles específicos oriundos das organizações de trabalho gradualmente foram se alinhando com a recém-criada ASTD. Na convenção de 1946, a ASTD adotou uma constituição que estabeleceu para si os seguintes objetivos: elevar o padrão e o prestígio do profissional que atua com treinamento nas organizações e promover a educação e o desenvolvimento desse profissional.

Até os anos de 1970, falava-se apenas em treinamento dentro da ASTD. O termo *desenvolvimento de recursos humanos* foi criado no final da década de 1970 por Leonard Nadler, um professor de educação de adultos da George Washington University. Durante uma das reuniões da então American Society of Training Directors, Nadler falou, pela primeira vez, que tudo aquilo que estava sendo tratado deveria, na realidade, ser chamado de desenvolvimento de recursos humanos.

No final de 1970, a ASTD tinha adquirido uma nova identidade. Entre outras coisas, ela conseguiu transformar a visão restrita de treinamento que marcava a disciplina para algo de maior abrangência. Nesse processo de mudança dois fatores marcaram a transformação da área:

- A identidade profissional da disciplina mudou de treinamento para uma identificação mais ampla, abraçando parte da idéia de desenvolvimento de recursos humanos proposta originalmente por Nadler. Refletindo esse progresso, a entidade mudou seu nome para American Society for Training and Development (ASTD).
- A ASTD resolveu se internacionalizar, apoiando a formação de organizações de T&D em outros países, ajudando no estabelecimento da International Federation of Training and Development Organizations (IFTDO).

A partir da década de 1970, a área de T&D começou a ser revisada periodicamente pelo *Annual Review of Psychology*. Até então, segundo Campbell (1971), T&D era discutido dentro de subseções da psicologia do trabalho e da administração de pessoal.

INFORMAÇÃO, INSTRUÇÃO, TREINAMENTO, DESENVOLVIMENTO E EDUCAÇÃO

A aprendizagem humana pode se dar por várias maneiras. Abbad e Borges-Andrade (2004) esclarecem que, nas organizações, nem todas as situações que geram aprendizagem são ações formais de treinamento, desenvolvimento e educação. Nesta seção serão abordados, além desses três conceitos, outros envolvendo ações de indução de aprendizagem.

Informação

Informação, aqui entendida como uma forma de indução de aprendizagem, pode ser definida como módulos ou unidades organizados de conteúdo, disponibilizados em diferentes meios, com ênfase nas novas tecnologias da informação e da comunicação. O acesso à informação pode se dar, por exemplo, por meio de portais corporativos, *links*, bibliotecas virtuais, boletins, folhetos e similares.

Tomando por base o contexto do *e-learning*, conceito que será apresentado em subitem deste capítulo, Rosenberg (2001) salienta que um aprendizado que requer informações alcança melhores resultados com o gerenciamento do conhecimento, não sendo necessário um planejamento instrucional sistemático para se chegar ao objetivo. Os objetivos são traçados pelos próprios usuários da informação.

Para muitas pessoas, afirma Rosenberg (2001), a sala de aula simboliza aprendizagem. Pela própria experiência dos indivíduos e pela maneira como a maior parte dos treinamentos foi feita ao longo do tempo, a imagem da sala de aula é algo compartilhado por todos. Assim, não é de se admirar que muitas pessoas continuem a ver a *web* (da expressão *World Wide Web*), como uma versão *on-line* da experiência de sala de aula.

Todavia, a *web* é muito mais do que isso. Rosenberg (2001) a compara a uma grande biblioteca repleta de informações valiosas prontas para atender as mais diferentes demandas dos indivíduos. Enquanto muitas pessoas acessam a *web* para se divertirem, fazer compras e enviar *e-mails*, outras navegam na internet com o objetivo de buscar informação. Salienta Rosenberg, quando fazem isso, estão aprendendo. A necessidade de encontrar uma informação reflete o desejo inato de aprender.

Segundo Rosenberg, algumas pessoas argumentam que informação não é treinamento. Isso pode ser verdade, afirma o autor, mas se o indivíduo agrega valor à informação que busca pela compreensão do sentido que ela representa, ou seja, transforma-a em conhecimento, isso pode não ser treinamento, mas é aprendizagem. Afinal, se as pessoas não aprendem com as informações que buscam, por que iriam a uma biblioteca?

Instrução

A instrução pode ser definida como uma forma mais simples de estruturação de eventos de aprendizagem que envolve definição de objetivos e aplicação de procedimentos instrucionais. É utilizada para transmissão de conhecimentos, habilidades e atitudes simples por intermédio de eventos de curta duração como aulas e similares. Os materiais podem assumir a forma de cartilhas, manuais, roteiros, etc., podendo, em alguns casos, serem auto-instrucionais.

Essa definição aumenta o escopo do conceito de instrução proposto por Romiszowski (1978, apud Bastos, 1991), o qual especifica que instrução seria apenas "o processo que implica definição de objetivos específicos e métodos de ensino antes do início do processo de aprendizagem". Bastos (1991), ao analisar o conceito de Romiszowski explica que, na visão do autor, instrução seria, portanto, somente parte ou parcela de conceitos maiores como o de treinamento e o de educação. Esses dois conceitos serão discutidos adiante.

Outra definição de instrução que também amplia o conceito proposto por Romiszowski é apresentada por Pontual (1978, apud Bastos, 1991), com base em uma série de definições estabelecidas na década de 1950 pelo Congresso Internacional de Ciências Administrativas: "a instrução é o vocábulo usado para indicar os processos formais e institucionalizados por meio dos quais a educação é ministrada até a adoção de uma profissão". Bastos (1991) chama a atenção para o fato de que essa definição não tem o mesmo significado daquela apresentada por Romiszowski, embora esteja presente em ambas a noção de algo intencionalmente planejado e ministrado.

Treinamento

Existem na literatura várias definições sobre treinamento, entretanto, observa-se que, embora numerosas, elas guardam grande coerência entre si. O Quadro 7.1, apresentado a seguir, sumariza algumas definições encontradas na literatura.

Bastos (1991) faz uma interessante análise de alguns conceitos apresentados no Quadro 7.1. Segundo o autor, enquanto Wexley (1984) enfatiza a ação planejada da organização, Goldstein (1991) e o United Kingdom Department of Employment (1971, apud Latham, 1988) destacam o processo de aquisição/modificação de comportamentos voltado para melhorar o desempenho no trabalho. Essas duas dimensões básicas acabaram por estar combinadas na definição proposta por Hinrichs (1976), que oferece um exame mais detalhado do conceito e destaca alguns aspectos complementares à sua definição, por exemplo:

- A aprendizagem desejada deve contribuir para o alcance dos objetivos organizacionais (ampliar a sua efetividade).
- Por aprendizagem deve-se entender o processo de mudança de comportamentos pela experiência (no caso, atividade de treinamento).
- A noção de treinamento deve ser entendida como um processo sistemático, intencionalmente conduzido pela organização.

Quadro 7.1
DEFINIÇÕES DE TREINAMENTO

Autor	Definição
Hinrichs (1976)	• "Treinamento pode ser definido como quaisquer procedimentos, de iniciativa organizacional, cujo objetivo é ampliar a aprendizagem entre os membros da organização."
Nadler (1984)	• "Treinamento é aprendizagem para propiciar melhoria de desempenho no trabalho atual."
Wexley (1984)	• "Treinamento é o esforço planejado pela organização para facilitar a aprendizagem de comportamentos relacionados com o trabalho por parte de seus empregados."
UK *Department of Employment* (1971, apud Latham 1988)	• "Treinamento é o desenvolvimento sistemático de padrões de comportamentos, atitudes, conhecimento-habilidade, requeridos por um indivíduo, de forma a desempenhar adequadamente uma dada tarefa ou trabalho."
Goldstein (1991)	• "Treinamento é uma aquisição sistemática de atitudes, conceitos, conhecimento, regras ou habilidades que resultem na melhoria do desempenho no trabalho."

- Comportamento deve ser visto como um rótulo geral, incluindo, também, cognições e sentimentos. Como qualquer comportamento aprendido pode ser pensado como uma habilidade, treinamento pode ser entendido como o processo de ampliar/desenvolver habilidades; no caso, aquelas que melhorem o nível de proficiência de uma determinada tarefa, sendo, normalmente, agrupadas em três categorias: motoras, cognitivas e interpessoais.

Segundo Bastos (1991), a definição proposta por Hinrichs (1976) fornece parâmetros importantes para pensar o conceito de treinamento e diferenciá-lo de outros conceitos. Apesar de revelar-se ampliado ao incluir todas as possíveis modalidades de habilidades e quaisquer procedimentos de iniciativa da organização, Bastos salienta que a definição de Hinrichs consegue restringir a amplitude do conceito de treinamento ao incluir o critério de intencionalidade em produzir melhora do desempenho e o controle desse processo pela organização. Assim, considerando-se esse contexto, treinamento não pode ser reduzido, como geralmente ocorre, à oferta de cursos em sala de aula; por outro lado, destaca Bastos, a definição dada por Hinrichs não abarca todas as experiências de aprendizagem no contexto organizacional.

Com o propósito de explicitar melhor sua análise da definição de Hinrichs para treinamento, Bastos (1991) cita como exemplo o estudo de Weis (1978, apud Bastos, 1991), que analisou o processo de aprendizagem social de valores relativos ao trabalho em organizações. A experiência de trabalho (que envolveu contato com as pessoas, em particular com supervisores) gerou mudanças nos valores do trabalhador, processo muitas vezes não intencionalmente planejado. Em síntese, reforça Bastos, todo o processo de socialização que ocorre no contexto de trabalho – implicando aprendizagem e mudança de comportamento – não acontece com base em procedimentos intencionalmente concebidos e sob controle da organização, aos quais se costuma chamar de "treinamento". Assim, também, o próprio processo de aprimoramento do desempenho em uma determinada tarefa, como produto de experiência individual em executá-la, também não poderia ser incluído no âmbito de treinamento.

Rosenberg (2001) discute o papel do treinamento declarando que ele é usado quando necessário formatar a aprendizagem numa direção específica – para apoiar os indivíduos na aquisição de uma nova habilidade, utilizar um novo conhecimento de uma determinada maneira ou em um determinado nível de proficiência e, algumas vezes, dentro de um específico período de tempo. Por exemplo, os pilotos são treinados até que demonstrem suficiente domínio de habilidades e competências necessárias a operar uma aeronave de forma segura; cirurgiões são treinados por causa das graves consequências que poderiam ocorrer caso não tivessem domínio suficiente das habilidades requeridas ao exercício dessa profissão; policiais são treinados não apenas porque a sociedade precisa que demonstrem domínio das habilidades exigidas à profissão, mas porque ela precisa ter certeza de que eles saberão usar essas habilidades de forma apropriada em situações nas quais decisões sobre a vida e a morte são feitas em questão de segundos.

O treinamento, na visão de Rosenberg (2001), apresenta quatro elementos principais:

- A *intenção* de melhorar um desempenho específico, normalmente derivada de uma avaliação de necessidades e refletida na elaboração de objetivos instrucionais.
- O *desenho* que reflete a estratégia instrucional que melhor se ajusta à aprendizagem requerida e às características da clientela, bem como às estratégias de mensuração que apontam a eficácia do treinamento.
- Os *meios* pelos quais a instrução é entregue, que pode incluir a sala de aula, uma variedade de tecnologias, estudos independentes ou a combinação de diferentes abordagens.
- A *avaliação*, cujos níveis de complexidade podem variar desde situações mais simples até as mais formais que incluam exigência de certificação.

As diferentes formas de treinamento e o sistema de tecnologia instrucional que apóia essa ação específica de indução de aprendizagem serão discutidos em vários capítulos deste livro.

Desenvolvimento

Conforme descrito na parte introdutória deste capítulo, a história parece atribuir a Leonard Nadler a criação da expressão *desenvolvimento de recursos humanos*. Nadler (1984) conta que, quando apresentou a idéia pela primeira vez, em 1969, ela não obteve imediata aceitação internacional. A expressão era usada de forma pouco freqüente e sem muita relação com a área que hoje a adotou.

Para Nadler (1984), a expressão *desenvolvimento de recursos humanos* tem uma única e identificada função: refere-se à promoção de aprendizagem para empregados (ou não), visando a ajudar a organização no alcance dos seus objetivos. O autor defende o uso dessa expressão porque nela estariam embutidos três importantes conceitos – treinamento, desenvolvimento e educação. Ao estabelecer distinções isoladas para cada um desses conceitos, Nadler define desenvolvimento como "aprendizagem voltada para o crescimento individual, sem relação com um trabalho específico".

Tomando por base a nomenclatura mais conhecida na literatura da área de administração (embora contestada por alguns autores que discordam do termo "recurso"), Bastos (1991) afirma que desenvolvimento de recursos humanos é hoje um conceito tido como mais global, envolvendo outras funções da administração de pessoal além de treinamento; sua crescente utilização, afirma o autor, prende-se à dinâmica das próprias organizações em sua trajetória de tratar de forma mais abrangente os seus recursos humanos. Bastos ressalta que desenvolvimento engloba e não substitui o conceito de treinamento.

Vargas (1996) agrupa os dois conceitos – treinamento e desenvolvimento – em uma única definição. Para a autora, treinamento e desenvolvimento representam a aquisição sistemática de conhecimentos capazes de provocar, a curto ou longo prazo, uma mudança de ser e de pensar do indivíduo, por meio da internalização de novos conceitos, valores ou normas e da aprendizagem de novas habilidades.

Sallorenzo (2000) também reconhece a natureza menos específica do vínculo entre desenvolvimento e o contexto de trabalho. A autora define desenvolvimento como um processo de aprendizagem mais geral, porque propicia o amadurecimento de indivíduos de forma mais ampla, não específica para um posto de trabalho.

Educação

De todos os conceitos analisados até agora, educação pode ser considerada uma das formas mais amplas de aprendizagem, com um escopo que extrapola o contexto específico do mundo do trabalho. O Quadro 7.2 mostra as definições de educação encontradas em dois importantes dicionários.

Segundo Peters (1967), as pessoas podem educar-se lendo livros, explorando seu meio ambiente, viajando, conversando e, até mesmo, assistindo aulas. Essa idéia é similar à citada por Pontual (1978; Bastos, 1991) na definição estabelecida na década de 1950 pelo Congresso Internacional de Ciências Administrativas: "A educação refere-se a todos os processos pelos quais as pessoas adquirem compreensão do mundo, bem como capacidade para lidar com seus problemas".

Nadler (1984) define educação como "aprendizagem para preparar o indivíduo para um trabalho diferente, porém identificado, em um futuro próximo". Essa definição é importante porque trata, mais especificamente, do conceito de educação aplicado ao contexto das organizações de trabalho. Segundo o autor, esse "trabalho diferente" pode, às vezes, implicar promoção. Geralmente, o oferecimento de oportunidades de educação está associado a uma movimentação do indivíduo para níveis melhores na estrutura salarial da organização.

Uma visão integrada dos cinco conceitos

Sallorenzo (2000) propõe um diagrama, apresentado na Figura 7.1, que ilustra a abrangência de quatro conceitos – instrução, treinamento, educação e desenvolvimento – apresentados nesta primeira seção.

Conforme ilustrado na Figura 7.1, Sallorenzo (2000) esclarece que o conceito de desenvolvimento engloba o de educação, que engloba o de treinamento, que, por sua vez, engloba o de instrução.

Zerbini (2003) e Carvalho (2003) propuseram alterações no diagrama de Sallorenzo. A primeira alteração diz respeito à introdução do conceito de in-

Quadro 7.2
DEFINIÇÕES DE EDUCAÇÃO

	Dicionário Houaiss	Dicionário Webster
Educação	1. Ato ou processo de educar (-se). 1.1 qualquer estágio desse processo. 2. Aplicação dos métodos próprios para assegurar a formação e o desenvolvimento físico, intelectual e moral de um ser humano; conhecimento e desenvolvimento resultantes desse processo.	1. Ação ou processo de educar ou ser educado. Conhecimento e desenvolvimento resultante de um processo educacional. 2. Campo de estudo que lida principalmente com métodos de ensino e aprendizagem nas escolas.

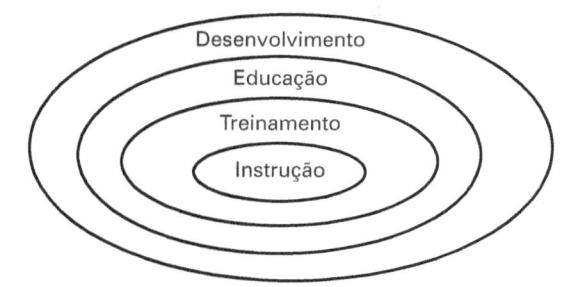

Figura 7.1 Abrangência dos conceitos de instrução, treinamento, educação e desenvolvimento.

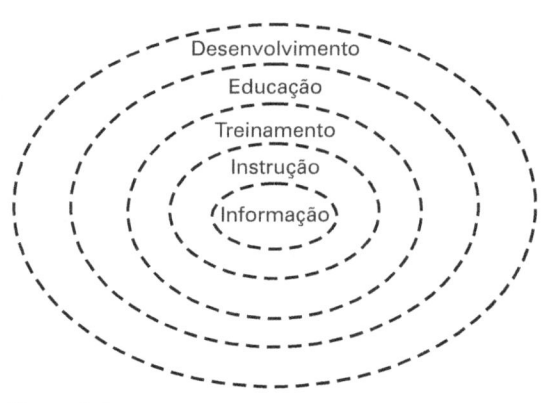

Figura 7.2 Abrangência dos conceitos de informação, instrução, treinamento, educação e desenvolvimento.

formação, pois essa também é uma ação educacional importante. Às vezes, que o indivíduo necessita nem sempre é treinamento sistematizado de uma habilidade específica, mas acesso às informações precisas de um determinado conteúdo. A segunda alteração proposta é a substituição do tipo de linha que envolve cada um dos conceitos, mudando de contínua para tracejada. As linhas tracejadas indicam o enfraquecimento das fronteiras entre os conceitos das diferentes ações educacionais, uma vez que, nas últimas décadas, os limites entre os conceitos estão ficando cada vez mais tênues. A Figura 7.2 ilustra o diagrama proposto por Zerbini (2003) e Carvalho (2003).

Neste capítulo, propõe-se um terceiro diagrama, apresentado na Figura 7.3, com uma modificação na ordem de apresentação de dois conceitos: desenvolvimento e educação. Naturalmente, essa inversão não afetará apenas o desenho do diagrama, mas implicará, também, mudança na forma de se interpretar a abrangência de cada um desses conceitos, uma vez que, ao contrário do que argumentou Sallorenzo (2000), o conceito de desenvolvimento não englobará o de educação, e sim vice-versa.

Por que mudar? Nadler (1984), ao propor as definições para os três conceitos – treinamento, educação e desenvolvimento –, deixou claro que, à época, muitas pessoas argumentaram que, em função das definições dadas, a seqüência mais lógica deveria ser

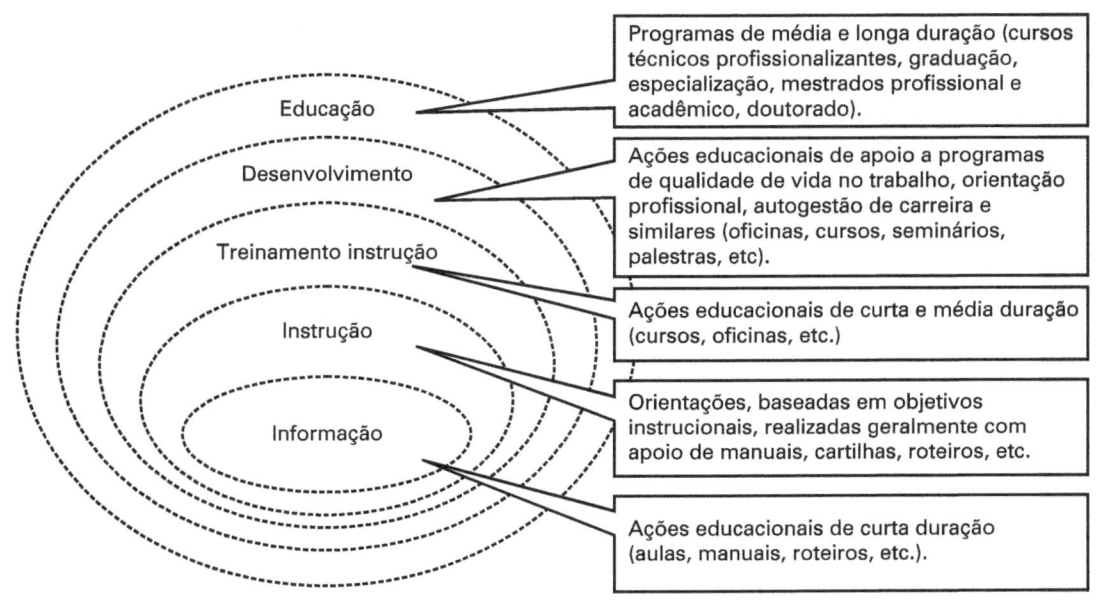

Figura 7.3 Ações de indução de aprendizagem em ambientes organizacionais.

treinamento, desenvolvimento e educação. O autor afirmou que a ordem não era importante, mas sim o entendimento e a distinção dos conceitos.

É possível que, à época, o questionamento das pessoas sobre a ordem dos conceitos tenha a ver com os tipos de ações educacionais a eles relacionados. Ações educacionais referentes ao conceito de treinamento e de desenvolvimento estão mais voltadas para a realização de eventos de curta (às vezes também média) duração, como cursos rápidos, seminários e similares. Nadler (1984) esclarece que as ações educacionais relacionadas ao conceito de desenvolvimento espelham uma preocupação da organização para com o crescimento pessoal (não necessariamente profissional) dos indivíduos. Cursos e palestras sobre qualidade de vida no trabalho, por exemplo, seriam exemplos de desenvolvimento. Em síntese, os tipos de ações educacionais relativos ao conceito de treinamento e de desenvolvimento são parecidos.

Por outro lado, ao tratar o conceito de educação dentro do ambiente de trabalho e defini-lo como "aprendizagem para preparar o indivíduo para um trabalho diferente, porém identificado, em um futuro próximo", Nadler parece associar o conceito a algum tipo mais específico de obtenção de conhecimento formal, como o voltado à formação acadêmica, envolvendo, por exemplo, escolha e direcionamento de profissão. Se correta essa interpretação, exemplos de ações educacionais que poderiam estar associadas a essa forma de indução de aprendizagem incluiriam cursos de média e de longa duração, como técnico profissionalizantes, de graduação, cursos de especialização, mestrado e doutorado.

Assim, considerando-se a abrangência dos três conceitos – treinamento, desenvolvimento e educação – *sob a ótica da complexidade das estruturas de conhecimento envolvidas*, educação teria, certamente, um nível de complexidade maior e, portanto, deveria aparecer como o último círculo do diagrama. Aparentemente, essa nova proposta poderia ser percebida como dissidente, uma vez que, até agora, vários autores nacionais (Sallorenzo, 2000; Carvalho, 2003; Zerbini, 2003; Abbad e Borges-Andrade, 2004) apresentaram o conceito de desenvolvimento no último círculo, quando esboçaram o diagrama de abrangência dos conceitos.

Ressalta-se, todavia, que a presente proposta não se contrapõe à visão dos vários autores sobre o significado do conceito de desenvolvimento, o qual está correto e deve permanecer. O que se discute é a posição do conceito e o nível de abrangência a ele atribuído nos diversos diagramas propostos. O argumento utilizado para se propor essa nova configuração, sintetizado no parágrafo anterior, ancora-se no fato de que Nadler (1984) nunca idealizou diagrama algum e nem estabeleceu, explicitamente, nenhuma ordem de prioridade ou de abrangência para os três conceitos que analisou.

O novo diagrama proposto, além de fazer esse resgate histórico, pretende refletir a realidade atual do mundo do trabalho, principalmente em face de duas importantes circunstâncias.

a) Hoje, nas áreas de gestão de pessoas, parece haver um consenso de que, na prática, o conceito de educação é maior do que o de desenvolvimento, principalmente quando se comparam os tipos de ações educacionais envolvidos.
b) Nas últimas décadas, o conceito de educação evoluiu e passou a assumir novos significados, todos com fortes implicações tanto para o crescimento profissional como para o crescimento pessoal do indivíduo. Nesse esteio, estão conceitos como os de educação continuada, educação para toda a vida e educação corporativa, os quais serão objetos de análise nas seções seguintes deste capítulo.

A Figura 7.3 ilustra essa nova configuração, com base no exposto, proposta para o diagrama de ações de aprendizagem em ambientes organizacionais. Nesta figura procurou-se, também, mostrar alguns exemplos de ações educacionais que poderiam estar associados a cada um dos diferentes tipos de conceito.

A seguir, é feita uma síntese dos cinco tipos de conceitos discutidos nesta seção:

- *Informação* – Módulos ou unidades organizadas de informações e conhecimentos, disponibilizados em diferentes meios (portais, *links*, textos impressos, bibliotecas virtuais, banco de dados, materiais de apoio a aulas, folhetos e similares).
- *Instrução* – Forma mais simples de estruturação de eventos de aprendizagem que envolve definição de objetivos e aplicação de procedimentos instrucionais. É utilizada para transmissão de conhecimentos, habilidades e atitudes simples e fáceis de transmitir ou desenvolver por intermédio de eventos de curta duração. Os materiais assumem a forma de cartilhas, manuais, roteiros, aulas e similares, podendo, em alguns casos, serem auto-instrucionais.
- *Treinamento* – Eventos educacionais de curta e média duração compostos por subsistemas de avaliação de necessidades, planejamento instrucional e avaliação que visam melhoria do desempenho funcional, por meio da criação de situações que facilitem a aquisição, a retenção e a transferência da aprendizagem para o trabalho. A documenta-

ção completa de um evento educacional dessa natureza contém a programação de atividades, textos, exercícios, provas, referências e outros recursos.
- *Desenvolvimento* – Refere-se ao conjunto de experiências e oportunidades de aprendizagem, proporcionadas pela organização e que apóiam o crescimento pessoal do empregado sem, contudo, utilizar estratégias para direcioná-lo a um caminho profissional específico. Gera situações similares aos demais tipos de ações educacionais, porém, neste caso, constituem-se apenas em ferramentas de apoio e estímulo a programas de autodesenvolvimento como os de qualidade de vida e gestão de carreira.
- *Educação* – Programas ou conjuntos de eventos educacionais de média e longa duração que visam à formação e qualificação profissional contínuas dos empregados. Incluem cursos técnicos profissionalizantes, cursos de graduação, cursos de pós-graduação *lato sensu* (especialização) e *stricto sensu* (mestrado profissional, mestrado acadêmico e doutorado).

É importante ressaltar que essas formas de indução de aprendizagem em ambientes organizacionais podem ser associadas à hierarquia de objetos de aprendizagem. Objetos de aprendizagem são unidades ou módulos completos e reutilizáveis de informação, conhecimento ou conteúdo, veiculados por quaisquer meios de ensino. Esses objetos podem ser hierarquizados de acordo com o seu grau de estruturação e complexidade, conforme mostra a Figura 7.4.

Observa-se, na Figura 7.4, que os objetos de aprendizagem podem ser concebidos como unidades de conteúdo articuladas entre si, de modo que unidades completas de conteúdo oriundas de formas mais complexas de indução de aprendizagem podem ser decompostas e recombinadas para formarem eventos mais simples. Do mesmo modo, em sentido oposto, cada estratégia de indução de aprendizagem mais simples pode subsidiar a formação de objetos mais complexos. Assim, um conjunto de informações poderá compor unidades de treinamentos, e, esses, por sua vez, poderão ajudar a compor outros tipos de eventos mais complexos.

Salienta-se, todavia, que o poder de articulação "do" e "com" o último nível – educação – é bem mais tímido, uma vez que os eventos dessa natureza são realizados por instituições de ensino reconhecidas pelo Ministério da Educação. Nesse último nível, de uma maneira geral, somente os cursos de pós-graduação *lato sensu* (especialização) possuem uma abertura maior para estruturação conjunta de conteúdo entre empresas e instituições de ensino.

EDUCAÇÃO ABERTA E EDUCAÇÃO CONTINUADA/ OU EDUCAÇÃO AO LONGO DA VIDA

Educação aberta

Observa-se na literatura que o conceito de educação aberta é constantemente associado (e até mesmo equiparado) ao conceito de educação a distância. Esse segundo conceito será discutido, mais detalhadamente, adiante neste capítulo.

Peters (2001) afirma que, na Comunidade Européia e na Unesco, ambos os termos são usados regularmente lado a lado, embora, na maioria das vezes, se tenha em mente apenas o conceito de educação a distância. O autor chama a atenção para essa confusão conceitual ao esclarecer que ambos os conceitos estão sendo usados como sinônimos em muitas partes do mun-

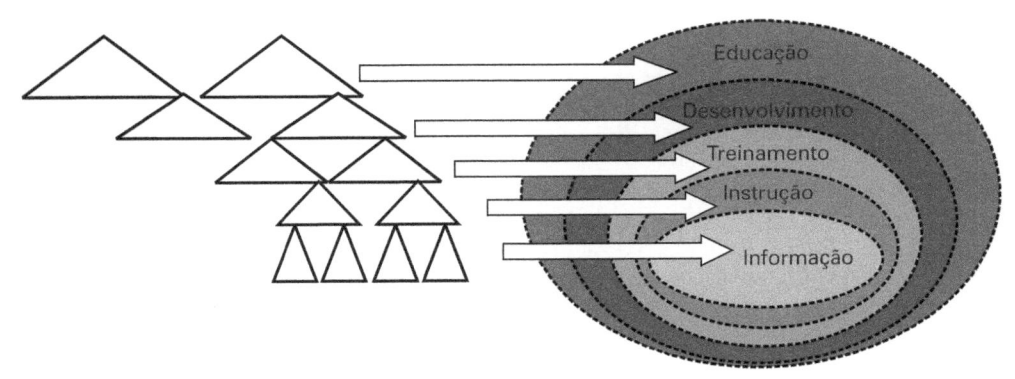

Figura 7.4 Estrutura hierárquica dos objetos de aprendizagem.

do, embora na verdade apenas se sobreponham. O autor cita alguns exemplos interessantes:

- Em 1985, a revista *Teaching at a Distance* mudou seu nome para *Open Learning*.
- Em 1994, o governo da Suíça realizou, em Genebra, uma conferência internacional com o significativo tema *Open and Distance Learning*.

Peters (2001) ressalta que muitos autores opõem-se ao uso dos dois conceitos como sinônimos, lembrando que a responsabilidade na educação a distância e na educação aberta tem cada qual sua própria configuração.

Essa questão também foi discutida no relatório elaborado por um grupo de trabalho formado por pesquisadores da Edith Cowan University e University of Southern Queensland, para o Australian Education Council (1992). Uma síntese das principais partes desse relatório, feita a seguir, mostra a posição da Austrália sobre o assunto.

Definir educação aberta ainda não é uma tarefa fácil. Existe um debate entre os pesquisadores da área com respeito às diferenças entre educação a distância e educação aberta, o que dificulta, inclusive, a busca na literatura por artigos que lidem apenas com essa segunda forma de educação.

Alguns autores defendem a idéia de que a maior parte das iniciativas de educação aberta, tanto no passado como no presente, são também de educação a distância. Outros autores procuram identificar certas orientações específicas com relação à prática da educação aberta, na tentativa de separar um pouco os dois conceitos. Por exemplo, há artigos que vêm uma dicotomia entre a orientação para o desenvolvimento de uma educação aberta, a qual estaria mais preocupada com o desenvolvimento individual dos alunos, e uma orientação voltada para a disseminação, na qual a educação aberta daria suporte mais efetivo à disseminação do conhecimento. Nesse último caso, a educação a distância, por meio das suas diversas mídias (televisão, computadores e outras), daria um forte suporte à disseminação do modelo de educação aberta.

A educação aberta tanto é um ideal (uma filosofia) como é a implementação de um objetivo ou estratégia. É relevante, todavia, que sob nenhuma circunstância os ideais da educação aberta sejam comparados com estudos "privados" individuais. Embora ambos abram oportunidades com respeito ao acesso, tempo, lugar e conteúdo de estudo, bem como à ênfase na aprendizagem independente, o foco dos estudos privados está mais no acesso (por meio da tecnologia) do que na preocupação com a qualidade da experiência de aprendizagem em termos, por exemplo, de estrutura do conteúdo, diagnósticos dos erros, *feedback* para correção e avaliação do desempenho, entre outros.

Com o propósito de administrar a complexidade das definições, idéias, ideologias e concepções equivocadas, foi proposto um modelo com cinco categorias de tipos de educação aberta, desenhado para incluir diferentes graus de abertura, flexibilidade e foco, bem como atenção individual dada ao aluno. O Quadro 7.3 ilustra esse modelo:

A literatura indica muitas variações na natureza e na extensão da educação aberta, partindo de contextos altamente estruturados e menos abertos, até o extremo oposto, com ambientes de aprendizagem que operam em escalas locais menores. A idéia do modelo apresentado no Quadro 7.3 é de que ele sirva para refletir não apenas a extensão do sistema, mas também a capacidade de prover o maior número possível de atributos que atendam a um ideal de educação aberta.

Observa-se, em uma análise do relatório dos pesquisadores australianos, uma tentativa de separar os dois conceitos – educação aberta e educação a distância –, atribuindo uma qualidade mais filosófica e ideológica ao conceito de educação aberta. Eles salientam, ainda no relatório, o fato de que muitos atributos da filosofia e dos programas de educação aberta já eram falados há, pelo menos, 200 anos, seguindo as idéias dominantes dos valores e práticas da educação humanista. Por razões como a dispersão geográfica, as modernas tecnologias de comunicação passaram a desempenhar um papel importante no contexto da educação aberta.

Há um forte paralelo entre a posição dos pesquisadores australianos, expressada no relatório feito para o Australian Education Council (1992), e o argumento defendido por Peters (2001). Esse autor ressalta a importância da análise da concepção de educação aberta porque ela mostra de forma direta e paradigmática não apenas como o comportamento de ensino e aprendizagem na educação a distância poderia e deveria ser desenvolvido de modo diferente do que acontece hoje, mas também que fatores políticos, sociais, econômicos e pedagógicos devem ser, obrigatoriamente, levados em consideração. Por causa disso, afirma Peters, todo teórico e prático da educação a distância deveria estudar a fundo a concepção de educação aberta.

Ao fazer uma análise do conceito de educação aberta, independentemente do conceito de educação a distância, Peters (2001) esboça oito princípios fundamentais que marcam essa concepção:

Quadro 7.3
MODELO DOS DIFERENTES NÍVEIS DE EDUCAÇÃO ABERTA

Nível	Descritores
1	Toda educação aberta apresenta, especificamente: • Opções de aprendizagem mantidas constantemente abertas (não há períodos específicos para matrícula). • Os alunos têm controle sobre *como* e *onde* vão aprender. • O curso se justifica pelo custo-benefício, pela eficiência e pela eqüidade.
2	Sistemas de larga escala que usam métodos mais tradicionais de educação a distância devem oferecer, obrigatoriamente: • Oportunidades para uma "segunda chance". • Qualidade dos recursos usados para a entrega do curso. • Possibilidade de os alunos controlarem *quando* vão aprender.
3	Sistemas de distribuição de programas de cursos devem incluir: • Facilidade de uso da tecnologia educacional. • Flexibilidade para entrada e saída dos alunos. • Possibilidade de os alunos controlarem *o que* vão aprender.
4	Cursos isolados, geralmente em uma área especializada, devem: • Satisfazer as necessidades individuais dos alunos. • Estar associados a um contrato de ensino/aprendizagem. • Ter seus componentes programados de forma flexível.
5	Atividades de "sala de aula" são atividades de "reunião de turma", nas quais: • O professor atua como *facilitador*. • Os alunos trabalham em atividades gerais, a distância, onde estiverem.

Fonte: Adaptado do relatório do Australian Education Council (1992).

- *Princípio da Igualdade* – Educação aberta refere-se, em termos gerais, à aquisição de conhecimentos, habilidades e atitudes em princípio *acessível para qualquer pessoa*, da qual, portanto, ninguém pode estar excluído.
- *Princípio da Igualdade de Chances* – Para que realmente possa ocorrer um aprendizado nesses termos, devem ser eliminadas tradicionais barreiras educacionais, como, por exemplo, custos econômicos no caso de renda insuficiente, práticas educacionais que desconsiderem esse método de estudo, ambiente sociocultural desfavorável ou o fato de alguém ser membro de grupos minoritários.
- *Princípio da Educação Permanente e Ubíqua* – Esse modo de estudar não está condicionado nem a determinados ciclos de vida nem a locais e épocas fixas. Portanto, ele tem que ser possível em toda parte e em qualquer época
- *Princípio do Currículo Aberto* – Passando das condições exteriores para as interiores da educação aberta, os programas de ensino não devem ser definidos e elaborados antecipadamente, à maneira científico-empírica, mas, sim, devem estar "abertos" para desdobramentos imprevistos na construção de uma competência de âmbito individual.
- *Princípio do Estudo Centrado no Aluno* – Analogamente, também a seqüência do estudo não deve ser preestabelecida rigidamente, independente dos alunos, mas, sim, partir de seus objetivos e perspectivas, interesses e experiências pessoais, elaborada com sua participação.

- *Princípio do Estudo Autônomo* – Os alunos não devem ser objetos, mas, sim, sujeitos do processo de aprendizagem. Por isso, devem ser criadas situações de ensino e aprendizagem nas quais eles mesmos possam organizar seu estudo.
- *Princípio do Estudo por Meio de Comunicação e Interação* – O próprio estudo não deve ser iniciado e dirigido por eventos expositivos e receptivos ritualizados, mas, sim, por meio de discussão e interação.
- *Princípio da Relação com a Vida* – Por fim, esse estudo não acontece em instituições relativamente fechadas, determinadas por uma organização burocrática e, muitas vezes, até enrijecida, mas, sim, abre-se ao comprovar-se na prática do dia-a-dia.

Peters (2001) ressalta que essas exigências não são utópicas, como alguns poderiam pensar inicialmente, pois o progresso tecnológico oferece condições para colocá-las em prática. O autor lembra que isso já era assim nos anos de 1970 e 1980 e vale tanto mais para a atualidade, uma vez que hoje os meios de informação e comunicação estão muito mais eficientes e desenvolvidos.

Observa-se, assim, que semelhante ao argumento defendido pelos pesquisadores no relatório australiano, também há uma visão de autores de outros continentes reforçando o aspecto filosófico e idealista da educação aberta e que a diferenciaria da educação a distância.

Peters (2001) reforça mais ainda essa distinção entre os dois conceitos ao lembrar que a concepção de educação aberta surgiu, em parte, a partir da crítica ao ensino universitário tradicional que vem sendo feita desde o final dos anos de 1960. Desde então, afirma o autor, busca-se a *igualdade de chances* também na universidade: fortalecer a autonomia e a autoatividade dos alunos por meio de estudo investigador; eliminar a relação hierárquica entre docentes e discentes e substituí-la por uma relação de parceria; incluir os interesses dos alunos no ensino superior, uma vez que eram ignorados pelos docentes em virtude de sua forte orientação nos conteúdos e sua exposição sistemática; relacionar o estudo mais com a vida e o mundo do trabalho, e buscar um agir comunicativo como método eficiente da transmissão do saber.

As idéias reformistas da concepção de educação aberta são, portanto, perfeitamente imagináveis e aplicáveis também ao ensino universitário presencial, conforme defende Peters (2001). Nesse caso, ao se atribuir à educação aberta uma característica mais filosófica, a educação a distância poderia ser entendida, simplesmente, como uma modalidade de ensino-aprendizagem, visão que parece ser assumida por muitos autores.

Educação continuada ou educação ao longo da vida

Educação continuada ou educação ao longo da vida? Embora muitas vezes esses dois conceitos sejam usados de forma indistinta, há autores que discutem alguma diferenciação entre eles. Na visão de Tight (1999), educação continuada está mais atrelada a uma preocupação com certificação, atualização e retreinamento, enquanto educação ao longo da vida possui um foco mais amplo que envolve toda a aprendizagem que acontece durante a vida do indivíduo.

O argumento de Tight (1999) parece encontrar ressonância na declaração de outros autores sobre o fato de que uma pessoa motivada é um aprendiz para toda a vida. Analisando-se o relatório sobre a educação para o século XXI, feito para a Unesco, por Delors (2003), observa-se que também nessa obra, embora o autor não especifique em nenhum momento a diferenciação entre os dois conceitos, muito pelo contrário, ele os trata de forma integrada, é possível perceber claramente os contornos de cada um deles.

Sob a denominação de educação ao longo da vida, Delors (2003) fala sobre a importância que esse conceito assumiu nas últimas décadas, porque a educação passou a ocupar cada vez mais espaço na vida das pessoas, desempenhando um novo papel na dinâmica das sociedades modernas. Ao explicitar as causas desse fenômeno, é possível observar que o autor acaba por esboçar a diferenciação entre educação continuada e educação para toda vida, conforme se depreende da leitura feita de alguns parágrafos.

Segundo Delors, a divisão tradicional da existência em períodos distintos – o tempo da infância e da juventude consagrado à educação escolar, o tempo da atividade profissional adulta, o tempo da aposentadoria – já não corresponde às realidades da vida contemporânea e, ainda menos, às exigências do futuro. É impossível nos dias atuais se pensar que a bagagem inicial de conhecimentos adquiridos na juventude será suficiente para o indivíduo se manter ativo e competitivo no mercado, porque a evolução rápida do mundo exige uma atualização contínua dos saberes. Neste parágrafo, fica clara a idéia da educação continuada proposta por Tight (1999), pois Delors trata, mais especificamente, da necessidade de o indivíduo continuar a estudar para se manter atualizado e competitivo na sua atividade profissional.

Além da necessidade de atualização contínua dos conhecimentos, afirma Delors (2003), a redução do período de atividade profissional, a diminuição do volume total de horas de trabalho remuneradas e o prolongamento da vida após a aposentadoria aumentam o tempo disponível para outras atividades. Nesse parágrafo, começa a entrar a noção de educação para toda a vida discutida por Tight (1999), pois é ressaltado que o indivíduo não irá aprender apenas em função da melhoria do desempenho do trabalho atual, mas em função de outras perspectivas que poderão se abrir para ele.

Por último, Delors (2003) aponta que, em face das necessidades das sociedades modernas, não se pode continuar a definir a educação em relação a um período particular da vida – educação de adultos, por oposição à dos jovens – ou a uma finalidade demasiado circunscrita – a formação profissional, distinta da formação geral. Doravante, afirma o autor, o indivíduo precisa aprender ao longo de toda a vida, e uns saberes penetram e enriquecem os outros. É esse *continuum* educativo, co-extensivo à vida e ampliado às dimensões da sociedade, que o relatório para a Unesco, por ele coordenado, resolveu designar pela expressão "educação ao longo da vida". Segundo Delors, a educação ao longo da vida, bem além de uma adaptação necessária às exigências do mundo do trabalho, é a condição para um domínio mais perfeito dos ritmos e dos tempos da pessoa humana. Aqui, o autor busca uma integração dos dois conceitos, mas acaba por destacar que a educação ao longo da vida tem um escopo muito maior do que o de educação continuada, consoante com o argumento apresentado por Tight (1999).

EDUCAÇÃO A DISTÂNCIA, EDUCAÇÃO CORPORATIVA, UNIVERSIDADE CORPORATIVA E *E-LEARNING*

Educação a distância

Existe um número grande de definições usadas para descrever o processo de ensino-aprendizagem que ocorre fora de uma sala de aula tradicional. O Quadro 7.4, apresentado a seguir, mostra algumas dessas definições.

Segundo Vargas (2003), embora seja grande o número de definições para educação a distância, a literatura perde em concisão e objetividade, pois muitos autores confundem definição com explicação, formulando enunciados de conteúdos excessivamente extensos. Além disso, explica Vargas, diversos autores chamam a atenção para a necessidade de se reestruturar várias definições ainda em uso, por se

Quadro 7.4
DEFINIÇÕES DE EDUCAÇÃO A DISTÂNCIA

Autor	Definição
Peters (1983)	Educação a distância é um método racionalizado de prover conhecimento – tomando-se por base a definição do trabalho –, a qual, como resultado da aplicação de princípios da organização industrial, bem como do uso extensivo da tecnologia, facilita a reprodução da atividade de ensino em grande escala, permitindo que um número grande de alunos participe, simultaneamente, de estudos universitários, independentemente de seus locais de trabalho e residência.
Moore e Kearsley (1996)	Educação a distância é uma aprendizagem planejada que normalmente ocorre em diferentes lugares de onde se encontra o professor, o que requer técnicas especiais de desenho de curso, de tecnologias instrucionais, de métodos de comunicação eletrônica e outras tecnologias, bem como arranjos administrativos e organizacionais especiais.
Decreto 2494 (10/02/1998)	Educação a distância é uma forma de ensino que possibilita a auto-aprendizagem, com a mediação de recursos didáticos sistematicamente organizados, apresentados em diferentes suportes de informação, utilizados isoladamente ou combinados, e veiculados pelos diversos meios de comunicação.

basearem em uma visão da educação a distância atrelada aos estudos por correspondência, em que o aluno está física e temporalmente separado do professor e dos outros alunos.

Vargas (2003) definiu educação a distância como "uma modalidade de ensino/aprendizagem que rompe as barreiras do tempo e do espaço, promovendo diferentes formas de interação entre alunos e professores". O objetivo da autora foi construir uma definição com base nos princípios da clareza e da objetividade, evitando incorrer no erro filosófico de confundir a definição de um conceito com a sua explicação.

Pluralidade de conceitos

Além de definições inadequadas ou ultrapassadas, aponta Vargas (2003), a literatura em educação a distância reporta a um outro problema, o da confusão de conceitos. Os termos *educação a distância*, *ensino a distância*, *aprendizagem a distância* e outros correlatos são usados indistintamente, tanto na linguagem cotidiana como na técnica, para descrever o mesmo tipo de acontecimento.

Qual o conceito certo? É difícil dar uma resposta precisa a essa pergunta; contudo, alguns autores defendem que educação a distância seria o conceito mais completo.

- Laaser (1997) – Argumenta que *educação a distância* seria um conceito melhor do que *ensino a distância* e *aprendizagem a distância* por ser mais abrangente. *Ensino a distância* está mais voltado para a figura do professor, enquanto *aprendizagem a distância* enfatiza muito o lado do aluno.
- Perriault (1996, apud Belloni, 1999) – Prefere o uso do conceito de *educação a distância*, esclarecendo que é um termo genérico que inclui o elenco de estratégias de ensino e aprendizagem, o qual, variando em tempo e lugar, assume diferentes denominações como "educação por correspondência" ou "estudo por correspondência", "estudo em casa", "estudo independente", "estudos externos", "ensino a distância", "telensino", "educação a distância", "teleducação", etc.

Educação a distância parece ser o conceito mais amplo, o guarda-chuva que abriga os demais processos de ensino, aprendizagem e treinamento e, talvez por isso, um dos mais usados. Em 1982, quando o International Council for Correspondence Education (ICCE) resolveu atualizar a sua denominação optou por adotar o nome de International Council for Distance Education (ICDE), fortalecendo e, de certa forma, universalizando o uso do conceito. No Brasil, a entidade representativa da categoria também fez a mesma opção, ao denominar-se Associação Brasileira de Educação a Distância (ABED).

Educação corporativa

Educação corporativa ou universidade corporativa?

Éboli (2004) esclarece que programas educacionais sempre existiram nas organizações, mas normalmente eram restritos aos níveis gerenciais e à alta administração. Para a maioria dos empregados, havia programas de treinamento pontuais. O surgimento do modelo de universidade corporativa, segundo a autora, foi o grande marco da passagem do tradicional centro de treinamento e desenvolvimento (T&D) para uma preocupação mais ampla e abrangente com a educação de todos os colaboradores de uma organização. Assim, na visão de Éboli, é com o advento das universidades corporativas que vem à tona a nova modalidade de educação corporativa.

Embora os dois conceitos – *educação corporativa* e *universidade corporativa* – tenham entrado de forma concomitante no ambiente organizacional, observa-se que *universidade corporativa* é um termo muito restritivo, principalmente porque nem toda organização precisa ou vai criar esse tipo de unidade educacional em sua estrutura.

Por outro lado, muitos princípios e práticas que orientam um modelo de universidade corporativa podem perfeitamente ser aplicados em qualquer tipo de organização. Éboli (2004) esclarece que os princípios são as bases filosóficas e os fundamentos que norteiam uma ação, ou seja, são os elementos qualitativos conceituais predominantes na constituição de um sistema de educação corporativa bem-sucedido. São os princípios que dão origem à elaboração de um plano estratégico consistente e de qualidade. As práticas são as escolhas organizacionais que permitem transformar as escolhas estratégicas (competências empresariais) em escolhas pessoais (competências humanas). O Quadro 7.5 apresenta os sete princípios de sucesso de um sistema de educação corporativa e as principais práticas a eles relacionadas, segundo a visão da autora.

Na visão de Vargas (2002), *educação corporativa* é um conceito emergente surgido como fruto das mudanças geradas na arquitetura física e estratégica das organizações, provocadas pela Revolução Tecnológica

Quadro 7.5
PRINCÍPIOS E PRÁTICAS DE SUCESSO DA EDUCAÇÃO CORPORATIVA

Princípios	Práticas
Competitividade	Obter o comprometimento e envolvimento da alta cúpula com o sistema de educação. Alinhar as estratégias, diretrizes e práticas de gestão de pessoas às estratégias do negócio. Implantar um modelo de gestão de pessoas por competências. Conceber ações e programas educacionais alinhados às estratégias do negócio.
Perpetuidade	Ser veículo de disseminação da cultura empresarial. Responsabilizar líderes e gestores pelo processo de aprendizagem.
Conectividade	Adotar e implementar a educação "inclusiva", contemplando o público interno e o externo. Implantar modelo de gestão do conhecimento que estimule o compartilhamento de conhecimentos organizacionais e a troca de experiências. Integrar o sistema de educação com o modelo de gestão do conhecimento. Criar mecanismos de gestão que favoreçam a construção social do conhecimento.
Disponibilidade	Utilizar de forma intensiva tecnologia aplicada à educação. Implantar projetos virtuais de educação (aprendizagem mediada por tecnologia). Implantar múltiplas formas e processos de aprendizagem que favoreçam a "aprendizagem a qualquer hora e em qualquer lugar".
Cidadania	Obter sinergia entre programas educacionais e projetos sociais. Comprometer-se com a cidadania empresarial, estimulando: • a formação de atores sociais dentro e fora da empresa; • a construção social do conhecimento organizacional.
Parceria	*Parcerias internas*: responsabilizar líderes e gestores pelo processo de aprendizagem de suas equipes, estimulando a participação nos programas educacionais e criando um ambiente de trabalho propício à aprendizagem. *Parcerias externas*: estabelecer parcerias estratégicas com instituições de ensino superior.
Sustentabilidade	Tornar-se um centro de agregação de resultados para o negócio. Implantar sistema métrico para avaliar os resultados obtidos, considerando-se os objetivos do negócio. Criar mecanismos que favoreçam a auto-sustentabilidade financeira do sistema.

Fonte: Éboli (2004).

iniciada em meados do século passado. A partir principalmente da década de 1990, as ações de T&D começaram a deslocar-se da esfera restrita da antiga área de recursos humanos, mais preocupada em promover treinamentos específicos para desenvolver habilidades dos empregados, e passaram a permear toda a organização sob o nome de educação corporativa.

Universidade corporativa

Alguns autores sugerem que a melhor forma de se definir universidade corporativa é começar falando sobre o que *não é* universidade corporativa. Por exemplo, uma universidade corporativa *não é simplesmente*:

- uma linda logomarca estampada em camisetas e em correspondências oficiais da organização;
- um novo catálogo *on-line* ou mesmo novos cursos oferecidos na modalidade *on-line*;
- um rótulo criado para dar novo sopro de vida ao antigo departamento de treinamento de pessoal.

Uma das definições mais completas de universidade corporativa é dada por Allen (2002). Além de definir, o autor explica o significado de cada expressão que utiliza:

• Uma universidade corporativa é uma entidade educacional que funciona como uma ferramenta estratégica desenhada com o fim de ajudar a organização-mãe a atingir sua missão, por intermédio da condução de atividades que cultivem a sabedoria, o conhecimento e a aprendizagem individual e organizacional.

Allen (2002) enfatiza que o propósito geral de uma universidade corporativa é apoiar a missão da organização. A obtenção de aprendizagem que não se aplica ao objetivo organizacional não é um resultado positivo para uma universidade corporativa. Para que uma universidade corporativa seja efetiva, empregados e organização devem ter a sabedoria para realmente aplicar a aprendizagem e o conhecimento que adquiriram de forma a ajudar no cumprimento dos objetivos organizacionais.

É importante notar que, com base nessa definição, o treinamento com certeza é uma atividade viável da universidade corporativa. Entretanto, um departamento de treinamento por si só não se qualificaria como uma universidade corporativa, porque suas atividades geralmente não têm um vínculo direto estratégico com a missão organizacional e raramente são desenhadas para cultivar a aprendizagem organizacional, o conhecimento e a sabedoria (Allen, 2002).

Barley (2002) sustenta a mesma posição de Allen (2002) quando afirma que, embora os propósitos primários das universidades corporativas sejam o de construir competências, orientar a mudança organizacional, manter a competitividade organizacional, recrutar e manter talentos, bem como servir aos clientes, o foco principal da maior parte delas está nas práticas estratégicas de negócios, conscientes da responsabilidade de contribuírem para o crescimento e/ou a efetividade organizacional. Barley declara que as universidades corporativas são estratégicas em virtude de serem planejadas e modeladas para atenderem a missão organizacional. São orientadas por resultados porque somente existem enquanto puderem provar o seu valor para a organização.

Meister (1999), antes de Allen e Barley, também já defendia essa mesma posição com relação às diferenças existentes entre uma universidade corporativa e uma área tradicional de treinamento de pessoal. Segundo a autora, a universidade corporativa nada mais é do que uma unidade educativa dentro das organizações. Sua missão é treinar e garantir o aprendizado contínuo de toda a sua cadeia de valor, ou seja, empregados, clientes e fornecedores. O objetivo é que todos passem a ter as qualificações necessárias para atender as metas da organização, colaborando para o seu sucesso. Na visão de Meister (1999), as universidades corporativas são muito mais do que "departamentos de treinamento revestidos de um novo nome". Elas representam um esforço notável das organizações no sentido de desenvolver, em empregados de todos os níveis, as qualificações, o conhecimento e as competências necessários ao sucesso no trabalho atual e futuro.

No modelo tradicional de T&D, observa-se que a função da área de treinamento é a de treinar pessoas para desenvolver suas habilidades para o trabalho. Ela tende a ser uma função mais descentralizada e com vários programas independentes que conseguem (ou buscam conseguir) atender poucas parcelas da população de empregados. Quanto maior a organização, maior a descentralização e, também, a falta de controle sobre quem está sendo treinado, em que está sendo treinado e qual o impacto do treinamento realizado no desempenho final do empregado, dos grupos e da organização.

Uma universidade corporativa trabalha no sentido inverso do que é hoje a função treinamento. Conforme esclarece Meister (1999), ao invés de ser uma função descentralizada e com vários programas independentes, a universidade corporativa funciona de forma mais centralizada e tem um escopo bem mais amplo. Ou seja, uma vez instalada, funciona como um guarda-chuva estratégico que abriga todas as ações de T&D da organização como pode ser visto na Figura 7.5. A proposta de uma universidade corporativa é alinhar aos objetivos empresariais todos os envolvidos na organização, além de oferecer soluções de aprendizagem com relevância estratégica para cada conjunto de cargos ou funções.

Origem das universidades corporativas

As universidades corporativas surgiram no século XX como uma continuação do movimento de educação da força de trabalho iniciada a partir de 1914. Em vez de compactuarem com a lentidão e inaplicabilidade da aprendizagem teórica das univer-

Por que a universidade corporativa é uma entidade educacional?	É essencial caracterizar uma universidade corporativa como uma entidade educacional porque educação é a função primária de qualquer universidade, corporativa ou tradicional.
Por que ela é uma ferramenta estratégica?	Uma universidade corporativa é estratégica ao mesmo tempo em que é uma ferramenta para ajudar a organização a atingir sua missão. A palavra "organização" embutida na definição reconhece que uma universidade corporativa pode estar dentro de qualquer tipo de organização, de fins lucrativos ou não.
Por que dizer que ela "conduz atividades"?	A natureza não-específica dessa frase é intencional, uma vez que existem inúmeras atividades que podem ser conduzidas por uma universidade corporativa, como cursos presenciais e a distância, desenvolvimento gerencial, gestão do conhecimento, etc. O que liga essas atividades é que todas são desenhadas para cultivar a aprendizagem individual e organizacional, o conhecimento e a sabedoria.
Aprendizagem individual e organizacional... Conhecimento e sabedoria...	O foco primário da universidade corporativa é o indivíduo, mas reconhece-se que as organizações também aprendem e que elas são os beneficiários finais das atividades da universidade corporativa. O conhecimento refere-se a fatos específicos, procedimentos e habilidades que podem ser possuídos por um indivíduo ou uma organização. A sabedoria é a capacidade de, efetivamente, aplicar o conhecimento aos objetivos organizacionais.

Figura 7.5 Questões centrais relativas à universidade corporativa.

sidades tradicionais, organizações e indústrias, procuraram suprir suas próprias necessidades criando departamentos de treinamento e desenvolvimento. Essas unidades de negócios foram desenhadas para propiciar aos empregados, novos e antigos, a oportunidade de desenvolverem as habilidades necessárias ao desempenho de suas atividades com precisão e eficiência. Os departamentos de treinamento passaram então a operar com esse objetivo, o de ensinar as tarefas, padrões e rotinas necessários para que os empregados pudessem se desempenhar bem em uma economia baseada em habilidades (Barley, 2002).

Em meados do século passado, esclarece Barley (2002), na medida em que os Estados Unidos mudavam de uma economia industrial – baseada em habilidades – para uma economia da informação – baseada no conhecimento, a efetividade e a presteza dos departamentos de treinamento e desenvolvimento tornaram-se cada vez mais críticas para o crescimento e a prosperidade da organização. A aprendizagem tornou-se não apenas um ato isolado de instrução, mas um processo contínuo que requeria que os empregados aprendessem de forma rápida e constante para fazer face aos avanços tecnológicos e à competição global.

O aumento da dependência de treinamentos internos e a mudança de uma cultura de habilidade para uma cultura de conhecimento levaram as áreas de desenvolvimento de recursos humanos a fazerem uma auto-análise do seu desempenho durante a primeira metade do século XX. Perseguidas com a reputação de serem dispendiosas, desnecessárias e ineficientes, essas áreas de treinamento interno viram-se frente ao mesmo dilema vivenciado no passado pelas universidades tradicionais – a capacidade de lidar com as necessidades específicas de aprendizagem de uma organização e dos empregados que dela fazem parte (Barley, 2002).

Segundo Barley (2002), para compensar pela má reputação criada, as áreas de treinamento inspiraram-se nos modelos de administração para renovar e revolucionar a maneira de lidar com os processos de aprendizagem no ambiente organizacional. Elas perceberam que foram negligenciados alguns elementos críticos de uma boa prática de negócios: estratégia e valor. O treinamento tinha que desenvolver conexões claras com a missão e os objetivos organizacionais, e tinha que provar que estava contribuindo para que a organização fosse capaz de cumprir essa missão e esses objetivos. Emerge, nesse contexto, o modelo de universidade corporativa.

Estrutura da universidade corporativa

Segundo Meister (1999), embora a palavra universidade leve a pensar em um *campus* físico com um corpo docente estável, a versão corporativa é diferente e inovadora. As universidades corporativas representam um processo no qual empregados de todos os níveis estão envolvidos em um aprendizado contínuo e permanente para melhorar seu desempenho no trabalho. Assim, elas existem em diversos formatos e tamanhos, com ou sem um *campus* físico.

Virtual ou não, uma universidade corporativa pressupõe a existência de uma estrutura básica bem organizada e definida, que dê suporte ao pleno funcionamento de suas atividades. Barley (2002) esclarece que, ao incorporarem os elementos críticos de estratégia e de valor, as universidades corporativas podem assumir uma variedade de formas e estruturas organizacionais. Um dos elementos importantes na estrutura da universidade corporativa é a forma como os conteúdos estão organizados. Observa-se que, em geral, essa organização dos conteúdos segue alguns princípios que tem se mostrado comuns em várias organizações, principalmente porque eles são derivados da abordagem baseada em competências. São eles:

- Currículo Básico – Programa de aprendizagem que envolve competências ou áreas de conhecimento que todos os empregados, independentemente do nível hierárquico, precisam saber. Áreas típicas desse currículo envolvem temas como missão, cultura, filosofia de atendimento ao cliente, etc.
- Currículo Transversal – Programa de aprendizagem que envolve competências ou áreas de conhecimento que são comuns a muitas unidades ou áreas da organização.
- Currículo Específico – Programa de aprendizagem que envolve competências ou áreas de conhecimento que são específicas ou exclusivas de determinadas unidades ou áreas da organização.

Em geral, as organizações usam diagramas para ilustrar a apresentação dos conteúdos das suas universidades corporativas. Os diagramas assumem diferentes formas, em função da configuração de conteúdo escolhida, como, por exemplo, o modelo do templo (Figura 7.6), que dá um destaque especial ao currículo de desenvolvimento gerencial, ou o modelo de pizza corporativa (Figura 7.7), que contempla o desenvolvimento de liderança dentro do currículo transversal.

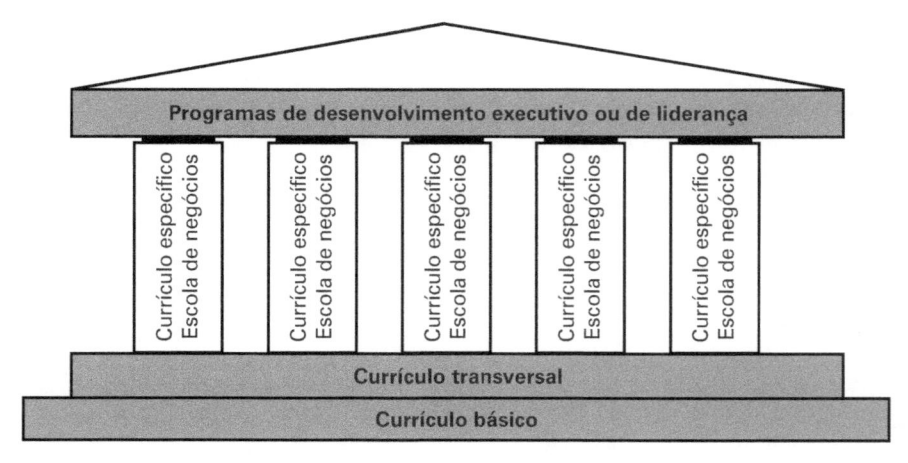

Figura 7.6 Modelo do templo.
Fonte: Adaptado de Barley (2002).

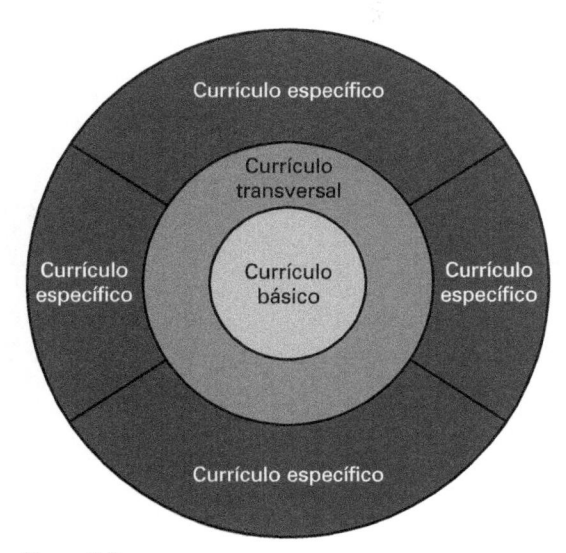

Figura 7.7 Modelo da pizza corporativa.
Fonte: Adaptado de Barley (2002).

Informações mais detalhadas sobre esses e outros modelos de organização de conteúdo nas universidades corporativas podem ser encontradas no artigo de Vargas (2003).

E-learning

Rosenberg (2001) define *e-learning* como o uso das tecnologias da internet para a entrega de um amplo arranjo de soluções que estimule o conhecimento e o desempenho. Segundo o autor, o *e-learning* baseia-se em três critérios fundamentais:

- Trabalha em rede, tornando possível uma atualização instantânea de dados, envolvendo armazenagem e busca, distribuição e compartilhamento de informação ou instrução.
- Chega até ao usuário final por intermédio de um computador usando uma tecnologia padrão de internet.
- Focaliza em uma visão mais abrangente de soluções de aprendizagem que vão muito além do paradigma tradicional de treinamento.

Segundo Verespej (2001), a rapidez das mudanças em uma economia hoje direcionada pela informação, está fazendo com que um número cada vez maior de organizações adote o *e-learning* como forma de treinar os seus empregados. O autor aponta três áreas que estão emergindo como os tipos que melhor se ajustam a essa modalidade de treinamento:

- Treinamento de novos empregados.
- Introdução de novos produtos.
- Situações nas quais o conhecimento precisa ser transferido para um grande número de pessoas ou para um grupo de pessoas que esteja geograficamente disperso.

Origem do e-learning

Segundo Rosenberg (2001), as forças armadas norte-americanas são consideradas a primeira organização a introduzir o *e-learning*. Por meio de parcerias feitas com universidades, buscaram trazer para o processo de aprendizagem os benefícios das psicologias comportamental e cognitiva.

Nos anos de 1960, as primeiras "máquinas de aprender" e "textos de instrução programada" pavimentaram o caminho para os cursos baseados por computador (CBT), ainda embrionários. Nos anos de 1980, o advento dos computadores pessoais representou um marco importante na história do uso do computador como tecnologia instrucional, mas o sucesso ainda estava longe. Uma série de problemas como as diferenças de *hardware*, *software*, programas de linguagem e outras barreiras técnicas dificultaram a expansão do uso dessa tecnologia. Outro grande problema era o causado pela rapidez de mudança da base do conhecimento. Quando cursos que utilizavam a tecnologia de CBT estavam prontos para serem lançados no mercado, os seus conteúdos já estavam obsoletos em função, por exemplo, de uma mudança tecnológica, da atualização de produtos ou de um realinhamento organizacional. A estabilidade do conteúdo passou a ser um critério chave para determinar se um curso seria ou não construído por CBT (Rosenberg, 2001).

Enquanto esses fatos ocorriam, relata Rosenberg (2001), fez-se um grande avanço na compreensão de como os indivíduos aprendiam. Novos princípios de aprendizagem e de motivação foram incorporados à área emergente de desenho instrucional. Caracterizada pela abordagem sistêmica, a chamada tecnologia *soft* ajudou a identificar os fatores críticos de sucesso para a aprendizagem e incorporou-os em metodologias que começaram a ser usadas para criar treinamentos mais efetivos. Entretanto, essa conscientização sobre o que funcionava melhor no campo da aprendizagem geralmente esbarrava nas limitações das tecnologias de computação da época. Em muitos casos, isso limitou drasticamente as estratégias instrucionais que poderiam ser empregadas em cursos do tipo CBT. Hoje, ressalta Rosenberg, esse problema pode ser mitigado se as abordagens mais modernas de desenho instrucional puderem ser combinadas com as novas e mais flexíveis tecnologias da informática.

A estratégia do e-learning

Na visão de Rosenberg (2001), quando uma organização adota uma estratégia de *e-learning*, não introduz apenas uma nova tecnologia de aprendizagem, mas uma nova forma de pensar a aprendizagem. Muitos esforços em usar a tecnologia para a aprendizagem não foram bem-sucedidos porque poucas pessoas conseguiram ver o que estava por detrás dessa tecnologia. Esses esforços geralmente subestimaram a complexidade das interações entre o *e-learning* e a organização, e o quanto é difícil para as pessoas mudarem a atitude sobre como são os eventos de aprendizagem e como eles podem vir a ser. Uma boa estratégia de *e-learning* certamente abordará questões de tecnologia e de efetividade da aprendizagem, mas também abordará questões de cultura, liderança, justificativa, organização, talento e mudança.

Rosenberg ressalta que o *e-learning* seria algo já bastante complexo se o seu único objetivo fosse desenvolver e executar treinamentos de alta qualidade na *web*. Segundo o autor, construir uma estratégia de *e-learning* que seja realmente bem-sucedida envolve muito mais do que isso, como por exemplo:

- Novas abordagens para o *e-learning* – Inclui treinamento *on-line* (a estratégia instrucional) que fornece simulações de cursos e negócios, e *gestão do conhecimento* (a estratégia informacional) que fornece o banco de dados de informações e as ferramentas para o suporte do desempenho.
- Arquiteturas de aprendizagem – Inclui coordenação entre *e-learning* e o restante dos esforços de aprendizagem empreendidos pela organização. Significa construir uma sinergia entre o *e-learning* e o treinamento presencial.
- Infra-estrutura – Refere-se ao uso da capacidade tecnológica da organização para oferecer e gerenciar ações de *e-learning*. Do simples acesso à *web* aos famosos "sistemas de gestão de aprendizagem", a falta de uma boa infra-estrutura tecnológica é fator impeditivo ao sucesso do *e-learning*.
- Cultura de aprendizagem, mudança e comprometimento gerencial – Refere-se à criação de um ambiente organizacional que encoraje a aprendizagem como uma atividade de valor para os negócios, apoiado pelos principais dirigentes da organização que devem estar realmente comprometidos com o processo. Diante de uma cultura negativa de aprendizagem, qualquer iniciativa de *e-learning*, por melhor que seja, não frutificará. Além disso, é necessário que haja "defensores" da idéia do *e-learning* na organização, para que o projeto consiga ser implantado.
- Estudo de caso – Refere-se ao desenvolvimento de um estudo piloto na organização que mostre a importância do *e-learning* como alavancador de negócios. A velha equação de "dias treinados por custos de investimento" não funciona mais.
- Reinvenção da organização do treinamento – Envolve a adoção de um modelo de organização de negócios que apóie o crescimento do *e-learning*, em vez de impor limites a ele. Nova abordagem de aprendizagem exige nova abordagem para administrar, profissionalizar e avaliar a função de aprendizagem/treinamento.

Observa-se, assim, que a proposta do *e-learning*, de acordo com os seus seguidores, é bem mais abrangente do que simplesmente treinar empregados usando cursos baseados na *web*. Segundo Rosenberg (2001), uma abordagem mais ampla do *e-learning* deve prover soluções tanto para treinamento quanto para a gestão do conhecimento nas organizações. O verdadeiro desafio para a aprendizagem, especialmente para uma aprendizagem do tipo *e-learning*, é a capacidade de distinguir a necessidade de informação (gestão do conhecimento) da necessidade de instrução (treinamento *on-line*) e, principalmente, a compreensão de como essas duas necessidades podem trabalhar em conjunto.

Ainda em sua infância, o que tornou possível a adoção do *e-learning* pelas organizações foram os avanços tecnológicos que ocorreram no ambiente de trabalho, particularmente nos últimos anos, possibilitando, entre outras coisas, um número maior de microcomputadores por seção e o acesso mais fácil à internet (Verespej, 2001).

CONSIDERAÇÕES FINAIS

Segundo Nadler (1984), a expressão "desenvolvimento de recursos humanos", criada por ele em 1969, foi concebida com a idéia de abarcar três grandes conceitos – treinamento, educação e desenvolvimento. Observa-se, contudo, que, tanto no contexto norte-americano como no contexto internacional (incluindo aí também a produção brasileira da área), a expressão de Nadler não se consolidou, pelo menos não na forma originalmente idealizada pelo autor.

Nos Estados Unidos, a pioneira American Society for Training Directors (ASTD) mudou sua denominação para American Society for Training and Development (ASTD). Houve um avanço com relação à inclusão do conceito de *desenvolvimento*, mas a denominação continua ainda restrita e foi criticada por Nadler, pois deixou de fora o conceito de *educação*.

Na literatura brasileira de T&D, em geral, Nadler é mais citado pela definição isolada que fez de cada um dos três conceitos – treinamento, desenvolvimento e educação, do que pela expressão *desenvolvimento de recursos humanos*.

Por que a expressão proposta por Nadler teve pouca aceitação? O próprio autor oferece uma explicação para o fato, ao fazer uma análise histórica sobre o que aconteceu à expressão nos anos que se sucederam. Segundo Nadler (1984), com o passar do tempo, muitas pessoas começaram a usar a expressão sem, contudo, atentarem para a intenção original com que ela foi criada. O resultado, afirma o autor, é que hoje *desenvolvimento de recursos humanos* é uma expressão comum, usada por diferentes pessoas e com diferentes significados.

Além do acontecimento narrado por Nadler (1984), é possível que outro fato importante tenha contribuído para que a expressão *treinamento e desenvolvimento* prevalecesse sobre *desenvolvimento de recursos humanos*, que, segundo o autor, seria mais completa por abarcar também o conceito de educação. Conforme visto, Éboli (2004) argumentou que o surgimento do modelo de universidade corporativa, cuja ênfase aconteceu a partir dos anos de 1990, colocou em evidência o conceito de educação dentro das organizações. Até então, programas educacionais eram mais dirigidos aos níveis gerenciais e à alta administração, enquanto que, para a maioria dos empregados, prevalecia formas de treinamento mais pontuais. Isso talvez explique porque, durante tantos anos, a expressão *treinamento e desenvolvimento* não apenas agradou como atendeu, perfeitamente, às necessidades da área.

Entretanto, as demandas de aprendizagem humana no trabalho mudaram, e, com elas, mudou também o perfil da área de T&D. A discussão feita sobre *educação corporativa* e *universidade corporativa* atestam a importância que o conceito de educação representa hoje para as organizações. Ao contrário do passado, há uma preocupação mais ampla e abrangente com a educação de todos os empregados da organização, e não apenas de alguns segmentos funcionais.

Também a discussão feita sobre *educação continuada* ou *educação ao longo da vida* mostra a importância que o conceito de educação assumiu na visão do trabalhador do século XXI.

Mais do que nunca, a preocupação de Nadler (1984) em agregar o conceito de educação aos de treinamento e desenvolvimento se mostra atual e necessária. Entretanto, pelos rumos que a história deu à expressão *desenvolvimento de recursos humanos*, parece pouco provável que ela possa servir hoje para representar os três conceitos, como havia sido idealizado na proposta original feita pelo autor. Faz-se necessária, então, a criação de uma outra expressão capaz de resgatar o valor dado por Nadler ao conceito de educação, atendendo as demandas atuais do mundo do trabalho.

A partir dos anos 2000, dois professores do Instituto de Psicologia da Universidade de Brasília, Gardênia da Silva Abbad e Jairo Eduardo Borges-Andrade, começaram a usar em suas publicações, bem como nas dissertações e teses de seus orientandos, a expressão *treinamento, desenvolvimento e educação* (TD&E). A ordem usada na apresentação dos conceitos foi objeto de discussão neste capítulo, quando foi proposto um novo diagrama para ilustrar a abrangência das diferentes formas de indução de aprendizagem. A expressão TD&E foi também adotada neste livro, pois representa melhor o atual estágio de evolução por que passa a área de treinamento e desenvolvimento de pessoal.

QUESTÕES PARA DISCUSSÃO

- Por que é importante conhecer a distinção entre os vários conceitos relacionados à aprendizagem humana nas organizações?
- Que diferença você apontaria entre educação aberta e educação a distância?
- Educação continuada e educação ao longo da vida possuem o mesmo significado? Justifique a sua resposta.
- Descreva algumas diferenças entre uma área tradicional de treinamento e uma universidade corporativa.

REFERÊNCIAS

ABBAD, G.S.; BORGES-ANDRADE, J.E. Aprendizagem humana em organizações de trabalho. In: ZANELLI, J.C.; BORGES-ANDRADE, J.E.; BASTOS, A.V.B. (Org.). *Psicologia, organizações e trabalho no Brasil*. Porto Alegre: Artmed, 2004.

ALLEN, M. What is a corporate university, and why should na organization have one? In: ALLEN, M. (Org.). *The corporate university handbook*. New York: AMACOM, 2002.

AUSTRALIAN EDUCATION COUNCIL. *Consultancy 4*: the identification of improved educational outcomes that can be addressed by open learning delivery and to suggest processes to further these outcomes. Report to the Australian Education Council Working Party on a National Education Communications Framework. Edith Cowan University and University of Southern Queensland, 1992.

BARLEY, K. Corporate university structures that reflect organizational cultures. In: ALLEN, M. (Org.). *The corporate university handbook*. New York: AMACOM, 2002.

BASTOS, A.V.B. O suporte oferecido pela pesquisa na área de treinamento. *Revista de Administração*, São Paulo, v. 26, n. 4, p. 87-102, out./dez. 1991.

BELLONI, M.L. *Educação a distância*. Campinas, SP: Autores Associados, 1999.

BRASIL. Decreto n. 2494, de 10 de fevereiro de 1998. Regulamenta a Educação a Distância no País. *Diário Oficial [da] República Federativa do Brasil*, Brasília, DF, 10 fev. 1998. Disponível em: <http://www.mec.gov.br. Acesso em: 27 jan. 2005.

CAMPBELL, J.P. Personnel training and development. *Annual Review of Psychology*, v.22, p.565-602, 1971.

CARVALHO, R.S. *Avaliação de treinamento a distância*: reação, suporte à transferência e impacto do treinamento no trabalho. 2003. Dissertação (Mestrado em Psicologia Social e do Trabalho) – Instituto de Psicologia, Universidade de Brasília, Brasília, 2003.

DELORS, J. (Org.). Educação: um tesouro a descobrir. Relatório para a UNESCO da Comissão Internacional sobre Educação para o século XXI. 8e. São Paulo: Cortez, Brasília: MEC; UNESCO, 2003.

ÉBOLI, M. *Educação corporativa no Brasil*: mitos e verdades. São Paulo: Gente, 2004.

GOLDSTEIN, I.L. Training in work organizations. *Annual Review of Psychology*, v. 31, p. 229-272, 1980.

HINRICHIS, J.R. Personnel training. In: DUNNETTE, M.D. (Org.). *Handbook of industrial and organizacional psychology*. Chicago: Rand McNally College, 1976.

HOUAISS, A. *Dicionário Houaiss da Língua Portuguesa*. Rio de Janeiro: Objetiva, 2004.

LAASER, W. *Manual de criação e elaboração de materiais para educação a distância*. Brasília: Universidade de Brasília, 1997.

LATHAM, G.P. Human resource training and development. *Annual Review of Psycholoy*, v. 39, p. 545-582, 1988.

LAWRIE, J. Differentiate between training, education and development. *Personnel Journal*, 1990.

MOORE, M.; KEARSLEY, G. *Distance education*: a systems view. United State: Wadsworth, 1996.

NADLER, L. *The handbook of human resources development*. New York: Wiley, 1984.

PETERS, O. *Didática do ensino a distância*: experiências e estágio da discussão numa visão internacional. São Leopoldo: Unisinos, 2001.

_____. Distance teaching and industrial production: a comparative interpretation in outline. In: SEWART, D., KEEGAN, D.J.; HOLMBERG, B. (Ed.). *Distance education*: international perspectives. New York: St. Martin´s Press, 1983.

PETERS, R.S. *The concept of education*. London: Routledge e Kegan Paul, 1967.

ROSENBERG, M.J. *E-learning: strategies for delivering knowledge in the digital age*. New York: McGraw-Hill, 2001.

SALLORENZO, L.H. *Avaliação de impacto de treinamento no trabalho*: analisando o e comparando modelos de predição. 2000. 81 f. Dissertação (Mestrado em Psicologia Social e do Trabalho) – Instituto de Psicologia, Universidade de Brasília, Brasília, 2000.

TIGHT, M. Mythologies of adult/continuing/lifelong education. SCUTREA, 29., Annual Conference, 5-7 July 1999, University of Warwick. Disponível em: http://www.leeds.ac.uk/educol/documents/000001021.htm. Acesso em: 20 ago. 2005.

VARGAS, M. R. M. Treinamento e desenvolvimento: reflexões sobre seus métodos. *Revista de Administração*, São Paulo, v. 31, n.2, p. 126-136, abr./jun. 1996.

_____. *Educação a distância e mudança organizacional*: uma análise do novo modelo de treinamento e desenvolvimento de pessoal nas organizações do século XXI. 2002. 154 f. Projeto de Qualificação (Doutorado em Psicologia) - Instituto de Psicologia, Universidade de Brasília, Brasília, 2002.

_____. Educação a distância no contexto da mudança organizacional. In: VALLE, S.M.L. (Org.). *Mudança organizacional*: teoria e gestão. Rio de Janeiro: FGV, 2003.

_____. Universidade corporativa: diferentes modelos de configuração. *Revista de Administração*, USP, v. 38. n.4, p. 373-379, out./dez. 2003.

VERESPEJ, M.A. (2001). E-learning is changing how manufacturers transfer knowledge to employees and customers. *Industry Week*, 1. Disponível em: http://www.findarticles.com. Acesso em: 02 jun. 2001.

WEBSTER´S NINTH NEW COLLEGIATE DICTIONARY. Massachusetts: Merriam-Webster Inc., 1987.

WEKLEY, K.N. Personnel training. *Annual Review of Psychology*, v. 35, p. 519-551, 1984.

ZERBINI, T. *Estratégias de aprendizagem, reações aos procedimentos de um curso via internet, reações ao tutor e impacto do treinamento no trabalho*. 2003. 194 f. Dissertação (Mestrado em Psicologia Social e do Trabalho) – Instituto de Psicologia, Universidade de Brasília, Brasília, 2003.

8
História e importância de TD&E
Ronaldo Pilati

Objetivos

Ao final deste capítulo, o leitor deverá:
- Sintetizar o desenvolvimento das práticas de TD&E, ressaltando seu avanço tecnológico.
- Descrever a influência histórica das abordagens administrativas nas ações de TD&E.
- Descrever o desenvolvimento tecnológico da área.
- Identificar o atual papel estratégico das ações de TD&E.
- Descrever a relação entre ações de TD&E e o comportamento organizacional.

INTRODUÇÃO

O estudo do processo de aprendizagem dentro do ambiente organizacional sempre foi necessário para as organizações. Há muito tempo, desde que se estruturaram formalmente, como as conhecemos hoje, a aprendizagem é fundamental para que as organizações possam atingir seus objetivos. Nesse aspecto, torna-se essencial que o leitor tenha uma visão histórica dos processos de treinamento, desenvolvimento e educação (TD&E) nas organizações de trabalho, bem como suas características atuais e de relações com o comportamento organizacional. Em última instância, as ações de capacitação nas organizações pretendem influenciar o comportamento humano no ambiente de trabalho. O presente capítulo tem como objetivos:

a) Descrever historicamente a influência dos modelos administrativos sobre as ações de TD&E nas organizações.
b) Descrever a produção de tecnologias em TD&E nas suas três principais áreas (avaliação de necessidades, planejamento e avaliação de treinamento).
c) Analisar suas relações com o comportamento organizacional.
d) Descrever suas funções estratégicas.

TD&E atrai a atenção de profissionais e cientistas há muito tempo, haja vista que o processo de aprendizagem, questão central da área, é foco de interesse dos primeiros pensadores do mundo ocidental. Na psicologia, já ao final do século XIX e princípios do século XX, vários psicólogos se interessavam pelo processo de aprendizagem (Schultz e Schultz, 1995). No decorrer do século XX, a contribuição da psicologia se intensificou, e surgiram teóricos da instrução (Gagné, 1985; Richey, 2000), que propuseram modelos em educação que se tornaram importantes para o desenvolvimento e estruturação da área de TD&E. Com o passar dos anos e com o avanço das áreas de psicologia aplicada (psicologia organizacional), as interfaces dos estudos sobre aprendizagem e instrução cresceram, e, então, tornou-se possível a estruturação de uma área da psicologia aplicada denominada de TD&E, interessada em desenvolver tecnologias para tornar mais eficiente o processo de aprendizagem nas organizações de trabalho.

Segundo Warr (2003), a aprendizagem é fundamental para a vida em sociedade e é algo que ocorre diariamente, dentro do ambiente social. Segundo esse autor, é difícil tratar o fenômeno de aprendizagem dentro do ambiente de trabalho, exatamente por ele ser um fenômeno difuso e muito amplo. Todavia, se o fenômeno da aprendizagem tem essas características, como é possível abstraí-lo e transformá-lo em algo passível de estudo? Mais ainda, como fazer isso dentro do ambiente de trabalho, que por sua complexidade inerente é uma situação de grande potencialidade para gerar aprendizagem? A resposta para essas questões está em situar esse fenômeno em um campo definido tanto no tempo quanto em relação à tecnologia – em outras palavras, estudar o processo de aprendizagem dentro das ações de TD&E. Isso não quer dizer que não seja necessário nem importante o desenvolvimento de estudos do processo informal de aprendizagem, o que pode trazer muita elucidação sobre o comportamento humano no ambiente de trabalho e sobre a efetividade das organizações modernas. Dentro do campo de TD&E, o que se busca é a facilitação da aprendizagem de competências relacionadas ao desempenho ocupacional, facilitação essa que pode ser feita por meio da produção tecnológica e da aplicação dessa tecnologia em TD&E. Graças a essa lógica é que a tecnologia nesse campo encontrou espaço dentro das organizações e, mais do que isso, desenvolveu-se expressivamente, em decorrência do interesse das mesmas em aprimorar continuamente esse processo no ambiente de trabalho.

Dessa feita, é fundamental definir essa ação formal de promoção de aprendizagem, exatamente para que o leitor possa situar-se sobre que tipo de revisão histórica será empreendida nesse capítulo. Treinamento pode ser definido como uma ação tecnológica controlada pela organização, composta de partes coordenadas, inseridas no sistema organizacional, calcada em conhecimentos advindos de diversas áreas, com a finalidade de (a) promover a melhoria de desempenho; (b) capacitar para o uso de novas tecnologias e (c) preparar para novas funções. Essas finalidades são atingidas por meio da aquisição sistemática e intencional de competências e aplicação dessas no trabalho. Com essa definição fica claro que não nos interessa levantar aqui questões históricas sobre formas não-estruturadas de promoção de aprendizagem no ambiente organizacional, apesar de a gênese dessa ação tecnológica de capacitação ter ocorrido na descrição e compreensão de como ocorre a aprendizagem humana.

Um componente essencial da definição dada anteriormente diz respeito ao caráter multidisciplinar das ações de TD&E nas organizações. Há influências de várias áreas da ciência psicológica, como a psicologia instrucional, a psicologia cognitiva e a psicologia organizacional. Atualmente, esse caráter multidisciplinar é mais intenso, devido à explosão do uso da microinformática, principalmente nos treinamentos com métodos e estratégias a distância. Torna-se, então, essencial a participação de áreas do conhecimento que têm relação com a tecnologia da informação. Para dar uma visão completa da complexidade de influências na área de TD&E, essas questões também serão abordadas no presente capítulo. Outra característica essencial da definição de ações de treinamento diz respeito à aplicação das competências no trabalho. Essa característica das ações instrucionais se relaciona com o comportamento organizacional, por serem entendidas como intervenções passíveis de provocar mudanças no comportamento humano no trabalho. Devido a isso, é essencial que as ações tecnológicas de educação no ambiente de trabalho sejam relacionadas ao comportamento organizacional. Esse é outro aspecto a ser considerado no presente capítulo.

DESCRIÇÃO HISTÓRICA DAS AÇÕES DE TD&E NAS ORGANIZAÇÕES

A história das ações de TD&E sempre esteve relacionada com os modelos de administração e sofreu influência de diferentes disciplinas, como a psicologia (em seus diversos campos básicos e aplicados), a sociologia, a engenharia, a educação, entre outras, e seus respectivos estágios de desenvolvimento tecnológico. Por esse motivo, as ações de TD&E passaram por diferentes momentos, sempre buscando aliar a lógica do processo de administração de recursos com os conhecimentos disponibilizados pelas disciplinas de interface, que dão subsídio às ações de treinamento. As ações de capacitação sempre tiveram como objetivo o alcance dos resultados organizacionais, por meio da qualificação da mão-de-obra, seja para a efetivação do trabalho rigorosamente prescrito (dentro da administração científica nos primórdios do século XX) seja para o desenvolvimento dos trabalhadores (após a Segunda Guerra Mundial e até os dias de hoje).

Segundo Malvezzi (1994), as ações de TD&E se constituíram, desde o início das organizações industriais (algo como meados do século XIX), em elemento fundamental da gestão de pessoas. Nessa época, a lógica da ação instrucional era a de capacitar os trabalhadores para desenvolverem as tarefas prescritas pela organização do trabalho nas plantas fabris. Nesse momento, o papel dos trabalhadores estava rigorosamente ligado à efetividade do processo industrial. A partir da década de 1880 as ações de capacitação nas indústrias começaram a ser sistemáticas, quando as indústrias e as escolas se aproximaram, para garantir qualificação profissional aos trabalhadores. Esse autor aponta que várias iniciativas desse tipo foram realizadas em cidades industriais dos EUA e da Inglaterra. Em alguns casos, nesse período, já existiram iniciativas de constituição de escolas voltadas para a formação profissional, mantidas e organizadas pelas indústrias da época.

Ainda segundo Malvezzi (1994), apenas a partir de 1930 houve uma maior demanda para estruturar cientificamente as ações de treinamento nas organizações. Isso ocorreu porque os gestores observaram que somente com o uso de tecnologias seria possível incrementar o processo de adaptação do homem ao trabalho prescrito, para que ele adquirisse o repertório mínimo necessário para poder executar as tarefas. Esses princípios da administração científica possibilitaram que as indústrias lançassem mão dos conhecimentos produzidos sobre aprendizagem, pela efervescente psicologia da época, utilizando conhecimentos produzidos pelo movimento comportamentalista, como aqueles de Watson e Thorndike (Schultz e Schultz, 1995). Com a evolução do processo administrativo, a crítica ao modelo de administração científica e o aparecimento das escolas de valorização do homem dentro do ambiente de trabalho, a lógica do sistema de treinamento transformou sua função, de mero adaptador do homem à prescrição da tarefa a um elemento de promoção da qualificação entendido de forma mais ampla. A partir desse período surge o conceito de desenvolvimento dentro das ações de capacitação nas organizações (Nadler, 1984). Atualmente a nova lógica do processo produtivo (Pimenta, 1999), rigorosamente diferenciado do que era no início do século XX, exige um trabalhador cada vez mais qualificado. Vargas (2003) aponta que a elevação do nível estratégico da área de TD&E nas organizações e a resposta às mudanças contemporâneas fazem com que as organizações busquem alternativas para a capacitação de sua cadeia de valor (i.e. empregados, clientes e fornecedores). Um exemplo dessa nova lógica é a institucionalização das chamadas universidades corporativas (Alperstedt, 2001), que seriam estratégias de organização das ações de capacitação mais voltadas para a nova realidade da administração de recursos humanos.

Bastos (1991) apresenta uma trajetória do desenvolvimento das ações de TD&E nas organizações. Seus argumentos históricos se fundamentam em dois autores (Pontual, 1978, Romiszowski, 1989, apud Bastos, 1991). De acordo com Bastos (1991), a trajetória das ações de treinamento pode ser ordenada em cinco fases:

- Fase de subdesenvolvimento – Corresponde a um período no qual a estratégia de treinamento dominante era a operativa, as ações de capacitação ocorriam no trabalho a partir da supervisão direta do encarregado sobre o comportamento do treinando.
- Fase de desenvolvimento – Caracteriza-se pelo adestramento dos trabalhadores em comportamentos no trabalho rigorosamente definidos pelos estudos de tempos e movimentos.
- Fase posterior ao início da industrialização – Caracteriza-se por ações de treinamento com maior participação dos treinandos, buscando um aumento da responsabilidade social interna e do desenvolvimento gerencial.
- Fase de industrialização avançada – As ações de treinamento voltam-se para o desenvolvimento de planos de negócio. Nesse momento surge a noção de desenvolvimento continuado de recursos humanos.
- Fase de pós-industrialização – Caracteriza-se por ações de treinamento que têm uma preocupação primordial com desenvolvimento e capacitação gerencial.

Bastos (1991) também apresenta uma outra perspectiva histórica para descrever as ações de treinamento nas organizações. Segundo esse autor, elas poderiam ser descritas em quatro ondas:

- Primeira onda – Denominada treinamento para o trabalho, compreende o período de 1950 a 1970 e inclui ações de treinamento para o desenvolvimento de habilidades técnicas e profissionais voltadas para o desempenho no trabalho. Os recursos humanos são compreendidos como peças substituíveis do processo produtivo.
- Segunda onda – Denominada treinamento para gerência e supervisão, abrange o período de 1960 a 1980. Tem como principais características ações de capacitação com uma maior preocupação em qualificar a mão-de-obra para a operação dos processos tecnológicos dentro das organizações, o que diferencia a perspectiva dos recursos humanos no processo produtivo.
- Terceira onda – Denomina-se desenvolvimento organizacional e tecnologia do desempenho e abrange os anos de 1970 a 1990. Tem características como o aumento de importância da educação aberta e continuada, em que o próprio trabalhador tem a capacidade de identificar e priorizar suas necessidades de treinamento, individualizando, assim, o processo de TD&E nas organizações;
- Quarta onda – Denominada informação, conhecimento e sabedoria, abrange o período de 1980 até os dias atuais. A ênfase está no desenvolvimento da criatividade dos trabalhadores, no preparo para tomada de decisões e em uma maior exigência a respeito das técnicas de mensuração da efetividade das ações de capacitação.

Segundo Bastos (1991), essas ondas não se caracterizam como divisores de água, pois pode haver convivência das diversas características em um mesmo período de tempo. O que pode ser observado na literatura da influência sobre as práticas administrativas nas ações de TD&E nas organizações é a dificuldade em se caracterizar essas influências, tendo em vista a diversidade do processo histórico das práticas de administração. As poucas tentativas feitas são incompletas e de pequena efetividade classificatória. Talvez exatamente por esse motivo devemos diversificar a forma de abordar historicamente as ações de TD&E, para buscar compreender sua diversidade de origens, por ser uma disciplina que recebe influências de diferentes áreas.

Uma das áreas de atuação que proporcionou maior influência na sistematização das práticas de TD&E nas organizações foi a militar. A quantidade de pesquisa realizada para o desenvolvimento de tecnologias que subsidiassem um melhor desempenho das práticas de treinamento resultou em um grande número de soluções para transformar a área de TD&E. Spector (2000) apresentou uma revisão da influência da pesquisa de R. Gagné no desenvolvimento da educação militar. Spector aponta que os princípios de aprendizagem desenvolvidos por Gagné produziram um grande impacto na lógica de planejamento da instrução. Por aproximadamente 50 anos, os avanços feitos no desenvolvimento de tecnologia de treinamentos militares possibilitaram a maior efetividade dessas práticas no contexto do trabalho.

Gagné (1962) argumenta que os princípios de aprendizagem vigentes à época não eram realmente efetivos, principalmente por serem baseados na máxima do "aprender fazendo". Esse autor, a partir de um grande investimento em treinamento militar, começou a esboçar os princípios de aprendizagem essenciais para o ensino, publicados em obras posteriores (Gagné, 1985). Estudando o resultado da instrução programada para muitas funções militares, ele observou que não havia efetividade da prática intensa e repetitiva de comportamentos a serem executados no cargo, principalmente naquelas atividades que possuíam boa quantidade de imprevistos, como resolução de problemas em equipamentos. Diante desses exemplos, o autor propôs que o planejamento da instrução se baseasse em uma criteriosa observação e descrição das tarefas do cargo, identificando, principalmente, o conjunto de tarefas que são essenciais para o desempenho final esperado. Com essas informações, tornou-se possível planejar a instrução em todas as etapas essenciais para o desempenho final, possibilitando, assim, o desenvolvimento de estratégias para hierarquização da aprendizagem de acordo com os elementos fundamentais para o desempenho final.

Com esses argumentos, Gagné (1962, 1985) auxiliou o desenvolvimento de uma lógica sistêmica de treinamento que provocou alterações na maneira como as ações instrucionais deveriam ser planejadas e executadas, para serem as mais efetivas possíveis. Assim, a tecnologia de TD&E se institui como uma ação que precisa compreender rigorosamente o trabalho executado para que o planejamento possa suprir as necessidades decorrentes do desempenho exigido para as tarefas. Dessa forma, a ação de TD&E se aproximou mais do comportamento humano no trabalho, tornando-se efetivamente um elemento de influência no comportamento organizacional. Nessa perspectiva, o desenvolvimento de taxonomias do desempenho humano no trabalho (Fleishman e Quaintance, 1984) tornou-se uma ferramenta essencial para a prática organizacional, inclusive para as ações de TD&E. Quanto mais se conhecia o trabalho das pessoas e os fatores que o determinavam, melhor se poderia planejar uma ação de capacitação para melhorar o desempenho. Assim, cada vez mais as ações sistemáticas de promoção de aprendizagem aproximaram-se da exigência do desempenho real no trabalho, servindo como fonte básica de planejamento do que deveria ser ensinado e de como esse ensino deveria ser desenvolvido.

Graças a perspectivas como essas desenvolvidas por Gagné (1962, 1985) é que se tornou necessário delimitar o que são ações de TD&E. Essa forma de entender TD&E sem dúvida traz controvérsias para profissionais e pesquisadores do campo, uma vez que várias das ações empreendidas pelas organizações, chamadas de treinamento, podem não ser englobadas na definição aqui proposta (treinamento em serviço). Contudo, ao mesmo tempo, foram compreensões como as de Gagné (1962) que tornaram possível a compreensão de TD&E como uma área de psicologia aplicada, com uma produção tecnológica própria que dá respostas eficazes para problemas práticos dentro das organizações de trabalho (ver Capítulo 9 deste livro e Borges-Andrade, 1986). Mais ainda do que ser um campo de produção de soluções tecnológicas, TD&E atualmente é compreendido por alguns autores (Salas e Cannon-Bowers, 2001) como uma ciência, que tem um objeto de estudo delimitado com um corpo teórico substancialmente desenvolvido para a explicação de seus fenômenos.

Com base nesse apanhado histórico, é possível identificar o conjunto de disciplinas que influenciam a área de TD&E. As teorias administrativas funcionam como um delimitador sociopolítico de como o trabalho do homem é administrado e, em conseqüência, moldam a finalidade de TD&E (Malvezzi, 1994); a psicologia funciona como o motor tecnológico para a produção de soluções em TD&E (Gagné, 1985); a educação traz aportes tecnológicos também, como os elementos da educação de adultos, e o comportamento organizacional é uma disciplina que fornece um grande arcabouço teórico que dá sentido às ações de TD&E (Robbins, 2002). A Figura 8.1 ilustra essas influências.

DESENVOLVIMENTO TECNOLÓGICO EM TD&E

Como apresentado por diferentes autores (Goldstein, 1993; Borges-Andrade, 1996; Salas e Cannon-Bowers, 2001), o campo de produção científica e tecnológica em TD&E pode ser organizado nos

Figura 8.1

Teorias administrativas
Psicologia da aprendizagem
Psicologia instrucional
Psicologia organizacional
Educação
Comportamento organizacional

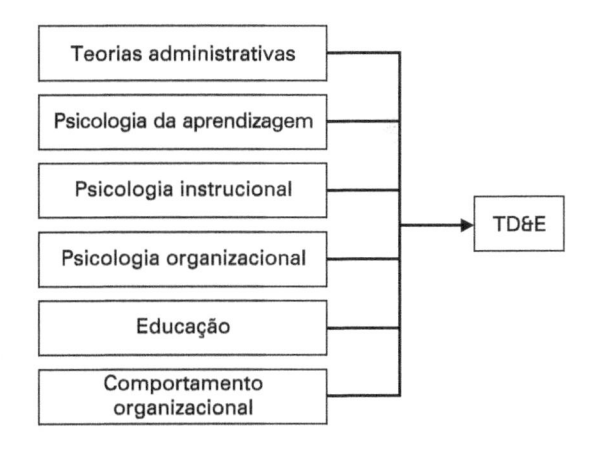

→ TD&E

Figura 8.1 Influências para a produção de tecnologias em TD&E.

três subsistemas desse processo nas organizações. Para os autores da área, a produção de tecnologias procura responder demandas existentes na solução de problemas em cada um desses subcomponentes. A seguir é apresentada a compreensão que os autores têm do sistema de treinamento nas organizações e que organizará a estrutura de apresentação da revisão histórica sobre o desenvolvimento tecnológico da área.

Segundo Borges-Andrade (1996), o treinamento, entendido como um conjunto de partes coordenadas entre si, tem como referencial o modelo sistêmico de compreensão do fenômeno organizacional. Assim, o subsistema de treinamento possui três componentes que são interdependentes entre si. O primeiro subcomponente do sistema de treinamento é a avaliação de necessidades de capacitação. Essa avaliação é definida como o levantamento sistemático de conhecimentos, habilidades e atitudes nos níveis organizacional, das tarefas e individual. O segundo subcomponente é denominado planejamento e execução do treinamento. Possui como característica básica a aplicação de técnicas e estratégias para proporcionar a aquisição sistemática de conhecimentos, habilidades e atitudes. O último subcomponente é a avaliação do treinamento. Essa etapa tem como função o levantamento controlado e sistemático de informações sobre o sistema de treinamento com um todo. Segundo Borges-Andrade (1982), a avaliação fornece informações para o restante do sistema de treinamento, como apresentado na Figura 8.2.

Essa definição de sistema de treinamento proposta por Borges-Andrade (1996, 2002) insere o processo de treinamento dentro do contexto organizacional. Dessa forma, os outros componentes da organização influenciam e são influenciados pelo treinamento. Além das variáveis organizacionais, também existem outros fatores que influenciam o processo de treinamento. Como apontado por Borges-Andrade (1982), as características do ambiente externo e as variáveis individuais são fatores fundamentais para se compreender o treinamento nas organizações de trabalho.

Uma das alternativas para empreender um apanhado histórico do desenvolvimento tecnológico em TD&E é fazer uma análise dos textos sobre a área publicados no *Annual Review of Psychology*. Nesse periódico, o primeiro artigo publicado para revisar a pro-

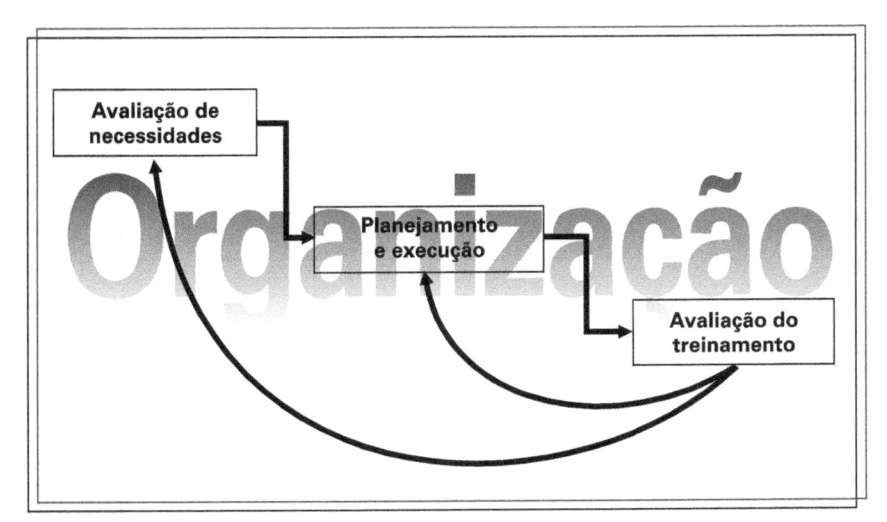

Figura 8.2 Modelo de treinamento baseado em Borges-Andrade (1996).

dução de TD&E foi Campbell (1971). Depois dessa revisão pioneira, surgiram mais cinco revisões, a saber, Goldstein (1980), Wexley (1984), Latham (1988), Tannembaum e Yukl (1992) e Salas e Cannon-Bowers (2001). Com base nesses artigos, e em mais alguns autores profícuos da área, é que a revisão histórica sobre as ações de TD&E será aqui realizada.

As impressões gerais do estado da arte na revisão de Campbell (1971) eram rigorosamente distintas do que se observa atualmente. Segundo o autor, a produção tecnológica em TD&E era quase inexistente, uma vez que a maioria da produção não era empírica (não possibilitava o desenvolvimento de tecnologias) e, conseqüentemente, ausente de teoria. As primeiras iniciativas de embasar cientificamente as ações de TD&E passaram por adotar os princípios teóricos da psicologia da aprendizagem para aplicação no campo de ensino. Segundo o autor, os argumentos de Gagné (1962) tiveram grande repercussão no meio, uma vez que aproximaram a tecnologia instrucional da realidade das exigências de desempenho das atividades ocupacionais.

Para Campbell (1971), alguma produção teórica foi aproveitada pela área, como os aportes da teoria das atitudes, das teorias motivacionais, das teorias de modificação do comportamento, da descrição das diferenças individuais e da teoria geral dos sistemas. Ele ainda apontou que muito da pesquisa empírica da época em TD&E buscava resolver questões de algumas técnicas específicas de capacitação ou de grupos ocupacionais, como desenvolvimento gerencial. O autor conclui que pouco se sabia, e mais perguntas estavam abertas do que respondidas.

Um dos elementos mais importantes sobre a análise geral de TD&E trazida por Goldstein (1980) diz respeito ao impacto da visão geral de sistemas, uma vez que essa permitiu inter-relacionar as questões de treinamento entre si e com outros aspectos do comportamento humano no trabalho. Para o autor, a produção tecnológica da época estava preocupada com o desenvolvimento de treinamentos direcionados para clientelas específicas. Nesse sentido, foram produzidas técnicas efetivas para capacitar desempregados, mulheres e populações idosas. Também foi relatado que houve estudos que subsidiaram o delineamento de treinamentos que levassem em consideração as diferenças individuais da clientela, possibilitando, assim, a criação de condições de aprendizagem mais adequadas às diferentes realidades.

Uma questão geral apontada por Latham (1988), relevante para o desenvolvimento da tecnologia da área de TD&E, diz respeito à produção de medidas adequadas das variáveis comportamentais relacionadas. Nesse sentido, o autor argumenta que as escalas baseadas em comportamentos se mostraram mais efetivas nas pesquisas da época, direcionando a prática da área, uma vez que essa poderia mensurar mais adequadamente variáveis de interesse. Ele também apresenta, em sua revisão, uma crescente preocupação sobre ações de treinamento em outros países e de característica transcultural. Segundo o autor, vários estudos foram publicados naquele período, apresentando estratégias para que tecnologias de capacitação pudessem ser adaptadas em outras culturas, buscando responder uma demanda de globalização crescente das organizações. O autor também relatou a continuidade do interesse sobre treinamento gerencial.

Tannenbaum e Yukl (1992) revisaram o conjunto de variáveis individuais e situacionais que têm relação com os indicadores de efetividade das ações de TD&E. Entre características individuais, há pesquisas que apontaram para a importância das capacidades e habilidades prévias dos treinandos como elementos promotores de aprendizagem. As motivações, atitudes e expectativas em relação ao treinamento também são elementos que influenciam indicadores de efetividade. As variáveis ambientais anteriores e posteriores ao treinamento, como dicas de possibilidade de aplicação dadas pelo ambiente de trabalho, formas de disseminação dos objetivos e conteúdo do treinamento e as ações de receptividade da chefia/supervisão, são essenciais, segundo o relato das pesquisas no período, para a efetividade das ações de TD&E. Também relataram, a exemplo de outros revisores, o desenvolvimento de pesquisas e tecnologias para TD&E de populações específicas. Muitos esforços foram realizados para o aprimoramento de técnicas de treinamento gerencial, como programas de liderança e experiências de desenvolvimento. Também foram desenvolvidas tecnologias para o treinamento de equipes, exatamente pela alta demanda que as organizações tinham sobre esse tema.

Salas e Cannon-Bowers (2001) iniciam sua revisão com uma perspectiva mais positiva e animadora do que as anteriores. Argumentam que a ciência do treinamento progrediu e amadureceu, porque vários aportes teóricos foram realizados, e o campo se tornou um empreendimento dinâmico e estimulante. No campo do desenvolvimento teórico, os autores citam que os pesquisadores descreveram e organizaram as variáveis que podem influenciar a aprendizagem, bem como fatores que afetam outros critérios de efetividade de ações de TD&E nas organizações. Por si só essa descrição já possibilita muitas repercussões tecnológicas, uma vez que as organizações podem desenvolver sistemas de capacitação mais efetivos.

Outras questões que os autores apontaram como importantes dizem respeito ao delineamento de novos constructos que auxiliam na compreensão de indicadores de efetividade, a expansão do modelo de avaliação de treinamento de quatro níveis (reações, aprendizagem, comportamento no cargo e mudança organizacional), inserindo a abordagem multinível de estudos organizacionais (Klein e Kozlowski, 2000) para viabilizar a operacionalização do processo de transferência. Também apontaram um conjunto de fatores antecedentes ao treinamento como importantes para determinar a efetividade dessa ação organizacional. Esses elementos são capacidades cognitivas que facilitam o uso de comportamentos aprendidos, auto-eficácia, orientação para metas, motivação para aprender, condições de pré-prática e clima pré-treinamento.

A seguir são apresentados os elementos de produção tecnológica relacionados a cada um dos componentes do sistema de TD&E organizacional.

Desenvolvimento tecnológico na avaliação de necessidades de treinamento

Esse subcampo de TD&E é entendido como o componente do sistema organizacional que tem por objetivo identificar e prescrever sobre o alinhamento entre ações de TD&E e objetivos organizacionais que competências devem ser treinadas e quais são as pessoas que devem ser capacitadas. Nesse sentido, o componente de avaliação de necessidades tem fundamental importância no processo de TD&E nas organizações, porque é a partir dele que todas as ações subseqüentes são executadas. Ainda é relevante salientar que um sistema de avaliação de necessidades de treinamento também deve identificar e agir sobre fatores do ambiente organizacional que têm relação com as variáveis que os sistemas de capacitação modificam, visando que a ação seja mais efetiva. Por todas essas características, o desenvolvimento tecnológico em avaliação de necessidades é um elemento fundamental para que TD&E sejam sempre efetivos, mesmo em uma época em que as práticas de recursos humanos estão sofrendo processos de mudança.

Dentro do aspecto da avaliação de necessidades, Campbell (1971) aponta que se observou, nos relatos da época, o uso da técnica de incidentes críticos para a identificação de necessidades de capacitação. De forma geral, esse autor aponta que muito pouco se fez sobre esse tema, uma vez que reduzida quantidade de pesquisa científica preocupou-se no desenvolvimento de métodos e modelos de avaliação de necessidades.

Já Goldstein (1980) apresenta alguns avanços nesse componente. Ele divide essa subárea em três níveis de análise (organizacional, de tarefas e pessoal), já sinalizando para a preocupação de ligação das ações de treinamento com outros níveis organizacionais, além de revelar a importância da coerência das ações organizacionais. No nível de análise organizacional, o autor pontua que muito pouco se realizou para a alimentação do sistema de treinamento, mas se fizeram poucos esforços para a produção tecnológica. Alguns dos esforços empreendidos na avaliação de pessoal e de tarefas buscaram desenvolver dimensões de desempenho que poderiam subsidiar a identificação do que deveria ser aprendido e o desenvolvimento de estratégias para mensurar as características dos futuros treinandos. Um dos maiores avanços feitos nesse período é relativo à ligação das taxonomias de aprendizagem com as indicações de necessidades de capacitação.

Wexley (1984) apresenta o processo de avaliação de necessidades também em termos de níveis de análise: organizacional, ocupacional e pessoal. Sobre o primeiro nível, o autor argumenta que não houve muito avanço tecnológico, uma vez que pouca produção foi relatada de 1980 até 1984. De qualquer forma, ele considera que a influência de variáveis organizacionais é essencial para que as ações de TD&E sejam mais efetivas. No nível das tarefas, o autor relatou que houve grandes avanços, pois várias tecnologias foram relatadas, como a metodologia de avaliação de múltiplas fontes para determinação de competências que deveriam ser treinadas, a identificação de conteúdos das tarefas para a avaliação de necessidades de treinamento, incidentes críticos como recurso para a identificação de conteúdos para a avaliação de necessidades. No último nível de análise, o pessoal, Wexley (1984) aponta que uma metodologia foi desenvolvida para que a observação se fundamentasse em comportamentos, e não em habilidades. Dessa forma, seria possível comparar a distância entre o comportamento observado e aquele desejado.

Latham (1988) segue o mesmo princípio de apresentação da tecnologia de avaliação de necessidades em três níveis de análise: organizacional, de tarefas e individual. O autor insere mais um nível de análise na tecnologia produzida em avaliação de necessidades, que é o demográfico. Segundo ele, surge a necessidade de identificação de necessidades de treinamento em grupos populacionais específicos. Sobre o nível organizacional, o autor apresenta a comparação de empresas japonesas e de outros países. As primeiras possuem um alinhamento estratégico maior das ações de capacitação. Outra questão apontada pelo autor diz respeito à necessidade de a análise organizacional focalizar perspectivas futuras de capacitação, ressaltando a emergência de mapeamento de necessidades de capacitação estratégicas. Um último tema abordado pelo autor e debatido à época é relativo à importância de a organização evitar a obsolescência tecnológica por meio do treinamento de sua força de trabalho.

No nível das tarefas, Latham (1988) aponta uma tendência dos pesquisadores da área em demonstrar maior preocupação com as características emergentes das tarefas, mais centradas nas habilidades conceituais. Nesse sentido, o campo foi profícuo para cunhar conceitos e fazer descrições de habilidades complexas, como aquelas relacionadas aos cargos gerenciais. O conceito de atualização foi desenvolvido, calcado na idéia de análise futura do trabalho. Nesse período, o autor relata o uso de técnicas baseadas nos conhecimentos, habilidades e atitudes para a avaliação de necessidades de capacitação. Também foram apontadas pesquisas que buscaram adaptar o questionário de análise de posição como recurso para avaliação de necessidades. No nível da análise individual, o autor relatou o uso de diversas técnicas, como entrevistas intensivas, reuniões com grupos de especialistas, incidentes críticos, pesquisas por correio e por telefone. Apesar da adaptação ou do uso de diferentes técnicas, o autor ressalta a demanda de se definir melhor o termo "necessidade" aplicado à prática de treinamento de pessoal. Com relação ao nível demográfico, aponta para o trabalho de identificação de necessidades de capacitação em profissionais com faixa etária mais elevada (mais de 40 anos).

Tannembaum e Yukl (1992) expõem a mesma perspectiva de compreensão da avaliação de necessidades, mas já incorporam a discussão da definição mais precisa dos três níveis clássicos de análise: organização, tarefas e individual. Segundo os autores, havia uma grande demanda em se aperfeiçoar a definição explícita desses níveis, para viabilizar a construção de indicadores e medidas que realmente captem as necessidades de treinamento em cada um. A respeito do nível organizacional, os autores pontuam que existe uma grande necessidade de direcionamento das ações de capacitação para o nível organizacional, uma vez que foram apontadas evidências sobre a ineficácia de ações, no nível individual, de treinamentos dissociados das metas e objetivos organizacionais. No nível da análise de tarefas, os autores argumentam sobre a rápida mudança tecnológica para o desenvolvimento das atividades ocupacionais. Isso impacta na descrição de necessidades de capacitação de conhecimentos, habilidades e atitudes para o desempenho das tarefas. Por essa razão, novas técnicas de avaliação desenvolvidas levam em consideração competências emergentes e futuras, por meio da análise de peritos ou levantamento de possíveis incidentes críticos. Outra alternativa para a avaliação de necessidades nesse nível foi o uso da análise cognitiva de tarefas para a identificação de necessidades de capacitação. No nível de análi-

se individual, Tannenbaum e Yukl (1992) relatam o uso de técnicas de avaliação de múltiplas fontes, avaliação em grupos funcionais específicos e a necessidade de se levantar, nesse nível, informações sobre pré-requisitos de aprendizagem dos treinandos.

Salas e Cannon-Bowers (2001) indicaram que alguns avanços foram realizados no sentido de identificar os fatores do ambiente organizacional que determinam a efetividade dos programas instrucionais. Alguns autores descreveram condições desse ambiente que funcionam como restritores e/ou facilitadores da assimilação das novas competências desenvolvidas pelos funcionários. Dessa forma, argumentam que o alinhamento entre as ações de capacitação e a estratégia organizacional é essencial, pois, assim, pode-se garantir maior efetividade das ações de TD&E, graças ao processo de identificação de necessidades organizacionais de capacitação. No nível da análise da tarefa, os autores pontuam que vários esforços possibilitaram o desenvolvimento de estratégias que buscavam identificar as competências prévias dos trabalhadores. Outros esforços aplicaram modelos de análise cognitiva de tarefas para compreender a demanda mental das atividades ocupacionais, comparando diferentes procedimentos adotados por experientes e novatos e também complementando as informações comportamentais desse nível de avaliação de necessidades de treinamento.

Fazendo um histórico de todas as revisões, é possível notar que várias tecnologias foram desenvolvidas no componente do sistema de treinamento nos últimos 30 anos. Inicialmente, poucas e restritas técnicas eram relatadas pelos autores, como, por exemplo, o uso de incidentes críticos. No decorrer dos anos, outros modelos foram desenvolvidos, como aqueles preocupados com a identificação de necessidades futuras de capacitação, graças à vertiginosa mudança dos processos de trabalho e das demandas de desempenho nas organizações, até os mais modernos, preocupados com a descrição dos elementos cognitivos das tarefas, tanto de indivíduos como de equipes de trabalho. Com esses exemplos, nota-se que a área de avaliação de necessidades buscou desenvolver tecnologias que respondessem às demandas do mundo do trabalho, criando formas de alinhar as ações de capacitação às estratégias organizacionais e também de atender às demandas atuais de alta flexibilização de competências dos papéis ocupacionais.

Certamente, ainda há muito a ser desenvolvido, como uma estratégia realmente efetiva de avaliação de necessidades organizacionais de capacitação e a ligação desta com os outros níveis de análise. Parece que uma possível saída para esse impasse pode dar-se por meio da elevação das ações de TD&E para a estratégia da organização e a posterior ligação das definições estratégicas às tarefas e competências individuais. Essa definição, de cima para baixo, é possível de ser operacionalizada, mas a mensuração do fenômeno é de difícil natureza, o que impossibilita o teste da efetividade de tal ação. Uma saída para isso já é visualizada, por meio da aplicação do modelo multinível de análise organizacional para a avaliação de necessidades, o que pode nos indicar a forma e o que mensurar em cada um dos níveis de análise.

No Brasil, o desenvolvimento tecnológico na área acompanhou muitas das indicações já feitas pelos modelos descritos nas revisões anuais. Vários modelos e técnicas foram desenvolvidos (Borges-Andrade e Lima, 1983; Magalhães e Borges-Andrade, 2001; Guimarães, Borges-Andrade, Machado e Vargas, 2001). Ainda assim, nota-se que, nos últimos anos, a produção tecnológica brasileira nesse ponto está estagnada, devido ao baixo investimento dos pesquisadores do campo no desenvolvimento de tais tecnologias.

Desenvolvimento tecnológico nos métodos e estratégias de treinamento

Métodos e estratégias de treinamento dizem respeito a ações de planejamento e execução de sistema de TD&E. O delineamento de formas de promoção de aprendizagem é um elemento crítico em ações de capacitação, porque é por meio delas que se faz possível desenvolver competências nos treinandos. Métodos e estratégias proporcionam a criação das condições de aprendizagem, e seu desenvolvimento tecnológico está diretamente associado ao desenvolvimento de competências em populações específicas, bem como o uso de tecnologias, mudanças de estados afetivos nos treinandos, produção de habilidades complexas, entre outras questões. Dessa forma, o desenvolvimento tecnológico nesse componente do sistema de TD&E é um elemento essencial para que a promoção de aprendizagem seja a mais efetiva possível, preferencialmente com menos recursos organizacionais.

Campbell (1971) relatou que as organizações já investiam uma grande quantidade de dinheiro em ações de capacitação. Nesse sentido, muito foi investido para diversificar as técnicas de produção de aprendizagem. O autor relata que era possível se encontrar o uso de técnicas de instrução assistida por computador, que eram derivadas das técnicas de instrução programada, mas com aplicação de tecnologia informática. Também eram correntes àquela época as estratégias de desenvolvimento organizacional, aplicadas por meio do desenvolvimento gerencial, o uso de pesquisa-ação para o desenvolvimento de programas organizacionais, as conferências para grupos de executivos e laboratórios educacionais. O autor também relata o uso de técnicas de desenvolvimento gerenciamento e pessoal, uso de televisão e treinamento transcultural.

De acordo com Goldstein (1980), um dos mais significativos desenvolvimentos do campo de TD&E na década de 1970 deveu-se ao aperfeiçoamento das taxonomias de aprendizagem, que, aplicadas à TD&E, possibilitaram a criação de condições de aprendizagem adequadas nos sistemas instrucionais. Segundo o autor, a preocupação com os métodos de treinamento continuou, principalmente, com o teste de treinamentos de sensitividade. As simulações também receberam atenção especial, como simulações em máquinas, que se tornaram elementos imprescindíveis de capacitação em desempenhos que envolvem muito risco para treinandos, e a modelagem de comportamento, que se baseia nos princípios de aprendizagem social e reproduz situações reais de desempenho. A instrução programada e assistida por computador também foi pesquisada, e os resultados apontaram que os métodos que possuem recursos de informática apresentaram melhor desempenho na promoção de aprendizagem, em alguns tipos de tarefas.

Wexley (1984) relata que várias pesquisas possibilitaram o desenvolvimento de condições mais eficientes de aprendizagem, como a repetição de comportamento na situação de treinamento, o seqüenciamento de objetivos cognitivos, a influência do comportamento do instrutor sobre a aprendizagem e transferência de aprendizagem. De forma geral, esse período foi profícuo para a produção de novas tecnologias, cada vez mais adaptadas às necessidades de capacitação.

Sobre a questão da transferência de aprendizagem, Wexley (1984) já começa a apontar para o impacto de variáveis do ambiente organizacional sobre a aplicação do aprendido, mas não relata nenhum tipo de resultado efetivo que leve à produção de tecnologia de TD&E. O autor também comenta a produção de tecnologias de aumento de transferência, que já apresentava bons resultados para treinamentos gerenciais. Sobre métodos de treinamento, o que o autor relata segue a mesma linha das outras revisões, como os bons resultados obtidos com a modelagem comportamental em diferentes contextos organizacionais, de que a instrução baseada no computador levava a resultados piores, dependendo do tipo de objetivo de aprendizagem, e que ainda se necessitava de melhores conclusões sobre a simulação como método realmente efetivo de instrução. De forma geral, a revisão do autor aponta para a diversificação de pesquisa, mostrando que diferentes métodos de treinamento são mais adequados para tipos específicos de objetivos de aprendizagem, ressaltando a evidência de que não existe um método que rigorosamente seja mais eficiente em todas as condições.

Latham (1988) apresenta brevemente o desenvolvimento das técnicas para maximizar a aprendizagem. Nesse contexto, relata os esforços feitos para aplicar a teoria de modelagem social no campo de TD&E, que tem bons resultados. Também aponta para o uso de desenhos instrucionais como uma boa forma de proporcionar aprendizagem mais efetiva para diferentes tipos de habilidades intelectuais, bem como para o desenvolvimento de atitudes positivas. Dessa forma, o autor deixa registrada a importância da aplicação de tecnologias adequadas para o desenvolvimento de situações mais efetivas de aprendizagem.

Tannenbaum e Yukl (1992) argumentam que muito do desenvolvimento de planejamento instrucional feito para a área de TD&E se baseou em estudos com estudantes em tarefas pouco complexas, resultando em princípios de aprendizagem pouco generalizáveis para populações distintas. Em decorrência, os autores relatam que teóricos de TD&E desenvolveram elementos para adaptar os desenhos instrucionais às características da clientela. Ainda pontuam que várias contribuições foram trazidas para esse tópico por meio da aplicação de conhecimentos desenvolvidos na psicologia cognitiva e instrucional. Essas contribuições são relativas à descrição dos processos cognitivos de aquisição de conhecimentos e habilidades. Essas contribuições foram principalmente relacionadas ao processamento automático de informações, modelos e esquemas mentais, metacognição e habilidade de aprender. Com aportes dessa natureza, a tecnologia de desenho instrucional torna-se cada vez mais efetiva para produzir aprendizagem na clientela.

Com relação aos métodos de treinamento, Tannenbaum e Yukl (1992) indicaram que, com respeito à simulação, vários aspectos afetam sua efetividade, como o seu grau de complexidade, escopo funcional e programação de atividades, entre outros. Os autores também afirmam que os métodos de alta-tecnologia (instrução via computador, vídeo, discos interativos) possuem várias vantagens, como possibilitar instrução individual e prática ativa, mas algumas desvantagens, como alto custo para produção. Para eles, o sucesso desse método está diretamente associado a uma precisa identificação de necessidades com conseqüente desenho instrucional. O tópico de modelagem do comportamento também foi abordado pelos revisores, principalmente no concernente à eficácia no desenvolvimento de certas competências atitudinais. Por outro lado, alguns estudos apontaram que esse método não é eficiente para desenvolver conhecimentos e comportamentos adaptativos. Ainda sobre esse método foram desenvolvidas formas para aumentar sua efetividade, principalmente para melhorar a capacidade de generalização.

Salas e Cannon-Bowers (2001) argumentam que a produção científica e tecnológica dos métodos e estratégias de treinamento se centra na busca do desenvolvimento de formas de produzir mais eficazmente a aprendizagem nos treinandos. Nesse sentido, foram empreendidas várias ações no período da revisão (1992 a 2000), algumas delas buscando testar melhores estratégias para desenvolver habilidades complexas, como a de superaprendizagem e a de condições de práticas. No contexto da aprendizagem a distância, os autores pontuam que mais pesquisas devem ser realizadas para a produção adequada de tecnologias que utilizam tal lógica (a distância). Sobre treinamento de simulação, os autores afirmam que a efetividade desses métodos está diretamente relacionada à capacidade dos mesmos em representar fielmente as competências que devem ser desenvolvidas. Ainda sobre simulação, os autores apresentam evidências de que a técnica de modelagem comportamental é muito adequada para o desenvolvimento de comportamentos de cidadania organizacional, além de outras características individuais relevantes para o desempenho no trabalho. Apresentaram elementos para identificar a efetividade de treinamentos para equipes, que passam pelo uso de técnicas de promoção de assertividade e atitudes em relação ao trabalho em equipe, bem como o uso de modelos mentais compartilhados e *feedback* contínuo para o desenvolvimento de respostas comportamentais adequadas ao desempenho em equipe.

Talvez a área mais tecnológica em TD&E, o componente de métodos e estratégias de treinamento, foi e continua sendo muito profícuo para produção de novas soluções. A primeira revisão já aponta algumas preocupações que foram efetivamente resolvidas, principalmente graças à aplicação dos princípios de aprendizagem da psicologia instrucional. Dada a descrição desses princípios, tornou-se possível desenvolver um conjunto de técnicas específicas para determinados domínios taxonômicos (afetivo, cognitivo e psicomotor). Sem dúvida, um dos métodos que continua recebendo aperfeiçoamentos é o de modelagem comportamental, que há mais de duas décadas vem mostrando-se um meio bem-sucedido de promoção de aprendizagem de objetivos atitudinais e de algumas habilidades intelectuais.

Atualmente, deve-se dar uma atenção especial para o uso da tecnologia nos métodos de treinamento. Com o avanço da microinformática, estão tornando-se cada vez mais comuns os treinamentos baseados em computador. É essencial estudar como esses métodos promovem a aprendizagem e adaptar o uso dessa tecnologia aos modelos teóricos da psicologia instrucional, reconhecendo suas vantagens e limitações. É fundamental que, nesse âmbito do uso da tecnologia nos métodos de treinamento, a lógica de economia de recursos nas ações de TD&E não sobreponha o princípio elementar das mesmas, que é a promoção de aprendizagem, o qual deve ser mantido como mote de todas as ações. Assim, é fundamental a descrição, já feita em outros métodos, relacionando que tipo de objetivos de aprendizagem os treinamentos baseados em computador são eficientes em promover, além de toda a lógica e seqüência de ensino associadas aos mesmos.

Desenvolvimento tecnológico na avaliação de treinamento

A avaliação de treinamento diz respeito a uma ação sistemática de coleta de informações para viabilizar a emissão de um julgamento sobre a efetividade de TD&E nas organizações. Nesse campo, o desenvolvimento tecnológico fornece uma série de possibilidades às organizações, principalmente em identificar quais fatores do ambiente organizacional restringem ou facilitam a melhora de desempenho dos treinados. Além disso, há um objetivo inerente a essa ação que é o de identificar como e quanto as ações de TD&E trazem de retorno financeiro para a organização. Dentro desse contexto, o desenvolvimento tecnológico em avaliação de treinamento é um elemento muito importante para aprimorar e adequar continuamente as ações de capacitação às demandas e necessidades organizacionais.

Campbell (1971) apontava que a abordagem de Kirkpatrick para a avaliação de treinamento era a mais utilizada. Ainda assim, havia divergência quanto à identificação dos critérios e/ou variáveis dependentes de avaliação de treinamento. Havia proposições do uso de autocritérios de avaliação para os treinandos, bem como o impacto das ações de capacitação em variáveis individuais, como auto-atualização. O autor também afirma que nada de novo foi desenvolvido no que concerne ao uso de delineamentos experimentais em avaliação, mantendo-se o que já havia sido desenvolvido na década anterior. Uma última questão abordada pelo autor sobre a avaliação diz respeito ao uso da teoria de sistemas para interpretar alguns resultados de avaliação, principalmente no concernente à influência de outras variáveis nos resultados de avaliação.

Para Goldstein (1980), a produção científica e tecnológica relativa à avaliação de sistemas instrucionais estava relacionada à definição de critérios mais eficientes. Nesse sentido, algumas proposições indicaram a necessidade de definição de critérios que avaliassem o processo de treinamento em si, e não apenas seus resultados. Outra questão muito importante a esse respeito é relativa à necessidade de critérios que envolvessem a diversidade das próprias ações instrucionais. Outra questão de avaliação levantada por Goldstein (1980) diz respeito à metodologia. A discussão tecnológica da época enfatizava a questão do desenvolvimento de experimentos em lugar de pesquisas de campo. Se, por um lado, o delineamento experimental diminui a validade ecológica dos processos de avaliação, por outro, as pesquisas de campo não possibilitaram o estabelecimento de relações causais. Dessa forma, a discussão, à época, evidenciava a necessidade de alternativas de delineamentos de avaliação, como avaliações livres de objetivos e processos qualitativos, que possibilitassem o entendimento do processo instrucional e dos indicadores numéricos da avaliação.

Wexley (1984) relatou uma grande tendência para o desenvolvimento de pesquisas que ajudassem no desenvolvimento de tecnologias para facilitar a implementação de sistemas de avaliação de ações instrucionais, uma vez que muita resistência é observada a esse respeito. Uma questão muito importante desenvolvida pelo autor diz respeito ao problema de medida em avaliação. As soluções foram na direção do uso de pré e pós-testes de auto-avaliação, construídos sobre diferentes dimensões. Outra questão apresentada pelo autor diz respeito ao uso dos resultados de avaliação como elemento de tomada de decisão gerencial. A solução encontrada nesse contexto é uma abordagem com o uso de equações de regressão linear para a aferição dos resultados financeiros de treinamento.

Latham (1988) relatou alguns métodos então inovadores para avaliação de treinamento, como as listas de checagem auto-administradas, que davam indicações sobre aprendizagem de comportamentos desenvolvidos em situações de capacitação. Esses esforços para avaliação de ações de capacitação foram empreendidos por economistas, e, apenas naquele período, os cientistas sociais e comportamentais começavam a desenvolver estratégias para mensuração de resultados de ações de TD&E. Alguns esforços foram relatados pelo autor, principalmente no concernente ao uso de desenhos experimentais ou quase-experimentais com pré e pós-testes para aferir diferenças comportamentais. O autor concluiu que, nesse período, ocorreram as primeiras iniciativas de avaliação de critérios comportamentais em ações de capacitação, promovidas por psicólogos organizacionais, buscando alternativas à simples avaliação econômica de treinamentos.

Segundo Tannenbaum e Yukl (1992), teriam ocorrido avanços, no período revisado, no concernente aos delineamentos de avaliação, com teste de modelos experimentais de avaliação de ações de TD&E, principalmente sobre as estratégias de controle e análise de variáveis. Os autores também relataram uma preocupação dos pesquisadores do campo no desenvolvimento de medidas de pré e pós-testes mais cuidadosas, graças às informações advindas de estudos que compararam diferentes tipos de medidas. Outra questão levantada é que não se concluiu nada a respeito da existência de uma quantidade de tempo exata para mensurações após o término do treinamento, principalmente devido ao fato de a dilatação temporal poder auxiliar a compreender o nível de perda de habilidades. Outro ponto levantado pelos autores a respeito da avaliação é relativo aos critérios. O modelo de quatro níveis (reações, aprendizagem, comportamento e resultados) ainda era bastante utilizado, mas estudos apontaram para a inexistência de relação causal entre esses níveis, o que trouxe importantes conseqüências teóricas e práticas para o campo de TD&E. Outros elementos importantes produzidos em avaliação de treinamento disseram respeito à construção de medidas adequadas para a verificação do resultado do treinamento no desempenho dos treinados e sobre métodos e técnicas para a realização da mensuração de retorno de investimentos em ações de TD&E.

Salas e Cannon-Bowers (2001) apontam que houve um aumento de interesse significativo no desenvolvimento de métodos e delineamentos para avaliação de treinamento, buscando compreender o conjunto de elementos que possibilitam o uso de novas competências no trabalho. Para os autores, a taxonomia de critérios de avaliação de quatro níveis ainda é a mais utilizada, mas alguns pesquisadores propuseram uma diferenciação substancial nesses indicadores, como, por exemplo, a necessidade de se expandir os indicadores de mudanças de estados psicológicos da aprendizagem, envolvendo elementos não apenas comportamentais, mas também cognitivos e afetivos. Outros autores indicaram a necessidade de se ampliar o critério de reação, inserindo um indicador de utilidade das competências do treinamento. Sobre os delineamentos de avaliação, novas tentativas de avaliação foram testadas, como um delineamento experimental com pós-teste e sem grupo-controle, o que pode minimizar alguns custos políticos, dentro das organizações, para a realização de pesquisas experimentais de avaliação de treinamento. Sobre a transferência de treinamento, Salas e Cannon-Bowers (2001) argumentam que muitos achados já foram feitos, principalmente no que concerne à restrição provocada pelas variáveis ambientais como determinantes da transferência do treinamento. Dessa forma, os autores pontuam que há um conjunto claro de evidências sobre o que possibilita a transferência, dando indicações tecnológicas para a gestão de processos efetivos de TD&E nas organizações.

A área de avaliação de treinamento também foi recheada de avanços tecnológicos desde a primeira revisão. Uma questão que perpassa esses trinta anos de desenvolvimento tecnológico é o uso dos quatro critérios de avaliação, que começou a ser questionado em sua essência, bem como novas propostas começaram a ser produzidas, apenas na década de 1990. Essa novidade sobre os critérios está fortemente centrada no aprimoramento da abordagem multinível, que auxilia na operacionalização e mensuração da efetividade do treinamento nos níveis grupal e organizacional. Isso ocorre devido à descrição do processo de transferência vertical,[1] que possibilita que se faça, de forma mais bem elaborada, uma ligação que ficou perdida no modelo clássico de quatro níveis.

Outra característica marcante da produção tecnológica em avaliação de treinamento está relacionada à identificação de dezenas de variáveis que condicionam os indicadores de efetividade de ações instrucionais. Atualmente, já foram desenvolvidos vários modelos que descrevem o conjunto de fatores que influenciam a efetividade de programas instrucionais. Nesse particular, há uma grande produção tecnológica no Brasil (Borges-Andrade, 1982; Borges-Andrade, 2002). Já se produziram acúmulos de resultados suficientes para podermos descrever um grande modelo geral de avaliação de treinamento, que pode ser adaptado para cada realidade organizacional, enfatizando os fatores relevantes (ver Capítulos 17 a 25 deste livro). A Tabela 8.1 resume os avanços tecnológicos na área, organizados por cada um dos componentes do sistema de TD&E.

TD&E E COMPORTAMENTO ORGANIZACIONAL

Não podemos esquecer que a produção tecnológica está diretamente relacionada ao comportamento humano no trabalho, uma vez que é nesse contexto que TD&E pretende surtir efeito. Assim, é fundamental a ligação entre os dois campos.

Comportamento organizacional é uma disciplina que estuda os efeitos que a estrutura organizacional, o grupo e as características individuais têm sobre o comportamento humano no trabalho (Robbins, 2002). Essa disciplina possui estreita relação com a área de TD&E, tendo em vista que o principal objetivo das

Tabela 8.1
SUMÁRIO DO DESENVOLVIMENTO TECNOLÓGICO EM TD&E

Décadas	Características tecnológicas		
	Avaliação de necessidades	Métodos e estratégias	Avaliação de treinamento
1960[1]	Incidentes críticos.	Instrução programada e assistida por computador. Desenvolvimento gerencial. Televisão e treinamento transcultural.	Modelo de quatro níveis de análise. Estratégias de auto-avaliação. Modelos experimentais clássicos. Teoria de sistemas aplicada.
1970[2]	Aplicação de múltiplos níveis. Dimensões de desempenho. Mensuração de características pessoais dos futuros treinandos. Ligação das taxonomias de aprendizagem ao desempenho ocupacional.	Teoria instrucional para criação de condições de aprendizagem. Simulações e jogos. Modelagem comportamental. Aprimoramentos na instrução programada por computador.	Critérios para avaliação do processo de treinamento. Delineamentos experimentais em vez da pesquisa de campo. Procedimentos qualitativos de avaliação.
1980[3]	Uso de múltiplos níveis, com reconhecimento da importância das variáveis organizacionais. Tecnologias para alinhamento estratégico de necessidades. Várias tecnologias para o nível de tarefas. Preocupação com características emergentes das tarefas. Uso de peritos para identificação de competências futuras. Nível pessoal tecnologia baseada em observação do comportamento. Avaliação de necessidades de grupos populacionais específicos. Múltiplas formas de levantamento de informações e de fontes de informação. Identificação de pré-requisitos de aprendizagem dos treinandos.	Seqüenciamento de objetivos e prática no treinamento. Modelos para aumento de transferência. Descrição dos métodos mais adequados para tipos de objetivos de aprendizagem. Modelagem comportamental melhor indicado para certos objetivos de aprendizagem. Generalização dos modelos da psicologia instrucional para o ambiente organizacional. Descrição dos processos cognitivos de aprendizagem e de metacognição. Descrição dos comportamentos que a simulação dá melhores resultados. Métodos de alta tecnologia (i.e. vídeo disco). Treinamento de equipes.	Uso da avaliação como forma de diminuir resistência da implantação de sistemas instrucionais. Pré e pós-testes de auto-avaliação com múltiplas dimensões. Apresentação de resultados para gestores. Listas de checagem auto-administradas. Desenhos experimentais e quase-experimentais com pré e pós-teste. Avaliação de critérios comportamentais. Técnicas de controle a análise de dados multivariados. Medidas mais apuradas de pré e pós-teste. Métodos para avaliação de retorno de investimentos de ações de TD&E.
1990[4]	Operacionalização multinível dos níveis de análise. Aplicação de técnicas de análise cognitiva para identificação de competências. Formas de mapeamento de competências futuras e emergentes.	Modelos de desenvolvimento de habilidades complexas. Superaprendizagem. Representação adequada das tarefas em simuladores. Validade do treinamento a distância ainda incipiente. Treinamento de equipes com modelos cognitivos de mapas mentais.	Aprimoramentos na taxonomia de quatro níveis, com redefinição de conceitos. Delineamento experimental com pós-teste sem grupo-controle. Inserção de variáveis ambientais nos modelos de avaliação. Modelo multinível de avaliação de treinamento para transferência vertical.

[1] Relativo a Campbel (1971).
[2] Relativo a Goldstein (1980).
[3] Relativo a Wexley (1984), Latham (1988) e Tannenbaun e Yukl (1992).
[4] Relativo a Salas e Cannon-Bowers (2001).

ações de capacitação no ambiente de trabalho é o de promover uma modificação do comportamento produtivo, por meio da aprendizagem. Dessa forma, TD&E seria um mecanismo da organização para promover modificações no comportamento organizacional (Robbins, 2002).

De forma geral, todas as práticas relativas à gestão de pessoas são estratégias para influenciar o comportamento humano no trabalho, buscando atingir os objetivos organizacionais, por meio da promoção da eficácia do desempenho de indivíduos e equipes, da saúde e conforto no trabalho. Sendo assim, as ações de TD&E podem ser compreendidas como uma das estratégias de gestão de pessoas, que buscam promover a mudança de comportamento por meio da aquisição de competências conectadas com os objetivos organizacionais (Bohalander, Snell e Sherman, 2003).

Além de compreendermos as ações de TD&E como mecanismos de influência no comportamento humano no trabalho, não se pode perder de vista o caráter sistêmico das organizações. As ações de TD&E também estão sujeitas aos elementos do comportamento organizacional, principalmente no que tange à efetividade de tais ações. Em decorrência dessa lógica, poderíamos aplicar os modelos de estudo do comportamento organizacional (estrutura, grupo e indivíduo) como elementos complementares para a descrição e intervenção das ações de TD&E no ambiente de trabalho.

Portanto é fundamental, para a eficiência de todos os componentes do sistema, que as ações de TD&E sejam rigorosamente relacionadas com os modelos teóricos de comportamento organizacional, utilizando princípios e técnicas advindos desse campo do conhecimento. Essa aproximação de campos operacionaliza-se pela identificação de variáveis de comportamento organizacional que são importantes para facilitar ou restringir a eficácia de vários dos componentes das ações de TD&E nas organizações, como avaliação de necessidades de suporte à transferência, desenvolvimento de eventos da instrução adequados às características individuais da clientela, aprendizagem, transferência de aprendizagem, entre outros (para maiores detalhes sobre componentes de sistemas de TD&E, ver o modelo MAIS no Capítulo 17 deste livro).

Vários exemplos podem ser identificados na literatura científica de treinamento que reforçam a perspectiva de que as ações de TD&E influenciam e são influenciadas por elementos do comportamento organizacional. Por exemplo, Tannenbaum, Mathieu, Salas e Cannon-Bowers (1991) identificaram influência das ações de capacitação sobre o comprometimento organizacional de funcionários. O comprometimento do trabalhador é uma variável classicamente estudada em comportamento organizacional (Bastos e Borges-Andrade, 2002). Estudos na área de avaliação de treinamento indicam que a percepção de variáveis do ambiente organizacional influencia intensamente o impacto que a transferência do aprendido provoca no desempenho do treinado (Abbad, Pilati e Pantoja, 2003). Também há evidências de que a percepção que o treinado tem do suporte organizacional, que se define como a percepção do trabalhador sobre a preocupação da organização em dar condições de gestão para que ele se desempenhe, exerce uma influência indireta (Pilati e Borges-Andrade, 2004) sobre o impacto do treinamento no trabalho. Essa percepção de suporte baseia-se na norma da reciprocidade, aonde a percepção de uma pessoa sobre a preocupação de outra com ela, leva uma a emitir mais comportamentos favoráveis em relação a outra.

O que é fundamental ter-se em mente é que as ações de TD&E nas organizações são efeito e produto do comportamento humano no trabalho. Isso significa que as pessoas que trabalham com TD&E no contexto organizacional devem saber lidar também com elementos de comportamento organizacional, uma vez que esses possuem influência fundamental na eficácia da aprendizagem formal (e também informal) no ambiente de trabalho.

O ATUAL PAPEL DE TD&E

Como apontado por Bastos (1991), as ondas de atividades de treinamento nas organizações nos dá claras indicações da diferença de escopo que atualmente a educação tem no mundo do trabalho. A quarta onda, que é denominada de informação, conhecimento e sabedoria, traz novas características em que os processos de TD&E são encarados nas organizações, principalmente pelos modelos administrativos. De forma sintética essa nova forma de encarar as ações de TD&E é a elevação de seu nível dentro das organizações, para concebê-lo de forma estratégica.

Há vários exemplos na literatura de administração sobre essa perspectiva. A elevação de nível ocorre devido às pressões ambientais de mudança que o mercado imprime, principalmente na maior importância dada, atualmente, à geração de inovações tecnológicas que as organizações devem empreender para conseguirem se manter e atingir seus objetivos (Pimenta, 1999).

Como essa inovação é feita pelos funcionários, o desenvolvimento contínuo das competências passa a ser condição fundamental para o sucesso organizacional e, assim, as ações de TD&E devem ser tratadas de forma estratégica. Alguns exemplos recentes de "elevação" de nível das ações de capacitação são as universidades corporativas (Alperstedt, 2001). Outra perspectiva em administração, que também promove esse movimento de maior importância das ações de capacitação, é o *Balanced Scorecard* (Kaplan e Norton, 2000). É um sistema de gestão organizacional que define vários indicadores de mensuração contínua para viabilizar que a organização atinja seus objetivos estratégicos. Um conjunto desses indicadores é definido pelos autores como aprendizado e crescimento e se refere ao nível de competências dos funcionários, que devem ser continuamente mensuradas para indicar se a organização está atingindo seus objetivos.

Ainda há outros modelos e abordagens, que cunham conceitos para dar vazão a essas questões, como, por exemplo, a noção de aprendizagem organizacional ou organizações que aprendem, que tem estreita relação com a necessidade de adaptação constante das organizações às demandas e pressões do mercado (Cardoso e Freire, 2003). Seguramente, essa tentativa de a organização não ser alijada do mercado por suas concorrentes passa pela capacitação da força de trabalho. Outro movimento atualmente observado e que busca desenvolver um modelo de organização que se adapta constantemente ao contexto cambiante (Souza-Silva, 2003) é o de compartilhamento de conhecimento dentro das organizações (Nonaka e Takeuchi, 1996). Ele defende que as empresas bem-sucedidas têm formas de transformar seu conhecimento em um elemento que possa ser utilizado para a consecução de seus objetivos.

Essa literatura sobre mudança nos contextos institucionais e seus respectivos impactos nos sistemas administrativos é abundante em quantidade e divergente em qualidade. Uma excelente revisão sobre as questões de mudança organizacional foi empreendida por Lima (2003), e sem dúvida é possível observar como os elementos da mudança de época (Souza e Silva, 2003) afetam as práticas administrativas, forçando a criação de novos conceitos e modelos para dar vazão às demandas e necessidades do mercado cada vez mais global e competitivo. É exatamente dentro desse contexto que se encontram todas as práticas de gestão de pessoas, entre elas as ações de TD&E. Então surge o questionamento: qual é o atual papel de TD&E nesses novos desafios do mundo do trabalho? Como a tecnologia em TD&E está evoluindo, em consonância com suas áreas de interface, para poder dar vazão a todas essas pressões?

Como se pode constatar em seção anterior, o desenvolvimento tecnológico em TD&E sempre buscou atender às exigências que as mudanças na lógica da dimensão produtiva produziam sobre os trabalhadores que deveriam ser capacitados. Os desafios sempre existiram e, agora, com essa atual pressão de contexto cambiante, continuam a acontecer. Então se faz necessário situar o leitor sobre até que ponto a produção tecnológica tem respondido às demandas atuais das organizações e quais desafios estão conformados e devem ser buscados pela produção tecnológica em TD&E.

Na perspectiva da *avaliação de necessidades de treinamento*, as tendências atuais são de desenvolvimento de métodos cada vez mais apropriados para a identificação de necessidades emergentes de capacitação. Esses métodos buscam alinhar as ações de treinamento às estratégias organizacionais. Assim, o uso de técnicas de levantamento de necessidades futuras ou "virtuais" é uma ferramenta muito importante para o planejamento da instrução alinhado com as competências individuais que terão de ser desenvolvidas para a organização atingir seus objetivos. Outra questão premente diz respeito ao levantamento de necessidades de capacitação para trabalho em equipe. Graças à introdução de modelos multiníveis para o desenvolvimento tecnológico da área, torna-se essencial identificar as necessidades de capacitação de equipes inteiras, não trabalhando apenas com as necessidades individuais, mas avaliando o grau e a forma de compartilhamento ou interdependência das tarefas, para que o treinamento possa ser desenvolvido com vistas ao aprimoramento de tais capacidades de trabalho em grupo. Nesse particular, o uso de técnicas de análise cognitiva de tarefas é um recurso poderoso para se construir mapas de compartilhamento de aspectos do desempenho em equipe. Como se pode observar na descrição do desenvolvimento tecnológico nesse capítulo, métodos e técnicas que possibilitam o desenvolvimento de tais resultados de avaliação de necessidades foram gradualmente desenvolvidos desde meados dos anos de 1980. É claro que aqui não entramos na apreciação de quanto dessa tecnologia é absorvida pelos profissionais de treinamento das organizações, mas certamente tal tecnologia já está disponível e acessível para utilização, por aqueles que tiverem o nível de formação mínima na área.

Sobre *métodos e estratégias de treinamento*, o que se nota é a demanda pelo desenvolvimento de técnicas de alta tecnologia, principalmente aquelas baseadas em computador. Apesar do seu uso cada vez mais freqüente dentro do ambiente organizacional, ainda não foram observados estudos sistemáticos que desenvolvessem taxonomias para classificar e testar a validade de tais métodos de treinamento. No mais, observa-se que a maioria das técnicas já estudadas e desenvolvidas nos mais de 50 anos de pesquisa em TD&E possibilitaram a criação de eventos da instrução adequados e eficientes para o desenvolvimento de diversas competências nos trabalhadores. Métodos como o de modelagem comportamental continuam sendo extremamente adequados para o treinamento de atitudes nos trabalhadores, assim como a simulação tem demonstrado grande efetividade para treinamentos que envolvam situações de risco. Assim, podemos concluir que existe uma grande demanda atual para a produção de métodos de treinamento que sejam adequados para sistematizar e estruturar o uso de meios baseados em tecnologia, mas os métodos clássicos continuam sendo eficientes. Um aspecto que é fundamental salientar é a necessidade de estruturação de alguns elementos sobre o planejamento de treinamento, principalmente no concernente ao que já se conhece sobre o seqüenciamento de objetivos de aprendizagem. Existem algumas características de meios contemporâneos de treinamento que possibilitam que o processo de aprendizagem possa realizar-se de forma mais caótica, como as propostas construtivistas. Essa característica deve ser adaptada aos modelos de aprendizagem, principalmente visando que os mesmos possam criar condições de aquisição de competências adequadas mesmo sem o seqüenciamento total dos objetivos de instrução. Enfim, talvez a área de métodos e estratégias de treinamento seja a que mais tenha necessidade de produção tecnológica ou de ajustes para poder responder algumas poucas questões que ainda pairam no ar sobre o papel atual de TD&E nas organizações.

Em relação à *avaliação do treinamento*, o que se observa é que, atualmente, ela dá vazão às demandas, principalmente no concernente à produção de modelos mais alinhados a objetivos organizacionais, assim como ligados a outros aspectos do comportamento organizacional que não apenas a aprendizagem. Nesse sentido, a produção tecnológica de modelos multivariados de análise, com uma abundância de descrições e taxonomias de variáveis que influenciam a efetividade das ações de TD&E, configura exemplo desses modelos mais complexos. Um aspecto que já começou a ser desenvolvido e que é de fundamental importância e está em consonância com a perspectiva estratégica das ações de capacitação é o aperfeiçoamento contínuo dos modelos multinível, para a compreensão e descrição do processo de transferência vertical das ações de TD&E. O avanço tecnológico nessa questão viabilizará a mensuração de vários indicadores que atualmente interessam ao modelo administrativo. Por exemplo, a mensuração do nível de aprendizagem no *Balanced scorecard* de Kaplan e Norton (2000) não é operacionalizado pelos autores, o que poderia ser resolvido com a aplicação da abordagem multinível.

Apesar de todo o desenvolvimento tecnológico da área, que já dá resposta às pressões que o modelo administrativo atual impõe sobre TD&E, algumas questões são continuamente colocadas para a área. Toda essa mudança no processo informacional do mundo organizacional, bem como um mais elevado nível educacional da força de trabalho, levam à necessidade de reflexão sobre algumas questões, como, por exemplo, o auto-gerenciamento da aprendizagem, na qual entra em perspectiva a idéia de que os trabalhadores deverão definir, cada vez mais, suas metas de capacitação. Isso é motivado pelo uso de tecnologia de informática nos treinamentos a distância como meio, método e estratégia de capacitação, graças à facilidade que essa tecnologia traz para que os trabalhadores tenham acesso a informações. Mas em questões como essa, em que influi a tecnologia de TD&E? Até onde a produção de conhecimento no campo nos permite saber, os princípios essenciais de aprendizagem para o ensino, descritos e testados exaustivamente por teóricos em meados do século XX, não estão superados. Assim, a tecnologia de TD&E deve buscar ao máximo respeitar esses princípios, a partir da adequação dos novos e sedutores meios. Isso é essencial se o objetivo final de um processo de capacitação ainda for promover aprendizagem e melhorar continuamente o desempenho humano no trabalho. Óbvio que um caminho natural é o teste dessas tecnologias a fim de transformá-las em modelos eficientes de promoção de aprendizagem. O resultado dessa linha de investigação sem dúvida será o desenvolvimento de soluções eficientes para a TD&E atual.

Enfim, várias são as questões propostas na atualidade na área de TD&E, o que molda suas características e seu papel atual. De qualquer forma, as práticas administrativas têm influenciado a produção tecnológica, assim como esse desenvolvimento tecnológico tem influenciado muitas práticas administrativas.

CONSIDERAÇÕES FINAIS

Como demonstramos no decorrer deste capítulo, as ações de TD&E estão inseridas em um contexto socioeconômico e são influenciadas e influenciadoras desse sistema. As práticas administrativas do início da era organizacional exercem uma grande influência na forma como o treinamento era visto nas organizações. Também mostramos que no contexto atual essa influência é tão ou mais importante que antes. O que muda é a maneira como as práticas administrativas são apresentadas, dadas as novas características econômicas, sociais e tecnológicas da sociedade que se encontra no limiar do século XXI.

Também argumentamos que a área tecnológica de TD&E procura, há pelo menos 50 anos, dar respostas para a promoção cada vez mais eficaz da aprendizagem formal no ambiente de trabalho. Essa produção tecnológica é influenciada por diferentes ciências aplicadas, inclusive na psicologia. Sem dúvida, o desenvolvimento dos modelos administrativos também provocou influência na produção tecnológica, como se pode ver no desenvolvimento de técnicas de identificação de necessidades emergentes de capacitação, ocorrido em meados da década de 1980. Entretanto, ao mesmo tempo, a estruturação de uma ciência de TD&E influenciou bastante as práticas administrativas nas organizações, principalmente quando os princípios de aprendizagem foram adaptados para tornarem-se mais eficientes nos ambientes de ensino e de trabalho. Nessa linha, notamos uma influência mútua, o que culminou[2] com os atuais modelos estratégicos de capacitação, bem como com as atuais tecnologias de TD&E.

Com essa análise histórica, é possível concluir que os processos de TD&E nas organizações estão em contínua mudança, seja para atender às demandas de um contexto cambiante (Souza e Silva, 2003) dos modelos de administração, seja pela produção tecnológica com uma intensa preocupação aplicada (para dar respostas a questões colocadas pelos profissionais da área) ou com uma preocupação básica (para o desenvolvimento de modelos e teorias que não estão necessariamente ligados a uma demanda de profissionais da área). Ainda importa lembrar que as ações de TD&E não podem ser compreendidas de modo descontextualizado em relação ao ambiente organizacional. É essencial, então, ligar todo o processo de treinamento nas organizações às variáveis de comportamento organizacional, tendo em vista que o objetivo final da promoção de aprendizagem no trabalho é o aprimoramento do desempenho e de variáveis comportamentais dos treinandos. Assim entendido, TD&E é parte da organização, influenciando e sofrendo influências do sistema organizacional.

Todo esse caldo compõe um ambiente de prática e produção tecnológica complexo, que possui múltiplas interações com outras disciplinas. É exatamente dentro desse contexto que devemos situar e relativizar a compreensão de TD&E.

QUESTÕES PARA DISCUSSÃO

- Quais os principais avanços tecnológicos no desenvolvimento das práticas de TD&E?
- Descreva a influência histórica das abordagens administrativas nas ações de TD&E.
- Por que cada vez mais as ações de TD&E vêm ocupando papel estratégico? Aponte três possíveis causas e discuta brevemente cada uma delas.
- Descreva a relação entre ações de TD&E e o comportamento organizacional.

NOTAS

1. O conceito de transferência vertical vem da literatura de estudos multinível. O modelo de Kozlowski e Klein (2000) pressupõe que as organizações são sistemas, organizados hierarquicamente em diversos níveis de análise, com elementos de nível inferior aninhados em elementos de nível superior. Neste modelo são possíveis duas formas de influência entre níveis de análise: processos *botton-up*, ou de emergência, e processos *top-down*. Os primeiros processos iniciam nos níveis inferiores (indivíduo ou grupo) e são transferidos verticalmente para os superiores, manifestando-se de forma compilacional (isomórfica) ou composicional (descontínua). O segundo grupo de processos de influência são exercidos pelos níveis superiores sobre os inferiores. No caso de ações de TD&E espera-se que o treinamento de indivíduos ou grupos de pessoas provoque inicialmente uma mudança no nível individual que depois será transferido de forma vertical para níveis hierarquicamente superiores (equipes e organização). Se esses modelos forem de fato eficientes para descrever conceitualmente o fenômeno organizacional, será possível testar empiricamente um "elo perdido" entre ações de TD&E, em particular, e ações de gestão de pessoas, em geral, e as estratégias organizacionais. Por esse motivo é um desafio de produção tecnológica desenvolver e testar modelos multinível de transferência vertical para identificar esse elo de ligação, já previsto em modelos clássicos de avaliação de treinamento (Hamblin, 1978), mas até hoje não operacionalizados nem testados.
2. Aqui importa salientar que vários aspectos (tecnológicos, econômicos e sociais) influenciaram as mudanças dos modelos administrativos, mas que uma das influências foi promovida pela própria psicologia aplicada, principalmente a psicologia organizacional, que desenvolveu modelos para a explicação e intervenção no comportamento humano no trabalho.

REFERÊNCIAS

ABBAD, G.; PILATI, R.; PANTOJA, M. J. Avaliação de treinamento: análise da literatura e agenda de pesquisa. *Revista de Administração da USP*, v.38, n.3, p. 205-218, 2003.

ALPERSTEDT, C. Universidades corporativas: discussão e proposta de uma definição. *Revista de Administração Contemporânea*, v.5, n.3, p.149-166, 2001.

BASTOS, A. V. B. O suporte oferecido pela pesquisa na área de treinamento. *Revista de Administração da USP*, v.26, n.4, p.87-102, 1991.

BASTOS, A. V. B.; BORGES-ANDRADE, J. E. Comprometimento com o trabalho: padrões em diferentes contextos organizacionais. *Revista de Administração de Empresas – RAE,* v.42, n.2, p.31-41, 2002.

BOHLANDER, G.; SNELL, S.; SHERMAN, A. *Administração de recursos humanos.* São Paulo: Thomson, 2003.

BORGES-ANDRADE, J. E. Avaliação somativa de sistemas instrucionais: integração de três propostas. *Tecnologia Educacional,* v.11, n.46, p.29-39, 1982.

_____. Por uma competência política e técnica no treinamento. *Psicologia, Ciência e Profissão,* v.6, n.2, p.9-17, 1986.

_____. Treinamento de pessoal: em busca de conhecimento e tecnologia relevantes para as organizações. In: TAMAYO, A.; BORGES-ANDRADE, E.; CODO, W. (Org.). *Trabalho, organizações e cultura.* São Paulo: Cooperativa de Autores Associados, 1996. Coletâneas da ANPEPP.

_____. Desenvolvimento de medidas em avaliação de treinamento. *Estudos de Psicologia,* v.7, p.31-43, 2002.

BORGES-ANDRADE, J. E.; LIMA, S. M. V. Avaliação de necessidades de treinamento: um método de análise do papel ocupacional. *Tecnologia Educacional,* v.12, n.54, p.6-22, 1983.

CAMPBELL, J. P. Personnel training and development. *Annual Review of Psychology,* v.22, p.565-602, 1971.

CARDOSO, H.; FREIRE, L. C. Mudança e aprendizagem nas organizações. In: LIMA, S.M.V. (Org.). *Mudança organizacional:* teoria e gestão. Rio de Janeiro: FGV, 2003.

FLEISHMAN, E. A.; QUAINTANCE, M. K. *Taxonomies of human performance.* London: Academic Press, 1984.

GAGNÉ, R. M. Military training and principles of learning. *American Psychologist,* v.18, p.83-91, 1962.

_____. *The conditions of learning and theory of instruction.* 4. ed. New York: Holt, Rinchardt and Winston, 1985.

GOLDSTEIN, I. L. Training in work organizations. *Annual Review of Psychology,* v.31, p.229-272, 1980.

_____. *Training in organizations.* Pacific Grove, 1993.

GUIMARÃES, T. A. et al. Forecasting core competencies in an R&D environment. *R D Management.* Manchester, v.31, n.3, p.249-255, 2001.

KAPLAN, R. S.; NORTON, D. P. *A estratégia em ação:* balanced scorecard. Rio de Janeiro: Campus, 2000.

KLEIN, K. J.; KOZLOWSKI, S. W. J. *Multilevel theory, research and methods in organizations.* San Francisco: Jossey-Bass, 2000.

LATHAM, G. P. Human resource training and development. *Annual Review of Psychology,* v.29, p.545-582, 1988.

LIMA, S. M. V. *Mudança organizacional:* teoria e gestão. Rio de Janeiro: FGV, 2003.

MAGALHÃES, M. L.; BORGES-ANDRADE, J. E. Auto e hetero avaliação no diagnóstico de necessidades de treinamento. *Estudos de Psicologia,* v.6, n.1, p.33-50, 2001.

MALVEZZI, S. Do taylorismo ao comportamentalismo: 90 anos de desenvolvimento de recursos humanos. In BOOG, G. *Manual de treinamento e desenvolvimento.* São Paulo: Makkron Books, 1994.

NADLER, L. *The handbook of human resources development.* New York: Wiley, 1984. p.1-47.

NONAKA, I.; TAKEUCHI, H. *Criação de conhecimento na empresa.* Rio de Janeiro: Campus, 1997.

PILATI, R.; BORGES-ANDRADE, J. E. Estudo empírico dos antecedentes de medidas de impacto do treinamento no trabalho. *Revista Psicologia: Teoria e Pesquisa,* v.20, n.1, p.31-38, 2004.

PIMENTA, S. M. *Recursos humanos:* uma dimensão estratégica. Belo Horizonte: UFMG, 1999.

RICHEY, R. C. *The legacy of Robert M. Gagné.* Syracuse: ERIC Clearinghouse, 2000.

ROBBINS, S. P. *Comportamento organizacional.* 9.ed. São Paulo: Pearson do Brasil, 2002.

SALAS, E.; CANNON-BOWERS, J. A. The science of training: a decade of progress. *Annual Review of Psychology,* v.52, p.471-499, 2001.

SCHULTZ, D. P.; SCHULTZ, S. E. *História da psicologia moderna.* 7. ed. São Paulo: Cultrix, 1995.

SOUZA-SILVA, J. A mudança de época e o contexto global cambiante: implicações para a mudança institucional em organizações de desenvolvimento. In: LIMA, S. M. V. (Org.). *Mudança organizacional:* teoria e gestão. Rio de Janeiro: FGV, 2003.

SPECTOR, J. M. Gagné´s influence on military training research and development. In: RICHEY, R.C. (Ed.). *The legacy of Robert M. Gagné.* Syracuse: ERIC Clearinghouse, 2000.

TANNENBAUM, S. I.; YUKL, G. Training and development in work organizations. *Annual Review of Psychology,* v.43, p.399-441, 1992.

TANNENBAUM, S. I. et al. Meeting trainee's expectations: the influence of training fulfillment on the development of commitment, self-efficacy and motivation. *Journal of Applied Psychology,* v.76, n.6, p.759-769, 1991.

VARGAS, M. R. M. Educação à distância no contexto da mudança organizacional. In: LIMA, S. M. V. (Org.). *Mudança organizacional:* teoria e gestão. Rio de Janeiro: FGV, 2003.

WARR, P. Learning and training. In: _____. (Ed.). *Psychology at work.* London: Penguin, 2003.

WEXLEY, K. N. Personnel training. *Annual Review of Psychology,* v.35, p.519-551, 1984.

9

Competência técnica e política do profissional de TD&E

Jairo E. Borges-Andrade

Objetivos

Ao final deste capítulo, o leitor deverá:
- Analisar criticamente as competências esperadas do profissional de TD&E.
- Analisar criticamente as práticas usuais de TD&E.
- Descrever a tecnologia instrucional de TD&E com base em sistemas.
- Descrever as competências técnicas e políticas esperadas desse profissional.

INTRODUÇÃO

Este capítulo tem como função despertar o leitor para alguns aspectos críticos relativos àquilo que é feito e o que deveria ser feito pelos profissionais de treinamento, desenvolvimento e educação (TD&E) nas organizações. O que deveria ser feito é sintetizado na penúltima seção do capítulo, que vai ao mesmo tempo remetendo o leitor para as Partes II e III deste livro, cujos capítulos detalham como isso deveria ser realizado. Antes, porém, o capítulo analisa, muitas vezes de forma contundente, os problemas que freqüentemente são observados na forma como TD&E são operacionalizados nas organizações e discute a relação entre esses problemas e questões concernentes às competências que deveriam possuir os profissionais de TD&E. Essa análise procura sempre lembrar o leitor sobre os capítulos anteriores a este, que fornecem informações preciosas sobre os contextos históricos, sociais, culturais, políticos e econômicos de TD&E, particularmente no Brasil. Freqüentemente, a análise apontará aspectos que estão nos bastidores, sobre os quais poucas vezes se escreve, embora falados a "boca pequena". São mazelas que enfrentam os profissionais, ou "feridas" que poderão "doer" quando forem "tocadas". Parte da responsabilidade por esse estado de coisas pode estar no próprio contexto de trabalho desses profissionais ou na (falta de) formação apropriada que deveria ser oferecida pelas instituições de ensino superior que colocam tais profissionais no mercado.

As funções concernentes à gestão de pessoas, nas organizações complexas, guardam grandes diferenças entre si, no que tange à natureza das tarefas nelas realizadas e no que diz respeito aos conhecimentos exigidos de quem as executa. Algumas dessas funções guardam homogeneidade interna quanto à origem dos conhecimentos e ao tipo de profissional que elas requerem, outras não.

Nas funções de cargos e salários e controle, cadastramento e pagamentos de pessoal, por exemplo, predominam as tarefas cartoriais, as rotinas padronizadas e o estrito cumprimento de normas e leis. Essas funções exigem conhecimentos ligados à administração de pessoal e à legislação trabalhista. Esse é o campo em que "reina" o profissional de administração ou administrador e, em número menor, o de direito.

Na função de seleção, por outro lado, as tarefas mencionadas têm pouca demanda, mas há necessidade de outras habilidades, tais como descrição e análise de atividades, definição de domínios de conteúdo e de aptidões, elaboração e aplicação de procedimentos e instrumentos de medida e análise de dados, que têm sua origem nas áreas de mensuração do comportamento e psicometria. O profissional freqüentemente presente nessa função é o psicólogo, embora possam também existir profissionais de administração nela trabalhando.

Há, no entanto, outras funções de gestão de pessoas em que não existe predominância de um tipo de profissional, devido, entre outras razões, à complexidade e à heterogeneidade dos conhecimentos e habilidades que elas exigem. Uma delas é a função treinamento, desenvolvimento e educação (TD&E), que toma emprestados conhecimentos advindos da psicologia, da educação, da administração e de outras ciências sociais. Nela podemos encontrar, em quantidades equivalentes, psicólogos, pedagogos e administradores e, em menor número, sociólogos, engenheiros, profissionais de letras e informática e ainda outros que nela, por diferentes razões, encontram abrigo. Essa função é o foco do presente trabalho, bem como os profissionais que mais freqüentemente fazem dela seu meio de vida. Serão aqui desenvolvidas idéias que foram originalmente apresentadas em Borges-Andrade (1986).

A FORMAÇÃO E COMPETÊNCIA DO PROFISSIONAL

Devido às rápidas e vertiginosas mudanças tecnológicas, econômicas e sociais que caracterizam o atual mundo do trabalho e das organizações, as áreas de aprendizagem no trabalho, formação profissional e TD&E têm crescido de importância, como sugerem os cenários descritos nos Capítulos 1 a 6 deste livro. Por meio do TD&E, são adquiridos conhecimentos sobre fatos, conceitos e teorias e se desenvolvem habilidades motoras, sociais e intelectuais, estratégias cognitivas e atitudes, que poderão tornar o indivíduo mais competente para desempenhar vários papéis, no presente ou no futuro e em diversas organizações. No caso de treinamento, isso será feito de uma forma mais sistemática, enquanto desenvolvimento estaria mais baseado na autogestão da aprendizagem. Entretanto, em ambos os casos, a aprendizagem ocorre em contextos formais (Sonnentag, Niessen e Ohly, 2004), e, portanto, uma tecnologia instrucional é necessária.

Contudo, como discute Borges-Andrade (2002), a noção de crescimento pessoal contínuo, inicialmente colocada como um assunto de decisão pessoal, tornou-se um requisito organizacional que dele retirou a noção de escolha livre e pessoal, embora tenha sido mantido ou fortalecido o discurso de que se trata de autogestão da aprendizagem. Em muitos casos, o desenvolvimento de competências pessoais diversificadas se transformou em estratégia organizacional elaborada intencional e formalmente, cuja efetivação leva evidentemente a maiores expectativas de controle e a uma redução drástica do âmbito do que pode ser realmente considerado como autogestão. Por outro lado, um treinamento cuidadosamente formulado, para resolver, em curto prazo, problemas específicos de desempenho, de um indivíduo ou uma categoria ocupacional, pode ser visto, por outros indivíduos ou categorias, como uma oportunidade de desenvolvimento que garantiria melhor empregabilidade no mercado interno ou externo à organização, em longo prazo.

Uma das características essenciais do conceito de treinamento é a noção de que ele representa um esforço dispendido pelas organizações para propiciar oportunidades de aprendizagem aos seus integrantes (Borges-Andrade e Abbad, 1996). O treinamento está tradicionalmente relacionado à identificação e superação de deficiências no desempenho de empregados, preparação para novas funções e adaptação da mão-de-obra à introdução de novas tecnologias no trabalho. O conceito de desenvolvimento, na literatura clássica da área, é compreendido de forma mais abrangente, incluindo ações organizacionais que estimulam o livre crescimento pessoal de seus membros, que não visam necessariamente à melhoria de desempenhos atuais ou futuros (Nadler, 1984). Mais recentemente, muitas organizações ainda adicionaram o conceito de educação a essa função de gestão de pessoas, o que modificou sua denominação para TD&E. Uma discussão mais detalhada sobre esses conceitos pode ser encontrada no Capítulo 7 do presente livro.

TD&E têm uma história cujo uso sistemático remonta às primeiras décadas do século XX, como descreve o Capítulo 8, contando hoje com um acervo portentoso de conhecimentos e tecnologias, tanto no exterior (consultar Goldstein, 1991; Salas e Cannon-Bowers, 2001, e Sonnentag et al., 2004) quanto no Brasil (ver Abbad, Pilati e Pantoja, 2003; Borges-Andrade, 2002; Borges-Andrade e Abbad, 1996, e também o Apêndice do presente livro, disponível no site www.artmed.com.br). Já educação vem de tradição de pesquisa autônoma e muito mais antiga e tem uma trajetória e uma função social independentes de TD&E. Além disso, há muitas perspectivas nela presentes e autores que nem sequer admitiriam sua associação a TD&E.

Ao analisar os problemas conceituais da área, Bastos (1991) sugere que uma das maneiras de diferenciar TD&E seria pelos critérios da intencionalidade de produzir melhorias de desempenho e do controle exercido pela organização sobre estes processos. Haveria mais intencionalidade e controle no primeiro caso. A posterior inclusão do conceito de educação, nas organizações de trabalho, contribuiu para tornar ainda mais complexos esses problemas conceituais, mas talvez a sugestão daquele autor ainda pudesse ser aplicada, ficando este último conceito em um extremo de um *continuum*, enquanto o primeiro ficaria no extremo oposto.[1] Sonnentag e colaboradores (2004) sugerem, além desses, um terceiro critério: o do horizonte de uso, no trabalho, daquilo que foi aprendido. Treinamento levaria a um uso provavelmente em prazo mais curto e em atividades mais inerentes ao posto de trabalho atual do indivíduo.

As noções de sistematização, intencionalidade e curto prazo, que pareciam mais restritas ao conceito de treinamento, podem ser sorvidas pelo conceito de desenvolvimento, quando este é hoje posto em prática como estratégia organizacional e em um contexto de grande competição por trabalho, por emprego e elevada rotatividade e autonomia em postos de trabalho. Da mesma forma que as chamadas aprendizagens individual e organizacional podem ocupar um mesmo segmento de tempo e espaço, treinamento e desenvolvimento parecem estar intimamente relacionados, e seus conceitos podem estar perdendo as claras fronteiras que os separavam há menos de 20 anos. Com a inclusão do conceito de educação, nas políticas e nos programas de algumas organizações, foram ainda mais ampliadas essas zonas cinzentas ou de intersecção conceitual.

Nas organizações de trabalho, a função de TD&E exige que se desenvolvam atividades *técnicas* ligadas a:

- análise organizacional e de tarefas;
- construção e aplicação de instrumentos de avaliação de necessidades e de resultados;
- planejamento instrucional e programação e coordenação de eventos;
- administração das atividades de apoio e de recursos necessários à realização desses eventos;
- elaboração ou seleção de meios e materiais instrucionais;
- análise e interpretação de dados de avaliação.

São ainda requeridas competências relativas a:

- administração de conflitos entre as partes envolvidas em TD&E;
- captação e negociação de recursos;
- realização de revisões e mudanças nem sempre desejadas;
- ajuste a um contexto em que existem poucas normas escritas e são freqüentemente desrespeitadas as existentes;
- decisão sobre prioridades que contrariam interesses;
- preparação de eventos de última hora ou resultantes de mudanças de prioridades;
- improvisação de ações para remediar o não cumprimento dos prazos estipulados para o trabalho de outros;
- gestão de pessoas com qualificações bastante diversificadas.

Essas competências, fortemente associadas à denominada *política de relações interpessoais*, exigem conhecimentos referentes a um quadro teórico específico para um contexto microssocial e distintos daqueles conhecimentos concernentes ao contexto técnico mencionados no parágrafo anterior.

O sucesso do profissional de TD&E também exige *habilidades políticas* e *estratégicas* específicas para um quadro macrossocial, como:

- Identificar ameaças e oportunidades no contexto externo das organizações.
- Interpretar o sentido de metas institucionais e transformá-las em objetivos de programas de TD&E ou utilizá-las para se determinar prioridades.
- Diagnosticar as fortalezas e debilidades internas.
- Compreender a natureza das relações sociais existentes no universo organizacional e o papel do TD&E para fortalecê-las ou para mudá-las.
- Predizer os efeitos de TD&E sobre essas relações, sobre a estrutura da organização e sobre o meio social em que ela está inserida.

As competências *políticas*, tanto as exercidas no *microuniverso psicossocial*, quanto aquelas de natureza *macrossocial* que estão ligadas ao conhecimento socioeconômico da organização e da sociedade em que se insere, não aparecem no vácuo ocupacional. Para serem exercidas, as competências *técnicas* anteriormente citadas precisam ser desenvolvidas. Não é possível, em sendo um profissional de TD&E, ser politicamente competente sem atuar com competência técnica. O contrário é até viável, embora seja difícil imaginarmos um técnico competente que consiga eficácia duradoura em seu trabalho, sem utilizar suas competências políticas. Este erro é freqüentemente cometido pelos profissionais de TD&E, seja por falta de conhecimento, alienação, omissão ou falha ética.

Terá o profissional de TD&E competência técnica, competência política e preparação para exercer seu papel? Analisamos, a seguir, a formação dos indivíduos que mais freqüentemente se ocupam desta função nas organizações: psicólogos, pedagogos e administradores.

Há muitos anos, os psicólogos ocupam o espaço de trabalho relativo a TD&E, conforme documentado em Zanelli e Bastos (2004). Por terem formação acadêmica em psicologia da aprendizagem e por possuírem, mais que pedagogos e administradores, conhecimentos de metodologia científica e mensuração, os psicólogos teriam boas chances de desempenhar, com sucesso, muitas das atividades técnicas citadas anteriormente, exceto as de administração de TD&E ou de desenvolvimento de instrumentos pedagógicos. Contudo, seja por deficiência na formação teórica, seja pela escassez de disciplinas ou estágios que façam a ponte entre teoria e laboratório e prática, poucos são os que conseguem rápida e efetivamente transferir o conhecimento daquelas disciplinas acadêmicas para o seu trabalho na função de TD&E. Esse trabalho atrai muito, pois é um mercado em expansão e que oferece remuneração muito mais competitiva que a psicologia praticada em educação ou em clínicas, por exemplo.

O modelo clínico e o ideal de se transformarem em profissionais liberais, bastante predominantes na formação dos psicólogos, tornam-nos pouco interessados nas relações organizacionais e na transformação efetiva e duradoura das organizações e diminuem sua motivação para disputar o poder interno e intervir nos processos decisórios. O foco de atenção desses profissionais, freqüentemente, não consegue sair dos indivíduos isolados, e seu trabalho só lhes gratifica quando prestam serviços clínicos, de forma clara ou disfarçados na realização de TD&E focados estritamente em relações humanas, mesmo quando estes não são evidentemente as soluções para os problemas de desempenho apresentados, e nos eventos jocosamente denominados de "treinamentos de colchonete". Dessa maneira, poucos são os que conseguem exercer suas habilidades políticas, tanto interpessoais quanto macrossociais ou estratégicas, pois a maioria só vê, sabe e se atreve a cuidar de "árvores" e nunca de "florestas". Há que se considerar, no entanto, a existência de um movimento inovador, no sentido da ocupação de postos de trabalho estratégicos, por parte de um grupo pequeno de psicólogos organizacionais e do trabalho, como descrevem Zanelli e Bastos (2004).

No que se refere ao problema da incompetência política, são bem semelhantes as razões dos pedagogos. A maioria deles tem uma formação que tende a idealizar seu universo de ação, na qual lições incompletas de psicologia, sociologia e humanismo se transformam em prescrições pedagógicas que carecem de um referencial teórico preciso e coerente e, pior que isso, de uma base realmente científica. Assim, seja por ingenuidade ou por ter pavor à intervenção, também eles fogem da atuação política, abrigando-se no nível meramente técnico. Do mesmo modo que os psicólogos, muitos são atraídos pelas condições de trabalho, que hoje são bem melhores que as existentes em educação.

É no exercício das atividades técnicas de TD&E que os pedagogos têm as maiores chances de terem êxito, pois muitas de suas disciplinas acadêmicas enfatizam justamente os aspectos práticos da relação ensino-aprendizagem. Esta é uma vantagem que eles têm sobre os psicólogos, que geralmente se fartaram de modelos teóricos, sem terem tido a oportunidade de aplicá-los na prática. Contudo, vem dessa ênfase praticista sua maior fraqueza técnica, pois possuem dificuldades para compreender os referenciais teóricos e a lógica da pesquisa que devem estar presentes no planejamento e nas avaliações que se fazem necessários na função TD&E. Além disso, lições incompletas sobre o construtivismo levam muitos desses profissionais a fugir do planejamento instrucional, como o diabo foge da cruz, desconsiderando o fato de que não existe necessariamente incompatibilidade entre planejar e promover a autonomia dos aprendizes, conforme demonstra Pozo (2002).

Ao contrário dos psicólogos e pedagogos, acusados por seus colegas e por sua "consciência" de terem se vendido ou de serem reacionários a serviço dos seus patrões, os profissionais de administração não sentem qualquer asco pelo trabalho na função TD&E. Ao contrário, cobiçam esses pontos. Contudo, isso não significa que sejam politicamente competentes. Da mesma forma que os pedagogos, suas lições superficiais de psicologia e sociologia não lhes dão base teórica poderosa para atuar, sobrando-lhes as interpretações apressadas e as prescrições definitivas (e raramente eficazes) para as relações interpessoais e entre sua organização e a sociedade.

Assim, existe um sentimento, entre os administradores, de que a função TD&E é verdadeiramente um de seus ambientes típicos de trabalho. No seu caso, é bem clara a existência de um papel deles esperado, que é ensinada nos bancos universitários. Entretanto, existe grande discrepância entre a maioria das atividades técnicas de TD&E e as capacidades a eles ensinadas. Pouco ou nenhum conhecimento têm sobre a aprendizagem dos indivíduos e sobre os processos de ensino, quando comparados com psicólogos e pedagogos. Além disso, da mesma maneira que estes últimos, não foram capacitados para o processo de pesquisa, seja no tocante à própria lógica desse processo, seja na sua realização em campo.

Há um mal que assola igualmente essas categorias profissionais, bem como outras que atuam em TD&E. Trata-se do desconhecimento que elas têm do que já foi pesquisado e publicado. A maioria não tem acesso regular a periódicos científicos. Pouco se sabe sobre o conhecimento já acumulado, que foi espetacular, nos últimos 15 anos (ver algumas revisões desta literatura científica nacional e internacional, já mencionadas no início deste capítulo). O pouco que se lê não é avaliado. Imperam os modismos inconseqüentes, aprendidos na vivência sem reflexão baseada na crítica científica. Há uma corrida por ouvir "gurus", em eventos pagos a preço de ouro (geralmente denominado "investimento"), mas há pouca leitura de periódicos e de revisões sobre resultados de pesquisa, embora estes estejam hoje facilmente acessíveis na internet.

Felizmente, há muitos indivíduos que lograram sucesso profissional duradouro em TD&E! Eles certamente descobriram alguma forma para compatibilizar as dimensões técnica, e políticas de competências profissionais citadas anteriormente. Zanelli e Bastos (2004) certamente diriam que eles conseguiram compatibilizar atuações técnicas, estratégicas, políticas e de estudos e pesquisas. Teriam superado as falhas na formação, provavelmente após especialização em TD&E e quando existe um ambiente interno que estimule o estudo e o trabalho interdisciplinar, no qual as diferentes áreas do conhecimento sejam efetivamente usadas para a consecução das finalidades da organização. Isso faz que se fortaleça o papel ocupacional das pessoas, em detrimento do seu papel profissional legal ou academicamente definido. Conseqüentemente, fica diluída internamente a luta corporativista (psicólogos *versus* administradores *versus* pedagogos *versus* engenheiros, por exemplo), e a função TD&E passa a ser um campo de aplicação (ou até mesmo uma ciência, como defendem Salas e Cannon-Bowers, 2001) em que não existe uma situação de restrição legal ou definição de privacidade. Sendo esta a situação atual deste campo no Brasil, está evidente que há pelo menos condições normativas favoráveis para que os profissionais possam desenvolver suas competências técnicas e políticas.

Já dissemos que a maioria dos profissionais de TD&E sai dos campos da psicologia, pedagogia e administração. Fizemos também uma análise crítica de sua competência técnica e política, à luz de sua formação acadêmica e de suas crenças e valores. Mostramos que em alguns casos falta qualificação técnica, em outros falta motivação para sobreviver em um ambiente em que predominam determinantes institucionais e políticos e há ainda a necessidade da convivência mais profunda com teorias e métodos, em vez de práticas e técnicas. Porém, antes de apresentarmos uma alternativa que acreditamos possa solucionar aqueles problemas de competência, é preciso discutir a maneira mais freqüente como a função TD&E é atualmente desenvolvida. A próxima seção trata da "tecnologia" de TD&E que é hoje predominante nas organizações.

A "TECNOLOGIA" VIGENTE

Uma tecnologia de TD&E é definida como um conjunto de princípios e prescrições que se aplicariam a essa função. Isto é, seriam capazes de propiciar, ao indivíduo, oportunidades de aquisição ou desenvolvimento de conhecimentos, habilidades e atitudes (CHAs) e sua retenção. Estes CHAs poderiam ser transferidos para o trabalho do indivíduo, no presente ou no futuro, na organização promotora de TD&E ou fora dela. Esse conjunto, para ter um caráter tecnológico, deveria ser formado por partes ou elementos coordenados entre si e que funcionassem em uma estrutura organizada de ensino, que pudesse oferecer alternativas eficazes de aprendizagem, mesmo quando novos problemas se apresentassem. Esses princípios e prescrições, ainda é preciso dizer, seriam derivados de um sistema de conhecimento ou de um quadro referencial teórico (sobre aprendizagem, desenvolvimento, ensino) que tivesse coerência interna.

A prática realizada pela maior parte das organizações que possuem uma função de TD&E desenvolvida, contudo, não parece indicar que elas utilizem uma tecnologia apropriada. Ou, melhor ainda, sequer existiria efetivamente uma tecnologia, se o conceito de tecnologia formulado no parágrafo anterior for tomado a sério. Reconhecemos a existência de exceções, mas o que descreveremos a seguir é o que infelizmente melhor se aproxima do que a maioria dos profissionais realiza com alta freqüência nessa função.

Uma questão preliminar a ser discutida é a tendência, por parte de um grupo significativo de profissionais, de valorizar demasiadamente o TD&E na área afetiva, isto é, na mudança de valores e atitudes ou de demonstrar desprezo, pela capacitação nos domínios cognitivos e motor. O argumento usado por eles é o de que as únicas mudanças relevantes são as daquele domínio e tem seus fundamentos em um modelo supostamente "humanista e democrático". Não discordamos de que se trabalhe naquele domínio, mas julgamos que a decisão deve basear-se em uma análise das mudanças de que a organização necessita, e não no que o profissional gosta de fazer ou sabe fazer melhor.

Algumas dessas mudanças são freqüentemente direcionadas para contextos que precisariam ser mais questionados, sob os pontos de vista ético e político. Ingenuamente, espera-se de eventos de TD&E planejados com uma visão de curtíssimo prazo, mais voltados para a promoção do prazer imediato, e não para o desenvolvimento duradouro de valores e atitudes, ou para esconder problemas de organização do trabalho, com a atribuição de culpa antecipadamente centrada nos indivíduos e nunca nas condições de trabalho. Esses eventos costumam atrair alguns assíduos participantes, que na verdade precisariam de um apoio psicológico individualizado, visando a um adequado equacionamento no campo da saúde mental. Como resultado, acabam estimulando o cinismo entre os participantes, bem como contribuindo para a ocorrência de frustração, quando estes retornam aos seus ambientes de trabalho e não encontram quaisquer condições favoráveis, em termos de clima e cultura organizacionais, para levar adiante o que lhes foi ensinado.

É preciso esclarecer que TD&E, nos outros dois domínios, não traz malefício à natureza humana e das sociedades democráticas, como já vimos ser apregoado. Ao contrário, eventos centrados no domínio motor podem ser a diferença entre trabalhar com segurança ou ter acidentes operando equipamentos complexos. Enquanto eventos no domínio cognitivo podem aumentar o poder interno de barganha dos empregados, pois eles acumulam competências hoje consideradas essenciais para a sobrevivência das organizações na nova sociedade do conhecimento, além de contribuir para o aumento de sua empregabilidade nesta sociedade. Na maioria dos casos, tais eventos deveriam ser planejados levando em conta que a dissociação entre tais domínios não é desejável (ver Capítulo 14).

Considerando as etapas fundamentais, que são a avaliação de necessidades, o planejamento, a execução e a avaliação de TD&E, existe a repetição constante de um conjunto de atividades derivadas exclusivamente do senso comum ou de modelos educacionais ultrapassados, mas que ainda têm tido muito em uso. Falta qualquer base teórica ou científica para essa ação, ou persistem contradições que são ingenuamente digeridas e reproduzidas pelos profissionais.

O processo é iniciado sempre cheio de boas intenções, com a definição de que necessidades são discrepâncias entre o que o indivíduo faz no trabalho e o que ele deveria fazer. Entretanto, no passo seguinte, essa definição é esquecida. O que o indivíduo deveria fazer não é objeto de um levantamento, com base em uma visão estratégica que leve em conta as mudanças que podem ocorrer no seu posto de trabalho, suas expectativas e os objetivos organizacionais no presente ou no futuro. O que ele faz no trabalho não é tampouco objeto de verificação, seja porque o mencionado levantamento não foi realizado, seja porque não existe processo sistemático desenvolvido para efetuar essa verificação. Portanto, é muito difícil constatar a discrepância que efetivamente justificaria uma atividade de TD&E.

A pressa em realizar logo o processo leva à elaboração de "cardápios" de cursos que devem ser escolhidos pelo treinado ou seu superior, ou, quando se quer realizar um procedimento mais "democrático" ou "participativo", pede-se que negociem e indiquem os cursos que desejam, ou então se pergunta: "Que cursos precisam?". Assim, nunca é diagnosticado o problema, que é a discrepância de desempenho, e logo se faz a prescrição da solução: alguma atividade de TD&E. Há, no entanto, discrepância que certamente podemos identificar: uma profunda distância ou separação entre a conceituação e a prática da avaliação de necessidades de TD&E.

A avaliação de necessidades que é assim desenvolvida tem seu foco em tópicos de conteúdo ou de conhecimento, e não nas tarefas ou competências ou no papel esperado do indivíduo no trabalho. Ela serve muito pouco a este, se o desejado é o desenvolvimento de uma carreira ou o aumento de empregabilidade, ou à organização, se o desejado é a melhoria de algum processo de trabalho interno. Mas ela é conveniente, se a alguém interessa buscar soluções apressadas ou mostrar capacidade de "resolver com presteza" os "problemas" organizacionais.

O referido processo, encaminhado desta maneira, dificilmente leva à reflexão sobre que, para quem e por que desempenhos serão desenvolvidos. Fica prejudicada a ação política do profissional, que só tem condições de listar cursos desejados e alocar-lhes recursos e esforço pessoal, já que a ausência do diagnóstico de discrepância não lhe permite inseri-los no microuniverso da organização, muito menos no seu ambiente social externo. É difícil imaginarmos, além disso, que modelo teórico poderia fundamentar um processo que privilegia uma lista de cursos, a qual servirá apenas para saciar apetites mal diagnosticados e pessoais e não para solucionar problemas de desempenho de determinados grupos ocupacionais.

Na etapa seguinte do processo, inicia-se o planejamento do curso. Quase sempre o que se faz é dar continuidade ao equívoco de centrar a função TD&E em conteúdos e no desempenho do instrutor, e não nas competências esperadas e no desempenho do indivíduo que deverá aprender. Este indivíduo é passivo (receptador de informações) e está excluído do processo. Nesse sentido, há coerência entre a etapa anterior e a de planejamento, pois os equívocos cometidos são da mesma natureza.

Os dois procedimentos mais usuais são os de listar tópicos que serão supostamente cobertos no evento ou de formular objetivos centrados no que o instrutor fará durante este evento. No primeiro caso, o planejamento se resume a apresentar uma lista de assuntos que serão abordados, geralmente sob a denominação de "programa". No segundo caso, chega-se a definir objetivos, mas estes são quase sempre formulados em termos do que se espera do instrutor (exemplo, "possibilitar ao aluno refletir criticamente sob o desempenho do gerente de vendas" ou "apresentar alternativas para o uso de linguagem em computação"). Além disso, anunciam "ações" que dificilmente poderiam ter seu alcance avaliado. De qualquer maneira, mesmo quando há objetivos assim formulados, o que acaba acontecendo é a focalização do evento no "programa", cujos assuntos devem ser "cobertos".

Essas atividades de TD&E não estão centradas no aluno ou no desempenho deste. Nem poderiam estar, pois o processo já teria sido iniciado inapropriadamente na primeira etapa. O planejamento realizado desta forma é entregue ao instrutor, que o elabora a partir da demanda de um "curso sobre..." e com base nos conhecimentos (e vieses) que ele tem sobre a matéria. Raramente a conversa entre este e o profissional de TD&E chega a ponto de se tocar nas competências desejadas ou nas tarefas esperadas dos indivíduos, após a realização do evento. O enfoque costuma ser sempre no processo, e não no produto. O que constatamos é a cópia fiel do que hoje temos de pior em educação, que é a falta de compromisso com quem a financia.

O referido enfoque tem, como suposição, que se está pagando pelo que o instrutor faz, e não pelo que os alunos deverão ser capazes de fazer. Parece conveniente, pois, aparentemente, dá oportunidade aos participantes de desviarem o evento de rumos indesejáveis (supondo que eles teriam condições de realizar esta ação, mesmo sem parâmetros de desempenho). Todavia, dificilmente um evento de TD&E seguiria tais rumos, se antes, na avaliação de necessidades, os referidos participantes tivessem tido chance de defini-las.

É, com certeza, um método seguro de ser socialmente irresponsável, pois qualquer cobrança ao instrutor ou ao profissional de TD&E, seja ela feita pelos treinados, pela organização ou pela sociedade, só poderá ser realizada em termos de parâmetros de conteúdo ou do que o instrutor deveria fazer em sala de aula. Portanto, essa maneira de planejar só possibilitaria avaliar o que foi dado no curso e como se fez isso. Não há como avaliar o que os participantes teriam aprendido e o que eles estariam aptos a fazer em seu trabalho. Ao que parece, nem o instrutor nem o profissional de TD&E que utilizam tais procedimentos estariam interessados nisso, muito menos que tivessem seu próprio desempenho avaliado com base nesses critérios.

O planejamento que se efetua por meio daqueles dois procedimentos é um processo puramente técnico, que não se submete à crítica das pessoas envolvidas, pois a não-formulação de objetivos em termos dos desempenhos esperados dos treinados impede que estes possam lançar mão de seu julgamento, pois não sabem "o que" apreciar. Dessa maneira, é pouco provável que a organização ou seus membros possam exercer essa crítica, pois lhes faltam parâmetros de desempenho, que são os que eles podem melhor compreender. Assim, ficam mascaradas as decisões autoritárias, pois um processo que poderia ser participativo é substituído pela decisão meramente tecnocrática tomada pelo instrutor e pelo profissional de TD&E. O planejamento passa a ser instrumento para a promoção da hegemonia do controle exercido por esses indivíduos.

Outro erro é o de eliminar programas de conteúdo ou quaisquer tipos de objetivo. Essa opção, quando não é uma forma de fazer o mínimo e ganhar o máximo, se veste com a pele de uma suposta justificativa democrática ou construtivista e se baseia na repulsa ao controle sobre as pessoas e no argumento de que estas necessitam adquirir autonomia e capacidade de reflexão crítica.

Julgamos que a base de um processo democrático não está na ausência de um programa e de objetivos, mas na discussão dos mesmos. Julgamos ser mais grave não expor as finalidades de um evento, do que deixá-las evidenciadas e sujeitas a críticas e revisões. Não se pode mudar o que não se conhece. O contra-controle só poderá ser exercido se houver transparência administrativa ou instrucional. A negação da existência do controle é, mais que tudo, um método efetivo para evitar o contra-controle, e não uma garantia de que não haverá controle.

O processo de desenvolvimento de autonomia e de reflexão crítica, tão caro ao movimento construtivista, não dispensa um cuidadoso planejamento com um foco claro em competências formuladas em termos do que é esperado do aprendiz. Como argumenta Pozo (2002), o papel do professor é o de "emprestar" aos alunos sua consciência e de gradualmente transferir o controle do processo a eles. Para realizar isso de forma efetiva, é preciso ainda mais competência no planejamento, em vez de deixar tudo em um confortável e irresponsável estado de *laissez-faire*.

A terceira etapa do processo de TD&E está usualmente centrada nas técnicas e nos meios institucionais. Ela tem início ainda no planejamento, quando há uma preocupação com a seleção das técnicas e meios, e domina o passo seguinte, que é a execução do TD&E. Também está geralmente impregnada de concepções errôneas, quando observamos o que usualmente se faz nas organizações. Há equívocos sobre o papel desses meios no processo de aprendizagem, sobre o que são técnicas instrucionais, sobre a dimensão política e administrativa que tem o TD&E na organização e sobre a inserção de certos meios e técnicas no seu contexto socioeconômico e no do Brasil. É sobre essa etapa do processo de TD&E que faremos, a seguir, uma análise crítica.

Não há, entre a maioria dos profissionais, um domínio suficiente dos quadros teóricos que permitam uma compreensão clara dos processos de aprendizagem que permitem responder algumas questões essenciais:

- Como o conhecimento é representado na memória?
- Como funcionam as memórias de trabalho e permanente?
- Como elas estão conectadas?
- Como a informação é condensada e a automação ocorre?
- Como o conhecimento é construído?

- Como as pessoas são motivadas e prestam atenção?
- Como elas recuperam e transferem o que aprendem?
- Como tomam consciência e dirigem sua própria aprendizagem?

Sem essa compreensão, fica muito difícil planejar o ensino, isto é, programar condições específicas e apropriadas para a aquisição de competências tão distintas como conhecimentos sobre fatos, conceitos e teorias e para o desenvolvimento de habilidades motoras, sociais e intelectuais, estratégias cognitivas e atitudes. A falta de domínio sobre a lógica que relaciona a aprendizagem a certas ações desenvolvidas no ambiente de TD&E é constrangedora e preocupante. É nesse ponto que mesmo as boas intenções, ainda que definidas em termos de objetivos bem-elaborados, fracassam. Para completar, os profissionais sequer têm como avaliar o porquê desses fracassos, pois, se não possuem um modelo teórico consistente, do qual possam ser sacadas explicações e construídas interpretações, o diagnóstico fica inviabilizado. Podemos, assim, imaginar como isso pode ser deletério para a imagem desses profissionais.

O uso e a seleção dos meios de ensino é um dos campos em que fica clara a irresponsabilidade social de muitos profissionais. O campo vive de panacéias, ondas e modismos. No passado, foram a instrução programada, os retroprojetores, os diapositivos e os videocassetes. No presente, os DVDs, as teleconferências, os arquivos carregados na internet. No futuro...? Todas acabam nas prateleiras e nos depósitos das organizações, tanto as que ocupam espaço físico quanto as que agora ocupam espaço virtual, quase sempre muito pouco usadas. Não há pessoal competente para programar adequadamente as informações que devem ser veiculadas por esses meios, de modo que seu uso freqüente possa compensar o investimento neles feito. No final, os únicos que realmente lucram são as empresas, muitas vezes multinacionais, que os fabricam, programam ou vendem.

Os meios são constantemente confundidos com os fins. O erro está em que primeiro se decide utilizar, por exemplo, a TV, o DVD, a internet, o computador, depois é que se vai verificar que eventos de TD&E podem ser realizados com sucesso através dos meios. A falta de uma compreensão de que eles não são, por si mesmos, uma tecnologia e a ausência de uma racionalidade dos fins são devidas à inexistência de um quadro referencial que faça com que eles sejam inseridos em um sistema (ou tecnologia), do qual são apenas uma das partes. Nesse sistema, seriam fatores tais como os objetivos, os recursos financeiros, a clientela e o local do TD&E que determinariam o tipo de meio a ser utilizado. Não estamos advogando o fim daqueles meios, mas seu uso correto, com base em princípios de aprendizagem e ensino, depois que outras decisões administrativas e políticas tenham sido tomadas.

A escolha e o desenvolvimento de técnicas de TD&E também sofrem com problemas de falta de uma racionalidade dos fins e de princípios instrucionais que relacionem as aprendizagens desejadas (os fins) com as ações específicas que precisam ser executadas para alcançá-las. Entendemos que essas ações deveriam ocorrer no nível da programação dos materiais (e seus respectivos meios) e das situações de sala de aula. O foco principal deve ser a programação das informações e das condições necessárias para que as competências esperadas sejam aprendidas. No entanto, não é isso que ocorre na maioria dos casos.

Temos observado uma preocupação exagerada com técnicas "cosméticas", que representam somente o apoio administrativo e psicológico, em detrimento dos procedimentos de ensino que são essenciais para o alcance dos fins. Assim, o pensamento dominante é com a quantidade e as cores do material, a bebida e a comida a serem servidos nos intervalos, a disposição espacial das pessoas em sala de aula, seus papéis e sua interação sociais, a imagem psicossocial do instrutor, o número de estrelas dos hotéis e o lazer e a satisfação psicológica dos treinandos. Essas são condições relevantes, mas não suficientes nem essenciais para a aprendizagem. Entretanto, ocupam todo o tempo da maioria dos profissionais. A percepção que temos é de que importa mais administrar o "espetáculo" e fazer que seus participantes fiquem satisfeitos do que desenvolver um esforço para que eles adquiram ou desenvolvam os CHAs que teriam justificado a decisão de colocá-los em TD&E.

A razão desse desvio de rota está na ausência de um quadro referencial ligado às teorias de aprendizagem ou instrucionais ou, em alguns casos, na presença dominante (embora inadequada) de um quadro referencial que privilegia exclusivamente desempenhos relativos ao domínio afetivo. É o modelo clínico de trabalho dos psicólogos, ou um discurso humanista ingênuo de "bem estar" do trabalhador ou de "valorização do ser humano", determinando a forma principal de se agir nos eventos de TD&E, sem que as condições de trabalho e os objetivos organizacionais sejam levados em conta. O desejo de se parecer com um terapeuta ou conselheiro parece exercer grande fascínio entre alguns desses profissionais, sejam eles psicólogos, pedagogos, administradores ou outros.

Chegamos à última etapa do processo de TD&E, que é a avaliação. Os enganos cometidos nessa etapa têm as mesmas origens já apontadas no presente texto.

O maior erro é cometido quando não há qualquer avaliação de TD&E. Nesse caso, fica evidente a falta de responsabilidade social e de compromisso com os treinandos, com o trabalho e com a organização que patrocinou o evento. Não há como ser realizada qualquer cobrança, pois não são colhidas informações para subsidiar o julgamento sobre o valor da atividade desenvolvida, bem como para serem tomadas decisões administrativas ou instrucionais.

A avaliação, quando é realizada, quase sempre carece de uma concepção teórica sobre si mesma, sobre TD&E e sobre o contexto organizacional em que este se insere. Não é elaborado um quadro referencial em que se definam os seus princípios e para que ela deverá servir. Tampouco ficam claras as variáveis de TD&E que precisam ser avaliadas, as categorias ou componentes em que elas se inserem, bem como as relações entre elas. Também não se estabelecem, *a priori*, os usos que se farão das informações colhidas pelos diferentes instrumentos e o fluxo em que elas devem ser coletadas e analisadas.

Raras vezes são utilizados parâmetros relativos à relação entre o TD&E e a ocupação do participante e sua organização de trabalho. A avaliação fica restrita a uma verificação da satisfação dos participantes, sem qualquer coleta de dados sobre o que foi aprendido e o que está produzindo impacto no trabalho das pessoas ou em suas organizações. Falta, para resumir, uma noção clara de que a avaliação é parte de um sistema de TD&E e de que dela deve constar tudo aquilo e somente o que for nele considerado relevante.

Encontramos freqüentemente instrumentos inadequados de avaliação. Algumas vezes isso ocorre porque não houve uma definição da sua concepção teórica e dos princípios que subsidiam o sistema de TD&E. Como resultado, os instrumentos contêm itens que medem aspectos irrelevantes do sistema ou que estão superpostos. Outras vezes, esses itens têm problemas de construção, devido a sentenças ininteligíveis, à mistura de diferentes variáveis em uma mesma questão, a escalas ou alternativas de respostas inconsistentes com as variáveis a serem medidas, a conjunto de alternativas que incluem objetivos com significados diferentes entre si e a um número desigual de pontos positivos e negativos nas escalas. Esses problemas têm como causas o fato de os instrumentos não terem sido submetidos a um processo de validação.

Há ainda o caso dos instrumentos de avaliação em que predominam ou só existem itens com respostas abertas. Nada contra esse tipo de mensuração, principalmente quando se sabe pouco sobre o objeto da avaliação e quando se está na etapa inicial da construção dos instrumentos. No entanto, na maioria das vezes não é isso que acontece. Em verdade, notamos freqüentemente que essa ocorrência é resultado da pouca importância que se dá à avaliação, que ano após ano continua a ser baseada em instrumentos precários. Além do desinteresse, por debaixo disso está, mais uma vez, a ausência de um quadro referencial, agravada pelo fato de que o profissional tem sido incapaz de elaborar esse quadro, mesmo passado muito tempo e tendo sido feitas muitas análises de dados. Infelizmente, não é sempre que se aprende com a prática. Antes dela, ou em paralelo, é preciso existir teoria.

À medida que se somam os problemas da avaliação, no que concerne à sua concepção teórica ou aos instrumentos para ela construídos, ficam seriamente prejudicas a análise e a interpretação dos dados. É o que mostraremos a seguir. Observamos, algumas vezes, o cumprimento dos rituais de aplicação dos questionários e o seu subseqüente "engavetamento". Nenhuma análise é desenvolvida, seja pelo instrutor, pelo profissional de TD&E ou por outros. Além de ficarem evidentes a irresponsabilidade social e a falta de compromisso com os envolvidos no TD&E, esse é um caso claro de realização de uma farsa, em que a ética e a reputação do profissional ficam em perigo.

Há ainda os problemas decorrentes de análises inadequadas ou incompletas de itens de respostas fechadas. Muitas vezes os dados, após serem coletados em diversos pontos de uma escala, são agrupados em dois extremos. Perde-se, assim, a riqueza das informações que foram colhidas, bem como sua distribuição naqueles pontos. Outro problema é o do cálculo de médias sem o respectivo desvio padrão. É arriscado tirar conclusões somente com base em médias, pois muitas vezes ocorrem variações grandes nos julgamentos de certos aspectos de TD&E. Os desvios padrões são estatísticas bastante úteis para detectar essa heterogeneidade de opiniões, que pode fazer com que as médias sejam indicadores inadequados. Contudo, eles são pouco usados principalmente porque a maioria dos profissionais não compreende seu significado, mesmo quando sabe calculá-lo ou tem máquinas que podem fazê-lo.

A análise dos dados oriundos de itens de respostas abertas apresenta problemas ainda mais complexos. Muitos profissionais, durante a construção dos instrumentos, optam por questões abertas, pois elas são "mais fáceis" de serem elaboradas. Entretanto, eles ignoram que tal decisão irá exigir um esforço maior depois que as informações forem colhidas, já que a análise de dados qualitativos impõe muitas dificuldades. São necessários, para realizar tal análise, algumas habilidades e conhecimentos técnicos menos rotineiros do que aqueles requeridos para o cálculo de freqüências, porcentagens, médias e desvios padrões. O número de indivíduos que estão capacitados para realizá-la com sucesso é atualmente muito restrito.

A análise qualitativa exige um bom domínio semântico do idioma e um quadro referencial que tenha precisão teórica. Ironicamente é a ausência desses requisitos que leva a maioria a escolher instrumentos de avaliação abertos e que, no momento da análise, prejudica-a seriamente. Assim, os fatos já citados, somados ao tempo escasso dos profissionais, geralmente resultam em um grande acervo de informações não aproveitadas ou mal interpretadas, que não ajudam a tomada de decisões sobre o TD&E "avaliado", ou a enviesam.

O pouco uso de dados coletados prejudica a atuação do profissional. Sua competência técnica é colocada sob suspeita, pois ao ignorar os dados torna-se incapaz de melhorar TD&E, ainda que tenham ocorrido muitas avaliações e repetições. Também sua competência política fica comprometida, quando não usa os referidos dados para interferir nas relações organizacionais. Além disso, essa conduta deixa claro o pouco desejo de tornar transparente o processo de administração, o que pode ser uma forma pouco democrática de ação. Os participantes, que seguidamente são envolvidos em TD&E e depois solicitados a responderem questionários de avaliação e não percebem mudanças, desenvolverão crenças pouco favoráveis a respeito do sistema de TD&E, como um todo, e o cinismo predominará entre eles.

Discutimos, na presente seção, as inadequações da "tecnologia" de TD&E vigente na maioria das organizações e os problemas decorrentes do uso dessa "tecnologia". Mostramos que muitos desses problemas e inadequações seriam resolvidos se houvesse consistência teórica nas etapas de realização do TD&E e entre elas. Acreditamos que o uso de uma tecnologia instrucional que tivesse um quadro referencial claro e bem-definido poderia ser seguramente um instrumento para melhorar a competência técnica do profissional. A seguir, propomos uma alternativa para alcançar esta meta. Descrevemos alguns procedimentos e pressupostos inerentes ao enfoque instrucional e discutiremos as implicações dos diferentes usos que podem ser feitos desses procedimentos. A consciência desses usos e a sua prática adequada, além disso, poderão tornar o profissional de TD&E politicamente competente.

A TECNOLOGIA INSTRUCIONAL

O enfoque instrucional pode ser definido como o modo como os profissionais de educação ou TD&E conhecem, compreendem e predizem os aspectos concernentes ao ensino e à aprendizagem, bem como à relação entre as mudanças de desempenho que se deseja de um determinado indivíduo e o que se faz com o propósito de obter essas mudanças. O enfoque, quando é efetivamente instrucional, se baseia nos conhecimentos advindos da psicologia da aprendizagem e teoria de sistemas. Esses conhecimentos, ao longo dos anos, têm demonstrado pertencer a um ramo relativamente novo da ciência, denominado psicologia instrucional (ver Gallagher, 1994; Glaser e Bassok, 1989; Snow e Swanson, 1992), cujo desenvolvimento foi mais intenso na segunda metade do século passado. O Capítulo 13 deste livro descreve os fundamentos desse enfoque.

O modo como essa ciência é usada, para resolver problemas em TD&E, é denominado tecnologia instrucional. Essa tecnologia, sendo baseada na abordagem de sistemas, prevê três estágios de desenvolvimento representados na Figura 9.1.

Os estágios de planejamento, execução e avaliação, quando são baseados em princípios de aprendizagem que relacionam desempenhos esperados com condições de ensino, dentro de um quadro referencial teoricamente relevante e consistente, preenchem os requisitos para que a tecnologia possa ser considerada instrucional. Os processos de planejamento e avaliação, baseados nesta tecnologia, estão descritos nos Capítulos 15 e 17 deste livro. Além disso, a avaliação

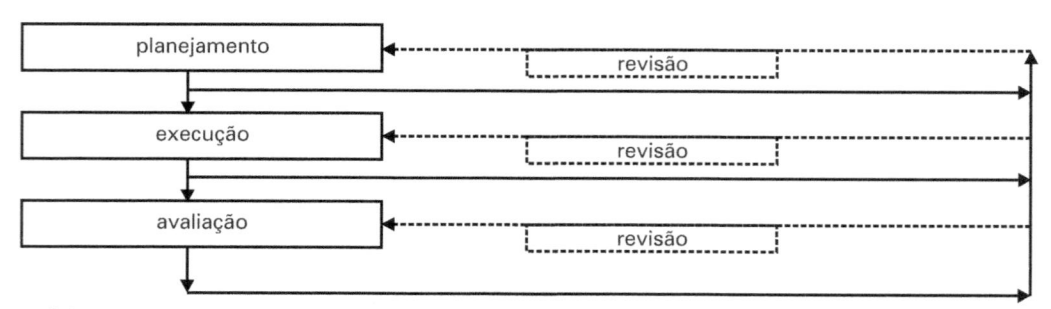

Figura 9.1 Estágios de desenvolvimento da tecnologia instrucional com base na abordagem de sistemas.

precisa estar apoiada no método científico e na psicometria, como descreve o Capítulo 18. Quando a tecnologia é utilizada no contexto de TD&E, precisa ter em conta o quadro referencial das organizações e do trabalho (ver Zanelli, Borges-Andrade e Bastos, 2004).

A referida proposta tecnológica tem sido objeto de críticas mal informadas, que a acusam de ser instrumento de grupos ideologicamente conservadores que pretendem, por meio do controle sobre os indivíduos, impor seu domínio sobre a sociedade. Dentro de um quadro teórico equivocado, em que a dimensão política é confundida com a dimensão de poder, sua presença é tida como indicadora de um sistema inflexível e autoritário de administração. Entretanto, esse sistema está realmente vigente, quando o uso dessa tecnologia é inflexível, permite pouca ou nenhuma revisão durante seu funcionamento e considera o treinando como o único fator a ser modificado. Contudo, não é essa a única maneira pela qual a referida tecnologia pode ser operada.

Se a tecnologia de TD&E é simultaneamente considerada, do mesmo modo que o comportamento dos profissionais de TD&E, como resultante e determinante do desempenho dos treinandos, ambos podem modificar e ser modificados. Essa visão interativa, que não admite a compreensão ingênua de relações simples de causa e efeito, é mais apropriada. Ela trata o ambiente organizacional como um meio em que predominam relações complexas e admite que o treinando, ou suas características e interesses, possam, a qualquer momento, modificar a tecnologia de TD&E e vice-versa.

Sabemos que nenhuma tecnologia é neutra, mas não podemos caracterizá-la necessariamente num ou noutro lado das nossas dimensões ideológicas. Essa caracterização só pode ser honestamente realizada quando sabemos a serviço de quem está a tecnologia instrucional, se seus objetivos são ou não voltados para a passividade, disciplina e subserviência e como seus benefícios são distribuídos entre os membros das organizações ou fora delas. Para sabermos essas coisas, temos que ter conhecimentos técnicos e possuir algum domínio de referenciais políticos e sociais.

A tecnologia instrucional, sendo um sistema eficaz, pode ser um instrumento de desenvolvimento dos empregados. Isso ocorre se ela é utilizada não para adestrá-los em funções extremamente específicas, mas para lhes possibilitar o domínio global de competências complexas, para lhes abrir um leque de opções de trabalho interno ou para o desenvolvimento de suas carreiras e aumento de sua empregabilidade externa. Dessa maneira, o profissional de TD&E poderá estar aumentando o poder de barganha dos empregados e lhes proporcionando segurança e dignidade.

Os estágios de planejamento e avaliação, citados anteriormente, podem ser importantes para colocar em cheque as atitudes hegemônicas ou autoritárias de certos executivos, pois aqueles estágios, quando bem-realizados, expõem decisões, critérios e parâmetros. A tecnologia instrucional pode permitir mais participação nas decisões, possibilitar um estilo mais transparente de gerência e exigir responsabilidade social dos que dela fazem uso para o desenvolvimento de recursos humanos. Como veremos a seguir, ela pode ser instrumento de uma administração democrática.

A avaliação de necessidades de TD&E é o primeiro passo para ser adequadamente realizado o estágio de planejamento. Goldstein (1991) sugere que essa avaliação pode ocorrer nos níveis organizacional, de tarefas e do indivíduo. Necessidades são discrepâncias existentes entre os desempenhos esperados e reais, como já foi anteriormente mencionado. Considerando esses níveis, as necessidades podem ter como referência, respectivamente, os desempenhos da organização, de uma ocupação ou cargo ou conjunto de ocupações e cargos, ou de pessoas isoladamente. Com base nessa conceituação, o processo de avaliação de necessidades que será privilegiado neste capítulo e neste livro é o do segundo nível, embora os outros dois possam ter seus métodos parcialmente inspirados na lógica do método desse segundo nível. Esse método deve inicialmente incluir o levantamento e a formulação das competências esperadas dos empregados ou trabalhadores (papel ocupacional) e, em seguida, a mensuração dos níveis em que um conjunto desses indivíduos domina essas competências (ou em que sua competência é discrepante do ideal) e da importância de cada uma delas. Os Capítulos 10 e 11 descrevem este método.

Essa abordagem está baseada na teoria de papéis ocupacionais, que nos parece pertencer a um quadro referencial que facilmente se integra ao modelo de planejamento com base em objetivos, que descrevemos posteriormente neste capítulo. As necessidades avaliadas são, portanto, discrepâncias de desempenhos que são julgadas importantes. O método para sua obtenção varia muito, podendo envolver diferentes segmentos das organizações, como demonstraram Magalhães e Borges-Andrade (2001).

Após essa obtenção, deve-se analisar a natureza dos desempenhos envolvidos nessas necessidades, bem como as condições sob as quais eles devem aparecer. Nesse sentido, Mager e Pipe (1970) ofereceram um modelo teórico interessante, e ainda útil, de análise de problemas de desempenho. Ele culmina com uma interpretação de suas causas, de modo que se possa decidir se as suas soluções devem ser o TD&E (quando há efetivamente deficiência de competências) ou o manejo de outras condições de trabalho ou organizacionais (quando há condições adversas ao desempenho no ambiente).

Há muitas razões para se avaliar necessidades com base nos papéis ocupacionais. Esse enfoque se integra facilmente entre as funções de gestão de pessoas, alimentando-se de dados oriundos de análises organizacionais, de descrições de cargos e de avaliações de desempenho. Além disso, ele efetivamente aponta para o que é relevante treinar, focaliza a atenção em objetivos definidos em termos de competências esperadas dos participantes, torna os segmentos (empregados, supervisores, clientes, etc.) que dele participam responsáveis por ele e envolvidos politicamente com seus resultados e pode realizar tudo isso com o apoio do método científico. É assim um enfoque que, sendo bem-desenvolvido, confere competência técnica ao profissional de TD&E.

É preciso ainda refletirmos sobre quem pode servir-se da avaliação de necessidades. Isso irá depender dos critérios de decisão (importância ou discrepância de competências ou desempenhos), dos dados coletados (competências definidas em carreiras ou isoladamente ou cardápios de conteúdos) e de quem fornece esses dados (o empregado, a organização ou o especialista em conteúdo). A combinação desses fatores nos indicará quem será o maior beneficiário da avaliação e dos TD&Es dela decorrentes: o empregado, a organização ou o profissional de TD&E. Este último é peça importante nesse caso, pois pode contribuir decisivamente na determinação daqueles fatores.

A avaliação de necessidades é o momento apropriado para analisarmos, *a priori*, o TD&E (o que deve ser treinado?), sua função social (para quem ele serve?) e sua inserção na organização (por que se investe nele?). As respostas para as questões levantadas dependerão, em boa parte, de como o processo de avaliação for encaminhado. Se houver competência política, o profissional poderá utilizá-lo como instrumento para poder discutir, com os diferentes segmentos da organização, seus papéis e o que deve ser nela mudado. Pode também dar oportunidade para os referidos segmentos tomarem parte nas decisões sobre TD&E ou conhecerem os critérios utilizados para tal, bem como tornar todos eles responsáveis pelas ações decorrentes dessas decisões.

Todavia, realizar uma avaliação de necessidades com base na noção de discrepâncias de desempenho ou de competências individuais não é suficiente. Deve ser realizada uma análise organizacional e do ambiente externo, para alimentar o processo com dados que estejam em um nível acima do nível individual. Também é preciso verificar as condições de suporte organizacional ao desempenho, associadas a essas necessidades, de modo a antecipar um possível baixo impacto das atividades de TD&E e os riscos de promoção de frustração e de estímulo ao cinismo organizacional (ver Capítulo 12).

O próximo passo do estágio de planejamento refere-se à formulação dos objetivos do TD&E que se pretende oferecer, com a finalidade de atender as necessidades avaliadas. Essa finalidade deve tomar por base, caso tenha sido feita avaliação de necessidades, as competências antes levantadas e formuladas. Isso representará uma nova chance para que tais competências sejam discutidas pelos membros da organização, ampliado-se as oportunidades de execução de um trabalho participativo.

É preciso enfatizar que a decisão sobre as fontes da quais são obtidos os objetivos já tem um significado político importante. Se eles são só derivados de livros ou da opinião de instrutores ou especialistas em conteúdo, fica clara a natureza tecnocrática do processo, no qual se valoriza primordialmente o poder do saber. A abordagem é nitidamente autoritária se eles são definidos pelo supervisor ou empregador. Um caminho populista é seguido quando são unicamente os empregados os consultados sobre os objetivos. O uso de todas essas fontes, como já dissemos, é mais apropriado. Os papéis ocupacionais e as competências levantadas e formuladas se transformam no alvo principal das discussões.

Os objetivos devem ser compreendidos como descrições das competências esperadas no final do processo de TD&E, definidas em termos dos desempenhos dos participantes, de modo que possam ficar comunicadas as intenções dos instrutores e da organização. Essa concepção dos objetivos foi largamente associada a Mager (1980), embora muitos outros autores tenham escrito sobre o assunto e desenvolvido alternativas para sua formulação. A redação e divulgação de tais objetivos informa ao público e a organização sobre o que se deseja e o que se pode esperar do TD&E, possibilita um julgamento posterior (à hora da seleção dos treinandos) das necessidades, a avaliação de resultados e a conseqüente revisão desses eventos, auxilia na preparação e seleção de estratégias e materiais de ensino, permite a elaboração de avaliações de aprendizagem mais justas, guia a atenção e o estudo dos treinandos, facilita a aprendizagem e pode permitir mais eqüidade na atribuição de novos cargos e funções, após o TD&E.

Já existem evidências científicas, no contexto nacional, que indicam que a presença de objetivos, com as características anteriormente mencionadas, determina melhorias muito significativas em alguns componentes dos sistemas de TD&E, tais como planejamento, procedimentos, apoio ambiental e resultados (Lima e Borges-Andrade, 1984; Britto, Lima e Borges-Andrade, 2001).

Além de dar superioridade técnica ao TD&E, a explicitação dos desempenhos esperados dos participantes pode ser um instrumento importante no processo de democratização das organizações. Isso ocorre porque ela fornece, a todos os segmentos organizacionais, parâmetros para tornar mais transparentes as decisões de treinar e os atos dos instrutores. Exige-se, assim, dos instrutores e profissionais de TD&E, uma atitude socialmente mais responsável, pois todos terão condições objetivas de analisar o contexto em que se inserem os desempenhos definidos e de cobrar o que é solicitado, prometido e gasto.

Com freqüência questionamos se temos o direito de propor como as pessoas devam se comportar e de exercer controle sobre elas. Não nos parece apropriado fazer proposição dessa natureza sem a participação dos diferentes segmentos. Por isso insistimos em que se faça a avaliação de necessidades com base no método aqui descrito. A questão do controle, por outro lado, não deve ser discutida em termos de que devamos ou não exercê-lo, pois sempre o exercemos, embora possamos fazê-lo de distintas maneiras. Se o realizamos implicitamente, negando-o ou construindo uma farsa, estamos escondendo parâmetros e, conseqüentemente, cerceando o direito do participante ou membro da organização ao contra-controle, ou de se defender. Ao contrário, se explicitamos nossos objetivos, estamos permitindo o florescimento da análise e da crítica e assim instrumentalizando as pessoas para a defesa de seus interesses.

Outra pergunta que está constantemente presente, quando elaboramos objetivos, é se temos, com eles e com as estratégias deles decorrentes, o direito de programar o ensino. As condições para ensinar e para aprender já existem na natureza, ou os seres vivos, especialmente os humanos, não seriam o que são. Podemos decidir desconhecê-las ou ignorá-las, negando as ciências do comportamento, mas aquelas condições continuarão a existir e a determinar o desempenho das pessoas. Por outro lado, podemos lançar mão do conhecimento existente, transformando-o em tecnologia instrucional, e tornar os TD&Es mais eficientes e eficazes. Essa segunda alternativa nos parece mais sensata, pois o problema não é programar, mas o que programar, para quem e para que finalidade.

A vasta literatura e a prática com objetivos têm apontado algumas características adicionais que eles devem possuir. Começamos por ressaltar que objetivos não passíveis de observação, com palavras em demasia e indecifráveis não estão em consonância com o conceito de objetivos de TD&E oferecido no presente texto. Tampouco descrições de desempenhos do instrutor, de processos, atividades ou meios de aprendizagem e de conteúdos ou comportamentos, derivados diretamente desses conteúdos, estão em consonância. Objetivos que descrevem muitos resultados, em vez de um só, e que possuem interseções entre si prejudicam tecnicamente a escolha ou o desenvolvimento de materiais de ensino, a realização de planos de aula adequados e a avaliação de TD&E.

A formulação de objetivos nos níveis mais baixos da hierarquia de aprendizagem (Gagné, 1979), além de levar à aprendizagem de menos conhecimento (Lima e Borges-Andrade, 1984), não parece contribuir para tornar os treinandos independentes, pois prejudica seriamente a transferência do que foi aprendido para outros contextos (Pozo, 2002). O poder de barganha desses indivíduos pode ser aumentado se os objetivos estiverem centrados em competências mais complexas e se abrangem desempenhos inteiros, e não segmentos de tarefas.

Há formulações triviais ou "acadêmicas" de objetivos de TD&E, que indicam como finalidade somente o que o aluno aprenderá em sala de aula ou o que ele deverá adquirir para responder os testes. Os dados ou condições desses objetivos são a situação de teste ou processo de ensino e não a situação de trabalho, o que pode significar que existiu pouca preocupação, durante o planejamento, com a generalização para outros ambientes e organizações, que não aqueles montados para ensinar. Cremos que objetivos adequados de TD&E devam ser relevantes para o trabalho e para a carreira profissional do empregado.

Outros erros cometidos referem-se à elaboração de objetivos como um ritual, sem haver compreensão de sua importante função para os próximos estágios de realização da tecnologia instrucional, ou como mecanismos de propaganda institucional e de atração de treinandos. Nesses casos, é preciso reconhecermos que ficam seriamente prejudicados os passos que se realizam a seguir, bem como a própria seriedade do que se pretende fazer.

Nos próximos passos e estágios, a tecnologia ganha contornos teóricos mais identificados com os princípios da psicologia da aprendizagem e se afasta um pouco do quadro referencial associado das organizações e trabalho. Passam a ter papel relevante as taxonomias de aprendizagem, que ajudam a montar o quadro no qual são inseridos e categorizados os objetivos e a partir do qual pode ser mapeado o caminho a percorrer e podem ser elaboradas as estratégias para andar nele de maneira eficiente e eficaz. Nas páginas seguintes, vamos, portanto nos referir à classificação dos objetivos e sua colocação numa seqüência e à elaboração de planos de aula.

Taxonomias de aprendizagem são classificações de desempenhos humanos ou competências e são muito importantes para o planejamento instrucional em TD&E (ver Capítulo 14). Essas classificações geralmente levam em conta a natureza dos desempenhos, das competências ou dos processos de aprendizagem a eles subjacentes e as condições essenciais de ensino relacionadas a eles. As categorizações propostas por Bloom e colaboradores (1974), Gagné (1979), Merrill (1971) e Pozo (2002) são modelos de taxonomias. As categorias de aprendizagem presentes nesses modelos têm, por definição, propriedades diferenciais claras. Na prática, às vezes surgem interseções.

No estágio de planejamento, à medida em que os objetivos são formulados, é possível ir procedendo à sua classificação, de acordo com uma dada taxonomia. Isso dá significado teórico ao TD&E, que passa a ter um enquadramento, ao mesmo tempo em que ele toma emprestados os pressupostos e as hipóteses inerentes às teorias de aprendizagem subjacentes à taxonomia escolhida. Como já dissemos antes, a presença desses referenciais é importante para tirar o TD&E do nível de atividade administrativa e para lhe dar o status de tecnologia instrucional. Também o profissional de TD&E ganha, com isso, mais capacidade de controle e melhor compreensão dos fatos relacionados ao seu objeto de trabalho, tendo, assim, condições de demonstrar maior competência técnica.

A classificação dos objetivos, em termos de uma taxonomia, simplifica a compreensão dos processos de aprendizagem e da variedade e complexidade dos desempenhos humanos que os referidos processos subsidiam. Desse modo, sabemos com mais precisão dos processos que estão presentes por detrás de objetivos categorizados, por exemplo, como sendo conceitos ou atitudes. Mais ainda, poderemos, com maior segurança, prescrever condições relevantes de ensino que devam ser implementadas, para que aqueles objetivos sejam alcançados. Tudo isso pode ser feito, mesmo que sejamos completamente ignorantes no que tange à natureza dos conteúdos neles incluídos. A programação geral das atividades de TD&E passa a ser, portanto, uma questão que depende de sabermos se determinados objetivos pertencem, por exemplo, aos domínios afetivo ou motor, ou se são estratégias cognitivas ou habilidades intelectuais.

Outro passo que pode ser desenvolvido simultaneamente à formulação dos objetivos é a inclusão progressiva em hierarquias de aprendizagem. O conceito de hierarquias ganhou força com Gagné (1971) e Bloom e colaboradores (1974). O leitor poderá comparar as propostas de hierarquias desses autores, consultando Abbad e Borges-Andrade (2004). Elas representam conjuntos de competências organizadas de maneira decrescente, de acordo com o seu nível de complexidade, formando estruturas representadas por *organogramas*, em que cada objetivo é uma unidade componente. O domínio ou a maestria das habilidades (ou objetivos) mais simples (ou localizadas nas partes inferiores do "organograma") facilitaria a aquisição de outras mais complexas (presentes nos níveis superiores da estrutura), obedecendo a um princípio de transferência vertical positiva. Dessa maneira, por exemplo, a aprendizagem de discriminações (habilidades intelectuais mais simples) facilita a aprendizagem de conceitos, que facilitaria a de regras, que facilitaria a resolução de problemas.

O uso do conceito de hierarquias possibilita analisar objetivos complexos em termos das habilidades a eles subordinadas. Podemos, por meio desse método (Borges-Andrade, 1982b; Gagné, 1980), analisar estruturas de TD&E e construir outras, tomando os objetivos como suas unidades componentes. A partir dessas estruturas ou desses mapas organizados de objetivos de TD&E, é possível indicar precisamente a seqüência em que os referidos objetivos devem ser ensinados. A construção de hierarquias de aprendizagem é tarefa complexa, mas elas acrescentam muita riqueza teórica ao estágio de planejamento. O domínio desse método de análise dá ao profissional mais confiança e firmeza, mesmo quando ele participa da programação e coordenação de TD&E em que é grande seu desconhecimento dos conteúdos específicos desses eventos.

O segundo estágio do modelo que ora descrevemos refere-se à execução do TD&E. O enfoque instrucional pode oferecer contribuições relevantes para o desenvolvimento das estratégias de ensino, tanto se elas são requeridas para que um plano de aula seja elaborado e executado quanto para aquelas necessárias à adequada disposição e distribuição das informações nos meios de ensino (impressos, audiovisuais, eletrônicos etc.).

As estratégias de ensino devem levar em consideração dados de três naturezas:

a) A seqüência na qual as informações devem ser apresentadas ao treinando (por exemplo, quando e como apresentar os estímulos e orientar a aprendizagem).
b) As contingências que precisam ser estabelecidas entre o comportamento deste e do instrutor ou das respostas programadas para serem dadas pelos meios de ensino (quando e como dar *feedback* ao treinando, por exemplo).
c) As condições essenciais de ensino concernentes às conseqüências e contingências, que estão especifi-

camente relacionadas a cada categoria de aprendizagem prevista em qualquer das taxonomias existentes. Algumas estratégias contemporâneas em TD&E estão descritas nos Capítulos 5, 16 e 28 deste livro.

Os dados que devem ser considerados para que estratégias de ensino sejam desenvolvidas estão presentes nos diferentes modelos teóricos ou nas taxonomias de aprendizagem e na literatura científica que tem sido gerada a partir de pesquisas realizadas para testar relações e pressupostos presentes nesses modelos. Cabe ao profissional competente se manter informado a respeito desses achados e derivar deles suas prescrições instrucionais. Uma síntese muito útil e atualizada é apresentada nos Capítulos 9 a 13 de Pozo (2002), que integra propostas advindas de teorias de aprendizagem associativas e construtivistas.

Gagné (1980) e Dick e Carey (1978) propõem modelos de planejamento de aulas e de matérias que sugerem seqüências mais apropriadas em que as informações devem ser apresentadas e as contingências precisam ser estabelecidas. As taxonomias de aprendizagem já citadas indicam as condições essenciais para o ensino de diferentes habilidades.

A combinação de todas essas informações nos permite elaborar planos instrucionais (Borges-Andrade, 1982c) que, além de muito úteis e eficazes para executar o TD&E, utilizam o conhecimento gerado e acumulado pela psicologia instrucional e se inserem em quadros referenciais que dão um substrato tecnológico preciso para TD&E. A montagem e a execução dos tais planos, juntamente com os instrutores e especialistas em conteúdo, tornam o profissional convicto de que ele tem muito a oferecer, mesmo depois que os treinandos e instrutores já se encontram em sala de aula. Seu papel, portanto, irá muito além daquele usualmente previsto para ele, que é o de administrar os meios e horários de TD&E. Ele passa a ser também o coordenador e assessor de atividades instrucionais, tendo assim aumentado seu status na organização, mas também sua responsabilidade. Afinal, obrigar pessoas a se submeterem a condições ou meios instrucionais aviltantes ou inadequadamente planejados pode ser falta de ética.

O terceiro estágio de desenvolvimento da tecnologia instrucional é a avaliação. Ela é o estágio no qual medimos nosso objeto de estudo, que no presente caso é o evento de TD&E, e julgamos seu valor. Essa mensuração e esse julgamento podem ser feitos com base em muitos parâmetros: de motivação, de desempenho no evento e após o evento, financeiros, administrativos, de desenvolvimento pessoal, de estratégias instrucionais e de satisfação.

Há várias razões para avaliar TD&E:

a) Obter controle.
b) Fazer retroalimentação.
c) Tomar decisões sobre eles.
d) Fazê-lo funcionar ou tornar as pessoas aptas.
e) Torná-lo externamente válido ou potencialmente capaz de provocar modificações no ambiente organizacional ou mesmo fora deste.

As quatro primeiras razões são fundamentalmente administrativas e instrucionais. A última implica uma finalidade mais política. O estágio da avaliação é a oportunidade para podermos discutir os TD&Es e seus eventuais papéis na mudança organizacional e social.

A avaliação pode ser formativa e somativa, em função de seus propósitos e do momento em que é realizada. A primeira é caracterizada pela contínua coleta de dados durante o processo instrucional, a fim de obter informações que indiquem as correções a serem nele efetuadas. Na avaliação somativa, o objetivo é obter informações sobre um TD&E já desenvolvido, visando verificar seus efeitos. Evidentemente, em muitos sistemas de avaliação, nos quais há coleta de dados em diversas ocasiões e que pressupõem a possibilidade de intervenção durante e após o TD&E, essa distinção conceitual é difícil de ser feita.

A avaliação formativa, por ter seu foco principal na melhoria da instrução conduzida pelo instrutor e pelos meios, precisa firmar-se em teorias instrucionais. A somativa, além desses, deve se apoiar também em modelos de compreensão das realidades administrativas, econômica e social. Isso é necessário, porque seu foco é na tomada de decisões resultante do julgamento da efetividade e do impacto do TD&E. A literatura especializada tem sido pródiga na apresentação de modelos de avaliação, como pode ser deduzido a partir do trabalho de revisão de Dutra (1984).

Qualquer modelo que não tenha sua implementação fundamentada em princípios teóricos nítidos e consistentes está fadado ao fracasso. A ausência de um quadro referencial claro, que permita ao profissional elaborar e testar hipóteses e predizer e explicar fatos que ocorram no TD&E, desorienta a escolha das variáveis a serem medidas. Como resultado, fica prejudicado o desenvolvimento dos instrumentos, bem como de toda a metodologia da avaliação. O intenso desejo que certos profissionais têm, de copiar e "adaptar" instrumentos e procedimentos, é indicador da falta de preparação teórica dos mesmos. A incapacidade de realizar interpretações seguras e substanciais, a partir dos dados coletados também o é.

No contexto tecnológico que hora propomos, a avaliação precisa ter, como seus pressupostos, os princípios adotados no planejamento instrucional. Desse modo, as variáveis a serem escolhidas necessitam estar impregnadas com as características de modelo usado para a formulação de objetos, da taxonomia de aprendizagem utilizada e do enfoque adotado no desenvolvimento das estratégias instrucionais.

O quadro teórico que adotamos deve nos ditar se devemos medir: a clareza dos objetivos, adequação de sua formulação e dos níveis de complexidade, a seqüência de sua apresentação, os pré-requisitos e as necessidades dos treinandos, suas atitudes frente aos conteúdos e sua experiência na área; os procedimentos usados para apresentar as informações (demonstrações, exemplos, explicações, orientação, etc.), as contingências estabelecidas durante o ensino (existência de retroalimentação, rapidez, clareza e natureza informativa do mesmo, etc.), a existência e adequação de avaliação de aprendizagens, a qualidade dos exercícios práticos e dos respectivos desempenhos dos treinando, o alcance dos objetivos definidos e os impactos de TD&E no indivíduo e na organização, a natureza e a qualidade dos meios usados para divulgar os eventos e para realizar a entrega da instrução, o apoio organizacional dado ao referido evento, a formação pedagógica e acadêmica dos instrutores e seu relacionamento com treinandos.

O quadro referencial, estando claramente delineado, pode indicar a necessidade de incluirmos vários aspectos instrucionais em uma avaliação (Abbad, Gama e Borges-Andrade, 2000). Talvez até seja preciso adicionar variáveis oriundas de modelos teóricos psicossociais, mais adequados para avaliar o desempenho no cargo (Pilati e Abbad, 2005) ou mudanças organizacionais (Freitas e Borges-Andrade, 2004) e de modelos socioeconômicos, para medir o valor final do TD&E (Ávila et al., 1983; Mourão, 2004).

A profusão de variáveis de avaliação pode confundir o profissional, se não houver um modelo sistemático para organizá-las e para definir, antes mesmo da coleta de dados, as relações esperadas entre elas. Um desses modelos, descrito por Borges-Andrade (1982a) e no Capítulo 17 do presente livro, propõe que os aspectos a avaliar sejam definidos e classificados a partir de cinco categorias predefinidas de variáveis: de insumo, procedimentos, processo, resultado e ambiente (subdividida em quatro subcategorias: necessidade, apoio, disseminação e resultados em longo prazo). Com base nessa definição e classificação, os instrumentos e procedimentos a serem utilizados para medir as referidas variáveis seriam programados. Descrições de métodos para efetuar essas medidas podem ser encontrados nos Capítulos 19 a 25 deste livro.

O enquadramento da avaliação dentro do enfoque instrucional ainda nos obriga, por questão de coerência teórica, a realizarmos avaliações de aprendizagem. É preciso desmistificar o uso de testes e provas em TD&Es. A idéia de que isso é academicismo é falsa. Se o TD&E deve produzir resultados, precisamos medi-los internamente, antes de verificarmos sua ocorrência no ambiente organizacional e social.

A questão da consistência teórica não fica resolvida com a programação dessas avaliações de TD&E. O enfoque instrucional, sendo sistêmico, exige que se formulem objetivos em termos de desempenhos e que o alcance desses seja verificado. Portanto, os únicos testes e provas adequados são aqueles baseados nos objetivos, de acordo com uma metodologia que pode ser bem exemplificada pelo trabalho de Mager (1977). Temos observado, com muita freqüência, profissionais e até autores caírem no engano de desenvolverem ou aceitarem avaliações de aprendizagem baseadas em amostragens de conteúdo. Isso é contraditório, quando antes são definidos objetivos em termos de desempenho.

Além dos pressupostos mencionados anteriormente, há outros a considerar. Um desses nunca deve ser esquecido, embora pareça óbvio: os resultados da avaliação de um TD&E podem alterá-lo no presente ou no futuro. Para isso, será preciso analisar os dados, elaborar relatórios e promover alternativas de ação com base nestes relatórios. O Capítulo 26, no presente livro, descreve estratégias para realizar essas atividades. Contudo, se sabemos que, com toda a certeza, nossa avaliação não produzirá mudanças nem auxiliará na tomada de decisões, temos que considerar seriamente a alternativa de não realizá-la.

Os estágios de planejamento, execução e avaliação, embora tenham sido apresentados de acordo com um ordenamento linear, não acontecem assim na prática. De acordo com a Figura 9.1, cada estágio permite saídas que podem alterar os outros estágios e mesmo ele próprio. Esse processo, ao admitir a revisão quando necessária, faz com que os estágios sejam percorridos em várias oportunidades, às vezes simultaneamente.

O último pressuposto é o de que a avaliação também é oportunidade para aprendermos sobre o TD&E. Certas descobertas, feitas durante a avaliação, sobre as condições específicas sob as quais os sistemas instrucionais funcionam e sobre as interações existentes entre elas, devem ser sistematizadas e compartilhadas com outros profissionais, para que avance o conhecimento sobre a tecnologia de TD&E. Para que isso seja concretizado, é preciso divulgar esses resultados na forma de publicações científicas e técnicas.

Sendo a avaliação um modo de se fazer pesquisa, ela pode também servir para testarmos princípios teóricos de que o planejador tenha lançado mão durante o processo de desenho da instrução. Não podemos nos esquecer de que a "seleção das características do programa a ser avaliado é determinada por uma conceptualização explícita do programa em termos de uma teoria, uma teoria que pretende explicar como o programa produz os efeitos desejados" (Fitz-Gibbon e Morris, 1975). É nossa obrigação, pois testamos essa teoria.

A avaliação deve ir além de medir e julgar o valor de eventos ou programas de TD&E. A avaliação precisa ser um meio de construirmos conhecimento a respeito das teorias instrucionais, ou de outra natureza, propostas e em uso. O momento da avaliação é uma ocasião para fazermos pesquisas aplicadas. A literatura especializada é controlada, em grande parte, por poucos países desenvolvidos. Precisamos produzir conhecimentos e gerar tecnologias de TD&E que aumentem nossa competência técnica nacional. Isso é feito por meio da realização e divulgação de pesquisas. O profissional da área precisa deixar de ser somente um mero, e às vezes bom, consumidor de tecnologias e passar a ser capaz de produzi-las.

Precisamos fazer, no presente texto, por fim, algumas outras considerações de natureza política, sobre o estágio da avaliação. A primeira delas tem a ver com a questão sobre a quem serve a avaliação de TD&E. Acreditamos que isso depende, entre outras coisas, dos dados coletados e de quem os fornece. Podemos obter dados:

a) somente sobre procedimentos e apoio ou
b) também sobre as necessidades reais dos treinandos e os resultados de TD&E.

No primeiro caso, estaremos servindo principalmente a nós mesmos e aos instrutores. No segundo, estaremos igualmente servindo à sociedade, à organização e ao participante. A escolha de quem nos fornecerá as informações sobre o TD&E, sejam os instrutores, os participantes, ou a organização, determina direta e cumulativamente os beneficiários da avaliação, na mesma ordem.

O modelo aqui proposto para avaliar TD&E pode ou não ser uma oportunidade para refletirmos sobre esses eventos e sobre o ambiente organizacional em que eles ocorrem. Da mesma forma, esse modelo não é necessariamente um instrumento para aumentar a participação do profissional de TD&E no processo político em andamento na instituição. Os caminhos a serem seguidos, nesses dois casos, dependerão dos instrumentos usados, da análise que for feita com os dados e do uso que se fizer dela.

Há várias razões para decidirmos transformar o estágio de avaliação, de modo que ele transcenda sua finalidade técnica e possa ser deliberadamente usado na dimensão política das organizações. A avaliação pode ser uma oportunidade preciosa para tornarmos mais participativo o processo da administração. Isso acontece quando os participantes opinam. Ela também pode tornar mais transparente o processo de TD&E. Isso ocorre quando os participantes têm acesso aos resultados de avaliação. Nessa linha de ação, tornamos todos os interessados (participantes, profissionais, instrutores e supervisores) socialmente mais responsáveis. Por último, se o profissional de TD&E souber realizar o estágio de avaliação com competência técnica e política, este profissional poderá ter mais proximidade, compreender e interferir nas decisões sobre filosofias, política e diretrizes da organização.

CONSIDERAÇÕES FINAIS

Fizemos uma análise crítica da formação e competência técnica e política do profissional de TD&E. Discutimos, em seguida, as inadequações da "tecnologia" de TD&E vigente na maioria das organizações e os problemas resultantes do seu uso.

Apresentamos o enfoque instrucional, associado a alguns conceitos de organizações e trabalho, como uma proposta para a utilização de uma tecnologia apropriada de TD&E, de modo que esta atividade passe a ter, nas organizações, a consistência teórica de que ela hoje carece.

Foram descritos alguns procedimentos essenciais que deveriam estar incluídos numa tecnologia instrucional de TD&E, bem como seus respectivos pressupostos: avaliação de necessidades, formulação de objetivos derivados destas necessidades, classificação desses objetivos segundo taxonomias de aprendizagem, elaboração de planos de aula ou de materiais instrucionais de acordo com prescrições derivadas de teorias instrucionais e daquelas taxonomias e desenvolvimento de um sistema de avaliação de TD&E que tenha consistência teórica com os procedimentos anteriormente delineados e realizados.

Essa proposta de tecnologia foi apresentada como uma alternativa para trabalharmos em TD&E, sob um quadro referencial teórico claro, de maneira que possamos desenvolver uma competência técnica com segurança. Ao mesmo tempo, discutimos as implicações dos diferentes usos que podem ser feitos dos procedimentos referentes a essa tecnologia, assim como o papel do profissional de TD&E neste contexto. Defendemos a tese de que será esse papel que poderá determinar a competência política desse profissional.

O capítulo foi organizado, portanto, em torno das proposições de que é preciso ser política e tecnicamente competente para trabalhar com sucesso em TD&E e de que a tecnologia instrucional e a consciência dos seus usos podem ajudar o profissional da área a ser competente. As tarefas são complexas, mas são alcançáveis. Não se trata de presunção, mas de ousar intervir.

QUESTÕES PARA DISCUSSÃO

- Liste os pontos mais positivos e negativos referentes às práticas de TD&E que você já observou.
- Quais são as questões mais críticas, referentes ao domínio de competências, em profissionais de TD&E que você conhece?
- Que aspectos da "tecnologia" de TD&E deveriam ser prioritariamente melhorados nas organizações de trabalho brasileiras?
- Que objetivos deveria ter um programa que visasse a formação apropriada de profissionais para atuar em TD&E? Como esse programa poderia ser implementado?

NOTA

1. Há autores de outros capítulos, neste livro, que não inserem o "E" no final deste *continuum*, discordando portanto desta proposta.

REFERÊNCIAS

ABBAD, G. S.; BORGES-ANDRADE, J. E. Aprendizagem humana em organizações de trabalho. In: ZANELLI, J.C.; BORGES-ANDRADE, J.E.; BASTOS, A.V.B. (Org.). *Psicologia, organizações e trabalho no Brasil*. Porto Alegre: Artmed, 2004. p. 237-275.

ABBAD, G. S.; GAMA, A. L. G.; BORGES-ANDRADE, J. E. Treinamento: análise do relacionamento da avaliação nos níveis de reação, aprendizagem e impacto no trabalho. *Revista de Administração Contemporânea*, v.4, n.3, p. 25-45, 2000.

ABBAD, G. S.; PILATI, R.; PANTOJA, M. J. Avaliação de treinamento: análise da literatura e agenda de pesquisa. *Revista de Administração da USP*, v.38, n.3, p. 205-218, 2003.

ÁVILA, A. F. D. ET AL. Formação do capital humano e retorno dos investimentos em treinamento na Embrapa. *Documentos*, n. 5, Brasília, 1983.

BASTOS, A. V. B. O suporte oferecido pela pesquisa na área de treinamento. *Revista de Administração da USP*, v.26, n.4, p. 87-102, 1991.

BLOOM, B. S. et al. *Taxonomia de objetivos educacionais*. Porto Alegre: Globo, 1974. Cap. 1 e Apêndice A e B.

BORGES-ANDRADE, J. E. Avaliação somativa de sistemas instrucionais: Integração de três propostas. *Tecnologia educacional*, Rio de Janeiro, v.11, n.46, p. 29-39, 1982a.

_____. A construção de hierarquias de aprendizagem. *Tecnologia Educacional*, Rio de Janeiro, v.11, n.48, p. 19-26, 1982b.

_____. Desenvolvimento de medidas em avaliação de treinamento. *Estudos de Psicologia (Natal)*, v.7, p.31-43. 2002. Número especial.

_____. Eventos da instrução: uma proposta derivada das teorias de processamento de informações. *Tecnologia Educacional*, Rio de Janeiro, v.11, n.49, p. 27-34, 1982c.

_____. O enfoque instrucional no treinamento: por uma competência técnica e política. *Direito à Educação e Tecnologia Educacional*, Rio de Janeiro, Associação Brasileira de Tecnologia Educacional, 1986. p. 53-80. Vol. 2. (série Estudos e Pesquisas, 37/38)

BORGES-ANDRADE, J. E.; ABBAD, G. Treinamento no Brasil: reflexões sobre suas pesquisas. *Revista de Administração da USP*, v.31, n.2, p. 112-125, 1996.

BRITTO, M. J. P; LIMA, S. M. V.; BORGES-ANDRADE, J. E. Avaliação de impacto de treinamento na área de reabilitação: preditores individuais e situacionais. *Revista de Administração da USP*, v.36, n.2, p. 46-56, 2001.

DICK, W.; CAREY, L. *The systematic design of instruction*. Glenview, Ill, Scott, Foresman and Company, 1978.

DUTRA, M. L. S. Avaliação de treinamento. *Tecnologia Educacional*, Rio de Janeiro, v.13, n.57, p. 14-26, 1984.

FITZ-GIBBON, C. T.; MORRIS, L. L. Theory-based evaluation: evaluation comment. *The Journal of Educational Evaluation*, v.5, n.1, p. 1-4, 1975.

FREITAS, I. A.; BORGES-ANDRADE, J. E. Efeitos de treinamento nos desempenhos individual e organizacional. *Revista de Administração de Empresas (FGV)*, v.44, n.3, p. 44-56. 2004.

GAGNÉ, R. M. *Las condiciones del aprendizaje*. México: Interamericana, 1979.

_____. Learning hierarquies. In: MERRIL, M. D. (Ed) *Instructional design*: readings. Englewood Cliffis: N J. Prentice Hall, 1971. p. 118-133.

_____. *Princípios essenciais de aprendizagem para o ensino*. Porto Alegre: Globo, 1980.

GALLAGHER, J. J. Teaching and learning: new models. *Annual Review of Psychology*, v.45, p.171-195, 1994.

GLASER, R.; BASSOK, M. Learning theory and the study of instruction. *Annual Review of Psychology*, v.40, p.631-666, 1989.

GOLDSTEIN, I. L. Training in work organizations. In: Dunnette, M.D.; Hough, L.M. (Eds.). *Handbook of industrial and organizational psychology*. 2.ed. Palo Alto: Consulting Psychologists, 1991. p. 507-619.

HAMBLIM. A. C. *Avaliação e controle do treinamento*. São Paulo: Mc-Graw-Hill do Brasil, 1978. Cap. 12, 13 e 14.

LIMA, S. M. V.; BORGES-ANDRADE, J. E. Meta-análise de avaliação de treinamento: investigação das relações entre insumo, planejamento, procedimento, apoio, processo e resultados. *Série Estudos e Pesquisas*, Rio de Janeiro, n.30, 1984.

MAGALHÃES, M. L.; BORGES-ANDRADE, J. E. Auto e hetero avaliação no diagnóstico de necessidades de treinamento. *Estudos de Psicologia (Natal)*, v.6, n.1, p. 33-50, 2001.

MAGER, R. F. *A formulação de objetivos de ensino*. Porto Alegre: Globo, 1980.

_____. *Medindo os objetivos de ensino*. Porto Alegre: Globo, 1977.

MAGER, R. F.; PIPE, P. *Analyzing performance problems*. Belmont: Fearon, 1970.

MERRIL, M. D. Classes of instructional outcomes. In: MERRIL, M. D. (Ed.). *Instructional design:* readings. Englewood Cliffs: Prentice Hall, 1971. p. 173-184.

MOURÃO, L. *Avaliação de programas públicos de treinamento*: um estudo sobre o impacto no trabalho e na geração de emprego. Tese (Doutorado em Psicologia) – Universidade de Brasília, 2004.

NADLER, L. *The handbook of human resources development*. New York: Wiley, 1984.

PILATI, R.; ABBAD, G. S. Análise fatorial confirmatória da escala de impacto do treinamento no trabalho. *Psicologia, Teoria e Pesquisa*, v. 21, n. 1, p. 43-51, jan./abr. 2005.

POZO, J. I. *Aprendizes e mestres:* a nova cultura da aprendizagem. Porto Alegre: Artmed, 2002.

SALAS, E.; CANNON-BOWERS, J. The science of training: a decade of progress. *Annual Review of Psychology*, v.52, p.471-499, 2001.

SNOW, R. E.; SWANSON, J. Instructional psychology: aptitude, adaptation, and assessment. *Annual Review of Psychology*, v.43, p.583-626, 1992.

SONNENTAG, S.; NIESSEN, C.; OHLY, S. Learning at work: training and development. In: Cooper, C.L.; Robertson, I.T. (Ed.). *International review of industrial and organizational psychology*, 19. London: John Wiley and Sons, 2004. p. 249-289.

ZANELLI, J. C.; BASTOS, A. V. B. Inserção profissional do psicólogo em organizações e trabalho. In: ZANELLI, J.C.; BORGES-ANDRADE, J.E.; BASTOS, A.V.B. (Orgs.). *Psicologia, organizações e trabalho no Brasil*. Porto Alegre: Artmed, 2004. p. 466-491.

ZANELLI, J. C.; BORGES-ANDRADE, J. E.; BASTOS, A. V. B. (Org.). *Psicologia, organizações e trabalho no Brasil*. Porto Alegre: Artmed, 2004.

Parte II
Avaliação de necessidades e delineamento de soluções em TD&E

10. Bases conceituais e teóricas de avaliação de necessidades em TD&E
11. Aspectos metodológicos do diagnóstico de competências em organizações
12. Contexto de trabalho, desempenho competente e necessidades em TD&E
13. Abordagens instrucionais em planejamento de TD&E
14. Taxonomias de objetivos em TD&E
15. Planejamento instrucional em TD&E
16. TD&E a distância: múltiplas mídias e clientelas

"Descubro certas coisas tão banais
Como ter problemas ser o mesmo que não
Resolver tê-los é ter
Resolver ignorá-los é ter
Você há de achar gozado ter que resolver
De ambos os lados de minha equação
Que gente maluca tem que resolver"
Retiros espirituais (Gilberto Gil)

10

Bases conceituais e teóricas de avaliação de necessidades em TD&E

Suzana M. Valle Lima e Jairo E. Borges-Andrade

Objetivos

Ao final deste capítulo, o leitor deverá:
- Formular conceitos de competências nos níveis individual e organizacional.
- Descrever as principais abordagens que contribuíram para as definições desses conceitos.
- Descrever esforços realizados para medir competências e necessidades em contextos de TD&E e organizacionais.
- Identificar similaridades e diferenças entre esses conceitos e formas de mensuração.

INTRODUÇÃO

O conceito de competência é central em inúmeras abordagens utilizadas na psicologia organizacional e do trabalho, desde as que focalizam fenômenos como inteligência (uma forma de competência geral) em seleção de pessoal, passando pelas que se preocupam com a motivação humana (com conceitos como o de auto-eficácia) no trabalho, até as que procuram compreender como se dá a aprendizagem (geralmente associada a processos instrucionais) em treinamento, desenvolvimento e educação (TD&E) e, mais recentemente, com a aprendizagem não induzida por processos organizacionais sistematizados (por exemplo, estratégias de aprendizagem e metacognição).

É bastante controversa, no entanto, a idéia de enquadrar traços de personalidade e fatores de inteligência como competências. Muitos autores, em TD&E, preferem limitar o conceito de competências a conhecimentos, habilidades e atitudes (CHAs), preferindo considerar esses traços e fatores como disposicionais, mais estáveis e provavelmente preditores de competências. Desse modo, competências seriam consideradas menos estáveis e mais dependentes da interação do indivíduo com seu ambiente, para que pudessem ser adquiridas, retidas e transferidas.

A centralidade do conceito de competências é ainda mais evidente quando atualmente são discutidos métodos de diagnóstico de necessidades em TD&E. Muitos desses métodos já faziam uso prático da noção de competências, antes de esse conceito exercer o domínio que hoje exerce na área de gestão de pessoas. Foi depois de sua discussão teórica mais sistematizada, bem como do denominado movimento de gestão por competências, que ficou bastante difícil tratar desse diagnóstico sem tocar em tal conceito. Por essa razão, por ocasião do planejamento deste livro, foi considerada imprescindível a presença do presente capítulo antecedendo os capítulos que tratam dos métodos relativos a esse diagnóstico (ver Capítulos 11 e 12).

O termo *competência*, como tantos outros nas ciências humanas e sociais, é também utilizado na linguagem cotidiana das pessoas, com significados como:

- Aptidão de uma autoridade pública de efetuar determinados atos.
- Poder detido por um indivíduo, em razão de seu cargo ou função, de praticar atos próprios deste ou desta.
- Capacidade que um indivíduo possui de expressar um juízo de valor sobre algo a respeito do que é versado, idoneidade.
- Soma de conhecimentos ou de habilidades.
- Indivíduo de grande autoridade num ramo do saber ou do fazer.
- O saber lingüístico inconsciente do indivíduo, graças ao qual ele é capaz de construir, reconhecer e compreender frases gramaticais em sua língua, mesmo as nunca ouvidas antes.
- Capacidade objetiva de um indivíduo para resolver problemas, realizar atos definidos e circunscritos. (Houaiss, 2001).

Excetuando-se as duas primeiras acepções (que possuem maior afinidade com abordagens sociológicas ou legais), todas as demais se aproximam de diversas vertentes da investigação em psicologia e assumem, declaradamente ou não, que competência é um atributo pessoal ou humano ou individual. Em algumas formulações, observa-se também que pode ser atributo inato, embora essa dimensão (inata-aprendida) não esteja explícita em todas as definições.

Esse capítulo sistematiza as proposições conceituais advindas da literatura sobre TD&E, especificamente a que foca métodos para avaliar necessidades, e do corpo de conhecimento, de origem mais recente, das teorias sobre organizações de trabalho. Procura-se identificar como essas duas propostas, uma mais metodológica e outra mais teórica, se assemelham ou divergem, em suas concepções sobre competências individuais e organizacionais, respectivamente. Também se preocupa com a questão de como essas duas abordagens se propõem a medir competências, comparando-as ainda em termos de metodologias utilizadas.

A lógica que vai orientar a presente análise parte da proposta de Kerlinger (1980) de que um constructo deve possuir duas definições: uma definição constitutiva (pela qual um conceito é definido por outros conceitos) e uma definição operacional (que especifica o modo como um conceito é mensurado). Assim, a primeira parte (conceitual) lida com definições constitutivas de competência, utilizadas por várias abordagens. A parte seguinte trata de verificar como esse constructo vem sendo medido, a partir das propostas conceituais das diversas abordagens.

Finalmente, o capítulo conclui com uma análise crítica das abordagens, indicando pontos fortes e fracos e propondo caminhos pelos quais elas poderiam ser integradas e fortalecidas.

O CONCEITO DE COMPETÊNCIA

O conceito de competência em psicologia e educação

Em um trabalho importante sobre o conceito de competência, Weinert (1999) distingue nove diferentes modos de definição ou interpretação do conceito de competência, focalizando especialmente a psicologia e a educação. Essas diferentes perspectivas, com as correspondentes definições de competência, são apresentadas a seguir:

- *Competências cognitivas gerais*: São sistemas de habilidades e atitudes, em geral independentes de conteúdo e contexto, que provêm requisitos para ação, raciocínio, aprendizagem e interação com o ambiente. Exemplos: modelos psicométricos da inteligência humana; modelos de processamento de informação; modelos piagetianos de desenvolvimento cognitivo.
- *Competências cognitivas específicas*: São conjuntos de requisitos cognitivos que devem estar disponíveis para que o indivíduo apresente bom desempenho em uma área específica. Essas áreas de aplicação podem ser definidas de modo muito estreito (por exemplo, competência para jogar xadrez) ou muito amplo (competência para realizar diagnóstico).
- *Modelo competência-desempenho*: Perspectiva desenvolvida por lingüistas chomskianos para explicar o desenvolvimento da linguagem, estabelece que a competência lingüística é uma habilidade universal, herdada. Um sistema limitado de princípios, regras abstratas e elementos cognitivos básicos (a competência), combinado com um processo de aprendizagem específico, permite a aquisição de linguagem. Outros modelos utilizam algumas das premissas de Chomsky:
   a) especificidade para um domínio;
   b) sistemas inatos de princípios e regras;
   c) aprendizagem baseada na regra;
   d) desempenho influenciado pelos princípios universais e pela experiência de aprendizagem.
- *Derivações do modelo competência-desempenho*: Nesses modelos, a proposição teórica anterior é complementada por uma diferenciação de competência (em *competência conceitual*, equivalente ao conhecimento universal, no modelo original), *competência procedimental* (disponibilidade de procedimentos e habilidades necessárias para aplicar a competência conceitual) e *competência de desempenho* (habilidades necessárias para avaliar um problema e possíveis soluções).
- *Competência cognitiva e tendências motivacionais para a ação*: Nessa perspectiva, motivos de realização, crenças sobre controle pessoal (da tarefa) e auto-conceito complementam uma competência baseada em critérios objetivos de desempenho com dimensões baseadas na experiência subjetiva e atitudes sobre aprendizagem e desempenho.
- *Competência objetiva e subjetiva*: Competência objetiva é disposição para o desempenho que pode ser medida com testes padronizados; competência subjetiva é a avaliação subjetiva de habilidades relevantes para o desempenho, necessárias para determinadas tarefas e problemas.
- *Competência para a ação*: Inclui todos os pré-requisitos cognitivos, motivacionais e sociais necessários e/ou disponíveis para aprendizagem e ação bem-sucedidas. "Combina aquelas habilidades intelectuais, conhecimento específico, habilidades cognitivas, estratégias específicas, rotinas e sub-rotinas, tendências motivacionais, sistemas de controle volitivo, orientações pessoais de valor, e comportamento social, em um sistema complexo" (Weinert, 1999, p.10).

- *Competências-chave*: São competências que independem de contexto, igualmente efetivas em diferentes instituições, tarefas e sob várias condições de demanda. Exemplos: competências basais (aritmética mental, leitura, educação geral); competências metodológicas, de comunicação e de avaliação.
- *Metacompetências*: Incluem a "habilidade de avaliar a disponibilidade, uso, compensação e capacidade de aprendizagem de competências pessoais" e estão relacionadas ao "metaconhecimento" ou à capacidade de saber o que se sabe.

Em trabalho que buscava definir "competências-chave", em projeto patrocinado pela Organização para a Cooperação e o Desenvolvimento Econômicos (OCDE), Rychen e Salganik (2000, p.5) afirmam que:

> competências são estruturadas ao redor de demandas e tarefas. Demandas e tarefas complexas requerem não somente conhecimentos e habilidades, mas também emoções e atitudes apropriadas, e manejo efetivo desses componentes [...] competências englobam componentes cognitivos, mas também motivacionais, éticos, sociais e comportamentais. Combinam traços estáveis, resultados de aprendizagem (p.ex.: conhecimentos e habilidades, sistemas de crenças e valores, hábitos e outras características psicológicas.

Há diferentes ênfases, nas definições apresentadas, sobre a relevância de outros elementos associados, como:

a) forma de desenvolvimento de competências (inatas ou aprendidas);
b) relação entre competências e contexto onde se manifestam (genérica ou específica). Duas das definições incluídas anteriormente (a de competências objetiva e subjetiva) são, na verdade, definições operacionais de competência.

É interessante também observar, nessa literatura, que, enquanto as abordagens psicológicas estão minimamente atentas ao contexto imediato no qual as competências se manifestam (tarefas, por exemplo), as abordagens ligadas à educação possuem uma preocupação básica em identificar e definir como se dá o desenvolvimento de competências-chave ou de metacompetências, que transcendem contextos. Há taxonomias que propõem sistemas de classificação para organizar competências, como descreve o Capítulo 14. Em TD&E, o foco de interesse são as competências desenvolvidas a partir da interação do indivíduo com seu ambiente de trabalho ou aprendidas em eventos instrucionais.

O conceito de competência de uma perspectiva de desenvolvimento humano nas organizações

Em TD&E, não tem sido menor a confusão conceitual com o termo "competência". Hoffman (1999), em uma revisão de literatura sobre o tema, afirma que não existe uma única definição amplamente aceita. Esse autor considera que três significados podem ser encontrados para o termo. Há aqueles que definem competência como *desempenho observável;* há ainda os que se referem, ao usar o termo, a *um padrão de qualidade do desempenho de pessoas*, e, finalmente, os que usam o conceito de competência para referir-se aos *atributos subjacentes de uma pessoa*.

Os que consideram competência como desempenho observável partem de uma perspectiva behaviorista, de acordo com Hoffman. O foco, nesse caso, é na tarefa a ser completada. Isto é, competência é definida pelas saídas de um sistema (nem sempre tornado explícito) de trabalho. O resultado pretendido é o treinamento de pessoas nos aspectos relevantes de um cargo. O desempenho é definido de forma mensurável, de modo a poder ser observado, ensinado, aprendido e avaliado.

Há uma segunda definição que focaliza padrões de desempenho, isto é, excelência no desempenho. Essa definição orienta o esforço individual para a superação, em busca de maior produtividade ou eficiência. Dentro dessa abordagem, o desempenho individual em geral é conectado a objetivos e à estratégia da organização como um todo. Competência, nesse contexto, significa que um alto padrão de desempenho é alcançado.

Existe ainda um terceiro uso para o termo "competência", relacionando-o aos atributos subjacentes de uma pessoa, ou ao conjunto de conhecimentos, habilidades e atitudes de um indivíduo, que lhe permitirão produzir um desempenho competente. Aqui, segundo o autor, o foco da definição está nas entradas (*inputs*) requeridas para que o sistema (de trabalho) possa operar. Por exemplo, Brophy e Kiely (2002) definem competências como "habilidades, conhecimentos, comportamentos e atitudes requeridas para desempenhar um papel de forma efetiva" (p.167).

Na literatura sobre diagnóstico de necessidades em TD&E, algumas derivações dessa definição aparecem. Por exemplo, Agut e Grau (2002) afirmam que: "de um lado, competências se referem aos CHAs,[1] o que basicamente consiste em conhecimento sobre um tema e saber como aplicá-lo ao trabalho [...] Essa dimensão é chamada de *competência técnica* [...] Por outro lado, competência cobre características individuais (por exemplo, motivação, atitudes e traços de personalidade) que envolvem o manejo de tarefas menos rotineiras, programadas e técnicas, que também são parte do trabalho [...] Essa dimensão é chamada de *competência genérica*".

Gorman, McDonald, Moore, Glassman, Takeuchi e Henry (2003), trabalhando com o levantamento de necessidades de treinamento do município de Los Angeles, a partir de uma perspectiva de gestão estratégica de recursos humanos, procuraram identificar as competências-chave de gerentes de recursos humanos. Para isso, pediram a um grupo de gerentes considerados como "competentes" por pares, para pensar nos objetivos de seus departamentos e listar "as competências-chave que seriam requeridas do gerente de recursos humanos para ser um parceiro valioso para o alcance daqueles objetivos" (p.480). Embora os autores não ofereçam uma definição explícita de competência, é possível concluir que o conceito envolve comportamentos que possuam valor, para o alcance de determinados objetivos.

Ainda dentro dessa literatura, Hansson (2001) introduz o conceito de competência relativa, definida como a razão entre a percepção individual de autocompetência em um aspecto de um trabalho e a percepção da importância desse aspecto para o trabalho como um todo. Essa definição, portanto, combina a percepção de habilidades com o valor da tarefa.

Definição semelhante foi proposta por Borges-Andrade e Lima (1983), embora não tratassem explicitamente do termo "competência". Esses autores propuseram medir a necessidade de treinamento a partir de uma definição de papel ocupacional. Os aspectos do trabalho que analisaram, portanto, foram definições de atribuições para um determinado papel ocupacional, dentro de uma organização. Empregados ocupantes desses papéis fizeram auto-avaliação da importância de cada atribuição para o papel, e também do domínio (ou competência) que detinham, de cada atribuição, usando duas escalas de respostas tipo Likert, em um intervalo de valores de 0 a 3. De novo, combina-se importância e domínio para definir necessidades de treinamento. Na proposição desses autores, a importância deveria ser combinada com a discrepância entre domínio atual e domínio ideal (o ponto extremo da escala de domínio utilizada). Em termos operacionais, a necessidade (N) foi definida como o produto dos julgamentos de importância (I) pelo inverso dos julgamentos de domínio (D): N = I (3-D).

O método proposto por Borges-Andrade e Lima (1983) foi depois utilizado em outros estudos, por Menezes e colaboradores (1988), Borges-Andrade e colaboradores (1989), Pinto Jr. e colaboradores (1999), Magalhães e Borges-Andrade (2001) e Castro e Borges-Andrade (2004). Contudo, nesses estudos mais recentes, mais de uma década distantes dos anteriores, já ficou claramente incorporada a noção de CHAs e mais distante a concepção estática de papel ocupacional. Foram também introduzidas medidas de heteroavaliação (feitas por supervisores imediatos), junto com aquelas medidas de auto-avaliação.

Ainda dentro de uma perspectiva de desenvolvimento humano nas organizações, Dias (2001) realizou uma revisão de definições de competência encontradas na literatura. Nesse trabalho, a autora apresenta várias dessas definições (ver Quadro 10.1).

Na perspectiva de desenvolvimento humano nas organizações, portanto, considerando os autores analisados, haveria também a concordância de que competência poderia ser definida pelos seguintes aspectos:

a) um atributo individual;
b) envolvendo conhecimentos, habilidades e atitudes, motivação, crenças, comportamentos;
c) requeridos para *o bom* desempenho em uma área ou tarefa.

Observa-se uma concordância básica com a literatura de psicologia e educação (ver seção anterior), de modo geral. Também é visível a presença de outros elementos associados:

- Mensurabilidade da competência.
- Interdependência entre elementos constitutivos (CHAs) de uma competência.
- Geração de resultados, em função de competências.
- Aplicação de atributos individuais (CHAs), em um contexto.
- Flexibilidade em contextos mutáveis.
- Suposição de que os CHAs são aprendidos.

Em geral, todas as definições apresentadas focalizam o comportamento ou atributos inerentes ao *indivíduo*. No entanto, já se inclui entre elas uma definição (a de Sparrow e Bognanno, 1994) que aponta para a relação entre competência e organizações. Esse é o ponto central de teorias organizacionais, como se descreve na próxima seção.

O conceito de competência em teoria organizacional

Uma das teorias organizacionais que têm mais utilizado o conceito de competências, na atualidade, é a relativa a gestão estratégica baseada em recursos (GEBR). Por essa perspectiva, a vantagem competitiva é resultante não só de oportunidades no ambiente,

Quadro 10.1
DEFINIÇÕES DE COMPETÊNCIAS, NA REVISÃO DE DIAS (2001)

Definição	Fonte
Conjunto de conhecimentos, habilidades e experiências que credenciam um profissional a exercer determinada função.	Magalhães e colaboradores (1997), apud Brandão (1999)
Conjunto de conhecimentos, habilidades e atitudes correlacionados que afeta parte considerável da atividade de alguém, que se relaciona com o desempenho, que pode ser medido por padrões preestabelecidos e que pode ser melhorado por meio de treinamento e desenvolvimento.	Parry (1996), citado por Dutra e colaboradores (2000)
Conjunto de conhecimentos, habilidades e atitudes interdependentes e necessários à consecução de determinado propósito, no trabalho.	Durand (1999), apud Brandão (1999)
Características individuais observáveis – conhecimentos, habilidades, objetivos, valores – capazes de predizer/causar desempenho efetivo ou superior no trabalho ou em outra situação de vida.	McClelland (1970), citado por Resende (2000)
Atributos pessoais (motivações, qualidades, habilidades), evidenciados pela maneira como a pessoa se comporta no trabalho, que predizem a efetividade ou o alto desempenho no trabalho.	Klemp (1999), citado por Brandão (1999)
Repertórios comportamentais identificados como relevantes para a obtenção de alto desempenho em um trabalho específico, ao longo de uma carreira profissional, ou no contexto da estratégia organizacional.	Sparrow e Bognanno (1994)
Capacidade da pessoa em gerar resultados dentro dos objetivos estratégicos e organizacionais da empresa.	Dutra e colaboradores (2000)
Competência não é estado ou conhecimento que se tem nem é resultado de treinamento. Competência é na verdade colocar em prática o que se sabe em um determinado contexto, marcado geralmente pelas relações de trabalho, cultura da empresa, imprevistos, limitações de tempo e de recursos, etc.	LeBortef (1995), apud Dutra e colaboradores (2000)
Assumir responsabilidades frente a situações laborais complexas e desenvolver uma atitude reflexiva sobre trabalho, que permita ao profissional lidar com eventos inéditos, surpreendentes, de natureza singular.	Zarifian (1996)

Fonte: Dias (2001).

mas principalmente dos recursos organizacionais internos. A sustentabilidade dessa vantagem só poderia ser obtida por recursos que sejam valiosos, não tenham substitutos estrategicamente equivalentes, possuam pouca probabilidade de imitação e sejam raros, entre os competidores (Barney, 1991).

Segundo Lado e Wilson (1994), os recursos de uma organização "englobam todos os fatores de entrada – tangíveis ou intangíveis, humanos ou não – pertencentes ou controlados pela organização e que entram na produção de bens e serviços para satisfazer necessidades humanas". Por outro lado, essa literatura fala também das capacidades organizacionais, definindo-as como "os mecanismos dinâmicos que capacitam uma organização a adquirir, desenvolver, e disponibilizar seus recursos para obter desempenho superior a outras organizações" (Lado e Wilson, 1994, p.701). Entre essas capacidades estariam a cultura, aprendizagem, rotinas e empreendedorismo organizacionais.

Ainda segundo esses autores, recursos e capacidades têm recebido várias denominações, na literatura: competências distintivas (Fiol, 1991), competência essencial (Prahalad e Hamel, 1990), competências específicas para uma organização (Stalk, Evans e Shulman, 1992). A definição de competência organizacional oferecida na teoria de gestão estratégia baseada em recursos inclui recursos e capacidades que são específicas para uma organização e que a capacitam a desenvolver, escolher e implementar estratégias que aumentem seu valor. Essas competências "incluem todos os bens (*assets*), conhecimentos (*knowledge*), habilidades (*skills*), e capacidades (*capabilities*) inseridas na estrutura, tecnologia, processos e relações interpessoais (e intergrupais) de uma organização" (Lado e Wilson, 1994, p.702).

Lado e Wilson (1994) descrevem as seguintes competências organizacionais, de forma mais detalhada:

a) *Competências de gestão*: incluem as capacidades (dos líderes de uma organização) de articularem uma visão estratégica, comunicá-la a toda a organização e capacitá-la a realizar essa visão; além disso, esses líderes também devem ser capazes de formar relações adequadas com o ambiente organizacional.
b) *Competências de entrada*: englobam todos os recursos físicos, de capital, humanos, conhecimentos, habilidades e capacidades que capacitam uma organização a realizar os processos de geração de produtos de valor, para seus *stakeholders*.
c) *Competências transformacionais*: são capacidades organizacionais necessárias para converter entradas em saídas (produtos) e incluem inovação, empreendedorismo, cultura e aprendizagem organizacional.
d) *Competências de saída*: incluem bens estratégicos organizacionais intangíveis e baseados em conhecimento, associados ao valor dos produtos da organização para seus *stakeholders* (tais como reputação e imagem organizacional, qualidade de produtos e serviços, e lealdade de clientes).

Da descrição anterior, observa-se que os autores consideram, sob o mesmo rótulo de "competências", atributos que são predominantemente ligados a pessoas, mas que as transcendem também (tais como recursos físicos e de capital), sendo, portanto, consistentes com a definição inicial de recursos como um conceito mais abrangente, dentro da perspectiva de gestão estratégica baseada em recursos.

Interfaces: gestão estratégica com base em recursos e gestão estratégica de recursos humanos

Por outro lado, a literatura crescentemente tem concentrado-se no que caracteriza os indivíduos, dentro de uma organização, quando se refere a "competências". A razão provável, mas não explicitada, para que isso aconteça, é que as qualidades do que se constitui em um recurso que confira vantagem competitiva sustentável, segundo a definição de Barney (1991), é que esse recurso seja raro, valioso, inimitável e não-substituível, o que evidentemente são características associadas mais claramente às pessoas do que a outro tipo de recursos organizacionais.

Essa literatura, por sua vez, está mais conectada com o problema de gestão de talentos (ou gestão de pessoas) do que com o estudo de organizações, nos quais se originou a abordagem. Assim, por exemplo, Dunford, Snell e Wright (2001) organizaram uma revisão de como a gestão estratégica baseada em recursos tem sido aplicada à pesquisa na área de gestão estratégica de recursos humanos (esta última, dedicada a explorar o papel destes recursos, no suporte à estratégia corporativa).

A partir dessa revisão, Dunford e colaboradores (2001) propõem que a vantagem competitiva sustentável, ponto central da GEBR, pode ser obtida por meio de fatores primordialmente relacionados à competência humana existente nas organizações. A Figura 10.1 resume os achados, na literatura revisada por esses autores, sobre esses fatores.

Nessa literatura, o termo "competências essenciais" cada vez mais se aproxima de qualidades de pessoas. Embora em algumas ocasiões o termo tenha sido usado em referência à organização ("habilidade

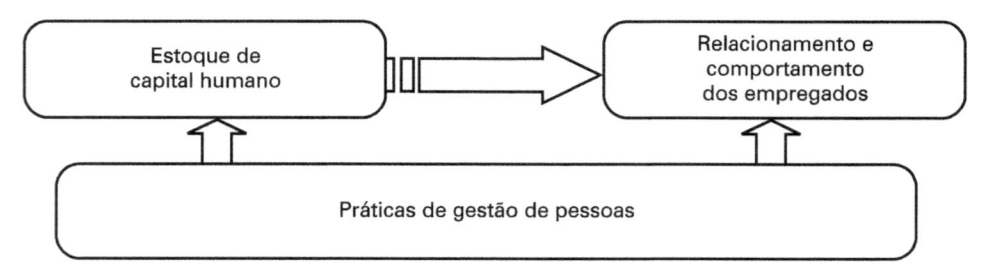

Figura 10.1 Tipos de fatores ligados a competências humanas que influenciam vantagem competitiva das organizações.
Fonte: Dunford e colaboradores (2001).

de uma firma para agir") ou o "conjunto de habilidades e tecnologias que permita a uma empresa oferecer um determinado benefício aos clientes" (Prahalad e Hamel, 1990), em outras é definido como "a aprendizagem coletiva em uma organização, especialmente como coordenar as diversas habilidades de produção e integrar múltiplas correntes tecnológicas [...] envolvendo muitos níveis de pessoas e todas as funções" (Prahalad e Hamel, 1990, p.64). Nessa perspectiva, competências essenciais envolvem pessoas e sistemas de trabalho, de forma inseparável.

Dunford, Snell e Wright (2001) afirmam que "para entender profundamente a competência [essencial] deve-se examinar (além de sistemas e processos subjacentes) as pessoas que estão engajadas nos processos, as habilidades individuais e coletivas que possuem e o comportamento em que devem engajar-se (individualmente e em interação) para implementar o processo" (p.711-712). Essa definição é diferente da definição usual, em TD&E, de que competência é o conjunto de CHAs relativos a um cargo ou trabalho. A competência essencial é fenômeno em nível da organização: essa competência é demonstrada pela capacidade organizacional de manejar, de modo adequado, as muitas competências (individuais) de que dispõe, a partir de um modelo mental compartilhado, de modo a conseguir vantagens sobre seus competidores.

De maneira similar, Von Krogh e Ross (1995) postulam uma definição de competência baseada na premissa de que essa só pode ser entendida em um contexto específico de conhecimento e aplicação (tarefas). Para esses autores, portanto, as duas dimensões necessárias à definição de competências são o conhecimento (e habilidades) e tarefas (que podem variar de uma baixa a uma alta complexidade). Competência, para Von Krogh e Roos (1995), "no nível subjetivo requer que uma tarefa seja identificada, observada, talvez analisada e compreendida, pelo uso de conhecimento subjetivo; e que um indivíduo use certas habilidades para resolvê-la. No nível social uma tarefa é desenvolvida pelo uso de conhecimento social, partilhado por um grupo, departamento ou nível organizacional, ou público. A tarefa pode ser resolvida [...] usando habilidades" também partilhadas "por um grupo, organização ou comunidade de organizações" (Von Krogh e Roos, 1995, p.66).

Outro autor preocupado com competências essenciais, Drejer (2000) propõe uma definição estrutural de competência, no nível organizacional, segundo a qual esta consiste em um sistema de tecnologia, seres humanos, uma estrutura formal e elementos culturais. O autor não explicita muito claramente como se podem combinar esses elementos, em uma competência organizacional; também se pode observar que sua definição de competência se aproxima bastante dos elementos que definem uma organização, segundo Nadler e colaboradores (1994). Por outro lado, observa-se que essa definição valoriza os atributos de seres humanos, ao lado da preocupação com tarefas ou sistemas de tarefas (embutidas em tecnologia). Nesse particular, portanto, é análoga às definições de autores anteriores.

Guimarães, Borges-Andrade, Machado e Vargas (2001), no contexto de organizações de pesquisa agropecuária, definem competência *humana* essencial como o "conjunto de conhecimentos, habilidades, estratégias cognitivas, metacognições, crenças, valores e atitudes, possuído pelas pessoas que dominam os processos de desenvolvimento da pesquisa e inovação, [...] capaz de determinar conhecimentos e tecnologias gerados por aquelas organizações" (p.252). De maneira bastante similar, mas acrescentando um componente de construção coletiva e histórica, Castro, Lima e Borges-Andrade (2005) definem competência essencial de uma organização como "um conjunto de habilidades e conhecimentos, partilhado pelos seus membros, desenvolvido ao longo da história organizacional, específico para a organização, e central para o alcance de sua missão" (p.77).

Murray (2003) apresenta uma distinção entre competências pessoais e competências organizacionais. Segundo esse autor:

a) *Competências pessoais*: englobam atributos, habilidades e comportamentos de pessoas para desempenhar uma função ou tarefa de um trabalho.
b) *Competências organizacionais*: "definidas por processos, sistemas e práticas (ex.: métodos de treinamento, programas de mudança, processos técnicos) que capacitam uma organização a transformar capacidades pessoais em competências da organização como um todo" (p.306).

No trabalho, esse autor investiga quatro "subsistemas de competências": pessoais (ou de gestão), e técnicas, de aprendizagem e operacional (essas três últimas, capacidades organizacionais, ou seja, "grupos de rotinas operacionais, tecnológicas e de aprendizagem"). No entanto, o autor menciona também que rotinas operacionais são habilidades financeiras, administrativas e operacionais; rotinas tecnológicas são habilidades de difusão de tecnologia, e de realização do trabalho e conhecimento tecnológico, e rotinas de aprendizagem envolvem habilidades individuais de aprendizagem, habilidades de aprendizagem complexa e de criação de conhecimento. Desse modo, o autor parece sugerir que atributos de pessoas e de tarefas (ou processos de trabalho) estão envolvidos na manifestação de uma competência.

Nordaugh (1998) define competência como "o composto de conhecimentos, habilidades e atitudes humanas que podem servir a propósitos produtivos em organizações" (p.8). A partir de uma abordagem GEBR, o autor propõe uma tipologia de competências combinando os níveis micro (tarefas) e macro (organização e setor de atividade) de análise. Central, para sua tipologia, é a medida em que uma competência pode ser considerada como específica em relação a tarefas, organizações ou setores de atividades. O Quadro 10.2 apresenta a tipologia proposta por ele, com exemplos de cada tipo de competências.

Um ponto importante, levantado por Nordaugh (1998), é que os estudos em nível micro – isto é, orientados pela tarefa – não se preocupam com a questão da especificidade da competência, que é ponto central para a abordagem da GEBR e para alguns de seus conceitos, como, por exemplo, o de competências essenciais.

Hoffmann (1999) desenvolve uma tipologia dos significados de competência. Segundo o autor, essa tipologia considera o foco de cada definição, como as entradas/saídas do sistema de trabalho, a unidade de análise (indivíduo/organização) e o propósito para o qual o conceito é usado. Brophy e Kiely (2002) representam a tipologia de Hoffmann como apresentado no Quadro 10.3.

Uma importante característica das competências é que elas são entidades dinâmicas. Segundo Von Krogh e Roos (1995), as competências evoluem por meio da interação entre a execução de tarefas e aquisição de conhecimento. Essa aquisição de conhecimento pode se dar por meio da internalização de conhecimento explícito e formal ou por aquisição derivada da própria solução da tarefa. De qualquer forma, as competências que interessam para uma organização são, elas mesmas, mutáveis ao longo do tempo.

Sparrow e Bognanno (1994, apud Brandão, 1999) apresentam um modelo do ciclo dinâmico das competências. Esse modelo indica que se pode pensar em distintos graus de relevância, ao longo do tempo, para diferentes competências organizacionais: existem aquelas que são declinantes em relevância (como a de datilografar textos escritos); aquelas que são emergentes (isto é, cuja relevância aumenta à medida que seu uso traz maior eficiência, qualidade ou competiti-

Quadro 10.2
A TIPOLOGIA DE COMPETÊNCIAS DE NORDAUGH (1998)

Especificidade para a tarefa	Especificidade organizacional		
	Baixa		Alta
	Especificidade para setor de atividade		
	Baixa	Alta	-
Baixa	*Metacompetências ou competências aplicáveis a diferentes tarefas, organizações, e setores* Exemplo: capacidade de leitura, de aprendizagem, criatividade, etc.	*Competências gerais para um setor de atividades* Exemplos: conhecimento sobre o setor, capacidade de análise de estratégias de competidores, redes no setor, etc.	*Competências intraorganizacionais* Exemplos: conhecimentos sobre pessoas, sobre cultura organizacional, redes informais internas, etc.
Alta	*Competências técnicas padrão* Exemplos: capacidade de uso programas básicos de computador, de conhecimentos sobre orçamento e finanças, etc.	*Competências técnicas do negócio* Exemplos: construção de automóveis, montagem de computadores, pesquisa em biotecnologia, etc.	*Competências técnicas idiossincráticas* Exemplos: uso de ferramentas, tecnologias e metodologias especializadas desenvolvidas por uma organização

Fonte: Nordaugh (1998).

Quadro 10.3
TIPOLOGIA DE SIGNIFICADOS DE "COMPETÊNCIA", SEGUNDO HOFFMANN (1999)

Competência definida como:	Foco da definição		Propósito da abordagem
	Indivíduo	Organização	
Saída do sistema de trabalho	Padrões de desempenho individual	Padrões de desempenho corporativo (*benchmarks*)	Objetivos baseados no desempenho (Treinamento)
Entrada do sistema de trabalho	Conhecimentos, habilidades e atitudes	Vantagens distintivas	Conteúdo de disciplinas (Educação)

Fonte: Brophy e Kiely (2002).

vidade para a organização, como por exemplo, o uso de *software* que possibilita interação entre comunidades, na internet); as que possuem relevância transitória (como as que buscam atender demandas conjunturais de governo), e as demandas essenciais ou estáveis, que permanecem com grau elevado de relevância, ao longo do tempo.

Os autores que se orientam por uma perspectiva de desenvolvimento organizacional, ou por teorias de organizações, não são sempre muito explícitos sobre sua definição de "competência organizacional". Parecem estar, às vezes, referindo-se a um simples somatório de competências individuais, em uma organização. Em outras ocasiões, por outro lado, parecem querer dizer que competência organizacional é uma resultante (mas não o simples somatório) dessas competências.

Nas definições anteriores desta seção, competência organizacional foi definida, pela maioria dos autores, como conhecimentos, habilidades e capacidades, de modo similar aos dos autores examinados em seções anteriores. Entretanto, nesse nível o conceito de competência:

- está inserido na estrutura, tecnologia, processos e relações entre pessoas e grupos;
- relaciona-se à gestão estratégica de uma organização;
- relaciona-se aos processos de geração de produtos de valor, para os grupos de interesse (*stakeholders*);
- inclui mais do que atributos individuais (por exemplo, bens e valor de resultados gerados, para os *stakeholders*);
- envolve o manejo adequado de competências individuais, a partir de um modelo mental compartilhado, para alcançar determinados objetivos;

- envolve conhecimento social (isto é, partilhado por grupos e mesmo pela organização inteira), sobre solução de tarefas;
- é definido por processos, sistemas e práticas que permitem a coordenação das capacidades individuais;
- pode ter especificidade variável, ligada às tarefas, à organização como um todo, ou mesmo ao setor de atividades em que a organização opera;
- pode representar um padrão de comportamento organizacional;
- envolve entidades dinâmicas, que evoluem ao longo do tempo;
- possui relevância variável, em relação à missão de uma organização e ao momento da história organizacional.

O conceito pode ser usado do nível individual até o organizacional, passando naturalmente pelo nível de equipe de trabalho. Quando ele passa do nível individual para os demais, assume gradativamente uma natureza metafórica, pois organizações não são "seres possuidores de competências" nem "seres que aprendem". Indivíduos é que possuem competências e podem aprender.

MEDINDO COMPETÊNCIA

Abordagens psicológicas e de desenvolvimento humano

Na literatura de psicologia organizacional, não é recente a preocupação com a identificação de competências, sendo essas últimas geralmente consideradas como conjuntos de CHAs necessários à atuação em um cargo ou papel ocupacional. Assim, já em 1923,

Freyd (apud Visser, Altink e Algera, 1997) descrevia um procedimento para seleção de pessoal que envolvia dez etapas, sendo uma delas a chamada "análise do cargo" (*job analysis*).

A análise do cargo é definida por Visser e colaboradores (1997, p.137) como:

> o procedimento sistemático de coleta e análise de informação sobre cargos. Usando-se algum tipo de método estruturado de análise do cargo, ou uma combinação de diferentes métodos, os cargos são quebrados em componentes [...] A especificação do cargo indica que habilidades específicas, competências, conhecimento, capacidades e outros atributos físicos e pessoais alguém deve possuir para desempenhar o cargo de forma bem sucedida. Um acrônimo usado para descrever os atributos considerados na análise do cargo é CHAO: conhecimentos, habilidades, atitudes e outras características.

A análise do cargo foi (e tem sido) utilizada por várias subáreas de gestão de pessoas. No caso de seleção e avaliação de desempenho, Visser e colaboradores (1997) indicam que várias abordagens têm sido utilizadas para fazer essa análise:

a) Técnica dos incidentes críticos, desenvolvida por Flanagan (1954, apud Visser et al., 1997), que emprega entrevistas para identificar episódios reais, cruciais, pouco freqüentes, curtos e recentes, no comportamento no trabalho; essa técnica tem sido utilizada até os dias de hoje.
b) Grid gerencial, desenvolvida por Kelly (1955, apud Visser et al., 1997), geralmente aplicada a gerentes, que são solicitados a comparar empregados, visando identificar as habilidades relacionadas com sucesso no desempenho de um cargo.
c) Questionário de Análise do Cargo (*Position Analysis Questionnaire* – PAQ), desenvolvido em 1972 por McCormick (apud Visser et al., 1997), que permite analisar cada cargo com base em seis categorias: informação de entrada, processos mentais, produtos do trabalho, relações com outras pessoas, contexto do trabalho e outras características.
d) Sistema de perfil do trabalho (*Work Profiling System*), desenvolvido por Saville e Holdsworth (1995, apud Visser et al., 1997), com três distintos questionários relacionados aos seguintes grupos de cargos: de gestão e profissionais, de serviço e administrativos e manuais e técnicos.

Dias (2001) faz uma revisão das principais abordagens utilizadas na identificação de competências. Essas podem ser categorizadas em: orientadas para o cargo (como nas abordagens que utilizam a análise do cargo), orientadas para o trabalho e multimétodo (utilizando combinações das duas abordagens anteriores).

No Brasil, Borges-Andrade e Lima (1983), dentro da área de TD&E, propuseram uma metodologia de diagnóstico de necessidades de treinamento baseada no papel ocupacional. Esse papel corresponde ao conjunto de atribuições que um grupo de indivíduos tem, em uma organização. A identificação das competências relacionadas ao papel é feita, inicialmente, por uma sessão de *brainstorming* com conjunto reduzido de ocupantes do papel. Em seguida, as competências assim levantadas são avaliadas, por meio de questionários dirigidos a todo o conjunto de ocupantes do papel, por meio de escalas tipo Likert para a importância e domínio de cada competência, como já foi anteriormente descrito aqui. Um exemplo de item (descrição de conhecimentos e habilidades), nessa metodologia, é: "administrar programas e projetos de pesquisa em curto e longo prazos". Essa é uma descrição comportamental de conhecimentos e habilidades, relativas ao papel ocupacional.

Agut e Grau (2002) propõem uma metodologia para o levantamento de "necessidades de competência em gestão" (*managerial competency needs*), em analogia ao diagnóstico de necessidades de treinamento. A definição conceitual que esses autores adotam é a mesma proposta por Ansorena (1996, apud Agut e Grau, 2002): de um lado, competência se refere aos CHAs relativos a um cargo ("competência técnica"); de outro, a características individuais (motivação, traços de personalidade, etc.) que permitem o manejo de tarefas menos rotineiras e programadas ("competência genérica"). A identificação dessas competências técnicas e genéricas foi feita a partir de estudos que utilizaram grupos focais de gerentes e também da literatura sobre a indústria de turismo, pois o estudo focalizava gerentes dessa indústria. Essas competências foram incluídas em um questionário no qual se avaliavam a importância de cada competência e o nível atual de conhecimento e de habilidades. O problema, no caso dessas competências genéricas, é o que fazer com elas, depois de identificadas. São características que não se prestam muito como foco de atividades de TD&E, pois dificilmente poderiam ser desenvolvidas por meio de eventos instrucionais.

Em geral, todas utilizam alguma medida de CHAs, definidas para o cargo, e alguma medida de importância dessas competências. Em várias metodologias, a importância é mensurada simultaneamente no nível atual da competência. A técnica de incidentes críticos, muito utilizada, permite que apenas as competências mais relevantes sejam avaliadas, em uma segunda etapa.

Abordagens de desenvolvimento organizacional

Nesta seção, são descritos estudos sobre competências que focalizam, primordialmente, a estratégia, para, a partir daí, definir quais são as competências essenciais e específicas e quais são as necessidades de desenvolvimento de competências. O foco desses estudos, portanto, é colocado na organização e na estratégia organizacional (ou em uma estratégia organizacional específica).

McLagan (1988) descreve um procedimento que tem como objetivo auxiliar na identificação dos resultados futuros que a organização pretende alcançar e das competências necessárias para atingi-los. Essa autora define competência como o conjunto de capacidades individuais, críticas para a produção de resultados específicos, e utiliza técnicas participativas, fundamentadas principalmente na busca do consenso por meio de painéis de especialistas (técnica Delphi). O método está estruturado em cinco etapas seqüenciais:

- Descrições sobre as condições futuras nas quais a organização terá que executar suas atividades, base para a identificação das competências futuras.
- Descrições sobre os produtos, serviços ou informações que a organização deve gerar para atingir seus objetivos, classificados em termos das disciplinas envolvidas e de impactos desses resultados.
- Descrições sobre todas as competências que são importantes para que a organização produza seus resultados com sucesso, em termos de cinco categorias:
  a) habilidades físicas;
  b) habilidades interpessoais;
  c) habilidades cognitivas;
  d) conhecimento do negócio;
  e) conhecimento especializado.
- Modelo genérico: é a especificação dos resultados e das competências necessárias em uma determinada área da organização.
- Modelo individual: é a descrição dos resultados e das competências que as pessoas devem possuir para desempenhar suas atividades em um determinado período de tempo.

Na literatura consultada para a elaboração deste capítulo, foi encontrado um único trabalho que parte, primordialmente, da GEBR, para a avaliação de competências organizacionais. Esse artigo (Drejer, sem data) combina os conceitos de vantagem competitiva, competência essencial e de mudança no ambiente externo de uma organização, para avaliar competências essenciais. Com esse propósito, o autor utiliza as seguintes etapas:

- Avaliação da força relativa pela qual uma companhia controla cada competência comparada com seus competidores – essa avaliação é feita a partir de uma escala em que cada competência essencial (aquelas que são "relevantes de um ponto de vista estratégico")[2] é mensurada como sendo desde "fraca" (isto é, declinante em qualidade e desempenho) até "líder" (isto é, aquela que estabelece o ritmo e a direção do desenvolvimento tecnológico no setor de atividades).
- Avaliação da importância competitiva da competência para os clientes – refere-se à uma avaliação da contribuição da competência para eficácia (atendimento a demandas dos clientes, em termos de preços, prazos e qualidade de produtos e processos) e para eficiência interna (custos, desperdício, capital fixo, desenvolvimento de produtos).
- Avaliação da maturidade absoluta da organização, em cada competência – é a avaliação do grau em que a competência consiste em conhecimento explícito (Nonaka e Takeuchi, 1999) dentro da organização, variando de uma maturidade menor do que 20% (conhecimento não é documentado, e é altamente dependente de indivíduos), até maior do que 75 (quando novo conhecimento é coletado, documentado e distribuído).
- Avaliação da dinâmica externa e de outros fatores que geram necessidades de desenvolvimento de competências – a partir da consideração de uma série de fatores no ambiente, estima-se qual o grau de necessidade de desenvolvimento de cada competência, nos próximos cinco anos. A escala utilizada varia de 1 (nenhuma necessidade de desenvolvimento da competência), até 5 (elevada pressão externa para desenvolver a competência, dentro dos próximos um a dois anos, sob risco de perda de vantagem competitiva).
- Avaliação do estado-da-arte do portfólio de competências – considerando as quatro avaliações anteriores, é feita uma avaliação final do conjunto de competências de uma organização. Segundo Drejer (sem data), a partir dessa avaliação se pode classificar essas competências em *core competences* (quando são as mais importantes atualmente e ainda serão em curto/médio prazo) e em competências-foco (as mais importantes em longo prazo).

Esse artigo é interessante, por partir do GEBR, mas deixa bastante a desejar em termos da clareza de definições e metodologia empregadas. A definição de competência essencial, exemplificada pelo autor como uma competência complexa, em um outro trabalho (Drejer, 2000), parece ser a de uma habilidade, descrita em nível da organização. As mensurações realizadas, por outro lado, focalizam fortemente a organização e seu ambiente.

Lima, Castro e Machado (2004) apresentam um trabalho cujo propósito era redefinir toda a estratégia corporativa em uma área considerada central, para uma organização de pesquisa. Como conseqüência desse trabalho, foi também possível estudar a competência essencial, nessa área de trabalho, a qual foi identificada como uma grande área de investigação tecnológica (melhoramento genético vegetal). A partir dessa grande área, os autores construíram um modelo para o processo de melhoramento genético, incluindo duas grandes vertentes desse processo: as operações tradicionais de melhoramento genético e as operações derivadas da biotecnologia (incluindo algumas áreas de desenvolvimento tecnológico ainda incipientes). As competências, no caso, são definidas pelas operações identificadas nesse processo, como, por exemplo: mapeamento genético, cruzamentos/seleção, hibridação somática. Cada competência foi então avaliada, em uma pesquisa Delphi, em termos de sua importância e domínio, atual e futura. A combinação dessas duas avaliações resulta em um índice de necessidade de desenvolvimento/aquisição de cada competência. É importante observar também que, nesse trabalho, o ambiente organizacional era representado por uma descrição de três cenários futuros (combinando um conjunto de fatores externos relevantes), com referência aos quais cada competência era avaliada.

Gestão estratégica com base em recursos e gestão estratégica de recursos humanos

Nesta seção, serão analisados os trabalhos cujo propósito é o de identificar necessidades de competências que sejam relevantes, para a realização da estratégia organizacional. Esses trabalhos partem, portanto, de uma perspectiva de gestão estratégica de recursos humanos (dada a estratégia).

No Brasil, já há algum tempo observa-se um esforço dos estudiosos na área, para definir metodologias que considerem a dinâmica das competências. Machado e Lima (1998) propuseram uma metodologia para a identificação e a priorização das necessidades de capacitação que sejam consideradas estratégicas para a organização. O pressuposto central dessa metodologia é de que o estabelecimento das necessidades de capacitação, a partir da identificação das demandas tecnológicas da organização, permite que a tomada de decisão sobre em que áreas investir esteja em sintonia com os objetivos e com as diretrizes organizacionais. A proposta foi estruturada em quatro etapas:

- Identificação das áreas de conhecimento, a partir de demandas tecnológicas definidas.
- Avaliação da importância que cada área de conhecimento específica tem, em relação a sua contribuição na geração de resultados que irão solucionar a demanda à qual ela está associada.
- Estabelecimento do grau de capacidade técnica institucional em cada área de conhecimento identificada.
- Hierarquização das áreas estratégicas para capacitação.

Em 2001, Guimarães, Borges-Andrade, Machado e Vargas propuseram uma metodologia de diagnóstico de competências para organizações de pesquisa e desenvolvimento (P&D), utilizando a técnica Delphi. Foram feitas definições conceituais de cada competência essencial identificada, como, por exemplo: macrocompetência essencial em geoprocessamento (conjunto de conhecimentos, processos, metodologias e técnicas que permitem a análise e o inter-relacionamento de informações especiais e espaço-temporais georrefenciais, de origem biótica, abiótica e socioeconômica); competências específicas (modelos de dados espaciais); sistemas de informações geográficas; sensoriamento remoto; análise espacial; cartografia automatizada; geoestatística e álgebra de mapas. É interessante observar, sobre esse trabalho, que a definição mais detalhada se encontra no nível da competência essencial (que, mesmo definida como "humana", se refere a um conjunto de conhecimentos, etc., com que uma *organização* conta), enquanto que as chamadas competências específicas são definidas apenas pela grande área de conhecimento.

Brandão, Guimarães e Borges-Andrade (2002) relatam uma estudo em que foram identificadas competências profissionais, concebidas em termos de CHAs, que possuíam relevância emergente para os funcionários de agências do Banco do Brasil, isto é, cujo grau de importância tendia a crescer, mas não eram muito relevantes naquele momento. Portanto, teriam potencial para se tornarem competências essenciais. A pesquisa, de caráter descritivo e exploratório, utilizou entrevistas pessoais e semi-estruturadas para coleta de dados, com uma amostra de 28 funcionários, em diversos níveis hierárquicos e segmentos. Tomando como referência uma breve revisão de literatura sobre os rumos da indústria bancária e da organização do trabalho do bancário, uma análise de conteúdo dessas entrevistas e uma apreciação feita por cinco juízes, visando aprimorar descrições e validar a categorização realizada, o mencionado artigo identificou 18 competências então consideradas emergentes. Com elas, foi possível explicitar novas exigências de qualificação para os funcionários do banco e a configuração de um perfil profissional para o bancário do futuro.

Dias (2001) propôs metodologia para avaliar competências gerenciais emergentes, em uma organização pública. Essa autora utilizou-se, em sua metodologia, da técnica de incidentes críticos e de entrevistas semi-estruturadas para definir projeções (futuras, em horizonte temporal de cinco anos) de necessidades de CHAs, para gerentes dessa organização. A partir dessas projeções, definiram-se as competências gerenciais, e aplicou-se um questionário para avaliar importância (atual e futura) e domínio dessas competências.

A característica dinâmica das competências tem sido reconhecida por muitos autores, que enfatizam a necessidade de que as metodologias de avaliação de necessidades de competências contemplem não somente as competências atuais, mas aquelas emergentes no futuro, especialmente se relacionadas a competências organizacionais essenciais. Por exemplo, Tannenbaum e Yukl (1992) salientam que a análise de competências deve procurar ir ao encontro da direção estratégica da organização, antecipando às necessidades.

ABORDAGENS DE COMPETÊNCIAS PARA O DESENVOLVIMENTO HUMANO E ORGANIZACIONAL: SIMILARIDADES E DISCREPÂNCIAS

A Tabela 10.1 apresenta uma síntese de conceitos associados ao constructo "competência", nas definições constitutivas e operacionais das abordagens de desenvolvimento humano e organizacional analisadas neste capítulo.

Nesta tabela é possível observar – sem colocar demasiada atenção no número absoluto de artigos – que o conceito associado mais freqüente, em todas as abordagens, é o de CHAs individuais. Em segundo lugar, estão conceitos que se apresentam definidos tanto constitutiva como operacionalmente, para uma abordagem, e apenas de forma constitutiva, para a outra. Nesse caso, estão os conceitos de padrão de comportamento humano, e de relevância para tarefa/papel e carreira. Esses dois conceitos só são usados em definições constitutivas, dentro da abordagem de desenvolvimento organizacional, e não são operacionalizados nos artigos analisados. Nesse lugar também aparece o conceito associado de relevância para a estratégia/organização, que apresenta apenas definição constitutiva, dentro da abordagem de desenvolvimento humano.

Alguns conceitos aparecem, tanto em definições constitutivas como em definições operacionais, em apenas uma das abordagens. Esse é o caso de motivação, crenças e valores, e também de mensurabilidade/observabilidade, para a abordagem de desenvolvimento humano. É igualmente o caso de competência definida como um composto de CHAs em um grupo/organização, atributo relacionado a processos, de relevância para um setor de atividades, e padrões de comportamento organizacional, no caso da abordagem centrada no desenvolvimento organizacional.

Alguns conceitos só aparecem em uma única definição (constitutiva ou operacional) de uma ou outra abordagem. Para aquela que se centra no desenvolvimento humano, este é o caso dos conceitos associados aos atributos individuais ou atributos individuais interdependentes, adaptabilidade a diferentes contextos e tarefas, aplicação em um contexto, possibilidade de desenvolvimento. Para a abordagem centrada no desenvolvimento organizacional, aparecem em uma única definição os conceitos recursos humanos, físicos e materiais; legitimidade/credibilidade organizacional; conhecimento explícito; relevância para clientes, e mudanças no ambiente organizacional.

CONSIDERAÇÕES FINAIS

A comparação realizada na seção anterior deixou claro que as noções de CHAs e de desempenho relevante são comuns às abordagens centradas no desenvolvimento humano (*micro*) e no desenvolvimento organizacional (*macro*). Este parece ser, portanto, o que é central no conceito de competências. É ainda preciso recordar que elas são inerentes ao indivíduo, que as pode adquirir por meio de interações com seu ambiente. O uso do termo, no nível macro, é metafórico. Nesse nível, na verdade, a suposição é a de que, após a aquisição e retenção de competências, os indivíduos precisam transferi-las para os demais níveis (de equipes e organizacional), geralmente por meio de processos sociais de compartilhamento.

A inserção de conceitos como os de motivação, crenças e valores expande o conceito original de CHAs e, portanto, o de competências. Isso se faz com a justificativa de que é preciso considerar as pessoas de modo mais integral, sem fragmentá-las. Mas falar parece ser mais fácil que fazer. Essa preocupação está presente nas abordagens centradas em desenvolvimento humano e não aparece com igual freqüência nas de desenvolvimento organizacional. No entanto, organizações também dependem basicamente de um conjunto de pessoas motivadas, com crenças e valores compartilhados e consistentes com as decisões estratégicas. Assim, mesmo que esses conceitos apareçam pouco, nas definições analisadas, não podem ser des-

Tabela 10.1

CONCEITOS ASSOCIADOS AO CONSTRUCTO COMPETÊNCIA E SUA UTILIZAÇÃO (POR NÚMERO DE ARTIGOS), NAS DEFINIÇÕES CONSTITUTIVAS E OPERACIONAIS DOS ARTIGOS ANALISADOS, EM CADA ABORDAGEM

Conceitos associados ao constructo competência	Abordagem centrada no desenvolvimento humano nas organizações		Abordagem centrada no desenvolvimento organizacional	
	Uso do constructo na definição constitutiva	Uso do constructo na definição operacional	Uso do constructo na definição constitutiva	Uso do constructo na definição operacional
Conhecimentos, habilidades e atitudes individuais	10	6	2	2
Composto de conhecimentos, habilidades e atitudes, em um grupo/organização			5	3
Atributos individuais de motivação, crenças e valores	2	1		
Atributos individuais ou individuais e interdependentes	3			
Relevância para clientes				1
Relevância para desempenho na tarefa/papel/carreira	8	6	2	
Relevância para a organização/estratégia	2		2	4
Relevância para setor de atividades			1	2
Mensurabilidade/ observabilidade	5	4		
Adaptabilidade a diferentes tarefas/contextos	2			
Atributo de processos ou ligado a processos organizacionais (estratégia, estrutura, tecnologia, processo produtivo)			2	2
Recursos humanos, físicos e materiais			1	
Legitimidade/credibilidade organizacional			1	
Padrão de comportamento humano	7	4	1	
Padrão de comportamento organizacional			1	3
Relevância determinada de forma dinâmica			1	5
Possibilidade de desenvolvimento	3	3		
Aplicação em um contexto	1			
Conhecimento explícito				1
Mudanças no contexto organizacional				3

cartados ou considerados de menor importância, pois estão ligados à evolução do conceito de competência.

O conceito de competências é constructo que acaba por envolver a organização como um todo, como apontaram alguns autores. As definições operacionais, por outro lado, muitas vezes não partem claramente do conceito e o reduzem a competências humanas no trabalho. De certa maneira isto é inevitável, já que mensurar o conceito, como ele está definido constitutivamente, pela abordagem organizacional, parece inviável. Não se pode esquecer que esta dificuldade, no caso da última abordagem, pode ser atribuída ao fato de que a microabordagem foi, desde seu advento, de natureza metodológica. Portanto, ela tem a vantagem original de sempre ter estado preocupada com aspectos de mensuração. Por outro lado, a macroabordagem nasceu em um campo teórico, que, ao buscar sua sustentabilidade na prática, é defrontada com problemas metodológicos já superados pela outra.

Se a área de TD&E foi criticada, no passado, pelo caráter tecnicista de algumas de suas atividades, excessivamente focadas no indivíduo e ignorando o contexto, a integração dessas abordagens certamente traria benefícios estratégicos para esta área, dentro das organizações. Isto é, uma avaliação de necessidades precisaria levar em conta os conceitos de competência predominantes em cada uma dessas abordagens. Ao mesmo tempo, não pode ser esquecido que os focos dessas abordagens pertencem claramente a diferentes níveis: um micro e outro macrorganizacional.

O nível macrorganizacional pode beneficiar-se muito de uma aproximação com o nível microrganizacional, que herdou da psicologia uma tradição de definição operacional e de mensuração rigorosa dos fenômenos. Aquele nível parte da preocupação dos administradores com estratégia, um campo que não demonstrou muito interesse por questões relativas a método e medidas.

McGehee e Thayer (1961) descreveram três componentes básicos da avaliação de necessidades em TD&E: análise organizacional, análise de tarefas e análise pessoal. Eles foram posteriormente adotados por Goldstein (1991), continuam atuais e podem ser usados, para permitir uma melhor compreensão dos possíveis processos de avaliação de necessidades.

- O primeiro componente refere-se à análise organizacional, que focaliza o papel de TD&E em um macronível de análise. Sua finalidade é conhecer a realidade da organização, o que envolve o exame do sistema organizacional como um todo: objetivos atuais e futuros, clima, cultura, estrutura, fluxo, situação econômico-financeira, tecnologia em uso, interação com o meio externo (por exemplo, mercado de trabalho, impacto de produtos e serviços, concorrência, fornecedores e conjuntura socioeconômica e política). A abordagem de competências centrada no desenvolvimento organizacional poderia fornecer um instrumental bastante útil para essa análise.
- Em um micronível de análise, segundo esses autores, a avaliação de necessidades é realizada por meio do exame das tarefas relativas aos diversos papéis ocupacionais e às capacidades do indivíduo ao exercê-los. Aqui, a abordagem de competências centrada no desenvolvimento humano nas organizações teria um papel muito importante, o que pode ser facilmente deduzido a partir da descrição feita por Goldstein (1991).
- O último componente para avaliar necessidades procura verificar quais empregados precisam de que atividades de TD&E e exatamente que atividade é requerida. A análise pessoal faz duas perguntas: quem dentro da organização precisa de atividades de TD&E e de que tipo de atividade? Como ela decorre do nível anterior, pode também se beneficiar muito da abordagem de competências centrada no desenvolvimento humano nas organizações, como demonstraram Castro e Borges-Andrade (2004). Todavia, ainda há muito pouco esforço de sistematização de conhecimento científico e tecnológico neste nível.

Os estudos sobre impacto de atividades de TD&E no trabalho têm demonstrado que a presença de suporte organizacional ao desempenho e à aprendizagem, antes mesmo do início de atividades de TD&E, é importante condição associada ao aumento da efetividade dessas atividades no trabalho. Alguns autores têm sugerido que a análise dessas condições, durante a avaliação de necessidades, poderia oferecer informações relevantes para a tomada de decisão. Por essa razão, o Capítulo 12 aprofunda uma proposta de incorporação desses aspectos na avaliação de necessidades. De certa forma, esse tipo de análise promove uma integração entre esses três níveis, pois as informações a serem colhidas podem pertencer a distintos níveis.

Um ponto pouco discutido é que a identificação de competências sempre é acompanhada da noção de relevância (para o indivíduo, o cargo, a tarefa, os clientes a organização ou um setor da economia). Essa relevância é quase sempre operacionalizada por meio da mensuração de autopercepção ou da percepção de supervisores (nos níveis de análise pessoal e de tarefas) e altos gerentes (no nível de análise organizacional). Sempre se pode perguntar: relevante para quem? Pode haver conflito de interesses, entre esses vários pontos de vista. Por exemplo, o foco em competências essenciais em geral segue uma racionalidade econômica. Por outro lado, uma organização tem também responsabilidades sociais, o que faz com que atividades de TD&E voltadas para atender a outras racionalidades, além daquela, devam ser também indicadas. O avaliador precisa ter clareza sobre isso, bem como sobre suas implicações éticas e políticas, como discute o Capítulo 9.

Os vários métodos, em qualquer abordagem, seguem uma seqüência de passos:

a) Identificação das competências na literatura ou por meio de *brainstorming* e grupos focais, isto é, consultando o conhecimento tácito ou explícito existente.
b) Descrição das competências, como CHAs, áreas de conhecimento, etapas de processo.
c) Avaliação de descritores de competência, em termos de importância, freqüência, relevância, domínio.

O Capítulo 11 demonstra como seguir esses passos em uma avaliação de necessidades de TD&E. Contudo, a competência no macronível é um fenômeno que precisa ser compreendido como distinto do somatório das partes. Infelizmente essa questão é pouco discutida e não está muito clara, nos textos aqui analisados.

QUESTÕES PARA DISCUSSÃO

- Identifique, nos capítulos do presente livro, cinco competências individuais esperadas de um profissional que fosse atuar em TD&E.
- Como as competências individuais deste profissional poderiam ser formuladas em termos de competências da organização para a qual ele estaria trabalhando?
- Como você desenvolveria um método para avaliar necessidades de treinamento dessas competências, em profissionais de TD&E?
- Como poderia ser utilizada uma macroabordagem de mensuração de competências, para analisar o desempenho de organizações que possuem programas de TD&E? Para propor este método de análise, utilize como parâmetros as competências que você formulou na segunda questão.

NOTA

1. CHAs = conhecimentos, habilidades e atitudes.
2. Um exemplo de competência essencial, na visão do autor, é: "habilidade de uma empresa industrial de entregar produtos, aos clientes, no prazo prometido e com a qualidade especificada por eles" (Drejer, sem data).

REFERÊNCIAS

AGUT, S.; GRAU, R. Managerial competency needs and training requests: the case of the Spanish tourist industry. *Human Resource Development Quarterly*, v.13, n.1, p.31-51, 2002.

BARNEY, J. B. Firm resources and sustained competitive advantage. *Journal of Management*, v.17, n.1, p.99-120, 1991.

BORGES-ANDRADE, J. E.; LIMA, S. M. V. Avaliação de necessidades de treinamento: um método de análise de papel ocupacional. *Tecnologia Educacional*, Rio de Janeiro, v. 7, n. 54, p. 6-22, 1983.

BORGES-ANDRADE, J. E. et al. Treinamento de gerentes de pesquisa: necessidades e impacto. *Cadernos de Difusão de Tecnologia*, Brasília, v. 6, n.1, p. 117-139, 1989.

BRANDÃO, H. P. *Gestão de competências:* um estudo sobre a identificação de competências profissionais na indústria bancária. Dissertação (Mestrado) – Departamento de Administração, Universidade de Brasília, Brasília, 1999.

BRANDÃO, H. P.; GUIMARÃES, T. A.; BORGES-ANDRADE, J.E. Competências emergentes na indústria bancária: um estudo de caso. *Comportamento Organizacional e Gestão*, Lisboa, v. 8, n. 2, p. 173-190, 2002.

BROPHY, M.; KIELY, T. Competencies: a new sector. *Journal of European Industrial Training*, v.26, p.2-4, 2002.

CASTRO, A. M. G.; LIMA, S. M. V.; BORGES-ANDRADE, J. E. *Metodologia de planejamento estratégico para as unidades do Ministério da Ciência e Tecnologia*. Brasília, DF: Ministério da Ciência e Tecnologia, 2005.

CASTRO, P. M. R.; BORGES-ANDRADE, J. E. Identificação das necessidades de capacitação profissional: o caso dos assistentes administrativos da Universidade de Brasília. *Revista de Administração* (USP), São Paulo, v. 39, n. 1, p. 96-108, 2004.

DIAS, J. S. *Identificação e avaliação de competências gerenciais em uma organização pública*. Dissertação (Mestrado em Psicologia) – Universidade de Brasília, 2001.

DREJER, A. *Content tool n. 10 Planning of competence development*, sem data. Comunicação pessoal do autor.

_____. *Measuring Competence Development*. Proceedings of the 3rd (Euro) CINet Conference. 2000, Aalborg, Denmark, 2000.

DUNFORD, B. B.; SNELL, S. A.; WRIGHT, P. M. Human resources and the resource based view of the firm. New York: University of Cornell, Center for Advanced Human Resources Studies. Working Paper 01-03, 2001. (Working Paper Series)

DUTRA, J. S.; HIPÓLITO, J. A. M. e SILVA, C. M. Gestão de pessoas por competências: o caso de uma empresa no setor de telecomunicações. *Revista de administração contemporânea*, v.4, n.1, p. 161-176, 2000.

FIOL, C.M. Managing culture as a competitive resource: an identity-based view of sustainable competitive advantage. *Journal of Management*, v.17, n.1, p.191-211, 1991.

GOLDSTEIN, I. L. Training in work organizations. In: DUNNETTE, M.D.; HOUGH, L.M. (Org.). *Handbook of industrial and organizational psychology*. Palo Alto: Consulting Psych., 1991. p.507-619.

GORMAN, P. et al. Custom needs assessment for strategic HR training: the Los Angeles county experience. *Public Personnel Management*, v.32, n.4, p.475-495, 2003.

GUIMARÃES, T. A. et al. Forecasting core competencies in an R&D Environment. *R&D Management*, Manchester, v. 31, n.3, p. 249-255, 2001.

HAMEL, G.; PRAHALAD, C.K. *Competindo pelo futuro:* estratégias inovadoras para obter o controle do seu setor e criar os mercados de amanhã. Rio de Janeiro: Campus, 1995.

HANSSON, B. Competency models: are self-perceptions accurate enough? *Journal of European Industrial Training*, v.25, n.9, p.428-441, 2001.

HOFFMANN, T. The meanings of competency. *Journal of European Industrial Training*, v.23, n.6, p.275-285, 1999.

HOUAISS, A. *Dicionário eEletrônico Houaiss da língua portuguesa versão 1.0*. São Paulo: Objetiva, 2001.

KERLINGER, F. N. *Foundations of behavioral research*. New York: Holt, Rinehart and Winston, 1980.

LADO, A. A.; E WILSON, M. C. Human resource systems and sustained competitive advantage: a competency-based perspective. *Academy of Management Review*, v.19, n.4, p.699-727, 1994.

LIMA, S. M. V.; CASTRO, A. M. G.; MACHADO, M. S. *O processo de geração do conhecimento e a necessidade futura de competências essenciais em organizações de P&D*. In: SIMPÓSIO DE GESTÃO DE INOVAÇÃO TECNOLÓGICA, 23., Curitiba, Paraná. Anais ... 2004.

MACHADO, M. S.; LIMA, S. M. V. *Demandas tecnológicas e necessidades de treinamento em áreas estratégicas*. In: SIMPÓSIO DE GESTÃO DE INOVAÇÃO TECNOLÓGICA, 20., 1998, São Paulo.

MAGALHÃES, M. L.; BORGES-ANDRADE, J. E. Auto e hetero avaliação no diagnóstico de necessidades de treinamento. *Estudos de Psicologia*, Natal, v. 6, n. 1, p. 33-50, 2001.

MCGEHEE, W.; THAYER, P. W. *Training in business and industry*. New York: Wiley, 1961.

MCLAGAN, P.A. Flexible job models: a productivity strategy for the information age. CAMPBELL, J.P.; CAMPBELL, R.J. (Ed.). *Produtivity in organizations*. San Francisco: Jossey Bass, 1988. p.369-387.

MENEZES, L. A.; RIVERA, R. C. P.; BORGES-ANDRADE, J. E. Necessidades de treinamento de agricultores e de suas esposas num projeto integrado de colonização. *Cadernos de Difusão de Tecnologia*, Brasília, DF, v. 5, n. 1, p. 109-118, 1988.

MURRAY, P. Organisational learning, competencies, and firm performance: empirical observations. *The Learning Organization*, v.10, n.5, p.305-316, 2003.

NADLER, D. A. et al. *Discontinuous change*: leading organizational transformation. San Francisco: The Jossey-Bass, 1994. (Management Series II)

NONAKA, I.; TAKEUCHI, H. *La organización creadora de conocimiento*: cómo las compañias japonesas crean la dinámica de la innovación. México: Oxford University, 1999.

NORDHAUG, O. Competence specificities in organizations. *International Studies of Management & Organization*, v.28, n.1, 1998.

PINTO JR., H.; NOGUEIRA, V. S.; BORGES-ANDRADE, J. E. *Diagnóstico organizacional como avaliação de necessidade de treinamento*. In: REUNIÃO ANUAL DE PSICOLOGIA, 19., 1999, Campinas. Resumos ... Ribeirão Preto: Sociedade Brasileira de Psicologia, 1999. p. 211-211.

PRAHALAD, C. K.; HAMEL, G. The core competence of the corporation. *Harvard Business Review*, p.79-91, may/june 1990.

RESENDE, E. *O livro das competências*: desenvolvimento das competências. Rio de Janeiro: Qualitymark, 2000.

RYCHEN, D. S.; SALGANIK, L. H. Definition and selection of key competencies. *INES GENERAL ASSEMBLY*. Paris: OECD (DeSeCo), 2000.

SPARROW, P. R.; BOGNANNO, M. Competency requirement forecasting: issues for international selection and assessment. In: MABEY, C.; ILES, P. (Org.). *Managing learning*. London: Routledge, 1994.

STALK, G.; EVANS, P.; SHULMAN, L.E. Competing on capabilities: the new rules of corporate strategy. *Harvard Business Review*, v.70, p.57-69, 1992.

TANNENBAUM, S.I.; YUKL, G. Training and development in work organizations. *Annual Review of Psychology*, v. 43, p.399-441, 1992.

VISSER, C.; ALTINK, W.; ALGERA, J. From job analysis to work profiling: do traditional procedures still apply? In: ANDERSON, N.; HERRIOT, P. *International handbook of selection and assessment*. New York: John Wiley & Sons, 1997.

VON KROGH, G.; ROOS, J. A perspective on knowledge, competence and strategy. *Personnel Review*, v.24, n.3, p.56-76, 1995.

WEINERT, F. E. *Concepts of competence*: definition and selection of competencies: theoretical and conceptual foundations. Paris: OECD (DeSeCo), (1999.)

ZAFIRIAN, P. *A gestão da e pela competência*. Seminário educação profissional, trabalho e competências. Rio de Janeiro, 1996.

11

Aspectos metodológicos do diagnóstico de competências em organizações

Tomás de Aquino Guimarães, Maria de Fátima Bruno-Faria e Hugo Pena Brandão

Objetivos

Ao final deste capítulo, o leitor deverá:

- Discutir a importância do diagnóstico de competências nos processos de gestão organizacional e no planejamento e desenvolvimento de ações de TD&E.
- Descrever semelhanças e diferenças entre diagnóstico de competências e levantamento de necessidades de TD&E em organizações.
- Descrever técnicas de coleta de dados adequadas à gestão de competências.
- Identificar a importância da opção metodológica no processo de pesquisa.
- Discutir a importância da conduta ética do pesquisador no processo de diagnóstico de competências.

INTRODUÇÃO

Este capítulo tem como objetivo principal descrever metodologias de diagnóstico de competências em organizações. Para isso, discute-se o conceito de competência, seus pressupostos e aplicações no campo da gestão, em geral, e na área de treinamento, desenvolvimento e educação (TD&E), em particular. Neste capítulo, são descritas técnicas de diagnóstico de competências, destacada a importância do rigor científico e metodológico, bem como da conduta ética do pesquisador, seja este um acadêmico ou um prático da gestão de organizações, que devem estar presentes no processo de investigação. Além de garantir melhor qualidade aos resultados, esses princípios científicos podem evitar procedimentos ou condutas que comprometam os resultados da pesquisa ou que gerem algum constrangimento às pessoas que fazem parte do contexto estudado. Além disso, são descritas experiências de diagnóstico de competências em organizações brasileiras. Espera-se que, a partir da leitura deste capítulo e da consulta às referências que serviram de base à sua elaboração, o leitor *seja capaz de identificar que metodologias são mais adequadas às suas necessidades e possa, assim, adotar ações para identificar e descrever competências relevantes a contextos e estratégias organizacionais.*

O CONCEITO DE COMPETÊNCIA E SEUS PRESSUPOSTOS

A utilização freqüente do termo *competência* no campo da gestão organizacional fez com que o mesmo adquirisse diferentes conotações, conforme discutido no Capítulo 10. O uso desse termo parece estar relacionado com o ambiente turbulento das organizações contemporâneas, nas quais a mudança torna-se rotina, e não novidade. Há autores, como Rousseau (1997), que entendem o termo *organização* como um processo de organizar, evitando a idéia de que organizações constituem sistemas sociais estruturados para todo o sempre. Ou seja, o termo *organização* deveria ser considerado, na época atual, muito mais como um "verbo" do que como um substantivo.

Não é propósito aprofundar a discussão a respeito do conceito de competência neste capítulo, mas importa delimitar a noção do termo para que o leitor possa situar-se na temática. Parecem possuir aceitação mais ampla os conceitos de competência que consideram as diversas dimensões do trabalho e buscam associar a competência tanto à capacidade quanto ao desempenho. Ao comentarem a aplicação do termo *competência* no mundo do trabalho, Guimarães e Medeiros (2003) sugerem a existência de três correntes teóricas que tratam deste conceito: a da administração estratégica, que foca o nível de análise organizacional; a da gestão de pessoas, que visa à análise do papel ocupacional e do indivíduo, e a da sociologia da educação e do trabalho, com ênfase no nível de análise da sociedade como um todo. As duas primeiras correntes, que se referem à competência nas organizações, são discutidas neste capítulo.

Nessa linha, o conceito de competência, quando aplicado à gestão de organizações, pode ser interpretado em, pelo menos, dois níveis. No macronível, da organização como um todo, e no micronível, do indivíduo e de equipes na organização. Para Zarifian (1999), esse conceito também inclui o nível mesoorganizacional (de equipes), que não será tratado neste capítulo. No macronível, o suporte teórico do termo *competência* advém, basicamente, da economia e da administração, que tratam de *competências críticas* ou *competências essenciais* e procuram associá-las à competitividade das organizações. No nível micro, da psicologia organizacional e do trabalho, o foco recai sobre a análise das relações entre a aprendizagem, a competência individual e o comportamento organizacional. Seria possível, então, classificar as competências como **organizacionais** (inerentes à organização como um todo ou a uma de suas unidades produtivas) e **individuais**[1] (relacionadas a indivíduos).

Dependendo da abordagem teórica adotada ou da finalidade prática que se deseja atribuir ao conceito, existem diversas outras tipologias e possibilidades de classificação das competências. Em razão de sua singularidade, as competências organizacionais podem ser classificadas como básicas (isto é, aquelas que representam atributos necessários ao funcionamento da organização, mas não são distintivas em relação à concorrência) e essenciais (aquelas que representam atributos de caráter distintivo, que diferenciam a organização das demais), como sugere Nisembaum (2000). Face à natureza do papel ocupacional desempenhado pelas pessoas, por exemplo, as competências individuais podem ser classificadas como técnicas e gerenciais, conforme sugere Cockerill (1994). Quanto à sua relevância ao longo do tempo, conforme proposto por Sparrow e Bognanno (1994), as competências podem ser classificadas como emergentes (aquelas cujo grau de importância tende a crescer no futuro), declinantes (aquelas cujo grau de importância tende a diminuir no futuro), estáveis (as que permanecem relevantes ao longo do tempo) e transitórias (aquelas que se fazem importantes apenas em momentos críticos, tais como em crises e em transições).

Neste capítulo, serão utilizados os termos genéricos *competência organizacional* para o macronível, da organização, e *competência individual*, para o micronível, de indivíduos, os quais serão discutidos a seguir.

Competência organizacional

A difusão do conceito de competência organizacional tem origem no desenvolvimento da abordagem da empresa baseada em recursos (RBV, do original *resource-based view of the firm*), conforme disposto no Capítulo 10 deste livro. "Essa abordagem considera que toda empresa tem um portfólio de recursos: físico (infra-estrutura), financeiro, intangível (marca, imagem e outros), organizacional (sistemas administrativos, cultura organizacional) e humano" (Fleury e Fleury, 2004, p.46). A RBV enfatiza que as vantagens competitivas de uma organização, capazes de sustentá-la em mercados internos e externos, não são desenvolvidas apenas por sua posição no mercado ou por "determinismo ambiental", mas também por sua capacidade de desenvolver novas competências. De acordo com Fensterseifer (2000), além de desenvolver e gerenciar seus recursos e capacidades internas, as organizações necessitam articular-se com outras organizações, de forma a obter sinergia e potencializar competências para o desenvolvimento de excelência nos seus produtos e serviços. Há três termos muito utilizados na RBV: recurso, capacidade e competência. Os três conceitos se complementam e se superpõem em algumas situações, razão pela qual é necessário distingui-los conceitualmente.[2]

Os recursos se classificam em ativos, tangíveis ou intangíveis, específicos ou não, de uma organização, utilizados por esta para produzir bens e serviços. Toda capacidade é um recurso organizacional, mas o contrário nem sempre é verdade. Para Makadok (2001), há duas características-chave que distinguem a capacidade do recurso. A primeira é que a capacidade é específica da organização e se encontra incrustada em seus processos, enquanto um recurso não contém necessariamente essa característica. Nesse sentido, a capacidade não poderia ser transferida a outras organizações sem a transferência da própria organização ou de partes significativas desta. A segunda característica se refere ao fato de que o propósito principal de uma capacidade é desenvolver e potencializar a produtividade de outros recursos organizacionais.

Mello (2004), apoiado em extensa revisão de literatura sobre estratégia, observou que os termos *capacidade* e *competência* têm sido utilizados como sinônimos. Prahalad e Hamel (1990) introduzem o termo *competência essencial*, referindo-se às competências difíceis de serem imitadas pela concorrência, que geram valor distintivo percebidos pelos clientes e que, portanto, conferem vantagem competitiva para a organização, em termos de eficiência, qualidade, inovação ou resposta aos clientes. Para esses autores, a competência essencial seria uma capacidade, produto da aprendizagem coletiva da organização, caracterizada por conhecimentos, tecnologias, sistemas físicos e gerenciais necessários à coordenação sistêmica de diversos recursos para gerar produtos e serviços de qualidade. O *design* de motores leves e eficientes da Honda e a capacidade de miniaturização da Sony são exemplos de competências essenciais citados por esses autores. Um exemplo brasileiro seria a capacidade de prospecção de petróleo em águas profundas, da Petrobrás.

O caráter de essencialidade da competência é o que a distingue das demais formas de recursos e capacidades da organização. Para Guimarães e Medeiros (2003), as organizações podem ter uma variedade de capacidades e competências, mas nem todas as competências podem ser consideradas essenciais. Para ser considerada essencial, uma competência deve ser responsável pela produção de bens ou serviços nos quais os clientes e usuários percebem um valor superior. De igual modo, se a competência é de fácil imitação ou localizada em algumas pessoas da organização, não pode ser considerada essencial.

Oliveira Jr. (2001) sugere que o reconhecimento das competências essenciais da organização passa pelo entendimento do motivo por que uma empresa alcança resultados superiores e quais são as capacidades distintivas que sustentam tais resultados. De acordo com esse ponto de vista, competências ou capacidades possuem caráter dinâmico, pois precisam ser transformados com o objetivo de atender a mudanças no ambiente competitivo, em um processo ininterrupto.

Competência individual

Sob a perspectiva do desempenho humano no trabalho, seria possível definir **competência individual** como uma série de combinações sinérgicas de conhecimentos, habilidades e atitudes, expressas pelo desempenho profissional, em determinado contexto ou estratégia organizacional (Carbone et al., 2005; Durand, 2000; Santos, 2001). Dessa forma, a competência individual resulta da mobilização, por parte do indivíduo, de uma combinação de recursos ou dimensões interdependentes (conhecimentos, habilidades e atitudes) e da aplicação desses recursos ao trabalho (Le Boterf, 1999).

Segundo Durand (2000), o **conhecimento** corresponde a uma série de informações assimiladas e estruturadas pelo indivíduo dentro de um esquema preexistente que exercem influência sobre o seu julgamento ou comportamento. Essa dimensão, para Bloom e colaboradores (1979), está relacionada à lembrança de idéias ou fenômenos armazenados na memória da pessoa. A **habilidade** geralmente diz respeito à capacidade de fazer uso produtivo do conhecimento, ou seja, de instaurar conhecimentos e utilizá-los em uma ação (Durand, 2000). Segundo Bloom e colaboradores (1979), uma definição de habilidade utilizada na psicologia organizacional e do trabalho é a de que o indivíduo pode buscar, em suas experiências anteriores, conhecimentos, sejam eles de fatos ou princípios, para examinar e solucionar um problema. O Capítulo 15 apresenta definições de habilidades que também são utilizadas em TD&E. A **atitude**, por sua vez, refere-se a aspectos sociais e afetivos relacionados ao trabalho (Durand, 2000). Tal conceito diz respeito à predisposição do indivíduo em relação ao trabalho, a objetos ou a situações.

A gestão organizacional baseada em competências

Diversas empresas têm recorrido à utilização de modelos de gestão, baseados em conceitos como competência e desempenho, para planejar, captar, desenvolver e avaliar, nos diferentes níveis da organização (individual, grupal e organizacional), as competências necessárias à consecução de seus objetivos. Brandão e Guimarães (2002), ao analisarem os pressupostos e as aplicações desses modelos, descrevem as principais etapas da gestão de competências, como pode ser visto no Capítulo 5 deste livro.

A realização de um diagnóstico criterioso de competências é fundamental, portanto, na medida em que este não subsidia somente a definição da estratégia organizacional, mas também as decisões de investimento em TD&E. Considerando que, na área de TD&E, já existem instrumentos de avaliação de necessidades de treinamento desenvolvidos e validados por estudiosos da psicologia organizacional e do trabalho, é importante situar o leitor a respeito das principais semelhanças e diferenças entre diagnóstico de competências e avaliação de necessidades de treinamento.

As principais semelhanças dizem respeito ao fato de que ambos os métodos:

a) pressupõem a coleta e análise de informações nos diversos níveis organizacionais (organização como um todo, unidades organizacionais, equipes e indivíduos) e a vinculação com a estratégia e os objetivos organizacionais;
b) remetem, no nível individual, ao mesmo composto do conceito de competência, como uma combinação sinérgica de conhecimentos, habilidades e atitudes (CHAs).[3]

As diferenças estão associadas aos propósitos de cada método. Enquanto o diagnóstico de competências pressupõe múltiplas saídas para os diversos subsistemas de gestão de pessoas, como, por exemplo, seleção, treinamento, avaliação de desempenho e remuneração, a avaliação de necessidades visa fundamentalmente subsidiar as ações de TD&E.

Guimarães e colaboradores (2001) utilizam a expressão "gestão de desempenho baseada em competências" para designar o processo em que a organização, a partir de sua formulação estratégica (missão, visão de futuro, objetivos e metas), identificaria a lacuna existente entre as competências (organizacionais e individuais) necessárias à consecução de seus objetivos e as competências internas disponíveis na organização, conforme ilustra a Figura 11.1. Os passos posteriores compreendem o planejamento, a seleção e o desenvolvimento de competências, buscando minimizar a referida lacuna. O desenvolvimento de competências, por sua vez, dá-se por meio da aprendizagem, seja ela individual ou coletiva, envolvendo a aquisição de CHAs relevantes aos propósitos organizacionais (Durand, 2000).

O modelo proposto na Figura 11.1 é fundamental para a elaboração de diagnóstico de competências em organizações, objeto principal deste capítulo. O pressuposto básico desse modelo é o da *consistência interna da estratégia organizacional*. Esse pressuposto implica que as estratégias funcionais da organização, por exemplo, produção, operação, *marketing* e gestão de recursos humanos, devem ser consistentes e coerentes com a estratégia corporativa inerente à organização como um todo. Nesse sentido, a definição da estratégia organizacional, incluindo missão, visão, objetivos e competências organizacionais, constitui o norte para as estratégias nos demais níveis da organização. Portanto, diagnosticar competências em organizações implica, em primeiro lugar, realizar um prognóstico a respeito das competências organizacionais relevantes à consecução da estratégia e, dentre estas, aquelas já existentes na organização e, a partir dessas, identificar as competências de grupos e individuais.

MÉTODOS E TÉCNICAS DE PESQUISA APLICADOS À IDENTIFICAÇÃO DE COMPETÊNCIAS

Não há uma maneira única e certa para a descrição de competências em organizações. Portanto, faz parte do processo de identificação de competências a decisão a respeito sobre como descrevê-las. Assim, esta seção se inicia com uma discussão das modalidades mais comuns de descrição de competências para, em seguida, tratar de métodos e técnicas para sua identificação.

Descrição de competências organizacionais e individuais

A descrição de uma competência organizacional pode ser realizada de distintas maneiras. Uma dessas formas é referir-se a determinada competência por meio de um substantivo ou frase iniciada com um substantivo, possivelmente seguida de uma descrição do seu conteúdo e de seus componentes específicos, conforme exemplificado no Quadro 11.1. Nele, a competência é descrita em termos de capacidade organizacional, acrescida de seus componentes específicos, que representam uma espécie de detalhamento daquela. Ou seja, a organização seria capaz de mobili-

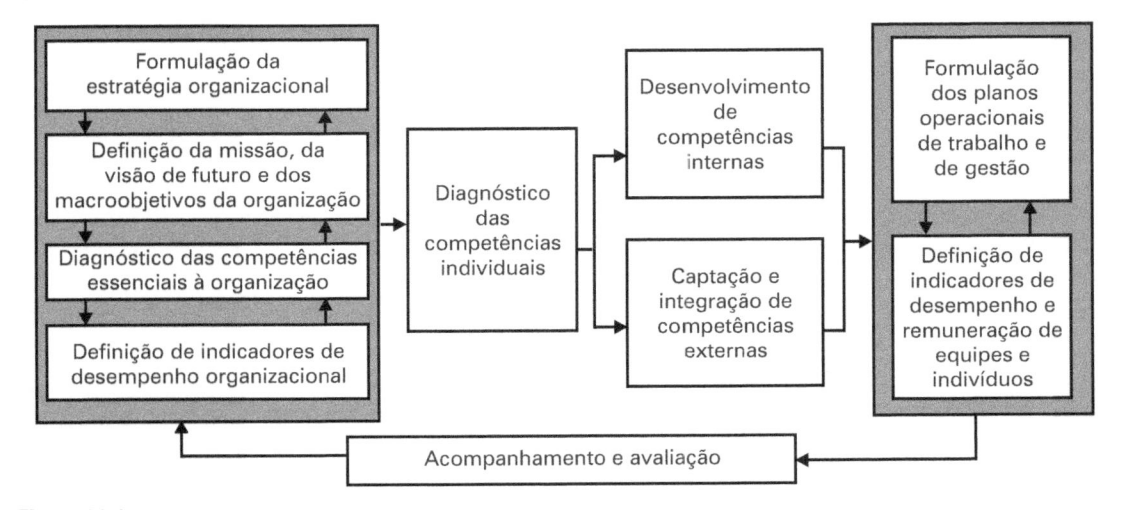

Figura 11.1 Modelo de gestão baseado em competências.
Fonte: Guimarães e colaboradores (2001, p.250).

Quadro 11.1
EXEMPLO DE DESCRIÇÃO DE COMPETÊNCIA DE ORGANIZAÇÃO DE P&D NA ÁREA AGROPECUÁRIA

Competência organizacional	Componentes específicos
Geoprocessamento (conjunto de conhecimentos, tecnologias, processos e metodologias que permitem a análise e a relação de interdependência de informações espaciais e de dados de tempo-espaço, de origem biótica, abiótica e socioeconômica).	• Modelagem de dados espaciais. • Sistemas de informações geográficas. • Sensoriamento remoto. • Análise espacial. • Cartografia computadorizada. • Geoestatística. • Modelagem algébrica.

Fonte: Guimarães e colaboradores (2001).

zar, integrar e utilizar conhecimentos, tecnologias e processos relacionados com geoprocessamento, com a finalidade de realizar pesquisas agropecuárias com qualidade. Os componentes específicos da competência visam subsidiar o processo decisório organizacional a respeito de investimentos na aquisição de equipamentos, formação e desenvolvimento de seus profissionais, por exemplo, capazes de tornar a competência um diferencial competitivo da organização.

Outra modalidade de descrição de competência organizacional envolve uma etapa preliminar de identificação das principais funções ou macroprocessos organizacionais, associados aos tipos de serviços ou mercados. Na seqüência, para cada função e tipo de serviço ou mercado, descreve-se a competência, na forma de frases iniciadas pelo verbo *saber*, seguido de um verbo de ação e da descrição da competência, conforme exemplificado no Quadro 11.2, adiante.

O Quadro 11.2 apresenta uma forma de descrição da competência que inclui a qualificação sobre *como* fazer. Nesse sentido, ocorre um desmembramento da competência organizacional em distintas competências individuais.

As competências individuais são descritas por alguns autores por meio de pautas ou referenciais de desempenho (Nisembaum, 2000; Santos, 2001), de forma que o profissional demonstraria deter uma dada competência por meio da adoção de certos comportamentos passíveis de observação no ambiente de trabalho, como mostra o Quadro 11.3.

A modalidade de descrição de competência contida no Quadro 11.3 poderia ser aplicada a processos de gestão de desempenho de indivíduos e de equipes em organizações, permitindo, também, subsidiar decisões a respeito de salários e de ações de TD&E. Cada competência constitui um fator ou dimensão, cujos referenciais de desempenho indicam os padrões comportamentais esperados pela organização em relação aos indivíduos que nela trabalham.

Outros autores (Brandão; Guimarães; Borges-Andrade, 2001; Bruno-Faria; Brandão, 2002) procuram descrever os recursos ou dimensões da competência individual, ou seja, os CHAs que se pressupõem sejam necessários para que a pessoa possa apresentar determinado comportamento ou desempenho. No Quadro 11.4, encontra-se um exemplo de descrição de competência realizada por Brandão, Guimarães e Borges-Andrade (2001).

Na situação descrita no Quadro 11.4, a competência é desmembrada em CHAs e, de modo semelhante à situação do Quadro 11.3, as descrições de comportamentos esperados em relação a cada CHA podem ser utilizadas pela organização para apoiar ações relacionadas a desempenho, remuneração e TD&E, entre outras.

Carbone e colaboradores (2005) comentam que a adoção de um ou outro critério para descrição de competências, em geral, ocorre em função da finalidade de tal descrição. Quando utilizadas para avaliar o desempenho no trabalho, por exemplo, as competências são descritas sob a forma de comportamentos observáveis (referenciais de desempenho), para que o avaliador possa mensurar o desempenho do avaliado a partir dos comportamentos que este adota no trabalho. Quando utilizadas na formulação de ações de treinamento, por sua vez, é necessário descrever os comportamentos desejados, os quais constituirão os objetivos instrucionais do treinamento, bem como os CHAs correspondentes, que constituirão os conteúdos a ser ministrados.

Quadro 11.2
EXEMPLO DE DESCRIÇÃO DE COMPETÊNCIAS DE OPERADORAS DE REDE DE TELEFONIA MÓVEL

Função organizacional Tipos de serviços ou mercados	Operações	Desenvolvimento de produtos e serviços	Vendas e *marketing*
Serviços de massa	• Saber utilizar a infra-estrutura para atender clientes, minimizando custos e ampliando o atendimento. • Saber gerenciar a cadeia de suprimentos.	• Saber adquirir a tecnologia necessária para prover serviço padronizado.	• Saber desenvolver o *marketing* de massa (preço, ponto de venda, promoção, publicidade). • Saber relacionar-se com o cliente pelo *call center* de massa.
Lojas de serviços	• Saber operar dentro de padrões de qualidade e segurança mais rigorosos, com a flexibilidade necessária para introdução e exclusão de serviços.	• Saber utilizar recursos internos e articular parcerias externas para rápida introdução de novos serviços/produtos.	• Saber segmentar o mercado. • Saber identificar os quesitos para o *marketing* de relacionamento.
Serviços profissionais	• Saber operar grandes volumes de dados e informações, atendendo às mais estritas condições contratuais de entrega.	• Saber desenvolver soluções específicas para os clientes individuais. • Saber desenvolver sistemas complexos, envolvendo outras firmas.	• Saber identificar os quesitos específicos de cada cliente para o relacionamento personalizado.

Fonte: Fleury e Fleury (2004, p.50).

Quadro 11.3
EXEMPLOS DE DESCRIÇÃO DE COMPETÊNCIAS INDIVIDUAIS SOB A FORMA DE REFERENCIAIS DE DESEMPENHO

Competência	Descrição (referenciais de desempenho)
Orientação para resultados	• Implementa ações para incrementar o volume de negócios. • Avalia com precisão os custos e benefícios das oportunidades de negócios. • Utiliza indicadores de desempenho para avaliar os resultados alcançados. • Elabora planos para atingir as metas definidas.
Trabalho em equipe	• Compartilha com seu grupo os desafios a enfrentar. • Mantém relacionamento interpessoal amigável e cordial com os membros de sua equipe. • Estimula a busca conjunta de soluções para os problemas enfrentados pela equipe. • Compartilha seus conhecimentos com os membros da equipe.

Fonte: Santos (2001, p.27).

Quadro 11.4
EXEMPLOS DE RECURSOS OU DIMENSÕES DA COMPETÊNCIA "PRESTAR UM ATENDIMENTO BANCÁRIO BASEADO EM PADRÕES DE EXCELÊNCIA"

Dimensão da competência	Descrição
Conhecimentos	• Princípios de contabilidade e finanças. • Produtos e serviços bancários. • Princípios de relações humanas.
Habilidades	• Aptidão para operar computadores, periféricos e outros recursos tecnológicos. • Habilidade para argumentar de maneira convincente.
Atitudes	• Predisposição para a tomada de iniciativa (proatividade). • Respeito à privacidade do cliente. • Predisposição para aprimorar-se continuamente.

Fonte: Brandão, Guimarães e Borges-Andrade (2001, p.73-76).

Processo de identificação de competências

São diversas as fontes de informação que podem ser utilizadas no processo de identificação de competências. Além de dados relacionados com a estratégia corporativa, a organização pode se valer de relatórios de avaliações de desempenho (da organização, de unidades desta ou de seus empregados), de pesquisas de satisfação do cliente e de pesquisas de clima organizacional, entre outros. Além disso, é comum a utilização de instrumentos de pesquisa elaborados especificamente para identificar competências relevantes à organização.

A identificação de competências em uma organização pode ser realizada com a finalidade de subsidiar a formulação de uma política ou plano de ação organizacional ou para a elaboração de um trabalho acadêmico. No primeiro caso, o trabalho geralmente é realizado por técnicos da própria organização, com ou sem a contribuição de consultores externos, enquanto que no segundo o projeto é desenvolvido por um pesquisador ou por uma equipe de pesquisa, geralmente externo. Em ambas as situações os resultados poderão resultar em aplicações práticas, ou seja, contribuir para o desenvolvimento da organização.

Certamente, qualquer que seja a sua finalidade, o diagnóstico de competências em uma organização terá mais credibilidade, e será menor a possibilidade de apresentar vieses se for realizado com base no método científico. O leitor interessado em aprofundar seus conhecimentos sobre o método científico deve consultar obras especializadas sobre o assunto, algumas das quais fazem parte das referências deste capítulo. A aplicação do método científico inicia com o planejamento da ação, do qual resulta um projeto de investigação, passando, em seguida, às fases de execução propriamente dita e elaboração do relatório final. O projeto de diagnóstico de competências é um documento que visa consolidar a proposta inicial sobre o que, como e quando o diagnóstico deve ser feito. Trata-se de uma etapa importante do processo de investigação, e é sempre bom lembrar que um "projeto bem-elaborado", embora não garanta sucesso no diagnóstico, certamente contribui para sua qualidade. A seguir, são descritos os principais métodos e técnicas utilizadas para esse tipo de atividade.

O projeto de diagnóstico de competências

Levando em conta as características de um trabalho científico, propõe-se a divisão do projeto em cinco partes: introdução, referencial teórico, metodologia, cronograma e referências.

Introdução

A introdução serve para caracterizar a pesquisa de maneira ampla, isto é, o que será feito, para quem e por que. Recomenda-se, inicialmente, caracterizar a importância de tal atividade no âmbito da organização. Questões, tais como as seguintes, deverão estar respondidas nesta seção do projeto:

- Por que a organização decidiu identificar as competências necessárias à consecução de seus objetivos?
- Quais as prováveis contribuições do resultado dessa atividade para a organização? Cabe informar, por exemplo, se esses resultados subsidiarão o planejamento de ações de aprendizagem.
- Quais segmentos da organização terão suas competências identificadas?

De forma mais sistemática, esse capítulo contém, comumente, três seções:

- *Formulação da situação-problema* – Corresponde à delimitação do tema a ser pesquisado. No caso presente, destaca-se a abordagem da gestão de competências em organizações, um resumo de suas vantagens e desvantagens e sua aplicação na organização em que o diagnóstico será realizado. Geralmente, este tópico é concluído com a pergunta que servirá de norte para as demais ações do projeto. Por exemplo: "Quais competências, em nível organizacional e em nível individual são essenciais para aumentar o nível de competitividade da organização?".
- *Objetivos*, geralmente subdivididos em geral e específicos – O objetivo geral define *o que* será feito para responder à pergunta de pesquisa. Os objetivos específicos constituem um detalhamento do objetivo geral. É recomendável, por facilitar futuras ações de avaliação sobre sua consecução, que os objetivos, tanto o geral como os específicos, sejam descritos utilizando-se verbos que transmitam uma idéia clara de ação, como, por exemplo, identificar, descrever, avaliar e diagnosticar, entre outros. Devem ser evitados verbos que representem a idéia de processo, como acompanhar, estudar, promover, entender ou verbos que dêem margem a múltiplas interpretações ou que não retratem comportamentos observáveis no trabalho. Para uma discussão a respeito de verbos de ação utilizados no planejamento de ações de TD&E, ver o Capítulo 15 deste livro.
- *Justificativa e relevância* – Destina-se a responder o *porquê* do diagnóstico e *para quem* os seus resultados serão úteis. A organização em foco está passando por uma fase de reestruturação, de redefinição de objetivos e metas e necessita desenvolver novas competências? O diagnóstico de competências subsidiará o processo decisório a respeito de estratégias organizacionais e de formulação ou reformulação de suas políticas de gestão em geral e de gestão de pessoas em particular? Como isso ocorrerá? Ou seja, esta seção contém as razões teóricas e práticas que justificam o levantamento, suas contribuições práticas e o potencial de influência na área de conhecimento onde o mesmo se insere.

Referencial teórico

Uma vez tornado claro o porquê do projeto, isto é, o objeto central do diagnóstico de competências na organização, deve-se revelar qual é a base teórica que fundamenta a investigação. Esta seção constitui uma sistematização e análise do conhecimento acumulado a respeito do tema, no caso, competências em organizações. Esse trabalho permite identificar o que já se fez nesse campo de estudo. Realiza-se, nesta seção, uma análise de teorias e pesquisas científicas sobre o assunto. Geralmente, o primeiro capítulo do projeto a ser elaborado aborda esse assunto, pois, para formular a situação-problema, definir os objetivos e a relevância do diagnóstico, é necessário "conhecer" o tema. Recomenda-se, portanto, que esse capítulo contenha uma descrição a respeito da origem do conceito de competência, as diferentes concepções assumidas por estudiosos do tema, os diferentes modelos teóricos descritos na literatura da área, resultados de pesquisas com o referido tema e com temas semelhantes. No caso de um projeto de consultoria organizacional, o autor pode reduzir essa parte, mas é recomendável que, pelo menos, deixe claro qual é o conceito de competência e o modelo teórico adotados.

Um referencial teórico de qualidade geralmente contém algumas características, entre as quais podem ser destacadas as seguintes:

- A descrição dos principais conceitos utilizados e o estado da arte relacionado com o tema objeto de análise, em linguagem clara e objetiva, inteligível tanto por especialistas como por leigos.
- As citações das fontes utilizadas na sua elaboração. É um pressuposto ético que o autor do projeto não apenas cite, ao longo do texto, as fontes consultadas, mas que também as inclua, no final do projeto, na lista de referências. Tal procedimento é adotado não somente para seguir uma norma de realização de trabalho acadêmico, mas para dar crédito aos autores das idéias. Do contrário, o trabalho pode ser considerado como cópia não-autorizada, isto é, plágio. Essa é uma questão ética que deve ser seriamente observada por quem escreve algum texto, científico ou não: citar sempre o autor das idéias, mesmo que tenha sido utilizada uma paráfrase, isto é, descritas com suas próprias palavras as idéias lidas em alguma outra obra.

Método

Nessa parte do projeto, são descritos os métodos e as técnicas de pesquisa a serem adotados no diagnóstico de competências.

As partes de um projeto devem compor um todo integrado. Assim, informa-se o que se pretende investigar e o porquê de tal pesquisa. A seguir, deve-se deixar claro qual a compreensão que se tem daquele fenômeno, isto é, qual a opção teórica do autor, entre o universo de produção sobre o tema. Nessa linha, de acordo com o que se quer investigar e a opção teórica, descreve-se como o diagnóstico será realizado. Qual o método de pesquisa será adotado? O método compreende caminhos a serem trilhados na busca de compreensão do fenômeno em uma realidade empírica. É imprescindível uma apresentação detalhada do método, de modo que outros interessados no tema possam avaliar se tais procedimentos são válidos para o estudo de tal fenômeno e até mesmo replicar o diagnóstico utilizando o mesmo método.

A seguir, são discutidas as técnicas mais comumente empregadas para diagnóstico de competências. Ressalta-se, no entanto, que o pesquisador pode expressar a sua criatividade no emprego de diferentes técnicas que possibilitem a manifestação do sujeito de pesquisa acerca do objeto investigado. O que isso significa? Um exemplo: se uma organização deseja saber qual a percepção de seus empregados a respeito das competências individuais necessárias à referida organização, pode utilizar diferentes técnicas para obter tais informações, desde que as questões éticas sejam respeitadas, e o rigor metodológico, observado.

Técnicas de identificação de competências

Antes de definir técnicas de diagnóstico de competências, é importante ressaltar o caráter de interdependência entre as competências organizacionais e as individuais e a necessidade de uma consistência interna da estratégia, como mencionado anteriormente neste capítulo. Optou-se, neste capítulo, por adotar o modelo proposto por Guimarães e colaboradores (2001), descrito na Figura 11.1, segundo o qual o diagnóstico de competências em uma organização se inicia com a identificação das competências organizacionais para que se possa, posteriormente, definir as competências individuais necessárias à consecução de estratégias e objetivos organizacionais.

Neste ponto, é importante destacar as principais técnicas utilizadas para coleta de dados em pesquisas sociais, em geral, e em pesquisas organizacionais, em particular. Conforme Creswell (1994), há dois grandes paradigmas que governam o pensamento filosófico e o processo de pesquisa: o qualitativo e o quantitativo. Essa separação entre abordagem qualitativa e quantitativa não deve ser entendida como uma dicotomia nas pesquisas em administração, e sim como um *continuum* que vai da técnica qualitativa utilizada nos casos de pequenos grupos à técnica quantitativa, apropriada para coleta de dados com populações e amostras numerosas.

Não é propósito do capítulo aprofundar a discussão entre esses tipos de pesquisas, mas ressaltar o valor do emprego de diferentes técnicas que possibilitem gerar informações sobre o objeto estudado. O pressuposto adotado é o de que os métodos e as técnicas ideais em pesquisa organizacional e em diagnóstico de competências em particular são aqueles que melhor atendem aos objetivos propostos. Assim, o uso de métodos e técnicas mistas, isto é, qualitativas e quantitativas, parece ser o melhor caminho no diagnóstico de competências em organizações, como se descreve adiante. No entanto, apenas para situar o leitor, é importante destacar os principais métodos de coleta de dados geralmente utilizados em pesquisas na área de psicologia organizacional e do trabalho, segundo o seu nível de estruturação, conforme mostra o Quadro 11.5.

Antes da definição dos métodos e das técnicas a serem utilizados na pesquisa, é importante conhecer a realidade da organização na qual se realiza o diagnóstico. Além de entrevistas com os demandantes da atividade, são planejadas ações que possibilitem identificar as competências organizacionais. Uma técnica imprescindível nesse momento é a **análise documental**. Lüdke e André (2001) consideram a análise documental uma técnica qualitativa que possibilita complementar informações extraídas por meio de outras técnicas ou revelar aspectos novos de um problema de pesquisa.

No processo de identificação de competências relevantes a organizações, a pesquisa documental é importante porque possibilita que o pesquisador compreenda a estratégia da organização e suas características fundamentais, contempladas em diferentes documentos, como estrutura organizacional, planejamento estratégico e plano diretor, entre outros. Para identificação das competências necessárias aos profissionais de uma organização, por sua vez, é preciso conhecer a natureza das atividades que estes realizam, e, desse modo, a pesquisa em documentos internos da empresa que caracterizem as diferentes funções exercidas assume grande relevância.

Entretanto, muitas informações sobre a realidade da empresa não constam de documentos, mas são

Quadro 11.5
PRINCIPAIS MÉTODOS DE COLETA DE DADOS

Instrumento ou fonte	Nível de estruturação do método	
	Estruturado	Não-estruturado
Instrumento	Questionário com escalas padronizadas Entrevista estruturada Teste objetivo	Entrevista não estruturada Teste projetivo
Pesquisador	Observação sistemática Escalas de medição	Registro de impressões Observação participante
Especialistas/terceiros	Avaliações Entrevista estruturada	Tempestade de idéias Método Delphi
Equipamento de gravação	Indicações indiretas Aparatos experimentais	Vídeo, filme, fita
Arquivo	Dados gravados	Documentos pessoais Documentos oficiais

Fonte: Drenth (1984, p.38).

obtidas por meio de relatos de profissionais que atuam nesse contexto. Daí a necessidade de se planejar a forma de obter essas informações. O ideal é que se possa realizar entrevistas individuais, técnica considerada por Bauer, Gaskell e Allun (2002) como o protótipo da pesquisa qualitativa. Essas entrevistas devem ser planejadas, tendo-se o cuidado na elaboração de questões claras e centradas no objetivo a ser alcançado, isto é, identificar as competências relevantes, tanto organizacionais como individuais, no âmbito de uma organização. Muitas vezes, nem o pesquisador, nem os profissionais que são objeto do estudo dispõem de tempo para entrevistas individuais. Uma opção alternativa, nesse caso, é realizar entrevistas em grupo com definição do tamanho e da composição do grupo, assim como dos procedimentos de coleta de informações para que se tenha êxito na pesquisa.

Tanto nas entrevistas individuais quanto nas realizadas em grupos, recomenda-se que sejam gravadas as sessões, de modo a facilitar a análise dos dados obtidos. Os cuidados éticos são necessários para evitar divulgações não autorizadas de informações que possam causar problemas a pessoas e organizações envolvidas na pesquisa. Assim, cabe ao entrevistador informar os objetivos do estudo e pedir autorização aos entrevistados para que sejam gravadas as sessões.

As análises documentais e entrevistas são comumente utilizadas como fontes para elaboração de itens que comporão instrumento quantitativo de identificação de competências. Nesse caso, cabe ressaltar que, em pesquisa quantitativa, o instrumento de coleta de dados assume relevância primordial. Freitas e colaboradores (2000) e Pasquali (1996) destacam os cuidados que se deve ter na elaboração de um questionário eficaz. As instruções do instrumento de pesquisa devem ser claras e suficientes para que o sujeito possa expressar a sua percepção sobre o assunto. O questionário pode ser disponibilizado em *hiperlink* para respostas, enviado por correio eletrônico, por correio tradicional ou, ainda, por malote interno da organização. Para garantir que haja participação das pessoas, é importante que a área demandante da pesquisa contate previamente os profissionais e ressalte a importância do estudo e da sua participação para o êxito do trabalho.

No diagnóstico de competências, o pesquisador identifica, por meio de análise documental e/ou de entrevistas, competências supostamente relevantes à organização. Depois, ordena e descreve essas competências, que deverão compor os itens do questionário, eliminando ambigüidades, duplicidades e irrelevâncias, conforme descrito por Brandão e colaboradores (2001). Em seguida, o pesquisador define a escala mais adequada para que os respondentes do questionário avaliem o grau de importância das competências. Segundo Brandão e Bahry (2005), pode-se utilizar, por exemplo, uma escala do tipo "diferencial semântico", também conhecida como escala de *Osgood*, que utiliza adjetivos de significados opostos em seus extremos, conforme mostra o Quadro 11.6.

Quadro 11.6
EXEMPLO DE ESCALA PARA DIAGNÓSTICO DE COMPETÊNCIAS INDIVIDUAIS

Competências individuais	Escala – graus de importância
Identifica oportunidades negociais a partir do conhecimento do comportamento do consumidor.	Nem um pouco importante ① ③ ④ ⑤ ⑥ Extremamente importante
Comunica-se, na forma oral e escrita, com clareza e objetividade.	Nem um pouco importante ① ③ ④ ⑤ ⑥ Extremamente importante

Fonte: Brandão e Barhy (2005, p.187).

Neste caso, o enunciado do questionário teria o seguinte formato:

> Por favor, considerando os atuais objetivos da organização em que você trabalha, assinale um número de 1 a 6, na escala à direita de cada item, a fim de indicar o quão importante você considera cada uma das competências relacionadas a seguir. Lembre-se: quanto mais próximo do número 1 você se posicionar, **menor** o grau de importância da competência, e quanto mais próximo do número 6 você se posicionar, **maior** o grau de importância.

Com base nos materiais obtidos a partir das diferentes técnicas empregadas, pode-se elaborar uma primeira descrição das competências relevantes à organização. Recomenda-se que, em seguida, a descrição seja submetida à apreciação dos principais executivos da organização ou daqueles que formulam as estratégias organizacionais.

Exemplos de diagnóstico de competências organizacionais

Um método específico para tal fim foi empregado por Guimarães e colaboradores (2001), com o objetivo de elaborar diagnóstico de competências da Empresa Brasileira de Pesquisa Agropecuária (Embrapa). Nessa pesquisa, pretendia-se identificar competências organizacionais que subsidiassem ações de TD&E, tanto em nível de pós-graduação como de atualização, bem como de outras ações de gestão de pessoas, como gestão de carreira e de desempenho da organização. Para tanto, os autores utilizaram o método Delphi, o qual "objetiva identificar eventos futuros por meio do consenso de opiniões de um grupo de especialistas" (Guimarães et al., 2001, p.251). Um resumo da seqüência que esses autores utilizaram no referido diagnóstico é descrito a seguir.

Inicialmente, foi realizada uma revisão de literatura a respeito da abordagem da competência e da possibilidade de seu uso em uma organização de pesquisa e desenvolvimento (P&D). Além disso, foram analisados documentos internos da Embrapa relacionados com as estratégias, os objetivos e as políticas da organização, de modo a identificar o padrão de investimentos em gestão de pessoas na organização, as técnicas de diagnóstico de treinamento e desenvolvimento de recursos humanos até então utilizadas, e possíveis lacunas. Verificou-se que a Embrapa não havia, até então, utilizado a abordagem da competência em seus diagnósticos. Na seqüência, os autores elaboraram um projeto de diagnóstico de competências, com estrutura semelhante à descrita neste capítulo, de modo a retratar para os dirigentes da organização a importância da realização do levantamento.

Em seguida, foi identificado um grupo de indivíduos, formado por gestores, ex-gestores e técnicos que representavam a *expertise* da organização, isto é, pessoas com alto nível de domínio dos aspectos administrativos e técnicos da organização. Esses indivíduos compuseram um grupo de especialistas (painel de juízes) entrevistados com o apoio de um roteiro de entrevista semi-estruturado. Durante as entrevistas, procurou-se identificar a opinião desses especialistas a respeito das competências da organização, isto é, quais deveriam ser desenvolvidas e quais deveriam ser descontinuadas, bem como as competências que a organização ainda não dominava e que eram essenciais à consecução dos seus objetivos. Além disso, esses juízes também indicaram outros especialistas, internos e externos à organização, que serão consultados em fase posterior da pesquisa.

Com base nas informações coletadas nessas entrevistas, Guimarães e colaboradores (2001) elaboraram um questionário contendo descrições de competências da Embrapa e o enviaram a um grupo ampliado, composto dos indivíduos entrevistados anteriormente e dos demais especialistas indicados por estes, pertencentes à empresa e a outras organizações que compunham o ambiente técnico-institucional da organização. Os destinatários foram solicitados a opinar, em relação a cada competência, o respectivo nível de importância para o alcance dos objetivos da Embrapa e o quanto à referida organização detinha o domínio da competência, utilizando-se escalas de cinco pontos do tipo Likert.

Em seguida, os dados levantados pela pesquisa foram tabulados, e deu-se início a uma nova rodada de investigação. Desta feita, um novo questionário foi remetido a esse grupo ampliado de especialistas, contendo a lista de competências organizacionais, com as respectivas médias de julgamento em termos de sua importância para os objetivos da organização e o quanto esta detinha o domínio da competência. Foram informados aos participantes da etapa anterior os pontos da escala que representavam suas respectivas opiniões, e solicitou-se que cada um informasse se mantinha o mesmo ponto de vista ou se concordava com as médias do grupo. Para os que estavam participando da pesquisa pela primeira vez, solicitou-se que opinassem sobre o nível de importância e de domínio em relação a cada competência.

A tabulação dos dados coletados nessa etapa permitiu um diagnóstico final de competências da Embrapa, com uma escala de prioridades para investimento em ações de capacitação, em nível de pós-graduação (mestrado, doutorado e pós-doutorado). A prioridade foi calculada ponderando a relação entre o domínio da competência e sua importância para a organização, utilizando-se a seguinte fórmula: $N = I (5 - D)$, onde "N" equivale ao grau de necessidade ou prioridade de aprendizagem; "I", ao nível de importância atribuído à competência; "D", ao grau de domínio da organização sobre a competência, e "5" representa o ponto máximo da escala. Portanto, quanto mais importante uma competência e menor o domínio da empresa sobre a mesma, maior a prioridade. Nessa linha, quanto maior o nível de importância de uma competência e quanto menor o grau de domínio da organização a respeito da competência, maior seria a prioridade de investimento na competência em questão. Maiores detalhes a respeito do processo poderão ser verificados em Guimarães e colaboradores (2001).

Semelhante diagnóstico de competências foi realizado pelos dois primeiros autores deste capítulo nas Centrais Elétricas do Norte do Brasil (Eletronorte), no ano de 2002. Nesse caso, realizou-se análise documental, quando foram consultados documentos e normas da empresa, relacionados com sua estratégia, objetivos, missão, planos e programas de gestão de pessoas. Os dados dessa análise documental subsidiaram entrevistas realizadas com um grupo de gestores e técnicos da empresa, possibilitando um mapa inicial de competências. Com base nessas informações, foi elaborado um questionário contendo as descrições das competências e solicitou-se a uma amostra de técnicos e gestores da Eletronorte que indicassem suas opiniões a respeito da importância de cada competência para a consecução dos objetivos da Empresa e o quanto esta detinha o domínio da respectiva competência. As informações coletadas foram tabuladas, utilizando-se a mesma fórmula de cálculo descrita anteriormente, permitindo um diagnóstico final de competências da empresa, as quais foram transformadas em "escolas"[4] da Universidade Corporativa da Eletronorte (UCEL).

Concluído o processo de identificação das competências organizacionais, formula-se a seguinte questão: que competências os profissionais da organização deveriam possuir para dar sustentação às competências organizacionais? Daí o início do processo de identificação das competências individuais.

Nessa etapa, assim como no processo de identificação das competências organizacionais, inicia-se um novo ciclo do diagnóstico, com a utilização de diferentes técnicas qualitativas e quantitativas de coleta de dados, como pesquisa documental, entrevistas individuais e grupais e aplicação de questionários (levantamento de dados ou *survey*), entre outras, como relatado anteriormente e conforme detalham Brandão e Bahry (2005). Assim, é possível obter, com mais clareza, a *consistência interna da estratégia*, na medida em que as competências organizacionais direcionem os levantamentos de necessidades de investimentos em competências individuais.

Exemplos de diagnóstico de competências individuais

Ao assessorar o mapeamento de competências individuais, em um órgão público, Bruno-Faria e Brandão (2003) fizeram uma análise detalhada do conteúdo de documentos que compunham sua estratégia, publicados em portarias e decretos governamentais, para, a partir da identificação das competências organizacionais, mapear as competências individuais relevantes à organização. O referido órgão era responsável pela gestão de funções administrativas em uma unidade da federação, tendo *status* de secretaria de estado. Entre suas atribuições, figuravam o planejamento, a capacitação e a gestão de servidores públicos para diversos órgãos do governo. Na visão de futuro dessa secretaria, que expressava a situação futura desejada por ela para um período aproximado de três anos (amplitude temporal da visão), havia, entre outras, as seguintes menções (Brandão e Bahry, 2005):

- Recursos físicos, materiais, tecnológicos e financeiros adequados para o desempenho das atividades da secretaria.
- Agentes públicos capacitados, motivados e comprometidos com a excelência dos serviços prestados à sociedade.

Ou seja, ao final desse período, a secretaria esperava possuir todos os recursos necessários ao desempenho de suas funções, assim como prover o estado de servidores públicos qualificados e comprometidos com a qualidade dos serviços prestados à população. Foi realizada, então, uma análise e interpretação dessa visão de futuro e de outros documentos disponíveis na secretaria, conforme relatam Brandão e Bahry (2005). Verificou-se que, se o processo de desenvolvimento dos servidores ficasse limitado a ações formais de capacitação, as quais estavam sujeitas às limitações orçamentárias, dificilmente a secretaria conseguiria concretizar a sua visão de futuro. Para conseguir os recursos de que necessitava e promover a capacitação dos servidores, seria preciso, além de estabelecer parcerias com a sociedade civil organizada e o segmento empresarial, estimular o autodesenvolvimento e a profissionalização dos servidores. Segundo Brandão e Bahry (2005), é possível inferir, então, que, para concretizar a visão de futuro, alguns servidores dessa secretaria deveriam possuir, entre outras, as seguintes competências individuais:

- Realizar parcerias com a sociedade civil e o segmento empresarial, visando obter recursos necessários à consecução dos objetivos da Secretaria.
- Planejar e implementar ações de comunicação interna (endomarketing) para estimular o autodesenvolvimento e a profissionalização dos servidores públicos.

Posteriormente, foram realizadas entrevistas individuais, grupos focais com grupos de profissionais de mesma função na organização, técnicas de *brainstorming* com participantes de cursos e questionários com questões abertas para instrutores que habitualmente ministravam cursos na instituição, a fim de identificar as competências necessárias aos profissionais para que desempenhassem com efetividade as suas funções e que fossem coerentes com as competências organizacionais. Com base na análise desse material, elaborou-se um questionário que foi aplicado a todos os empregados. Os resultados encontrados foram apresentados no auditório da instituição, possibilitando a discussão pelos profissionais que participaram da pesquisa, de modo que além de se obter o mapeamento das competências importantes para que os profissionais pudessem enfrentar o desafio de suas novas funções, a própria pesquisa constituiu-se em um espaço de aprendizagem e uma oportunidade de desenvolvimento profissional.

No diagnóstico de competências relevantes a atendentes de um grande banco público, Brandão e colaboradores (2002), por sua vez, em entrevistas com executivos do banco, formularam a seguinte pergunta: *"Que competências você julga importantes para que atendentes e caixas possam prestar um atendimento de excelência ao cliente?"*. Um dos respondentes deu o seguinte depoimento:

> Acho muito importante o atendente interpretar o comportamento do consumidor. Você sabia que lá em Belo Horizonte um funcionário percebeu que homens recentemente divorciados são mais predispostos a adquirir planos de previdência privada para seus filhos? Isto porque se sentem "culpados" por estarem pouco presentes na educação das crianças. Dessa forma, buscam alguma compensação para os filhos, algo que possa contribuir para o seu bem-estar futuro.

Realizada a análise do conteúdo dessa e de outras respostas, os autores chegaram à descrição das competências profissionais consideradas relevantes para atendentes e caixas do banco estudado, sendo uma delas assim descrita: "Identifica oportunidades negociais a partir do conhecimento do comportamento do consumidor" (Brandão et al., 2002).

CONSIDERAÇÕES FINAIS

O diagnóstico de competências é um primeiro passo para subsidiar o processo decisório de organizações a respeito de estratégias, políticas de gestão em geral e de gestão de pessoas em particular. Este capítulo certamente não esgota o assunto, mas pode ser útil para estudiosos e gestores que lidam com estratégia e gestão de pessoas em organizações. A utilização do método científico no trato das questões organizacionais contribui para o processo de aprendizagem dos indivíduos, de suas equipes e da própria organização. Aliás, um diagnóstico de competências é útil, como abordado neste texto, para subsidiar o processo decisório organizacional a respeito de ações de TD&E, as quais visam promover a aprendizagem.

Portanto, é possível inferir que há uma relação de interdependência entre gestão de competências e aprendizagem em contextos organizacionais. Esses dois temas vêm recebendo a atenção de pesquisadores, acadêmicos, consultores e gestores, em especial a partir das duas últimas décadas do século XX, em razão da necessidade de que organizações, tanto privadas como públicas, aprendam a operar em ambientes turbulentos. Por outro lado, é importante enfatizar que o simples diagnóstico de competências apoiado em método científico não é, por si só, suficiente para garantir a harmonia entre os interesses da organização e de seus empregados. Além dos aspectos técnicos e metodológicos, o processo de levantamento de competências envolve, também, cuidados éticos que evitem a utilização inapropriada de dados e conceitos e garantam a definição clara dos propósitos da atividade.

QUESTÕES PARA DISCUSSÃO

- Existem métodos e técnicas de pesquisa mais apropriadas para a identificação de competências em organizações?
- Que cuidados éticos e metodológicos devem ser observados no processo de identificação de competências em organizações?
- Como o diagnóstico de competências pode orientar a adoção de ações de TD&E?

NOTAS

1. Além da expressão *competência individual*, utilizada neste capítulo, é comum encontrar na literatura outras denominações, como *competência pessoal, competência profissional* e *competência humana*, por exemplo, que, apesar das diferenças semânticas, indicam idéias semelhantes, referindo-se a atributos de comportamentos que as pessoas exibem nos contextos de trabalho em que atuam.
2. O leitor que quiser aprofundar sua leitura a respeito da abordagem RBV, incluindo as discussões a respeito dos conceitos de recurso, capacidade e competência, pode consultar Makadok (2001), que apresenta uma extensa bibliografia sobre a referida corrente teórica.
3. Esta combinação sinérgica é enfatizada devido ao fato de ser difícil descrever competências, em termos práticos, separando-se em conhecimento, habilidade e atitude. Esta dificuldade foi comprovada, por exemplo, em diagnósticos de competências realizados por Brandão (1999) e por Prata (2004). Em ambos os casos, os autores utilizaram-se do modelo do CHA, e, ao realizarem análise fatorial, os diagnósticos finais mostraram soluções de um fator, sem separar as competências em C, H e A.
4. Conjuntos de conhecimentos, processos, metodologias e tecnologias utilizados pela organização na consecução de seus objetivos, representando competências nas quais deveriam ser priorizados investimentos em ações de educação corporativa.

REFERÊNCIAS

BAUER, M.W.; GASKELL, G.; ALLUM, N.C. Qualidade, quantidade e interesses do conhecimento: Evitando confusões. In BAUER, M. W.; GASKELL, G. (Org.). *Pesquisa qualitativa com texto, imagem e som*. Petrópolis: Vozes, p.17-36.

BLOOM, B.S. et al. *Taxonomia de objetivos educacionais*: domínio cognitivo. Porto Alegre: Globo, 1979.

BRANDÃO, H.P. *Gestão baseada nas competências*: um estudo sobre competências profissionais na indústria bancária. Brasília. Dissertação (Mestrado em Administração) – Universidade de Brasília, 1999.

BRANDÃO, H.P.; BAHRY, C.P. Gestão por competências: métodos e técnicas para mapeamento de competências. *Revista do Serviço Público*, Brasília, v.56, n.2, abr./jun. 2005.

BRANDÃO, H.P.; GUIMARÃES, T.A. Gestão de competências e gestão de desempenho. In: WOOD JR., T. (Coord.). *Gestão empresarial*: o fator humano. São Paulo. Atlas, 2002. p. 55-70.

BRANDÃO, H.P.; GUIMARÃES, T.A.; BORGES-ANDRADE, J.E. Competências emergentes na indústria bancária: um estudo de caso. *Revista Comportamento Organizacional e Gestão*, Lisboa, v.8, n.2, p.173-190, out. 2002.

_____. Competências profissionais relevantes à qualidade no atendimento bancário. *Revista de Administração Pública*, Rio de Janeiro, v.35, n.6, p.61-81, nov./dez. 2001.

BRUNO-FARIA, M.F.; BRANDÃO, H.P. Gestão de competências: identificação de competências relevantes a profissionais da Área de T&D de uma organização pública do Distrito Federal. *Revista de Administração Contemporânea*, Rio de Janeiro, v.7, n.3, p.35-56, jul./set. 2003.

CARBONE, P.P.; BRANDÃO, H.P.; LEITE, J.B.D. *Gestão por competências e gestão do conhecimento*. Rio de Janeiro: FGV, 2005. (Série Gestão de Pessoas)

COCKERILL, T. The kind of competence for rapid change. In: MABEY, C.; ILES, P. (Org.). *Managing learning*. London: Routledge, 1994.

CRESWELL, J.W. *Research design*: qualitative & quantitative approaches. Thousand Oaks: Sage, 1994.

DRENTH, P. J. D. Research in work: and organizational psychology: principles and methods. In: PIETER, J. D. et al. (Ed.). *Handbook of work and organizational psychology*. John Wiley & Sons, 1984. p. 13-50.

DURAND, T. L'alchimie de la compétence. *Revue Française de Gestion*, Paris, v.127, p.84-102, Janvier-Février 2000.

FENSTERSEIFER, J.E. Internacionalização e cooperação: dois imperativos para a empresa do terceiro milênio. *Read Revista Eletrônica de Administração*, Porto Alegre, ed. 15, n. 3, v. 6, 2000.

FLEURY, M.T.L.; FLEURY, A.C.C. Alinhando estratégia e competências. *Revista de Administração de Empresas*, São Paulo, v. 44, n. 1, p. 44-57, jan./mar. 2004.

FREITAS, H. et al. O método de pesquisa survey. *Revista de Administração*, São Paulo, v.35, n.3, p.105-112, jul./set. 2000.

GUIMARÃES. T.A.; MEDEIROS, J.J. A nova administração pública e a gestão de competências: mudança e flexibilidade organizacional. In: LIMA, S.M.V. (Org.). *Mudança organizacional*: teoria e gestão. Rio de Janeiro. Fundação Getúlio Vargas, 2003. p. 243-266.

GUIMARÃES, T.A. et al. Forecasting core competencies in a R&D environment. *R&D Management*, Oxford, v. 31, n. 3, p. 249-255, 2001.

LE BOTERF, G. *Competénce et navigation professionnelle*. Paris: Éditions d'Organisation, 1999.

LÜDKE, M.; ANDRÉ, M.L. *Pesquisa em educação*: abordagens qualitativas. São Paulo: EPU, 1986.

MAKADOK, R. Toward a synthesis of the resource-based and dynamic-capability views of rent creation. Chichester. *Strategic Management Journal*, v. 22, n. 5, p. 387-401, 2001.

MELLO, A.P.R. *O desenvolvimento de competências essenciais como fonte de vantagem competitiva na estratégia de internacionalização de negócios*: o caso do Consórcio Flor-Brasil. Dissertação (Mestrado em administração) – Universidade de Brasília, Brasília, 2004.

NISEMBAUM, H. *A competência essencial*. São Paulo: Infinito, 2000.

OLIVEIRA JR., M.M. Competências essenciais e conhecimento na empresa. In: FLEURY, M.T.L.; OLIVEIRA JR., M.M. (Org.). *Gestão estratégica do conhecimento*: integrando aprendizagem, conhecimento e competências. São Paulo, Atlas, 2001. p. 121-156.

PASQUALI, L. (Org.). *Teoria e métodos de medida em ciências do comportamento*. Brasília: UnB-INEP, 1996.

PRAHALAD, C.K.; HAMEL, G. The core competence of the corporation. *Harvard Business Review*, Boston, p. 79-91, May/June 1990.

PRATA, C.F. *Gestão de competências em organização de P&D*: uma análise do caso Embrapa. João Pessoa. Dissertação (Mestrado em Administração) – Universidade Federal da Paraíba, 2004.

ROUSSEAU, D.M. Organizational behavior in the new organizational era. *Annual Review of Psychology*, v. 48, p. 515-546, 1997.

SANTOS, A.C. O uso do método Delphi na criação de um modelo de competências. *Revista de Administração*, São Paulo, v.36, n.2, p.25-32, abr./jun. 2001.

SPARROW, P.R.; BOGNANNO, M. Competency requirement forecasting: issues for international selection and assessment. In: MABEY, C.; ILES, P. (Org.). *Managing learning*. London: Routledge, 1994.

ZARIFIAN, P. *Objectif compétence*: pour une nouvelle logique. Paris: Liaisons, 1999.

12

Contexto de trabalho, desempenho competente e necessidades em TD&E

Gardênia da Silva Abbad, Isa Aparecida de Freitas e Ronaldo Pilati

Objetivos

Ao final deste capítulo, o leitor deverá:
- Justificar a inclusão de variáveis do contexto em avaliação de necessidades de TD&E.
- Relacionar conceitos de desempenho competente, aos de motivação (querer fazer), condições de trabalho (poder fazer) e necessidades de TD&E.
- Caracterizar problemas de desempenho solucionáveis por meio de ações de TD&E, distinguindo-os de outros relacionados à falta de condições apropriadas de trabalho ou de motivação.
- Descrever implicações práticas da utilização de avaliações de necessidades que considerem conjuntamente condições do ambiente, conhecimento, habilidades, atitudes e motivação.
- Definir os constructos de suporte organizacional, suporte à aprendizagem contínua no trabalho e suporte à transferência de treinamento, diferenciando-os em termos de focos e perspectivas.
- Analisar as relações entre condições do ambiente e avaliação de necessidades de TD&E em diferentes níveis.
- Analisar implicações da adoção de uma visão prospectiva de avaliação de necessidades sobre o perfil de profissionais de TD&E.
- Discutir implicações práticas da avaliação prévia do contexto em avaliação de necessidades de TD&E.

INTRODUÇÃO

Trataremos, neste capítulo, da importância de fatores do ambiente organizacional na avaliação de necessidades de treinamento, desenvolvimento e educação (TD&E). Os assuntos aqui analisados referem-se a variáveis externas ao treinamento e que podem influenciar os níveis de eficácia e efetividade.

Necessidades de treinamento são descrições de lacunas de competências ou nos repertórios de conhecimentos, habilidades e atitudes (CHAs) no trabalho. Avaliações de necessidades objetivam diagnosticar ou prognosticar necessidades de TD&E, de modo que as mesmas, transformadas em objetivos instrucionais, facilitem o desenho de ações de aprendizagem para atendê-las. Esses conceitos estão definidos em detalhe nos Capítulos 10 e 11 deste livro.

As necessidades de TD&E são fenômenos que se manifestam em múltiplos níveis, embora o mais comumente tratado seja o individual. Elas podem decorrer de fatores extraorganizacionais, como mudanças tecnológicas, políticas, econômicas, legais, sociais e ecológicas, entre outras, que afetam a vida da organização, seus negócios ou serviços. Há múltiplos exemplos desse tipo de situação. Com a automação dos serviços bancários, surgiram necessidades de treinamento voltadas para a capacitação de pessoas para atendimento e orientação de clientes no uso e manuseio dos computadores.

Com os fenômenos de globalização e internacionalização da economia, um gerente de banco, por exemplo, passou a precisar de capacitação em assuntos complexos que o auxiliem a avaliar o cenário da economia mundial e seus impactos na economia local, de modo a aumentar a efetividade de suas ações no trabalho. Gerentes de bancos que, há 20 anos executavam suas tarefas com o ensino médio, agora procuram capacitar-se, muitas vezes completando seus estudos até o nível de pós-graduação.

Mudanças climáticas decorrentes da poluição ambiental levaram organizações, preocupadas com sua imagem e responsabilidade social, a capacitar profissionais em assuntos concernentes à preservação do meio ambiente.

Mudanças nas características demográficas da sociedade, com o aumento de idosos, e no mercado de trabalho, com a entrada das mulheres em postos considerados historicamente masculinos, também criaram necessidades de TD&E voltadas para a aceitação e o respeito a diferenças individuais no ambiente de trabalho.

As pressões exercidas pelo acelerado processo de produção de novos conhecimentos e tecnologias sobre o mundo do trabalho e a conseqüente luta contra a obsolescência profissional também vem causando necessidades de TD&E, em áreas relativas a trabalho em grupos, equipes e comunidades de aprendizagem e de prática.

A mudança de comportamento do consumidor brasileiro, em função da aprovação do Estatuto de Defesa do Consumidor e da organização de entidades de apoio ao consumidor, obrigou as organizações que vendem produtos ou disponibilizam serviços, a capacitar seus colaboradores para respeitar o cliente ou usuário de acordo com as normas e leis vigentes.

A entrada dos computadores pessoais mudou os requisitos da atividade de digitação ou datilografia, que passou a exigir novas habilidades para uso de processadores eletrônicos de texto. A rede mundial de computadores gerou a necessidade de capacitação das pessoas no uso de novas ferramentas de comunicação, busca, pesquisa, interação, armazenamento, indexação e disponibilização de dados, entre outras habilidades.

Mudanças internas nas organizações também geram necessidades de treinamento. Novos arranjos estruturais ou arquiteturas internas, o estabelecimento periódico de novos objetivos e estratégias organizacionais são exemplos de fatores internos à organização que geram necessidade de TD&E.

Essas necessidades de TD&E, citadas nos parágrafos anteriores, são detectáveis por meio de avaliação do contexto intra e extraorganizacional. Essa avaliação pode ter um foco prospectivo e preventivo ou diagnóstico e terapêutico. Um profissional de TD&E precisa, por esse motivo, conhecer o contexto da organização em que trabalha: clientes, fornecedores, colaboradores e parceiros, concorrentes, agentes de governança e outros *stakeholders*. Esse é um macronível de análise de necessidades de TD&E.

Necessidades de treinamento, compreendidas como discrepâncias ou desvios de desempenho, em termos de necessidades atuais e futuras da organização, podem ser definidas e avaliadas nos níveis: *macro* (organização), no *meso* (grupos e equipes) e *micro* (indivíduos). Imagine uma empresa de telecomunicações que começa a perder clientes para a concorrente e descobre que isto, em parte, está ocorrendo porque os funcionários do concorrente dispensam um atendimento de melhor qualidade aos seus novos clientes.

A análise dessa situação hipotética poderá mostrar que a organização tem necessidade de tornar-se mais competitiva (necessidade no nível da organização) e que, para tal, as pessoas responsáveis pelas diversas etapas do processo de atendimento, pertencentes a grupos e a equipes de diversos departamentos da empresa, devem capacitar-se em conjunto para aumentar a eficiência e a eficácia do atendimento ao público (nível de grupo e equipes). Além disso, a avaliação do caso poderá mostrar que treinamentos voltados para o desenvolvimento de novas atitudes no atendimento ao público devem ser oferecidos para indivíduos recém contratados ou para aqueles que ainda não participaram desse tipo de evento.

Todavia, nem todas as discrepâncias de desempenho constituem-se em necessidades de treinamento, pois ocorrem em função de restrições situacionais ou falta de suporte. Há situações em que não faltam ao profissional os CHAs necessários ao trabalho. Tampouco lhe falta motivação para demonstrar suas competências profissionais. O que falta é condição propícia para a demonstração da competência.

Existem problemas de desempenho que ocorrem em função da falta de apoio organizacional ao desempenho, à aprendizagem e à transferência para o trabalho de novas aprendizagens. Para que um diagnóstico ou prognóstico de necessidades de TD&E seja bem-sucedido é necessário que se considere esse tipo de variável e se realizem distinções claras sobre o que são realmente lacunas de competências, falta de condições propícias de trabalho ou de motivação para realizar o trabalho da melhor forma possível. Esses assuntos serão tratados mais profundamente nas próximas seções deste capítulo.

Considerando o exposto, é possível identificar três tipos básicos de situações que geram necessidades de TD&E:

- Mudanças provocadas por fatores externos à organização.
- Mudanças internas realizadas na organização.
- Ocorrência de lacunas de competência ou desvios de desempenhos, observados nos integrantes da organização quando da realização de atividades e trabalhos atuais.

Nos dois primeiros casos, a necessidade geralmente surge como uma nova competência a ser desenvolvida pelos integrantes da organização. Nessas situações, a ação de TD&E estará voltada para apoiar a aprendizagem de novos CHAs, nunca antes exigidos dos profissionais ligados à organização.

Há, entretanto, casos em que a necessidade, suprida por ações de atualização e requalificação da mão-de-obra, surge como exigência proveniente de mudanças havidas nos processos de trabalho, que exigem do profissional novas maneiras de realizar um trabalho que ele já domina e já vem realizando de outro modo na organização.

No terceiro caso, estão classificadas as necessidades mais tradicionalmente enfocadas em TD&E, aquelas que surgem por falta de CHAs necessários à realização competente de tarefas do trabalho atual. Contudo, há situações em que essas necessidades não são solucionáveis por ações de TD&E, mas por intervenções em fatores do contexto organizacional relativo a restrições situacionais, suporte organizacional ao desempenho, clima ou suporte à aprendizagem e à transferência de treinamento. Um bom diagnóstico dessas necessidades requer também a avaliação de aspectos motivacionais da clientela-alvo de TD&E.

A abordagem mais tradicional de *avaliação de necessidades de treinamento*, ainda hoje citada por pesquisadores da área, não enfoca variáveis de contexto e caracteriza-se pelo diagnóstico de necessidades em três níveis: o organizacional (onde e quando treinar), tarefas (quais conhecimentos, habilidades e atitudes treinar), pessoal ou individual (quais pessoas treinar), conforme modelo de McGehee e Thayer (1961).

No modelo de McGehee e Thayer, a análise de necessidades no nível da organização é vista como um procedimento destinado apenas e tão-somente à coleta de informações sobre *onde* e *quando* programas de treinamento são necessários na organização.

Este tipo de enfoque cedeu lugar a outro, em que são investigados os fatores organizacionais que facilitam ou inibem a transferência de treinamento, também definida como a aplicação no trabalho das competências desenvolvidas em ações de TD&E. Os quais, de alguma maneira, direta ou indiretamente, estão relacionados ao sucesso ou ao fracasso de eventos de TD&E.

A avaliação de necessidades, nesse sentido, baseia-se na suposição de que programas de TD&E devem estar alinhados a estratégias organizacionais, e sua eficácia e efetividade dependem do clima e suporte organizacionais.

Há muitas evidências empíricas de que variáveis do contexto organizacional influenciam resultados de treinamento, principalmente no nível de aplicação das novas aprendizagens no trabalho, efeito observado após o treinamento. Esse tipo de resultado, entretanto, tem sido ignorado por quem faz avaliação de necessidades que não tem incorporado a avaliação de fatores do ambiente em seus modelos de investigação.

A análise de fatores do contexto é muito importante para garantir o sucesso de programas de TD&E. Contudo, há poucos estudos nacionais e estrangeiros tratando diretamente desse assunto. Por isso são necessárias mais pesquisas que agreguem medidas relativas ao contexto organizacional em avaliação de necessidades de TD&E.

Pesquisadores e profissionais da área de TD&E acreditam que a avaliação de necessidades é uma das fases mais importantes de um sistema instrucional, porque eventuais falhas nessa fase repercutem negativamente nos demais subsistemas (planejamento, execução e avaliação de TD&E). Todavia, ainda não realizam avaliação de necessidades com base em análise de fatores de contexto.

Mas por que razão essa área de pesquisa e intervenção tem avançado tão pouco nas últimas quatro décadas, desde a proposição de McGehee e Thayer, em 1961? Em parte esse problema se deve a uma certa confusão conceitual e teórica no tratamento de variáveis de contexto, talvez pela falta de definição clara e objetiva das variáveis de interesse ou pelo desacordo sobre quais deveriam ser as variáveis de interesse. Além disso, é recente a incorporação de abordagens teóricas, metodológicas e de resultados de pesquisas da área de comportamento organizacional em TD&E. Variáveis do contexto organizacional têm sido bastante pesquisadas por estudiosos de comportamento organizacional, mas os seus achados e instrumentos de medidas vêm sendo pouco utilizados pelas linhas de pesquisa que tratam de avaliação de necessidades de TD&E.

Em suma, os avanços observados em outras áreas da psicologia e áreas afins não mudaram as práticas e as pesquisas em avaliação de necessidades, que ainda não integram variáveis de contexto em seus modelos de investigação.

Antes de tratarmos da influência de variáveis do contexto organizacional sobre as discrepâncias de desempenho ou hiatos de competências, analisaremos as razões da inclusão de variáveis relativas à organização em avaliação de necessidades de TD&E. Para isso, analisaremos brevemente esse tema, antes de definirmos mais claramente as variáveis de contexto em estudo.

APOIO E CONTEXTO EM AVALIAÇÃO DE NECESSIDADES DE TD&E

Esta seção analisa as razões e a relevância da inclusão de variáveis relativas ao contexto em avaliação de necessidades de TD&E. Com a finalidade de facilitar a discussão, as variáveis de contexto são tratadas de acordo com três perspectivas: contexto como *oportunidade* ou *restrição*, contexto com *influência distal* ou *proximal* e contexto como fator *antecedente* ou *conseqüente* ao desempenho humano no trabalho. As duas primeiras perspectivas são similares às sugeridas por Mowday e Sutton (1993).

Há evidências de que fatores como práticas organizacionais de treinamento e desenvolvimento de pessoal, políticas de incentivos, remuneração e valorização, qualidade dos locais de trabalho e do suporte material, financeiro, social e gerencial ao desempenho, qualidade da avaliação de necessidades de TD&E influenciam os níveis de eficácia e efetividade de sistemas instrucionais em ambientes organizacionais.

Variáveis relativas à organização e ao seu contexto são vistas como geradoras de necessidades de treinamento. Além disso, quando impõem restrições situacionais ao desempenho, à aprendizagem e à transferência de novas aprendizagens para o trabalho esses fatores podem prejudicar os processos e subsistemas em todas as suas fases, bem como os resultados ou efeitos das ações de TD&E sobre indivíduos, grupos, equipes, participantes de redes de trabalho, bem como sobre a organização como um todo.

Em avaliação de necessidades de treinamento, essas três perspectivas (o *contexto* como *oportunidade* ou *restrição*, como fator de *influência distal* ou *proximal*, como *antecedente* ou *conseqüente*) devem ser consideradas pelo profissional, antes da formulação de conclusões sobre o quanto uma necessidade é realmente solucionável por ações de TD&E ou ocorreu em função de restrições situacionais ou falta de suporte. O Quadro 12.1 mostra exemplos do uso dessas perspectivas.

Quando o contexto externo à organização é definido como *oportunidade*, em avaliação de necessidades de treinamento, significa dizer que variações nesse ambiente servem de estímulo ao desenvolvimento de novas competências no trabalho ou de aprendizagem de novas maneiras de realizar antigas tarefas. Tente imaginar mudanças no ambiente externo às organizações que você conhece e que produziram necessidade de TD&E. Pense, por exemplo, nos agentes de viagem de companhias de turismo, quando o uso da internet e a criação de inúmeros portais e *sites* de apoio ao turista, modificaram as exigências e os requisitos para a realização desse trabalho.

Esses profissionais, diante da nova realidade, tiveram que aprender a realizar buscas e pesquisas na internet, realizar programações de viagem, a partir de inúmeras informações coletadas em ambientes virtuais, comunicar-se com clientes e parceiros com facilidade por meio de correios eletrônicos, entre outros CHAs relacionados ao atendimento ao turista. Para alguns desses profissionais, entretanto, a nova situação foi, provavelmente, considerada apenas uma *ameaça* de perda do emprego e para outros uma *oportunidade* para a aquisição de novos CHAs.

Quadro 12.1
EXEMPLOS DE APLICAÇÃO DA PERSPECTIVAS DE ANÁLISE DO CONTEXTO

Perspectivas	Fatores
Oportunidade – restrição	**Ambiente interno e externo**: São estímulos externos ao desenvolvimento de novos CHAs para a realização de novos trabalhos, que, dependendo da situação, podem ser vivenciados como dificuldades ou ameaças à vida profissional das pessoas. São fatores ligados a mudanças tecnológicas, sociais, econômicas, demográficas, ecológicas, políticas e outras e que servem de estímulo ou de restrição ao desempenho, à aprendizagem e à transferência de novas aprendizagens para o trabalho.
Influência distal – proximal	**Influência distal** ao desempenho individual: É a distribuição de recursos na organização, práticas de gestão de desempenho e de valorização das contribuições do profissional. **Influência proximal** ao desempenho individual: São fatores como apoio gerencial à avaliação de necessidades, suporte psicossocial (gerentes, pares, colegas) ao desempenho, à aprendizagem e à transferência de treinamento.
Antecedente – conseqüente	**Antecedente**: São variáveis ligadas a condições necessárias à ocorrência do desempenho, fatores externos que oportunizam ou restringem a ocorrência de um dado comportamento ou desempenho no trabalho. Exemplos: materiais e equipamentos, informações, dicas. **Conseqüente**: São variáveis ligadas aos efeitos ou conseqüências do desempenho sobre o ambiente organizacional. Tanto podem ser favoráveis e servirem de estímulo e reforço ao desempenho quanto podem inibir a ocorrência futura de um desempenho ou torná-lo insatisfatório. Exemplos: elogios, reprimendas, aumento/redução de salário.

Em pesquisa recente, realizada por Carvalho (2003), junto a participantes de um curso a distância, ofertado pelo Sebrae a quem estivesse interessado em aprender a construir um plano de negócios, observou-se que alguns fatores situacionais relacionados à abertura ou manutenção de novos empreendimentos eram considerados por alguns *restrições situacionais* e por outros *oportunidades* ou *desafios* ao desenvolvimento de competências ligadas ao empreendedorismo. Isso indica que uma mesma variável possui um caráter de restrição ou dificuldade para algumas pessoas e de apoio ou estímulo para outras.

Em muitas situações de trabalho, pessoas dispostas e capazes de realizar com sucesso uma tarefa podem ter seu desempenho inibido ou mesmo impedido em decorrência de características situacionais do ambiente de trabalho e que estão fora do seu controle. *Restrições situacionais* inibitórias exercem maior impacto nas pessoas detentoras de maiores capacidades relacionadas às tarefas (restrições situacionais afetam de maneira desigual diferentes tipos de pessoas), segundo Peters e O'Connor (1980).

Há evidências de que a remoção de restrições situacionais pode produzir uma melhoria imediata e a longo prazo nos níveis de desempenho de um profissional. Todavia, quando as pessoas trabalham em ambientes com uma longa história de restrições situacionais, elas podem desenvolver fortes crenças de que um aumento no esforço pessoal ao executar as tarefas não resultará em um aumento correspondente no seu desempenho. Nesse caso, a remoção das restrições poderá não produzir, segundo Peters e O'Connor (1980), uma melhoria imediata e significativa no desempenho do empregado, até que suas crenças de auto-eficácia se tornem mais favoráveis.

Crenças de outra natureza também foram associadas à melhoria de desempenho, após o treinamento. Freitas e Borges-Andrade (2004) desenvolveram uma escala de crenças, usando como foco todo o sistema de treinamento de uma empresa: avaliação de necessidades, procedimentos e processos e resultados a longo prazo. Esses três fatores da escala estavam positivamente correlacionados. O fator crenças sobre os resultados do sistema de treinamento para o indivíduo e para a organização atuou como preditor de impacto de TD&E. Para intervenção nas organizações, a referida escala pode ser utilizada para diagnóstico do sistema de TD&E. Especialmente, no caso de levantamento de necessidades, pode indicar se as crenças das pessoas da organização sobre esse subsistema são favoráveis ou desfavoráveis, apontando para uma possível revisão ou atualização do processo de levantamento de necessidades de TD&E da empresa. O fato de as pessoas não acreditarem no sistema pode dificultar a aplicação e a obtenção dos resultados esperados pela ação de TD&E, atuando como uma restrição situacional ao desempenho. Para maior detalhamento da escala, ver Freitas e Borges-Andrade (2004).

As pessoas tendem a desempenhar melhor e a expressar respostas afetivas mais favoráveis em relação a ambientes de trabalho nos quais as restrições situacionais estão ausentes. Por isso, a severidade dessas restrições deve ser levada em conta, antes da implementação da ação de TD&E, no momento que se realiza a avaliação de necessidades de treinamento. Segundo Peters e O'Connor (1980), de acordo com as teorias motivacionais de expectativa, pessoas impedidas de alcançar metas de desempenho, devido a restrições ambientais, não seriam beneficiadas por programas de recompensas ou similares. Tentativas de aumentar a valência[1] do desempenho, sem tentativas correspondentes de mudar as expectativas dos trabalhadores a respeito das chances pessoais que eles têm de atingir o desempenho excelente, não surtiriam os efeitos normalmente almejados pelos programas de desenvolvimento de recursos humanos. Peters e O'Connor afirmaram, ainda, que programas de TD&E, delineados para aumentar as CHAs relevantes para a realização de determinadas atividades, provavelmente não surtirão efeitos favoráveis sobre o desempenho no cargo, se o ambiente não propiciar ao empregado os meios e as condições (como as relativas a suporte à transferência de treinamento) necessárias para que isso ocorra.

Desse modo, seria recomendável que a remoção de obstáculos situacionais ao desempenho fosse implementada nas organizações, antes da execução de programas de TD&E ou que estes planejassem a capacitação dos participantes em estratégias de enfrentamento ou de prevenção de recaídas, de modo a capacitar o participante de treinamentos a enfrentar e superar obstáculos ou restrições à aplicação de novos CHAs no trabalho.

Pilati (2004) descreveu um conjunto de estratégias de aplicação no trabalho do aprendido em situações de treinamento. O referido autor desenvolveu uma escala para mensurar o uso de tais estratégias em ambientes pós-treinamento e encontrou que os egressos de programas de treinamento fazem uso de estratégias cognitivo-afetivas e comportamentais para a criação de condições de aplicação do aprendido no ambiente de trabalho. No mesmo relato, o autor aponta que pessoas que costumam usar tais estratégias tendem a aplicar mais no trabalho o que aprenderam, bem como relatam que o treinamento surtiu maior efeito em seu desempenho no trabalho. Evidências como essa ressaltam a importância de fatores contextuais como determinantes da efetividade de ações de treinamento no trabalho dos treinados. Ações organizacionais para tornarem seus ambientes laborais mais suportivos a novas competências, bem como a preparação dos egressos para que procurem identificar e remover obstáculos do ambiente de trabalho para aplicação do aprendido, são cruciais para aumentar a eficácia e eficiência de programas de treinamento em ambientes organizacionais. A identificação de tais predisposições da organização e da clientela do treinamento durante a avaliação de necessidades é peça fundamental para garantir ações de treinamento efetivas.

Em suma, para ser bem realizada e tecnicamente válida, uma avaliação de necessidades de treinamento levará em conta as percepções do público-alvo sobre as características do contexto que geraram o hiato de competência a ser suprimido por ações de TD&E. Além disso, é necessária a avaliação prévia das condições ofertadas pela organização ao desempenho, entre as quais estão o apoio à aprendizagem e à transferência de aprendizagem. Muitos hiatos de competências são provenientes de problemas de suporte ou restrições situacionais que dificultam ou obstaculizam a aprendizagem ou a aplicação de CHAs requeridos pelo trabalho. Além disso, problemas de desempenho também ocorrem por desmotivação dos profissionais. Todos esses fatores devem ser considerados em uma avaliação de necessidades.

O Quadro 12.1 descreve fatores contextuais em termos do seu relacionamento com o desempenho dos indivíduos no trabalho. Fatores de influência proximal ao desempenho de indivíduos são aqueles presentes no ambiente (unidade, grupo ou equipe) em que o profissional trabalha e que afetam diretamente o seu desempenho ou a aplicação de novos CHAs no trabalho.

Em treinamento, esse tipo de fator é observado no ambiente antes, durante e após a ação de TD&E. Por exemplo, um profissional, selecionado pela chefe para participar de um treinamento em métodos de inferência estatística, é liberado das suas atividades normais para participar de todo o curso e, assim, dedicar-se ao estudo dos materiais e exercícios. Ele, além de analista de finanças na organização, ministra aulas à noite em uma faculdade. Foi escolhido para participar do curso porque gosta e sabe ensinar, está motivado a transmitir os CHAs que adquirir no curso aos seus colegas. Além disso, ele é o único que já possui conhecimentos e habilidades relacionados à aplicação de estatísticas descritivas no trabalho.

Antes do treinamento, ficou acordado entre chefe e participante do curso que, após o treino, ele ficaria responsável por repassar à equipe os métodos aprendidos e formular com os demais profissionais novos procedimentos de trabalho para realização de análises de dados do setor. Imagine agora que o profissional egresso do treinamento, ao retornar ao seu ambiente de trabalho, recebe o estímulo dos colegas que o ajudam a delinear o curso de transmissão das novas técnicas e também o apoio do chefe que providencia todos os materiais, equipamentos e pacotes estatísticos de que o egresso do curso necessita para colocar em prática o ensino de novos CHAs aos colegas.

O exemplo hipotético descrito anteriormente seria considerado por muitos autores como um ambiente propício à aprendizagem, à participação no treinamento e à transferência de novas aprendizagens para o trabalho, pois inclui fatores de suporte em todas as fases do processo de TD&E: antes (na avaliação de necessidades e preparação do acordo), durante (liberação total para participação no curso e garantia de tempo para estudo) e após o treinamento (no apoio dos colegas e chefes – suporte psicossocial e no apoio material – suporte material à transferência). No exemplo, os fatores de apoio exercem influência proximal aos desempenhos requeridos do participante em todas as fases do treinamento, porque são contingentes a eles, isto é, estão funcionalmente relacionados a eles como antecedentes ou conseqüentes.

Imagine agora uma situação oposta. Pense em um ambiente completamente desfavorável e caracterizado pela falta de apoio à aprendizagem e à transferência de treinamento. Nesse caso hipotético, o profissional escolhido para participar do curso de estatística é o mesmo do caso anterior. Agora o chefe não cumpre o acordo e não libera o profissional de suas atividades rotineiras para participar do treinamento, chamando-o várias vezes durante o curso, para que ele resolva pequenos problemas de trabalho. Além disso, o chefe não se esforça para dar o apoio material e o estímulo necessários à aplicação dos novos CHAs no trabalho. Seus colegas mostram-se descrentes da capacidade do participante do curso de ministrar aulas de estatística para o grupo de trabalho e o ridicularizam por acreditar que a aplicação de novas técnicas estatísticas na elaboração de relatórios financeiros melhorará a qualidade do mesmo. Este caso mostra uma situação que poderá levar o participante do curso a sentir-se menos motivado para aprender e para participar do curso. Além disso, ao retornar ao setor, ele terá que enfrentar muitas dificuldades para aplicar no trabalho os CHAs que adquiriu no curso.

Quanto à influência distal de fatores de contexto sobre o desempenho humano no trabalho, destacam-se variáveis de suporte organizacional (ver Quadro 12.1). As práticas organizacionais de promoção e de valorização das contribuições do profissional à organização são fatores que afetam o desempenho dos profissionais no trabalho, porém não são contingentes ao desempenho diário dos profissionais. Exercem influência distal, porque estão relacionados a um nível de análise mais abrangente (a organização) do que grupos, equipes e indivíduos e se relacionam de modo menos contínuo e contingente ao desempenho cotidiano do profissional do que as variáveis de influência proximal.

No que diz respeito à perspectiva temporal de relacionamento entre fatores de contexto e desempenho, também apresentadas no Quadro 12.1, pode-se dizer que variáveis do ambiente podem ser: antecedentes ou conseqüentes ao desempenho. São *antecedentes* as condições necessárias à ocorrência do desempenho. Constituem-se naqueles fatores externos sem os quais o desempenho não ocorre ou, se ocorrer, não o faz de acordo com os padrões e critérios de desempenho. Precedem o desempenho servindo de oportunidade ou de restrição. Exemplos desse tipo de relacionamento são fáceis de localizar, e alguns deles serão apresentados mais adiante.

São fatores *conseqüentes* os efeitos ou conseqüências provocadas pelo desempenho no ambiente organizacional. Tanto podem ser favoráveis e servirem de estímulo e reforço ao desempenho, quanto podem inibir a ocorrência futura de um desempenho ou torná-lo insatisfatório. Exemplos de conseqüências: elogios, reprimendas, aumento ou redução de salário.

Face ao exposto, a seguir são apresentadas algumas implicações dessa situação para a avaliação de necessidades de TD&E.

- Uma avaliação de necessidades de TD&E deve incluir a análise do contexto externo e interno à organização, com a finalidade de prospectar e diagnosticar necessidades de desenvolvimento ou aquisição de novos CHAs no trabalho.
- Esse contexto deve ser analisado de acordo com diferentes perspectivas, de modo a caracterizar o tipo de influência que ele exerce sobre indivíduos, grupos e equipes de trabalho, seja como:
  a) oportunidade ou restrição;
  b) fator de influência distal ou proximal;
  c) fator que antecede ou sucede o desempenho no trabalho.
- A identificação de contextos restritivos ou que não oferecem suporte organizacional ao desempenho, à aprendizagem e à transferência de aprendizagem para o trabalho é de vital importância em avaliação de necessidades de TD&E, porque muitos hiatos de competências não são necessariamente devidos à falta de CHAs ou de motivação para o trabalho.
- Ações de TD&E são voltadas para solucionar principalmente problemas de desempenho ou induzir a aprendizagem de novos CHAs. Elas sozinhas não solucionarão problemas de contexto externo e interno relacionados à falta de suporte e/ou de motivação para o trabalho.
- A identificação prévia de falta de suporte durante a avaliação de necessidades de TD&E provavelmente aumentará a eficiência, a eficácia e a efetividade dos sistemas instrucionais, pois restrições situacionais afetam todas as atividades de TD&E, desde a avaliação de necessidades até a avaliação de resultados, bem como o desempenho do participante em todas as fases de sua participação nos eventos instrucionais.
- A identificação prévia da presença ou ausência de condições necessárias à aprendizagem e à aplicação de novos CHAs no trabalho é importante elemento facilitador do desenho da instrução e da avaliação dos seus efeitos no comportamento de indivíduos, grupos, equipes e organização.

Restam ainda as seguintes perguntas: Quais são as conseqüências de não analisar o contexto, antes de concluirmos pela existência de necessidades de TD&E? Quais prejuízos advirão dessa situação para o sistema de TD&E e para os participantes de tais ações?

Entre as possíveis conseqüências da exclusão de variáveis de contexto em avaliação de necessidades para os profissionais e áreas de TD&E, estão:

- Indicação de soluções de TD&E incompatíveis com a natureza do problema: treinar pessoas que não necessitam, e não treinar adequadamente aquelas que necessitam.
- Programação e execução de desenhos instrucionais incompatíveis com o contexto (materiais, exemplos, exercícios que não simulam a realidade), o que diminui a sua aplicabilidade. Escolha de situações de aprendizagem que não estimulam generalização e transferência, uma vez que são pouco relacionadas ao cotidiano de trabalho do participante.
- Utilização de critérios de avaliação incompatíveis com os efeitos esperados pela organização no desempenho do egresso do evento de TD&E.
- Insatisfação do cliente[2] com os resultados em todos os níveis de avaliação e nenhum efeito visível e de valor para a organização.
- Diminuição do suporte gerencial ao treinamento para todas as fases e descrença na capacidade do sistema de produzir resultados de valor para a organização.

Uma avaliação de necessidades realizada sem análise de fatores contextuais provavelmente afetará negativamente o público-alvo, em alguns aspectos, entre os quais estão os seguintes:

- Expectativas desfavoráveis a respeito das chances de obter sucesso em participar integralmente do evento de TD&E, uma vez que o ambiente é percebido como desfavorável, que não apóia a aprendizagem e não facilita a aplicação de novas aprendizagens no trabalho.
- Menor motivação para aprender durante o curso.
- Menor aprendizagem e menor mudança de comportamento no cargo, isto é, menores níveis de aplicação no trabalho das novas aprendizagens.
- Diminuição da importância do curso para o indivíduo, que não alcançará os resultados por ele esperados ao aplicar os novos CHAs no trabalho, como elogios, melhor desempenho, aumento de salário, melhoria nos níveis de produtividade do setor, entre outras.
- Descrença na qualidade dos eventos de TD&E.

Na seção seguinte, serão tratados alguns conceitos básicos que facilitam a análise dos conceitos de suporte organizacional e seus correlatos.

CONCEITOS BÁSICOS

Até aqui o leitor foi levado a analisar a importância de variáveis relativas ao *contexto* de trabalho em avaliação de necessidades de treinamento. Agora se faz necessário relacionar os conceitos[3] de desempenho (competente), CHAs (saber o que, saber como, saber com que, saber fazer e saber ser) aos de motivação (querer fazer), de condições de trabalho (poder fazer) e de necessidades de TD&E.

Além disso, serão apresentados exemplos que caracterizem problemas de desempenho ou hiatos de competências solucionáveis por meio de ações de TD&E, distinguindo-os de outros relacionados à falta de condições apropriadas de trabalho ou motivação.

De posse da análise desses conceitos e da exemplificação de como eles estão relacionados entre si em uma avaliação de necessidades de TD&E, o leitor estará pronto para refletir sobre as implicações práticas da utilização de avaliações de necessidades que considerem conjuntamente condições do ambiente, CHAs e motivação.

Em Psicologia Organizacional e na área de TD&E, os resultados mais esperados e que interessam muito os profissionais são o efeito de ações de TD&E a longo prazo sobre os *níveis de desempenho*, a identificação de fatores restritivos e facilitadores do uso daqueles CHAs e as condições necessárias para que tais *níveis* melhorem.

Alguém, por exemplo, que aprende a utilizar um processador de texto de forma eficaz aplicará a nova habilidade a contento, se algumas condições estiverem presentes e se houver motivação para utilizar essa nova habilidade nas suas tarefas do cotidiano. Idealmente, o efeito do TD&E, nesse caso, deveria ser examinado pela avaliação de *desempenho* desse funcionário, comparando sua capacidade de trabalho antes e depois do treinamento, em relação aos padrões organizacionais de eficiência e qualidade. O conceito de desempenho competente compreende os conceitos de CHAs e motivações que são necessários para a realização de tarefas, conforme o padrão de exigência definido pela organização.

Um *desempenho competente* é aquele que se aproxima de padrões ou atende certos critérios de excelência com muita freqüência e por um período longo de tempo. Em um sentido ideal, uma ação de TD&E deve ter efeito durável e também melhorar o *nível de desempenho* da pessoa treinada em atividades similares e em outras que requeiram o uso de novos CHAs. Uma ação de TD&E cujos efeitos positivos são fugazes, como é o caso de alguns cursos destinados ao desenvolvimento de habilidades interpessoais, que geram satisfação e disposição para mudar atitudes por um ou dois dias após a conclusão, é geralmente considerada ineficaz.

Para que o desempenho seja eficaz, no entanto, são necessárias certas condições. As pessoas precisam *saber fazer* e *querer fazer* a tarefa de acordo com um certo padrão. Necessitam ainda de *suporte organizacional* para execução eficaz do trabalho. A Figura 12.1 esquematiza essas idéias.

Assim, para que o desempenho "efetuar cálculos matemáticos, utilizando as principais funções da calculadora HP12, com agilidade e precisão" ocorra a contento, são necessárias algumas condições (como a calculadora e tempo hábil para concretização das operações – *poder fazer*), domínio da tarefa (treinamento em matemática financeira, conhecimento das principais funções da calculadora e experiência em cálculos financeiros – *saber fazer*), além de motivação para realizar os cálculos de acordo com as metas e exigências da organização (*querer fazer*).

Saber fazer (e *saber ser*), apoio e *suporte organizacional* são condições necessárias, mas não suficientes para o desempenho competente. O *"querer fazer"*[4] é outra condição necessária para que um profissional apresente um desempenho exemplar, de acordo com expectativas, normas e padrões bem especificados.

As metas pessoais podem sintonizar-se ou não com as organizacionais. Não há necessariamente conflito, quando, por exemplo, o desempenho do indivíduo ou as conseqüências desse desempenho são valorizados pelo indivíduo e/ou quando esse desempenho serve de instrumento para que este profissional alcance seus objetivos pessoais, entre outros motivos.

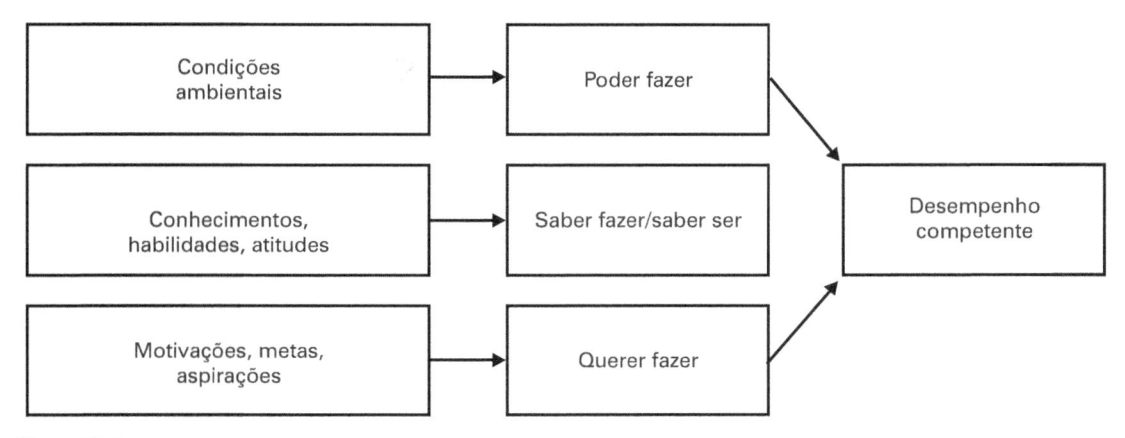

```
┌─────────────────┐      ┌─────────────┐
│   Condições     │─────▶│ Poder fazer │
│   ambientais    │      │             │
└─────────────────┘      └─────────────┘
                                        ╲
┌─────────────────┐      ┌──────────────────┐      ┌──────────────┐
│ Conhecimentos,  │─────▶│ Saber fazer/     │─────▶│ Desempenho   │
│ habilidades,    │      │ saber ser        │      │ competente   │
│ atitudes        │      │                  │      │              │
└─────────────────┘      └──────────────────┘      └──────────────┘
                                        ╱
┌─────────────────┐      ┌─────────────┐
│ Motivações,     │─────▶│ Querer fazer│
│ metas,          │      │             │
│ aspirações      │      │             │
└─────────────────┘      └─────────────┘
```

Figura 12.1 Condições necessárias ao desempenho competente.
Fonte: Abbad e Borges-Andrade (2004).

A descrição de uma necessidade de TD&E nada mais é do que a descrição de desempenhos no trabalho, em termos de seus componentes básicos (conhecimentos, habilidades e atitudes). Uma avaliação de necessidades é um tipo especial de avaliação de desempenho para identificação de desvios ou discrepâncias entre os desempenhos observados e os esperados pela organização. Esses hiatos ou diferenças, são, em TD&E, descritos sob a forma de CHAs para posterior elaboração do desenho do programa de TD&E. Contudo, não basta, ao final da avaliação de necessidades, descrevermos os hiatos de competências e identificarmos quem é o público-alvo. É necessária a obtenção de informações que permitam ao profissional de TD&E afirmar com alguma segurança que esses hiatos são realmente devidos à falta de CHAs.

Diante do exposto, questões relevantes a serem respondidas em uma avaliação de necessidades seriam aquelas que tentam identificar as condições necessárias e/ou suficientes para que um desempenho aprendido em eventos de TD&E seja aplicado de forma eficaz e inteligente no ambiente de trabalho.

Vale destacar que não basta, ao final da avaliação de necessidades, descrevermos as lacunas de competências e identificarmos quem é o público-alvo. É necessária a obtenção de informações que permitam ao profissional de TD&E afirmar com alguma segurança que as discrepâncias de desempenho são realmente devidas à falta de CHAs exigidos pelo trabalho e problemas motivacionais da clientela ou restrições situacionais presentes no contexto organizacional.

Uma avaliação de necessidades de TD&E deveria, pois, fundamentar suas investigações em um modelo que incluísse condições ambientais ou suporte organizacional (ao desempenho, ao treinamento e à transferência), características do desenho instrucional e da clientela, de modo a possibilitar a identificação de condições necessárias à aplicação eficaz no trabalho dos novos CHAs aprendidos durante o evento instrucional.

Em um sentido ideal, um evento instrucional deveria produzir reações favoráveis, 100% de aprendizagem dos objetivos instrucionais, aplicação correta e eficaz dos desempenhos aprendidos em treinamento, melhoria permanente dos níveis de desempenho, comprometimento e motivação para o trabalho, transferência de tecnologia, melhoria do desempenho dos grupos, bem como aumento de eficiência, eficácia e efetividade organizacional. A exclusão de variáveis do ambiente organizacional, na avaliação de necessidades quebrará o elo que une esses possíveis efeitos de eventos de TD&E.

Sim, dirá o leitor! E agora, o que devemos fazer para colocar em prática essas idéias em situação de avaliação de necessidades de TD&E? O que faremos para distinguir necessidades de TD&E de outras não solucionáveis por meio de eventos de TD&E? Leia a seção seguinte para refletir sobre esses assuntos.

Aplicação dos conceitos básicos

Para facilitar essa tarefa, é apresentado, no Quadro 12.2, um exemplo em que desvios no desempenho de uma equipe se devem a múltiplos fatores, os quais podem estar afetando diferencialmente o desempenho dos seus integrantes. Os itens marcados com a letra *C* descrevem problemas relacionados ao *contexto de trabalho*, com a letra *S*, os problemas relativos a falta dos *Saberes* (CHAs) necessários ao traba-

> **Quadro 12.2**
> CASO DO ATENDIMENTO DE UMA AGÊNCIA DE VIAGENS
>
> Um gerente de uma agência de viagens vinha recebendo muitas reclamações sobre o desempenho do setor de atendimento ao cliente, principalmente no que tange à demora no atendimento. Determinado a investigar o que estava acontecendo e de posse das fichas de avaliação dos empregados, resolveu identificar os fatores que estavam relacionados ao baixo nível de desempenho da maior parte dos profissionais daquele setor.
> O gerente constatou que:
>
> 1. Muitos profissionais eram recém-contratados e ainda não haviam sido treinados para localizar as informações solicitadas pelo cliente nos computadores. Alegavam desconhecimento dos passos da tarefa necessários para consultar vôos ou efetuar reservas. **(S)**
> 2. Havia poucos funcionários experientes para atender os clientes. **(C)**
> 3. Os colegas mais experientes estavam sempre muito ocupados para auxiliar os recém-contratados. **(C)**
> 4. Os computadores estavam constantemente desconectados com a rede das empresas de transporte aéreo e terrestre, ocasionando reclamações dos clientes e demora no atendimento. **(C)**
> 5. Os novos funcionários desconhecem procedimentos que já vinham sendo executados de maneira regular pela equipe, mas que tiveram que ser modificados em função de recente alteração nas normas de trabalho e nos aplicativos das empresas aéreas. **(S)**
> 6. Nos períodos próximos a férias e feriados prolongados, aumentava significativamente o número de clientes na agência de viagens, ocasionando sobrecarga de trabalho aos funcionários do atendimento. **(C)**
> 7. Havia apenas dois ou três funcionários por período para atender clientes nos 10 terminais disponíveis para atendimento. Assim, o *layout* do ambiente de trabalho dificultava o atendimento, deixando o funcionário como uma "barata tonta", uma vez que o cliente chegava, sentava-se de frente ao terminal disponível e pedia para ser atendido prontamente por um funcionário. **(C)**
> 8. Os novos funcionários preferiam estudar a trabalhar na organização. Todos desejavam ingressar por concurso público em organizações que propiciassem melhores condições de trabalho e melhor futuro profissional. **(M)**

lho, e com *M*, aqueles concernentes à problemas de *Motivação*.

Vamos auxiliar esse gerente a formular um diagnóstico da situação e a solucionar os problemas identificados?

Em termos de problemas relativos à falta de CHAs, há aparentemente duas situações distintas dentro da equipe: a dos funcionários experientes e a dos inexperientes. Os primeiros já conhecem os procedimentos e, provavelmente, já sabem aplicá-los, uma vez que já foram treinados para isso e já realizaram essa atividade no passado recente. Portanto, esses não necessitam de ações de TD&E, pois já detêm as competências para o trabalho. No entanto, alguns, como mostra o item 8, estavam desmotivados para o trabalho. Este caso requer uma avaliação mais aprofundada para verificar o que pode estar acontecendo com esses profissionais e o que se deve fazer.

Os recém-contratados provavelmente não possuem todos os CHAs necessários ao atendimento dos clientes, pois há indícios claros disso nos itens 1 e 5. Essas informações indicam hiatos no repertório de competências dos referidos funcionários, portanto representam necessidades de algum tipo de ação de TD&E (instrução, treinamento em serviço, treinamento a distância, entre outras ações possíveis utilizadas por organizações para induzir a aprendizagem).

Todavia, mesmo que removidas essas lacunas nos saberes dos novos funcionários por meio de ações de TD&E, os problemas no atendimento continuarão a ocorrer. Há muitas falhas na organização dos processos de trabalho e nas condições de materiais para a execução dos trabalhos (ver itens 1, 2, 3, 4, 6, 7) que também precisam ser removidas para que o atendimento seja mais eficiente, eficaz e efetivo, agradando o cliente.

Neste caso hipotético, observa-se que o treinamento sozinho não será capaz de mudar o desempenho dos indivíduos e da equipe, uma vez que muitas restrições situacionais estão prejudicando a realização do trabalho do setor.

O que diríamos ao gerente do setor diante desse quadro? Faríamos as seguintes sugestões para melhorar a gestão das condições de trabalho:

- Regularizar a questão da freqüente queda do sistema, que impedia a conexão com as empresas parceiras.
- Deslocar pessoal para o atendimento em datas de maior sobrecarga de trabalho, de modo a aumentar o número de funcionários no atendimento.

- Analisar a possibilidade de melhorar o *layout* do espaço físico destinado ao atendimento, de modo que o funcionário possa melhorar o seu posicionamento diante dos clientes e dos equipamentos.
- Distribuir melhor as tarefas entre os experientes e inexperientes, colocando-os em duplas no atendimento até que os novatos se tornem capazes de realizar o atendimento com presteza e qualidade.
- Indicar ações de TD&E para os novos funcionários.

Uma avaliação de necessidades de TD&E deve procurar identificar previamente em que condições os CHAs ensinados por meio de eventos instrucionais serão demonstrados na organização. Se isso não ocorrer, mesmo que os participantes do curso aprendam tudo o que é necessário à realização de um atendimento de qualidade, não terão condições propícias para demonstrar seus novos CHAs no trabalho.

O segundo caso hipotético, apresentado no Quadro 12.3 também ilustra a importância da análise dos fatores contextuais.

Não é possível tirar conclusões sobre os problemas descritos no Caso 2, pois os indícios detectados pelos avaliadores apontam para problemas no contexto de trabalho, os quais podem gerar desmotivação. Todavia, os itens não descrevem o perfil da clientela para que se possa compreender melhor o que está ocorrendo.

Não se sabe, por exemplo, em que diferem os dois grupos (desempenho exemplar e desempenho insatisfatório), em termos de idade, sexo, tempo de serviço, forma de ingresso na organização, nível de instrução, formação profissional, metas pessoais e profissionais, histórico funcional, salários, cargos, entre outras informações importantes.

Como não temos essas informações, vamos supor que todos eles possuíam o mesmo nível de instrução (nível superior em Administração, Ciências Contábeis e Economia), ingressaram por concurso público, estão na faixa etária de 20 a 40 anos, recebiam salários similares e possuíam histórias funcionais de sucesso naquela organização. Para caracterizarmos um pouco mais o caso, imaginemos que o único fator relativamente novo é o chefe, que foi nomeado para o cargo e não é funcionário de carreira.

Diante disso, observamos que não há clima ou suporte gerencial e social para o desempenho competente no trabalho. As restrições situacionais a que estão submetidos os funcionários com desempenho insatisfatório são sérias o suficiente para diminuir a motivação dessas pessoas para o trabalho (ver Quadro 12.3). Treiná-los provavelmente não surtirá efeito, uma vez que eles possuem os CHAs, mas a aplicação deles está sendo dificultada pela má distribuição de tarefas, ausência de *feedback* diante de erros cometidos no trabalho (item 2), tratamento desigual de pessoas no ambiente de trabalho por manejo inadequado das consequências e distribuição de recompensas sociais entre os membros dos grupos de trabalho (itens 1,4 e 5). Se é que alguém precisa de treinamento é o chefe, e não os funcionários.

Falta ainda analisar uma situação em que existe realmente necessidade de TD&E, mas o contexto interno à organização age para diminuir a eficácia e a efetividade das ações de TD&E.

Quadro 12.3
O CASO DE DESEMPENHO DESIGUAL DE FUNCIONÁRIOS DE UMA MESMA UNIDADE

O gerente de uma unidade administrativa de um hospital público vinha tendo problemas com um grupo de funcionários que não conseguiam atingir as metas de trabalho. Os demais funcionários do setor eram muito competentes e estavam sobrecarregados de trabalho, mas mesmo assim apresentavam excelente desempenho. O gerente, determinado a investigar o que estava acontecendo, pediu ajuda a um profissional de TD&E para avaliar o problema e buscar soluções. Eles encontraram os seguintes problemas no grupo com desempenho insatisfatório:

1. Fazer bem ou mal as suas tarefas não fazia a menor diferença. O próprio chefe refazia os cálculos quando eram verificados erros nos trabalhos apresentados pelos funcionários.
2. Tanto o chefe como os colegas de trabalho não repassavam ou repassavam com atraso orientações importantes vindas da alta gerência (como, por exemplo, mudança de procedimentos, legislação e prazos) e que refletiam na execução das suas atividades.
3. As oportunidades de treinamentos eram tratadas de forma quase sigilosa, e, quando divulgadas, já não havia prazo para as inscrições ou somente integrantes do grupo produtivo eram indicados para participar.
4. O gerente atribuía tarefas complexas e relevantes para alguns funcionários, delegando a esse grupo tarefas irrelevantes.

Imagine uma organização que está implantando várias mudanças em processos de trabalho e pretende mudar o perfil da atuação gerencial, de um estilo diretivo para outro participativo, voltado para o alcance de resultados organizacionais. Os gestores dos níveis tático e operacional são, então, colocados em um programa de longa duração em gestão participativa baseada em resultados. O programa, aplicado em outras organizações, tem obtido sucesso. Os gerentes egressos do curso melhoram seu desempenho, conduzindo, com maior eficácia, suas equipes e obtendo melhores resultados. Vamos supor que os gerentes realmente necessitassem desse treinamento e que de fato aprenderam o que foi ensinado durante o programa. Contudo, quando retornaram à organização, a encontraram do mesmo modo que a deixaram: burocrática, formal, com hierarquia rígida e alta centralização de autoridade.

Nesse caso, dificilmente o curso produzirá o efeito desejado, o de melhorar o desempenho gerencial e os resultados organizacionais, pois há fatores do contexto que impedem a aplicação dos novos CHAs no trabalho. Uma avaliação de necessidades nesse tipo de situação deve identificar essas ameaças à efetividade dos programas de TD&E, antes de indicar treinamento para solucionar o hiato de competência. O profissional de TD&E deve, sob pena de ser considerado incompetente, dizer até que ponto o curso surtirá os efeitos desejados, dadas as condições organizacionais de apoio ou restrição. Ou por outra, ao descrever um conjunto de CHAs que se constituem em necessidades de TD&E, deverá explicitar também quais são as condições necessárias à aplicação dos mesmos no trabalho.

Em síntese, um hiato de competência ou um problema de desempenho pode ser causado por inúmeros fatores do contexto ou do indivíduo. Gilbert (1978) e Mager e Pipe (1983) foram os precursores desse tipo de análise, sugerindo que é necessário realizar um diagnóstico sistemático das causas das deficiências de desempenho, antes de propor uma solução. Sugerem que a organização do trabalho, a forma de especificação das tarefas, o *feedback*, as conseqüências positivas ou negativas, associadas ao desempenho, os incentivos sociais e financeiros e fatores do indivíduo, tais como a motivação e adequação ao cargo, são variáveis freqüentemente responsáveis pelo desempenho abaixo do padrão de exigência esperado. Gilbert ressalta que, na grande maioria das vezes, a causa mais freqüente dos problemas de desempenho está relacionada ao contexto de trabalho e não à falta de conhecimento ou habilidade do executor. Estudos realizados no Brasil, utilizando o modelo de investigação desse autor, comprovam os resultados encontrados no exterior (Freitas, 1992).

Assim, é preciso considerar o seguinte:

- Ações de TD&E não solucionam todos os tipos de problemas de desempenho ou hiatos de competências, apenas aqueles que representam claramente falta de CHAs.
- O conjunto de ações de TD&E é apenas um entre os múltiplos fatores que afetam desempenho no trabalho.
- O diagnóstico e o prognóstico de necessidades de TD&E servem também para julgar o quanto um treinamento surtirá os efeitos desejados pela organização, dadas as características do contexto da mesma.

Desta forma, quais são as principais implicações práticas da inclusão de variáveis do contexto em avaliação de necessidades de TD&E? Algumas delas são as seguintes:

- Além de identificar quem necessita de treinamento (perfil da clientela) e em que (descrição dos CHAs), o profissional do TD&E precisa identificar previamente as condições necessárias para que os efeitos desejados sejam obtidos após os eventos de TD&E.
- É preciso utilizar e construir instrumentos de medida relacionados ao contexto para identificar eventuais restrições situacionais que ameacem a efetividade das ações TD&E em organizações. (Para conhecer instrumentos de medida de variáveis relativas ao contexto, leia o Capítulo 20.)
- O diagnóstico ou prognóstico de necessidades de TD&E deve conter recomendações sobre como resolver problemas relativos ao contexto.

SUPORTE ORGANIZACIONAL E CONCEITOS CORRELATOS

Esta seção destina-se a definir e diferenciar os constructos de *suporte organizacional, restrições situacionais ao desempenho suporte à aprendizagem contínua no trabalho* e *suporte ou clima à transferência de treinamento*, tal como definidos por pesquisadores brasileiros e estrangeiros. O Capítulo 20 tratará desses conceitos em detalhes e descreverá instrumentos de medida de suporte organizacional, suporte à transferência de treinamento, suporte à aprendizagem contínua e outras medidas correlatas.

O conceito de *suporte*, na linguagem cotidiana, é usado no sentido de apoio, sustentação, base, pilar, amparo e proteção. Na linguagem técnica, suporte é empregado de modo similar tanto para expressar as condições organizacionais favoráveis de trabalho como os compromissos da organização para com o indivíduo.

Alguns fatores exercem influência direta e específica sobre o desempenho no trabalho, por se constituírem em condições necessárias ao desempenho exemplar, como qualidade dos materiais, equipamentos, entre outros.

A expressão *suporte organizacional* refere-se a crenças ou percepções globais, desenvolvidas pelos trabalhadores sobre o quanto a organização valoriza suas contribuições e cuida do seu bem-estar (avaliação ecológica). Trata-se, portanto, de crenças do trabalhador sobre o comprometimento da organização para com eles.

Segundo Eisenberger, Huntington, Hutchinson e Sowa (1986), *suporte organizacional,* refere-se às percepções do trabalhador acerca da qualidade do tratamento que recebe da organização em retribuição ao esforço que despende no trabalho. Essas percepções baseiam-se na freqüência, intensidade e sinceridade das manifestações organizacionais de aprovação, elogio, retribuição material e social ao esforço dos seus recursos humanos. O trabalhador, então, de acordo com essa proposta teórica, somente desenvolve percepções favoráveis sobre o suporte organizacional, caso considere sinceras e bem-intencionadas as ações organizacionais de retribuição pelo esforço que despende no trabalho.

Suporte organizacional, no estudo brasileiro realizado por Abbad, Pilati e Borges-Andrade (1999), é um constructo multidimensional, formado pelas opiniões dos empregados ou funcionários acerca das práticas de gestão de desempenho, às exigências e à carga de trabalho, ao suporte material e às práticas de promoção, ascensão e salários da organização.

Percepções desfavoráveis de *suporte organizacional* podem gerar problemas de desempenho não devidos à falta de CHAs no trabalho, mas à falta de condições propícias ao desempenho competente e/ou de motivação em decorrência de restrições situacionais no ambiente de trabalho.

Percepção de suporte à transferência é um constructo correlato ao de *suporte organizacional* e exprime a opinião do participante a respeito do nível de apoio ambiental à participação em atividades de treinamento e ao uso eficaz, no trabalho, das novas habilidades adquiridas por meio de eventos instrucionais. Enfoca algumas condições necessárias à transferência de aprendizagem, avaliando o quanto estão presentes no ambiente de trabalho do egresso de ações de TD&E.

Suporte à transferência, de acordo com Abbad (1999), Sallorenzo (2001) e Abbad e Sallorenzo (2001), é um constructo multidimensional, medido por meio de três dimensões: a primeira é relacionada ao contexto pré-treinamento, o *apoio gerencial ao treinamento*, e os demais ao contexto pós-treinamento, *suporte psicossocial à transferência* e *suporte material à transferência*, cujas definições basearam-se na análise de outros conceitos correlatos, como os de *restrições situacionais, suporte gerencial à transferência* e *clima para transferência de treinamento*, apresentados mais adiante.

O conjunto de itens *apoio gerencial ao treinamento* relaciona-se a certas condições do ambiente pré-treinamento e ao nível de apoio recebido pelo treinando para participar efetivamente de todas as atividades do programa de TD&E.

O fator de *suporte psicossocial à transferência* é definido em termos do apoio gerencial, social (do grupo de trabalho) e organizacional que o participante do treinamento recebe para utilizar no trabalho as novas habilidades aprendidas em treinamento, em termos de oportunidades para praticar novas habilidades, apoio recebido da chefia imediata na remoção de eventuais obstáculos à transferência de aprendizagem e acesso às informações necessárias à aplicação dos novos conhecimentos no trabalho. Esse fator também contém itens relativos a *conseqüências associadas ao uso de novas habilidades no trabalho,* que avaliam a opinião dos participantes de ações de TD&E acerca da ocorrência de reações favoráveis e/ou desfavoráveis de colegas, pares ou superiores hierárquicos, diante das tentativas do trabalhador de aplicar no trabalho as novas habilidades que aprendeu no treinamento.

O fator denominado *suporte material à transferência* se define como a opinião dos participantes acerca da qualidade, quantidade e disponibilidade de recursos materiais e financeiros, assim como da adequação do ambiente físico do local de trabalho à transferência de treinamento. Essas definições foram criadas a partir da análise dos trabalhos mencionados a seguir.

Outros autores preferem tratar as variáveis de contexto como *restrição ao desempenho*. Peters e O'Connor (1980), usando a técnica dos incidentes críticos e análise de conteúdo, identificaram oito conjuntos de variáveis relativas a *restrições situacionais do ambiente de trabalho*: *informação relacionada ao trabalho, ferramentas e equipamentos, materiais e suprimentos, suporte orçamentário, serviços requeridos e ajuda de outros, preparação para a tarefa (treinamento, educação), disponibilidade de tempo e ambiente de trabalho (aspectos físicos)*. Cada um desses recursos varia de acordo com três dimensões, em seus efeitos sobre o mau desempenho:

- Indisponibilidade de recursos.
- Quantidade insuficiente de recursos.
- Qualidade inadequada dos mesmos.

Peters e O'Connor (1980), em sua análise da literatura, encontraram resultados mostrando que as pessoas tendem a desempenhar melhor e a expressar respostas afetivas mais favoráveis em relação a ambientes de trabalho nos quais as restrições estão ausentes.

Outro trabalho muito importante nesta área de avaliação de contexto foi realizado por Broad (1982), que definiu as variáveis de *suporte gerencial à transferência de treinamento* e chamou a atenção para o fato de que essas variáveis estão presentes no ambiente organizacional desde a avaliação de necessidades, no ambiente pré-treinamento, até muito após o término do treinamento, no ambiente pós-treinamento. Broad apresentou a gerentes de desenvolvimento de recursos humanos de empresas norte-americanas uma lista de indicadores de *suporte à transferência* contendo 74 descrições de ações gerenciais de apoio ao treinamento. As ações, após análise dos participantes, foram agrupadas em cinco categorias:

- *Envolvimento da gerência superior* (nível de política gerencial, 14 itens).
- *Preparação pré-treinamento*, 22 itens.
- *Suporte durante o treinamento*, 10 itens.
- *Ligação do treinamento com o trabalho*, 17 itens.
- *Acompanhamento*, 11 itens.

As quatro últimas categorias referiam-se às ações de gerentes e/ou aos supervisores imediatos.

Essa listagem desenvolvida por Broad (1982), apesar de muito útil, excluiu importantes variáveis ligadas à interação dos participantes de treinamento com seus pares ou colegas e às práticas organizacionais de gestão e valorização do desempenho, as quais podem afetar direta ou indiretamente os resultados de programas instrucionais. Reduzir o conceito de "suporte" ao de "*apoio gerencial à transferência*" seria, talvez, negar a importância explicativa de variáveis sociais e culturais sobre desempenho, comprometimento e, provavelmente, sobre a aplicação de novas habilidades no trabalho.

Clima ou *suporte à transferência de treinamento* é, sem dúvida, um componente crítico no estudo das variáveis que afetam a eficácia de programas instrucionais. Entretanto, até o início da década de 1990, eram ainda raras as pesquisas sobre o assunto.

Em um dos estudos mais importantes desta linha de pesquisa, Rouillier e Goldstein (1993) propuseram um modelo de avaliação de resultados de treinamento e um instrumento de *clima para transferência* muito úteis para os estudiosos da área. Para esses autores, os participantes não aplicarão, no cargo, as habilidades aprendidas no treinamento, se não contarem, em seus locais de trabalho, com um *clima de apoio* ao uso dos comportamentos aprendidos no treinamento. Com base nessa suposição, Roullier e Goldstein desenvolveram uma escala para medir *clima* e investigaram o relacionamento entre clima, aprendizagem e transferência.

Uma das mais importantes contribuições do trabalho de Roullier e Goldstein (1993) para os estudos de transferência foi a definição, a construção e a validação de uma medida de clima para transferência, até então inexistente. *Clima para* transferência é definido pelas seguintes categorias de conteúdo: *dicas situacionais e conseqüências*. *Dicas situacionais* referem-se às informações que servem para lembrar ao participante sobre os conteúdos do treinamento ou para oportunizar o uso das novas habilidades no retorno ao trabalho, como *objetivos*, os quais serviriam para encorajar o treinando a aplicar o treinamento no trabalho; *dicas sociais*, que se referem a informações provenientes do grupo de trabalho (pares, superiores e subordinados); *dicas da tarefa*, que correspondem ao desenho e à natureza do trabalho (disponibilidade de equipamento), e *dicas de autocontrole*, aos processos de autocontrole que permitem aos treinados usar no trabalho o que aprenderam no treinamento.

A dimensão *conseqüências* divide-se em *feedback favorável* associado ao uso dos comportamentos treinados, *feedback negativo* (informações acerca das conseqüências indesejáveis associadas ao uso das novas habilidades), *punição* (ridicularização diante das tentativas de aplicar no trabalho as novas habilidades) e *nenhum feedback*. Esse estudo produziu um avanço teórico e metodológico muito grande na área de avaliação do impacto do treinamento no trabalho, uma vez que ampliou o conceito de *clima*, incluindo variáveis que representam a influência dos pares na transferência de treinamento.

Esses autores resgataram, também, o valor de variáveis relacionadas ao contexto de trabalho como explicativas do impacto do treinamento no trabalho, as quais vinham sendo excluídas dos modelos de avaliação.

Salas e Cannon-Bowers (2001) notaram grandes avanços nessa área, similares aos encontrados nos estudos brasileiros relatados por Abbad, Pilati e Pantoja (2003). Há dados consistentes e robustos que elevam *clima para transferência* à categoria de forte variável explicativa de impacto do treinamento no trabalho. Resultados que confirmam o poder explicativo de *clima* ou *suporte* foram encontrados em uma ampla gama de treinamentos e ambientes organizacionais, o que confere generalidade aos resultados.

Muitos estudos brasileiros recentes confirmam os achados da literatura nacional e estrangeira no que diz respeito à forte influência das variáveis de *suporte* (no Brasil) ou *clima para a transferência* (em pesquisa estrangeiras) no impacto do treinamento no trabalho. Apesar dos importantes resultados obtidos por estudos nacionais e estrangeiros relativos ao forte valor explicativo de variáveis relativas a suporte à transferência, não há, até onde se podem acompanhar os avanços da área, esforços para medir *suporte à transferência de treinamento* na avaliação de necessidades de treinamento tal como deveria estar sendo feito.

Além de avaliarem o quanto o contexto organizacional oferece condições apropriadas à aprendizagem induzida por eventos de TD&E, estudos mais recentes passaram a investigar o quanto esses contextos apóiam ou restringem a aprendizagem natural no trabalho.

Suporte à aprendizagem contínua é definido por Freitas e Pantoja Freitas (2005) como a percepção do trabalhador sobre a ocorrência de condições favoráveis à aprendizagem contínua no grupo de trabalho. Focaliza o apoio dado pelos grupos, não somente à transferência de treinamento (uso de novos conhecimentos e habilidades no trabalho), mas a todas as demais fases do processo de aprendizagem: aquisição, retenção, recuperação. Esse conceito abrange o apoio da organização à aprendizagem induzida e à natural e inclui estímulos à busca de informações, à participação, à organização da informação e ao compartilhamento, bem como apoio social e material à aprendizagem.

Os cinco conceitos apresentados nesta seção referem-se a fatores do contexto interno à organização e o avaliam de acordo com a perspectiva de variáveis que antecedem ou sucedem o desempenho avaliado. Eles diferem entre si, entretanto, no que tange ao foco e às demais perspectivas de análise.

Suporte organizacional é visto como variável que exerce influência distal sobre o impacto do treinamento no desempenho subseqüente do participante, enquanto *clima* ou *suporte à transferência* e *suporte à aprendizagem contínua* exercem influência proximal sobre esse impacto.

Outra diferença entre os conceitos, descrita no Quadro 12.4, diz respeito ao conceito de *restrições situacionais* que é o único a avaliar situações nas quais a sua presença caracteriza ameaça ao desempenho e à motivação, enquanto os demais conceitos o fazem em sentido oposto.

Há instrumentos de *suporte organizacional*, *suporte à transferência de treinamento* e *suporte à aprendizagem* construídos e validados no Brasil, a partir de extensa revisão de literatura e pesquisas empíricas. Esses instrumentos vêm sendo aplicados em avaliação de TD&E e podem ser adaptados para aplicação em avaliação de necessidades de treinamento. Eles serão descritos no Capítulo 20.

Quadro 12.4

DIFERENÇAS ENTE OS CONCEITOS EM TERMO DE FOCO E PERSPECTIVAS

Conceitos e definições	Foco	Perspectivas[5]		
		Ameaça – oportunidade	Distal – proximal	Antecedente – conseqüente
Restrições situacionais	Organização	Presença é ameaça Ausência é oportunidade	Distal	Ambos
Suporte organizacional	Organização	Falta é ameaça Presença é oportunidade	Distal	Ambos
Suporte gerencial à transferência	Gerentes	Falta é ameaça Presença é oportunidade	Proximal	Ambos
Clima ou suporte à transferência	Gerentes e colegas do grupo de trabalho	Falta é ameaça Presença é oportunidade	Proximal	Ambos
Suporte à aprendizagem contínua	Grupo de trabalho	Falta é ameaça Presença é oportunidade	Proximal	Ambos

SUPORTE E AVALIAÇÃO DE NECESSIDADES DE TD&E EM MÚLTIPLOS NÍVEIS DE ANÁLISE

A abordagem tradicional de avaliação de necessidades em múltiplos níveis não foi integralmente testada. As propostas de inclusão de variáveis de contexto em avaliação de necessidades de treinamento não foram efetivadas, apesar dos avanços tecnológicos e científicos alcançados pela área de TD&E. Por esse motivo, nesta parte, a titulo de síntese do capítulo, sugere-se um esboço de modelo de avaliação de necessidades que leva em conta diferentes níveis de análise.

Necessidades de treinamento podem ser detectadas em diferentes níveis: organização, tarefas (grupos, equipes, células de trabalho, redes) e indivíduos. Já estão disponíveis tecnologias de análise de necessidades no nível de indivíduos, tarefas e competências, porém ainda não há para avaliação de necessidades de grupos, equipes e similares. A análise da produção científica nesta área mostra que não existem relatos de avaliação de necessidades no nível da organização.

Há situações em que treinar um profissional da equipe trará resultados sobre a produção da unidade. Esse é o caso do vendedor de automóvel. Um aumento nas vendas de um profissional se somará aos demais para aumentar a produção da unidade, representando um processo somativo de resultados: combinação. Neste tipo de situação, a avaliação de necessidades no nível de indivíduos que trabalham em determinadas áreas da organização é uma estratégia adequada. Nesse caso, o treinamento pode ser entregue para os indivíduos que ocupam aquela determinada função.

Entretanto, há outras situações em que a contribuição de cada posto de trabalho não é homogênea para o alcance de metas. Esse é o caso de equipes como as de esporte coletivos, como futebol, voleibol, basquetebol, entre outros que exigem treinamento em equipe. O treinamento individual não é suficiente para fazer o time ganhar competições. Os aspectos táticos e estratégicos do jogo envolvem, além da demonstração dos talentos individuais, competências coletivas como sincronia, articulação entre as posições e companheirismo. O resultado da equipe não é a soma das atuações de cada atleta, mas é formado por compilação de diferentes desempenhos dos atletas. Nesses casos, uma avaliação de necessidade no nível do indivíduo poderia mascarar o problema e não solucioná-lo. Um jogador muito vaidoso pode ter muita habilidade e talento individual, mas não ser capaz de articular-se com os demais para fazer gols. Uma avaliação de necessidades, com foco no indivíduo, não é capaz de detectar o grave hiato de competência que esse jogador possui, tampouco possibilita a melhoria do desempenho da equipe.

A avaliação de necessidades no nível da equipe é feita pelo treinador do time de futebol, atualmente, de modo muito interessante. Com o apoio de recursos audiosvisuais e de novas tecnologias da informação e comunicação, ele detecta problemas no desempenho da equipe como um todo e focaliza também competências coletivas como necessidades de treinamento. Muitas vezes, antes do treinamento com bola, o treinador analisa com os jogadores as falhas do time, observadas nas imagens filmadas durante os últimos jogos. Observam o sistema de ataque, o meio campo, a defesa, as jogadas ensaiadas, entre outras, bem como analisam alternativas e escolhem as estratégias e as táticas de jogo a serem adotadas para vencer os próximos adversários. A equipe supervisionada pelo treinador analisa, também, o comportamento dos adversários como preparação para os treinamentos individuais e coletivos.

Algo similar precisa ser feito em equipes de trabalho, pois parte dos processos organizacionais e das atividades envolve ou requer sintonia, compartilhamento de conhecimentos, entre outros CHAs coletivos, detectáveis apenas em avaliações voltadas para esse nível de análise.

Os processos organizacionais não vêm sendo adequadamente investigados em sua transversalidade. TD&E trata a organização como um conjunto de processos somativos como os encontrados em equipes de vendedores: treina indivíduos em seus cargos, desenvolve equipes em separado, mas não se preocupa em avaliar necessidades de sintonia, compartilhamento, complementariedade, multiplicação, subtração, entre outros processos coletivos relevantes.

Mas o que são processos somativos e compilativos? O que é transversalidade? Processos somativos de trabalho referem-se a situações em que o resultado da equipe de trabalho é a soma das contribuições de cada indivíduo. Processos compilativos, por outro lado, não levam a resultados produzidos pela simples adição de contribuições individuais homogêneas. Nos processos compilativos, as contribuições individuais são heterogêneas em relação aos resultados do trabalho. Há diferenças na natureza de cada trabalho.

Dois exemplos ilustram os dois tipos de situação: o primeiro trata de processos somativos, e o segundo, de compilativos. Os processos de trabalho de uma equipe de vendedores de automóveis são predominantemente do tipo somativo. Os resultados das vendas são exatamente a soma das vendas realizadas por cada um dos vendedores. Uma tripulação de uma aeronave comercial, por outro lado, é um exemplo característico de processos compilativos de trabalho. O sucesso de uma viagem depende diferentemente de cada tripulante. As contribuições dos profissionais não são apenas adicionadas umas às outras para a obtenção dos resultados da equipe. O piloto e o co-piloto são responsáveis pela segurança do vôo, e os comissários, pelo bem-estar e conforto dos passageiros. A essa heterogeneidade de contribuições em equipes ou grupos de trabalho chamamos de processos compilativos de trabalhos.

No caso da equipe de vendedores, uma estratégia aceitável é treinar indivíduos, porém, no caso da tripulação, além de treinar separadamente pilotos e comissários de bordo, há necessidade de desenvolver competências da equipe como: percepção de interdependência, sintonia, harmonia e articulação entre os profissionais, as quais são mais bem abordadas em situações de grupo. O exemplo do time de futebol novamente será útil para demonstrar a importância do treinamento coletivo para o sucesso da equipe. Treinar os jogadores individualmente não possibilitará a aprendizagem das estratégias e táticas de jogo, as quais não dependem apenas das contribuições de cada jogador em suas posições. O sucesso poderá depender, em alguns casos, da mudança de posição de jogadores e de jogadas ensaiadas, as quais não são treináveis individualmente.

Assim, quando a organização avalia necessidades apenas nos níveis das tarefas e indivíduos, deixa de perceber importantes necessidades que ocorrem no nível de grupos ou equipes de trabalho. Além disso, o modo de entrega de ações de TD&E freqüentemente voltadas para a capacitação de indivíduos em seus postos de trabalho, não cria situações de aprendizagem em grupo, o que seria desejável. Grande parte dos processos de trabalho é do tipo compilativo e que requer avaliação de necessidades no nível de grupos e equipes. Contudo, há processos de trabalho que *atravessam* várias unidades organizacionais. Nesses casos, a avaliação de necessidades nos níveis de grupo ou equipes não detectará com precisão lacunas ou discrepâncias de desempenho.

Então, o que vem a ser transversalidade neste contexto de análise? Significa que nas organizações há redes de trabalho que transcendem as unidades organizacionais e que realizam processos altamente relevantes. O conceito de interdependência aqui não se aplica apenas a indivíduos em seus postos de trabalho, ou a grupo e equipes, pois nem sempre as pessoas envolvidas nesses processos de trabalho se reconhecem como integrantes de grupos ou equipes de trabalho. Algumas vezes, essas redes extrapolam os limites da própria organização e passam a incluir atores externos.

Voltando ao exemplo da tripulação de uma aeronave comercial, é possível observar que o sucesso do vôo depende de controladores de tráfego aéreo, fornecedores de alimentos e demais suprimentos, pessoal de limpeza da aeronave, de atendimento, de vendas de passagens, de conservação dos aeroportos, entre outros. Essas pessoas muitas vezes não se conhecem e não pertencem a uma mesma organização. Entretanto, o sucesso de um vôo depende da harmonia das ações de cada componente do processo de trabalho. Uma avaliação de necessidades e as ações de TD&E, nesse caso, deveriam incluir todos os atores em seus processos interdependentes de trabalho.

Outro desafio ainda não enfrentado pelos profissionais de TD&E é avaliação de necessidades dos *stakeholders*[6]. Com o advento das escolas ou universidades corporativas e setoriais, que ampliaram seu público-alvo para abranger clientelas externas à organização, será necessária a construção de tecnologias de avaliação de necessidades de TD&E deste tipo de clientela.

Face ao exposto, como desenvolver modelos de avaliação de necessidades que levem em conta os diferentes níveis de análise e incluam variáveis de contexto? Alguns passos para a utilização de uma abordagem multinível de avaliação de necessidades, sugeridos por Ostroff e Ford (1989), são descritos a seguir:

- Definir em qual(is) nível(is) de análise se dará a avaliação de necessidades e de fatores de contexto.
- Conceituar as variáveis para cada nível de análise:
  - definir necessidades de treinamento;
  - definir restrições situacionais, oportunidades, contexto.
- Operacionalizar as variáveis;
- selecionar ou criar medidas compatíveis com o nível de análise.
- Aplicar as medidas e avaliar necessidades e seus relacionamentos com variáveis do contexto.

A Figura 12.2 mostra esquematicamente uma abordagem que considera múltiplos níveis de avaliação.

Para avaliar necessidades individuais de TD&E, podem-se definir necessidades como (*gaps*) hiatos de competências, descritos em termos de CHAs. Além disso, é preciso avaliar a magnitude do hiato, bem como quais são as consequências para a organização, se ignorá-lo. Para que essa avaliação ocorra, em casos de um público-alvo muito grande, é indicada a aplicação de questionários de avaliação de necessidades e de testes complementares, se necessário. Os Capítulos 10 e 11 abordam essas questões teórico-metodológicas de avaliação.

Como profissionais de TD&E, é preciso descobrir quais são os fatores que caracterizam a necessida-

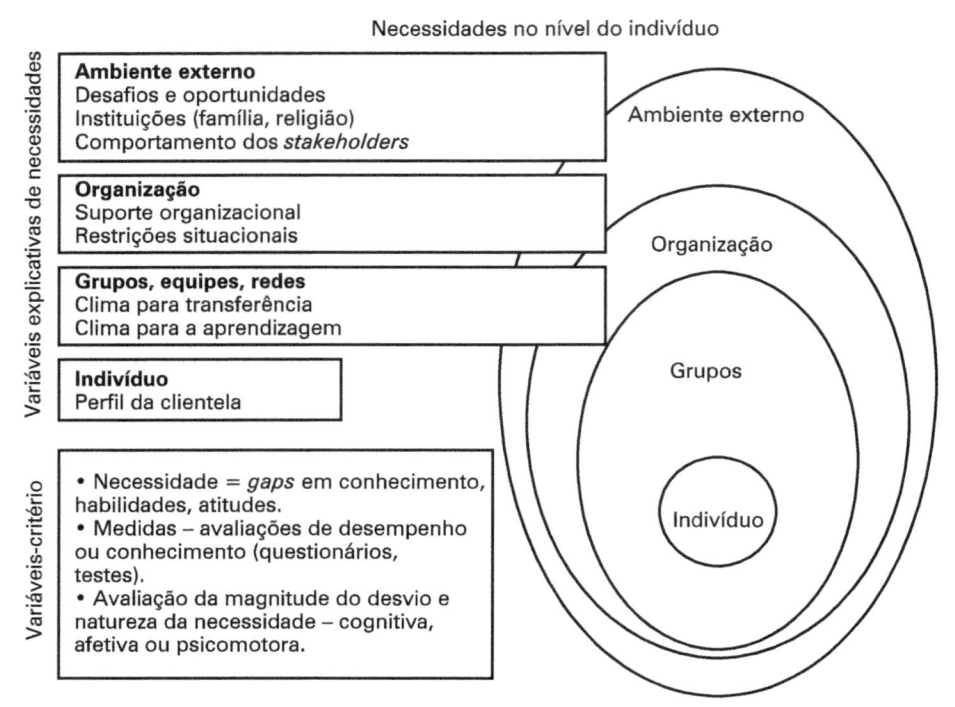

Figura 12.2 Representação esquemática de uma sugestão de avaliação de necessidades de TD&E no nível do indivíduo.

Variáveis explicativas de necessidades

- **Ambiente externo**
  - Desafios e oportunidades
  - Instituições (família, religião)
  - Comportamento dos *stakeholders*
- **Organização**
  - Suporte organizacional
  - Restrições situacionais
- **Grupos, equipes, redes**
  - Clima para transferência
  - Clima para a aprendizagem
- **Indivíduo**
  - Perfil da clientela

Variáveis-critério

- Necessidade = *gaps* em conhecimento, habilidades, atitudes.
- Medidas – avaliações de desempenho ou conhecimento (questionários, testes).
- Avaliação da magnitude do desvio e natureza da necessidade – cognitiva, afetiva ou psicomotora.

---

de e como ela se manifesta no contexto organizacional. Para que isso seja possível, é preciso incluir informações sobre o *perfil do público-alvo* na avaliação de necessidades, tal como sugerido por diversos autores e ainda não totalmente, pois essas informações auxiliarão os profissionais a desenhar e a planejar os eventos de instrução. O Capítulo 21 sugere algumas características pessoais relevantes para o contexto de TD&E, entre as quais estão as demográficas, profissionais, motivacionais e cognitivas da clientela. Informações sobre quantidade, dispersão geográfica dos participantes, sexo, faixa etária, entre outras variáveis fisionômicas são fáceis de acessar em grande parte das organizações que possuem bancos eletrônicos de dados.

Quando o profissional de TD&E estiver diante de amostras grandes de pessoas, algo muito comum atualmente em organizações, deverá utilizar informações extraídas de arquivos eletrônicos para pareá-las com respostas dos indivíduos ao questionário de avaliação de necessidades. Essa estratégia facilitará a formação de turmas, o estabelecimento de pré-requisitos para participação no evento, a modalidade de entrega (presencial, a distância, híbrido), esquema de horários para estudo e aulas, seleção de estratégias de ensino, entre outras providências descritas no Capítulo 15.

Com a finalidade de realizar o diagnóstico ou prognóstico da necessidade, é preciso também incluir a avaliação de fatores do *contexto* no nível intermediário de análise: grupo, equipe, redes de relacionamento de trabalho (ver Figura 12.2). Isso pode ser feito de uma maneira muito simples. Basta aplicar instrumentos de avaliação de suporte ou clima à transferência e/ou de suporte à aprendizagem, tratados em detalhes no Capítulo 20.

Há situações nas quais é preciso avaliar fatores de contexto em níveis mais abrangentes, relativos à organização como um todo ou ao seu ambiente externo. Caso os profissionais de TD&E tenham indícios de que os funcionários estão desmotivados e pouco comprometidos com a organização, além de apresentarem problemas de desempenho, é indicada a aplicação de instrumentos de avaliação de suporte organizacional com a finalidade de identificar restrições situacionais que provavelmente estejam gerando esses problemas. Há evidências de pesquisa que mostram que pessoas que avaliam desfavoravelmente a sua organização quanto ao suporte que recebem em retribuição ao seu esforço no trabalho são menos comprometidas, apresentam menos comportamentos de cidadania organizacional e piores níveis de desempenho.

Na Figura 12.2, nota-se a presença de fatores extraorganizacionais no esboço de modelo de avaliação de necessidades. Mas por que é necessário levar em conta fatores de influência tão distantes dos CHAs, quando se quer desenvolver os indivíduos?

A resposta não é simples, mas, sem pretender esgotá-la, é possível dizer, em primeiro lugar, que algumas vezes esses fatores exercem influência proximal sobre os indivíduos. Imagine uma situação em que a necessidade de treinamento que está sendo pesquisada requer a realização de um curso de longa duração e que exigirá do participante muita dedicação e horas semanais de estudo fora do expediente normal de trabalho. Este tipo de ação "invadirá" outras esferas de vida dos indivíduos, como a conjugal e familiar. Nesses casos, a família, uma instituição social externa, exercerá influência sobre a participação dos indivíduos no evento de TD&E. Suas decisões, motivação e participação efetiva no programa dependerão provavelmente do apoio familiar que receberão. Por isso é importante sabermos quem são as pessoas-alvo da avaliação de necessidades de TD&E.

Os *stakeholders* são os integrantes da cadeia de valor de uma organização e que estão interessados nela. São agentes de governança, clientes, fornecedores, parceiros, concorrentes, entre outros. O comportamento deles muitas vezes pode ter sido o causador da necessidade de TD&E percebida pela organização, portanto precisa ser analisada para que a avaliação se torne completa, e a oportunidade não se torne uma ameaça para a organização e para os indivíduos.

A recente automação dos serviços bancários e outros fenômenos econômicos e políticos, relacionados ao desempenho de instituições financeiras no Brasil, são exemplos de mudanças radicais que provocaram a redução dos postos de trabalho neste setor. Os consumidores mudaram também seu perfil. Todas essas mudanças externas exerceram pressões para que as organizações mudassem radicalmente os requisitos para o trabalho. Contudo, muitas não estavam preparadas para programar ações de longa-duração para melhoria do nível de instrução de suas clientelas e (re)planejamento de carreiras profissionais.

O que se quer dizer com tudo isso? Simplesmente que o profissional de TD&E precisa ter um conhecimento abrangente do mercado e da organização onde atua (missão, valores, objetivos estratégicos, negócios, história), bem como do comportamento dos *stakeholders* para ser política e tecnicamente competente. Leia o Capítulo 9 que trata desse assunto mais profundamente.

Essa análise do contexto externo não precisa ser feita a cada avaliação de necessidades. De modo sistemático, essa avaliação deve ser feita apenas periodicamente, para facilitar a elaboração de programas e planos educacionais articulados e alinhados às estratégias da organização.

A Figura 12.3 esquematiza uma avaliação de necessidades de TD&E no nível intermediário de avaliação: grupos ou equipes de trabalho.

Há necessidades de TD&E que não são observáveis no nível do indivíduo, tal como ficou demonstrado no exemplo da equipe de futebol, anteriormente apresentado. A Figura 12.3 esquematiza um esboço de avaliação de necessidades de TD&E no nível intermediário de análise. Esse esboço foi desenvolvido com a finalidade de facilitar a síntese do que foi discutido neste capítulo e estimular a realização de pesquisas em avaliação de necessidades de TD&E.

As necessidades de TD&E no nível de grupo podem ser definidas como o conjunto de desvios no desempenho do grupo, descritos em termos de discrepâncias entre objetivos e resultados, hiatos ou lacunas de competências dos integrantes, principalmente no que tange às habilidades sociais e as dificuldades de interação com outras unidades organizacionais como falta de sintonia, compartilhamento de informações e conhecimentos e de somar, dividir, multiplicar esforços na execução de processos interdependentes de trabalho, entre outras.

Esses indícios de necessidades de TD&E devem ser mais bem investigados, para que possamos compreender o que os ocasionou. Para isso é necessário coletar informações sobre os indivíduos que integram o grupo, em termos de suas características demográficas, profissionais, motivacionais, entre outras. Grupos de pesquisadores, por exemplo, tendem a ter dificuldade de trabalhar em equipe, em função de algumas características culturais presentes em sua formação profissional e contingências que controlam sua produção, muito voltadas para o trabalho solitário e individual. Em alguns casos, isso pode determinar desvios de desempenho em grupos de pesquisa.

Outros fatores importantes que devem ser estudados dizem respeito ao próprio grupo de trabalho: intensidade do vínculo entre os integrantes, interdependência interna, dependência em relação a outros grupos, natureza da atividade, tecnologias de trabalho, tipos de processos de trabalho (*somativos*, vendedores de automóveis e *compilativos*, time de futebol, equipe de cirurgia, tripulação de uma aeronave).

Quanto a fatores do contexto da organização a serem considerados nessa análise, sugerem-se relevância da unidade ou grupo para a organização e contribuição do grupo para o alcance de objetivos estraté-

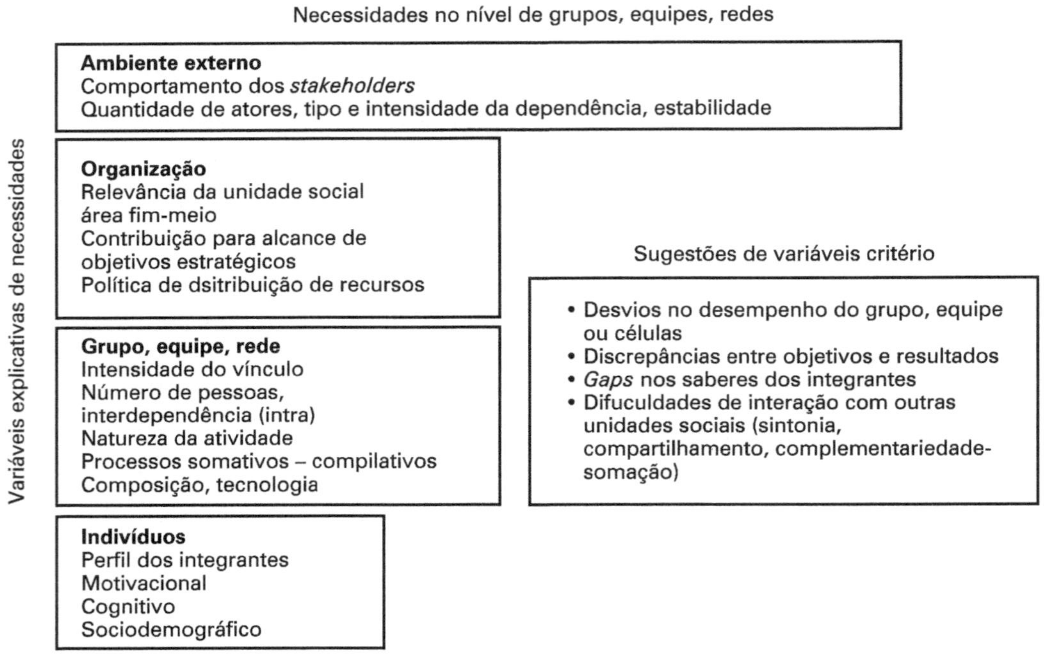

Necessidades no nível de grupos, equipes, redes

Variáveis explicativas de necessidades

Ambiente externo
Comportamento dos *stakeholders*
Quantidade de atores, tipo e intensidade da dependência, estabilidade

Organização
Relevância da unidade social
área fim-meio
Contribuição para alcance de
objetivos estratégicos
Política de dsitribuição de recursos

Grupo, equipe, rede
Intensidade do vínculo
Número de pessoas,
interdependência (intra)
Natureza da atividade
Processos somativos – compilativos
Composição, tecnologia

Indivíduos
Perfil dos integrantes
Motivacional
Cognitivo
Sociodemográfico

Sugestões de variáveis critério

- Desvios no desempenho do grupo, equipe ou células
- Discrepâncias entre objetivos e resultados
- *Gaps* nos saberes dos integrantes
- Dificuldades de interação com outras unidades sociais (sintonia, compartilhamento, complementariedade-somação)

Figura 12.3 Representação esquemática de uma avaliação de necessidades de TD&E em níveis intermediários de análise.

gicos. Provavelmente, grupos da área-fim, diretamente ligados à missão organizacional, recebem mais suporte organizacional para o trabalho que os demais de áreas-meio. Isso pode ser visto a partir da análise de políticas e práticas de alocação de recursos adotadas pela organização.

Quanto às variáveis do contexto externo, que podem gerar a necessidade de TD&E de grupos ou dificultar a sua remoção, estão o comportamento dos *stakeholders*, quantidade de atores participantes da cadeia de valor, tipo e intensidade da dependência do grupo e da organização em relação aos agentes externos, estabilidade do comportamento de *stakeholders* influentes.

CONSIDERAÇÕES FINAIS

A esta altura, o leitor já é capaz de analisar o tipo de influência exercida pelo contexto sobre o desempenho no trabalho e sobre as ações de TD&E e, em especial, sobre a avaliação de necessidades de TD&E. Contudo, neste ponto do texto, é conveniente repetir alguns aspectos dessa análise:

- Fatores contextuais estão relacionados ao sucesso ou ao fracasso de ações de TD&E.
- O contexto pode servir de oportunidade para o desenvolvimento de novas competências, quando passa a exigir novos CHAs para a realização do trabalho.
- O contexto pode ser percebido como restrição situacional (ameaça ou dificuldade) e pode inibir o desempenho no trabalho, a aprendizagem e a transferência de treinamento.
- Restrições situacionais podem gerar desmotivação e desempenho insatisfatório no trabalho.
- Restrições situacionais ou falta de suporte antes, durante e após o treinamento podem diminuir a motivação para a aprendizagem (e a própria aprendizagem), tornar menos favoráveis as reações dos participantes ao treinamento, bem como dificultar a aplicação no trabalho de novos CHAs.
- Suporte favorável ao desempenho, à aprendizagem e à transferência de treinamento, por outro lado, está relacionado a melhores resultados de ações de TD&E, de modo que surtem maiores efeitos os treinamentos realizados em organizações e ambientes de trabalho apoiadores da aprendizagem e de sua aplicação no trabalho.

As velozes e profundas mudanças que cercam o mundo do trabalho estão modificando o modo com que as organizações concebem sistemas de TD&E. Muitas dessas mudanças afetam o modo pelo qual são concebidas e realizadas todas as atividades componentes de sistemas instrucionais, entre as quais, estão:

- Intenso uso de novas tecnologias da informação e comunicação em treinamentos a distância e demais modalidades.
- Diversificação de clientelas (interna e externa) e surgimento das universidades corporativas e setoriais.
- Aprendizagem aberta – ampliação do acesso a TD&E a clientelas anteriormente excluídas.
- Possibilidade de investigar processos organizacionais (redes, comunidades de aprendizagem) e individuais (estratégias, hábitos, preferências), por meio de recursos baseados em novas tecnologias da informação e comunicação.
- Treinamentos baseados na web, oferecidos em massa para grandes amostras de pessoas e alinhados a estratégias organizacionais e com maiores chances de afetar diversos níveis da organização.
- Aproximação da área de T&D com a E (educação), com a adoção de estratégias e programas de educação contínua, permanente, aberta e de aprendizagem contínua a qualquer hora e em qualquer lugar.

Esse cenário de mudanças tem sido muito vagarosamente incorporado pelos profissionais de TD&E, principalmente por aqueles que realizam avaliação de necessidades. Em parte isso se deve à pequena produção de conhecimentos em avaliação de necessidades de TD&E registrada pela literatura especializada.

Análises da produção científica estrangeira e nacional em TD&E, nos últimos vinte anos, indicam poucos avanços em avaliação de necessidades, em especial, em aspectos ligados à avaliação de fatores de contexto organizacional. Para maiores detalhes sobre esse assunto e sobre a produção de conhecimentos em TD&E, leia as revisões de Wexley (1984), Latham (1988),Tannenbaum e Yukl (1992), Borges-Andrade e Abbad (1996), Abbad (1999) e Salas e Cannon-Bowers (2001).

Apesar de haver consenso sobre a importância de se levar em conta variáveis de contexto, em avaliação de necessidades de TD&E, para garantir sucesso e efetividade a programas instrucionais, tem havido pouco esforço de construção de medidas relativas a esse ambiente.

As tentativas de avançar nessa direção têm falhado, muitas vezes, em função da falta de consenso dos profissionais de TD&E acerca de variáveis de interesse e/ou pelo desconhecimento dos resultados de pesquisas que mostram a influência exercida por variáveis do contexto sobre diferentes resultados de eventos instrucionais. Para maiores detalhes sobre o relacionamento entre contextos e resultados de treinamento, leia Rouillier e Goldstein (1993) sobre clima para transferência; Tracey, Tannenbaum e Kavanagh (1995) sobre cultura de aprendizagem contínua; Abbad (1999), Sallorenzo (2000) e Meneses (2002) acerca de suporte à transferência, e Carvalho (2003) sobre restrições situacionais ou falta de suporte à transferência. Todos esses trabalhos definem os constructos, sugerem medidas desses fatores e mostram resultados indicando que há relacionamento positivo entre suporte e aplicação de novas aprendizagens no trabalho. Este tipo de resultado, entretanto, tem sido ignorado pela área de avaliação de necessidades.

Além disso, ao que parece, ainda não houve pesquisas suficientes para criação de metodologias sistemáticas de avaliação integrada de necessidades nos diversos níveis de análise (indivíduo, tarefas, grupos ou equipes e organização). As avaliações de necessidades tradicionais, realizadas principalmente nos níveis do indivíduo e das tarefas, não abrangem:

a) os arranjos organizacionais modernos (organização em rede, arquiteturas matriciais), tampouco
b) a natureza da interação entre organização e o ambiente externo formado por *stakeholders*.

Outra característica da avaliação tradicional de necessidades de TD&E é a visão clínica de diagnóstico, e não de prognóstico e prospecção. A visão do contexto como oportunidade ou como fator gerador de condições que estimulam o desenvolvimento de novas competências para o trabalho requer a aplicação de estratégias de avaliação prospectiva de cenários futuros que cercam as organizações e seus ambientes. A visão diagnóstica é uma das possibilidades de avaliação de necessidades, mas não é a única, tampouco a mais relevante na atualidade.

De forma cada vez mais intensa, as organizações modernas passaram a ter a necessidade de realizar estudos para o levantamento prospectivo e futuro de necessidades de treinamento. Seja para cargos e funções virtuais (*i.e.* que ainda não existem na organização), para atividades e funções que mudam com alta freqüência ou para o desenvolvimento de competências que serão necessárias no futuro, é que as organizações devem preocupar-se com o prognóstico de necessidades de treinamento. Uma avaliação de necessidades que tenha esse caráter prospectivo permite que as organizações se antecipem a ocorrências que devem ser sanadas por meio da capacitação de sua força de trabalho, dando proatividade e dimensão estratégica às suas ações de educação corporativa.

Existem várias formas de se realizar um prognóstico de necessidades futuras de treinamento. Poucos estudos e relatos de experiências são observados na literatura especializada do assunto. Um exemplo desse tipo de ação estratégica foi relatado por Guimarães, Borges-Andrade, Machado e Vargas (2001) em uma empresa de pesquisa agropecuária brasileira. A partir de uma perspectiva de descrição das competências essenciais da organização, os autores identificaram, por meio de uma análise documental e com o auxílio de um grupo reduzido de especialistas da organização, uma lista inicial de competências essenciais. Por meio de um painel ampliado de especialistas internos e externos à organização, e utilizando a técnica de Delphi, os pesquisadores conseguiram descrever e definir um conjunto de competências essenciais. Em um terceiro momento de coleta de dados, os pesquisadores pediram para um conjunto de peritos em pesquisa agropecuária avaliarem dois elementos para cada uma das competências essenciais descritas:

- A importância da competência para a organização.
- A capacidade atual existente na organização, em termos de competências humanas, para levar a termo projetos de pesquisa.

Associando essas duas avaliações nas respostas dos especialistas, os pesquisadores conseguiram elencar o conjunto de competências essenciais prioritárias em que a organização deveria investir. Dessa forma, a instituição conseguiu planejar seu investimento em capacitação em nível de pós-graduação para os cinco anos seguintes, buscando capacitar seu corpo de pesquisadores, para que eles fossem capazes de desenvolver as competências essenciais indicadas na pesquisa.

Esse exemplo demonstra as reais possibilidades e as vantagens do desenvolvimento de técnicas para o prognóstico de necessidades de treinamento. Dessa forma, as organizações podem agir e investir estrategicamente em suas ações educacionais, permitindo investir seus recursos em ações de treinamento necessárias em cenários futuros e alinhadas às demandas e necessidades dos objetivos organizacionais.

Entre as implicações da adoção de uma visão prospectiva de avaliação de necessidades de TD&E sobre o perfil e a formação de profissionais de TD&E, estão as necessidades de:

- Adquirir conhecimentos acerca do negócio, serviços prestados pela organização, comportamento dos *stakeholders* (agentes de governança, clientes, usuários, fornecedores, parceiros, concorrentes, entre outros).
- Integrar esses conhecimentos aos conhecimentos técnicos próprios da área de TD&E, para criar novas soluções e procedimentos, medidas e intervenções.
- Avaliar cenários e contextos complexos, identificando oportunidades e restrições à eficácia e à efetividade de sistemas instrucionais.
- Projetar avaliações de contexto no futuro, identificando necessidades para antecipar-se e programar ações que oportunizem a aprendizagem de novas e emergentes competências necessárias ao sucesso dos processos de trabalho da organização.
- Dispor-se a aprender continuamente novas tecnologias e a buscar apoio na literatura científica para suas intervenções em TD&E.

Avaliações de necessidades que não incluem fatores de contexto podem prejudicar todas as demais etapas de um sistema instrucional. A identificação prévia das condições necessárias à aprendizagem e à aplicação de novas aprendizagens no trabalho possibilita a criação de situações de aprendizagem que aproximem as experiências de aprendizagem à realidade do trabalho. Isso aumentará provavelmente a aplicação dessas aprendizagens no trabalho. Possibilitará o aumento da eficácia da avaliação dos demais resultados (comportamento no cargo, mudança organizacional e valor final), pois facilitará a análise da contribuição relativa e específica da ação de TD&E na produção dos resultados esperados. Além disso, avaliações de contexto em necessidades de treinamento subsidiarão informações relevantes que poderão levar a organização a melhorar condições de trabalho e adotar estratégias de valorização da contribuição de seus integrantes para os resultados organizacionais.

Face ao exposto, para que ações de TD&E sejam eficazes e efetivas, é necessária a avaliação de fatores de contexto que afetam positiva ou negativamente todas ou quase todas as etapas de realização de eventos instrucionais. Entre esses fatores, estão variáveis de suporte à aprendizagem, à retenção, à transferência e à disseminação de novos CHAs no ambiente de trabalho.

Caso não estejam presentes as condições necessárias para que a ação de TD&E seja bem-sucedida nos diferentes níveis de resultados, será preciso desenvolver estratégias remediativas que minimizem os efeitos negativos de restrições, como treinar as pessoas em estratégias de enfrentamento ou *coping* para identificação e superação de obstáculos, criação de comunidades de prática e aprendizagem para apoio mútuo diante de dificuldades, construção de materiais instrucionais que sirvam de apoio ao trabalho, entre outras.

QUESTÕES PARA DISCUSSÃO

- Justifique a inclusão de variáveis do contexto em avaliação de necessidades de TD&E. Diga pelo menos duas razões para isso.
- Explique o que os conceitos de desempenho competente e necessidades de TD&E possuem em comum.
- Diga por que motivação e condições de trabalho estão relacionados a necessidades de TD&E. Imagine duas situações e as descreva: na primeira, o desvio ou hiato de competências se deve claramente à falta de CHAs de um profissional, e, na segunda, o desvio se deve quase que exclusivamente à falta de condições propícias ao desempenho satisfatório no trabalho.
- Imagine e descreva um ambiente organizacional que não acolhe bem novas aprendizagens. O que você faria para detectar essa falha ou restrição à aprendizagem e à aplicação de novas aprendizagens no trabalho?
- Descreva algumas implicações práticas da utilização de avaliações de necessidades que considerem conjuntamente condições do ambiente, CHAs e motivação.
- Defina os construtos de suporte organizacional, suporte à aprendizagem contínua no trabalho e suporte à transferência de treinamento, diferenciando-os em termos de focos e perspectivas.
- Diga por que é importante avaliar necessidades em diferentes níveis de análise (indivíduo, tarefas, grupos e equipes) e tratar os fatores de contexto para cada nível de análise.
- Diga quais elementos do novo perfil requerido dos profissionais de TD&E, citados anteriormente, você considera relevantes para o sucesso nessa área.
- Aponte pelo menos três implicações práticas da avaliação prévia do contexto em avaliação de necessidades de TD&E.

NOTAS

1. Valência, neste caso, é um conceito compreendido como o valor que o indivíduo atribui à conseqüência de determinada ação. A valência é negativa quando o indivíduo percebe a conseqüência como desfavorável e é positiva quando a percebe como algo favorável, reforçador. O constructo de valência aqui referido é parte da teoria motivacional de Vroom (1964).
2. Clientes são definidos aqui como todos os interessados na ação de TD&E e em seus efeitos, tais como os próprios participantes, seus chefes, pares, colegas, fornecedores, clientes externos.
3. Para maiores detalhes, leia Abbad (1999) e Abbad e Borges-Andrade (2004).
4. Motivação, neste contexto, não deve ser confundida como *causa* do comportamento do indivíduo. O desempenho competente, ao ser definido como ações humanas voltadas para metas, requer explicações baseadas em objetivos e aspirações individuais, uma vez que explicações do tipo causa-efeito não são suficientes. Para maiores detalhes sobre este tipo de análise, leia Abbad (1999) e sobre a filosofia da linguagem e as técnicas de análise conceitual dela provenientes, leia Peters (1958) e Ryle (1949).
5. As perspectivas são definidas como a forma como o contexto é percebido por indivíduos e grupos.
6. Grupos (externos) interessados na organização.

REFERÊNCIAS

ABBAD, G. Um modelo integrado de avaliação do impacto do treinamento no trabalho – IMPACT. Tese (Doutorado) – Universidade de Brasília, Brasília, 1999.

ABBAD, G.; SALLORENZO, L. H. Desenvolvimento e validação de escalas de suporte à transferência. *Revista de Administração – RAUSP*, v. 36, n.2, p. 33-45, 2001.

ABBAD, G.; PILATI, R.; BORGES-ANDRADE, J. E. Percepção de suporte organizacional: desenvolvimento e validação de um questionário. *Revista de Administração Contemporânea*, v.3, n.2, p. 29-51, 1999.

BORGES-ANDRADE, J.E.; ABBAD, G. Treinamento e desenvolvimento: reflexões sobre suas pesquisas científicas. *Revista de Administração*, v.31, n.2, p.112-125, 1996.

BROAD, M. L. Management actions to support transfer of training. *Training and Development Journal*, v.36, n.5, p.124-130, 1982.

CARVALHO, R. S. Avaliação de treinamento a distância via *internet*: reação, suporte à transferência e impacto do treinamento no trabalho. Dissertação (Mestrado) – Instituto de Psicologia, Universidade de Brasília, Brasília-DF, 2003.

EISENBERGER, R.; HUNTINGTON, R.; HUTCHINSON, S.; SOWA, D. Perceived organizational support. *Journal of Applied Psychology*, v.71, n.3, p.500-507, 1986.

FREITAS, I. A. Impacto de treinamento nos desempenhos do indivíduo e do grupo de trabalho: suas relações com crenças sobre o sistema de treinamento e suporte à aprendizagem contínua. Tese (Doutorado) – Instituto de Psicologia, Universidade de Brasília. Brasília-DF, 2005.

FREITAS, I. A.; BORGES-ANDRADE, J.E . Construção e validação de escala de crenças sobre o sistema de treinamento. *Estudos de Psicologia*, v.9, n.3, p.479-488, 2004.

FREITAS, I. A; PANTOJA, M. J. Desenvolvimento e validação da escala de suporte à aprendizagem contínua. *Revista Reflexão e*

Crítica, Universidade Federal do Rio Grande do Sul – UFRGS. No prelo.

GILBERT, T. *Human competence:* engineering worthy performance. New York: McGraw-Hill, 1978.

GOULDNER, A.W. The norm of reciprocity: a preliminary statement. *American Social Review*, v.25, n.2, p.161-178, 1960.

LATHAM, G.P. Human resource training and development. *Annual Review of Psychology*, v.39, p.545-582, 1988.

MAGER, R.; PIPE, P. *Análise de problemas de desempenho ou "você precisa realmente querer"*. Porto Alegre: Globo, 1983.

McGEHEE, W.; THAYER, P. W. *Training in business and industry.* New York: Wiley, 1961.

MENESES, P.P.M. Auto-eficácia. *Locus* de Controle, suporte à transferência e impacto do treinamento no trabalho. Dissertação (Mestrado) – Instituto de Psicologia, Universidade de Brasília. Brasília-DF, 2002.

MOWDAY, R.T.; SUTTON, R.I. Organizational behavior: linking individuals and groups to organizational contexts. *Annual Review of Psychology*, v.44, p.195-229, 1993.

OSTROFF, C.; FORD, J. K. Assessing training needs: critical levels of analiysis. In: Goldstein, I.L. (Org.). *Training and development in organizations*. São Francisco: Jossey Bass 1989. p.25-62.

PETERS, R. S. *The concept of motivation.* London: Routledge & Kegan Paul, 1958.

PETERS, L. H.; O'CONNOR, E. J. Situational constraints and work outcomes: the influence of frequently overlooked construct. *Academy of Management Review*, v.5, n.3,p. 391-397, 1980.

PILATI, R. Modelo de efetividade de treinamento no trabalho: aspectos dos treinandos e moderação do tipo de treinamento. Tese (Doutorado) – Instituto de Psicologia, Universidade de Brasília, Brasília-DF, 2004.

ROUILLIER, J. Z.; GOLDSTEIN, I. L. The relationship between organizational transfer climate and positive transfer of training. *Human Resource Development Quarterly*, v.4, n.4, p.377-390, 1993.

RYLE, G. *The concept of mind*. London: Hutchinson, 1949.

SALAS, E.; CANNON-BOWERS, J. The science of training: a decade of progress. *Annual Review of Psychology*, v.52, p.471-499, 2001.

SALLORENZO. L. H. Avaliação de impacto de treinamento no trabalho: analisando e comparando modelos de predição. Dissertação (Mestrado) – Instituto de Psicologia, Universidade de Brasília. Brasília-DF, 2000.

TANNENBAUM, S. I.; YUKL, G. Training and development in work organizations. *Annual Review of Psychology,* v.43, p.399-441, 1992.

TRACEY, J. B.; TANNENBAUM, S. I.; KAVANAGH, M. J. (1995). Applying trained skills on the job: the importance of the work environment. *Journal of Applied Psychology*, v.80, n.2, p.239-252.

WEXLEY, K. N. Personal training. *Annual Review Psychology*, v.35, p.519-551, 1984.

13

Abordagens instrucionais em planejamento de TD&E

Gardênia da Silva Abbad, Rommel Nogueira e Amanda Moura Walter

Objetivos

Ao final deste capítulo, o leitor deverá:
- Discutir os princípios da psicologia instrucional que fundamentam o planejamento instrucional.
- Descrever o conceito de aprendizagem e distinguir entre aprendizagem natural e induzida em organizações e trabalho.
- Distinguir teorias de aprendizagem, teoria instrucional e teorias de desenho instrucional.
- Analisar abordagens teóricas cognitivistas e behavioristas que fundamentam o planejamento instrucional.
- Comparar abordagens de desenho instrucional e discutir suas aplicações.
- Avaliar as principais contribuições das teorias instrucionais e de desenho instrucional para o planejamento de ações de treinamento.

INTRODUÇÃO

Neste capítulo do livro, o leitor encontrará uma descrição das abordagens teóricas que fundamentam o planejamento instrucional. Considera-se que o domínio delas embasa e diferencia a prática do profissional de treinamento, desenvolvimento e educação (TD&E) responsável por essa etapa em comparação com o mais apressado, cuja maior preocupação é reunir, em uma sala, um especialista que irá ensinar com auxílio de equipamentos e apostila e um grupo que se dispõe a aprender. O arranjo de condições adequadas para a aprendizagem compreende muito mais do que isso. Alguém desejoso de promover uma atividade de treinamento deve considerar vários elementos nessa tarefa, tais como conhecer o tipo de aprendizagem requerida, as condições para melhor promovê-la, o contexto do local de trabalho e as características do público-alvo, bem como a adequação entre a forma da apresentação do treinamento e o contexto de ensino.

Na Parte IV do livro, serão descritos os caminhos para uma implementação bem-sucedida de qualquer atividade instrucional (Capítulos 13, 14 e 15). O presente capítulo, fornecendo as bases, deixará o leitor mais seguro para perceber como ocorre a aprendizagem e quais são as situações que a induzem. Este capítulo não traz uma análise exaustiva de todas as teorias de aprendizagem, mas seleciona algumas e as trata de acordo com os objetivos delineados para este capítulo. De qualquer forma, o tema não se esgotará com a leitura deste texto.

COMPREENDENDO CONCEITOS IMPORTANTES

Dentro da psicologia organizacional e do trabalho, a área de TD&E e a psicologia instrucional se somam na identificação das condições necessárias à aprendizagem de conhecimentos, habilidades e atitudes (CHAs) exigidos pelo trabalho. Há teorias psicológicas que visam descrever os processos subjacentes à aprendizagem individual, bem como investigar a influência exercida por variáveis individuais e ambientais sobre a aprendizagem.

Conforme Abbad e Borges-Andrade (2004), a aprendizagem pode ser *natural* (ou *espontânea*) e *induzida*. No primeiro caso, esse processo ocorre por observação, imitação, tentativa e erro, busca em materiais escritos, contatos informais com outras pessoas. Em organizações e trabalho, essa aprendizagem ocorre no dia-a-dia do trabalhador, em seus contatos formais e informais com pares, superiores, fornecedores, clientes e com materiais de apoio ao trabalho: listagens, roteiros, normas, livros, folhetos, bancos de dados e similares. A aprendizagem natural tem como característica principal ser pouco sistemática e seguir um ritmo baseado em preferências, estilos e motivações pessoais. A aprendizagem *induzida*, por outro lado, é fomentada por situações bem estruturadas e planejadas especialmente para facilitar a aprendizagem, a retenção e a transferência. Essas situações são genericamente chamadas de treinamento e desenvolvimento.

O conceito de aprendizagem, em outras áreas do conhecimento, vem sendo empregado com um sentido metafórico. Vários autores referem-se a "organizações que aprendem" e "aprendizagem organizacional" para se referirem a organizações como entidades que mudam seus comportamentos, possuem processos de aquisição, memorização, recuperação e transferência de CHAs similares aos individuais. Neste capítulo, ao se falar de aprendizagem, assume-se que este processo é algo que ocorre no nível do indivíduo (*micro*), podendo, entretanto, propagar-se para níveis mais abrangentes de análise como equipes (*meso*) e organizacional (*macro*).

Em linguagem comum (ver, por exemplo, os dicionários Aurélio, Caldas Aulete e Koogan/Houaiss), a aprendizagem ou o ato de "aprender" está geralmente associado às noções de adquirir, tomar, reter, segurar, pegar, agarrar, prender e assimilar. Isto é, nesse termo está quase sempre embutido o sentido figurado da "apropriação" ou da "apreensão". De acordo com Abbad e Borges-Andrade (2004), aprendizagem é um processo psicológico que acontece no nível do indivíduo. O conceito de aprendizagem sofre variações dentro da psicologia, de acordo com as diversas abordagens existentes, mas, de forma geral, aprendizagem faz referência "a mudanças que ocorrem no comportamento do indivíduo, não resultantes unicamente de maturação, mas de sua interação com o contexto" (Abbad e Borges-Andrade, 2004, p.238). Na mesma direção, Bigge (1982) define aprendizagem como mudanças duradouras, que não são fruto de heranças genéticas, mas conseqüências de situações específicas vivenciadas pelo indivíduo em seu contato com o ambiente.

Por que devemos estudar teorias de aprendizagem neste livro que trata de treinamento e comportamento em organizações e trabalho? Para responder adequadamente a essa questão, precisamos tentar explicar de que modo o conhecimento sobre processos básicos da aprendizagem individual influencia o planejamento instrucional. Além disso, precisamos analisar o modo com o qual o conhecimento sobre essas teorias possibilita a criação de situações e condições propícias à aprendizagem, além de avaliarmos a contribuição dessas teorias psicológicas no contexto de organizações e trabalho. O profissional de treinamento deveria perguntar-se, ainda, de que modo a aprendizagem natural e espontânea se relaciona (ou deveria relacionar-se) à aprendizagem induzida em ambientes organizacionais e de trabalho.

Essas questões são muito importantes para a área, uma vez que as grandes transformações em curso no mundo do trabalho, tratadas nos Capítulos 1 e 3, compelem a sociedade, as organizações e os trabalhadores a lutar incessantemente contra a obsolescência profissional. A aprendizagem contínua e ao longo da vida é questão de sobrevivência, principalmente no mercado de trabalho. Esses são desafios que os sistemas instrucionais de treinamento, qualificação e formação profissional têm enfrentado com seriedade e empenho. Os profissionais de TD&E são aqueles responsáveis por escolher, criar e disponibilizar condições propícias à aprendizagem de adultos empregados ou desempregados, bem como identificar e lutar para eliminar ou minimizar o efeito perverso de restrições situacionais ou obstáculos ambientais à aprendizagem contínua e aberta a todos (ver Capítulos 12 e 20).

Conforme visto na parte anterior, (Capítulos 10 a 12), ao avaliar necessidades de treinamento, o profissional identifica quais pessoas precisam aprimorar quais competências para o trabalho, bem como verificar até que ponto as discrepâncias de desempenho que apresentam devem-se à falta de suporte ambiental ou a problemas motivacionais. A partir dessas informações e da descrição do perfil da clientela-alvo, o profissional de treinamento, sozinho ou em parceria com a clientela-alvo, escolhe ou cria situações de aprendizagem, capazes de desenvolver as competências e preparar o indivíduo para enfrentar e superar restrições impostas pelo ambiente à aplicação dessas novas aprendizagens no trabalho.

Na prática, ao desenhar cursos, os planejadores instrucionais devem criar situações que facilitem e apóiem todas as fases do processo de aprendizagem, para que, desse modo, ocorra a tão desejada mudança de comportamento do aprendiz. O desenho instrucional, entretanto, precisa ser construído com base em teorias de aprendizagem e em outras abordagens teóricas que auxiliam o profissional a escolher as condições propícias à aprendizagem.

Uma boa prática profissional se fundamenta em teoria e em resultados de pesquisas. Por esse motivo, a apresentação das teorias de aprendizagem, instrucionais e de desenho que fundamentam e dão subsídios ao desenvolvimento de projetos de treinamento são de suma importância para que profissionais de TD&E sejam bem-sucedidos em seus ambientes de trabalho e saibam justificar suas escolhas e decisões técnicas.

DISTINGUINDO TEORIAS DE APRENDIZAGEM, TEORIAS INSTRUCIONAIS E ABORDAGENS DE DESENHO INSTRUCIONAL

Em primeiro lugar, é necessário distinguir *teorias de aprendizagem* de *teorias instrucionais* e de *desenho instrucional*. De acordo com Reigeluth (1999), *teorias de desenho instrucional* fornecem diretrizes concretas sobre como facilitar a ocorrência de certos processos de aprendizagem (tendo, então, caráter prescritivo), enquanto *teorias de aprendizagem* fornecem os princípios subjacentes sobre o motivo por que essas prescrições são úteis (tendo assim, caráter descritivo). De acordo com Smith e Rogan (2000), uma *teoria instrucional* consiste em um conjunto integrado de princípios baseados em teoria de aprendizagem que possibilita predizer os efeitos de condições instrucionais específicas no processo cognitivo do aprendiz e nas capacidades aprendidas resultantes. Uma teoria instrucional, em geral, é prescritiva e tem como objetivo principal melhorar ou garantir a aquisição de objetivos de aprendizagem.

O Quadro 13.1 destaca algumas diferenças e semelhanças entre os três tipos de teorias que fundamentam o planejamento instrucional.

Thornburg (1984) define teoria instrucional como a forma com que o professor influencia o aluno a aprender. Bruner (1966) afirma que uma teoria instrucional é prescritiva, pois estabelece regras acerca da melhor forma de ensinar CHAs; normativa, porque estabelece os critérios e condições para o que essas regras sejam seguidas, e, finalmente, descritiva, porque nos informa sobre o que acontece no processo instrucional.

De acordo com Abbad (1999), *teorias instrucionais* são úteis para completar uma lacuna deixada pelas teorias de aprendizagem, as quais, segundo Tannenbaum e Yukl (1992) e Abbad (1999), têm suas bases em pesquisas realizadas principalmente com animais, pessoas com deficiências mentais ou estudantes universitários submetidos a tarefas motoras simples e que requeriam memorização de conteúdos a curto prazo, sendo, portanto, diferentes das competências complexas ensinadas nos ambientes organizacionais da atualidade. Segundo esses autores, os avanços observados na psicologia instrucional e cognitiva, assim como a combinação dessas com o enfoque comportamental, ajudam a potencializar uma melhor compreensão sobre como o aprendiz adquire competências, o que possibilita o aperfeiçoamento de procedimentos e técnicas instrucionais.

Entre as *teorias instrucionais*, a de Gagné merece destaque especial, pois, ao tratar diretamente de condições internas e externas à aprendizagem e sugerir eventos da instrução para cada fase do processamento cognitivo de informações, essa teoria tem facilitado a elaboração de projetos de treinamento em diversas áreas e em todos os domínios de aprendizagem.

Condições externas de aprendizagem, na área de treinamento, referem-se à definição de objetivos instrucionais, escolha dos modos de entrega da instrução (cursos presenciais, a distância, semipresenciais, autoinstrucionais), das mídias ou meios de ensino (materiais impressos, CD-ROM, vídeos, fitas cassete, rádio, video conferências, simuladores, televisão, intranet ou internet, entre outros), das estratégias de ensino (exposição oral, estudos de caso, dramatização, exposi-

Quadro 13.1
COMPARAÇÃO ENTRE TEORIAS DE APRENDIZAGEM, INSTRUCIONAIS E DE DESENHO INSTRUCIONAL

Teorias	Aprendizagem	Instrucionais	Desenho instrucional
Classificação	Descritivas e não prescritivas.	Prescritivas e descritivas.	Prescritivas.
Características	Descrevem processos individuais básicos, estruturas cognitivas subjacentes à aprendizagem ou relações entre eventos.	Descrevem o modo pelo qual condições externas podem facilitar o processo interno de aprendizagem. Prescrevem eventos instrucionais gerais, aplicáveis a qualquer tipo de treinamento.	Prescrevem métodos, estratégias, ferramentas e recursos de ensino. Detalham procedimentos instrucionais específicos.
Autores	Skinner (1969/1980) Anderson (1983)	Gagné (1985 e 1988) Bloom e colaboradores (1972 e 1974) Ausubel (1968) Reigeluth (1999)	Hannafin, Land e Oliver (1999) Jonanssen (1999) Mayer (1999) Schank, Berman e Macpherson (1999)

ção dialogada, painel integrado, discussão em grupo, modelação comportamental, simulação, etc.), de seqüências de conteúdos que respeitem os princípios de aprendizagem subjacentes a cada domínio ou resultado de aprendizagem (cognitivo, afetivo ou atitudinal e psicomotor), bem como a definição dos critérios e medidas de avaliação de aprendizagem (exercícios práticos, testes de papel e lápis, relatórios, projetos).

Por *condições internas* à aprendizagem, em psicologia instrucional, compreende-se o grau de prontidão do indivíduo para aprender. De acordo com essa ótica, os aprendizes devem dominar os pré-requisitos (níveis inferiores nos sistemas de classificação de Bloom ou Gagné), sem os quais não seria possível aprender o que é mais complexo. Contudo, mesmo quando há pequenas diferenças no rendimento dos indivíduos em pré-testes, os aprendizes diferem entre si em muitas outras características pessoais, como inteligência, motivação, auto-eficácia, lócus de controle, gênero, idade, história pessoal e profissional, entre outras.

Para maximizar os ganhos de aprendizagem para todos os perfis de aprendizes, um bom planejamento instrucional não deveria oferecer as mesmas atividades (leituras, exercícios, etc.) para todos. O ideal seria oferecer atividades personalizadas, de modo a otimizar o alcance dos objetivos de aprendizagem.

Segundo Abbad e Borges-Andrade (2004), um dos grandes desafios das áreas de planejamento de treinamento é, portanto, garantir um alto grau de estruturação de eventos instrucionais e, ao mesmo tempo, respeitar as diferenças individuais. A psicologia instrucional, em especial as teorias instrucionais, preocupam-se em entender de que modo as diferenças individuais interagem com a instrução e com os contextos para produzir os resultados de aprendizagem (CHAs). Todas as ações de treinamento visam, em última instância, atingir objetivos cujo efeito pode acarretar a redução das diferenças individuais no desempenho. Todavia, em alguns casos, quando as competências são complexas, o que se pretende é ressaltar diferenças individuais para garantir pensamento divergente, originalidade na resolução de problemas, inovação no tratamento de problemas e desafios suscitados pelo ambiente.

Gagné, como parte de sua teoria instrucional, propôs um sistema de classificação de resultados de aprendizagem que apóia o planejamento instrucional, ao facilitar a identificação da natureza de cada resultado de aprendizagem. Além dessa abordagem, existem outras, como as taxonomias de Bloom e colaboradores (1972) e as abordagens de Ausubel (1968), Anderson (1968) e Merrill (1983). Essas propostas teóricas também podem ser consideradas como bases das teorias de desenho instrucional porque, ao classificarem resultados de aprendizagem, apóiam várias fases do planejamento instrucional, como a construção de hierarquias de aprendizagem, o estabelecimento de seqüência de ensino, definição de critérios de avaliação de aprendizagem, escolha do tipo de evento educacional adequado à natureza dos resultados de aprendizagem pretendidos, elaboração de projetos instrucionais compatíveis com a natureza e o grau de complexidade dessas habilidades, criação de condições necessárias à aprendizagem, bem como a definição de critérios válidos de avaliação da aprendizagem, retenção e transferência de aprendizagem (aplicação do aprendido no ambiente de trabalho). Esses sistemas de classificação de resultados de aprendizagem são descritos nos Capítulos 14 e 15.

As *teorias de desenho instrucional*, designação conforme Reigeluth (1999), podem ser entendidas como o que Salas e Cannon-Bowers (2001) denominam "abordagem instrucional", que é a combinação de uma série de ferramentas, métodos e conteúdos. As teorias de desenho instrucional nos oferecem diretrizes sobre como melhor ajudar as pessoas a aprender e se desenvolver. Reigeluth (1999) complementa, afirmando que as teorias de desenho instrucional são mais direcionadas e fáceis de ser aplicadas em situações de problemas educacionais do que as demais abordagens. A importância destas teorias está no fato de que essas abordagens auxiliam o profissional de TD&E a melhorar o desenho de situações de ensino-aprendizagem. As teorias de desenho instrucional têm sofrido mudanças nos últimos tempos para dar conta das mudanças na sociedade e na forma de ensinar, pois, nos nossos tempos, os profissionais necessitam, para ser bem-sucedidos, da aquisição contínua, ao longo da vida inteira, de CHAs novos e cada vez mais complexos. Entre esses conhecimentos estão: solução de problemas, trabalho em equipes, auto-avaliação, planejamento da própria carreira, aprender a aprender, entre outros.

Em contrapartida, as teorias de aprendizagem identificam "o que acontece na cabeça do aprendiz", ou seja, descrevem como a aprendizagem ocorre. É importante ressaltar que essa distinção não implica superioridade de um tipo de teoria sobre outra. Ambas são importantes para entendermos o fenômeno da aprendizagem, visto que servem a propósitos diferentes, o que faz com que sejam complementares uma da outra. Como enfatizado por Reigeluth (1999), teorias de aprendizagem nos ajudam a compreender por que uma teoria do desenho funciona, servindo então de base para as teorias de desenho instrucional.

Há teorias de aprendizagem que descrevem os processos por meio dos quais um conhecimento é adquirido e armazenado em *schemas*, ou estruturas cognitivas. Algumas teorias de aprendizagem descrevem etapas do processamento cognitivo de informações, subjacentes à aprendizagem. Outras investigam relações entre estímulos ambientais antecedentes e conseqüentes e o comportamento do aprendiz, durante a aprendizagem, retenção e transferência. As teorias de planejamento instrucional diferem das teorias de aprendizagem, por serem prescritivas.

Portanto, as teorias de desenho ou planejamento instrucional orientam o planejador a escolher as melhores maneiras de auxiliar as pessoas a aprender e a desenvolver novas competências ou habilidades. Essas abordagens focalizam os meios para atingir os objetivos de aprendizagem, identificam métodos de instrução e descrevem as situações nas quais esses métodos devem ser utilizados. As abordagens instrucionais podem ser analisadas em termos de seus principais componentes ou de maneira mais detalhada, em termos de seus componentes específicos.

Segundo Reigeluth (1999), as teorias de desenho ou planejamento instrucional são constituídas por, pelo menos, dois componentes: (a) métodos para facilitar a aprendizagem e o desenvolvimento humano e (b) indicações sobre onde e quando utilizar esses métodos (situação). Por serem situacionais, os métodos devem considerar as condições nas quais a instrução ocorrerá, entre as quais: a natureza do que será aprendido (capacidades, habilidades ou atitudes), o perfil do aprendiz (experiência e conhecimentos prévios, estratégias de aprendizagem, motivações), o tipo de ambiente de estudo (independente e em casa, em grupo e no trabalho, em equipe natural no trabalho), o tipo de restrições ambientais ao desenvolvimento da instrução (tempo e recursos para desenvolver, planejar e executar a instrução). A situação instrucional também inclui os resultados esperados, em termos dos níveis de eficácia e eficiência da aprendizagem, grau de satisfação com a instrução, assim como dos impactos pós-treinamento.

Para finalizar essas reflexões, observe a Figura 13.1 que mostra a relação entre planejamento instrucional e teorias de aprendizagem, instrucionais e de desenho instrucional.

O planejamento instrucional, produto dos três tipos de teorias, funciona como uma ponte ou elo de ligação entre necessidades e resultado de treinamento. Assim, compreender e estudar as teorias de aprendizagem é fundamental para o profissional de treinamento, pois as teorias embasam o planejamento e norteiam as práticas instrucionais.

ANALISANDO TEORIAS DE APRENDIZAGEM QUE FUNDAMENTAM O PLANEJAMENTO INSTRUCIONAL

De acordo com Abbad e Borges-Andrade (2004), com relação às teorias de aprendizagem, existem duas principais abordagens: a cognitivista e a comportamentalista. Mais recentemente, a abordagem construtivista, anteriormente mais restrita à psicologia escolar e à pedagogia, passou a ser utilizada em planejamento de treinamento por profissionais da área de organizações e trabalho. A primeira tem sido a mais utilizada pela psicologia instrucional nas últimas décadas. A abordagem *cognitivista* (teorias S-O-R) define aprendizagem como uma mudança de comportamento (R), resultante da interação do indivíduo com o meio (S), e de processos mentais (O) de aquisição de CHAs. Na abordagem *behaviorista* (teorias S-R-C), o foco está na mudança de comportamento (R), produto da interação do indivíduo com o meio (estímulo – S – e conseqüência – C).

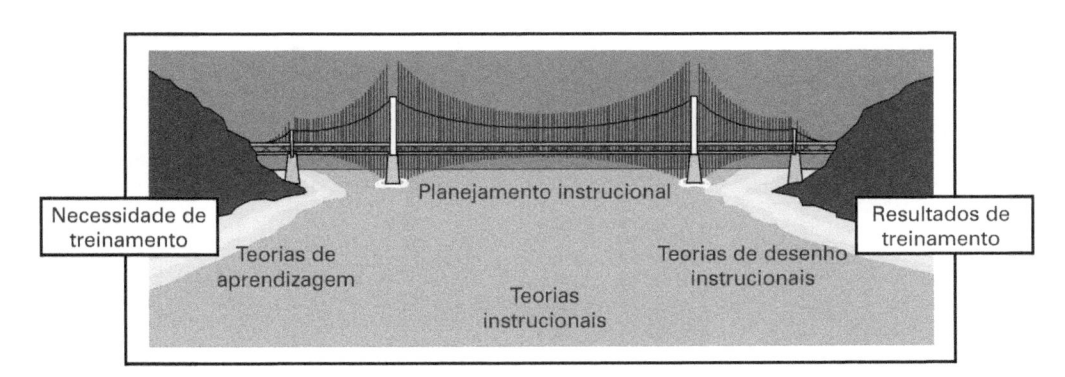

Figura 13.1 Planejamento instrucional como uma prática fundamentada em teorias.
Fonte: Adaptado de Fernandes (2003).

Ormrod (1999) define aprendizagem de duas maneiras: aprendizagem como uma mudança relativamente permanente no **comportamento** (R) devida à **experiência** (S) e, segundo, como uma mudança relativamente permanente nas **associações mentais** (O) devida à experiência. Enquanto a primeira abordagem focaliza respostas ou comportamentos observáveis, a segunda focaliza os processos mentais envolvidos no processo de aprendizagem, além dos comportamentos ou das respostas observáveis.

Royer e Feldman (1984) apresentam diversos exemplos de teorias *behavioristas* e teorias cognitivistas. Como *behavioristas*, os autores apresentam as teorias de aprendizagem associativa (aprendizagem envolve a formação de associações entre os estímulos/eventos e respostas/comportamentos) e teoria da aprendizagem operante (aprendizagem governada por três princípios: comportamento seguido de reforço irá ocorrer com mais freqüência; comportamento seguido de punição irá diminuir de freqüência e comportamento antes reforçado que deixa de receber reforço decresce de freqüência). Em contrapartida, exemplos de teorias cognitivistas são as teorias do processamento de informações (divide o sistema cognitivo humano em uma série de estágios).

Segundo Abbad e Borges-Andrade (2004), o modelo de processamento de informações pressupõe um sistema composto por estruturas cognitivas e processos internos em constante interação com o ambiente. Essa interação ocorre por meio de estímulos ambientais que, transformados em informações sensoriais, estimulam os *receptores neurais* localizados nos órgãos dos sentidos. Em seguida, estes impulsos neurais, captados pelos *registros sensoriais* e transformados em padrões de informação reconhecíveis pelo indivíduo, são passados à *memória de curto prazo*, que os retêm por um breve período de tempo. Nesse período, os dados são "repetidos mentalmente" para armazenamento na *memória de longo prazo*. A Figura 13.2 esquematiza as etapas e estruturas de processamento de informações.

> Além de ser enviada para armazenamento, a informação retida na memória de curto prazo pode ativar o gerador de respostas. Por outro lado, o conhecimento já armazenado na memória de longo prazo pode ser recuperado ou transferido para outras situações. Caso isso ocorra, seja por recuperação ou por transferência de aprendizagem, a informação pode ser enviada novamente à memória de curto prazo ao gerador de respostas, que seleciona e organiza a forma que as respostas serão emitidas. O efetuador apropriado (mãos e braços, pés e pernas, olhos e cabeça, etc.) então é ativado e algum tipo de ação específica e observável é realizada pelo indivíduo.
>
> [...]
>
> No caso de o indivíduo ter sido exposto a situações novas, nas quais exige-se que ele aplique o processo de recuperação, entra em ação um processo de transferência (lateral ou vertical) de aprendizagem, na qual novas relações entre informações podem ser estabelecidas. Essa transformação torna, assim, mais provável a recuperação da informação e a sua utilização pelo aprendiz. (Abbad e Borges-Andrade, 2004, p.243-244, sic).

A Figura 13.2 representa esquematicamente as etapas do processamento de informações e estruturas cognitivas subjacentes envolvidas.

Conforme Abbad e Borges-Andrade (2004), recebendo a informação, o gerador de respostas é encarregado do processo de *organização do desempenho*, a ser realizado no meio ambiente. Em seguida, o efetuador é ativado e gera (ou exibe) as *respostas*. O processo cognitivo de *reforçamento* ocorre, mediado pelo ambiente, quando a confirmação do desempenho é observada pelo aprendiz (retroalimentação). Como será visto a seguir, o próprio aprendiz pode atribuir conseqüências para seu desempenho, independentemente de uma mediação feita pelo ambiente.

Dois outros processos podem ainda influenciar o fluxo de informações, o *controle executivo* e as *expectativas*. Os primeiros são capacidades aprendidas pelo indivíduo em longos períodos de tempo, independentemente de qualquer conteúdo ou área de conhecimento específico, por meio das quais o aprendiz pode regular as diferentes etapas de aprendizagem.

Já as *expectativas*, o segundo daqueles processos que podem influenciar o fluxo de informações ilustrado pela Figura 13.2, relacionam-se àquilo que o aprendiz acredita que se espera dele, seja em uma atividade de TD&E, no trabalho ou na vida. As expectativas podem orientar e organizar a aprendizagem, afetando desde a maneira como o aprendiz percebe os estímulos do início do fluxo até o modo com que ele interpreta a retroalimentação que segue suas ações. As expectativas podem ainda ter um papel muito importante ao determinar o que será esquecido.

Para Gagné (1985), os processos internos de aprendizagem podem ser apoiados e influenciados por eventos externos, denominados eventos da instrução. A instrução, para esse importante autor, nada mais é do que um conjunto de eventos externamente planejados e desenhados para apoiar os processos de aprendizagem. Esses eventos são os seguintes:

- Obter a atenção do aprendiz.
- Informar o objetivo instrucional ao aprendiz.
- Estimular a lembrança de aprendizagens anteriores.
- Apresentar os estímulos ao aprendiz.

```
Processos internos                    Estruturas cognitivas
┌─────────────────────────┐           ┌─────────────────────────┐
│  Atenção ou recepção    │───────────│   Receptores sensoriais │
└─────────────────────────┘           └─────────────────────────┘
            ↓
┌─────────────────────────┐
│   Percepção seletiva    │──┐
└─────────────────────────┘  │        ┌─────────────────────────┐
            ↓                ├────────│   Memória de curto prazo│
┌─────────────────────────┐  │        └─────────────────────────┘
│       Repassagem        │──┤
└─────────────────────────┘  │
            ↓                │
┌─────────────────────────┐  │
│      Codificação        │──┘
└─────────────────────────┘
            ↓
┌─────────────────────────┐           ┌─────────────────────────┐
│      Recuperação        │──┐────────│   Memória de longo prazo│
└─────────────────────────┘  │        └─────────────────────────┘
            ↓                │
┌─────────────────────────┐  │
│Transferência de aprendizagem│┘
└─────────────────────────┘
            ↓
┌─────────────────────────┐           ┌─────────────────────────┐
│ Organização do desempenho│──────────│    Gerador de respostas │
└─────────────────────────┘           └─────────────────────────┘
            ↓
┌─────────────────────────┐           ┌─────────────────────────┐
│        Resposta         │───────────│   Efetuador de respostas│
└─────────────────────────┘           └─────────────────────────┘
            ↓
┌─────────────────────────┐
│  Reforçamento feedback  │
└─────────────────────────┘
```

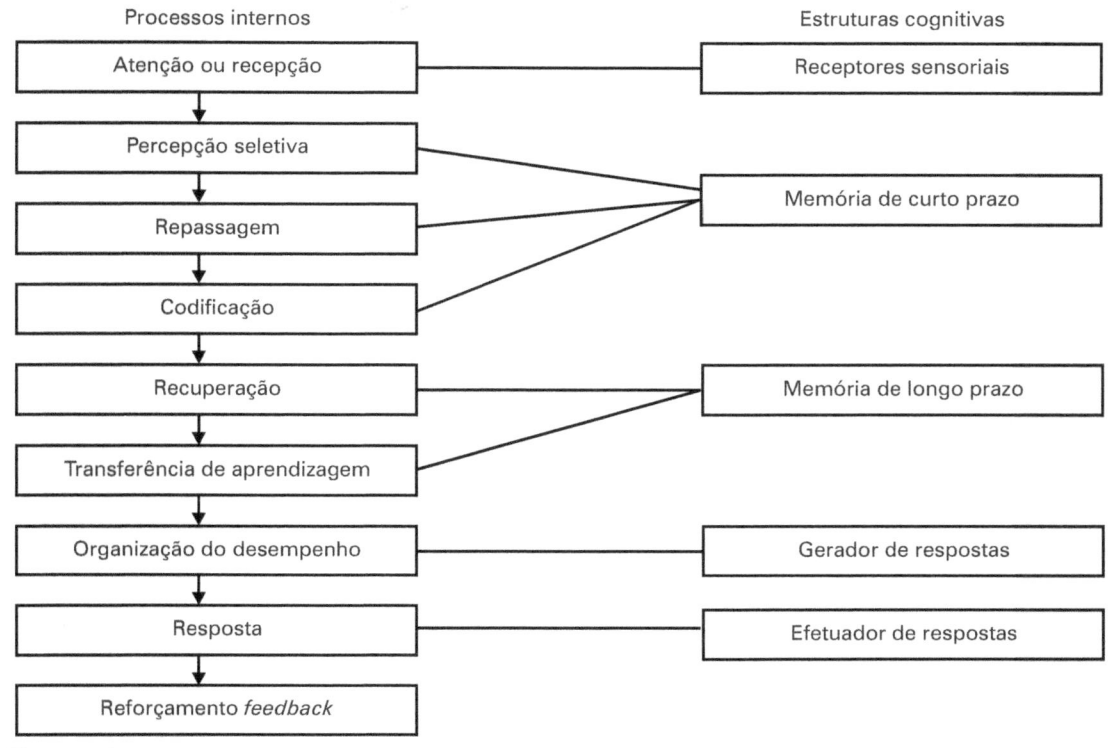

Figura 13.2 Etapas e estruturas de processamento de informações.

- Prover guias de aprendizagem.
- Provocar o desempenho.
- Fornecer *feedback* informativo.
- Avaliar o desempenho do aprendiz.
- Aumentar a retenção e a transferência de aprendizagem.

Em algumas situações, nem todos esses eventos são utilizados, tampouco a seqüência de eventos anteriormente descrita precisa ser respeitada durante a elaboração de plano instrucional. Quando os aprendizes já dominam pré-requisitos ou possuem conhecimentos e experiência na área abordada pela instrução, não será necessário recordá-los dessas aprendizagens anteriores. Além disso, quando os aprendizes possuem estratégias metacognitivas de controle da própria aprendizagem, alguns desses eventos são desnecessários. Para diferentes tipos de resultados de aprendizagem, são necessárias condições ou eventos da instrução distintos. Essas diferenças aparecem mais claramente nos eventos de estímulo à recordação de aprendizagens anteriores, apresentação dos estímulos e fornecimento de guias de aprendizagem.

Segundo Abbad (1999) identificar a retenção e generalização é condição necessária, mas não suficiente, para que os comportamentos aprendidos em treinamento ocorram no trabalho.

Nos modelos da psicologia cognitiva, a retenção se refere à armazenagem, na memória de curto prazo, dos conhecimentos advindos da instrução após a aprendizagem. Posteriormente, há uma transferência desse conhecimento para a memória de longo prazo. Dessa forma, os conhecimentos podem ser recuperados para uso no ambiente de trabalho, conforme a estimulação adequada existente naquele local.

O conceito de generalização é amplamente pesquisado em psicologia experimental e autores clássicos já trataram da definição e delimitação do conceito no campo experimental (Catania, 1999). No contexto de T&D, a noção teórica de generalização é relacionada à idéia de que o treinado pode identificar situações nas quais os conhecimentos adquiridos no ambiente instrucional podem ser aplicados no trabalho.

Como o ambiente instrucional é diferente daquele em que o participante atua, verificar a generalização não pressupõe que a transferência de treinamento ocorrerá. Esse termo é utilizado para os "efeitos de treinamentos formais planejados e executados em organizações do trabalho sobre o desempenho e as atitudes da clientela treinada" (Abbad, 1999). Baldwin e Ford (1988, apud Abbad, 1999) consideram que o conceito de transferência incorpora o de generalização e o de manutenção ou retenção a longo prazo dos conhecimentos e das habilidades aprendidas.

Além do modelo de processamento de informações, existem outros, como o de redes semânticas, nas quais os conteúdos da mente são entendidos como muitos nódulos trabalhando de forma integrada, conforme Royer e Feldman (1984).

As teorias de aprendizagem cognitivistas podem ter um caráter mais objetivista ou mais construtivista, sendo que este último vem ocupando papel de destaque, em função do crescimento da educação a distância (EAD), conforme ressaltado por Dennis (2003), Lowyck e Pöysä (2001) e Neo (2002).

Leung (2003) apresenta questões relacionadas ao processo de aprendizagem no behaviorismo, cognitivismo e, em especial, no construtivismo. No primeiro, a aprendizagem é formada por uma série de seqüências estruturadas que modelam, estabilizam e reforçam as associações importantes por meio de revisão, prática e *feedback*. Não há referência aos processos mentais do aprendiz. No cognitivismo, partindo para uma visão objetivista, o processo de aprendizagem é enfatizado em situações de trabalho com problemas específicos, sendo que os aprendizes já possuem algum tipo de conhecimento antes de partirem para a solução do problema. Finalmente, no construtivismo, considerado uma extensão do cognitivismo, o processo de aprendizagem envolve descoberta e aprendizagem experiencial dos alunos, ou seja, os aprendizes constroem o conhecimento a partir de suas experiências individuais e de interações com o ambiente.

De acordo com Casas (1999), na instrução cognitiva objetivista, o conhecimento a ser aprendido é predeterminado e transferido para o aprendiz durante o processo instrucional, a partir do significado da comunicação e da resolução do problema. De acordo com essa abordagem, a aquisição de conhecimentos depende da aplicação de métodos instrucionais que possam ajudar os aprendizes a adquirir o conhecimento desejado.

O autor mencionado também ressalta que, embora o conhecimento seja objetivo, é reconhecido que a aprendizagem é particular ao aprendiz e está baseada no conhecimento previamente adquirido. Portanto, durante o processo instrucional, o desenhista instrucional deve atentar para as características pessoais dos aprendizes. Dentro de uma visão objetivista, o planejamento instrucional envolve, então, definição do conteúdo, da seqüência e dos meios pelos quais o conteúdo será transmitido ao aprendiz.

Na abordagem construtivista, o conhecimento não pode ser objetivamente definido, ou seja, o aprendiz constrói individualmente o conhecimento, a partir de suas experiências, sendo o conhecer um processo adaptativo. De acordo com Casas (1999), os aprendizes assimilam novos conceitos em suas estruturas cognitivas, anteriormente construídas, por meio da ação no mundo. Quando esse processo não é possível, ocorre a modificação ou ampliação das suas estruturas cognitivas para acomodação de interpretações das novas experiências. Conforme ressaltado por Campos, Rocha e Campos (1998), o modelo de instrução e desempenho, no construtivismo, é substituído pelo desenvolvimento de habilidades reflexivas do aprendiz.

Segundo Pozo (2002), no construtivismo o conhecimento é sempre uma interação entre a informação nova que se recebe com aquilo que já sabíamos e aprender é "construir modelos para interpretar a informação que recebemos". Esse autor prossegue, dizendo que há dois processos de construção do conhecimento. O primeiro deles envolve a construção estática, na qual se assimila a informação apresentada às estruturas de conhecimento já existentes. Esse argumento pode explicar o motivo por que duas pessoas recebem a mesma informação, mas aprendem coisas distintas. Pozo ressalta que pressuposições ou constatações como essas ainda não distinguem o construtivismo de outra teoria de aprendizagem.

O modelo construtivista é, de fato, definido pela construção dinâmica do conhecimento. Esse modelo é a reorganização daquilo que aprendemos com o que já conhecemos, em um processo ativo por quem aprende. Considera-se que a mudança, além de quantitativa, é fundamentalmente qualitativa, gerando novas respostas e soluções.

Pozo alerta que reduzir toda a aprendizagem humana à construção é reducionismo metodológico, tal como considerar a aprendizagem exclusivamente oriunda de processos associativos de condicionamento. As representações também podem ser adquiridas por processos associativos, como decorar endereços ou telefones. O "significado", para quem aprende, está na correspondência exata do número telefônico ou endereço que o permitiria fazer uso dele. Então, tal como no corpo humano, no qual órgãos compõem sistemas que, atuando juntos, obtêm um estado de equilíbrio dinâmico, permitindo a vida, os processos de aprendizagem associativa e construtivista coexistem, apóiam-se mutuamente e são úteis ao ser humano. Em uma aprendizagem complexa, como em solução de problemas, deve-se considerar que os dois processos ocorrem e, em cada momento, pode haver predomínio de um processo ou outro.

Pozo (2002) acrescenta que importa saber quais são as características mais típicas da aprendizagem: "(a) uma mudança duradoura (b) e transferível para novas situações (c) como conseqüência direta da prática realizada". De forma resumida, a aprendizagem construtivista envolve compreender o que se está fazendo. Além disso, a atividade deve ter sentido para a pessoa que aprende de forma que ela possa utilizar o conhecimento. Em relação a isso, Moreira (1999), com base nos trabalhos de Ausubel (1963, 1968, apud Moreira, 1999), identifica essa visão da aprendizagem como significativa e a apresenta a partir do que ela seria para diversos autores.

Para Ausubel (1963 e 1968), a visão mencionada é significativa quando a nova informação se relaciona de forma não-arbitrária e não-literal (substantiva) à estrutura cognitiva do aprendiz. Para Piaget (1971, apud Moreira, 1999) os conceitos-chaves de sua teoria, assimilação, acomodação, adaptação e equilibração, combinam-se e teriam características similares a uma aprendizagem significativa.

Nos trabalhos de Vygotsky (1971, apud Moreira, 1999), a importância do contexto social, histórico e cultural no qual a aprendizagem ocorre se reflete na aprendizagem significativa. Os processos sociais são fundamentais para os processos mentais de ordem superior. Primeiro, acontecem as relações sociais entre pessoas para, em seguida, desenvolverem-se os processos cognitivos no interior do sujeito. A interação social é o veículo primordial para a transmissão do conhecimento construído com base histórica, social e cultural. Daí decorre a relevância da linguagem, ou seja, os sistemas de símbolos e signos de um grupo de indivíduos se tornam conhecidos e com significado para uma pessoa que pode fazer algo a partir deles.

Dada a impossibilidade de exaurir as contribuições do construtivismo ao contexto de ensino e aprendizagem, serão consideradas, nesta parte, as recomendações práticas de Pozo (2002), que resumem a mudança dos papéis de aprendizes e mestres para produzir uma aprendizagem construtivista e que avançam para além da cultura tradicional de mera utilização da aprendizagem associativa. Para Pozo, a educação, baseada no construtivismo, deverá:

- Valer-se mais de solução de problemas e tarefas com resultados abertos do que exercícios fechados.
- Levar o aluno a entender que sua aprendizagem decorre mais de fazer perguntas e buscar a solução do que de encontrar respostas prontas de outros.
- Valorizar a ativação e tomada de consciência progressiva de seus conhecimentos com a capacidade de regular seus próprios processos cognitivos.
- Fazer com que os alunos sejam o centro da aprendizagem, de forma que a percebam como tarefa de sua própria responsabilidade e que a meta principal seja aprofundar o próprio conhecimento.

- Avaliar a aprendizagem de forma divergente, valorizando resultados diversos em vez de convergente e homogêneo para todos.
- Planejar a atividade de aprendizagem como um exercício de cooperação social em uma comunidade de saber, evitando permiti-la em atividades solitárias.

Em relação ao comportamentalismo, é útil compreender como os princípios derivados da análise experimental do comportamento, em particular os relacionados ao comportamento operante, podem ser empregados no estabelecimento de condições propícias à aprendizagem.

Por essa abordagem, uma condição essencial ao entendimento do comportamento é descobrir as relações entre os eventos que o antecedem, o comportamento em si e as suas conseqüências. Esse processo de *descoberta* e *análise* de relações é denominado *análise funcional*. As relações verificadas são chamadas de contingências. No caso, trata-se de uma contingência tríplice (Todorov, 1985), caracterizada por relações "se-então", ou seja, se uma dada resposta é emitida, então uma conseqüência se segue, ou, se uma situação antecedente ocorre (estímulo – S), então uma resposta (R) pode ser emitida. Assim, grosseiramente falando, podemos arranjar as contingências quando, em um treinamento mediado por computador, dada uma pergunta a respeito dos componentes do Conselho de Política Monetária Nacional (condição antecedente – S), o aluno escreve a resposta (R), e ela é imediatamente verificada e corrigida, oferecendo-se *feedback* (conseqüência ou C).

Segundo Otto (2004), em instrução programada, por exemplo, o *quadro instrucional* é uma unidade de ensino que se compõe de (a) um assunto a ser aprendido, (b) da questão de um momento para escrever ou selecionar entre escolhas e (c) de um *feedback* para a resposta ou, de forma mais simples, da resposta para a questão.

As situações antecedentes normalmente possuem uma função evocativa do comportamento, ou seja, servem de ocasião (ou a sinalizam) para que o indivíduo aja de uma determinada forma. A essas situações chamamos estímulos discriminativos. Em situações de ensino, o fornecimento de dicas verbais, figuras ou sons podem servir como estímulos discriminativos para as respostas que se desejam adequadas ou que gerem novas oportunidades de aprendizado, tal como o uso dos *hiperlinks*. Da mesma maneira, as instruções iniciais de um estudo de caso, os cenários montados em simulações funcionam como estímulos discriminativos para a emissão de diversos comportamentos.

Os eventos antecedentes são importantes para evocar um comportamento, mas não garantem sua manutenção. Nesse ponto, os efeitos dos comportamentos no ambiente (as conseqüências produzidas) vão permitir a sua manutenção, aumento, redução ou extinção. Por exemplo, pense em uma situação na qual um trabalhador se empenha em solucionar problemas de trabalho e o resolve a contento. Digamos que o problema resolvido é uma conseqüência positiva, que traz satisfação para o indivíduo. Nesse caso, é bastante provável que esse empregado volte a se empenhar em resolver outros problemas similares, pois a conseqüência desse esforço é reforçadora. Então, a partir do que ocorre com o comportamento da pessoa, as conseqüências podem ser consideradas reforçadoras ou punitivas (ver Quadro 13.3, para maiores explicações sobre os termos).

O principal cuidado que se deve ter é lembrar que as associações entre estímulos discriminativos e respostas dependem de uma história prévia de reforçamento (conseqüências), para que os estímulos discriminativos mantenham sua função evocativa da resposta. Assim, a presença de um chefe sorridente se transformará em estímulo discriminativo para a resposta de pedir auxílio para a realização de uma determinada tarefa, se, no passado, o sorriso do mesmo esteve associado ao sucesso do pedido de ajuda.

Em situações de treinamento, esse cuidado aumenta. Treinar alguém para sorrir para o cliente sempre que o avistar pode ser um erro, pois, em algumas situações, a presença do cliente não deve ser tratada como estímulo discriminativo, mas sim alguns de seus sinais e comportamentos específicos. Provavelmente, sorrir para alguém irritado ou com pressa não trará conseqüências reforçadoras para esse recepcionista hipotético.

A tríplice contingência (antecedente – resposta – conseqüência ou S-R-C) não funciona isoladamente, e cada evento está associado em uma cadeia de eventos na qual uma conseqüência serve de antecedente para outras respostas que geram novas conseqüências e assim sucessivamente, em um processo de *encadeamento*. Usualmente, quando fazemos algo, podemos identificar uma ou mais cadeias comportamentais em andamento. Por exemplo, ao dirigir um carro, um sinal vermelho me faz pisar no freio. Em consequência, reduzo a velocidade. Em seguida, para evitar que o carro "morra", piso na embreagem. À medida que o veículo continua desacelerando, o carro se aproxima do veículo da frente ou da faixa, que me faz controlar a distância até, finalmente, parar o carro e retirar o pé da embreagem e do freio.

Para o estabelecimento de condições de aprendizagem, em particular aquelas que envolvem habilidades motoras, as cadeias comportamentais podem ser descritas em termos de seus desempenhos esperados e organizadas em uma seqüência de aprendizado reverso, isto é, de trás para frente (Mechner, 1986). Entre outras razões para o ensino de cadeias invertidas, inclui-se o fato de que o aluno, desde o início, sabe aonde chegará (passo final[1]), e os passos intermediários são o *porquê* de estar aprendendo. O maior desafio na análise é tomar uma decisão sobre *quais* dessas cadeias ensinar, considerando principalmente o seu público-alvo.

Com relação a características do público-alvo, a preocupação em respeitar diferenças individuais foi demonstrada por Fred Keller com o seu método de ensino. O sistema personalizado de instrução (*Personalized System of Instruction – PSI*), de Keller (1968), é um método apoiado pelos conhecimentos produzidos pela análise experimental do comportamento. Keller (1968) aponta 1962 como o ano de início desse procedimento, com as tentativas de implantação do Departamento de Psicologia da UnB por parte de quatro psicólogos, dois americanos e dois brasileiros. Inicialmente, tal departamento foi implementado em 1963, em um curso de curto prazo na Universidade de Columbia e, no ano seguinte, na UnB, para um grupo de 50 estudantes de um curso introdutório de psicologia, conduzidos pelos professores Rodolfo Azzi e Carolina Martuscelli Bori.

De acordo com Keller (1968), as características básicas do *PSI* são:

- O aluno progride conforme suas possibilidades, não sendo retardado por causa de outros alunos ou forçado a avançar – aprendizado auto-ritmado pelo aluno (*self-paced*).
- É requerida a demonstração de domínio de cada unidade antes prosseguir para a próxima – unidade de domínio.
- As aulas e demonstrações são veículos de motivação, em vez de fonte de informação crítica; os materiais são seqüenciados em pequenos passos.
- Há ênfase na palavra escrita na comunicação entre o professor e aluno.
- Usam-se tutores que seriam outros alunos (mais avançados) num contexto de ensino-aprendizagem, aplicação de teste e atribuição de nota.

Os tutores fornecem *feedback* constante e são uma fonte de reforçamento social para a aprendizagem. O método guarda similaridades com a instrução programada, tais como a divisão em pequenas unidades, a progressão individualizada, o *feedback* imediato e a preocupação com a fluência e o desempenho final. Contudo, esse método exige que o aprendiz realize mais ações que o preenchimento de lacunas com palavras ou frases, na medida em que há possibilidade de se requerer a compreensão de uma fórmula, conceito ou a habilidade de uso de uma técnica experimental, como também a necessidade de interação (social) entre aluno e o tutor, para avanço nas unidades e obtenção de *feedback* (Keller, 1968).

Fox (2004) ressalta que as proposições do PSI ao ensino não são novas. O maior valor dessas proposições é ligar os princípios derivados da análise do comportamento à educação. Quanto à efetividade do método, cabe apresentar uma ampla revisão citada pelo autor (Kulik, 1976, apud Fox, 2004), abrangendo 400 artigos sobre PSI. Desse conjunto, somente dois artigos trouxeram resultados favoráveis aos cursos tradicionais. Fox também considera que o PSI seria um modelo bastante adequado para o desenvolvimento de cursos a serem entregues por ensino a distância, pois essa modalidade de ensino, assim como o PSI, necessita de uma abordagem centrada no estudante, flexibilidade de acesso e modificação do papel do professor.

Sob inspiração desse método, vários formatos de cursos foram desenvolvidos, permitindo a completa liberdade de controle do ritmo pelo aluno, de modo a adequá-lo à restrição de tempo, para evitar a procrastinação (relatado como um dos maiores problemas), a limitação ou do número de testes que poderiam ser refeitos. Presume-se que é necessário verificar os elementos que caracterizariam um curso como PSI, a partir do que foi proposto inicialmente por Keller e da evolução das pesquisas e aplicação dessas práticas de ensino.

Entretanto, Nale (1998) ressaltou que, conforme a pesquisa conduzida por Carolina Bori na USP, quanto à programação de ensino, "o formato tradicional dos cursos programados individualizados tal como proposto no Plano Keller, que engloba progressão do aluno em pequenos passos, respeito ao ritmo próprio do aluno, previsão de conseqüências a cada passo, entre outras características, não constituía o mais importante. O essencial era, ao contrário, *uma alternativa de disposição de contingências de ensino*" (destaques no original). Em seguida, Nale prossegue, afirmando que as contingências deveriam derivar da própria análise das atividades e habilidades envolvidas na consecução dos objetivos, verificando que, na literatura americana, a ênfase tem sido no "formato" do curso. Dito de outra forma, o formato do curso é o conjunto de condições na estruturação do ensino que as caracterizariam como um sistema personalizado de instrução. Retomaram-se as preocupações de Keller (1968) em fazer uma análise séria das contingências críticas em operação no ensino, ou seja, uma análise comportamental, quando verificou que a literatura conduzia à mística do "grande professor" como o responsável pelo aprendizado dos alunos, em vez de fazer essa análise.

Se a apresentação de estímulos e a programação das conseqüências podem mudar o comportamento, aumentando ou diminuindo sua freqüência ou força, temos necessidade de compreender como proceder para permitir que uma pessoa faça algo que nunca tenha feito.

Conforme Catania (1999), um processo que permite a geração de respostas novas seria a *modelagem*, uma modificação gradual na maneira de se responder por meio de reforçamento diferencial (apenas alguma resposta escolhida é reforçada), de tal forma que se façam aproximações sucessivas a uma resposta final desejada.

Para ocorrência desse processo, é preciso que se tenham verificado "discriminações" e "generalizações" no comportamento do indivíduo. Discriminação, segundo Mechner (1986), é o nome que se dá a "uma tendência a dar um tipo de resposta na presença de um tipo de situação estímulo e um outro tipo de resposta na presença de outros tipos de situação estímulo". Tal como dar "bom dia" pela manhã e "boa tarde" no período da tarde. Generalização se refere a "dar o mesmo tipo de resposta a diferentes estímulos", assim como falar "bom dia" para qualquer tipo de pessoa.

Os conceitos de comportamento *modelado pelas contingências* e *governado por regras* fornecem uma compreensão importante para a organização de situações de aprendizagem nas quais o aprendiz passa por prática ou se guia por regras. Diz-se que um comportamento é modelado pelas contingências quando, por exemplo, uma pessoa aprendeu a falar em público expondo-se às situações e, conforme o que ocorria em suas apresentações, gradualmente, aprimorou sua prática.

Para falar de comportamento governado por regras, é preciso compreender o que vêm a ser regras. Para Skinner (1969/1980), regra seria o estímulo discriminativo verbal que indicaria uma contingência, tal como "Se você andar acima de 60km/h, será multado". A regra pode ser melhor compreendida como uma descrição das relações funcionais em uma dada situação, ou seja: a descrição da *contingência tríplice* (Simonassi, Fróes e Sanabio, 1995). Uma regra de futebol pode servir de exemplo: dizemos que será pênalti (conseqüência) caso o jogador de futebol faça falta no adversário (comportamento) na grande área (antecedente). No exemplo anterior, estariam implícitas as palavras que definem a situação antecedente: *"nesta via (ou na cidade)*, se você andar acima...". As regras costumam ser derivadas da experiência de situações vividas por indivíduos e, quanto mais claras e corretas forem, ou seja, quanto mais acuradamente especificarem as contingências em jogo, mais funcionais elas serão para a pessoa (autoregra) ou para o grupo (conselhos ou instruções) que a segue.

Diz-se que alguém se comporta em função de regras quando segue a descrição ou descrições verbais de um contexto (das contingências). As regras são mais úteis para diminuir o tempo de aprendizagem de uma pessoa do que deixá-la a uma exposição gradual das situações. O fato de o aprendiz seguir regras tem conseqüências que podem ou não manter esse seguimento de regras. Situações de aprendizagem que se baseiam no fornecimento de regras devem considerar a eficácia da regra para o aprendiz, isto é, as conseqüências que o ato de seguir aquela regra tem para ele, principalmente na situação de trabalho. A aprendizagem de habilidades intelectuais complexas (regras simples e de ordem superior), de acordo com a abordagem cognitivista de Gagné (1985), requer a especificação de eventos instrucionais que respeitem a hierarquia de pré-requisitos.

Conseqüentemente, as explicações sobre como a aprendizagem ocorre, ou seja, os conhecimentos sobre os processos ou condições, permitem obter as prescrições sobre como agir no ensino para melhor organizar as condições para a aprendizagem. Isso é como se se soubesse *a priori* a existência de discriminações, generalizações, encadeamentos, esquemas de reforços e *feedback* necessários à aprendizagem. À medida que o aprendiz passa por essas condições preestabelecidas, é necessário um rearranjo delas conforme o desempenho dele avança em relação ao objetivo terminal.

Considera-se que a aprendizagem sempre se refere ao sujeito. Identificar a aprendizagem é verificar a maneira diferenciada de o sujeito agir diante do seu contexto, tal como quando o aprendiz seleciona um símbolo matemático, entre vários possíveis, para o qual vai executar uma operação. Além disso, deve-se identificar por quais processos ela acontece. Quanto mais elementos disponíveis para compreender de que modo esse processo ocorre, mais provavelmente se pode direcionar o que será aprendido, seja quem for o agente (o próprio aprendiz, o professor ou o computador).

O Quadro 13.2 descreve e compara teorias cognitivistas, construtivistas e comportamentalistas em aspectos que interessam ao planejamento da instrução.

Quadro 13.2
COMPARAÇÃO ENTRE TEORIAS COGNITIVISTAS, CONSTRUTIVISTAS E COMPORTAMENTALISTAS

Teorias cognitivistas	Teorias construtivistas	Teorias comportamentalistas
Abordagem S-O-R (Estímulo-Organismo-Resposta)	Abordagem considera a interação do ambiente com o indivíduo, contextualizado em seu ambiente social.	Abordagens de estímulo e resposta: S-R (condicionamento clássico) e contingência tríplice: estímulo (antecedente), resposta e conseqüência: S-R-C (condicionamento operante).
Pressupõem processos internos e estruturas responsáveis por esses processos.	Pressupõem que os processos internos se estruturam a partir das relações com outros indivíduos, e se modificam para fazer sentido.	Fenômenos encobertos são oriundos dos mesmos processos que os abertos, não atribuem estruturas internas para explicar esses processos.
O ambiente propicia estímulos que servem de insumos aos processos internos. Os estímulos sensoriais, transformados em informações neurais, impressionam receptores sensoriais. Esses estímulos são temporariamente retidos e dão início ao processamento cognitivo de informações.	O ambiente social fornece o contexto para a aprendizagem, este se insere num momento histórico e é influenciado pela cultura. O aprendiz não é uma máquina que recebe ou processa estímulos, a eles atribui significados, a partir de seus conhecimentos pré-existentes, com os quais reorganizará seu processo de desenvolvimento cognitivo.	Os estímulos externos antecedentes são discriminativos – SD (na presença dos quais uma resposta, se emitida, será reforçada) ou S deltas (na presença dos quais, o comportamento, se emitido não será reforçado). A experiência passada do indivíduo com esses SD/S deltas influencia o estabelecimento de novos estímulos discriminativos e S deltas (história comportamental).

(Continua)

Quadro 13.2 (*continuação*)
COMPARAÇÃO ENTRE TEORIAS COGNITIVISTAS, CONSTRUTIVISTAS E COMPORTAMENTALISTAS

Teorias cognitivistas	Teorias construtivistas	Teorias comportamentalistas
Os processos internos (O) são constituídos por várias etapas, entre as quais: atenção, repassagem, armazenamento, recuperação, transferência e organização do desempenho. Há estruturas internas responsáveis por eles. A resposta ou o desempenho (R) é um resultado desses processos internos.	Assemelham-se ao cognitivismo.	Na instrução, a resposta (R) solicitada é observável, mantém relações funcionais com estímulos ambientais antecedentes (S) e conseqüentes (C). A contingência tríplice S-R-C aplica-se para análise de cadeias de respostas.
São conseqüências associadas ao desempenho ou resposta (R): os *feedbacks* informativos e reforçamento positivo. Esses eventos devem favorecer a manutenção ou o aumento da auto-eficácia do aprendiz. Motivação para a aprender dependeria do valor (positivo ou negativo) que o indivíduo atribui às conseqüências de sua ação, bem como às expectativas que ele possui de que, agindo, de certo modo, terá as conseqüências que espera, segundo Vroom (1964). Expectativas de sucesso aumentam auto-eficácia e a motivação para aprender (Bandura, 1977). Objetivos desafiadores, claros e precisos orientam as ações do indivíduo.	Além das considerações do cognitivismo, as conseqüências do aprendizado são fundamentalmente qualitativas, sua motivação estará na descoberta, na possibilidade de conhecimento e na capacidade de agir de uma nova forma.	Reforço é um termo descritivo das conseqüências que mantêm e fortalecem a ocorrência de respostas que as produziram. Catania (1999) considera que três condições devem estar presentes: (a) a resposta tem uma conseqüência; (b) o responder deve aumentar, e (c) esse aumento ocorre porque a resposta tem essa conseqüência, e não outra. Essas conseqüências (reforços) aumentam as chances de repetição desse comportamento no futuro. Usualmente são denominados positivos – a resposta gera a apresentação da conseqüência – e negativos – a resposta produz a retirada ou afastamento da conseqüência. Designa-se "punição" quando a conseqüência para o responder o torna menos provável de acontecer (Catania, 1999). De forma mais simples, é qualquer operação que segue uma resposta e diminua sua freqüência. O valor reforçador de uma conseqüência é relativo e estabelecido pelo nível de privação e pela história passada de reforçamento vivida pelo indivíduo.
Transferência de aprendizagem refere-se tanto a processos mentais (O) como a comportamentos observáveis (R). Ambos dizem respeito à generalização da aprendizagem. Em ambientes organizacionais, transferência de aprendizagem está relacionada à aplicação de novas aprendizagens em contextos diferentes daqueles em que o indivíduo adquiriu essas habilidades.	A transferência para novas situações é favorecida, por se basear em atividades colaborativas, de solução de problemas e tarefas mais abertas (Pozo, 2002).	Transferência é indicada pelo desempenho (R) de um indivíduo em tarefas que diferem das ensinadas em situação de treino, promovida, por exemplo, pelos procedimentos de generalização de uma resposta ou formação de classes de equivalência.

Observa-se que as teorias cognitivistas e comportamentalistas partem de pressupostos diferentes sobre o comportamento humano e sobre a aprendizagem. A primeira teoria visa descrever processos básicos e estruturas subjacentes à aprendizagem, e a outra procura investigar relações funcionais entre eventos ambientais e comportamentos. Ambas, porém, reconhecem a importância de eventos ambientais antecedentes e conseqüentes sobre a aprendizagem, investigam e tentam explicar por que duas ou mais pessoas submetidas a uma mesma situação de treino apresentam níveis diferentes de aprendizagem.

Ao propor processos internos para descrever a aprendizagem, a abordagem cognitivista considera eventos instrucionais como situações planejadas para apoiar as fases do processamento cognitivo de informações. Apenas a entrada (estímulos) e a saída, desempenho ou resposta e sua conseqüência são eventos que ocorrem fora do sistema cognitivo do indivíduo. Portanto, tais eventos são observáveis. Os eventos da instrução dão suporte a processos internos (inferidos) e ao desempenho, que é provocado pela instrução. Na abordagem comportamentalista, há grande preocupação em definir objetivos claros e estabelecer contingências reforçadoras para que as respostas ou comportamentos almejados sejam aprendidos pelo indivíduo e em investigar também as diferenças individuais para personalização do ensino.

Cada uma das teorias de aprendizagem apresenta suas vantagens e desvantagens, motivo pelo qual não podemos afirmar que uma é mais correta ou mais adequada do que outra. Royer e Feldman (1984) ressaltam essa afirmação: as teorias behavioristas podem ser úteis para trabalharmos com problemas envolvendo o comportamento observável dos aprendizes ou problemas envolvendo o domínio de informações básicas, enquanto as teorias cognitivistas podem ser úteis para trabalharmos com problemas que envolvem o entendimento de informações complexas.

Alguns autores propõem que, em vez da sobreposição de uma teoria sobre outra, haja a junção de teorias, de forma que seja possível obter os melhores elementos de cada uma. Tal como Pozo (2002) acenou para ambientes tradicionais, Johnson e Aragon (2003) sugerem que um ambiente de aprendizagem *on-line* pode utilizar, concomitantemente, elementos da teoria de aprendizagem behaviorista (reforçamento positivo e repetição), elementos da teoria de aprendizagem cognitivista (limitando o número de informação apresentada ou conectando novos conhecimentos com os que os alunos já possuem) e elementos da teoria de aprendizagem social (encorajando a interação do grupo, por exemplo).

FAVORECENDO A APLICAÇÃO DE ABORDAGENS DO DESENHO INSTRUCIONAL

Nesta parte do capítulo, serão analisados alguns exemplos de abordagens de desenho instrucional, e serão discutidos alguns procedimentos de análise de desenhos instrucionais, que servem para facilitar a escolha e a avaliação do planejamento da instrução.

Reigeluth (1999) afirma que, desde 1980, a natureza das teorias de desenho instrucional vem sendo alterada drasticamente pelos avanços nos conhecimentos sobre teorias de aprendizagem e sobre o cérebro humano, mudanças nas filosofias educacionais e, finalmente, em resposta aos avanços das tecnologias da informação (TIs), mudanças que possibilitam novos métodos de instrução. Todos esses fatores nos conduzem a discutir uma questão central de que o novo paradigma educacional coloca o aprendiz no topo e no centro do processo educacional.

De acordo com Reigeluth (1999), uma teoria do desenho instrucional é aquela que nos oferece um guia sobre como ajudar as pessoas a aprender melhor, quer esse aprendizado se trate dos domínios cognitivos, quer do emocional, quer do social, quer do físico. O autor apresenta algumas características básicas de uma teoria de desenho instrucional:

- Ser orientada para o desenho, ser orientada para o alcance dos objetivos, ou seja, ser prescritiva, oferecendo informações aos profissionais de treinamento sobre quais métodos utilizar, de modo a alcançar os objetivos esperados.
- Identificar métodos instrucionais, ou seja, formas de apoiar e facilitar a aprendizagem e situações nas quais cada método é aplicável. As situações são influenciadas pelas condições instrucionais (natureza dos resultados almejados, características do aprendiz e do ambiente de aprendizagem e restrições ambientais) e pelos resultados desejados da instrução (efetividade, eficiência e motivação do aprendiz).
- Definir componentes do método, em detalhe, partindo-se do pressuposto de que os métodos podem ser decompostos em vários pedaços ou partes.
- Trabalhar com a idéia de que os métodos são probabilísticos, e não determinísticos, ou seja, os métodos não garantem que os resultados desejados sejam alcançados, mas aumentam a probabilidade, visto que, em eventos instrucionais, vários são os fatores intervenientes (situações e variáveis, por exemplo).

Campos e colaboradores (1998) definem desenho instrucional como um ciclo de atividades baseado em uma teoria de aprendizagem, na qual são definidos os objetivos educacionais, as informações necessárias e o modelo de avaliação. Morrison, Ross e Kemp (2001) afirmam que os aprendizes, os objetivos, os métodos e a avaliação são os elementos chave do processo de desenho instrucional e estão interligados. Com relação aos aprendizes, é preciso identificar as características dos mesmos. Os objetivos nos indicam o que os alunos precisam aprender ou demonstrar, os métodos se referem às estratégias instrucionais que possibilitam ao aluno aprender melhor e, finalmente, a avaliação funciona para determinar em que medida a aprendizagem foi alcançada.

Nesse mesmo sentido, Reiser e Dick (1996) indicam quatro etapas chave que perpassam o processo de desenho instrucional:

- Identificar os objetivos gerais e específicos em termos do que se espera que o aprendiz atinja.
- Planejar atividades instrucionais que podem auxiliar os aprendizes a alcançar os objetivos determinados.
- Desenvolver instrumentos de avaliação que mensurem o alcance desses objetivos.
- Revisar a instrução, analisando a performance do aprendiz com relação a cada objetivo e a reação dos estudantes e cada atividade instrucional.

Michael (1974) considera que os componentes essenciais para uma instrução efetiva envolveriam:

- Uma seqüência de materiais de estímulo disponíveis (as tarefas) ou um programa de instrução, com um critério de domínio para avanço nesses materiais ou tarefas.
- Alguma forma de atribuir conseqüências diferenciais ao desempenho das tarefas instrucionais, de modo a tornar mais vantajoso (estimulante) participar do curso do que realizar outras atividades.
- Alguma forma de atribuição de conseqüência diferencial, com relação às tarefas instrucionais, distinguindo-as de outros comportamentos, incompatíveis com a aprendizagem.

Nos métodos baseados em princípios derivados da análise experimental do comportamento, a recomendação é considerar a individualização do ensino. Conforme Neri (1986), para se chegar a individualizar a instrução, não é necessário que se reduza a quantidade de alunos em sala ou que se melhore as formas de exposição para pequenos grupos, mas em:

- Especificar os objetivos do curso.
- Buscar o envolvimento ativo do estudante.
- Controlar das contingências de modo a assegurar um ambiente positivo.
- Realizar avaliações constantes e fornecimento de informações sobre o desempenho ao aluno.
- Apresentar o material em pequenas doses.
- Exigir o domínio antes de prosseguir.
- Dar preferência pelo uso de materiais escritos.
- Respeitar o ritmo individual do aluno.

A autora complementa, argumentando que essas características, típicas de um curso programado e constituintes de uma técnica de ensino individualizado, não estão baseadas em uma análise das contingências envolvidas para cada aprendiz. Na verdade, essas técnicas possibilitam a organização de contingências para um grande número de alunos, mas, ao mesmo tempo, cada um deles, acompanhados ou individualmente, podem seguir seu próprio ritmo de aprendizagem.

Ao executarmos planejamentos instrucionais de ações de TD&E, podemos nos centrar em teorias de aprendizagem mais behavioristas ou mais cognitivistas. Estas podem ser objetivistas ou de inspiração construtivista. Desenhos que favoreçam a abordagem behaviorista podem beneficiar-se do método tradicional de palestras, revisão e práticas combinadas com *feedback*. Desenhos que favoreçam abordagens mais objetivistas podem beneficiar-se de explicação e modelação de uma estrutura de solução de problemas e dos procedimentos e estratégias necessárias para isso. Finalmente, desenhos que priorizem o construtivismo podem beneficiar-se de desenhos que criem ambientes correspondentes aos ambientes reais dos aprendizes (Leung, 2002).

Casas (1999) também apresenta reflexões interessantes sobre essa questão. Em ambientes mais objetivistas, o aprendiz desenvolve seu conhecimento por meio de atividades autodirigidas, construídas por professores, tutores ou desenhistas da instrução a partir do que os aprendizes trazem para a situação de ensino, que consiste em facilitar este processo por meio do fornecimento de interações estimulantes ou conflitantes. É o aprendiz que dirige e centra o processo, mas deve ser fornecido a ele o ambiente adequado para a construção da sua própria compreensão. O professor ou o material não fornecem uma lição, mas sim a pessoa que organiza "situações" que podem propiciar a curiosidade e busca de soluções pelo aprendiz.

No construtivismo, conforme descrito por Campos e colaboradores (1998), define-se um domínio do conhecimento, e o aprendiz é encorajado e estimulado a buscar novos domínios que, porventura, considere importantes. Dessa forma, os aprendizes têm autonomia para desenvolver suas próprias estratégias e, em alguns casos, seus objetivos. O desenho instrucional apresenta diferentes tipos de caminhos para giar o aprendiz, sem haver imposição de uma forma de aprender.

Johnson e Aragon (2003) enfatizam a importância do planejamento instrucional para que os aprendizes alcancem os objetivos educacionais desejados. Os autores apresentam a noção de ambientes de aprendizagem *on line* e sugerem que fatores pedagógicos e de desenho do curso são tão ou mais importantes do que a tecnologia que será utilizada. No que se refere às teorias de aprendizagem, os autores defendem que a aprendizagem é um evento extremamente complexo e, assim, não pode ser explicada apenas por uma teoria de aprendizagem. Portanto, os autores sugerem a junção de princípios derivados das teorias *behavioristas*, cognitivistas e sociais.

Reigeluth (1999) define a teoria de desenho instrucional como "a teoria que oferece diretrizes explícitas sobre como ajudar as pessoas a aprenderem". Algumas dessas teorias utilizadas na área de treinamento incluem também o desenvolvimento de cursos a distância.

Entre as abordagens apresentadas por Reigeluth, podemos citar:

a) Aprendizagem pela ação (*Learning by Doing*) – Desenvolvida por Schank, Berman e Macpherson (1999), é uma abordagem objetivista que se caracteriza por formular *cenários de aprendizagem* que consideram que a melhor forma de ensinar é colocar os estudantes em situações simuladas nas quais os objetivos que desejam alcançar requerem a aquisição do conhecimento e da habilidade que o desenhista da instrução deseja comunicar.

b) Ambiente aberto de aprendizagem (*Open Learning Environments – OLE*) – Criado por Hannafin, Land e Oliver (1999), oferece orientações e métodos que devem ser usados para apoiar a aprendizagem autodirigida com autonomia e suporte metacognitivo. Essa abordagem utiliza recursos das novas tecnologias da informação e comunicação para apoiar o ensino. Trata-se de uma abordagem objetivista que utiliza situações-problemas que ligam conteúdos a conceitos, estabelecem modelos de entendimento dos problemas. Essa abordagem constrói recursos de apoio ao processamento cognitivo para a realização das tarefas, como: ferramentas de busca (palavras-chave, índices), de coleta (transferência de arquivos, mecanismos de recorte e cole), de organização (gráficos, fluxogramas), de interpretação (representações gráficas de mapas de conhecimentos, caderno de anotações) e de geração de resultados (programas gráficos, linguagens de programação). Além disso, são oferecidos ao aprendiz ferramentas de manipulação de conteúdos, valores e parâmetros para verificação, teste e compreensão de regras complexas, bem como ferramentas de comunicação síncrona e assíncrona entre aprendizes e entre aprendizes e tutores.

c) Modelo seleção, organização e integração (SOI) – Proposto por Richard Mayer (1999), é uma abordagem de desenho instrucional de inspiração construtivista em que o papel do desenhista instrucional é criar o ambiente no qual o aprendiz possa interagir significativamente com o material, uma vez que é o aprendiz quem dará sentido ao conhecimento, cabendo ao professor atuar como "guia cognitivo".

d) Desenho de ambientes construtivistas de aprendizagem – É uma abordagem sugerida por Jonassen (1999) que estimula a aprendizagem a partir de problemas pouco definidos ou pouco estruturados. O desenho instrucional se voltaria ao *contexto* (onde o problema ocorre), à *representação do problema* e ao *espaço de manipulação* (voltado para a construção ou criação de um produto, manipulação de parâmetros e tomada de decisões). Recomenda, ainda, atividades instrucionais para apoiar a aprendizagem, como:
 – modelagem de desempenho;
 – *coaching* ao aprendiz (estímulos motivacionais, monitoramento, incentivo à reflexão, etc.) e;
 – apoio ao aprendiz, ajustando a dificuldade da tarefa às suas características pessoais.

Reigeluth (1999) apresenta uma série de teorias de desenho instrucional em seu livro *Instructional-design theories and models. A new paradigm of instructional theory*. As teorias são classificadas por domínios – cognitivo, afetivo e psicomotor. No Quadro 13.3, são descritos, para fins de exemplificação, dois exemplos das teorias do domínio cognitivo, quanto aos objetivos, pré-condições e valores.

A abordagem *aprendizagem pela ação* (Schank et al., 1999) não é apropriada para o ensino de informações verbais simples, mas é indicada para o ensino de habilidades que requeiram, no mínimo, o domínio de procedimentos e regras simples ligadas a um contexto específico. Por exemplo, certos aspectos do atendimento ao público podem ser ensinados por meio da aprendizagem pela ação. Entretanto, a diversidade de clientes e situações de atendimento poderá requerer

Quadro 13.3
COMPARAÇÃO ENTRE DUAS ABORDAGENS DE DESENHO INSTRUCIONAL: APRENDIZAGEM PELA AÇÃO E RESOLUÇÃO COLABORATIVA DE PROBLEMAS

Características	Abordagens de desenho instrucional	
	Aprendizagem pela ação Schank, Berman e Macpherson (1999)	Resolução colaborativa de problemas Nelson (1999)
Objetivos e pré-condições	Fomentar o desenvolvimento de habilidades e a aprendizagem de informações factuais no contexto de como essas serão utilizadas. Não existem pré-condições.	Desenvolver conhecimento em domínios complexos, resolução de problemas, habilidades de pensamento crítico e habilidades de colaboração. Pré-condições necessárias: os conteúdos devem ser relacionados a tarefas heurísticas, compreensão conceitual ou desenvolvimento de estratégias cognitivas e nunca para ensino de tarefas factuais ou procedimentais; o ambiente deve ser conduzido para a colaboração, experimentação e pesquisa e encorajar troca de idéias; os aprendizes devem compreender que são os responsáveis pelo seu desenvolvimento e conhecimento, e o instrutor deve atuar como facilitador (mais um recurso) do processo de aprendizagem.
Valores	Aprender para fazer (habilidade) e não apenas para saber (conhecimento factual). Aprendizagem que ocorre no contexto que é relevante, significativa e interessante para o estudante. O conteúdo que será aprendido está muito relacionado ao como os estudantes irão utilizar essas aprendizagens em outros no ambientes.	Maximizar os processos colaborativos naturais. Ambiente centrado no aluno. Importância da autenticidade, responsabilidade e relevância da experiência de aprendizagem para o aluno. Participantes são ativos no processo de aprendizagem e incentivo ao pensamento crítico e à habilidade de resolução de problemas. Exploração e análise das diversas partes do conteúdo. Importância da riqueza dos contextos sociais. Cultivo ao apoio e respeito nas relações interpessoais. Desenvolvimento de uma atitude favorável à por aprendizagem para toda a vida e a habilidade para mantê-la.
Métodos	Sete componentes essenciais do cenário baseado em objetivos: 1. Objetivos • Objetivos de processo de conhecimento (como praticar a habilidade). • Objetivos de conteúdo de conhecimento (a informação que o alcance do objetivo requer).	Guias gerais (utilizados durante todo o processo de ensino-aprendizagem são divididos em categorias): 1. Métodos implementados pelo instrutor • Instrutor deve atuar como recurso ou tutor. • Criar ambientes que propicie aos aprendizes trabalhar em pequenos grupos por períodos mais longos.

(*Continua*)

Quadro 13.3 (*continuação*)
COMPARAÇÃO ENTRE DUAS ABORDAGENS DE DESENHO INSTRUCIONAL: APRENDIZAGEM PELA AÇÃO E RESOLUÇÃO COLABORATIVA DE PROBLEMAS

Características	Abordagens de desenho instrucional	
	Aprendizagem pela ação Schank, Berman e Macpherson, (1999)	**Resolução colaborativa de problemas** Nelson (1999)
Métodos (*continuação*)	2. Missão • Criação de uma missão de caráter motivacional para o aprendiz. • Voltada para situações reais. 3. História de cobertura • Criação da história deve criar um desafio que estimule o aprendiz a cumprir a missão. • Essa missão deve permitir que o estudante pratique as habilidades e conhecimentos que se deseja ensinar. • Deve ser estimulante e motivadora. 4. O papel • Define que o estudante será na história de cobertura, deve ser o melhor para a prática das habilidades. 5. Cenário de operações (atividades que os estudantes fazem) • Deve estar relacionado com o cumprimento da missão e dos objetivos. • Fornecer as conseqüências para a evolução da aprendizagem (prática). • Deve ser repleto de operações para o estudante realizar (para que o mesmo fique a maior parte do tempo praticando as habilidades) • Não devem requerer mais do que o especificado nos objetivos. 6. Recursos • Fornecem a informação para alcançar a meta da missão. • Devem ser plenamente acessíveis e bem organizados. • Geralmente fornecidos por meio de histórias. 7. *Feedback* • Deve ser fornecido num contexto apropriado e *just-in-time* para uso pelo estudante.	• Formular questões que direcionem o aprendiz para os aspectos importantes do conteúdo e do processo de aprendizagem. • Promover instrução e explicação simultânea à solicitação do aluno. 2. Métodos implementados pelo aprendiz • Determinação de que recursos e como estes serão usados para a resolução de problemas. • Avaliação do tempo a ser despendido para a atividades do projeto. 3. Métodos implementados pelo instrutor e pelo aprendiz • Estabelecimento conjunto dos objetivos de aprendizagem. • Marcação de reuniões periódicos para acompanhamento do trabalho. • Identificação dos recursos e fontes necessárias para realização do trabalho. 4. Métodos de interação • Aprender e usar adequadamente as habilidades sociais e engajar-se nas atividades de equipe. • Promover noções de investigação, interação, interpretação e motivação intrínseca. • Encorajar interação simultânea e organizar encontros presenciais que promovam interação. • Garantir participação igual aos membros do grupo, promover interdependência positiva. Atividades de processo (utilizadas em partes específicas do processo) 1. Disponibilização • Revisar o processo de resolução colaborativa de problemas. • Desenvolver um problema para fundamentar a instrução e as atividades de aprendizagem. • Identificar e desenvolver habilidades cruciais para a criação bem sucedida de grupos de aprendizagem. (*Continua*)

(Continuação)

Características	Abordagens de desenho instrucional	
	Aprendizagem pela ação Schank, Berman e Macpherson, (1999)	**Resolução colaborativa de problemas** Nelson (1999)
Métodos *(continuação)*	• Três formas de entrega: (a) conseqüências de ações; (b) por meio de um treinador *on-line*; (c) por meio de especialistas que contem histórias de experiências similares.	2. Formação e criação de normas de grupo • Formação de grupos pequenos, heterogêneos com guias de operacionalização. 3. Determinação de um problema preliminar • Entendimento comum do problema. • Identificação de objetivos de aprendizagem. • Proposição de alternativas de solução, seleção e desenvolvimento de plano de ação. • Identificação de recursos e fontes e validação das soluções levantadas. 4. Definir e determinar funções • Identificar papéis necessários a conclusão da atividade e negociar as tarefas de cada membro. 5. Engajar-se em processos de RCP • Ações como refinamento do planejamento de ação. • Colaboração com instrutor para conseguir novos recursos. • Implementação da solução. • Condução de avaliações dos membros, do grupo e da solução. 6. Finalização da solução ou projeto • Desenho da versão preliminar da solução. • Condução da avaliação final e revisão. • Finalização da proposta de solução. 7. Síntese e reflexão • Identificação dos ganhos de aprendizagem. • Perguntas sobre experiências e sentimentos associados ao processo. • Reflexão sobre os processos de aprendizagem. 8. Avaliação dos processos e produtos • Avaliação dos produtos criados e os processos utilizados. 9. Promoção de fechamento • Formalização do encerramento das atividades.
Contribuições relevantes	Prover orientações em quase todos os aspectos de projetos baseados na aprendizagem. Fornece métodos desenvolvidos por meio de pesquisa formativa.	É a síntese de métodos de instrução de solução de problemas e colaboração.

um ambiente de aprendizagem mais flexível e colaborativo (construtivista), com maior participação de outras pessoas durante a aprendizagem. Quando o objetivo de aprendizagem exigir solução de problemas em equipe, a abordagem de resolução colaborativa de problemas (Nelson, 1999) pode ser uma das estratégias escolhidas para compor o planejamento instrucional. O trabalho em equipe apóia o desenvolvimento de várias atitudes desejáveis como busca de sintonia, cooperação, abertura ao *feedback*, entre outras. Por outro lado, a abordagem aprendizagem pela ação é objetivista porque estrutura e define previamente as situações de aprendizagem, a de resolução colaborativa de problemas é construtivista porque a situação de aprendizagem é, neste caso, menos estruturada e serve apenas de oportunidade para que o conhecimento seja construído individualmente e/ou co-construído socialmente pelo aprendiz com base em suas interpretações de experiências anteriores de vida.

O objetivo da instrução é ajudar as pessoas a aprender melhor. Os desenhistas instrucionais devem tornar a aprendizagem algo fácil, rápido e agradável. De acordo com a necessidade do que se pretende ensinar, um modelo de desenho se mostra mais adequado do que outro. Como Reigeluth (1999) assinalou, para o desenhista instrucional, é imprescindível o domínio das teorias de aprendizagem para que compreenda porque uma teoria de desenho funciona, ajudando-o a gerar sua própria teoria de desenho para as muitas situações nas quais não existe uma abordagem adequada.

Assim, comparações práticas entre os modelos, no que tange a resultados de aprendizagem, adequação ao assunto, habilidades requeridas e tarefas do aluno, meios disponíveis, limitações tecnológicas, entre outros, fornecerá subsídios úteis para a tomada de decisão sobre qual modelo adotar. Em particular, dentro do ambiente de ensino a distância com o uso de mídias diversas suportadas pelas tecnologias da informação, tais comparações podem ser úteis, de tal forma que seja possível superar problemas comuns nessa modalidade, tais como a diminuição de participação ao longo do tempo ou mesmo a evasão de participantes.

Reigeluth propôs uma lista de verificação para análise de estratégias instrucionais, apresentada no Quadro 13.4. O Capítulo 15 tratará do processo de planejamento instrucional e das escolhas que o profissional deve fazer para decidir sobre quais situações de aprendizagem utilizará no treinamento. No Capítulo 22, são discutidos métodos e técnicas de avaliação de procedimentos instrucionais. Neste momento, entretanto, basta que o leitor se preocupe em avaliar se uma abordagem, em linhas gerais, pode ser considerada adequada ou não a uma determinada necessidade de treinamento, contexto e clientela. Antes de analisarmos três casos, será preciso compreender o conteúdo do Quadro 13.4.

Com a finalidade de compreendermos o esquema de comparação de estratégias instrucionais de Reigeluth (1999), precisamos, em primeiro lugar, entender como esse autor classifica os tipos de aprendizagem humana. A compreensão dessa tipologia é muito importante, pois um planejamento instrucional bem-estruturado organiza a instrução em torno de objetivos descritos em termos de CHAs que o aprendiz, protagonista da ação educacional, aprenderá e demonstrará após cada passo da instrução. A natureza e o grau de complexidade de um objetivo de ensino influenciam fortemente a escolha de estratégias, métodos, recursos, veículos, modalidade de ensino, exercícios e abordagem instrucional. Para maiores detalhes sobre objetivos instrucionais, leia Mager (1976, 1981, 1983) e os Capítulos 14 e 15 deste livro.

> Caro, leitor, se você ainda não conseguiu vislumbrar claramente como se dá o relacionamento entre tipos de aprendizagem, sistemas de classificação de resultados de aprendizagem, formulação de objetivos instrucionais e planejamento da instrução, não se preocupe. Você terá várias oportunidades neste livro para analisar esses relacionamentos. Leia o parágrafo seguinte para preparar-se para os estudos de casos que se seguem!

Reigeluth (1999) propôs uma comparação e uma síntese desses sistemas de classificação de resultados de aprendizagem, descrita no Capítulo 14 e sugeriu uma nova taxonomia de quatro categorias: memorização da informação, compreensão de relações, aplicação de habilidades e aplicação de habilidades gerais. Memorização de informações é um resultado pouco complexo de aprendizagem caracterizado pela retenção de informações, fácil de ensinar e de avaliar. Compreensão de relacionamentos, segundo nível de resultado de aprendizagem, um pouco mais complexo que o anterior, está relacionada à compreensão de conteúdos e informações, é um pouco mais difícil de ensinar e de testar. Aplicação de habilidades inclui a compreensão de fenômenos complexos e regras de ordem superior para situações e domínios específicos. Aplicação de habilidades gerais envolve a descoberta de generalidades, que independem do domínio ou área específica de conhecimento e dependem de análise, síntese e avaliação, além do uso de

Quadro 13.4
ESQUEMA DE COMPARAÇÃO DE ESTRATÉGIAS INSTRUCIONAIS

Características	Descrição
Tipo de aprendizagem	A que tipo de aprendizagem a teoria e seus métodos está se referindo?
Controle da aprendizagem	Quem controla a natureza da aprendizagem: o professor, o estudante, o desenhista instrucional? A aprendizagem é centrada no professor ou no aprendiz?
Foco da aprendizagem	As atividades de aprendizagem giram em torno de tópicos ou problemas? O foco da aprendizagem é específico de alguma área específica do conhecimento ou pertence a um domínio interdisciplinar?
Agrupamento de aprendizes para a aprendizagem	Como os aprendizes se agrupam? Eles trabalham individualmente ou com outros sozinhos, em duplas, em equipes (3 a 6 pessoas), grupos (7 pessoas ou mais)?
Interações para a aprendizagem	Qual é a natureza da interação principal: professor-estudante, estudante-estudante, estudante-material, estudante ferramentas, estudante-informações?
Apoio à aprendizagem	Quais são os tipos e níveis de suporte oferecido ao aprendiz? Quais os tipos de apoio cognitivo são oferecidos pelo professor ou pelo material? Suporte cognitivo, neste contexto, refere-se a elementos que apóiam o aprendiz na construção de seus entendimentos e competências, como recursos impressos, seqüência de acesso às informações, recursos da informática, interação humana, *feedback*, avaliação, etc. Quais os tipos de apoio emocional são ofertados ao aprendiz? Suporte emocional diz respeito aos elementos que servem de apoio às atitudes, motivação, autoconfiança e sentimentos do aprendiz.

estratégias cognitivas metacognitivas de alto nível de complexidade. Essas habilidades são difíceis de ensinar e de avaliar. Caso o leitor queira aprofundar-se nesses assuntos, deverá ler os Capítulos 14 e 15, que tratam de sistemas de classificação de objetivos instrucionais.

Agora, de posse dessas informações, vamos simular uma avaliação de abordagens de desenho instrucional? Para que isso seja possível, são descritas duas situações reais, pesquisadas por Carvalho (2003), Zerbini (2003), Coelho Jr. (2004), Abbad, Carvalho e Zerbini (2004) e que exigiram a utilização de diferentes abordagens de desenho instrucional.

O primeiro caso diz respeito ao curso denominado Prevenção à Lavagem de Dinheiro, oferecido por uma universidade corporativa de uma instituição financeira nacional, que precisava ser aplicado a uma clientela de cerca de 54 mil pessoas, lotadas nos 27 estados da federação em um curto espaço de tempo. Por determinação do Banco Central do Brasil, esse treinamento tinha caráter obrigatório e precisava ser realizado por todos os funcionários das instituições financeiras. A clientela, distribuída em todo o território nacional, dispõe de computadores de trabalho, conectados pela rede interna (intranet) à universidade virtual da organização. O Quadro 13.5 descreve esse caso.

Os casos foram avaliados de acordo com os aspectos descritos no esquema de comparação de abordagens instrucionais de Reigeluth (1999). O Quadro 13.6 resume a análise do Caso 1.

No Caso 1, o treinamento Prevenção à Lavagem de Dinheiro tinha como objetivo desenvolver a aprendizagem no nível de aplicação de habilidades (específicas). Nesse caso, o aprendiz é que controlava sua aprendizagem durante o curso, visto que não havia mediação de tutores. O foco do curso se voltava a um problema específico: a habilidade ensinada não exigia trabalho em grupo ou em equipe, e a principal interação do aprendiz recaía sobre os materiais didáticos disponibilizados pela interface gráfica da universidade virtual e sobre informações contidas nesse ambien-

Quadro 13.5
DESCRIÇÃO DO CASO 1: CURSO DE PREVENÇÃO À LAVAGEM DE DINHEIRO

Treinamento em prevenção à lavagem de dinheiro

"O curso *Prevenção à Lavagem de Dinheiro*, ofertado totalmente a distância, *on-line*, em ambiente virtual da universidade corporativa, tem o objetivo de descrever ao participante as principais características e aspectos relacionados à prevenção de lavagem de dinheiro, instruindo esse participante a identificar indícios e agir preventivamente.

Estruturado em quatro módulos, com carga horária prevista de 20 horas, o curso começa com a apresentação de um breve histórico e de conceitos acerca da lavagem de dinheiro, situando-a como um sério problema de âmbito mundial, não somente nacional. São apresentados exemplos típicos de indícios de lavagem de dinheiro (como na movimentação de contas, contas em paraísos fiscais e em pagamentos diversificados), demonstrando-se ao participante como identificar tais indícios e o que fazer após essa identificação. Órgãos de combate à lavagem de dinheiro também são apresentados e discutidos, além de principais meios utilizados para a lavagem (pessoas físicas, jurídicas, contas externas, dentre outros).

Há, ainda, um módulo específico para a discussão da ética envolvida na identificação da lavagem de dinheiro, discutindo-se, inclusive, as punições em casos em que o funcionário descobre indícios de lavagem de dinheiro, mas não os denuncia ou toma as providências cabíveis para a resolução da questão, com receio de possíveis represálias. As implicações da denúncia e da omissão da denúncia são apresentadas ao participante, estimulando-o a refletir sobre tal processo.

Prevenção à Lavagem de Dinheiro é um curso oferecido continuamente, em disponibilidade constante no *site* da universidade corporativa da empresa, obrigatório a todos os funcionários, inclusive os recém-admitidos e em processo de admissão, por determinação do Banco Central do Brasil (obrigação esta datada de março de 2003). Os funcionários com mais tempo de serviço também são obrigados a realizar o curso, tamanha a problemática por ele abordado e sua importância à atividade fim da organização. Desta maneira, não havia pré-requisitos específicos para a realização do curso, de forma que o mesmo está sendo aplicado indistintamente aos funcionários pertencentes às três áreas de lotações existentes na organização de estudo (a saber, área negocial, central e logística). (p.80-81)

A população de inscritos no *Prevenção à Lavagem de Dinheiro* foi de 53.990 alunos, quando da coleta dos dados para a realização desta pesquisa. Esta pesquisa abrangeu as pessoas inscritas desde março de 2001 [...] a dezembro de 2003." (Coelho Jr., 2004, p.83).

Fonte: Coelho Jr. (2004).

Quadro 13.6
ANÁLISE DO CASO 1 – PREVENÇÃO À LAVAGEM DE DINHEIRO

Características	Descrição
Tipo de aprendizagem	Aplicação de habilidades (específicas).
Controle da aprendizagem	Pelo aprendiz.
Foco da aprendizagem	Problema específico.
Agrupamento de aprendizes para a aprendizagem	Estudo individual.
Interações para a aprendizagem	Uso de materiais didáticos via ambiente virtual da Universidade corporativa.
Apoio à aprendizagem	Não havia qualquer tipo de apoio.

te sobre quantas lições o participante havia concluído. Não havia qualquer tipo de apoio emocional ao aprendiz, uma vez que o curso era de curta duração. A modalidade escolhida (a distância e com mediação da intranet) se deveu à dispersão geográfica (havia participantes nos 27 estados brasileiros), ao nível de escolaridade (maioria com nível superior completo de instrução) e familiaridade dos participantes com o uso de ferramentas da internet e intranet, além da baixa complexidade dos objetivos de ensino (aplicação de habilidades cognitivas específicas) e a conseqüente pequena duração prevista para a conclusão do curso. Esse contexto, associado ao caráter obrigatório do curso e aos pequenos prazos para que o programa fosse aplicado a todos os funcionários, tornou adequada a escolha da abordagem objetivista de desenho instrucional. Isso foi, em parte, demonstrado pela avaliação de Coelho Jr. (2004).

O Quadro 13.7 mostra o caso de um treinamento gratuito oferecido a distância a grandes amostras de participantes. No período estudado por Carvalho (2003), de 1º de maio a 6 de agosto de 2002, estavam inscritos no referido curso um total de 21.273 alunos. O curso é mediado pela internet e por material impresso e conta com o apoio de tutores que orientam os alunos pela internet.

Quadro 13.7
DESCRIÇÃO DO CASO 2 – INICIANDO UM PEQUENO GRANDE NEGÓCIO (IPGN)

O Caso do Curso IPGN

O curso avaliado se chama *Iniciando um Pequeno Grande Negócio (IPGN)*, oferecido gratuitamente, em nível nacional, mediado por Internet e material impresso. O objetivo geral do curso é permitir que o aluno seja capaz de elaborar um plano de negócio, documento que especifica os principais fatores necessários para a criação de uma empresa. Trata-se de um documento escrito, cuja elaboração permite conhecer melhor o negócio, em termos de mercado consumidor, concorrente, fornecedor, além de avaliar a viabilidade de sua implementação (http://ipgn.iea.com.br).

O curso se destina a empreendedores que desejam abrir um negócio ou àqueles que já possuem um negócio e necessitam de informações adicionais para melhorar os resultados do empreendimento. Quanto aos requisitos necessários, recomenda-se escolaridade de segundo grau completo e acesso regular à internet. No entanto, o Sebrae não pode impedir que alguém se matricule no curso, mesmo não tendo os requisitos colocados. Apenas é feita uma recomendação em relação à escolaridade ou às configurações mínimas dos computadores pessoais.

O curso é composto por cinco módulos, cada um dos quais dividido em dois a cinco capítulos. Os módulos são os seguintes:

1. *Perfil empreendedor*, de nível conceitual, apresenta definições de empreendedorismo e principais características do comportamento empreendedor.
2. *Identificando oportunidades de negócio*, aborda questões relativas à identificação de oportunidades e análise de tendências de mercado, além de auxiliar na elaboração da missão da empresa.
3. *Análise de mercado*, no qual o aluno aprende a analisar os potenciais concorrentes, o mercado consumidor e fornecedor.
4. *Concepção dos produtos e serviços* aborda as características que os produtos e serviços a serem oferecidos devem apresentar, além de estratégias de diferenciação dos mesmos no mercado.
5. *Análise financeira* fornece as ferramentas para um planejamento financeiro, quanto a cálculo de custos, preços de venda, receitas, investimentos e indicadores financeiros que expressam a viabilidade do negócio.

Os módulos e os capítulos devem ser cumpridos seqüencialmente pelo participante, não havendo, portanto, flexibilidade quanto à ordem seguida para terminar o curso. São sugeridas atividades ao final de cada capítulo, de caráter optativo, e um exercício de fixação obrigatório, com questão de múltipla escolha, que permite o acesso ao capítulo seguinte. Esta questão aborda o conteúdo aprendido no capítulo anterior, porém restringe-se ao nível de compreensão do conteúdo. Da mesma forma que os requisitos para ingressar no curso, as avaliações de aprendizagem não impedem que aluno siga cursando, ou seja, não têm caráter eliminatório. Completar os exercícios é apenas uma "chave" para que se possa entrar no capítulo ou módulo seguinte. As atividades propostas estimulam o aluno a elaborar seu plano de negócio, porém a realização das mesmas não é obrigatória e nem corrigida.

São previstas 40 horas, sendo sugerido ao aluno reservar uma hora de estudo por dia útil. O aluno tem, portanto, 60 dias corridos para concluir o curso. Conforme já mencionado, os módulos são compostos por quantidade

(Continua)

Quadro 13.7 (*continuação*)

DESCRIÇÃO DO CASO 2 – INICIANDO UM PEQUENO GRANDE NEGÓCIO (IPGN)

O Caso do Curso IPGN

variável de capítulos, de dois a cinco, com previsões de conclusão diferentes. Para o primeiro módulo, com dois capítulos, sugerem-se cinco dias para conclusão; para o segundo, composto por dois capítulos, seis dias; para o terceiro, de cinco capítulos, 18 dias; para o quarto, com quatro capítulos, sugerem-se 12 dias. Para o quinto módulo, com quatro capítulos, são sugeridos 19 dias para conclusão. As informações sobre o uso do material didático, programa instrucional e sugestão de carga horária são fornecidas ao aluno no início do curso, quando também são indicadas algumas fontes alternativas de informação e explicado o sistema de avaliação de aprendizagem.

O ambiente do curso permite que o aluno faça o download do conteúdo para seu computador pessoal, necessitando acessar a página do curso apenas para a realização dos exercícios e uso das ferramentas da *web* disponibilizadas, como tutoria, mural de notícias, banco de perguntas freqüentes, troca de e-mails com colegas, chats e fóruns.

Os vários recursos de apoio à aprendizagem são estruturados de modo a estimular a participação do aluno e a discussão sobre os temas abordados. Contudo, não há contingência associada ao uso dessas estratégias, o que reduz bastante a freqüência de uso das mesmas.

A figura do tutor exerce um papel importante no incentivo ao término do treinamento. Os índices de evasão de cursos a distância costumam ser elevados e foi enfatizada a tutoria ativa como meio para manter contato mais direto com o aluno, acompanhando seu desempenho e as atividades por ele realizadas. A tutoria, além desse papel, tira dúvidas dos alunos, conduz os encontros nos *chats* e intermedia os temas da lista de discussão. O tutor atende 200 alunos por turma oferecida...

O ambiente eletrônico do IPGN possui, na parte superior da página, os menus de ferramentas de interação, "tira-dúvidas", banco de perguntas freqüentes e suporte técnico. Na coluna esquerda, encontra-se o conteúdo programático listado, onde o aluno acessa o capítulo que está estudando, os exercícios ainda não realizados e as atividades de elaboração do plano de negócio. A parte central da página destina-se ao conteúdo propriamente dito, em que o aluno deve passar as diversas páginas de um capítulo, tendo a opção de alguns *links* para o glossário do curso. Ao entrar no ambiente, o aluno recebe a informação de onde parou na última vez que acessou o curso. Eventualmente, ele também recebe notícias ou avisos no mural, bem como indicações sobre as novas discussões realizadas nos chats e listas de discussão. Neste momento, o aluno pode escolher o caminho que irá seguir no ambiente, tendo a flexibilidade de estudar determinado capítulo e, por exemplo, acessar o "tira-dúvida" ou o *chat* (Carvalho, 2003, p.63-65).

A maioria dos participantes ... é do sexo masculino (59,5 a 65,7%), possui idade média de 33 a 34 anos (desvio padrão de aproximadamente 10 anos), nível superior incompleto (32,3 a 34,2%) ou completo (25,5 a 28,7%) e reside majoritariamente na região Sudeste (43,4 a 57,0%). Quanto à conclusão do curso, houve diferença entre a população e as amostras, já que se esperava que os não concluintes não respondessem aos questionários. Na população, pouco mais da metade o concluiu (52,9%).

Fonte: Carvalho (2003, p.54).

O Quadro 13.8 oferece um resumo da análise do Caso 2.

Observa-se, no Quadro 13.8, que o tipo de aprendizagem pretendida pelo IPGN é mais complexo que o descrito no Caso 1, pois envolve aprendizagem de várias habilidades específicas (referentes às etapas de elaboração de um plano de negócios) e de aplicação de habilidades genéricas (referentes a regras e normas que regulam a ação empreendedora no país e ao comportamento das cadeias de valor envolvidas nas cadeias de valor dos vários setores relacionados ao negócio).

Além disso, são previstos, porém não tratados em detalhe no curso, atitudes e valores associados à ação empreendedora. O foco da aprendizagem recai sobre conhecimentos de diversas áreas do conhecimento. Algumas habilidades enfocadas no curso envolvem gestão de pessoas e contato com o perfil de clientes e fornecedores, o que torna o curso de 40 horas provavelmente insuficiente para desenvolver esse tipo valioso de atitudes e habilidades de gestão. O curso fornece apoio ao estudo em grupo por meio de *chats* e fóruns de discussão. Há também apoio de tutores à aprendizagem. O suporte inclui estímulo à participação e orientações sobre os conteúdos do curso, além

Quadro 13.8
ANÁLISE DO CASO 2 – INICIANDO UM PEQUENO GRANDE NEGÓCIO (IPGN)

Características	Descrição
Tipo de aprendizagem aplicação de habilidades genéricas.	Aprendizagem de várias habilidades específicas e de
Controle da aprendizagem	Pelo tutor e aprendiz.
Foco da aprendizagem	Conhecimentos de diversas áreas do conhecimento.
Agrupamento de aprendizes para a aprendizagem	Estudo predominantemente individual.
Interações para a aprendizagem	O curso permite impressão do material didático. Oferece oportunidades de interação com tutor e outros aprendizes e apoio técnico e secretaria.
Apoio à aprendizagem	Suporte cognitivo e emocional oferecido pelos tutores.

de instruções sobre o uso das ferramentas da internet. Dada a grande quantidade de pessoas que realizam o curso e a sua grande dispersão geográfica, a escolha da modalidade a distância é a mais correta. Como o acesso ao treinamento pela *web* não é fácil para todos, o curso permite ao participante que imprima o material didático. Entretanto, os exercícios e as interações com colegas, tutores, apoio técnico e de secretaria ocorrem somente no ambiente da internet. A evasão, apesar de alta, não é alarmante, porque não se sabe até que ponto o material impresso tem sido capaz de, sozinho, transmitir grande parte dos conteúdos e das habilidades veiculados pelo IPGN. Nota-se que a abordagem de desenho escolhida, claramente objetivista, parece adequada, pelo menos para cerca de 52% dos participantes que concluíram o curso e foram capazes de elaborar um plano de negócios, ao final do curso. Caso o leitor queira mais detalhes sobre o caso, leia Zerbini (2003), Abbad, Carvalho e Zerbini (2004).

CONSIDERAÇÕES FINAIS

Este capítulo foi redigido visando estimular o leitor a realizar mais leituras sobre o assunto e compreender as relações entre teorias da aprendizagem, abordagens instrucionais e de desenho da instrução.

É fundamental que os profissionais que atuam em TD&E sejam capazes de analisar o conceito de aprendizagem e distinguir aprendizagem natural de induzida; teorias de aprendizagem, teoria instrucional e teorias de desenho instrucional.

Na verdade, não basta saber qual é o desenho industrial adotado, é preciso comparar abordagens de desenho instrucional e discutir suas aplicações, bem como avaliar as principais contribuições das teorias instrucionais e de desenho instrucional para o planejamento de ações de treinamento.

É também importante salientar a importância de definir os objetivos de ensino em termos de resultados de aprendizagem esperados e as condições externas necessárias à aprendizagem, de acordo com as teorias instrucionais. De fato, a abordagem de desenho instrucional que mais se ajusta a cada situação depende desses objetivos instrucionais.

Assim, o que deve ser feito é planejar, executar e avaliar o treinamento. Como a primeira etapa é o planejamento, todas as demais ficarão comprometidas se a primeira não for realizada a contento.

QUESTÕES PARA DISCUSSÃO

Para favorecer a recuperação dos conhecimentos que você, caro leitor, adquiriu neste capítulo, pergunte-se, em relação aos objetivos inicialmente descritos, sobre o quanto você se sente capaz de:

- Descrever o conceito de aprendizagem.
- Distinguir aprendizagem natural de induzida.
- Distinguir teorias de aprendizagem, teoria instrucional e teorias de desenho instrucional.
- Comparar abordagens de desenho instrucional e discutir suas aplicações.

- Avaliar as principais contribuições das teorias instrucionais e de desenho instrucional para o planejamento de ações de treinamento.

Como queremos ter certeza que você aprenderá, vamos apresentar um exemplo.

Um colaborador da empresa X necessita verificar o percentual de falhas observadas na produção de equipamentos eletrônicos de microinformática da empresa. A finalidade é verificar se a empresa segue as normas internacionais de qualidade para controlar seus padrões de fornecimento para mercado externo, caso contrário poderá perder o contrato de fornecimento. A organização solicitou a ele que construísse uma metodologia de controle de qualidade de produção que incluísse técnicas sofisticadas de amostragem e inferência estatística. Esse colaborador é formado em administração, tem 24 anos e sabe realizar cálculos estatísticos básicos (ou descritivos) como médias aritméticas, desvios padrões e percentagens. Diante desse desafio, o que o colaborador deverá fazer?

Aguardar o tempo passar? Esperar a experiência chegar e a maturação ocorrer? Procurar a ajuda dos colegas muito ocupados e que não dispõem de todo o conhecimento sobre estatística? Estudar sozinho em livros de estatística? O risco de escolher essas alternativas é a baixa eficiência e eficácia para a solução do problema.

Claramente, há uma questão de aprendizagem envolvida nesse caso. Essa questão se refere à aquisição de novas habilidades e conhecimentos que se manifestarão por uma mudança duradoura no comportamento do colaborador. A complexidade envolvida na aquisição dessas habilidades, atitudes e conhecimentos e a falta de condições externas de aprendizagem em sua equipe natural de trabalho, é o que, muitas vezes ocasiona a busca de treinamento (aprendizagem induzida) como solução do problema.

O que faremos nós profissionais da área de treinamento para auxiliar esse colaborador? Devemos identificar quais etapas e processos cognitivos subjacentes à aprendizagem estão envolvidos na tarefa, quais variáveis ambientais e do contexto antecedem e sucedem a correta execução da tarefa. Para fazer isso, utilizamos conhecimentos fornecidos pelas teorias de aprendizagem.

O passo seguinte será definir os objetivos de ensino em termos de resultados de aprendizagem esperados e as condições externas necessárias à aprendizagem, de acordo com as teorias instrucionais. Na fase seguinte, escolhe-se a abordagem de desenho instrucional que mais se ajuste à situação. Planeja-se, executa-se e avalia-se o treinamento. Os Capítulos 14 e 15 o ajudarão a planejar em detalhe o curso para o colaborador.

NOTAS

1. Esse passo final, na abordagem cognitivista, corresponde à apresentação do objetivo instrucional ao aprendiz, descrito em termos dos comportamentos que ele adquirirá após a instrução. A respeito de objetivos instrucionais, leia o Capítulo 15.

REFERÊNCIAS

ABBAD, G. S.; BORGES-ANDRADE, J. E. Aprendizagem humana em organizações de trabalho. In: ZANELLI, J. C.; BORGES-ANDRADE, J. E.; BASTOS, A. V. B. (Org.). *Psicologia, organizações e trabalho no Brasil*. Porto Alegre: Artmed, 2004. p. 237-275.

ABBAD, G.S.; CARVALHO, R.; ZERBINI, T. Evasão em curso a distância via *internet*: explorando variáveis explicativas. In: ENCONTRO NACIONAL DA ANPAD, 28., 2004, Curitiba.

ANDERSON, J. R. *The architecture of cognition*. Cambridge: Harvard University, 1983.

AUSUBEL, D. P. *Educational psychology: a cognitive view*. New York: Holt, Rinehart and Winston, 1968.

BANDURA, A. Self-efficacy: toward a unifying theory of behavioral change. *Psychological Review*, v.84, p.191-215, 1977.

BANDURA, A. *Social foundations of thought and action*. Englewood Cliffs: Prentice-Hall, 1986.

BIGGE, M. L. *Learning theories for teachers*. 4. ed. Harper & Row, 1982.

BLOOM, B. S. et al. *Taxionomia de objetivos educacionais*: compêndio primeiro: domínio cognitivo. Porto Alegre: Globo, 1972.

BLOOM, B.S.; KRATHWOHL, D.R.; MASIA, B.B. *Taxionomia de objetivos educacionais*: compêndio segundo: domínio afetivo. Porto Alegre: Globo, 1974.

BRUNER, J.S. *Toward a theory of instruction*. New York: Norton, 1966.

CAMPOS, F. C. A.; ROCHA, A. R.; CAMPOS, G.H.B. Design instrucional e construtivismo: em busca de modelos para o desenvolvimento de software. Congreso Iberoamericano de Informatica Educativa. RIBIE, 4., Brasília, out. 1998. Disponível em: www.niee.ufrgs.br/ribie98/TRABALHOS/250M.PDF. Acesso em: 25 jun. 2004.

CASAS, L. A. A. Contribuições para a modelagem de um ambiente inteligente de educação baseado em realidade virtual. Tese (Doutorado) – Departamento de engenharia de Produção. Universidade de Santa Catarina, Florianópolis, 1999.

CARVALHO, R. S. Avaliação de treinamento a distância via *internet*: reação, suporte à transferência e impacto do treinamento no trabalho. Dissertação (Mestrado) – Instituto de Psicologia, Universidade de Brasília, Brasília, 2003.

CATANIA, A. C. *Aprendizagem*: comportamento, linguagem e cognição. Porto Alegre: Artmed, 1999.

COELHO JR., F.A. Avaliação de treinamento a distância: suporte à aprendizagem e impacto do treinamento no trabalho. Dissertação (Mestrado) – Instituto de Psicologia, Universidade de Brasília, Brasília, 2004.

DENNIS, J.K. Problem-based learning in online vs. face-to-face environments. *Education for Health*, v.16, n.2, p. 198-209, 2003.

FERNANDES, M.G.P. Automatizando o processo de design instrucional: maximizando a interação dos especialistas de conteúdo, 2003. Disponível em: http://www.abed.org.br/seminario2003/texto10.htm. Acesso em 25 jun. 2004.

FOX, E J. The personalized system of instruction: a flexible and effective approach to mastery learning. In: MORAN, D.; MALLOT, R. *Evidence-based educational methods*. New York: Academic Press, 2004.

GAGNÉ, R. M. *The conditions of learning and theory of instruction*. 4th ed. New York: Rinehart and Winston, 1985.

_____. *Essentials of learning for instruction*. 2. ed. Englewood Cliffs: Prentice Hall, 1988.

JOHNSON, S. D.; ARAGON, S. R. As instructional strategy framework for online learning environments. *New directions for adult and continuing education*, v.100, p. 31-43, 2003.

KELLER, F. S. "Good-bye, teacher". *Journal of Applied Behavior Analysis*, v.1, p.78-89, 1968.

LEUNG, A. C. K. Contextual issues in the construction of computer-based learning programs. *Journal of Computer Assisted Learning*, v.19, p. 501-516, 2002.

LOWYCK, J.; PÖYSÄ, J. Design of collaborative learning environments. *Computers in Human Behavior*, v.17, p. 507-516, 2001.

MAGER, R. F. *A formulação de objetivos de ensino*. Porto Alegre: Globo, 1976.

_____. *Análise de objetivos*. Porto Alegre: Globo, 1983.

_____. *Medindo os objetivos de ensino*. Porto Alegre: Globo, 1981.

_____. *O planejamento do ensino profissional*. Porto Alegre: Globo, 1976.

MECHNER, F. Análise comportamental e seqüência instrucional. In: PENTEADO, W. M. A. (Org.). *Psicologia e ensino*. São Paulo: Papel Livros, 1986.

MICHAEL, J. L. The essential components of effective instruction and why most college teaching is not. In: KELLER, F. S.; RIBES-IÑESTA, E. (Org.). *Behavior modification applications to education*. New York: Academic Press, 1974. p. 163-176.

MOREIRA, M. A. *Aprendizagem significativa*. Brasília: Universidade de Brasília, 1999.

MORRISON, G.R.; ROSS, S.M.; KEMP, J.E. *Designing effective instruction*. Jonh Wiley & Sons, 2001.

NALE, N. Programação de ensino no Brasil: o papel de Carolina Bori. *Psicologia USP*, São Paulo, v.9, n.1, p.275-301, 1998.

NEO, M. Developing a collaborative learning environment using a web-based design. *Journal of Computer Assisted Learning*, v.19, p. 462-473, 2002.

NERI, A L. O modelo comportamental aplicado ao ensino. In: PENTEADO, W. M. A. (Org.). *Psicologia e ensino*. São Paulo: Papel Livros, 1986.

ORMROD, J. E. *Human learning*. 3. ed. New Jersey: Prentice-Hall, 1999.

OTTO, J. T. The use of computer-based programmed instruction as a supplemental tool to train behavioral analysis concepts. Tese (Doutorado) – Western Michigan University, 2004.

POZO, J. I. *Aprendizes e mestres*: a nova cultura da aprendizagem. Porto Alegre: Artmed, 2002.

REIGELUTH, C. H. *Instructional-design theories and models*: a new paradigm of instructional theory. London: LEA, 1999. v.2.

REISER, R. A.; DICK, W. *Instructional planning: a guide for teachers*. 2. ed. Allyn & Bacon, 1996.

RICHEY, R.C. The legacy of Robert Gagné. *ERIC Clearinghouse on Information & Tecnology e Internacional Board of Standards for Training Performance and Instrucion*, Syracuse University, Syracuse, NY, 2000.

RODRIGUES JR., J. F. *A taxonomia de objetivos educacionais*: um manual para o usuário. 2. ed. Brasília: Universidade de Brasília, 1997.

ROYER, J. M.; FELDMAN, R. S. *Educational psychology*: applications and theory. New York: Alfred A. Knopf, 1984.

SIMONASSI, L. E.; FRÓES, A. C.; SANÁBIO, E. T. *Contingências e regras*: considerações sobre comportamentos conscientes. *Estudos*, v.22, p.189-199, 1995.

SKINNER, B. F. Contingências de reforço: uma análise teórica. In: OS PENSADORES. São Paulo: Abril Cultural, 1980/1969.

TANNENBAUM, S. I.; YUKL, G. Training and development in work organizations. *Annual Review of Psychology*, v.43, p.399-441, 1992.

TODOROV, J. C. O conceito de contingência tríplice na análise do comportamento humano. *Psicologia Teoria e Pesquisa*, v. 1, n. 1, p. 75-88, jan./abr. 1985.

VROOM, V. H. *Work and motivation*. New York: Wiley, 1964.

ZERBINI, T. Estratégias de aprendizagem, reações aos procedimentos de um curso via *internet*, reações ao tutor e impacto do treinamento no trabalho. Dissertação (Mestrado) – Instituto de Psicologia, Universidade de Brasília, Brasília, 2003.

14

Taxonomias de objetivos em TD&E
José Florêncio Rodrigues Jr.

Objetivos

Ao final deste capítulo, o leitor deverá:
- Explicitar os parâmetros que definem uma taxonomia.
- Distinguir domínios da aprendizagem aos quais se aplicam as taxonomias, assim como as categorias que os integram.
- Selecionar a(s) taxonomia(s) adequada(s) para o delineamento e/ou avaliação de um treinamento.

INTRODUÇÃO

Por que ocupar tempo com taxonomias de objetivos educacionais? Ou melhor, Por que deveria o profissional de treinamento, desenvolvimento e educação (TD&E) ter em conta taxonomias de objetivos educacionais no planejamento, no desenvolvimento e na avaliação de um treinamento? Essa é a pergunta que serve de pano de fundo para o presente texto. Nele, examina-se a etimologia do termo taxonomia, assim como os critérios que devem balizar uma taxonomia. Em seguida, passam-se em revista algumas taxonomias empregadas em educação e treinamento, em particular a Taxonomia de Objetivos Educacionais proposta por Bloom e colaboradores (1956). Examinam-se, em seguida, evidências sobre a validade dessa última taxonomia e conclui-se mostrando exemplos do emprego da Taxonomia de Objetivos Educacionais no âmbito de TD&E.

ETIMOLOGIA DO TERMO TAXONOMIA E PARÂMETROS DE UMA TAXONOMIA

Taxonomia: etimologia e parâmetros

Taxonomia é um termo originário do grego. Os dois termos que o compõem –, ταξἰς sucessão fixa, ordem, e νομος, lei – conjugam-se, resultando daí o novo termo, cujo significado seria, uma estrutura de sucessão fixa (Arndt, Gingrich, 1959; Rodrigues Jr., 1994).

Taxonomias não são simplesmente sistemas de classificação. Mais que isso, são sistemas de classificação delimitados por três propriedades. São elas **cumulatividade, hierarquia** e **eixo comum**. Cumulatividade implica que uma categoria de uma taxonomia abranja a(s) categoria(s) anterior(es). Hierarquia supõe, que cada categoria é maior do que a anterior e inferior à subseqüente, isso com base na terceira propriedade, ou seja, eixo comum. Este implica que uma taxonomia é construída em torno de uma entidade, princípio, constructo. Em torno dela agregam-se as categorias que a integram. Implica dizer que todas as categorias partilham da natureza daquela entidade, princípio ou constructo, de sorte que cada uma abrange as precedentes (cumulatividade) e cada uma é maior do que as precedentes (hierarquia).

Taxonomias do âmbito da aprendizagem e da instrução

Como se pode concluir, taxonomias estão presentes nos diferentes campos de saber; entre eles, o da biologia, no qual salienta-se a taxonomia dos seres vivos, proposta por Lineu, no século XVIII. Numerosas taxonomias têm sido propostas no âmbito da educação e da psicologia, constituindo-se acessórios úteis ao planejamento, desenvolvimento e avaliação de treinamentos. Nesta seção veremos algumas dessas taxonomias. Entretanto, como antecipado na seção precedente, embora denominadas taxonomias, a maior parte dessas propostas é constituída de sistemas de classificação, não de taxonomias. Ainda, utiliza-se aqui a divisão – forçada e artificial, porém sem melhor substituta – da categorização de De Landsheere (1990), com base na qual taxonomias são agrupadas por domínio cognitivo, afetivo e psicomotor. Como se sabe, essa classificação tem mérito didático, porém encerra uma noção equivocada de que a aprendizagem ocorre em compartimentos. Uma seção é reservada para tratar restritamente da Taxonomia de Objetivos Educacionais, organizada por Bloom e colaboradores.

Taxonomias do domínio cognitivo

No domínio cogntivo concentra-se a maior parte das taxonomias produzidas. Facilmente se infere razão para isso: é de cognição que se cuida prioritariamente nas salas de aula e em contextos de treinamento. Apresentam-se quatro taxonomias, ficando o leitor alertado para o fato de que falta à maior parte delas comprovação empírica de satisfazerem as condições de cumulatividade, hierarquia e eixo comum, indicadas anteriormente.

A Taxonomia de Objetivos Educacionais: Domínio Cognitivo (TOE:DC) é, possivelmente, a primeira das hierarquias sobre processos cognitivos a tornar-se conhecida entre educadores e psicólogos educacionais. Inicialmente lançada nos Estados Unidos (Bloom et al., 1956), ela resultou de um trabalho conjugado e sistematicamente construído por um conjunto de 34 professores universitários norte-americanos. Sua edição em português data de 1972. Integram a TOE:DC 6 categorias e 14 subcategorias. Ela é apresentada em versão compacta na seção *visão telescópica das taxonomias de objetivos educacionais*, neste capítulo.

Uma contribuição marcante para o delineamento da instrução e da aprendizagem é o modelo de estrutura do intelecto, de Guilford (1967). Constituído de três dimensões – conteúdo, operação e produto –, o modelo serve tanto para descrever como a aprendizagem se realiza em diferentes níveis, como para prescrever, ou seja, apontar procedimentos para se efetivarem os diferentes níveis de aprendizagem.

Importante contribuição para o planejamento da aprendizagem e da instrução foi feita por Gagné (1974) e Gagné e Briggs (1974). Eles distinguem cinco categorias de resultados de aprendizagem: intelectual, estratégias cognitivas, informação verbal, habilidades motoras e atitudes (1974b). Focalizando particularmente o aspecto cognitivo, distinguem-se oito tipos de aprendizagem: de sinais, de estímulo-reação, em cadeia, de associações verbais, de discriminações múltiplas, de conceitos, de princípios e de resolução de problemas (1974a). Salienta-se que Gagné denominou sistema de hierarquia de aprendizagem, em vez de taxonomia. Ele apresenta evidência empírica para a hierarquia proposta (Richey, 2000). É também de notar-se que a hierarquia de Gagné integra em um mesmo *continuum* cognição, psicomotricidade e atitudes em vez de tratar dessas manifestações de aprendizagem em domínios distintos.

Finalmente, Biggs e Collis propuseram uma estrutura por eles denominada Taxonomia SOLO, sigla correspondente à expressão *Structure of Observed Learning Outcome* (1982). Os autores concentram-se no aspecto qualitativo da instrução, ou seja, de que modo se aprendeu o que foi aprendido. Eles ancoram sua proposta na psicologia desenvolvimentista de Piaget, daí derivando três categorias de aprendizagem: a pré-estrutural, a uniestrutural e a multiestrutural. Embora apresentem exemplos derivados do ensino de literatura, história, geografia e matemática, os autores não oferecem evidência empírica sobre a cumulatividade, hierarquia e eixo comum da Taxonomia SOLO.

Taxonomia do domínio afetivo

Enquanto para os domínios cognitivo e psicomotor existe uma pluralidade de taxonomias, para o domínio afetivo registra-se apenas a Taxonomia de Objetivos Educacionais: Domínio Afetivo (TOE:DA). Publicada quase 10 anos após a contraparte do domínio cognitivo (nos Estados Unidos em 1964 e no Brasil em 1972), resultou do trabalho do mesmo grupo de professores. Uma súmula dessa taxonomia faz parte da seção *Visão telescópica das taxonomias*.

Vista com reserva em meios acadêmicos e organizacionais até duas décadas atrás, a aprendizagem afetiva é, hoje, algo a ser considerado no delineamento, na execução e avaliação e na instrução em sala de aula, assim como no treinamento e na pesquisa. Essa crescente importância foi salientada por De Landsheere (1990, p.186, tradução livre) na seguinte declaração: "Indubitavelmente, o domínio afetivo constituirá uma prioridade no campo da pesquisa educacional nas décadas vindouras". É, também, oportuno trazer à lembrança o componente afetivo nos treinamentos. Junto com as competências e habilidades, as atitudes representam aspectos afetivos, e os objetos de treinamentos, sendo esses três aspectos compendiados na sigla CHAs, designativa de competências, habilidades e atitudes (Borges-Andrade e Lima, 1983).

Taxonomias do domínio psicomotor

O estudo da aprendizagem psicomotora deslocou-se do grupo original de estudiosos propositores das taxonomias do domínio cognitivo e afetivo, passando a ser resultado de empreendimentos individuais. Com isso, os sistemas de classificação de que se dispõe têm menor peso de credibilidade, além de lhes faltarem suporte empírico para os três princípios definidores de taxonomias, assinalados anteriormente, isto é, cumulatividade, hierarquia e eixo comum.

Ver-se-ão aqui três chamadas taxonomias para o domínio psicomotor: a de Simpson (1966), a de Manilla (1980) e a de Harrow (1983). Preliminarmente, há que assinalar-se os diferentes contextos e público-alvo desses sistemas. Ou seja, Simpson tinha em mente ensino técnico; Manilla, o ensino na área de saúde e Harrow focalizou a educação física.

Cinco categorias constituem a hierarquia de desenvolvimento psicomotor proposta por Simpson. São elas:

a) Percepção.
b) Posicionamento.
c) Execução acompanhada.
d) Mecanização.
e) Completo domínio de movimentos.

À exceção da mecanização, as demais categorias contêm subdivisões. Simpson estabeleceu como eixo comum ou *continuum* para sua taxonomia a complexidade dos movimentos. Na seção seguinte, apresenta-se uma visão telescópica dessa taxonomia.

Também cinco categorias integram a taxonomia de Manilla:

a) Conhecimento da metodologia.
b) Preparação.
c) Execução consciente.
d) Automatização.
e) Reorganização.

Embora Manilla não se reporte à taxonomia de Simpson, observa-se semelhança entre os dois sistemas – por exemplo, as categorias (b), (c) e (d) deste autor como que espelham as de Simpson. Outro aspecto relevante nesta taxonomia é o reconhecimento que dá às aprendizagens cognitiva e afetiva em concomitância com a psicomotora.

Finalmente, a taxonomia de Harrow, a mais elaborada e detalhada das três. Constituem-na seis categorias:

a) Movimentos reflexos.
b) Movimentos básicos fundamentais.
c) Habilidades de percepção.
d) Habilidades físicas.
e) Movimentos hábeis.
f) Comunicação não-discursiva.

Cada categoria tem em média três subcategorias, e essas são ainda desdobradas em outras subcategorias. São, ao todo, entre categorias, subcategorias e desdobramentos das subcategorias, 85 níveis hierárquicos. Com isso, o sistema de Harrow é o que permite classificação mais precisa da aprendizagem psicomotora; por outro lado, o número elevado de subpartições tende a tornar o sistema excessivamente complexo para manejar.

Assim, viu-se nesta seção, um conjunto de sistemas ou hierarquias, geralmente denominadas de taxonomias, destinadas ao estudo e à fixação de objetivos de aprendizagem nos domínios cognitivo, afetivo e psicomotor. Viu-se, também, que, em sua quase totalidade, falta a esses sistemas comprovação empírica de atenderem às condições típicas de uma taxonomia, ou seja, cumulatividade, hierarquia e eixo comum.

VISÃO TELESCÓPICA DAS TAXONOMIAS DE OBJETIVOS DE ENSINO

O que se intenta fazer nesta seção é fornecer ao leitor, em poucas páginas, noções expostas em detalhe nos textos dos autores anteriormente referidos (Bloom et al., 1972: Krathwohl et al., 1972; Simpson, 1966). Obviamente, muita informação de importância será omitida, razão por que recomendo ao leitor interessado em alcançar um comando fluente dessas taxonomias a leitura dos textos referidos, ou ainda de um pequeno manual que resume aquelas informações (veja, do autor, *A taxonomia de objetivos educacionais: um manual para o usuário*, Universidade de Brasília, 1989).

Eis um dado preliminar, comum às três taxonomias: como já assinalado, por definição, elas devem atender a três condições – (a) cumulatividade, (b) hierarquia e (c) existência de um princípio ordenador. A primeira condição implica uma dependência de uma categoria taxonômica em relação à categoria que lhe precede; a segunda, a existência de uma ordenação em torno de um princípio ordenador num sentido crescente; a terceira, que cada taxonomia seja construída em torno de um princípio cuja função é a de uma coluna mestra. Passemos, a seguir, a uma visita rápida a cada taxonomia.

Taxonomia do domínio cognitivo. Tem como princípio organizador a *complexidade dos processos intelectuais* e compõe-se de seis categorias organizadas na seguinte ordem, da menos para a mais complexa: *conhecimento, compreensão, aplicação, análise, síntese* e *avaliação*. A figura a seguir ilustra a taxonomia do domínio cognitivo, seu princípio organizador e suas categorias.

A seguir, descreve-se em uma sentença o processo mental correspondente a cada uma das seis ca-

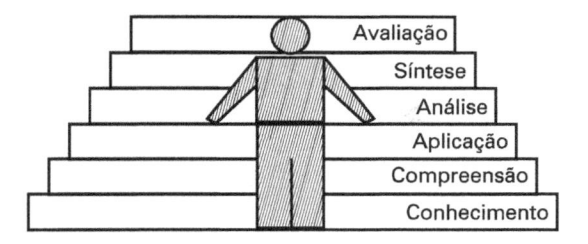

Figura 14.1 Categorias da taxonomia de objetivos educacionais: domínio cognitivo.

tegorias do domínio cognitivo. *Conhecimento* é a categoria que engloba objetivos nos quais se deseja que o aluno memorize informação (datas, nomes, locais, dados, procedimentos, teorias, fórmulas, classificações, etc). *Compreensão* corresponde a objetivos que implicam que o aluno transforme uma informação original – por exemplo, expandindo-a ou resumindo-a. *Aplicação* é a categoria que representa o processo intelectual de resolver problemas ou situações específicas com base em informações genéricas. *Análise* representa um processo intelectual pelo qual se faz a "anatomia" de uma teoria, produto ou informação. *Síntese* é o processo reverso de *análise* e implica produzir algo novo e pessoal partindo de informação conhecida. Finalmente, *Avaliação*, a categoria mais complexa dessa taxonomia, caracteriza a capacidade intelectual de emitir julgamento com base em critérios.

Taxonomia do domínio afetivo. O princípio organizador dessa taxonomia é a *internalização* de valores ou ideais. Um valor que poderia ser considerado no âmbito de uma disciplina poderia ser "respeito à vida em todas as suas manifestações", ou ainda, "honestidade intelectual". São cinco as categorias que compõem esta taxonomia, organizadas na seguinte ordem, do menor para o maior grau de internalização: *aquiescência*, *resposta*, *valorização*, *organização* e *carac-* *terização*. A figura ilustra a taxonomia do domínio afetivo: seu princípio organizador e categorias.

Estas são sumarizadas a seguir. *Aquiescência* conota uma postura de tolerância passiva do aluno em relação ao valor que se têm em vista na instrução. *Resposta* representa a saída do aluno do estado de passividade tolerante para o de aceitação ativa do valor. Em *valorização* objetiva-se a adesão consistente e continuada do aluno em relação ao valor que se tem em vista na instrução. Na categoria de *organização* tem-se em vista a capacidade de o aluno posicionar-se frente a valores antagônicos ou correlatos. Finalmente, *caracterização*, o nível mais profundo de internalização de um valor, conota uma identificação pessoal entre o aluno e o valor almejado.

Taxonomia do domínio psicomotor. As categorias dessa taxonomia organizam-se com base no princípio da *complexidade dos movimentos*. São cinco as categorias do domínio psicomotor: *percepção, posicionamento, execução acompanhada, mecanização e completo domínio de movimentos*. Junto com o princípio ordenador, essas categorias estão representadas na Figura 14.3.

Cada categoria é descrita sumariamente a seguir. *Percepção*, a categoria menos complexa, reúne objetivos nos quais o aluno dá-se conta cognitiva, visual e auditivamente, ou de outra forma, da ação ou do conjunto de ações a serem executadas. *Posicionamento* representa objetivos de ações mais complexas; o aluno deve assumir as posturas corretas neces-

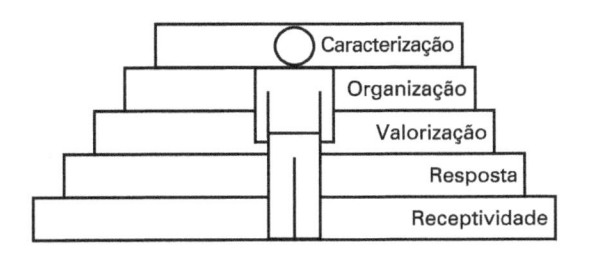

Figura 14.2 Categorias da taxonomia de objetos educacionais: domínio afetivo.

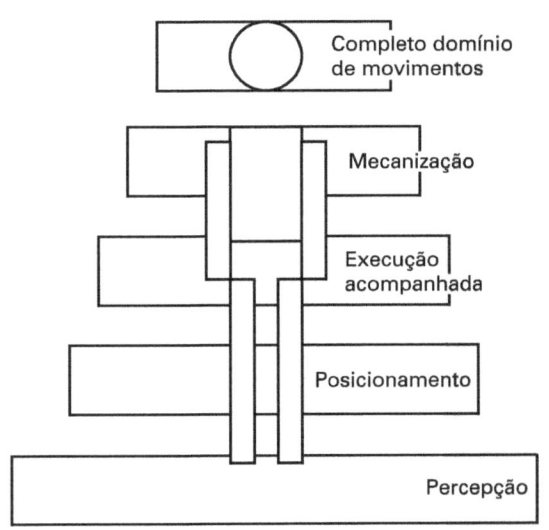

Figura 14.3 Categorias da taxonomia de objetivos educacionais: domínio psicomotor (Simpson, 1966).

sárias à execução de uma dada ação. Na *execução acompanhada*, os objetivos expressam movimento realizado pelo aluno; entretanto, esse movimento requer assistência e suporte do instrutor. *Mecanização*, a quarta categoria, implica, por um lado, ação independente do aluno; por outro lado, essa ação pode ser passível de erros com maior ou menor freqüência. Finalmente, *completo domínio de movimentos* configura uma performance fluente, na qual erros são consistentemente raros ou inexistentes.

As taxonomias – particularmente a do domínio cognitivo – podem ser de grande valia no delineamento de objetivos para um curso ou treinamento. Especialmente, caso se espere que os alunos ou treinandos explorem seu potencial intelectual, afetivo ou psicomotor, as taxonomias fornecem um arcabouço no qual a instrução pode apoiar-se. No que se refere à avaliação da aprendizagem, como se verá a seguir, o uso de objetivos de ensino possibilita elaborar formas e instrumentos de avaliação válidos e confiáveis.

VALIDADE EMPÍRICA DAS TAXONOMIAS DE OBJETIVOS EDUCACIONAIS

Embora pareça um tópico excessivamente técnico para o profissional de ensino e para quem lida com planejamento, condução e avaliação de treinamentos, convém a esses profissionais conhecer um pouco sobre a validade empírica das Taxonomias de Objetivos Educacionais. Essa informação lhes permitirá ter uma noção mais clara sobre aspectos positivos, assim como limitações desse instrumento. Distinguem-se, nesta seção, informações sobre a validade empírica das Taxonomias de Objetivos Educacionais do domínio cognitivo e do domínio afetivo.

Kreitzer e Madaus contribuíram com um importante artigo que integrou o *Bloom's taxonomy: a forty-year retrospective* (1994), o qual se intitulou *Empirical investigations of the hierarchical structure of the taxonomy*. Esses dois autores fazem um levantamento de estudos empíricos destinados a verificar a estrutura hierárquica da taxonomia. Entre os estudos, um se salienta: realizado por Kropp e Stoker, em 1966, como parte de um projeto do governo federal norte-americano, tendo como amostra mais de mil alunos de 10 escolas de ensino médio da Flórida.

Os pesquisadores delinearam testes destinados a aferir cada uma das seis categorias da taxonomia do domínio cognitivo. Os dados obtidos mostraram que a taxonomia constitui uma hierarquia. Clarificando, como os pesquisadores haviam hipotetizado, o número de itens respondidos corretamente decresceu à medida que se referiam a categorias mais elevadas da taxonomia; ou seja, os itens corretos da categoria compreensão<itens corretos de conhecimento, e assim por diante. Entretanto, os testes estatísticos utilizados por Kreitzer e Madaus, assim como por outros pesquisadores que se utilizaram dos dados de Kropp e Stoker em (re)análises subseqüentes revelaram estruturas diferentes daquela que os proponentes da taxonomia consolidaram. A categoria conhecimento (processos de memória) situou-se à parte, como um processo distinto dos demais; compreensão mostrou-se mais complexa do que aplicação e síntese, mais complexa do que avaliação.

No que se refere à taxonomia do domínio afetivo, Welter a submeteu a prova empírica em sua tese de doutorado (1968). Testou-a com alunos de uma disciplina de aconselhamento em um curso de psicologia. Os dados de Welter indicaram, primeiro, que foi possível alocar os comportamentos verbais e não-verbais dos alunos em categorias taxonômicas do domínio afetivo. Segundo, não houve evidência, entretanto, de que esses comportamentos refletissem a hierarquia da taxonomia para o domínio afetivo (na ordem recepção-resposta-valorização).

Volta-se à pergunta original, qual a relevância dessa informação para quem lida ou vai lidar com treinamentos e instrução? A relevância é de duas ordens. Primeira, sabe-se que, a despeito das contradições à sua hierarquia, levantadas pelos dados empíricos, ela permanece uma estrutura útil para quem quer planejar, conduzir e avaliar treinamentos. Pode parecer ingênuo, porém, é melhor ter-se uma estrutura cuja hierarquia seja questionada do que não ter nenhuma ou uma que não haja sido submetida a testes rigorosos. Segunda, de posse dessas informações sobre a validade das taxonomias, quem planeja, implementa ou avalia treinamentos pode, eventualmente, face a uma situação singular, ajustar a ordem hierárquica da taxonomia. Por exemplo, alguns avaliadores têm invertido a seqüência das duas últimas categorias – síntese e avaliação – e trabalhado com a seqüência avaliação-síntese. Tais ajustes permitem "cortar" as taxonomias de acordo com o perfil do treinamento em vista.

CONSIDERAÇÕES FINAIS

Ao propor um modelo de efetividade de treinamento com foco em aspectos dos treinandos e tipo de treinamento, Pilati (2002) reporta-se à Taxonomia de Objetivos Educacionais e a sua influência na pesquisa sobre projetos de treinamentos. Com efeito, a importância e a utilidade desse sistema de classificação de objetivos em planejar, executar e avaliar treinamentos são acentuadas por Anderson e Maslow (1977) e De Landsheere (1990).

Esta tem sido, também, a experiência do autor ao planejar e avaliar treinamentos. Vale salientar que ocorrem situações nas quais o profissional de treinamento precisa lidar com conteúdo do qual não tem conhecimento. Essa foi a situação referida aqui. Tinha-se a avaliar um treinamento – em andamento – para médicos clínicos lidando com portadores do vírus HIV/AIDS, treinamento ministrado em três centros de referência (Rodrigues Jr., 1993). O avaliador, tomando como referência o modelo de Stufflebeam, propôs-se a, entre os insumos do treinamento, elaborar um teste de conhecimento sobre aspectos clínicos de AIDS. Entretanto, não sendo especialista na área médica e, sobretudo, no âmbito específico da AIDS, não poderia elaborar tal instrumento.

Diante dessa situação, ao examinar o programa dos treinamentos, o autor observou que as expectativas deles configuravam-se nas três primeiras categorias da taxonomia do domínio cognitivo, ou seja, conhecimento, compreensão e aplicação. Formulou-se, então, objetivos que refletissem a conjugação dos conteúdos com processos cognitivos; feito isso, submeteu-se os objetivos a dois médicos peritos em AIDS e explicou-lhes como importavam aqueles processos. Passo seguinte, com a ajuda dos referidos peritos, foram elaborados 15 itens que integraram o teste para avaliar a aprendizagem cognitiva dos treinamentos. Vê-se, no exemplo, como a taxonomia estabelece uma linguagem comum entre o profissional de treinamento e o especialista em conteúdo, possibilitando a colaboração entre ambos.

Como exposto, a taxonomia, a despeito de ser uma estrutura passível de discrepâncias, constitui um instrumento útil ao profissional de treinamento. Sua utilidade estende-se desde a fase de planejamento e de implementação até a fase de avaliação de treinamentos.

QUESTÕES PARA DISCUSSÃO

As questões propostas aqui prendem-se aos objetivos para o capítulo. São as seguintes:

- Considerando os três atributos de uma taxonomia – hierarquia, cumulatividade e eixo comum – como a falta de um deles desqualifica uma sistema de classificação para ser uma taxonomia? Ilustrando, pense nas categorias gramaticais – substantivo, adjetivo, etc. Constituiriam eles uma taxonomia? Qual atributo ou atributos lhes faltaria para que constituíssem uma taxonomia?

- Para adquirir competência no emprego das taxonomias e, particularmente, na Taxonomia de Objetivos Educacionais, é necessário dar-se conta dos processos envolvidos em cada categoria de cada domínio. Por exemplo, considerando o domínio cognitivo, o que distinguiria o processo cognitivo representado pela categoria compreensão em referência ao processo de análise? Ou ainda, mudando para o domínio afetivo, o que distinguiria o processo de internalização de um valor, categoria resposta do processo representado pela categoria valorização?

- Um interessante exercício seria o de classificar objetivos de ensino constantes de programas de cursos e treinamentos. Buscando-se páginas de internet de instituições promotoras de ensino, seja acadêmico, seja de treinamentos, você pode testar sua maestria na taxonomia, tentando classificar objetivos de ensino com base na mesma. Eis algumas páginas nas quais você encontrará objetivos de ensino: http://www.unb.br/deg/daa/ementa/124516.htm/etrn@spss. com.

REFERÊNCIAS

ANDERSON, S. B.; MASLOW, A. P. Training evaluation. In *Enclopedia of educational evaluation*. San Francisco: Jossey-Bass, 1977.

ARNDT, W. F.; GINGRICH, F. W. *A Greek-English lexicon of the New Testament and other early Christian literature*. Chicago: The University of Chicago, 1959.

BIGGS, J. B.; COLLIS, K. F. *Evaluating the quality of learning*. Sidney: Academic Press, 1982.

BLOOM, B.S. et al. (Ed.).et al. *Taxonomy of educational objectives*: cognitive domain. New York: David McKay, 1956.

BORGES-ANDRADE, J. E.; LIMA, S. M. V. Avaliação de necessidades de treinamento: um método de análise do papel ocupacional. *Tecnologia Educacional*, v.12, n.54, p. 6-22, 1983.

DE LANDSHEERE, V. Taxonomies of educational objectives. In: WALBERG, H.J.; HAERTEL, G.D. (Ed.). *The international encyclopedia of educational evaluation*. Oxford: Pergamon, 1990.

GAGNÉ, R. M. *Como se realiza a aprendizagem*. Rio de Janeiro: Livros Técnicos e Científicos, 1974.

GAGNÉ, R. M.; BRIGGS, L. J. *Principles of instructional design*. New York: Holt, Rinehart and Winston, 1974.

GUILFORD, J. P. *The nature of human intelligence*. New York: McKay, 1967.

HARROW, A. J. *Taxonomia do domínio psicomotor*. Rio de Janeiro: Globo, 1983.

KRATHWOHL, D. R.; BLOOM, B. S.; MASIA, B. M. *Taxonomy of educational objectives*: affective domain. New York: David McKay, 1964.

KREITZER, A. E.; MADAUS, G. F. Empirical investigation of the hierarchical structure of the Taxonomy. In: Anderson, L.W.; Sosniak, L.A. (Ed.). *Bloom's taxonomy*: a forty-year retrospective. Chicago: The University of Chicago, 1994.

KROPP, R. P.; STOKER, H. W. *The construction and validation of tests of the cognitive processes as described in the Taxonomy of Educational Objectives.* Institute of Human Learning and Department of Educational Research and Testing, Florida State University, 1966.

MANILLA, J. M. A. Taxonomia de los objetivos educacionales del area psicomotora. *Revista de Tecnoloía Educativa,* v. 6, n.2, p.183-190, 1980.

PILATI, R. *Modelo de efetividade de treinamento*: aspectos dos treinandos e moderação do tipo de treinamento. Projeto (Tese de Doutorado) – Universidade de Brasília, 2002.

RICHEY, R. C. (Ed.). *The legacy of Robert M. Gagné.* Syracuse: ERIC Clearinghouse, 2000.

RODRIGUES JR., J. F. Avaliação de um treinamento em formação clínica para AIDS em centros nacionais de referência. *Revista Brasileira de Educação Médica,* v.17, n.2, p. 7-19, 1993.

SIMPSON, E. J. *The classification of educational objectives:* psychomotor domain. Vocational and Technical Education Grant, University of Illinois (contract # OE 5-85-104), 1966.

WELTER, P. R. Group counseling and the assessment of affective learning: a preliminary investigation of the utility of the *Taxonomy of Educational Objectives: Affective Domain* (Tese de Doutorado), University of South Dakota, 1968.

15

Planejamento instrucional em TD&E

Gardênia da Silva Abbad, Thaís Zerbini,
Renata Silveira Carvalho e Pedro Paulo Murce Meneses

Objetivos

Ao final deste capítulo, o leitor deverá:

- Redigir objetivos instrucionais.
- Escolher a modalidade de entrega da instrução.
- Estabelecer a seqüência do ensino.
- Criar ou escolher procedimentos instrucionais.
- Definir critérios de avaliação de aprendizagem.
- Testar o plano ou desenho instrucional.

INTRODUÇÃO

Este capítulo visa descrever as principais etapas do processo de criação de um planejamento instrucional. A Figura 15.1 mostra a seqüência de atividades de elaboração de um desenho ou plano instrucional que corresponde a uma síntese deste capítulo.

Acompanhe as explicações sobre essas atividades, observando e tentando memorizar os passos apresentados na Figura 15.1.

ETAPA 1 – REDIGIR OBJETIVOS INSTRUCIONAIS

A primeira etapa do planejamento instrucional se compõe das quatro seguintes atividades:

- Transformação das necessidades de treinamento em objetivos instrucionais, descritos em termos de descrições objetivas e precisas dos conhecimentos, habilidades e atitudes (CHAs) que se deseja observar no comportamento do aprendiz durante e após o treinamento.

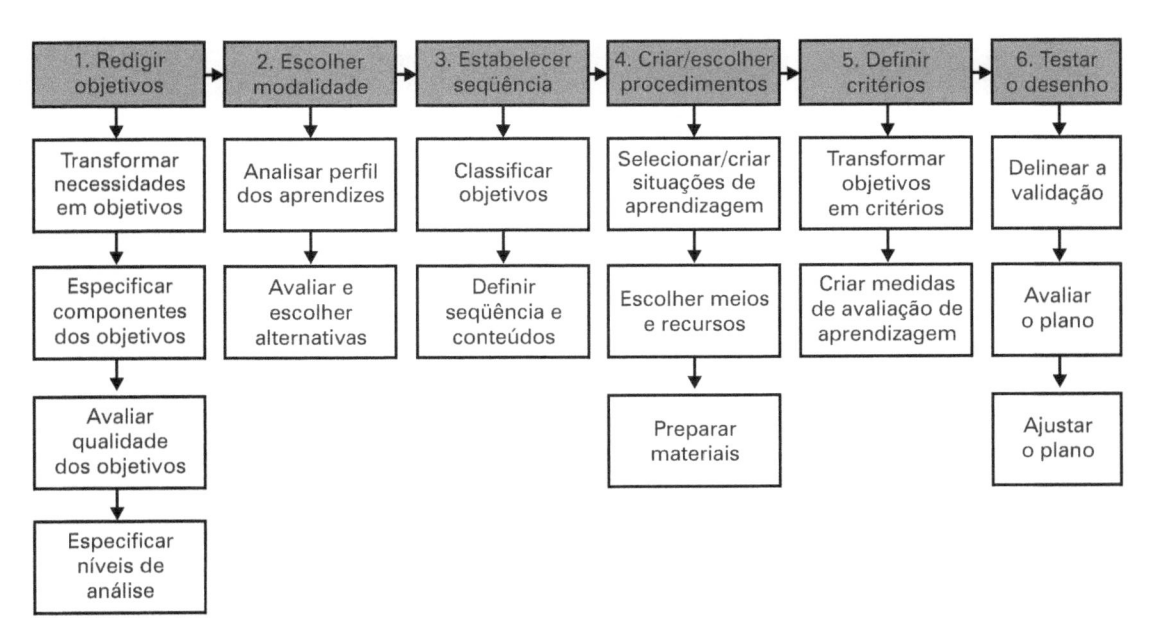

Figura 15.1 Representação gráfica das etapas do desenho instrucional.

- Especificação de objetivos instrucionais (resultados de aprendizagem), detalhando condições, desempenhos e critérios ou padrões de proficiência almejados pelo treinamento.
- Avaliação da qualidade da redação dos objetivos instrucionais.
- Especificação dos objetivos em diferentes níveis de análise (específicos, intermediários e geral). Dê uma olhada na Figura 15.2 para acompanhar o texto que se segue.

Transformação de necessidades em objetivos instrucionais

As necessidades de treinamento, redigidas em termos de competências ou papéis ocupacionais, são, na verdade, descrições de *ações* humanas no trabalho, voltadas para metas identificáveis, observáveis e passíveis de julgamento. Para que o planejamento instrucional possa ocorrer a contento, é preciso transformar as descrições de necessidades de treinamento em objetivos instrucionais. O Capítulo 10 trata da avaliação de necessidades de treinamento.

Objetivos instrucionais são descrições de resultados esperados de aprendizagem. Indicam CHAs que se deseja desenvolver nos aprendizes por meio da instrução. O planejamento é a criação ou a escolha de situações que induzem à aprendizagem dessas CHAs. Essas situações são chamadas de estratégias, métodos, técnicas, procedimentos, recursos e meios instrucionais. Os objetivos são redigidos em termos de ações ou *desempenhos* desejados, *condições* e *critérios*.

Um dos mais famosos autores sobre planejamento, Mager (1976), sugeriu algumas estratégias para formulação de objetivos instrucionais (Figura 15.3). Para esse autor, objetivos bem descritos facilitam a escolha de meios e estratégias de ensino, bem como a avaliação dos resultados de aprendizagem do curso. Além disso, a descrição precisa dos objetivos orienta os alunos em seus processos de aprendizagem e autoavaliação. O objetivo deve comunicar seu propósito, ou seja, deve explicitar o que, exatamente, o aprendiz será capaz de dizer ou fazer, após a instrução.

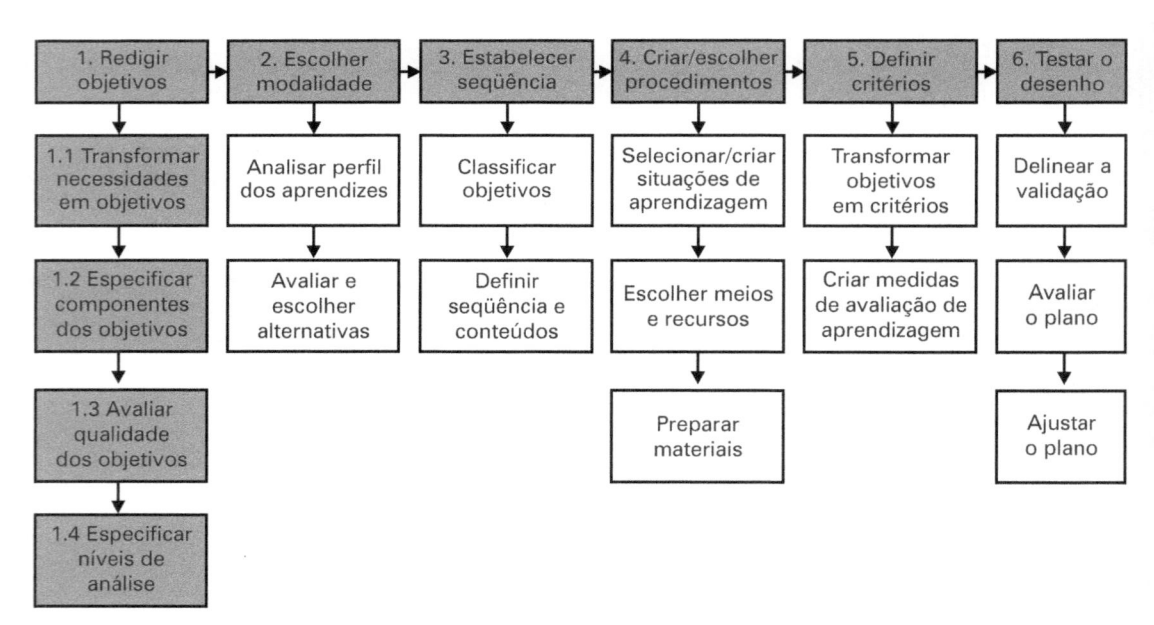

Figura 15.2 Representação gráfica das etapas do desenho instrucional com destaque para a primeira fase.

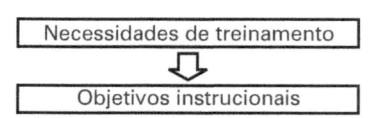

Figura 15.3 Definindo objetivos instrucionais a partir das necessidades de treinamento.

Especificação de objetivos instrucionais

Segundo Mager (1976), um objetivo bem formulado deve apresentar três características básicas: desempenho, condição e critério. A Figura 15.4 apresenta esquematicamente os componentes de um objetivo instrucional.

O *desempenho* é o componente mais importante e indispensável de um objetivo. Tal componente não pode ser omitido, já que descreve, por meio de comportamentos observáveis, o que o aprendiz será capaz de fazer. Em ambientes organizacionais, os objetivos instrucionais enfocam a aplicação de novas aprendizagens no trabalho, descritas em competências que se espera observar no trabalho. Todavia, há objetivos específicos que descrevem passos intermediários da aprendizagem e servem apenas para possibilitar a seqüência de apresentação dos conteúdos e das atividades de ensino e aprendizagem.

No objetivo instrucional, o desempenho é composto por um *verbo* e um *objeto da ação*. Os verbos devem indicar ações humanas observáveis, descritas de forma precisa e clara. Deve-se evitar o uso de verbos como entender, raciocinar, sensibilizar ou apreciar, pois não indicam comportamentos observáveis. O Quadro 15.1 mostra dois tipos de situações: a de verbos que indicam ações observáveis e mensuráveis e a de verbos que se referem a eventos psicológicos encobertos, não passíveis de observação direta.

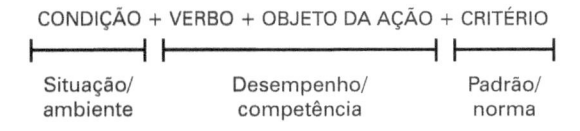

Para fins de planejamento instrucional, os verbos referentes a eventos internos, como *sentir, perceber* e *entender*, são analisados em termos de seus indicadores comportamentais em contextos específicos. Imaginemos uma situação em que uma organização tenha implantado um novo modelo de gestão por competências e queira desenvolver, no corpo gerencial, atitudes favoráveis à aplicação das ferramentas e dos recursos provenientes desse tipo de modelo, em suas respectivas unidades de trabalho. O gerente de treinamento recebe uma solicitação de treinamento com a finalidade de conscientizar os gerentes sobre a importância do referido modelo de gestão. Para facilitar o planejamento, o profissional de treinamento e desenvolvimento (T&D) deverá descobrir, entrevistando pessoas e/ou analisando documentos, quais são as CHAs que a organização gostaria de desenvolver nos gerentes por meio do curso. Nesse momento, será necessário descrever essas CHAs em termos de comportamentos observáveis nos gerentes.

O profissional que desenha as situações de aprendizagem, escolhendo estratégias, meios e recursos de ensino, precisa saber exatamente o que e como irá avaliar os processos e resultados de aprendizagem provenientes da instrução. *O sujeito da ação* contida no objetivo instrucional *deve ser o aprendiz*, motivo pelo qual é necessário que o objetivo instrucional reflita clara e inequivocamente o que será por ele aprendido. Um objetivo instrucional como: "conscientizar os gerentes sobre a importância do novo modelo de gestão por competências" *não é* um objetivo instrucional porque o sujeito da ação é o instrutor, o planejador do curso e/ou gestor de treinamento. O verbo se refere ao desejo destes últimos, não se referindo, como seria desejável, aos resultados de aprendizagem almejados pela instrução. Exemplos de objetivos com o *foco no aprendiz* (gerentes) poderiam ser os que se seguem:

CONDIÇÃO + VERBO + OBJETO DA AÇÃO + CRITÉRIO

| Situação/ ambiente | Desempenho/ competência | Padrão/ norma |

Figura 15.4 Componentes de um objetivo instrucional.

Quadro 15.1
VERBOS QUE SE REFEREM A AÇÕES OBSERVÁVEIS E A EVENTOS ENCOBERTOS

Ações observáveis	Eventos encobertos
Dirigir	Crer
Escolher	Sensibilizar
Avaliar	Conhecer
Nomear	Pensar
Calcular	Raciocinar
Sorrir	Saber
Classificar	Entender
Analisar	Apreciar
Redigir	Conscientizar-se
Calcular	Sentir
Manusear	Perceber

Os gerentes da organização X, ao final do treinamento, serão capazes de:

- Descrever os componentes do modelo de gestão.
- Explicar o modelo de gestão por competências aos seus colaboradores.
- Falar em público sobre as vantagens da aplicação do modelo na organização.
- Aplicar os procedimentos de mapeamento de competências adotados pela empresa para identificar lacunas no repertório de habilidades de seus respectivos colaboradores.
- Avaliar o efeito da implantação das técnicas de gestão por competências sobre os níveis de produtividade da unidade em que trabalha, etc.

A formulação de objetivos instrucionais requer ainda que o *objeto da ação* seja bem especificado. É difícil programar situações de aprendizagem quando não há definição clara do objeto. Para esclarecermos este ponto, vejamos o objetivo instrucional: o aluno será capaz de *recitar um poema*. Neste caso, o verbo foi corretamente selecionado, pois indica uma ação do aprendiz. Entretanto, não sabemos a que tipo(s) de poema o objetivo se refere. Esta falha dificulta a escolha de meios (cenários, vestuário), contexto (ao vivo, via televisão, videoconferência), situação (para crianças, adolescentes, adultos, idosos, mista) e estratégias de ensino. Se soubéssemos que o poema a ser ensinado seria do tipo lírico ou épico, ficaria mais fácil escolhermos o(s) poema(s), as situações, as estratégias e o contexto apropriados à aprendizagem da habilidade. Se estivéssemos interessados em planejar um curso para que os aprendizes se tornassem capazes de recitar quaisquer tipos de poemas, deveríamos, neste caso, dizer quais são esses tipos ao planejador.

Outro importante componente de um objetivo instrucional, a **condição**, refere-se a variáveis do ambiente que apóiam ou restringem a ocorrência dos desempenhos esperados, descritos nos objetivos de ensino. A condição se refere a características do contexto que viabilizam ou dificultam a ocorrência desses desempenhos. São variáveis sociais (clima, cultura, estilo gerencial) e materiais (informações, equipamentos, ferramentas, espaço físico, mobiliário etc.) que antecedem e/ou sucedem o comportamento e que o mantêm (fortalecem) como desempenho competente. Algumas condições são óbvias e podem ser omitidas. Para que alguém possa nadar, é preciso haver água. Para digitar, são necessários, no mínimo, computador, teclado e um processador de texto. Para trocar um pneu, são necessários chave de roda e macaco. Para exercer uma gestão participativa, é necessário estrutura compatível com a tomada de decisão democrática e assim por diante. Contudo, há outras condições que não podem ser omitidas no objetivo instrucional, aquelas que servem para sugerir ao planejador certas características especiais do contexto em que a situação de aprendizagem deve, obrigatoriamente, ocorrer, como, por exemplo, no caso de haver uma exigência de uso de um determinado tipo de piscina (olímpica ou comum, aquecida ou à temperatura ambiente, coberta ou ao ar livre), um determinado tipo de planilha eletrônica de cálculo, um determinado tipo de veículo automotor (caminhão, motocicleta ou carro de passeio), de terrenos onde a troca de pneus deverá ocorrer (estrada movimentada, rua com pequeno movimento, terreno inclinado, terreno com lama) ou o tipo de organização em que o gerente irá atuar (instituição militar, empresa do ramo da propaganda, universidade). Essas condições não são óbvias nem podem ser negligenciadas pelo planejador do curso, pois ele deverá conhecê-las de modo a escolher situações de aprendizagem que simulem esse contexto o mais fielmente possível.

Não é possível esperar que todo aprendiz seja capaz de generalizar o que aprendeu em uma situação para outras situações e contextos. É preciso prepará-lo para a transferência de aprendizagem. Há situações em que essa preparação é crítica. Imagine cirurgiões, pilotos de avião, motoristas de automóveis, astronautas, bombeiros, controladores de tráfego aéreo ou quaisquer outros trabalhos de similar responsabilidade, que não tenham sido expostos a várias situações de simulação da realidade, antes de aplicarem seus conhecimentos na prática. Que desastre! Esse tipo de atividade humana requer a exposição do aprendiz a simuladores ou simulações da realidade.

Há simuladores de vôo, por exemplo, que reproduzem com bastante fidelidade as diversas condições de navegação aérea, os equipamentos e suas respectivas funções na aeronave e que servem para preparar o piloto para vôos solitários e seguros. Nesses casos, são criados equipamentos com alta fidelidade morfológica e funcional para garantir transferência de aprendizagem e evitar mortes e altos prejuízos financeiros decorrentes de falha humana.

Com o advento das novas tecnologias da informação e comunicação (NTICs), em especial os equipamentos e os programas de realidade virtual e a robótica, os simuladores estão ficando cada vez mais sofisticados e fiéis à situação real. Na atualidade, um cirurgião pode realizar uma cirurgia a distância por meio de sofisticados aparelhos e robôs. A rede mundial (internet) possibilita a formação de equipes globais de resolução de problemas e a mobilização de pessoas espacialmente distantes entre si. Essas novas tecnologias abrem um leque de múltiplas oportunidades de criação e desafiam os profissionais de desenho instrucional a inventarem soluções e situações de simulação da realidade do aprendiz.

Há contextos em que, para treinar pessoas, é necessário simular situações com bastante fidelidade e realismo, sem, entretanto, focar os equipamentos. Os treinamentos de brigadas de combate a incêndio e de primeiros socorros em acidentes de trânsito, por exemplo, mostram que o planejador do curso costuma criar um ambiente para que o aprendiz realmente possa aprender e preparar-se para transferir essa aprendizagem a situações reais. No caso da brigada de incêndio, a situação requer a presença de fumaça, sirene, atores simulando pessoas em pânico, portas e elevadores trancados, gritos, choro e correria. Toda essa situação pode ser mostrada também por meio de filmes, depoimentos de pessoas vítimas de incêndio, mas a participação do aprendiz como protagonista da ação é insubstituível como situação de aprendizagem.

Outra situação em que o planejador da instrução deve conhecer muito bem o contexto e as condições necessárias à ocorrência da competência ensinada é quando não há equipamento ou material em quantidade suficiente para que todos possam manuseá-los durante a instrução. Esta situação é bastante freqüente em organizações de grande porte que adotam sistemas integrados de informações, acessíveis apenas por meio de rede interna de computadores, e que não podem ser disponibilizados para treinamento de modo a que cada participante possa conhecê-lo. Neste caso, pode-se criar um manual impresso de instruções com as telas principais e a descrição dos passos de acesso ao sistema de informações e/ou transferir essas instruções para um portal, CD-ROM, disquete ou ambiente *on-line* de curso a distância, acessíveis em qualquer local, inclusive no próprio local de trabalho do treinando.

Até agora, falamos principalmente de ambientes físicos como meios ou condições de aprendizagem, mas há variáveis de natureza psicossocial, relativas a clima, suporte e cultura organizacionais, igualmente necessárias à aprendizagem e à transferência de novas competências para o trabalho. Provavelmente, um ambiente aberto a mudanças, receptivo a novas tecnologias e à criatividade, dará mais apoio ao uso de novas formas de gestão de pessoas do que outros ambientes, avessos a mudanças e transformações organizacionais. Imagine dois grupos de gestores recém-treinados em técnicas de gestão participativa: o primeiro retorna para uma organização de arquitetura hierarquizada, tomada de decisão centralizada e de burocracia lenta, e o segundo, para uma organização de arquitetura flexível, tomada de decisão descentralizada, trabalhos organizados por projetos e rapidez nos processos de trabalho. Em qual delas os gestores teriam maiores dificuldades para aplicar as novas competências de gestão participativa por eles aprendidas no treinamento? Provavelmente, os gestores da primeira organização seriam os mais prejudicados em suas tentativas de transferir as novas aprendizagens para o trabalho, visto que teriam de enfrentar e superar vários obstáculos organizacionais para colocar as novas habilidades em prática e com sucesso. Muitas pesquisas brasileiras e estrangeiras mostram que, por falta de suporte ou clima para transferência, treinamentos deixam de produzir efeitos de melhoria do desempenho profissional do participante, não porque ele não tenha aprendido as novas competências, mas porque não há suporte para sua aplica-ção no ambiente de trabalho. Para maiores detalhes sobre variáveis de suporte organizacional, leia os Capítulos 12 e 20.

Voltando à descrição dos objetivos instrucionais, podemos dizer que nem sempre é necessária a inclusão das condições, as quais devem compor o enunciado do objetivo somente quando a atividade exigir a explicitação das mesmas. Quando *condições* são óbvias, não são necessárias a inclusão no objetivo. No caso do objetivo "digitar uma redação", por exemplo, por motivos claros, não é preciso dizer que isto deverá ser feito por meio de um computador.

Critério, último componente do objetivo instrucional, é a indicação do nível de proficiência ou do padrão de desempenho esperado. Essas referências podem ser descritas em termos de características quantitativas e qualitativas das ações e/ou resultados das ações descritas nos objetivos instrucionais. Os critérios servem de parâmetro de avaliação da aprendizagem e, por este motivo, são muito importantes. Indicam o quanto o aprendiz adquiriu a competência descrita no objetivo. As avaliações de aprendizagem podem basear-se em normas ou critérios, que serão exemplificadas a seguir.

Há treinamentos bastante exigentes e rigorosos e outros nem tanto. Pense em dois grupos de pessoas que serão treinadas em natação. O curso hipotético teria como objetivo geral atravessar a nado uma piscina olímpica, utilizando um dos estilos. O hipotético grupo 1 é composto por executivos do sexo masculino, de meia idade (média de idade = 40 anos, desvio padrão = 2 anos), obesos e fumantes, que participam de um treinamento como parte de um programa de qualidade de vida oferecido pela empresa em que trabalham. Eles estão sendo preparados para uma competição de natação com outros grupos similares da mesma empresa. O Grupo 2 é formado por jovens (média de idade = 20 anos, desvio padrão = 2 anos), filhos dos atletas de meia idade do Grupo 1, metade do sexo feminino, metade masculino, que estão sendo preparados para uma competição entre filhos de empregados de todas as regiões brasileiras. Obviamente os critérios serão diferentes para cada grupo. Os tempos exigidos para cada faixa etária e sexo dependerão de *normas* de grupo, as quais servirão de referência para compararmos os desempenhos dos nadadores durante os treinos. Os mais jovens terão marcas de tempo menores para vencer uma prova de natação do que os nadadores de meia idade. Para jovens da mesma idade, as mulheres terão padrões menos exigentes que os homens. Os critérios de avaliação da aprendizagem do objetivo, nesse caso, são baseados em *normas* derivadas de pesquisas em amostras similares ao grupo treinado. Para julgar o nível de competência do aprendiz, nesses casos, compara-se o desempenho dele a um padrão externo (recordes, tempos dos melhores classificados em torneios similares) e aos desempenhos dos demais treinandos, integrantes do mesmo grupo, de modo que o tempo de um competidor pode ser satisfatório dentro da turma dele e muito insatisfatório se comparado ao tempo do melhor nadador da mesma idade e sexo da empresa.

Quando a avaliação não é feita por meio de norma, é chamada de avaliação por *critério*. Ela ocorre quando os padrões não exigem comparações entre indivíduos e estão incluídos na descrição da própria ação ou de seu resultado. Basta que o avaliador observe o desempenho do aprendiz e o compare ao descrito no critério para que esteja apto a emitir um julgamento de valor sobre o nível de aprendizagem desse aluno. Alguns exemplos de critérios são os chamados incidentes críticos comportamentais, presentes em escalas ancoradas em comportamento (*Behaviorally Anchored Rating Scales*), em escalas de observação comportamental (*Behaviorally Observation Scales*) e em diversas outras, utilizadas pelas organizações como medidas de avaliação de desempenho de indivíduos no trabalho. Para compreender bem este ponto, leia alguns critérios comportamentais para um profissional de atendimento ao público:

- Olhe para o cliente enquanto o atende.
- Peça esclarecimentos ao cliente até compreender a sua solicitação.
- Resolva o problema trazido pelo cliente ou o encaminhe à pessoa com autoridade e competência para fazê-lo.
- Diante da impossibilidade de resolver o problema, desculpe-se.

Critérios desse tipo estão contidos na própria descrição da ação e/ou na descrição do modo como tal ação deverá ocorrer para ser considerada exemplar. Quando se observa o aprendiz e se conhece o critério, pode-se, nesses casos, julgar a aprendizagem obtida pelo aluno.

Ao descrever critérios de avaliação de um objetivo instrucional, o planejador terá de identificar os valores e expectativas organizacionais em relação àquele papel ocupacional ou atividade humana. Para tratarmos deste assunto, discutiremos um pouco o treinamento para formar um policial civil. O que queremos dele? Que prenda muitos infratores da lei e/ou que previna a ocorrência de delitos? Essas duas perguntas mostram que o desenhista instrucional precisa explicitar os valores que a instituição policial possui em relação às competências que gostaria de observar nos seus integrantes, de modo a poder criar situações de aprendizagem compatíveis com essas expectativas. O policiamento preventivo requer, por exemplo, que o policial estabeleça relações de cordialidade com os cidadãos, que conheça as lideranças da comunidade e que se comunique bem com as pessoas, entre outras competências. A instrução, nesse caso, deve envolver cuidadoso planejamento de situações que envolvam muita interação entre aprendizes e, se possível, dos aprendizes com outras pessoas, para simular a realidade das áreas policiadas. Por outro lado, treinar as competências relacionadas a colocar infratores e criminosos na prisão envolverá contato dos aprendizes com a legislação, com táticas de defesa pessoal, aulas de tiro, entre outras. Desse modo, quando o planejador busca informações sobre critérios, descobre os meios e escolhe mais facilmente as estratégias de ensino necessárias ao desenvolvimento daquela competência no aprendiz.

Em suma, um objetivo completo é composto por três componentes: *condição*, *desempenho* e *critério*. Um objetivo instrucional, para ser útil, tem, obrigatoriamente, de estar descrito em termos de ações observáveis (desempenho e objeto da ação) e ter como sujeito dessa ação o aprendiz, e não o professor, o instrutor ou o planejador instrucional.

Avaliação da qualidade do objetivo instrucional

O objetivo deve ser redigido de forma clara e precisa, de modo a indicar exatamente aquilo que (como e com que grau de proficiência) o aprendiz será capaz de fazer após a instrução. Deve-se evitar o uso de verbos que se referem a comportamentos encobertos.

Alguns exemplos de objetivos instrucionais malredigidos podem nos auxiliar a compreender este ponto. Leia atentamente os exemplos que se seguem e tente descobrir por que a redação está confusa, incompleta e/ou imprecisa e pense em outra redação para eles. O Quadro 15.2 apresenta esses exemplos e aborda os pontos já tratados neste capítulo.

Neste capítulo, até agora, o leitor aprendeu a relacionar necessidades de treinamento com objetivos instrucionais e avaliar a qualidade da redação de objetivos. O próximo passo é a definição do grau de especificidade e detalhamento dos objetivos. Não se esqueça de olhar mais uma vez a Figura 15.2 para localizar-se no texto.

Especificações dos níveis de análise

Quanto ao nível de especificidade, os objetivos podem ser classificados em, pelo menos, três tipos:

Quadro 15.2
AVALIANDO OBJETIVOS INSTRUCIONAIS

Objetivos confusos	Falha	Objetivos instrucionais
Entender a importância do novo modelo de gestão econômica.	O verbo *entender* não indica ação observável.	Explicar para outras pessoas, em linguagem acessível, os componentes do novo modelo de gestão. Analisar os prós e contras da implantação do novo modelo de gestão para a unidade e para a organização. Avaliar os principais impactos sociais, econômicos, políticos e organizacionais decorrentes da implantação do modelo. Sugerir mudanças nos processos de trabalho de modo a alinhá-los ao modelo de gestão.
Tornar-se consciente das normas de segurança.	A expressão "tornar-se consciente" não se refere a eventos observáveis. O objetivo não diz quais competências queremos desenvolver, tampouco nos possibilita identificar o grau de profundidade com que a instrução deverá tratar os assuntos.	Identificar, na legislação pertinente, as normas de segurança que devem ser observadas no ambiente de trabalho. Analisar acidentes de trabalho, relacionando a ocorrência com o descumprimento de normas. Avaliar implicações legais do descumprimento das normas. Avaliar prejuízos pessoais advindos do descumprimento das normas. Usar equipamentos de segurança no trabalho. Encorajar outras pessoas a utilizarem equipamentos de segurança.
Sensibilizar os gerentes para a importância do programa de desenvolvimento de equipes.	O verbo *sensibilizar* não indica claramente as competências que se quer desenvolver. Não se sabe tampouco quem é o sujeito da ação a que se refere o objetivo: o instrutor ou os gerentes?	Definindo-se o gerente como alvo, pode-se pensar que um gerente sensibilizado é alguém que será capaz de: Discutir vantagens e desvantagens da implantação do programa para a organização. Redigir projeto de implantação do programa para a respectiva unidade de trabalho. Discutir projeto de implantação com a equipe de trabalho, modificando-o de acordo com sugestões dos integrantes.
Recitar um poema.	O verbo está corretamente escolhido, pois indica ação observável, entretanto o objeto da ação está incompleto. Não se sabe quais tipos ou se todos os gêneros de poemas deverão ser ensinados ao aprendiz. Faltam contexto e critério.	Recitar de cor poemas líricos escritos por poetas românticos brasileiros para crianças de 10 anos de escola pública da periferia de São Paulo. Recitar poemas líricos em tom de voz e postura compatíveis com as características da audiência e adequados ao conteúdo da obra.

- Objetivos específicos, que se referem ao desempenho que se espera que os participantes apresentem ao final de cada passo da instrução.
- Objetivos intermediários, que agrupam vários objetivos específicos.
- Objetivos gerais, que resumem o conjunto de desempenhos ou competências que se espera observar nos participantes ao final do treinamento.

Um curso sobre troca de pneus poderia ter como objetivo geral o seguinte: "o aluno, ao final do curso, terá que trocar pneus de um carro de passeio, em rua movimentada, com rapidez e respeito às normas de segurança no trânsito". Como objetivos específicos, poderíamos sugerir: identificar sinais de pneus furados, escolher local apropriado à troca de pneus, estacionar o carro em local seguro, localizar rapidamente as ferramentas necessárias à operação, posicionar as ferramentas com precisão, acionar corretamente as ferramentas (chave de roda e macaco) e assim por diante.

Objetivos intermediários são mais úteis quando as competências desenvolvidas são complexas e requerem vários passos até a sua completa aprendizagem ou quando pertencem a domínios distintos (cognitivo, psicomotor e atitudinal). No caso da troca de pneus, suponhamos que a clientela seja de jovens de 18 anos que desconhecem a legislação de trânsito e ainda não possuem carteira de motorista. Um objetivo intermediário de natureza cognitiva, neste caso, seria "avaliar implicações legais da inobservância da legislação de trânsito na situação de troca de pneus", que inclui vários passos específicos para a sua realização. Outro objetivo intermediário, nesse caso, poderia ser de natureza atitudinal, relacionado ao respeito aos direitos dos pedestres. Este objetivo também poderia ser desdobrado em vários outros mais específicos.

O grau de detalhamento e especificidade do objetivo instrucional depende, pois, da complexidade e natureza da competência ensinada. Quando um curso é auto-instrucional e totalmente a distância, é preciso alto grau de detalhamento dos passos necessários à aprendizagem, principalmente quando a clientela for heterogênea.

ETAPA 2 – ESCOLHER A MODALIDADE DE ENTREGA DA INSTRUÇÃO

O desenhista instrucional, neste ponto do trabalho, deverá reunir as informações que coletou durante o processo de avaliação de necessidades de treinamento a respeito das características da clientela e da natureza e do grau de complexidade dos objetivos descritos na fase anterior. Após análise desse contexto, o profissional estará apto a decidir sobre qual será a modalidade do curso: presencial, a distância, semipresencial ou misto, além de avaliar a viabilidade de aplicar a solução escolhida. A Figura 15.5 destaca as fases do processo de escolha da modalidade de ensino.

Análise do perfil dos aprendizes

Precisamos organizar as informações que temos sobre o perfil dos aprendizes, no que se refere a características demográficas, funcionais e profissionais, além

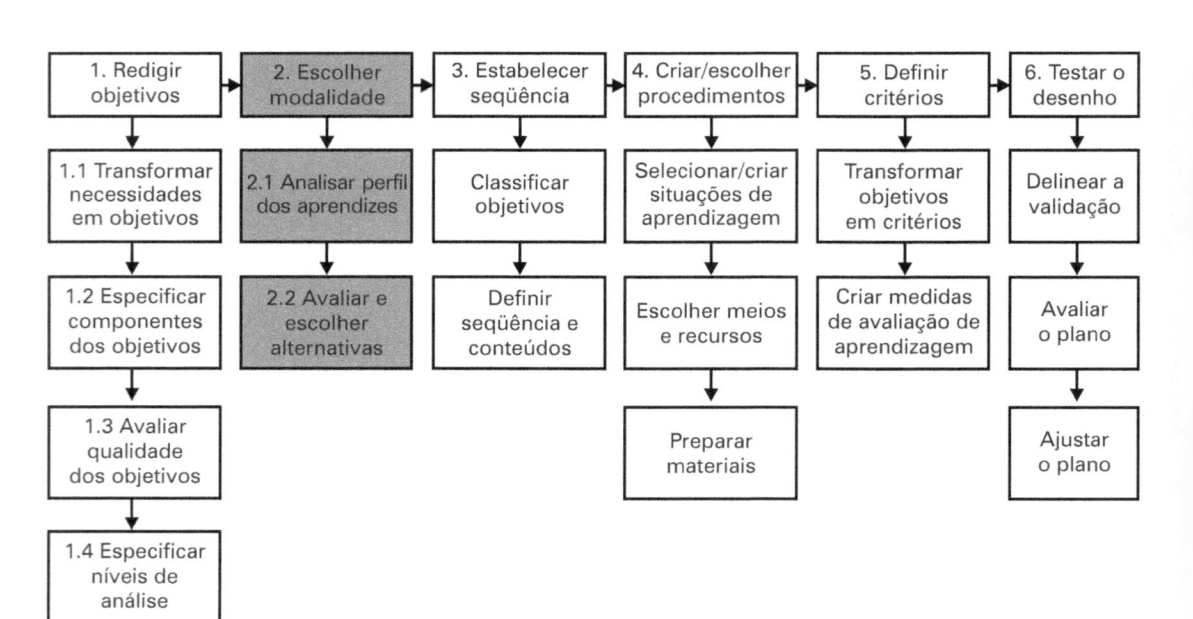

Figura 15.5 Representação gráfica das etapas do desenho instrucional com destaque para a segunda fase.

daquelas relacionadas às discrepâncias de competências ou necessidades de treinamento dos mesmos.

Entre as características fisionômicas, deve-se conhecer idade, sexo, escolaridade, profissão e estado civil da clientela. Essas informações serão extremamente úteis para o desenhista instrucional que, ao escolher modalidade de entrega, estratégias de ensino, horários de encontros presenciais e tempo de estudo, terá de respeitar a realidade dos futuros participantes do curso. Desconsiderar essas informações poderá levar a discriminações de gênero, idade, entre outras, e ao insucesso do curso.

Além disso, também são importantes as informações sobre lotação, cargo, carga de trabalho diária e tamanho da amostra ou número de pessoas que necessitam de treinamento. Essas informações são decisivas na escolha da modalidade de ensino. Cursos a distância, mediados pela *web*, requerem, em comparação com outros modos de entrega da instrução, altos custos e investimentos financeiros, os quais somente se justificam quando a clientela beneficiária do curso é grande e geograficamente dispersa. Os investimentos financeiros iniciais de concepção do curso mediado pela *web*, relacionados a pagamento de equipe multidisciplinar, aquisição de *softwares* e equipamentos necessários à viabilização da entrega, retornarão aos poucos, quando muitas pessoas que participaram do curso forem aprovadas e aplicarem as novas competências no trabalho.

Há estudos mostrando que universidades corporativas e escolas que oferecem cursos profissionalizantes a distância por meio da *web* costumam disponibilizá-los em grande escala. Essas instituições chegam a ofertar cursos a distância para 100 mil pessoas (ou mais) em um ano. Os trabalhos de Zerbini (2003) e Carvalho (2003) descrevem uma experiência de avaliação de um curso aberto à população, oferecido via *web* pelo Sebrae.

Provavelmente, quando são muito ocupados e sobrecarregados de trabalho, os profissionais que necessitam do curso não poderão comparecer a encontros presenciais ou realizar atividades síncronas de treinamento, nem disporão de condições propícias ao estudo, pois, normalmente, não contam com um número fixo e regular de horas diárias para estudo. Nesses casos, provavelmente, cursos presenciais de longa duração e que requerem muito trabalho extra-classe não serão efetivos. Conhecer a ocupação ou cargo e a carga de trabalho diária da clientela-alvo são, por esse motivo, informações muito relevantes para quem deseja desenhar adequadamente um curso.

Caso se deseje oferecer um treinamento assistido por computador, com a veiculação dos conteúdos por meio de CD-ROM, disquete e/ou pela *web*, será preciso saber se a clientela sabe utilizar essas ferramentas, pois, caso contrário, será necessário treiná-los para utilizá-las ou, se essa preparação não for possível, escolher outras mídias.

A escolha da modalidade do curso, presencial, semipresencial ou a distância, deve pautar-se nas características demográficas, funcionais e profissionais da clientela e no tipo de necessidade de treinamento que a mesma apresenta. Para que a escolha da modalidade de entrega seja eficaz, será necessária, ainda, a análise dos objetivos instrucionais extraídos das descrições de necessidades de treinamento. É necessário saber se tais objetivos são complexos e se a aquisição deles requer exposição prolongada do aprendiz a situações de aprendizagem.

Cursos de longa duração (180 horas ou mais) aplicados a profissionais adultos, que trabalham e dispõem de pouco tempo para estudo, quando disponibilizados a distância, requerem o uso de múltiplas modalidades de entrega dos materiais e supervisão por tutores, para que a evasão de alunos não seja grande demais. Universidades abertas européias e asiáticas costumam oferecer cursos de graduação a distância por meio de material impresso e apoio de professores ou tutores de ensino. Além disso, essas instituições criam mecanismos de contato entre os alunos de modo a otimizar sua interação. Mesmo com todos os cuidados para evitar a evasão, essas universidades contabilizam índices de 20 a 30% de desistência. Muitos fatores externos ao curso são determinantes desses níveis de evasão, entre os quais se incluem: falta de apoio familiar; dificuldade de conciliar trabalho, família e estudos; problemas pessoais como morte, adoecimento e perda de familiares.

O adulto é, portanto, clientela de alto risco de evasão, tanto em cursos presenciais como a distância. Considerar ou imaginar sua rotina diária nos será útil ao escolhermos a modalidade de ensino, uma vez que são eles os alvos da nossa atuação enquanto profissionais de treinamento, desenvolvimento e educação (TD&E) em organizações e trabalho.

A clientela de educação a distância (EAD) é predominantemente adulta, geralmente trabalha, e sua formação, na atualidade, deve ser realizada ao longo de toda a vida, o que representa um fator essencial para a competitividade do indivíduo no mercado de trabalho (Belloni, 1999). A autora ressalta que a prioridade das instituições que oferecem EAD deve estar relacionada aos aspectos sociais e afetivos do indivíduo, tanto quanto aos métodos e conteúdos do curso. A EAD parece ser uma opção que facilita a adesão dos adultos a programas de educação contínua e permanente, pois se adapta melhor às suas rotinas de vida.

Segundo Peters (2003), cursos digitalizados oferecidos a distância pressupõem novos comportamentos de aprendizagem por parte dos estudantes, a saber: adquirir habilidades necessárias para pensar e agir independentemente, ser claro sobre suas demandas de aprendizagem, tomar iniciativa, reconhecer diferenças qualitativas rapidamente, avaliar vantagens e desvantagens das trilhas de aprendizagem definidas, fazer escolhas acertadas entre vários planos de estudos de um curso, refletir sobre sua própria aprendizagem, contribuir com a criação de cultura digital de comunicação, além de desenvolver autonomia para ter iniciativa, controle e avaliação de seus próprios trabalhos. A escolha das modalidades a distância e semipresencial requer, muitas vezes, o desenvolvimento de novas atitudes e hábitos de estudo na clientela.

A escolha da modalidade de ensino deve, então, considerar alguns princípios do modelo andragógico de educação, que define o adulto como alguém capaz de tornar-se responsável pela própria aprendizagem (autogestão da aprendizagem). Por isso, todas as modalidades de ensino deverão estimular: a autonomia do aluno, a valorização e o compartilhamento de experiências de vida dos alunos, a explicação dos benefícios práticos ou instrumentalidade do curso para a melhoria do seu desempenho no trabalho e/ou em outras esferas de vida, bem como a aplicabilidade dos novos conhecimentos e competências nos diversos contextos de vida desse adulto aprendiz.

A carga horária diária e total do curso e a rotina da clientela devem ser analisadas com cuidado, ao escolhermos a modalidade de ensino. Quanto maior o curso, maior a necessidade de disponibilizar os conteúdos por meio de múltiplas mídias e com diferentes graus de contato humano, mediado ou presencial. Modelos semipresenciais multimídia têm sido os mais escolhidos, quando o curso é longo, e o conteúdo, complexo e relevante para o participante.

Avaliação e escolha da modalidade de entrega

Depois da análise da clientela e de suas necessidades de treinamento, o desenhista instrucional estará apto a tomar decisões quanto à modalidade de ensino. O profissional de TD&E deverá agora se perguntar: Quais são as modalidades mais eficazes neste contexto? Quais são os recursos financeiros e materiais de que disponho para produzir o curso?

Há três modalidades principais de ensino: presencial, a distância e semipresencial. A primeira consiste na forma mais tradicional de ensino, que envolve encontros síncronos entre professores e alunos e disponibilização dos conteúdos por meio de materiais impressos (textos, *slides*, exercícios) e outros veículos. Nessa modalidade, o professor é o principal responsável pela concepção e transmissão dos conteúdos. Os demais veículos ou mídias são, geralmente, apenas recursos de apoio instrucional.

Cursos a distância, por outro lado, envolvem necessariamente a mediação das interações do aluno com materiais e pessoas (professor, colegas, apoio técnico). Os materiais didáticos assumem, nessa modalidade, uma grande importância no processo de ensino-aprendizagem.

Nos processos de TD&E, o uso de NTICs (ferramentas) tem crescido bastante, devido à possibilidade de abranger simultaneamente grandes amostras de pessoas distantes entre si. Universidades corporativas e organizações educacionais perceberam a EAD como um meio eficaz de disseminar novos conhecimentos e desenvolver novas habilidades a custos reduzidos. Nesses ambientes, são disponibilizados cursos de curta e longa duração aos aprendizes. Alguns desses cursos podem ser definidos como instrução; outros, como treinamento, e o conjunto dessas instituições, como educação e desenvolvimento.

A EAD difere do modelo presencial de educação em vários aspectos. Uma dessas diferenças é a distância física entre os atores (tutor-aprendiz, aprendiz-aprendiz) e a necessidade de mediação por algum veículo de apoio (material impresso, CD-ROM, TV, vídeo, rádio, entre outros). Para Belloni (1999), entretanto, para distinguir a modalidade a distância da presencial, a separação temporal entre as ações dos participantes parece mais importante que a distância física entre aluno e professor.

As estratégias de EAD conferem maior autonomia e maior responsabilidade ao participante, além de contribuírem para o desenvolvimento de suas capacidades metacognitivas de auto-avaliação e autogestão. A EAD, quando bem utilizada, pode estimular a autonomia do participante na escolha de bons hábitos de estudo e de administração do tempo. Essa modalidade também se caracteriza pela flexibilidade e auto-aprendizagem. Para o gerenciamento desse tipo de aprendizagem, destaca-se a preocupação em garantir condições de estudo ao aluno e promover incentivo e apoio ao participante para que aprenda, e não se evada do curso.

Os modelos semipresenciais multimídia são, entretanto, os mais recomendados por especialistas. Para Belloni (1999), por exemplo, a conjunção de estratégias a distância e presenciais é mais recomendável, pois conjuga as vantagens e as mídias de ambas as modalidades.

As NTICs são ferramentas que facilitam a combinação de métodos e viabilizam a convergência de mídias durante o planejamento e a execução de cursos. Os materiais de treinamentos via *web* são bastante flexíveis e facilmente modificáveis. O advento do hipertexto e da internet facilita o acesso não-linear do aprendiz aos conteúdos e temas relacionados ao curso. A internet cria condições de maior interação entre pessoas, e os modernos *softwares* educativos possuem, além do explicitado, um razoável poder de aumentar a interatividade do aprendiz com os meios de ensino. O uso das NTICs em treinamentos a distância também propicia a criação de eventos instrucionais síncronos, como aulas virtuais simultâneas e participação em *chats*, ou assíncronos (listas de discussão, fóruns de debates, estudo individual), com ou sem tutoria, com ou sem apoio de material impresso.

Em contextos organizacionais, as universidades corporativas virtuais não promovem apenas programas de EAD para aperfeiçoamento dos seus colaboradores para o exercício das atividades de trabalho, mas os incentivam a desenvolver habilidades e atitudes não diretamente relacionadas à sua função e ao plano estratégico da empresa, além de oferecerem opções de ensino formal a todos os integrantes da cadeia de valor da organização. Para Meister (1999), cadeia de valor é aquela que compreende todo colaborador envolvido em qualquer parte do processo de trabalho da organização: funcionários, parceiros externos, fornecedores, pessoal terceirizado, clientes, etc.

A criação de universidades corporativas é recomendada por Meister (1999) para organizações de grande porte, que precisam disseminar, com rapidez e eficiência, grande quantidade de conhecimentos a um grande número de indivíduos separados entre si por grandes distâncias. Nesse contexto, para viabilizar a entrega simultânea de oportunidades de treinamento a grande número de participantes, as universidades corporativas fazem uso das universidades virtuais baseadas em tecnologias de EAD.

Em suma, nas duas últimas modalidades de ensino (a distância e semipresencial), haverá mediação das interações dos alunos com os conteúdos e pessoas participantes do curso. A escolha da modalidade depende das características da clientela, da complexidade e natureza dos objetivos instrucionais, bem como das condições e dos recursos financeiros, tecnológicos e materiais, disponíveis na organização que deseja ofertar o curso ou programa de educação corporativa.

Geralmente, cursos de longa duração, desenhados para desenvolver CHAs de alta complexidade, são oferecidos na modalidade híbrida ou semipresencial, quando as características da clientela e as condições oferecidas pela organização assim o exigirem. Em universidades abertas européias e asiáticas, são oferecidos cursos de graduação a distância, geralmente mediados por materiais impressos e apoiados por professores ou tutores. Essa modalidade híbrida de educação a distância tem sido considerada eficaz para clientelas de estudantes adultos, pois possibilitam ao aprendiz maior flexibilidade e autonomia na administração do tempo.

Apesar de serem contra-intuitivos, planos instrucionais desenhados com a finalidade de desenvolver habilidades piscomotoras podem ser aplicados na modalidade a distância, desde que os materiais impressos e as demais condições de aprendizagem sejam adequadamente disponibilizadas ao aprendiz. Um belo exemplo deste tipo de curso é o de técnico em eletrônica, oferecido há muitos anos no Brasil pelo Instituto Universal Brasileiro, na modalidade a distância. O estudante recebe pelo correio os materiais impressos acompanhados por textos teóricos, instruções para a realização de exercícios, circuitos e componentes eletrônicos, além de listas para aquisição de materiais e equipamentos adicionais.

Teoricamente, treinamentos voltados para o desenvolvimento de atitudes também podem ser construídos na modalidade a distância, desde que a interação do aprendiz com outras pessoas (demais colegas virtuais ou não) fique assegurada por exercícios e oportunidades variadas de interação estudante-estudante, estudante-tutor, estudante-pessoas próximas do participante do curso. Algumas vezes, programas de promoção da qualidade de vida veiculam suas idéias e usam estratégias de intervenção com a mediação de vídeo ou teleconferências, fóruns de discussão, formação de comunidades virtuais de aprendizagem, inclusive de treinamentos mediados pela internet. Demonstração de exercícios de ginástica laboral, por exemplo, já vem sendo disseminada por treinamentos mediados por computador ou pela internet. Programas desse tipo empregam várias estratégias para desenvolver atitudes de valorização da vida e da saúde mental e física de trabalhadores, algumas das quais são mediadas por tecnologias e ofertadas a distância.

Além disso, os profissionais também deverão escolher os meios e a modalidade em função das oportunidades e restrições impostas pela organização. Cursos mediados pela *web*, por exemplo, requerem equipamentos, *softwares* e redes de comunicação internas e externas compatíveis com o tipo de conteúdo e exercícios utilizados no curso. De nada adiantará criar um programa instrucional assistido por computador ou pela *web*, se a clientela não puder acessá-los com rapidez e eficiência.

Se os conteúdos disponibilizados pelo curso têm prazo curto de validade, isto é, mudam constantemente, como informações sobre indicadores econômicos, os mesmos não deveriam ser entregues em material impresso ou CD-ROM, já que essas tecnologias são pouco flexíveis.

Para sumariar o conteúdo desta seção, apresentamos uma lista de verificação dos passos que deverão pautar as decisões sobre modalidade de ensino. Observem-se os seguintes passos:

> - Analisar o perfil demográfico, funcional e profissional da clientela.
> - Avaliar a quantidade de pessoas-alvo do programa instrucional e sua dispersão geográfica.
> - Analisar a natureza das necessidades de treinamento e complexidade dos objetivos instrucionais.
> - Avaliar as diferentes alternativas de escolha e selecionar a modalidade que mais se adapte à rotina e às características da clientela e que seja compatível com a complexidade dos objetivos.
> - Avaliar os recursos financeiros, materiais e tecnológicos disponíveis na organização.
> - Avaliar conjuntamente todas as informações sobre clientela, objetivos instrucionais e recursos e escolher a modalidade mais adequada à situação.

A etapa seguinte envolverá o refinamento do plano de ensino, que poderá incluir no projeto mídias e procedimentos que poderão requerer uma nova avaliação da adequação e viabilidade da modalidade escolhida. Assim, a decisão tomada na Etapa 2 poderá ser revista, caso o detalhamento das próximas etapas do plano indicarem essa necessidade.

ETAPA 3 – ESTABELECER A SEQÜÊNCIA DE OBJETIVOS E CONTEÚDOS

Esta etapa do planejamento instrucional é composta por duas atividades principais:

- Categorização dos objetivos instrucionais de acordo com sistemas de classificação de resultados de aprendizagem.
- Definição da seqüência (hierarquização) dos objetivos e conteúdos instrucionais.

Classificação dos objetivos

Esta etapa é muito importante porque gera informações que levam o planejador a refletir sobre meios e estratégias instrucionais mais adequados a cada tipo de resultado de aprendizagem almejado. Os eventos instrucionais têm o objetivo de desenvolver competências humanas, que podem ser, segundo alguns autores, classificadas em cognitivas, afetivas ou atitudinais e psicomotoras. Taxonomias ou sistemas de classificação dessas competências ou resultados de aprendizagem foram desenvolvidos por diversos pesquisadores da área de psicologia instrucional com o intuito de facilitar o planejamento de situações de aprendizagem para cada tipo de ação humana.

Taxonomia, termo de origem grega, refere-se a sistemas de classificação de eventos (ou entidades) em grupos ou categorias específicas. Esses sistemas possuem princípios integradores das categorias, as quais são organizadas de modo cumulativo e seqüencial. Existem taxonomias para vários campos de estudo científicos, como a biologia e a sociologia.

Abbad e Borges-Andrade (2004) consideram as taxonomias de resultados educacionais como ótimos exemplos de conhecimentos técnicos que facilitam o planejamento, a execução e a avaliação de ações voltadas à aprendizagem em situações e ambientes diversos. Para esses autores, o uso de taxonomias de objetivos ou resultados de aprendizagem facilita o planejamento de eventos instrucionais, bem como a estruturação de currículos profissionais em programas de educação continuada.

Rodrigues Jr. (1997) descreve as taxonomias de Bloom e colaboradores (1972 e 1974), para cada um dos domínios de aprendizagem existentes – cognitivo, afetivo e psicomotor – e de Simpson (1966, apud Rodrigues Jr., 1997). Bloom e colaboradores (1972 e 1974), ao sugerirem as *taxonomias de objetivos educacionais*, criaram uma linguagem comum para os estudiosos dessa área. Na década de 1950, esses pesquisadores criaram três taxonomias de objetivos educacionais (TOE), cada uma referente a um tipo ou domínio de aprendizagem: cognitivo, afetivo e psicomotor.

Foram três os princípios norteadores da organização das taxonomias desses autores. Em primeiro lugar, os processos nelas caracterizados deveriam representar *resultados de aprendizagem*, e não aquilo que o indivíduo já sabia fazer e já havia aprendido anteriormente em contato com a família e com a sociedade. Além disso, uma categoria de resultados deveria depender de outra e dar suporte às subseqüentes, de modo a refletir a cumulatividade que caracteriza os processos de aprendizagem. Por último, a criação de taxonomias deveria definir princípios estruturantes que garantissem a ordenação das categorias em um *continuum*. Esses parâmetros integradores deveriam diferir para cada domínio de aprendizagem. Os pesquisadores definiram três taxonomias de resultados de aprendizagem, cada qual estruturada de acordo

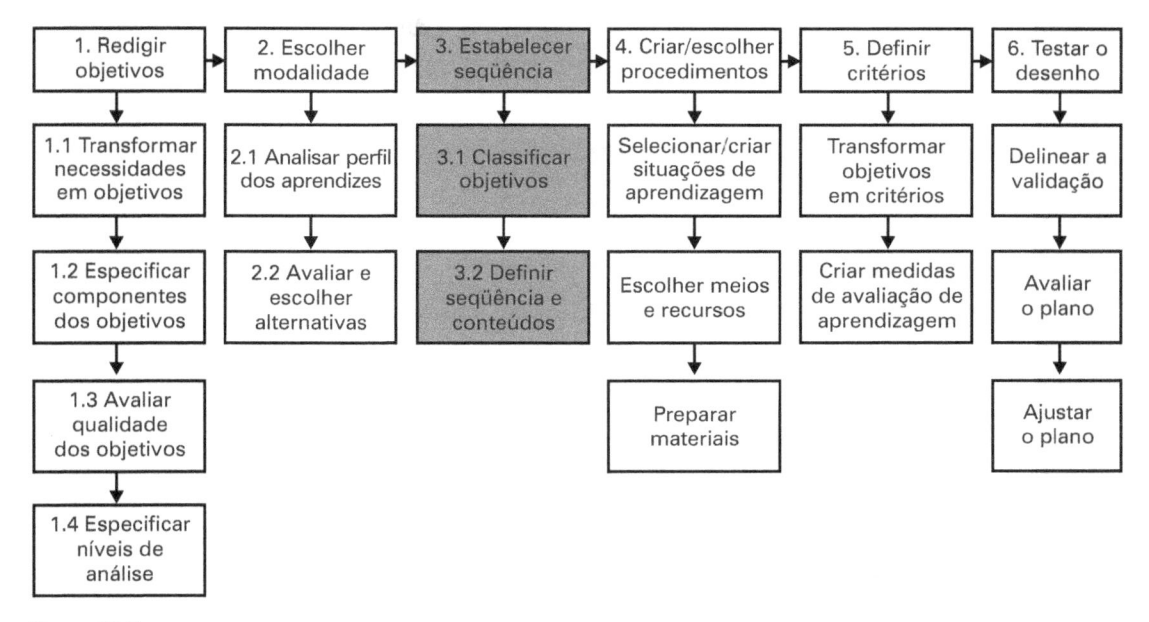

TREINAMENTO, DESENVOLVIMENTO E EDUCAÇÃO EM ORGANIZAÇÕES E TRABALHO

Figura 15.6 Representação gráfica das etapas do desenho instrucional com destaque para a terceira fase.

com um princípio ou eixo. No domínio cognitivo, o princípio organizador é a complexidade; no afetivo, é a internalização; no psicomotor, é a automatização.

No Quadro 15.3, estão descritos os resultados de aprendizagem para cada domínio, as categorias ou níveis, em ordem crescente de complexidade, interna-

Quadro 15.3
CARACTERÍSTICAS DAS TAXONOMIAS

Domínio	Resultados de Aprendizagem	Princípio Integrador	Níveis ou Categorias
Cognitivo	Atividades intelectuais envolvidas no processo de aprendizagem	Grau de complexidade dos processos intelectuais	• Conhecimento • Compreensão • Aplicação • Análise • Síntese • Avaliação
Afetivo	Atitudes, valores, interesses e tendências emocionais existentes nas interações presentes no processo de ensino-aprendizagem	Grau de internalização	• Receptividade • Resposta • Valorização • Organização • Caracterização
Psicomotor	Atividades motoras ou musculares envolvidas no processo de aprendizagem	Grau de automatização dos movimentos	• Percepção • Posicionamento • Execução acompanhada • Mecanização • Domínio completo

Fonte: Rodrigues Jr. (1997).

lização ou automatização, de acordo com o princípio integrador correspondente.

Os três domínios ou categorias de resultados de aprendizagem são interdependentes. Quando um indivíduo age, integra os três tipos de resultados de aprendizagem em suas ações. Assim, um instrutor, ao ministrar uma aula, expõe seus conhecimentos sobre determinados assuntos (domínio cognitivo), gesticula, varia o tom de voz, controla a dicção, movimenta-se na sala (domínio psicomotor) e dispõe-se a responder questões dos alunos, respeita a opinião e o ritmo da turma e demonstra entusiasmo pelos temas do curso (domínio afetivo ou atitudinal). Ao agir, esse professor utiliza competências relativas àqueles três tipos de domínios.

Há atividades humanas, entretanto, em que se pode observar predominância de um domínio sobre o outro. Este é o caso de pilotos de avião, cirurgiões, ourives, provadores de chá e de vinho, em que o domínio mais saliente, em muitas de suas atividades, pode ser o psicomotor. Por outro lado, em atividades como as de um pesquisador, ao redigir um artigo científico; as de um estatístico, ao analisar dados; as de um médico, ao realizar um diagnóstico, ou as de um matemático, ao resolver equações complexas, fica clara a presença predominante do domínio cognitivo. Em ações de proteção à natureza ou aos direitos humanos, o que predomina é o domínio afetivo. Isso não quer dizer que os demais domínios não estejam presentes na ação de cada um desses profissionais.

Cada domínio requer, todavia, situações específicas e distintas de aprendizagem. A idéia é que uma aula expositiva oral não é o procedimento instrucional mais adequado para ensinar alguém a provar vinhos, pilotar aviões ou confeccionar as jóias. Alguém poderá aprender a dizer quais são as etapas de um trabalho de ourivesaria, porém não ser capaz de montar uma jóia. A prática supervisionada, nesses casos, parece mais conveniente e apropriada à aprendizagem dessa habilidade. Um professor pode ter grande conhecimento sobre um assunto, mas não ser capaz de transmiti-lo com clareza. Nesse caso, há aspectos cognitivos de planejamento das aulas e escolha de exemplos e linguagem compatível com a audiência, os quais podem ser desenvolvidos por meio de aulas expositivas e/ou estudos dirigidos. Nesse caso, há também os aspectos psicomotores e afetivos, que precisam ser trabalhados por meio de modelação, simulação com filmagem para avaliação do progresso. Um tom de voz adequado não se ensina adequadamente por meio de leituras dirigidas ou exposições orais feitas por outra pessoa.

Mesmo que haja predominância de um domínio de aprendizagem sobre outro, o planejador deve investigar os demais componentes da atividade de modo a criar condições para que a ação final integre adequadamente os três domínios. É meramente didática a diferenciação entre os três tipos de resultados de aprendizagem, e essa distinção visa apenas a facilitar a escolha de procedimentos instrucionais (meios e estratégias de ensino, métodos de avaliação, etc.), de acordo com a competência predominante esperada do indivíduo após o evento instrucional.

Além disso, é preciso considerar as características motivacionais, cognitivas, demográficas e profissionais da clientela na escolha da modalidade de ensino e dos meios e procedimentos instrucionais. Antes de tratarmos da seleção de procedimentos, estratégias, veículos e modalidades de entrega da instrução, discutiremos mais um pouco as taxonomias de objetivos educacionais. Além desse sistema de classificação, conhecido como Taxonomias de Bloom, existem outros, como o de Gagné (1985, 1988), Ausubel (1968), Anderson (1983), Merrill (1983) e Reigeluth (1999). Esses sistemas de classificação de resultados cognitivos de aprendizagem são comparados no Quadro 15.4, em aspectos relacionados ao domínio cognitivo.

A maior parte das taxonomias trata de *resultados cognitivos* de aprendizagem. Os sistemas de classificação de Gagné (1980), Bloom e colaboradores (1972 e 1974) e Simpson (1966, apud Rodrigues Jr., 1997) são exceções à regra, pois também tratam de objetivos instrucionais pertencentes a outros domínios: o afetivo (ou atitudinal) e/ou o psicomotor. Todos esses sistemas de classificação se baseiam em teorias cognitivistas (S-O-R) de aprendizagem.

O nível de *conhecimento* é observado quando o aprendiz é capaz de relembrar e recuperar informações sobre fatos concretos ou sobre conceitos abstratos que armazenou em sua memória. No nível de *compreensão*, os aprendizes entendem e são capazes de traduzir, interpretar e extrapolar a comunicação. No terceiro nível, *aplicação*, o aprendiz é capaz de aplicar conceitos ou abstrações a problemas e situações, mesmo quando não foi preparado especificamente para isto. Na *análise*, os aprendizes separam o material em suas partes componentes e são capazes de estabelecer relações entre elas. A *síntese* ocorre quando o aprendiz se mostra capaz de criar algo a partir da combinação de novos materiais com conhecimentos já adquiridos no passado. A *avaliação* compreende as situações nas quais o aprendiz emite julgamentos sobre o valor de materiais, idéias, etc. Para maiores detalhes sobre as taxonomias de Bloom e colaboradores, dê uma olhada no Capítulo 14.

O sistema de classificação de resultados cognitivos de aprendizagem, proposto por Ausubel (1968), distingue dois tipos de aprendizagem: *rote learning* e aprendizagem significativa (ver Quadro 15.4). O primeiro tipo

Quadro 15.4
SISTEMAS DE CLASSIFICAÇÃO DE OBJETIVOS DO DOMÍNIO COGNITIVO

Bloom	Gagné	Ausubel	Anderson	Merrill	Reigeluth
Conhecimento	Informação verbal	Rote learning	Conhecimento declarativo	Recordação literal – palavra a palavra	Memorização de informação
Compreensão		Aprendizagem significativa		Recordação parafraseada	Compreensão de relacionamentos
Aplicação	Habilidade intelectual		Conhecimento procedimental	Aplicação de uma generalidade	Aplicação de habilidades
Análise, síntese avaliação	Estratégia cognitiva			Descoberta de uma generalidade	Aplicação de habilidades gerais

Fonte: Reigeluth (1999); Moore e Anderson (2003).

se refere à aprendizagem de materiais discretos, formados por componentes relativamente isolados e que não possibilitam ou não requerem necessariamente o estabelecimento de relacionamento entre os componentes, como, por exemplo, conhecer números de telefones dos colegas de trabalho ou as siglas das unidades componentes de uma empresa. A aprendizagem significativa, por outro lado, é mais complexa e envolve relacionar a tarefa aprendida a outras que o indivíduo já conhece. Por exemplo, associar as siglas mencionadas aos objetivos, às tecnologias e aos valores organizacionais predominantes em cada uma daquelas unidades. Esses dois tipos de aprendizagem correspondem respectivamente aos níveis de conhecimento e compreensão de Bloom e colaboradores (1972 e 1974).

Para Anderson (1983), existem dois tipos básicos de resultados de aprendizagem: o conhecimento declarativo e o procedimental. O primeiro se refere a unidades cognitivas que armazenam conhecimentos sobre objetos, pessoas, proposições, imagens e eventos. Esses conjuntos de elementos estão codificados de acordo com o relacionamento específico que mantêm entre si. Descrever a história de fundação da empresa e os nomes e funções de seus principais gestores são exemplos de conhecimentos declarativos. Esses tipos de aprendizagem correspondem aos níveis de conhecimento e compreensão na taxonomia de Bloom e colaboradores. O conhecimento procedimental é aquele que se manifesta quando o indivíduo sabe como fazer alguma coisa e corresponde à aplicação na taxonomia de Bloom e colaboradores (1972). Um exemplo é saber formular um plano estratégico para promover uma mudança organizacional ou avaliar a qualidade do exercício das funções daqueles gestores da empresa.

Para Merril (1983), há quatro tipos de resultados de aprendizagem: recordação literal, recordação parafraseada, aplicação de uma generalidade e descoberta de uma generalidade. O primeiro tipo está associado com a memorização e recuperação literal de informações, como, por exemplo, descrever a fórmula para desconto da contribuição previdencial na folha de pagamento da empresa. Esse tipo corresponde ao nível conhecimento da taxonomia de Bloom e colaboradores (1972). O segundo, corresponde ao nível compreensão da taxonomia de Bloom e está relacionado com a integração de idéias na memória associativa, de modo que o conhecimento é recodificado, e a sua manifestação não é idêntica à informação original, como, por exemplo, a apresentação pelo aprendiz do conceito de contribuição previdencial, feita com as próprias palavras, parafraseando o professor e os autores estudados. O uso de uma generalidade se refere à aplicação de uma regra geral a um caso específico, como calcular a contribuição previdencial na folha de pagamento da empresa. A descoberta de uma generalidade está associada a processos mais complexos nos quais o aprendiz encontra uma solução a partir da aplicação de várias regras e combinações de regras. Esse resultado compreende os níveis análise, síntese e avaliação da taxonomia de Bloom. A criação de um *software*, para uso na empresa, que calcule rapidamente a contribuição previdencial de todos os empregados, pode exigir este tipo de aprendizagem.

Reigeluth (1999) classifica os resultados de aprendizagem em quatro categorias: memorizar informação, compreender relacionamentos, aplicar habilidades, aplicar habilidades genéricas. O primeiro é o mais fácil de ensinar e aprender e corresponde aos níveis de: conhecimento, de Bloom, *rote learning*, de Ausubel, e recordação literal, de Merril. Compreender relacionamentos se refere à aprendizagem do relacionamento entre conhecimentos, o que resulta na formação de estruturas cognitivas (*shematas*) que organizam e armazenam esses conhecimentos na memória. Aplicar habilidades corresponde a: habilidades intelectuais, de Gagné; conhecimento procedimental, de Anderson, e aplicação de uma generalidade, de Merrill. Aplicar habilidades genéricas inclui os níveis de análise, síntese e avaliação, de Bloom, e difere da categoria aplicar habilidades porque se refere a habilidades aplicáveis em diferentes situações e contextos, independentes de um domínio ou de uma área específica de conhecimento. Esse nível inclui habilidades de ordem superior, de alta complexidade e generalidade, como as estratégias metacognitivas. São difíceis de ensinar e de aprender.

De posse desses sistemas de classificação, escolha o que melhor se adapta ao seu contexto de planejamento instrucional, estude-o bem e classifique os objetivos instrucionais que você produziu na primeira etapa do desenho instrucional. Essa classificação o auxiliará a estabelecer uma seqüência de ensino e escolher as situações mais propícias à aprendizagem de cada objetivo instrucional.

A seqüência de apresentação dos conteúdos deverá ser definida a partir do sistema de classificação escolhido pelo desenhista instrucional. Quanto mais complexo (domínio cognitivo), interno (domínio afetivo) ou automatizado (domínio psicomotor) for o resultado de aprendizagem almejado, mais passos e etapas intermediárias serão necessárias à sua efetiva aquisição, retenção e generalização. A seguir, são apresentadas algumas dicas sobre como ordenar os objetivos e conteúdos no seu plano de trabalho.

Definição da seqüência de objetivos e dos conteúdos

Há várias maneiras de estabelecer seqüência dos processos de ensino-aprendizagem. Uma dessas maneiras consiste em ordenar os conteúdos em função da ordem de execução da atividade no ambiente de trabalho ou no contexto do aprendiz. Outra é o ordenamento do conteúdo em função da cadeia de pré-requisitos, do tipo de interesse da clientela e/ou, ainda, da ordem cronológica dos eventos e das situações ensinadas.

Entre as mais conhecidas formas de estabelecer seqüências de conteúdos, estão as abordagens baseadas em hierarquia de resultados de aprendizagem (Gagné, 1980; Bloom et al., 1972 e 1974). Nesses sistemas de classificação, os resultados de aprendizagem dependem uns dos outros para serem adquiridos. Em primeiro lugar, segundo essa ótica, deverão ser ensinadas as habilidades mais simples que servem de pré-requisito para a aquisição das subseqüentes. Para facilitar a hierarquização de objetivos de ensino, foram construídas tabelas de verbos de ação (Laaser, 1997) categorizados de acordo com as taxonomias de objetivos. O Quadro 15.5 mostra uma relação de verbos de ação classificados segundo a taxonomia de Bloom (1972 e 1974) e Simpson (1966, apud Rodrigues Jr., 1997), muito utilizada por desenhistas instrucionais para redigir e classificar objetivos de ensino.

Além desses sistemas de hierarquização de objetivos, há duas abordagens de ordenamento dos conteúdos, citadas por Morrison, Ross e Kemp (2001). A primeira, desenvolvida por Posner e Strike (1976), define três conjuntos de estratégias para seqüenciar a instrução: o primeiro conjunto sugere uma seqüência baseada nas características do aprendiz. Esse esquema considera o grau de dificuldade do material, o interesse do aluno, a familiaridade do aluno com o conteúdo e o nível de desenvolvimento do aprendiz. O Quadro 15.6 mostra essas sugestões.

O segundo conjunto de características proposto por Posner e Strike (1976) diz respeito a um esquema que ordena a instrução por meio de características de relacionamentos espaciais, temporais e físicos sugeridos pelos conteúdos e objetivos do curso. O Quadro 15.7 descreve brevemente esse esquema de ordenamento de conteúdos e situações de aprendizagem.

O terceiro esquema sugerido por Posner e Strike (1976) para ordenar a instrução considera o relacionamento entre os conceitos como conteúdos do curso. O Quadro 15.8 descreve essas sugestões.

O uso de quaisquer desses esquemas ou combinações dos mesmos auxiliará o desenhista instrucional a ordenar objetivos e conteúdos. Combinações desses esquemas são as práticas mais comuns. Veja o exemplo abaixo (Quadro 15.9), que utiliza os esquemas de ordenamento temporal e de hierarquia de pré-requisitos. Nesse exemplo, a seqüência de ensino foi criada principalmente de acordo com princípios organizadores das taxonomias de aprendizagem de Bloom e colaboradores: complexidade, internalização e automatização.

Ainda é recomendável a especificação dos conteúdos associados a cada objetivo instrucional. Nesses casos, quando, por exemplo, a clientela está acostumada a receber programas de cursos por meio de tópicos, determine, para cada objetivo específico:

- O tema principal relacionado ao objetivo.
- Os subtemas que fazem parte deste conteúdo.

Quadro 15.5
VERBOS DE AÇÃO CLASSIFICADOS DE ACORDO COM AS TAXONOMIAS DE BLOOM E SIMPSON

	Conhecimento/compreensão		Aplicação		Solução de problemas	
Cognitivo	Arranjar Citar Classificar Combinar Converter Copiar Dar exemplos Definir Descrever Discutir Distinguir Explicar Expressar Identificar Indicar Listar Localizar Nomear Rotular	Contar Esboçar Especificar Ordenar Reafirmar Recitar Registrar Relacionar Relatar Relembrar Repetir Reproduzir Reescrever Resumir Revisar Sublinhar Traduzir	Aplicar Calcular Computar Defender Demonstrar Descobrir Desenhar Dramatizar Empregar Escolher Estimar Explicar Montar Mudar Rascunhar Recitar	Delinear Esquematizar Ilustrar Inferir Interpretar Modificar Mostrar Operar Praticar Predizer Preparar Produzir Relacionar Selecionar Usar	Analisar Argumentar Arranjar Avaliar Classificar Combinar Comparar Compor Concluir Construir Contrastar Converter Criar Criticar Debater Defender Diferenciar Discriminar Distinguir Escolher Estimar Examinar Experimentar Explicar Formular Julgar Montar Planejar	Apoiar Conseguir Escrever Estimar Ilustrar Inferir Inspecionar Interpretar Julgar Justificar Modificar Organizar Planejar Pontuar Predizer Preparar Propor Questionar Reconhecer Relacionar Selecionar Solucionar Testar Valorizar
Afetivo	Aceitar Acumular Dar Descrever Indicar Perguntar Seguir	Apontar Localizar Nomear Responder Selecionar Sensibilizar Usar	Afirmar Aprovar Assistir Completar Conformar Convidar Descrever Discutir Escolher Iniciar Juntar-se a Justificar Seguir	Desempenhar Estudar Partilhar Praticar Propor Selecionar Subscrever Trabalhar	Adaptar Agir Defender Dispor Influenciar Mudar	Integrar Mediar Organizar Revisar Solucionar Verificar
Psicomotor	Apontar Completar Demonstrar Distinguir Identificar Localizar	Armar Empurrar Especificar Mostrar Pressionar Puxar	Ajustar Ativar Carregar Construir Copiar Demonstrar	Abrir Afrouxar Desempenhar Deslizar Estabelecer Girar	Adaptar Combinar Compor Construir Converter Criar	Consertar Gerar Ilustrar Modificar Organizar Planejar

(Continua)

Quadro 15.5 (*continuação*)
VERBOS DE AÇÃO CLASSIFICADOS DE ACORDO COM AS TAXONOMIAS DE BLOOM E SIMPSON

	Conhecimento/compreensão		Aplicação		Solução de problemas	
Psicomotor	Manipular Mover Ouvir Pegar Praticar	Selecionar Separar Tocar Transportar Ver	Desconectar Desenhar Desmontar Duplicar Executar Localizar Montar	Manipular Medir Operar Remover Selecionar Substituir	Planejar Projetar	Reparar Servir

Fonte: Laaser (1997).

Quadro 15.6
SEQÜÊNCIA BASEADA NA APRENDIZAGEM E NO APRENDIZ

Aspectos considerados	Prescrição
Pré-requisitos identificáveis	Ensinar uma habilidade pré-requisito antes de ensinar as outras que dela dependem.
Familiaridade	Ensinar primeiro utilizando informações familiares ao aprendiz para posteriormente apresentar informações mais remotas e desconhecidas pelo aprendiz.
Dificuldade	Ensinar primeiro as habilidades mais simples e depois as mais difíceis.
Interesse	Iniciar pelos tópicos que causam mais interesse no aprendiz.
Desenvolvimento	Garantir que o aprendiz atingiu os níveis desejados de desenvolvimento ou aprendizagem antes de ensinar outra tarefa ou tópico.

Fonte: Adaptado de Morrison, Ross e Kemp (2001).

Quadro 15.7
SEQÜÊNCIA BASEADA NAS CARACTERÍSTICAS DO MUNDO

Aspectos considerados	Prescrição
Espaço	Ordenar o conteúdo segundo a ordem de aparecimento dos estímulos, levando em conta sua localização (abaixo, acima; direita, centro e esquerda), direção, sentido (de baixo para cima ou de cima para baixo) e orientação (sul, norte, leste, oeste). Ex. explicar uma planta baixa de um prédio utilizando um ou mais desses parâmetros em uma ordem lógica.
Tempo	Ordenar o conteúdo de acordo com a cronologia dos fatos. Eventos históricos e atividades que exigem seqüência fixa de eventos devem ser ordenados segundo a ordem temporal com que ocorrem ou ocorreram.
Aspectos Físicos	Ordenar os conteúdos pelas características físicas dos objetos e imagens que o aprendiz deverá manusear (cores, sabor, brilho, textura). Ex. para ensinar a provar vinhos, eles podem ser agrupados inicialmente pela cor – branco, tinto ou rosado.

Fonte: Adaptado de Morrison, Ross e Kemp (2001).

Quadro 15.8
SEQÜÊNCIA BASEADA NOS CONCEITOS

Aspectos considerados	Prescrição
Relações entre classes	Ensinar primeiro um conceito geral relativo a uma classe de eventos ou objetos e depois os diferentes membros que compõem essa classe. Ex. ensinar primeiro o conceito de computador e depois os tipos.
Relações proposicionais	Ensinar primeiro o relacionamento entre proposições e depois a proposição. Dar exemplos antes de apresentar a proposição ou regra. Ex. dar exemplos do relacionamento entre temperatura, volume e pressão de gases ideais, antes de ensinar a Lei de Boyle.
Sofisticação	Iniciar ensinando os conceitos mais simples e concretos e depois os mais abstratos e difíceis. Ex. ensinar primeiro os conceitos de média, mediana e moda, antes de ensinar análise de variância.
Pré-requisitos lógicos	Ensinar primeiro os conceitos pré-requisitos, dos quais dependem as aprendizagens posteriores. Ex. ensinar o conceito de média, antes de ensinar desvio padrão.

Fonte: Adaptado de Morrison, Ross e Kemp (2001).

Quadro 15.9
EXEMPLO DE SEQÜÊNCIA INSTRUCIONAL

Objetivo geral – O aprendiz, ao final da instrução, será capaz de escolher as estratégias instrucionais apropriadas a cada domínio de aprendizagem, de acordo com as prescrições da teoria instrucional.

Objetivos específicos:
- Levantar necessidades de treinamento.
- Redigir os objetivos instrucionais em termos de desempenhos esperados.
  - classificar os objetivos quanto ao nível de especificação;
  - classificar os objetivos de acordo com o domínio (cognitivo, afetivo e de habilidades).
- Escolher a modalidade de ensino.
- Seqüenciar objetivos e conteúdos.
- Criar ou escolher procedimentos instrucionais.

- Os requisitos (o que deve ser aprendido antes, pelo aluno, para que ele possa agora aprender este objetivo).
- A seqüência mais adequada para os temas (domínio menos complexo para domínio mais complexo, levando-se em conta a seqüência das tarefas).

Um plano instrucional deverá conter os objetivos instrucionais em todos os casos, pois esses objetivos servirão de parâmetro para a avaliação da qualidade do plano instrucional. Somente os objetivos instrucionais possibilitam ao participante do curso conhecer com exatidão as competências que um evento instrucional pretende desenvolver nos participantes. Sem objetivos bem-descritos, a clientela poderá "comprar gato por lebre". A descrição dos conteúdos sob a forma de tópicos é uma prática bastante difundida na área de TD&E e divulga suas ações de treinamento por meio de informativos que incluem apenas os conteúdos instrucionais. Recomenda-se a apresentação de ambas as informações para o interessados: objetivos e conteúdos.

ETAPA 4 – SELECIONAR OU CRIAR OS PROCEDIMENTOS INSTRUCIONAIS

Esta etapa inclui a seleção e a criação de situações de aprendizagem adequadas ao domínio a que pertencem os objetivos instrucionais, às características da clientela e ao contexto em que se dará a instrução.

Seleção e criação de situações de aprendizagem

O conjunto de técnicas e prescrições oriundas da teoria instrucional, a denominada tecnologia instrucional, abrange o planejamento, o desenvolvimento, a utilização, a gestão e a avaliação dos processos e recursos para aprendizagem. Esforços para racionalizar o processo de planejamento instrucional costumam voltar-se para o desenvolvimento de ferramentas que auxiliam planejadores instrucionais a interpretar problemas, preparar materiais, escolher procedimentos, estratégias, meios e técnicas de ensino, definir critérios e desenhar avaliações de aprendizagem.

Estratégias ou procedimentos instrucionais se referem a todas as operações, eventos ou situações de aprendizagem, criados no desenho da instrução para facilitar os processos de aquisição, retenção e transferência de aprendizagem. São, portanto, as *técnicas*, os *métodos* e as *abordagens* utilizados durante a instrução para que o aprendiz adquira as competências descritas nos objetivos instrucionais. Segundo Borges-Andrade (1982, p.31), procedimentos são as "operações necessárias para facilitar ou produzir os resultados instrucionais".

Os procedimentos são planejados antes do início do evento instrucional. Os procedimentos ou eventos da instrução, criados para facilitar o processo de aprendizagem, dependem de veículos, *meios* ou ferramentas e certas condições ambientais específicas para a sua efetiva aplicação em eventos instrucionais. Em cursos presenciais, os principais veículos de transmissão de conteúdos são a voz humana (do professor ou do instrutor) e os materiais impressos. Em eventos a distância, são múltiplos e variados os meios de comunicação de conteúdos e de instrução, entre eles televisão, rádio, CD-ROM, disquete, videocassete, fitas de vídeo, correspondência, videoconferência, fax, correio eletrônico, infovia, fóruns eletrônicos de discussão, *chats*, entre outros meios e recursos.

Há certo consenso entre os profissionais da área sobre a importância de considerar os eventos da instrução no planejamento instrucional. Para se transformar em instrução, um procedimento de comunicação de conteúdos deve conter, pelo menos, alguns eventos da instrução prescritos pela teoria *instrucional de Gagné* (1985). Segundo esse autor, a *instrução* é um conjunto de eventos externos ao indivíduo que podem apoiar e facilitar os processos internos de

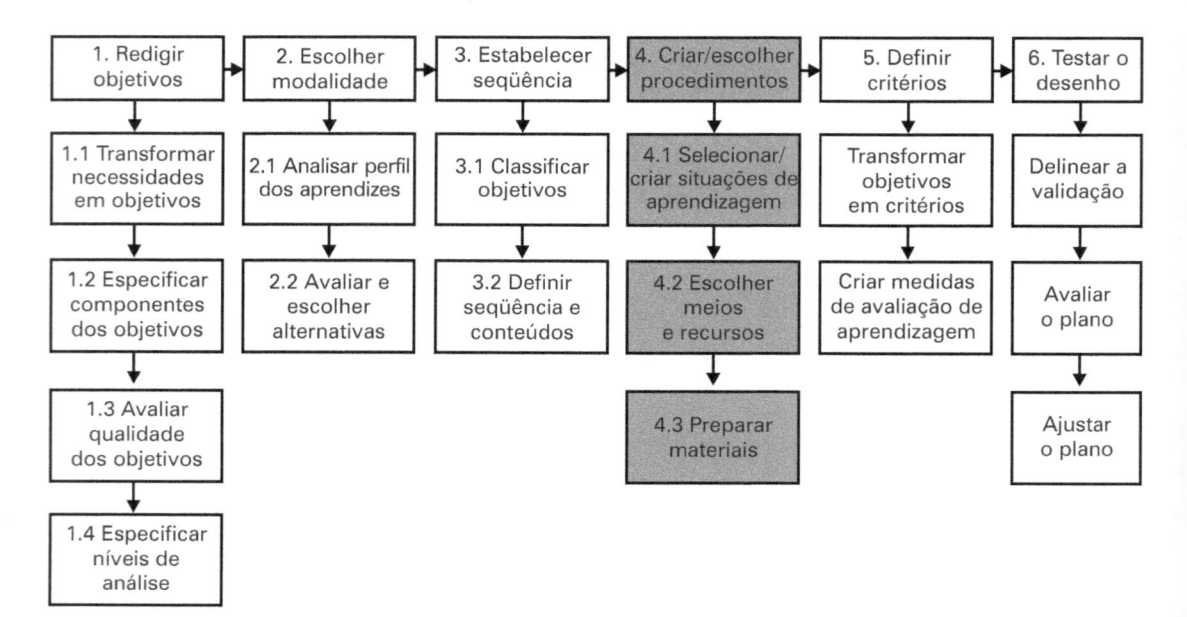

Figura 15.7 Representação gráfica das etapas do desenho instrucional com destaque para a quarta fase.

aprendizagem. Essa teoria foi criada com base no modelo cognitivo de processamento de informação, o qual propõe e define vários conceitos hipotéticos que descrevem os eventos cognitivos internos de aprendizagem. A teoria instrucional foi proposta para facilitar cada passo da seqüência de eventos de aprendizagem.

O modelo de processamento de informações descrito por Abbad e Borges-Andrade (2004) sugere uma seqüência de processos cognitivos subjacentes à aprendizagem (Borges-Andrade, 1982), a saber:

- Um estímulo ou conjunto de estímulos externos gerariam *expectativas* no indivíduo, que determinariam.
- O grau de *atenção* e de *percepção seletiva* que este indivíduo utilizaria para decidir sobre quais aspectos do seu ambiente seriam transformados em informações, as quais:
  - seriam *repassadas* na memória de curto prazo;
  - depois *codificadas*;
  - *armazenadas* na memória de longo prazo;
  - posteriormente, poderia ocorrer a *transferência* de aprendizagem;
  - a *recuperação* das informações ou conhecimentos.

Isto ocorreria quando o indivíduo pudesse realizar a:

- *Organização da emissão de seu desempenho* no contexto de trabalho.
- O qual receberia, do ambiente, retroalimentação e *reforçamento*.

Na realidade, muitos desses processos ocorrem simultaneamente e em seqüências diferentes das sugeridas pelo modelo. Contudo, segundo Abbad e Borges-Andrade (2004), esse ordenamento sugere uma seqüência de *eventos instrucionais* que deveriam ser levados em conta, caso alguém decidisse organizar um contexto de ensino, para facilitar a aprendizagem e a sua transferência para o trabalho. Para Gagné (1985, 1988), são 10 os eventos instrucionais a serem utilizados por alguém que deseje planejar o ensino de CHAs:

- Criar expectativas de sucesso ou de confirmação de desempenho.
- Informar os objetivos ao aprendiz.
- Dirigir a atenção do aprendiz.
- Provocar a lembrança de pré-requisitos.
- Apresentar o material de estímulo.
- Prover orientação de aprendizagem.
- Ampliar o contexto da aprendizagem, por meio de novas situações ou exemplos.
- Programar ocasiões de prática, visando repetir o desempenho.
- Provocar o desempenho.
- Prover retroalimentação, confirmando ou corrigindo o desempenho.

Segundo Abbad e Borges Andrade (2004, p. 262-263):

> Nem sempre todos estes eventos instrucionais são necessários ou aplicáveis, ou deveriam ser seguidos nesta ordem, mas eles representam um conjunto de preocupações que deveriam ser levadas em conta.
>
> No planejamento sistemático do ensino, esses eventos tornam-se instrumentos úteis para ativar, manter, melhorar ou facilitar os processos cognitivos envolvidos na aprendizagem. Sua utilização adequada transforma-se num método eficiente para a aquisição dos CHAs esperados. Os eventos instrucionais podem ser utilizados para obter diferentes tipos de resultados de aprendizagem. Não existem eventos que sejam indistintamente úteis para a aprendizagem de quaisquer categorias de desempenho ou CHAs. Eles são, na verdade, específicos para o ensino de cada tipo ou conjunto de tipos de resultados de aprendizagem. [...]
>
> De qualquer maneira, sejam os eventos instrucionais aplicáveis a uma única categoria de resultados de aprendizagem, ou a um conjunto dessas, eles são sempre usados como condições de ensino externas que ativam processos internos, visando à obtenção de algum desempenho esperado. Tais condições podem ser acionadas em situações em que a entrega da instrução é presencial, na qual os eventos são em sua maioria manejados pelo instrutor, ou por meios impressos, em que os eventos estão sob o controle da linguagem escrita, ou a distância, em que o controle dos mesmos está em sua maioria localizado nos *softwares* programados para serem operados ou em aulas gravadas em vídeo, por exemplo. Entretanto, na maioria dos casos, esses meios de entrega da instrução são combinados: ensino presencial em que há leitura de materiais escritos, ou ensino a distância com a presença de um tutor que atende através de correio eletrônico.

Facilitar o processo de aquisição de aprendizagem é um dos principais objetivos da psicologia instrucional. Diversos pesquisadores desenvolvem métodos, procedimentos, meios e estratégias de ensino que, usados adequadamente, promovem a aprendizagem.

Fontanive (1982) descreve diversos meios e estratégias instrucionais que podem ser utilizados em programas instrucionais. A escolha correta de meios e estratégias está diretamente relacionada com a formulação de objetivos instrucionais, bem como com as características da clientela. Além disso, a autora recomenda a observação de outros aspectos antes de iniciar a seleção, tais como tipo de habilidade, conhecimento e desempenho envolvido na instrução, nível de complexidade do comportamento esperado, custo envolvido na escolha, fatores administrativos e logísticos, bem como vantagens e desvantagens educacionais e motivacionais de cada meio e estratégia disponível. É muito importante também a diversificação de meios e estratégias de modo a motivar o aprendiz durante a instrução.

Procedimentos instrucionais, portanto, são situações que criamos para que o participante aprenda ou adquira as competências descritas nos objetivos instrucionais. Essas situações devem possibilitar ao aprendiz a prática das habilidades ensinadas e simular a realidade de modo a facilitar a retenção e a transferência positiva de aprendizagem.

O Quadro 15.10 descreve algumas dessas situações, denominadas procedimentos, estratégias, técnicas ou abordagens instrucionais. Há muitas variações desses métodos, e muitos deles são usados conjuntamente.

Além dessas estratégias, há diversas outras que combinam diferentes mídias e procedimentos de ensino, como discussão em grupo com apresentação de filme, com ou sem parada do filme para perguntas, esclarecimentos ou respostas dos treinandos; apresentação e discussão de filmes convencionais; simulação de uma situação dinâmica com desempenho de funções de trabalho e tarefas em uma situação prática, usando instrumentos reais e equipamentos; desempenho de um trabalho, supervisionado ou não, em uma situação real, simulada ou não; instrução assistida por computador para apresentar programas envolvendo alternativas de decisões complexas (árvore de decisão), jogos e exercícios interativos. Há outros métodos instrucionais alternativos que serão apresentados no Quadro 15.11.

A natureza dos objetivos instrucionais indicará a escolha dos melhores meios e procedimentos de ensino. Se o objetivo incluir interação com outras pessoas para que o aprendiz demonstre a ação descrita no objetivo, o exercício escolhido deverá, de algum modo, requerer o contato entre os participantes. Desenvolver habilidades gerenciais para receber e oferecer retroalimentação avaliativa é uma das situações que requerem o uso de estratégias instrucionais que incluam interação entre o aprendiz e outras pessoas, como a dramatização, a modelação comportamental, o desempenho de papéis, entre outros.

O desenvolvimento de novas atitudes poderá requerer o uso de diversas técnicas que envolvem alto nível de interação entre os participantes. A atuação de pessoas como os membros de equipes de trabalho exige a aprendizagem de competências que compreendem a disposição para cooperar, sincronizar, compartilhar e trocar experiências. Nesses casos, as estratégias escolhidas deveriam simular a resolução de problemas e a tomada de decisão em equipe. Quando o objetivo a ser atingido pela instrução é apenas a compreensão de conceitos, a exposição oral dialogada pode ser uma boa alternativa de procedimento instrucional, bem como a simples leitura de um texto.

O plano instrucional deverá conter descrição dos procedimentos, recursos, meios instrucionais e cargas horárias estimadas para sua aplicação. As descrições dessas estratégias deverão explicitar o tipo de aprendizagem almejada pela situação de aprendizagem (natureza e dificuldade de ensinar e aprender), quem controlará a aprendizagem (o professor ou o aprendiz), como os participantes interagirão para estudar (pares, equipes de três a seis pessoas, grupos de mais de sete pessoas), tipos de interação humana (aprendiz-professor, aprendiz-aprendiz, outras pessoas) e não-humana (aprendiz-ferramentas, aprendiz-informação, aprendiz e ambientes de manipulação, outras condições ambientais de apoio e mediação), além do grau de suporte cognitivo e emocional oferecido ao participante do curso. Em atividades de EAD, é comum a oferta de serviços de apoio administrativo, técnico (para solução de problemas de acesso à *web*) e de suporte emocional ao estudante, de modo a diminuir a evasão de alunos. Essas modalidades de suporte precisam ser previstas e planejadas para que a instrução ocorra a contento.

As estratégias e os meios instrucionais devem estar centrados na clientela, e não no instrutor, para que favoreçam a prática e a intervenção ativa dos participantes mediante a resolução de exercícios, problemas e estudos de caso. O desenhista da instrução deve selecionar meios (materiais, exemplos e imagens) e estratégias ou procedimentos de ensino (exposição oral, discussão em grupo, estudos de casos) que apresentem adequadamente a informação para o aprendiz, auxiliando-o no alcance dos objetivos propostos.

Escolha dos meios instrucionais e recursos

A *seleção de meios* para um treinamento não deve basear-se somente na qualidade das apresentações pelo instrutor ou na qualidade da interface gráfica de um curso mediado pela *web*, mas fundamentalmente na *intenção de facilitar a aprendizagem* do participante. Do ponto de vista do participante, os meios têm os seguintes propósitos: *servir de apoio à prática e simu-*

Quadro 15.10
EXEMPLOS DE ESTRATÉGIAS, PROCEDIMENTOS, TÉCNICAS OU ABORDAGENS INSTRUCIONAIS

Descrições de Abordagens

Exposição oral/palestra: apresentação oral cuidadosamente preparada por pessoa qualificada em um assunto.

Projeto: atividade organizada para a execução de uma tarefa ou atividade de resolução de problemas.

Debate: discussão formalmente estruturada em que duas equipes defendem argumentos opostos em relação a um tópico.

Projeto em equipe: um pequeno grupo de aprendizes que trabalha cooperativamente para executar uma tarefa ou resolver um problema.

Demonstração: apresentação cuidadosamente preparada para mostrar como executar uma ação ou utilizar um procedimento, acompanhada de explicações orais, visuais, ilustrações e, em alguns casos, questionamentos.

Viagem ou saída ao campo: um passeio planejado no qual um grupo visita um local ou objeto de interesse para observá-lo ou estudá-lo.

Seminário: um ou mais grupos preparam um estudo ou projeto sobre um tópico (usualmente escolhido pelo professor) e apresentam suas descobertas ao restante do grupo. Essa atividade é seguida de uma discussão, orientada pelo professor, de modo a levar o grupo a extrair conclusões da experiência.

Reunião com meditação: período de 5 a 60 minutos de meditação e limitada expressão verbal, no qual um grupo de 5 pessoas ou mais refletem em silêncio sobre um assunto. Essa estratégia requer que as pessoas não sejam estranhas umas às outras.

Jogo: atividade instrucional, geralmente competitiva, em que os participantes seguem regras prescritas para vencer um desafio.

Simulação: uma estratégia que envolve abstração ou simplificação de algumas situações, processos ou atividades da vida real.

Discussão em grupo – orientada: conversação proposital, orientada por um líder ou facilitador, acerca de um tópico de interesse de um grupo de 6 a 20 pessoas.

Estudo de caso: um tipo de simulação realizada para oportunizar ao aprendiz o tipo de tomada de decisão que será requerida mais tarde em outras situações.

Discussão em grupo – livre: discussão livre acerca de um tópico selecionado pelo professor, em que a aprendizagem ocorre apenas como produto da interação entre os membros do grupo, sem a intervenção direta do professor.

Desempenho de papel: um estudo de caso dramatizado; um retrato espontâneo de uma situação, condição ou circunstâncias, construído por participantes do grupo.

Simpósio: encontro de 5 a 29 pessoas em uma residência ou local privativo para apreciar boa comida, entretenimento e camaradagem para discutir informalmente um tópico de interesse mútuo.

Tutorial conversacional: método individualizado de instrução no qual o tutor apresenta a instrução de um modo adaptativo; requer participação ativa do aprendiz e fornece *feedback* imediato.

Estágio supervisionado: estratégia vivencial de aprendizagem na qual o aprendiz adquire conhecimentos e habilidades por meio da participação direta em atividades supervisionadas por um profissional em situações simuladas que se aproximam das condições sob as quais o conhecimento será aplicado. Em alguns casos, o aprendiz é colocado a executar atividades usando instrumentos e equipamentos reais; em situação real, simulada ou não.

Tutorial programado: método individualizado de instrução em que as decisões são tomadas por um tutor (humano, texto, computador, ou sistemas especialistas/inteligentes). São programados como recursos avançados de estruturação e seleção da instrução. Modelados para o indivíduo, requerem dele respostas ativas e fornecem a ele *feedback* imediato às suas ações.

Laboratório: experiência de aprendizagem na qual os aprendizes interagem com materiais brutos.

Brainstorm: esforço de um grupo para gerar novas idéias para solucionar criativamente um problema.

(Continua)

Quadro 15.10 (*continuação*)
EXEMPLOS DE ESTRATÉGIAS, PROCEDIMENTOS, TÉCNICAS OU ABORDAGENS INSTRUCIONAIS

Descrições de Abordagens

Laboratório orientado: um professor orienta a experiência dos aprendizes com os materiais brutos.

Diálogo socrático: um tipo de tutorial no qual o tutor guia o aprendiz até a descoberta por meio de perguntas.

Painel de discussão: grupo de 3 a 6 pessoas, escolhidas por seu interesse, competência e capacidade de verbalizar conhecimentos em relação a um assunto, discutem um tópico entre si, antes de responder questionamentos da audiência de aprendizes.

Entrevista: apresentação de 5 a 30 minutos seguida por uma atividade em que a pessoa que expôs o assunto responde a questionamentos da audiência acerca de tópicos previamente determinados.

Exposição orientada para a descoberta: estratégia na qual os aprendizes respondem questões levantadas pelo professor/instrutor escolhido para guiá-los até a descoberta.

Pesquisa bibliográfica: abordagem que estimula o aprendiz a buscar informações em fontes confiáveis de dados.

Prevenção de recaídas: abordagem oriunda da psicologia clínica para tratamento de pessoas viciadas em drogas. Prepara o aprendiz para enfrentar sinais que indicam uma recaída ou retomada de uma atitude ou comportamento indesejável. Desenvolve estratégias de *coping* para que o aprendiz possa atuar aplicando novas aprendizagens em ambientes que impõem muita restrição situacional.

Modelação comportamental: abordagem na qual um modelo humano demonstra eficazmente uma habilidade e é reforçado por se comportar daquele modo. Baseia-se na abordagem de aprendizagem social de Bandura (1977), na qual o reforço vicário é capaz de aumentar as chances de que um observador queira comportar-se do mesmo modo que o modelo bem sucedido.

Dramatização: abordagens que estimulam o participante a desempenhar papéis de acordo com scripts relacionados aos objetivos instrucionais. Em alguns exercícios deste tipo, alguns aprendizes apenas observam e discutem a atuação de outros.

Painel integrado: compreende a formação de grupos de estudo que estudarão diferentes partes de um conteúdo. Em seguida, cada grupo relatará os aspectos essenciais dos conteúdos estudados e os discutirá de modo a estabelecer elos de ligação entre as partes dos conteúdos.

Fonte: Adaptado de Reigeluth (1999).

lar a realidade. As "ferramentas" e os eventos instrucionais devem possibilitar ao participante a prática da ação (verbo) presente no objetivo específico de aprendizagem.

Meios são os veículos que levam os conteúdos instrucionais até o aprendiz. São exemplos de meios mídias ou veículos instrucionais: material impresso (folhetos, apostilas), *slides*, gravador, filmadora, televisão, vídeo, internet, intranet, rádio, equipamentos reais de trabalho, aparelhos de áudio, CD-ROM, disquete, máquinas simuladoras, materiais de trabalho, microcomputador, microfone, etc. Os modos mais comuns de entrega da instrução, quando se trata de EAD, são a correspondência e a infovia.

A seleção dos meios deve estar fundamentada em uma série de perguntas que relacionam os objetivos específicos e o conteúdo do treinamento às características de cada estratégia e meio instrucional. A primeira questão é analisar as características do objetivo instrucional: natureza, posição relativa na hierarquia de resultados de aprendizagem, condições e critério.

A aprendizagem de objetivos pertencentes à taxonomia psicomotora, por exemplo, requer a criação de condições ambientais que possibilitem o contato do aprendiz com sons, ruídos, estímulos visuais, táteis, gustativos, olfativos e cinestésicos. Muitas vezes, é necessário o contato do aprendiz com os objetos e estímulos do ambiente real e/ou com simuladores.

Pense em aprendizes de garçons, motoristas, provadores de vinho, especialistas em madeiras de lei, ourives, marceneiros. A aprendizagem das competências típicas dessas ocupações exige contato do indivíduo com diferentes tipos de estímulos e situações de aprendizagem. O garçom, entre outras habilidades, precisa aprender a equilibrar bandejas pesadas e a esquivar-se de pessoas que circulam pelo restaurante. O motorista precisa coordenar seus movimentos para

Quadro 15.11
MÉTODOS ALTERNATIVOS DE INSTRUÇÃO E SUAS POTENCIALIDADES

Métodos	Tipos de interação	Características
Demonstração/modelação	O instrutor demonstra a ação para os aprendizes.	Eficiente Padronizado Estruturado
Tutoria	O professor (humano ou sistema inteligente computadorizado) disponibiliza informações personalizadas ao aprendiz.	Individualizado. Responsabilidade da aprendizagem também no aprendiz.
Laboratório de solução de problemas	O professor não interfere diretamente nesta atividade de aprendizagem. Os participantes deverão resolver em grupo um problema complexo.	Exigência de altos níveis de raciocínio para resolver problemas bem estruturados.
Grupo cooperativo de aprendizagem	A atividade de aprendizagem inclui um problema (artificial ou real) que deverá ser solucionado pela equipe, supervisionada pelo professor.	Formação de equipe e surgimento de sentimentos de identificação e pertença ao grupo.
Controle independente do aprendiz	Os recursos instrucionais são acessados diretamente pelo aprendiz com envolvimento indireto do professor ou tutor.	Implementação flexível.

Fonte: Adaptado de Reigeluth (1999).

colocar o carro em movimento e responder adequadamente às características do tráfego. O provador de vinho terá de aprender a distinguir os vinhos de acordo com a sua coloração, sabor e aroma, de modo a identificar sua procedência e qualidade. O ourives deve aprender a identificar os diferentes tipos de metais preciosos e utilizar os equipamentos e as ferramentas para confecção de jóias com destreza e grande coordenação entre olhos e mãos. O marceneiro dificilmente aprenderá a tornear a madeira e a produzir móveis e objetos sofisticados em madeira se não tiver, ele próprio, manejado o torno e as ferramentas típicas da suas ocupação. Para tornar-se um bom torneiro, esse profissional deverá conhecer as diferentes madeiras, identificando-as pela coloração, matiz, textura, cheiro, dureza e consistência, entre outras características físicas.

Em todos esses casos, o contato do aprendiz com estímulos, ferramentas equipamentos e ambientes é condição necessária à aprendizagem das competências típicas de suas ocupações. O desenhista instrucional deverá criar situações de aprendizagem que reproduzam o mais fielmente quanto possível a realidade com a qual o aprendiz irá se confrontar após a instrução. O uso de simuladores de vôo, pilotagem de automóveis e simulação em campo (instrução militar na selva, treinamento de primeiros socorros e de brigadas de combate a incêndios) são tentativas de reproduzir aspectos funcionais e morfológicos do ambiente natural do aprendiz durante a instrução.

A criação de equipamentos de simulação é complexa e requer pesquisa sistemática para identificação dos aspectos críticos do ambiente que precisam ser reproduzidos, para que aprendizagem e a sua transferência ocorram a contento. Treinamento de competências afetivas requer interação entre pessoas. O desenhista instrucional deverá escolher meios e recursos que viabilizem esse tipo de situação. O *layout* da sala, a quantidade e o tipo de cadeiras e mesas são importantes aspectos a serem considerados na produção de um curso atitudinal. Nesses casos, a sala é parte das condições e dos recursos de ensino. Em cursos a distância, mediados pela *web*, é um desafio a escolha de situações de interação de aprendizes que possibilitem o fortalecimento de vínculos afetivos entre os participantes.

O segundo conjunto de questões subjacentes à escolha de meios e recursos de ensino diz respeito à determinação das alternativas instrucionais para as diferentes situações de aprendizagem. Essa análise envolverá avaliação da relação custo-benefício e da disponibilidade de recursos financeiros, materiais e humanos para a viabilização de cada alternativa. Caso as condições necessárias ao ensino e à aprendizagem das competências descritas nos objetivos instrucionais não estejam claras, o desenhista instrucional deverá coletar dados adicionais sobre o contexto real ou ambiente de trabalho da clientela.

O terceiro passo será selecionar os meios: recursos visuais e audiovisuais como fita cassete, vídeo, *slides*, transparências, filmes sonoros, materiais, equipamentos, ferramentas, *layout* do ambiente. O quarto passo será analisar as características dos meios e recursos escolhidos, de modo a planejar o seu uso durante a instrução.

Em suma, ao escolher os meios e os recursos de ensino, o desenhista instrucional deverá perguntar-se sobre as características do ambiente real do aprendiz e tentar aproximar as situações de aprendizagem dessa realidade. A escolha dos meios deverá ocorrer em função das características e dos componentes dos objetivos instrucionais. O uso adequado de meios e estratégias instrucionais deverá apoiar os aprendizes na prática das ações descritas nos objetivos instrucionais e simular a realidade da tarefa aprendida.

Preparação de materiais de ensino

Muitas aprendizagens não envolvem necessariamente (ou preponderantemente) o desenvolvimento de habilidades verbais de fala e redação. O ourives e o provador de vinho ou chá, para serem competentes, não deverão integrar e aplicar diversos conhecimentos, habilidades e atitudes, pois as habilidades verbais de comunicação escrita e falada não são as principais ou essenciais para suas atividades. Mesmo nesses casos, os materiais escritos são importantes veículos de transmissão de conteúdos e desenvolvimento de habilidades intelectuais e compreensão de conteúdos.

O cuidado com a construção de textos instrucionais deve ser grande em todas as modalidades de ensino, porém é bem maior em situações de EAD. O famoso Instituto Universal Brasileiro vem formando técnicos em eletrônica há muitos anos no Brasil. Provavelmente, o seu sucesso se deve, em parte, à qualidade das apostilas auto-instrucionais que acompanham os demais materiais de ensino de eletrônica disponibilizados ao aprendiz.

A preparação de materiais escritos é uma das conseqüências das fases anteriores do planejamento instrucional e deve servir para apoiar a instrução em cursos presenciais ou transformar-se na própria instrução em cursos a distância auto-instrucionais. A mensagem pré-instrucional deve conter – conforme Morrisson, Ross e Kemp (2001) – pré-testes, objetivos comportamentais, resumo do conteúdo e organizadores avançados.

Os pré-testes servem para avaliação dos conhecimentos do aprendiz em assuntos relacionados à instrução. Esses testes darão ao aprendiz uma idéia sobre o que espera-se que ele aprenda e sobre os pontos-chave do conteúdo da instrução.

Os objetivos instrucionais, descritos em linguagem acessível e em termos de comportamentos observáveis, devem constar no material para guiar a aprendizagem do aluno, pois explicitam, de forma precisa e clara, as condições, os comportamentos e os resultados esperados dele durante a instrução.

A apresentação de resumos dos conteúdos principais serve para despertar a atenção do aprendiz para as principais questões e temas tratados durante a instrução. São organizadores avançados redigidos sob a forma de textos introdutórios e diferem dos demais organizadores avançados por não serem representações gráficas dos conteúdos.

Organizadores gráficos são representações que fornecem ao aprendiz um esquema conceitual de alto nível de abstração e que servem para facilitar os processos de aquisição, retenção, recuperação e transferência de aprendizagem. Existem organizadores gráficos que descrevem cadeias de eventos e ações que caracterizam passos de um procedimento (as Figuras 15.1 e 15.2 são exemplos disso) e outros que descrevem interfaces ou correlações entre eventos, conceitos ou ações.

A Figura 15.8 mostra esses dois tipos de organizadores avançados. Existem vários tipos de organiza-

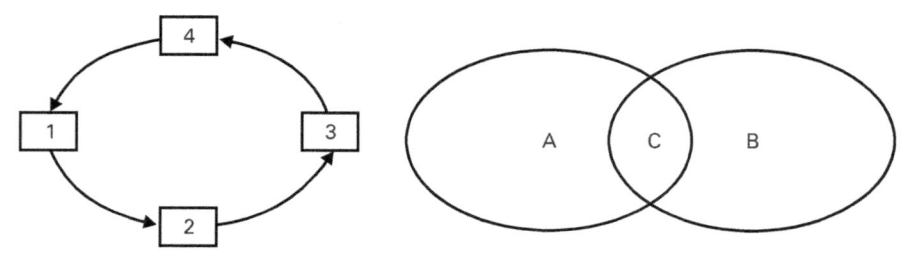

Figura 15.8 Organizadores gráficos de ciclo de eventos e diagrama de Venn.

dores avançados e de mapas de aprendizagem que podem ser utilizados para apoiar a instrução.

O livro texto, o material impresso, a instrução baseada em computador ou videoteipe são ferramentas ou interfaces de interação que asseguram o contato do aluno com os materiais instrucionais. O texto deve possuir, segundo Morrison, Roos e Kemp (2001), três aspectos principais:

- Estrutura.
- Coerência da estrutura que facilite a organização, memorização e recordação dos conteúdos.
- Adequação do conteúdo ao repertório de conhecimentos do aprendiz. O texto, para esses autores, deve apresentar:
  - listagens de idéias ou itens;
  - comparações e contrastes de idéias, objetos, eventos;
  - seqüências temporais para eventos vinculados entre si pelo tempo e ordem de ocorrência;
  - estruturas de causa e efeito ou explicações entre eventos;
  - definições e exemplos.

O uso de sinais gráficos e tipográficos marcando títulos e subtítulos e aspectos essenciais do texto são muito recomendados por desenhistas instrucionais. O uso de figuras e animações em cursos mediados pela *web* é uma poderosa ferramenta instrucional.

Há consenso sobre a importância do papel exercido por figuras e ilustrações na aprendizagem de materiais textuais. As figuras servem para decorar o texto e chamar a atenção do aluno para um determinado conteúdo ou mudança relevante de conteúdo. Todavia, conforme Morrisson e colaboradores (2001), as figuras exercem, além da função decorativa, quatro outros papéis muito relevantes:

- Representação de pessoas, ferramentas, coisas e eventos.
- Organização de conteúdos e eventos.
- Interpretação.
- Transformação.

A figura, em seu papel de representação, é capaz de resumir grande quantidade de conteúdos veiculados pelo texto. Explicar em prosa como se dão os movimentos de rotação e translação dos planetas no sistema solar talvez não seja tarefa fácil e tampouco o modo mais eficaz de ensino desse tópico. Uma figura ou animação que representasse esses movimentos tornaria mais fáceis os processos de ensino e aprendizagem. Atualmente, estudantes de medicina podem estudar os movimentos de articulações a partir de figuras animadas que mostram fielmente como se movimentam os músculos, tendões, ossos e demais estruturas do aparelho locomotor. As animações digitalizadas de movimentos também vêm revolucionando o treinamento de atletas (natação, futebol, basquete), pois sua aprendizagem e seu aperfeiçoamento passaram a contar com figuras animadas que reproduzem o que o indivíduo precisa aprender ou corrigir no próprio desempenho.

Como organizadoras de eventos, conteúdos e conceitos, as figuras podem servir de suporte ao aprendiz, fornecendo-lhe um esquema ou roteiro. As figuras podem apresentar demonstrações de seqüências de eventos: fases da confecção de nós cirúrgicos, etapas da confecção de um prato por um chefe de cozinha, fases da instalação de um equipamento.

As figuras podem auxiliar o aprendiz a representar informações abstratas e complexas mentalmente. Assim, a representação gráfica da reprodução celular, da fissão nuclear ou de uma infecção por um vírus podem ser ferramentas úteis para facilitar a aprendizagem de conteúdos abstratos.

A função transformacional da figura é aquela que envolve a facilitação da memorização de fatos ou eventos. Nesse caso, a figura combina imagens concretas que ajudam o aprendiz a recordar e a memorizar fatos, regras e princípios.

Materiais auto-instrucionais deverão ser desenhados com muito cuidado para que a instrução seja efetiva. Esses cuidados incluem a preocupação com o tamanho dos textos, flexibilidade, interatividade e interação com outras pessoas (aprendiz-aprendiz, aprendiz-tutor). Para maiores detalhes, procure ler Morrison, Ross e Kemp (2001).

ETAPA 5 – DEFINIR CRITÉRIOS DE AVALIAÇÃO DE APRENDIZAGEM

Como discutido na Etapa 1 deste capítulo (redigir objetivos instrucionais), a definição de critérios, em termos quantitativo ou qualitativo, é o ponto de partida para o desenvolvimento de medidas de aprendizagem. A Figura 15.9 indica a relação desta etapa com as demais no processo de planejamento instrucional. A idéia principal nesta etapa é que os critérios de avaliação da aprendizagem devem ser extraídos dos objetivos instrucionais, a fim de que possam ser estabelecidos testes ou provas compatíveis com as características do objetivo treinado. Um pouco mais sobre avaliação é apresentado em seguida.

A *avaliação formativa* é aquela que possibilita o acompanhamento do processo de aprendizagem do aluno durante o transcorrer da instrução e viabiliza o

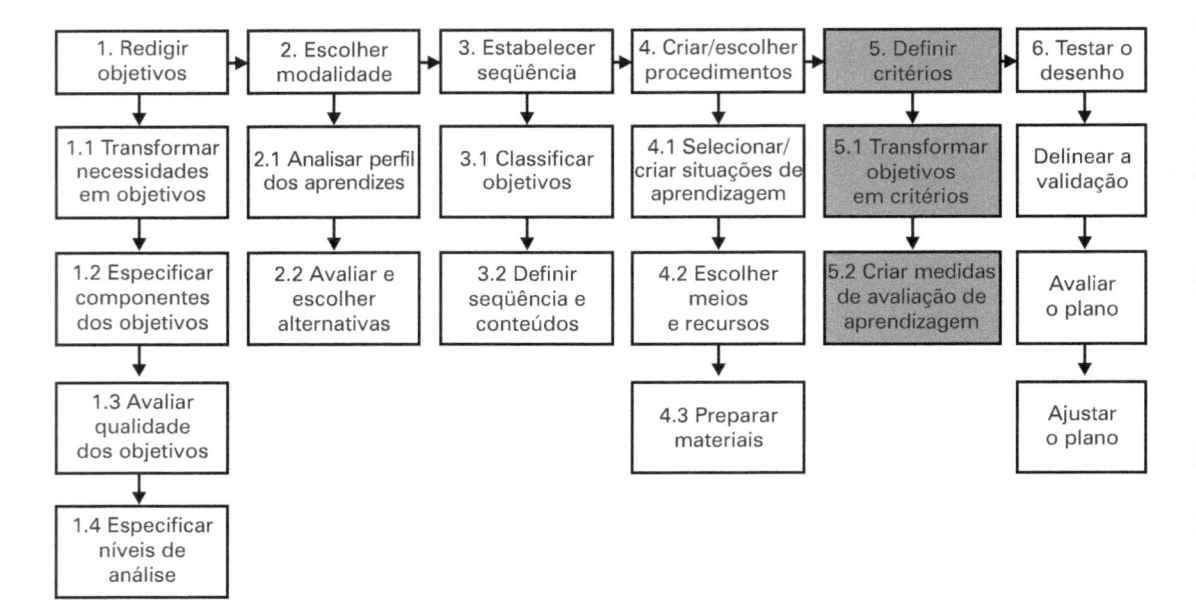

```
┌─────────────┐   ┌─────────────┐   ┌─────────────┐   ┌─────────────┐   ┌─────────────┐   ┌─────────────┐
│ 1. Redigir  │──▶│ 2. Escolher │──▶│3. Estabelecer│──▶│4. Criar/esco-│──▶│  5. Definir │──▶│ 6. Testar o │
│  objetivos  │   │  modalidade │   │   seqüência │   │lher procedi- │   │   critérios │   │   desenho   │
│             │   │             │   │             │   │   mentos    │   │             │   │             │
└──────┬──────┘   └──────┬──────┘   └──────┬──────┘   └──────┬──────┘   └──────┬──────┘   └──────┬──────┘
       ▼                 ▼                 ▼                 ▼                 ▼                 ▼
┌─────────────┐   ┌─────────────┐   ┌─────────────┐   ┌─────────────┐   ┌─────────────┐   ┌─────────────┐
│1.1 Transfor-│   │2.1 Analisar │   │3.1 Classifi-│   │4.1 Selecio- │   │5.1 Transfor-│   │ Delinear a  │
│mar necessi- │   │perfil dos   │   │car objetivos│   │nar/criar si-│   │mar objetivos│   │  validação  │
│dades em ob- │   │ aprendizes  │   │             │   │tuações de   │   │ em critérios│   │             │
│   jetivos   │   │             │   │             │   │aprendizagem │   │             │   │             │
└──────┬──────┘   └──────┬──────┘   └──────┬──────┘   └──────┬──────┘   └──────┬──────┘   └──────┬──────┘
       ▼                 ▼                 ▼                 ▼                 ▼                 ▼
┌─────────────┐   ┌─────────────┐   ┌─────────────┐   ┌─────────────┐   ┌─────────────┐   ┌─────────────┐
│1.2 Especifi-│   │2.2 Avaliar e│   │3.2 Definir  │   │4.2 Escolher │   │5.2 Criar    │   │  Avaliar    │
│car componen-│   │   escolher  │   │seqüência e  │   │   meios     │   │medidas de   │   │  o plano    │
│tes dos obje-│   │ alternativas│   │  conteúdos  │   │ e recursos  │   │avaliação de │   │             │
│    tivos    │   │             │   │             │   │             │   │aprendizagem │   │             │
└──────┬──────┘   └─────────────┘   └─────────────┘   └──────┬──────┘   └─────────────┘   └──────┬──────┘
       ▼                                                     ▼                                   ▼
┌─────────────┐                                       ┌─────────────┐                     ┌─────────────┐
│1.3 Avaliar  │                                       │4.3 Preparar │                     │   Ajustar   │
│  qualidade  │                                       │  materiais  │                     │   o plano   │
│dos objetivos│                                       │             │                     │             │
└──────┬──────┘                                       └─────────────┘                     └─────────────┘
       ▼
┌─────────────┐
│1.4 Especifi-│
│car níveis de│
│   análise   │
└─────────────┘
```

Figura 15.9 Representação gráfica das etapas do desenho instrucional com destaque para a quinta fase.

uso de estratégias *remediativas*, prática adicional e outras para garantir o melhor rendimento dos aprendizes. A *avaliação somativa*, por outro lado, visa avaliar o rendimento final atingido pelo aprendiz com a instrução. Por serem coletadas ao final da instrução, essas informações servirão, principalmente, para aprimorar os eventos instrucionais subseqüentes. Existe ainda a avaliação confirmatória ou avaliação da retenção a longo-prazo e da transferência de aprendizagem. A avaliação de aprendizagem tratada nesta seção diz respeito apenas a avaliações somativas e formativas.

A situação ideal é prever a avaliação da aprendizagem de cada objetivo, pois avaliações constantes de aprendizagem possibilitam melhor acompanhamento da eficácia de cada módulo ou unidade do treinamento. Os critérios de avaliação da aprendizagem devem ser extraídos dos objetivos instrucionais, os quais sugerem medidas do nível de desempenho esperado. Os testes ou provas devem ser compatíveis com as características do objetivo treinado. Assim sendo, avaliações de aprendizagem podem requerer mensuração de conhecimentos, atitudes e habilidades psicomotoras.

Avaliação formativa completa compreende pré-teste, testes durante a instrução e pós-teste. O pré-teste informa o nível de ingresso ou repertório de entrada do participante no que diz respeito ao conteúdo do treinamento. É um ponto de referência para julgar o nível de desempenho do participante ao final do treinamento. As avaliações formativas feitas durante a instrução medem a aquisição dos objetivos instrucionais. A avaliação final ou pós-teste informa se houve a aprendizagem dos objetivos e se os meios e as estratégias instrucionais utilizados foram eficazes ou não.

Transformação de objetivos em critérios de avaliação

Os objetivos instrucionais, nesta etapa, são analisados de modo a possibilitar a definição e especificação de critérios de avaliação. Os critérios de avaliação de aprendizagem deverão ser extraídos dos critérios descritos nos objetivos instrucionais. Esses critérios devem servir de parâmetro (qualitativo e/ou quantitativo) para a mensuração do alcance de cada objetivo instrucional e indicam o grau de proficiência a ser atingida pelo aprendiz durante e após a instrução.

Os critérios devem ser específicos, mensuráveis e precisos. As medidas de avaliação devem ser compatíveis com a natureza e posição do resultado de aprendizagem na taxonomia de objetivos. O alcance de objetivos afetivos requer mensuração de atitudes e isso é difícil de ser feito adequadamente por meio de testes objetivos de papel e lápis, pois tal mensuração seria fortemente deturpada pela elevada desejabilidade de resposta que geralmente decorre das situações de treinamento planejadas para alcançar esses objetivos. A aquisição de habilidades psicomotoras é melhor avaliada em situações de teste situacional, e não por meio de prova oral de conhecimentos sobre as etapas da ação. Como saber se um nadador poderá competir em uma olimpíada? Perguntando-lhe como se movimenta dentro da água para atingir os tempos e respeitar os padrões qualitativos atribuídos a cada modalidade ou observando, medindo seus tempos e comparando-os aos recordes mundiais? Alguém poderia ser capaz de descrever com riqueza de detalhes e alta precisão os movimentos e a topografia destes em cada estilo, porém isso não seria evidência suficiente para afirmar que poderia ser um campeão de natação.

Esse exemplo nos auxilia a perceber o quanto é necessário que a medida de avaliação de aprendizagem deva ser compatível com a natureza do objetivo instrucional. Contudo, essa compatibilidade não basta. O grau de complexidade, internalização ou automatização de movimentos também precisa ser levado em conta na seleção de itens e situações de mensuração da aprendizagem. Digamos que alguém esteja sendo preparado para redigir um relatório científico de acordo com as normas científicas internacionais ou da ABNT. Se avaliarmos a aprendizagem dessas competências, perguntando ao aprendiz quais são as partes que compõem um relatório, estaremos realizando uma avaliação inválida, por não mensurar o alcance do objetivo no nível de complexidade desejado: o de redigir relatórios, e não o de descrever suas partes. Estaríamos esperando conhecimento procedimental, mas mensurando conhecimento declarativo, de acordo com a discussão sobre taxonomias de aprendizagem no domínio cognitivo, feita anteriormente neste capítulo.

Os itens de teste ou instrumentos de medida devem ser desenhados de acordo com o nível de complexidade do objetivo cognitivo, do nível de internalização do objetivo afetivo e do nível de automatização do objetivo psicomotor.

Criação de medidas de avaliação

Após a definição da natureza da medida de avaliação, o desenhista deverá planejar o processo de aprendizagem, definindo itens, instrumentos, procedimentos de aplicação (quando, quantas vezes, como, conteúdo da retroalimentação dos resultados para o aluno).

O Quadro 15.12 mostra diversos tipos de instrumentos de avaliação de aprendizagem geralmente sugeridos para cada domínio: cognitivo, afetivo e psicomotor, conforme Morrison, Ross e Kemp (2001).

Quadro 15.12
INSTRUMENTOS PARA AVALIAÇÃO DE DIFERENTES TIPOS DE RESULTADOS DE APRENDIZAGEM

Conhecimento	
Testes objetivos • Múltipla escolha • Verdadeiro e falso • Associação	Testes de respostas construídas • Preenchimento de lacunas • Produção de ensaios • Resolução de problemas

Habilidades e comportamentos
Teste direto do desempenho esperado Análise de indicadores existentes no contexto Avaliações baseadas em observação direta (com uso de escala) Avaliações baseadas em observação direta (com lista de verificação) Avaliações baseadas em observação indireta Testes com produção de resultados de aprendizagem (portfólios, exibições de trabalhos, relatórios)

Atitudes
Observação do comportamento Avaliação de atitudes por meio de questionários e escalas Entrevistas

Fonte: Adaptado de Morrison, Ross e Kemp (2001).

Escolhidos os instrumentos de medida é hora de construir as medidas, validá-las e analisar a consistência interna. Além disso, é preciso também definir a quantidade de avaliações (pré-teste, testes durante e pós-testes). A avaliação, se bem realizada, possibilita a auto-avaliação e estimula a aprendizagem. Se mal conduzida (complexa demais, pouco válida e imprecisa), pode diminuir a motivação para aprender e os sentimentos de auto-eficácia do aprendiz.

Por fim, é necessário planejar como será realizada a devolução dos resultados para os aprendizes. No caso da avaliação somativa, na qual os resultados permitem uma readequação do programa instrucional somente após sua completa finalização, esta questão ainda é mais complicada. Como retornar os resultados das avaliações de aprendizagem quando estas são negativas? A melhor forma de se fornecer retroalimentação negativa é por meio do reconhecimento e da valorização dos pontos fortes dos treinandos. Esse procedimento é de fundamental importância para que os pontos negativos possam ser discutidos mais abertamente e, principalmente, para que possam ser negociadas estratégias alternativas para a aquisição subseqüente das competências requeridas e não-adquiridas.

Imagine que, em um determinado programa de treinamento, uma determinada pessoa recebeu uma avaliação negativa. O principal objetivo de um planejador instrucional é facilitar ao máximo a aprendizagem, pelo menos em um primeiro momento. Nessa situação, poderia se negociar com o aprendiz para que este tivesse mais outra semana para desenvolver a habilidade não adquirida, ou por meio de releitura do material instrucional ou por troca de experiências com o restante dos treinandos, por exemplo. Após esse período, o teste poderia ser realizado novamente. Se o processo de instrução foi feito em uma avaliação formativa, tudo fica facilitado. No entanto, não é esse o caso das avaliações somativas. Muitas vezes, o tempo é um recurso extremamente escasso nas organizações. Mesmo assim, procure lembrar-se de que sai mais barato remediar uma situação de não-aprendizagem por meio de uma solução como a descrita anteriormente do que oferecer novamente a mesma oportunidade de treinamento para o colaborador.

Ao final do planejamento, o desenhista instrucional ou a equipe de produção da instrução deve documentar todo o material produzido nas diferentes fases do planejamento. Um plano instrucional deverá conter pelo menos os seguintes componentes:

- Clientela-alvo.
- Objetivo geral e justificativas.
- Objetivos específicos e conteúdos (índices, resumos).
- Programação e descrição das atividades
  - estratégias;
  - meios;
  - sistema de avaliação e retroalimentação.
- Carga horária total, diária e tempo para realização das atividades programadas.
- Materiais de apoio.
- Referências e bibliografia.
- Outras fontes de informação.

Esses materiais serão avaliados na próxima etapa, a de validação do desenho instrucional.

ETAPA 6 – TESTAR O DESENHO INSTRUCIONAL

A última etapa do planejamento da instrução é a validação dos materiais e das situações de aprendizagem.

Nesse momento, os desenhistas instrucionais e os demais integrantes da equipe de produção (especialistas em conteúdo, programadores visuais, especialistas em tecnologia da informação e comunicação, entre outros) estarão em condições de colocar à prova a primeira versão do curso. Para que essa etapa seja cumprida, será necessário delinear a validação, avaliar o plano em uma amostra de aprendizes e aperfeiçoar o plano instrucional.

Delineamento da validação

Esta etapa muitas vezes não é realizada, porém é essencial para avaliar, na prática, a qualidade do plano instrucional. A primeira fase desse processo é a escolha da amostra de aprendizes que testará a instrução.

A amostra de participantes da validação deverá ser quantitativa e qualitativamente representativa da clientela-alvo do curso, definida durante o levantamento de necessidades de treinamento. A escolha aleatória da amostra é a estratégia cientificamente mais adequada para a realização de experimentos com delineamento do tipo pré e pós-teste com grupo-controle (sem treinamento). Esse tipo de desenho de pesquisa possibilita a avaliação dos ganhos de aprendizagem e do grau com que a instrução realmente produziu essa aprendizagem. Todavia, nem sempre esse procedimento pode ser aplicado em ambientes organizacionais. Manter grupos-controle (sem treinamento) pode ser algo prejudicial para seus integrantes ou mesmo uma prática inviável, em função do compartilhamento e da disseminação de conhecimentos sobre a instrução em ambientes organizacionais.

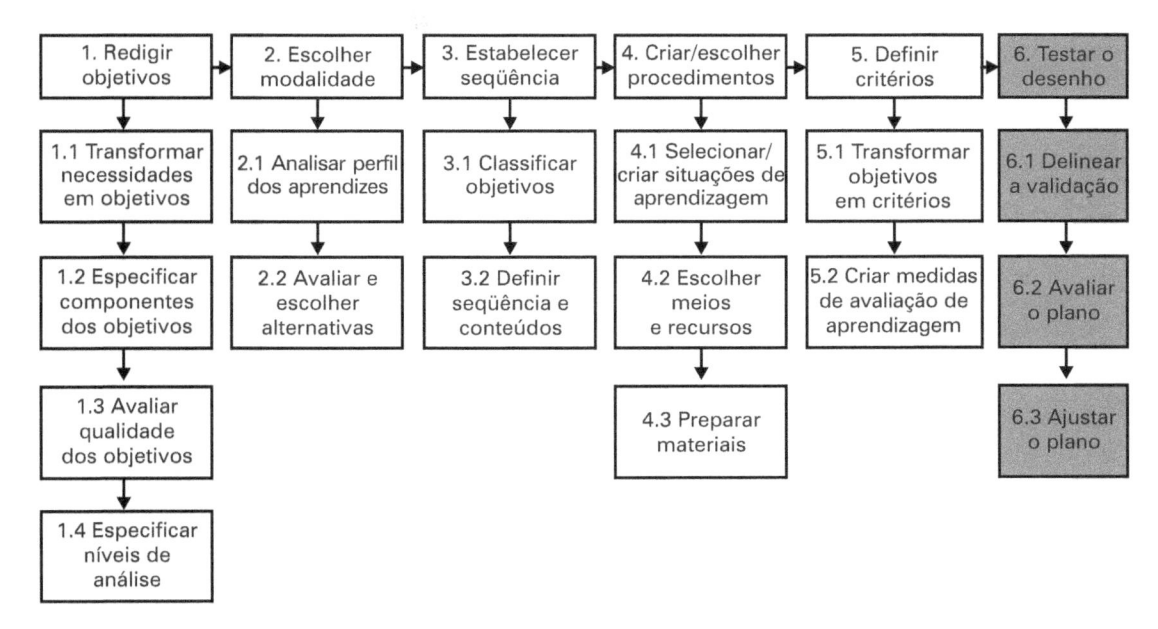

Figura 15.10 Representação gráfica das etapas do desenho instrucional com destaque para a sexta fase.

Fluxograma:

- 1. Redigir objetivos
  - 1.1 Transformar necessidades em objetivos
  - 1.2 Especificar componentes dos objetivos
  - 1.3 Avaliar qualidade dos objetivos
  - 1.4 Especificar níveis de análise
- 2. Escolher modalidade
  - 2.1 Analisar perfil dos aprendizes
  - 2.2 Avaliar e escolher alternativas
- 3. Estabelecer seqüência
  - 3.1 Classificar objetivos
  - 3.2 Definir seqüência e conteúdos
- 4. Criar/escolher procedimentos
  - 4.1 Selecionar/criar situações de aprendizagem
  - 4.2 Escolher meios e recursos
  - 4.3 Preparar materiais
- 5. Definir critérios
  - 5.1 Transformar objetivos em critérios
  - 5.2 Criar medidas de avaliação de aprendizagem
- 6. Testar o desenho
  - 6.1 Delinear a validação
  - 6.2 Avaliar o plano
  - 6.3 Ajustar o plano

Quando o universo de participantes do curso for muito grande (centenas ou milhares de pessoas), é desejável o uso de delineamentos experimentais de avaliação. Treinamentos mediados pela *web* podem ser testados em grandes amostras porque são disponibilizados para muitas pessoas simultaneamente. Caso a clientela do curso seja muito pequena, esse tipo de delineamento não é aplicável. Escolhida a amostra de acordo com critérios estatísticos e qualitativos, o próximo passo é testar o plano nessa amostra.

Avaliação do plano instrucional

Nesta fase, a instrução é aplicada na amostra da clientela-alvo para identificação de falhas e lacunas, solicitação de sugestões de aprimoramento e validação da versão com a equipe que produziu o curso. Os alunos deverão ter o seu rendimento acompanhado, bem como suas reações aos materiais, testes, exercícios, apoio de professores, tutores e/ou monitores e demais procedimentos de ensino mensurados.

Para conferir validade, precisão e confiabilidade à coleta de dados, é necessário diversificar as fontes de informação e criar instrumentos de entrevistas (semi ou estruturadas), escalas de avaliação do material, dos professores e demais componentes da instrução, roteiros de observação das interações do aprendiz com o material do curso, roteiros de observação das intera-

ções professor-aprendiz, aprendiz-aprendiz, registros contidos em bancos de dados ou gerenciadores eletrônicos de cursos da *web* (dados pessoais da clientela, escores no pré-teste, tempo de estudo, tipos de erros em exercícios, notas nos testes, dificuldades mais freqüentes, evasão, absenteísmo, etc.).

Ao final desta fase, espera-se obter uma descrição detalhada das falhas e lacunas do plano instrucional.

Ajustes do plano

O planejamento instrucional pode sofrer aprimoramento em vários itens. Os ajustes no plano instrucional devem ser realizados pela equipe de planejamento instrucional a partir do relatório descritivo das falhas e lacunas do curso produzido na fase anterior. Nesta fase, são comuns os ajustes nas cargas horárias estimadas para cada atividade instrucional e nas cargas horárias (diária e total) do curso. Para verificar se o plano está adequadamente ajustado à clientela, faz-se uma verificação da adequação final do desenho instrucional, perguntando-se sobre a qualidade dos produtos de cada uma das etapas do planejamento:

- Os objetivos estão suficientemente explícitos, completos e descritos em termos de comportamentos observáveis? Estão descritos em linguagem clara e

compreensível? Cumpriram o seu papel de guiar a aprendizagem do aluno?
- A modalidade de ensino escolhida (presencial, semipresencial ou a distância) é compatível com as rotinas e expectativas da clientela?
- A seqüência de apresentação das unidades instrucionais era compatível com os objetivos instrucionais e com o perfil da clientela? Algum elo da seqüência de ensino parecia estar quebrado ou fraco? A seqüência facilitou a aprendizagem e motivou o estudo?
- Os meios e as estratégias de ensino escolhidos facilitaram a aprendizagem e estimularam o estudo? Os meios e as estratégias possibilitaram ao aluno a prática das ações descritas nos objetivos e aproveitaram o que ele já sabia sobre assuntos relacionados ao tema estudado como parte do exercício? Os materiais facilitaram o estudo dos conteúdos, ressaltaram os aspectos essenciais do texto, facilitaram a memorização, a retenção, a recordação dos conteúdos e a transferência de aprendizagem? As figuras e os esquemas eram compatíveis com os objetivos instrucionais e foram considerados úteis pelo aluno?
- Os instrumentos de avaliação de aprendizagem mostraram-se compatíveis com os objetivos instrucionais e com o perfil da clientela? As avaliações contiveram itens compatíveis com o nível de exigência ou critério de avaliação dos objetivos? As avaliações tiveram caráter instrucional ou foram punitivas? A retroalimentação foi útil para o aluno? O aluno foi capaz de seguir em frente e melhorar seu desempenho a partir da retroalimentação que recebeu no treinamento?

Quaisquer respostas negativas a essas perguntas indicam necessidade de aprimoramento do plano instrucional. Informações avaliativas adicionais sobre a aplicação do plano instrucional serão obtidas após o treinamento, com as avaliações confirmatórias de retenção a longo-prazo e de transferência de aprendizagem.

CONSIDERAÇÕES FINAIS

Em síntese, o processo de planejamento instrucional é constituído por seis etapas básicas:

- Redação de objetivos.
- Escolha da modalidade de ensino.
- Estabelecimento da seqüência de ensino.
- Criação e/ou escolha de estratégias e meios de ensino.
- Definição de critérios de avaliação de aprendizagem.
- Teste do plano instrucional.

Dê mais uma olhada no organizador gráfico abaixo para reter essas informações em sua memória de longo prazo.

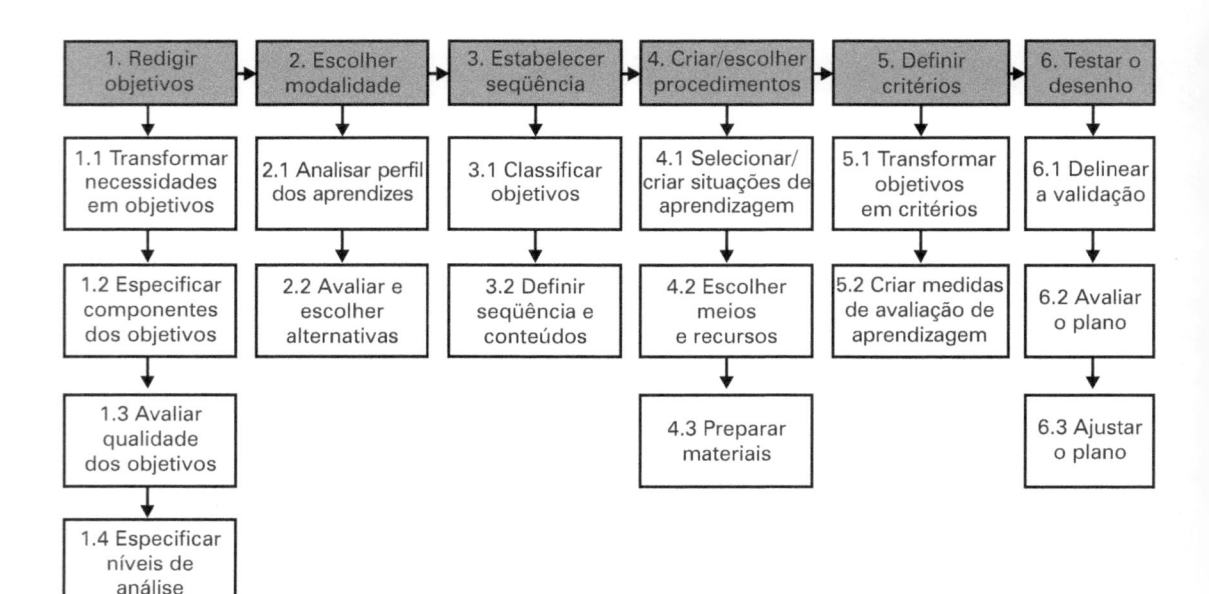

Figura 15.11 Representação gráfica das etapas do desenho instrucional.

A realização dessas etapas do desenho instrucional compreende, portanto, desde a redação dos objetivos instrucionais e escolha da modalidade de entrega da instrução, até o teste do plano ou desenho instrucional. Em outras palavras, o planejamento instrucional é em grande parte responsável pelo bom funcionamento do sistema de TD&E como um todo.

QUESTÕES PARA DISCUSSÃO

- Explicar quais são os cuidados necessários ao se elaborar objetivos instrucionais.
- Descrever as modalidades de entrega da instrução.
- Descrever todas as etapas do processo de construção do desenho instrucional.
- Definir critérios de avaliação de aprendizagem que devem ser considerados na decisão acerca do desenho instrucional.

REFERÊNCIAS

ABBAD, G. S.; BORGES-ANDRADE, J. E. Aprendizagem humana em organizações de trabalho. In: ZANELLI, J. C.; BORGES-ANDRADE, J. E.; BASTOS, A. V. B. (Org.). *Psicologia, organizações e trabalho no Brasil*. Porto Alegre: Artmed, 2004. p. 237-275.

ANDERSON, J. R. *The architecture of cognition*. Cambridge: Harvard University, 1983.

AUSUBEL, D. P. *Educational psychology: a cognitive view*. New York: Holt, Rinehart and Winston, 1968.

BANDURA, A. Social learning theory. Englewood Cliffs: Prentice-Hall, 1977.

BELLONI, M. L. *Educação a distância*. Campinas: Autores Associados, 1999.

BLOOM, B. S. et al. *Taxonomia de objetivos educacionais*: compêndio primeiro: domínio cognitivo. Porto Alegre: Globo, 1972.

BLOOM, B. S.; KRATHWOHL, D. R.; MASIA, B. B. *Taxonomia de objetivos educacionais*: compêndio segundo: domínio afetivo. Porto Alegre: Globo, 1974.

BORGES-ANDRADE, J. E. Eventos da instrução: uma proposta derivada das teorias de processamento de informação. In: *Tecnologia Educacional*, v. 49, p. 27-34, 1982.

CARVALHO, R. S. *Avaliação de treinamento a distância via internet*: reação, suporte à transferência e impacto do treinamento no trabalho. 2003. Dissertação (Mestrado) – Instituto de Psicologia, Universidade de Brasília, Brasília, 2003.

FONTANIVE, N. S. Técnicas e meios de ensino para educação a distância. *Tecnologia Educacional*, v. 11, n. 45, p. 37-42, 1982.

GAGNÉ, R. M. *Essentials of learning for instruction*. 2. ed. Englewood Cliffs: Prentice Hall, 1988.

_____. *Princípios essenciais de aprendizagem para ensino*. Porto Alegre: Globo, 1980. Cap. 3 e 4.

_____. *The conditions of learning and theory of instruction*. 4. ed. New York: Rinehart and Winston, 1985.

LAASER, W. (Org.). *Manual de criação e elaboração de materiais para educação a distância*. Brasília: Universidade de Brasília, 1997.

MAGER, R. F. *A formulação de objetivos de ensino*. Porto Alegre: Globo, 1976.

MEISTER, J. C. *A educação corporativa*: a gestão do capital intelectual através das Universidades Corporativas. São Paulo: Makron Books, 1999.

MERRIL, M. D. Component display theory. In: REIGELUTH, C. M. (Ed.). *Instructional-design theories and models*: an overview of their current status. Englewood Cliffs: Erlbaum, 1983. p.282-333.

MOORE, M. G.; ANDERSON, W. *Handbook of distance education*. Lawrence Erlbaum, 2003.

MORRISON, G.R.; ROSS, S.M.; KEMP, J.E. *Designing effective instruction*. Jonh Wiley & Sons, 2001.

PETERS, O. Learning with new media in distance education. In: GRAHAM, M. (Ed.). *Handbook of distance education*. Lawrence Erlbaum, 2003.

POSNER, G. J.; STRIKE, K. A. A categorization scheme for principles of sequencing content. *Review of Educational Research*, v.46, p.665-690, 1976.

REIGELUTH, C. H. *Instructional-design theories and models*: a new paradigm of instructional theory. London: LEA, 1999. v.2.

RODRIGUES JR., J. F. *A taxonomia de objetivos educacionais*: um manual para o usuário. 2. ed. Brasília: Universidade de Brasília, 1997.

ZERBINI, T. *Estratégias de aprendizagem, reações aos procedimentos de um curso via internet, reações ao tutor e impacto do treinamento no trabalho*. 2003. Dissertação (Mestrado) – Instituto de Psicologia, Universidade de Brasília, Brasília, 2003.

16

TD&E a distância: múltiplas mídias e clientelas

Márcia Nardelli Monteiro de Castro e Luciana Dias Vieira Ferreira

Objetivos

Ao final deste capítulo, o leitor deverá:

- Conceituar educação a distância.
- Identificar as características da EAD.
- Classificar as mídias usadas em EAD sob o ponto de vista do processo de comunicação.
- Identificar a classificação das mídias.
- Relacionar mídias, níveis de aprendizagem pretendidos e abordagens pedagógicas.
- Identificar os estilos cognitivos individuais.
- Determinar seu estilo de aprendizagem predominante.
- Identificar as estratégias e meios mais adequados a cada estilo de aprendizagem.
- Distinguir os níveis de profundidade propostos para estruturar conteúdos didáticos.
- Reconhecer as vantagens de oferecer a mesma estratégia instrucional em formatos diversos.
- Elaborar o planejamento instrucional de curso a distância que permita a utilização de diferentes mídias, a partir de um mesmo objetivo e estratégia instrucional.

INTRODUÇÃO

Novas tecnologias têm sido usadas em educação a distância (EAD). Para construir-se um ambiente de ensino-aprendizagem eficiente, é necessário adequar os variados meios hoje disponíveis aos conhecimentos e às habilidades a serem adquiridos pelos participantes de cursos a distância. A questão que se coloca no planejamento de soluções instrucionais é como utilizar os recursos disponíveis para construir ambientes que propiciem experiências que possam facilitar o aprendizado – enfim, como colocar a tecnologia a serviço da metodologia de ensino.

Este capítulo propõe um modelo de planejamento instrucional de treinamento a distância com uso de múltiplas mídias que atendam públicos-alvo com diferentes interesses ou necessidades. Ao concluir seu estudo, o leitor deverá ser capaz de avaliar a possibilidade de utilização de diferentes mídias para alcançar o mesmo objetivo e estratégia instrucional, de modo a atender à diversidade de perfis dos participantes.

O capítulo está dividido em quatro partes, iniciando por uma introdução à EAD, suas características, vantagens e limitações. A seguir é descrita a evolução da EAD a partir das mídias utilizadas e suas características, e é feita a análise de suas possibilidades pedagógicas. Na terceira parte, são investigadas questões relacionadas aos estilos de aprendizagem do público. Na quarta parte, é descrita uma proposta de planejamento instrucional que pretende atender necessidades individuais de diversos segmentos de público-alvo.

1ª PARTE: INTRODUÇÃO À EDUCAÇÃO A DISTÂNCIA, SUAS CARACTERÍSTICAS, VANTAGENS E LIMITAÇÕES

As tecnologias de comunicação e informação trazem uma nova relação do homem com o mundo. O que caracteriza a modernidade é o distanciamento *tempo-espaço*. As culturas pré-modernas vinculavam tempo e lugar, o *quando* estava conectado ao *onde*. Com as tecnologias de comunicação desenvolvidas nos séculos XIX e XX, as relações sociais se dão com *outros* ausentes, localmente distantes, sem a interação face a face.

A sociedade encontra-se, agora, articulada em torno de meios eletrônicos de alta velocidade. O conceito de cultura e a própria percepção do homem no mundo estão sendo modificados. A dinâmica das mudanças impõe um novo ritmo de difusão e aquisição de conhecimentos, muito mais veloz, se comparado há alguns anos. As necessidades atuais de educação continuada, decorrentes das constantes mudanças no mundo, têm apontado a EAD como uma alternativa a ser explorada – pelas organizações, pelo ensino formal ou pela universidade.

Os conceitos de EAD elaborados por diversos pesquisadores apresentam duas características básicas: a separação física entre professor e aluno e a utilização de meios técnicos para comunicação. O desenvolvimento tecnológico tem pautado a busca da superação da distância entre professor e aluno. Essa busca começa no século passado, com a utilização dos serviços postais, depois incorporando outros meios de comunicação já considerados tradicionais na EAD, como o rádio, a televisão e os audiovisuais, até chegar em nossos dias, com a adoção das mais recentes tecnologias. Os computadores, especialmente em rede, permitem a comunicação imediata de mão dupla, praticamente eliminando a distância entre alunos e professores, e permitindo a interação aluno-aluno. Por tudo isso, conceituar EAD significa apresentar, também, o conceito de interatividade.

A definição do termo interatividade tem sido associada ao processo de difusão da informática, mas o conceito está presente em qualquer processo que permita a participação do usuário, desde a simples mudança de tela ("ENTERatividade") até o total controle sobre o processo. A interatividade acontece no cotidiano – no trabalho, no lazer, na economia, como, por exemplo, na TV, no teatro, nos negócios *on-line*, na publicidade e até mesmo em jogos e brinquedos eletrônicos.

Cabe destacar a distinção entre a interatividade da máquina e a do usuário. A primeira é aquela que permite ao usuário trabalhar sobre o programa, enquanto a segunda pressupõe atividade mental e intelectual para interpretação do objeto de estudo.

Na atividade educacional, o termo interativo é utilizado a partir do momento em que a informática permitiu integrar diferentes mídias no computador. Com a possibilidade de acesso direto e imediato aos conteúdos e ao professor, o processo de aprendizagem tornou-se mais participativo e criativo, facilitando a construção do conhecimento.

Os avanços decorrentes da convergência da computação, microeletrônica e telecomunicações possibilitam a expansão das fronteiras da EAD, que pode beneficiar-se desses novos recursos didáticos. O reconhecimento da qualidade da aprendizagem em um contexto em que ocorre a interatividade, associado à crescente demanda por atualização de conhecimentos por parte da sociedade, tem levado à expansão da EAD.

Sua adoção no treinamento corporativo tem se intensificado, justamente, pela interatividade propiciada pelo uso das novas mídias. Em função desse potencial, as novas tecnologias possibilitam o surgimento de um sujeito ativo no processo de produção e disseminação de conhecimentos, o que se reflete na própria reconceituação da capacitação profissional. A autonomia, habilidade essencial para o atual cenário do mundo do trabalho, tem seu desenvolvimento potencializado pelo uso de novas tecnologias na educação corporativa. Em um modelo de gestão em que a intermediação de supervisores foi substituída por redes de cooperação interpessoal e intergrupal, nada pode ser mais apropriado.

Além da interatividade, outras características da EAD têm intensificado seu uso. O processo de fusões e internacionalização de empresas criou a necessidade de levar o treinamento simultaneamente a públicos numerosos e dispersos por condições geográficas e ocupacionais ou por limitações físicas, possibilidade oferecida pela EAD. A individualização do estudo, com respeito ao ritmo do treinando, que poderá repetir uma atividade ou interrompê-la para retomar em outro momento, a apreensão gradual do conteúdo e a possibilidade de auto-avaliação permanente durante o processo são apontados como fatores positivos dessa metodologia.

PARE PARA PENSAR. Antes de prosseguir com a leitura, reflita sobre a questão apresentada a seguir e tente solucioná-la, classificando as características descritas segundo a escala proposta.

Que características devem estar presentes em projetos educacionais que atendam às necessidades de difusão de conhecimentos no cenário de mudanças constantes descrito?

dispensável	desejável		essencial
1	2	3	4

1. Grande número de participantes deve ter acesso aos conteúdos.
2. Os conteúdos devem estar disponíveis no momento em que são requeridos.
3. A interação entre os participantes do processo deve ocorrer mesmo sem interação face a face.
4. O acesso aos conteúdos pode ser feito a partir de qualquer local.
5. O início das atividades deve ser independente da formação de turmas.
6. Cada participante deve conduzir o processo em seu próprio ritmo.
7. O custo deve ser baixo.

(Continua)

(Continuação)

8. O participante deve se avaliar durante todo o processo.	
9. Todos os participantes devem receber o mesmo conteúdo.	
10. Cada participante deve percorrer o conteúdo de forma individual.	
11. O participante deve contar com assistência didática durante o processo.	
12. Os conteúdos podem ser atualizados sempre que necessário.	
13. Os participantes devem comunicar-se durante todo o processo.	

Você provavelmente preencheu a maioria dos campos com valores 3 ou 4. Isso significa que, ao atribuir importância a essas características, próprias da EAD, você reconheceu essa metodologia como alternativa a ser explorada para disseminação de conhecimentos no mundo de hoje.

Outra característica da EAD é que os conteúdos estão disponíveis onde e quando solicitados. Não é necessário aguardar a oferta de uma ação de educação. Uma vez produzidos, os recursos ficam disponíveis aos participantes sempre que forem necessários, sem necessidade de deslocamentos ao local do evento. O custo inicial de produção tende a ser elevado, mas, pela possibilidade de uso por grande número de participantes, o custo individual é baixo.

Outra característica exclusiva da EAD é a possibilidade de cada participante traçar seu caminho único e individual no processo de aprendizagem, com garantia de consistência de conteúdo a todos os participantes, que não precisam participar das atividades no mesmo período. A EAD, quando mediada por ferramentas de comunicação, possibilita que os participantes interajam e contem com assistência didática durante o processo.

2ª PARTE: EAD – EVOLUÇÃO E MÍDIAS UTILIZADAS

Comumente associada a tecnologia da informação como componente principal para caracterizar a evolução da EAD. A incorporação de diferentes meios tecnológicos vem trazendo vantagens cumulativas também do ponto de vista pedagógico desde as primeiras experiências com EAD.

Um estudo realizado pelo Lotus Institute (1996) mostra que o desenvolvimento dos computadores e das comunicações possibilita diferentes abordagens pedagógicas e classifica as tecnologias utilizadas na EAD em tecnologias distributivas, interativas e colaborativas, associando cada tipo de tecnologia aos objetivos e modelos de aprendizagem. Nessa abordagem, a escolha por uma determinada tecnologia depende do modelo instrucional a ser adotado, que por sua vez relaciona-se com os objetivos a ser alcançados.

Já vimos que a utilização de meios tecnológicos para comunicação está associada ao conceito de EAD. Os meios mais utilizados nessa modalidade estão listados a seguir. Tente associá-los à sua característica principal, no que diz respeito ao processo de comunicação, descrito na segunda coluna.

( ) Material impresso	1. A mensagem parte de um emissor para muitos receptores.
( ) Televisão educativa	
( ) Programas em vídeo	2. A interação é personalizada entre emissor e receptor.
( ) Teleconferência	
( ) Treinamento baseado em computador com simulações, multimídia e hipertexto	3. A interação ocorre entre vários emissores e vários receptores.
( ) Treinamento baseado na *web* com ferramentas de comunicação	

Você deve ter percebido que, em EAD, os canais utilizados entre emissor (fonte do conteúdo) e o receptor (o treinando) possuem diferentes especificações e aplicações em relação ao processo de comunicação. Esse atributo pode, também, ser explorado para a adequação das estratégias e mídias aos objetivos instrucionais.

Essa classificação das tecnologias para EAD está associada, de certa forma, com as diversas gerações de EAD usualmente narradas na literatura.

1ª Geração: tecnologias distributivas

Na primeira geração, o material impresso foi o principal meio para viabilizar a oferta de curso. É uma mídia utilizada até hoje, especialmente por sua portabilidade. As estratégias mais utilizadas por meio de impressos são leitura de textos e instrução programada.

Com a incorporação de tecnologias distributivas, a EAD passa a lançar mão de recursos audiovisuais que incluem televisão, e rádio. Trata-se de recursos que proporcionam a comunicação de um para muitos. Suas formas de uso mais comuns são:

- Instrução programada audiovisual.
- Apresentação de *slide*/som controlada pelo treinando.
- Apresentação automática de *slide*/som.
- Apresentação de vídeos.
- Programas de rádio.
- Teleconferência.
- Televisão.

Assim como o material impresso, as limitações do uso dessas mídias residem na dificuldade de atualização de conteúdos, e, sob a ótica do planejamento, esses recursos não permitem interações entre os participantes do processo. Outro fator que limita sua utilização, além dos custos de produção, como no caso do uso da televisão, é o fato de o participante assumir uma postura passiva no processo ensino-aprendizagem, o que ocorre de modo geral com as mídias da categoria distributiva. Por isso, o uso de tecnologias distributivas é mais apropriado quando relacionado a objetivos instrucionais de níveis baixos (conhecimento e compreensão), merecendo cuidados quando os objetivos de ensino incluem mudança de atitude (domínio afetivo), e quando se referem aos níveis mais elevados do domínio cognitivo – aplicação, análise, síntese e avaliação – e inadequados em relação ao domínio psicomotor.

Em termos de modelo pedagógico, as tecnologias distributivas são similares ao método tradicional de aula expositiva, em que o professor é o centro do processo de ensino-aprendizagem e tem por objetivo a transferência de informações. Nessa perspectiva, o professor define a ordem, o ritmo e a profundidade a ser dada ao estudo. Embora seja o procedimento mais empregado, tradicionalmente, em todos os níveis de ensino, para que a aula expositiva seja o mais eficiente possível é necessário atentar-se para a qualidade da comunicação entre professor e aluno, uma vez que transmitir informações é bem diferente de comunicar-se. No caso da sala de aula, o professor deve desenvolver a empatia e manter-se atento para as reações dos alunos, criar em sala de aula um clima de confiança, despertar a curiosidade dos alunos entre outras ações que influenciem positivamente o processo de ensino-aprendizagem. No caso da EAD, o material a ser produzido deve ser bem planejado, permitindo, além da transmissão de informações, a compreensão dos conceitos pelo aluno, tornando-o capaz de promover a transferência de aprendizagem para outros contextos. Isso implica a utilização de uma linguagem adequada, reforço de conceitos, exercícios, *feedbacks*, etc., além de promover oportunidades de interação entre os participantes do processo de ensino-aprendizagem. Em relação à televisão e à teleconferência, existe a possibilidade de interação em programas gerados ao vivo, funcionalidade só disponível aos participantes síncronos, ou seja, os estudantes devem receber as informações em um tempo específico. Os programas gravados dão acesso à informação a qualquer tempo, mas não permitem interatividade. Pode-se utilizar, então, o recurso de encontros pré-agendados, tornando o ensino semipresencial.

2ª Geração: tecnologias interativas

Na segunda geração, a EAD é marcada pela informática, constituindo-se a metodologia treinamento baseado no computador (TBC), as *simulações* e as tecnologias de *multimídia, de hipertexto e de hipermídia*, entre outras. Neste contexto há uma maior interatividade e a possibilidade de combinação de múltiplas mídias, incluindo textos, *softwares* e audiovisuais. As tecnologias interativas permitem um modelo de aprendizagem centrado no aluno. São tecnologias com potencial para a personalização, interatividade e qualidade no ensino. O pressuposto pedagógico principal da *abordagem centrada no aluno* é o fato de a aprendizagem exigir que cada pessoa receba a informação e possa criar um novo conhecimento. A mente não é uma ferramenta para reproduzir informação, mas também um mecanismo para internalizar conhecimento por meio da observação e da experiência. Nessa abordagem, os estudantes assimilam os conteúdos através da descoberta, enquanto determinam o ritmo da aprendizagem. Para tanto, é necessário reconhecer as diferenças individuais. Nos cursos presenciais, para facilitar o aprendizado, os instrutores preparam os estudantes e projetam experiências individuais, por meio das quais são desenvolvidas novas habilidades. É preciso que o professor mantenha o nível de motivação elevado, utilizando estratégias que despertem o interesse por encontrar as respostas às questões levantadas. É ainda necessário manter os alunos atentos tanto à explanação do professor quanto aos textos e aos exercícios propostos – fazer perguntas, fornecer *feedback*, propor exercícios práticos, jogos, estudos de caso, etc. Essas estratégias possibilitam a transferência da aprendizagem, ou seja, a aplicação do conteúdo a situações específicas. No caso da EAD, as tecnologias interativas da segunda geração permitem, ainda, as seguintes estratégias:

- Simulação de situações dinâmicas.
- Simulação de tarefas, usando instrumentos reais e equipamentos.
- Utilização de roteiros de trabalho ou sistemas de suporte ao desempenho ou ajuda no trabalho (*job aids*).
- Simulação de situações envolvendo alternativas de decisões complexas

A possibilidade de interação com o objeto do estudo torna o uso destas tecnologias apropriado para a aquisição de habilidades em um nível de maior complexidade, permitindo a aplicabilidade dos conhecimentos adquiridos.

Na década de 1980, as grandes empresas passaram a utilizar as redes de computadores como tecnologias de EAD, desenvolvendo tutoriais em treinamentos de determinadas funções, mas ainda sem os recursos da interatividade entre os participantes do processo de ensino-aprendizagem. Esse período representou apenas uma fase de automatização de informações e instruções.

A partir dos anos de 1990, os recursos tecnológicos evoluíram e abriram outras possibilidades para a educação e a formação profissional, facilitando o acesso às informações e ao conhecimento, redefinindo o tempo e o espaço do treinamento e constituindo a atual geração da EAD.

3ª Geração: tecnologias colaborativas

Acompanhando a evolução da tecnologia, a EAD adotou o treinamento baseado na *web* (TBW), com ambientes virtuais que se utilizam da telecomunicação por meio da internet e multimídia. Os recursos de comunicação permitem estratégias de discussão em grupos com mediação de tutor a distância e utilização de jogos interativos. De acordo com o estudo do Lotus Institute (1996), são classificadas como tecnologias colaborativas. Essas tecnologias dão suporte à abordagem centrada na equipe, que tem por objetivo a mudança do modelo mental. O estudo do Lotus utiliza o conceito de Peter Senge para modelos mentais: "Modelos mentais são idéias profundamente arraigadas, generalizações, ou mesmo imagens que influenciam nosso modo de encarar o mundo e nossas atitudes" (Senge, 1990, p.17). As tecnologias colaborativas permitem a interação não apenas de um indivíduo com a tecnologia, mas entre indivíduos, com comunicação interpessoal entre sujeitos que compartilham um objetivo comum. As interações podem ser facilitadas por um tutor. Essas tecnologias incluem o uso de grupos

---

As mídias usadas em EAD, em função de suas características, podem ser exploradas em seu potencial de atingir diferentes níveis de aprendizagem. Selecione, no formulário a seguir, os atributos que melhor caracterizem cada mídia e construa um painel para melhor visualizá-los.

Material impresso

Em relação ao participante:

Interação com o objeto de estudo	( ) baixa	( ) alta
Interação com outros participantes do processo	( ) baixa	( ) alta
Postura do treinando	( ) passiva	( ) ativa
Controle pelo treinando	( ) sim	( ) não
Necessidade de equipamento específico	( ) sim	( ) não

Em relação ao planejador:

Possibilidade de manter o conteúdo atualizado	( ) sim	( ) não
Alcance a público numeroso e disperso	( ) sim	( ) não
Alcance simultâneo a todo o público-alvo	( ) sim	( ) não
Uso integrado de mídias	( ) sim	( ) não

(*Continua*)

(Continuação)

Televisão educativa

Em relação ao participante:

Interação com o objeto de estudo	( ) baixa	( ) alta
Interação com outros participantes do processo	( ) baixa	( ) alta
Postura do treinando	( ) passiva	( ) ativa
Controle pelo treinando	( ) sim	( ) não
Necessidade de equipamento específico	( ) sim	( ) não

Em relação ao planejador:

Possibilidade de manter o conteúdo atualizado	( ) sim	( ) não
Alcance a público numeroso e disperso	( ) sim	( ) não
Alcance simultâneo a todo o público-alvo	( ) sim	( ) não
Uso integrado de mídias	( ) sim	( ) não

Programas em vídeo

Em relação ao participante:

Interação com o objeto de estudo	( ) baixa	( ) alta
Interação com outros participantes do processo	( ) baixa	( ) alta
Postura do treinando	( ) passiva	( ) ativa
Controle pelo treinando	( ) sim	( ) não
Necessidade de equipamento específico	( ) sim	( ) não

Em relação ao planejador:

Possibilidade de manter o conteúdo atualizado	( ) sim	( ) não
Alcance a público numeroso e disperso	( ) sim	( ) não
Alcance simultâneo a todo o público-alvo	( ) sim	( ) não
Uso integrado de mídias	( ) sim	( ) não

Teleconferência

Em relação ao participante:

Interação com o objeto de estudo	( ) baixa	( ) alta
Interação com outros participantes do processo	( ) baixa	( ) alta
Postura do treinando	( ) passiva	( ) ativa
Controle pelo treinando	( ) sim	( ) não
Necessidade de equipamento específico	( ) sim	( ) não

Em relação ao planejador:

Possibilidade de manter o conteúdo atualizado	( ) sim	( ) não
Alcance a público numeroso e disperso	( ) sim	( ) não
Alcance simultâneo a todo o público-alvo	( ) sim	( ) não
Uso integrado de mídias	( ) sim	( ) não

TBC com simulações, multimídia e hipertexto

Em relação ao participante:

Interação com o objeto de estudo	( ) baixa	( ) alta
Interação com outros participantes do processo	( ) baixa	( ) alta
Postura do treinando	( ) passiva	( ) ativa
Controle pelo treinando	( ) sim	( ) não
Necessidade de equipamento específico	( ) sim	( ) não

(Continua)

(*Continuação*)
Em relação ao planejador:

Possibilidade de manter o conteúdo atualizado	( ) sim	( ) não
Alcance a público numeroso e disperso	( ) sim	( ) não
Alcance simultâneo a todo o público-alvo	( ) sim	( ) não
Uso integrado de mídias	( ) sim	( ) não

TBW com ferramentas de comunicação

Em relação ao participante:

Interação com o objeto de estudo	( ) baixa	( ) alta
Interação com outros participantes do processo	( ) baixa	( ) alta
Postura do treinando	( ) passiva	( ) ativa
Controle pelo treinando	( ) sim	( ) não
Necessidade de equipamento específico	( ) sim	( ) não

Em relação ao planejador:

Possibilidade de manter o conteúdo atualizado	( ) sim	( ) não
Alcance a público numeroso e disperso	( ) sim	( ) não
Alcance simultâneo a todo o público-alvo	( ) sim	( ) não
Uso integrado de mídias	( ) sim	( ) não

Transporte suas escolhas para a tabela-síntese a seguir.

Mídias	Tecnologia	Potencial	Nível de aprendizagem	Características	Vantagens acumuladas
Material impresso	Distributiva	Transmissão de conteúdos	Conhecimento/ compreensão Saber fazer		Alcance simultâneo a todo o público-alvo. Consistência e controle do conteúdo. Menor tempo para capacitar público-alvo numeroso e disperso.
Vídeo					
TV					Possibilidade de consultas posteriores Respeito ao ritmo do treinando.
Teleconferência					Possibilidade de interatividade.
TBC	Interativa	Personalização	Aplicação, saber como fazer.		Interatividade alta com objeto de estudo.
TBW	Colaborativa	Comunicação	Solução de problemas, saber por que fazer.		Integração das mídias. Facilidade de atualização do conteúdo. Colaboração entre treinandos. Base de conhecimentos ampliada.

(*Continua*)

(*Continuação*)

O exercício pode ser adaptado para aplicação com uso de multimídia. A seqüência de telas a seguir exemplifica uma proposta de construção, passo a passo, de um quadro que contém as várias mídias e seus atributos.

Tela 1

Selecione, dentre as características a seguir, as que você julga pertinentes à mídia abaixo. Clique sobre os itens da segunda coluna e arraste para os espaços da primeira.

Características da mídia impressa

_____ Alta interação do participante com o objeto de estudo.
_____ Alta interação com outros participantes do processo.
_____ Postura ativa do treinando.
_____ Controle pelo participante.
_____ Necessidade de equipamento específico.
_____ Facilidade para manter o conteúdo atualizado.
_____ Alcance de público numeroso e disperso.
_____ Atingimenrto simultâneo de todo o público-alvo.
_____ Uso integrado de mídias.

[**verificar respostas**]

Tela 1 (*exemplo de preenchimento*)

Selecione, dentre as características a seguir, as que você julga pertinentes à mídia abaixo. Clique sobre os itens da segunda coluna e arraste para os espaços da primeira

Características da mídia impressa

Alta interação do participante com o objeto de estudo.
_____ Alta interação com outros participantes do processo.
_____ Postura ativa do treinando. Controle pelo participante.
_____ Necessidade de equipamento específico.
_____ Facilidade para manter o conteúdo atualizado.

Alcance de público numeroso e disperso.
Atingimento simultâneo de todo o público-alvo.
_____ Uso integrado de mídias.

[**verificar respostas**]

Tela 2 (*as opções incorretas são retiradas ou incluídas da lista de características; o* **feedback** *é contextualizado a cada combinação*)

Características da mídia impressa

_____ Alta interação do participante com o objeto de estudo.
_____ Controle pelo participante.

Alcance de público numeroso e disperso.
Atingimento simultâneo de todo o público-alvo.

Comentário

Textos impressos não permitem alta interação com o objeto de estudo. Usando esse recurso, as atividades mais usadas são leituras e exercícios de instrução programada.
São atributos da mídia impressa: controle pelo participante, alcance de público-alvo numeroso e disperso e atingimento simultâneo de todo o público-alvo.
As telas seguintes retomam o modelo da Tela 1, apresentando nova mídia para análise. Ao final, é apresentado um quadro-resumo para impressão, com as mídias e seus respectivos atributos.
Pode ser incluído um sistema de pontuação que não permita que o participante prossiga no curso sem alcançar determinada pontuação.

de *chats* e fóruns, sendo os primeiros utilizados em tempo real, exigindo estudantes e tutores conectados ao mesmo tempo. A tecnologia de videoconferência pode ser usada para criar uma sala de aula virtual, abrangendo grandes distâncias geográficas, considerada uma tecnologia colaborativa, porém limitada, já que não permite ao tutor dar o apoio mais efetivo à abordagem de aprendizagem centrada na equipe.

A abordagem de aprendizagem centrada na equipe propicia um ambiente no qual o conhecimento emerge e é compartilhado por meio da colaboração dos indivíduos, dentro de grupos de aprendizagem. O pressuposto dessa abordagem é que mudanças em modelos mentais ocorrem com mais sucesso por meio de sua utilização. Na equipe de aprendizagem, conhecimentos prévios do aluno e do especialista são explicitamente incorporados no processo com a criação de um novo conhecimento. Como exemplo dessa abordagem podemos citar aulas participativas, dinâmicas de grupo, estudo de caso, simulação, etc. A aprendizagem centrada na equipe é mais produtiva para a resolução de problemas de forma criativa, e sua utilização é considerada ideal quando o objetivo da aprendizagem não é apenas uma mudança individual, mas uma mudança no comportamento do grupo ou da cultura organizacional. O *papel do tutor* é facilitar ao máximo o compartilhamento da informação e do conhecimento entre os membros do grupo, e não o de controlar a distribuição e o ritmo da aprendizagem.

Na Figura 16.1 está esquematizada a correlação entre tipos de tecnologias, nível de aprendizagem pretendido e abordagens pedagógicas.

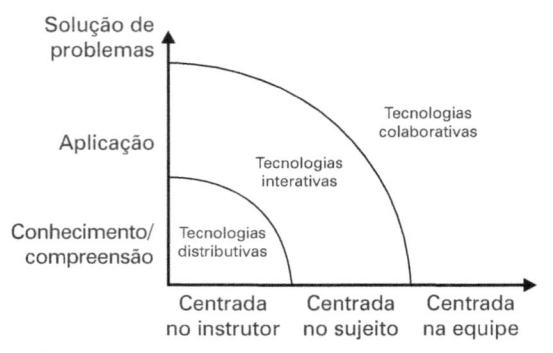

Nível de aprendizagem x abordagem pedagógica

Figura 16.1 Tecnologias, objetivos de aprendizagem e abordagem pedagógica.
Fonte: Adaptada do Lotus Institute (1996, p.7).

3ª PARTE: O PÚBLICO-ALVO – SUAS NECESSIDADES INDIVIDUAIS

Um importante aspecto a ser considerado no momento de definir estratégias e mídias mais adequadas em projetos de EAD é que o público-alvo é um conjunto de indivíduos em que cada um usa métodos peculiares para aprender, carrega experiências anteriores diferenciadas, têm distintas necessidades de aprofundamento nos conteúdos estudados e nem sempre têm acesso aos recursos necessários ao estudo.

As informações são oferecidas em forma de textos para leitura individual, exposições verbais, figu-

---

Antes de prosseguir na leitura, responda às questões a seguir. Escolha a resposta que melhor reflita sua preferência. Se mais de uma resposta espelhar a sua percepção, marque as duas. Deixe em branco qualquer pergunta que não seja aplicável.

1. Você vai dar instruções para um amigo que não conhece a cidade e deseja visitar sua casa. Você prefere:
    a) Desenhar um mapa em um papel.
    b) Falar as instruções para ele.
    c) Escrever as instruções, sem fazer um mapa.
    d) Buscá-lo no hotel com seu carro.

2. Você não tem certeza, como se escreve a palavra: *ascenção* ou *ascensão*. Você vai:
    a) Procurar em um dicionário.
    b) Visualizar as alternativas em sua mente e selecionar uma delas.
    c) Pronunciar a palavra mentalmente para descobrir como escrevê-la.
    d) Escrever as duas versões e escolher uma.

(Continua)

(Continuação)

3. Você acabou de receber a cópia de um itinerário para uma viagem pelo mundo. Isto interessa muito a um amigo seu. Você irá:
    a) Telefonar-lhe imediatamente e falar-lhe a respeito.
    b) Enviar-lhe uma cópia impressa do itinerário.
    c) Mostrar-lhe seu itinerário num mapa-múndi.
    d) Compartilhar com ele o que pretende fazer em cada lugar que visitar.

4. Você irá cozinhar algo especial para a sua família. Você irá:
    a) Cozinhar algo conhecido que não necessite de instruções.
    b) Ler um livro de receitas ilustrado e procurar algumas idéias com base nas fotos das receitas.
    c) Procurar em um livro de receitas específico no qual haja uma boa receita.

5. Foi deixado a seu encargo apresentar reservas florestais e parques de sua cidade a um grupo de turistas. Você vai:
    a) Levá-los para um passeio em reservas florestais e parques.
    b) Mostrar-lhes fotografias.
    c) Dar-lhes panfletos ou um livro sobre o assunto.
    d) Falar-lhes sobre o assunto.

6. Você está prestes a comprar um novo aparelho de som. Além do preço, o que mais influenciaria sua decisão?
    a) As explicações do vendedor sobre o que você deseja saber sobre o aparelho.
    b) A leitura de detalhes sobre o aparelho.
    c) Manusear os controles e escutar o aparelho.
    d) Se ele tem uma aparência boa e é "último tipo".

7. Recorde um momento da sua vida em que você aprendeu alguma coisa. Evite escolher algo que tenha requerido habilidade física, como, por exemplo, andar de bicicleta. Você aprendeu melhor com:
    a) Figuras, diagramas ou gráficos.
    b) Instruções escritas.
    c) Ouvindo alguém explicar.
    d) Em situações práticas.

8. Você tem um problema de saúde. Você prefere que o médico:
    a) Fale o que está errado.
    b) Mostre um diagrama sobre o que está errado.
    c) Use um modelo para lhe explicar o que está errado.

9. Para aprender a usar um novo programa de computador, você:
    a) Senta diante do micro e começa a experimentar o novo programa.
    b) Lê o manual de instruções do programa.
    c) Telefona para um amigo e pede explicações sobre o programa.

10. Você deseja visitar um amigo que mora em um bairro que você não conhece. Você prefere que ele:
    a) Desenhe um mapa num papel.
    b) Explique-lhe como chegar lá.
    c) Escreva o roteiro de como chegar lá, sem fazer um mapa.
    d) Vá buscá-lo em casa.

11. Além do preço, o que mais lhe influenciaria na compra de um livro?
    a) Um amigo ter lhe falado sobre ele.
    b) Ter lido rapidamente algumas partes.
    c) Um visual interessante.

(Continua)

(Continuação)

12. Um novo filme está passando nos cinemas. O que mais lhe influencia na sua decisão de assisti-lo?
    a) Ter escutado uma resenha dele nos rádios.
    b) Ter lido uma resenha sobre ele.
    c) Ter assistido um *trailer* do filme.

13. Você prefere uma aula em que sejam usados os seguintes recursos:
    a) Livro-texto, cópias de xerox, leitura.
    b) Fluxogramas, tabelas, gráficos.
    c) Viagens de campo, aulas de laboratório, sessões práticas.
    d) Palestrantes convidados.

Contagem de pontos

Questões	a	b	c	d
1.	V	M	L	C
2.	L	V	M	C
3.	M	L	V	C
4.	L	V	C	
5.	C	V	L	M
6.	M	L	V	C
7.	V	L	M	K
8.	M	V	C	
9.	C	L	M	
10.	V	M	C	
11.	M	L	V	
12.	M	L	V	
13.	L	V	C	M

Conte as ocorrências de cada letra:
Total de V = _____
Total de M = _____
Total de L = _____
Total de C = _____

Para maior ocorrência de ..	há predominância do estilo de aprender...
V	visual
M	musical
L	verbal-linguístico
C	corporal-cinestésico

Você percebeu, pelo resultado do teste, que tem uma forma peculiar de se relacionar com a informação. Você tem preferências na forma de manifestar-se que interferem no modo como adquire conhecimento. Note que todas as opções de cada questão são diferentes caminhos para chegar ao mesmo objetivo. Os recursos que você mobiliza no ato de aprender são únicos e constituem-se em "atalhos" que você involuntariamente percorre para facilitar a aprendizagem.

Este teste foi adaptado de Neil Fleming – (*Teaching and learning styles: VARK strategies*). Tem como objetivo fazer com que o leitor perceba seu modo de se relacionar com a informação, reconheça que tem preferências na forma de manifestar-se e adquirir conhecimento.

Este teste pode ser implementado em multimídia, apresentando o recurso descrito em cada opção. Por exemplo, na Questão 12, ao clicar na opção *a*, o usuário pode ouvir a resenha de um filme; na opção *b*, receber um texto sobre o mesmo filme, e na opção *c*, assistir a um trecho do filme.

O participante pode ser solicitado a aplicar o teste a cinco pessoas e comparar os resultados.

---

ras, esquemas, teorias ou modelos. Essas informações são recebidas e processadas de forma diferente por cada pessoa. Alguns aprendem de forma individual, enquanto outros preferem aprender ativamente, interagindo com outros. Essas preferências na forma de aprender são os estilos de aprendizagem.

Estudiosos têm classificado os estilos de aprendizagem sob várias perspectivas. Howard Gardner propõe que os indivíduos não possuem um estilo de aprendizagem único, mas oito diferentes estilos que podem estar presentes ao mesmo tempo, ainda que um deles seja dominante. São eles:

Verbal-lingüístico. É característica de indivíduos que se relacionam melhor com o meio através da linguagem. Gostam de ler, escrever, trabalhar com material escrito e com histórias, jogos de palavras, diálogos e debates.

Lógico-matemático. O estilo lógico-matemático refere-se ao uso de raciocínio indutivo e dedutivo para resolver problemas abstratos. Inclui as habilidades de classificar, prever, priorizar, formular hipóteses científicas e entender relações de causa e efeito. São indivíduos que aprendem reunindo evidências, elaborando hipóteses, formulando modelos e construindo argumentos.

Visuoespacial. É característica de indivíduos que se relacionam com o mundo por meio de imagens, precisam de uma imagem mental ou física para compreender as coisas.

Corporal-cinestésico. Não se limita aos atletas. Inclui habilidades físicas como coordenação, equilíbrio, destreza, força, flexibilidade e velocidade, mas também refere-se à coordenação motora fina. É característica de indivíduos com grande habilidade no uso da linguagem corporal, que interagem melhor com o mundo por intermédio do contato manual e corporal.

Musical. É característica de indivíduos com habilidade natural para interagir e entender os sons, musicais ou não. São pessoas sensíveis à altura dos sons, à melodia e ao ritmo. Aprendem ouvindo e respondendo a sons, incluindo voz, sons ambientes e música.

Interpessoal. É a habilidade de compreender e avaliar intenções, motivações e sentimentos de outras pessoas. Envolve habilidades de comunicação verbal e não-verbal, colaboração, gestão de conflitos, construção de consenso, liderança e motivação. É característica de indivíduos que se relacionam melhor com o mundo por meio de suas interações com os outros.

Intrapessoal. Refere-se à capacidade de autodisciplina, autoconhecimento e auto-estima. É característica de indivíduos que pensam melhor quando ditam seu próprio ritmo. Eles se relacionam com o mundo sob uma ótica independente e por meio da auto-reflexão.

Naturalista. Indivíduos que se incluem nesse estilo aprendem melhor por meio da natureza, estão sintonizados com o mundo ao seu redor e possuem uma grande capacidade de organização e classificação. Aprendem melhor quando podem explorar locais abertos. Considerando que as características dos vários estilos de aprendizagem são passíveis de serem desenvolvidas, poderemos ser mais eficientes se desenvolvermos diferentes habilidades de lidar com as informações que nos chegam de diversas formas.

Uma forma de apresentação da informação não atinge a todos os indivíduos do mesmo modo. O uso de estratégias instrucionais diversas, que alcancem diferentes estilos, além de atender grupos que manifestem essas características, amplia as possibilidades de desenvolvimento de novas habilidades na aquisição de conhecimentos e enriquece o ambiente de aprendizagem.

O Quadro 16.1 apresenta estratégias e mídias que melhor se adaptam aos diferentes estilos de aprendizagem, segundo a classificação de Gardner.

Neste trecho, foi analisada a importância de observar os estilos de aprendizagem na definição das estratégias de ensino e mídias que compõem ambientes eficazes de aprendizagem. Outros fatores relativos aos participantes são igualmente importantes e merecem análise: são indivíduos que trazem experiências de aprendizagem anteriores diferenciadas, têm distintas necessidades de aprofundamento nos conteúdos estudados e nem todos têm acesso aos recursos necessários ao estudo. No item a seguir, que analisa questões acerca do planejamento instrucional em EAD, o tema será retomado.

4ª PARTE: UM MODELO PARA PLANEJAMENTO INSTRUCIONAL EM EAD

Uma das premissas da EAD é que se trata de um processo de aprendizagem sistematizado e efetivo, ou seja, diferentemente de informar, trata-se de um processo relativo à formação. Nesse sentido, é necessário sistematizar as ações educacionais seguindo um planejamento instrucional, processo que inclui as seguintes etapas:

- Redigir objetivos instrucionais.
- Escolher modalidade de entrega.
- Estabelecer seqüência de objetivos e conteúdos.
- Selecionar ou criar procedimentos instrucionais.
- Definir critérios de avaliação de aprendizagem.
- Testar o desenho instrucional.

O detalhamento das etapas que compõem o processo de criação do planejamento foi tratado no Capítulo 15.

É no momento de selecionar ou criar procedimentos instrucionais que o planejador pode atender a mais importante premissa da EAD: o participante é o centro do processo de ensino-aprendizagem. Para tanto, deverá escolher estratégias e meios que contemplem o participante individualmente, considerando seu ritmo de estudo, seu estilo de aprendizagem, seu conhecimento prévio sobre o assunto e permitindo a manipulação livre do objeto da aprendizagem, sob seu próprio controle.

Quadro 16.1
ESTILOS DE APRENDIZAGEM, SEGUNDO CLASSIFICAÇÃO DE GARDNER

Meios/estratégias	Verbal-linguístico	Lógico-matemático	Visuo-espacial	Corporal-cinestésico	Musical	Inter-pessoal	Intra-pessoal	Naturalista
Textos para leitura individual	x						x	
Leitura para discussão em grupo						x	x	
Elaboração de textos	x					x	x	
Jogos		x					x	
Criação de tabelas		x						
Classificar itens		x					x	x
Pesquisas de campo		x				x		x
Utilização de gráficos			x					
Apresentação de mapas cartográficos			x					x
Uso de mídias conjugadas			x	x	x			x
Mapeamento de idéias		x	x				x	
Simulações				x				
Vídeos com aulas virtuais				x			x	x
Locução de textos	x				x	x	x	x
Recursos sonoros					x		x	x
Links para *web*		x					x	
Fórum de discussão	x	x				x	x	
Acesso a tutoria virtual	x					x	x	
Salas de conversas	x			x		x		x

> Este quadro pode ser implementado em multimídia, com *hiperlinks* entre as inteligências e as estratégias e mídias.

O modelo metodológico aqui proposto tem por objetivo criar um ambiente que favoreça a personalização do estudo e que, além disso, possibilite ao planejador sua aplicação independentemente da mídia escolhida. Ao fazer suas escolhas, o planejador deve pensar na possibilidade de incorporar ao seu projeto as contribuições das diversas teorias de aprendizagem e correntes pedagógicas já validadas, uma vez que cada uma delas pode propiciar, se adequadamente empregadas, uma aprendizagem significativa.

De forma a suprir as necessidades individuais de aprofundamento no conteúdo, o modelo propõe o mapeamento da informação em três níveis:

Nível 1 – É o conteúdo considerado essencial e deve ser percorrido na íntegra para o alcance dos objetivos de aprendizagem propostos. É no Nível 1 que são apresentados ao participante os *organizadores prévios* – materiais introdutórios destinados a facilitar a aprendizagem, levando em conta o que o aluno já tem disponível em sua estrutura cognitiva. As informações relevantes sobre o tema são apresentadas nesse nível, como exercícios, estudos de caso, jogos, exemplos e contra-exemplos, de forma que permita ao participante permanente auto-avaliação de aprendizagem no decorrer do processo. Trata-se de avaliação de caráter formativo que leva o aluno a confirmar sua aprendizagem ou corrigir possíveis desvios de compreensão. Do ponto de vista da apresentação, o Nível 1 deve ser facilmente reconhecido seja pela diagramação do texto, recursos gráficos, fontes diferenciadas, seja por ícones que o diferenciem dos demais níveis de profundidade. Neste capítulo, o Nível 1 é apresentado com o padrão visual básico adotado pelos editores e, também, representado pelo ícone

> Pare para pensar, quando é proposta uma atividade.

Vale observar que, nesse nível, o conteúdo pode ser oferecido em vários formatos. Um exemplo é o uso de dramatizações didáticas para reflexão, produzidas em vídeo (analógico ou digital), quadrinhos, ilustrações ou mesmo elaboradas pelos participantes em grupos. O conteúdo do Nível 1 é objeto de avaliação de aprendizagem.

Nível 2 – Apresenta informações complementares, aprofundamento dos conceitos apresentados no Nível 1, contexto histórico e socioeconômico, curiosidades e dicas. Assim como no Nível 1, o Nível 2 deve ser diferenciado por padrão visual específico. O conteúdo do Nível 2 é apresentado na forma de *links* a partir do Nível 1. O Nível 2 é apresentado, neste capítulo, na seção *Palavras-chave*, construído a partir de palavras grifadas no texto.

Nível 3 – Tem por objetivo atender os que buscam mais detalhamento e profundidade sobre o tema. Destina-se aos participantes que desejam pesquisar sobre o assunto, tanto no decorrer do curso, como após sua conclusão. É apresentado na forma de referências bibliográficas, *sites* comentados ou textos para leitura adicional. No Nível 3, são estimuladas a postura de aprender a aprender e a autonomia.

O modelo propõe, também, outro recurso para atendimento individual ao participante, respeitando seu estilo de aprendizagem. Sugere que, ao longo do curso, as atividades sejam propostas em formatos variados. Nesse aspecto, a diversificação tecnológica pode ser bastante explorada. Por exemplo, um estudo de caso pode ser narrado (áudio), dramatizado em vídeo ou apresentado na forma de texto para leitura. No entanto, é essencial que a adequação das estratégias e meios ao nível de aprendizagem pretendido considere a classificação das tecnologias utilizadas em EAD – distributiva, interativa e colaborativa – e as abordagens pedagógicas associadas a cada uma delas.

Essa estratégia pode estar presente não só na atividade propriamente dita, mas também no tratamento dado às respostas dos participantes. Neste caso, a devolução do resultado ao participante (*feedback*) pode conter reforço de aprendizagem, em formato diferente do exercício. Em vez de simplesmente informar se a resposta está correta ou incorreta, o participante receberá o conteúdo novamente, em outro formato ou com uma nova abordagem, obtendo, assim, nova oportunidade de interação com o conteúdo.

Neste Capítulo, a diversidade de formatos em meio eletrônico está indicada nas *pistas digitais*.

CONSIDERAÇÕES FINAIS

Este capítulo apresentou um modelo de planejamento instrucional de curso a distância que permite a utilização de diferentes mídias, a partir de um mesmo objetivo e estratégia instrucional, de modo a atender o perfil dos participantes.

Utilizando o recurso de metalinguagem, o desenvolvimento do conteúdo foi estruturado segundo a metodologia ora proposta. Dessa forma, o leitor pode interagir com o objeto de estudo, vivenciando o modelo por meio de variadas formas de implementação de conteúdos. As atividades propostas foram limitadas às possibilidades do meio impresso e aos padrões adotados pelos editores, mas o leitor encontrou pistas seguras de como transformá-las em outras estratégias e meios, nas pistas digitais.

Ao propor estruturar o conteúdo em níveis de profundidade adequados aos usuários e oferecer formatos diferenciados de atividades, considerando as possibilidades pedagógicas de cada mídia, o modelo proposto enfatiza o treinando como centro do processo de aprendizagem e valoriza o planejamento instrucional, colocando todo o potencial da tecnologia a serviço da metodologia de ensino e esta a serviço do sujeito.

Desafio final

A atividade proposta a seguir tem como objetivo decidir, com base em informações sobre meios de comunicação, quais são os mais adequados para uso em educação. Pode ser feita em grupo síncrono ou assíncrono. Nas atividades síncronas, todos os participantes se conectam ao mesmo tempo e podem interagir em tempo real. Nas atividades assíncronas, cada participante acessa o conteúdo na hora em que desejar e faz o curso sozinho. Em vez de interagir com outros participantes, o aluno interage com o conteúdo e pode participar dos debates em fórum de discussão.

Imagine um cenário em que você deverá planejar um treinamento a distância para apresentar o funcionamento de um nova copiadora a um grupo de técnicos espalhados pelo país. A partir de um dos objetivos especificados por você na etapa inicial do planejamento instrucional, planeje uma atividade prevendo sua implementação em duas mídias distintas, considerando o público-alvo e as variáveis do cenário criado. Justifique suas escolhas e compare os pontos positivos e negativos de cada um dos recursos utilizados.

Palavras-chave

Atividades síncronas. Há dois tipos de atividades em cursos a distância: as síncronas e as assíncronas. Nas atividades síncronas, todos os participantes se conectam ao mesmo tempo e podem interagir em tempo real. Nas atividades assíncronas, cada participante acessa o conteúdo na hora em que desejar e faz o curso sozinho. Em vez de interagir com outros participantes, o aluno interage com o conteúdo e pode participar dos debates em fórum de discussão.

Instrução programada. A instrução programada consiste em dividir o material a ser ensinado em pequenos segmentos logicamente encadeados, denominados módulos. Cada fato ou conceito é apresentado em módulos seqüenciais. O participante deve ler o fato ou conceito e é imediatamente questionado. Se a resposta está correta, pode passar para o próximo módulo. Se a resposta é errada, a resposta certa pode ser fornecida ou o aluno é convidado a rever módulos anteriores ou a realizar outros módulos com o objetivo de redirecionar o processo de ensino-aprendizagem.

Chats. São espaços virtuais em redes de comunicação voltados para troca de informações, idéias e experiências em tempo real.

Fórum de discussão. Os fóruns são espaços virtuais que têm por finalidade a troca de idéias, debates sobre tema específico. Permitem que pessoas enviem mensagens a um grupo previamente composto, sob a coordenação de um mediador.

Simulações. As simulações têm sido exploradas no processo de ensino-aprendizagem constituindo-se em aplicações instrucionais com uma série de simulação de modelos, tendo por base a noção de que a aprendizagem é resultado direto da experiência. Permite ao aluno interagir com o modelo da realidade. A manipulação de modelos faz com que o aluno explore suas próprias respostas e a forma como são obtidas.

Multimídia, hipertexto e hipermídia. Tecnologias que têm sido consideradas de alto potencial para a aprendizagem são as hipertecnologias, como a multimídia e a hipermídia, uma vez que permitem a interação ativa do aluno com a informação durante a aprendizagem, possibilitando a individualização do processo. A multimídia refere-se aos diversos meios utilizados no processo de transmissão da informação, possibilitando a sua apresentação em múltiplas formas simultaneamente (texto, imagens, som, animações) e a interatividade do usuário com a tecnologia. As características da não-linearidade do hipertexto associadas à interatividade da multimídia formam o conceito de hipermídia. A não-linearidade do hipertexto e da multimídia interativa torna essas tecnologias particularmente adequadas aos usos educativos, permitindo uma pedagogia ativa, uma vez que favorece uma atitude exploratória e mesmo lúdica por parte do aluno, que se envolve ativamente no processo de aprendizagem.

(Continua)

(Continuação)

Jogos. Os jogos educacionais são atividades de formato instrucional, situadas em um contexto específico, que têm como características o desafio de atingir um objetivo com aplicação de regras claras e a existência de alguma forma de competição. Os jogos têm um relevante papel na aprendizagem; desenvolvem a lógica, o raciocínio estratégico, a dedução e as habilidades de negociação e memorização. Estimulam a motivação e despertam curiosidade, por meio de exercícios de exploração e descoberta, teste de hipóteses e planejamento de estratégias alternativas para solucionar os desafios propostos. Jogos e simulações contribuem significativamente para colocar o conteúdo instrucional em um contexto interativo, ainda que restrito por regras e modelos de utilização inerentes aos seus objetivos educacionais.

A aplicação de regras lógicas propicia o exercício de solução de problemas, o que classifica os jogos como tecnologia interativa.

Tutor. Uma das limitações da educação a distância é o isolamento do aluno, que não tem possibilidade de interações verticais (com o professor) ou horizontais (com outros alunos). As novas tecnologias de comunicação incorporadas à EAD intermedeiam esse diálogo, permitindo o compartilhamento de informações em tempo real ou no curto prazo e possibilitando o surgimento do tutor a distância. A sua importância no processo pedagógico, com a valorização da troca de experiências e a cooperação, tem sido enfatizada na concepção dos ambientes virtuais de aprendizagem, incorporando-se os fundamentos teóricos do construtivismo sobre o processo de aprendizagem. A adoção de tutoria na EAD agrega os seguintes valores ao processo:

- Estímulo aos participantes com a inclusão de projetos colaborativos que despertam o seu interesse.
- Flexibilização das atividades: a situação concreta dos participantes e o conteúdo orientam as ações.
- Valorização e mobilização de linguagens: repertórios, sentido, visão de mundo e expectativas do participante emergem no decorrer do processo.
- Garantia do compartilhamento do conhecimento entre os participantes do processo ensino-aprendizagem.
- Diversidade de idéias e respostas mais criativas aos problemas.
- Aumento de habilidades de comunicação escrita dos participantes.

Papéis do tutor. São os seguintes os papéis de tutores em treinamentos a distância:

- Assessor pedagógico, na função de orientação e solução de dúvidas em relação aos conteúdos.
- Orientador de aprendizagem, provocando a reflexão e o intercâmbio de experiências.
- Incentivador do trabalho colaborativo.
- Facilitador da interação do aluno com as fontes de informação.
- Fomentador da comunicação interpessoal entre os participantes do processo.
- Motivador para o resultado.

Pós-planejamento. Além do planejamento instrucional, outras etapas fazem parte da construção de um produto de EAD:

- Validação – Programa-Piloto – Tem por objetivo aplicar o programa em uma amostra do público-alvo, avaliando-o em seus diversos aspectos – conteúdo, linguagem, estratégias instrucionais, carga-horária, material didático, alcance dos objetivos etc. Nessa etapa é aplicada a avaliação de reação ao programa, para que sejam feitos ajustes antes da distribuição do programa.
- Padronização – Consiste em selecionar tutores e produzir material para distribuição, conforme o caso.
- Execução – É a fase de distribuição de material instrucional: roteiro do tutor, material do participante e recursos complementares, conforme o caso, ou seja, é quando se implementa o programa.
- Acompanhamento – São colhidas informações sobre avaliação de reação ao programa, fazendo os ajustes, ainda necessários.

Organizadores avançados ou organizadores prévios. É um conceito desenvolvido na teoria de aprendizagem de Ausubel. Os organizadores prévios são materiais introdutórios destinados a facilitar a aprendizagem de tópicos específicos ou conjunto de idéias consistentemente relacionadas entre si. Não se trata de uma introdução ou de uma visão geral do assunto. Os organizadores apresentam um nível mais elevado de abstração e de generalidade do que o material a ser aprendido. Um organizador pode ser um texto, um filme, uma coleção de *slides* ou outros suportes materiais. Pode ser um organizador expositivo, quando permitir uma ponte cognitiva entre o que o aluno já tem disponível em sua estrutura cognitiva e o novo conhecimento a ser dominado. Pode também ser um organizador comparativo, quando usado para discriminar claramente os conceitos novos com idéias análogas, já

(Continua)

(*Continuação*)

incorporadas ao seu repertório. Este tipo de organizador prévio evita transferência negativa na aprendizagem quando o objeto de estudo possui uma analogia com outro objeto relativamente familiar ao aluno, mas que, embora próximos, podem ser conflitantes. Um exemplo disso é o conceito de prêmio no mercado de seguro. O senso-comum associa prêmio à idéia de recebimento de um valor e, no entanto, em seguridade, significa o valor pago pelo segurado.

Aprendizagem significativa. Ocorre quando as idéias expressas simbolicamente forem relacionadas às informações previamente adquiridas pelo aprendiz. É diferente da aprendizagem mecânica, em que o aluno reproduz automaticamente os materiais de aprendizagem. Nesse caso, o novo conteúdo não é significativo para o aprendiz.

Dicas para o planejador

Informe ao participante os objetivos geral e específicos a serem atingidos no início do curso e de cada unidade.

O curso deve ter um índice geral, que permita ao participante acessar cada uma das unidades e suas respectivas subdivisões.

O participante deve ter acesso permanente às explicações gerais sobre o curso, suas exigências, regras, recomendações e facilidades.

Ofereça ao participante um glossário com, no mínimo, todos os termos utilizados nos hipertextos. O participante poderá chamar facilmente esse glossário de qualquer ponto do treinamento.

Trabalhe o conteúdo do curso de forma interativa, estimulando o participante a adotar postura ativa diante do objeto de estudo. Essa interação pode se dar a partir da resolução de exercícios, participação em jogos e atividades estruturados, simulações, estudos de caso ou mesmo a exposição interativa do conteúdo por meio de questões de múltipla escolha, preenchimento de lacunas, associações de colunas, questões do tipo verdadeiro ou falso, etc. Utilize também os seguintes elementos:

Simulações. sempre que o conteúdo do curso permitir, ofereça ao participante um ambiente simulado em que se reproduzam variáveis de processo ou de operação presentes no ambiente real.

Controle pelo participante. O curso deve ser projetado de forma que cada participante receba um tratamento *individualizado*, em que seja respeitado seu ritmo. Isso significa que o participante deve poder interferir no tempo que o curso leva para passar de um tópico a outro, tornado-o mais rápido ou mais lento, a seu critério.

Sistema de devolução de resultados ao participante ou feedback. Um *feedback* não é simplesmente a aparição da confirmação do êxito do participante ou do aviso sobre a falha cometida. Procure estruturar o curso de forma que as respostas do participante sejam aproveitadas como se o curso estivesse sendo construído *a partir delas*.

No planejamento, leve em consideração a bagagem que o participante já possui antes do curso. A esses conhecimentos serão agregadas novas informações, atingindo-se patamares mais elevados de competências.

Utilize linguagem simples e dialógica, de fácil entendimento e em ordem direta. Cuide da correção gramatical e ortográfica. Os textos devem ser apresentados com características que facilitem sua leitura, tornando-a leve e agradável. Evite o uso de textos em letras maiúsculas e linhas longas. Sempre que usar termos novos, de significado específico ou importante para a matéria em estudo, forneça sua conceituação ou definição.

Apresente o conteúdo de modo a desafiar o participante, sempre com o objetivo de motivá-lo a prosseguir no treinamento.

Em questões de múltipla escolha, não utilize alternativas do tipo "nenhuma das anteriores". "Pegadinhas", "cascas de banana" também não combinam com avaliações que têm como propósito principal ajudar o participante a perceber o seu nível de conhecimento em determinado assunto.

Procure estruturar o conteúdo partindo-se do mais simples para o mais complexo, ou seja, do mais concreto para o mais abstrato. Inversões dessa especificação podem ser justificáveis em termos de estratégia de enriquecimento do conteúdo ou de tratamento diferenciado de peculiaridades de determinados temas.

Atente para que todas as respostas fornecidas pelo participante sejam tratadas pelo curso. O programa deve aceitar tanto a possibilidade de o participante fornecer respostas certas quanto erradas, e os participantes devem receber retorno de suas respostas, que devem ser tratadas adequadamente.

(*Continua*)

(*Continuação*)
Se o participante errar a questão apresentada, deve ser esclarecido sobre motivo do erro. Não havendo condições de garantir que as explicações dadas resolvem o problema, deixe o convite para que o participante retome a parte da exposição do conteúdo em que se tratou do assunto. Facilite essa retomada valendo-se de botões do tipo "retornar" e "continuar". O retorno automático somente deverá ocorrer quando essa possibilidade for explicitamente declarada ao participante no momento em que iniciar a atividade.

Nas respostas corretas, além de confirmar o acerto, acrescente ou enfatize alguma informação relevante, pois nunca se sabe quando o acerto ocorreu de forma acidental.

Eventuais erros do participante não devem ser realçados. Não os associe a nenhum tipo de punição, como, por exemplo, vaias, críticas ou sons que ridicularizem o participante.

Suponha que o participante não entenda muito de informática. Por isso, em todo o curso deve haver uma "ajuda simultânea, contextualizada", que auxilie o participante a navegar, ou seja, a conhecer que caminhos têm e como fazer para trilhá-los.

Cuidado com o uso de sons, imagens, animações e efeitos especiais. São recursos bons para dinamizar o treinamento, no entanto, devem estar associados a um objetivo pedagógico específico. O excesso de ruídos e movimentos torna o curso cansativo e distrai o participante.

O objetivo das ilustrações e animações deve ser sempre o de fixar conceitos, facilitando a aprendizagem. As ilustrações devem facilitar a compreensão do conteúdo do curso, tornando-o o mais concreto possível, não devendo ser usadas com função unicamente decorativa.

As ilustrações devem atender a requisitos estéticos elementares (uniformidade de estilo, clareza do desenho, expressividade, etc.) e ter um grau de pertinência que permita ao participante fazer inferências ou analogias que enriqueçam o texto ou sirvam para reforçá-lo.

Os ícones usados para navegação devem ser de fácil reconhecimento pelo participante.

Atente para que o curso tenha um ritmo adequado para exposição dos conteúdos, alternando recursos gráficos, textos, os dois elementos combinados, solicitações de intervenção do participante, recursos sonoros, etc.

Como regra geral, o controle do curso deve ser feito pelo participante, e não pelo sistema. Isso significa que o participante não deve ficar esperando a conclusão de uma animação para avançar para o ponto seguinte.

O participante não pode sentir-se "perdido" em nenhum momento do curso. Deve ter sempre noção do ponto exato em que está (em que unidade e em que segmento da mesma está). Elabore um sistema de navegação simples, intuitivo e fácil de ser compreendido pelos participantes. Após a conclusão de cada unidade ou parte de unidade pelo participante, o sistema deve assinalar graficamente cada módulo concluído. A marcação deve permanecer ativa em todos os acessos posteriores ao curso.

Permita a retomada automática ao ponto em que o participante parou. O sistema deve armazenar, automaticamente, a tela em que o participante estava em seu último acesso ao curso. No acesso seguinte, deve informar ao participante a data e a hora de seu último acesso e o recolocá-lo na mesma tela em que estava naquela oportunidade, permitindo-lhe prosseguir o treinamento como se não o houvesse interrompido.

QUESTÕES PARA DISCUSSÃO

- Aponte as principais características da EAD.
- Apresente uma classificação para as mídias usadas em EAD sob o ponto de vista do processo de comunicação.
- Aponte aspectos relacionados ao estilo de aprendizagem que permitam aos treinandos identificar seu estilo predominante.
- Quais as vantagens de oferecer a mesma estratégia instrucional em formatos diversos? Quais as desvantagens?

REFERÊNCIAS

FARIA, W. *Aprendizagem e planejamento de ensino.* São Paulo: Ática, 1989.

FLEMING, N. *Teaching and learning styles:* VARK strategies. Disponível em: http://www.vark-learn.com.

FONTANIVE, N.S. *Técnicas e meios de ensino para a educação a distância.* Trabalho apresentado no XIII Seminário Brasileiro de Tecnologia Educacional, Rio de Janeiro; 1981.

GARDNER, H. *Frames of mind:* the theory of multiple intelligences. Nova York: Basic Books, 1985.

GIL, A.C. *Metodologia do ensino superior.* São Paulo: Atlas, 1997.

LOTUS INSTITUTE. *Distributed learning:* approaches, tecnologies and solutions. WhitePaper, 1996.

Parte III
Avaliação dos Sistemas de TD&E

17. Avaliação integrada e somativa em TD&E
18. Construção de medidas e delineamentos em avaliação de TD&E
19. Medidas de disseminação de informações em avaliação de TD&E
20. Medidas de suporte em avaliação de TD&E
21. Medidas de características da clientela em avaliação de TD&E
22. Medidas de avaliação de procedimentos, processos e apoio instrucionais em TD&E
23. Medidas de aprendizagem em avaliação de TD&E
24. Medidas de impacto de TD&E no trabalho e nas organizações
25. Medidas de valor final e retorno de investimento em avaliação de TD&E
26. Estratégias de análise de dados e retroalimentação do sistema de TD&E

"Pelo o que me diz respeito
Eu sou feita de dúvidas
O que é torto o que é direito
Diante da vida
O que é tido como certo, duvido"
Gato Gaiato (Jean Garfunkel,
Paulo Garfunkel e Prata)

17

Avaliação integrada e somativa em TD&E

Jairo E. Borges-Andrade

Objetivos

Ao final deste capítulo, o leitor deverá:

- Definir avaliação de TD&E.
- Descrever os pressupostos do Modelo de Avaliação Integrado e Somativo.
- Descrever os componentes e subcomponentes deste Modelo.
- Estabelecer relações entre esses componentes e subcomponentes.
- Identificar variáveis de avaliação relativas a esses componentes e sub-componentes.
- Adotar estratégias para selecionar ou desenvolver instrumentos de avaliação de TD&E.

INTRODUÇÃO

Mudanças políticas e sociais recentes no Brasil têm provocado uma crescente e generalizada demanda por avaliação nos setores público e privado. Avaliações da educação formal em seus distintos níveis, de qualidade de produtos industrializados, da satisfação do consumidor e de clima organizacional são alguns exemplos dessa demanda. Da mesma forma, houve crescente demanda por avaliação em treinamento, desenvolvimento e educação (TD&E), nas organizações que tradicionalmente fizeram altos investimentos nessas atividades, bem como naquelas organizações que descobriram os valores estratégicos do conhecimento e do esforço na contínua qualificação de seu pessoal. Entretanto, o que é preciso fazer para realizar esta avaliação? Em termos gerais, como será aqui proposto, o que deve ser feito segue a mesma lógica do processo geral de investigação nas ciências humanas e sociais. Nos capítulos seguintes (Capítulos 18 a 26), essa lógica geral, aqui tratada como foco, será colocada como fundo, e os métodos para medir e analisar dados, decorrentes da aplicação dessa lógica e que não serão abordados neste capítulo, passarão a ser o foco de interesse.

O presente capítulo apresenta uma abordagem para conceber um sistema de avaliação de TD&E, com base no Modelo de Avaliação Integrado e Somativo (MAIS). Esse modelo foi proposto por Borges-Andrade (1982) com a finalidade de realizar avaliação de sistemas instrucionais, bem como para oferecer a oportunidade de construir conhecimento no âmbito da intervenção profissional (essa idéia é defendida no Capítulo 9), integrado às questões de verificação de produtos instrucionais elaborados por Scriven, às variáveis de avaliação instrucional propostas por Gagné e Briggs e ao modelo CIPP construído por Stufflebeam, que serão descritos um pouco mais adiante. O MAIS (Figura 17.1) foi originalmente proposto em termos de oito componentes e subcomponentes: avaliação de *necessidades, insumos, procedimentos, processos, resultados, suporte, disseminação e efeitos em longo prazo*.

Cada um desses componentes e subcomponentes é, mais adiante, definido funcionalmente. Além disso, são descritas as respectivas possíveis variáveis de avaliação. No final do capítulo, são sugeridas estratégias para elaborar um plano visando conceber um sistema de avaliação para TD&E, com base no MAIS. A seguir, são apresentadas algumas definições e proposições fundamentais para a compreensão desse modelo.

DEFINIÇÕES E PROPOSIÇÕES

O treinamento, o desenvolvimento e a educação, cuja conceituação já foi discutida em vários capítulos anteriores, podem ser vistos pelas organizações como um sistema integrado por três subsistemas (Figura 17.2):

a) Avaliação de necessidades.
b) Planejamento e sua execução.
c) Avaliação de TD&E.

Do primeiro para o segundo e deste para o terceiro, os referidos subsistemas mantêm entre si um constante fluxo de informações e produtos, sendo que este último seria o principal responsável pelo provi-

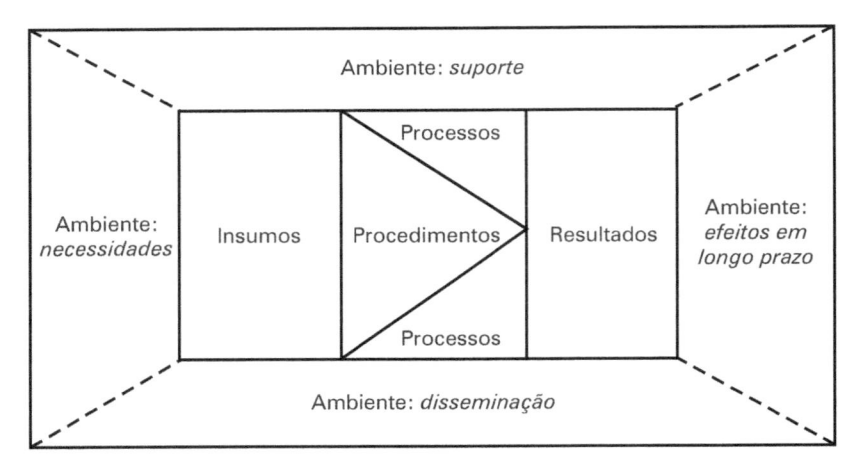

Figura 17.1 Modelo de Avaliação Integrado e Somativo.

Figura 17.2 Sistema de TD&E.

mento de informações que garante a retroalimentação e, portanto, o aperfeiçoamento constante do sistema TD&E (Borges-Andrade, 2002).

A avaliação de TD&E pode ser definida como um processo que:

- inclui sempre algum tipo de *coleta de dados*;
- usa esses dados para emitir algum *juízo de valor*.

O objeto desta avaliação pode ser:

- *Uma atividade* de TD&E, por exemplo, um evento presencial para capacitar supervisores ou um curso a distância para formar empreendedores.
- *Um conjunto* dessas atividades, por exemplo, um programa com eventos articulados numa trilha de carreira e direcionado a todos os gerentes de uma empresa, ou o somatório de todas as atividades educacionais apoiadas por uma organização pública, para elevar a empregabilidade de pessoas cujos postos de trabalho foram eliminados pela introdução de uma nova tecnologia.

A avaliação somativa se refere ao processo de planejar, obter e analisar informações visando fornecer subsídios úteis para decidir sobre a adoção ou rejeição de um programa ou evento isolado de TD&E, pensado como um sistema instrucional. Sistema instrucional pode ser definido como o conjunto integrado de materiais instrucionais, instrumentos de mensuração e estratégias de ensino que foram sistematicamente planejados e desenvolvidos, com base em princípios de aprendizagem e instrucionais, visando alcançar metas e objetivos definidos. Essas metas e objetivos podem ser alcançados imediatamente após o término de um programa ou evento de TD&E, ou seus efeitos podem ocorrer em longo prazo (por exemplo, uma semana, um mês, três meses, um semestre, um ano ou três anos, dependendo da natureza do programa ou evento e de características de seus participantes e de seus postos de trabalho).

Em princípio, no tipo de avaliação aqui descrito, está em jogo a efetividade da instrução entregue por este sistema. Portanto, são esperados e podem ser avaliados **resultados imediatos** desse sistema de TD&E em dois níveis (propostos por Kirkpatrick, 1976, e Hamblin, 1978):

- *Reação*, que são as opiniões ou a satisfação dos participantes sobre os diversos aspectos do evento de TD&E.
- *Aprendizagem*, ou aquisição, pelos participantes, de competências (conhecimentos, habilidades e atitudes – CHAs) indicadas nos objetivos.

Além disso, podem ser esperados **efeitos em longo prazo** em dois (segundo Kirkpatrick, 1976) ou três (segundo Hamblin, 1978) níveis:

- *Comportamento no cargo*, ou utilização no trabalho, pelos participantes, dessas competências.
- *Organização*, ou mudanças que podem ter ocorrido no funcionamento da organização em que trabalham esses participantes.
- *Valor final*, ou alterações na produção ou nos serviços prestados por esta organização, ou outros benefícios sociais e econômicos.

Assim, uma avaliação de efetividade de TD&E precisaria colher dados sobre alguns desses efeitos, ou todos eles, e permitir uma emissão de juízo de valor sobre TD&E. Entretanto, se somente esses dados são colhidos, o profissional (o Capítulo 9 discute "quem" pode ser esse profissional) pouco saberá sobre as razões para o sucesso ou o fracasso do que foi avaliado. Para saber isso, Borges-Andrade (1982) argumenta que outras características ou variáveis também devem ser levadas em conta. Muitas vezes, essas variáveis podem tornar mais precisa a definição das situações sob as quais o sistema instrucional já foi utilizado e como ele funciona. Outras vezes, o levantamento e a análise dessas variáveis podem indicar associações importantes entre elas e certas características dos participantes e das condições presentes no sistema instrucional ou no ambiente organizacional. O MAIS propõe que essas variáveis possam ser estruturadas em um quadro de referências que supõe que seis componentes (necessidades, insumos, procedimentos, processos, disseminação e suporte) predizem dois outros componentes (resultados imediatos e efeitos em longo prazo).

A avaliação também pode servir para testar princípios teóricos de que o planejador tenha lançado mão durante o processo de desenho do evento ou programa de TD&E. Nesse último caso, a "seleção das características do programa a ser avaliado é determinada por uma conceituação explícita do programa em termos de uma teoria que pretende explicar como o programa produz os efeitos desejados" (Fitz-Gibbon e Morris, 1975, p.2). Desse modo, a avaliação deve transcender sua característica de julgar o alcance de objetivos ou verificar efetividade e ser também um meio de construir conhecimento a respeito da teoria e do sistema propostos ou em uso, ou predizer efetividade. O momento da avaliação deve se transformar, assim, em uma ocasião para realizar pesquisa aplicada. Se isso é feito, certamente a avaliação auxiliará o profissional a alcançar plenamente sua competência, como discutido no Capítulo 9. O MAIS oferece um quadro teórico de referências que pode auxiliar na identificação de princípios a serem testados.

A avaliação pode ser definida em termos de duas categorias: formativa e somativa. Scriven (1967) primordialmente as diferencia em função do seu propósito. A avaliação formativa é caracterizada pela contínua coleta de dados durante o processo de desenvolvimento do sistema instrucional, a fim de obter informações que o validem e/ou que indiquem as correções a serem efetuadas nele. Na avaliação somativa, o objetivo é obter informações para avaliar um programa já desenvolvido, visando verificar a capacidade deste de produzir resultados. Esses resultados podem ser julgados em relação àqueles verificados em sistemas alternativos, as medidas previamente obtidas com a mesma clientela ou, na pior das hipóteses (Dick, 1977), a parâmetros arbitrariamente definidos.

O modelo aqui utilizado se concentra na chamada avaliação somativa, cujo término ocorre em um período posterior à conclusão do desenvolvimento do sistema instrucional. Esse modelo foi formulado com base nas propostas de Scriven (1978), Stufflebeam (1978) e Gagné e Briggs (1976), que serão brevemente apresentadas a seguir.

Scriven (1978) propõe uma lista de verificação de produtos instrucionais, com o intento de julgar e decidir sobre a adoção de um programa ou sistema que já foi avaliado somativamente. O autor sugere uma lista de verificação que contém várias questões que abrangem os aspectos de necessidade, mercado, resultados de experimentos de campo, dados sobre o "consumidor" real do produto, resultados de comparações com outros programas relevantes similares (competitivos), evidências obtidas em longo prazo, resultados de estudos sobre efeitos colaterais, informações oriundas da observação do processo (planejamento, desenvolvimento e implementação), qualidade do desenho experimental e das inferências dele resultantes, natureza da análise e significância educacional demonstrada, resultados de estudo de custo, eficácia e existência de apoio e acompanhamento para a implementação e aprimoramento contínuos do sistema. Para cada um desses 13 itens, o autor sugere uma escala de classificação de cinco pontos. A partir desses, pode ser construído um perfil de avaliação de produto instrucional. A proposta do autor não é a de um modelo de avaliação, mas de pontos a levantar a respeito desses produtos previamente avaliados por qualquer método de avaliação.

O modelo CIPP, de Stufflebeam (1978), sugere um método de avaliação aplicável a qualquer projeto de inovação educacional. O modelo também propõe uma avaliação do projeto como um todo, e não somente de seus resultados educacionais. As variáveis a serem usadas são classificadas em termos de quatro componentes, cujas iniciais dão nome ao modelo: contexto, insumo, processo e produto. O primeiro componente descreve o ambiente de implementação do programa, analisando as metas a serem atingidas, em termos do nível esperado e atual de ocorrência na população e os fatores e variáveis que poderiam facilitar, dificultar ou impedir seu alcance. O componente insumo mede a capacidade do projeto de atingir as metas propostas e de planejar atividades para atingi-las. A coleta de dados para descrever a implementação de procedimentos e o emprego de materiais e a identificação de problemas instrucionais e operacionais durante o desenvolvimento do projeto fazem parte do terceiro componente, a avaliação de processo. Finalmente, no componente produto, é avaliado o alcance dos objetivos do projeto em operação.

Gagné e Briggs (1976) têm um enfoque semelhante ao de Stufflebeam. Contudo, além de a proposta da dupla de autores não poder ser chamada de modelo, sua terminologia e as variáveis sugeridas são específicas para o contexto do planejamento sistemático da instrução. As variáveis de avaliação descritas por esses autores igualmente podem ser classificadas em quatro conjuntos. Esses autores consideram que a meta da avaliação deve ser a de verificar os efeitos da instrução nas competências inferidas a partir dos objetivos instrucionais formulados. Entretanto, conclusões válidas só podem ser obtidas se outras variáveis do contexto organizacional ou educacional, que também podem afetar a aprendizagem, puderem ser controladas ou verificadas. O primeiro conjunto de fatores, proposto por Gagné e Briggs, são as variáveis de resultados, ou as medidas de aprendizagem das competências indicadas pelos objetivos do programa. No estudo de avaliação, essas seriam as variáveis-critério. As variáveis de processo constituem o segundo conjunto descrito. Essas variáveis indicam as operações realizadas para levar a cabo o processo instrucional, afetando diretamente a aprendizagem e podendo estar relacionadas ao tempo, à seqüência ou aos eventos instrucionais. O terceiro conjunto é constituído das variáveis de apoio, presentes tanto na comunidade quanto no lar do aprendiz. Esses fatores ou meios têm função preponderantemente facilitadora para a aprendizagem do participante de TD&E. Finalmente, as variáveis de aptidão são as mensurações de habilidades e atitudes que podem influenciar a aprendizagem das competências indicadas pelos objetivos do programa instrucional.

O MAIS tenta integrar e complementar as três propostas descritas anteriormente. Além disso, o modelo está articulado com o enfoque de "avaliação baseada em teoria" proposto por Fitz-Gibbon e Morris (1975). Assim, esse modelo possibilita a avaliação de efetividade de TD&E. Além disso, sua utilização plena pode oferecer oportunidade para a construção de conhecimento sobre o que pode estar associado a esta efetividade. Pilati (2004) classifica os modelos de avaliação de TD&E em:

a) *Genéricos*, que descrevem conjuntos de variáveis relacionadas aos processos de TD&E, como o MAIS e os de Kirkpatrick (1976) e Hamblin (1978), e geralmente influenciam a pesquisa e a atuação profissional no campo, oferecendo quadros de referência para compreensão dos fenômenos relacionados a esses processos.
b) *Específicos*, que, muito freqüentemente, se baseiam em modelos genéricos e são construídos com o intuito de testar relações entre um conjunto de variáveis específicas e determinados resultados de TD&E no nível individual (por exemplo, os modelos de Abbad, 1999, ou do próprio Pilati, 2004), no de grupo de trabalho (ver Freitas, 2005), ou nos níveis organizacional e extra-organizacional (ver Mourão e Borges-Andrade, 2005).

> Os modelos genéricos têm uma importante função porque agem como organizadores do campo de conhecimento em avaliação de TD&E, enquanto os modelos específicos efetivam o teste empírico da relação entre variáveis. A produção continuada de conhecimento de TD&E possibilita, então, o desenvolvimento de modelos específicos que, por sua vez, aprimoram os modelos genéricos, resultando na produção tecnológica em TD&E (Pilati, 2004, p. 38).

O MAIS é um modelo genérico, fortemente influenciado pela abordagem de sistemas e pela psicologia instrucional e que supõe que toda avaliação precisa ter, por detrás dela, uma "teoria de efetividade" de TD&E. Se ela foi explicitada pelo responsável pelo planejamento de TD&E, ótimo. Se não foi, precisará ser explicitada pelo responsável pela avaliação. Um pressuposto fundamental, portanto, é que esta "teoria" sempre existe, mas pode estar somente implícita nas ações e nos materiais de TD&E. O MAIS pode ser usado como uma ferramenta para torná-la explícita, como será demonstrado na próxima seção.

O MODELO DE AVALIAÇÃO INTEGRADO E SOMATIVO (MAIS) EM TD&E

Um modelo de avaliação de eventos ou de um programa de TD&E deve seguir um método de formulação de questões e levantamento de dados concernentes:

- ao *ambiente* no qual esses eventos ou programa ocorrem;
- aos *insumos, procedimentos, processos* e *resultados* dos mesmos.

Esse método deve possibilitar a análise e interpretação integrada das informações obtidas, a fim de:

- fornecer o maior número possível de subsídios para a tomada de decisões sobre esses eventos e programa;
- permitir o acúmulo de conhecimento relevante sobre o funcionamento de TD&E, visando à futura formulação de políticas e estratégias organizacionais.

Ao papel de avaliar soma-se a intenção de tornar o momento uma ocasião para realizar pesquisa aplicada. Os cinco componentes do MAIS se baseiam nas suposições descritas na seção anterior e derivam dessas intenções. Os componentes são: insumos, procedimentos, processos, resultados e ambiente. Os quatro primeiros componentes são o cerne do sistema de TD&E, e as relações entre eles estão quase sempre concebidas no âmbito da psicologia instrucional. O último componente representa a requerida inserção desse sistema no contexto de um sistema maior, o da organização. Este último componente é dividido em quatro outros subcomponentes: necessidades, suporte, disseminação e efeitos em longo prazo. Os conceitos envolvidos e as relações concebidas, entre esses subcomponentes, estão muito freqüentemente no âmbito da psicologia organizacional, da administração, da comunicação, da economia e da sociologia, A seguir, esses componentes e subcomponentes serão definidos e exemplificados. A maioria dos exemplos oferecidos se baseia em revisões de literatura nacional feitas por Abbad e Borges-Andrade (2004), Abbad, Pilati e Pantoja (2003) e Mourão (2004).

O primeiro componente, insumos, refere-se aos fatores físicos e sociais e aos estados comportamentais e cognitivos, anteriores à instrução, que podem afetá-lo ou os seus resultados. Alguns exemplos de variáveis de insumo são (Figura 17.3):

- Nível socioeconômico dos participantes do evento de TD&E.
- Nível de escolaridade dos mesmos.
- Tempo transcorrido desde o término do último curso estrito senso.
- Idade desses participantes.
- Auto-eficácia destes (crença de que são capazes de obter sucesso).
- Lócus de controle (atribuição de controle pessoal sobre resultados obtidos).
- Cargo ocupado, no trabalho, pelos participantes.
- Comprometimento com a carreira e com a organização.
- Prazer e sofrimento psíquicos percebidos no trabalho.
- Uso de estratégias comportamentais de aprendizagem (busca de ajuda interpessoal ou em materiais escritos).
- Uso de estratégias cognitivas de aprendizagem (repetição e reflexão mentais).
- Uso de estratégias de auto-regulação (controle emocional, monitoramento de compreensão).
- Uso pessoal de estratégias de transferência de aprendizagem no trabalho.
- Participação voluntária em TD&E.

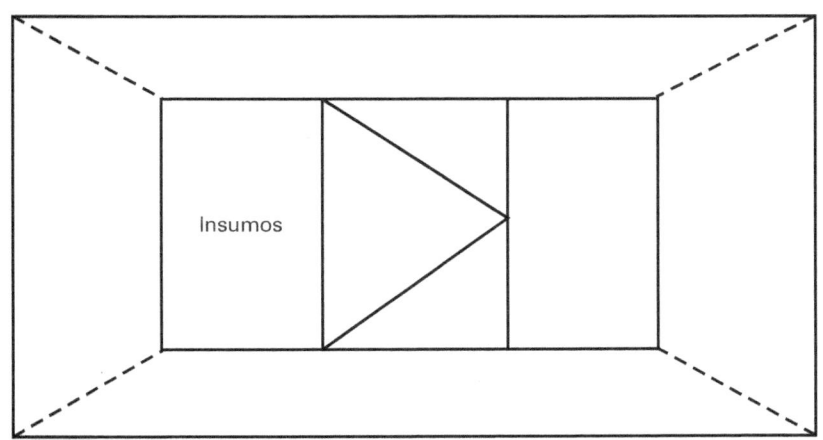

Figura 17.3 O componente "insumos" no MAIS.

- Crenças individuais (cinismo) a respeito do sistema de TD&E.
- Domínio de competências que são pré-requisitos para o evento de TD&E.
- Expectativas sobre este evento e sobre o que ocorrerá na organização, após o mesmo.
- Motivação pessoal para aprender.
- Percepção da aplicabilidade, no trabalho ou na vida pessoal, do que será aprendido.
- Interesse em aplicar, no trabalho, o que será aprendido.
- Valor instrumental do evento de TD&E, para o trabalho ou para a vida fora dele.

O conhecimento das condições de insumo possibilita ao profissional selecionar eventos de TD&E efetivos e relevantes, aumentando assim a probabilidade de que uma decisão sua venha realmente a resolver um problema de desempenho ou contribuir para diminuir uma necessidade de TD&E. Além disso, essas informações sobre insumo podem estar significativamente associadas a resultados (de aprendizagem ou de satisfação) e efeitos em longo prazo de TD&E. Por exemplo, há muitas evidências de que a motivação para aprender está associada à aquisição de CHAs e à satisfação com um evento de TD&E e de que a percepção de auto-eficácia dos participantes prediz o uso que as pessoas fazem, no trabalho, do que aprenderam em eventos de TD&E. Finalmente, o conhecimento das condições de insumo desses eventos pode determinar a validade interna e externa de sua avaliação. Fica assim evidenciado que este é um componente sobre o qual informações relevantes precisam ser coletadas. Para fazer isso, é preciso desenvolver boas medidas de insumos, assunto tratado no Capítulo 21.

As operações necessárias para facilitar ou produzir os resultados instrucionais ou a aprendizagem fazem parte do segundo componente do MAIS, os procedimentos. Nesse caso, entram aqui, principalmente, as estratégias instrucionais usadas em TD&E. Esses fatores se referem a quaisquer ocorrências, deliberadamente ou acidentalmente introduzidas na situação de ensino, que podem afetar diretamente os resultados de aprendizagem. Alguns exemplos dessas variáveis de procedimentos são (Figura 17.4):

- Seqüência de ensino dos objetivos.
- Pré-apresentação de objetivos para o participante.
- Clareza e precisão desses objetivos.
- Nível de complexidade das competências identificadas nesses objetivos.
- Uso destes objetivos como organizadores avançados durante o evento.
- Existência de ocasião em que os pré-requisitos são relembrados.
- Tipo de direcionamento da aprendizagem (demonstração, instruções verbais, etc.).
- Apresentação sistemática de instâncias e não-instâncias de conceitos.
- Utilização de aulas expositivas.
- Adequação instrucional dos materiais de TD&E.
- Uso de exercícios práticos.
- Discussões de casos e jogos instrucionais.
- Natureza da experiência proporcionada ao aprendiz (vivenciada ou vicariante).
- Similaridade entre as situações de trabalho e aquelas apresentadas em TD&E.

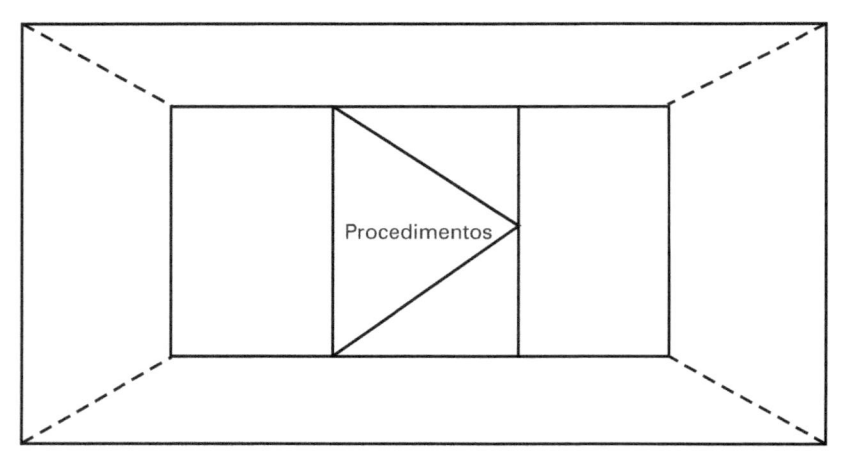

Figura 17.4 O componente "procedimentos" no MAIS.

- Existência de período, durante o evento de TD&E, para aplicação das competências ensinadas.
- Uso de retroalimentação contingente a esta aplicação.
- Natureza da informação carreada nesta retroalimentação.

Os dados sobre variáveis de procedimentos possibilitam a descrição detalhada do sistema instrucional vigente no evento ou programa de TD&E e a verificação de sua associação com os resultados de aprendizagem e mesmo com os efeitos em longo prazo, embora esta última seja uma associação distal e não muito freqüentemente encontrada. O estudo de avaliação resultante pode fornecer, ao profissional de TD&E, informações que o tornem capaz de identificar as características operacionais relevantes de cada programa. Além disso, na fase de planejamento de desenvolvimento do sistema, pode ter havido uma preocupação em escolher ou construir um quadro referencial teórico, no qual o programa tenha sido sistematicamente construído. Neste caso, as relações encontradas poderão indicar a significância de certos procedimentos e, portanto, dos princípios teóricos a eles subjacentes.

Sabe-se, por exemplo, que a pré-apresentação de objetivos claramente formulados pode elevar expectativas, que, por sua vez, resultam em níveis mais elevados de aprendizagem. Eventos de TD&E que possuem objetivos formulados em termos de competências mais complexas (por exemplo, solução de problemas, em vez de aplicação de regras) possibilitam aos seus participantes mais aplicação, no trabalho, do que foi neles aprendido. Assim, pode ser iniciado um processo de validação da teoria ou de construção do conhecimento. É preciso salientar que esses indicadores de procedimentos poderão mudar radicalmente, em uma avaliação, se o evento instrucional for de caráter presencial ou a distância (ver Capítulo 16).

O componente processos se refere ao que acontece a aspectos significativos do comportamento do aprendiz, à medida que os procedimentos são implementados. Como está representado na Figura 17.4, esses aspectos podem começar a ocorrer logo após a introdução dos procedimentos e tendem a somar-se, à medida que estes são implementados. Variáveis de processo não podem ser confundidas com procedimentos, pois são concernentes aos comportamentos dos aprendizes, enquanto variáveis de procedimentos são geralmente concernentes a decisões de planejamento instrucional ou a desempenhos de instrutores. A mensuração de variáveis de procedimentos e processos pode envolver métodos bem similares, razão pela qual estes dois componentes estão sendo tratados juntos, no Capítulo 22. Exemplos de variáveis de processos são (Figura 17.5):

- Resultados de testes intermediários ou exercícios práticos.
- Quantidade de tempo dedicada à instrução, quando esta é individualizada e está sob o controle do aprendiz.
- Número de vezes em que atividades são repetidas, até que se atinja um critério preestabelecido, em TD&E individualizado e gerenciados com base em domínio de competências, para que o aprendiz prossiga.
- Número de revisões realizadas pelo aprendiz em uma determinada tarefa instrucional.
- Relações interpessoais estabelecidas entre aprendizes e entre estes e os instrutores, tutores e coordenadores.

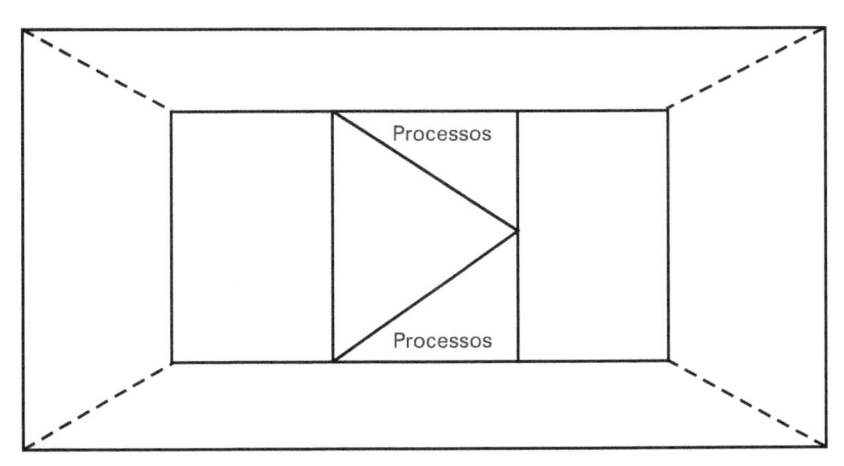

Figura 17.5 O componente "processos" no MAIS.

- Motivação desenvolvida durante o evento de TD&E.
- Compartilhamento de experiências.
- Quantidade de pessoas que abandonam este evento.
- Registros de atrasos na chegada de participantes no mencionado evento.
- Registros de ausências destes participantes.

As informações sobre essas variáveis são particularmente relevantes para o profissional de TD&E, já que representam parte dos resultados de aprendizagem. Essas informações podem também subsidiar predições e inferências acerca dos resultados de um programa de ensino de média ou longa duração. Além disso, variáveis de processo podem interagir com variáveis de procedimentos, alterando os resultados de aprendizagem esperados. Por exemplo, ausências freqüentes de participantes prejudicarão a aprendizagem em eventos de TD&E baseados em procedimentos instrucionais que priorizam o uso de exercícios práticos seguidos de retroalimentação em sala de aula. Por outro lado, relações interpessoais fortes e compartilhamento de experiências podem interagir favoravelmente com procedimentos que envolvem discussões de casos e jogos instrucionais. Dados prévios relacionados a essas interações podem ser muito úteis para instrutores e para quem toma decisões, além de poderem tornar-se elementos adicionais no processo de construção do conhecimento sobre TD&E.

O quarto componente, que descreve os resultados produzidos pelos eventos ou programas de TD&E, é um dos principais focos de interesse de avaliação, além de ser uma variável critério importante na realização de pesquisa aplicada. As variáveis relativas a resultados indicam o primeiro sucesso ou fracasso desses eventos e programas, correspondendo aos dois primeiros níveis de indicadores de efetividade de modelos como os de Kirkpatrick (1976) e Hamblin (1978). Essas variáveis se referem ao desempenho final imediato pretendido ou às conseqüências inesperadas (desejáveis ou indesejáveis) de TD&E. Espera-se que ocorram logo após o final dos procedimentos e em decorrência deles, como indicado na Figura 17.6. Exemplos de variáveis de resultados são as aquisições de CHAs indicados pelos objetivos e de competências não especificadas em objetivos e as satisfações dos participantes com a programação de TD&E, com o desempenho do instrutor e com os materiais instrucionais. Os Capítulos 22 e 23 tratam da mensuração dessas variáveis.

Variáveis do componente resultados, tal como as do componente processos, são concernentes a desempenhos dos aprendizes. No entanto, aquelas variáveis diferem destas, pois não são desempenhos intermediários. Escores de testes finais de aprendizagem são diferentes de resultados de exercícios práticos, assim como motivação desenvolvida durante um evento de TD&E é diferente de satisfação com o mesmo quando ele termina. Em uma avaliação, as variáveis referentes a resultados podem ser hipotetizadas como conseqüências de quase todos os demais componentes do MAIS: necessidades, insumos, procedimentos, processos, apoio e disseminação. Certamente, tais variáveis podem ser preditoras dos efeitos em longo prazo. Se um participante finaliza um evento satisfeito e nele adquire competências, será mais provável que use o que aprendeu no trabalho, a menos que algum elemento do componente ambiente impeça que isto aconteça, como se verá a seguir.

O último componente do MAIS, o ambiente, refere-se a todas as condições, atividades e eventos na

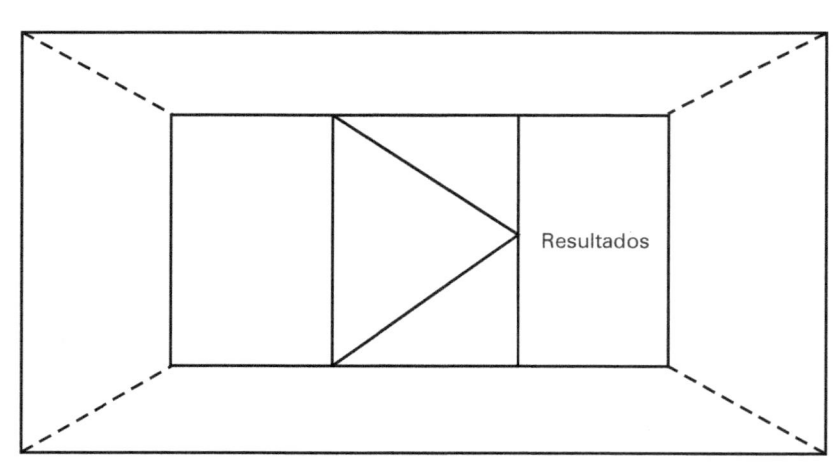

Figura 17.6 O componente "resultados" no MAIS.

sociedade, na comunidade, na organização ou na escola. Essas condições podem ser parte integrante do próprio programa de TD&E (por exemplo, apoio e disseminação) ou podem compor algumas das razoes pelas quais este programa opera na organização (por exemplo, necessidades e resultados em longo prazo). O componente ambiente representa, de acordo com a Figura 17.1, o contexto de TD&E: ele o determina, o modifica e é afetado por este. Os dados sobre o ambiente fornecem informações sobre o contexto em que os eventos e programas de TD&E são avaliados. Esse componente pode ser dividido em quatro subcomponentes: avaliação de necessidades, apoio, disseminação e resultados a longo prazo. Cada um deles será descrito em seguida.

A avaliação de necessidades (Figura 17.7) se refere à identificação ambiental, geralmente na organização, de lacunas importantes entre desempenhos esperados e realizados, e à definição de prioridades para resolver os problemas assim identificados. Esse conceito está bem explorado no Capítulo 10. As informações sobre necessidades podem estar associadas aos resultados ambientais a longo prazo de um sistema de TD&E, bem como aos seus resultados imediatos e tipos de clientela-alvo (insumos). Os dados de avaliação de necessidades iniciam e justificam toda a existência de um programa ou evento de TD&E. Essas são as relações que a Figura 17.1 tenta representar. Alguém poderia perguntar o porquê de ainda levantar dados sobre necessidades quando um programa ou evento terminou e já está sendo avaliado somativamente. O problema é que, muitas vezes, a explicação para o sucesso ou fracasso de uma aprendizagem, ou de seus efeitos a longo prazo, pode estar na evidência de falta de domínio de uma competência requerida e importante no trabalho, isto é, uma necessidade. Se esses dados não são colhidos, será impossível encontrar este tipo de associação.

O conjunto das variáveis que ocorrem no lar do aprendiz, na escola, na organização ou na comunidade e que tem uma influência potencial sobre os insumos, procedimentos, processo e resultados constitui o subcomponente de suporte. Esse subcomponente pode aparecer, de acordo com a Figura 17.8, desde o primeiro momento da avaliação de necessidades até a última vez em que os efeitos permanentes de TD&E ocorrem no ambiente. De acordo com uma grande quantidade de recentes pesquisas nacionais e internacionais, as consequências desses subcomponentes podem ser devastadoras, para um bom evento instrucional de TD&E, bem como salvadoras, para um evento de TD&E apenas sofrível. As variáveis aqui incluídas podem ser:

- Instalações fornecidas pela organização para realização de TD&E.
- Acessibilidade do participante a estas instalações.
- Recursos da organização ou da comunidade, para esta realização.
- Parcerias interorganizacionais, visando a mencionada realização.
- Proporção entre aprendizes e instrutores ou tutores.
- Formação acadêmica e experiência de ensino desses instrutores ou tutores.
- Equipamentos e materiais instrucionais apropriados para a execução de TD&E.
- Equipamentos e materiais organizacionais apropriados para o uso, no trabalho, do aprendido em TD&E.

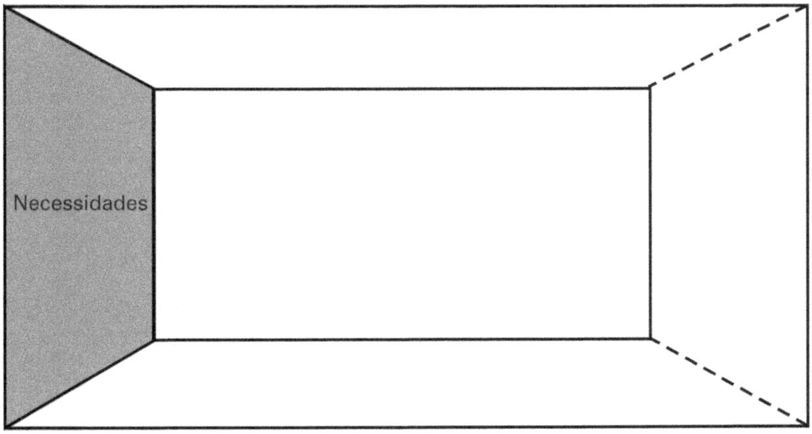

Figura 17.7 O subcomponente "necessidades" no MAIS.

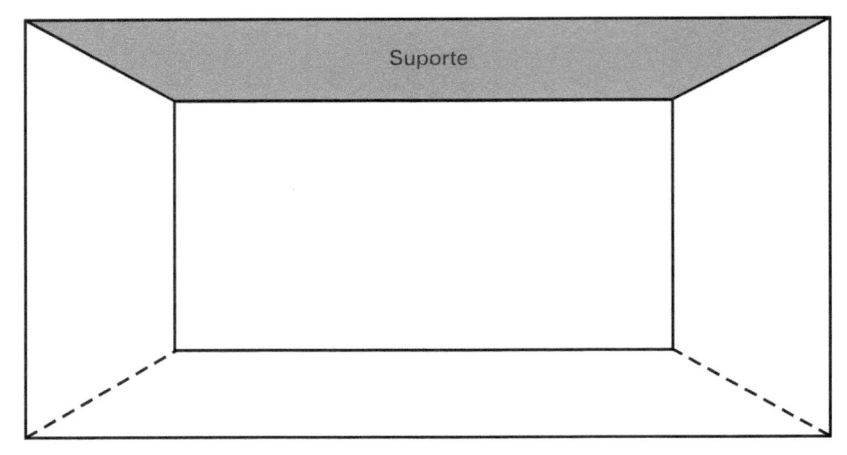

Figura 17.8 O subcomponente "suporte" no MAIS.

- Expectativas organizacionais de suporte, antes do início de TD&E.
- Posto de trabalho desafiante e estimulador.
- Cultura de aprendizagem contínua existente na organização.
- Cultura de valorização do indivíduo na organização.
- Clima organizacional favorável ao controle e à coesão de pares.
- Gestão de desempenho na organização.
- Incentivo dos supervisores para aprendizagem e aplicação do aprendido.
- Receptividade de colegas a sugestões vindas dos participantes de eventos de TD&E, relativas a competências neles adquiridas.
- Incitação à aprendizagem e sua transferência para o trabalho, dada pelo grupo social na organização.
- Ações e atitudes dos supervisores imediatos, no que se refere às atividades de ensino, aos resultados de aprendizagem e à sua transferência.

As variáveis de suporte não afetam os resultados de aprendizagem da mesma maneira que as variáveis de procedimento o fazem. Suas relações com os resultados são mais no sentido de facilitação (por exemplo, acesso a instalações de TD&E e qualidade das mesmas), enquanto as de procedimento são (ou devem ser) identificadas como condições indispensáveis à aprendizagem (por exemplo, seqüência de ensino dos objetivos). Contudo, quando elas estão relacionadas a efeitos a longo prazo, certamente o papel das variáveis de suporte será muito mais crítico que o de facilitação, como é o caso do suporte psicossocial oferecido por colegas e supervisores, para a transferência do aprendido para o trabalho.

É imprescindível que o subsistema de avaliação forneça ao profissional as informações a respeito das condições de suporte de TD&E, além das eventuais relações encontradas entre elas e as diversas categorias de resultados e efeitos verificados. Qualquer tomada de decisão a respeito da adoção de um programa ou evento precisa levar em consideração as características e condições de suporte que deverão ser adaptadas, modificadas ou implantadas, ou os custos diretos e indiretos que representarão para a organização ou comunidade. Os Capítulos 20 e 22 tratam das medidas de suporte em avaliação de TD&E.

O subcomponente disseminação, da mesma maneira que o de suporte, tem a capacidade potencial de influenciar todos os demais componentes do MAIS. A principal diferença entre os subcomponentes suporte e disseminação repousa em seus propósitos: o primeiro visa melhorar ou sustentar os resultados e efeitos em longo prazo, e o segundo almeja a adoção bem-sucedida do programa ou evento de TD&E. Disseminação é, de todos os componentes e subcomponentes desse modelo, o menos investigado. Os dados sobre disseminação fornecem ao profissional as informações sobre como o programa ou evento foi planejado para facilitar sua aceitação, pela organização, ou pela comunidade. Além disso, esses modelos podem fornecer informações relevantes para a validação de princípios teóricos que por ventura estejam subsidiando os procedimentos de disseminação implementados. Eis alguns exemplos de variáveis de disseminação (Figura 17.9):

- Atividades de treinamento sobre o programa de TD&E, dirigidas aos instrutores e à equipe de implementação.
- Natureza da divulgação de informações relativas a este programa.
- Método de divulgação de informações sobre este programa.

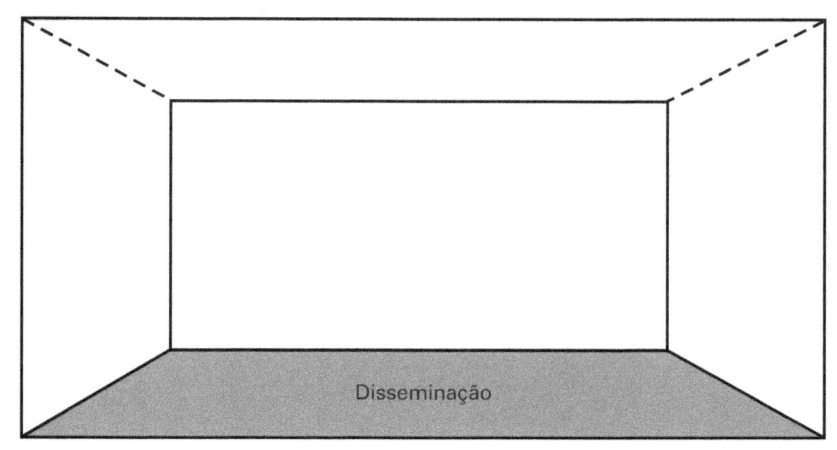

Figura 17.9 O subcomponente "disseminação" no MAIS.

- Fontes (órgão de gestão de pessoas ou colegas e supervisores dos participantes) de disseminação de informações sobre TD&E na organização.
- Canais (eletrônicos, visuais, auditivos) de disseminação de informações sobre TD&E na organização.
- Conteúdos (sobre insumos, procedimentos, suporte e resultados esperados) disseminados sobre TD&E na organização.

Há evidências empíricas de que a satisfação dos participantes no final de eventos de TD&E é mais elevada quando a fonte é o órgão de gestão de pessoas, o canal é eletrônico, e os conteúdos disseminados são sobre insumos e suporte administrativo (Meira, 2004). O Capítulo 19 trata desses conceitos e medidas.

Efeitos a longo prazo são as conseqüências ambientais do programa ou evento de TD&E. Aqui, o estudo de avaliação precisa fornecer medidas do desempenho do programa ou evento sobre o alcance de suas metas, de acordo com as necessidades previamente avaliadas. Para a pesquisa, serão fornecidas muitas das suas variáveis-critério, uma das mais importantes para a sua legitimação organizacional e social. Como já ressaltado nesta seção, a longo prazo, esses efeitos podem estar associados a variáveis concernentes a todos os outros componentes e subcomponentes do MAIS, embora seja bem provável que tais efeitos se relacionem a necessidades, suporte, disseminação e resultados (satisfação e aprendizagem), por serem componentes mais próximos.

Os efeitos a longo prazo, a serem verificados na avaliação, devem incluir tanto os esperados quanto os inesperados e podem ser desejáveis ou indesejáveis. De acordo com a Figura 17.10, esses efeitos não devem ser obtidos logo após o final de TD&E. Os Capítulos 24 e 25 são dedicados à discussão sobre como tais efeitos podem ser medidos. De acordo com Kirkpatrick (1976) e Hamblin (1978), esses efeitos podem incluir, respectivamente, as mudanças de comportamento no cargo e organizacionais e indicadores de valor final. Birdi (1999) descreve e classifica os efeitos de TD&E a longo prazo em termos de três níveis: indivíduo, equipe e organização (Figura 17.11). Um resumo de sua proposta é apresentado no Quadro 17.1.

Considerando todos esses componentes e subcomponentes do MAIS, como poderia ser concebido um plano para avaliação em TD&E? A próxima seção sugere estratégias metodológicas para responder essa questão.

CONCEPÇÃO DE UM PLANO DE AVALIAÇÃO DE TD&E COM O USO DO MAIS

Para desenvolver um plano de avaliação, é necessário assumir o papel de um profissional de avaliação em uma organização que possua um sistema de TD&E. A função dessa avaliação seria a de fornecer informações a respeito de programas e eventos oferecidos interna ou externamente, com a chancela da mencionada organização. A decisão sobre adoção ou não desses eventos e programas seria de inteira responsabilidade da organização. Entretanto, seria esperado que esta decisão se fundamentasse em dados seguros de avaliação. O MAIS pode ser utilizado como quadro de referências para desenvolvimento do plano. Este plano precisaria ser especificado em termos de:

- Objeto de avaliação.
- Clientela alvo.
- Variáveis a serem consideradas.

Figura 17.10 O subcomponente "efeitos em longo prazo" no MAIS.

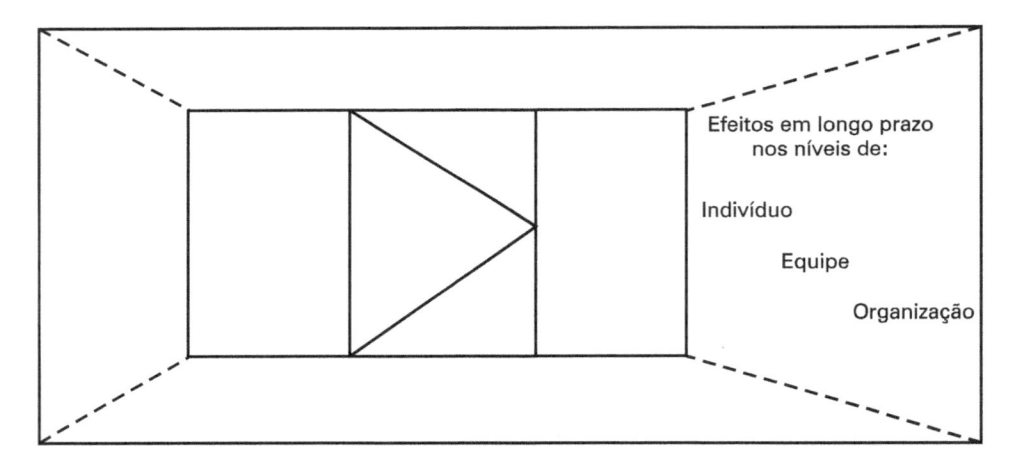

Figura 17.11 Os níveis do subcomponente "efeitos em longo prazo" no MAIS.

- Instrumentos a serem desenvolvidos ou selecionados e aplicados.
- Procedimentos de coleta e análise de dados.
- Emissão e divulgação de relatórios de avaliação.

É preciso, antes de tudo, decidir sobre o objeto da avaliação. Serão todos os eventos que apóiam todas as estratégias organizacionais referentes à formação de pessoal? Ou uma parte deles que forma um todo homogêneo ou estão incluídos em certos programas considerados prioritários? O foco da análise será em eventos isolados ou em programas? A distância ou presenciais? Coletivos ou individuais? Com qualquer carga horária? Concebidos pela organização? Ofertados na organização ou fora dela? Respostas a essas perguntas são essenciais, para prosseguir.

Em seguida, será preciso ter clareza sobre a clientela-alvo de TD&E. Que nível de escolaridade possuem os participantes típicos? Estão vinculados à organização ou não? Estão concentrados ou espalhados? Como pode ser feito o acesso a essas pessoas?

As variáveis a serem utilizadas neste plano podem ser derivadas do MAIS. Elas devem representar a melhor "aposta" que o profissional pode fazer a respeito de um conjunto eficiente de informações que possam ser:

- Apropriadas para a avaliação dos eventos e programas de TD&E antes definidos.

Quadro 17.1
EXEMPLOS DE INDICADORES DE EFEITOS A LONGO PRAZO, NOS NÍVEIS DO INDIVÍDUO, EQUIPE E ORGANIZAÇÃO

No nível do *indivíduo*, esses efeitos podem ser:	No nível da *equipe* esses efeitos podem ser:	No nível da *organização* esses efeitos podem ser:
Afetivos (atitudes frente a pessoas, objetos e aspectos do trabalho e não trabalho, a si próprio e à aprendizagem; motivação no trabalho; auto eficácia; bem-estar mental). **Cognitivos** (uso de informações verbais, conceitos e regras e solução de problemas ou criatividade no trabalho). **Psicomotores** (velocidade e fluidez no desempenho de tarefas). **Fisiológicos** (saúde, doença e aptidão física). **Instrumentais intrínsecos** (autonomia no trabalho e recebimento de elogios ou ridicularização). **Instrumentais extrínsecos** (aumento, promoção e novos trabalhos). **Instrumentais relacionais** no trabalho (criação de redes sociais e de relações de colaboração e capacitação de outras pessoas). **Instrumentais não-associados** ao trabalho (mudanças em relações ou desempenhos fora do trabalho, novos papéis em outras esferas de vida).	**Afetivos** (coesão, satisfação e auto-eficácia da equipe, ambigüidade de papéis e orientação para tarefa). **Cognitivos** (conhecimento possuído e representado na equipe). **Desempenho** (comunicação interna, tomada de decisão, solução de conflitos e níveis de participação na equipe). **Instrumentais intrínsecos** (responsabilidades e variedade de trabalho recebido pela equipe). **Instrumentais extrínsecos** (bônus recebido, como produto do trabalho em equipe). **Instrumentais de qualificação** (certificações formais recebidas pela equipe).	Relativos a **metas de produtos** (quantidade, qualidade, variedade) alcançadas pela organização. Relativos a **metas do sistema** (crescimento, lucro, retorno de investimentos). Relativos à **aquisição de recursos** (novos clientes, compra de outras organizações). **Constituintes** (satisfação de consumidores e acionistas, imagem organizacional). **Processos internos** (novas tecnologias, clima, absenteísmo, rotatividade, taxas de acidentes).

Fonte: Birdi (1999).

- Viáveis sob as limitações organizacionais e de características da clientela-alvo.
- Articuladas com base em um quadro teórico de referências que a organização possua sobre para que e como funcionam esses eventos e programas.

Muito freqüentemente, esse quadro está implícito, e a sua explicitação será realizada gradualmente, à medida que forem identificadas as variáveis a serem consideradas, bem como especificadas as relações que poderiam ser esperadas entre elas.

Para fazer essa identificação, será preciso estudar todos os documentos organizacionais que descrevem as políticas de TD&E, examinar uma amostra representativa das diferentes categorias de seus materiais instrucionais e de documentos que descrevem atividades de TD&E e entrevistar pessoas encarregadas da implementação dessas atividades e da preparação e do uso desses materiais. Um procedimento bastante útil tem sido o de reunir essas pessoas em um seminário exaustivo, apresentar a elas o MAIS, com abundância de exemplos, fazê-las reler documentos e materiais com a tarefa de identificar variáveis relevantes concernentes a cada componente e subcomponente e realizar sessões de tempestade cerebral para identificar variáveis.

Gradativamente, todas essas variáveis são tornadas visíveis para o grupo de pessoas, que tem liberdade para sugerir alterações, em uma grande tabela que pode ser criada a partir da Tabela 17.1.

Tabela 17.1
MODELO DE TABELA PARA ESPECIFICAÇÃO DE VARIÁVEIS, INSTRUMENTOS, PROCEDIMENTOS E RESPONDENTES, DE ACORDO COM OS COMPONENTES E SUBCOMPONENTES DO MAIS

Componentes/ subcomponentes	Variáveis	Instrumentos de medida	Momentos de aplicação dos instrumentos	Respondentes dos instrumentos
Insumos	I.1 I.2 I.3 I.n			
Procedimentos	Pd.1 Pd.2 Pd.3 Pd.n			
Processos	Ps.1 Ps.2 Ps.3 Ps.n			
Resultados	R.1 R.2 R.3 R.n			
Ambiente/ necessidades	N.1 N.2 N.3 N.n			
Ambiente/suporte	S.1 S.2 S.3 S.n			
Ambiente/ disseminação	D.1 D.2 D.3 D.n			
Ambiente/efeitos em longo prazo	E.1 E.2 E.3 E.n			

Esta tabela pode mostrar as variáveis em uma coluna e também já ter outras colunas para especificar possíveis instrumentos de medida, momentos em que eles serão aplicados e quem os responderá. A inclusão de qualquer variável precisa antes ser discutida no grupo dessas pessoas, com base em uma justificativa sobre sua importância para o todo da avaliação e sobre que relações são esperadas entre ela e outras variáveis pertencentes aos componentes e subcomponentes do MAIS descritos anteriormente. Além disso, a tabela classifica as variáveis de acordo com sua função ou propósito no estudo de avaliação: a que componente e subcomponente pertenceriam? Embora sempre seja possível imaginar a inclusão de todos os cinco componentes e quatro subcomponentes, algumas vezes não será viável utilizar todos eles em uma avaliação. As relações que possam ser posteriormente estabelecidas entre essas variáveis fornecerão as informações relevantes para quaisquer decisões de avaliação de um programa ou evento de TD&E ou para interpretações que levem à validação empírica de princípios teóricos, à construção ou à revisão de um referencial teórico ou ao desenvolvimento sistemático de inferências para explicar a efetividade de TD&E na organização.

Uma vez construída essa tabela, será preciso desenvolver ou selecionar os instrumentos de medida, especificar os procedimentos de coleta e análise de dados e decidir sobre como será feita a emissão e divulgação de relatórios de avaliação. Esses passos são abordados nos Capítulos 18 a 26.

As variáveis deverão ser usadas como base para a tomada de decisões. Os profissionais terão a oportunidade de confrontá-las com sua clientela, seus problemas de ensino, as restrições e a política locais e o seu contexto instrucional específico. Finalmente, para o "pesquisador" que deve estar "latente" na pessoa do profissional de avaliação, essa será a oportunidade para relacionar e analisar os dados obtidos, questioná-los, interpretá-los e desenvolver conclusões. Assim, o estudo de avaliação poderá ser transformado em um gerador de novas questões, um formulador de outros problemas e uma ocasião para revalidar, redefinir ou rebater os princípios e o referencial teóricos utilizados no planejamento e desenvolvimento de TD&E. Conseqüentemente, a avaliação transcende seu papel de estimar o mérito ou o valor de eventos e programas e passa a ter também a função de construir o conhecimento, a partir de pesquisas aplicadas.

CONSIDERAÇÕES FINAIS

Por que é preciso avaliar TD&E? Para responder a essa questão, Hamblin (1978) sugere uma hierarquia de objetivos de avaliação, que vai da razão mais elementar à razão mais complexa: obter controle, fazer retroalimentação, tomar decisões, fazer TD&E funcionar e torná-lo externamente válido. O uso do MAIS pode permitir o alcance desses objetivos. Cabe aos que o utilizam a decisão sobre até onde chegar. Entretanto, antes de finalizar, é preciso outra vez ressaltar os pressupostos desse modelo:

- A avaliação envolve sempre julgamento de valor.
- A avaliação requer planejamento.
- As características a serem avaliadas são determinadas pelos princípios teóricos adotados neste planejamento.
- A avaliação também pode ser usada como oportunidade para construir conhecimento ou aprender mais sobre TD&E.
- Seus resultados precisam alterar planejamentos futuros (ou não vale a pena começar a fazer qualquer coisa!).

QUESTÕES PARA DISCUSSÃO

- Que aspectos são considerados nos sistemas de avaliação de TD&E que adotam o MAIS?
- Quais os pressupostos do MAIS?
- Descreva relações entre os componentes e subcomponentes do MAIS.

REFERÊNCIAS

ABBAD, G. S. ABBAD, G. S. *Um modelo integrado de avaliação de impacto de treinamento no trabalho* – IMPACT. 1999. Tese (Doutorado em Psicologia) – Universidade de Brasília, 1999.

ABBAD, G. S; PILATI, R; PANTOJA, M J. Avaliação de treinamento: análise da literatura e agenda de pesquisa. *Revista de Administração (USP)*, v. 38, n. 3, p.205-218, 2003.

ABBAD, G. S.; BORGES-ANDRADE, J. E. In: ZANELLI, J.C.; BORGES-ANDRADE, J.E.; BASTOS, A.V.B. (Org.). *Psicologia, organizações e trabalho no Brasil*. Porto Alegre: Artmed, 2004. p. 237-275.

BIRDI, K. *The bigger picture*: identifying the factors influencing training effectiveness. 1999. Tese (Doutorado em Psicologia do Trabalho) – University of Sheffield, 1999.

BORGES-ANDRADE, J. E. Avaliação somativa de sistemas instrucionais: integração de três propostas. *Tecnologia Educacional*, Rio de Janeiro, v. 11, n. 46, p. 29-39, 1982.

_____. Desenvolvimento de medidas em avaliação de treinamento. *Estudos de Psicologia (Natal)*, v.7, p.31-43. 2002. Número especial.

DICK, W. Summative evaluation. In: BRIGGS, L.J. (Ed.). *Instructional design-principles and applications*. Englewood Cliffs: Educational Technology Publications, 1977. p. 343.

FITZ-GIBBON, C. T.; MORRIS, L. L. Theory-based evaluation. *Evaluation Comment – The Journal of Educational Evaluation*, v.5, n.1, p. 1-4, 1975.

FREITAS, I. A. *Impacto de treinamento nos desempenhos do indivíduo e do grupo de trabalho*: suas relações com crenças sobre o sistema de treinamento e suporte à aprendizagem contínua. 2005. 250 f. Tese (Doutorado em Psicologia) – Universidade de Brasília, 2005.

GAGNÉ, R. M.; BRIGGS, L. J. *La planificación de la enseñanza: sus princípios*. México: Trillas, 1976.

HAMBLIM, A. C. *Avaliação e controle do treinamento*. São Paulo: Mc-Graw-Hill, 1978.

KIRKPATRICK, D. L. Evaluation of training. In: CRAIG, R.L. (Ed.). *Training and development handbook*. 2nd ed. New York: McGraw-Hill, 1976. Cap. 18.

MEIRA, M. *Disseminação de informações sobre treinamento: construção e validação de um instrumento de medida*. 2004. 80 f. Dissertação (Mestrado em Psicologia) – Universidade de Brasília, 2004.

MOURÃO, L. *Avaliação de programas públicos de treinamento*: um estudo sobre o impacto no trabalho e na geração de emprego. 2004. 210 f. Tese (Doutorado em Psicologia) – Universidade de Brasília, 2004.

MOURÃO, L.; BORGES-ANDRADE, J.E. Avaliação de programas públicos de treinamento: um estudo sobre o impacto no trabalho e na geração de emprego. *Organizações e Sociedade*, Salvador, v. 28, n. 33, 2005.

PILATI, R. *Modelo de efetividade do treinamento no trabalho*: aspectos dos treinandos e moderação do tipo de treinamento. 2004. 180 f. Tese (Doutorado em Psicologia) – Universidade de Brasília, 2004.

SCRIVEN, M. The methodology of evaluation. In: RYLER, R.; GAGNÉ, R.M.; SCRIVEN, M. (Ed.). *Perspectives of curriculum evaluation*. Chicago: Rand McNally, 1967.

_____. Perspectivas e procedimentos de avaliação. In: SCRIVEN, M.; STUFFLEBEAM, D. (Ed.). *Avaliação educacional.* (II)Perspectivas, procedimentos e alternativas. Petrópolis: Vozes, 1978.

STUFFLEBEAM, D. alternativas em avaliação educacional: um guia de auto-ensino para educadores. In: Scriven, M.; Stufflebeam, D. (Ed.). *Avaliação educacional (II)*. Perspectivas, procedimentos e alternativas. Petrópolis: Vozes, 1978.

18

Construção de medidas e delineamentos em avaliação de TD&E

Ronaldo Pilati e Jairo E. Borges-Andrade

Objetivos

Ao final deste capítulo, o leitor deverá:

- Identificar os principais problemas relativos às medidas de variáveis nos modelos de avaliação de TD&E.
- Descrever os princípios de construção de medidas nas ciências sociais e comportamentais.
- Descrever os tipos de medidas utilizadas em avaliação de TD&E e as questões relativas à validade e à fidedignidade.
- Identificar características de algumas medidas já desenvolvidas em avaliação de TD&E.
- Definir fontes de informação para as medidas de avaliação.
- Descrever o método experimental aplicado à avaliação de TD&E, ressaltando suas vantagens e desvantagens.
- Descrever o método correlacional aplicado à avaliação de TD&E, ressaltando suas vantagens e desvantagens.

INTRODUÇÃO

O processo de mensuração é básico em ciências e de especial importância para as ações de treinamento, desenvolvimento e educação (TD&E). Avaliar demanda o estabelecimento de um juízo sobre uma ação ou evento, e o ato de medir embasa esse juízo. Por esse motivo, um livro sobre ações de TD&E em organizações deve versar sobre processos de mensuração de resultados, discutindo e debatendo sobre aspectos de construção de medidas e delineamento de pesquisa sobre avaliação de ações de capacitação. É nesse contexto que este capítulo se situa, pois seu objetivo principal é apresentar e discutir os principais fundamentos da construção de medidas e dos delineamentos metodológicos em avaliação de TD&E.

Para atingir esse objetivo, o presente capítulo está dividido em seções. De início, são brevemente apresentadas algumas noções sobre mensuração e teoria da medida em ciências sociais e comportamentais. Em seguida, discutem-se os elementos da medida em psicometria, com seu histórico, propósitos e fundamentos e a aplicação da tecnologia da psicometria na construção de medidas em avaliação de TD&E. Nessa parte do capítulo, são apresentados os níveis clássicos de avaliação de treinamento e discutidas estratégias de construção de medidas e de seleção de fontes de informação. Na seqüência, são apresentados os dois principais delineamentos utilizados em pesquisa e ações de avaliação: (a) o método experimental e sua variação quase-experimental e (b) o método correlacional com uso de técnicas estatísticas multivariadas de análise e controle de variáveis. Nessa seção, são discutidas as vantagens e desvantagens de cada método, ressaltando-se suas principais aplicações, uso em ambientes organizacionais e demais questões pertinentes às suas aplicações. No final, são feitas considerações sobre as implicações práticas para pesquisa e atividades profissionais em TD&E.

A MENSURAÇÃO EM CIÊNCIAS SOCIAIS E COMPORTAMENTAIS: TEORIA DA MEDIDA

Uma das principais preocupações de cientistas e pesquisadores sociais é a necessidade de construção e desenvolvimento de medidas válidas e precisas para a mensuração de fenômenos de interesse dos estudiosos. Uma noção básica do conceito de mensuração diz respeito à tradução de fenômenos reais, presentes na natureza e objeto da observação do cientista social e comportamental, em símbolos numéricos, o que permite a aplicação de princípios matemáticos, para tratamento, descrição e interpretação dos fenômenos sociais e comportamentais. Nesse ponto de intersecção, da tradução dos fenômenos reais em quantificações, é que a ciência empírica e a matemática se aproximam.

Pasquali (1996a) afirma que a matemática e a ciência são dois campos distintos do conhecimento. Esses campos se diferem quanto:

a) ao seu objeto de estudo (a ciência estuda fenômenos naturais, e a matemática, o símbolo numérico);
b) à sua metodologia (a ciência utiliza a observação, enquanto a matemática faz uso da dedução);
c) à sua certeza (em ciência a certeza é relativa, mas em matemática, a certeza é absoluta).

Ainda segundo o autor, apesar dessas diferenças, a ciência se deu conta de que poderia obter vantagem considerável na compreensão de seus fenômenos se primeiramente os transformasse em símbolos numéricos e posteriormente fizesse uso da lógica matemática de tratamento de seu objeto de investigação (o símbolo numérico) para melhor compreender seu fenômeno de estudo. Essa associação tem possibilitado o desenvolvimento da ciência em todos os campos do saber.

Quando se discute o problema da teoria da medida, ou seja, a transformação de fenômenos naturais em símbolos numéricos para posterior tratamento matemático, algumas questões devem ser ressaltadas. A primeira delas está relacionada à natureza da medida, pois a transformação do fenômeno em números deve considerar três problemas:

- O da representação ou isomorfismo, ou da necessidade de a medida manter, ao mesmo tempo, as propriedades estruturais do número[1] e as características próprias dos atributos dos fenômenos empíricos.
- O da unicidade da representação, ou de que a medida que representará o fenômeno natural deve garantir que essa representação seja a melhor possível, definindo o nível da medida.
- O do erro, ou da pressuposição de que, por diversas razões, as medidas possuem erros associados às mesmas e que portanto devem possuir a propriedade de identificação da magnitude desse erro (Pasquali, 1996a).

Ainda de acordo com este autor, outro aspecto crucial da teoria da medida concerne às formas de medida, que definem a qualidade das medidas utilizadas em ciência. A primeira delas é chamada de medida "fundamental" e é a mais completa, pois respeita mais proximamente os axiomas da medida. Isso porque apenas nas medidas fundamentais é possível uma representação extensiva, na qual há viabilidade de concatenação, em que a junção de dois atributos possibilita a formação de um terceiro que respeita e resguarda as propriedades dos dois primeiros (comprimento é um exemplo de medida fundamental, na qual a soma de dois metros mais dois metros resulta em um terceiro elemento, isto é, quatro metros, que guarda as propriedades dos anteriores). A medida fundamental é encontrada em fenômenos do mundo físico (contagem do tempo ou altura de uma cadeira, por exemplo).

A segunda forma de medida é chamada de "derivada" e tem como característica ser uma composição de ao menos duas medidas fundamentais, resultando em uma terceira medida, derivada. Há exemplos desse tipo de medida na física, como os fenômenos de volume e densidade.

A terceira forma de medida é chamada "por teoria". Esse tipo de medida é desenvolvido para fenômenos que não permitem medidas fundamentais e, conseqüentemente, derivadas. A medida por teoria tem dois subtipos, o primeiro é chamado de medida "por lei". Este subtipo é possível quando, de forma empírica e de maneira sucessiva, estabelece-se a relação entre variáveis e a medida é feita a partir da observação destas. De acordo com Pasquali (1996a), seria exemplo dessa forma de medida a lei do reforço, em psicologia. O segundo subtipo é denominado de medida "por teoria". Essa medida é feita quando não é possível o estabelecimento de uma lei da relação entre variáveis. Dessa forma, o que resta ao cientista é o desenvolvimento de uma teoria (formulação de uma série de hipóteses explicativas sobre determinado fenômeno) para explicar o fenômeno, e, a partir dessa indução teórica, desenvolve-se uma estratégia de mensuração. Os traços latentes humanos, como inteligência e personalidade, seriam exemplos desse tipo de medida, pois seus instrumentos de mensuração são construídos por meio da derivação de teorias que explicam tais fenômenos.

Uma característica evidente nas ciências comportamentais, em geral, e na psicometria, em particular, é a grande incidência de medidas do subtipo "por teoria", que, devido à natureza dos fenômenos, tem nessa forma de medida sua principal estratégia de mensuração. O campo de avaliação de ações de TD&E também se caracteriza por um grande número de medidas "por teoria", devido à própria característica dos fenômenos relativos a essas ações. É bem verdade que modelos de avaliação de treinamento podem ser compostos por medidas de características distintas, mas várias delas dizem respeito à medida "por teoria" porque são fenômenos (por exemplo, reação ao treinamento, aprendizagem e sua transferência, impacto do treinamento, suporte organizacional) da esfera comportamental, no ambiente de trabalho.

Com base nessas características das medidas em ciências sociais e comportamentais e na área de avaliação de TD&E, a seguir, serão apresentados conceitos básicos de psicometria e descritas as medidas típicas de avaliação de ações de TD&E, seus níveis, suas características e sua relação com modelos teóricos da área.

A MEDIDA EM PSICOMETRIA E EM AVALIAÇÃO DE TD&E

A psicometria é uma área da psicologia que se interessa pela medição em psicologia e tem como um de seus objetivos a construção de tecnologias para o desenvolvimento de medidas de fenômenos psicológicos e comportamentais (Pasquali, 1996b). Como as ações de avaliação de TD&E mensuram constantemente esse tipo de fenômeno, a psicometria é um referencial de fundamental importância para a pesquisa e a prática de avaliação em TD&E.

O mencionado autor argumenta que a psicometria trabalha com um arcabouço de compreensão do processo psicológico humano baseado na teoria de traços latentes, que permite o desenvolvimento de medidas "por teoria". De acordo com o autor, não existe consenso sobre o conceito de traço latente, pois este depende diretamente da corrente ou abordagem teórica adotada para o estudo dos fenômenos psicológicos. De forma geral, para a aplicação em avaliação de TD&E, traço latente poderia ser definido como elementos da cognição humana que influenciam o comportamento humano no ambiente instrucional e no trabalho. Alguns exemplos desses elementos cognitivos poderiam ser: satisfação com o desempenho do instrutor, auto-avaliação de necessidades, julgamento sobre aplicabilidade de um treinamento, percepção de suporte organizacional para a transferência de aprendizagem no trabalho, opinião do supervisor sobre impacto do treinamento no desempenho de ex-treinandos). Tais elementos funcionariam como esquemas (Eysenck e Keane, 2000) de categorização e compreensão da realidade sociorganizacional, o que influenciaria o comportamento subseqüente dos treinandos. Nessa perspectiva, o estudo de tais traços latentes se torna questão crucial para a avaliação e a tomada de decisões sobre ações de TD&E.

De acordo com Pasquali (1996b), a psicometria utiliza a noção teórica de representação comportamental para a mensuração do traço latente. Representação comportamental é a tradução, em comportamentos de resultados, do traço latente. Como, para se trabalhar em nível empírico, não é possível observar diretamente o traço latente, é necessário descrever esse traço em termos de indicadores comportamentais que seriam resultado de um traço latente.

Dessa forma, os itens que compõem um instrumento psicométrico de mensuração são representações de comportamentos (por exemplo, concordância com assertivas sobre a qualidade das aulas expositivas, a quantidade de exercícios, a clareza dos textos impressos, o conforto das salas de aula, a variedade de salgadinhos no intervalo, o relacionamento interpessoal desenvolvido entre participantes) que são conseqüência do traço latente (por exemplo, satisfação com o treinamento). Esse modelo teórico de traço latente indica que os itens (representações comportamentais) do instrumento devem respeitar alguns critérios, como:

a) modalidade, ou seja, a representação comportamental pode ser verbal ou motora, a depender da característica do traço latente;
b) saturação, relativa ao quanto a representação comportamental contida em um item está associada ao traço latente.

Essa indicação tem sido historicamente dada pela carga fatorial[2] que um item possui dentro do seu fator de pertencimento. Nessa perspectiva, a medida em psicometria, em geral, e no campo de avaliação de TD&E, em particular, é derivada da teoria de traços latentes. O que cabe ao profissional de avaliação de TD&E é definir traços latentes relevantes para compreender o fenômeno de resultados do treinamento e, a partir daí, descrever indicadores comportamentais de tais traços latentes. Devido a essa característica, a construção de medidas em avaliação de TD&E está estreitamente associada ao modelo teórico de construção de medidas em psicometria. Por exemplo, o Modelo de Avaliação Integrado e Somativo (MAIS), descrito no Capítulo 17 deste livro, pode inspirar a formulação de traços latentes e indicadores. Mas é importante ressaltar para o leitor que algumas variáveis de modelos de avaliação de TD&E não são derivadas de traços latentes, mas sim de medidas de outra natureza, relativas aos níveis não-individuais de modelos de avaliação de treinamento, principalmente aqueles relativos aos efeitos do treinamento na organização (por exemplo, efeitos em tecnologias e processos organizacionais, redução de custos e aumento de lucros). Assim, é necessário ressaltar que o modelo de traço latente é aplicável principalmente às medidas de nível individual dos modelos de avaliação (por exemplo, reação ao treinamento, aprendizagem e mudanças no desempenho do ex-treinando no trabalho). A razão disto está na própria natureza desta teoria, que supõe que os traços latentes são inerentes aos indivíduos, e não às organizações.

CARACTERÍSTICAS DA MEDIDA PSICOMÉTRICA: VALIDADE E FIDEDIGNIDADE

Quando se discutem os princípios e procedimentos da psicometria para elaboração de instrumentos de medida em avaliação de TD&E, dois conceitos são de fundamental importância: validade e fidedignidade. Essas duas características podem ser entendidas como metas a serem alcançadas para que a avaliação seja de boa qualidade.

A *validade* de uma medida psicométrica pode ser definida como a capacidade de um instrumento medir apropriadamente o que se propõe a medir. De acordo com Pasquali (1996b), essa capacidade indica o quanto um conjunto de representações comportamentais de um traço latente o mede efetivamente. Essa questão é central na mensuração de traços latentes, pois a estratégia indireta (mensuração a partir de traços latentes) sempre remete ao problema da escolha adequada de comportamentos que representem a estrutura latente. Dessa forma, o pesquisador ou avaliador de ações de TD&E deve estar muito atento e perseguir bons indicadores de validade das medidas de avaliação com afinco.

Pasquali (1997) argumenta que existem três tipos de validade que devem ser observadas pelo pesquisador. A primeira é chamada de validade "de constructo" e indica a legitimidade das representações comportamentais para aferirem o traço latente, ou seja, o grau de validade que uma lista de representações comportamentais possui para mensurar determinado atributo latente. Esse primeiro tipo de validade é o mais importante e fundamental dos três, pois define o elemento mais importante de um instrumento de mensuração, que é a adequação das representações utilizadas para inferir o traço latente. Esse tipo permitirá, por exemplo, concluir se um conjunto de perguntas efetivamente mede a satisfação dos participantes com um treinamento.

O segundo tipo de validade é conhecido como validade "de critério" e pode ser definido como a capacidade de um instrumento de medida predizer uma variável-critério que seja independente desta medida, mas relacionada ao traço latente do instrumento de medida. Assim, a validade de critério diz respeito à capacidade do instrumento de predizer outros fenômenos relevantes. Essa validade pode ser aferida por meio de duas estratégias básicas:

- Validade preditiva – relacionada à capacidade de uma medida predizer em médio e/ou longo prazo uma outra medida, ou seja, uma variável-critério, por exemplo, se os escores obtidos naquela medida de satisfação com um treinamento predizem melhorias de desempenho dos participantes, quando eles voltarem para o trabalho.
- Validade concorrente – que é a capacidade de uma medida predizer simultaneamente (*i.e.* concorrentemente) uma variável-critério de avaliação, por exemplo, se os escores obtidos naquela medida de satisfação com um treinamento predizem melhorias no relacionamento dos participantes com o instrutor, durante o treinamento.

O terceiro tipo de validade descrito pelo autor é denominada de validade "de conteúdo" e diz respeito à capacidade de um teste representar, de forma completa, o conjunto finito de possíveis representações comportamentais para um traço latente, de forma que a lista de itens do instrumento efetivamente logre possuir representações coerentes e que reflitam a complexidade do fenômeno latente. Por exemplo, existiria concordância, entre juízes, de que assertivas sobre a qualidade das aulas expositivas, a quantidade de exercícios, a clareza dos textos impressos, o conforto das salas de aula, a variedade de salgadinhos no intervalo e o relacionamento interpessoal seriam representações coerentes e suficientes da satisfação dos participantes com um treinamento?

Sobre essa questão de validade, importa salientar a discussão a respeito dos parâmetros dos itens de instrumentos de mensuração. De acordo com Pasquali (1997), a teoria psicométrica moderna, calcada nos pressupostos da teoria de resposta ao item (TRI), traz aportes muito importantes ao modelo da psicometria clássica, em voga no meio das ciências comportamentais desde o final do século XIX. De acordo com os pressupostos da TRI, existem parâmetros associados aos itens de um instrumento de medida. Dois dos parâmetros calculados pelo modelo da TRI são dificuldade e discriminação.

O parâmetro da dificuldade está associado à magnitude do traço latente, necessária para determinar um comportamento específico, descrito em um item. Itens considerados "fáceis" são aqueles que, com baixa intensidade do traço latente, recebem respostas de alta magnitude pela grande maioria das pessoas; já os itens considerados "difíceis" seriam aqueles que apenas os indivíduos com grande intensidade de determinado traço latente responderiam com altos escores. O parâmetro de discriminação está relacionado à capacidade de um item diferenciar adequadamente indivíduos com magnitudes distintas de traços latentes.

Esses dois elementos, que a teoria psicométrica moderna traz para a atenção dos pesquisadores e profissionais que constroem medidas nas ciências comportamentais, são de extrema importância, pois a construção de indicadores comportamentais que busquem respeitar os parâmetros auxiliam na produção de instrumentos de melhor qualidade. A construção de instrumentos de avaliação de TD&E deveria inserir os aprimoramentos em termos de construção de itens e análise de dados que a TRI trouxe à psicometria, exatamente para a obtenção de instrumentos de qualidade aprimorada. A lógica de estudo de parâmetros dos itens é um elemento de grande importância para garantir indicadores de validade nas medidas de avaliação de TD&E.

O segundo grande conceito de relevância na teoria psicométrica e de especial importância para instrumentos de medida em avaliação de TD&E é a *fidedignidade*. De acordo com Pasquali (1997), fidedignidade concerne à capacidade de uma medida medir sem erros o seu objeto de mensuração. A fidedignidade também é conhecida por outros termos, como confiabilidade e precisão. A base lógica desses conceitos está relacionada à capacidade de uma medida possuir poucos erros na mensuração de um fenômeno. Há vários fatores que afetam a fidedignidade dos instrumentos de mensuração, como a característica dos itens, a qualidade da redação, a adequação da representação comportamental do item ao traço latente, a variabilidade da amostra de respondentes e o comprimento de um instrumento, ou seja, o número de itens que uma medida psicométrica possui. Aquele que desenvolve medidas em avaliação de ações de TD&E deve ter em mente os princípios para construção de medidas e buscar procedimentos[3] para mensurar o grau de precisão dos instrumentos.

MEDIDAS EM AVALIAÇÃO DE TD&E: CARACTERÍSTICAS E PROBLEMAS

As medidas em avaliação de TD&E possuem características diversas a depender do tipo de variáveis a que se referem. Como estratégia de organização do campo, interessa a criação de categorias que poderiam ser assim descritas: medidas de características da clientela, medidas de variáveis do treinamento (*i.e.* procedimentos, processos e apoio ao treinamento), medidas do contexto pós-treinamento, como de suporte à transferência de treinamento, entre outras. O presente livro trata de cada uma dessas medidas em capítulos específicos, como, por exemplo, medidas de características da clientela (Capítulo 21), medidas de variáveis relativas ao treinamento (Capítulo 22), medidas do contexto pós-treinamento (Capítulo 12), medidas de aprendizagem (Capítulo 23), medidas de impacto de T&D no trabalho e nas organizações (Capítulo 24), medidas de retorno de investimento (Capítulo 25) e medidas de comunicação e disseminação de informações de TD&E (Capítulo 19). A discussão feita no presente capítulo também é aplicável àquelas medidas relativas aos diagnósticos de necessidades (Capítulo 11) e de suporte (Capítulo 20) que deveriam ser realizadas antes da implementação de ações de TD&E.

O leitor interessado em aspectos específicos de cada uma dessas medidas deverá ir diretamente ao capítulo correspondente, no qual encontrará definições, conceituações e exemplos de instrumentos para medir as respectivas variáveis. No entanto, se o interesse for em como os dados obtidos por essas medidas podem ser analisados, o leitor deve consultar o Capítulo 26. O presente capítulo tem como propósito discutir aspectos gerais de construção de medidas dos níveis clássicos de avaliação de treinamento, o que será feito na presente seção. O propósito é apenas introduzir a discussão a respeito desses princípios, e não esgotá-los. Assim, a seguir, são apresentadas estratégias para construção de medidas de avaliação de treinamento para os níveis de reação, aprendizagem, comportamento no cargo, resultados na organização e valor final, tal como foram descritas por Borges-Andrade (2002).

NÍVEIS DE AVALIAÇÃO E SUAS MEDIDAS EM TD&E: CARACTERÍSTICAS E ESTRATÉGIAS

Kirkpatrick (1976) e Hamblin (1978) propuseram que uma avaliação de treinamento deveria seguir alguns níveis. Este segundo autor sugere cinco níveis, sendo que os dois últimos são desdobramentos do quarto nível proposto pelo primeiro autor:

a) **Reação**, que levanta atitudes e opiniões dos treinandos sobre os diversos aspectos do treinamento, ou sua satisfação com o mesmo.
b) **Aprendizagem**, que verifica se ocorreram diferenças entre o que os treinandos sabiam antes e depois do treinamento, ou se os objetivos instrucionais do treinamento foram alcançados.
c) **Comportamento no cargo**, que leva em conta o desempenho dos indivíduos antes e depois do treinamento, ou se houve transferência deste treinamento para o trabalho efetivamente realizado.
d) **Organização**, que toma como critério de avaliação o funcionamento da organização, ou mudanças que nela possam ter ocorrido em decorrência do treinamento.
e) **Valor final**, que tem como foco a produção, o serviço prestado ou o alcance dos objetivos globais da organização, o que geralmente acaba implicando

em comparar custos do treinamento com os seus benefícios monetários ou com o lucro obtido por causa de sua realização.

Esses níveis corresponderiam a efeitos esperados de treinamentos. Deste modo, em qualquer planejamento de treinamento, poderiam ser encontrados, de forma explicitada ou não, objetivos esperados relativos à satisfação dos treinandos, à sua aprendizagem e a seu desempenho no trabalho, bem como a mudanças nos processos organizacionais e nos padrões de produção ou dos serviços prestados (ver parte esquerda da Figura 18.1). A lógica do planejamento organizacional seria, pois, a de formular os objetivos deste último nível e deles derivar os objetivos do nível seguinte, e assim por diante, até os objetivos do nível de reação. Para alcançar os objetivos de qualquer um desses níveis, existiriam muitos possíveis tipos de ações, sendo que a maioria delas não envolveria treinamento.

A seqüência em que ocorreriam os efeitos, ao contrário, seria iniciada pelas reações dos treinandos e terminaria no nível de valor final (ver parte direita da Figura 18.1). O modelo sugere uma cadeia de relações de determinação, na qual os resultados desse primeiro nível seriam os maiores responsáveis pela aprendizagem dos indivíduos, que produziriam mudanças no seu desempenho no trabalho e assim por diante até os relativos ao último nível. Em cada um desses níveis, no entanto, se agregariam outras variáveis interferentes, de modo que os efeitos atribuíveis ao treinamento se tornariam, ao longo dessa cadeia, dependentes de um conjunto gradativamente mais amplo de fatores, o que dificultaria cada vez mais a sua detecção.

O papel da avaliação de treinamento seria o de coletar dados relativos aos efeitos nos diferentes níveis e compará-los com aqueles que seriam esperados (ver parte central da Figura 18.1). Portanto, medidas precisariam ser desenvolvidas para colher tais dados. Essa questão será discutida a seguir. Contudo, dados nem sempre seriam colhidos em todos os níveis.

Medidas de reação

A construção de medidas de reações reclama a resposta a três questões: O que medir? Com o que medir? Como medir?

A resposta sobre o que medir passa por outra decisão, similar àquela relativa à mensuração de satisfação no trabalho. Pode-se obter uma medida global, com um único item, ou múltiplas medidas de satisfação (e mais uma global, se essas medidas pude-

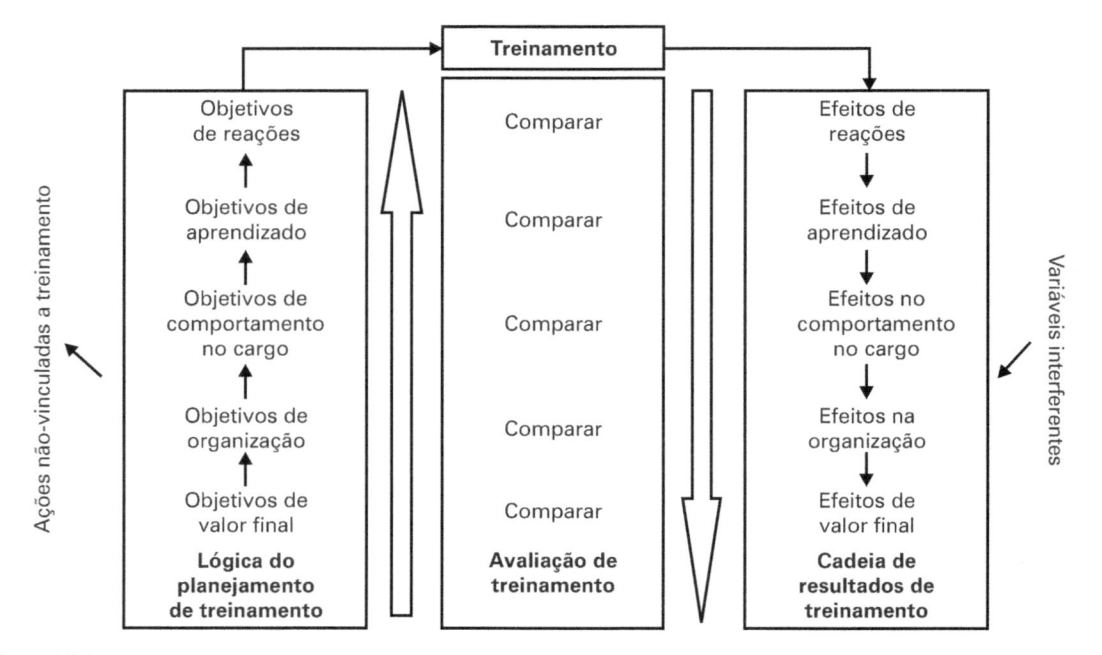

Figura 18.1 Os níveis de avaliação de treinamento.
Fonte: Adaptado de Hamblin (1978).

rem ser agregadas), com vários itens que direcionam o foco do respondente para distintos aspectos do objeto sobre o qual se deseja obter indicações sobre a sua satisfação. O uso de um item, como indicador global, tem sofrido fortes críticas pelos riscos que representa quanto à sua confiabilidade. O uso de vários itens é muito facilitado, quando existe um quadro de referências que sirva de guia para a elaboração de questões que cubram apropriadamente todos os aspectos do treinamento que devam ser considerados. O MAIS (Borges-Andrade, 1982), anteriormente mencionado, tem servido bem a esse propósito, pois sua base teórica privilegia justamente os aspectos instrucionais e administrativos que geralmente produzem reações nos treinandos.

O MAIS sugere que uma avaliação deve levar em conta múltiplas variáveis classificadas em cinco componentes: insumos, procedimentos, processos, resultados e ambiente, sendo que este último ainda é dividido em quatro outros subcomponentes (para maiores detalhes sobre o MAIS, ver o Capítulo 17 deste livro). Nesse contexto, a construção dos itens, para mensuração das reações, é feita com base no quadro de referências oferecido por esse modelo e levando em consideração as peculiaridades do contexto organizacional e do sistema de TD&E em funcionamento na organização.

Há aqui um dilema difícil de ser resolvido. Por um lado, seria ideal possuir instrumentos padronizados de reação, mas isso teria o alto custo da perda da especificidade, considerando-se que as reações dos treinandos muitas vezes referem-se a aspectos particulares daquele sistema e da organização na qual funciona. Assim, a tendência tem sido a de construir questionários específicos, embora tomando o MAIS como modelo ou quadro de referências. Um exemplo disso foi a experiência desenvolvida por Lima e Borges-Andrade (1985), que construíram um questionário padronizado usado para avaliar reações a uma grande variedade de treinamentos oferecidos pela Embrapa e depois testaram as relações hipotetizadas por aquele modelo. Contudo, esses autores, na ocasião, não validaram psicometricamente o seu instrumento.

Validar psicometricamente um questionário, para cada organização, extraindo-se seus fatores e verificando-se a confiabilidade dos mesmos, é um desafio. Para fazê-lo, é preciso contar com treinamentos variados e em grande quantidade, uma organização disposta a se submeter a esse processo e uma equipe capacitada para fazê-lo. Experiências bem documentadas e com indicadores psicométricos muito bons foram feitas na Telebrás, por Alves, Pasquali e Pereira (1999), e no Tribunal de Contas da União (TCU), por Oliveira-Castro, Sallorenzo e Gama (1998a). Nos estudos realizados na Telebrás, foram identificados cinco consistentes nos instrumentos desenvolvidos, representando os seguintes constructos: utilidade do treinamento, apoio e resistência gerenciais, qualidade do material instrucional e competência do instrutor e planejamento e avaliação do treinamento. No TCU, as análises realizadas com os instrumentos de mensuração de reações aos cursos resultaram em três fatores, resultados e expectativas de apoio à transferência, programação dos cursos e apoio ao desenvolvimento dos mesmos, e as análises nos instrumentos de reações ao desempenho dos instrutores indicaram dois fatores, denominados desempenho didático e entrosamento com os treinandos e domínio do conteúdo.

Essas experiências demonstraram que é possível desenvolver instrumentos de reações válidos (consistentes e confiáveis), que mantêm uma correspondência razoável com o quadro de referências que inspirou os itens inicialmente formulados e que se ajustam às peculiaridades das organizações e de seus sistemas de TD&E. Contudo, essa última vantagem também é um ponto fraco, pois, em todos os casos, não se pode garantir maior generalidade dos instrumentos, ou que eles se comportariam de maneira equivalente em outros contextos. Outro problema tem a ver com o próprio MAIS. Ele é um quadro de referências que pretende abranger todos os aspectos do treinamento, o que o torna um recurso que produz explosões de criatividade nos elaboradores de questões. Isso resulta em questionários inicialmente muito extensos, que provocam resistências em vários setores organizacionais, até que as validações psicométricas possam sugerir os itens que devem ser eliminados.

Há ainda duas outras questões a serem consideradas. Com o que medir? As respostas podem ser com lápis e papel, entrevistas ou observações. Como medir? Isso pode ser feito com registros de observação ou questões fechadas ou abertas. As experiências têm sido com lápis e papel, o que exige certo nível de escolaridade dos respondentes, e quase sempre questões fechadas, o que limita as chances de serem detectadas certas ocorrências não previstas no planejamento da avaliação, mas reduz o tempo de análise e aumenta a confiabilidades dos resultados. Os questionários que têm sido aplicados geralmente incluem uma questão aberta, que exige uma análise de conteúdo trabalhosa. Nesse caso, tenta-se realizar a classificação das respostas livres com base no próprio quadro de referências utilizado para inspirar a elaboração dos itens fechados. Na grande maioria das vezes, as análises quantitativas e qualitativas têm um alto grau de correspondência, já que a própria exposição do respondente a várias questões fechadas pode acabar por condicionar o tipo de resposta que ele escreve nas questões abertas. Isso é, na verdade, outro problema de mensuração.

Oliveira-Castro, Sallorenzo e Gama (1998b) relatam uma interessante experiência de construção e aplicação de um roteiro de observação do instrutor em sala de treinamento, que pode ser complementar ao uso de questionários de lápis e papel. Os resultados finais obtidos demonstraram que é possível a obtenção de altos índices de fidedignidade entre observadores. Uma das desvantagens do método, no entanto, é que ele envolve muitas pessoas (observadores) e exige um grande esforço de coordenação e treinamento. Além disso, esse método é limitado aos aspectos de desempenho do instrutor que são passíveis de observação direta, não sendo sensível para a detecção da satisfação e opiniões dos participantes.

Em vez de focalizarem o desempenho do instrutor, Pantoja, Lima e Borges-Andrade (1999) relatam uma análise de documentos relativos a programas de cursos, utilizando uma lista de verificação. Ela é composta de itens abrangendo aspectos relacionados ao planejamento instrucional, que no estudo de Lima e Borges-Andrade (1985) destacaram-se como melhores preditores dos principais efeitos esperados de treinamentos (características dos objetivos, conteúdo, meios/recursos, referências bibliográficas e metodologia de ensino-aprendizagem proposta), bem como de indicadores sobre o número médio de treinandos e instrutores e a carga horária média. Em relação a esse método, o problema foi que as naturezas do instrumento e do procedimento de coleta de dados inviabilizaram um tratamento estatístico que verificasse precisão e validade das medidas, embora eles tenham demonstrado mais economia no uso de recursos e na administração do processo de pesquisa, em comparação com o método anteriormente descrito. Ele compartilha, com o anterior, a desvantagem de que não revela a satisfação dos participantes.

Em resumo, para responder às três questões colocadas no início desta seção, é necessário levar em consideração a natureza da organização e do seu sistema de TD&E, os tipos de clientela desse sistema e os recursos disponíveis. As experiências já realizadas demonstram que se avançou no sentido de enfrentar os desafios da construção de medidas de reações, embora as soluções desenvolvidas tenham, elas próprias, produzido outros desafios. Há dilemas que persistirão, pois as alternativas de resposta em geral atendem a uma ou duas dessas considerações, mas deixam as demais sem cobertura.

Para a discussão de elementos atinentes à construção de medidas no nível de reação, bem como para ter acesso a exemplos de diferentes tipos de medidas nesse nível, consulte o Capítulo 22 deste livro.

Medidas de aprendizagem

O desenvolvimento de medidas de aprendizagem tem como primeiro desafio uma questão que há muito tempo preocupa os educadores: os itens devem ser referenciados em normas ou em critérios? Isto é, os parâmetros para mensuração, contra os quais é comparado o desempenho de cada treinando, devem ser fornecidos pelo desempenho do grupo de treinandos ou pelos desempenhos esperados explicitados nos objetivos do treinamento? No primeiro caso, a construção dos itens é feita a partir de uma amostragem dos conteúdos do programa, enquanto no segundo o item é deduzido diretamente dos objetivos formulados. No primeiro caso, a definição de competência do treinando é feita a partir dos escores obtidos pelo grupo de treinandos; portanto, alguém poderia, com um mesmo desempenho, obter diferentes indicações quanto às capacidades aprendidas. No segundo, o critério tende a ser absoluto e é definido pelos próprios objetivos; portanto, o indivíduo é considerado competente ou não com base exclusivamente no que está neles escrito, e isso pode ter sido definido arbitrariamente. O primeiro vem de uma tradição de seleção: procura-se os mais aptos. O segundo vem de uma tradição de ensino: deseja-se determinar quem aprendeu.

Embora a resposta pareça óbvia, pois a finalidade imediata de um treinamento é a aprendizagem das pessoas, o fato de que muitos treinamentos não possuem objetivos formulados em termos de desempenho impede que a segunda tradição seja seguida. Então, elabora-se um conjunto de itens baseado em uma amostragem do conteúdo incluído no programa. Assim, o controle do processo dificilmente fica nas mãos do avaliador, passando para as mãos do especialista em conteúdo, o que impede uma apropriada construção e análise de itens. Em muitas organizações, é tal a autonomia dada ao instrutor que este ou os responsáveis pelo sistema de TD&E considerariam inconveniente, ou como intromissão, a participação do avaliador ou pesquisador na elaboração de itens.

Outro problema é que uma boa medida de aprendizagem deveria incluir uma comparação entre desempenhos na entrada e na saída do treinamento, o que é dificilmente viável, por um par de razões: começar um treinamento com uma avaliação pode ser fator de constrangimento em muitas culturas organizacionais, e quase sempre não existem baterias de itens efetivamente similares para serem usadas nessas duas ocasiões. Em muitas organizações, mesmo a avaliação de domínio dos objetivos ou conteúdo, realizada somente ao final do treinamento, é vista como imprópria ou considerada como algo inerente ao ensino formal, e não a organizações de trabalho.

Em função de todas essas dificuldades, algumas estratégias têm sido utilizadas para, pelo menos, existirem alguns indicadores de aprendizagem. Pantoja, Lima e Borges-Andrade (1999) e Abbad (1999) utilizaram resultados de pós-testes construídos e corrigidos pelos próprios instrutores e encontraram poucas relações ou correlações baixas entre esses indicadores e variáveis relativas a outros componentes do MAIS ou a outros níveis do modelo proposto por Hamblin (1978). Esses resultados levaram os autores a reconhecer a possível fragilidade de suas medidas de aprendizagem, pois não tiveram acesso e controle sobre os processos de construção e análise dos itens.

Não tendo sequer condições de conseguir essas medidas, mas podendo contar com objetivos de treinamento formulados em termos de desempenho, Borges-Andrade, Morandini e Machado (1999) e Lima e Borges-Andrade (1985) recorreram a auto-relatos de aprendizagem que listavam os objetivos de ensino e solicitavam aos respondentes que julgassem sua aquisição durante o treinamento. A não ser pelo fato de terem verificado consistência interna entre esses julgamentos, seus resultados não foram mais animadores dos que os obtidos por aqueles autores, além de serem bastante questionáveis, além da ponderação de terem sido obtidos por meio de auto-avaliações.

Alves e Tamayo (1993) descrevem a montagem de um sistema de avaliação de treinamento na Telebrás em que um dos níveis era o de resultados imediatos, avaliados por meio dos ganhos verificados em testes de aprendizagem gerados a partir dos objetivos de instrução dos treinamentos. Os outros dois níveis, que também já estavam sendo implementados, eram os de reação e de desempenho no cargo. Contudo, ao descreverem os processos de validação dos instrumentos e seus parâmetros psicométricos, limitaram-se a fazê-lo para esses dois últimos níveis. Além disso, não descrevem esforços no sentido de testar as possíveis relações entre os indicadores dos três níveis, o que seria outra forma de testar indiretamente a qualidade das medidas. Portanto, não há registro do quanto avançou essa experiência de construção e validação de medidas de aprendizagem.

Em resumo, são grandes as barreiras que impedem o desenvolvimento de instrumentos de mensuração no nível de aprendizagem. O que se fez até agora não conseguiu enfrentar apropriadamente os desafios que se apresentam, o que permite concluir que os avanços absolutos ainda são pequenos. Comparando-se o que foi alcançado neste nível com aquilo que já se relatou no nível de reação, conclui-se que também não houve avanços em termos relativos. Há que considerar que as pesquisas sobre avaliação de treinamento realizadas não tiveram como sua prioridade o estudo de variáveis no nível de aprendizagem. Para maiores detalhamentos sobre a questão da construção de medidas no nível de aprendizagem, consulte o Capítulo 23 deste livro.

Medidas de comportamento no cargo

Tal como na mensuração de reações, no processo de desenvolvimento de medidas de avaliação de treinamento no nível de comportamento no cargo já existe sistematização para a tomada de decisões. As seguintes questões devem ser respondidas:

- O que medir? Comportamento ou resultados?
- Em que nível de complexidade? De profundidade ou largura?
- Como medir? Observação ou perguntas?
- Quem deve fornecer os dados? Treinandos, supervisores, colegas, clientes?

Como será demonstrado a seguir, esses três conjuntos de decisões dependem de condicionantes como disponibilidade de recursos humanos e financeiros no subsistema de avaliação, natureza dos objetivos de treinamento, tipo de cargo ou função, cultura da organização e tipo de clientela a ser avaliada.

A decisão sobre o que medir é tomada após uma análise dos objetivos formulados para o treinamento. Na maioria dos casos, essa análise sugere que o foco permaneça em comportamentos, mas também há situações em que o foco da medida fica em resultados que podem ser deduzidos a partir dos comportamentos descritos nos objetivos. Os objetivos são freqüentemente escritos em um nível de especificidade recomendável para um apropriado planejamento da instrução, mas que é excessivamente detalhado para uma avaliação no nível de comportamento no cargo. Ou há objetivos intermediários que precisam ser atingidos, para que ocorra a aprendizagem do que se espera no ambiente de trabalho, mas que nunca serão diretamente observados ou esperados neste ambiente. Em ambos os casos, é necessário fazer uma eliminação dos detalhes ou dos objetivos estritamente instrucionais, restando aqueles que se referem a comportamentos ou resultados que serão efetivamente esperados no trabalho. As justificativas utilizadas para implementar o treinamento ou o diagnóstico de necessidades realizado podem ajudar muito nessa decisão.

Após obtida uma lista de itens que descrevem comportamentos ou resultados do treinamento esperados no trabalho, solicita-se aos respondentes que opinem, com o apoio de uma escala tipo Likert.[4] Borges-

Andrade e Siri (1998), por exemplo, utilizaram uma escala de julgamento de nível de impacto no trabalho, avaliando um programa de treinamento oferecido para membros de organizações que operam em toda a América Latina e Caribe. Esse programa tinha uma lista bem clara de comportamentos e resultados esperados, na área de planejamento, acompanhamento e avaliação da pesquisa agrícola. Borges-Andrade, Azevedo, Pereira, Rocha e Puente (1999), no Banco do Brasil, e Pilati, Borges-Andrade e Azevedo (1999), em uma empresa privada de televisão por assinatura, utilizaram uma escala de freqüência de utilização, no trabalho, do aprendido em vários treinamentos oferecidos em todo o Brasil. A escala foi sempre a mesma, mas foram muitas as listas de comportamentos esperados no cargo, já que os treinamentos variaram muito quanto à natureza de seu conteúdo (técnicos, operacionais e gerenciais) e quanto à natureza das capacidades ensinadas (habilidades intelectuais, informações verbais e atitudes).

As tentativas realizadas por esses autores para verificar a precisão e validade psicométrica dos instrumentos resultaram em estruturas unifatoriais e bons indicadores estatísticos. Contudo, quando o número de treinandos por treinamento é pequeno, esse tipo de análise estatística fica inviabilizado, pois precisa ser feito para cada lista de comportamentos esperados. Isso é um problema de difícil superação, a não ser que se opte por somente realizar pesquisas com poucos treinamentos oferecidos em caráter massificado, o que não é mais uma prioridade em muitas organizações contemporâneas, ou somente realizar pesquisas em organizações de grande porte, o que limitaria a generalidade dos resultados.

O primeiro grande desafio ocorre quando não existem objetivos formulados em termos de comportamentos esperados do treinando. Isso acontece porque o planejamento segue uma abordagem que (a) rejeita essa formulação de objetivos, (b) só os formula em termos do que é esperado dos instrutores, (c) só os formula no decorrer do próprio treinamento, após discussão com os participantes, ou (d) só faz listagens de conteúdos a serem abordados. Outras razões, bem mais prosaicas, são as de que o sistema de TD&E é tão desorganizado que não existe documentação registrando os planejamentos, ou é totalmente terceirizado a ponto de não fazer sentido uma política de arquivamento desse tipo de informação. Dois tipos de experiências foram desenvolvidos, para tentar resolver esse problema.

A primeira, mais antiga, foi a de tentar vencer o desafio construindo um conjunto padronizado de perguntas que servissem para avaliar o impacto de qualquer treinamento no trabalho dos indivíduos, independentemente da abordagem de TD&E ou da política adotada pelas organizações. Lima, Borges-Andrade e Vieira (1989) identificaram três importantes indicadores para isso, centrando seus itens na freqüência de utilização dos conhecimentos adquiridos, na melhoria da qualidade do desempenho em aspectos referentes ao curso e na diminuição de erros em assuntos relativos ao curso. Com esses parâmetros, solicitou-se aos respondentes que utilizassem uma escala de concordância tipo Likert para julgar o impacto do treinamento que tinham realizado (o nome do treinamento era citado, mas não eram feitas referências a seu conteúdo ou objetivos). A mesma estratégia foi depois usada por Leitão (1994) e Paula (1992). Essas três experiências resultaram em modelos de predição para os referidos indicadores e, no primeiro e terceiro caso, os modelos encontrados foram bastante similares. As medidas pareciam promissoras, pois contornavam o problema apresentado, eram padronizadas, e os dados obtidos faziam sentido, mas careciam de uma validação psicométrica.

Abbad (1999) envidou esse esforço, tomando os itens já utilizados nessas experiências e a eles acrescentando outros que emergiram de um levantamento exploratório que fez ao entrevistar ex-treinandos do TCU. As análises estatísticas realizadas revelaram uma estrutura unifatorial, com bons indicadores psicométricos e elevados escores de consistência interna e confiabilidade do instrumento. Os resultados dessa pesquisa apontam a necessidade de aprimoramento da medida, mas houve corroboração do modelo conceitual proposto para o fenômeno, avançando com a descrição do fenômeno de resultado do treinamento no trabalho do treinado. Com essas medidas no nível de comportamento no cargo, a autora testou modelos de predição que confirmaram a maioria dos resultados anteriormente obtidos. Outras tentativas, já usando o novo instrumento validado, foram descritas por Borges-Andrade, Gama e Oliveira-Simões (1999), Borges-Andrade, Morandini e Machado (1999), Pantoja, Lima e Borges-Andrade (1999) e Martins, Pinto Jr. e Borges-Andrade (1999), que encontraram resultados de análises fatoriais e de confiabilidade muito similares aos da autora. Já como esforço de aprimoramento da referida medida, Pilati e Abbad (2005) realizaram uma análise fatorial confirmatória dessa escala. A análise confirmatória da estrutura empírica do instrumento foi testada em uma amostra diversificada de quase 3 mil treinandos que cursaram mais de duas dezenas de diferentes tipos de treinamentos, provenientes de dezenas de organizações de diferentes naturezas. Os autores relatam que a estrutura inicial foi parcialmente corroborada nas análises, pois houve a indicação de eliminação de dois dos 12 itens do instrumento de mensuração de impacto do treinamento no trabalho. Esse estudo permite concluir sobre a generalização dos resultados, já que foram incluídas muitas organizações.

Outro esforço foi realizado por Alves e Tamayo (1993), que não tomaram como base os indicadores anteriores. Esses autores realizaram toda a construção de seu instrumento a partir da opinião de treinandos e gerentes da Telebrás e encontraram estruturas multifatoriais, incluindo dimensões tais como motivação, relacionamento, autovalorização, atitude crítica e organização do trabalho, a maioria delas com índices de precisão e validade muito elevados. Não existe registro, no entanto, de que esse instrumento tenha sido posteriormente aplicado em outras organizações. Essas experiências de construção de instrumentos padronizados parecem ser apropriadas para as situações em que a natureza dos objetivos (quando existem) não permite a elaboração de listas de desempenhos esperados para cada treinamento ou quando o sistema de TD&E é extremamente grande, e a organização deseja avaliar comparativamente todos os eventos realizados. Contudo, a tomada de decisão sobre elaborar tais instrumentos exige que se disponha de recursos financeiros, pessoal capacitado para construí-los e uma cultura organizacional que compreenda os procedimentos de pesquisa e esteja disposta a aguardar pelos seus produtos. Esse problema poderia ser contornado com o uso do instrumento citado anteriormente, já padronizado e validado e cuja generalidade foi demonstrada, mas os seus usuários precisam ser alertados de que ele não permite que se levem em conta medidas de comportamento no cargo específicas de cada ambiente organizacional.

Uma segunda alternativa para resolver o desafio antes colocado é fazer um levantamento exploratório, de caráter qualitativo, utilizando entrevistas e leitura de documentos e abrangendo todas as pessoas que estiveram envolvidas com o treinamento. Assim, é feita uma tentativa de recuperar e organizar as informações dispersas na organização ou existentes na memória de seus membros. Isso evidentemente necessita ser realizado para cada evento de treinamento e pode inviabilizar a avaliação, se os recursos a serem despendidos tornarem-se mais elevados do que aqueles usados nos treinamentos que se pretende avaliar. A organização que deseja fazer isso paga, em termos dos recursos financeiros e humanos que deverá utilizar no subsistema de avaliação, o preço de não ter documentado e organizado seu subsistema de planejamento de TD&E ou de ter decidido terceirizá-lo. Mesmo assim, essa alternativa pode não servir para qualquer tipo de cargo ou função, clientela de treinamento ou cultura organizacional.

Um exemplo de implementação dessa alternativa foi descrito por Bastos, Fernandes e Viana (1999). Esses autores avaliaram um programa que pretendia transferir, para o trabalho, complexas e subjetivas dimensões de habilidades pessoais em lidar com demandas estressantes em um hospital, que deveriam ser fortalecidas em um grupo de crescimento. O levantamento de seus indicadores foi feito por meio de entrevistas individuais, análises de dados secundários e do uso da técnica de grupo focal. Depois, construíram seus questionários com base em Borges-Andrade (1998) e Borges-Andrade e Siri (1998). Na parte quantitativa, as respostas foram dadas em uma escala tipo Likert, que solicitava julgamentos sobre o nível de utilização, no trabalho, do que tinha sido aprendido no programa. Contudo, o elevado número de indicadores e a quantidade reduzida de participantes (e respondentes) impossibilitou a verificação da qualidade psicométrica dos instrumentos de mensuração utilizados.

Na mensuração de efeitos no nível de comportamento no cargo, além de os indicadores poderem diferenciar-se em comportamentos e resultados, sua complexidade pode ser definida em termos de profundidade ou largura (Hamblin, 1978). No primeiro caso, o foco da avaliação é estritamente no previsto no programa do treinamento, mesmo que isso não esteja escrito e que seja necessário fazer um levantamento exploratório. Portanto, os instrumentos de coleta de dados limitam-se a questionar o uso dos conhecimentos e das habilidades aprendidas ou atitudes desenvolvidas, ou o seu impacto no trabalho. Várias pesquisas, já descritas aqui, seguiram essa estratégia. Entretanto, sob certas culturas e políticas organizacionais, é possível, ou é preciso, verificar se existem evidências de que o adquirido em treinamento está tendo impacto em dimensões do desempenho individual que vão além daquelas diretamente relacionadas a conhecimentos, habilidades e atitudes previstos em programas de treinamento.

Pilati, Borges-Andrade e Azevedo (1999) utilizaram uma estratégia de mensuração em profundidade e largura, para avaliar treinamentos operacionais em uma empresa privada de televisão por assinatura. Em ambas as experiências, foram obtidos indicadores elevados de precisão dos instrumentos e correlações moderadas e significativas entre medidas em profundidade e largura, o que fortaleceu a validade das medidas. Os escores de utilização ou impacto de treinamento obtidos nas primeiras foram sempre mais elevados do que os obtidos em largura, pois seria mesmo de se esperar que os efeitos de treinamentos seriam maiores em desempenhos diretamente relacionados ao que foi ensinado ou desenvolvido. A transferência de conhecimentos, habilidades e atitudes, ao longo de todo o conjunto de desempenhos do treinando no trabalho, toma muito mais tempo e, em muitos casos, pode nunca ocorrer.

Estratégias de mensuração em largura têm também suas limitações. Não cabe ao subsistema de avaliação de treinamentos o papel de definir desempenhos esperados em toda a organização e, se isso for tentado, poderá ser considerado, em muitas culturas organizacionais, como uma intromissão indevida. Além disso, a atual política de flexibilização ocupacional tem colocado à prova as práticas de descrição padronizada de cargos e funções. Uma esperança, para os que desejarem desenvolver medidas nesse nível de complexidade, é o movimento de gestão de competências (ver Capítulo 11), que tem retomado essas práticas de descrição, embora isso fique no nível de competências, e não de cargos, funções ou tarefas, o que pode ainda ser mais promissor, para a avaliação de treinamentos.

A terceira questão a ser respondida diz respeito a como a medida será realizada: observar ou perguntar? Já foram aqui descritas experiências bem-sucedidas utilizando essas duas alternativas, no nível de mensuração de reações. Contudo, no nível de mensuração de comportamento no cargo, a primeira alternativa limita a avaliação ao que pode ser diretamente observado, durante o tempo em que houver observador presente. Esse fato traz sérias limitações, considerando-se que atualmente a grande maioria dos treinamentos espera que as pessoas desenvolvam uma ampla variedade de desempenhos complexos e extremamente difíceis de serem observados em ambientes e tempos predefinidos (p. ex.: habilidades para solucionar problemas, estratégias cognitivas e posturas éticas e de civismo organizacionais ou extra-organizacionais), independentemente de o foco das medidas ser em comportamentos ou seus produtos.

Além disso, em uma freqüência elevada de casos, pode-se esperar mudanças de desempenhos em períodos pós-treinamento muito diversificados, já que os indivíduos são colocados em ambientes com desenhos de trabalho com amplas e elevadas alternâncias ocupacionais, ou em que cada equipe define como e quando cada tarefa será realizada. Talvez por todas essas razões, mais os fatos de que a presença de observadores é vista como ingerência indesejável em muitas culturas organizacionais (especialmente quando os treinamentos são gerenciais ou estratégicos) e que procedimentos de observação requerem atividades de coordenação e treinamento que demandam muitos recursos, a mensuração tem sempre acabado por ser feita na forma de perguntas.

As perguntas podem ser respondidas pelos próprios ex-treinandos (auto-avaliação), por seus supervisores, colegas ou clientes (heteroavaliação), ou por uma combinação desses tipos de respondentes. Contudo, se os treinamentos foram feitos de forma massificada, aos gerentes caberá avaliar simultaneamente o seu impacto em todos os indivíduos de seu setor, o que significará a suspensão ou redução de suas atividades, para poderem responder a tantos questionários. Em culturas organizacionais mais tradicionais, pode não ser bem vista a consulta a colegas ou clientes. A combinação seria o ideal, porque permitiria a verificação de diferenças e coincidências de opiniões. Mas é ela que também exige mais recursos, pois demanda grande esforço de coordenação na coleta de dados, para que a correspondência entre eles não seja perdida, no momento da análise. Além disso, também a coleta cruzada de informações pode não ser muito bem vista, se é interpretada como desconfiança do avaliador. Um problema, ao perguntar, é que o formato definido para as respostas pode inviabilizar a inclusão de muitas categorias de indivíduos, especialmente os que têm baixa escolaridade. Esses são os condicionantes do processo de tomada de decisão, quando a pergunta é: quem deve fornecer os dados?

Entre as pesquisas até aqui descritas, usaram somente auto-avaliações: Lima, Borges-Andrade e Vieira (1989), Leitão (1994), Paula (1992), Borges-Andrade, Morandini e Machado (1999) e Martins, Pinto Jr. e Borges-Andrade (1999). Nos três primeiros estudos, os principais condicionantes para essa decisão foram a ampla variedade de treinamentos, pois pretendia-se cobrir todos os eventos ocorridos em um dado período de tempo, bem como a dificuldade de acesso a superiores, colegas ou clientes, já que a forma de contato existente, para envio dos questionários, era quase sempre através dos próprios ex-treinandos. Na quarta pesquisa, os ex-treinandos eram todos gerentes de projetos nacionais, e seus melhores avaliadores seriam os executores desses projetos, que se encontravam espalhados por todo o país. Na quinta, não existiu uma coordenação de coleta de dados que garantisse sigilo e confiabilidade para cruzamento dos dados de auto e heteroavaliação.

Borges-Andrade e Siri (1998) e Bastos, Fernandes e Viana (1999) utilizaram auto e heteroavaliações, com questionários que continham listas específicas de desempenhos esperados dos treinamentos. No primeiro desses estudos, solicitou-se que julgamentos de impactos nesses desempenhos fossem avaliados pelos ex-treinandos (auto-avaliação) e seus supervisores e colegas (heteroavaliações). Foram obtidos excelentes índices de parâmetros psicométricos de validade e precisão para o questionário de auto-avaliação, mas não foi possível calculá-los para os dados obtidos com o questionário dos colegas e o dos supervisores, pois eles tiveram um baixo percentual de retorno. No segundo estudo, foram utilizadas respostas de ex-participantes e seus chefes, em questionários separados, mas o número reduzido de casos impossibilitou igualmente um tratamento estatístico para verificação desses índices.

Antes disso, Alves e Tamayo (1993) já haviam feito um esforço de construção de um instrumento a ser respondido pelo empregado da Telebrás e outro por seu gerente, mas utilizando um conjunto de itens padronizados que podiam ser usados para qualquer treinamento. No entanto, apesar de serem minimamente apropriadas, as qualidades psicométricas de ambos os instrumentos, as estruturas fatoriais dos questionários de auto e heteroavaliação diferiram em número e natureza, e os índices de precisão do primeiro deles foram bastante inferiores aos do segundo. Com isso, as possibilidades de comparação entre escores ficaram limitadas.

Abbad (1999) adaptou seu instrumento padronizado e validado, para avaliação de impacto de treinamento em qualquer tipo de desempenho, de modo que pudesse também ser enviado para os supervisores de sua amostra de ex-treinandos. Os itens permaneceram os mesmos, mas foram modificadas as instruções e os enunciados das escalas de julgamento, de modo que pudessem fazer referência a uma terceira pessoa (heteroavaliação), em vez de uma primeira pessoa (auto-avaliação). Contudo, motivos relacionados a fatos políticos e aspectos culturais da organização que iria ser estudada impediram a aplicação de seu questionário de heteroavaliação.

Em seguida, esse questionário foi aplicado entre supervisores de ex-treinandos, juntamente com o de auto-avaliação, em quatro outras organizações, por Borges-Andrade, Gama e Oliveira-Simões (1999), na região norte do Brasil, Pantoja, Lima e Borges-Andrade (1999), no centro-oeste, nordeste e sudeste, Borges-Andrade, Azevedo, Pereira, Rocha e Puente (1999), em todo o país, e Pilati, Borges-Andrade e Azevedo (1999), no centro-oeste e nordeste. Eles encontraram, nos dados obtidos por ambos instrumentos, características psicométricas muito similares às que já tinham sido encontradas pela autora dos instrumentos, o que confirmou sua validação e alta precisão e ampliou bastante sua generalidade. Contudo, eles são instrumentos de avaliação inapropriados para aplicação em clientelas com baixa escolaridade.

As comparações feitas entre os escores obtidos em auto e heteroavaliação mostram padrões distintos, que parecem ser determinados pelo tipo de cultura organizacional e pela natureza da ocupação e dos objetivos dos treinamentos avaliados. Às vezes, os supervisores se mostram mais rigorosos, registrando níveis mais baixos de avaliação nos níveis de comportamento no cargo, outras vezes são os próprios ex-treinandos que se mostram mais exigentes consigo mesmos. Quando colegas foram envolvidos, seus julgamentos revelaram menores níveis de avaliações de impacto que aqueles dos ex-treinandos e de seus chefes.

É preciso ressaltar que muitos dos estudos aqui relatados, no nível de mensuração de comportamento no cargo, introduziram algumas perguntas abertas, solicitando ao respondente que descrevesse efeitos dos treinamentos no trabalho ou, mais especificamente, que descrevesse impactos positivos e negativos. Nos casos em que o estudo tenha sido feito com listas de desempenhos definidos a partir dos programas de treinamento, geralmente essas questões foram colocadas após cada categoria de efeito esperado. As análises dos conteúdos das respostas quase sempre confirmaram os resultados quantitativos. A interpretação disso e o problema metodológico nela embutido podem ser similares ao que já se apresentou anteriormente, quando se descreveram e discutiram as medidas no nível de reação.

Para maiores questões sobre o nível de medida de comportamento no cargo, que obteve grande produção nos últimos anos, recomenda-se a leitura do Capítulo 24 deste livro.

Medidas organizacionais

Ao contrário do nível anterior, no processo de desenvolvimento de medidas de avaliação de treinamento no nível organizacional não existe sistematização similar para a tomada de decisões. Todavia, pode-se tentar fazer alguns paralelos. O que se deseja efetivamente medir são mudanças que o treinamento possa ter provocado na organização. O foco deve ser no comportamento da organização ou de suas unidades e, contrariando o nível anterior, nunca em seus resultados, pois isso já significaria estar no próximo nível: o de valor final. Talvez por essa razão, Kirkpatrick (1976) incorpore os dois últimos níveis de Hamblin (1978) em um só nível de mensuração. A medida pode ser feita por meio de observação (isto inclui documentos) e perguntas. Os dados podem ser fornecidos pela mesma variedade de atores do nível anterior. Essa característica faz com que esse nível não desenvolva medidas para avaliação de traços latentes, o que ocorre em todos os níveis até aqui abordados.

As decisões dependerão dos condicionantes já descritos, mas sabe-se que o processo de avaliação seria muito facilitado se existisse um sistema de controle e avaliação organizacionais em funcionamento e se este incluísse indicadores que fossem minimamente sensíveis para a detecção de efeitos de treinamento. Infelizmente, isso raramente acontece, pois esses sistemas (quando existem) não são desenhados com o foco em TD&E, que para seus construtores é "micro" demais para ser levado em consideração no nível "macro" em que aqueles sistemas são desenvolvidos. Fazendo uma analogia com o nível anterior, seria como dispor de boas descrições de cargos ou funções, ou de competências, que pudessem servir de parâmetros para se verificar o impacto do treinamento. A diferença é que se estaria esperando por indicadores equivalentes, no nível da organização como um todo ou de suas unidades. Se a presença de tais indicadores, no nível anterior, já não é tão freqüente, talvez fosse otimismo em demasia acreditar que eles pudessem existir e estar apropriadamente definidos para servirem ao presente nível de mensuração.

Em princípio, as mudanças de comportamento a serem verificadas na organização deveriam ser derivadas dos desempenhos esperados do conjunto dos indivíduos treinados, que por sua vez deveriam ser deduzidos dos objetivos dos treinamentos. Ao desafio que já existia e foi anteriormente descrito, de fazer essa dedução destes objetivos, acrescenta-se aqui o de derivar mudanças de comportamento da organização a partir de desempenhos individuais esperados, que raramente estão definidos, até porque a tendência de flexibilizar ocupações torna esse trabalho eternamente inacabado. As mudanças nunca deveriam ser modificações no nível do comportamento dos ex-treinandos e poderiam estar localizadas na cultura, em processos ou em estruturas organizacionais. O desafio, neste caso, é o dispor de indicadores apropriados, como já mencionado no parágrafo anterior. Há, no entanto, algumas experiências a relatar.

Borges-Andrade e Siri (1998) e Bastos, Fernandes e Viana (1999) usaram os mesmos questionários e os mesmos atores para avaliar treinamentos nos níveis de comportamento no cargo e de organização. O que mudou foi a descrição do que deveria ser o foco do julgamento, em cada item listado. No primeiro estudo, foram listados principalmente os processos e as estruturas de planejamento, acompanhamento e avaliação da pesquisa agrícola que deveriam ser modificados nas instituições da América Latina e Caribe, como resultado dos treinamentos. No entanto, mudanças esperadas na cultura e no desempenho organizacionais também foram incluídas. Na segunda pesquisa, os itens cobriram valores e metas organizacionais que, em um levantamento exploratório anterior, tinham sido identificados como mudanças organizacionais esperadas do programa concebido para desenvolver habilidades para lidar com o estresse em ambiente hospitalar. Borges-Andrade e Siri (1998) verificaram as diferenças estatísticas entre os julgamentos obtidos no nível de comportamento no cargo e de mudança organizacional. Os escores desse primeiro nível foram sistematicamente mais elevados do que os do segundo, confirmando que os efeitos do treinamento tornam-se menos detectáveis ou se misturam a outros efeitos, à medida que se muda de níveis, como prevê a Figura 18.1.

Freitas e Borges-Andrade (2004) descreveram um método para identificar efeitos de treinamento nos desempenhos dos indivíduos e da organização, no Banco do Brasil, envolvendo 218 profissionais que fizeram um MBA em *marketing*. Os dados foram coletados por meio de entrevistas e questionários de auto e heteroavaliação. Nos questionários, foi avaliada a contribuição do treinamento para a melhoria do desempenho individual e organizacional. Nas entrevistas, foram levantados indicadores de melhoria do desempenho organizacional para os maiores impactos anteriormente relatados pelos respondentes dos questionários. Os resultados indicaram que a metodologia utilizada podia ser considerada adequada para a identificação de melhorias nos desempenhos organizacionais, percebidos como os mais afetados pelo treinamento, em comparação com os desempenhos individuais, e contrariando o que encontraram os autores anteriormente citados e a previsão da Figura 18.1.

Há muito que avançar no que tange ao desenvolvimento de medidas no nível organizacional e de realizar avaliações de treinamento com elas. Entretanto, o caminho a seguir parece ser análogo ao trilhado no nível de comportamento no cargo e ao que já foi iniciado nos poucos estudos realizados. Existem enormes desafios a vencer, mas as soluções parecem estar mais bem dimensionadas, ou existe maior capacidade desenvolvida para superá-los, do que aquilo que foi descrito no nível de mensuração de aprendizagem. Para uma discussão mais detalhada e a ilustração de casos de mensuração desse nível, veja Mourão e Borges-Andrade (2005) e o Capítulo 24 deste livro.

Medidas de valor final

Nos quatro níveis anteriores, a descrição das questões para tomada de decisão e das experiências de mensuração teve como base os modelos e quadros referenciais vindos da psicologia, da educação e da administração. Os indicadores que têm sido usados para realizar a avaliação do treinamento no nível de valor final, bem como os procedimentos que levam à sua obtenção, fogem totalmente dessas bases teóricas, pois geralmente pertencem a outras disciplinas como a contabilidade e a economia. Uma boa parte desses procedimentos se baseia em uma tradição principalmente das subáreas da economia da educação e da economia agrícola, que desenvolveram métodos específicos de cálculo de retorno de investimentos, que são ensinados em alguns cursos de pós-graduação nacionais e internacionais e estão divulgados na literatura científica. O uso desses métodos sofreu um grande impulso no Brasil, há algumas décadas, com a exigência dos bancos internacionais de desenvolvimento de que os empréstimos que concediam para programas educacionais e agropecuários fossem objeto de avaliações dessa natureza. Outra parte baseia-se em estudos sobre impactos sociais de programas, especialmente os públicos. Assim, o primeiro desafio para realizar estudos de avaliação de treinamento no quinto nível é o de contar com profissionais capacitados vindos dessas disciplinas.

O segundo desafio já foi objeto de apreciação aqui, só tornando-se mais complexo, neste último nível: para identificar seus parâmetros de avaliação, é preciso se perguntar sobre as mudanças organizacionais e de comportamento individual esperadas do treinamento e, além disso, conhecer os seus objetivos instrucionais. Se não houve planejamentos nos níveis anteriores, como sugere a Figura 18.2, ou se esse planejamento não foi documentado na organização ou em seu sistema de TD&E, será preciso recuperar essas informações em todos os níveis anteriores. Definidos os parâmetros específicos da organização e do treinamento, eles certamente envolverão indicadores de custos diretos e indiretos (isto deve incluir até os salários diretos e indiretos dos treinandos, durante o período em que estiveram participando dos eventos) e de benefícios diretos, como, por exemplo, a parcela do aumento de produtividade, lucro, satisfação de clientes, saúde da população ou empregabilidade atribuíveis ao treinamento, e às vezes indiretos. Muitos desses são extremamente difíceis de se estimar e por isso são muitas vezes ignorados. O problema, em seguida, seria coletar os dados e depois fazer os cálculos, para o qual já existem soluções sistematizadas.

Raramente se consegue implementar avaliações no nível de valor final, apesar de existirem metodologias desenvolvidas para fazê-lo. Ávila, Borges-Andrade, Irias e Quirino (1983), adaptando uma metodologia proveniente das mencionadas subáreas, realizaram um estudo que pode ser considerado como sendo deste último nível. Seu objetivo foi o de verificar o retorno dos programas de treinamento em pós-graduação e capacitação contínua da Embrapa. Foram utilizados procedimentos de cálculo de rentabilidade social de investimentos, concentrando-se unicamente em efeitos sociais, verificados em termos de novas tecnologias agrícolas geradas pelos ex-treinandos e adotadas por produtores rurais. Consideraram-se ainda, para esse cálculo, todos os custos dos referidos programas de treinamento de pesquisadores. Obtiveram-se taxas internas de retorno variando entre 22,2% e 30,3%, demonstrando uma alta rentabilidade desses treinamentos, quando comparados a outros investimentos feitos pela sociedade brasileira.

A motivação para a montagem de uma equipe especial e interdisciplinar (com a presença da economia, agronomia, veterinária, biologia, administração, educação, sociologia e psicologia), para realizar esse trabalho, envolveu uma demanda externa, dos Bancos Mundial e Interamericano de Desenvolvimento, e um desejo especialmente grande da alta direção daquela empresa. É preciso levar em conta esses fatores condicionantes, antes da tomada de decisão. Outro fator que deve ser ponderado, pois também condiciona a aplicação de uma metodologia dessa natureza, é que não vale a pena fazer esse esforço para investimentos pequenos e para poucos treinamentos. O ideal é envolver todos os programas ou políticas organizacionais em TD&E. Não é igualmente recomendável que a coleta dos dados seja feita para curtos períodos de tempo de treinamento. Na Embrapa, por exemplo, considerou-se um período que levava em conta um tempo médio de sete anos, entre o final dos treinamentos (muitos deles tinham uma duração de quatro anos) e o início dos lucros advindos das tecnologias adotadas pelos produtores rurais.

Mourão e Borges-Andrade (2005) relatam um estudo realizado visando avaliar um programa público de treinamento, a partir do modelo de Hamblin (1978). Esse programa visava treinar professores de crianças e adultos portadores de necessidades especiais, de modo que eles desenvolvessem competências para ensinar ofícios a essa clientela, promover mudanças em suas escolas e finalmente promover uma elevação na empregabilidade dessas crianças e adultos, quando fossem buscar trabalho no mercado. A avaliação teve como variável critério o impacto do treinamento no trabalho, subdividido em três níveis: comportamento no cargo, mudança organizacional e valor final. O delineamento foi de um quase-experimento, com dois grupos experimentais e um grupo-controle, mesclando metodologias quantitativas e qualitativas (ver, mais adiante neste capítulo, uma discussão sobre delineamentos em avaliação de TD&E). A coleta de dados durou dois anos e foi feita antes e depois da realização do programa de treinamento, incluindo indicadores duros: aumento no número de oficinas de formação profissional, de aprendizes e de pessoas empregadas. Os instrumentos eram validados e foram aplicados a quatro fontes de avaliação: o próprio treinado, sua chefia, um colega e um cliente (n = 2.468). A regressão e a análise de covariância (ANCOVA) indicaram impacto do treinamento nos três níveis. A percepção dos diferentes avaliadores confirmou o impacto no comportamento no cargo, e os grupos experimentais conseguiram maior mudança organizacional e valor final que o grupo-controle. As variáveis alternativas analisadas (Produto Interno Bruto, taxa básica de juros, taxa de desemprego e legislação) indicaram que, sem o tratamento, os resultados seriam opostos aos alcançados. Este estudo teve uma característica rara, que foi a de incluir simultaneamente indicadores relativos aos três níveis de avaliação de impacto.

Apesar de existir muito pouca experiência realizada no nível de mensuração de valor final, há métodos desenvolvidos e disponíveis para isso. Para a discussão mais pormenorizada dessas técnicas e modelos de avaliação de ações de TD&E, veja o Capítulo 25 deste livro.

Finalizando essa parte do capítulo, conclui-se que há tecnologia desenvolvida para a construção de medidas nos níveis clássicos de avaliação de TD&E. Alguns níveis possuem mais produção do que outros, o que enfatiza a necessidade de continuidade da produção científica e tecnológica no campo. Também foi evidenciada a necessidade de cuidados metodológicos para a construção de medidas para cada um dos níveis, cuidados esses que devem ser considerados pelos pesquisadores e profissionais do campo. Poderiam-se destacar, nessa questão dos cuidados, as decisões sobre a construção de indicadores para os instrumentos de medida, as fontes de informação e a tecnologia de mensuração de indicadores. Como apontado ao longo da seção, discussões específicas sobre cada um dos níveis podem ser encontradas em capítulos específicos deste livro. A seguir, são apresentadas a discussão e a problematização sobre os tipos de delineamentos de pesquisa que podem ser empregados para a avaliação de ações de TD&E. Essa última seção finaliza a discussão sobre procedimentos de avaliação de TD&E, relacionando a questão da característica e forma de medidas em avaliação com as possíveis estratégias metodológicas que podem ser utilizadas por organizações e pesquisadores interessados no tema.

DELINEAMENTOS DE PESQUISA EM AVALIAÇÃO DE TD&E

Um delineamento de pesquisa pode ser definido como um conjunto de procedimentos e técnicas para a coleta, controle e manipulação de informações de pesquisa que permitem ao investigador atingir seus objetivos. Essa lógica e esses princípios são aplicáveis a qualquer contexto que necessite de coleta sistemática de informações, incluindo o contexto de avaliação de ações de TD&E. Ela é aplicável porque, em primeira instância, a realização de avaliações de ações implica na execução de pesquisa controlada. Isso significa dizer, então, que fazer avaliação é aplicar o método científico para a produção de conhecimento sobre essas ações, ou seja, é fazer pesquisa visando produzir informações que tornem possíveis a atribuição de valor e a tomada de decisão sobre TD&E. Por esse motivo é que se torna aqui essencial a discussão sobre métodos e delineamentos de pesquisa.

A seguir, serão apresentados e discutidos os principais métodos de pesquisa utilizados para a avaliação de ações de TD&E em contextos organizacionais. Mas antes de se abordar diretamente os dois tipos mais utilizados de métodos, é fundamental se discutir um pouco a questão do uso de métodos científicos para a produção controlada de informações relevantes. Importa esclarecer que a presente seção não tem como objetivo esgotar a discussão sobre métodos e técnicas de pesquisa em ciências comportamentais, nem mesmo em avaliação de TD&E, mas sim introduzir o assunto. Com isto, o leitor interessado poderá compreender a lógica geral e, se tiver necessidade, aprofundar-se em referências específicas.

Segundo Sommer e Sommer (2001), a seleção de métodos e técnicas de pesquisa em ciência comportamental está diretamente relacionada ao problema de investigação que será abordado e ao tipo de necessidade de explicação que o pesquisador possui. De forma geral, esses autores defendem que a sistemática mais efetiva para a pesquisa em ciências comportamentais é aquela que faz uso de métodos múltiplos de pesquisa. Isso porque cada técnica possui um conjunto de vantagens e desvantagens, e o uso de métodos múltiplos de pesquisa permite ao pesquisador cobrir as desvantagens de uma técnica com o uso de outra complementar.

Considerando que a avaliação de TD&E se encontra dentro do campo da pesquisa em ciências comportamentais, o avaliador pode lançar mão de métodos diversos, como análise documental, entrevistas com análise de conteúdo e observação sistemática, dentre outras estratégias mencionadas em alguns exemplos de estudos citados anteriormente. Essas técnicas podem ser úteis em algumas etapas do processo de avaliação de TD&E, principalmente naquelas em que há necessidade de se investigar os fenômenos de forma indutiva, visando ao levantamento de informações iniciais para a construção de medidas para avaliar os fenômenos comportamentais envolvidos com os resultados provocados, pela capacitação, no trabalho das pessoas, ou de forma intensiva em estudos de caso. O campo de avaliação de TD&E já possui corpo teórico coerente e bem sistematizado (Abbad, Pilati e Pantoja, 2003). Isso traz uma característica importante a ele, pois graças a esse corpo é possível conduzir pesquisas de avaliação de caráter hipotético-dedutivo, no qual o conjunto de informações presentes em modelos explicativos dos fenômenos de avaliação de TD&E permite aos avaliadores testar hipóteses relacionais ou causais para criar um juízo sobre a ação de capacitação, objetivo final de qualquer avaliação. Com isso, é possível realizar estudos extensivos e que asseguram confiabilidade e permitem generalizações.

Talvez pela existência de um corpo teórico sólido, como afirmam Salas e Cannon-Bowers (2001), a grande maioria das ações de avaliação de TD&E utilize basicamente dois tipos de delineamentos metodológicos para a pesquisa: o método experimental e o método correlacional. Esses dois métodos freqüentemente utilizam medidas padronizadas para a aferição dos fenômenos, que foram descritas nas seções anteriores do presente capítulo e que serão exaustivamente discutidas nos capítulos específicos desse livro (ver Capítulos de 21 a 25). O que diferencia os dois delineamentos, como o leitor poderá reconhecer, é o controle exercido sobre as variáveis envolvidas com a avaliação de TD&E. A seguir serão apresentados os delineamentos com suas características e variações, bem como com suas vantagens e desvantagens.

Delineamento experimental

De acordo com Sommer e Sommer (2001), o principal propósito desse tipo de delineamento de pesquisa é estabelecer relações causais entre as variáveis envolvidas. A possibilidade do estabelecimento de relações causais entre variáveis é característica apenas desse método de pesquisa o que lhe traz vantagens importantes sobre outros métodos. De acordo com estes autores, para se estabelecer que um fenômeno A cause um fenômeno B são necessários três requisitos básicos:

- Os eventos devem ocorrer de forma contígua, ou seja, no mesmo contexto e devem ser passíveis de observação e mensuração;
- Há necessidade de uma ordem lógica de seqüência de ocorrência, na qual o evento que é causa antecede o evento que é conseqüência, ou seja, A ocorre e ocasiona a ocorrência de B, e
- Deve-se assegurar que os efeitos na variável dependente[5] B estão diretamente associados à variação da variável independente A, e não a outras variáveis interferentes.

Por esse motivo, esse terceiro critério dos estudos experimentais é de grande relevância, pois isso implica necessidade de controle de todas as outras variáveis que podem influenciar o fenômeno em estudo, variáveis essas que podem ocasionar a necessidade de criação de hipóteses alternativas de explicação. Essas relações são descritas na Figura 18.2.

Então, em avaliação, o que o método experimental faz é estabelecer relações causais entre variáveis, permitindo dessa forma a geração de um juízo de valor sobre uma ação de TD&E, bem como possibilitando a identificação dos fatores causadores do resultado do treinamento no trabalho dos treinandos e na organização, por exemplo.

De acordo com Sommer e Sommer (2001), uma das principais preocupações ao se desenhar uma pesquisa experimental diz respeito ao controle das variáveis interferentes ou estranhas à pesquisa, exatamente para possibilitar que a relação causal explicativa entre variáveis independentes e dependentes seja realmente efetivada. Segundo esses autores, existem cinco fontes gerais de variáveis interferentes. A primeira está relacionada aos participantes da pesquisa, pois características individuais desses podem influenciar nos resultados de ambos os tipos de variáveis no estudo. Essas características são principalmente relacionadas a idade, escolaridade, nível socioeconômico, experiência de trabalho, habilidades previamente adquiridas, traços de personalidade e algumas condições temporais como fadiga, nervosismo ou preocupação com assuntos relacionados ao experimento. Para reduzir ou eliminar a influência de tais variáveis, o avaliador deve buscar com que os procedimentos do experimento sejam curtos e o mais simples possível. Também é fundamental que se faça uma escolha aleatória dos sujeitos que participarão dos grupos de pesquisa, buscando o controle de tais variáveis individuais.

O segundo conjunto de fatores que interferem nos resultados de uma pesquisa experimental estão relacionados ao próprio investigador. Dessa forma, as

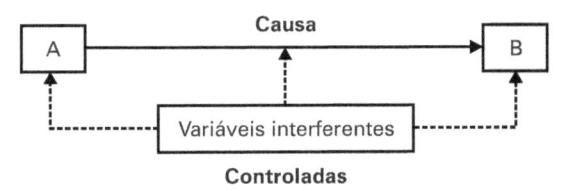

Figura 18.2 Representação gráfica do controle de efeitos do método experimental.

características e expectativas do pesquisador que entra em contato com os sujeitos da pesquisa também podem influenciar nos resultados. Para controlar esse tipo de efeito, recomenda-se que apenas um experimentador realize todo o experimento ou que, se houver necessidade do uso de mais de um experimentador, que estes sejam rigorosamente treinados para que não diferenciem o tratamento com os sujeitos do experimento. O terceiro conjunto de fatores diz respeito ao cenário utilizado, e nesse caso devem ser controladas variáveis como temperatura, ruído, luminosidade, entre outras que podem influenciar o desempenho das pessoas nas tarefas que irão realizar. O quarto conjunto de fatores está relacionado ao equipamento utilizado para a realização do estudo experimental. Para controle desse tipo de variável, deve-se garantir o real funcionamento e/ou qualidade dos equipamentos para todos os participantes do estudo. O quinto e último conjunto de fatores relacionados ao experimento diz respeito ao procedimento ao qual se expõe os participantes. O pesquisador deve controlar os efeitos do contato com os procedimentos, como alterar a ordem de apresentação das etapas do procedimento ou fazer uma apresentação aleatória deles.

Outra característica fundamental de estudos experimentais é concernente ao seu grau de validade. Como já discutido no presente capítulo para o caso de medidas, a validade diz respeito à capacidade de uma medida mensurar adequadamente o fenômeno que ela se propõe a medir. Segundo Sommer e Sommer (2001), no contexto da pesquisa, a validade representa o grau em que um procedimento de levantamento sistemático de informações produz dados genuínos e corretos. No contexto de delineamentos de pesquisa, dois tipos de validade devem ser diferenciados: interna e externa. A validade interna refere-se à capacidade do procedimento mensurar bem o que se propõe a medir. Já a validade externa está relacionada à capacidade de os resultados do estudo serem generalizados para outros contextos, diferentes daquele aonde o estudo foi realizado.

Outro aspecto que também faz parte do panorama conceitual de pesquisas experimentais é relacionado ao tipo de experimento. De acordo com os mencionados autores, os experimentos podem ser de dois tipos: verdadeiros e quase-experimentos. Os experimentos verdadeiros são aqueles que têm como característica fundamental a seleção aleatória de participantes nos grupos do estudo. Dessa forma, o avaliador possui controle completo sobre as variáveis do estudo, pois essas estão mais passíveis de manipulação por parte do experimentador. Normalmente esse tipo de experimento é feito em laboratório, onde há condições maiores de controle. Já os quase-experimentos não permitem a seleção aleatória de indivíduos nos grupos do estudo, o que impossibilita o maior controle sobre as variáveis independentes e intervenientes do estudo. Esse tipo de experimento também é conhecido como experimento natural ou de campo, no qual a seleção de grupos e a mensuração de variáveis de interesse se dão no contexto real do fenômeno. Se relacionado com o tipo de validade, pode-se afirmar que os experimentos verdadeiros conseguem garantir maior grau de validade interna enquanto os quase-experimentos têm maior capacidade de generalização de seus resultados, ou seja, maior grau de validade externa. No tocante à avaliação de TD&E, os quase-experimentos são mais aplicáveis, pois, quando se realizam ações em contextos organizacionais, não há possibilidade de controle de uma multiplicidade de variáveis. A falta de controle está diretamente associada à impossibilidade de seleção aleatória dos integrantes dos grupos da pesquisa (grupos experimentais e não-experimentais), o que é característica marcante dos quase-experimentos.

Goldstein (1993) apresenta uma discussão sobre delineamentos de pesquisa em avaliação de ações de TD&E. O autor argumenta que é possível o desenvolvimento e aplicação de estratégias experimentais e quase-experimentais para a avaliação de ações de capacitação, mesmo em ambientes organizacionais. Ele argumenta sobre a necessidade do uso de pré e pós-testagem para a aferição da real mudança proporcionada pela ação instrucional, além de defender o uso de grupos de comparação, para o controle do real efeito do treinamento sobre o desempenho subseqüente dos treinados. O autor também levanta uma série de elementos para evitar as principais ocorrências que afetam a validade interna, como:

- História dos participantes da avaliação.
- Maturação desses participantes.
- Influência dos escores do pré-teste sobre o pós-teste.
- Instrumentação utilizada na avaliação.
- Regressão estatística dos resultados das mensurações.
- Seleção diferencial dos participantes que participam de cada grupo.
- Mortalidade experimental.
- Interações entre variáveis.
- Difusão ou imitação de tratamentos nos diversos grupos dos experimentos de avaliação.
- Competição entre participantes dos diferentes grupos de tratamento e desmoralização dos participantes em situação de tratamento menos desejável (aqueles que não foram submetidos ao treinamento, por exemplo).

Segundo Goldstein (1993), todos esses elementos que afetam a validade interna do estudo devem ser equacionados para que essa característica do experimento de avaliação não seja afetada. Já com relação à validade externa, o autor argumenta que afetam a generalização intra e interorganizacional:

- Efeito reativo da pré-testagem.
- A interação entre a seleção de participantes da pesquisa de avaliação e o tratamento experimental.
- A reação dos participantes ao contexto experimental.
- Interferência das múltiplas estratégias instrucionais sobre os participantes da pesquisa de avaliação.

Goldstein (1993) apresenta uma série de tipos de delineamento e de exemplos de pesquisa de avaliação em TD&E que foram realizadas com base em delineamentos experimentais ou quase-experimentais, demonstrando a real possibilidade de uso desses procedimentos. O autor argumenta que a grande vantagem é que se torna possível o estabelecimento de relações causais entre variáveis em estudo, o que permite conclusões acertadas para a proposição de ações interventivas eficientes, que garantam efetividade de ações de TD&E. É interessante ressaltar que o autor pontua várias ameaças que os ambientes organizacionais possuem sobre esse tipo de delineamento de pesquisa, principalmente ameaças à validade externa. Essas ameaças podem ser reduzidas se alguns cuidados forem tomados quando o tratamento experimental for delineado e implementado.

Como forma de organizar o conjunto de possíveis delineamentos experimentais e quase-experimentais descritos na literatura, uma breve revisão de tais métodos é apresentada, tendo por base a obra seminal de Campbell e Stanley (1963). Essas variações do método experimental estão descritas na Tabela 18.1.

A Tabela 18.1 apresenta oito tipos de delineamentos de pesquisa. Os três primeiros são chamados de pré-experimentais porque não logram fazer o controle real de variáveis para a estipulação de causa e efeito entre variáveis independentes e dependentes. Como pode ser observado na referida tabela, esses delineamentos não conseguem resolver problemas básicos de validade interna. Já os delineamentos experimentais apresentados conseguem controlar basicamente todos os efeitos e ameaças de validade interna do estudo, mas deixam a desejar em relação à validade externa. Ainda de acordo com Campbell e Stanley (1963), os delineamentos quase-experimentais são vários. Os dois selecionados e apresentados na Tabela 18.1 apontam um razoável grau de validade interna, e ao menos um deles consegue atingir basicamente todos os elementos esperados de validade externa.

Todos os delineamentos apresentados na Tabela 18.1 são passíveis de ser utilizados em pesquisas de avaliação de TD&E. Goldstein (1993) destaca os delineamentos pré-experimentais 1 e 2, o delineamento experimental 4 e 5 e os delineamentos quase-experimentais 7 e 8. Outras variações de delineamentos experimentais e quase-experimentais podem ser desenvolvidas para a pesquisa em avaliação de ações de TD&E, mas estes são os mais relatados na literatura especializada.

Infelizmente, os delineamentos experimentais e quase-experimentais são raros na literatura brasileira de avaliação de ações de TD&E em ambientes organizacionais. Os fatores que levam a essa característica da pesquisa e do desenvolvimento científico brasileiro no campo são variados, mas podem-se comentar ao menos dois: uma descrença[8] dos pesquisadores da maior eficácia do uso de tais métodos para a compreensão dos fenômenos organizacionais e a dificuldade de operacionalização de métodos experimentais e quase-experimentais em ambientes organizacionais, devido à quantidade de fatores organizacionais que devem ser negociados e modificados para garantir o controle de variáveis que esse tipo de delineamento exige.

A principal vantagem que pode ser atribuída ao método experimental e suas variações concerne à possibilidade do estabelecimento de relações causais entre as variáveis do estudo. O estabelecimento desse tipo de relação é de extrema importância para o desenvolvimento dos modelos teóricos e do conhecimento científico no campo, pois permite o entendimento de relações que outras estratégias metodológicas não permitiriam. Todavia, como toda escolha de método para levantamento sistemático de dados em ciência, também existem desvantagens. As principais estão relacionadas à operacionalização da pesquisa em ambientes organizacionais para garantir validade interna e externa em estudos experimentais. Isso porque há vários fatores que fogem ao controle do avaliador, como o contato entre membros de diferentes grupos de estudo (grupos-controle e experimental) ocasionando troca de informações com geração de possíveis comportamentos danosos dos participantes para o experimento.

Sem dúvida alguma, o maior desafio do avaliador que lança mão do uso de métodos experimentais é garantir o grau de validade da avaliação, buscando o controle de todas as ameaças à validade descritas na Tabela 18.1. Uma saída possível para a aplicação eficaz desse tipo de delineamento em pesquisas de avaliação de ações de TD&E seria lançar mão da varia-

Tabela 18.1
TIPO DE TRATAMENTO EXPERIMENTAL E RELAÇÕES COM ELEMENTOS DE VALIDADE INTERNA E EXTERNA

	Fontes de invalidade do delineamento										
	Interna[6]								Externa[7]		
	História	Maturação	Testagem	Instrumentação	Regressão	Seleção	Mortalidade	Interação	Int. teste e T	Int. seleção e T	Reação ao tratamento / Interferência de múltiplos tratamento T
Delineamentos pré-experimentais											
1. Pós-teste em grupo único X T_2	–	–				–				–	
2. Pré e pós-teste em grupo único T_1 X T_2	–	–	–	–	?	+	+	–	–	–	?
3. Comparação de grupos estáticos X T_2 / T_2	+	?	+	+	+	–	–	–		–	?
Delineamentos experimentais											
4. Pré e pós teste com grupo controle R T_1 X T_2 / R T_1 T_2	+	+	+	+	+	+	+	–	–	?	?
5. Delineamento de Solomon de quatro grupos R T_1 X T_2 / R T_1 T_2 / R X T_2 / R T_2	+	+	+	+	+	+	+	+	+	?	?
6. Delineamento pós-teste com grupo de controle R X T_2 / R T_2	+	+	+	+	+	+	+	+	+	?	?
Delineamentos quase-experimentais											
7. Séries temporais T_1 T_2 T_3 X T_4 T_5 T_6	–	+	+	–	+	+	+	+	–	?	?
8. Amostras separadas com pré e pós-testagem R T_1 X / R X T_2	–	–	+	?	+	+	–	–	+	+	+

Legenda: X – Treinamento; T – Mensurações das variáveis; R – Seleção aleatória de integrantes do grupo.
Fonte: Adaptado de Campbell e Stanley (1963).

ção quase-experimental do método, para permitir aumento de validade externa dos estudos e para possibilitar algum tipo de controle de variáveis. O estudo de Mourão e Borges-Andrade (2005) é um exemplo raro de avaliação de TD&E utilizando um delineamento quase-experimental com seleção intencional de participantes de cada grupo (por isso foi um estudo quase-experimental), com três grupos, sendo dois experimentais e um de controle.

A presente seção buscou apresentar e discutir, de forma breve e não-exaustiva, os delineamentos experimentais e suas variações na pesquisa em avaliação de TD&E. Essa seção buscou mostrar a importância e a possibilidade de aplicação desse tipo de delineamento para a avaliação de ações de TD&E em ambientes organizacionais, bem como suas vantagens e desvantagens. Para o leitor interessado, recomenda-se leitura especializada em métodos de pesquisa, por exemplo daquelas obras aqui citadas. A seguir será apresentado o segundo tipo de método de pesquisa que é utilizado no campo de avaliação de TD&E.

Delineamento correlacional

O delineamento correlacional pode ser entendido como um delineamento pré-experimental indicado na Tabela 18.1. Isso porque muitos estudos em avaliação de TD&E fazem uso de um delineamento transversal de análise de dados, sendo as variáveis somente mensuradas posteriormente ao evento instrucional. Nessa lógica, esse delineamento se aproximaria do que é definido no delineamento pré-experimental com um grupo e pós-teste. Como elemento de comparação do que foi até aqui apresentado, poder-se-ia concluir que essa é a classificação de estudos correlacionais.

Todavia, esse delineamento tem também uma grande complexidade e uma série de variações, que muitas vezes se aproximam de alguns dos delineamentos propostos e apresentados por autores clássicos de metodologia científica (Campbell e Stanley, 1963; Sommer e Sommer, 2001). Para se compreender melhor o que está se chamando aqui de delineamento correlacional, é fundamental descrever suas características e posteriormente traçar paralelos comparativos entre essas características e aquelas descritas no delineamento experimental. Depois disso feito, serão apresentadas suas vantagens e desvantagens.

A diferencial primordial entre esse delineamento e o anterior tem relação com o controle de variáveis. Enquanto o método experimental procura de alguma forma fazer controle de variáveis, como, por exemplo, arranjando diferentes grupos e comparando variáveis nesses grupos, o delineamento correlacional não executa esse tipo de controle. Em contrapartida, há uma grande semelhança entre os dois delineamentos, que é a mensuração cuidadosa dos fenômenos em estudo. Essa mensuração é feita por meio de medidas desenvolvidas segundo princípios psicométricos, como foi explicitado no princípio desse capítulo. A diferença é que uma pesquisa de delineamento correlacional apenas mensura as variáveis normalmente em diferentes momentos, antes, durante e depois da ação instrucional, não exercendo controle sobre as variáveis do estudo.

Por outro lado, algumas variações do método correlacional podem se aproximar de delineamentos quase-experimentais. Por exemplo, em um estudo de aplicação de instrumentos de medidas, sem controle de variáveis nem definição de grupos experimentais ou de controle, mas que mensure das mesmas variáveis ao longo do tempo, realizadas antes e depois da ação instrucional, pode ser entendido como o delineamento de número sete na Tabela 18.1, ou seja, uma série temporal. Esse caso particular de pesquisa de delineamento correlacional teria características tais que poderia ser considerado como um delineamento quase-experimental. Alguns estudos de avaliação de treinamento que usam esse tipo de delineamento, por outro lado, não fazem mensuração continuada de todas as variáveis em estudo de forma sucessiva, nem com repetição continuada. Alguns desses estudos se aproximam do procedimento pré-experimental de número 2, descrito na Tabela 18.1, que tem como característica um pré-teste e um pós-teste.

Enfim, o delineamento aqui chamado de correlacional possui uma multiplicidade de características, ora se aproximando de delineamentos pré-experimentais, ora se parecendo com estudos quase-experimentais. Um elemento que é comum a todos os estudos desse tipo é o fato de que eles estão interessados no levantamento de dezenas de variáveis relacionadas a resultados de capacitação no trabalho. Esse levantamento é feito de forma simultânea e sistemática, na grande maioria das vezes por meio de questionários e de forma transversal. Essas características de levantamento sistemático de informações não permitem ao avaliador o cumprimento de muitos requisitos de validade interna do estudo, mas dão boas chances de generalização ou validade externa, tendo em vista que envolvem centenas ou milhares de participantes em suas coletas de dados. Esse envolvimento de grandes amostras é uma diferença regularmente constante entre os estudos correlacionais e os experimentais, uma vez que esses últimos são feitos com amostras de menor tamanho, devido às características metodológicas impostas por este delineamento.

Dada a característica de ausência de controle de variáveis do delineamento correlacional, não é possível o estabelecimento de relações causais entre a variável critério[9] e as variáveis preditoras ou explanatórias do modelo. O único tipo de informação fornecido é de cunho correlacional, ou seja, o grau de variação conjunta que as múltiplas variáveis possuem. Essa indicação tem sua relevância, pois, para existir relação causal entre variáveis, é necessário que exista correlação entre elas. Então, os estudos correlacionais dão indícios importantes para o delineamento de estudos experimentais, que podem testar a relação de causa e efeito entre variáveis do campo de avaliação de TD&E.

Outra característica importante de estudos correlacionais é o uso de técnicas estatísticas multivariadas para tratamento e controle das variáveis. Essa é uma característica importante desse tipo de estudos, porque a sofisticação do processamento estatístico e matemático da análise de dados provenientes de medidas psicométricas possibilita ao pesquisador o teste de várias hipóteses relacionais entre variáveis de modelos de avaliação de TD&E. Vários estudos desse tipo utilizam procedimentos de análise de dados como regressão múltipla linear (Abbad, 1999; Sallorenzo, 2000), na qual os pesquisadores mensuram dezenas de variáveis simultaneamente e testam as relações por meio de modelos de regressão linear, podendo estabelecer coeficientes de correlação e de predição entre variáveis critério e variáveis explanatórias. Esse tipo de técnica permite o controle estatístico de variáveis porque permite estabelecer a força da relação de cada variável preditora sobre a variável critério, o que traz informações relevantes para a descrição do tipo e do padrão de relações que existem entre múltiplas variáveis. É fundamental para o leitor ter clareza de que o controle estatístico não possibilita que relações causais sejam atribuídas entre as variáveis, pois isso é um artefato metodológico do delineamento de pesquisa, e não da forma como as variáveis são quantificadas, muito menos do procedimento utilizado para se estudar a relação estatística entre elas.

Outra técnica de análise de dados eficaz para ser utilizada nos modelos de avaliação de TD&E é a modelagem por equações estruturais. Essa técnica de análise de dados permite a realização de múltiplas análises de regressão estabelecendo a força da relação entre as variáveis, por meio da imposição de relações nas matrizes de dados (Kaplan, 2000). Esse procedimento também é chamado de modelo estrutural ou modelo de estruturas causais, no qual a restrição das relações entre as variáveis, feitas pelo avaliador, pressupõe um grande conhecimento teórico da relação entre as variáveis. É bom entender que aqui, novamente, o uso da idéia de causação parte dos pressupostos da análise, e não de artefatos metodológicos, como pressupõe o método experimental de tratamento de dados. O que deve ficar claro para o leitor é que a modelagem por equações estruturais é um procedimento de análise de dados muito robusto e rigoroso para o teste de relações entre variáveis de avaliação de TD&E o que auxilia no desenvolvimento teórico do campo, além de possibilitar o estudo das múltiplas relações simultaneamente de um sem número de variáveis dos modelos de avaliação. Esse procedimento também é uma técnica de análise de dados, no entanto é mais sofisticada do que outros modelos lineares, que pode ser utilizada para análise de dados de procedimentos experimentais, mas que não substitui o controle de variáveis fornecido pelo delineamento experimental, essencial para o estabelecimento de relações causais entre variáveis. No campo de avaliação de TD&E, poucos estudos correlacionais têm sido apresentados relatando o uso da modelagem por equações estruturais para o tratamento dos dados. Pilati (2004) e Pilati e Borges-Andrade (2004) apresentaram estudos nos quais esse procedimento de análise de dados foi utilizado para testar hipóteses em modelos de avaliação de TD&E. Os benefícios desse tipo de procedimento são evidentes para estudos correlacionais, e novos pesquisadores deveriam investir no desenvolvimento de análise de dados de avaliação com o uso da modelagem por equações estruturais.

De forma geral, pode-se apontar que as principais desvantagens do método correlacional de análise de dados são: não permitir a descrição de relações causais entre variáveis de avaliação de TD&E, mas apenas de informações relacionais (de variação conjunta) entre variáveis, e não controlar efeitos nocivos a várias ameaças à validade interna do estudo. Essas informações relacionais podem servir de base para o teste de relações de causação, em pesquisas que utilizem o método experimental para o tratamento e controle de variáveis. A principal vantagem que pode ser associada a esse método diz respeito à sua praticidade de aplicação dentro do ambiente organizacional, pois não produz grandes interferências no padrão de funcionamento das ações de TD&E nas organizações, permitindo a participação de grandes contingentes de treinados e a mensuração de muitas variáveis ao mesmo tempo, produzindo modelos de alta complexidade relacional.

Conclui-se que esse delineamento traz vantagens para os estudos de avaliação de ações de TD&E, mas nota-se um exagero no seu uso, sobretudo na pesquisa e na prática profissional no Brasil. Os interessados no tema devem agora voltar-se mais intensamente para o desenvolvimento de estudos experimentais, que permitam traçar relações causais entre variáveis de modelos de avaliação. É importante ressaltar que os estudos correlacionais têm demonstrado, de forma sucessiva e consistente, uma repetição de variáveis explanatórias nos modelos de avaliação de treinamento (por exemplo, o elevado poder preditivo de suporte à transferência de treinamento, em estudos de impacto de treinamento no trabalho), o que é salutar e importante para o desenvolvimento teórico no campo. No entanto, mesmo assim é fundamental que se tenha como agenda de pesquisa o desenvolvimento de estudos experimentais para possibilitar a explicitação de efeitos causais entre variáveis, mesmo com amostras reduzidas, o que contribuiria sobremaneira para o incremento do conhecimento científico no campo e para o desenvolvimento de tecnologias cada fez mais efetivas para a solução de problemas de TD&E nas organizações brasileiras.

CONSIDERAÇÕES FINAIS

Como foi salientado desde o princípio desse capítulo, o ato de avaliar ações de TD&E implica realizar pesquisa por meio da aplicação do método científico para o levantamento sistemático de informações relevantes para a formação de juízo e tomada de decisão no ambiente organizacional. Nada mais relevante do que discutir o desenvolvimento de medidas em ciências comportamentais, focando-se nos princípios e na prática da construção de medidas válidas e confiáveis. Além da questão da medida, a discussão sobre os possíveis métodos de controle e tratamento das informações de avaliação de TD&E é complementar e fundamental. Esses objetivos foram atingidos ao longo do capítulo e questões específicas sobre medidas ainda podem ser aprofundadas nos sete capítulos subseqüentes.

A construção de medidas em TD&E e o delineamento de pesquisas de avaliação são duas faces de uma mesma moeda, pois só é possível coletar dados de forma sistemática se eles forem mensurados e coletados de uma forma controlada, o que é dado pelo delineamento de pesquisa. Assim, os dois grandes temas tratados nesse capítulo são complementares. A construção de boas medidas é fundamental para que as variáveis de interesse do avaliador sejam medidas de forma válida e confiável. Essas informações irão alimentar modelos teóricos no campo e sistemas de informação sobre TD&E nas organizações, o que torna essencial o desenvolvimento de medidas baseadas em princípios psicométricos. Por outro lado, o fenômeno apenas pode ser compreendido se for tratado de maneira sistemática e as variáveis mensuradas forem relacionadas para produzir o grande panorama que embasa o processo de tomada de decisões sobre TD&E nas organizações. Para isso é fundamental o desenvolvimento de delineamentos de pesquisa apropriados para avaliação de TD&E, bem como operacionalizáveis no contexto complexo das organizações de trabalho. Apenas dessa maneira pesquisadores e profissionais interessados em TD&E poderão aferir os reais resultados de ações de TD&E em ambientes organizacionais, bem como produzir resultados de avaliação efetivos para auxiliar as organizações na tomada de decisão.

QUESTÕES PARA DISCUSSÃO

- Quais os principais problemas relativos às medidas de variáveis nos modelos de avaliação de TD&E? Cite pelo menos dois problemas e explique.
- Quais são os princípios de construção de medidas nas ciências sociais e comportamentais? Descreva pelo menos dois e justifique a sua resposta.
- Descreva o método experimental aplicado à avaliação de TD&E e aponte suas vantagens e desvantagens.
- O que é o método correlacional aplicado à avaliação de TD&E? Por que ele é útil?

NOTAS

1. A medida possui uma base axiomática. Essa base determina a característica dos números que devem possuir as seguintes propriedades: (1) identidade (um número é idêntico a si mesmo e somente a si mesmo). Trata dos axiomas de reflexividade (a = a e a ≠ b), simetria (se a = b então b = a) e transitividade (se a = b e b = c então a = c); (2) ordem, que trata da relação de magnitude entre os números. Essa propriedade trata dos axiomas de assimetria (se a > b então b < a), transitividade (se a > b e b > c então a > c) e conectividade (ou a > b ou b > a), e (3) aditividade, que trata da soma entre os números. Essa propriedade trata dos axiomas de comutatividade (a + b = b + a) e associatividade (onde (a + b) + c = a + (b + c)). A medida perfeita é aquela que consegue guardar todos os axiomas. Essas são raras e, segundo Pasquali (1996a), representadas pela escala de razão.
2. A carga fatorial é um indicador estatístico da correlação do item com seu fator. Esse coeficiente varia de –1 a 1, e quanto mais próximo de |1| maior é a relação do item com seu fator de pertencimento. Caso um item possua um indicador de saturação de zero, isso indica que ele não possui relação com o traço latente.
3. Segundo Pasquali (1997), existem dois grandes conjuntos de estratégias para a mensuração da precisão de um

instrumento de medida. O primeiro conjunto trabalha com a diversificação de delineamentos metodológicos para a aferição da fidedignidade. Esses procedimentos buscam, principalmente, a manipulação e o controle da aplicação de um mesmo instrumento em amostras diferentes em ocasiões diferentes ou instrumentos similares, de mensuração do mesmo traço latente, em amostras diferentes ou na mesma amostra em ocasiões diferentes. O segundo conjunto é de avaliação estatística. Existe uma quantidade muito grande de procedimentos estatísticos para aferição da fidedignidade de um instrumento, como a correlação, e coeficientes específicos, como o difundido "alfa de Cronbach".

4. Esse tipo de escala foi desenvolvida por Likert (1932, apud Pasquali, 1996c) como estratégia para mensuração do fenômeno psicológico das atitudes. Nesse contexto se compreende que as atitudes humanas são compostas por três facetas: afetiva, cognitiva e comportamental, e podem ser entendidas como dimensões com pólos negativos e positivos. Esses pólos possuem um ponto neutro entre eles. Dessa forma, a mensuração das atitudes humanas pode ser feita por meio da atribuição de valores numéricos aos pólos negativo, positivo e neutro das atitudes. As escalas clássicas desse tipo são as chamadas escalas de resposta de concordância, nas quais se solicita que uma pessoa assinale sua concordância com uma assertiva por meio de uma gradação numérica escalar. Valores baixos normalmente significam discordância, e valores elevados, concordância com a assertiva. A pesquisa em TD&E tem utilizado também outras estratégias escalares, como as de freqüência de ocorrência da assertiva.

5. Vale ressaltar, nesse contexto, a nomenclatura dada aos objetos do estudo. Em pesquisa científica os fatores em estudo são denominados de variáveis. No caso específico do delineamento experimental o fenômeno de interesse é denominado de variável dependente. As variáveis que causam ou influenciam o fator principal em estudo são denominadas variáveis independentes e o conjunto de fenômenos estranhos ao experimento e que devem ser controladas para o estabelecimento de relação causal real são chamadas de variáveis interferentes. Muitos autores argumentam que essa nomenclatura de variáveis deveria ser apenas utilizada nesse método, pois pressupõem a causalidade entre as variáveis.

6. História é definida como eventos específicos que ocorrem durante a primeira e segunda mensuração das variáveis do estudo; maturação é definida como o processos naturais de amadurecimento nos sujeitos da pesquisa, como envelhecimento, cansaço durante a sessão experimental, entre outros; testagem diz respeito aos efeitos sobre os escores da segunda mensuração do processo experimental; instrumentação é relacionada aos efeitos de calibração das medidas utilizadas; regressão está relacionada a grupos que são selecionados devido aos seus escores extremos; seleção é relativa a diferentes procedimentos para colocar os participantes da pesquisa nos respectivos grupos; mortalidade diz respeito à perda de sujeitos durante o processo experimental, e interação diz respeito ao efeito conjunto e simultâneo de diferentes fatores.

7. Os efeitos da validade externa dizem respeito à interação entre a manipulação experimental e ameaças à validade interna.

8. Essa questão pode estar relacionada à dificuldade observada por esses pesquisadores no desenvolvimento de tais métodos em ambientes organizacionais e na impossibilidade de controle de ameaças às validades do experimento. De qualquer forma esse argumento não é procedente porque, se houver colaboração política institucional, é perfeitamente possível o desenvolvimento de estratégias experimentais e quase-experimentais de tratamento e controle de variáveis, como já demonstrado pela realização de vários estudos desse tipo na literatura internacional.

9. Diferentemente do que ocorre nos estudos de delineamento experimental, nos estudos correlacionais se nomeiam as variáveis envolvidas no estudo de variáveis-critério, que são as variáveis-alvo ou objeto do estudo. As variáveis antecedentes são aquelas utilizadas para se explicar a variação do fenômeno em estudo.

REFERÊNCIAS

ABBAD, G. *Um modelo integrado de avaliação de impacto de treinamento no trabalho*. Tese (Doutorado) – Instituto de Psicologia, Universidade de Brasília, 1999.

ABBAD, G.; PILATI, R.; PANTOJA, M. J. Avaliação de treinamento: análise da literatura e agenda de pesquisa. *Revista de Administração da USP*, v.38, n.3, p.205-218, 2003.

ALVES, A R.; TAMAYO, A. Sistema de avaliação do treinamento da Telebrás – SAT. *Revista de Administração*, v.28, n.4, p. 73-80, 1993.

ALVES, A. R.; PASQUALI, L.; PEREIRA, M. A. M. Escala de satisfação com o treinamento – ESAST/TELEBRAS/UnB. *Revista de Administração de Empresas*, v.39, n.1, p. 25-30, 1999.

ÁVILA, A. F. D. et al. Formação do capital humano e retorno dos investimentos em treinamento na EMBRAPA. *EMBRAPA-DDM Documentos*, 4 ou *EMBRAPA-DRH Documentos*, 5. Brasília, DF: EMBRAPA, 1983.

BASTOS, A. V. B. O suporte oferecido pela pesquisa na área de treinamento. *Revista de Administração*, v.26, n.4, p. 87-102, 1991.

BASTOS, A. V. B.; FERNANDES, S. R. P.; VIANA, A. V. Desenvolvimento de Competências e Aprendizagem Organizacional: avaliação do programa "Cuidar-se para Cuidar". ENCONTRO NACIONAL DA ASSOCIAÇÃO NACIONAL DOS PROGRAMAS DE PÓS-GRADUAÇÃO EM ADMINISTRAÇÃO, 23. *Anais*...Foz do Iguaçú, PR: ANPAD, 1999. CD-ROM. p. 1-15

BORGES-ANDRADE, J.E. Desenvolvimento de medidas em avaliação de treinamento. *Estudos de Psicologia (Natal)*, v.7, p.31-43, 2002. Número especial.

_____. Agricultural research leaders' views on ISNAR: survey results. In: Mackay, R. et al. (Org.). *ISNAR's achievements, impacts and constraints:* an assessment of organizational performance and institutional impact. The Hague: International Service for National Agricultural Research, 1998. p. 61-71.

_____. Treinamento de pessoal: em busca do conhecimento e tecnologia relevantes para as organizações brasileiras. In: TAMAYO, A.; BORGES-ANDRADE, J.E.; CODO, W. (Org.). *Trabalho, organizações e cultura.* São Paulo: Cooperativa de Autores Associados, 1997. p. 129-149.

_____. Por uma competência política e técnica no treinamento. *Psicologia, Ciência e Profissão*, v.6, n.2, p. 9-17, 1986.

_____. Avaliação somativa de sistemas instrucionais: integração de três propostas. *Tecnologia Educacional*, ano 11, n.46, p. 29-39, 1982.

BORGES-ANDRADE, J. E.; OLIVEIRA-CASTRO, G. Treinamento no Brasil: reflexões sobre suas pesquisas. *Revista de Administração*, v.31, n.2, p.112-125, 1996.

BORGES-ANDRADE, J. E.; SIRI, C. Impacts of the PM&E project's training activities (Abstract). In: HORTON, D.; DUPLEICH, L.; ANDERSEN, A. (Ed.). *Assessing organizational impact. report of a review and synthesis workshop.* The Hague: International Service for National Agricultural Research, 1998. p. 5.

BORGES-ANDRADE, J. E.; GAMA, A. L. G.; OLIVEIRA-SIMÕES, J. T. Impacto do treinamento no trabalho: um estudo de caso na Eletronorte. In: SOCIEDADE BRASILEIRA DE PSICOLOGIA (Org.). *Resumos de comunicações científicas da XXIX Reunião Anual de Psicologia*. Ribeirão Preto, SP: SBP/Legis Summa, 1999. p. 53b e 53c.

BORGES-ANDRADE, J. E.; MORANDINI, D. C.; MACHADO, M. S. Impacto de treinamento gerencial e efetividade de equipes em ambientes de inovação tecnológica. In: SOCIEDADE BRASILEIRA DE PSICOLOGIA (Org.). *Resumos de comunicações científicas da XXIX Reunião Anual de Psicologia*. Ribeirão Preto, SP: SBP/Legis Summa, 1999. p. 53d.

BORGES-ANDRADE, J. E. et al. Impacto de treinamentos no trabalho: o caso do Banco do Brasil. In: SOCIEDADE BRASILEIRA DE PSICOLOGIA (Org.). *Resumos de comunicações científicas da XXIX Reunião Anual de Psicologia*. Ribeirão Preto, SP: SBP/Legis Summa, 1999. p. 53c e 53d.

EYSENCK, M. W.; KEANE, M. T. *Cognitive psychology.* Sussex: Psychology Press, 2000.

FREITAS, I. A.; BORGES-ANDRADE, J. E. Efeitos de treinamento nos desempenhos individual e organizacional. *Revista de Administração de Empresas (FGV)*, v.44, n.3, p. 44-56, 2004.

HAMBLIN, A. C. *Avaliação e controle do treinamento.* São Paulo: McGraw-Hill, 1978.

GOLDSTEIN, I. L. *Training in organizations.* Califórnia: Pacific Grove, 1993.

KIRKPATRICK, D. L. Evaluation of training. In: CRAIG, R.L. *Training and development handbook.* 2. ed. New York: McGraw-Hill, 1976. p. 18.1-18.27.

LEITÃO, J. S. S. *Relações entre clima organizacional e transferência de treinamento.* Dissertação (Mestrado) – Brasília: Instituto de Psicologia – Universidade de Brasília, 1994.

LIMA, S. M. V.; BORGES-ANDRADE, J. E. Meta-análise de avaliação de treinamento. *Revista de Administração*, v.20, n.3, p.39-52, 1985.

LIMA, S. M. V.; BORGES-ANDRADE, J. E.; VIEIRA, S. B. A. Cursos de curta duração e desempenho em instituições de pesquisa agrícola. *Revista de Administração*, v.24, n.2, p. 36-46, 1989.

MARTINS, M. C. F.; PINTO JR., H.; BORGES-ANDRADE, J. E. Impacto do treinamento numa empresa de transporte de passageiros. In: SOCIEDADE BRASILEIRA DE PSICOLOGIA (Org.). *Resumos de comunicações científicas da XXIX Reunião Anual de Psicologia*. Ribeirão Preto, SP: SBP/Legis Summa, 1999. p. 53a.

MOURÃO, L.; BORGES-ANDRADE, J.E. Avaliação de programas públicos de treinamento: um estudo sobre o impacto no trabalho e na geração de emprego. *Organizações e Sociedade*, Salvador, v. 28, n. 33, 2005.

NADLER, L. *The handbook of human resources development.* New York: Wiley, 1984.

OLIVEIRA-CASTRO, G. A.; SALLORENZO, L. H.; GAMA, A. L. G. Reação de treinandos a cursos de curta duração: adaptação e validação de um instrumento. In: SOCIEDADE BRASILEIRA DE PSICOLOGIA (Org.). *Resumos de comunicações científicas da XXVIII Reunião Anual de Psicologia*. Ribeirão Preto, SP: SBP/Legis Summa, 1998a. p. 204-205.

_____. Treinamento de pessoal: observação do instrutor em sala de aula. In: SOCIEDADE BRASILEIRA DE PSICOLOGIA (Org.). *Resumos de comunicações científicas da XXVIII Reunião Anual de Psicologia*. Ribeirão Preto, SP: SBP/Legis Summa, 1998b. p. 204.

PANTOJA, M. J.; LIMA, S. M. V.; BORGES-ANDRADE, J. E. Avaliação de impacto de treinamento na área de reabilitação: preditores individuais e situacionais. Encontro Nacional da Associação Nacional dos Programas de Pós-graduação em Administração, 23. Anais...Foz do Iguaçú: ANPAD, 1999. CR-ROM. p. 1-14.

PASQUALI, L. A teoria da medida. In: PASQUALI, L. (Org.). *Teoria e métodos de medida em ciências do comportamento.* Brasília: INEP, 1996a.

_____. Instrumentação no estudo das organizações: a utilização de escalas psicométricas. In: TAMAYO, A.; BORGES-ANDRADE, J.E.; CODO, W. (Orgs.). *Trabalho, organizações e cultura.* São Paulo: Cooperativa de Autores Associados, 1997. p. 75-82.

_____. Medida psicométrica. In: PASQUALI, L. (Org.). *Teoria e métodos de medida em ciências do comportamento.* Brasília: INEP, 1996b.

_____. Medidas escalares. In: Pasquali, L. (Org.). *Teoria e métodos de medida em ciências do comportamento.* Brasília: INEP, 1996c.

_____. *Psicometria:* Teoria e aplicações. UnB: Brasília, 1997.

PAULA, S. M. A. *Variáveis preditoras de impacto de treinamento no trabalho:* análise da percepção dos treinandos de duas organizações. Dissertação (Mestrado) – Brasília: Instituto de Psicologia – Universidade de Brasília, 1992.

PILATI, R. *Modelo de efetividade do treinamento no trabalho*: aspectos dos treinandos e moderação do tipo de treinamento. Tese (Doutorado) – Universidade de Brasília, Brasília, 2004.

PILATI, R.; ABBAD, G. Análise fatorial confirmatória da escala de impacto do treinamento no trabalho. *Psicologia: Teoria e Pesquisa*, v.21, n.1, p. 43-51, 2005.

PILATI, R.; BORGES-ANDRADE, J. E. Estudo empírico dos antecedentes de medidas de impacto do treinamento no trabalho. *Revista Psicologia: Teoria e Pesquisa*, v.20, n. 1, p.31-38, 2004.

PILATI, R.; BORGES-ANDRADE, J. E.; AZEVEDO, L. P. S. Impacto do treinamento em amplitude e profundidade: relações com suporte à transferência, gestão do desempenho e liberdade decisória. In: SOCIEDADE BRASILEIRA DE PSICOLOGIA (Org.). *Resumos de comunicações científicas da XXIX Reunião Anual de Psicologia*. Ribeirão Preto, SP: SBP/Legis Summa, 1999. p. 53a-53b.

SALAS, E.; CANNON-BOWERS, J. A. The science of training. *Annual Review of Psychology*, v.52, p.471-499, 2001.

SALLORENZO, L. H. *Avaliação de impacto de treinamento no trabalho:* analisando e comparando modelos de predição. Dissertação (Mestrado) – Instituto de Psicologia, Universidade de Brasília, 2000.

SOMMER, B.; SOMMER, R. *La investigación del comportamiento*. México: Oxford University Press, 2001.

19

Medidas de disseminação de informações em avaliação de TD&E

Maja Meira, Fabiana Queiroga e Jairo E. Borges-Andrade

Objetivos

Ao final deste capítulo, o leitor deverá:

- Diferenciar os conceitos de comunicação e disseminação de informação.
- Relacionar os diferentes elementos do processo de comunicação e de disseminação de informação.
- Identificar as características específicas da medida de disseminação de informação em TD&E.
- Apontar possíveis implicações da comunicação e disseminação de informação sobre TD&E nas organizações.

INTRODUÇÃO

O Modelo de Avaliação Integrado e Somativo (MAIS), discutido no Capítulo 17, tem contribuído para a prática de avaliação de TD&E e para a construção de conhecimento na área, na medida em que fornece quadro teórico para o desenvolvimento de pesquisas nesse campo.

Em se relembrando o modelo MAIS (Borges-Andrade, 1982), tem-se que a avaliação está baseada em cinco componentes: insumos, procedimentos, processos, resultados e ambiente. Este último inclui quatro subcomponentes: avaliação de necessidades, disseminação, suporte e efeitos a longo prazo.

Embora haja muitos estudos, nacionais e internacionais, sobre os componentes e sub-componentes desse modelo, foram encontrados apenas um estudo brasileiro e alguns relatos de pesquisas científicas na literatura internacional em disseminação de informação que tratassem desses conceitos. Como conseqüência, verifica-se que a inclusão de variáveis de disseminação é pouco freqüente e pobre. Todavia, a importância teórica dessas variáveis, bem como as poucas, mas claras, evidências empíricas de sua utilidade, justificam um aprofundamento de seu conteúdo e apóiam sua manutenção no MAIS.

O estudo da disseminação de informações tem como função identificar as condições que facilitam a aceitação de treinamento, desenvolvimento e educação (TD&E) e determinar os tipos de relações entre aquela e os demais determinantes de TD&E. Esse subcomponente contempla variáveis que contribuem para procura ou adoção bem-sucedida de eventos ou programas de TD&E. Teoricamente, a disseminação pode influenciar praticamente todos os componentes e subcomponentes do modelo, como propõe o Capítulo 17.

Ao considerar a abrangência das relações hipotetizadas para disseminação, percebe-se a urgência em avançar os estudos nesta área. Como exemplos de variáveis de disseminação de informações de TD&E, há os meios e estratégias de divulgação do treinamento.

O presente capítulo pretende, dessa forma, explorar alguns aspectos relacionados à disseminação de informações em TD&E, configurando-se como um início dos estudos a respeito e como estímulo à adoção da disseminação de informação em experiências de avaliação.

COMUNICAÇÃO E DISSEMINAÇÃO DE INFORMAÇÃO NAS ORGANIZAÇÕES

Há diversos conceitos sobre comunicação. Desconsideradas as diferenças a respeito das finalidades e dos elementos que compõem esse processo, percebe-se um consenso sobre dois aspectos fundamentais da comunicação: para que esta se estabeleça, é necessária, inicialmente, a transferência de uma mensagem de uma pessoa a outra e, também, a compreensão da mensagem por quem a recebeu. Assim, temos que *comunicação envolve a transferência e a compreensão de mensagens*.

O que as pessoas planejam com tal entendimento comum de significados deve ser analisado separadamente, levando em consideração variáveis pessoais ou organizacionais (como expectativas e metas) dos envolvidos no processo de comunicação. Isso será comentado mais adiante nas funções da comunicação e disseminação.

Apesar de se reconhecer a importância do conceito de disseminação utilizado em diversas teorias de comunicação, sobretudo na área das organizações, parece prudente dar continuidade à utilização do referencial apontado como grande influenciador na inserção da disseminação no MAIS, na ocasião em que este foi formulado. A obra *Communication of innovations*, de Rogers e Shoemaker (1971), foi a principal base teórica que deu sustentação à introdução do subcomponente disseminação no mencionado modelo.

Um entendimento mais atual da comunicação a define como o processo no qual as pessoas criam ou compartilham informação com o objetivo de chegar a um entendimento comum (Rogers, 2003). A noção de processo fornece, portanto, um caráter de reciprocidade, no sentido de que a comunicação é uma troca na qual os aspectos de quem envia (*fonte*) e de quem recebe (*receptor*) as informações devem ser considerados.

Rogers (2003) aponta disseminação como um tipo de comunicação que envolve uma distribuição de informações, de forma planejada ou espontânea, proveniente de uma ou mais pessoas, para um número maior de pessoas dentro de um determinado sistema social. Ressalta-se que esse planejamento está relacionado aos vários tipos de objetivos da comunicação citados anteriormente, e não ao entendimento comum entre fonte e receptor, que é inerente à comunicação.

Neste sentido, o referido autor ressalta que alguns estudiosos fazem uma sutil distinção entre disseminação e difusão, na qual esta última é específica aos casos de distribuição não-planejada de informações, enquanto disseminação, conforme apresentando anteriormente, contempla tanto a planejada como a espontânea.

Rogers (2003) dá destaque especial à disseminação de inovação, devido à contribuição dessa modalidade de comunicação para a explicação de processos de mudança social. Para esse autor, a disseminação de informação seria um tipo especial, no qual as informações transmitidas tratam de uma idéia nova a ser adotada ou rejeitada. Essa "novidade" da idéia a ser disseminada só ocorre porque existe um grau de incerteza sobre as consequências de sua adoção/rejeição, uma lacuna de predição, de informação.

Ainda que o autor em questão não apresente TD&E entre seus exemplos de inovação, é possível fazer tal analogia. Ao conceituar inovação e sua disseminação, serão brevemente retomadas algumas definições apresentadas em capítulos anteriores.

Treinamento como forma de inovação

A inovação é uma idéia, prática ou objeto percebido como novo por um indivíduo ou outra unidade de adoção. A obtenção de informações sobre essa novidade estabelece e determina uma reação inicial em relação ao conteúdo inovador (Rogers, 2003).

Duas características são ressaltadas nessa definição: a *novidade* da idéia e a *unidade de adoção*. Uma vez que TD&E tem o objetivo de promover a melhoria de desempenho (por meio de novas estratégias ou rotinas de trabalho), bem como preparação para novas funções ou ainda adaptação a novas tecnologias (Borges-Andrade e Abbad, 1996), parece claro que TD&E possua essa característica inovadora. Esses objetivos são alcançados porque os seus participantes supostamente aplicam os conhecimentos, habilidades e atitudes (CHAs) adquiridos ou desenvolvidos, ou seja, ocorre uma adoção de novas idéias, estratégias e valores no ambiente de trabalho.

Os dois atributos mais importantes de uma inovação são: (a) *vantagens* relativas de adoção e (b) *compatibilidade* desta com os possíveis adotantes (Rogers, 2003). Em TD&E, essas vantagens seriam os CHAs adquiridos ou desenvolvidos, visando, por exemplo, à melhoria de desempenho em funções atuais ou pretendidas. Além disso, os eventos de TD&Es são planejados para que os participantes utilizem o que foi aprendido e, portanto, devem ser planejados em função dos potenciais participantes. A importância das variáveis individuais dos participantes, ou dos insumos (conforme é proposto no MAIS, no Capítulo 17) vem sendo considerada nos modelos de avaliação existentes (uma descrição mais detalhada desses conceitos e medidas é apresentada no Capítulo 21).

Continuando a comparação, percebe-se ainda que as formas de medir efeitos de inovação e de TD&E são semelhantes. Hamblim (1978) propõe, para treinamento, os níveis de reação, aprendizagem, comportamento no cargo, organização e valor final, enquanto, no Capítulo 17, são propostos alguns indicadores de satisfação e aquisição para resultados de TD&E e uma ampla variedade de indicadores para seus efeitos a longo prazo, nos níveis do indivíduo, das equipes de trabalho e das organizações. Rogers (2003) sugere um grande leque de exemplos de inovação, que incluem medidas de satisfação, conveniência, prestígio social e efeitos econômicos.

TD&E e outros tipos de inovações podem ter esses resultados e efeitos, mas há que se diferenciar dos objetivos da comunicação ou disseminação das informações sobre a inovação, conforme será visto na próxima seção.

FUNÇÃO DA COMUNICAÇÃO E DISSEMINAÇÃO DE INFORMAÇÃO

A comunicação pressupõe o entendimento recíproco produzido com uma finalidade determinada, que pode ser explícita ou não (Klusener, Pinheiro e Cruz, 2002). A comunicação, portanto, apresenta um caráter fundamentalmente instrumental, pois sempre envolve previsões por parte daqueles que participam dela, seja transmitindo ou recebendo as mensagens (Berlo, 1960).

Dentro ou fora das organizações, as funções atribuídas à comunicação podem ser variadas. Como exemplos, podemos citar: informar, expressar emoções, interagir socialmente, persuadir, dar ordens, controlar, etc. Em avaliação de TD&E, a disseminação de informação apresenta possibilidades diversificadas de utilização prática e aprofundamento teórico.

Conforme visto no Capítulo 17, o subcomponente disseminação tem a capacidade potencial de influenciar os demais componentes do MAIS e o faz no sentido de promover a adoção bem-sucedida de um evento ou programa de TD&E. A disseminação pode fornecer informações sobre:

- Como este foi planejado para preencher as lacunas entre o desempenho desejado e o real (*necessidades*).
- Quais as características (físicas, sociais, comportamentais, cognitivas ou atitudinais) da clientela-alvo (*insumos*) potencialmente associadas a resultados de aprendizagem, satisfação e a longo prazo.
- Os objetivos e as ações instrucionais eficazes planejadas para alcançá-los (*procedimentos*).
- Os desempenhos esperados durante, logo após o evento de TD&E e bem depois de seu encerramento, no ambiente de trabalho (*processos*, *resultados* e *efeitos a longo prazo*, respectivamente).

As ações de disseminação dessas informações devem ser implementadas, identificando, por exemplo, quais os meios mais efetivos para divulgação de TD&E, qual a freqüência dos eventos de divulgação, o nível de detalhamento das informações e a quem, prioritariamente, tais informações devem ser transmitidas. Para entender como utilizar a disseminação como facilitadora do sucesso dos eventos de TD&E, é necessário compreender e analisar os elementos constituintes da comunicação e suas potenciais influências. O tópico a seguir trata dessa questão.

O PROCESSO DA COMUNICAÇÃO

Harold Lasswell é o autor da sistematização do conhecimento sobre a comunicação em função da identificação dos componentes emissor, receptor, canal e mensagem (Klüsener, Pinheiro e Cruz, 2002). Elaborado inicialmente nos anos de 1930, esse esquema se estabeleceu como um paradigma para tendências diversas na pesquisa em comunicação de forma a contribuir significativamente para sua estruturação (Wolf, 1999).

Berlo (1960) critica esse modelo ao procurar descrever a comunicação com base na ação recíproca entre emissor e receptor, compondo um processo dinâmico. Esse autor refuta a premissa lasswelliana de que o receptor é alvo passivo de uma relação de estímulo-resposta, mesmo considerando que objetivo básico da comunicação é se tornar agente influente, causando uma reação no receptor. De acordo com esse autor, para determinar o êxito da comunicação, devem-se considerar primordialmente os receptores pretendidos, pois a eles cabe a avaliação da eficácia da comunicação. Nem mesmo os emissores podem fazer tal avaliação sem antes consultar os receptores pretendidos.

Berlo (1960) também discorda de que a comunicação se produza em um único sentido e ressalta a importância da convergência de duas vias (transferência e compreensão) para concretização da comunicação. Por isso, o autor aponta a importância da retroalimentação no processo da comunicação e dos elementos codificação e decodificação, responsáveis pela transformação das idéias em símbolos a serem compreendidos.

Em resumo, o processo de comunicação compreende os passos entre emissor e receptor que resultam em transferência e, especialmente, compreensão do significado transmitido. Tais passos, dispostos na Figura 19.1 e explicados mais adiante, seriam: fonte, codificação, canal, decodificação, receptor, retroalimentação.

A *mensagem* seria o produto que atravessa todo o processo de comunicação, como uma idéia, uma informação, um sentimento. As mensagens possuem três elementos constitutivos: código, conteúdo e tratamento. O código é um grupo de símbolos capaz de ser estruturado de maneira a ter significação para alguém. São exemplos as línguas e a música. Já o conteúdo é o material em si da mensagem, o assunto ao qual a mensagem se refere. Tratamento, por sua vez, é uma série de decisões que a fonte de comunicação toma para selecionar e dispor tanto o código como o conteúdo. A mensagem seria algo *físico*, provavelmente *empírico*. O estudo científico da comunicação deveria investigar

fonte →mensagem→ codificação →mensagem→ canal →mensagem→ decodificação →mensagem→ receptor
← retroalimentação ←

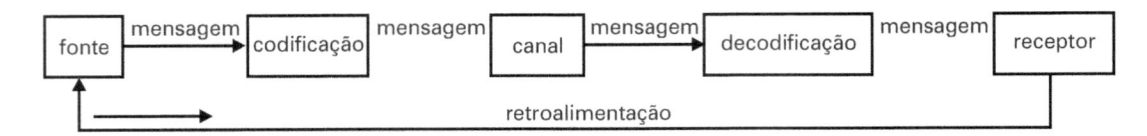

Figura 19.1 Modelo de processo de comunicação.
Fonte: Berlo (1960).

apenas mensagens transmitidas por meio de um (ou mais) dos cinco sentidos humanos.

A *fonte* é o emissor da mensagem, que pode ser uma pessoa ou um grupo. A fonte é responsável pelo planejamento da comunicação e, portanto, precisa estar atenta a cada um dos demais elementos para garantir a efetividade da comunicação.

Codificação é a conversão de uma mensagem em um formato simbólico, por meio da utilização de uma linguagem específica. É função da fonte determinar de que maneira a mensagem será codificada visando melhor compreensão. É exemplo de codificação expressar idéias em língua portuguesa. Para que a mensagem codificada seja transmitida, é necessário um canal de comunicação.

O *canal* é a mídia por meio da qual a mensagem é enviada, como livro, *e-mail* e jornal. A escolha do canal é também função da fonte, que deve levar em consideração:

- A riqueza dos canais disponíveis, ou seja, o volume de informações que um determinado canal suporta para transmitir a mensagem adequadamente.
- A natureza das informações transmitidas, se são rotineiras ou não (as últimas demandam um canal mais rico que as primeiras).
- O receptor da mensagem.

Este último é o mais importante a ser considerado, pois é em função dele que se planeja todo o processo.

A classificação mais antiga para canais continua útil para pesquisadores e comunicadores. A definição de cada categoria se baseia nos cinco sentidos humanos da percepção. Portanto, há canais visuais (livros e revistas), auditivos (conversa falada presencial ou por telefone), táteis (toque e escritos em braile), olfativos (odores e perfumes) e gustativos (sabores). A junção de diferentes canais dá origem a outros com características de riqueza bastante diferenciadas, como os canais audiovisuais (televisão). Comenta-se ainda a importância dos modernos meios eletrônicos de comunicação, que não se encaixariam em nenhum dos tipos anteriormente citados, mas que transmitem informações audiovisuais de uma maneira bastante diferenciada, tais como *chats* com áudio e vídeo e as videoconferências.

Decodificação é a tradução da mensagem feita pelo receptor, processo inverso ao da codificação. Essa decodificação é influenciada por variáveis pessoais do receptor que irá interpretar as informações recebidas

O *receptor* é a pessoa que recebeu a mensagem, quer esta tenha sido destinada a ela, quer não. Em outras palavras, o receptor é o agente que define como decodificar as mensagens e, sobretudo, o que fazer com elas. Para determinar o êxito da comunicação, devem-se considerar os receptores pretendidos, pois a eles cabe a avaliação da eficácia da comunicação. Nem mesmo os comunicadores podem fazer tal avaliação sem antes consultar aqueles a quem destinaram a disseminação.

Os conhecimentos levantados pelas teorias da comunicação têm aplicação prática em todo o sistema TD&E, tal como apresentado a seguir:

- Em levantamento de necessidades: considerar as diferentes fontes de informação, a diversidade de canais existentes e a riqueza que cada um oferece.
- Em planejamento e execução: definir os critérios para divulgação do evento com base no receptor pretendido e a melhor forma para incentivá-lo a participar do evento de maneira motivada e com expectativas positivas; manter abertos os canais de informação para atualização constante do participante a respeito do evento de TD&E, planejar a divulgação dos objetivos e estratégias organizacionais relacionados aos eventos em questão.
- Em avaliação: divulgar adequadamente os resultados encontrados considerando como receptores pretendidos não apenas a gerência da organização (interessada na eficácia dos eventos de TD&E), mas também ex e futuros treinandos.

Com base no processo da comunicação, já se tem bastante idéia de sua importância para TD&E. Conseqüentemente, a disseminação de informações em TD&E deve ser planejada, executada e avaliada com a mesma dedicação dada aos demais componentes do modelo utilizado. Para tanto, o processo da disseminação de informações precisa ser ainda mais detalhado, como será feito a seguir.

O PROCESSO DA DISSEMINAÇÃO DE INFORMAÇÃO

Disseminar informação no caso de TD&E, conforme explicitado anteriormente, também é disseminar uma inovação. Por isso, é pertinente fazer uma adaptação do modelo de Rogers (2003) para compreensão do tema.

Saber sobre a possibilidade de adotar uma inovação cria uma incerteza sobre as conseqüências dessa inovação na mente dos possíveis adotantes, que questionam se a inovação pode, de fato, atingir o resultado esperado. Uma vez criada uma expectativa de potencial vantagem da nova idéia, o indivíduo é impelido a aprender mais sobre a inovação. Enquanto essa busca de informação reduz a incerteza sobre as conseqüências da inovação, aumenta a chance de decisão, seja para aceitar ou rejeitar. Por fim, quando a inovação é aceita, obtém-se mais informações sobre suas conseqüências.

Assim, o processo de adoção da inovação é, essencialmente, a busca e o processamento de informação, o que provoca determinadas expectativas que motivam o indivíduo a reduzir incertezas sobre vantagens e desvantagens na inovação (Rogers, 2003). Portanto, há mais justificativas para considerar a disseminação de informações sobre TD&E como essencial a eficácia deste, pois o participante em potencial necessita ter acesso a informações que o convençam a considerar o evento de TD&E como uma inovação importante para si e sua organização.

Seguindo essa comparação, tem-se o conceito de disseminação de inovação como "o processo no qual uma inovação é comunicada por meio de certos canais, durante um tempo, entre os membros de um sistema social" (Rogers, 2003, p.11). A partir dele, considera-se a disseminação de informações de TD&E como um processo de comunicação de mensagens referentes a um evento ou programa de TD&E. Essas mensagens, por sua vez, atravessam determinados canais, de maneira planejada ou espontânea, para chegar a pessoas de uma ou várias organizações, com o objetivo de gerar nestas a intenção de participar de determinado tal evento ou programa, bem como expectativas a respeito deste.

Percebe-se que o processo da disseminação em TD&E envolve, além dos elementos inerentes à comunicação, variáveis que antecedem a aceitação ou rejeição da inovação. Um exemplo é a avaliação das vantagens e desvantagens da participação no evento e as expectativas em relação a esta inovação (expectativas para TD&E e para seus efeitos).

Embora os estudos na área não sejam vastos, há que se valorizar os esforços na tentativa de seu avanço. Nesse sentido, são apresentados os estudos existentes na literatura nacional e internacional que compõem o atual referencial teórico-empírico deste tema.

ESTUDOS SOBRE DISSEMINAÇÃO DE INFORMAÇÃO EM TD&E

Com o objetivo de encontrar relatos de pesquisas científicos sobre disseminação de informações em TD&E, foi realizada uma busca no portal de periódicos da Capes e Ovid, que incluem os periódicos internacionais nos quais tais relatos poderiam ser publicados. Foram cruzados os seguintes blocos de palavras:

- *training, development, pretraining, trainee;*
- *dissemination, diffusion, communication;*
- *information, introduction to training, innovation,* selecionando opções de artigos completos de psicologia, em qualquer data.

Até o momento, não se identificou uma linha de pesquisa que tenha o objetivo de conhecer especificamente a disseminação de informações sobre TD&E. O que existem são estudos isolados que, ao buscar compreender a influência de variáveis pré-TD&E, encontram resultados sobre as informações que os participantes tinham a respeito do evento de TD&E.

Uma vez que ainda não existe uma padronização específica do tipo de conteúdo que pode ser disseminado a respeito de TD&E para facilitar a apresentação dos resultados de pesquisa, o MAIS permanece como o estruturador mais adequado para relato desses resultados, que não são abundantes.

Baldwin e Magjuka (1997) ressaltam o treinamento como um episódio dentro da organização para sustentar a afirmação de que não é apenas o contexto no qual o treinamento (ou outras intervenções) ocorre que influencia seus resultados. Conseqüentemente, deve-se voltar atenção para outros episódios que possam influenciar os resultados, sejam antes, sejam depois deste evento. Tais autores ressaltam, então, a importância de se entender como o futuro participante é introduzido ou apresentado ao evento de TD&E. Em seu estudo, esses pesquisadores perguntaram aos participantes o quanto estes conhecem os propósitos organizacionais para o evento e se sabem da relação entre os conteúdos ministrados e seus objetivos com as estratégias organizacionais que justificaram tal treinamento. Os autores encontraram um alto grau de incerteza, indicando que os participantes parecem não vincular o evento com o que a organização pretende com os mesmos. Com tais resultados, esse estudo descreve uma fraca disseminação sobre o subcomponente necessidades, por se referir a pouca informação existente a respeito dos propósitos organizacionais para elaboração do evento.

Esses autores encontraram também evidências de que, quanto mais informações se recebe a respeito do evento, maior é a disponibilidade em aplicar no trabalho o que foi aprendido. Pode-se incluir esse estudo no componente resultados do MAIS, uma vez que a medida, que é feita ao término do evento, teve a intenção de transferir. Poder-se-ia discutir se tal estudo não se encaixaria em efeitos em longo prazo, por se referir à transferência de aprendizagem que só ocorre certo tempo após TD&E. Todavia, essa intenção ainda não garante a alteração do comportamento em si, e, portanto, nada se pode afirmar, com base neste estudo, sobre efeitos em longo prazo.

Quiñones (1995) realizou um estudo em que os sujeitos eram ex-participantes que foram aleatoriamente inscritos em um evento de TD&E para aperfeiçoamento ou em um evento "remediador". A inscrição em um desses eventos era vista pelos participantes como *retroalimentação* de seu desempenho no evento anterior. Os resultados apontaram que essa *retroalimentação* é preditora de motivação para os selecionados para o nível remediador, pois estes teriam de recuperar o tempo perdido, e de auto-eficácia para os selecionados para o nível avançado, pois estes consideraram seu desempenho anterior adequado. Esse estudo pode ser inserido tanto em pesquisas do componente processos, como de insumos, dependendo de como se considera a duração do evento de TD&E, conforme explicado a seguir.

Esse autor considerou os dois eventos como partes de um programa instrucional único naquele tema, pois tais eventos eram seqüenciais e tratavam de um mesmo tema. Dessa forma, a informação de que os participantes passariam para o nível seguinte ou permaneceriam no mesmo nível funciona como uma variável de processo do MAIS, pois é uma avaliação feita durante o programa instrucional como um todo. Contudo, ao se considerar apenas o segundo evento, conclui-se que a informação recebida antes do evento funcionou como indicadora (ou mesmo preditora) de insumos, pois influenciou a motivação e a auto-eficácia dos sujeitos.

O estudo de Smith-Jentsh, Jentsh, Payne e Salas (1996) avalia se experiências anteriores ao evento de TD&E podem explicar diferenças de aprendizagem ao final do mesmo. Essa relação é encontrada especialmente no que tange à ocorrência de eventos negativos, ou seja, os empregados que passaram por situações negativas buscam evitar a repetição destas e, portanto, obterão maiores escores de aprendizagem em relação àqueles que não passaram por tais experiências. Os autores discutem esse resultado ressaltando a importância de se comunicar os efeitos do evento aos futuros participantes, sobretudo a participação neste como forma de evitar ocorrência de eventos negativos. Esse estudo é uma indicação da necessidade de se estudar a conseqüência da disseminação sobre os efeitos em longo prazo no nível do indivíduo.

Koslowski e Hultz (1987), ao estudar percepção de clima para atualização, utilizou uma subescala denominada *troca de informações*, que seria o grau no qual as informações são compartilhadas. Essa percepção de troca de informações está relacionada a variáveis afetivas, como comprometimento organizacional e satisfação com oportunidades para desenvolvimento. Essa relação evidencia que a troca de informação é determinante para o interesse em participar de atividades de atualização. Esses resultados podem ser inseridos em insumos e resultados do MAIS, por se referirem respectivamente a variáveis pessoais anteriores (comprometimento) e posteriores (reação) ao evento de TD&E.

Além desses estudos, existem revisões de literatura que, embora não apresentem apenas resultados empíricos, também apontam a necessidade de um volume maior de informação para os participantes sobre o evento que estão para vivenciar.

Noe e Wilk (1993) citam dois estudos com as seguintes afirmações sobre importância de prover os empregados de informações sobre TD&E: comunicar aos empregados que as atividades de desenvolvimento são experiências relevantes pode ter uma influência positiva nas atividades de aprendizagem e nas percepções sobre os benefícios do desenvolvimento. A motivação para aprender pode ser potencializada quando os empregados são providos de informações realistas a respeito das atividades de TD&E.

Baldwin e Magjuka (1997) afirmam que é razoável pensar que, quanto mais informação sobre o evento forem oferecidas, melhor a aceitação do mesmo. Esses autores encontraram evidências de que os participantes que recebem mais informação demonstram reações favoráveis ao mesmo e conseqüente disponibilidade para transferir aprendizagem. Em estudos anteriores, esses autores já apontavam que fornecer informações importantes sobre as necessidades de aprendizagem (e sua importância) é, para os participantes, um sinal de que a gerência valoriza o evento.

No Brasil, Meira (2004) construiu um instrumento de disseminação de informação sobre TD&E. Em seu estudo, a autora identificou fontes, canais e conteúdos das informações sobre TD&E, além das expectativas dos participantes em relação ao evento que iriam iniciar. Os resultados apontaram uma forte relação entre os três elementos do processo de comunicação, o que evidencia a necessidade de haver a confluência dos mesmos para a existência da comunicação. Além disso, observou-se uma correlação significativa entre tais elementos e as expectativas dos participantes. Ressalta-se que as expectativas, nesse estudo, eram subdivididas em expectativas para o evento de TD&E e para o pós-TD&E, que possuía uma estrutura tridimensional com os fatores expectativas de conhecimento, de desempenho e de visão estratégica.

Meira (2004) também encontrou uma relação significativa entre a satisfação com o o evento de TD&E com os canais eletrônicos de comunicação e com os conteúdos das mensagens sobre necessidades-insumos (fator que contém itens sobre público-alvo e objetivos do evento).

A autora não propôs um modelo para explicação da influência que as expectativas podem ter na reação a TD&E, mas discute a importância de considerar a mediação dos elementos de disseminação utilizados, em especial os canais e conteúdos das informações recebidas (e procuradas) pelos participantes de TD&E. O Quadro 19.1 apresenta um resumo das pesquisas sobre disseminação da informação.

Em função da complexidade do tema e da necessidade urgente de mais estudos, é mister ser criterioso com as formas de avaliação de um processo de disseminação. A respeito desse assunto, são elencadas a seguir questões a ser consideradas, sobretudo, para construção de medidas de disseminação de informações em TD&E.

Quadro 19.1
RESUMO DA CONTRIBUIÇÃO DE ALGUNS AUTORES SOBRE O ESTUDO DA DISSEMINAÇÃO DE INFORMAÇÃO

Autor	Contribuição
Balwin e Madjuka (1997)	Existe um alto grau de incerteza sobre a relação do evento de TD&E com os objetivos e estratégias organizacionais.
Quiñones (1995)	Informações sobre desempenho como preditores de: • motivação; • auto-eficácia.
Smith-Jentsh, Jentsh, Payne e Salas (1996)	A comunicação dos efeitos do evento de TD&E, em especial a possibilidade de evitar experiências negativas com base no que foi aprendido, deve ser incentivada.
Koslowski e Hultz (1987)	A troca de informações está relacionada com: • comprometimento organizacional; • satisfação com as oportunidades de TD&E.
Noe e Wilk (1993)	Informações a respeito dos eventos de TD&E influenciam positivamente: • a aprendizagem; • a percepção sobre benefícios do evento de TD&E; • a motivação para aprender.
Baldwin e Magjuka (1997)	Mais informação favorece: • reações positivas ao evento de TD&E; • a disponibilidade para transferir aprendizagem; • a percepção sobre a gerência valorizar o evento e seus participantes.
Meira (2004)	Disponibilização de instrumento de disseminação de informação. A disseminação está relacionada com: • as expectativas sobre o evento de TD&E; • as expectativas sobre os efeitos de TD&E; • a satisfação com o evento de TD&E.

A QUESTÃO DA MEDIDA

A natureza multidisciplinar da pesquisa em disseminação contempla uma diversidade de aplicações dos resultados científicos, por exemplo, em comunicação, ciências sociais, psicologia, administração, educação, agropecuária, entre outros, e permite uma variedade de métodos dependendo do objetivo do estudo. Os resultados podem proporcionar soluções para indivíduos e/ou organizações, tanto para avaliar o que já foi disseminado como para planejar uma determinada disseminação (Rogers, 2003).

Como em qualquer campo de pesquisa, existem críticas ao estudo da disseminação, especialmente ao de disseminação de inovação. Uma dessas críticas é a do *viés pro-inovação*, segundo o qual apenas disseminações de sucesso podem ser amplamente estudadas, já que as pessoas que não receberam as informações necessárias para a adoção da inovação, ou que não a adotaram, não são de fácil acesso para a pesquisa (Rogers, 2003). Com isso, pode-se entender o que ocorre com as pessoas que adotam a inovação, mas pouco se pode saber sobre o que as diferencia dos que não a adotam. O mesmo tipo de dificuldade ocorre quando é preciso conhecer as razões que levaram algumas pessoas a abandonar eventos de TD&E ou levantar dados sobre efeitos em longo prazo, entre pessoas que não estão usando o que aprenderam. Essas pessoas simplesmente desaparecem na (ou fora da) estrutura das organizações, ficando "invisíveis" ou inacessíveis para estudo.

De acordo com Rogers (2003), os críticos da disseminação de inovações afirmam que existe uma tendência em responsabilizar o indivíduo pela não-adoção, e não ao sistema do qual ele faz parte. Segundo o mesmo autor, já houve o estereótipo de que os últimos adotantes eram mais resistentes à mudança, com baixo nível educacional ou tradicionalistas. No entanto, novas pesquisas vêm sendo implementadas para buscar variáveis externas ao indivíduo que possam explicar melhor essa diferença de velocidade em adotar uma inovação. Em TD&E, vê-se isso muito claramente com os estudos que tratam do impacto deste sobre o trabalho, nos quais os resultados da literatura científica nacional e internacional demonstram que seu melhor preditor está no contexto organizacional: suporte à transferência (Abbad, Pilati e Pantoja, 2003).

Sobre maneiras de se medir informação, Miller (1967) afirma que esta não é necessária uma unidade de medida específica, basta que os diferentes elementos avaliados (canais, fontes, etc.) estejam na mesma escala para que os resultados possam ser comparáveis. Corroborando com os estudos que trabalharam com quantidade (ou volume) de informação, uma forma bastante razoável de se medir informação seria perguntar diretamente qual o volume recebido sobre o evento de TD&E, preferencialmente com auxílio de uma escala tipo Likert (o que padronizaria a medida e facilitaria a análise dos dados). Tem-se um exemplo desse tipo de escala no estudo de Meira (2004), apresentado na Figura 19.2.

Em TD&E, o volume total de informações disseminadas pode ter, sem dúvida, sua importância. Todavia, essa avaliação será mais produtiva se se fizer referência aos elementos específicos da informação. Para listar possíveis conteúdos de mensagens que funcionem como informação (reduzindo incertezas sobre TD&E), pode-se consultar a teoria utilizada e supor quais possíveis conteúdos podem ser disseminados em cada subsistema do sistema TD&E.

Ao comentar as dificuldades de construção de medidas de reação a TD&E utilizando o MAIS, Borges-Andrade (2002) afirma que esse modelo, por pretender abranger todos os aspectos de TD&E, é um recurso que produz "explosões de criatividade" nos elaboradores de questões, gerando questionários longos, com grande resistência para a aplicação e posteriores dificuldades de análise.

Comparativamente, essa explosão também pode ocorrer na formulação de itens sobre a disseminação do evento de TD&E, pois, teoricamente, estas deveriam abranger todos os componentes do MAIS. A alternativa mais prudente parece ser consultar os próprios participantes sobre quais informações receberam ou devem ser disseminadas sobre este evento, e só

nenhuma informação	pouca informação	alguma informação	muita informação	todas as informações necessárias	não se aplica
0	1	2	3	4	N/A

Figura 19.2 Escala de volume de informação.
Fonte: Meira (2004).

então submeter esses itens a uma análise criteriosa à luz das teorias utilizadas, de comunicação e de TD&E.

Meira (2004) seguiu essa proposta. Inicialmente, a autora questionou os participantes sobre como ficaram sabendo do curso, quais as informações que receberam e de que forma, e, por fim, quais informações que, segundo eles, deveriam ter sido veiculadas, mas não foram. Com isso, obteve-se uma lista de diversos elementos da disseminação bastante aproximados da realidade dos respondentes para construção dos instrumentos de pesquisa. Sua escala de volume de informações (apresentada anteriormente) foi utilizada com os itens encontrados, viabilizando a comparação entre os elementos, bem como o agrupamento destes para possíveis comparações com outros constructos. Alguns desses elementos estão apresentados na Figura 19.3.

Essa alternativa cria outras dificuldades, como a de não se ter certeza se as informações listadas pelos participantes abarcam todas as que foram ou podem ser disseminadas pela organização. Mais uma vez, voltando às teorias da comunicação, a efetividade dessa alternativa só pode ser avaliada à luz do receptor. Caso não constem nas listagens feitas pelos participantes determinadas informações que a organização pensa serem importantes, é sinal de que esse julgamento de importância do que deve ser disseminado não está sendo planejado em função do participante.

Outra dificuldade que pode ocorrer é determinar as causas de um possível não-funcionamento da disseminação para informações que os participantes relatem como importantes, mas afirmem não terem recebido. Uma alternativa a essa questão seria considerar os elementos do processo de comunicação de mensagens: fontes, codificação, canais, decodificação e receptores.

Codificação e decodificação seriam, de fato, de difícil análise e mensuração, pois seria necessário comparar o uso de diferentes códigos e tratamentos dados aos conteúdos. Já os canais pelos quais as mensagens foram disseminadas, considerados fundamentais para o processo de comunicação (Berlo, 1960; Rogers, 2003), são de mais fácil mensuração, podendo inclusive ser analisados seguindo a mesma escala de volume de informações utilizada para os conteúdos.

Em Meira (2004), conforme comentado anteriormente, três foram os elementos distintos da disseminação avaliados: fontes, canais e conteúdos das informações recebidas sobre o evento de TD&E antes de seu início. Cada conjunto de elementos formava um instrumento que, submetido aos procedimentos de avaliação estatística adequados, apresentaram índices satisfatórios para sua utilização (validade discriminante e de conceito, além da consistência interna).

Por fim, há a questão dos receptores das informações. Estes, como destinos finais das mensagens, também devem ser avaliados durante um processo de disseminação para que se saiba quais variáveis individuais podem causar diferenças, tanto no volume de informações recebido, quanto na reação e adoção da inovação, o que, em TD&E, são: satisfação com TD&E e impacto deste no trabalho. As possibilidades são inúmeras, e os modelos de avaliação de TD&E dedicam uma proporção da explicação dos seus efeitos para estas diferenças individuais (ver Capítulo 21), incluídas no componente insumos do MAIS.

Em Meira (2004), foram realizadas duas aferições: uma antes e uma após o evento de TD&E. Na primeira, observaram-se as relações existentes entre a disseminação de informações e as expectativas para o curso e para seus resultados, medidos a partir dos instrumentos construídos e validados previamente. No segundo momento, avaliou-se a satisfação dos respondentes em relação ao professor, aos resultados e à programação utilizando o instrumento de Abbad, Gama e Borges-Andrade (2000).

FONTE	CANAL	CONTEÚDO
colega de trabalho amigo(a) chefe/superior imediato RH da empresa organizador do treinamento	*e-mail* mural/quadro de avisos *folder*/panfleto telefone *site*	objetivo do treinamento pré-requisitos metodologia de aula professores/instrutor material de apoio (computadores, salas...)

Figura 19.3 Elementos da disseminação agrupados conforme a fonte, o canal e o conteúdo.
Fonte: Meira (2004).

CONSIDERAÇÕES FINAIS

Atualmente, os estudos sobre disseminação de informações em TD&E são escassos e paralelos. As demandas na área permanecem urgentes, pois, com freqüência, os resultados aqui apresentados faziam parte de pesquisas que se dedicavam a outros objetos de estudos, o que significa que este tema ainda não despertou o interesse de compor uma linha de pesquisa específica. Tal fato não condiz com a sua importância e potencial influência, em especial, na decisão de participar de eventos de TD&E, nas expectativas com que se inicia um desses eventos e na satisfação ao final destes.

Uma das razões para esse abandono pode ser a demanda **interdisciplinar** de pesquisa e prática (comunicação, psicologia, lingüística, administração e outros), o que, em si, constitui um desafio. Os profissionais de TD&E, seja qual for a origem de sua formação e conhecimentos, precisam ter flexibilidade para atuar em parceria, compartilhando informações e reconhecendo as contribuições das diferentes ciências.

Além disso, a área de comunicação nas organizações costuma estar voltada para a divulgação externa (de produtos e serviços), especialmente quando é terceirizada e os critérios para eficácia são, sobretudo, financeiros. É bem verdade que as tentativas de desenvolver estratégias para gestão do conhecimento são relevantes e cada vez mais eficazes.

Lidar com comunicação dentro das organizações significa, ainda, quebrar as barreiras impostas pela divisão de setores de planejamento, execução e avaliação de intervenções (dentre elas TD&E), pois as informações precisam fluir entre os próprios empregados para que se identifiquem as falhas, dificuldades e possibilidades de melhoria.

QUESTÕES PARA DISCUSSÃO

- O que é comunicação? Quais seus elementos constitutivos e como se dão as relações entre eles?
- Conceitue disseminação de informação, distinguindo-a de conceitos como comunicação e difusão.
- Quais as potenciais influências teóricas que a disseminação de informação pode ter em eventos de TD&E? Comente resultados de pesquisa.
- Que especificidades da medida de disseminação de informações em TD&E devem ser consideradas ao se elaborar um instrumento?
- O campo em disseminação de informações ainda é recente no país. Elabore sugestões de pesquisas para aprofundar o tema.

REFERÊNCIAS

ABBAD, G.; GAMA, A. L. G.; BORGES-ANDRADE, J. E. Treinamento: análise do relacionamento da avaliação nos níveis de reação, aprendizagem e impacto no trabalho. *Revista de Administração Contemporânea – RAC*, v.4, n.3, p.25-45, 2000.

ABBAD, G.; PILATI, R.; PANTOJA, M. J. Avaliação de treinamento: análise da literatura e agenda de pesquisa. *Revista de Administração*, v.38, n.3, p.205-218, 2003.

BALDWIN, T. T.; MAGJUKA, R. J. Training as an organizational episode: prettraining influences on trainee motivation. In: FORD, J. K. (Org.). *Improving training effectiveness in work organizations*. Mahwah: Lawrence Erlbaum, 1997. p. 99-127.

BERLO, D. K. *Processo da comunicação*: introdução à teoria e à pratica. São Paulo: Martin Fontes, 1960.

BORGES-ANDRADE, J. E. Avaliação somativa de sistemas instrucionais: integração de três propostas. *Tecnologia Educacional*, v.11, n.46, p.29-39, 1982.

_____. Desenvolvimento de medidas em avaliação de treinamento. *Estudos de Psicologia*, v.7, p.31-43, 2002. Número especial.

BORGES-ANDRADE, J. E.; ABBAD, G. Treinamento e desenvolvimento: reflexões sobre suas pesquisas científicas. *Revista de Administração*, v.31, n.2, p.112-125, 1996.

HAMBLIM, A. C. *Avaliação e controle de treinamento*. São Paulo: McGraw-Hill, 1978.

KLUSENER, C.S.; PINHEIRO, P.L.; CRUZ, R.M. Decomposição do processo de comunicação na ação de comunicar nas organizações. *Comunicação Organizacional*. 2002. Disponível em: http://www.pucrs.br/famecos/geacor/texto6.html. Acesso em: 21 abril 2003.

KOSLOWSKI, S. W. J.; HULTS, B. M. An exploration of climates for technical updating and performance. *Personnel Psychology*, v.40, p.539-561, 1987.

MEIRA, M. *Disseminação de informação sobre treinamento*: construção e validação de um instrumento de medida. Dissertação (Mestrado) Universidade de Brasília, Brasília, 2004.

MILLER, G. A. *The psychology of communication*: seven essays. Baltimore: Penguin Books, 1967.

NOE, R. A.; WILK, S. L. Investigation of the factors that influence employees' participation in development activities. *Journal of Applied Psychology*, v.78, n.2, p.291-302, 1993.

QUIÑONES, M. A. Pretraining context effects: training assignment as feedback. *Journal of Applied Psychology*, v.80, n.2, p.226-238, 1995.

ROBBINS, S. P. *Comportamento organizacional*. São Paulo: Prentice Hall, 2000.

ROGERS, E. M. *Diffusion of innovations*. New York: Free Press, 2003.

ROGERS, E. M.; SHOEMAKER, F. *Communication of innovations*. New York: Free Press, 1971.

SMITH-JENTSH, K. A. et al. Can pretaining experiences explain individual differences in learning? *Journal of Applied Psychology*, v.81, n.1, p.110-116, 1996.

WOLF, M. *Teorias da comunicação*. Lisboa: Presença, 2002.

20

Medidas de suporte em avaliação de TD&E

Gardênia da Silva Abbad, Francisco A. Coelho Jr.,
Isa Aparecida de Freitas e Ronaldo Pilati

Objetivos

Ao final deste capítulo, o leitor deverá:

- Definir variáveis do contexto em avaliação de TD&E.
- Analisar os pontos críticos da escolha de procedimentos de avaliação, meios e fontes de informação sobre contexto em avaliação de TD&E.
- Descrever instrumentos de medidas de variáveis de contexto e sua aplicação em avaliação de TD&E.
- Analisar resultados de pesquisas que incluem variáveis de contexto em modelos de avaliação de TD&E.
- Identificar implicações práticas da inclusão de fatores do contexto em avaliações de TD&E.

APRESENTAÇÃO E CONCEITOS IMPORTANTES

Este capítulo descreve medidas de avaliação de fatores do contexto em que se inserem as ações de TD&E em organizações e trabalho. O modelo de avaliação de treinamento, desenvolvimento e educação (TD&E), descrito no Capítulo 17 e adotado neste livro, integra, além de variáveis relativas ao próprio treinamento (insumos, procedimentos, processos e resultados imediatos), fatores ligados ao ambiente ou contexto (necessidades, apoio, disseminação e resultados pós-treinamento). Nesta parte, o leitor encontrará medidas de avaliação de fatores de *apoio*.

No Modelo de Avaliação Integrado e Somativo (MAIS), *apoio* é um subcomponente do ambiente e se refere a fatores contextuais, tais como: suporte material, clima ou suporte gerencial e social à transferência de treinamento, cultura e suporte à aprendizagem contínua. Esses fatores podem exercer influência sobre as ações de TD&E em todas as suas etapas, desde a avaliação de necessidades até os resultados a longo prazo.

Os Capítulos 12 e 22 tratam de alguns desses fatores. O Capítulo 12 discute a inserção de fatores de contexto em modelos de avaliação de necessidades de TD&E. No Capítulo 22, são tratados elementos de *apoio* instrucional ou suporte direto à execução do treinamento, relacionados às condições ou restrições impostas à realização do evento instrucional enquanto ele ocorre. Para não repetirmos esses conteúdos, neste capítulo, não trataremos de fatores de *apoio* à execução do treinamento (como qualidade das instalações, coordenação do evento, serviços de secretaria, hospedagem, alimentação, equipamentos e materiais de apoio à realização do evento), que são tratados no Capítulo 22.

Neste capítulo, são abordadas medidas de avaliação de fatores externos ao treinamento, não ligados ao apoio direto à realização do evento instrucional. Este capítulo auxiliará o leitor a analisar os pontos críticos envolvidos na escolha da metodologia de avaliação de variáveis de contexto e descrever diversas medidas de avaliação desses fatores. O leitor encontrará, mais adiante, alguns resultados de pesquisas que incluem medidas de contexto em seus modelos de avaliação de TD&E. Ao final do capítulo, é apresentada uma breve discussão sobre implicações associadas à inclusão de fatores do ambiente ou contexto em avaliações de sistemas instrucionais.

Neste ponto, o leitor deverá se perguntar: por que devemos avaliar o contexto das ações de TD&E? De que maneira este tipo de informação auxiliará um profissional da área a tomar decisões e a aprimorar os sistemas instrucionais que estiverem sob a sua responsabilidade?

Com a finalidade de responder à primeira questão, será preciso recordar o fato de que eventos instrucionais em organizações e trabalho (O&T) são situações sistematicamente planejadas para proporcionar ao aprendiz condições externas adequadas à aquisição, retenção, transferência de novas aprendizagens para o trabalho. Entretanto, para que tal processo ocorra a contento, além das situações de aprendizagem criadas pela ação de TD&E, será preciso que os conhecimentos, habilidades e atitudes (CHAs) do participante, encarados como desempenhos no trabalho, recebam apoio da organização para que ocorram e sejam aplicados nos ambientes de trabalho.

Para serem aprendidos e aplicados eficazmente no trabalho, esses CHAs dependem de condições propícias internas e externas. Os Capítulos 12 e 24 tratam desses assuntos em detalhe. No momento, o leitor precisará compreender por que se deve incluir a análise do contexto em avaliações de treinamento. Para demonstrar a importância de tal análise, são apresentados a seguir alguns exemplos de situações em que o apoio da organização é claramente decisivo na aplicação de novas aprendizagens no trabalho, um dos principais objetivos da maior parte dos treinamentos em organizações e trabalho (O&T).

Imagine uma situação na qual a organização oferece aos seus funcionários um excelente treinamento em atendimento ao público. Ao final do treinamento, observou-se, nesse caso hipotético, que os participantes haviam adquirido os CHAs necessários a um atendimento exemplar ao público. Contudo, esses funcionários estavam descrentes com relação à possibilidade de aplicação desses CHAs no trabalho porque, no ambiente de trabalho, não havia condições. Freqüentemente, as bases de dados necessárias ao atendimento estavam inacessíveis, os computadores eram lentos demais, as informações constantes nos sistemas de informação eram contraditórias e desatualizadas, a divisão de trabalho era irracional, pois determinava que alguns funcionários trabalhassem muito enquanto outros não tinham nada para fazer, e o mobiliário era incompatível com a atividade de atendimento ao público, entre outros problemas de organização do trabalho.

Esse caso hipotético mostra uma situação na qual se verifica que um treinamento, por melhor que seja, não será capaz de garantir a aplicação das novas aprendizagens no trabalho. O apoio organizacional à aplicação dos novos CHAs no trabalho é, portanto, nesse tipo de caso, condição necessária, embora não suficiente, à aplicação de novas aprendizagens no trabalho.

A aprendizagem e a motivação do indivíduo para o treinamento também podem depender do apoio da organização. Pessoas expostas a um ambiente de trabalho pouco acolhedor e muito restritivo ao uso de novas habilidades poderão ficar desmotivadas a aprender e a transferir novas aprendizagens para o trabalho. Portanto, o sucesso de eventos instrucionais depende de múltiplos fatores ligados à qualidade do evento instrucional e a características do contexto ou ambiente que o circunda.

O contexto exerce seus efeitos sobre a aprendizagem, a transferência de aprendizagem e quaisquer desempenhos humanos no trabalho segundo diferentes perspectivas:[1] contexto como *oportunidade* ou *restrição*, contexto como *influência distal* ou *proximal* e contexto como fator *antecedente* ou *conseqüente*. A seguir, são apresentados e discutidos alguns conceitos e distinções entre conceitos à luz das perspectivas de análise mencionadas anteriormente.

O primeiro conceito diz respeito a suporte. O conceito de suporte, na linguagem cotidiana e de acordo com Houaiss (2001), é usado no sentido de apoio, sustentação, base, pilar, amparo e proteção. Na linguagem técnica, suporte é empregado de modo similar para expressar condições organizacionais favoráveis de trabalho e, em alguns casos, ao compromisso da organização para com o indivíduo.

Em um sentido mais específico, suporte representa aquilo que apóia ou sustenta alguma coisa, que fornece a base para que algo aconteça. Alguns fatores exercem influência direta e específica sobre o desempenho no trabalho ou sobre a aprendizagem, por se constituírem condições necessárias ao desempenho exemplar ou ao bom rendimento em um treinamento, como qualidade dos materiais, informações, instruções, equipamentos disponibilizados, entre outros.

Considerando os significados do termo suporte no contexto das organizações, podem-se abstrair outras questões: o que é apoiado? Qual o objeto que é sustentado ou tem a sua ocorrência facilitada? Em termos de programas de TD&E, o que a organização deve oferecer como suporte para a aplicação no trabalho de novos CHAs? De que maneira? E os pares e as chefias, devem apoiar as atitudes dos indivíduos ao tentarem aplicar algo novo no trabalho? Por quê? Quais fatores estimulam ou restringem a aplicação de novos CHAs no trabalho? A reflexão sobre essas perguntas pode começar a nos ajudar na diferenciação dos conceitos de suporte presentes na literatura de TD&E.

O Quadro 20.1 apresenta uma síntese de alguns dos principais conceitos utilizados para investigação de suporte no âmbito da avaliação de programas de TD&E. Essas definições não estão apresentadas na ordem cronológica em que foram encontradas na literatura especializada, mas em uma seqüência que facilita a compreensão das relações teóricas entre esses conceitos.

Verifica-se, no Quadro 20.1, que há vários conceitos correlatos relativos ao ambiente. Alguns deles são muito similares entre si, apesar de terem sido originados em contextos e abordagens teóricas distintas. **Suporte organizacional**, por exemplo, é um conceito definido por pesquisadores da área de comportamento organizacional, com base em abordagens teóricas oriundas da sociologia e da psicologia, com o objetivo de investigar o relacionamento entre percepções dos indivíduos sobre suporte, comprometimento, cidadania e desempenho. Enquanto os conceitos de clima e suporte à transferência foram definidos por pesquisadores, que, ligados especificamente à avaliação de treinamento, tinham o objetivo de investigar a influência que variáveis deste tipo exercem sobre eventos de treinamento (público-alvo, processos e resultados).

Quadro 20.1
CONCEITOS RELACIONADOS A SUPORTE

Conceito	Definição	Autor(es)
Suporte organizacional	Percepção dos indivíduos a respeito do quanto a organização se preocupa com o bem-estar e valoriza as contribuições dos indivíduos que nela trabalham.	Abbad (1999); Abbad, Pilati e Borges-Andrade (1999)
Suporte gerencial ao treinamento	Indicadores de apoio gerencial à transferência de treinamento, presentes no ambiente organizacional antes, durante e após o treinamento.	Broad (1982)
Clima para transferência	Percepção do indivíduo sobre o apoio que recebe do ambiente organizacional para transferir novas aprendizagens para o trabalho. Este conceito inclui fatores situacionais antecedentes e conseqüências associadas à transferência de treinamento.	Rouiller e Goldstein (1993)
Suporte à transferência	Percepção do indivíduo sobre o apoio que recebe de colegas e chefias para aplicar, no trabalho, novas habilidades adquiridas em treinamentos. Além do suporte psicossocial, esse conceito enfoca o apoio material à transferência de treinamento.	Abbad (1999); Abbad e Sallorenzo (2001)
Cultura de aprendizagem contínua	Padrão compartilhado de significados e expectativas acerca de quanto a organização maximiza os processos de inovação e a competitividade, promovendo a aquisição constante de habilidades, conhecimentos e comportamentos oriundos dos mais distintos meios, a fim de modificar o ambiente de trabalho em algum aspecto.	Tracey, Tannenbaum e Kavanagh (1995)
Suporte à aprendizagem	Percepção do indivíduo sobre o apoio de pares e chefias à aprendizagem e à aplicação no trabalho de CHAs adquiridos em situações formais (programas de TD&E) e informais de aprendizagem.	Coelho Jr. (2004)
Suporte à aprendizagem continua	Percepção do indivíduo sobre a presença de condições favoráveis à aprendizagem no grupo de trabalho.	Freitas (2005); Pantoja (2004)

As diferenças nas definições desses constructos são discutidas de acordo com as perspectivas de análise[2] anteriormente mencionadas, que classificam o contexto como *oportunidade-restrição*, como fator de *influência distal ou proximal*, ou como *antecedente-conseqüente* de alguma variável de interesse. Em que pesem as diferenças, os instrumentos de medida associados a esses constructos apresentam semelhanças, tal como discutido mais adiante.

Conforme descrito no Capítulo 12, *suporte organizacional* se refere a crenças ou percepções globais, desenvolvidas pelos trabalhadores sobre o quanto a organização em que trabalham valoriza suas contribuições e cuida do seu bem-estar (avaliação ecológica). Trata-se, portanto, de crenças do trabalhador sobre o comprometimento da organização para com eles.

Percepção de *suporte organizacional*, segundo Abbad (1999) e Abbad, Pilati e Borges-Andrade (1999), é um constructo multidimensional e refere-se à percepção global do indivíduo sobre o quanto a organização valoriza as suas contribuições e cuida do seu bem-estar. Isso significa que as opiniões dos empregados ou funcionários acerca das práticas de gestão de desempenho, das exigências e da carga de trabalho, do suporte material e das práticas de promoção, ascensão e salários da organização. Percepções desfavoráveis de suporte organizacional podem gerar problemas de desempenho que não se devem à falta de CHAs no trabalho, mas à falta de condições propícias ao desempenho competente e/ou de motivação em decorrência de restrições situacionais no ambiente de trabalho. Portanto, o suporte organizacional não enfoca o processo de aprendizagem em si, mas ao apoio organizacional ao desempenho.

Percepção de *suporte organizacional* se refere, pois, às percepções do indivíduo sobre a organização como um todo, e não sobre o comportamento de agentes organizacionais específicos, como pares e chefias. Nesse caso, suporte organizacional se relaciona a fatores que exercem *influência distal sobre a aprendizagem* dos indivíduos em ações de TD&E e *proximal ao desempenho exemplar no trabalho*. Esse conceito inclui variáveis antecedentes e conseqüentes e pode ser encarada pelo indivíduo como oportunidade ou restrição situacional ao desempenho exemplar no trabalho. O Capítulo 12 trata desse tipo de influência.

Entretanto, pesquisadores da área de avaliação de treinamento procuraram definir constructos e desenvolver medidas para avaliar fatores de influência proximal aos resultados de eventos instrucionais, bem como analisar o quanto são vistas como oportunidade ou ameaça à aprendizagem ou à transferência de treinamento para o trabalho. Merecem destaque os estudos de Broad (1982) e Rouiller e Goldstein (1993), pioneiros na construção de medidas relativas ao contexto em estudos de avaliação de treinamento.

Broad (1982) definiu o constructo **suporte gerencial à transferência de treinamento** e construiu indicadores que chamaram a atenção para o fato de que esse tipo de variável está presente no ambiente organizacional desde a avaliação de necessidades, no ambiente pré-treinamento, até muito após o término do treinamento, no ambiente pós-treinamento. Broad apresentou a gerentes de desenvolvimento de recursos humanos de empresas norte-americanas uma lista de indicadores de suporte à transferência contendo 74 descrições de ações gerenciais de apoio ao treinamento. Após análise dos participantes, as ações foram agrupadas em cinco categorias:

- *Envolvimento da gerência superior* (nível de política gerencial), 14 itens.
- *Preparação pré-treinamento*, 22 itens.
- *Suporte durante o treinamento*, 10 itens.
- *Ligação do treinamento com o trabalho*, 17 itens.
- *Acompanhamento*, 11 itens.

As quatro últimas categorias se referiam a ações de gerentes e/ou supervisores imediatos. Esse trabalho foi um bom ponto de partida para a especificação de indicadores de avaliação de suporte gerencial à transferência.

Apesar de muito útil para os profissionais de TD&E, essa listagem de indicadores desenvolvida por Broad (1982) excluía importantes variáveis ligadas à interação dos participantes de treinamento com seus pares ou colegas e às práticas organizacionais de gestão e valorização do desempenho. Tais variáveis podem afetar direta ou indiretamente os procedimentos, processos e resultados de programas instrucionais. Reduzir o conceito de "suporte" ao de "apoio *gerencial* à transferência" seria, talvez, negar a importância explicativa de outras variáveis sociais e culturais do contexto que afetam desempenho, comprometimento e, provavelmente, a aplicação de novas habilidades no trabalho.

Rouiller e Goldstein (1993) deram um passo importante para sanar essa falha, ao construírem um instrumento de avaliação de **clima para transferência** que inclui o comportamento de colegas de trabalho na definição do constructo e no instrumento de medida. *Clima* é, sem dúvida, um componente crítico no estudo das variáveis que afetam a eficácia de programas instrucionais e organizações. Entretanto, até o início da década de 1990, eram ainda raras as pesquisas que incluíam esse tipo de variável em avaliação de ações de TD&E.

Rouiller e Goldstein (1993) propuseram um instrumento de *clima para transferência*, que, desde então, tem sido muito utilizado por pesquisadores estrangeiros da área. Segundo os referidos autores, os participantes de eventos instrucionais não aplicam, no trabalho, as habilidades aprendidas no treinamento, se não contarem, em seus locais de trabalho, com um *clima propício* para isso. Com base nessa suposição, Rouiller e Goldstein desenvolveram uma escala de avaliação desse *clima* para investigar de que modo e o quanto esse tipo de variável afeta aprendizagem e transferência de treinamento.

Os itens componentes desse instrumento descrevem situações e conseqüências que inibem ou facilitam a transferência do que foi aprendido no treinamento. Esses itens foram levantados por meio de uma variação da técnica dos incidentes críticos junto a uma amostra de funcionários da empresa. Os 298 incidentes assim coletados foram submetidos a especialistas para categorização e classificação. As duas principais categorias encontradas foram *dicas situacionais* e *conseqüências*. Ao final do procedimento de construção do instrumento, foram retidos 63 itens, dos quais 41 eram dicas situacionais e 22 conseqüências associadas ao uso das habilidades aprendidas no treinamento. Esses itens foram associados a uma escala Likert de freqüência, na qual 1 equivalia a "muito infreqüentemente", e 5 a "muito freqüentemente". Os autores não disponibilizaram no artigo referido o questionário que construíram.

O constructo *clima para transferência* é composto pelas seguintes dimensões ou categorias de conteúdo: *dicas situacionais e conseqüências*. *Dicas situacionais* se referem às informações presentes no ambiente de trabalho que estimulam o egresso do evento instrucional a recordar os conteúdos do treinamento e a aplicar as novas habilidades no trabalho, entre os quais estão *objetivos do trabalho que realiza*, os quais podem servir para encorajar o treinando a aplicar o treinamento no trabalho; *dicas sociais*, que se referem a informações provenientes do grupo de trabalho (pares, superiores e subordinados) que facilitam a transferência; *dicas da tarefa*, ao desenho e à natureza do trabalho (disponibilidade de equipamento); *dicas de autocontrole*, aos processos de autocontrole que permitem aos treinados usar no trabalho o que aprenderam no treinamento.

A dimensão *conseqüências* se subdivide em *feedback favorável, negativo* (conseqüências indesejáveis, tais como *punição* ou ridicularização associadas às tentativas do egresso para aplicar no trabalho o que aprendeu no treinamento) ou *nenhum feedback*. Um dos méritos deste trabalho foi atribuir importância aos pares e colegas, ao reconhecer e demonstrar que o comportamento deles afeta a transferência do treinamento para o trabalho.

Esse estudo produziu grande avanço teórico e metodológico na área de avaliação do impacto do treinamento no trabalho, pois ampliou o conceito de clima, incluindo variáveis que representam a influência dos pares na transferência de treinamento. Esses autores resgataram, também, o valor de variáveis relacionadas ao desenho do trabalho como explicativas de impacto do treinamento no trabalho.

Pesquisadores brasileiros têm empregado o constructo de **suporte à transferência de treinamento** em seus modelos de avaliação de ações de TD&E. Trata-se de um constructo correlato ao de clima para transferência de Rouiller e Goldstein (1993). Por isso, as medidas de clima e suporte também são similares.

Percepção de *suporte à transferência* exprime a opinião do participante de eventos instrucionais a respeito do nível de apoio que recebe da organização, representada por chefes, colegas e pares, para participar em atividades de treinamento e para usar de modo eficaz, no trabalho, as novas habilidades adquiridas por meio de eventos instrucionais. Esse constructo enfoca algumas condições necessárias à transferência de aprendizagem, avaliando o quanto estão presentes no ambiente de trabalho do egresso de ações de TD&E.

Suporte à transferência, de acordo com Abbad (1999), Sallorenzo (2000) e Abbad e Sallorenzo (2001) é um constructo multidimensional, cunhado, principalmente, a partir dos trabalhos de Broad (1982) e Rouiller e Goldstein (1993). O suporte à transferência é avaliado por meio de escalas que se referem a três dimensões ou fatores: o primeiro relacionado ao contexto pré-treinamento é denominado *apoio gerencial ao treinamento* e os demais, relacionados ao contexto pós-treinamento, são denominados *suporte psicossocial à transferência* e *suporte material à transferência*, cujas definições basearam-se na análise de outros conceitos correlatos como os de restrições situacionais, suporte gerencial à transferência e clima para transferência de treinamento.

O conjunto de itens *apoio gerencial ao treinamento* se relaciona a certas condições do ambiente pré-treinamento e ao nível de apoio recebido pelo treinando para participar efetivamente de todas as atividades do programa de TD&E. O fator de *suporte psicossocial à transferência*[3] é definido em termos do apoio gerencial, social (do grupo de trabalho) e organizacional que o participante do treinamento recebe para aplicar no trabalho as novas habilidades aprendidas em treinamento. Esse apoio se manifesta em termos de oportunidades para praticar novas habilidades, apoio da chefia imediata na remoção de eventuais obstáculos à transferência de aprendizagem e acesso às informações necessárias à aplicação dos novos conhecimentos no trabalho. Esse fator também contém itens relativos a conseqüências associadas ao uso de novas habilidades no trabalho, que avaliam a opinião dos participantes de ações de TD&E acerca da ocorrência de reações favoráveis e/ou desfavoráveis de colegas, pares ou superiores hierárquicos, diante das tentativas do ex-treinando de aplicar no trabalho as novas habilidades que aprendeu no treinamento. O terceiro fator, *suporte material à transferência*, refere-se à opinião dos participantes de eventos instrucionais acerca da qualidade, quantidade e disponibilidade de recursos materiais e financeiros e à adequação do ambiente físico do local de trabalho à transferência de treinamento.

As variáveis de *apoio gerencial ao treinamento* provavelmente exercem *influência proximal* à participação efetiva do treinando no treinamento e *distal* sobre a aprendizagem e transferência. Essas variáveis podem ser consideradas, em diversas situações, como antecedentes da participação do treinando no evento instrucional, da aprendizagem e da transferência de treinamento.

As variáveis de *suporte à transferência*, por outro lado, tomadas após o treinamento, podem ser consideradas fator de *influência proximal* à transferência de aprendizagem para o trabalho. Tais variáveis incluem fatores antecedentes e conseqüentes à aplicação das novas aprendizagens no trabalho. As variáveis de suporte à transferência constituem oportunidades à aplicação dessas novas aprendizagens, quando presentes ou percebidas favoravelmente pelos participantes, ou em ameaças, restrições ou dificuldades, quando não estão presentes no ambiente de trabalho ou são percebidas como aspectos desfavoráveis do ambiente de trabalho. Se avaliadas pelo treinando antes do treinamento, como *expectativas* de receber suporte, quando do seu retorno ao trabalho, variáveis de suporte à transferência também podem ser analisadas como fatores que exercem influência proximal à motivação para o treinamento, à aprendizagem e às reações dos participantes ao treinamento.

Tracey, Tannenbaum e Kavanagh (1995) sugerem o conceito de *cultura de aprendizagem contínua*, definido como um padrão de significados, percepções e expectativas compartilhadas pelos membros da organização e que constituem um *valor* ou uma *crença* organizacional sobre o quanto a organização em que trabalham favorece a aprendizagem contínua. Essas crenças ou percepções se referem ao quanto a organização maximiza os processos de inovação e incentiva a competitividade, promovendo continuamente a aquisição de conhecimentos, habilidades e comportamentos, a fim de modificar o ambiente de trabalho em algum aspecto. Em ambientes com cultura propícia à aprendizagem contínua, as pessoas compartilham percepções e expectativas de que a aprendizagem é essencial para elas e para a organização e pode ocorrer de modo contínuo no seu cotidiano de trabalho.

Cultura de aprendizagem contínua, segundo os autores, inclui três aspectos fundamentais: individuais, de tarefas e características organizacionais. No que se refere aos *aspectos individuais*, a *cultura* se refere a percepções dos indivíduos sobre o quanto a organização vê a aprendizagem como responsabilidade de cada empregado. Em ambientes favoráveis, a aprendizagem contínua e o desenvolvimento pessoal são percebidos como decorrentes essencialmente das motivações e do interesse do próprio empregado.

Com relação à análise de *aspectos das tarefas*, *cultura de aprendizagem contínua* refere-se a percepções sobre o quanto as interações e relações sociais na organização apóiam a aquisição de novos CHAs. Organizações são vistas como propícias à aprendizagem, quando as tarefas são realizadas em um contexto de interação e interdependência, e os integrantes da organização compreendem as tarefas e responsabilidades dos colegas, e reconhecem a inter-relação entre suas rotinas de trabalho. Assim, cooperação e coesão entre empregados, supervisores, grupos e unidades funcionais provavelmente encorajam e reforçam a aquisição de novos CHAs que podem posteriormente, nesse contexto, institucionalizar-se.

Quanto ao terceiro aspecto, *cultura de aprendizagem contínua* se refere às percepções sobre o quanto a organização desenvolve sistemas formais que fortalecem a realização das tarefas (execução) e criam oportunidades necessárias à aquisição e aplicação de novos CHAs no trabalho. Ainda nesta perspectiva, acredita-se que uma organização de aprendizagem contínua é aquela que se caracteriza por alto nível de competitividade interna (desempenho) e processos de inovação constantes (novas técnicas, novas tarefas). Assim sendo, cultura de aprendizagem contínua pode ser considerada parte integrante da cultura organizacional mais ampla.

Cultura de aprendizagem contínua, segundo Tracey e colaboradores (1995), considera que a aprendizagem pode ocorrer não apenas por meio de treinamentos, mas de modo natural e constante no ambiente de trabalho. Os conceitos de *suporte à aprendizagem* e de *suporte à aprendizagem contínua*, apresentados a seguir, também se preocupam em avaliar o quanto o contexto organizacional apóia a aprendizagem em todas as suas formas, sejam elas espontâneas ou induzidas por treinamentos. Pozo (1999) afirma que a aprendizagem pode ocorrer por distintos tipos: por meio de situações e eventos que sejam significativos aos indivíduos (aprendizagem reflexiva), bem como por meio de aprendizagem associativa, aprendizagem construtiva e aprendizagem pautada em uma perspectiva sociocultural. Para melhor compreensão desses fundamentos, leia o Capítulo 13.

Quando se fala em **suporte à aprendizagem contínua**, o foco não está nos valores ou nas crenças compartilhadas pelos indivíduos sobre a importância da aprendizagem no trabalho, tal como no caso do conceito de cultura de aprendizagem contínua, mas na percepção das pessoas sobre a presença de condições favoráveis à aprendizagem na organização onde atuam. Para identificar quais condições apóiam a aprendizagem contínua, é fundamental compreender como as pessoas aprendem no trabalho e quais são as estratégias utilizadas para aprender. Nesse sentido, o conceito de *suporte à aprendizagem contínua* se refere às condições de apoio existentes nos grupos de trabalho das organizações, e nas quais a aprendizagem deve estar necessariamente relacionada ao desempenho do papel ocupacional. O conceito foi, inclusive, formulado a partir das teorias e pesquisas sobre cultura de aprendizagem contínua, estratégias de aprendizagem, aprendizagem organizacional (como Nonaka e Takeuchi, 1997 e Zimmer, 2001) e gestão do conhecimento.

A idéia de continuidade presente na expressão *aprendizagem contínua* diz respeito ao caráter permanente da aprendizagem, significa que ela é um processo que ocorre ao longo de toda a vida do indivíduo, em diferentes contextos e situações. De acordo com Freitas (2005), a aprendizagem não se resume ao que ocorre em situações de TD&E, uma vez que a aprendizagem é condição inerente à vida humana, ocorrendo em todas as suas fases, contextos e situações.

O conceito de **suporte à aprendizagem**, de acordo com o Quadro 20.1, também se refere à percepção de apoio e suporte psicossocial (colegas, pares e chefes) à aprendizagem e à aplicação de novas habilidades no ambiente de trabalho. Todavia, esse conceito não trata somente do apoio à aprendizagem induzida por meio de programas instrucionais específicos, mas do apoio à aprendizagem natural, espontânea ou acidental no trabalho. Parte-se do pressuposto básico, de acordo com Abbad e Borges-Andrade (2004), Garrick (1998) e Pantoja e Freitas (2003), de que, nas organizações, os indivíduos aprendem o tempo todo, seja informalmente, por imitação, tentativa e erro, conversas com pares, colegas, clientes e outros agentes relacionados ao trabalho, seja mais formalmente, por intermédio de programas sistematicamente planejados de TD&E. Por esse motivo, condições externas ao indivíduo deveriam apoiar todas as fases e tipos de aprendizagem.

Suporte à aprendizagem, segundo Coelho Jr. (2004), envolve, então, a percepção do empregado sobre como e em que medida o ambiente organizacional não favorece ou dificulta a aprendizagem e sua aplicação no trabalho. O nível de análise se refere, portanto, à avaliação do apoio psicossocial de pares e chefias.

Ressalta-se, dessa forma, que as medidas (suporte à aprendizagem e suporte à aprendizagem contínua) são similares, apesar de terem sido construídas a partir de referenciais distintos. Uma dessas diferenças é digna de nota. Enquanto a definição de *Suporte à aprendizagem contínua*, inspirada nas concepções e definições de Tracey, Tanneubaum e Kavanagh (1995), incorpora as idéias de *continuidade* e *compartilhamento* de significados e crenças sobre os aspectos da cultura organizacional que estimulam a aprendizagem, o conceito de suporte à aprendizagem não o faz. Por outro lado, esses constructos são semelhantes porque avaliam o contexto em sua influência proximal sobre todas as etapas da aprendizagem (natural e induzida) no ambiente de trabalho. Além disso, as medidas criadas a partir desses constructos, ambas de natureza perceptual, possibilitam o estudo do quanto esses contextos são vistos pelos indivíduos como ameaças ou oportunidades pelo indivíduo.

Há diferenças entre os conceitos de *suporte psicossocial à transferência de treinamento* e os dois conceitos de *suporte à aprendizagem*, em que pese o fato de ambos avaliarem o apoio de pares e chefes ao uso de novas habilidades no trabalho. Uma dessas diferenças reside nas variáveis conseqüentes focalizadas pela avaliação. No primeiro caso, o foco é a transferência de treinamento ou impacto do treinamento no trabalho. No segundo, o foco recai sobre todas as fases da aprendizagem natural (aquisição, retenção, generalização, transferência de aprendizagem) e na aprendizagem induzida por ações de TD&E. Os conceitos de suporte à aprendizagem seriam, em função disso, mais abrangentes, do que o de suporte psicossocial à transferência. Antes de finalizar esta seção, o leitor encontrará mais algumas comparações entre os conceitos descritos anteriormente e apresentados no Quadro 20.1.

O conceito de percepção de *suporte organizacional* difere dos demais apresentados nesta seção, na medida em que avalia o ambiente organizacional como agente genérico de apoio ao desempenho eficaz no trabalho, e não à aprendizagem ou à transferência de aprendizagem, em especial. Além disso, suporte organizacional não especifica agentes específicos das ações de apoio, como o fazem os demais conceitos.

É preciso diferenciar os termos *cultura de aprendizagem contínua* e *clima para transferência*. *Clima para transferência* está focado nas percepções individuais sobre o ambiente, e não no compartilhamento de percepções, crenças ou atitudes de pessoas sobre esse ambiente. Enquanto o primeiro se aplica ao apoio a todos os tipos e fases da aprendizagem, o segundo se aplica, especificamente, aos fatores de apoio aos resultados de treinamentos.

Nota-se, ainda, uma importante diferenciação conceitual entre *clima para transferência* e *suporte à aprendizagem*, em virtude de aquele investigar, especificamente, o apoio à transferência de habilidades treinadas, ao passo que este tem o objetivo de investigar não somente o apoio de pares e chefias à transferência de habilidades treinadas, mas também o apoio mais abrangente oferecido pela organização à aprendizagem natural no ambiente de trabalho e ao posterior uso de novas habilidades nas rotinas de trabalho.

Verifica-se, em geral, que os conceitos de *suporte à aprendizagem* (suporte à aprendizagem e suporte à aprendizagem contínua) dizem respeito às percepções dos indivíduos sobre a presença de condições facilitadoras e inibidoras da aprendizagem e à sua aplicação no local de trabalho. Esses conceitos incluem o apoio de pares, do superior imediato, a organização do trabalho, os recursos materiais, a qualidade da interação e o compartilhamento, dentre outros aspectos. Em um ambiente que incentive a aprendizagem, os membros da organização provavelmente apóiam o uso das habilidades adquiridas em vários contextos, e não somente aquelas obtidas em programas de treinamentos formais. Nesse sentido, o conceito de suporte à aprendizagem contínua seria mais abrangente e incluiria o de suporte à transferência.

Há, em síntese, distinções e superposições significativas entre os constructos utilizados para investigar o papel do apoio e suporte à transferência de CHAs adquiridos especialmente por meio de programas de TD&E, nas organizações. A principal dessas diferenciações se refere ao nível de análise a que se propõe investigar suporte (se individual, grupal ou organizacional), e mesmo ao tipo de aprendizagem associado ao conceito de suporte (se aprendizagem informal ou aprendizagem formalizada). As superposições, em geral, ocorrem também quando da análise do tipo de aprendizagem associado ao referido conceito, pois alguns conceitos abrangem outros. O de suporte à aprendizagem contínua seria mais abrangente do que clima e suporte à transferência, e é, por sua vez, abarcado pelo de cultura de aprendizagem contínua, por exemplo.

Verifica-se, ainda, que parte dos constructos analisados se refere a variáveis ambientais externas ao indivíduo. Uma parte delas (como suporte à transferência e clima para transferência) avalia o apoio a resultados de TD&E ou a desempenhos e atitudes específicos na organização, ao passo que outras (como suporte à aprendizagem e suporte à aprendizagem contínua) se referem ao apoio psicossocial de pares e chefias facilitadores ou inibidores à aprendizagem informal nas organizações.

As medidas mais tradicionalmente utilizadas para avaliar contexto de TD&E, criadas a partir dos conceitos anteriormente analisados, serão apresentadas e discutidas a seguir. Contudo, antes de mudarmos de seção, é preciso tentar responder à segunda questão formulada no início deste capítulo: *de que maneira esse tipo de informações sobre contexto auxiliará um profissional da área a tomar decisões e a aprimorar os sistemas instrucionais que estiverem sob a sua responsabilidade?*

A identificação de ameaças ou restrições contextuais à participação dos indivíduos em programas de treinamento, à aprendizagem e aos demais resultados esperados possibilita a definição e a implementação de melhorias nas condições organizacionais de apoio, tais como treinamentos gerenciais que incluam tópicos relativos à importância do contexto na aprendizagem, desempenho e transferência de aprendizagem, realização de pesquisas e divulgação ampla de resultados referentes ao contexto na organização estudada, desenvolvimento de equipes para melhoria das condições de suporte, regularização dos processos de aquisição e manutenção de equipamentos, materiais e aprimoramento de *layouts* dos espaços físicos e de demais fatores materiais de apoio necessários à aprendizagem e à aplicação de novas aprendizagens no trabalho. A melhoria dessas condições aumentará as chances de que bons programa, de TD&E surtam os efeitos desejados.

PROCEDIMENTOS DE AVALIAÇÃO: INSTRUMENTOS, FONTES E MEIOS

Ao final desta seção, o leitor será capaz de descrever os procedimentos de avaliação de contexto mais utilizados na área de TD&E e de analisar os pontos críticos da escolha de procedimentos, instrumentos, meios e fontes de informação sobre contexto em avaliação de TD&E. Os *instrumentos* (Capítulo 18) mais utilizados nessa área são, em geral, questionários com questões fechadas e objetivas, associadas a escalas numéricas do tipo Likert. Essas escalas variam em sua amplitude (de 0 a 10, de 1 a 5) e natureza (freqüência, concordância, entre outras). Os questionários geralmente contêm uma ou duas questões abertas para posterior análise qualitativa.

Na seção seguinte, são descritas várias escalas validadas em organizações brasileiras e que podem ser utilizadas pelo profissional de TD&E em avaliação de sistemas instrucionais. Essas escalas foram construídas a partir de extensa revisão de literatura especializada, pesquisas de campo para levantamento de indicadores, validação semântica, validação por juízes (especialistas na área) e validação estatística. Algumas delas foram testadas em diferentes contextos e mostraram estruturas fatoriais estáveis e índices psicométricos adequados para aplicação em avaliação de sistemas instrucionais. Entre essas escalas, estão os questionários de percepção de suporte organizacional e de suporte à transferência de treinamento, descritos mais adiante.

Quanto aos *procedimentos de aplicação de questionários*, observa-se que, neste campo, são freqüentes a aplicação coletiva de instrumentos impressos em papel e a individual de versões eletrônicas ou digitalizadas dos questionários. Nesse caso, o questionário é enviado pela internet ou intranet. Em alguns casos, os dados obtidos por meio do questionário digitalizado são armazenados automaticamente em bancos ou arquivos de dados, a partir dos quais é possível gerar relatórios estatísticos de avaliação.

Além dos itens de avaliação de apoio, geralmente há outros, referentes aos demais componentes de avaliação (insumos, apoio instrucional, procedimentos, processos, resultados e ambiente). Entre esses, os dados de identificação da amostra de respondentes (sexo, idade, tempo de serviço na organização, entre outros) podem ser extraídos de bancos de dados secundários, mantidos pela organização para outros fins. Isso vem sendo feito em avaliação de cursos a distância oferecidos pela internet ou intranet em contexto de universidade corporativa[4] ou em cursos abertos a distância de qualificação profissional[5], ofertados para grande quantidade de pessoas, geograficamente dispersas e distantes do local de avaliação. O uso de *fonte secundária de informações* é viável e reduz o custo ou o trabalho do respondente do questionário, que não terá que responder questões disponíveis em arquivos na organização estudada.

Os *procedimentos de análise de dados* (Capítulo 26) incluem análises descritivas de dispersão e de tendência central (médias, medianas, modas, percentis, percentagens, desvios padrões, coeficientes de variação, variância e outros), a confecção de gráficos para facilitar o relato e a interpretação de dados. Além disso, quando possível, são realizadas análises estatísticas inferenciais (como correlação bivariada, testes de diferenças entre médias) e multivariadas (como análises fatoriais, regressão múltipla e modelagem por equações estruturais). Essas últimas são empregadas geralmente quando o objetivo principal do trabalho é produzir conhecimentos e tecnologias na área de avaliação de TD&E. Análises qualitativas de conteúdo também são empregadas em análises das respostas dos participantes a questões abertas contidas em questionários.

Observa-se, na área de avaliação, uma preocupação dos profissionais com a confiabilidade de julgamentos feitos por apenas um *tipo de avaliador*. Em avaliação de contexto, o avaliador mais freqüentemente escolhido é o próprio participante do treinamento. Contudo, colegas, chefes, especialistas e outros atores também deveriam ser pesquisados para garantir maior confiabilidade aos resultados e maior validade interna às inferências feitas pelo profissional sobre o relacionamento entre a aplicação de um dado programa de treinamento e os efeitos a ele atribuídos.

Em suma, para avaliar fatores de apoio, os profissionais de TD&E têm adotado as seguintes escolhas metodológicas:

- *Instrumentos*: questionários.
- *Procedimentos de coleta de dados*: aplicação coletiva ou individual com auto-aplicação.
- *Meios*: material impresso ou versão eletrônica veiculada por intra ou internet.
- *Fontes*: primária (por meio de questionários) e secundária (arquivos ou bancos de dados da organização).

- *Avaliadores*: o próprio participante do treinamento, chefes, colegas e outros atores.
- *Procedimentos de análise de dados*: métodos quantitativos de avaliação das respostas dos participantes às escalas (estatísticas descritivas e inferenciais) e métodos qualitativos de respostas dos participantes a questões abertas.

O profissional de TD&E, ao planejar uma avaliação, deverá, portanto, realizar várias escolhas, todas as quais orientadas pelas seguintes questões, também aplicáveis aos demais componentes de avaliação do MAIS (Capítulo 17):

- O que medir?
- Com o que medir?
- Como medir?
- Como emitir julgamentos de valor a partir das mensurações?

A pergunta *O que medir?* se refere à necessidade de escolher e definir os constructos de interesse. No caso deste capítulo, algumas dessas definições foram apresentadas na seção anterior, tais como suporte organizacional, clima e suporte à transferência de treinamento, cultura à aprendizagem contínua e suporte à aprendizagem, todos pertencentes ao componente ambiente e ao subcomponente apoio do MAIS. As medidas de avaliação devem ser extraídas das definições de cada constructo.

A pergunta sobre *Com o que medir?* leva o profissional de avaliação a selecionar, construir e validar instrumentos de mensuração, capazes de gerar informações confiáveis sobre os eventos que pretende avaliar. Os instrumentos[6] utilizados em avaliação de TD&E são geralmente questionários, roteiros de entrevistas, de análise documental e/ou de observação. No caso específico da avaliação de apoio, os mais utilizados são os questionários, tal como discutido anteriormente. A seção seguinte mostra vários desses questionários.

A pergunta concernente a *Como medir?* leva o profissional responsável pela avaliação a definir, criar ou selecionar estratégias de coleta e análise de dados. O profissional terá de pensar e planejar a coleta de dados (quem, quando e como será feita), sua organização e armazenamento, a escolha de fontes de informação e de métodos e técnicas de análise de dados, a estrutura do relato escrito[7] e oral dos resultados, bem como a definição das estratégias de monitoramento dos efeitos das intervenções e melhorias sugeridas no relatório de avaliação.

O último passo a ser considerado pelo profissional de avaliação é *Como emitir julgamentos de valor?*: baseado em critério ou em norma, dependendo da situação. O Capítulo 23 trata desse assunto mais detalhadamente porque a distinção entre um tipo e outro de avaliação é mais importante em avaliação de aprendizagem do que em avaliação de variáveis do ambiente de apoio.

O Quadro 20.2 apresenta uma visão geral dos aspectos que devem ser considerados pelo profissional de TD&E ao planejar a inclusão de alguns fatores de contexto (ou ambiente) na avaliação de um sistema instrucional.

É aconselhável a aplicação coletiva de questionários quando o profissional de TD&E tem condições de reunir os participantes em local apropriado a baixo custo e sem prejuízo significativo ao andamento normal do trabalho e às horas de descanso e lazer dos participantes. Trata-se de uma forma bastante segura de garantir um alto índice de retorno de questionários devidamente preenchidos pelos avaliadores, além de facilitar a padronização das condições de aplicação do questionário.

A aplicação individual de questionário também pode ser realizada a distância por meio de material impresso ou questionário eletrônico, associado ou não a arquivo ou banco eletrônico de dados. Geralmente, é baixo o índice de retorno de questionários auto-aplicados. O profissional responsável pela avaliação terá de analisar a relação custo-benefício associada à escolha dos meios e das estratégias de coleta de dados em cada situação.

Análises quantitativas e qualitativas andam de braços dados em todo o processo de avaliação de TD&E, desde a definição dos constructos de interesse até a escolha de indicadores, instrumentos e procedimentos de coleta, análise e interpretação de dados. Há casos em que a própria definição do constructo é criada a partir da análise do conteúdo de entrevistas. O questionário brasileiro de percepção de suporte organizacional,[8] descrito mais adiante, por exemplo, foi construído a partir da análise qualitativa de entrevistas com trabalhadores de diversas áreas e ocupações e definições de conceitos correlatos existentes na literatura especializada. O questionário de clima para transferência de Rouiller e Goldstein (1993) também foi construído a partir de análises qualitativas de indicadores coletados junto a uma amostra de trabalhadores. É recomendável a utilização de métodos qualitativos e quantitativos também na análise de dados, de modo a garantir maior confiabilidade aos resultados das avaliações.

Na seção que se segue, são descritos alguns questionários e escalas de avaliação de fatores de apoio a ações de TD&E em organizações. A maior parte desses questionários foi construída e validada no Brasil, em diferentes contextos organizacionais e de treinamento.

Alguns desses instrumentos já foram aplicados em mais de uma organização e em amostras distintas de participantes de treinamentos. Esse é o caso, por exemplo, do questionário de suporte à transferência, aplicado em instituições bancárias, hospital, empresas estatais da área de energia elétrica, empresa de pesquisa agropecuária, empresas de telecomunicações, correios, administração de aeroportos, órgãos públicos federais como tribunais, entre outros. Esse questionário e outros similares têm sido incluídos com sucesso em modelos de avaliação somativa de cursos ligados a diversas áreas, como gestão, informática, economia, redação, línguas estrangeiras, segurança de informações e documentos e auditoria.

Os resultados obtidos por intermédio desse tipo de questionário têm ajudado os profissionais de TD&E a compreender melhor as razões pelas quais um bom treinamento não surte necessariamente os resultados esperados pela organização, bem como a planejar ações preventivas e corretivas da falta de suporte à transferência de novas aprendizagens para o trabalho. A seguir, o leitor encontrará alguns exemplos de questionários de avaliação de suporte, que poderão ser utilizados em modelos de avaliação de sistemas instrucionais.

Instrumentos de medida

Ao final da leitura desta seção, o leitor será capaz de descrever questionários de avaliação de contexto e sua aplicação em situação de avaliação de TD&E. O Quadro 20.3 mostra uma breve caracterização de instrumentos de medida utilizados para avaliar fatores de ambiente, e, logo a seguir, são apresentados exemplos de itens desses instrumentos de medida.

O Quadro 20.4 mostra exemplos de itens de avaliação de suporte organizacional. Percepção de *suporte organizacional* (Abbad, 1999; Abbad, Pilati e Borges-Andrade, 1999) é um constructo mais abrangente que os demais, pois trata da avaliação do grau de apoio organizacional ao desempenho e de compromisso que a organização demonstra em suas práticas de valorização e preocupação com o bem-estar do trabalhador. Esse constructo vem sendo medido em termos da percepção do empregado sobre a organização como um todo. Suporte organizacional não avalia diretamente suporte gerencial ou psicossocial ao desempenho, mas crenças que os indivíduos possuem sobre a organização. Alguns itens extraídos da escala de percepção de suporte organizacional, de Abbad (1999) e Abbad, Pilati e Borges-Andrade (1999), podem ser vistos a seguir.

Quadro 20.2
DEFINIÇÃO DE MÉTODOS DE AVALIAÇÃO DE CONTEXTO DE TD&E

Constructo	Indicadores	Instrumentos	Fontes e avaliadores	Coleta e análise de dados
Suporte organizacional	Práticas de valorização das contribuições dos integrantes da organização. Práticas de gestão de desempenho. Cuidados com o bem-estar do integrante. Coerência entre diretrizes, metas e ações organizacionais. Sinceridade das ações organizacionais. Espaço para manifestação de problemas pessoais. Investimento financeiro em programas de TD&E. Quantidade de pessoas treinadas na organização por unidade de lotação, cargo, função, idade, gênero. Oportunidades de progresso funcional. Ligação entre treinamento e promoção, ascensão, premiação e outras formas de incentivo e reconhecimento pelo esforço no trabalho.	**Questionários** e **roteiros** de entrevistas individuais. **Roteiros** de análise documental.	**Fontes**: primárias. **Avaliadores**: participantes e não-participantes de treinamentos e gerentes. **Fontes**: secundárias, bancos eletrônicos de dados, arquivos em papel, documentos.	**Aplicação**: coletiva e presencial antes do curso. **Análise de dados**: quantitativa para questões objetivas e qualitativa para as questões abertas. **Coleta**: eletrônica por meio de importação de dados. **Análise**: documental. **Análise**: qualitativa de dados.
Suporte à transferência de treinamento	Estímulo de chefes colegas e pares ao uso das novas habilidades no trabalho. Tipo de conseqüências associadas à transferência de treinamento. Qualidade, quantidade e disponibilidade das informações necessárias à aplicação das novas aprendizagens no trabalho. Qualidade, quantidade e disponibilidade de equipamentos, ferramentas, materiais necessários à transferência de treinamento.	**Questionários** e **roteiros** de entrevistas individuais. **Roteiros** de análise documental.	**Fontes**: primárias **Avaliadores**: participantes e não-participantes de treinamentos (gerentes, pares e colegas do indivíduo egresso de treinamento). **Fontes**: secundárias, bancos eletrônicos de dados, arquivos em papel, documentos.	**Aplicação**: individual após o treinamento. **Análise**: quantitativa das respostas a questões fechadas e qualitativa a questões abertas. **Coleta**: eletrônica por meio de importação de dados. **Análise**: documental. Análise qualitativa.
Cultura de aprendizagem contínua	Crenças sobre inovação, mudança. Estímulo à aprendizagem constante. Incentivo à competitividade.	**Questionários** e **roteiros** de entrevistas individuais e coletivas. **Roteiros** de análise documental.	**Fontes**: primárias. **Avaliadores**: participantes e não-participantes de treinamentos. **Fontes**: secundárias, anotações, arquivos em papel, documentos.	**Aplicação**: individual do questionário e coletiva da entrevista. **Análise de dados**: quantitativa das respostas a questões fechadas, e qualitativa a questões.

Quadro 20.3
MEDIDAS DE AVALIAÇÃO DO AMBIENTE OU CONTEXTO EM TD&E

Conceitos/autores	Características dos instrumentos
Suporte organizacional Abbad (1999); Abbad, Pilati e Borges-Andrade (1999).	Questionário de 50 itens que avalia a percepção das pessoas sobre as práticas de gestão de desempenho, carga de trabalho, suporte material e práticas organizacionais de ascensão, promoção e salários. Esses itens estão associados a uma escala tipo Likert de concordância, em que 1 corresponde a "discordo totalmente" e 5, a "concordo totalmente" com a afirmativa.
Clima para transferência Rouiller e Goldstein (1993).	Questionário de 63 itens, dos quais 41 avaliam dicas situacionais e 22 conseqüências associadas ao uso das habilidades aprendidas no treinamento. Esses itens estão associados a uma escala Likert de freqüência, na qual 1 equivale a "muito infreqüentemente", e 5 a "muito freqüentemente". Esses itens avaliam o apoio de chefes, pares e organização à aplicação de conteúdos aprendidos em treinamentos no ambiente de trabalho.
Suporte à transferência de treinamento Abbad (1999); Abbad e Sallorenzo (2001).	Questionário de 22 itens que avaliam suporte psicossocial à transferência, relativos a fatores situacionais de apoio e a conseqüências atribuídas por colegas e chefes ao uso no trabalho de habilidades aprendidas em treinamentos. Além disso, o questionário avalia suporte material à transferência de treinamento. Os itens estão associados a uma escala de freqüência tipo Likert, em que 5 corresponde a "sempre" e 1, a "nunca".
Cultura de aprendizagem contínua Tracey, Tannenbaum & Kavanagh (1995).	Questionário de 24 itens que mensuram por meio de uma escala de concordância, tipo Likert. Itens referentes a percepções dos indivíduos sobre recompensas por desempenho, atitudes de chefes/pares a comportamentos inovadores no trabalho, ao pensamento independente e inovador, ao suporte material, aos critérios de distribuição de trabalho, aceitação de mudanças.
Suporte à aprendizagem contínua Freitas (2005) e Pantoja (2004).	Instrumento formado por 30 itens que se referem ao compartilhamento de aprendizagens no ambiente de trabalho, à busca e organização da informação sobre o trabalho, à qualidade dos relacionamentos interpessoais e dos equipamentos de trabalho. Esses itens estão associados a uma escala de freqüência em que 1 corresponde a "nunca" e 10, a "sempre".
Suporte à aprendizagem Coelho Jr. (2004).	Questionário de 33 itens que avaliam o apoio e/ou a restrição imposta por pares, chefias e unidade de trabalho à aprendizagem e transferência de novas habilidades adquiridas por meio de aprendizagens formais e informais no ambiente de trabalho. Esses itens estão associados a uma escala de freqüência, em que 1 corresponde a "nunca" e 10, a "sempre".

O constructo percepção de *suporte organizacional* se volta, pois, à análise do ambiente organizacional como agente genérico de apoio ao desempenho eficaz no trabalho, enquanto que suporte à transferência (antes, durante e após o treinamento) avalia o apoio gerencial especificamente voltado à participação em treinamentos e à aplicação de novas aprendizagens no trabalho.

As medidas de *suporte à transferência*, desenvolvidas e validadas psicometricamente por Abbad (1999) e Abbad e Sallorenzo (2001), estão sendo amplamente utilizadas em pesquisas nacionais sobre avaliação de TD&E e têm apresentado resultados consistentes, em termos das dimensões de suporte identificadas e da predição de impacto de programas instrucionais em organizações.

As medidas de suporte à transferência foram elaboradas com base nos trabalhos dos seguintes pesquisadores: Broad (1982), que enfatizou o suporte gerencial ao treinamento; Rouiller e Goldstein (1993), que descreveram as situações e conseqüências facilitadoras ou inibidoras da transferência de treinamento, e Peters e O'Connor (1980), que focalizaram as restrições ambientais ao desempenho no trabalho. A escala de suporte à transferência, validada por Abbad e Sallorenzo (2001), inclui itens de variáveis do am-

Quadro 20.4
ITENS DA ESCALA DE PERCEPÇÃO DE SUPORTE ORGANIZACIONAL

Percepção de suporte organizacional
Esta organização procura conhecer as dificuldades encontradas pelo funcionário no desempenho de suas atividades
Esta organização se preocupa em proporcionar o desenvolvimento das capacidades do funcionário, oferecendo-lhe tarefas desafiadoras.
Esta organização toma as providências necessárias para sanar dificuldades ou remover obstáculos ao desempenho eficaz.
As recompensas financeiras pagas ao funcionário desta organização, a título de promoção, têm valor baixo demais.
Esta organização chama a atenção dos funcionários por pequenas falhas ou erros, ressaltando mais os aspectos negativos do que os positivos do seu desempenho.

Escala de concordância: 1 (discordo totalmente da afirmativa) a 5 (concordo totalmente com a afirmativa).
Fonte: Abbad (1999); Abbad, Pilati e Borges-Andrade (1999).

---

biente pós-treinamento e identificou a existência de dois fatores de apoio à transferência de treinamento: suporte psicossocial (apoio de pares e colegas para aplicação da aprendizagem) e suporte material (disponibilidade, suficiência e qualidade dos equipamentos, instrumentos e ferramentas necessárias à aplicação do aprendido). Além desses fatores, um conjunto de itens referentes a apoio gerencial ao treinamento se relaciona a certas condições do ambiente pré-treinamento e ao nível de apoio recebido pelo treinando para participar efetivamente de todas as atividades do programa de TD&E.

Aproveitando as sugestões de Broad (1982), Abbad (1999) avaliou o suporte gerencial oferecido pelos chefes para garantir a participação do profissional no evento instrucional. Essa medida difere de suporte à transferência porque avalia apenas o suporte gerencial (e não se refere aos pares e colegas do participante) e não avalia o ambiente pós-treinamento, mas o período anterior e coincidente com a realização do curso. Os itens estão associados a uma escala de concordância de cinco pontos, em que 1 corresponde a "discordo totalmente da afirmativa", e 5 a "concordo totalmente com a afirmativa". O Quadro 20.5 mostra alguns desses itens.

A escala de avaliação do suporte gerencial antes e durante o treinamento julga o apoio oferecido por chefes à participação dos aprendizes no treinamento. Portanto, essa medida, ao referir-se ao ambiente anterior e durante, não pode ser confundida com as escalas de suporte à transferência, que mensuram características do ambiente após o treinamento.

O fator *suporte psicossocial à transferência* pode ser compreendido como o conjunto das percepções dos participantes de um programa de treinamento a respeito do nível de apoio gerencial, social (do grupo de trabalho) e organizacional que recebe para transferir para o trabalho as novas habilidades aprendidas em treinamento. A subescala apresentada no Quadro 20.6 também contém itens relativos a conseqüências associadas ao uso de novas habilidades no trabalho, que avaliam a opinião dos participantes de ações de TD&E acerca da ocorrência de reações favoráveis e/ou desfavoráveis de colegas, pares ou superiores hierárquicos, diante das tentativas do servidor de aplicar no trabalho as novas habilidades que aprendeu no treinamento.

O fator denominado *suporte material à transferência* se refere à opinião dos participantes acerca da qualidade, quantidade e disponibilidade de recursos materiais e financeiros, assim como da adequação do ambiente físico do local de trabalho à transferência de treinamento. O Quadro 20.6 mostra exemplos de itens de avaliação de suporte à transferência.

As escalas de suporte à transferência se referem, especificamente, à investigação da influência do ambiente organizacional pós-treinamento (suporte psicossocial e material) ao uso das habilidades treinadas no ambiente de trabalho. Portanto, essas escalas especificam o agente de análise, no caso, o suporte oferecido pelos colegas e organização ao uso de novas habilidades treinadas no trabalho. Trata-se, pois, de variável de influência proximal à transferência de treinamento.

Quadro 20.5
ITENS DA ESCALA DE SUPORTE GERENCIAL AO TREINAMENTO (ANTES E DURANTE O EVENTO)

Suporte ou apoio gerencial ao treinamento

As chefias costumam liberar os subordinados para participar de treinamentos.

As chefias participam ativamente do levantamento de necessidades de treinamento.

As chefias costumam discutir com o subordinado as possibilidades de aplicação no trabalho dos conteúdos aprendidos pelos participantes de treinamentos.

As chefias redistribuem as tarefas do setor, de modo a viabilizar a liberação de subordinados para treinamento.

As chefias garantem a participação de subordinados em todas as sessões de treinamento.

As chefias estimulam os subordinados a utilizarem no trabalho o que aprenderam em treinamentos (por exemplo, aproveitando os produtos desenvolvidos pelo servidor durante os treinamentos).

Escala de concordância: 1 (discordo totalmente da afirmativa) a 5 (concordo totalmente com a afirmativa).
Fonte: Abbad (1999).

Quadro 20.6
ITENS DAS ESCALAS DE SUPORTE À TRANSFERÊNCIA DE TREINAMENTO

Suporte psicossocial à transferência

Tenho sido encorajado pela minha chefia imediata a aplicar, no meu trabalho, o que aprendi no treinamento.

Meu chefe imediato tem criado oportunidades para planejar comigo o uso das novas habilidades

Recebo as informações necessárias à correta aplicação das novas habilidades no meu trabalho

Em meu ambiente de trabalho, minhas sugestões, em relação ao que foi ensinado no treinamento, são levadas em consideração.

Tenho recebido elogios quando aplico corretamente no trabalho as novas habilidades que aprendi.

Suporte material à transferência

Minha organização tem fornecido os recursos materiais (equipamentos, materiais, mobiliário e similares) necessários ao bom uso, no trabalho, das habilidades que aprendi no treinamento.

Os móveis, materiais, equipamentos e similares têm estado disponíveis em quantidade suficiente à aplicação do que aprendi no treinamento.

Os equipamentos, máquinas e/ou materiais por mim utilizados estão em boas condições de uso.

As ferramentas de trabalho (microcomputadores, máquinas e similares) são de qualidade compatível com o uso das novas habilidades.

Escala de freqüência: 1 (nunca) a 5 (sempre).
Fonte: Abbad (1999) e Abbad e Sallorenzo (2001).

Essas escalas são comumente respondidas por pessoas que participaram de eventos instrucionais. Todavia, elas já têm sido aplicadas em amostras de colegas e chefes de ex-treinandos para mensuração de suporte à transferência em avaliação de impacto do treinamento no trabalho (comportamento no cargo). Para que isso ocorra, basta adaptar os itens colocando-os na terceira pessoa do singular e mudar o sujeito de ações específicas de apoio. Meneses (2002) adaptou e validou estatisticamente as escalas de suporte psicossocial e material à transferência para avaliação por chefes e pares dos egressos de treinamentos presenciais. O Quadro 20.7 mostra alguns desses itens.

Outras medidas de clima para a transferência, similares às escalas brasileiras de suporte à transferência, foram construídas por Holton, Bates e Ruona (2000) e Noe (2000). Esses autores desenvolveram um inventário que avalia suporte à transferência de treinamento em organizações, destacando o papel desempenhado por colegas e chefias à aplicação do aprendido no ambiente de trabalho. Esse inventário está voltado, essencialmente, para a identificação de fatores de suporte material e psicossocial à transferência das habilidades treinadas, como em atitudes de reforço e acompanhamento. Esse inventário contempla, também, temas mais amplos, como a análise de aspectos relacionados ao clima organizacional e autonomia de ação na organização.

No instrumento de avaliação de *cultura de aprendizagem contínua*, descrito a seguir, os itens se referem a condições facilitadoras e restritivas da aprendizagem na organização, conforme exemplos constantes do Quadro 20.8.

Os conteúdos dos itens da escala de *suporte à aprendizagem contínua* (Freitas, 2005; Pantoja, 2004) se referem à busca e organização de informações sobre o trabalho, bem como à investigação do indivíduo sobre o compartilhamento das aprendizagens e, tam-

---

Quadro 20.7

ITENS DE SUPORTE À TRANSFERÊNCIA, APLICADOS EM CHEFES E COLEGAS DE PARTICIPANTES DE TREINAMENTOS

Suporte psicossocial à transferência
O empregado tem tido oportunidades de usar no trabalho as habilidades que aprendeu no treinamento.
Tenho encorajado esse empregado a aplicar, no trabalho, o que aprendeu no treinamento.
Tenho criado oportunidades para o empregado planejar comigo o uso das habilidades que adquiriu no treinamento.
Os equipamentos, máquinas e/ou materiais utilizados pelo empregado estão em boas condições de uso.

Escala de freqüência: 1 (nunca) a 5 (sempre).
Fonte: Meneses (2002).

Quadro 20.8

ITENS DA ESCALA DE CULTURA DE APRENDIZAGEM CONTÍNUA

Itens da escala de cultura à aprendizagem contínua
No seu departamento, pensamento independente e inovador são encorajados pelos supervisores.
No seu departamento, os colegas de trabalho se encorajam mutuamente a aplicar novos conhecimentos e habilidades no trabalho.
No seu departamento, há um excelente treinamento em serviço.
Esta corporação é muito inovadora.

Fonte: Tracey, Tannenbaum e Kavanagh (1995).

bém, à qualidade dos relacionamentos interpessoais e apoio material (equipamentos). O Quadro 20.9 mostra exemplos desse tipo de itens.

Os itens dessa escala estão associados a uma escala de freqüência (nunca e sempre) em que as condições avaliadas ocorrem ou não no grupo de trabalho do indivíduo. Esses itens retratam o apoio à aprendizagem natural, embora o conceito de suporte à aprendizagem contínua seja mais abrangente, incluindo também a aprendizagem induzida.

Especificamente em relação à investigação da aprendizagem contínua nas organizações, as autoras argumentam que optaram pela utilização do termo suporte à aprendizagem contínua (e não clima ou cultura de aprendizagem contínua) porque sua nova medida tem como objetivo identificar a percepção das pessoas sobre a existência de condições favoráveis à aprendizagem contínua no trabalho, e não investigar se aprender representa uma crença ou um valor para a organização.

A escala de *suporte à aprendizagem* (ver Coelho Jr., 2004), por outro lado, contém itens que avaliam o apoio e/ou a restrição de pares, chefias e unidade de trabalho à aprendizagem e transferência de novas habilidades adquiridas por meio de aprendizagens formais e informais no ambiente de trabalho, não investigando apoio material e logístico para tal. Estes itens também foram associados a uma escala de freqüência (nunca a sempre), em que os indivíduos deveriam relatar a ocorrência ou não de situações descritas em cada um dos itens analisados. O Quadro 20.10 apresenta exemplos de itens desta medida de suporte.

Quadro 20.9
ITENS DE SUPORTE À APRENDIZAGEM CONTÍNUA

Suporte à aprendizagem contínua
No meu grupo de trabalho, as pessoas mais experientes são estimuladas a repassar seus conhecimentos para as demais.
No meu grupo de trabalho, há incentivo à interação entre as pessoas para que elas aprendam.
O meu grupo de trabalho é incentivado a aprender com as experiências bem-sucedidas de outros setores/áreas.
No meu grupo de trabalho, há estímulo ao compartilhamento de novos conhecimentos.
As atividades do meu grupo são organizadas de forma a facilitar o processo de aprendizagem no trabalho.

Escala de freqüência: 1 (nunca) a 5 (sempre).
Fonte: Pantoja (2004) e Freitas (2005).

Quadro 20.10
ITENS DE SUPORTE À APRENDIZAGEM

Suporte à aprendizagem
Na minha unidade de trabalho, há autonomia para agir sem consultar o(s) chefe(s).
Na minha unidade de trabalho há autonomia para questionar as ordens dadas pelo(s) chefe(s).
Meu chefe imediato me encoraja a aplicar novas habilidades.
Meu chefe imediato assume comigo os riscos de tentar novas formas de realizar o trabalho.
Meus colegas de trabalho me dão orientações quando tenho dificuldades para aplicar novas habilidades.

Escala de freqüência: 1 (nunca) a 5 (sempre).
Fonte: Coelho Jr. (2004).

O Quadro 20.11 mostra a estrutura empírica de alguns instrumentos validados em organizações brasileiras, em termos de números de fatores ou escalas, cargas fatoriais e índices de consistência interna (alfa de Cronbach).

Os dados apresentados no Quadro 20.11 mostram que os instrumentos descritos nesta seção podem ser utilizados por profissionais da área, uma vez que apresentam índices psicométricos adequados à aplicação em avaliação de TD&E. Para maiores detalhes sobre os procedimentos de construção, validação e aplicabilidade das escalas, leia os trabalhos originais, mencionados no Quadro.

Os instrumentos apresentados até aqui definem os constructos como variáveis de apoio. Entretanto, há instrumentos que enfocam o contexto como ameaça ou restrição situacional. Um exemplo desse tipo de abordagem é a de Peters e O´Connor (1980), apresentada no Capítulo 12. No Brasil, Carvalho (2003), Carvalho e Abbad (2006) e Zerbini (2003) desenvolveram e validaram uma escala de restrição ou (falta de suporte) à transferência de habilidades empreendedoras, com a finalidade de mensurar o efeito exercido por um treinamento a distância sobre um conjunto de habilidades ligadas ao comportamento empreendedor. Esse curso era aberto e gratuito, oferecido virtualmente pelo *Sebrae* a pessoas interessadas em elaborar um plano de negócios.

O referido questionário não aborda aspectos do ambiente organizacional porque a clientela do curso está dispersa por todo o território nacional e não se vincula a nenhuma organização específica. Trata-se de um instrumento que avalia de que modo variáveis ligadas ao contexto amplo (governo e comunidade) e ao contexto mais específico (família) afetam o uso de certas habilidades específicas, ligadas ao empreendedorismo e ensinadas pelo treinamento acima referido.

A escala de 15 itens avalia a *falta* de suporte à transferência, pois solicita ao participante do curso que avalie até que ponto alguns aspectos do contexto podem *prejudicar* a abertura e a manutenção de um negócio, fatores de influência distal sobre a aplicação de conhecimentos relativos à elaboração e aplicação de um plano de negócios. O Quadro 20.12 mostra alguns itens da escala.

Análises fatoriais realizadas por Zerbini (2003), Zerbini e Abbad (2005) e Carvalho (2003) mostraram a presença de duas escalas. A primeira avalia o contexto do empreendimento, pois inclui característi-

Quadro 20.11
CARACTERÍSTICAS PSICOMÉTRICAS DE INSTRUMENTOS BRASILEIROS DE SUPORTE

Questionário e autores	Características psicométricas das escalas
Suporte organizacional Abbad, Pilati e Borges-Andrade (1999).	Duas estruturas aceitáveis: **Estrutura unifatorial** de percepção de suporte organizacional com 50 itens, cargas fatoriais oscilando entre – 0,30 a 0,65, e alfa de Cronbach = 0,95. **Estrutura composta por 4 fatores** de primeira ordem: gestão de desempenho (13 itens e $\alpha = 0{,}87$), carga de trabalho (9 itens e $\alpha = 0{,}80$), suporte material ao desempenho (17 itens e $\alpha = 0{,}91$), promoções, ascensão e salário (11 itens e $\alpha = 0{,}83$).
Suporte à transferência (psicossocial e material) Abbad (1999); Abbad e Sallorenzo (2001)	Estrutura empírica com dois fatores: **Fator 1: suporte psicossocial à transferência** (12 itens, cargas fatoriais variando entre – 0,31 a 0,86 e $\alpha = 0{,}91$). **Fator 2: suporte material à transferência** (5 itens, cargas fatoriais variando entre 0,56 a 0,82 e $\alpha = 0{,}86$).
Suporte à aprendizagem contínua Freitas (2005); Pantoja (2004).	Estrutura empírica unifatorial (30 itens, cargas fatoriais oscilando entre 0,55 e 0,86 e $\alpha = 0{,}97$).
Suporte à aprendizagem Coelho Jr. (2004).	Estrutura empírica unifatorial (33 itens, cargas fatoriais oscilando entre – 0,30 e 0,89 e $\alpha = 0{,}96$)

Quadro 20.12
EXEMPLOS DE ITENS DE FALTA DE SUPORTE

Contexto do empreendimento

Proximidade da empresa com outros estabelecimentos de ramos incompatíveis.

Policiamento nos arredores da empresa.

Disponibilidade de informações sobre níveis de saturação do mercado, no ramo de negócio da empresa.

Disponibilidade de estacionamento para o cliente.

Envolvimento da família.

Aspectos financeiros

Valor dos juros cobrados pelos bancos.

Burocracia para financiamentos e assuntos jurídicos.

Valor dos impostos para a administração de pessoal.

Valor dos impostos para a manutenção do negócio.

Escala: 0 (zero) corresponde a nada e 10 (dez) a totalmente.
Fontes: Carvalho (2003) e Zerbini (2003).

cas do ambiente físico (proximidade de outros estabelecimentos, disponibilidade de estacionamento, policiamento do local), da situação econômica e auxílio de terceiros (órgãos governamentais e família do empreendedor). Os oito itens apresentaram cargas fatoriais que variaram de 0,35 a 0,85 e alfa de Cronbach de 0,87. O segundo fator, aspectos financeiros, contém sete itens, tais como valor de juros e impostos, financiamentos e burocracia para abertura e manutenção de um negócio. As cargas fatoriais variaram de –0,44 a –0,91. O fator obteve um índice de confiabilidade de 0,88.

Essa pesquisa mostrou que o impacto do curso era maior para os que consideravam o contexto mais restritivo. Esse resultado, aparentemente contra-intuitivo, talvez se deva ao fato de que o curso incentivava o aluno a perceber a restrição ou a dificuldade como desafio, e não como ameaça.

Em geral, e de acordo com Pantoja (2004), o foco central das medidas na área suporte à transferência e correlatos recai no desenvolvimento e na aplicação das escalas estatisticamente validadas em contextos de treinamento. As avaliações são principalmente apoiadas em análises estatísticas descritivas e inferenciais, que verificam os relacionamentos existentes entre as variáveis oriundas dessas medidas de contexto e os demais componentes de sistemas instrucionais. Ou seja, técnicas de análise quantitativa de dados vêm sendo, tradicionalmente, bastante utilizadas nesta área. Contudo, análises qualitativas das respostas de participantes de cursos, especialistas em conteúdos e desenhistas instrucionais a entrevistas, bem como análises documentais e observações também têm sido utilizadas em avaliações de sistemas instrucionais.

As medidas baseadas em percepções dos indivíduos sobre aspectos do contexto são as mais comumente utilizadas em avaliação de TD&E. Há, todavia, uma dúvida sobre a confiabilidade de avaliações feitas por um único avaliador ou fonte de informações. Por isso, o uso de múltiplas fontes (secundárias e primárias) e de múltiplos avaliadores (além dos participantes dos treinamentos, pares, colegas, chefes, especialistas nos conteúdos relacionados aos cursos avaliados, clientes, entre outros) tem sido cada vez mais freqüente em avaliação de sistemas instrucionais. Medidas que utilizem múltiplas fontes e avaliadores tendem, portanto, a constituir importantes estratégias para conferir confiabilidade e validade à coleta, análise e interpretação de dados (além das tradicionais avaliações perceptuais por questionários) nas organizações.

Há uma proliferação de constructos e medidas correlatas de suporte, o que precisa ser visto com cautela até que se possa demonstrar a importância relativa de cada uma delas em avaliação de TD&E. Novas medidas de suporte e clima para transferência estão surgindo em função, provavelmente, dos encorajadores dados empíricos que demonstram a influência de variáveis de contexto na predição de impacto de treinamento no trabalho (terceiro nível de avaliação, também conhecido como comportamento no cargo). Além disso, há evidências de que o ambiente exerce um papel fundamental em todas as demais etapas da aprendizagem espontânea e induzida por treinamentos. Dessa forma, as medidas específicas de avaliação de contexto, como a de suporte à transferência, continuarão a ser aplicadas e aperfeiçoadas, porém ao lado de outras, relativas ao apoio à aprendizagem (contínua) em organizações e trabalho.

A adoção de modelos teóricos baseados na abordagem multinível de avaliação de treinamentos (para maior detalhamento, ver Klein e Koslowsky, 2000; Pantoja, 2004; Pantoja e Borges-Andrade, 2002) indica uma tendência de construção de novas medidas de variáveis de contexto no nível de grupos, equipes e/ou redes de trabalho que considerem o compartilhamento de percepções crenças, significados, mapas cognitivos, e não em percepções ou visões dos indivíduos em separado. Esse seria o caso, em avaliação de resultados de ações de TD&E nos níveis de mudança organizacional e valor final, e as variáveis de contexto precisam ser definidas e mensuradas em níveis que extrapolam o individual. Isso é necessário para conferir validade interna às inferências de causalidade entre a aplicação do programa instrucional (causa) e determinado efeito esperado (mudança organizacional ou valor final).

A identificação de fatores que contaminam a relação entre treinamento e resultado deve ser feita no contexto interno e externo à organização, tal como preconiza o MAIS, descrito no Capítulo 17. Em cursos a distância, por exemplo, variáveis externas à organização que oferece treinamento, presentes no contexto familiar do participante, afetam diretamente os processos e resultados do treinamento. Pesquisas relatadas por Abbad, Carvalho e Zerbini (no prelo) mostram que nascimento de filhos, morte de familiares, doenças, entre outros fatores similares, podem dificultar a aprendizagem e inviabilizar a participação do aprendiz em cursos a distância.

Além dessas medidas, baseadas em percepções sobre o contexto, existem medidas duras, isto é, extraídas de indicadores organizacionais de processos e resultados. Essas informações, geradas pela organização para outras finalidades e mantidas em arquivos e bancos de dados, são valiosas fontes secundárias de informações em avaliação de sistemas de TD&E.

A pesquisa de Mourão (2004) é um bom exemplo de utilização de medidas duras para avaliar resultados de um programa de treinamento nos níveis de mudança organizacional e valor final. Essa pesquisa avaliou também explicações alternativas para os resultados que obteve em sua pesquisa por meio do levantamento de informações sobre variáveis do contexto externo às organizações-alvo do treinamento.

Nesta seção, o leitor recebeu informações sobre instrumentos de mensuração de suporte. A seguir, são apresentados e discutidos alguns resultados de pesquisa que utilizaram variáveis de apoio em seus modelos.

RESULTADOS DE PESQUISAS DE AVALIAÇÃO DE TD&E QUE INCLUÍRAM VARIÁVEIS DE APOIO

Há dois tipos de resultados relevantes na área. Um deles trata da validação empírica dos instrumentos de medida, alguns dos quais estão descritos no Quadro 20.11 e outros, que tratam da análise do relacionamento entre variáveis do contexto e resultados de TD&E.

Analisando a literatura estrangeira, Borges-Andrade e Abbad (1996) observaram que as linhas de pesquisa predominantes na área de TD&E, de forma geral, já estavam consolidadas desde o início da década de 1980. As linhas de pesquisa em TD&E são classificadas em sete categorias temáticas:

- Avaliação de necessidades de treinamento.
- Projeto ou desenho de treinamento.
- Características dos treinandos.
- Métodos de treinamento.
- Contextos de treinamento.
- Treinamento de clientelas específicas.
- Validação e avaliação de treinamento.

A avaliação de contexto de treinamento, enfocada neste capítulo, é uma das sete linhas de pesquisa que caracterizam o campo.

O objetivo principal das pesquisas sobre *contextos de treinamento* tem sido investigar o relacionamento entre fatores contextuais e a eficácia de programas de treinamento. Alguns pesquisadores têm voltado a sua atenção para eventos anteriores ao treinamento, investigando a maneira como os mesmos influenciam, negativa ou positivamente, a eficácia do treinamento.

Resultados de pesquisas dessa linha mostram que variáveis contextuais estão relacionadas à eficácia de programas de treinamento, entre as quais se incluem o estilo gerencial, o suporte ambiental relacionado à execução das tarefas, a natureza e a profundidade da informação dada ao treinando antes do treinamento e o tipo de participação (voluntária ou compulsória) do indivíduo no treinamento.

Os resultados das pesquisas, conforme as revisões de literatura anteriormente mencionadas, têm propiciado muitas evidências empíricas de que a eficácia de programas de treinamento, em ambientes organizacionais, pode ser influenciada, substancialmente, pelos tipos de comportamentos e atitudes que caracterizam o corpo gerencial da organização. Alguns desses resultados vêm indicando, por exemplo, que empregados com opiniões favoráveis sobre seus supervisores eram os mesmos que mantinham opiniões mais favoráveis sobre treinamentos.

Apesar de inconclusivas, as pesquisas, ao final da década de 1990, apontavam para a necessidade de incluir variáveis do contexto em modelos de avaliação TD&E. Tais modelos deveriam ser mais abrangentes que os tradicionais e possibilitar a realização de estudos mais aprofundados sobre os intrincados relacionamentos existentes entre eficácia de programas de treinamento e variáveis organizacionais que antecedem, acompanham e sucedem os eventos instrucionais. A revisão de literatura de Borges-Andrade e Abbad (1996) mostrou, também, que havia poucas pesquisas sobre o relacionamento entre variáveis da organização, aprendizagem e transferência.

Os pesquisadores têm procurado investigar quais eventos do ambiente pós-treinamento influenciam positiva ou negativamente a eficácia do treinamento. Nesta linha, a variável-critério mais comumente investigada tem sido a transferência de treinamento ou impacto do treinamento no trabalho.

Os resultados das pesquisas revisadas Salas e Cannon-Bowers (2001) e Abbad, Pilati e Pantoja (2003) mostraram que o nível de transferência de treinamento ou impacto do treinamento no trabalho sofre influência do sistema de recompensas/punições, do clima de encorajamento/desencorajamento, dos obstáculos à aplicação no trabalho das novas habilidades (falta de equipamento, tipo de objetivos, influência social, natureza do trabalho) e do tipo de atividades pós-treinamento (gerenciamento pelos pares, treinamento de prevenção de recaídas e acompanhamento de seus efeitos). Esses autores verificaram, ainda, que restrições ambientais afetam negativamente a motivação para aprender. Os relatos de restrições ambientais, como falta de tempo, de equipamentos ou recursos, estiveram associados a baixos níveis de motivação para aprender.

Outros resultados mostraram que a qualidade do veículo de divulgação de eventos de treinamento junto à clientela-alvo afetou a intenção de aplicar no trabalho as habilidades aprendidas em treinamento.

Além disso, a disseminação de informações detalhadas e realistas sobre o treinamento, em oposição a informações genéricas e pouco precisas sobre o mesmo, esteve associada a maior motivação para a aprendizagem. Esse tipo de investigação sobre o ambiente de disseminação e informações sobre treinamento também foi realizada por Meira[9] (2004).

De acordo com a revisão da literatura nacional feita por Borges-Andrade e Abbad (1996), ainda havia poucos trabalhos enfocando *contextos de treinamento*. Porém, esse quadro mudou, no período compreendido entre 1991 e 2001. De acordo com Abbad, Pilati e Pantoja (2003), nessa época, houve um aumento das pesquisas nacionais e estrangeiras que incluíram variáveis de contexto em seus modelos de avaliação de TD&E.

Esses trabalhos foram estimulados, no Brasil, por uma tradição de pesquisa que, iniciada por Borges-Andrade (1982), Lima e Borges-Andrade (1985) e Lima, Borges-Andrade e Vieira (1989), gerou inúmeros trabalhos nas duas últimas décadas, como os de Paula (1992), Leitão (1994), Abbad (1999), Pantoja (1999) e todos os demais, analisados a seguir. Esses trabalhos produziram conhecimentos a partir de modelos somativos de avaliação de sistemas instrucionais que incluíam variáveis do ambiente ou contexto de treinamento em suas investigações. As pesquisas estrangeiras foram impulsionadas principalmente pelos esforços de Baldwin e Ford (1988), Broad (1982) e Rouiller e Goldstein (1993), que incluíram variáveis de suporte gerencial ou clima para transferência em suas propostas de modelos de avaliação de treinamento.

O Quadro 20.13 mostra alguns exemplos de pesquisas realizadas em diferentes contextos que associam suporte à transferência de treinamento ao impacto do treinamento no trabalho. Esse quadro atualiza a revisão realizada por Abbad, Pilati e Pantoja (2003), acrescentando pesquisas nacionais realizadas a partir de 2001. Observa-se que várias pesquisas brasileiras de avaliação de impacto do treinamento, realizadas recentemente, confirmam a importância de suporte à transferência na explicação de impacto do treinamento no trabalho, em diferentes ambientes organizacionais, tipos de treinamento e amostras. Esses resultados parecem robustos, em função da consistência com que suporte psicossocial aparece relacionado positivamente com impacto do treinamento no trabalho (medido em amplitude ou em profundidade) e surge como um dos preditores mais fortes desse nível de resultado de treinamento.

Além disso, as pesquisas realizadas no período de 1999 a 2004, descritas no Quadro 20.13, que utilizaram as escalas de suporte à transferência, também realizaram estudos de revalidação desses instrumen-

Quadro 20.13
RESULTADOS DE PESQUISAS NACIONAIS

Autor(es) e contexto da pesquisa	Variável(is) preditora(s)	Variável(is) critério	Resultados
Abbad (1999). 4051 servidores de uma organização pública	Suporte organizacional Suporte psicossocial e material à transferência Características da clientela Reação ao curso Aprendizagem	Impacto do treinamento no trabalho (auto-avaliação)	Preditores de impacto: **suporte psicossocial à transferência** e reação ao curso
Pantoja (1999), Pantoja, Lima e Borges-Andrade (2001). 263 treinandos e 82 supervisores da área médica e paramédica de um hospital público	Suporte à transferência Características individuais Conduta de entrada Treinamento Aprendizagem Suporte à transferência	Impacto do treinamento no trabalho (medida em amplitude, auto-avaliação)	Preditores de impacto: **suporte psicossocial à transferência**, características individuais, características do treinamento
Martins, Pinto Júnior e Borges-Andrade (1999). 52 funcionários do atendimento de uma empresa de transportes de passageiros	Suporte à transferência Importância do treinamento Satisfação no trabalho	Impacto do treinamento no trabalho (medida em amplitude, auto-avaliação)	Preditores de impacto: **suporte psicossocial à transferência**
Pilati, Borges-Andrade e Azevedo (1999). 144 funcionários de uma organização privada na área de televisão por assinatura de Brasília	Características do trabalho Suporte à transferência Gestão do desempenho	Impacto em amplitude e profundidade (auto-avaliação)	Preditora de impacto em amplitude e em profundidade: **suporte psicossocial à transferência**
Rodrigues (2000). 602 funcionários do Tribunal de Justiça do Distrito Federal e dos Territórios (TSTDF)	Suporte psicossocial e material à transferência Comprometimento com a carreira e com a organização Natureza da participação Variáveis demográficas e funcionais	Impacto do treinamento no trabalho em amplitude (auto-avaliação)	Preditores de impacto em amplitude: **suporte psicossocial à transferência**, comprometimento com a carreira, natureza da participação (espontânea), lotação, escolaridade
Sallorenzo (2000). 1303 servidores de uma organização pública – 423: impacto 2 semanas e 880 impacto 3 meses	Suporte organizacional Características da clientela Motivação Reação ao treinamento Reação ao desempenho do instrutor Aprendizagem Suporte à transferência	Impacto em amplitude 2 semanas após o treinamento (auto-avaliação) Impacto em amplitude 3 meses após o treinamento (auto-avaliação)	Preditores de impacto em amplitude (2 semanas após o curso): **suporte psicossocial à transferência**, reação ao treinamento, **suporte material à transferência** e motivação

(Continua)

Quadro 20.13 (Continuação)
RESULTADOS DE PESQUISAS NACIONAIS

Autor(es) e contexto da pesquisa	Variável(is) preditora(s)	Variável(is) critério	Resultados
Sallorenzo (2000)		Impacto em amplitude (auto-avaliação)	Preditores de impacto em amplitude (3 meses após o curso): **suporte psicossocial à transferência**, reação ao treinamento e **suporte material à transferência**
Meneses (2002) 366 funcionários de uma organização privada de telefonia celular	Características individuais Auto-eficácia Lócus de controle e motivação para o treinamento Suporte à transferência	Impacto em amplitude (auto e heteroavaliação)	Preditores de impacto em amplitude: **suporte psicossocial à transferência** percebido pela chefia e colegas e quantidade de instrutores por turma
Tamayo (2002) 217 funcionários de uma organização pública	Características individuais Autoconceito profissional Suporte à transferência	Impacto em amplitude (auto-avaliação) Impacto em amplitude (heteroavaliação)	Preditores de impacto em amplitude (auto-avaliação): **suporte psicossocial à transferência** percebido pelos treinandos. Preditor de impacto em amplitude (heteroavaliação): **suporte material** percebido pela chefia
Lacerda (2002) e Lacerda e Abbad (2003) 95 servidores de uma organização pública	Características individuais Motivação para o treinamento Motivação para transferir e valor instrumental Reação ao curso Suporte à transferência	Impacto do treinamento no trabalho em amplitude (auto-avaliação)	Preditores de preditores de impacto em amplitude: **suporte psicossocial à transferência**, valor instrumental, reação ao instrutor
Mota (2002) 343 Policiais da Polícia Militar do Distrito Federal	Variáveis individuais Indicadores de prazer-sofrimento psíquico no trabalho Características demográficas e funcionais Reações ao curso Suporte à transferência	Impacto do treinamento em amplitude (auto-avaliação)	Preditores de impacto em amplitude: reação ao curso; prazer-sofrimento psíquico no trabalho, **suporte à transferência**

(Continua)

(Continuação)

Autor(es) e contexto da pesquisa	Variável(is) preditora(s)	Variável(is) critério	Resultados
Carvalho (2003). As amostras desses arquivos variaram de 340 a 2347 casos de servidores de uma organização pública	Características da clientela (dados demográficos e uso de ferramentas da *web*) Reações (desempenho do tutor, interface gráfica, resultados e aplicabilidade) Aprendizagem Falta de suporte à transferência	Impacto do treinamento no trabalho (em profundidade e em amplitude, auto-avaliação)	Preditores de impacto em amplitude e em profundidade: reação ao curso, **falta de suporte à transferência**, elaboração de um plano de negócios, baixo poder preditivo das variáveis estudadas em relação ao impacto em profundidade e em amplitude e aos escores de aprendizagem, sinalização para a influência de variáveis de áreas externas à psicologia no impacto do treinamento no trabalho
Zerbini (2003). 1575 servidores de uma organização pública	Características da clientela (dados demográficos, estratégias de aprendizagem, hábitos de estudo) Reações (desempenho do tutor e procedimentos instrucionais) Falta de suporte à transferência	Impacto de treinamento a distância (em profundidade, auto-avaliação))	Preditores de impacto em profundidade: elaboração de um plano de negócios, **falta de suporte à transferência**, uso de estratégia de elaboração e aplicação prática.
Coelho Jr. (2004). 1114 servidores de instituição nacional do setor financeiro	Características da clientela (variáveis demográficas e funcionais) Suporte psicossocial à aprendizagem e transferência	Impacto do treinamento no trabalho (em profundidade, auto-avaliação)	Variáveis preditoras de impacto em profundidade: lotação ou subsistema do participante, **suporte à aprendizagem**, conhecimento anterior de conteúdos do curso

Fontes: Abbad, Pilati e Pantoja (2003), Mourão (2004) e Mourão e Borges-Andrade (2005).

tos de medida. Os resultados confirmaram as estruturas fatoriais e a boa qualidade psicométrica desses instrumentos de medida.

Os resultados descritos no Quadro 20.13 mostram, de forma clara e contundente, uma correlação positiva entre suporte psicossocial e impacto do treinamento no trabalho. Esse relacionamento foi encontrado em muitos trabalhos que utilizaram medidas de auto e heteroavaliações de impacto em amplitude e em alguns que utilizaram medidas de impacto em profundidade como variável-critério. Além dessa variável, suporte material e reações ao curso também se mostraram correlacionadas com impacto.

Em suma, quanto maior o suporte psicossocial e mais favoráveis as reações dos participantes ao curso, maior será o impacto do treinamento no trabalho. Suporte material prediz impacto em algumas situações nas quais os aspectos físicos do ambiente de trabalho são imprescindíveis à transferência de treinamento, tal como ocorre em ambientes de inovação tecnológica e produção de conhecimentos, em que a infra-estrutura física, os equipamentos e os materiais são condições necessárias à aplicação de habilidades adquiridas em programas de TD&E (Borges-Andrade, Morandini e Machado,1999).

CONSIDERAÇÕES FINAIS

Esta seção resume os principais tópicos abordados neste capítulo e aponta algumas implicações práticas que caracterizam a área de avaliação de contextos em TD&E.

Caro leitor, pense e avalie se, após a leitura do texto você se sente capaz de:

a) definir variáveis do contexto em avaliação de TD&E;
b) analisar os pontos críticos da escolha de procedimentos de avaliação, meios e fontes de informação sobre contexto em situações de TD&E;
c) descrever instrumentos de medidas de variáveis de contexto e sua aplicação em situação de avaliação de TD&E;
d) analisar resultados de pesquisas que incluem variáveis de contexto em seus modelos de avaliação de TD&E;
e) identificar implicações práticas da inclusão de fatores do contexto em avaliações de TD&E.

Em caso positivo, siga em frente. Em caso negativo, releia o capítulo com atenção e procure discutir com outras pessoas os conteúdos sobre os quais tem dúvidas ou discorda.

Faça leituras complementares sobre as escalas descritas neste capítulo. Escolha, nas referências indicadas a seguir, os trabalhos que mais lhe parecerem interessantes e vá em frente! Grande parte desses trabalhos foi publicada por autores brasileiros, em língua portuguesa, em revistas científicas brasileiras. Se você estiver interessado em aprofundar ainda mais os seus estudos, procure os autores desses trabalhos. Eles ficarão satisfeitos em poder ajudá-lo a aprender mais sobre os assuntos abordados neste e em outros capítulos deste livro.

Para finalizar, são discutidas algumas questões e reflexões ligadas à aplicação de medidas de suporte em avaliação de TD&E. Verifica-se, em geral, que as pesquisas sobre contexto de TD&E se multiplicaram bastante nos últimos anos. Resultados de várias pesquisas nacionais e estrangeiras confirmam o poder explicativo de clima ou suporte à transferência em uma ampla variedade de treinamentos, amostras e ambientes organizacionais, o que confere, inclusive, generalidade a esses resultados empíricos. Entretanto, são necessárias pesquisas para investigar a influência exercida por fatores do ambiente de apoio sobre os demais níveis de avaliação de TD&E: mudança organizacional e valor final, pois há ainda relativamente poucas iniciativas nessa direção.

Apesar dos importantes achados dos estudos nacionais e estrangeiros relativos ao valor explicativo de variáveis relativas a suporte à transferência, não há, até onde foi possível acompanhar os avanços da área, esforços para medir suporte à transferência de treinamento na avaliação de necessidades de treinamento, tal como deveria ser feito. O Capítulo 12 demonstra como essas escalas poderiam ser utilizadas na fase de avaliação de necessidades de TD&E para identificar previamente quais são as condições necessárias à aquisição e à aplicação no trabalho de novos CHAs e, a partir disso, criar situações e ambientes de trabalho propícios à aprendizagem, retenção e transferência de aprendizagem.

Os conceitos e medidas apresentados neste capítulo se referem principalmente a fatores do contexto interno da organização e o avaliam de acordo com a perspectiva de variáveis que antecedem, acompanham ou sucedem resultados de programas instrucionais avaliados. Esses conceitos diferem entre si, entretanto, no que tange ao foco e às demais perspectivas de análise (contexto como influência distal-proximal, ameaça ou oportunidade, antecedente ou conseqüente), à aprendizagem, à transferência e/ou ao desempenho. Suporte organizacional e cultura de aprendizagem contínua e suporte à aprendizagem contínua são definidas como variáveis que exercem influência distal sobre impacto de treinamentos no trabalho, enquanto clima ou suporte à transferência exerce influência proximal sobre impacto.

Os instrumentos de medida descritos nesta seção devem ser aplicados em diferentes contextos e amostras para verificação da validade, consistência e estabilidade das suas estruturas empíricas. Alguns deles foram testados em apenas uma organização (suporte à aprendizagem e suporte à aprendizagem contínua), portanto, devem ser submetidos a processos de revalidação em futuras aplicações.

Avaliar suporte em TD&E é de fundamental importância para que haja maximização dos resultados de programas instrucionais, bem como de outros processos organizacionais relacionados a suporte. Sabe-se que uma parte das causas do fracasso de programas de treinamento não está necessariamente relacionada a falhas nos sistemas instrucionais, mas no ambiente externo a eles. Em treinamentos à distância, esses fatores não são relacionados ao ambiente interno, mas ao ambiente externo à organização. Em cursos abertos e à distância, como os estudados por Carvalho (2003) e Zerbini (2003), variáveis familiares, da comunidade e da sociedade influenciam diretamente os processos e resultados do programa instrucional. Nesses casos, a identificação prévia dessas variáveis facilita a criação de estratégias específicas de acompanhamento e apoio (de tutores, monitores, etc.) aos aprendizes de alto risco, para que permaneçam no curso até concluí-lo com sucesso.

Ressalta-se que a escolha e o uso da escala a ser aplicada nas organizações depende fundamentalmente dos objetivos da avaliação de TD&E e do modelo de avaliação adotado pelo profissional da área. Tradicionalmente, as escalas de suporte à transferência e a de clima para transferência são úteis para identificar eventuais falhas ou ameaças situacionais aos processos e resultados da aprendizagem em organizações e no trabalho. Para saná-las, é recomendável a divulgação ampla de resultados de pesquisas que mostram o relacionamento existente entre suporte à transferência e aplicação de novas aprendizagens no trabalho. Outra estratégia para induzir mudanças no contexto de trabalho, tornando-o mais propício à aprendizagem e à transferência, é a inclusão de conteúdos referentes a suporte e a contexto em programas de desenvolvimento gerencial e de equipes. Assim, ficam claros os papéis de cada agente organizacional na criação de ambientes propícios à aprendizagem (natural e induzida).

As escalas de percepção de suporte organizacional, por sua abrangência, podem ser utilizadas em pesquisas sobre comportamento organizacional e gestão de pessoas, que visem à avaliação de como as pessoas percebem as retribuições organizacionais aos esforços que empreendem no trabalho. Podem ser aplicadas, por exemplo, no momento da criação ou reformulação dos sistemas de avaliação de desempenho, programas de qualidade de vida, valorização, remuneração e benefícios. As escalas de suporte organizacional, aplicadas antes e após uma mudança, podem servir de indicador ou referência para medir o impacto exercido pela ação nas percepções individuais.

As escalas de suporte organizacional também são úteis em avaliação de TD&E, tal como demonstram alguns resultados de pesquisas mencionadas anteriormente. Há indícios de que percepções favoráveis de suporte organizacional estão relacionadas diretamente com a motivação do treinando para aprender e indiretamente com a aprendizagem, as reações e o impacto do treinamento no trabalho. Esses relacionamentos deveriam ser investigados em pesquisas futuras.

Como já dito neste capítulo, a escala de suporte à aprendizagem contínua pode ser aplicada em situações em que a organização decide capacitar multiplicadores internos para disseminar um dado conteúdo e precisa saber se esse profissional encontrará condições propícias para realizar o seu trabalho. Se as condições não forem adequadas, o investimento provavelmente não terá o retorno desejado. Nesse caso, para evitar o fracasso, será preciso criar um ambiente propício à aprendizagem e à aplicação de novas aprendizagens no trabalho antes de treinar os multiplicadores.

Outra situação específica da escala de suporte à aprendizagem contínua diz respeito a grupos ou unidades que desenvolvem novos produtos ou serviços. Nesse local de trabalho, condições favoráveis à aprendizagem contínua são essenciais para garantir resultados inovadores. Aprender com os outros, nesse tipo de grupo, é uma necessidade de sobrevivência. As pessoas que compõem essas equipes precisam estar dispostas a compartilhar o que sabem com os outros, sem reservas e com confiança, além de registrar cada passo dos projetos que desenvolvem para garantir a continuidade.

Em suma, a escolha dos constructos, instrumentos e procedimentos de avaliação de variáveis de contexto deve ser pautada no modelo de avaliação adotado pelo profissional e nos objetivos da avaliação. Além dessas ações e escolhas, é preciso realizar uma avaliação prévia de riscos, custos e benefícios associados à adoção de cada alternativa metodológica disponível.

A identificação dos fatores do contexto que restringem ou apóiam a aprendizagem, a transferência e o desempenho no trabalho, se realizada antes da aplicação de programas de TD&E, propiciará valiosas informações que poderão ser utilizadas pelo profissional da área para aumentar a eficiência e a eficácia de todas as atividades de um sistema instrucional, desde a avaliação de necessidades, ao planejamento instrucional, à execução, até a avaliação de processos e resultados da implementação de programas de TD&E.

QUESTÕES PARA DISCUSSÃO

- Defina ambiente e apoio de acordo com o MAIS.
- Defina e diferencie os conceitos:
    - Suporte organizacional
    - Clima e suporte à transferência
    - Cultura à aprendizagem contínua
    - Suporte à aprendizagem
    - Suporte à aprendizagem contínua
- Diga quais são os pontos críticos associados à escolha de procedimentos, meios e fontes de informação sobre contexto em avaliação de TD&E.
- Descreva dois instrumentos de avaliação de suporte e indique algumas diferenças entre eles, no que diz respeito aos itens e escalas que os compõem.

- Descreva alguns resultados de pesquisas que mostrem a influência de variáveis do contexto ou fatores de apoio sobre resultados de treinamentos.
- Descreva situações hipotéticas (ou reais) em que avaliar suporte organizacional, suporte à transferência de treinamento e suporte à aprendizagem contínua auxiliaria o profissional da área a propor melhorias no sistema de TD&E e na organização.

NOTAS

1. Para maiores detalhes sobre essas perspectivas de análise, leia o Capítulo 12.
2. O leitor que não se recorda do significado dessas perspectivas de análise da influência (distal-proximal, antecedente-conseqüente e oportunidade-restrição) do contexto sobre o comportamento em organizações deverá rever o Capítulo 12, que trata desses conceitos em detalhe.
3. Esse fator também é chamado de suporte gerencial e social à transferência de treinamento (ver Abbad e Sallorenzo, 2001).
4. Ver estudo de Coelho Jr. (2004).
5. Ver estudo de Carvalho (2003) e Zerbini (2003).
6. O Capítulo 18 descreve processos de construção de instrumentos de medida.
7. Assunto tratado no Capítulo 26 deste livro.
8. Leia mais sobre a construção desse instrumento em Abbad, Pilati e Borges-Andrade (1999).
9. Ver Capítulo 19, que trata das medidas de comunicação e disseminação de informações sobre treinamento.

REFERÊNCIAS

ABBAD, G.S. *Um modelo integrado de avaliação do impacto do treinamento no trabalho – IMPACT.* Tese (Doutorado) – Universidade de Brasília, Brasília, 1999.

ABBAD, G.; BORGES-ANDRADE, J.E. Aprendizagem humana nas organizações e trabalho. In: ZANELLI, J.C.; BORGES-ANDRADE, J.E.; BASTOS, A.V.B. (Ed.). *Psicologia, organizações e trabalho no Brasil.* Porto Alegre: Artmed, 2004.

ABBAD, G.S.; CARVALHO, R.S.; ZERBINI, T. Evasão em curso via Internet: explorando variáveis explicativas. *RAE – Revista de Administração de Empresas.* No prelo.

ABBAD, G.; SALLORENZO, L. H. Desenvolvimento e validação de escalas de suporte à transferência de treinamento. *Revista de Administração,* v.36, n.2, p.33-45, 2001.

ABBAD, G.; PILATI, R.; PANTOJA, M. J. Avaliação de treinamento: análise da literatura e agenda de pesquisa. *Revista de Administração da Universidade de São Paulo,* v.38, n.3, p.205-218, 2003.

ABBAD, G.; PILATI, R.; BORGES-ANDRADE, J.E. Percepção de suporte organizacional: desenvolvimento e validação de um questionário. *Revista de Administração Contemporânea,* v.3, n.2, p.29-51, 1999.

ALLEN, M.W. Communication concepts related to perceived organizational support. *Western Journal of Communication,* v.59, n.4, p.326-346, 1995.

BALDWIN, T.T.; FORD, J.K. Transfer of training: a review in directions for future research. *Personnel Psychology,* v.41, n.1, p.63-105, 1988.

BORGES-ANDRADE, J.E. Avaliação somativa de sistemas instrucionais: integração de três propostas. *Tecnologia Educacional,* v.11, n.46, p.29-39, 1982.

BORGES-ANDRADE, J. E.; ABBAD, G.S. Treinamento e desenvolvimento: reflexões sobre suas pesquisas científicas. *Revista de Administração (USP),* v. 31, n. 2, p. 112-125, 1996.

BORGES-ANDRADE, J. E.; MORANDINI, D. C.; MACHADO, M. S. Impacto de treinamento gerencial e efetividade de equipes em ambientes de inovação tecnológica (Resumo). In: REUNIÃO ANUAL DE PSICOLOGIA, 29. Resumos... Ribeirão Preto: SBP, 1999. p.53b-53-c.

BROAD, M.L. Management actions to support transfer of training. *Training and Development Journal,* v.36, n.5, p.124-130, 1982.

CARVALHO, R.S. *Avaliação de treinamento a distância:* reação, suporte à transferência e impacto do treinamento no trabalho. Dissertação (Mestrado) – Universidade de Brasília, Brasília, 2003.

CARVALHO, R.S.; ABBAD, G. Avaliação de treinamento a distância: reação, suporte à transferência e impactos no trabalho. *Revista de Administração Contemporânea,* Rio de Janeiro, v.10, n.1, p.95-116, jan./mar. 2006.

COELHO JR., F.A. *Avaliação de treinamento a distância:* suporte à aprendizagem e impacto do treinamento no trabalho. Dissertação (Mestrado) – Instituto de Psicologia, Universidade de Brasília, Brasília, 2004.

EHRENBERG, L.M. How to ensure better transfer of learning. *Training and Development Journal,* v.37, n.2, p.81-83, 1983.

FREITAS, I. A. *Impacto de treinamento nos desempenhos do indivíduo e do grupo de trabalho:* suas relações com crenças sobre treinamento e suporte á aprendizagem contínua. 2005. 278f. Tese (Doutorado em Psicologia), Universidade de Brasília, Brasília, 2005.

GARRICK, J. *Informal learning in the workplace:* unmasking human resource development. London: Routledge, 1998.

HOLTON, E.F.; BATES, R.A.; RUONA, W.E.A. Development of a generalized learning transfer system inventory. *Human Resource Development Quarterly,* v.11, n.4, p.333-360, 2000.

HOUAISS, A. *Dicionário Eletrônico Houaiss da Língua Portuguesa.* São Paulo: Objetiva, 2001.

KLEIN, K.J.; KOZLOWSKI, S.W.J. Multilevel theory, research and methods in organizations: foundations, extensions and new directions. San Francisco: Jossey-Bass, 2000.

LACERDA. E.M. *Avaliação de impacto do treinamento no trabalho:* investigando variáveis motivacionais e organizacionais como suas preditoras. Dissertação (Mestrado) – Universidade de Brasília, Brasília, 2002.

LACERDA, E.R.M.; ABBAD, G.S. Impacto do treinamento no trabalho: investigando variáveis motivacionais e organizacionais como suas preditoras. *Revista de Administração Contemporânea – RAC,* v. 7, n. 4, p. 77-96, 2003.

LEITÃO, J.S.S. *Relações entre clima organizacional e transferência de treinamento.* Dissertação (Mestrado) – Universidade de Brasília, Brasília, 1994.

LIMA, S.M.V.; BORGES-ANDRADE, J.E. Meta-análise de avaliação de treinamento. *Revista de Administração*, v.20, n.3, p. 39-52, 1985.

LIMA, S.M.V.; BORGES-ANDRADE, J.E.; VIEIRA, S.B.A. Cursos de curta duração e desempenho em instituições de pesquisa agrícola. *Revista de Administração*, v.24, n.2, p.36-46, 1989.

MARTINS, M. C. F.; PINTO JR., H.; BORGES-ANDRADE, J. E. Impacto do treinamento numa empresa de transporte de passageiros (Resumo). In: REUNIÃO ANUAL DE PSICOLOGIA, 29. *Resumos...* Ribeirão Preto: SBP, 1999. p.53.

MEIRA, M. *Disseminação de informações sobre treinamento*: construção e validação de um instrumento de medida. Dissertação (Mestrado) – Universidade de Brasília, Brasília, 2004.

MENESES, P.P.M. *Auto-eficácia, lócus de controle, suporte à transferência e impacto de treinamento no trabalho*. Dissertação (Mestrado) – Universidade de Brasília, Brasília, 2002.

MOTA, L. *Treinamento e prazer-sofrimento psíquico no trabalho*. Dissertação (Mestrado) – Universidade de Brasília, Brasília, 2002.

MOURÃO, L. Avaliação de programas públicos de treinamento: um estudo sobre o impacto no trabalho e na geração de emprego. Tese (Doutorado) – Universidade de Brasília, Brasília, 2004.

MOURÃO, L.; BORGES-ANDRADE, J.E. Avaliação de programas públicos de treinamento: um estudo sobre o impacto no trabalho e na geração de emprego. *Organizações e Sociedade*, Salvador, v. 28, n. 33, 2005.

NOE, R.A. Invited reaction: development of generalized learning transfer system inventory. *Human Resource Development Quarterly*, v.11, n.4, p. 361-365, 2000.

NONAKA, I.; TAKEUCHI, H. *Criação de conhecimento na empresa*: como as empresas japonesas geram a dinâmica da inovação. Rio de Janeiro: Campus, 1997.

PANTOJA, M. J. *Avaliação de impacto de treinamento na área de reabilitação*: preditores individuais e situacionais. Dissertação (Mestrado) – Universidade de Brasília, Brasília, 1999.

_____. *Estratégias de aprendizagem no trabalho e percepções de suporte à aprendizagem contínua*: uma análise multinível. Tese (Doutorado) – Instituto de Psicologia, Universidade de Brasília, Brasília, 2004.

PANTOJA, M. J.; BORGES-ANDRADE, J. Uma abordagem multinível para o estudo da aprendizagem e transferência nas organizações. [Texto completo]. In: ENCONTRO NACIONAL DA ANPAD, 26., Salvador, 2002. CD-ROM.

PANTOJA, M. J.; FREITAS, I.A. Suporte à aprendizagem contínua: questões conceituais. In: CONGRESSO NORTE NORDESTE DE PSICOLOGIA, 3., João Pessoa, 2003a. p.385-385.

PANTOJA, M. J.; LIMA, S. M. V.; BORGES-ANDRADE, J. E. Avaliação de impacto de treinamento na área de reabilitação: preditores individuais e situacionais. *Revista de Administração (USP)*, São Paulo, v. 36, n. 2, p. 46-56, 2001.

PAULA, S.M.A. *Variáveis preditoras de impacto de treinamento no trabalho*: análise da percepção dos treinandos de duas organizações. Dissertação (Mestrado) – Universidade de Brasília, Brasília, 1992.

PETERS, L.H.; O´CONNOR, E.J. Situational constraints and work outcomes: the influence of frequently overlooked construct. *Academy of Management Review*, v.5, n.3, p.391-397, 1980.

PILATI, R.; BORGES-ANDRADE, J. E.; AZEVEDO, L. P. S. *Impacto do treinamento em amplitude e profundidade*: relações com suporte à transferência, gestão do desempenho e liberdade decisória (Resumo). In: REUNIÃO ANUAL DE PSICOLOGIA, 29., *Resumos*...Ribeirão Preto: SBP, 1999.

POZO, J.I. (1999). *Aprendizes e mestres*: a nova cultura da aprendizagem. Porto Alegre: Artmed, 1999. Cap. 1 a7, p.23-166.

RODRIGUES, A.G. *A natureza da participação e suas implicações no impacto do treinamento no trabalho*. Dissertação (Mestrado) – Universidade de Brasília, Brasília, 2000.

ROUILLER, J.; GOLDSTEIN, I. The relationship between organizational transfer climate and positive transfer of training. *Human Resources Development Quarterly*, v.4, p.377-390, 1993.

SALAS, E.; CANNON-BOWERS, J.A. The science of training: a decade of progress. *Annual Review of Psychology*, v.52, p.471-499, 2001.

SALLORENZO, L.H. *Avaliação de impacto de treinamento no trabalho*: analisando e comparando modelos de predição. Dissertação (Mestrado) – Universidade de Brasília, Brasília, 2000.

TAMAYO, N. *Autoconceito profissional*: suporte à transferência e impacto do treinamento no trabalho. Dissertação (Mestrado) – Universidade de Brasília, Brasília, 2002.

TRACEY, B.J., TANNENBAUM, S.I. & KAVANAGH, M.J. Applying trained skills on the job: the importance of work environment. *Journal of Applied Psychology*, v.80, n.2, p.239-252, 1995.

ZERBINI, T. *Estratégias de aprendizagem, reações aos procedimentos de um curso via internet, reações ao tutor e impacto do treinamento no trabalho*. Dissertação (Mestrado) – Universidade de Brasília, Brasília, 2003.

ZERBINI, T.; ABBAD, G.S. Impacto do treinamento no trabalho via internet. *Revista de Administração de Empresas (FGV)-Eletrônica,*São Paulo, v. 4, n. 2, 2005.

ZIMMER, M.V. *A criação de conhecimento em equipes virtuais*: um estudo de caso em empresa do setor de alta tecnologia. Dissertação (Mestrado) – Curso de Administração, Universidade Federal do Rio Grande do Sul, Porto Alegre, 2001.

21

Medidas de características da clientela em avaliação de TD&E

Pedro Paulo Murce Meneses, Gardênia da Silva Abbad
Thaís Zerbini e Erika Rodrigues Magalhães Lacerda

Objetivos

Ao final deste capítulo, o leitor deverá:

- Justificar a inclusão de variáveis relativas a características da clientela em avaliação de necessidades, desenho e avaliação de TD&E.
- Definir características da clientela tipicamente investigadas em TD&E, descrevendo os tipos de medidas de avaliação desses atributos.
- Definir e descrever medidas de avaliação do repertório de entrada da clientela.
- Definir características sociodemográficas da clientela.
- Definir e descrever medidas de lócus de controle, auto-eficácia, motivação para aprender e para transferir, valor instrumental do treinamento e estratégias de aprendizagem.
- Escolher estratégias, procedimentos e meios apropriados à coleta e à análise de dados e à devolução de resultados.
- Relacionar características da clientela aos resultados de treinamento, analisando sua contribuição relativa na explicação de reações, aprendizagem e impacto.
- Avaliar implicações teóricas e práticas da inclusão deste tipo de variável em modelos de avaliação de treinamento.
- Avaliar implicações éticas da aplicação de medidas de avaliação psicológica em avaliação de treinamento.

CONCEITOS, VARIÁVEIS E MEDIDAS DE CARACTERÍSTICAS DA CLIENTELA DE TD&E

Este capítulo descreve as principais medidas de avaliação de características da clientela de programas de treinamento, desenvolvimento e educação (TD&E) e analisa a relevância destas características na avaliação dos efeitos desses programas. Por fim, este capítulo visa apresentar alguns modelos de investigação e experiências de construção, validação e uso de instrumentos e procedimentos de avaliação do relacionamento entre diferenças individuais e características de ações de TD&E.

Desde os primeiros estudos sobre TD&E, alguns questionamentos têm afligido os pesquisadores e profissionais no que tange a manifestações de diferenças individuais em eventos instrucionais. Apesar de antigas, essas questões, conforme as listadas a seguir, ainda podem ser consideradas válidas, pois grande parte delas não foi totalmente respondida pelos pesquisadores e profissionais da área.

- Até que ponto as pessoas podem modificar seus repertórios de conhecimentos, habilidades e atitudes?
- Até que ponto as ações de TD&E são capazes de desenvolver competências profissionais, algumas vezes, não-coerentes com os traços de personalidade e características cognitivas do indivíduo?
- Por que indivíduos, sob as mesmas condições de aprendizagem, apresentam diferentes resultados ao final do programa de TD&E?
- Por que uns indivíduos gostam e outros detestam uma determinada ação educacional?
- Por que uns aprendem e outros não?
- Por que alguns são capazes de transferir aprendizagem e outros não?
- Quais são as características individuais que, afinal, influenciariam os resultados de um processo de aprendizagem?
- As necessidades de TD&E são influenciadas pelas características da clientela?

Para que essas questões possam ser devidamente respondidas, é preciso, portanto, conhecer o perfil da clientela antes mesmo de se iniciar o planejamento da ação educacional necessária. Imagine uma situação na qual o instrutor, no primeiro dia de aula, levanta as expectativas dos participantes em relação ao curso. Na prática vigente, pelo fato de as organizações, em sua maioria, não contarem com processos sistemáticos e bem-estruturados de avaliação de necessidades, é muito freqüente ainda que essas expectativas não sejam condizentes com os objetivos da ação educacional em si, de forma que alguns poucos conseguirão visualizar a aplicação dos conteúdos em seus ambientes de trabalho, mas a maioria não será capaz de fazê-lo.

É nesse sentido que os planejadores precisam levar em conta os repertórios de entrada dos participantes, em termos de conhecimentos e habilidades prévios, ao avaliarem suas necessidades de TD&E. No entanto, conhecer esses repertórios em processos de avaliação de necessidades de ações educacionais não é suficiente. É preciso que outras características da clientela das ações de TD&E sejam também adequadamente identificadas.

Apesar de inúmeras atribuições e da necessidade de lutar diariamente contra a obsolescência profissional, muitas vezes, o trabalhador adulto, por suas características pessoais e profissionais, não dispõe de tempo para a participar de programas de TD&E presenciais. Quando há tempo, geralmente as ações educacionais, como já mencionado, não conseguem satisfazer suas múltiplas e complexas necessidades de desenvolvimento de conhecimentos e habilidades. Isso porque determinadas características pessoais podem tornar esses profissionais mais ou menos propensos a se beneficiarem da ação de TD&E. É dessa forma que, ao avaliar necessidades de ações educacionais para solucionar hiatos de competências no trabalho, o profissional de TD&E precisa conhecer hábitos de vida e características dos aprendizes, suas expectativas, motivações, interesses e metas.

Em uma revisão de literatura, Latham (1988) sugeriu a criação de mais uma categoria de avaliação de necessidades, a *análise demográfica*, a fim de facilitar a identificação de necessidades específicas de TD&E para os diferentes grupos demográficos que normalmente compõem as populações de trabalhadores. Alguns estudos vêm indicando, por exemplo, que a natureza das necessidades de TD&E varia de acordo com variáveis como gênero, idade, posição hierárquica e nível de escolaridade. Alguns resultados apresentados por Latham serviram para ilustrar bem esse ponto: pessoas com idade entre 40 e 49 anos preferiram programas de desenvolvimento gerencial o grupo com idades entre 50 e 59 anos preferiu treinamento em áreas tecnológicas, e o grupo com 60 anos ou mais mostrou pouco interesse por qualquer tipo de ação educacional. O modelo de avaliação do impacto das ações de TD&E no trabalho apresentado nesta pesquisa inclui variáveis demográficas como preditoras de eficácia de treinamento. Os resultados relatados pelo autor reforçam a necessidade de se investigar de que forma interagem características da clientela com características de programas de TD&E na explicação dos níveis de eficácia de programas instrucionais.

Como na avaliação de necessidades as características da clientela assumem destaque no processo, a escolha da modalidade de ensino, procedimentos, métodos e técnicas instrucionais, para ser tecnicamente válida, deve também estar pautada nos perfis da clientela. Isso porque os indivíduos diferem entre si de diversas maneiras. Cada perfil requer, a princípio, condições diferentes de aprendizagem. Se alguém não aprendeu algo, provavelmente há algo a melhorar nas estratégias e situações de aprendizagem desenvolvidas para ensiná-lo. Em linhas gerais, a partir do conhecimento prévio das características das clientelas das ações educacionais, os planejadores de ações educacionais devem selecionar os meios e as estratégias instrucionais mais adequadas para que os participantes possam alcançar níveis elevados de satisfação, de aprendizagem e de transferência dos conteúdos da ação de TD&E para seus trabalhos. É necessário, dessa maneira, que os profissionais da área sejam capazes de indicar os perfis de clientelas e as características que os compõem.

Como profissional de TD&E, se você conseguisse identificar precisamente o perfil da clientela de uma determinada ação educacional, qual decisão tomaria? Selecionar os indivíduos mais ajustados para participarem do programa de capacitação ou adotar estratégias mais adequadas para que todos os participantes se beneficiassem, da mesma forma, da ação educacional? Este é o tipo de dúvida que, não solucionada adequadamente, pode levar ao uso indevido de informações sobre personalidade, motivação, nível de inteligência e aptidões em contextos organizacionais. Trata-se da treinabilidade, uma das questões que mais têm suscitado debates entre os pesquisadores da área.

Atualmente, a treinabilidade assume papel central na área de TD&E, porém, segundo Wexley (1984), desde a década de 1970 havia pesquisadores preocupados em estudá-la. Para o autor, o interesse pela temática se deve à possibilidade de o conceito permitir um melhor entendimento das razões pelas quais os participantes diferem em seus níveis de satisfação, aprendizagem e transferência dos conteúdos da ação educacional para o trabalho. Enquanto o autor define treinabilidade como a capacidade demonstrada pelo indivíduo para adquirir conhecimentos, habilidades ou atitudes necessárias para desempenhar um trabalho dentro de um determinado padrão de qualidade e produtividade, Noe e Schmitt (1986) afirmam que o conceito envolve, também, a capacidade de os participantes aplicarem no trabalho as habilidades aprendidas em programas de TD&E.

Como observado, a treinabilidade se refere à capacidade do indivíduo em obter sucesso em processos de aprendizagem, não somente em termos de aquisição de novas competências, mas, principalmente, na aplicação dessas competências em situações cotidianas de trabalho. Apesar da relevância das capacidades individuais na constituição do conceito de treinabilidade, nem sempre estas são suficientes para que bons níveis de aprendizagem e transferência sejam observados. Isso ocorre porque, como se sabe atualmente, um dos maiores determinantes do bom desempenho nas organizações, pelo menos em situações de TD&E, são as condições psicossociais e materiais de trabalho. O problema é que, na maioria das vezes, o manejo ambiental está fora da alçada dos responsáveis pelas áreas de TD&E nas organizações e também dos participantes das ações educacionais.

Se nossa tarefa como profissionais responsáveis é garantir o sucesso das ações educacionais oferecidas pelas organizações, o que fazer para garantir a eqüidade de oportunidades, de modo que indivíduos com diferentes perfis pessoais, cognitivos e motivacionais consigam efetivamente aproveitar os treinamentos de que participam? Na busca de respostas a essa questão, alguns pesquisadores passaram a se preocupar com o estudo de algumas características da clientela de treinamento, que permitiriam aos participantes beneficiar-se mais e melhor de oportunidades educacionais.

Nos últimos anos, a ênfase sobre essas características foi tão acentuada que programas internacionais de TD&E, conforme relatado por Pilati (2004), passaram a incluir módulos que visavam capacitar os participantes a enfrentar adversidades organizacionais durante a aplicação das habilidades adquiridas nas ações educacionais. Para o autor mencionado, esses módulos buscavam o desenvolvimento das seguintes estratégias:

- Prevenção contra recaídas, estratégia que foi importada da área da psicologia clínica e busca propiciar o desenvolvimento e a manutenção de determinados comportamentos que tornam as pessoas resistentes e persistentes na aplicação, no trabalho, daquilo que aprenderam em programas de TD&E.
- Estabelecimento de metas, estratégia originária da psicologia organizacional que visa capacitar os participantes para que consigam definir metas de aplicação, no trabalho, das habilidades adquiridas em programas de TD&E.

Apesar da relevância dessas características na maximização dos efeitos, imediatos e mediatos, de treinamentos, a treinabilidade merece atenção especial, pois, se mal compreendida, pode levar à idéia errônea de que escores em testes psicológicos estão relacionados ao sucesso ou ao insucesso de pessoas em ações educacionais. No entanto, não é isso que se pretende ao estudar características da clientela de treinamentos. Pelo contrário, na área de TD&E, pela natureza da própria atividade em questão, parte-se da premissa de que qualquer indivíduo é capaz de aprender e transferir suas novas habilidades para situações de trabalho, desde que o desenho instrucional e as condições de apoio à aprendizagem e à transferência estimulem-no a engajar-se nesse processo de mudança comportamental. Em momento algum, indivíduos com maiores dificuldades devem ser discriminados, mas, sim, auxiliados para que possam aproveitar ao máximo as ações educacionais.

Entre as características da clientela de ações educacionais que mais têm recebido atenção da literatura de TD&E nos últimos anos, podem ser citadas variáveis demográficas (sexo, idade, escolaridade, tempo de serviço, etc.), auto-referentes, isto é, baseadas na noção de que o indivíduo é capaz de exercer controle considerável sobre sua vida (auto-eficácia, autoconceito, auto-estima, lócus de controle, etc.), motivacionais (valor instrumental do treinamento, motivação para aprender, motivação para transferir, etc.) e características cognitivo-comportamentais, essas principalmente em programas de T&D a distância, na explicação de resultados de eventos instrucionais. Algumas dessas características, pelo fato de se constituírem, na literatura nacional e internacional, em importantes variáveis explicativas de transferência de treinamento e outros resultados, serão abordadas de forma mais aprofundada nas seções seguintes.

Anteriormente a essa discussão, é imprescindível que você conheça a forma com que a psicologia vem tratando desses temas e das relações entre características individuais e resultados de ações educacionais. Com a finalidade de facilitar a compreensão dos conceitos relacionados a características da clientela, neste texto, classificamos essas variáveis de acordo com cinco categorias.

- Repertório de entrada: é o conjunto de conhecimentos, habilidades, atitudes, expectativas e experiências adquiridas pelo participante antes do treinamento.
- Sociodemográficas: relacionadas ao perfil fisionômico da clientela (sexo, idade, escolaridade, condição socioeconômica) e ao perfil profissional e funcional do participante (profissão, tempo de serviço, função, cargo, lotação).
- Psicossociais: abarcam as variáveis auto-referentes lócus de controle, auto-eficácia, comprometimento e prazer e sofrimento no trabalho.
- Motivacionais: abarca a motivação para aprender e para transferir aprendizagens e valor instrumental da ação educacional.

- Cognitivo-comportamentais: dizem respeito a estratégias cognitivas e comportamentais e autorregulatórias utilizadas pelo participante para aprender.

É importante mencionar que essa classificação se baseia no modelo *Impact* de avaliação de treinamento, de Abbad (1999), segundo o qual as características da clientela são compostas por variáveis motivacionais, cognitivas, demográficas e funcionais dos participantes de treinamentos. Conforme o Modelo de Avaliação Integrado e Somativo (MAIS), proposto por Borges-Andrade (1986) e apresentado no Capítulo 17, as características da clientela abarcam fatores físicos e sociais (componente insumos), bem como aos estados comportamentais associados aos participantes (componente necessidades), anteriores à realização da ação educacional, que podem afetar seus resultados.

Vale ressaltar, por fim, que este capítulo não tratará de características de personalidade. Foram incluídas aqui apenas variáveis que, de algum modo, estão correlacionadas com resultados de treinamento. Para ajudar o leitor a navegar pelos conceitos e abordagens sobre características da clientela de treinamentos enfocadas neste capítulo, apresenta-se a seguir o organizador avançado gráfico do capítulo (Figura 21.1).

Como discutido no decorrer desta seção, percebe-se que a identificação de características dos perfis das clientelas pode ser de grande valia para o sucesso de ações educacionais. Conhecer previamente essas características pode auxiliar os responsáveis pelas ações de desenvolvimento humano as organizações a selecionarem os conjuntos de estratégias e meios instrucionais necessários para que todos os participantes atinjam altos níveis de aprendizagem e de transferência do aprendido para o trabalho. Mas é preciso cuidado, pois a utilização inadequada dessas informações pode fazer com que as áreas de TD&E percam credibilidade junto aos seus principais clientes, que são os participantes das ações educacionais. Lembre-se, portanto, de que essas características só devem ser usadas para que todos, e não apenas os mais capazes, possam beneficiar-se igualmente das oportunidades de TD&E.

Apresentados os conceitos e as variáveis essenciais que marcam as práticas e as principais pesquisas sobre características da clientela de ações de TD&E, cada um dos conjuntos de características integrantes do organizador gráfico anteriormente apresentado, em seções específicas, será devidamente tratado.

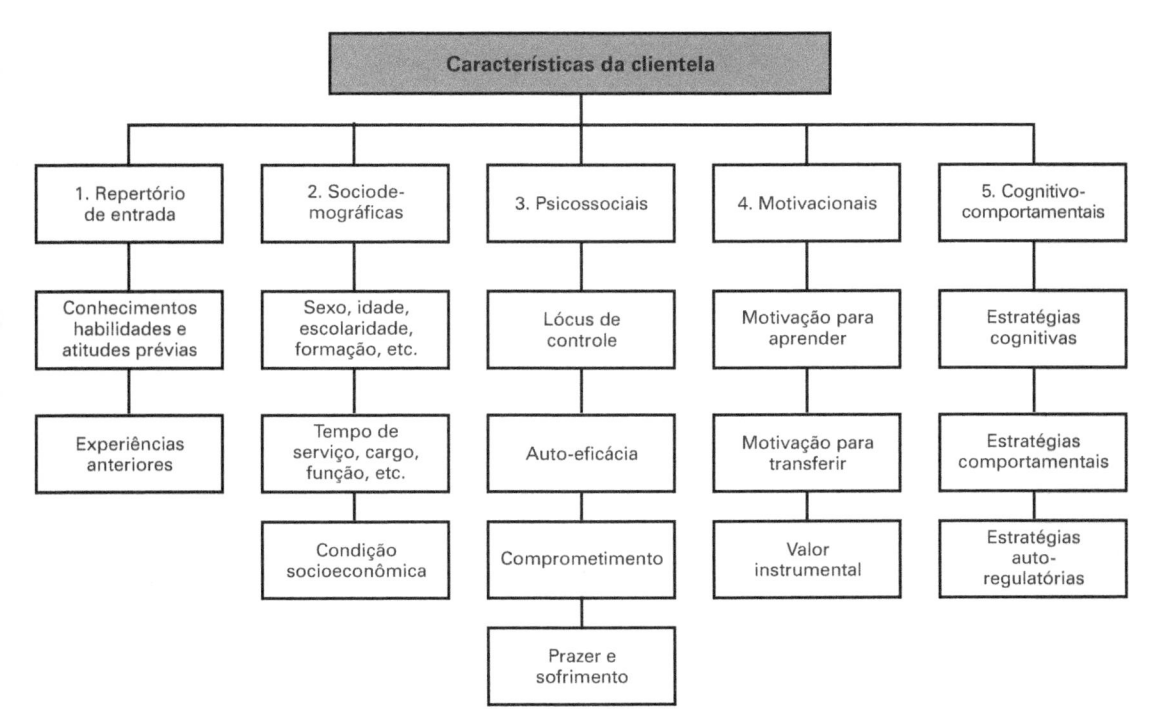

Figura 21.1 Organizador avançado do Capítulo 21.

CARACTERÍSTICAS DO REPERTÓRIO DE ENTRADA

Como profissionais da área de TD&E, acreditamos que nosso papel, entre outros tantos, não é contribuir somente para que os participantes aproveitem ao máximo, todos eles, o evento educacional, mas, também, facilitar consideravelmente a tarefa do instrutor em sala de aula, do tutor em treinamentos a distância e do planejador instrucional. Para tanto, é necessário reconhecer, anteriormente à realização da ação educacional, o repertório de entrada dos participantes. Por essas razões, esta parte analisa medidas de repertório de entrada da clientela de treinamento (Figura 21.2).

O reconhecimento do repertório de entrada dos participantes, inclusive, permite que sejam evitados custos desnecessários com a ação educacional e, ainda, que a eficácia do treinamento seja alcançada mais facilmente. Também a modalidade de entrega (presencial, semipresencial ou a distância) e o desenho do treinamento são mais facilmente definidos, quando informações sobre o perfil do público-alvo estão disponíveis. O Capítulo 15 trata dessas questões ao detalhar os passos do planejamento instrucional.

Sem informações sobre a clientela, corre-se o risco de oferecermos cursos a pessoas que dele não necessitam ou ainda de deixarmos de oferecê-los para aqueles que realmente dele necessitam. Em várias situações de pesquisa, Abbad (1999), por exemplo, observou que, em uma mesma turma de cursos presenciais de informática, havia pessoas com expectativas de aprender recursos avançados de programas e outras não sabiam manusear sequer o *mouse*, ligar o computador ou transitar pelo ambiente eletrônico da tela do computador. Nessas situações, poucos participantes realmente extrairão benefícios, ao participarem do curso. Ao instrutor, não resta muito a fazer nesse caso, a não ser desdobrar-se em tantos quantos forem os perfis dos seus alunos.

A definição dos perfis de entrada também é muito importante, caso queiramos avaliar com rigor científico um resultado de um treinamento. Se não tivermos pré-teste, como poderemos atribuir ao treinamento a aprendizagem e a transferência de treinamento? Há situações nas quais o participante detém os conhecimentos veiculados pelo curso, antes mesmo de nele ingressar. Nesses casos, o participante ingressa no treino porque é obrigado a fazê-lo, por decisão dos dirigentes da organização, porque foi mal escolhido ou porque foi atraído erroneamente pelo material de divulgação do curso. Há casos, infelizmente, ainda muito freqüentes, de falta de avaliação sistemática de necessidades, de pré-testagem e de estabelecimento de pré-requisitos de entrada.

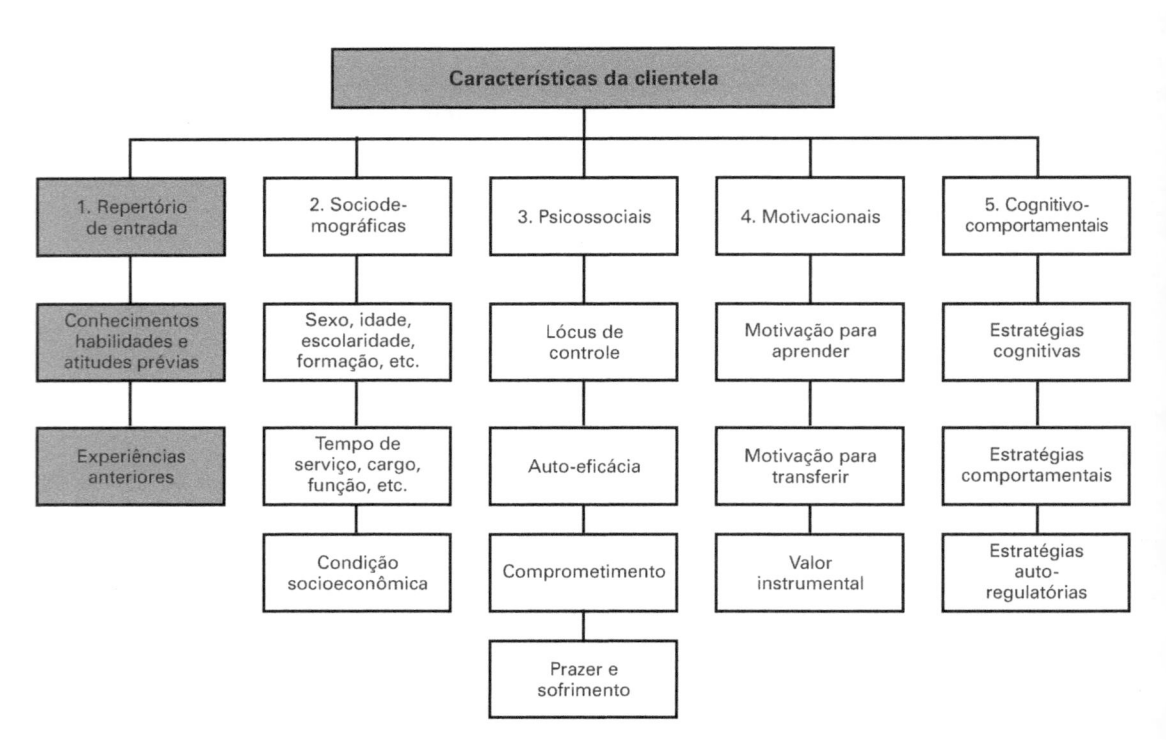

Figura 21.2 Organizador avançado com destaque para características do repertório de entrada dos participantes.

As informações, em termos de conhecimentos, habilidades e atitudes, trazidas pelo indivíduo para o programa educacional, podem ser mensuradas de diversas maneiras e utilizando diferentes instrumentos. Alguns desses procedimentos podem ser localizados no Capítulo 10, na parte relativa às abordagens psicológicas e de desenvolvimento humano utilizadas na mensuração de competências, e também no Capítulo 11, na seção que discute os métodos e as técnicas de pesquisa aplicados ao diagnóstico de competências. Dessa forma, será dada atenção, no presente capítulo, à metodologia de levantamento de necessidades de TD&E proposta por Borges-Andrade e Lima (1983), denominada análise do papel ocupacional, que permite a identificação do repertório de entrada dos participantes de uma determinada ação educacional.

Como se sabe, processos de avaliações de necessidades de TD&E, bem como de mapeamento de competências individuais, são também medidas do repertório de entrada dos participantes de treinamentos. Normalmente, os itens, desta maneira, contêm descrições de conhecimentos, habilidades e atitudes, descritos em termos de comportamentos observáveis, associados a escalas tipo Likert. O Quadro 21.1 mostra um fragmento de questionário, construído para outros fins, mas que,

Quadro 21.1
FRAGMENTO DE QUESTIONÁRIO DE AVALIAÇÃO DE NECESSIDADES DE TREINAMENTO EM PREVENÇÃO À LAVAGEM DE DINHEIRO PARA BANCÁRIOS

Instruções

Responda individualmente o questionário abaixo. Leia atentamente cada item e registre sua resposta, de acordo com a respectiva escala de avaliação, nos campos quadrados à direita de cada frase. Note que a coluna de quadrados à esquerda corresponde ao julgamento de **importância** de cada item e que a coluna da direita corresponde ao julgamento do quanto você possui **domínio** de cada conhecimento, habilidade ou atitude.

Para responder as questões seguintes quanto à IMPORTÂNCIA de cada item, utilize a escala abaixo:
0   1   2   3   4   5   6   7   8   9   10
Sem importância   Muito importante

Para responder as questões seguintes quanto o grau de DOMÍNIO da habilidade, utilize a escala abaixo:
0   1   2   3   4   5   6   7   8   9   10
Nunca   Sempre

Profisisonais de Atendimento Bancário – CHAs	Importância	Domínio
1. Conceituar lavagem de dinheiro.		
2. Descrever as três etapas do processo de lavagem de dinheiro		
3. Descrever as modalidade usuais de lavagem de dinheiro, apontando aquelas mais freqüentemente relacionadas ao ambiente bancário.		
4. Identificar indícios de lavagem de dinheiro em movimentação de contas.		
5. Identificar indícios de lavagem de dinheiro em manutenção de contas.		
6. Identificar indícios de lavagem de dinheiro em pagamentos diversos.		
7. Apontar casos suspeitos de lavagem de dinheiro, com base na análise da situação.		
8. Durante o atendimento, inspecionar documentos, dados pessoais e hábitos pessoais referentes a transações bancárias, identificando indícios de lavagem de dinheiro.		

Fonte: Fragmento de questionário adaptado do original, construído por Coelho Jr. (2004).

neste caso, ilustra itens de avaliação de necessidades de treinamento de profissionais de atendimento bancário.

Conforme os autores supramencionados, uma necessidade de treinamento pode ser definida em termos de importância e domínio de conhecimentos, habilidades e atitudes. Nesse sentido, quanto menor o domínio e maior a importância dos conhecimentos, habilidades e atitudes, mais prioritária é a necessidade de treinamento. O cálculo do índice de prioridade, resultante do cruzamento dos escores de domínio e importância, possibilita, entre outras coisas, identificar que indivíduos necessitam desenvolver quais conhecimentos, habilidades e atitudes e em que medida isso ocorre. Quando associadas a dados demográficos, funcionais e outros, essas informações possibilitam a classificação de participantes em turmas mais ou menos homogêneas, conforme a natureza dos objetivos de ensino e do contexto de aprendizagem e transferência. Cursos desenhados para desenvolvimento de atitudes, provavelmente serão mais eficazes, se tiverem turmas com grande diversidade de características. Treinamentos voltados para o domínio cognitivo, em algumas situações, requerem a formação de turmas homogêneas. Este parece ser o caso de cursos na área de informática e estatística.

Em relação aos procedimentos para mensuração destas informações, além de questionários de auto e heteroavaliação (chefes, pares, colegas e outros) de necessidades de treinamento, como no caso da análise do papel ocupacional, pode-se mensurar o grau de conhecimentos, habilidades ou atitudes característicos do repertório de entrada dos indivíduos por meio de testes ou provas situacionais. O nível de proficiência em língua estrangeira, por exemplo, pode ser mensurado por meio de questionário de auto e heteroavaliação para triagem inicial dos participantes e por testes escritos e orais para definição das turmas de acordo com o nível de entrada. Aproveitando o exemplo da proficiência em língua estrangeira, imagine a situação descrita no parágrafo seguinte.

Recentemente, uma organização de grande porte verificou que precisava de profissionais que tivessem grande fluência no uso da língua inglesa para realizar negócios com clientes estrangeiros. Além disso, esses colaboradores deveriam saber redigir textos em inglês sem erros e com objetividade. Havia também uma necessidade de treinar pessoas para entabular conversação, na língua inglesa, em situação de atendimento ao público estrangeiro. Para avaliar necessidades de treinamento, a organização construiu um questionário de auto-avaliação para levantamento de necessidades de treinamento, cujos itens descreviam precisamente quais competências profissionais exigiam proficiência no uso da língua inglesa.

A partir dessas informações, a organização identificou quais servidores necessitavam melhorar ou adquirir habilidades verbais em língua inglesa. Além disso, o levantamento de necessidades possibilitou a definição de uma política de financiamento do curso. Para aqueles que necessitavam cursar inglês até o nível avançado, haveria financiamento completo até o final da formação, enquanto que para aqueles que necessitavam, no trabalho, de habilidades mais simples foi oferecido financiamento total até o nível correspondente e parcial para o restante.

Identificadas as clientelas, a escola de inglês, contratada para realização do curso, aplicou pré-testes de conhecimentos e habilidades para formar as turmas, de acordo com seus respectivos perfis de entrada. Esse é um exemplo de uso adequado de dois procedimentos de avaliação: questionário e testes para identificação e classificação das clientelas.

Independentemente das estratégias e procedimentos utilizados para identificar o repertório de entrada dos participantes em uma determinada ação educacional, vale, por fim, enfatizar que somente de posse de informações desta natureza, geralmente identificadas durante a execução de processos de avaliação de necessidades de ações de TD&E, é que o programa educacional pode, de fato, alcançar os objetivos a que se propõe. Caso tais informações não sejam identificadas, é muito pouco provável que as necessidades e as expectativas dos participantes em relação às competências e aos conteúdos previstos na ação sejam efetivamente satisfeitas.

CARACTERÍSTICAS SOCIODEMOGRÁFICAS DA CLIENTELA

Como muitas vezes as organizações carecem de ferramentas precisas e confiáveis para a realização de diagnósticos de necessidades de treinamento, acabamos por intuir que determinadas características sociodemográficas são boas variáveis explicativas do sucesso de ações educacionais. No entanto, essa não é a questão. Nosso foco, como profissionais de TD&E, como já discutido, não é selecionar pessoas mais capazes de se beneficiar dos programas de capacitação, mas, sim, de estabelecer condições adequadas para que todos os participantes possam ser bem-sucedidos em tais ações. Isso, logicamente, envolve o reconhecimento, anterior ao processo de planejamento instrucional, de algumas características sociodemográficas.

Tente responder as seguintes questões. Pessoas do sexo masculino aprendem mais do que as do feminino? Pessoas com ampla formação em ciências exatas têm dificuldades de se envolverem em discussões como as promovidas nas áreas sociais e humanas?

Essas e outras questões freqüentemente são levantadas quando temos de elaborar propostas de capacitação para nossas organizações ou investigar relacionamento entre essas variáveis e resultados de ações de TD&E. Nesse sentido, o texto que se segue trata das medidas relativas a variáveis sociodemográficas da clientela de treinamentos (Figura 21.3).

Apesar de as características sociodemográficas serem mencionadas em estudos sobre TD&E, na maioria das vezes são utilizadas unicamente como fontes de controle estatístico. Há pouquíssimos estudos em que características demográficas assumem papel central e quase não há pesquisa relacionando tais variáveis com efeitos de treinamentos. Entre as características mais estudadas, destacam-se gênero e idade. Quanto à primeira, os resultados são contraditórios. Algumas pesquisas indicam diferenças no processo de aprendizagem devido ao gênero do treinando, ao passo que outras apontam para uma diferença não significativa. Em relação à idade, os resultados são mais consistentes. Relatos científicos evidenciam uma relação negativa entre esta característica e aprendizagem (Abbad, 1999; Colquitt, LePine e Noe, 2000), de forma que indivíduos de mais idade aprendem menos do que os mais jovens.

Outra pesquisa que merece atenção, realizada por Rodrigues (2002), relata que indivíduos com maior escolaridade e lotados na área administrativa de uma determinada organização alcançaram índices menores de impacto do treinamento no trabalho do que aqueles com menor escolaridade e integrantes da área fim da empresa pesquisas. A autora explica que esses resultados decorrem do fato de que os participantes, haja vista a alta escolaridade e o conseqüente domínio de um grande conjunto de competências, não atribuíram à ação educacional as melhorias de desempenho em seus trabalhos. A autora aponta, ainda, que o fato de a área administrativa, por não demandar tantos produtos concretos como a área fim, acabou por reduzir os níveis de impacto do treinamento no trabalho.

Conforme percebido, pouco se sabe ainda sobre as relações de características sociodemográficas com resultados de ações educacionais, principalmente em termos de impacto do treinamento no trabalho. De qualquer forma, essas características são importantes variáveis para a execução adequada de um planejamento instrucional. Imagine que você, como profissional da área de TD&E, tenha de providenciar uma ação educacional para um grupo de mulheres de uma determinada organização. Sem saber que a identificação de características sociodemográficas é uma tarefa importante a ser cumprida, você não atenta para o fato de que este grupo, em sua maioria, é formado por mães.

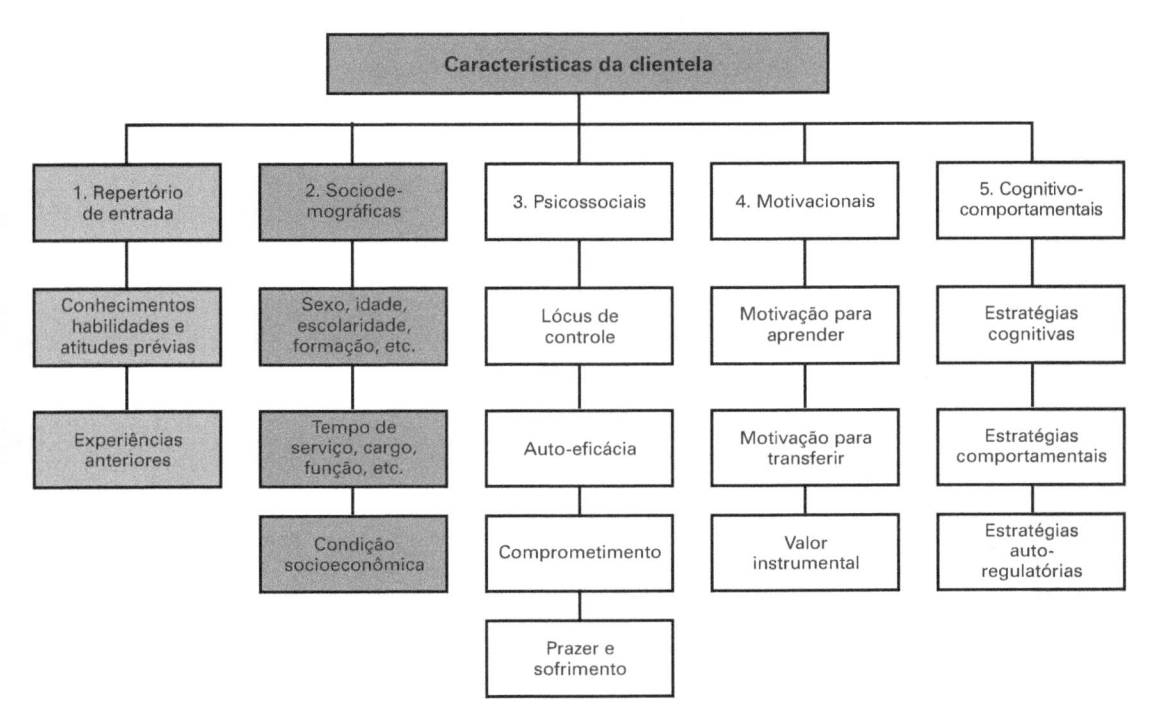

Figura 21.3 Organizador avançado com destaque para características sociodemográficas dos participantes.

Desconhecendo essa informação, mas informado de que os participantes não teriam tempo útil para se envolverem em uma ação educacional durante o expediente, você decide que o programa será executado aos finais de semana.

Acontece, então, que a maioria do grupo não comparece sequer ao primeiro dia do curso. O que poderia então ter ocorrido? Talvez as mulheres que constituem o grupo de participantes, pelo fato de serem mães e terem que ficar com seus filhos nos dias de realização do curso. Sobre quem, então, recairia a responsabilidade dos resultados observados? Logicamente não sobre os participantes, mas sobre o responsável pelo planejamento das ações de TD&E, que não foi capaz de observar certas características do grupo que necessitava da ação educacional. Esse é um dos principais motivos para se levar em consideração, no planejamento das ações de TD&E, algumas características sociodemográficas.

CARACTERÍSTICAS PSICOSSOCIAIS DA CLIENTELA

Indivíduos mais confiantes se beneficiam mais de uma ação de TD&E? A relação entre expectativas, esforços e resultados de ações afeta o sucesso individual em programas de capacitação? Será que, quanto mais uma pessoa se julga responsável pelo próprio sucesso, mais ela é capaz de aplicar novas habilidades e conhecimentos no trabalho? Indivíduos mais comprometidos com a organização são mais bem-sucedidos em programas educacionais? Níveis de prazer e sofrimento no trabalho se relacionam com resultados de uma ação de TD&E? Essas são algumas das questões feitas por estudiosos da área de TD&E que serão tratadas nesta seção (Figura 21.4).

Mais especificamente, as variáveis de auto-eficácia, lócus de controle, comprometimento e prazer e sofrimento no trabalho, bem como suas relações com resultados de TD&E, constituem-se os principais tópicos de discussão sugeridos.

Em relação à auto-eficácia e ao lócus de controle, de forma geral, pode-se dizer que estas são características recorrentes na literatura psicológica estadunidense, que entende que o *self* assume papel central no estabelecimento das relações entre esforços individuais e resultados de eventos quaisquer. Pesquisas mostram, por exemplo, que pessoas que se sentem auto-eficazes aprendem e aplicam mais no trabalho o que aprenderam em treinamentos. Outras revelam que lócus de controle está relacionado com motivação para aprender e com transferência de treinamento.

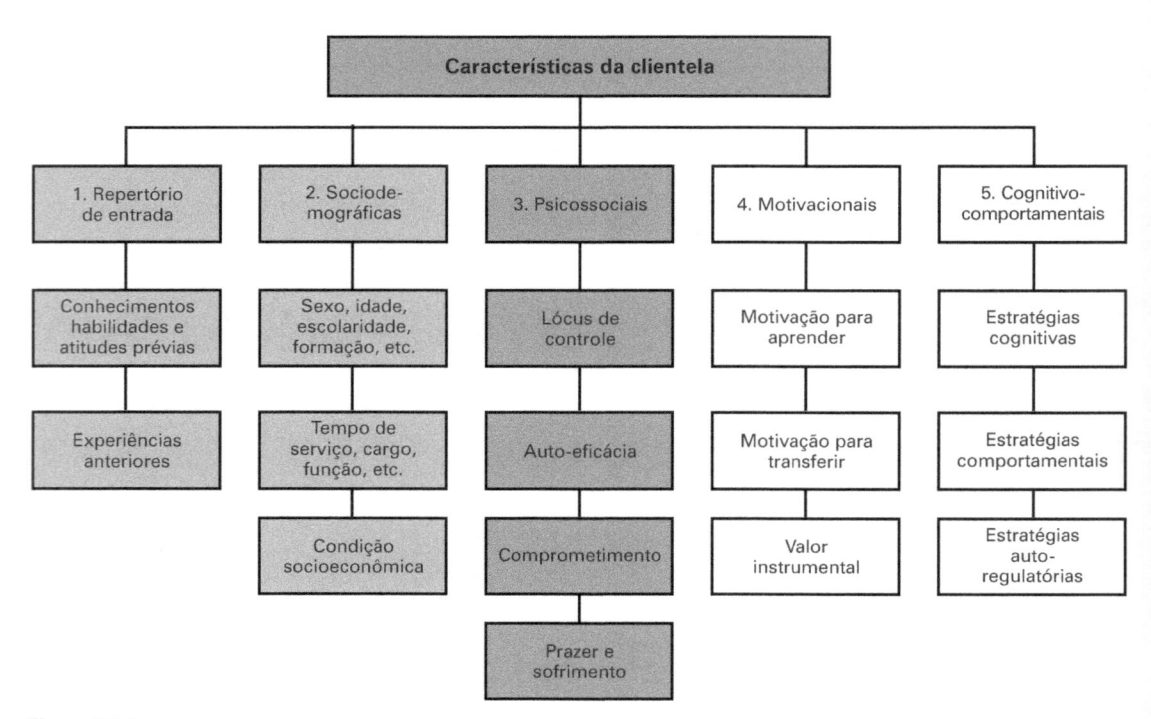

Figura 21.4 Organizador avançado com destaque para características psicossociais dos participantes.

Como conceito derivado da psicologia social cognitiva, *auto-eficácia* vem recebendo atenção crescente de teóricos e pesquisadores do campo da psicologia organizacional. Conforme Schwarzer e colaboradores (1997), se os indivíduos acreditam que podem agir para solucionar determinado problema, então se tornam mais inclinados a fazê-lo, sentindo-se mais comprometidos com tal decisão. Para o autor, constructos auto-referentes têm invadido a pesquisa psicológica em muitos domínios, tornando-se uma variável-chave na área clínica, educacional, do desenvolvimento, da saúde e da personalidade, haja vista sua relação com bem-estar, realização e integração social.

Mais especificamente, a auto-eficácia refere-se às crenças do indivíduo em suas próprias capacidades para mobilizar motivação, recursos cognitivos e cursos de ação necessários ao sucesso das ações em que se engajam. Três aspectos estão envolvidos nesta definição.

- Auto-eficácia pode compreender o desempenho de uma tarefa específica. Nesse caso, em um contexto organizacional, por exemplo, informações concernentes ao indivíduo, às características da tarefa e ao contexto de trabalho podem contribuir para uma avaliação mais precisa do indivíduo acerca de suas próprias capacidades.
- Auto-eficácia envolve julgamentos variáveis ao longo do tempo em função da aquisição sistemática de novas informações e experiências.
- As crenças de auto-eficácia refletem um processo individual complexo, envolvendo a criação e testagem de formas alternativas de comportamentos e de estratégias que requerem esforço perseverante.

Apesar de a definição do constructo em questão ser aparentemente simples, existe certa confusão conceitual na delimitação de auto-eficácia, sendo este comumente considerado sinônimo de constructos correlatos como os de autoconceito e auto-estima. No entanto, esses conceitos já foram delimitados por outros autores, o que permite estabelecer uma diferenciação entre os mesmos. Autoconceito consiste em um conjunto de atitudes e crenças inter-relacionadas que um indivíduo tem a respeito de si próprio, decorrente da maneira como se percebe (Lummertz e Baggio, 1986). Já auto-estima refere-se a uma atitude valorativa (Oliveira, 1994) com ênfase na satisfação ou insatisfação do indivíduo consigo mesmo. Neste sentido, auto-eficácia é um aspecto do autoconceito, diferenciando-se de auto-estima, uma vez que envolve basicamente processos de natureza cognitiva e não é inerentemente avaliativo.

Mesmo frente aos tênues limites conceituais, o conceito de auto-eficácia vem assumindo grande importância em situações de TD&E à medida que está associado a melhores resultados de aprendizagem e desempenho pós-treinamento. De acordo com revisão realizada por Borges-Andrade (1997), inúmeras pesquisas apontam para auto-eficácia como importante variável explicativa de sucesso dos participantes em programas de TD&E de diferentes domínios e atividades. Para Cervone e Scott (1995), o detalhamento dos mecanismos pelos quais as percepções de auto-eficácia afetam resultados comportamentais evitaria a presença de modelos desconhecidos de desempenho humano, em que permanecem incógnitos processos que ligam cognições a realizações.

Outra característica também enfatizada nas últimas décadas, ainda relativa às percepções individuais sobre a capacidade de exercer controle sobre atitudes, comportamentos e outros eventos, refere-se ao lócus de controle. Ao reconhecê-la como variável estudada em uma grande variedade de contextos, Spector (1988) a define como expectativas individuais generalizadas de que recompensas, reforços ou resultados de ações pessoais sejam controlados por fontes externas ao indivíduo (sorte, outros poderosos) ou por ele próprio (fonte interna). Em outras palavras, o conceito pode ser definido pela forma com que os indivíduos delegam a responsabilidade pelo sucesso ou fracasso de suas ações. Essa responsabilidade pode ser atribuída ao próprio indivíduo (lócus interno) ou a outras fontes de controle (lócus externo), como sorte, outros poderosos, Deus, etc.

Na área de TD&E, a compreensão das fontes de controle das atividades humanas pode possibilitar um manejo adequado das contingências ambientais para que os efeitos de treinamentos sobre o desempenho individual e organizacional sejam otimizados. Apesar disso, diferentemente da posição de destaque ocupada pelo conceito de auto-eficácia na literatura especializada em TD&E, conforme revisão de Abbad, Pilati e Pantoja (2003), lócus de controle tem sido pouco estudado por pesquisadores na área de avaliação de treinamento. Segundo os autores, no Brasil, até o ano de 2000, não foram encontrados estudos relacionando lócus de controle com resultados de ações educacionais. Dos nove estudos analisados, nenhum se interessou em estudar o relacionamento entre lócus e resultados de ações de TD&E.

Apesar da pouca atenção dispensada ao constructo nos últimos anos, essa característica assume papel importante na medida em que parece contribuir, por exemplo, para a explicação de aprendizagem e transferência de treinamento. Colquitt e colaboradores (2000), por exemplo, ao apresentarem os resultados de uma metanálise, encontraram uma forte relação entre lócus de controle e motivação para aprendizagem, indicando que pessoas com tendência à internalidade apresentam níveis elevados de motivação. Por outro lado, lócus de controle também esteve moderadamente relacionado com conhecimento declarativo e transferência, com efeitos opostos, de modo que pessoas com lócus externo aprenderam mais e tiveram níveis mais altos de transferência do que indivíduos internos.

De forma geral, na área de TD&E, observa-se que tanto auto-eficácia como lócus de controle, apesar deste último não ter recebido tanta atenção como o primeiro, constituem-se em importantes variáveis, na medida em que se relacionam com efeitos de programas instrucionais. Vale novamente frisar que o reconhecimento destes tipos de características não deve ser usado com a finalidade de seleção dos indivíduos mais propensos a se beneficiarem de ações educacionais. Pelo contrário, a identificação dos níveis de auto-eficácia ou das fontes de controle dos eventos de que participam os indivíduos deve resultar na adoção de meios e estratégias de ensino que auxiliem os participantes de uma ação de TD&E a enfrentarem, na aplicação dos novos conhecimentos e habilidades adquiridos, as adversidades do contexto de seus trabalhos.

Quanto à variável comprometimento, pode-se afirmar que, apesar da grande atenção despendida por pesquisadores do campo do comportamento organizacional, ainda são poucos os estudos que buscam relacioná-lo com resultados de ações de TD&E. Mesmo com denominações diversificadas, segundo Bastos e Costa (2001), o comprometimento no trabalho sempre foi considerado um antecedente do bom desempenho individual. Para Oliveira, Borges-Andrade e Lima (1999), apesar dos inúmeros significados do termo comprometimento, existe uma noção comum de que o termo se refere a um *sentido de apego a uma organização de trabalho*. Na literatura especializada nas relações entre indivíduos e empresas, conforme os autores mencionados, impera a compreensão do conceito como atitude composta pelas dimensões afetiva, cognitiva e comportamental.

Entre essas três dimensões, o enfoque afetivo é a mais comum forma de definição do comprometimento organizacional, de forma que grande parte dos estudos tem adotado uma definição que concebe o comprometimento como um conceito afetivo/atitudinal, no qual o vínculo decorre da internalização de objetivos e valores da organização na qual o indivíduo se encontra inserido. Apesar de o foco do comprometimento geralmente recair sobre a esfera de vida do trabalho, alguns instrumentos já foram elaborados para avaliar os vínculos dos indivíduos também com a carreira e o sindicato, por exemplo (Pilati, 2004). Além dos diversos focos (organização, carreira e sindicato), o conceito ainda busca especificar o tipo de vínculo, denominado de base do comprometimento, do indivíduo com o foco em análise. Para Bastos (1994), as bases mais comuns são as seguintes:

- Comprometimento afetivo: identificação e envolvimento com a organização.
- Comprometimento calculativo: avaliação de investimentos e de recompensas.
- Comprometimento sociológico: relação de autoridade e de subordinação.
- Comprometimento normativo: internalização de pressões de comportamento.
- Comprometimento comportamental: manutenção de determinadas condutas e de consistência entre elas e certas crenças.

Em concordância com Pilati (2004), apesar das possibilidades de mensuração do conceito decorrentes dos múltiplos focos e bases existentes, algumas pesquisas, por exemplo, parecem apontar a necessidade de que o comprometimento seja entendido como uma atitude geral em relação à organização, avaliada pelas reações afetiva e avaliativa. De modo similar, Bastos (1994), a partir de em uma análise conceitual do constructo em foco, propõe que o comprometimento seja compreendido como uma atitude do indivíduo frente aos múltiplos focos da avaliação.

Apesar de o comprometimento ter sido objeto de estudo de inúmeras pesquisas, conforme Pilati (2004), ainda são poucas as pesquisas que buscam relacioná-lo aos efeitos de ações de TD&E. Exemplos destas pesquisas podem ser encontrados nos trabalhos realizados por Rodrigues (2000) e Cheng e Ho (2001), nos quais o comprometimento foi capaz de predizer resultados, o nível individual, de ações educacionais.

Por fim, prazer e sofrimento psíquico no trabalho, apesar de terem despertado pouco interesse de pesquisadores da área de TD&E, podem ainda vir a tornar-se importantes variáveis em modelos explicativos de efeitos de ações educacionais. Quanto maior o investimento em ações de TD&E, mais as organizações passam a pressionar os participantes por melhores desempenhos no trabalho. Desta forma, a participação em programas educacionais pode, ao mesmo tempo, contribuir para que os participantes alcancem mais facilmente resultados determinados pela organização, minimizando assim seu sofrimento, como também ampliar sua visão acerca do próprio trabalho e da organização, gerando, portanto, maior sofrimento (Mota e Borges-Andrade, 2003).

Mais especificamente, prazer e sofrimento, variável estudada pela psicodinâmica do trabalho desde a década de 1980, é um dos objetos de estudo de pesquisas empíricas embasadas em um referencial psicanalítico que visa explicar a dinâmica, em sua maior parte inconsciente, da relação indivíduo-trabalho-organização. Segundo Mota e Borges-Andrade (2003), esta relação pode desencadear sofrimento quando existe um conflito entre a organização do trabalho e o funcionamento psíquico, de forma que surge então uma sensação de desprazer e de tensão. No entanto, a relação enunciada pode gerar prazer, seja pela transformação, pelo indivíduo, de seu sofrimento, seja pela própria relação do indivíduo com o trabalho. De uma forma ou de outra, desde que o indivíduo tenha certa possibilidade de escolha e que a organização do trabalho lhe permita determinado grau de liberdade, prazer ou sofrimento podem ser gerados.

Sob a ótica da ergonomia, o sofrimento pode ser concebido como uma vivência de experiências dolorosas intensas e duradouras decorrentes dos conflitos entre as necessidades individuais de gratificação e os limites impostos pelas situações de trabalho para satisfazê-las. Já o prazer, constituído por vivências intensas e duradouras de satisfação em que a necessidade de gratificação individual se alinha com as possibilidades de recompensa das situações de trabalho. Enquanto a primeira vivência se manifesta sob a forma de sintomas como a ansiedade, a insatisfação, a indignidade, a inutilidade, entre outros, o segundo, o prazer, manifesta-se por meio da realização, da satisfação no trabalho e da liberdade, por exemplo.

Apesar de consideravelmente relevante, como mencionado, muito pouco se sabe ainda sobre a relação entre prazer e sofrimento no trabalho com efeitos de ações educacionais. Em um estudo desta natureza, conduzido por Mota e Borges-Andrade (2003), conclui-se que a ação de TD&E não foi capaz de gerar, isoladamente, efeitos nos indicadores de prazer e sofrimento. Apesar disso, os autores ressaltam que esses indicadores foram capazes de predizer reações à ação educacional, percepção de suporte e impacto do treinamento no trabalho. Participantes que se sentiam mais reconhecidos e valorizados (indicadores de prazer) reagiram mais positivamente aos cursos, relataram maior impacto das ações em seus desempenhos no trabalho e, ainda, melhores percepções de suporte à transferência, do que aqueles que manifestaram maior desgosto (indicadores de sofrimento).

Como observado no decorrer desta seção, são muitas as características psicossociais que têm, de certa maneira, despertado a atenção de pesquisadores da área de TD&E. Apesar disso, as pesquisas, em sua maioria, têm apontado para relações pequenas, mesmo que relevantes, entre tais características e resultados de ações educacionais. Isso, contudo, não significa que as características desta natureza não sejam pertinentes no estudo dos efeitos de ações de TD&E, mas, sim, que outras variáveis, como aquelas concernentes ao contexto organizacional (suporte à transferência, por exemplo), sejam melhoras preditoras desses efeitos.

CARACTERÍSTICAS MOTIVACIONAIS DA CLIENTELA

A motivação é um fator que predispõe e impulsiona as pessoas a fazerem algo e isso acontece em vários aspectos da vida. Na área de TD&E, a motivação influencia os processos de aquisição, retenção e transferência da aprendizagem ao trabalho. Como definir então as motivações que levam as pessoas a participarem de um programa de TD&E? Seria o esforço para participar do curso? O interesse em aplicar os novos conhecimentos no trabalho? Ou os ganhos pessoais e profissionais que podem ser obtidos de uma capacitação? Nesta parte, são discutidas algumas variáveis motivacionais relevantes em situações de TD&E, mais especificamente nos processos de aprendizagem e transferência de aprendizagem (Figura 21.5).

A motivação para aprender é definida por Tannenbaum e Yukl (1992) como a direção, a intensidade e a persistência do esforço despendido pelo participante em atividades de aprendizagem antes, durante e após o programa de TD&E. Já motivação para transferir é definida por Warr, Allan e Birdi (1999) como a extensão na qual os indivíduos estão motivados para aplicar em seu trabalho o conteúdo que aprenderam no programa de TD&E.

Foi comprovado, em estudos recentes, que a motivação dos participantes para aprender e participar de programas de TD&E afeta a aquisição e a retenção de conhecimentos, assim como sua intenção em transferir as novas habilidades para o trabalho. Participantes que possuem maior motivação pré-treinamento demonstram maior aprendizagem e reações mais positivas frente a situações de TD&E e participantes que tiveram suas expectativas e desejos pré-treinamento atendidos desenvolvem maior comprometimento pós-treinamento, auto-eficácia e motivação.

A motivação para participar de um programa de TD&E é influenciada tanto por características individuais (auto-eficácia, habilidades cognitivas, ansiedade, entre outras) como situacionais (clima para transferência). Características individuais e situacionais podem ser fatores críticos antes do treinamento (em relação à motivação para aprender), durante o treinamento (em relação aos níveis de apren-

```
                    Características da clientela
     ┌──────────┬──────────┬──────────┬──────────┐
1. Repertório  2. Sociode-  3. Psicossociais  4. Motivacionais  5. Cognitivo-
de entrada     mográficas                                       comportamentais
```

- **1. Repertório de entrada**
  - Conhecimentos habilidades e atitudes prévias
  - Experiências anteriores

- **2. Sociodemográficas**
  - Sexo, idade, escolaridade, formação, etc.
  - Tempo de serviço, cargo, função, etc.
  - Condição socioeconômica

- **3. Psicossociais**
  - Lócus de controle
  - Auto-eficácia
  - Comprometimento
  - Prazer e sofrimento

- **4. Motivacionais**
  - Motivação para aprender
  - Motivação para transferir
  - Valor instrumental

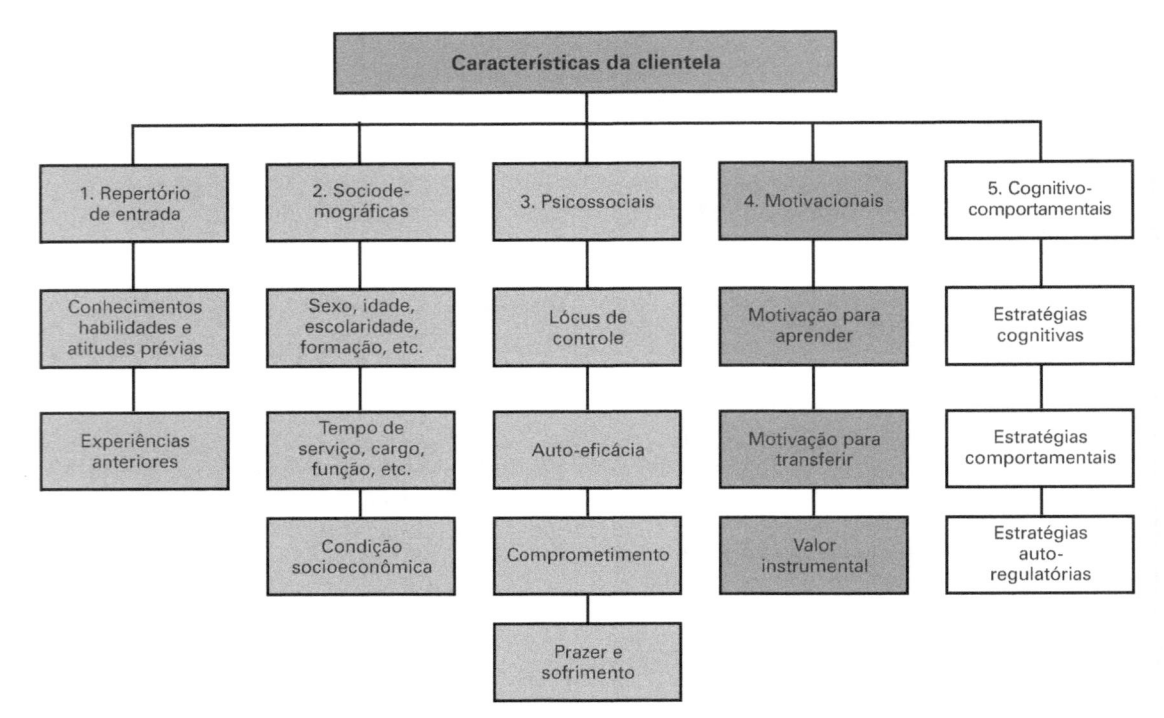

- **5. Cognitivo-comportamentais**
  - Estratégias cognitivas
  - Estratégias comportamentais
  - Estratégias auto-regulatórias

Figura 21.5 Organizador avançado com destaque para características motivacionais dos participantes.

dizagem) e depois do treinamento (em relação à transferência e desempenho no trabalho). Isso significa que os profissionais que possuem alta motivação pré-treinamento podem demonstrar maior aprendizagem e melhores reações positivas em relação ao curso de que participaram.

Abbad, Pilati e Pantoja (2003, p.9) observaram que "as pesquisas brasileiras e estrangeiras sobre características individuais, de forma geral, indicaram ainda que motivação para o treinamento está relacionada com os três níveis individuais de avaliação". Esses autores também observaram que as variáveis motivacionais mostraram-se mais fortes preditoras de sucesso individual em treinamento do que capacidades cognitivas e características demográficas da clientela, na amostra de artigos estrangeiros.

Os conceitos de motivação para aprender e de motivação para transferir limitam-se a investigar o interesse geral da pessoa em relação ao curso. Já a teoria de expectância de Vroom (1964) baseia a idéia de que o programa de TD&E tem um valor peculiar para cada pessoa porque pode possibilitar o alcance de resultados variados, como melhorar seu desempenho relacionado às tarefas do cargo em que trabalha, elevar suas chances de ascensão na carreira, aumentar sua empregabilidade ou melhorar o relacionamento com o chefe. Dessa maneira, o indivíduo formula expectativas cognitivas a respeito de efeitos decorrentes de seus próprios comportamentos e do valor relativo que atribui a cada um desses efeitos. Esta é uma teoria motivacional de processo que busca predizer comportamentos de escolha e sugere que a motivação de uma pessoa para tomar uma decisão é função dessas três variáveis: valência, instrumentalidade e expectância.

A *valência* é definida como o quanto um indivíduo deseja uma recompensa ou uma escolha em relação a um resultado particular. É o nível de satisfação que a pessoa espera receber da recompensa. De acordo com Régis (2000, p.36), a *valência* enfoca a relação recompensas *versus* metas pessoais. "Ela expressa o montante do desejo de se atingir um objetivo pessoal que pode ser um aumento salarial, uma promoção, um reconhecimento, um trabalho de melhor qualidade, etc. A *valência* de uma recompensa é única para cada indivíduo, estando condicionada às suas experiências e pode variar substancialmente durante um período de tempo, uma vez que, quando necessidades antigas são satisfeitas, outras novas emergirão".

A *expectância* se refere à estimativa de que o esforço individual resultará em um desempenho bem-sucedido ou a chance de que esse desempenho produza o resultado esperado. Para Régis (2000, p.38-39) "a *expectância* tem seu foco sobre a relação esforço *versus* desempenho", ou seja, "é a crença de que um certo nível de esforço relacionado ao trabalho resultará em um correspondente nível de desempenho".

A *instrumentalidade* diz respeito à probabilidade de que determinado desempenho seja um caminho adequado para chegar a uma recompensa ou a um resultado desejado pelo indivíduo. Conforme salientado por Régis (2000, p.37) "a instrumentalidade tem seu foco sobre a relação desempenho *versus* recompensa" e "representa a crença do indivíduo de que uma recompensa será recebida em função do desempenho. Espera-se, portanto, que as pessoas façam um julgamento subjetivo a respeito da probabilidade de que a organização valorize o desempenho e forneça recompensas com base no desempenho". Esse autor também salienta que o desempenho pode estar relacionado, por exemplo, ao envolvimento com um programa de treinamento, e não necessariamente a resultados relativos às suas tarefas no trabalho.

Uma importante implicação prática da teoria de expectância diz respeito à atribuição de conseqüências, pelos indivíduos, à participação em programas de TD&E por eles valorizados. Desta maneira, é importante apresentar aos participantes o valor dos programas instrucionais (que ganhos se pode obter deles) para que estes se sintam motivados a participar dos programas de treinamento. Programas que não estejam relacionados a resultados futuros, almejados pela pessoa, poderão não alcançar seus objetivos.

Na literatura especializada, há poucos investimentos na produção de instrumentos para o constructo de valor instrumental do treinamento. Em um destes estudos, por exemplo, Lacerda (2003), após construção e validação de uma escala, verificou que valor instrumental do treinamento contribuiu significativamente com explicação da variabilidade das respostas dos participantes à auto-avaliação de impacto do treinamento no trabalho. Os resultados da pesquisa demonstraram, portanto, que os participantes que atribuíam maior valor instrumental (crença de obter recompensas úteis e valorizadas) aos programas de TD&E eram também os que apresentavam maior impacto do treinamento no trabalho, isto é, aplicavam mais as novas aprendizagens no trabalho do que os demais.

Por essas razões, é importante que sejam identificados os interesses individuais, as aspirações profissionais e expectativas dos participantes de ações educacionais, a fim de que essas informações (que podem ser geridas por um banco de talentos, por exemplo) sejam utilizadas no desenho de programas instrucionais e de gestão de carreiras. Em síntese, é preciso adequar os programas educacionais ao perfil motivacional de suas clientelas, de modo a conferir instrumentalidade e aumentar a valência às ações de treinamento. Um exemplo dessa valorização das diferenças individuais é a noção de trilhas de aprendizagem adotada por um banco estatal brasileiro, que toma como referência não só as expectativas da organização (competências avaliadas em comportamentos observáveis), mas também as conveniências, necessidades, desempenhos e aspirações das pessoas. Cada trilha contém, além de cursos formais, outras soluções de aprendizagem (viagens de estudo, reuniões de trabalho, livros, revistas, vídeos, *sites* na internet, *e-groups*, etc.), o que possibilita a cada profissional construir o seu próprio caminho.

CARACTERÍSTICAS COGNITIVO-COMPORTAMENTAIS DA CLIENTELA

Os pesquisadores dessa área supõem que a compreensão de características cognitivo-comportamentais possibilita aos profissionais de desenho instrucional realizar escolhas eficazes e de estratégias, meios e procedimentos instrucionais mais adequados às necessidades e perfil da clientela de treinamentos. O interesse por esse tipo de variável vem crescendo, principalmente entre os interessados em desenvolver oportunidades de educação corporativa a distância a adultos trabalhadores. A criação de universidades e escolas corporativas, a disseminação da cultura de educação aberta e continuada, bem como o uso de novas tecnologias da informação e comunicação em TD&E vêm tornando a análise dessas características cada vez mais importante e imprescindível, principalmente pelos altos índices de evasão observados neste contexto. Esta seção trata, assim, da relevância do reconhecimento de algumas características cognitivo-comportamentais para o processo de planejamento instrucional (Figura 21.6).

A análise dos hábitos de estudo, de estratégias e estilos de aprendizagem, nessas situações, é fundamental para que o desenho da ação educacional e sua entrega sejam efetivos. Pequenos erros podem ser fatais nesse contexto. Os altos índices de evasão em treinamentos a distância parecem estar associados ao desconhecimento do perfil da clientela e do seu contexto de estudo durante a avaliação de necessidades de TD&E. Nesses casos, o desenho instrucional é feito sem considerar eventuais barreiras pessoais enfrentadas pelo treinando para realizar o curso, conciliando-o com outras atividades cotidianas.

A criação de treinamentos presenciais e a distância, adaptados ao perfil da clientela, desta maneira, depende da análise dos seus hábitos de estudos, preferências e estratégias de aprendizagem, antes da confecção do desenho do treinamento. Em programas de TD&E a distância, bem como presenciais, é fundamental o estudo de *estratégias de aprendizagem*.

```
                    ┌─────────────────────────────┐
                    │ Características da clientela │
                    └─────────────────────────────┘
```

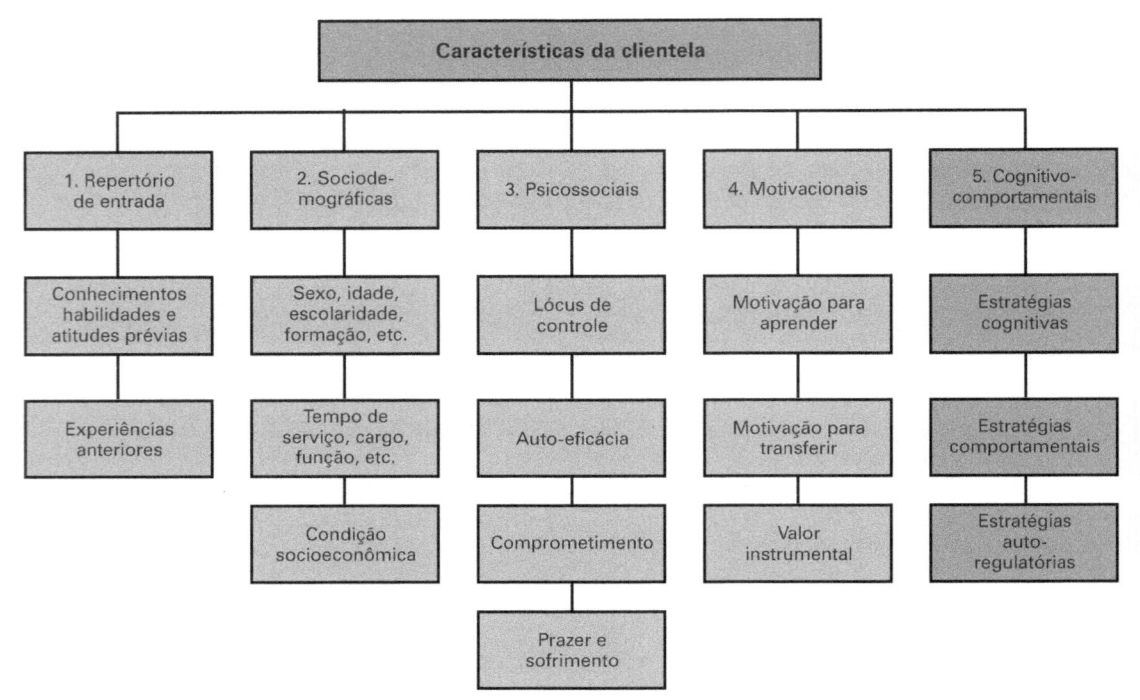

Figura 21.6 Organizador avançado com destaque para características cognitivo-comportamentais dos participantes.

Nível 1: 1. Repertório de entrada | 2. Sociodemográficas | 3. Psicossociais | 4. Motivacionais | 5. Cognitivo-comportamentais

- 1. Repertório de entrada: Conhecimentos habilidades e atitudes prévias; Experiências anteriores
- 2. Sociodemográficas: Sexo, idade, escolaridade, formação, etc.; Tempo de serviço, cargo, função, etc.; Condição socioeconômica
- 3. Psicossociais: Lócus de controle; Auto-eficácia; Comprometimento; Prazer e sofrimento
- 4. Motivacionais: Motivação para aprender; Motivação para transferir; Valor instrumental
- 5. Cognitivo-comportamentais: Estratégias cognitivas; Estratégias comportamentais; Estratégias auto-regulatórias

No caso de cursos a distância, as características individuais podem ter maior influência nos efeitos da ação educacional, por se tratar de uma aprendizagem que depende muito mais do esforço do próprio indivíduo (autogerenciamento da aprendizagem), do que dos recursos instrucionais em si. O indivíduo provavelmente utilizará estratégias distintas das usadas em cursos presenciais em função dos novos procedimentos instrucionais específicos de treinamentos baseados na *web* (*TBWs*), como, por exemplo, *chats*, listas de discussão, fóruns virtuais e interativos e troca de *e-mails*. Além disso, o indivíduo pode precisar desenvolver novas maneiras de esclarecer suas dúvidas, tais como buscar ajuda na comunidade virtual de aprendizagem e na tutoria em vez de perguntar para o "colega ao lado" e para o professor em sala de aula, como ocorre em ensinos presenciais.

O estudo das *estratégias de aprendizagem* também pode ser útil para auxiliar o planejamento instrucional de cursos a distância ao verificar as estratégias e estilos mais utilizados pelos indivíduos, bem como ao analisar para quais pessoas são mais adequados determinados procedimentos oferecidos. Com essas informações, é possível aperfeiçoar a eficiência do uso das ferramentas oferecidas em curso via *web*. Em cursos presenciais, o estudo de estratégias de aprendizagem também se torna fundamental, já que facilita a escolha de meios e estratégias de ensino mais adequados aos interesses dos participantes.

É importante diferenciar alguns conceitos antes de analisar as estratégias de aprendizagem existentes e suas pesquisas. Segundo Warr e Allan (1998), existem três conceitos que eventualmente podem gerar dúvidas: habilidades/hábitos de estudo, estilos de aprendizagem e estratégias de aprendizagem. A seguir, são apresentadas as definições propostas por esses autores para cada um desses conceitos.

Hábitos de estudo envolvem os procedimentos utilizados pelo aluno para integrar os melhores aspectos contextuais e maneiras de estudo com o objetivo de melhorar a aquisição e retenção da aprendizagem. Exemplo de hábitos de estudo são: habilidades de leitura, gerenciamento do tempo, uso efetivo de biblioteca, procedimentos de revisão, fazer anotações, entre outros.

Estilos de aprendizagem são as preferências do estudante referentes aos aspectos contextuais e as maneiras de estudar. Compreendem a preferência dos indivíduos por determinadas estratégias de aprendizagem e por aspectos do contexto em que esta ocorre. Eis exemplos de estilos de aprendizagem: nível de ruído e temperatura do ambiente ao estudar, horário de preferência de estudo, forma de estudo (individual, em grupo), maneira de adquirir e processar as informações (pedir ajuda a colegas, consultar o material).

Estratégias de aprendizagem são procedimentos utilizados pelos indivíduos para tornar a aprendizagem bem-sucedida. As estratégias variam mais do que os estilos, já que podem ter a influência das preferências mais gerais do indivíduo. Além disso, os autores dizem que as estratégias podem ser modificadas em treinamento com o intuito de aumentar a efetividade da aprendizagem em uma atividade ou ambiente específico. Isso significa que não existem estratégias melhores, mas sim estratégias mais adequadas ao tipo de atividade a ser aprendida.

Os autores atribuem a mesma importância para o estudo de estilos e estratégias de aprendizagem, já que informações sobre as preferências do indivíduo podem ser úteis para adaptar os procedimentos utilizados no evento instrucional. Por outro lado, informações sobre estratégias utilizadas podem identificar pontos a serem trabalhados no indivíduo para melhorar seu aproveitamento durante o curso, sem necessariamente modificar os procedimentos.

Segundo Pantoja (2004), *estratégias de aprendizagem* são atividades de processamento de informação que facilitam a aprendizagem em suas diferentes etapas de classificação, organização, conexão com o material previamente armazenado na memória, armazenamento, recuperação e uso de novas informações e conhecimentos.

Zerbini (2003) define *estratégias de aprendizagem* como as capacidades cognitivas complexas aprendidas pelo indivíduo ao longo da vida, as quais envolvem capacidades cognitivas e habilidades comportamentais utilizadas pelo aprendiz para controlar os próprios processos psicológicos de aprendizagem, como atenção, aquisição, memorização e transferência.

Warr e Allan (1998) propuseram uma taxonomia de estratégias de aprendizagem para treinamento profissional em adultos (Figura 21.7), já que atividades de diferentes naturezas e complexidades exigem diferentes estratégias de aprendizagem. Segundo os autores supracitados, existem duas categorias principais de estratégias de aprendizagem: estratégias primárias e auto-regulatórias. As primeiras referem-se ao processo de aprendizagem de seleção, armazenamento e recuperação de informações; são também chamadas de estratégias cognitivas. Estratégias auto-regulatórias compreendem a motivação do indivíduo em aprender, o gerenciamento de esforços e de progresso durante a aprendizagem e o controle de ansiedade diante de determinadas situações. Essas estratégias também são conhecidas como estratégias de suporte, afetivas ou de gerenciamento de recursos.

Estratégias de aprendizagem cognitivas são compostas pelas estratégias:

* *Repetição:* repetição mental da informação na forma em que foi apresentada.
* *Organização:* identificação de idéias centrais do material e criação de esquemas mentais que agrupam e relacionam elementos que foram aprendidos.
* *Elaboração:* reflexão sobre implicações e conexões possíveis entre o material aprendido e o conhecimento já existente.

Estratégias de aprendizagem comportamentais agrupam as estratégias:

* *Busca de ajuda interpessoal:* obtenção de auxílio de outras pessoas, como pares e professores, para tirar dúvidas sobre o material. Representa um com-

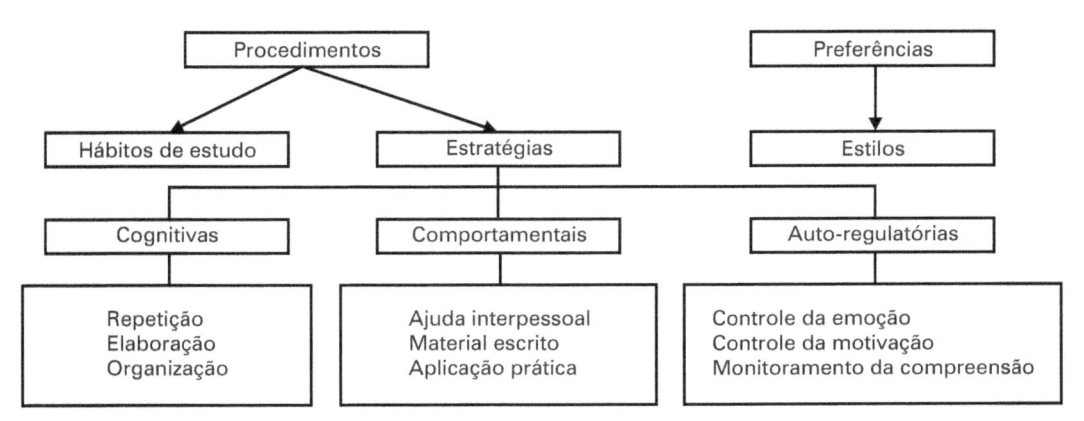

Figura 21.7 Taxonomia de estratégias de aprendizagem proposta por Warr e Allan (1998).

portamento proativo do indivíduo de solicitar ajuda, em vez de utilizar apenas as constantes informações do próprio procedimento instrucional.
* *Busca de ajuda no material escrito:* obtenção de informações em documentos escritos, manuais de instruções, programas de computador e outras fontes que não envolvam contato social.
* *Aplicação prática:* aprimoramento do conhecimento por meio de aplicação prática do que foi aprendido.

Estratégias auto-regulatórias são formadas pelas estratégias:

* *Controle da emoção:* controle da ansiedade e prevenção de dispersões de concentração, causadas por sentimentos de ansiedade.
* *Controle da motivação:* controlar a motivação e a atenção, apesar de existência de um interesse limitado na tarefa a ser aprendida.
* *Monitoramento da compreensão:* avaliação do processo de aquisição de aprendizagem e modificação do comportamento do indivíduo quando necessário.

Apesar de bem-estruturada, a proposta dos autores não pode ser entendida como uma taxonomia, mas sim como um sistema de classificação de tipos de estratégias diferentes. O conceito de taxonomia implica necessariamente uma classificação e hierarquização, ou seja, os níveis devem apresentar seqüência e cumulatividade. Os níveis propostos por Warr e Allan (1998) não apresentam hierarquização, pois o aluno não precisa necessariamente utilizar o procedimento de repetição mental do material em si para elaborar idéias posteriormente, nem pedir ajuda a outras pessoas para ser possível aplicar o conhecimento na prática, e, por fim, o indivíduo pode ser capaz de monitorar seu processo de aprendizagem sem, no entanto, precisar controlar a emoção e a ansiedade. Este fato, porém, não influencia a qualidade e o mérito do trabalho desenvolvido pelos referidos autores.

Pilati (2004) estudou um conceito similar ao de estratégias de aprendizagem, denominado estratégias para aplicação no trabalho do aprendido em treinamento. Segundo o autor, esse conceito está relacionado ao papel exercido pelo participante no ambiente de trabalho pós-treinamento. A proposta conceitual de estratégias de aplicação no trabalho do aprendido em treinamento, realizada por tais autores, parte do princípio de que as pessoas desenvolvem estratégias de aplicação independentemente de uma capacitação formal para isso. Os autores construíram e validaram uma medida com 19 itens para mensuração das estratégias para aplicação e chegaram a excelentes índices de confiabilidade.

Existem poucos relatos de pesquisa que relacionam estratégias de aprendizagem e estratégias para aplicação no trabalho para o aprendido e resultados de treinamentos. Zerbini (2003), após a construção e validação da escala de estratégias de aprendizagem, analisou o relacionamento entre as variáveis preditoras referentes às características da clientela (estratégias de aprendizagem) e a variável-critério impacto do treinamento no trabalho. De forma sintética, alcançaram índices maiores de impacto do treinamento aqueles participantes que relataram utilizar com maior freqüência as estratégias de elaboração e aplicação prática dos conteúdos do curso. O fato de a variável "busca de ajuda interpessoal" não ter entrado como variável explicativa de impacto do treinamento pode ter sido gerado em função da baixa freqüência de uso pelos participantes dos recursos instrucionais de interação oferecidos pelo curso avaliado. O fato de a variável "repetição, organização e ajuda do material" também não ter contribuído para a explicação da variável-critério, deve-se, provavelmente, à ausência de atribuições de notas às avaliações de aprendizagem. Provavelmente, os itens incluídos nessa escala são mais utilizados quando as atividades a serem realizadas necessitam de retenção de informações.

Rocklin, O'Donnel, Dansereau, Lambiotte, Hythecker e Larson (1985) descreveram o desenvolvimento de um treinamento que agrupou duas potentes tecnologias de treinamento (instrução baseada no computador e aprendizagem cooperativa). Este treinamento foi denominado aprendizagem cooperativa auxiliada por computador (ACAC) e tem o objetivo de facilitar a aquisição e a aplicação de informações técnicas por meio de estratégias de aprendizagem apropriadas. As seis estratégias envolvidas foram: preparar um ambiente apropriado para aprendizagem, realizar leitura para entendimento geral, recordar o material aprendido, detectar erros e omissões, realizar elaborações para recordar o conteúdo mais facilmente, revisar.

Foram avaliados 89 estudantes de disciplinas introdutórias de um curso de psicologia, os quais participaram de três sessões de duas horas cada. Os estudantes que usaram o ACAC relembraram mais conteúdo do material do que aqueles que não usaram o sistema. Os autores concluíram que o ACAC é uma promissora tecnologia para o desenvolvimento de estratégias de aprendizagem adequadas para o bom aproveitamento do curso. As estratégias propostas por Rocklin e colaboradores (1985) podem ser comparadas às estratégias cognitivas apresentadas nos estudos de Warr e Allan (1998) e Zerbini (2003), com exceção de "preparar um ambiente apropriado para aprendizagem", que, segundo as definições desenvolvidas por Warr e Allan (1998), deve ser considerado como sendo *hábitos de estudo* do indivíduo, os quais envolvem os procedimentos utilizados pelo aluno para integrar os melhores aspectos contextuais e maneiras de estudo com o objetivo de melhorar a aquisição e retenção da aprendizagem.

Pilati (2004) estudou o relacionamento de algumas características da clientela, entre elas, estratégias de aplicação no trabalho, com indicadores de efetividade de treinamento no trabalho. O autor concluiu que, no trabalho, ações de TD&E são mais efetivas entre as pessoas capazes de transformar seu ambiente para torná-lo mais "suportivo". Os resultados encontrados pelo autor corroboram estudos da linha de pesquisa de estratégias para aumento de transferência, relacionada aos estudos clínicos sobre estratégias para prevenir recaídas, entre adictos de drogas.

Há muito que se estudar em relação às estratégias de aprendizagem e estratégias de aplicação no trabalho e suas influências em resultados de treinamento. Entretanto, é fundamental o estudo de tais variáveis para aperfeiçoar o planejamento instrucional de ações educacionais presenciais e a distância, visando facilitar o processo de aprendizagem e transferência de aprendizagem dos participantes. A inclusão de organizadores gráficos avançados, esquemas, figuras e outros recursos em materiais instrucionais pode aumentar a eficácia de ações de TD&E, desde que o profissional da área conheça o perfil da clientela quanto aos seus hábitos, preferências e estratégias de aprendizagem. Soluções educacionais personalizadas e mediadas por novas tecnologias da informação e comunicação e inteligência artificial começam a se configurar como uma realidade cada vez mais próxima de alguns privilegiados. A qualidade e a eficácia desse tipo de ação personalizada, entretanto, dependem da realização de pesquisas sistemáticas para identificação dos diferentes perfis de clientelas das ações de TD&E.

ESTRATÉGIAS DE COLETA, ANÁLISE E DEVOLUÇÃO DE INFORMAÇÕES DA CLIENTELA

Nesta seção, serão apresentadas algumas estratégias de coleta, análise e devolução de resultados de processos de levantamento de características da clientela de ações de TD&E. Mais uma vez, vale lembrar que, seja qual for a característica enfocada, cabe ao avaliador evitar, a todo o custo, que essas informações sejam utilizadas inadequadamente em processos de tomada de decisão sobre a seleção de participantes de ações educacionais.

Em relação aos procedimentos de coleta de dados, do ponto de vista metodológico, os estudos e as pesquisas, em sua maioria, têm optado pela abordagem quantitativa e pela técnica de coleta de dados por questionários. Tal decisão, entretanto, envolve um profundo conhecimento prévio da característica a ser pesquisada, de forma que o instrumento necessário seja realmente capaz de contemplar as facetas do constructo pertinentes ao cumprimento dos objetivos propostos pelo estudo. Nesse contexto, geralmente, os itens que compõem os instrumentos elaborados são associados a escalas do tipo Likert, com pontuações variando entre 5 e 11 pontos. A exceção, entre as características abordadas nas seções anteriores, fica a cargo da variável prazer e sofrimento no trabalho que, devido à sua natureza, bem como à origem do referencial que a embasa, costuma ser tratada pela abordagem qualitativa, por meio de entrevistas semi-estruturadas coletivas e individuais. No entanto, mesmo nesse caso, com menor freqüência, a abordagem quantitativa também é utilizada.

Sobre o delineamento da coleta de dados propriamente dita, é preciso, antes de qualquer coisa, definir o objetivo do estudo ou da pesquisa. Caso se queira investigar os efeitos das ações educacionais sobre determinada característica, desenhos quase-experimentais, com pré e pós-testagem, no mínimo, deverão ser programados. Imagine que você pretende estudar o quanto determinado conjunto de ações educacionais do domínio afetivo, desenvolvido ao longo de todo um ano, foi capaz de aumentar os níveis de auto-eficácia dos participantes. Nesse caso, aplicar questionários somente ao final das ações de TD&E pode levá-lo a concluir erroneamente que quaisquer mudanças observadas no nível de auto-eficácia sejam decorrentes da participação do indivíduo no programa. Mas como afirmar isso se os níveis anteriores de auto-eficácia à ação educacional são desconhecidos?

Se, por outro lado, esse não for o interesse da pesquisa, mas, sim, investigar o quanto determinada característica se relaciona com efeitos de ações educacionais, o desenho pode envolver um único momento de coleta de dados, a depender da variável de interesse. Caso você deseje saber se o nível de motivação para a aprendizagem se relaciona com os níveis, de fato, de aprendizagem dos participantes de uma ação educacional, teriam de ser aplicadas medidas de motivação anteriormente ao início da ação.

Concernente à análise das informações sobre características da clientela, no caso da utilização da abordagem quantitativa, as técnicas empregadas geralmente envolvem análises estatísticas descritivas, enquanto, no uso da abordagem qualitativa, a técnica recomendada é a análise de conteúdos.

No que diz respeito à devolução dos dados obtidos, como mencionado ao longo de todo o capítulo, é preciso muita atenção. Qualquer deslize por parte do responsável pelo levantamento das informações pessoais pode acarretar perda de credibilidade de todo o sistema de TD&E. Um dos primeiros pontos a ser considerado é o da identificação dos respondentes. Geralmente, pelo menos em termos de pesquisa, é interessante que cada um dos questionários utilizados permitam identificar adequadamente cada participante, pois as respostas dos participantes a cada questionário aplicado terão, no momento da análise de dados, de ser pareadas. É preciso, em outras palavras, que todas as respostas de cada participante emitidas aos conjuntos de questionários usados sejam postas lado a lado em um único arquivo de dados, para posterior tratamento estatístico.

Para que os respondentes aceitem identificar-se, é necessário o estabelecimento de um vínculo de confiança entre respondente e avaliador. Isso pode ser conseguido com a redação de uma boa orientação, disposta no início de cada instrumento, que visa, sobretudo, além de explicar aos participantes a forma adequada de responder aos questionários, esclarecer que as respostas, apesar da identificação solicitada, serão tratadas, de forma agrupada com as respostas dos outros participantes, somente pela equipe responsável pelo desenvolvimento das ações de TD&E. Vale enfatizar que, no caso das informações sociodemográficas, geralmente essas características podem ser obtidas em sistemas de informações mantidos pelas próprias organizações.

Coletadas e analisadas as características da clientela de interesse, é chegada a hora de se proceder à devolutiva das informações para os respondentes. Para tanto, recomenda-se que os resultados das análises realizadas sejam entregues a cada um dos respondentes. Mas, como nas orientações dos questionários fora informado de que as respostas seriam tratadas de forma agrupada, é preciso que a devolutiva para a organização e para o respondente seja realizada de maneira agrupada. Optar por estratégias individuais de devolução dos dados sobre tais características, como mencionado, pode colocar em xeque todo o processo de avaliação de ações educacionais. Essa prática, é preciso enfatizar, não é válida somente para tais informações, mas também para os demais conjuntos de variáveis que forem levantadas em toda a sistemática de avaliação de TD&E.

Como mencionado, essa preocupação em relação à identificação só é pertinente no caso de estudos e pesquisas que busquem relacionar características da clientela com outras variáveis, como os efeitos da ação de TD&E sobre o desempenho dos participantes. No caso de avaliações que não tenham essa finalidade, como aquelas cotidianamente desenvolvidas por profissionais da área de gestão de pessoas, a identificação não é necessária.

Ainda em relação à devolução dos dados, há que se considerar também outro aspecto fundamental. Dependendo do tipo de avaliação selecionado, formativa ou somativa, o momento e a finalidade da devolutiva poderão ser um tanto diferentes. No primeiro caso, é preciso que os resultados sejam bem utilizados pela equipe responsável pela implementação de ações de TD&E, bem como devolvidos ao conjunto de participantes respondentes. Suponha que, anteriormente a uma determinada ação educacional, você investigue e descubra que os futuros participantes não possuem determinados hábitos de estudo fundamentais para que o aprendizado em uma ação educacional a distância possa ser bem-sucedido. O que fazer então? Nesse caso, que representa uma avaliação formativa, seria interessante, por exemplo, que fosse inserido no curso um módulo inicial que instruísse os participantes a gerenciarem seu tempo e a usarem de forma adequada a biblioteca virtual, entre outras coisas.

No segundo caso, da avaliação somativa, as informações podem até ser levantadas antes, durante ou após a ação educacional. A diferença está, pois, na utilização destas informações. Enquanto, na avaliação formativa, os resultados permitem ajustes na própria ação educacional em desenvolvimento, na avaliação somativa, os dados só são utilizados para que futuras ações possam ser mais bem planejadas. Esse tipo de avaliação, contudo, é mais utilizado em estudos e investigações acadêmicas sobre a temática. No caso de avaliações a serviço exclusivo de profissionais de TD&E das organizações, recomenda-se, assim, a avaliação formativa com, se possível, levantamentos de informações anteriores ao início do curso, de forma que ação educacional possa ser planejada em função das características da clientela, e não do instrutor.

Todas essas questões, sobre as estratégias, os procedimentos e os meios mais apropriados à coleta, análise e devolução dos resultados de processos de avaliação de ações de TD&E, é preciso destacar, serão tratadas de maneira mais detalhada no Capítulo 26. Por fim, outra questão extremamente importante antecede e perpassa todo o planejamento dos procedimentos de coleta, análise e devolução dos dados sobre as características da clientela: como escolher as variáveis a serem medidas?

Para responder a esta questão, é preciso que se saiba exatamente qual a finalidade e, sobretudo, a importância, para a manutenção e otimização do sistema de TD&E, do levantamento de características da clientela de ações educacionais. Por exemplo, caso você tenha percebido, ao longo do tempo, que as ações de TD&E não estão gerando os efeitos esperados, por falta de um ambiente "suportivo", sobre os desempenhos dos participantes, e também que o manejo deste ambiente esteja fora de seu alcance, pode ser interessante o levantamento de informações sobre os níveis de auto-eficácia dos participantes. Assim, conhecido o nível de auto-eficácia relacionada ao processo de superação de obstáculos para aplicação do aprendido em situações de TD&E para o trabalho, como discutido nas seções anteriores, um módulo final sobre prevenção de recaídas pode ser desenvolvido em todas as ações educacionais. Eis outra situação: suponha que você tenha percebido, em entrevista com os instrutores de uma série de ações educacionais, que os participantes estão desmotivados em sala de aula. Após essa constatação, você decide planejar melhor essas ações, de forma que o início de cada curso ou módulo busque motivar os participantes para o processo de aprendizagem mostrando a eles o valor instrumental do curso.

A escolha das características mais pertinentes, pois, dependerá sempre dos objetivos e da importância do processo de avaliação. Assim, cada situação de avaliação precisa ser precisamente considerada, a fim de que informações desnecessárias não sejam levantadas em vão. Decidido que determinadas informações são válidas, resta então muito cuidado nos processos de levantamento e de devolução dos dados para os participantes e, principalmente, na sistemática de planejamento das ações de TD&E. Lembre-se de que estas informações jamais deverão ser utilizadas contra os próprios participantes, mas, pelo contrário, sempre para que todos os indivíduos possam beneficiar-se ao máximo das ações educacionais.

CONSIDERAÇÕES FINAIS

Como percebido, estudos sobre o perfil da clientela são aspectos fundamentais da avaliação de necessidades de ações de TD&E e devem anteceder o desenho da instrução, a execução e a avaliação de treinamento, de modo a aumentar a eficiência e a eficácia das ações educacionais. Entretanto, há poucos estudos sobre o perfil da clientela em avaliação de necessidades. Sabe-se que determinadas clientelas aprendem e transferem mais do que outras, para o trabalho, novas aprendizagens que eventualmente tenham adquirido em treinamentos. Todavia, os resultados de pesquisas sobre efeitos de características da clientela sobre resultados de treinamento não provêm de pesquisas em avaliação de necessidades, mas de pesquisas e modelos de avaliação de treinamentos, os quais pretendem descrever o relacionamento de perfis com diferentes contextos e resultados de treinamento (reações, aprendizagem e comportamento no cargo, principalmente).

Entre as características mais estudadas da clientela estão sociodemográficas, lócus de controle, auto-eficácia, motivação para aprender e para transferir aprendizagem, descritas neste capítulo. A revisão de literatura feita por Abbad, Pilati e Patoja (2003) mostra, em relação às pesquisas sobre características da clientela ou individuais, que gênero, idade, tempo desde o término de curso superior, nível instrucional, cargo do treinado, motivação para aprender, comprometimento do trabalhador, intenção em aplicar o aprendido e auto-eficácia estiveram relacionadas a resultados de treinamento (reações, aprendizagem ou impacto no trabalho). Contudo, a contribuição dessas variáveis individuais na explicação de impacto do treinamento no trabalho é pequena, quando comparada àquela exercida por variáveis relacionadas a clima e suporte. Esses resultados mostram que o profissional e o pesquisador de TD&E devem preocupar-se em utilizar modelos de investigação que avaliem conjuntamente o poder explicativo de variáveis do contexto (suporte organizacional, suporte à transferência de treinamento e correlatas) e da clientela ao avaliar eficiência e eficácia de treinamentos.

Apesar dos poucos estudos sobre a temática enfocada neste capítulo, considera-se que os dados sobre as características da clientela são extremamente importantes, uma vez que permitem, principalmente, a adequação dos desenhos das ações de TD&E. Programas educacionais que não levem em consideração tais características tendem ao insucesso. Isso porque as pesquisas têm demonstrado que o contexto determina um papel essencial na determinação dos efeitos das ações educacionais sobre o desempenho dos indivíduos durante e após as ações, de forma que o conhecimento de determinadas características da clientela pode ser de grande valia no estabelecimento de estratégias que visem auxiliar os participantes a serem mais bem-sucedidos em termos de aprendizagem e, principalmente, na transferência do treinamento para o trabalho. Mas é preciso lembrar, como mencionado anteriormente, que, como as pesquisas mostram, o sucesso das ações de TD&E depende de um complexo conjunto de variáveis do indivíduo e da organização. Não é, pois, tecnicamente adequado atribuir-se apenas a características dos participantes o sucesso ou o fracasso de uma ação educacional.

QUESTÕES PARA DISCUSSÃO

- Em relação à temática de treinabilidade, relacione e discuta as estratégias que você considera pertinentes para evitar que informações sobre características da clientela sejam utilizadas de forma inadequada pelas organizações.

- Imagine que, após um diagnóstico de clima organizacional, você constate que não existem condições de trabalho favoráveis para que os participantes apliquem, em seus trabalhos, as competências adquiridas em programas de TD&E. Discuta como um estudo sobre características da clientela poderia auxiliá-lo a otimizar os resultados de ações educacionais em termos de aprendizagem e transferência de treinamento.
- Quais os principais aspectos que devem ser levados em consideração na seleção de características da clientela em processos de avaliação de necessidades e de avaliação de treinamento?
- Suponha que você tenha percebido que, freqüentemente, os participantes das ações educacionais promovidas por sua organização não se encontram motivados para aprender, tampouco para transferir as competências focadas nos programas de TD&E. Descreva as estratégias que você utilizaria para elevar os níveis de motivação dos participantes.

REFERÊNCIAS

ABBAD, G. *Um modelo integrado de avaliação do impacto do treinamento no trabalho – IMPACT*. Tese de Doutorado, Universidade de Brasília, Brasília, 1999.

ABBAD, G. S.; PILATI, R.; PANTOJA, M. J. Avaliação de treinamento: análise da literatura e agenda de pesquisa. *Revista de Administração (USP)*, v. 38, n. 3, p. 205-218, 2003.

BASTOS, A. V. B. *Comprometimento no trabalho*: a estrutura dos vínculos do trabalhador com a organização, a carreira e o sindicato. Tese (Doutorado) – Instituto de Psicologia, Universidade de Brasília, 1994.

BASTOS, A. V. B.; COSTA, F. M. Múltiplos comprometimentos no trabalho: articulando diferentes estratégias de pesquisa. *Psicologia: Organizações e Trabalho*, v.1, n.1, p. 11-41, 2001.

BORGES-ANDRADE, J. E. Por uma competência política e técnica no treinamento. *Psicologia: Ciência e Profissão*, v.6, n.2, p. 9-17, 1986.

BORGES-ANDRADE, J. E. Treinamento de pessoal: em busca de conhecimento e tecnologia relevantes para as organizações brasileiras. In: TAMAYO A.; BORGES-ANDRADE, J.E.; CODO, W. (Org.). *Trabalho, organizações e cultura*. São Paulo: Cooperativa de Autores Associados, 1997. p.129-149.

BORGES-ANDRADE, J. E. & LIMA, S. M. V. Avaliação de necessidades de treinamento: um método de análise de papel ocupacional. *Tecnologia Educacional*, v.12, n.54, p. 5-14, 1983.

CERVONE, D.; SCOTT, W. D. Self-efficacy theory of behavioral change: foundations, conceptual issues, and therapeutic implications. In: O'DONOHUE, W.; KRASNER, L. (Ed.). *Theories of behavior therapy*: exploring behavior change. Washington, DC: American Psychological Association, 1995. p.349-383.

CHENG, E. W. L.; HO, D. C. K. The influence of job and career attitudes on learning motivation and transfer. *Career Development International*, v.6, n.1, p.20-27, 2001.

COLQUITT, J. A.; LePINE, J. A.; NOE, R. N. Toward an integrative theory of training motivation: a meta-analytic path analysis of 20 years of research. *Journal of Applied Psychology*, v.85, n.5, p. 678-707, 2000.

LACERDA, E. R. M.; ABBAD, G. Impacto do treinamento no trabalho: investigando variáveis motivacionais e organizacionais como suas preditoras. *Revista de Administração Contemporânea*, v. 7. n. 4, p.77-96, 2003.

LATHAM, G. P. Human resource training and development. *Annual Review of Psychology*, v.39, p.545-582, 1988.

LUMMERTZ, J. G.; BIAGGIO, A. M. B. Relações entre autoconceito e nível de satisfação familiar em adolescentes. *Arquivos Brasileiros de Psicologia*, v.38, n.2, p.158-166, 1986.

MOTA, I. M. O.; BORGES-ANDRADE, J. E. Treinamento e prazer-sofrimento no trabalho. In: CONGRESO INTERAMERICANO DE PSICOLOGÍA, 29.*Anais...* Lima, Peru, 2003. Peru: Universia, 2003. v. 1. p. 1-1.

NOE, R. A.; SCHMITT, N. The influence of trainee attitudes on training effectiveness: test of a model. *Personnel Psychology*, v.39, p.497-523, 1986.

OLIVEIRA, I. M. *Preconceito e autoconceito*: identidade e interação na sala de aula. São Paulo: Papirus, 1994.

OLIVEIRA, M. A. P. S.; LIMA, S. M. V.; BORGES-ANDRADE, J. E. Comprometimento no trabalho e produção científica entre pesquisadores. *Revista de Administração da Universidade de São Paulo*, São Paulo, v. 34, n. 3, p. 12-20, 1999.

PANTOJA, M.J. *Estratégias de aprendizagem no trabalho e percepções de suporte à aprendizagem contínua*: uma análise multinível. Tese (Doutorado) – Instituto de Psicologia, Universidade de Brasília, Brasília, 2004.

PILATI, R. *Modelo de efetividade do treinamento no trabalho*: aspectos dos treinandos e moderação do tipo de treinamento. Tese (Doutorado) – Universidade de Brasília, Brasília, 2004.

RÉGIS, H. P. A motivação dos professores do Centro Federal de Educação Tecnológica da Paraíba para participarem do programa de qualidade: um exame com base na teoria da expectância. Dissertação (Mestrado) – Centro de Ciências Sociais Aplicadas, Universidade Federal de Pernambuco, Recife, 2000.

ROCKLIN, T. et al. Training learning strategies with computer-aided cooperative learning. *Comput. Educ.*, v.9, p.67-71, 1985.

RODRIGUES, A. G. *A natureza da participação e suas implicações no impacto do treinamento no trabalho*. Dissertação (Mestrado) – Universidade de Brasília, Brasília, 2000.

SCHWARZER, R. et al. The assessment of optimistic self-beliefs: comparison of the German, Spanish, and Chinese versions of the general self-efficacy scale. *Applied Psychology: An International Review*, v.46, n.1, p.69-88, 1997.

SPECTOR, P. E. Development of the work Lócus of control scale. *Journal of Occupational Psychology*, v.61, p.335-340, 1988.

TANNENBAUM, S. I.; YUKL, G. Training and development in work organizations. *Annual Review of Psychology*, v.43, p.399-441, 1992.

VROOM, V. H. *Work and Motivation*. New York: Wiley, 1964.

WARR, P.; ALLAN, C. Learning strategies and occupational training. *Internacional Review of Industrial and Organizational Psychology*, v.13, p.83-121, 1998.

WEXLEY, K. N. Personnel training. *Annual Review of Psychology*, v.35, p.519-551, 1984.

ZERBINI, T. *Estratégias de aprendizagem, reações de um curso via internet, reações ao tutor e impacto do treinamento no trabalho*. Dissertação (Mestrado) – Universidade de Brasília, Brasília, 2003.

22

Medidas de avaliação de procedimentos, processos e apoio instrucionais em TD&E

Gardênia da Silva Abbad

Objetivos

Ao final deste capítulo, o leitor deverá:

- Definir procedimentos, processos e apoio instrucional à execução do treinamento em avaliação de TD&E.
- Analisar os pontos críticos da escolha de procedimentos de avaliação, meios e fontes de informação sobre procedimentos, processos e apoio instrucional, em situações de TD&E presenciais e a distância.
- Descrever instrumentos de medidas de procedimentos, processos e apoio instrucional e sua aplicação em situação de avaliação de TD&E.
- Discutir resultados de pesquisas que relacionam reações a ações de TD&E com os demais níveis de avaliação.
- Identificar implicações práticas da inclusão de fatores de procedimentos, processo e apoio em avaliação de TD&E.

APRESENTAÇÃO E CONCEITOS IMPORTANTES: PROCEDIMENTOS, PROCESSOS E APOIO

Este capítulo trata de medidas de avaliação de *procedimentos, processos* e *apoio instrucionais*. O modelo de avaliação de TD&E aqui adotado, denominado MAIS (Borges-Andrade, 1982) e que está descrito no Capítulo 17, sugere que esses componentes sejam integrados a outros, cujas medidas estão descritas nos Capítulos 19, 20, 21, 23, 24 e 25.

Este capítulo auxiliará o leitor a analisar os pontos críticos envolvidos na escolha da metodologia de avaliação dos componentes anteriormente mencionados. Serão analisados casos reais de avaliação de ações de TD&E com a finalidade de identificar os fatores que foram levados em conta pelos avaliadores, ao escolherem instrumentos de medida, fontes, meios, estratégias de coleta e análise de dados, entre outros aspectos da metodologia de avaliação. Ao final do capítulo, são apresentadas justificativas para o uso de medidas de apoio, procedimentos e processos em função de resultados obtidos por pesquisas em TD&E.

Apoio é parte do conceito de ambiente e abrange fatores do contexto interno e externo à organização que podem afetar todas as atividades de um sistema de TD&E, desde a avaliação de necessidades até a avaliação de seus resultados. No Capítulo 20 são tratadas outras medidas de avaliação de fatores organizacionais de apoio, como suporte organizacional, suporte à transferência de treinamento, suporte à aprendizagem e constructos correlatos. Neste capítulo são enfocados elementos de *apoio* instrucional ou suporte à execução do treinamento, relacionados às condições ou restrições impostas à realização do evento instrucional enquanto ele ocorre.

Procedimentos instrucionais refere-se, no Modelo de Avaliação Integrado e somativo (MAIS), à ação de TD&E propriamente dita. O componente *procedimentos* refere-se, pois, a operações, ocorrências e estratégias instrucionais utilizadas durante o treinamento com a finalidade de levar o participante a alcançar os objetivos instrucionais. Inclui ocorrências deliberadas e acidentais capazes de produzir efeitos sobre os resultados esperados. São as características do desenho instrucional postas em prática. Entre elas estão: apresentação de objetivos aos participantes, seqüência de apresentação dos conteúdos, tempo destinado a atividades práticas e teóricas, tipo e origem do *feedback* oferecido ao participante, adequação de materiais e recursos e meios utilizados no treinamento, qualidade de demonstrações, instruções verbais, aulas expositivas, entre outras características do evento.

Processos referem-se aos resultados parciais ou intermediários ocorridos durante a implementação do evento e observados principalmente no comportamento do participante. Referem-se aos processos de aprendizagem e aos demais efeitos induzidos pelas estratégias instrucionais. Alguns exemplos de processos são resultados obtidos pelos participantes em exercícios práticos, tempo dedicado ao estudo individual dos materiais, número de erros ou acertos em provas, testes e similares ou número de desistentes, absenteísmo, manifestações de satisfação-insatisfação, qualidade da interação participante-participante, instrutor-participante, participante-coordenação do evento, entre outras, perda ou desperdício de materiais, etc.

O componente no MAIS, denominado *processos*, não deve ser confundido com *procedimentos*, pois, enquanto o primeiro diz respeito a alterações significantes ocorridas nos comportamentos do aprendiz durante o evento instrucional, o segundo refere-se às situações e operações instrucionais que produzem esses resultados intermediários. Os procedimentos envolvem as decisões de planejamento instrucional e/ou a desempenhos de instrutores, tutores e/ou professores. As mudanças no comportamento do aprendiz podem começar a ocorrer logo após a introdução dos procedimentos e tendem a somar-se, à medida que estes são implementados.

Apoio é uma dimensão do ambiente do MAIS, que se refere a fatores contextuais como: investimento financeiro destinado ao treinamento, ações de pares e chefias em relação ao treinando, suporte organizacional, suporte à transferência e que podem afetar toda a seqüência do evento instrucional, desde o levantamento de necessidades até os resultados a longo-prazo. Os Capítulos 20 e 12 tratam de fatores de suporte organizacional ao desempenho, apoio gerencial ao treinamento, suporte à transferência de treinamento e outras variáveis do contexto organizacional que afetam direta ou indiretamente todas as fases da ação educacional, desde a avaliação de necessidades até a avaliação dos resultados esperados. Esses fatores, portanto, fazem parte do componente *suporte* do modelo MAIS.

Neste capítulo, todavia, trataremos de outro subconjunto de fatores do apoio que exercem influência proximal sobre toda a ação instrucional. São fatores contextuais de *apoio* à execução da ação de TD&E. Com exemplos deste tipo de variável estão: instalações, coordenação do evento, serviços de secretaria, hospedagem, alimentação, equipamentos e materiais de apoio à realização do evento, mobiliário, *layout* das salas de aula, entre outras, em eventos presenciais e relacionados a suporte técnico ao uso de recursos e tecnologias de informação e comunicação, quantidade de participantes por tutor, qualidade da interface gráfica do curso, facilidade de acesso aos materiais, adequação das ferramentas de interação entre participantes, entre outras variáveis, em casos de treinamentos a distância mediados pela internet e outros veículos.

Avaliar ações de TD&E inclui a mensuração e a emissão de julgamento de valor de fenômenos internos e externos ao treinamento. Para que tudo isso? Perguntaria o leitor. Não bastaria avaliarmos procedimentos instrucionais e seus efeitos sobre o comportamento dos participantes (reações ou satisfação, aprendizagem, comportamento no cargo), sobre processos organizacionais (organização) e sobre resultados organizacionais (valor final)? Isso não seria o bastante?

O leitor deverá estar se perguntando por que razão é preciso avaliar os componentes procedimentos, processos e apoio instrucionais. As variáveis de procedimentos possibilitam a descrição detalhada do sistema instrucional, ou seja, é possível, por exemplo, analisar quais características são fundamentais para o alcance dos resultados em cada ação de TD&E. O que não pode faltar em um treinamento para que alcance os resultados esperados? As informações sobre processos representam parte dos resultados instrucionais. Essa avaliação pode ser muito útil, por exemplo, para subsidiar predições sobre ações de TD&E de médio e longo prazos. Essas variáveis interagem com as de procedimento e, por esse motivo, podem ser muito úteis para a análise de aprendizagem e ganho do conhecimento. Pesquisas empíricas indicam que o apoio é elemento fundamental na predição de impacto do treinamento no trabalho. Assim, não basta um treinamento ser de excelente qualidade, com objetivos instrucionais adequados, nível de complexidade condizente, instrutores excelentes se o treinando não tiver apoio para a aplicação do aprendido.

Neste ponto importa tentar responder por que razões é tão importante avaliar apoio, procedimentos e processos instrucionais. Essa é uma questão relevante e merece resposta.

As *respostas* a essas perguntas são:

- É preciso avaliar fatores de contexto ou *apoio*, pois a influência que exercem sobre todas as atividades de sistemas de TD&E é empiricamente comprovado, principalmente no que tange a clima ou suporte à transferência de treinamento (tratado no Capítulo 20). Essa variável vem se mostrando positivamente relacionada ao impacto do treinamento no trabalho em pesquisas nacionais e internacionais, conforme Abbad, Pilati e Pantoja (2003) e Salas e Cannon-Bowers (2001). Há evidências de que a qualidade da avaliação de necessidades de TD&E[1] e a participação dos aprendizes nos programas de treinamento são afetados por variáveis como suporte gerencial e social (colegas e pares) às ações de TD&E. Além disso, fatores de apoio à execução do treinamento vêm se mostrando, na prática, importantes variáveis que indicam as razões para abandono, absenteísmo e falta de motivação para o treinamento, quando não ocorrem ou quando há muitas restrições situacionais à participação nos cursos. O local, os horários, os dias da semana escolhidos para realização do curso podem inviabilizar ou dificultar a participação de pessoas em eventos programados. Mulheres, por exemplo, no sul de um país europeu, estavam perdendo seus empregos tipicamente femininos para os homens, após a introdução de novas tecnologias de trabalho. Isso não se devia incapacidade dessas mulheres para aprender os novos conhecimentos, habilidades e atitudes (CHAs) requeridos pelo trabalho, mas devido à falta de recursos financeiros, apoio comunitário e apoio familiar para que participassem de treinamentos de longa duração que ocorriam em vários e sucessivos finais de semana. Com quem deixariam seus filhos? Como pagar pelo serviço de babás? Não se preocupe, felizmente uma ação afirmativa feminista conseguiu um acordo com as empresas envolvidas, que passaram a pagar um adicional ao salário para que as mulheres tivessem como deixar seus filhos bem cuidados enquanto eram treinadas.

- É preciso avaliar *processos* porque eles possibilitam o aprimoramento de estratégias de ensino e a adaptação das mesmas aos diferentes perfis de clientela e contextos. Caso contrário, como saberemos o que funcionou e o que não funcionou em uma ação de TD&E? Um dos maiores dramas vivenciados pelo profissional de TD&E não é o fracasso de um evento instrucional por ele programado, mas não conseguir repetir um sucesso. A avaliação de processos no MAIS tem caráter somativo, isto é, os dados são coletados ao longo do evento e depois compilados e avaliados retrospectivamente para aprimoramento de novas versões do mesmo evento no futuro. Todavia, esses processos podem ter caráter formativo e possibilitar ajustes em eventos enquanto ocorrem. Em treinamentos a distância, mediados por novas tecnologias da informação e comunicação, a avaliação de processos é bastante viável e necessária, pois possibilita a realização de validação de materiais antes de sua aplicação em massa para grandes amostras de participantes. Isso será brevemente discutido mais adiante.
- É preciso, evidentemente, avaliar *procedimentos*, pois eles são a essência do treinamento. Apesar da importância da avaliação de procedimentos, há poucas pesquisas sistemáticas investigando quais operações instrucionais são mais eficientes e eficazes para diferentes clientelas. Há evidências, por exemplo, de que objetivos instrucionais claros afetam aprendizagem, a realização de atividades práticas aumenta o impacto do treinamento no trabalho.

Os fatores de *apoio*, *procedimentos* e *processos*, somados às características da clientela (insumos), necessidades e às práticas de disseminação de informações sobre o sistema de TD&E, auxiliam o profissional a identificar quais variáveis são responsáveis pelos resultados imediatos e mediatos das ações de TD&E.

A avaliação desses fatores possibilita a avaliação formativa de materiais e procedimentos instrucionais, muito utilizada em eventos de TD&E a distância. Esse tipo de avaliação serve para validar e adaptar os procedimentos ao perfil da clientela, aos objetivos instrucionais e aos recursos disponibilizados pela organização para a ação de TD&E. Visa ao aumento da eficiência, eficácia e efetividade dos procedimentos instrucionais. A idéia aqui é selecionar e aplicar os procedimentos mais adequados às condições e o contexto.

O MAIS, entretanto, é uma abordagem de avaliação *somativa* de sistemas instrucionais. Isto quer dizer que ela é realizada por meio da coleta sistemática de informações sobre o ambiente e sobre os eventos instrucionais, de modo a aperfeiçoar eventos similares no futuro. O fato de ser uma abordagem *somativa* de avaliação, entretanto, não inviabiliza sua aplicação em situações que requerem avaliação *formativa*. Isso será demonstrado mais adiante com exemplos.

O profissional de TD&E, ao planejar uma avaliação de um programa instrucional, deverá realizar pelo menos as seguintes perguntas:

- O que medir?
- Com o que medir?
- Como medir?
- Como emitir julgamentos de valor a partir das mensurações?

A questão *O que medir?* remete à necessidade de definição dos constructos envolvidos na avaliação, o que, neste capítulo, foi feito nos parágrafos anteriores. Os constructos ou conceitos de interesse, neste capítulo são *apoio à execução*, *procedimentos* e *processos*. Medidas são geralmente extraídas das definições de cada constructo e podem ser, por exemplo, no caso de *processos*, número de faltas, quantidade de consultas ao tutor, número de erros em exercícios, tempo de estudo individual por unidade do treinamento, notas em testes intermediários, qualidade da interação entre participante, entre outros.

A pergunta sobre *Com o que medir?* induz à escolha, construção e validação de instrumentos capazes de gerar informações válidas e precisas sobre aquilo que se quer avaliar. Os instrumentos utilizados em avaliação de TD&E são geralmente questionários, roteiros de entrevistas, de análise documental e/ou de observação. O Capítulo 18 descreve esses processos de construção de instrumentos de medida.

A pergunta concernente a *Como medir?* leva à definição e seleção de estratégias de coleta e análise de dados. Entre eles estão o planejamento da coleta, organização e armazenamento de dados, escolha de fontes de informação e de avaliação e meios de aplicação. Além disso, essa etapa se caracteriza pela definição de métodos e técnicas de análise de dados, da estrutura da devolução de resultados[2] (relato escrito e oral), bem como do acompanhamento das ações de melhoria sugeridas a partir da avaliação.

Entre as fontes de informação utilizadas em avaliação de *apoio*, *processos* e *procedimentos* estão as provenientes dos próprios materiais instrucionais, arquivos de dados secundários, anotações de instrutores e de participantes, registros de observações, arquivo primário de dados formado a partir das respostas dos envolvidos a um questionário ou instrumento similar. As fontes de avaliação de *procedimentos* instrucionais mais comumente utilizadas são os próprios participantes dos eventos e seus respectivos tutores, instrutores ou professores. Essas avaliações costumam chamar-se *reações* ou satisfação dos participantes à ação de TD&E. Em algumas situações, faz-se necessária a utilização de múltiplas fontes de avaliação. Nesses casos, podem ser entrevistados especialistas no conteúdo do curso, egressos de outras turmas do mesmo evento, desenhistas instrucionais, programadores visuais, entre outros interessados ou envolvidos nos resultados do evento avaliado.

Há, além desses, outros desafios a serem enfrentados pelo profissional de TD&E, ao planejar a avaliação dos três componentes aqui tratados. Um deles diz respeito à escolha dos procedimentos de aplicação dos instrumentos (presencial ou a distância, auto-aplicável ou aplicado por alguém treinado para fazê-lo, aplicação coletiva ou individual, aplicação mediada por computador, pela internet, por material impresso ou por outros veículos).

A forma de armazenamento dos dados é também uma questão importante, especialmente se a aplicação dos instrumentos se der com o apoio de gerenciadores ou plataformas eletrônicas de objetos de aprendizagem, páginas da internet ou intranet, e de outras tecnologias da informação e comunicação.

A definição relativa a *Como emitir julgamento de valor?* requer a escolha do tipo mais adequado de avaliação: baseada em critério ou norma, dependendo da situação. O Capítulo 23 trata desse assunto mais detalhadamente porque a distinção entre um tipo e outro de avaliação é mais importante em avaliação de aprendizagem do que em avaliação de apoio, procedimentos e processos. A seção seguinte mostra como responder as questões antes apresentadas.

A seguir, o leitor encontrará conceitos e definições úteis ao profissional de TD&E que deseja escolher a metodologia de avaliação para os componentes tratados neste capítulo.

PROCEDIMENTOS DE AVALIAÇÃO: INSTRUMENTOS, FONTES E MEIOS

Nesta parte são oferecidas ao leitor informações e orientações para identificação dos pontos críticos da escolha de instrumentos, avaliadores, meios e fontes de informação, bem como demais procedimentos de coleta e análise de dados, em situações de TD&E presenciais e a distância.

Dois estudos de caso servirão de guia para o leitor. A partir da análise deles, o leitor estará capacitado a identificar os pontos críticos da escolha de procedimentos de avaliação.

Mais adiante, na seção seguinte, são apresentados instrumentos de análise quantitativa e qualitativa de *apoio* e *procedimentos*, bem como descrita uma experiência de utilização de registros de dados secundários em arquivos eletrônicos de gerenciadores de cursos a distância para avaliação de *processos*.

As etapas de escolha e programação da metodologia de avaliação dos demais componentes do MAIS (insumos, necessidades, resultados, disseminação), apesar de seguirem a mesma lógica, são discutidos em outros Capítulos (11, 19 a 21, 23 a 25), especialmente redigidos para tratar de cada um deles em separado.

Faça os dois exercícios que se seguem. Reúna uma equipe de pessoas que deseja aprender a planejar a avaliação de um conjunto de eventos de TD&E. Antes de planejar a avaliação com a equipe, simule as etapas envolvidas no planejamento e aplicação de estratégias de avaliação, a partir destes dois casos reais.

Os casos contidos nos dois exercícios contêm, em primeiro lugar, uma descrição dos eventos instrucionais no caso 2 o curso é a distância em termos de suas **características gerais**, como os que se seguem: carga horária total, carga horária diária, objetivos gerais, domínio a que pertencem os principais objetivos instrucionais, nível de resultado pretendido, instrutores, clientelas (quantidade, tamanho das turmas, lotação de origem), relevância ou proximidade da ação com estratégias organizacionais, entre outros. Logo a seguir, nos dois casos, há uma breve descrição do *perfil da clientela* (insumos) dos treinamentos.

Com a finalidade de facilitar a tarefa do leitor, apresentam-se a Figura 22.1 e o Quadro 22.1 contendo os objetivos de cada etapa da modelagem de procedimentos de avaliação de TD&E presenciais e a distância. A partir da leitura da figura e do quadro, o leitor terá subsídios para compreender os casos que se seguem e, posteriormente, simular ou realizar para valer um plano de avaliação de TD&E com foco em procedimentos, processos e apoio instrucionais.

1. Definir os constructos de interesse de acordo com um modelo.

⇩

2. Listar indicadores de avaliação.

⇩

3. Identificar e escolher instrumentos de medida.

⇩

4. Escolher ou construir e validar instrumentos.

⇩

5. Escolher fontes e meios de avaliação.

⇩

6. Definir avaliadores.

⇩

7. Definir procedimentos de coleta de dados.

⇩

8. Definir procedimentos de análise de dados.

⇩

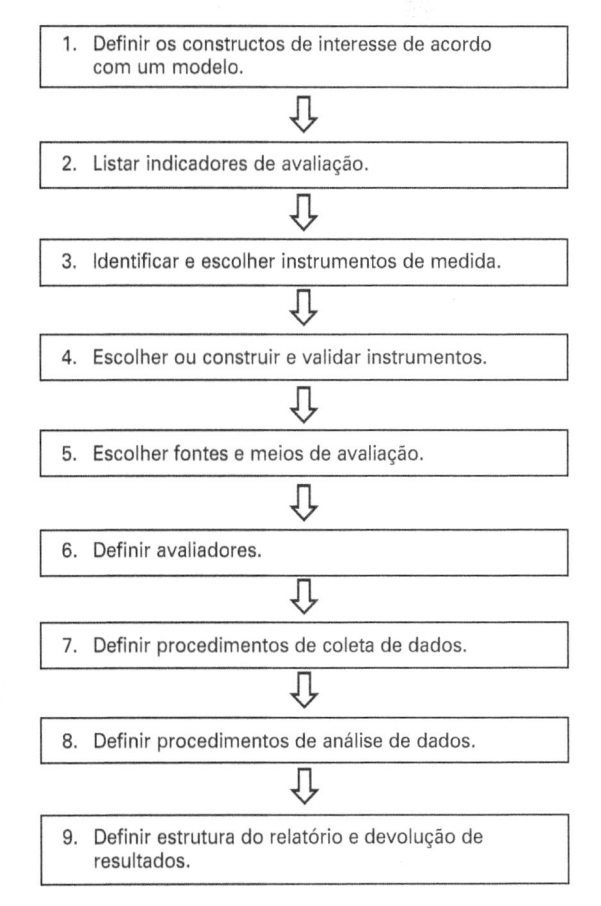

9. Definir estrutura do relatório e devolução de resultados.

Figura 22.1 Etapas da escolha de procedimentos de avaliação de TD&E.

Leia o Quadro 22.1 para compreender os passos que o levaram ao Quadro 22.2: síntese dos resultados da reunião com o grupo hipotético de profissionais que estabeleceu os procedimentos de avaliação, a partir do MAIS.

O primeiro exercício foi construído a partir da pesquisa de Lacerda (2002) e Lacerda e Abbad (2003), realizada em 2001, com a finalidade de avaliar cursos presenciais oferecidos por um órgão público federal.

No segundo exercício, o leitor fará o mesmo tipo de descrição, agora para uma ação de TD&E a distância oferecida a um grande número de pessoas ao mesmo tempo, geograficamente dispersas pelo território nacional, portanto sem condições de participar de encontros presenciais. O caso foi elaborado a partir da pesquisa realizada por Carvalho (2003) para avaliar um treinamento a distância, mediado pela internet e por material impresso, oferecido gratuitamente para pessoas interessadas em construir um plano de negócios. A descrição desse curso e contexto estimularão o leitor a refletir sobre os novos desafios que o uso de treinamentos baseados na *web* (TBW) trazem para profissionais de TD&E, em especial, para os que trabalham com avaliação.

Antes de analisarmos o Caso 1, leia o Quadro 22.2, que fornece algumas informações que orientarão a escolha dos procedimentos de avaliação de cursos presenciais. Esse quadro seria o resultado hipotético de uma reunião de profissionais que desejassem construir procedimentos de avaliação de eventos presenciais de TD&E. Ao fazer o exercício, analise o quanto os indicadores propostos são adequados e quais outros poderiam ser acrescentados.

Como esse tipo de quadro é confeccionado em situação real? Após estudo de um modelo de avaliação, profissionais de TD&E e outros interessados na avaliação listam livremente indicadores que gostariam de julgar nos eventos instrucionais e, além disso, tomam decisões sobre procedimentos de avaliação, com base em informações sobre as características da clientela, do(s) curso(s) e contexto organizacional (recursos materiais, instalações, recursos financeiros etc.).

Muitas dessas decisões envolvem conhecimentos sobre fundamentos teóricos subjacentes ao desenho instrucional, teoria instrucional e de desenho instrucional, modelo de avaliação e construção de medidas de avaliação, que o leitor encontra respectivamente nos Capítulos 13, 14, 15, 17 e 18 deste livro.

O leitor já sabe que, antes de definir os constructos de interesse, terá que analisar o contexto da avaliação. Veja, no Quadro 22.3, um exemplo de descrição, confeccionado por Lacerda (2002).

Agora pratique! Siga os passos da Figura 22.1 e elabore um modelo de avaliação de treinamento. Utilize os Quadros 22.1 e 22.2 para lhe ajudar, analisando-os criticamente, de acordo com as informações que foram descritas no caso. Praticou? Agora compare o resultado encontrado por você com as análises feitas por Lacerda (2002), descritas a seguir.

No Caso 1, foram avaliados *procedimentos* e *apoio* à execução do curso por meio de *questionários* de avaliação das reações dos participantes a esses aspectos, bem como por meio de *roteiro* de análise documental dos materiais didáticos. Não foram feitas avaliações sistemáticas das instalações e salas de aula porque estas eram bastante homogêneas e adequadas às suas finalidades, de acordo com os próprios participantes dos cursos. O número de participantes não-residentes no local dos treinamentos era proporcionalmente pequeno, o que levou a organização e a pesquisadora a não avaliar questões como as diárias e a hospedagem

Quadro 22.1
ETAPAS DA MODELAGEM DA AVALIAÇÃO DE AÇÕES DE TD&E

Objetivo(s) dos exercícios: Ao final dos exercícios, os participantes serão capazes de definir os constructos, escolher instrumentos e procedimentos de avaliação de cursos presenciais para os componentes *apoio*, *procedimentos* e *processos* instrucionais.

Etapas do exercício:

- **Parte I** – Definir os construtos ou componentes da avaliação (apoio à execução, procedimentos e processos), de acordo com o MAIS.
- **Parte II** – Escolher *indicadores* de avaliação, descrevendo-os no campo "Indicadores", no Quadro 22.2. Indicadores são itens de verificação de caráter genérico que precisarão ser mais bem especificados, no momento da construção de instrumentos de medida. São os pontos de partida para a construção ou escolha de instrumentos de avaliação.
- **Parte III** – Escolher e descrever procedimentos, instrumentos e meios de coleta de dados. Faça essas escolhas com base nas seguintes alternativas:
    1. **Procedimentos de coleta de dados e instrumentos** – Entre os mais utilizados estão: análise documental (instrumentos: roteiros), busca em arquivos ou bancos secundários de dados, entrevistas (roteiros), aplicação de questionários (auto aplicado, aplicação coletiva), observação (direta, indireta, sistemática, assistemática) com roteiros para registro.
    2. **Fontes** – Primárias (coletadas pelo avaliador especialmente para fins daquela avaliação) e secundárias (coletadas em arquivos e materiais preexistentes e que não foram construídos com a finalidade de avaliar as ações de TD&E). São exemplos de fontes secundárias os dados cadastrais mantidos pela organização sobre seus empregados.
    3. **Meios** – Material impresso, meio eletrônico (Internet, Intranet, CD-ROM, disquete, entre outros).
    4. **Avaliadores** – Participantes, instrutores, desenhistas instrucionais, especialistas em conteúdo, gerentes, colegas, clientes e demais interessados na avaliação.
    5. **Análise de dados** – Qualitativas e quantitativas de dados.
- **Parte IV** – Discutir e definir a estrutura dos relatórios de avaliação das ações de TD&E.

Quadro 22.2
DEFINIÇÃO DE MÉTODOS DE AVALIAÇÃO DE AÇÕES PRESENCIAIS DE TD&E

Constructo	Indicadores	Instrumentos	Fontes, meios e avaliadores	Aplicação e análise de dados
Apoio	**Salas de aula**: ventilação, tamanho, mobiliário, *layout*, acústica, entre outras. **Hospedagem**: proximidade do local do curso, quantidade de hóspedes por quarto, alimentação, e outras. Valor das diárias **Coordenação**: facilidade de acesso, presteza no atendimento, etc. **Instalações**: banheiros, salas para estudo, reuniões e consultas a materiais didáticos. **Serviços e recursos de apoio às aulas** equipamentos, materiais e similares.	**Questionários** de avaliação de reações com itens objetivos e questões abertas.	**Fontes**: primárias. **Avaliadores**: participantes.	**Aplicação**: coletiva e presencial ao final do curso. **Análise de dados**: quantitativa para questões objetivas e qualitativa para as questões abertas.

(*Continua*)

(*Continuação*)

Constructo	Indicadores	Instrumentos	Fontes, meios e avaliadores	Aplicação e análise de dados
Procedimentos	**Planejamento ou desenho instrucional:** objetivos instrucionais, seqüência de conteúdos, estratégias instrucionais, tempo destinado a atividades práticas, qualidade e quantidade de materiais didáticos, avaliações de aprendizagem.	**Questionário** de avaliação de reações. **Roteiro** de análise dos materiais do curso.	**Fontes:** primárias. **Avaliadores:** Participantes instrutores. **Avaliadores:** especialistas em TD&E e nos conteúdos.	**Aplicação:** coletiva e presencial ao final do curso. **Análise de dados:** quantitativa para questões objetivas e qualitativa para questões abertas.
	Execução: Desempenho do instrutor, interações requeridas pelos exercícios e atividades instrucionais.	**Roteiros** de observação.	**Avaliadores:** especialistas em TD&E.	**Aplicação:** avaliações feitas por duplas (ou mais pessoas) de avaliadores independentes de análise de confiabilidade. **Análise de dados:** confiabilidade; qualitativo e análise de freqüência.
Processos	Resultados de testes intermediários ou exercícios práticos.	**Testes** ou provas.	**Fontes:** secundárias. **Avaliadores:** instrutores.	**Aplicação:** geralmente coletiva e presencial. **Análise de dados:** atribuição de notas ou menções.
	Motivação desenvolvida durante o curso. Quantidade de tempo dedicado pelo aprendiz ao estudo individual. Interações participante-participante, participante-instrutor. Reações dos participantes às atividades propostas durante o curso.	**Roteiro** de observação. **Questionário** de reações aplicado durante o curso.	**Fontes:** primárias. **Avaliadores:** especialistas em TD&E, instrutores e participantes.	**Aplicação:** avaliação por duplas de avaliadores independentes. **Aplicação:** coletiva e presencial do questionário durante o curso. **Análise de dados:** idem procedimentos.
	Nível de absenteísmo não justificado. Quantidade de pessoas que abandonam o curso.	**Registros** relativos ao curso (controle de presença).	**Fonte:** secundária. **Avaliadores:** instrutor e profissional de TD&E.	**Aplicação:** consulta simples a registros relativos ao curso. **Análise de dados:** contar percentagem de ausências ou de abandonos.

Quadro 22.3
ESTUDO DE CASO 1 – TREINAMENTOS PRESENCIAIS DE CURTA-DURAÇÃO EM ÓRGÃO PÚBLICO FEDERAL

Os treinamentos descritos neste caso foram oferecidos por um órgão púbico federal aos seus servidores no ano de 2001. Os trechos a seguir foram extraídos da dissertação de Lacerda (2002).
Os treinamentos são programados com base em um levantamento de necessidades em que os servidores e suas respectivas chefias geralmente escolhem os cursos de que necessitam participar.
A Tabela 22.1 descreve os cursos analisados em termos de área, nome dos cursos, número de turmas, carga horária, freqüência e porcentagem de participação.

Tabela 22.1
CARACTERÍSTICAS GERAIS DOS CURSOS (ADAPTADA DE LACERDA, 2002)

Área	Nome do curso	Nº turmas	Carga horária	Freqüência	%
Gerenciamento organizacional	Condução de Reuniões	01	30	19	3,6
	Formação de instrutores	01	21	9	1,7
	Gerência de projetos	01	20	30	5,7
	Gerenciamento pelas diretrizes	01	15	16	3,1
	Gestão com pessoas	02	24	26	5,0
	Gestão da mudança	01	15	24	4,6
	Gestão de desempenho	01	21	19	3,6
	Gestão de pessoas	01	30	22	4,2
	Gestão de processos	01	15	15	2,9
	Gestão pública	01	15	24	4,6
	Habilidades gerenciais básicas	01	21	13	2,5
	Informática para gerentes	01	24	15	2,9
	MS Project	01	40	9	1,7
	Visão e raciocínio estratégico	01	24	16	3,1
Total		*15*	*315*	*257*	*49,1*
Redação	Redação do texto ótimo	02	30	53	10,1
	Redação e revisão de textos	01	30	24	4,6
	Técnica legislativa	01	15	25	4,8
Total		*4*	*75*	*102*	*19,5*
Cursos técnicos da área fim	Tecnologia da informação	01	44	22	4,2
	Técnicas de amostragem	01	35	17	3,3
	Avaliação e auditoria	04	105	121	17,4
Total		*6*	*184*	*130*	*24,9*
Estudos jurídicos	Pessoal civil	02	40	34	6,5
	Teoria do processo aplicada	01	21	20	3,8
Total		*3*	*61*	*34*	*6,5*
Total geral		**28**	**635**	**523**	**100,00**

Os cursos oferecidos pelo órgão em 2001[...] pertenciam a quatro áreas (conforme divisão estabelecida pela organização): gerenciamento organizacional, estudos jurídicos, gramática e redação e controle externo. Observa-se que os cursos com menor participação foram os de formação de instrutores e MS Project, com 9 servidores cada, e o de maior participação foi o de excelência em redação, com 53. A área de gerenciamento organizacional obteve o maior número de participações.

(Continua)

> *(Continuação)*
>
> Ao todo, foram avaliados 28 cursos oferecidos pelo ISC, no período de abril a setembro de 2001, perfazendo uma carga horária total de 635 horas.
> O curso de menor carga horária foi realizado em 12 horas, e o de maior, em 44 horas. A carga horária total média foi de 25,9 horas (DP = 9,52).
> Quanto à natureza do domínio de aprendizagem a que pertenciam os principais objetivos do treinamento, 15 cursos eram de domínio atitudinal, todos pertencentes à categoria gerenciamento organizacional, e 13 cognitivos, relativos às áreas de estudos jurídicos, gramática e redação e controle externo. Essa classificação foi realizada com base na análise do material didático e fundamentada na taxonomia de Gagné (1988) e de Bloom (conforme citado por Rodrigues Jr., 1997).[3]
> A clientela abrangida pela pesquisa de Lacerda (2002) tinha as seguintes características:
>
> - 77,5%: superior completo de escolaridade;
> - 68,2%: sexo masculino;
> - 71,5% casados;
> - Média da idade: 36,7 anos (DP = 6,9);
> - Tempo médio de serviço no órgão: 7,22 anos (DP=6,1);
> - Cargo de nível superior: 74%.
>
> Fonte: trecho da dissertação de mestrado de Lacerda, 2002, extraído das páginas 32 a 34. Legenda: DP = desvio padrão; ISC = Instituto Serzedello Correa.

dos participantes durante o curso. Os instrumentos de avaliação de reações aos procedimentos e apoio, escolhidos por Lacerda e pela equipe do órgão público pesquisado, estavam prontos, isto é, já haviam passado por processos de validação semântica e estatística, anteriormente, na referida organização. O roteiro de análise do material didático por ela utilizado também já havia sido testado naquele órgão, por isso foi aplicado sem modificações.

Não foram avaliados *processos* porque, além de não ser este um dos objetivos da pesquisa de Lacerda (2002), esta estratégia, quando aplicada a treinamentos presenciais, é onerosa e difícil de operacionalizar. Observações em sala de aula, por exemplo, são indicadas para aplicação em situações especiais, como formação de instrutores e avaliação formativa de materiais de cursos que abrangerão grandes clientelas e/ou clientelas de importância estratégica para a organização.

Em ações de TD&E a distância, mediadas por novas tecnologias de comunicação e informação, por outro lado, a avaliação de processos é possível e menos custosa. O Caso 2, apresentado a seguir, mostrará como isso pode ser feito.

As *fontes de informação* utilizadas por Lacerda (2002) foram primárias, uma vez que os dados foram coletados com o único objetivo de avaliar os treinamentos. Os questionários de avaliação de reações foram confeccionados em material impresso e aplicados coletivamente, ao final de cada curso, por pessoas treinadas especialmente para isto.

A escolha da *aplicação* coletiva e presencial foi baseada nas características dos treinamentos e dos recursos humanos e materiais disponíveis. Os cursos eram de curta duração, e muitos deles iniciavam e concluíam a sua programação no mesmo dia da semana, o que facilitava o planejamento da aplicação e coleta de dados.

A escolha de *avaliadores* levou em conta a natureza da avaliação. A avaliação do material didático, que consiste em uma análise de documentos dos cursos, foi realizada por profissionais treinados para isso, enquanto a avaliação de procedimentos foi feita pelos participantes do curso, por serem eles os expostos aos eventos de modo contínuo e sistemático. Além disso, avaliação de reações pode revelar que existem pessoas satisfeitas e outras não com um mesmo evento. Isso é importante porque mostra, muitas vezes, que houve uma avaliação de necessidades pouco sistemática que reuniu pessoas com expectativas, conhecimentos prévios e necessidades muito distintas entre si. É muito comum se encontrarem grandes discordâncias entre participantes sobre a adequação da carga horária de eventos instrucionais: alguns a consideram excessiva; outros, suficiente, e outros ainda, insuficiente.

Quanto aos *procedimentos de análise de dados*, Lacerda (2002) utilizou estratégias de análise qualitativa e quantitativa. As questões abertas colocadas ao final do questionário de avaliação de reações foram submetidas a análises qualitativas para identificação das categorias de conteúdo que auxiliassem a classificar as respostas dos participantes. A análise do material didático seguiu um roteiro de avaliação qualitativa.

As respostas aos itens contidos no questionário de avaliação de reações aos treinamentos foram submetidas a análises estatísticas descritivas: médias aritméticas, desvios padrão, valores mínimo e máximo e percentagens. Para fins de investigação científica, foram aplicadas análises mais sofisticadas, inferenciais e multivariadas, como análises fatoriais e de regressão múltipla. O Capítulo 26 descreve essas análises.

O relatório executivo de devolução de resultados para a organização continha as tabelas de avaliação de reações aos procedimentos e ao apoio, bem como os quadros de análise do material didático com sugestões de aprimoramento dos treinamentos nesses e em outros aspectos pesquisados. Além disso, foram entregues à organização resultados referentes à clientela ou insumos (como motivação para aprender, valor instrumental do treinamento), ao impacto do treinamento no trabalho (resultados de longo-prazo) e ao suporte à transferência de treinamento (apoio), tratados em outros capítulos deste livro (Capítulos 21, 24 e 20 respectivamente) O Capítulo 26 sugere como um relatório executivo pode ser elaborado.

O segundo caso, descrito no Quadro 22.4, apresenta uma experiência de avaliação de um curso a distância, mediado pela internet e por material impresso, oferecido para milhares de pessoas ao mesmo tempo.

O contexto de avaliação, neste caso, é bastante distinto daquele discutido anteriormente. O curso IPGN é oferecido gratuitamente e a distância para uma grande população, residente em todo o território nacional e que utiliza material impresso e recursos eletrônicos de mediação do ensino, acessados pelo participante pela internet. Além disso, o curso não possui caráter corporativo, pois não visa efeitos em nenhuma organização em particular, mas na sociedade, de modo geral, com a criação e a manutenção de novos negócios e empreendimentos e a disseminação da cultura empreendedora no Brasil, missão do Sebrae.

Em função dessas e de outras diferenças entre os Casos 1 e 2 é que teremos que apresentar um novo quadro (22.5) para definição dos procedimentos de avaliação.

Agora pratique novamente! Siga os passos da Figura 22.1 e elabore um modelo de avaliação de treinamento. Utilize o Quadro 22.1 e 22.5 para lhe ajudar, analisando-os criticamente, de acordo com as informações que foram descritas. Tudo pronto? Agora compare o resultado encontrado por você com a avaliação a seguir.

Trata-se de um único curso, e não de um conjunto variado de treinamentos como o descrito no Caso 1. Há recursos tecnológicos que apóiam o curso IPGN e que possibilitam o acompanhamento de processos de aprendizagem e a participação do aluno no curso. Essas informações sobre erros e acertos em exercícios, participação em fóruns, listas de discussão, consulta ao mural de notícias, pedido espontâneo de ajuda ao tutor, entre outras, são muito importantes em avaliações formativas e somativas desse tipo de curso. Portanto, as fontes secundárias de informação estão acessíveis e devem ser utilizadas e incorporadas aos procedimentos de avaliação.

A avaliação de cursos a distância requer cuidados especiais, pois a clientela desse tipo de curso é considerada de alto risco de abandono. Os índices de evasão são altos, de acordo com a literatura internacional, e giram em torno de 20 a 30 %. No Brasil, há poucas pesquisas sobre evasão (resultado indesejável de um evento instrucional), mas estas indicam alto índice de abandono.

Abbad, Carvalho e Zerbini (2004), ao compararem concluintes e não-concluintes do curso IPGN, observaram que os participantes com freqüências mais baixas de acesso aos *chats*, ao mural de notícias e ao ambiente eletrônico do curso foram aqueles que mais abandonaram curso. Isso indica que há fatores de risco de evasão que, se identificados (como processos) em avaliação formativa durante o curso, possibilitariam intervenções dirigidas para evitar o abandono, com o estímulo ao uso das ferramentas e interface gráfica do curso ou treinamento no uso delas.

Em cursos a distância, os dados sobre o perfil da clientela, seus hábitos, estratégias de aprendizagem[6] e local de estudo, bem como sobre o apoio e/ou restrições[7] ao estudo ocorridas em seus ambientes profissionais e pessoais são fundamentais para todas as atividades de um sistema instrucional, em especial, para a avaliação.

Entre os indicadores de avaliação de *apoio* à participação no curso, nota-se, no Quadro 22.5, que foram incluídos novos elementos, específicos para treinamentos mediados pela internet, como interface gráfica do curso, serviços de apoio técnico e sistema de tutoria. Fatores referentes ao ambiente de estudo do participante são importantes desde a concepção de recursos de ensino mediados por computador e pela internet até a sua avaliação.

Na avaliação do *apoio*, deve-se observar, por exemplo, a qualidade das orientações oferecidas ao participante para lidar com dificuldades de acesso à interface gráfica. Os fatores de apoio são comumente avaliados por meio de questionários de reações ou satisfação dos participantes a esses aspectos do contexto do evento de TD&E. A aplicação dos questionários deverá ser mediada por computador quando a clientela for numerosa, dispersa e geograficamente distante do avaliador, como se observa no caso do IPGN.

Todavia, a avaliação de *apoio* pode compreender assuntos ligados ao desenho da interface gráfica e análise qualitativa de mensagens dos participantes aos

Quadro 22.4
ESTUDO 2 – CURSO INICIANDO UM PEQUENO GRANDE NEGÓCIO (IPGN)[4]

Características do curso

O curso avaliado chama-se Iniciando um Pequeno Grande Negócio – IPGN, oferecido gratuitamente, em nível nacional mediado por internet e material impresso. O objetivo geral do curso é permitir que o aluno seja capaz de elaborar um plano de negócio, documento que especifica os principais fatores necessários para a criação de uma empresa. Trata-se de um documento escrito, cuja elaboração permite conhecer melhor o negócio, em termos de mercado consumidor, concorrente, fornecedor, além de avaliar a viabilidade de sua implementação (http://ipgn.iea.com.br).

O curso destina-se a empreendedores que desejam abrir um negócio ou àqueles que já possuem um e necessitam de informações adicionais para melhorar os resultados do empreendimento. Quanto aos requisitos necessários, recomenda-se escolaridade de ensino médio completo e acesso regular à internet. No entanto, o Sebrae não pode impedir que alguém se matricule no curso, mesmo não tendo os requisitos colocados. Apenas é feita uma recomendação em relação à escolaridade ou às configurações mínimas dos computadores pessoais.

O curso é composto por cinco módulos, cada um deles dividido em dois a cinco capítulos. Os módulos são os seguintes:

1. *Perfil empreendedor* – de nível conceitual, apresenta definições de empreendedorismo e principais características do comportamento empreendedor.
2. *Identificando oportunidades de negócio* – aborda questões relativas à identificação de oportunidades, análise de tendências de mercado, além de auxiliar na elaboração da missão da empresa.
3. *Análise de mercado* – o aluno aprende a analisar os potenciais concorrentes, o mercado consumidor e fornecedor.
4. *Concepção dos produtos e serviços* – aborda as características que os produtos e serviços a serem oferecidos devem apresentar, além de estratégias de diferenciação dos mesmos no mercado.
5. *Análise financeira* – fornece as ferramentas para um planejamento financeiro, quanto a cálculo de custos, preços de venda, receitas, investimentos e indicadores financeiros que expressam a viabilidade do negócio.

Os módulos e capítulos devem ser cumpridos seqüencialmente pelo participante, não havendo, portanto, flexibilidade quanto à ordem seguida para terminar o curso. São sugeridas atividades ao final de cada capítulo, de caráter optativo, e um exercício de fixação obrigatório, com questão de múltipla escolha, que permite o acesso ao capítulo seguinte. Esta questão aborda o conteúdo aprendido no capítulo, porém restringe-se ao nível de compreensão do conteúdo. Da mesma forma que os requisitos para ingressar no curso, as avaliações de aprendizagem não impedem que o aluno siga cursando, ou seja, não têm caráter eliminatório. Completar os exercícios é apenas uma "chave" para que se possa entrar no capítulo ou módulo seguinte. As atividades propostas estimulam o aluno a elaborar seu plano de negócio, porém a realização das mesmas não é obrigatória, nem são corrigidas.

São previstas 40 horas, sendo sugerido ao aluno reservar uma hora de estudo por dia útil. O aluno tem, portanto, 60 dias corridos para concluir o curso. Conforme já mencionado, os módulos são compostos por quantidade variável de capítulos, de dois a cinco, com previsões de conclusão diferentes. Para o primeiro módulo, com dois capítulos, sugerem-se 5 dias para conclusão; para o segundo, composto por dois capítulos, 6 dias; para o terceiro, de cinco capítulos, 18 dias; para o quarto, com quatro capítulos, sugerem-se 12 dias. Para o quinto módulo, com quatro capítulos, são sugeridos 19 dias para conclusão. As informações sobre o uso do material didático, programa instrucional e sugestão de carga horária são fornecidas ao aluno no início do curso, quando também são indicadas algumas fontes alternativas de informação e explicado o sistema de avaliação de aprendizagem.

O ambiente[5] do curso permite que o aluno faça o *download* do conteúdo para seu computador pessoal, necessitando acessar a página do curso apenas para a realização dos exercícios e uso das ferramentas da *web* disponibilizadas, como tutoria, mural de notícias, banco de perguntas freqüentes, troca de e-mails com colegas, *chats* e fóruns. Os vários recursos de apoio à aprendizagem são estruturados de modo a estimular a participação do aluno e a discussão sobre os temas abordados. Contudo, não há contingência associada ao uso dessas estratégias, o que reduz bastante a freqüência de uso das mesmas.

A figura do tutor exerce um papel importante no incentivo ao término do treinamento. Os índices de evasão de cursos a distância costumam ser elevados e foi enfatizada a tutoria ativa como meio para manter contato mais direto com o aluno, acompanhando seu desempenho e as atividades por ele realizadas. A tutoria, além desse papel, tira dúvidas dos alunos, conduz os encontros nos *chats* e intermedia os temas da lista de discussão. O tutor atende 200 alunos por turma oferecida.

(Continua)

Quadro 22.4 *(Continuação)*

ESTUDO 2 – CURSO INICIANDO UM PEQUENO GRANDE NEGÓCIO (IPGN)[4]

O ambiente eletrônico do IPGN possui, na parte superior da página, os menus de ferramentas de interação, "tira-dúvidas", banco de perguntas freqüentes e suporte técnico. Na coluna esquerda, encontra-se o conteúdo programático listado, onde o aluno acessa o capítulo que está estudando, os exercícios ainda não realizados e as atividades de elaboração do plano de negócio. A parte central da página destina-se ao conteúdo propriamente dito, em que o aluno deve passar as diversas páginas de um capítulo, tendo a opção de alguns *links* para o glossário do curso. Ao entrar no ambiente, o aluno recebe a informação de onde parou na última vez que acessou o curso. Eventualmente, ele também recebe notícias ou avisos no mural, bem como indicações sobre as novas discussões realizadas nos *chats* e listas de discussão. Neste momento, o aluno pode escolher o caminho que irá seguir no ambiente, tendo a flexibilidade de estudar determinado capítulo e, por exemplo, acessar o "tira-dúvida" ou o *chat*.

Fonte: Carvalho (2003).

Características da clientela do curso

A tabela a seguir apresenta as características demográficas da população de alunos matriculados no IPGN entre 1º de maio e 6 de agosto de 2002. O total de alunos é de 21.920.

PERFIL DA POPULAÇÃO DE INSCRITOS NO CURSO

População de inscritos no curso	Freqüência e porcentagem	
Sexo	F	%
Feminino	7.194	32,8
Masculino	14.398	65,7
Omisso	328	1,5
Escolaridade	F	%
Ensino fundamental incompleto	595	2,7
Ensino fundamental completo	158	0,7
Ensino médio incompleto	696	3,2
Ensino médio completo	3680	16,7
Ensino superior incompleto	7527	34,2
Ensino superior completo	6236	28,3
Pós-graduação	3108	14,1
Omisso	–	–
Região geográfica	F	%
Norte	832	3,8
Nordeste	3528	16,1
Centro-Oeste	1978	9,0
Sudeste	11864	54,1
Sul	3345	15,3
Omisso	373	1,7
Idade		
Média	33,05	
Desvio padrão	9,29	
Mínimo	15	
Máximo	76	
Omisso (n)	1248	
Omisso (%)	5,7	

Fonte: Sebrae. Tabela adaptada de Carvalho (2003, p.53 e 54). Legenda: F = freqüência absoluta; DP = desvio padrão.

A maior parte da população de inscritos é do sexo masculino, residente na Região Sudeste, possui média de idade de 33 anos (DP = 9,29). Grande parte da população possui como último nível de instrução, o ensino superior completo ou pós-graduação.

Quadro 22.5
DEFINIÇÃO DE MÉTODOS DE AVALIAÇÃO DE AÇÕES A DISTÂNCIA DE TD&E

Constructo	Indicadores	Instrumentos	Fontes, meios e avaliadores	Aplicação e análise de dados
Apoio	**Interface gráfica** **Serviço de apoio técnico** **Sistema de tutoria:** passiva ou ativa, quantidade de alunos por tutor. **Ambiente de estudo:** adequação do curso ao computador (acesso e adequação), aos locais, preferências e hábitos de estudos dos participantes, apoio ao participante na administração do tempo para conclusão das unidades do curso.	**Questionário** de avaliação de reações.	**Fontes:** primárias. **Avaliadores:** participantes tutores, desenhistas instrucionais, especialistas em conteúdo desenhistas e "desenvolvedores" de interfaces na *web*. **Fontes:** secundárias. **Meios:** dados de arquivo, gerenciadores eletrônicos de cursos, conteúdo de *e-mails*. **Avaliadores:** tutores e profissionais de TD&E.	**Aplicação:** individual com questionário digitalizado e hospedado no *site* do curso ou da organização. Envio de questionário em versão eletrônica por *e-mail*. **Análise de dados:** quantitativa das respostas ao questionário e dos dados secundários, qualitativa de mensagens dos participantes sobre apoio.
Procedimentos	**Planejamento ou desenho instrucional e execução** Todos os indicares do Caso 1 e mais os seguintes: **Interação com tutor:** natureza e freqüência. **Interação com outros participantes:** natureza e freqüência. **Interatividade:** tipo de participação do aprendiz (passiva ou ativa) exigida pelas atividades programadas. **Qualidade das avaliações de aprendizagem:** adequação das medidas à natureza (cognitiva, psicomotora ou afetiva) e grau de complexidade, automatização ou internalização definidos nos objetivos instrucionais.	**Roteiro** de análise dos materiais do curso. **Questionário** de avaliação de **reações** aos procedimentos e ao desempenho dos tutores.	**Fontes:** primárias. **Avaliadores:** especialistas em TD&E e nos conteúdos. **Fontes:** primárias. **Avaliadores:** participantes, instrutores. **Fontes:** secundárias **Meios:** conteúdo de *e-mails*.	**Aplicação:** Avaliações feitas por duplas (ou mais pessoas) de avaliadores independentes. **Análise de dados:** confiabilidade. **Aplicação:** individual com questionário digitalizado e hospedado em *site*. **Análises de dados:** quantitativas e qualitativas.

(*Continua*)

Quadro 22.5 (*continuação*)
DEFINIÇÃO DE MÉTODOS DE AVALIAÇÃO DE AÇÕES A DISTÂNCIA DE TD&E

Constructo		Indicadores	Instrumentos	Fontes, meios e avaliadores	Aplicação e análise de dados
Procedimentos		Tipo de *feedbacks* oferecidos ao participante (conteúdo, oportunidades, fontes).		**Avaliadores:** tutores e profissionais de TD&E.	
Processos		Resultados de exercícios, testes, provas, trabalhos, exercícios intermediários. Participação em *chats*, fóruns, listas de discussão, aulas virtuais síncronas, consultas ao tutor (natureza e quantidade). Interações participante-participante, participante-instrutor (natureza, freqüência e qualidade). Tempo para conclusão de cada unidade do curso. Mensagens de satisfação ou insatisfação com o curso, tutoria, acesso aos materiais e similares enviadas pelos participantes para tutores, apoio técnico e demais alunos. Quantidade de tempo dedicado pelo aprendiz à realização de exercícios e ao estudo individual. Nível de absenteísmo não justificado a momentos de atividade síncrona. Atrasos na entrega de trabalhos ou conclusão de unidades Quantidade de pessoas que abandonam o curso.	Montagem de arquivos de dados	**Fontes:** secundárias. **Meios:** extração de informações em bancos de dados, algumas vezes gravados eletronicamente. **Avaliadores:** tutores, profissionais de TD&E, participantes, desenhistas e *desenvolvedores* de ambientes na *web*.	**Análise de dados:** quantitativa de dados numéricos e qualitativa de conteúdos de mensagens trocadas entre os envolvidos no curso.

responsáveis pelos serviços de suporte técnico e tutoria (ver Quadro 22.5). Nesses casos, outros profissionais podem fazer parte do painel de avaliadores, de modo a viabilizarem soluções para eventuais problemas localizados durante a avaliação.

Os dados coletados são submetidos a análises quantitativas (respostas ao questionário) e qualitativas (conteúdos de mensagens dos participantes no que diz respeito a dúvidas, reclamações, dificuldades de acesso ao material e aos demais profissionais envolvidos no curso).

Quanto aos *procedimentos*, a avaliação inclui todos os itens normalmente avaliados em cursos presenciais e outros mais típicos de cursos a distância, como interação, interatividade, natureza e qualidade dos *feedbacks* ao aluno e das avaliações de aprendizagem, considerados aspectos muito importantes para o sucesso de cursos a distância (ver Quadro 22.5).

Um dos grandes ganhos da avaliação de ações de TD&E a distância, mediados por plataformas eletrônicas de gerenciamento de objetos de aprendizagem, é a possibilidade de acompanhar, avaliar e registrar os processos individuais de aquisição e retenção dos conhecimentos, habilidades e atitudes (CHAs) ensinados durante o curso, bem como monitorar de modo mais personalizado as reações intermediárias do aprendiz durante o curso. Além desses processos, são passíveis de análise as interações participante-participante, participante-tutor, participante-suporte técnico, bem como o desempenho individual e dos grupos em exercícios e atividades práticas. Essas e muitas outras informações sobre os processos intermediários podem ser registradas e armazenadas em valiosos arquivos eletrônicos de dados.

As informações sobre o uso das ferramentas eletrônicas de mediação (acesso aos *chats*, participação em fóruns, busca espontânea de ajuda de tutores e dados pessoais dos participantes como sexo, idade, cidade de origem, entre outras), foram obtidas por Abbad, Carvalho e Zerbini (2004), de uma fonte secundária de dados do Sebrae. Esses dados referentes a *processos* de interação, pareados com os dados de perfil da clientela foram úteis na busca de explicações para a evasão no curso IPGN. Essa é uma pequena demonstração da viabilidade e importância do uso de fontes secundárias, em avaliação de *processos* em cursos a distância, mediados por novas tecnologias da informação e comunicação.

Esses recursos tecnológicos facilitam a avaliação dos processos iniciais de aquisição de CHAs, cuja ocorrência é pouco avaliada em ações presenciais de curta duração. Informações sobre cada aprendiz no que se refere a tempo para solucionar exercícios, reter conteúdos ou dificuldades para compreender conteúdos e instruções são variáveis de processo mais facilmente coletados e registrados em ambientes de cursos a distância, mediados por computador e por novas tecnologias da informação e comunicação do que em cursos tradicionais com presença.

Universidades corporativas e acadêmicas, que trabalham com esse tipo de plataforma de gerenciamento de cursos *on-line,* já possuem grande parte dessas informações. Contudo, ainda há pouco esforço para incluí-los em avaliações de TD&E.

Após a análise desses dois casos, é preciso identificar onde paramos e onde estamos dentro deste capítulo. Analise a Figura 22.2, e tente verificar se tratamos de todas as etapas de estabelecimento de procedimentos de avaliação. Em destaque, encontram-se as fases não abordadas neste capítulo. A construção e validação de instrumentos de avaliação, bem como a natureza da retroalimentação avaliativa que deve estruturar a redação de relatórios técnicos de devolução de resultados para a organização estão apresentados nos Capítulos 18 e 26, respectivamente.

1. Definir os constructos de interesse de acordo com um modelo.
2. Listar indicadores de avaliação.
3. Identificar e escolher instrumentos de medida.
4. Escolher ou *construir e validar instrumentos*.
5. Escolher fontes e meios de avaliação.
6. Definir avaliadores.
7. Definir procedimentos de coleta de dados
8. Definir procedimentos de análise de dados.
9. *Definir estrutura do relatório de devolução de resultados*.

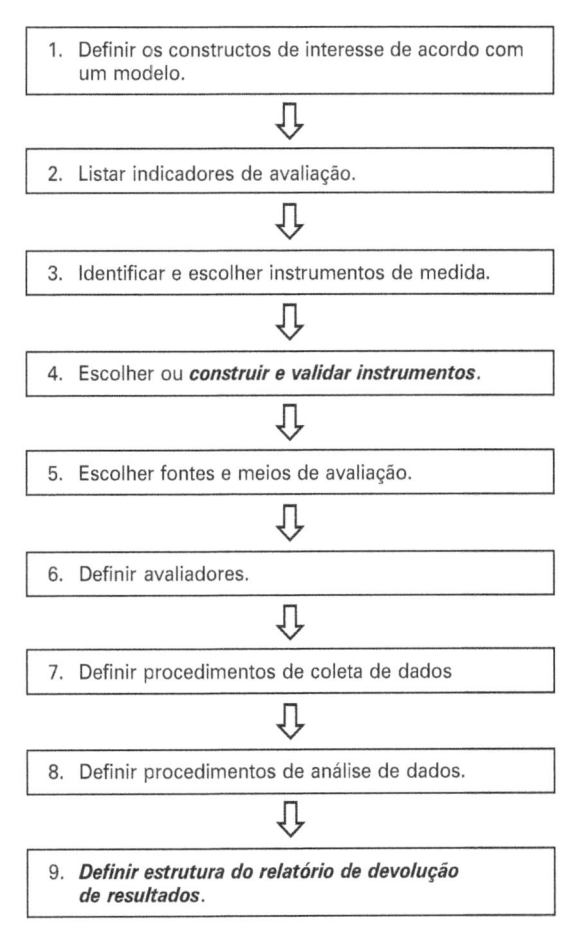

Figura 22.2 Etapas da escolha de procedimentos de avaliação para verificação dos pontos abordados neste capítulo.

Em suma, o que é preciso fazer para definir procedimentos de avaliação? estudar o caso (características dos eventos, da clientela e do contexto), escolher um modelo de avaliação que defina claramente seus componentes[8] e depois seguir as etapas da Figura 22.2.

Na seção que se segue, são apresentados fragmentos de instrumentos de medida de avaliação aplicados e validados por pesquisadores em organizações brasileiras. Alguns foram construídos ou aplicados nos dois casos discutidos anteriormente.

INSTRUMENTOS DE MEDIDA: CARACTERÍSTICAS E APLICAÇÃO

Nesta parte são descritos instrumentos de medidas e sua aplicação em situação de avaliação de cursos presenciais e a distância. Avaliação de *apoio*, *procedimentos* e *processos* tem sido comumente realizada por meio de questionários de *reações* dos participantes ao curso.

Reação, primeiro nível de avaliação dos modelos tradicionais de avaliação, mensura a satisfação do participante com o treinamento e pode ser medido por intermédio um item único ou por vários itens, de acordo com Borges-Andrade (2002).

A construção de questionários com vários itens de avaliação, estratégia mais adotada por pesquisadores brasileiros, tem sido facilitada pelo uso de modelos teóricos de investigação como quadro de referência. A definição de seus componentes e constructos serve de guia para a elaboração de questões que possibilitem a avaliação dos vários aspectos da ação de TD&E considerados.

Os trabalhos de Alves e Tamayo (1993) e Alves, Pasquali e Pereira (1999) mostram instrumentos de avaliação de reações dos participantes a treinamentos, são exemplos de utilização de questionários com múltiplos itens que avaliam diversas características de eventos instrucionais, construídos com base no MAIS.

Esse modelo, descrito no Capítulo 17, tem sido usado como referencial teórico básico para geração de itens de reações a cursos. O modelo possibilitou a criação de itens da avaliação para quase todos os seus componentes. Nesta seção mostraremos fragmentos ou instrumentos completos de avaliação para três deles.

Em primeiro lugar, nos Quadros 22.6 e 22.7, apresentam-se exemplos de itens e de questionário de avaliação de *apoio* e *procedimentos instrucionais* para cursos presenciais por Abbad (1999).

Reação aos procedimentos instrucionais é definida como a satisfação dos participantes com aspectos relacionados à *qualidade do plano instrucional* ou de *sua programação* (objetivos, seqüência, estratégias instrucionais, meios, duração, entre outros), à *qualidade da execução* (desempenho do instrutor) e do *apoio* à execução do treinamento (instalações e materiais didáticos). O questionário completo de avaliação de reações contém 24 itens que avaliam, além desses, outros aspectos não focalizados aqui.

A estrutura empírica do questionário completo é formada por duas escalas denominadas: reação aos resultados, aplicabilidade e expectativas de suporte à transferência e reações à programação ao apoio[9]. Ambas as escalas demonstraram-se válidas e confiáveis, após análises fatoriais e de consistência interna. O Quadro 22.6 apresenta exemplos de itens da escala denominada reações à programação e apoio.

O Quadro 22.7 mostra uma escala completa de avaliação do desempenho do instrutor. Essa escala avalia a qualidade do desempenho didático do instrutor, de sua interação com os participantes, bem como o domínio de conteúdo demonstrado em sala de aula. Neste caso, a análise fatorial realizada mostrou uma

Quadro 22.6

EXEMPLOS DE ITENS DE REAÇÕES AOS PROCEDIMENTOS E AO APOIO EM SITUAÇÃO DE EVENTO PRESENCIAL

Reação ou satisfação com a programação	Pontuação
1. Clareza na definição dos objetivos do curso.	
2. Compatibilidade dos objetivos com as suas necessidades de treinamento.	
3. Carga horária programada para as atividades teóricas.	
4. Ordenação dos conteúdos.	
5. Carga horária programada para as atividades práticas.	
6. Carga horária diária.	
7. Adequação do conteúdo programático aos objetivos do curso.	
8. Qualidade das instalações.	
9. Qualidade e organização do material didático.	
10. Quantidade de material didático.	

Escala: (5) ótimo, (4) muito bom, (3) bom, (2) regular, (1) ruim.
Fonte: Abbad (1999); Abbad, Borges-Andrade, Sallorenzo, Gama e Morandini (2001).

Quadro 22.7
QUESTIONÁRIO COMPLETO DE AVALIAÇÃO DE INSTRUTORES DE EVENTOS PRESENCIAIS

Desempenho do instrutor	Pontuação
1. Transmissão dos objetivos do treinamento.	
2. Sumarização e revisão das unidades ensinadas.	
3. Nível de organização da apresentação da seqüência das unidades.	
4. Nível de profundidade com que os temas e assuntos foram abordados, tendo em vista os objetivos do curso.	
5. Ritmo de apresentação dos tópicos.	
6. Uso de estratégias para motivar os participantes em relação aos temas abordados no módulo.	
7. Qualidade da apresentação dos conteúdos e da exemplificação.	
8. Uso de estratégias instrucionais (estudos de caso, exposições orais, discussão em grupo e similares) em relação à apreensão dos conteúdos.	
9. Uso dos recursos instrucionais (quadro de giz, quadro branco, retroprojetor, etc.) em relação à apreensão do conteúdo.	
10. Qualidade das avaliações de aprendizagem (trabalhos em grupo, exercícios, testes, provas).	
11. Conhecimento dos temas abordados no treinamento.	
12. Segurança na transmissão dos conteúdos do treinamento.	
13. Disposição para esclarecer dúvidas.	
14. Respeito às idéias manifestadas pelos treinandos acerca dos temas abordados no treinamento.	
15. Estímulo dado aos treinandos para manifestarem suas idéias.	

Escala: (5) ótimo, (4) muito bom, (3) bom, (2) regular, (1) ruim.
Fonte: Abbad (1999); Abbad, Borges-Andrade, Sallorenzo, Gama e Morandini (2001).

estrutura composta por um fator único que explica 61,64% da variância total das respostas dos participantes ao questionário. Esse fator, denominado *reação ao desempenho do instrutor*, contém 15 itens. A escala única atingiu alto índice de confiabilidade (alfa de Cronbach = 0,96) e de validade interna (cargas fatoriais entre 0,63 e 0,87). Esse instrumento foi revalidado em diferentes contextos e treinamentos, mostrando-se estável e consistente.

Os Quadros 22.8, 22.9 e 22.10 mostram fragmentos de questionários de avaliação de *reações* de participantes a cursos a distância, mediados por novas tecnologias da informação e comunicação, como a internet. Os itens contidos nos quadros avaliam apenas fatores de *apoio* e *procedimentos* instrucionais.

Leitor, aproveite para identificar as diferenças nos instrumentos aplicados em situações de TD&E a distância e presenciais!

O primeiro fragmento refere-se à *interface gráfica* do curso mediado pela *web*, construído e validado por Carvalho (2003) com o apoio de Zerbini (2003), na pesquisa citada no estudo do Caso 2. Esse questionário, com algumas modificações, foi aplicado e revalidado por Borges-Ferreira (2005) em outro contexto.

Reação à interface gráfica é definida como a qualidade ergonômica do ambiente eletrônico do curso, em termos de navegabilidade e usabilidade de *softwares*, entre os quais carga de trabalho, homogeneidade e coerência interna. Os itens cobriram as referidas categorias, e o questionário completo contém 15 itens, que

Quadro 22.8
FRAGMENTO DE QUESTIONÁRIO DE REAÇÃO À INTERFACE GRÁFICA

Nota	Reações à Interface gráfica do curso
( )	Relação entre os nomes e as siglas dos comandos e suas funções.
( )	Relação entre o ícone (desenho, seta) e sua função.
( )	Manutenção da função de um mesmo comando em todas as telas.
( )	Quantidade de passos para chegar na informação que preciso.
( )	Disposição dos comandos na tela para encontrar as informações desejadas.
( )	Quantidade de conteúdo por tela.
( )	Indicação de onde estou no ambiente eletrônico, em cada momento.
( )	Adequação do ambiente eletrônico do curso à minha experiência com o uso da Internet.
( )	Letras (cor, tipo, tamanho) usadas nos textos.
( )	Qualidade das mensagens que recebo do ambiente eletrônico quando cometo erros de navegação.

Escala de 11 pontos, em que 0 corresponde a péssimo, e 10, a excelente.
Fonte: Carvalho (2003).

Quadro 22.9
FRAGMENTOS DE ESCALAS DE REAÇÕES PROCEDIMENTOS INSTRUCIONAIS PARA AVALIAÇÃO DE CURSO A DISTÂNCIA, MEDIADO PELA *WEB*

Nota	Procedimentos tradionais
( )	Seqüência de apresentação dos módulos.
( )	Ligação entre o conteúdo proposto e os objetivos do curso.
( )	Linguagem utilizada no material do curso.
( )	Quantidade de capítulos por módulo.

Nota	Recursos da *web*
( )	Discussões nas listas de discussões.
( )	Discussões na comunidade de aprendizagem.
( )	Discussões nos *chats*.

Nota	Atividades e exercícios
( )	Exercícios de fixação (obrigatórios).
( )	Atividades propostas ao final dos capítulos.
( )	Orientação para solução de erros em exercícios de fixação (obrigatórios).

Escala de 11 pontos, em que 0 corresponde a péssimo, e 10, a excelente.
Fonte: Zerbini (2003).

passaram por avaliação de juízes, especialistas em ergonomia.

As análises fatoriais exploratórias e de consistência interna realizadas a partir das respostas de 1.827 participantes do curso IPGN ao questionário de avaliação de *reações à interface gráfica* revelaram uma estrutura empírica unifatorial com 15 itens. A escala alcançou excelentes níveis psicométricos de validade (itens

Quadro 22.10
FRAGMENTOS DAS ESCALAS DE REAÇÕES AO DESEMPENHO DO TUTOR DE CURSO A DISTÂNCIA, MEDIADO PELA *WEB*

Nota	Desempenho didático e domínio do conteúdo
( )	Integra teoria e prática em suas explicações.
( )	Esclarece os motivos dos erros cometidos pelos participantes.
( )	Muda a forma de explicar até que os participantes compreendam os assuntos do curso.
( )	Apresenta exemplos que ilustram bem o tema discutido.
( )	Aproveita os acertos dos participantes para enfatizar os aspectos mais importantes do tema.
( )	Cria situações em que os participantes se sintam capazes de resolver.

Nota	Uso de estratégias motivacionais
( )	Envia mensagens de incentivo aos participantes.
( )	Incentiva os participantes a concluírem o curso.
( )	Encoraja os participantes a discutirem coletivamente suas dúvidas e questionamentos.
( )	Demonstra alegria com o sucesso e os resultados dos participantes.
( )	Elogia os participantes pelo desempenho no decorrer do curso.
( )	Utiliza o *chat* ou a lista de discussão para estimular a interação entre os participantes.
( )	Utiliza expressões afetuosas ao se dirigir aos participantes.
( )	Elogia a participação nos *chats* e listas de discussões.

Nota	Respeito aos participantes
( )	Comunica-se de modo educado com os participantes.
( )	Demonstra bom humor durante a sua participação no curso.
( )	Respeita as dúvidas dos participantes.
( )	Leva em consideração as idéias dos participantes.
( )	Demonstra entusiasmo ao abordar os temas do curso.

Escala de 11 pontos, em que 0 corresponde a nunca, e 10, a sempre.
Fonte: Carvalho (2003).

com cargas fatoriais entre 0,84 a 0,68) e confiabilidade (alfa de Cronbach = 0,95).

O Quadro 22.9 mostra fragmentos das escalas de avaliação de procedimentos instrucionais de curso a distância, mediado pela *web*. O instrumento foi construído e validado por Zerbini (2003) e Abbad, Carvalho e Zerbini (2004), utilizado com modificações por Borges-Ferreira (2005).

As respostas válidas de cerca de 1.500 participantes do curso IPGN aos 19 itens do questionário completo, submetidas a análises exploratórias, mostraram uma estrutura empírica com três fatores: reações a *procedimentos tradicionais*, *recursos da web* e *atividades e exercícios*.

O Fator 1, *procedimentos tradicionais*, é composto por nove itens que avaliam a satisfação dos participantes com as características instrucionais presentes em qualquer tipo de evento, presencial ou não, tais como carga horária, organização do conteúdo, linguagem utilizada, etc. Este fator apresentou um alto índice de consistência interna ($\alpha = 0,91$), com itens cujas cargas fatoriais variaram entre 0,44 e 0,90. Veja alguns itens no Quadro 22.8.

O Fator 2, *recursos da web*, composto por sete itens, avalia a satisfação dos participantes com as listas de discussões, *chats*, FAQ, *links* e outros recursos similares. Este fator apresentou um alfa de 0,89 e itens com cargas fatoriais entre 0,40 e 0,93.

O Fator 3, *atividades e exercícios*, formado por sete itens, avalia a satisfação dos participantes com exercícios e orientações para soluções de erros. Este fator apresentou um índice de consistência interno satisfatório ($\alpha = 0,85$) e itens com cargas fatoriais entre –0,58 e –0,82.

Os resultados das análises fatoriais mostraram também fortes indícios da presença de um fator geral, que abrange os três. Esse fator geral, denominado *rea-*

ção aos procedimentos instrucionais, inclui os 19 itens e apresenta um alto índice de confiabilidade de 0,93 e itens com cargas fatoriais entre 0,56 e 0,77. A escala geral avalia em conjunto a satisfação dos participantes com os procedimentos tradicionais e específicos de um TBW. Isso mostra que o profissional de TD&E tanto pode usar o questionário completo como suas subescalas separadamente, dependendo dos objetivos da avaliação.

O Quadro 22.10 apresenta exemplos de itens de um questionário construído e validado por Carvalho (2003), junto a uma amostra de cerca de 900 participantes do curso IPGN, para avaliar tutores e não-instrutores.

O questionário completo é formado por 44 itens que avaliam interação com os participantes, desempenho didático e domínio do conteúdo. Os itens foram respondidos pelos participantes por meio de uma escala de freqüência de 11 pontos, com variação de 0 (nunca) a 10 (sempre).

As análises fatoriais realizadas mostraram uma estrutura empírica com três fatores. O primeiro fator, denominado *desempenho didático e domínio do conteúdo*, compõe-se de 27 itens, com cargas fatoriais variando de 0,40 a 0,93, explicando 52,3% da variância total das respostas e índice de confiabilidade alfa de Cronbach de 0,98, segundo Carvalho (2003). O segundo fator, *uso de estratégias motivacionais*, reúne 12 itens com cargas fatoriais de 0,49 a 0,98, poder de explicação de 42,4% da variância total das respostas e alfa de 0,95. O terceiro fator, *respeito aos participantes*, contém cinco itens com cargas fatoriais de 0,41 a 0,52, explicando 22,4% da variância das respostas e alfa de 0,92.

As análises indicaram também a presença de um fator geral com 44 itens, denominado por Carvalho (2003) escala de *reação ao desempenho do tutor*, com cargas fatoriais variando de 0,59 a 0,89, explicação de 57% da variância total das respostas e índice de confiabilidade alfa de 0,98. Neste caso, o profissional, dependendo de seus objetivos poderá também utilizar a escala completa ou uma das escalas menores de cada vez.

Processos, tal como os demais componentes do modelo de avaliação, também pode ser avaliado por meio de questionários de reações ou satisfação dos participantes com aspectos ligados aos efeitos intermediários do curso. O Quadro 22.11 mostra alguns itens de questionário de avaliação utilizado para avaliação de disciplinas em cursos de graduação em uma universidade pública federal. O aluno e/ou o professor avalia(m) características da interação da turma durante as aulas.

O conjunto de itens transcritos no Quadro 22.11 é parte de um instrumento submetido a análises fatoriais e de consistência interna. Apesar de não terem sido oficialmente divulgados, esses resultados indicaram excelentes índices *psicométricos* de validade para o instrumento completo.

Ainda no que diz respeito a *processos*, além dos exemplos mencionados e os de Carvalho (2003) e Zerbini (2003), houve uma experiência, digna de nota, realizada por Borges-Ferreira (2005), de avaliação de disciplinas de curso técnico profissionalizante, de longa duração, cujas unidades de conteúdo eram ofertados a distância com mediação da *web*, de materiais impressos, disquetes e CD-ROMs.

Quadro 22.11
ITENS DE AVALIAÇÃO DE REAÇÕES A PROCESSOS INSTRUCIONAIS

Avaliação da turma	Nota
Participação dos alunos nas atividades desenvolvidas na disciplina.	
Rendimento dos alunos nas tarefas propostas pelo professor.	
Busca de aprofundamento por meio de pesquisa bibliográfica e leituras.	
Disposição dos alunos para trocar idéias com os colegas e com o professor.	
Assimilação dos conteúdos abordados na disciplina.	
Qualidade da interação entre os alunos durante as aulas.	
Satisfação da turma com a disciplina.	

Escala de 11 pontos, em que 0 corresponde a insatisfatório, e 10, a satisfatório.

A pesquisadora utilizou fonte secundária fornecida pela organização, que mantinha em arquivos eletrônicos informações sobre os processos de aprendizagem do aluno, seus resultados em diferentes atividades durante o curso. Veja que interessante a descrição feita por Borges-Ferreira (2005) sobre as avaliações de aprendizagem que ela utilizou para testar seus modelos de avaliação de curso a distância. O Quadro 22.12 mostra um fragmento desse texto.

O exemplo anterior é um caso raro em TD&E de verificação de processo de aprendizagem em que o aluno é acompanhado ao longo de toda a sua participação no curso por tutores que avaliam seu rendimento em termos de aquisição, retenção e generalização ou aplicação prática dos CHAs, além de sua motivação para o curso.

A avaliação de processo em cursos a distância, em algumas situações, requer avaliação qualitativa dos conteúdos de mensagens trocadas entre os participantes, tutores e participantes e entre participantes e serviços de apoio mantidos pela escola. Essas informações, pareadas com dados referentes a reações aos procedimentos, ao tutor, à interface gráfica e ao perfil

Quadro 22.12
EXEMPLO DE AVALIAÇÕES DE PROCESSO DE APRENDIZAGEM

As avaliações de aprendizagem são realizadas de forma sistemática e contínua por meio de várias atividades e eventos. Essas avaliações são elaboradas pelos tutores da própria escola. A seguir, são listados os tipos de avaliação presentes nos cursos oferecidos pela organização.

- **Exploração do material didático** – Refere-se ao estudo do material didático multimídia (CBT) realizado pelo aluno. A avaliação é feita pela análise do relatório do treinamento baseado em computador (CBT), gerado à medida que o aluno faz o curso. Esse relatório contém os acessos, as horas trabalhadas e o resultado dos testes ao final de cada unidade.
- **Atividades** – São exercícios práticos relacionados ao trabalho real do técnico em informática. Todas as atividades estão disponíveis para *download* no próprio *site* da escola. A correção é feita pelo tutor responsável pela disciplina. São três as avaliações referentes às atividades, a saber:
    1. *Atividades complementares (AC)* – São elaboradas com base nos conteúdos abordados no CBT e visam à fixação e ao aprofundamento dos mesmos.
    2. *Atividades Práticas (AP)* – São atividades que apresentam ao aluno situações-problema. Para solucionar o problema proposto, o aluno deve escolher, com base no que aprendeu com o estudo do CBT[10], a melhor solução.
    3. *Desafio do Mês* – São atividades que vão além dos conteúdos estudados que visam incentivar o aluno à pesquisa e à descoberta de novas soluções e entendimentos para os conteúdos estudados nas disciplinas.
- **Participação nos eventos** – É avaliada através da presença nos fóruns, debates e aulas virtuais realizadas pela central de tutoria.
    1. *Debates e aulas virtuais* – Discussões semanais via *chat* e coordenadas pelos tutores. Em ambos são discutidos dois temas por mês, sendo um deles direcionado aos novos alunos e outro aos mais antigos. A participação, em pelo menos um destes eventos por mês, é obrigatória para a conclusão da disciplina e a nota desta atividade é dada em função dos seguintes aspectos: qualidade da participação, interesse na discussão, interação com os colegas e pontualidade.
    2. *Fóruns de discussão geral* – Mensalmente é inserido um texto introdutório (de leitura obrigatória) a respeito do qual os alunos devem fazer comentários e considerações, contribuindo para a construção coletiva do conhecimento e trocando idéias com outros alunos e usuários do sistema. A nota neste evento é atribuída levando-se em consideração os seguintes aspectos: relação com o tema proposto, interesse na discussão, conteúdo, correção gramatical, correção ortográfica e desenvolvimento das idéias.
- **Formulário de avaliação** – A nota é atribuída ao aluno quando este preenche os questionários de avaliação das disciplinas. O preenchimento é obrigatório.

Avaliação *on-line* presencial – A prova, de caráter conceitual, é gerada pelo sistema da escola, no ato de sua realização e após o envio de todas as demais atividades. As questões são selecionadas aleatoriamente em um banco de questões, de forma que todos os módulos sejam incluídos na avaliação. O resultado da prova é fornecido imediatamente após o término da realização da prova pelo aluno. Caso o aluno não obtenha a nota mínima (seis), tem direito a fazer uma nova prova.

Fonte: Borges-Ferreira (2005).

dos alunos, são úteis para a realização de análises do relacionamento entre elas e para a adoção de estratégias de aprimoramento de procedimentos e de apoio instrucional ao aluno. Resultado interessante encontrado por Borges-Ferreira (2005), por exemplo, mostrou que os participantes que avaliaram mais favoravelmente as disciplinas tenderam a obter médias finais mais altas do que os que não gostaram dos procedimentos adotados no curso. A pesquisa de Borges-Ferreira foi facilitada pelos recursos tecnológicos que a auxiliaram a coletar, armazenar e parear dados secundários e primários eletronicamente e *on-line*.

Em suma, encontram-se disponíveis instrumentos de avaliação de reações a procedimentos, processos e apoio, construídos e validados de acordo com recomendações técnicas oriundas da psicometria. Estão prontos (ou quase) para aplicação em avaliação de cursos presenciais e a distância, alguns dos quais especialmente desenhados para avaliação de cursos mediados pela *web*.

RELAÇÕES EMPÍRICAS ENTRE OS NÍVEIS DE AVALIAÇÃO

Nesta seção, discutem-se os principais resultados sobre o relacionamento empírico entre reações e os demais níveis de avaliação: em especial, com aprendizagem e comportamento no cargo ou impacto no trabalho. Entretanto, há poucos estudos que investigam mais de um nível de avaliação ao mesmo tempo.

Há pouco mais, 40 anos, Kirkpatrick (1976, 1977) propôs quatro níveis de eficácia de resultados de treinamento (reações, aprendizagem, comportamento, impacto ou transferência e resultados). Ainda hoje, esse modelo e o de Hamblin (1978) continuam a orientar as muitas pesquisas e intervenções em TD&E.

Alliger e Janak (1989) questionam, entretanto, após metanálise de pesquisas que investigaram o relacionamento entre reações, aprendizagem e os demais níveis, as principais suposições subjacentes ao modelo de Kirkpatrick (1976, 1977), a saber:

a) cada nível provê mais informações que o antecedente;
b) há relações de causalidade entre os níveis;
c) os níveis estão relacionados positivamente entre si.

Sobre a primeira delas, observa-se que nem todos os programas de treinamento são desenvolvidos para produzirem efeitos sobre todos os níveis de avaliação. Quanto às duas últimas suposições, observou-se que os níveis nem sempre estão correlacionados entre si.

Alliger e Janak (1989), por exemplo, observaram, após a análise de 203 artigos, que somente oito relataram correlações entre dois ou mais níveis. Nestes, o nível de reações correlacionou-se fracamente com os demais. As correlações propostas no modelo hierárquico de níveis tiveram suas bases questionadas devido a interferências de variáveis como motivação, contexto de transferência, atitudes dos treinandos, entre outras, não previstas por essas abordagens.

Tannenbaum e Yukl (1992) analisaram diversos estudos que não apoiaram o relacionamento direto causal entre os níveis de avaliação. Esses autores concluíram que aprendizagem parece ser condição necessária, embora não suficiente, para mudanças comportamentais no trabalho. Para os autores, o ambiente pós-treinamento poderia desempenhar um papel importante na determinação de transferência. Esses resultados também são confirmados por estudos nacionais, como demonstrou a revisão feita por Abbad, Pilati e Pantoja (2003).

Goldstein (1991) vem defendendo a idéia de que as medidas de reação são pouco úteis para explicar fatores de aprendizagem e só fazem sentido se estiverem alinhadas com as necessidades de treinamento. Alliger, Tannenbaum, Bennet, Traver e Shotland (1997), em uma metanálise de 34 estudos sobre correlações entre medidas de avaliação de treinamento, relataram que a reação não está correlacionada com aprendizagem. Por outro lado, a reação à utilidade do treinamento, quando analisada separadamente da medida anterior, correlacionou-se com impacto e, menos intensamente, com aprendizagem. Talvez isso se deva ao fato de que a percepção da utilidade do treinamento seja influenciada pelos conhecimentos dos participantes acerca dos ambientes de trabalho onde se inserem. Essa hipótese, ao que parece, ainda foi não testada.

Os resultados de pesquisas apresentadas por Tannenbaum e Yukl (1992) também não confirmaram o relacionamento significativo entre medidas de reação e os demais critérios (aprendizagem, impacto e resultados ou mudança e valor final). Alguns resultados destacados por esses autores, todavia, sugerem que o nível de reação exerce um papel moderador no relacionamento de motivação com aprendizagem.

A eficácia de programas de TD&E, tendo em vista o exposto, não deveria ser aferida avaliando-se apenas um nível (reações), como geralmente vem sendo feito. Reações favoráveis ao evento instrucional não garantem necessariamente a aprendizagem ou a mudança no comportamento do participante no trabalho. Essas descobertas de pesquisadores estrangeiros, concernentes às fracas relações entre *reação, aprendizagem e impacto*, não são conclusivas, havendo, ainda, poucas tentativas de identificação das variáveis explicativas de cada um desses níveis de avaliação.

No Brasil, a situação é diferente. Muitos estudos mostraram que reações favoráveis ao evento instrucional estão associadas positivamente com o impacto do treinamento no trabalho. Isto quer dizer que os participantes de treinamentos, quando satisfeitos com o treinamento, tendem a aplicar mais as novas aprendizagens no trabalho do que o fazem os insatisfeitos, entre os quais os trabalhos de Abbad (1999), Lacerda (2002), Mota (2002), Zerbini (2003), Carvalho (2003), Meira (2004), Pilati (2004) e Pantoja (2004).

Borges-Ferreira (2005) encontrou correlações significativas entre reações e aprendizagem. Nesse sentido, Abbad, Gama e Borges-Andrade (2000), em um estudo sobre o relacionamento entre os níveis de avaliação de reações, aprendizagem e impacto do treinamento, concluíram que cada elo da corrente de eventos depende de conjuntos diferentes de variáveis. Para os autores, aprendizagem depende, além das características dos treinamentos, de características pessoais da clientela e de suporte à transferência. Reações dependem de combinações diferentes dos mesmos conjuntos de variáveis preditoras de aprendizagem. Por fim, impacto do treinamento depende fortemente do suporte à transferência e de variáveis de reações aos resultados do treinamento.

Há avanços nesta área, porém a multiplicidade de medidas com definições e estruturas empíricas diferentes, principalmente nas medidas utilizadas em pesquisas estrangeiras, dificulta a comparação e a análise da generalidade dos resultados de pesquisas sobre esse nível.

No Brasil, observa-se que reações favoráveis estão correlacionadas positivamente com impacto. Esse resultado vem aparecendo de modo consistente em várias pesquisas, apesar de não ser conclusivo. Borges-Ferreira (2005) encontrou relações positivas entre reações a procedimentos instrucionais e aprendizagem, provavelmente porque, em sua pesquisa, havia múltiplas medidas bem construídas para avaliação de aprendizagem e de reações. Mais estudos relacionando os níveis de avaliação aos demais componentes do MAIS são necessárias para que a área de TD&E continue avançando em sua produção de conhecimentos e em sua capacidade de intervir para aumentar a sua eficiência, eficácia e efetividade de sistemas.

CONSIDERAÇÕES FINAIS

Para finalizar este capítulo, o leitor será levado a identificar algumas implicações da adoção de um modelo teórico de avaliação e da inclusão de fatores de apoio, processo e procedimentos instrucionais em avaliação formativa e somativa de TD&E.

A partir das inúmeras evidências empíricas de que um nível de avaliação de TD&E não é condição suficiente para explicar os demais, faz-se necessária a adoção de modelos teóricos multivariados de avaliação. Esses modelos integram, além de resultados de TD&E nos diferentes níveis, as variáveis do contexto (ambiente), da clientela (insumos), e de procedimentos e processos como componentes relacionados entre si.

Ao assumir como ponto de partida ou guia um modelo integrado de avaliação, o profissional tem sua tarefa facilitada em vários aspectos, entre os quais, estão:

- A descrição da ação ou conjunto de ações de TD&E a ser avaliada.
- A análise do contexto e clientela abrangida pelo(s) evento(s) instrucional (is).
- Definição dos construtos de interesse.
- Identificação de indicadores de avaliação.
- Escolha de procedimentos de avaliação (instrumentos, fontes, meios, avaliadores, coleta e análise de dados).

É tecnicamente saudável o uso conjunto de métodos qualitativos e quantitativos de análise, uma vez que alguns aspectos avaliados requerem o uso de múltiplos métodos e fontes de avaliação. A avaliação qualitativa dos conteúdos de mensagens trocadas por tutores e alunos, por exemplo, parece ser uma estratégia adequada à avaliação de *processos* em cursos a distância, principalmente durante a validação prévia de procedimentos e materiais instrucionais.

A aplicação de questionários e as análises quantitativas de dados são, por outro lado, a estratégia mais aplicável a grandes amostras de pessoas. Os questionários, após cuidadoso trabalho de construção e validação, são de fácil aplicação em situações que requerem aplicação coletiva (cursos presenciais) ou auto-aplicação individual. Um desafio para os profissionais da área é garantir a fidedignidade da fonte de avaliação, em especial, em situações de avaliação mediada pela internet. Nesses casos, é preciso garantir a identificação do respondente para evitar fraudes na avaliação.

O uso de múltiplas fontes de avaliação e avaliadores pode aumentar a confiabilidade, objetividade e validade da avaliação, desde que o profissional utilize medidas e instrumentos psicometricamente válidos e verifique a fidedignidade das fontes de dados. O uso de arquivos secundários de dados é aceitável, desde que a origem e o método de captação, armazenamento e atualização de dados sejam confiáveis.

Os meios ou veículos de avaliação escolhidos devem ser os mais práticos e menos trabalhosos para o respondente. A aplicação de instrumentos digitalizados a grandes amostras de respondentes é bastante prática, porém sua construção é cara, e sua aplicação está sujeita a vieses e baixos índices de devolução.

Antes de selecionar esse meio, o profissional deverá verificar os riscos, os custos e a viabilidade associados ao uso de questionários digitalizados no contexto pesquisado. Deve ser levado em conta, nessa escolha, o grau de familiaridade dos respondentes com computadores e internet, bem como o acesso dos mesmos a esses recursos. Uma vantagem associada à aplicação de questionários digitalizados é a possibilidade de registro automático dos dados em arquivos eletrônicos, o que diminui a ocorrência de erros e faz o profissional de TD&E economizar tempo destinado à inspeção e correção desses registros e arquivos.

Há muitos novos desafios a enfrentar em avaliação de TD&E. Um deles é realizar avaliação formativa de eventos instrucionais a distância para evitar o fracasso e a má utilização das novas tecnologias da informação e comunicação em grandes amostras de pessoas. A análise prévia de treinamentos a distância pode ser realizada por meio de avaliação de materiais didáticos, entrevistas com profissionais responsáveis pelos conteúdos, desenho instrucional, confecção de materiais, entre outros. Há autores como Driscoll (2002) sugerindo a criação de turmas alfa para avaliação ou teste piloto dos desenhos de cursos a distância mediados pela *web*.

Os custos iniciais para construção de TBWs são relativamente altos, quando comparados aos similares oferecidos na modalidade presencial. Essa característica justifica a validação prévia do desenho e a aplicação posterior do curso a um grande número de pessoas. As relações custo-benefício do uso de TBWs devem ser bem avaliadas pelo profissional de TD&E, pois meios tradicionais, como o material impresso, também são soluções eficazes na veiculação de materiais de cursos a distância.

É preciso agora que retomemos a discussão: por que devemos utilizar medidas de procedimentos, processos e apoio na avaliação de treinamentos? É preciso, evidentemente, avaliar procedimentos, pois eles são a essência do treinamento. Apesar da importância da avaliação de procedimentos, há poucas pesquisas sistemáticas investigando quais operações instrucionais são mais eficientes e eficazes para diferentes clientelas. Há evidências, por exemplo, de que objetivos instrucionais claros afetam aprendizagem, a realização de atividades práticas aumenta o impacto do treinamento no trabalho. É preciso avaliar processos, porque eles possibilitam o aprimoramento de estratégias de ensino e a adaptação das mesmas aos diferentes perfis de clientela e contextos. Caso contrário, como saberemos o que funcionou e o que não funcionou em uma ação de TD&E?

Um dos maiores dramas vivenciados pelo profissional de TD&E não é o fracasso de um evento instrucional por ele programado, mas é não conseguir repetir um sucesso. A avaliação de processos no MAIS tem caráter somativo, isto é, os dados são coletados ao longo do evento e depois compilados e avaliados retrospectivamente para aprimoramento de novas versões do mesmo evento no futuro. Todavia, esses processos podem ter caráter formativo e possibilitarem ajustes em eventos enquanto ocorrem. Em treinamentos a distância, mediados por novas tecnologias da informação e comunicação, a avaliação de processos é bastante viável e necessária, pois possibilita a realização de validação de materiais antes de sua aplicação em massa para grandes amostras de participantes.

Finalmente, é preciso avaliar fatores de contexto ou *apoio*, pois a influência que exercem sobre todas as atividades de sistemas de TD&E é empiricamente comprovado, principalmente no que tange a clima ou suporte à transferência de treinamento (tratado no Capítulo 20). Essa variável vem se mostrando positivamente relacionada ao impacto do treinamento no trabalho em pesquisas nacionais e internacionais, conforme Abbad, Pilati e Pantoja (2003) e Salas e Cannon-Bowers (2001). Há evidências de que a qualidade da avaliação de necessidades de TD&E[11] e a participação dos aprendizes nos programas de treinamento são afetados por variáveis como suporte gerencial e social (colegas e pares) às ações de TD&E. Além disso, fatores de apoio à execução do treinamento vêm se mostrando, na prática, importantes variáveis que indicam as razões para abandono, absenteísmo e falta de motivação para o treinamento, quando não ocorrem ou quando há muitas restrições situacionais à participação nos cursos.

O local, a duração, os horários, os dias da semana escolhidos para realização do curso podem inviabilizar ou dificultar a participação de pessoas em eventos programados. Mulheres, por exemplo, no sul da França, de acordo com Laufer (2000), estavam perdendo seus empregos tipicamente femininos para os homens, após a introdução de novas tecnologias de trabalho. Isso não se devia a incapacidade dessas mulheres para aprender os novos CHAs requeridos pelo trabalho, mas à falta de recursos financeiros, apoio comunitário e apoio familiar para que participassem de treinamentos de longa duração e que ocorriam em vários e sucessivos finais de semana. Com quem deixariam seus filhos? Como pagar pelo serviço de babás? Felizmente ações afirmativas conduziram a empresa a firmar um acordo com as categorias profissionais envolvidas, no qual se comprometeram a pagar um adicional ao salário às mulheres para que pudessem pagar babás para cuidar de seus filhos enquanto participavam do treinamento, que, no caso, era de longa duração (cerca de 700 horas de curso e estágios).[12]

No Brasil, Mourão (2004) investigou a influência do local de realização do treinamento sobre a aplicação das novas aprendizagens no trabalho. A pesquisa avaliou um treinamento oferecido para um público predominantemente feminino (97%) e constatou que as pessoas que viajaram para participar do treinamento foram as que conseguiram os melhores níveis de transferência de aprendizagem. Em entrevistas, as professoras, participantes da pesquisa, deram explicações para esse resultado: como as pessoas tinham que fazer um grande esforço para participar do curso (pois deixavam em casa maridos e filhos por três dias), empenhavam-se mais durante o curso e, distantes dos afazeres domésticos, aproveitavam a oportunidade para concentrar-se e dedicar-se exclusivamente ao estudo. Esse caso mostra que a escolha do local do curso é algo muito importante e que pode afetar motivação e rendimento dos participantes.

Diante do exposto, avaliação somativa (e formativa) de fatores de apoio, processos e procedimentos instrucionais, além de recomendável, é uma estratégia viável, uma vez que existem instrumentos de coleta de dados, construídos e validados em amostras nacionais de participantes de ações de TD&E.

QUESTÕES PARA DISCUSSÃO

Responda as questões que se seguem e faça o exercício, de acordo com o que foi abordado neste capítulo.

- Defina procedimentos, processos e apoio de acordo com o MAIS.
- Quais são as etapas a serem seguidas por um profissional para escolher procedimentos de avaliação? Explique-as.
- Pense em um caso real. A partir da definição das características de um ou mais eventos de TD&E presenciais ou a distância, da descrição do perfil da clientela e do contexto em que se insere, crie um quadro, tal qual o Quadro 22.2 (p.448) definindo indicadores, instrumentos, fontes, meios, avaliadores, procedimentos de coleta e análise de dados para cada um dos componentes: apoio, procedimentos e processos.

NOTAS

1. O Capítulo 12 analisa a importância de variáveis de contexto em avaliação de necessidades.
2. Assunto tratado no Capítulo 26 deste livro.
3. Observe que nem todos os indicadores listados no Quadro 22.2 foram avaliados no Caso 1. Isso ocorreu porque o estudo original de Lacerda avaliou e descreveu, além dessas, muitas outras variáveis de diversos componentes do MAIS, que não serão tratados neste capítulo. Além disso, o trabalho não contém as demais informações.
4. Esse curso é o oferecido pelo Serviço Brasileiro de Apoio às Micro e Pequenas Empresas (Sebrae) e foi estudado também por Zerbini (2003) e, em outras amostras, por Brauer (2005).
5. Ambiente virtual ou interface gráfica do curso.
6. Para maiores detalhes sobre hábitos de estudo e estratégias de aprendizagem, leia Zerbini (2003), De Paula e Silva (2004). Veja também o Capítulo 23 deste livro.
7. Para maiores detalhes sobre restrições ou barreiras à conclusão de curso a distância, leia Brauer (2005).
8. Modelos de avaliação que definam componentes e sugiram variáveis de interesse com base na literatura científica e em abordagens teóricas consistentes, tal como o MAIS, descrito no Capítulo 17.
9. Esta escala obteve os seguintes índices de consistência interna e validade: alfa de Cronbach = 0,89 e cargas fatoriais entre 0,84 e 0,40).
10. *Computer-Based-Training (CBT)*.
11. O Capítulo 12 analisa a importância de variáveis de contexto em avaliação de necessidades.

REFERÊNCIAS

ABBAD, G. *Um modelo integrado de avaliação do impacto do treinamento no trabalho – IMPACT*. Tese (Doutorado) – Universidade de Brasília, 1999.

ABBAD, G. et al. Projeto instrucional, aprendizagem, satisfação com o treinamento e auto-avaliação de impacto do treinamento no trabalho. *Revista Psicologia: Organizações e Trabalho – rPOT*, v.1, n.2, p.129-161, 2001.

ABBAD, G.; PILATI, R.; PANTOJA, M. J. Avaliação de treinamento: análise da literatura e agenda de pesquisa. *Revista de Administração (USP)*, Brasil, v.38, n.3, p.205-218, 2003.

ABBAD, G.; CARVALHO, R.S.; ZERBINI, T. Evasão em curso a distância via internet: explorando variáveis explicativas. In: ENCONTRO NACIONAL DOS PROGRAMAS DE PÓS-GRADUAÇÃO EM ADMINISTRAÇÃO ENANPAD, 38., Curitiba, 2004.

ABBAD, G.; GAMA, A. L. G.; BORGES-ANDRADE, J.E. Treinamento: análise do relacionamento da avaliação nos níveis de reação, aprendizagem e impacto no trabalho. *Revista de Administração Contemporânea*, v.4, n.3, p.25-45, 2000.

ALLIGER, G.M. et al. A meta-analysis of the relations among training criteria. *Personnel Psychology*, v.50, p.341-358, 1997.

ALLIGER, G.M.; JANAK, E.A. Kirkpatrick´s levels of training criteria: thirty years later. *Personel Psychology*, v.42, p.331-342, 1989.

ALVES, A.R.; TAMAYO, A. Sistema de avaliação de treinamento da Telebrás – SAT. *Revista de Administração*, v.28, n.4, p.73-80, 1993.

ALVES, A. R.; PASQUALI, L.; PEREIRA, M. A. M. Escala de satisfação com o treinamento – ESAST/ TELEBRÁS/ UnB. *Revista de Administração de Empresas*, v.39, n.1, p.25-30, 1999.

BORGES-ANDRADE, J. E. Avaliação somativa de sistemas instrucionais. *Tecnologia Educacional*, v.11, n.46, p.29-39, 1982.

_____. Desenvolvimento de medidas em avaliação de treinamento. *Estudos de Psicologia*, v.7, p.31-43, 2002. Número especial.

BORGES-FERREIRA, M.F. *Avaliação de reações e aprendizagem em disciplinas de curso técnico profissionalizante oferecidas a distância*. Dissertação (Mestrado em Psicologia) – Universidade de Brasília, 2005.

BRAUER, S. Avaliação de um curso a distância: valor instrumental do treinamento, barreiras pessoais à conclusão e evasão. Dissertação (Mestrado em Psicologia) –Coordenação de Aperfeiçoamento de Pessoal de Nível Superior, Universidade de Brasília, 2005.

CARVALHO, R. S. Avaliação de treinamento a distância: reação, suporte à transferência e impacto do treinamento no trabalho. Dissertação (Mestrado em Psicologia) –Coordenação de Aperfeiçoamento de Pessoal de Nível Superior, Universidade de Brasília, 2003.

DE PAULA E SILVA, A. Avaliação de uma disciplina semipresencial de graduação ofertada por meio da *internet* pela Universidade de Brasília. Dissertação (Mestrado em Psicologia) – Universidade de Brasília, 2004.

DRISCOLL, M. *Web-based-tranining: creating elearning experiencies*. 2. ed. São Francisco: Jossey-Bass/Pfeiffer, 2002.

GAGNÉ, R.M. *Essentials of learning for instruction*. 2.ed. Englewood Cliffs: Prentice Hall, 1988.

GOLDSTEIN, I.L. Training in work organizations. In: DUNNETTE, D.; HOUGH, L.M. (Ed.). *Handbook of industrial and organizational psychology*. 2.ed. Palo Alto: Consulting Psych., 1991. p.507-619.

HAMBLIN, A.C. *Avaliação e controle de treinamento*. São Paulo: McGraw-Hill do Brasil, 1978.

KIRKPATRICK, D.L. Evaluation of training. In: CRAIG, R.L. *Training and development handbook*. 2.ed. New York: McGraw-Hill, 1976.

_____. Evaluating training programs evidence vs. proof. *Training and Development Journal*, v.31, n.11, p.9-12, 1977.

LACERDA, E. *Avaliação de impacto do treinamento no trabalho*: investigando variáveis motivacionais e organizacionais como suas preditoras. Dissertação (Mestrado) – Universidade de Brasília, Brasília, 2002.

LACERDA, E.R.M.; ABBAD, G.S. Impacto do treinamento no trabalho: investigando variáveis motivacionais e organizacionais como suas preditoras. *Revista de Administração Contemporânea – RAC*, v.7, n.4, p.77-96, 2003.

LAUFER, J. Igualdade profissional e ações afirmativas: o caso da França. In: DELGADO, D.G.; CAPELLIN, P.; SOARES, V. (Org.). *Mulher e trabalho*: experiências de ação afirmativa. São Paulo: Boitempo, 2000.

MEIRA, M. *Disseminação de informações sobre treinamento*: construção e validação de um instrumento de medida. Dissertação (Mestrado em Psicologia) – Conselho Nacional de Desenvolvimento Científico e Tecnológico, Universidade de Brasília, 2004.

MOTA, L.M. de O. Treinamento e prazer-sofrimento psíquico no trabalho. Dissertação (Mestrado em Psicologia) – Universidade de Brasília, 2002.

MOURÃO, L. *Avaliação de programas públicos de treinamento*: um estudo sobre o impacto no trabalho e na geração de emprego. Tese (Doutorado em Psicologia) – Universidade de Brasília, Brasília, 2004.

PANTOJA, M.J.B. *Estratégias de aprendizagem no trabalho e percepções de suporte à aprendizagem contínua*: uma análise multinível. Tese (Doutorado em Psicologia) – Universidade de Brasília, 2004.

PILATI, R. *Modelo de efetividade do treinamento no trabalho*: aspectos dos treinandos e moderação do tipo de treinamento. 2004. Tese (Doutorado em Psicologia) –Coordenação de Aperfeiçoamento de Pessoal de Nível Superior, Universidade de Brasília, 2004.

RODRIGUES JR., J.F. *A taxonomia de objetivos educacionais:* um manual para o usuário. Brasília: Edunb, 1997.

SALAS, E.; CANNON-BOWERS, J. The science of training: a decade of progress. *Annual Review of Psychology*, v.52, p.471-499, 2001.

TANNENBAUM, S.I.; YUKL, G. Training and development in work organizations. *Annual Review of Psychology*, v.43, p.399-441, 1992.

ZERBINI, T. *Estratégias de aprendizagem, reações de um curso via internet, reações ao tutor e impacto do treinamento no trabalho*. Dissertação (Mestrado) – Universidade de Brasília, Brasília, 2003.

23

Medidas de aprendizagem em avaliação de TD&E

Gardênia da Silva Abbad, Maria Fernanda Borges-Ferreira e Rommel Nogueira

Objetivos

Ao final deste capítulo, o leitor deverá:

- Definir aprendizagem e seus componentes;
- Definir o papel das medidas, instrumentos, fontes, meios e procedimentos de avaliação;
- Descrever os passos da construção e aplicação de instrumentos de medida de avaliação de aprendizagem, de acordo os objetivos instrucionais e taxonomia de resultados de aprendizagem;
- Analisar situações de aplicação de medidas de aprendizagem em pesquisas sobre avaliação de treinamento, descrevendo resultados e discutindo relações teóricas e empíricas de aprendizagem com os demais níveis de avaliação;
- Discutir a importância da avaliação de aprendizagem em avaliação de TD&E.

INTRODUÇÃO

Neste capítulo, será tratada a avaliação de aprendizagem, componente *resultados imediatos* do Modelo de Avaliação Integrativo e Somativo (MAIS) (ver Capítulo 17). A avaliação afere o grau de alcance dos objetivos instrucionais obtido pelos participantes ao final do treinamento, desenvolvimento e educação (TD&E).

Um grande problema na área de avaliação de TD&E tem sido a mensuração de aprendizagem, seja pela falta de definição clara do constructo e de seus componentes, seja pela raridade de pesquisas que avaliam sistematicamente a influência exercida por variáveis relativas ao treinamento (ver Capítulos 15 e 22), à clientela (ver Capítulos 21 e 22) e ao ambiente organizacional (ver Capítulos 12, 19 e 20) sobre a aprendizagem. Apesar da falta de consenso com relação a medidas de aprendizagem, alguns estudos têm sido conduzidos para investigar melhor o fenômeno, utilizando, para tal, diferentes medidas de avaliação.

Mesmo diante da dificuldade de definir e mensurar aprendizagem, é necessária a realização de mais estudos sobre esse tema, uma vez que a avaliação é condição primordial para que ocorra aplicação de novas aprendizagens no trabalho, um dos objetivos mais importantes de TD&E em organizações e trabalho (Borges-Andrade, 2002). Gagné (1970) considera que a pessoa preocupada em realizar uma mensuração deve responder inicialmente a duas questões: "O que está sendo medido" e "Quanto?". Para os interessados em medir aprendizagem, responder a primeira questão é mais difícil, dada a complexidade das operações envolvidas e a controvérsia de entendimento sobre o que é aprendizagem.

O texto que se segue trata, em primeiro lugar, de responder o que está sendo medido. Nesta parte, são definidos conceitos e distinções úteis para avaliação de treinamentos. Logo a seguir, trata-se de como mensurar a aprendizagem e seus componentes. As questões sobre validade das medidas e outros temas relacionados ao assunto estão tratadas em detalhe no Capítulo 18. Se o leitor ainda não fez a leitura deste capítulo, provavelmente terá dificuldade para compreender por que razões as questões conceituais tratadas a seguir são tão importantes para a construção de medidas, inclusive as de aprendizagem, tal como discutido mais adiante. Neste capítulo, veremos ainda delineamentos de pesquisa e exemplos de estudos que incluem mensuração de aprendizagem. Em seguida, será discutida a aprendizagem como fenômeno que ocorre no nível do indivíduo. Não serão tratados os fenômenos ligados à aprendizagem nos demais níveis de análise: equipes, grupos e organização (sobre esse tema ver Loiola e Bastos, 2003; Abbad e Borges-Andrade, 2004; Capítulo 6).

CONCEITOS E QUESTÕES RELEVANTES

Em linguagem comum, *aprendizagem* se refere à ação de aprender qualquer ofício, arte ou ciência, ao tempo gasto para aprender uma arte ou ofício, à ação de reter na memória e de tomar conhecimento de, assimilar (dicionário Houaiss e Michaelis). No entanto, entre os pesquisadores, não há consenso sobre a definição de aprendizagem.

O estudo da aprendizagem é sensível às diferentes abordagens psicológicas. Basicamente, as definições de aprendizagem se dividem entre as abordagens behavioristas, cognitivistas e construtivistas (sócio-históricas). Assim, cada corrente define esse fenômeno de acordo com suas bases conceituais e filosóficas (ver Capítulo 13 para mais detalhes). Há acordo entre todas as abordagens, entretanto, no que tange ao entendimento de aprendizagem como uma mudança que ocorre no comportamento do indivíduo e que depende de sua interação com o meio externo. Há, por outro lado, múltiplas discordâncias sobre a importância relativa da maturação e do ambiente, bem como sobre quais são e como estão seqüenciados os processos básicos subjacentes à aprendizagem.

Essas divergências filosóficas e teóricas se refletem em conceitos e medidas utilizados em cada uma das abordagens. Essa situação leva a uma certa confusão conceitual na área, agravada pelas revisões conceituais feitas por pesquisadores ao cunharem, dentro de cada abordagem e área da psicologia, termos técnicos a partir de conceitos empregados na linguagem cotidiana. O uso do conceito de aprendizagem na linguagem técnica difere bastante do que é empregado pelas pessoas em sua linguagem cotidiana. Dentro da própria psicologia, os conceitos de mesmo referente são definidos e mensurados de formas diferentes. A diferença na definição de conceitos se torna um problema quando a lógica de uso difere muito, afetando a precisão de definições que embasam a construção de medidas e a elaboração de questões de pesquisa.

Em psicologia organizacional e do trabalho, o conceito de aprendizagem não é unidimensional e não se refere apenas à aquisição e à retenção de conhecimentos. Na linguagem técnica desta área, aprendizagem também se refere a processos de generalização e, em alguns casos, à demonstração ou aplicação, no trabalho, de conhecimento, habilidade ou atitude adquirida (de acordo com as abordagens cognitivistas ou comportamentalistas) ou desenvolvida (de acordo com abordagens construtivistas) em treinamentos.

Nos modelos tradicionais de avaliação de treinamento, baseados na psicologia instrucional, segundo Pilati e Abbad (2005), a aprendizagem seria a demonstração, por parte do treinando, da capacidade de executar, ao final de um treinamento, os comportamentos definidos nos objetivos instrucionais. Objetivos instrucionais são descrições de comportamentos observáveis, muitos dos quais são necessários à realização do trabalho (ver Capítulo 15). Geralmente, esses comportamentos são definidos em termos de conhecimentos, habilidades e atitudes.

Em abordagens instrucionais objetivistas, há uma seqüência de eventos e situações de aprendizagem a ser respeitada e definida de acordo com princípios como complexidade (no domínio cognitivo), interna-

lização (domínio atitudinal ou afetivo) e automatização (no domínio psicomotor), entre outros. Ver Capítulos 14 e 15 para maiores detalhes sobre princípios para estabelecimento de seqüência de ensino. Muitos desses eventos são comportamentos (conhecimentos, habilidades e atitudes – CHAs) intermediários, processuais, não relevantes no ambiente de trabalho. Outros eventos, por outro lado, são relevantes e terminais e, por isso, exibidos pelo participante do treinamento em seu trabalho.

Um exemplo da seqüência que mencionamos seria alguém, participante de um curso de técnico em informática, que aprendesse a nomear todas as partes de um microcomputador e periféricos, bem como a descrever a história da microinformática. Esses conhecimentos, embora básicos e relevantes para iniciar o processo de ensino das habilidades de montagem de equipamentos, instalação de *softwares,* detecção e correção de falhas em equipamentos de microinformática, não são geralmente requeridos pelo ambiente de trabalho. Tais conhecimentos passam a compor conjunto de outros CHAs do profissional treinado.

Em um primeiro momento, o fenômeno de interesse é que o profissional tenha aprendido a detectar e a resolver problemas de instalação e funcionamento de equipamentos de microinformática, e não que saiba apenas discorrer sobre os componentes das máquinas. Essas últimas são condições necessárias em apenas algumas situações, como compra e pedido de explicações de usuários sobre o problema apresentado pelo equipamento. Os conhecimentos sobre microinformática, por outro lado, não serão necessariamente requeridos pelo trabalho do profissional treinado. Portanto, há que se fazer distinções entre objetivos instrucionais intermediários e terminais. Os primeiros nem sempre são condições necessárias ou suficientes para que os demais sejam aprendidos.

Avaliações de aprendizagem em ambientes organizacionais e do trabalho deveriam incluir ambos os tipos de medidas: aprendizagem de objetivos específicos intermediários para acompanhamento do processo de aquisição e retenção de conhecimentos, bem como de objetivos finais, que visam à aferição do grau de aprendizagem de CHAs, diretamente observáveis no trabalho. O uso inadequado e restrito do conceito de aprendizagem muitas vezes advém de uma avaliação superficial de necessidades de treinamento, que gera objetivos instrucionais incompatíveis com os CHAs valorizados e esperados pela organização e pelo trabalho.

No exemplo do curso de técnico em informática, um teste de aprendizagem mal formulado seguiria o formato de prova de papel e lápis, que pediria ao participante para nomear as partes do computador e para descrever quais são os passos básicos para detecção e correção de falhas em equipamentos. Esse teste estaria medindo a habilidade verbal do profissional, isto é, o quanto ele sabe falar sobre o assunto. Todavia, apesar de necessária, essa habilidade não é suficiente para que esse profissional resolva problemas em equipamentos. Uma prova prática contendo várias situações-problema avaliaria melhor o quanto o indivíduo se tornou capaz de enfrentar problemas diversos (generalização) a partir dos CHAs que adquiriu e reteve durante o treinamento.

A mensuração de aprendizagem em organizações e trabalho envolve (ou deveria envolver) avaliação da generalização dos CHAs aprendidos no treinamento, mas, em grande parte das vezes, mede apenas aquisição e retenção de CHAs intermediários e/ou incompatíveis com a natureza ou grau de complexidade dos objetivos de ensino.

A Figura 23.1 esquematiza as relações entre componentes do conceito de aprendizagem (aquisição, retenção e generalização) e nível de avaliação de comportamento no cargo (transferência de aprendizagem e impacto no trabalho) de avaliação de treinamento. Para maiores detalhes, ver Pilati e Abbad, 2005.

A partir dessa representação, ficará mais fácil definir conceitos e mostrar diferenças nas medidas e avaliações de cada um desses níveis.

Para Abbad e Borges-Andrade (2004), a aprendizagem é um processo psicológico entendido como as mudanças que ocorrem no comportamento do indivíduo em função da relação deste com o meio, e não apenas mudanças resultantes unicamente da maturação. Esses autores ressaltam que o conceito de aprendizagem em ambientes de trabalho envolve aquisição, retenção, generalização, que por sua vez estão diretamente relacionados à transferência de treinamento e impacto do treinamento no trabalho.

Aquisição se refere às fases iniciais do processo de aprendizagem que envolve a apreensão de conhecimentos, habilidades e/ou atitudes na memória de curto prazo. A aferição desse nível de aprendizagem compreende a verificação imediata da apreensão desses CHAs durante o treinamento. Trata-se da avaliação de um processo, e não de um resultado final de um treinamento. A avaliação de processos encontra-se descrita no Capítulo 22.

Retenção é compreendida como o armazenamento de informações na memória de longo prazo. Não há acordo sobre o que seria longa-duração. Alguns autores definem longa duração em termos de minutos ou horas, outros em dias, meses ou anos após o treinamento. Essa falta de acordo sobre os limites entre curta e longa duração tem gerado certa confusão na construção de medidas. Na área de TD&E, a mensuração de retenção ao final de treinamentos ou de partes de treinamentos pode ser considerada uma medida de curto prazo, enquanto as medidas de retenção em longo prazo seriam aquelas tomadas dias, semanas, meses ou anos após evento instrucional oferecido pela organização.

Para Abbad e Borges-Andrade (2004), *retenção* pode referir-se ao tempo necessário para que as habilidades e comportamentos ensinados em um treinamento persistam após o término das ações de TD&E. A retenção indica o quanto os conhecimentos são armazenados na memória do indivíduo e podem ser recuperados facilmente por meio de estimulação. Nesse caso, em ambientes organizacionais, há interesse em mensurar o quanto a nova aprendizagem se mantém ao longo do tempo.

Na área de TD&E, *generalização* refere-se à noção de que o indivíduo é capaz de demonstrar os CHAs aprendidos no treinamento, em situações diferentes daquelas estabelecidas pelo curso. Nesses casos, em situação de teste, verifica-se o quanto o profissional treinado é capaz de resolver problemas similares aos ensinados no treinamento, porém que variem em termos de condições, conseqüências, ou do próprio comportamento ou de ambas as coisas.

Um exemplo poderá ilustrar esse ponto. Um profissional aprendeu a realizar entrevistas de *feedbacks* de avaliação de desempenho. Ao final do curso, apresentam-se ao participante vários casos distintos daqueles apresentados durante o treinamento, para que esse participante planeje uma entrevista de *feedback* de acordo com orientações técnicas específicas. A

Figura 23.1 Modelo conceitual de impacto do treinamento no trabalho e constructos correlatos.
Fonte: Pilati e Abbad (2005).

avaliação das respostas do participante possibilitará a aferição do grau de generalização obtido pelo treinamento. Pode-se, ainda, identificar se o profissional é capaz de identificar situações nas quais os conhecimentos adquiridos no ambiente instrucional poderão ser aplicados no trabalho e com que ajustes. Medidas de generalização, mais usadas em experimentos, são aplicadas imediatamente ao final de uma situação de treino.

Na literatura de psicologia experimental, generalização e transferência de aprendizagem são termos correlatos. Para Abbad e Borges-Andrade (2004), a transferência (ou generalização) varia tanto em sentido (lateral e vertical) quanto em direção (positiva e negativa). Na transferência lateral, o indivíduo apresenta desempenhos que não foram diretamente aprendidos, mas que são semelhantes aos aprendidos em contexto de treinamento. Por exemplo, alguém aprende a pilotar um avião em um simulador e é capaz de pilotar aviões comerciais. Na vertical, por outro lado, ocorre a emergência de competências mais complexas a partir de competências mais simples aprendidas em um treinamento. Por exemplo, um coordenador acadêmico de uma escola que aprende a operar programas de matrícula e controle de freqüência mostra-se capaz de demonstrar habilidade para planejar novos programas de matrícula e controle de freqüência, a partir dos existentes. As medidas de avaliação desses dois tipos de transferência ou generalização devem, portanto, diferir entre si.

A transferência é positiva quando a aprendizagem facilita o desempenho do indivíduo na tarefa de transferência e negativa quando dificulta o desempenho na tarefa de transferência. Por exemplo, a aprendizagem do idioma inglês pode facilitar a aprendizagem do alemão (transferência positiva), em alguns casos, e dificultar a aprendizagem (transferência negativa) em outras situações, como quando envolvem utilização de falsos cognatos (exemplo de falso cognato: o verbo, em inglês, *to pretend* significa fingir em português, e não pretender, como poderia parecer).

Assim, o termo aprendizagem em TD&E, é multidimensional e exprime *mudanças de comportamentos* de *indivíduos*, induzidas sistematicamente por meio de programas instrucionais. Esses comportamentos são definidos em termos de CHAs relacionados ao trabalho.

Transferência de treinamento é um termo cunhado pela psicologia organizacional e do trabalho e difere dos conceitos de generalização e transferência de aprendizagem, retroanalisados, porque designa o quanto novas aprendizagens são aplicadas eficazmente no trabalho, em situações e condições freqüentemente diferentes daquelas oferecidas pelo evento instrucional. A noção de transferência é muito próxima da idéia de impacto do treinamento em profundidade, apresentada por Hamblin (1978). O último componente da Figura 23.1 é denominado impacto do treinamento no trabalho e definido por Abbad (1999) como a mudança duradoura no desempenho do treinado, proporcionada pelo treinamento e corresponde ao impacto em amplitude de Hamblin. Para maiores detalhes sobre esse nível de avaliação e estes tipos de impacto, ver Capítulo 24.

Neste ponto, cabe uma pergunta: afinal, o que é aprendido? Resposta: o que se aprende são conjuntos de CHAs. Essas aprendizagens são disposições que se manifestam em diferentes ambientes e situações. O caráter disposicional desses CHAs exige que a aprendizagem seja avaliada em vários cortes transversais (em várias oportunidades) ou longitudinais (ao longo de um período determinado de tempo) que possibilite a aferição da retenção, generalização e transferência. Este capítulo tratará das medidas de retenção em curto prazo e generalização, enquanto o conceito de transferência será tratado no Capítulo 24.

Os processos de *aquisição*, *retenção*, *generalização* são essenciais para que os CHAs adquiridos em eventos instrucionais sejam aplicados no ambiente de trabalho. A aprendizagem humana ocorre de forma natural e induzida. Em organizações e trabalho, a aprendizagem natural ocorre a partir do contato diário dos profissionais com materiais, informações e interações com outras pessoas em seu ambiente de trabalho. Abbad e Borges-Andrade (2004) definem aprendizagem natural como aquela que, normalmente, ocorre por tentativa e erro, imitação, observação, contatos com pares, chefes e/ou fornecedores. Esse tipo de aprendizagem ocorre sem sistematização e em função do interesse dos indivíduos. Para Day (1998), a aprendizagem informal está mais relacionada aos interesses dos trabalhadores. Ações de treinamento e educação corporativa são estratégias de indução da aprendizagem em ambientes organizacionais e de trabalho. Nesses casos, a aprendizagem é classificada como induzida porque ocorre em situações estruturadas, cujo objetivo principal é maximizar a eficácia dos processos de aquisição, retenção, generalização e transferência de novos conhecimentos, habilidades e atitudes.

Espera-se que, ao oferecer oportunidades estruturadas de aprendizagem por meio de TD&E, os indivíduos aprendam mais eficiente e eficazmente do que em seu ambiente natural. Como o treinamento é uma forma de induzir a aprendizagem, sendo um dos instrumentos organizacionais para acelerar a mudança de comportamento no cargo, a avaliação de aprendizagem, em organizações, deve priorizar a verificação do alcance dos objetivos instrucionais. Dessa forma, faz-se necessário estabelecer medidas de aprendizagem que permitam a identificação de eventuais mudanças no repertório de CHAs dos participantes de ações de TD&E.

MEDIDAS, INSTRUMENTOS, FONTES, MEIOS E PROCEDIMENTOS DE AVALIAÇÃO

Em primeiro lugar, é preciso garantir a compreensão das diferenças entre *conceito* ou *constructo*, *medida* e *instrumento*. Os constructos ou conceitos de interesse, neste capítulo, são aprendizagem e seus componentes (retenção e generalização). Geralmente, as medidas são extraídas das definições operacionais de cada constructo e podem ser, por exemplo, médias aritméticas das respostas do participante a questões de provas ou o número total de acertos em exercícios por ele realizados durante um curso. Os instrumentos são as ferramentas do avaliador: itens de verificação, questionários, provas, testes e similares. Em psicologia organizacional, há uma grande variedade de instrumentos e de formatos que podem ser utilizados em avaliação de aprendizagem. Mais adiante, esse tema será tratado.

Nesse contexto, *medir* é um processo de determinar o quanto um treinando alcançou o objetivo instrucional. *Avaliar* inclui a mensuração, mas vai além dela, na medida em que envolve juízo de valor. A avaliação se caracteriza pela comparação de uma medida com um padrão e a emissão de julgamento sobre a comparação. A atribuição de notas é uma demonstração de que a avaliação foi realizada.

É preciso, portanto, não confundir conceito com medida (temperatura com valor em graus Celsius), com instrumento (termômetro) e com avaliação (o julgamento sobre se o paciente está febril ou não). Assim, as medidas geralmente são tratadas como médias aritméticas das respostas das pessoas a certas situações de teste, enquanto os instrumentos são questionários, inventários, testes, provas, roteiros. Esses assuntos estão tratados em detalhe no Capítulo 18.

Geralmente, os testes ou provas de conhecimentos, construídos por instrutores, professores ou tutores, carecem de validade e precisão psicométricas[1]. Essa falha gera problemas de generalização de achados científicos sobre aprendizagem ou de produção sistemática de conhecimentos a respeito das variáveis que explicam a aprendizagem. Para eliminar ou minimizar o efeito dessas falhas, será preciso escolher, construir e validar instrumentos capazes de avaliar a aprendizagem e seus componentes com precisão e confiabilidade.

Escalas mais sofisticadas, como as escalas de observação comportamental e listas de verificação, têm sido pouco utilizadas para avaliar aprendizagem. Essas tecnologias estão disponíveis na literatura de psicologia organizacional e do trabalho, entretanto, ainda não estão sendo largamente utilizadas em avaliação de treinamento. Pesquisadores estrangeiros passaram a aplicar testes psicológicos para mensurar efeito de treinamentos em traços ou disposições pessoais como auto-eficácia. O Capítulo 21 trata de algumas dessas medidas.

A avaliação de aprendizagem não é composta exclusivamente pelo julgamento do rendimento dos participantes de um treinamento em exercícios de fixação ou em testes finais. Uma avaliação de aprendizagem pode ser construída e aplicada de diferentes formas e busca identificar o quanto do comportamento do aprendiz foi alterado, levando em consideração os objetivos instrucionais. Assim, é necessário escolher o instrumento mais adequado a cada situação. Esses instrumentos podem ser, além de questionários e testes, escalas, listas de verificação e diversos tipos de roteiros: de observação direta ou indireta, entrevista, análise documental e de dados secundários. Em psicologia organizacional e do trabalho, interessam, além dos constructos, medidas e instrumentos, as fontes de informação e avaliação, bem como os meios e procedimentos utilizados pelo avaliador.

A *fonte de informações* mais comumente utilizada em avaliação de aprendizagem é a primária, obtida junto ao participante por meio da aplicação de instrumentos de medida. Mais recentemente, com o advento das novas tecnologias da informação e comunicação, tem sido possível coletar dados secundários sobre o rendimento do aluno durante a participação em cursos a distância, mediados pela internet, em bancos eletrônicos de dados. Informações sobre o tempo de acesso às telas do curso, trilhas de aprendizagem, notas ou número de acertos e erros em exercícios e provas, entre outros, podem ser captados e armazenados em bancos de dados. Após análise da confiabilidade dessas informações, estas poderão ser transformadas em medidas de aprendizagem. Vale lembrar que dados primários são definidos como aqueles coletados pelo pesquisador para seu próprio estudo, e dados secundários são coletados em pesquisas anteriores, pelo próprio pesquisador ou por outros, e utilizados para novas análises e pesquisas.

Auto-avaliações de traços, heteroavaliações feitas por agentes externos humanos, como instrutor, tutor, professor, colegas, ou virtuais, como sistemas tutoriais inteligentes, são formas de coletar informações para mensuração de aprendizagem. O uso de múltiplas *fontes de avaliação* é prática desejável em avaliação de treinamentos e, em alguns casos, em avaliação de aprendizagem.

Quanto aos *procedimentos de coleta de dados*, são possíveis a aplicação direta coletiva ou individual e a auto-aplicação. Além dessas duas formas, pode-se escolher o meio ou veículo mais propício à avaliação da aprendizagem entre material impresso, computador ou internet, ou outros métodos relacionados ao conteúdo específico que foi ministrado.

INSTRUMENTOS DE MEDIDA: DA CONSTRUÇÃO ATÉ A APLICAÇÃO

Segundo Borges-Andrade (2002), no nível de avaliação de aprendizagem, não foram identificados grandes avanços nas pesquisas da área de TD&E nos últimos anos. Os maiores avanços na construção de medidas encontram-se nos níveis de reação e comportamento no cargo (impacto do treinamento no trabalho). Para o autor, os parâmetros de comparação para avaliação constituem um grande desafio, uma vez que, em muitos casos, os treinamentos não apresentam a descrição de seus objetivos instrucionais. Essa ausência de objetivos tem impacto direto na construção dos itens de avaliação, que, por sua vez, nem sempre são representativos dos objetivos esperados nos treinamentos.

O primeiro passo na construção de instrumentos de medida é definir o que medir e a partir de quais parâmetros. Em avaliação de treinamento, o resultado *aprendizagem* é medido em termos do alcance de objetivos instrucionais, os quais são pontos de partida e chegada para o estabelecimento e aplicação de critérios ou normas de avaliação.

Se esses objetivos não estiverem explicitados nos materiais do curso, terão de ser construídos, antes de qualquer outra providência. O estabelecimento dessas metas pode ser feito a partir de análises da documentação do curso, de entrevistas com instrutores, ex-participantes e outros profissionais responsáveis pelo desenho instrucional. Os instrumentos, construídos a partir dessas análises, servirão apenas para a avaliação da aplicação de novas versões do mesmo treinamento e para avaliar a adequação das avaliações de aprendizagem realizadas no treinamento de origem.

Um objetivo instrucional completo é formado por três componentes: condições, desempenho (verbo e objeto da ação) e critério de avaliação. Ver Capítulo 15 para maiores detalhes. A qualidade da redação dos objetivos instrucionais é de crucial importância na fase de construção de medidas de avaliação de aprendizagem. Essa construção deveria fazer parte do planejamento instrucional, porém isso nem sempre é feito.

Um objetivo deve descrever com precisão o que será observado no comportamento do aprendiz, as condições nas quais esses comportamentos serão observados, bem como indicar itens de verificação de aprendizagem. Para Mager (1976), *objetivos* são descrições de resultados almejados pelo treinamento, e *itens de verificação* são meios utilizados para comprovar se os objetivos foram alcançados ou não pelo participante.

A Figura 23.2 mostra as seis fases básicas para a construção de medidas de avaliação de aprendizagem a partir dos objetivos instrucionais.

Na Fase 1, o profissional deverá julgar a adequação dos objetivos instrucionais, que precisam estar descritos com precisão e clareza, tal como explicado no Capítulo 15.

Para construir e validar itens de avaliação de aprendizagem, é necessário, primeiramente, reformular os objetivos até que deles possam ser extraídos itens de teste compatíveis com os *desempenhos* e *condições* desejadas. Em seguida, procura-se confeccionar itens adequados para avaliar o *desempenho* descrito no objetivo instrucional. Além disso, deve ser garantido que os itens de teste do instrumento incluam as mesmas *condições* que estão incluídas no objetivo. A razão para isso é consistir esta a melhor, senão a única maneira de identificar se o objetivo foi atingido.

A seguir, são apresentados exemplos de objetivos e itens adequados e inadequados de verificação, em função de falha na escolha do desempenho avaliado na situação de teste.

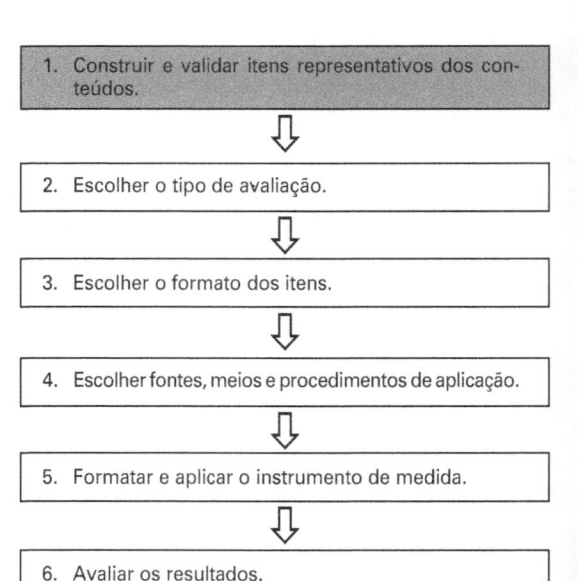

1. Construir e validar itens representativos dos conteúdos.
   ⇩
2. Escolher o tipo de avaliação.
   ⇩
3. Escolher o formato dos itens.
   ⇩
4. Escolher fontes, meios e procedimentos de aplicação.
   ⇩
5. Formatar e aplicar o instrumento de medida.
   ⇩
6. Avaliar os resultados.

Figura 23.2 Representação gráfica das etapas de construção de instrumentos de avaliação de aprendizagem, com destaque para a Etapa 1.

O Quadro 23.1 mostra exemplos de objetivos e possíveis itens de verificação de aprendizagem. Itens inadequados, tal como os apresentados nesse quadro, são questões que não avaliam de modo preciso o *desempenho* ou as *condições* descritas nos objetivos.

No Exemplo 1, o item 1b avalia um desempenho diferente (indicar uma seção do código) do indicado no objetivo (enunciar quatro elementos que caracterizam o rapto). Além disso, o item avalia algo que é dado ao participante como condição para que o propósito principal descrito no objetivo seja atingido. Portanto, esse item não deveria ser transformado em indicador para verificação de aprendizagem. No Exemplo 2, o objetivo estabelece como alvo uma habilidade essencialmente psicomotora (trocar pneu), enquanto o item 2b avalia a aprendizagem de um comportamento verbal (dizer como faria a troca). No Exemplo 3, o item 3b e o objetivo pertencem ao mesmo domínio de aprendizagem, o cognitivo. Todavia, o item solicita ao participante a demonstração de um conhecimento (dizer para que servem as análises) de menor complexidade que o contido no objetivo (interpretar resultados).

O Quadro 23.1 também mostra exemplos de objetivos e itens de avaliação de aprendizagem. Nesses exemplos, as *condições* definidas pelo objetivo instrucional não foram respeitadas.

No Exemplo 1, a condição estabelecida no item 1c é diferente da indicada no objetivo instrucional. Essa diferença tornou, nesse caso, a tarefa de teste mais fácil do que a ensinada no curso. No segundo exemplo, as condições de teste contidas no item 2c diferem das condições previstas no objetivo, na medida em que impõem maiores dificuldades e restrições

Quadro 23.1
ADEQUAÇÃO DE ITENS AOS DESEMPENHOS E CONDIÇÕES DESCRITOS NOS OBJETIVOS INSTRUCIONAIS

Objetivo	Item adequado	Item inadequado em desempenho	Item inadequado em condições
1. Indicada a Seção do Código Penal que regulamenta o assunto, ser capaz de **enunciar quatro possíveis elementos que caracterizam um rapto**.	1a. Dada a Seção 208 do Código Penal, descrever quatro elementos que caracterizam um rapto.	1b. João e Marcelo levaram Tomás contra a vontade dele para outro estado. Qual é a Seção do Código Penal que caracteriza essa ação como um rapto?	1c. **Sem consulta ao Código Penal**, enunciar quatro elementos que caracterizam um rapto.
2. Ser capaz de **trocar pneu furado com rapidez e segurança**, em via urbana de tráfego intenso e terreno em aclive.	2a. Trocar pneu em, no máximo 15 minutos, em situação de tráfego intenso e terreno em aclive, de acordo com as normas de segurança no trânsito.	2b. Diga como você faria para trocar um pneu furado em uma via urbana de tráfego com rapidez e segurança.	2c. Trocar pneu furado com rapidez e segurança *no acostamento de uma rodovia de alta velocidade com tráfego intenso*.
3. Ser capaz de **interpretar resultados de análises estatísticas descritivas** em relatórios de avaliação da satisfação dos participantes de treinamentos ofertados pela organização, **sem consulta a manuais de estatística ou ajuda de outras pessoas**.	3a. Dadas tabelas com médias, desvios padrões, porcentagens, medianas, modas, valores mínimos e máximos das respostas dos participantes aos itens de um questionário, avalie o grau de satisfação dos respondentes com os treinamentos **sem consultar a manuais de estatística ou outras pessoas**.	3b. Diga para que servem as estatísticas descritivas em avaliação de treinamentos.	3c. Dadas tabelas com estatísticas descritivas de um relatório de avaliação de reações de participantes com treinamentos corporativos, julgue o quanto ficaram satisfeitos com os cursos que realizaram, *após discussão com colegas e estudo em manuais de estatística*.

ao participante do que a situação de treinamento propiciou. O item também é inadequado porque, ao ser aplicado, coloca em risco a vida do profissional treinado. No terceiro exemplo, a tarefa de verificação de aprendizagem também é realizada em condições distintas das utilizadas na situação de treinamento. Pede-se ao participante, treinado para realizar a tarefa com autonomia e rapidez, que solicite ajuda a outras pessoas e aos materiais didáticos para realizar a tarefa-teste. Esse tipo de falha é bastante comum e freqüente em ambientes educacionais, corporativos ou não.

Em síntese, um item ou indicador de avaliação de aprendizagem deve:

- Medir exatamente o desempenho descrito no objetivo:
  - pertencer ao mesmo domínio do objetivo (cognitivo, afetivo ou psicomotor);
  - pertencer ao mesmo nível de complexidade (no domínio cognitivo), de internalização (domínio afetivo) ou de automatização (domínio psicomotor).
- Ser aplicado nas mesmas condições especificadas no objetivo instrucional.

Tipos de avaliação

Avaliados e reformulados os objetivos contidos no plano instrucional, bem como identificados possíveis itens de verificação de aprendizagem, será preciso voltar à figura de representação das fases para identificar o ponto em que estamos. Já descrevemos os pontos importantes da primeira fase do trabalho de construção de medidas de avaliação de aprendizagem: construir itens de verificação de aprendizagem. Entretanto, antes de escolhermos o formato dos itens de avaliação (Fase 3), teremos que refletir e decidir sobre o tipo de avaliação (Fase 2) que aplicaremos aos casos de avaliação comumente enfrentados por profissionais de TD&E.

São dois os tipos principais de avaliação: avaliações baseadas em critérios (ou competência) e em normas, que podem ser utilizados para mensurar aprendizagem, em seus componentes retenção e generalização. A Figura 23.3 mostra novamente as etapas da construção de medidas e coloca em destaque a Etapa 2, foco desta parte do texto.

Em *avaliações baseadas em critérios (ou competência)*, o ponto de partida é verificar se as definições dos CHAs, descritas nos objetivos instrucionais como desempenhos esperados, estão claramente definidos. Após terem sido criados e validados, os itens de verificação do alcance dos objetivos (retenção e generalização) são aplicados nos participantes do treinamen-

1. Construir itens de verificação representativos dos conteúdos.
2. Escolher o tipo de avaliação.
3. Escolher o formato dos itens.
4. Escolher fontes, meios e procedimentos de aplicação.
5. Formatar e aplicar o instrumento de medida.
6. Avaliar os resultados.

Figura 23.3 Destaque para a Etapa 2.

to. A partir das notas obtidas pelos participantes nesse tipo de teste, sabe-se se se alcançaram os objetivos avaliados, por meio da comparação de seu desempenho com o resultado esperado ao final do treinamento.

Abbad e Borges-Andrade (2004) consideram que *testes referenciados em normas* são organizados a partir da suposição de que existe um conjunto homogêneo de conhecimentos que devem ser a base para medir a aprendizagem e retenção. Dessa forma, é elaborada uma grande quantidade de questões de testes, inicialmente, consideradas substitutas umas das outras. Após a aplicação do teste nos participantes, é possível identificar os escores de cada um em função dos escores do grupo ao qual pertencem. A condição de aprovado ou reprovado é definida por meio da comparação dos escores do indivíduo e de seu grupo.

Testes referenciados em critérios

Os *testes baseados em critério* são adequados para verificar competências, indicando se o aprendiz é capaz de apresentar os CHAs aprendidos, enquanto o teste referenciado em normas é mais adequado para selecionar as pessoas mais aptas, comparando-as umas com as outras. Tradicionalmente, os testes baseados em critério têm balizado a construção dos instrumentos de avaliação de aprendizagem, seja no sistema educacional ou em treinamentos nas organizações. Conforme Pasquali e Alves (1999), basicamente, a tecnologia necessária para a construção desses testes é a *tabela de especificação*, na qual são colocados em uma matriz os objetivos instrucionais e os conteúdos a serem avaliados. A elaboração dessa tabela depende de um planejamento instrucional adequado (conforme o previsto no Capítulo 15), o que fornecerá os componentes da tabela: o *conteúdo* e o *processo*. O conteúdo instrucional é aquilo que foi ensinado, isto é o assunto tratado no curso, definido pelo especialista na matéria. O processo representa o que se deseja que o aprendiz faça com o assunto aprendido, identificado em alguma taxonomia de objetivos educacionais (ver Capítulos 14 e 15).

A *tabela de especificação* é um quadro-matriz com duas dimensões básicas: uma para o conteúdo e outra para o processo ou comportamentos (verbos que indicam comportamentos ou desempenhos descritos nos objetivos instrucionais específicos). No interior da matriz, colocam-se os itens de cada conteúdo correspondentes aos processos (Pasquali e Alves, 1999). Veja os exemplos contidos nos Quadros 23.2 e 23.3.

Para decidir quais objetivos contemplar na tabela de especificação, deve-se considerar se:

- estão claramente formulados;
- se estão em condições de serem alcançados em um dado momento e espaço;
- se estão descritos no nível de habilidade;
- se são importantes.

Quadro 23.2
EXEMPLO DE TABELA DE ESPECIFICAÇÃO PARA UMA UNIDADE DE UM CURSO HIPOTÉTICO PARA CONSULTORES DE TD&E

		Comportamentos descritos nos objetivos específicos			
		Descrever	Conceituar	Aplicar	Analisar
Conteúdos	1	O papel da avaliação de necessidades de treinamento.	A necessidade de treinamento, conceitos correlatos e fatores geradores das necessidades.	Os conceitos, identificando exemplos ilustrativos.	Os casos diversos contendo situações que incluem diferentes tipos de necessidades e múltiplos fatores causadores.
	2	Os níveis de avaliação de necessidades.	A avaliação de necessidades e níveis de análise: organização, tarefas e pessoas.	A abordagem de níveis para necessidades por meio de exemplos.	Os casos diversos em diferentes níveis de análise.

Quadro 23.3
EXEMPLO DE TABELA DE ESPECIFICAÇÃO NO QUAL O INTERIOR É O NÚMERO DE ITENS A SEREM UTILIZADOS NO TESTE DE UM CURSO SOBRE NEGOCIAÇÃO

Conteúdos	Comportamentos descritos nos objetivos				
	Identificar	Definir	Descrever	Aplicar	Total
Características do negociador	3	1	2	2	8
Etapas da negociação	2	–	2	3	7
Falhas mais comuns	3	–	2	–	5
Total	8	1	6	5	**20**

A partir da matriz de especificação, o profissional responsável pela construção dos itens terá de verificar se os itens representam os objetivos, cuidando para que o quantitativo de itens por objetivo esteja bem balanceado no teste final ou que, se necessário ou adequado à aplicação de um teste com poucos itens, que este inclua uma amostra representativa dos objetivos do treinamento. O Quadro 23.3 mostra um exemplo de tabela que auxilia o profissional a avaliar a representatividade do conteúdo abarcado pelos itens de verificação.

Quando não for possível identificar, entre vários objetivos, os que forem mais "importantes" para serem contemplados em uma avaliação, duas alternativas são viáveis: selecionar uma amostra dos objetivos ou desenvolver objetivos mais amplos (gerais) que agreguem os descritos no programa (Pasquali e Alves, 1999).

Na seleção de amostra de objetivos a serem avaliados, Morris e Fitz-Gibbon (1978, apud Pasquali e Alves, 1999) sugerem:

a) Amostra
 – aleatória: os objetivos são aleatoriamente selecionados;
 – por blocos: os objetivos são divididos em blocos (A, B, C), e os alunos são escolhidos aleatoriamente para receber um dos blocos.
b) Priorizar
 – por pontos: em uma escala de 1 a 5, atribuídos por 15 juízes a cada um dos objetivos, ordenados pela média das pontuações;
 – por hierarquia: colocá-los do mais simples ao complexo (dentro de área de conhecimento ou habilidade) e dar prioridade aos mais complexos.

O uso da tabela de especificação ajuda a garantir a representatividade e a validade do teste. Após essa fase, idealmente, seria desejável a validação semântica (realizada junto a pessoas com o mesmo perfil do público-alvo para verificar a ordenação e a qualidade dos itens, a clareza e a precisão das instruções) e por juízes (realizada com especialistas nos conteúdos tratados nos instrumentos para verificar avaliar se os itens elaborados medem o que se propõem). Esses procedimentos conferem maior precisão e validade aos itens de teste.[2]

Após a construção dos itens a partir da tabela de especificação e demais procedimentos, é necessário identificar qual será a tarefa realizada pelo aprendiz (questões de múltipla escolha, verdadeiro-falso, demonstração do desempenho, etc.) no momento da avaliação. Entretanto, antes de discutirmos esse assunto, é preciso enfocar as características de avaliações referenciadas em normas.

Avaliações referenciadas em critérios

No início da década de 1960, Glaser (Glaser, 1963; Glaser e Klaus, 1971) introduziu os testes referenciados em critérios como alternativa aos testes referenciados em normas. A diferença principal entre esses tipos de medida está no *padrão* usado como referência. Quando a medida é a *posição relativa a um grupo, diz-se que a medida está* referenciada em normas. Alguns autores preferem denominar esse tipo como avaliação relativa.

Em medidas referenciadas em *normas*, o desempenho do aprendiz pode estar abaixo ou acima da média do grupo. Essa média é conhecida e considerada padrão para análise da posição do indivíduo. Essa lógica leva a montar bancos de questões para provas, organizados de forma a contemplar questões fáceis, médias ou difíceis, assim designadas conforme o resultado de várias aplicações. No momento de elaborar a prova, o instrutor seleciona percentuais de cada tipo de questão para identificar aqueles que sabem mais dos que sabem menos e atribuir um grau.

Um exemplo do tipo de situação mencionado no parágrafo anterior é encontrado em treinamentos que integram processos seletivos ou concursos que pretendem classificar indivíduos quanto ao seu rendimento. O indivíduo terá seu desempenho comparado com os obtidos pelos demais. A avaliação por distribuição forçada e classificação binária (comparação de pessoas duas a duas) tem sido utilizada na área de avaliação de desempenho e constitui exemplo de avaliações baseadas em normas.

Quando referenciados em critérios, pode-se considerar o desempenho (ou o resultado) de um iniciante até o de um profissional experiente em uma atividade para constituir um *continuum*. Decidir-se-á por um ponto do processo (o padrão ou critério) para a habilidade de execução (ou conhecimento) pretendida para o final do treinamento, ou o que se chama de "objetivo".

O objetivo instrucional servirá de parâmetro contra o qual a *performance* a ser medida será comparada. O ponto do *continuum* no qual o critério será estabelecido se torna uma questão de decisão da propriedade do desempenho para o trabalho a ser realizado. Depois que isso for feito, comparações entre os indivíduos também podem ser realizadas. Os resultados de testes baseados em normas são confrontados com o padrão para que o avaliador possa emitir juízo de valor sobre o rendimento do indivíduo avaliado.

Tome-se como exemplo do resultado de aprendizagem a capacidade de elaborar um projeto de treinamento, com todas as etapas de execução. Em testes referenciados em normas, colocar todas as etapas do projeto confere o grau 10 e, a cada falha, um ponto é suprimido. Assim, se um aprendiz obtém nota 8 e outro nota 5, considera-se que um sabe mais do que o outro, e, se a nota para ser aprovado no teste for cinco, ambos estão aprovados.

Além disso, também são exemplos de medidas baseadas em critérios, escalas ancoradas em comportamentos, escalas de observação comportamental, escalas de escolha forçada, listas de verificação e outras, muito utilizadas na área de avaliação de desempenho, nas quais os critérios estão descritos nos itens.

A seguir, apresenta-se um exemplo de itens de uma lista de verificação aplicável em avaliação de instrutores recém egressos de um treinamento para mensuração de sua aprendizagem (ver Quadro 23.4). A nota recebida pelo instrutor é a soma das respostas *sim* aos itens de verificação. Se associarmos uma escala de freqüência aos itens de uma lista de verificação, ela se transforma em uma escala de observação comportamental, e a avaliação segue a mesma lógica: soma dos pontos ou cálculo de médias aritméticas ou ponderadas para a atribuição de notas aos avaliados.

Em situações de treinamentos de curta duração, testes de aprendizagem são aplicados durante o curso e ao final dele. A avaliação final do aluno é a soma, a média aritmética ou ponderada dos pontos obtidos pelo aluno nos testes.

A mensuração da retenção e generalização de CHAs em treinamentos envolve a identificação dos efeitos imediatos da aprendizagem ou dos efeitos surgidos pouco tempo após o ensino de cada unidade do programa e/ou ao final do curso. Contudo, para que o profissional possa afirmar com segurança que a mudança de comportamento ocorrida no repertório do participante se deveu ao curso, terá de medir o nível de entrada (pré-teste), confrontá-lo com os testes intermediários e/ou final (pós-testes) e comparar esses resultados a um grupo-controle não-treinado. Esse delineamento de pesquisa é denominado pré e pósteste com grupo-controle e é recomendado como um dos mais eficazes para avaliar o quanto a aprendizagem (mudança de comportamento) do participante pode ser atribuída ao treinamento.

Formato de itens de avaliação

Até agora, foram analisadas as Fases 1 e 2 da construção de medidas de avaliação de aprendizagem. A fase seguinte se caracteriza pela escolha do formato dos itens de verificação de aprendizagem. Essa fase será tratada nesta seção, como mostra a Figura 23.4.

O profissional de T&D terá de escolher o formato de itens mais adequado à natureza e ao grau de complexidade (no domínio cognitivo), internalização (no domínio afetivo) ou automatização (no domínio psicomotor) da habilidade a ser aprendida, bem como ao perfil do indivíduo avaliado.

Quadro 23.4

FRAGMENTO DE LISTA DE VERIFICAÇÃO DE COMPORTAMENTOS DE INSTRUTORES

Dimensão: atividades práticas e avaliação da aprendizagem

( ) 1. Propõe atividades práticas compatíveis com o conteúdo teórico.

( ) 2. Descreve claramente as relações entre teoria e prática, integrando-as.

( ) 3. Dá oportunidades aos treinandos de praticarem os comportamentos aprendidos.

( ) 4. Propicia atividades práticas compatíveis com o domínio de aprendizagem (cognitivo, afetivo ou motor).

( ) 5. Propicia atividades práticas compatíveis com o domínio de aprendizagem (cognitivo, afetivo ou motor).

( ) 6. Avalia a aprendizagem dos treinandos, ao final de cada tópico ou unidade (testes escritos, avaliação oral, teste prático, exercícios ou similares).

( ) 7. Orienta os treinandos sobre como podem melhorar seu rendimento no módulo.

( ) 8. Informa os treinandos acerca dos seus erros e acertos, apresentando-lhes as respostas corretas.

Fonte: Abbad (1999).

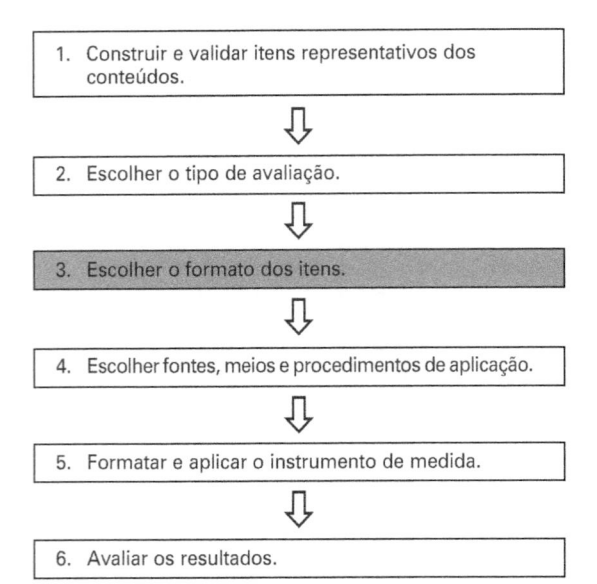

```
┌─────────────────────────────────────────────┐
│ 1. Construir e validar itens representativos dos │
│    conteúdos.                               │
└─────────────────────────────────────────────┘
                        ⇩
┌─────────────────────────────────────────────┐
│ 2. Escolher o tipo de avaliação.            │
└─────────────────────────────────────────────┘
                        ⇩
┌─────────────────────────────────────────────┐
│ 3. Escolher o formato dos itens.            │
└─────────────────────────────────────────────┘
                        ⇩
┌─────────────────────────────────────────────┐
│ 4. Escolher fontes, meios e procedimentos de aplicação. │
└─────────────────────────────────────────────┘
                        ⇩
┌─────────────────────────────────────────────┐
│ 5. Formatar e aplicar o instrumento de medida. │
└─────────────────────────────────────────────┘
                        ⇩
┌─────────────────────────────────────────────┐
│ 6. Avaliar os resultados.                   │
└─────────────────────────────────────────────┘
```

Figura 23.4 Destaque para a Etapa 3.

O Quadro 23.5 mostra uma tentativa de classificação dos formatos mais apropriados de instrumentos, de acordo com os tipos de resultados ou domínios de aprendizagem esperados.

Vale ressaltar que, quanto ao tipo de comportamento requerido do indivíduo em situações de avaliação de aprendizagem, estão as respostas de papel e lápis abertas e fechadas e a demonstração do comportamento em provas situacionais. Quanto ao meio utilizado para avaliação, é mais freqüente a aplicação de testes impressos em papel e, mais recentemente, via internet.

Nos testes objetivos, a ação do indivíduo avaliado pode constituir-se em selecionar uma resposta. Questões que exigem seleção de uma resposta favorecem a memorização e possibilitam a escolha ao acaso ("chute"). Questões de construção de resposta minimizam a possibilidade de "chute" e até podem solicitar memorização, mas também abrem oportunidades ao aprendiz para demonstrar maior ou menor conhecimento ou habilidade intelectual sobre o assunto ou como o aprendizado está correlacionado com suas experiências.

Então, nas provas de lápis e papel, são exemplos de seleção de resposta as questões de verdadeiro ou falso (V-F), múltipla escolha (ME) e correspondência (associação) de colunas (CC). Já em situações de prova prática, os exemplos poderiam ser: solicitar que o aprendiz indique partes de um equipamento após o instrutor citar o nome ou, ao contrário, nomeie partes que lhe forem indicadas. Normalmente, na construção de respostas em provas de lápis e papel, são utilizadas questões de preenchimento de lacunas (PL), produção de ensaios curtos ou longos (EC ou EL) ou evocação simples do desempenho.

Nas provas práticas, a avaliação pode ser *explicar* como funciona um equipamento, *montar* ou *operar* esse equipamento. Algumas pesquisas sugerem que a construção de respostas possibilitaria ganhos de aprendizagem maiores (aquisição e retenção imediata) que a seleção de respostas (por exemplo, Miller e Mallot, 1997; Kritch e Bostow, 1998).

Além desses tipos de tarefas para a avaliação de aprendizagem, o uso de portfólios (toda a produção acadêmica do aluno, participação em aula, atividades extracurriculares, realização de exercícios, etc.) permitiria uma visão global do desempenho do aprendiz que não apenas o momento da prova (Pasquali e Alves, 1999).

São vários os tipos de *itens de verificação* de aprendizagem utilizados ou aplicáveis em treinamentos do domínio cognitivo (questões objetivas e questões de respostas construídas). Além da aplicação de testes de papel e lápis, outros procedimentos de avaliação podem ser utilizados, como observação e entrevistas mediadas por roteiros, listas de verificação ou escalas de avaliação. Esses últimos requerem que o avaliado demonstre o comportamento e seja avaliado por outras pessoas como instrutor, tutor, colegas, observadores externos.

Avaliações que dependem da demonstração do que foi aprendido pelo participante são mais indicadas para avaliação de habilidades psicomotoras (trocar pneus furados, pilotar avião, dirigir automóvel, operar máquinas), afetivas (mostrar-se aberto a *feedbacks*, disposição para promover mudanças em processos de trabalho) ou cognitivas (interpretar resultados de análises estatísticas em relatórios gerenciais de avaliação de treinamento).

Quando o objetivo instrucional envolve a avaliação de atributos pertencentes aos três domínios, um modelo misto de avaliação pode vir a ser necessário.

Imagine um treinamento em que se deseja que o participante aprenda a realizar apresentações profissionais para diferentes audiências e em diferentes contextos, com e sem apoio de recurso áudio visuais. Acredite que o curso propiciou várias oportunidades de prática da exposição oral e aplicou modelação comportamental (apresentação de um modelo humano realizando a tarefa com perfeição). Creia também que os participantes aprenderam a planejar apresentações, escolher recursos, preparar roteiros e recursos de apoio áudio visual (habilidades intelectuais pertencentes ao domínio cognitivo) e foram avaliados pelo

Quadro 23.5
FORMATOS DE ITENS DE VERIFICAÇÃO DE APRENDIZAGEM

Domínio cognitivo

Para habilidades mais simples	Para habilidades mais complexas
Testes objetivos • Múltipla escolha • Verdadeiro e falso • Associação • Escolha simples Testes de respostas construídas • Preenchimento de lacunas	Testes de respostas construídas • Produção de ensaios • Resolução de problemas • Produção de monografias • Elaboração de projetos • Criação de novas soluções de trabalho • Produção de relatórios • Questões abertas

Habilidades psicomotoras

Teste direto do desempenho esperado (teste situacional)
Análise de indicadores resultados existentes no contexto
Avaliações baseadas em observação direta (com uso de escala ou lista de verificação)
Avaliações baseadas em observação indireta (com lista, roteiro ou escala)
Testes com produção de resultados de aprendizagem (portfólios, exibições de trabalhos)

Atitudes

Teste direto do desempenho esperado (teste situacional)
Observação do comportamento por meio de roteiros, listas de verificação, escalas
Avaliação de atitudes por meio de questionários e escalas
Entrevistas
Testes psicológicos, inventários

Fonte: Adaptado de Morrison, Ross e Kemp (2001).

---

instrutor de acordo com padrões de qualidade discutidos em sala de aula. Algumas estratégias instrucionais aplicadas durante o curso, entretanto, tinham o objetivo de desenvolver habilidades psicomotoras (entonação de voz, ritmo, volume da fala, gesticulação, movimentação, direção do olhar, posição em relação à audiência e aos equipamentos, etc.) por meio de filmagem e *feedbacks*. Outras estratégias, ainda, tratavam da parte afetiva das apresentações profissionais (como inibições, receios de falar em público).

Nesse caso hipotético, a avaliação de aprendizagem deveria conter itens relacionados aos três domínios. Dois tipos básicos de testes seriam adequados a essa situação: testes de respostas construídas, nas quais o aluno precisa elaborar um plano de apresentação de um tema específico, bem como preparar os materiais de apoio. Esses trabalhos seriam, então, avaliados de acordo com critérios de qualidade apresentados em sala de aula.

As avaliações dos componentes psicomotores e afetivos do desempenho deveriam, por outro lado, ser feitas, pedindo-se ao participante que realize a apresentação do tema escolhido diante de avaliadores (instrutores, colegas e/ou observadores externos), os quais, munidos de roteiros ou listas de verificação, registrariam os pontos obtidos pelo participante. Como o exemplo demonstra, os desempenhos dependem de conjuntos de CHAs que precisam, muitas vezes, de itens de verificação distintos. A situação de teste precisa envolver condições e restrições que possam ser enfrentadas e superadas pelo participante e que, portanto, não sejam muito distintas daquelas aplicadas durante o treinamento.

Aplicação e avaliação dos resultados

Nesta parte, são discutidos alguns aspectos importantes da preparação dos instrumentos de medida, escolha das fontes e meios de avaliação, procedimentos de aplicação e avaliação dos resultados. A Figura 23.5 destaca os pontos abordados nesta parte do texto.

A escolha (de fontes, meios, formas de aplicação, avaliadores e medidas) depende, portanto, da

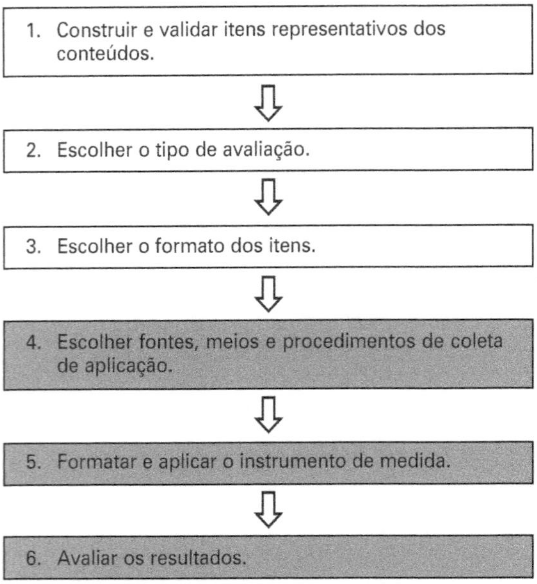

1. Construir e validar itens representativos dos conteúdos.

⇩

2. Escolher o tipo de avaliação.

⇩

3. Escolher o formato dos itens.

⇩

4. Escolher fontes, meios e procedimentos de coleta de aplicação.

⇩

5. Formatar e aplicar o instrumento de medida.

⇩

6. Avaliar os resultados.

Figura 23.5 Destaque para as Etapas 4, 5 e 6.

natureza dos desempenhos avaliados (conhecimentos e/ou habilidades e/ou atitudes), bem como da modalidade do curso (a distância, semi-presencial, presencial), contexto do treinamento (recursos disponíveis, suporte, natureza do curso: obrigatória ou adesão voluntária) e perfil do indivíduo avaliado (hábitos de estudo, motivação, idade).

Os Quadros 23.6 e 23.7 mostram alguns dos aspectos a serem levados em conta pelo profissional de TD&E, ao planejar a aplicação dos instrumentos.

Em cursos a distância, a aplicação presencial de provas é muitas vezes exigida por órgãos de controle do governo para garantir confiabilidade aos resultados. Contudo, há situações em que o curso é corporativo, estratégico, obrigatório, oferecido a distância para grandes amostras de participantes (milhares de pessoas simultaneamente) lotadas em unidades organizacionais situadas em todo o território nacional. Nesses casos, o material do curso é totalmente auto-instrucional, e as avaliações de aprendizagem fazem parte do ambiente eletrônico do curso, na forma de testes objetivos de conteúdo, que são corrigidos automaticamente. Esses testes são auto-aplicáveis e corrigidos automaticamente.

Quadro 23.6
ASPECTOS A CONSIDERAR NA APLICAÇÃO DE INSTRUMENTOS DE AVALIAÇÃO NO DOMÍNIO COGNITIVO

Tipo de item	Formato do item de avaliação	Fonte de informação	Avaliador	Meio	Aplicação	Medida
Questões objetivas	Provas, testes de conteúdo.	Respostas do aluno.	Humano: instrutor, professor, tutor. Virtual: sistema eletrônico de correção.	Material impresso. Internet. Computador.	Presencial ou virtual. Coletiva ou individual.	Soma de pontos. Médias aritméticas e ponderadas.
Questões de respostas construídas	Ensaios, monografias, projetos, soluções de problemas, etc. (avaliados de acordo com *critérios* contidos em listas de verificação ou roteiros, ou de acordo com normas).	Respostas do aluno.	Humano: instrutor, professor, tutor, especialistas externos. Virtual: sistema eletrônico de correção.	Material impresso. Texto em meio eletrônico.	Presencial ou virtual. Coletiva ou individual.	Soma de pontos. Médias aritméticas e ponderadas.

Quadro 23.7
ASPECTOS A CONSIDERAR NA APLICAÇÃO DE INSTRUMENTOS DE AVALIAÇÃO NOS DOMÍNIOS PSICOMOTOR E AFETIVO

Tipo de item	Formato do item de avaliação	Fonte de informação	Avaliador	Meio	Aplicação	Medida
Teste direto de desempenho	Testes situacionais trabalhos realizados resultados (avaliados a partir de registros em roteiros de observação direta ou indireta ou em listas de verificação, escalas)	Desempenho do participante	Humano: Instrutor, professor, tutor, especialistas externos, colegas.	Filmes, vídeos, fotografias impressas ou gravadas em meio eletrônico.	Presencial ou mediada por tecnologia Individual	Soma de pontos Médias aritméticas e ponderadas

Geralmente, provas situacionais são muito trabalhosas e requerem aplicação presencial dos itens de teste. Todavia, essas provas podem ser realizadas com intermediação de videoconferência e outras tecnologias da informação e comunicação. O uso dessas mídias, entretanto, não deveria ser indicado sem análise prévia de custo-benefício.

Testes situacionais requerem o uso de itens de verificação de aprendizagem construídos com o mesmo rigor metodológico comumente aplicado à confecção de testes objetivos ou quaisquer outros instrumentos de mensuração e avaliação de comportamentos humanos. Essas provas situacionais requerem cuidado na preparação das condições e dos itens de teste. Os itens devem compor roteiros, listas ou escalas de apoio à observação ou entrevista de avaliação. Esses itens precisam ser descritos de modo preciso e conter, à semelhança do que se exige para testes de conteúdo, amostras representativas dos aspectos de conteúdo e competência a serem inferidos com base no desempenho avaliado.

Idealmente, esses roteiros e demais instrumentos de observação devem mostrar altos índices de concordância entre juízes. Quando mais de um avaliador é colocado a observar o desempenho de outra pessoa, eles devem produzir os mesmos julgamentos de valor, mesmo quando realizam avaliações independentes. Para exemplificar este ponto, imagine novamente aquele caso do curso hipotético de apresentações profissionais. Pense na aplicação de um teste situacional. Cada participante do curso é colocado diante de cinco juízes e cinco observadores externos, munidos de uma lista de verificação. Esses 10 juízes avaliarão, de modo independente, o desempenho de cada participante na tarefa de realizar a exposição oral de um tema específico (igual para todos). Altos índices de concordância entre juízes seria algo do tipo, oito dos dez concordam com as suas avaliações em cada item do roteiro. Quando 80% dos juízes concordam entre si quanto à avaliação da maior parte dos itens, pode-se supor que o instrumento é preciso e confiável. A avaliação por juízes (especialistas no assunto) propicia avaliações mais precisas e confiáveis.

Uma fórmula freqüentemente utilizada para averiguar a concordância entre observadores para um comportamento é:

$$\text{Índice de concordância} = \frac{T_{con}}{T_{con} + T_{disc}} \times 100$$

Onde:

T_{con} – total de itens concordantes
T_{disc} – total de itens discordantes

De acordo com essa fórmula, o índice de concordância é calculado da seguinte forma: divide-se o total de itens concordantes pelo total de itens concordantes somados aos discordantes. Por fim, o valor resultante da divisão é multiplicado por 100 para obter-se o percentual. Por exemplo, em uma situação de avaliação do desempenho de um instrutor em sala de aula com dois observadores, utilizando um roteiro de observação de 20 itens. Os observadores avaliam da mesma forma em 16 itens (concordantes) e de modo diferente em 4 itens (discordantes). Colocando esses dados na fórmula acima, temos que o índice de concordância (IC) é:

$$IC = \frac{T_{con}}{T_{con} + T_{disc}} \times 100$$

$$IC = \frac{16}{16 + 4} \times 100$$

$$IC = \frac{16}{20} \times 100 = 80\%$$

Ao planejar a aplicação de instrumentos de avaliação de aprendizagem, o profissional deverá levar em conta fatores da organização (disponibilidade de recursos humanos, materiais e financeiros da organização), do contexto do treinamento (modalidade de entrega, quantidade de participantes, tipo de participação no treinamento, isto é, se obrigatória ou voluntária, natureza do objetivo principal do curso, nível de complexidade do objetivo principal), bem como características da clientela e do seu contexto de trabalho (idade, função, valor instrumental do curso, hábitos de estudo, suporte à aprendizagem, entre outros).

Uma avaliação tecnicamente bem feita compreende a aplicação de pré e pós-testes e comparação do rendimento dos participantes do curso com outras pessoas ainda não submetidas ao treinamento (grupo-controle). A aplicação dos instrumentos deve ser padronizada para garantir que todos os indivíduos avaliados tenham sido submetidos às mesmas condições de teste.

A aplicação eletrônica de instrumentos de avaliação de aprendizagem ainda é algo problemático quando realizada sem garantia de identificação do participante. De Paula e Silva (2004), em entrevista com participantes de um curso a distância, mediado pela internet, encontrou indícios de que alguns alunos pediram a outras pessoas não vinculadas ao curso que realizassem os exercícios de verificação de aprendizagem. É preciso, nesses casos, tomar cuidado com a auto-aplicação de instrumentos eletrônicos de avaliação. Quanto aos avaliadores, em casos de avaliação de aprendizagem de objetivos predominantemente afetivos, é desejável a utilização de múltiplas fontes de avaliação: instrutores, colegas e observadores externos, de modo a conferir maior objetividade às avaliações.

O meio ou veículo de aplicação do instrumento deve ser escolhido em função da sua adequação ao teste e ao perfil da clientela. Há situações em que utilizar um instrumento digitalizado em amostras não familiarizadas com o uso da internet enviesa os resultados das avaliações ou dificulta a tarefa para o indivíduo avaliado. Além disso, deve-se procurar escolher, entre os meios disponíveis, aqueles mais simples, práticos e menos onerosos.

A aplicação presencial e coletiva de testes objetivos é, provavelmente, o procedimento mais comum, seguro e padronizado de verificação de aprendizagem de objetivos do domínio cognitivo. Todavia, a avaliação de respostas construídas, dependendo da sua complexidade, pode depender de avaliação individual e processual, bem como de resultados da elaboração de monografias, projetos, dissertações. Esse é o caso em que o orientador em cursos de média e longa duração avalia os produtos intermediários ou versões preliminares dos trabalhos escritos e atribui nota ao trabalho final de acordo com critérios ou normas. Em casos de orientação de trabalho, é preciso tomar cuidado com o plágio, que, atualmente, é muito facilitado pelo acesso, pela internet, a textos completos sobre quaisquer assuntos profissionais.

Quanto à composição final da nota, observa-se uma tendência de diversificação de componentes, em função do uso de portfólios de avaliação. A nota ou escore final, nesses casos, é função das notas obtidas pelo participante em provas, exercícios práticos, participação em discussões, auto-avaliações, entre outras formas de itens. Quanto à medida propriamente dita, observa-se o uso de médias aritméticas, soma de pontos e similares, para atribuição de valores numéricos aos indivíduos. Entretanto, quando há comparações entre notas (pré e pós-teste) e entre pessoas, são utilizadas outras estatísticas como correlações, análises de variância, análises de covariâncias, testes t de diferenças entre médias, entre outras.

PESQUISAS COM APRENDIZAGEM EM TD&E

Ao longo dos anos, alguns pesquisadores desenvolveram estudos com o objetivo de identificar as variáveis que explicam a aprendizagem e quais são as relações empíricas entre aprendizagem e os demais níveis de avaliação (comportamento no cargo, resultados ou mudança organizacional e valor final). Contudo, os estudos em TD&E ainda são raros e não-conclusivos quanto às variáveis que explicam aprendizagem em contextos de treinamento em organizações e trabalho. Além disso, muitas vezes a avaliação da aprendizagem não se relaciona com os níveis subseqüentes de avaliação de treinamento. Nesta parte do texto, apresentam-se alguns resultados de pesquisas nacionais e estrangeiras sobre esses assuntos.

Os resultados obtidos nos estudos realizados por Tannenbaum, Mathieu, Salas e Cannon-Bowers (1991) em um treinamento militar presencial mostram que as mulheres obtiveram melhores notas nas avaliações finais de aprendizagem, quando comparadas aos homens.

Em treinamentos presenciais em uma organização pública brasileira, Abbad (1999) encontrou que variáveis relacionadas à origem institucional e ao cargo do ocupante tiveram maior influência sobre a aprendizagem, medida em termos de escores obtidos pelo participante em pré e pós-testes ou provas de conhecimentos aplicadas pelo instrutor ao final dos treinamentos, que outras variáveis como reação (satisfação do participante com aspectos dos eventos de TD&E). Além disso, a pesquisadora encontrou relações negativas entre idade e aprendizagem, isto é, quanto mais idoso, menor era a nota do treinando, e positivas entre motivação e aprendizagem, ou seja, quanto maior a motivação para o treinamento, maior era a nota do aprendiz.

Os resultados de Abbad (1999) mostraram ainda que os participantes com melhor rendimento nos cursos também foram aqueles que atribuíram a si próprios as melhores avaliações de aprendizagem e que percebiam o seu ambiente de trabalho de modo mais desfavorável, no que tange ao recebimento de informações e orientações necessárias ao desempenho eficaz das tarefas cotidianas.

Ainda em contexto presencial e de trabalho, Pantoja (1999), em estudo com profissionais de uma organização hospitalar, investigou possíveis preditores de aprendizagem. Os resultados mostraram que variáveis relacionadas a quanto maior a clareza e precisão na formulação de objetivos instrucionais, maiores eram as notas nas avaliações teóricas (provas escritas) e que, quando as avaliações de aprendizagem não estavam estabelecidas previamente no programa, as notas eram menores do que nos casos em que essas provas estão definidas *a priori*. Além disso, a autora verificou que os participantes que apresentaram maiores notas nas entrevistas e nas provas práticas realizadas no início do processo seletivo também obtiveram maiores notas nas provas realizadas após o treinamento.

Em estudo de avaliação de treinamento de um curso a distância oferecido pelo Sebrae, Carvalho (2003) investigou características do evento instrucional e dos participantes que pudessem explicar aprendizagem. A autora constatou que os participantes que acessaram os recursos de mural e *chat* e que acreditaram que os conteúdos do treinamento eram aplicáveis foram aqueles que obtiveram as melhores notas de aprendizagem. Esse resultado pode ser devido, em parte, ao tipo de medida de aprendizagem, que exigia a realização dos exercícios, mas não seu acerto para seguir para a próxima unidade do curso e que se encontrava em um nível de domínio muito baixo, conforme a taxonomia de Bloom (ver Capítulo 14).

Sallorenzo (2000) sugere que se deve melhorar a qualidade de avaliações de aprendizagem. Para que ocorra esse aprimoramento, seria preciso um maior controle sobre a elaboração e aplicação das mesmas, uma vez que medidas ruins podem influenciar a não-entrada dessa variável nos modelos de explicação.

Percebendo a necessidade de construir medidas mais fidedignas de aprendizagem e baseadas nos objetivos instrucionais dos treinamentos, Borges-Ferreira (2005) desenvolveu um estudo de avaliação de aprendizagem em disciplinas de curso técnico-profissionalizante oferecido a distância e buscou encontrar variáveis explicativas para aprendizagem. As avaliações de aprendizagem utilizadas pela referida autora foram construídas pelos próprios instrutores com base nos objetivos instrucionais de cada disciplina. Essas medidas foram obtidas durante a realização de cada disciplina, bem como ao final das mesmas, e eram compostas por testes de retenção de conhecimentos, exercícios práticos, participação em discussões e debates.

Os resultados encontrados por Borges-Ferreira (2005) indicaram baixa relação entre os níveis de avaliação de aprendizagem e reação propostos por Hamblin (1978). Além disso, verificou-se que indivíduos que fizeram uma auto-avaliação positiva de sua participação nos treinamentos foram também aqueles que obtiveram as maiores notas nas avaliações de aprendizagem. Outro resultado interessante se refere ao fato de que diferentes medidas de aprendizagem apresentaram diferentes variáveis explicativas.

Mas por que é tão importante a avaliação de aprendizagem em TD&E? Em ambientes organizacionais e de trabalho, a avaliação auxilia a demonstração da efetividade de eventos de TD&E e a verificação do que o indivíduo aprendeu do que foi ensinado. Em contextos de pesquisa acadêmica, a avaliação é importante porque os modelos tradicionais de avaliação de Kirkpatrick (1976) e Hamblin (1978) supõem correlações positivas entre os níveis de avaliação. Isso quer dizer que, quanto maior a satisfação com o treinamento (reação), maior a aprendizagem, maior o efeito do treinamento no trabalho (comportamento no cargo), e assim sucessivamente até o nível de valor final. Contudo, essas relações não foram comprovadas empiricamente em sua totalidade. Aprendizagem tem sido o vilão da história porque não tem se mostrado correlacionado significativamente com os demais níveis de avaliação.

As abordagens mais tradicionais de avaliação de treinamento, principalmente a de Kirkpatrick (1976 e 1977), sugerem que as variáveis-critério *reações, aprendizagem, desempenho no cargo e resultados (ou mudança organizacional e valor final)* mantêm entre si um forte relacionamento positivo. A literatura especializada em avaliação de treinamento, entretanto, conforme Alliger e Janak (1989) e Alliger, Tannenbaum, Bennet Jr. e Shotland (1997), tem mostrado que esses relacionamentos nem sempre são significativos ou estão na direção prevista. Os resultados de algumas pesquisas têm mostrado situações nas quais um participante, apesar de demonstrar satisfação (reação favorável) com o treinamento e de ter obtido bons escores nas avaliações de aprendizagem, não aplica, no trabalho, as novas habilidades que aprendeu em situação de treinamento. Nesse caso, deixou de ocorrer transferência positiva de treinamento, não necessariamente por falta de memória, de capacidade de retenção e generalização ou por deficiências do programa de treinamento, mas porque, provavelmente, faltaram oportunidades de colocar em prática, no ambiente de trabalho, aquilo que foi aprendido.

Na literatura examinada por Alliger e Janak (1989), foram encontrados poucos estudos sobre o relacionamento entre os quatro níveis, o que, para os autores, pode significar que os pesquisadores simplesmente assumem como verdadeiras as afirmações de Kirkpatrick a respeito da existência de correlações positivas entre os critérios, deixando de investigar tais relacionamentos. No Brasil, a situação não parecia ser muito diferente quando Borges-Andrade e Abbad (1996) analisaram a literatura sobre T&D.

Os pesquisadores têm dado pouca atenção à avaliação dos pressupostos do modelo de Kirkpatrick e negligenciado a importância da realização de mais estudos sobre o relacionamento entre os quatro níveis. Goldstein (1991) vem defendendo a idéia de que aprendizagem deveria ser considerada apenas condição necessária, mas não suficiente, para o impacto no trabalho (comportamento no cargo).

Os resultados de pesquisas realizadas recentemente e apresentados por Tannenbaum e Yukl (1992) também não confirmaram o relacionamento significativo entre as medidas de aprendizagem e de transferência (impacto) e entre medidas de reação e os demais critérios (aprendizagem, comportamento e resultados: mudança e valor final). Tendo em vista o exposto, a efetividade de programas instrucionais não deveria ser aferida apenas por meio da avaliação de um nível de variável, como geralmente vem sendo feito nessa área. O mais comum tem sido avaliar apenas as reações das pessoas aos treinamentos, deixando-se de lado a avaliação dos demais níveis.

CONSIDERAÇÕES FINAIS

Para avaliação da aprendizagem, deve-se ter o cuidado de verificar o alcance do objetivo instrucional, e não a assimilação de conteúdo ensinado, pois a verificação do grau de retenção de conteúdos pelo participante do evento instrucional não garante que este tenha alcançado os objetivos pretendidos (Mager, 1976). Ressalte-se, ainda, que esses objetivos decorrem do resultado de avaliação de necessidades bem-conduzida.

É conveniente lembrar que o desenho de avaliação de aprendizagem mais válido e tecnicamente mais aceitável é aquele que possibilita a comparação, além da verificação do alcance dos objetivos pelo participante, do seu desempenho no início e ao final do evento instrucional e com um grupo-controle, não submetido ao curso. Esse delineamento é denominado experimental do tipo que envolve pré e pós-teste com grupo-controle. Todavia, a aplicação desse tipo de avaliação é rara em ambientes organizacionais e de trabalho, pois, entre outros motivos, é difícil garantir escolha aleatória de pessoas para integrar os grupos treinados (experimentais) e não treinado (grupo-controle). Modelos quase-experimentais de avaliação de aprendizagem, nos quais os participantes dos grupos não são aleatoriamente escolhidos, são mais viáveis em organizações.

Um problema freqüentemente encontrado em avaliação de ações de TD&E, em especial em avaliações de aprendizagem, é a inexistência de planejamento instrucional bem feito com objetivos claros, precisos e bem seqüenciados. Constata-se, muito freqüentemente, não só a falta de avaliação de aprendizagem, mas também de objetivos instrucionais, referência básica para a construção de itens válidos de verificação de aprendizagem. As competências técnicas necessárias ao uso de tecnologias instrucionais para desenho das situações de aprendizagem e à construção e validação de itens de verificação a partir de objetivos instrucionais ainda não são muito difundidas entre os profissionais de TD&E. Grande parte dos instrutores e professores desconhece essas tecnologias e, algumas vezes, não se interessam em aprendê-las.

A resistência ou dificuldade demonstrada por profissionais para avaliar aprendizagem pode ter se agravado na área, em função de abordagens teóricas que desaconselham a avaliação de aprendizagem em ações de TD&E para adultos ou que advogam pouca sistematização e rigor na elaboração do desenho da instrução. Outra possível razão para a não-utilização de avaliações de aprendizagem em TD&E é o eventual receio dos participantes de que os resultados de avaliações de aprendizagem sejam utilizados indevidamente para outros fins, como indicação para promoção, ascensão na carreira, seleção para funções de chefia, entre outros.

Sem avaliação de aprendizagem, entretanto, não há como provar que uma determinada ação de TD&E foi eficaz, isto é, que resultou no alcance dos objetivos instrucionais propostos. Sem ela, também é impossível saber o quanto um participante aprendeu, em comparação com o que ele já sabia ao ingressar no curso.

A mensuração da aprendizagem é importante para avaliação dos procedimentos e processos instrucionais em avaliação somativa e formativa de ações de TD&E. Em ambas as situações, a aferição da aprendizagem subsidiará o aperfeiçoamento de todas as atividades típicas de sistemas de TD&E, da avaliação de necessidades à avaliação de resultados e auxiliará os profissionais a controlar a qualidade de ações de TD&E.

Ainda que se sigam os procedimentos necessários a uma boa avaliação de aprendizagem, sabe-se que só o treinamento não garante aprendizagem. Segundo a abordagem de Roe (1997), cada seqüência da corrente *treinamento, aprendizagem, reações, transferência de treinamento (comportamento no cargo) é* afetada por diferentes fatores. A aprendizagem em treinamentos não depende apenas das características do treinamento, mas de características pessoais da clientela (por exemplo, motivação para a aprendizagem, cargo e idade) e de certas percepções dessa clientela sobre o suporte oferecido pela organização à aprendizagem e à transferência de treinamento. O papel das variáveis da clientela e de suporte em avaliação de ações de TD&E é tratado em detalhe nos Capítulos 21 e 20, respectivamente.

Assim sendo, é necessário compreender como a aprendizagem se relaciona com os demais níveis e por quais variáveis da clientela, do treinamento e do ambiente organizacional ela é afetada, de modo a construir conhecimentos capazes de aumentar a efetividade de ações de TD&E em organizações e trabalho.

QUESTÕES PARA DISCUSSÃO

- Por que é importante definir claramente aprendizagem para construir medidas de avaliação de seus componentes?
- Crie itens de verificação de aprendizagem para um curso de origami (oferecido por uma organização aos seus funcionários em um programa de qualidade de vida).
- Crie itens de verificação de aprendizagem para a habilidade de um instrutor hipotético para explicar aos participantes de um curso corporativo como estes deverão agir para confeccionar tabelas usando processador eletrônico de texto. Pense nos aspectos cognitivos da atividade.
- Leia o caso hipotético descrito a seguir. A avaliação de necessidades de treinamento mostrou que um banco concorrente estava conseguindo ganhar a concorrência por novos clientes em função da qualidade do atendimento oferecido aos diversos perfis de clientes. As condições de atendimento eram semelhantes, quanto ao mobiliário, conforto ambiental, equipamentos, sistemas eletrônicos de informações e transações financeiras. O que diferia era o tratamento dado a alguns segmentos da clientela, como os aposentados mais idosos, os analfabetos e todos aqueles que não sabem realizar as operações financeiras pelo computador. Um treinamento foi oferecido para mudar atitudes dos bancários em relação a esse público. Várias estratégias instrucionais foram utilizadas para desenvolver a atitude necessária ao trabalho, entre elas a modelação comportamental, a dramatização com filmagem e *feedbacks* ao desempenho do participante. Pense em itens de verificação da aprendizagem da atitude de tratar indistintamente bem todas as pessoas que solicitam os serviços do banco, dispensando atenção especial àqueles com maiores limitações e dificuldades.

NOTAS

1. A verificação de validade e precisão psicométricas possibilita que o pesquisador garanta que um roteiro de observação, uma prova, um questionário, um teste de personalidade, entre outros, está medindo o constructo a que se propõe medir. Para mais detalhes, ver Pasquali, 1999.
2. Outros procedimentos poderiam ser adotados para validação de escalas (análise fatorial) e de testes de conhecimentos (Teste de Resposta ao Item – TRI). Para maiores detalhes sobre esse assunto, leia Pasquali (1999) e Pasquali (1997).
3. Esta pesquisa utilizou um delineamento quase-experimental com a coleta de dados por meio de questionários estruturados e análise de dados secundários, avaliando TD&E nos níveis III, IV e V.

REFERÊNCIAS

ABBAD, G. *Um modelo integrado de avaliação do impacto do treinamento no trabalho – IMPACT*. Tese (Doutorado) – Universidade de Brasília, Brasília, 1999.

ABBAD, G.; BORGES-ANDRADE, J. E. Aprendizagem humana em organizações e trabalho. In: ZANELLI, J.C.; BORGES-ANDRADE, J.E.; BASTOS, A.V.B. (Org.). *Psicologia*: organizações e trabalho no Brasil. Porto Alegre: Artmed, 2004. p.237-275.

ABBAD, O.-C., G, LIMA, G. B. C.; VEIGA, M. R. M. Implantação de um sistema de avaliação de desempenho: métodos e estratégias. *Revista de Administração*, v.31, n.3, p.38-52, 1996.

ALLIGER, G. M.; JANAK, E. A. Kirpatrick's levels of training criteria: thirty years later. *Personnel Psychology*, v.42, n.2, p.331-342, 1989.

ALLIGER, G. M. et al. A meta-analysis of the relations among training criteria. *Personnel Psychology*, v.50, p.341-358, 1997.

ALVARES, K.; SALAS, E.; GAROFANO, C. M. An integrated model of training evaluation and effectiveness. *Human Resource Development Review*, v. 3, n. 4, p.385-416, 2004.

BLOOM, B. S.; KRATHWOHL, D. R.; MASIA, B. B. *Taxonomia de objetivos educacionais: domínio afetivo*. Porto Alegre: Globo, 1972.

BLOOM, B. S. et al. *Taxonomia de objetivos educacionais*: domínio cognitivo. Porto Alegre: Globo, 1972.

BORGES-ANDRADE, J. E. Desenvolvimento de medidas em avaliação de treinamento. *Estudos de Psicologia*, v.7 p.31-43, 2002. Número especial.

BORGES-ANDRADE, J. E.; ABBAD, G. Treinamento e desenvolvimento: reflexões sobre suas pesquisas científicas. *Revista de Administração*, v.31, n.2, p.112-125, 1996.

BORGES-FERREIRA, M. F. *Avaliação de reações e aprendizagem em disciplinas de curso técnico profissionalizante oferecidas a distância*. Dissertação (Mestrado) – Universidade de Brasília, Brasília, 2005.

CARVALHO, R. S. *Avaliação de treinamento a distância*: reação, suporte a transferência e impacto do treinamento no trabalho. Dissertação (Mestrado) – Universidade de Brasília, Brasília, 2003.

DAY, N. Informal learning gets results. *Workforce*, p.-36, 1998.

DE PAULA E SILVA, A. *Avaliação de uma disciplina semipresencial de graduação ofertada por meio da internet pela Universidade de Brasília*. Dissertação (Mestrado) – Universidade de Brasília, Brasília, 2004.

FAGUNDES, A. J. F. M. *Descrição, definição e registro do comportamento*. São Paulo: Edicon, 1985.

GAGNÉ, R. M. (1970). Measurement conditions and criteria. In: MERRIL, M. D. (Ed.). *Instrucional design*: readings. Englewood Cliffs: Prentice-Hall, 1970. p.357-374.

GLASER, R. Instructional technology and the measurement of learning outcomes: some questions. *American Psychologist*, v.18, p.519-521, 1963.

GLASER R.; KLAUS, D. J. Criterion referenced measurement. In: MERRIL, M. D. (Ed.). *Instrucional design*: readings. p.331-356. Englewood Cliffs: Prentice-Hall, 1971. Cap. de livro originalmente publicado como "Proficiency measurement: assessing human performance" in GAGNÉ, R.M. (Ed.). *Psychological principles in system development*. New York: Holt, Rinehart & Wiston, 1962. p.419-474.

GOLDSTEIN, I. L. Training in work organizations. In: DUNNETTE, D.; HOUGH, L.M. (Org.). *Handbook of industrial and organizational psychology*. California: Consulting Psychology Press, 1991. p.507-619.

HAMBLIN, A. C. *Avaliação e controle de treinamento*. São Paulo: McGraw-Hill, 1978.

HARTLEY, J. Evaluation. In: HARTLEY, J. (Org.). *Strategies for programmed instruction: an educational technology*. London: Butterworths, 1972. p.133-173.

KIRKPATRICK, D. L. Evaluating training programs evidence vs. proof. *Training and Development Journal*, v.31, n.11, p.9-12, 1977.

_____. Evaluation of training. In: CRAIG, R.L. (Org.). *Training and development handbook*. New York: Mc Graw-Hill, 1976. p.18.1-18.27.

KRITCH, K. M. E.; BOSTOW, D. E. Degree of constructed-response interaction in computer-based programmed instruction. *Journal of Applied Behavior Analysis*. v.31, n.3, p.387-398, 1998.

LOIOLA, E.; BASTOS, A. V. B. A produção acadêmica sobre aprendizagem organizacional no Brasil. *Revista de Administração Contemporânea*, v.7, n.3, p.181-201, 2003.

MAGER, R. F. *A formulação de objetivos de ensino*. Porto Alegre: Globo, 1976.

MILLER, M.L.E.; MALOTT, R.W. The importance of overt responding in programmed instruction even with added incentives for learning. *Journal of Behavioral Education*, v.7, n.4, p.497-503, 1997.

MORRISON, G. R.; ROSS, S. M.; KEMP, J. E. *Designing effective instruction*. Jonh Wiley & Sons, 2001.

PASQUALI, L. *Psicometria: teoria e aplicações*. Brasília: UnB, 1997.

_____. Testes referentes a construto: teoria e modelo de construção. In: PASQUALI, L. (Org.). *Instrumentos psicológicos*: manual prático de elaboração. Brasília, D.F.: IBAPP, 1999. p.21-52.

PASQUALI, L.; ALVES, A. R. Testes referentes a conteúdo: medidas educacionais. In: PASQUALI, L. (Org.). *Instrumentos psicológicos*: manual prático de elaboração. Brasília, D.F.: IBAPP, 1999. p.114-155.

PANTOJA, M. J. B. *Avaliação de impacto de treinamento na área de reabilitação*: preditores individuais e situacionais. Dissertação (Mestrado) – Universidade de Brasília, Brasília, 1999.

PILATI, R.; ABBAD, G. Análise fatorial confirmatória da escala de impacto do treinamento no trabalho. *Psicologia: Teoria e Pesquisa*, v.21, n.1, 2005.

ROE, R. A. Assumptions and dilemmas in training. *Applied Psychology: An International Review*, v.80, n.2, p.360-365, 1997.

SALAS, E.; CANNON-BOWERS, J. The science of training: a decade of progress. *Annual Review of Psychology*, v.52, p.471-499, 2001.

SALLORENZO, L. H. *Avaliação de impacto de treinamento no trabalho*: analisando e comparando modelos de predição. Dissertação (Mestrado) – Universidade de Brasília, Brasília-DF, 2000.

TANNENBAUM, S. I.; YUKL, G. Training and development in work organizations. *Annual Review of Psychology*, v.43, p.399-441, 1992.

TANNENBAUM, S. I. et al. Meeting trainees' expectations: the influence of training fulfillment on the development of commitment, self-efficacy, and motivation. *Journal of Applied Psychology*, v.76, n.6, p.759-769, 1991.

24

Medidas de impacto de TD&E no trabalho e nas organizações

Isa Aparecida de Freitas, Jairo E. Borges-Andrade,
Gardênia da Silva Abbad e Ronaldo Pilati

Objetivos

Ao final deste capítulo, o leitor deverá:

- Definir conceitos de impacto de TD&E.
- Descrever os tipos de impacto de TD&E e as diferentes medidas utilizadas na sua mensuração.
- Identificar instrumentos e procedimentos utilizados para avaliar impacto de TD&E.
- Descrever os principais problemas envolvidos na coleta de dados para avaliação de impacto de TD&E.
- Descrever experiências em avaliação de impacto de TD&E no desempenho dos indivíduos e das organizações.

INTRODUÇÃO

Há uma crescente demanda por avaliação nas organizações que tradicionalmente fizeram altos investimentos em treinamento, desenvolvimento e educação (TD&E), bem como naquelas que mais recentemente descobriram os valores estratégicos do conhecimento e do esforço na contínua qualificação de seus colaboradores (Borges-Andrade, 2002). Nas duas últimas décadas, as empresas e os pesquisadores têm dado atenção especial à mensuração dos efeitos de TD&E no desempenho das pessoas e das organizações e também têm se preocupado em identificar as variáveis que poderiam influenciar na concretização desses efeitos.

Este capítulo tem como objetivo conceituar e apresentar medidas de impacto de TD&E no desempenho dos indivíduos e das organizações, ou de *efeitos em longo prazo*, como propõe o Modelo de Avaliação Integrado e Somativo (MAIS) apresentado no Capítulo 17. De acordo com Hamblin (1978), cuja proposta está resumida no mencionado capítulo, está se falando na mensuração dos Níveis 3 (comportamento no cargo) e 4 (organização). Os Capítulos 19 a 23 deste livro deram destaque às variáveis que afetam o impacto de TD&E.

Neste capítulo, também são destacados instrumentos e procedimentos adotados para coleta e análise de dados em avaliação, além da discussão sobre alguns dilemas presentes no processo de avaliar resultados de TD&E nas organizações. Todos esses aspectos são fundamentais para os profissionais que atuam em organizações e estão interessados em realizar esse tipo de trabalho, bem como para aqueles que aspiram realizar pesquisas nesse campo. No entanto, para conhecer mais detalhes sobre os fundamentos de muitos desses instrumentos e procedimentos de coleta de dados e os delineamentos metodológicos a eles associados, sugere-se a leitura do Capítulo 18. Para conhecer as estratégias para realizar essas análises de dados e elaborar relatórios de avaliação, é recomendável a consulta ao Capítulo 26.

A IMPORTÂNCIA DA MENSURAÇÃO DE IMPACTO DE TD&E

As ações de TD&E promovidas pelas organizações são caracterizadas pela intencionalidade de produzir um conjunto de efeitos. Em algumas situações, esses efeitos podem estar descritos no próprio planejamento instrucional. Ao investir nesse tipo de ação, as empresas buscam desenvolver habilidades motoras ou intelectuais, prover informações e desenvolver estratégias cognitivas e atitudes que poderão tornar os indivíduos mais competentes para desempenhar vários papéis, no presente ou no futuro (Borges-Andrade, 2002).

Neste sentido, mensurar o impacto de TD&E significa avaliar em que medida os esforços despendidos nestas ações de TD&E efetivamente geraram os efeitos desejados. Cabe ao subsistema "avaliação de TD&E" prover informações à organização, garantindo a retroalimentação e, portanto, o aperfeiçoamento constante do sistema de TD&E. Essa avaliação pode ser definida como um processo que inclui sempre algum tipo de coleta de dados usados para se emitir um juízo de valor a respeito de um evento de TD&E, ou um conjunto de eventos. São perguntas freqüentemente discutidas nas organizações: o desempenho das pessoas treinadas mudou, foi aperfeiçoado? Os ganhos esperados pela organização em termos de melhoria de processos, clima, resultados financeiros foram alcançados? Como posso atribuir ao evento de TD&E a responsabilidade por gerar esses efeitos? Que variáveis podem ter facilitado ou dificultado a geração desses efeitos?

Para compreender a importância de medir o impacto de TD&E, basta analisar o MAIS, descrito no Capítulo 17. Esse modelo mostra os efeitos do aprendizado em longo prazo, como o objetivo final a ser alcançado, e indica um conjunto de outras variáveis que o antecedem e que podem influenciar o alcance desses resultados. Desse modo, espera-se que um conjunto de ações organizacionais esteja presente na forma adequada para que o evento cumpra seu objetivo: promover melhoria de desempenho a longo prazo. Esse é o resultado esperado porque TD&E tem como objetivo promover o desenvolvimento de competências, isto é, formas de agir, de acordo com certos critérios e situações.

Assim, mensurar impacto de TD&E significa avaliar se a ação empreendida gerou melhorias nos desempenhos dos indivíduos, dos grupos e das organizações. Para mensurar qualquer aspecto, primeiro é necessário conhecer o seu significado do fenômeno a ser avaliado. O que é impacto de TD&E? O próximo tópico trata desse tema.

CONCEITOS DE IMPACTO DE TD&E

O conceito de impacto de TD&E pode ser compreendido à luz dos conceitos de transferência de treinamento e de desempenho no trabalho (Abbad et al., 2004). Sabe-se que essa definição está associada ao efeito de TD&E no nível do indivíduo. Como forma de iniciar a exploração conceitual do termo "impacto", iniciaremos essa caminhada discutindo-o no nível individual e, posteriormente, agregaremos a noção do efeito de TD&E em níveis mais elevados, como na organização.

TD&E é um entre os múltiplos fatores organizacionais que afetam *desempenho* no trabalho. O impacto de TD&E no trabalho é medido em termos da transferência de TD&E e da influência que os eventos instrucionais exercem sobre o desempenho subseqüente do participante desses eventos. *Transferência de treinamento,* nesse sentido, é a aplicação correta, no ambiente de trabalho, de conhecimentos, habilidades e atitudes (CHAs) adquiridos nesses eventos instrucionais. Aquilo que o participante transfere ou aplica no trabalho é uma nova forma de desempenhar antigas tarefas e/ou, por outro lado, um novo tipo de desempenho que nunca antes havia sido exibido.

Pilati e Abbad (2005) fazem uma proposição conceitual de uma cadeia de eventos que levaria uma ação de TD&E a surtir efeitos no desempenho de participantes de ações educacionais. Segundo esses autores, essa cadeia de eventos seria iniciada pelo processo de aquisição de competências, resultado imediato da ação instrucional. Essa aquisição permitiria o processo de retenção de conhecimentos e habilidades, diretamente relacionado à generalização dos comportamentos, resultantes das novas competências, em situações diferentes daquelas tratadas no evento de TD&E. Por fim, a generalização permitiria a transferência do aprendido para o trabalho e seus efeitos sobre a atuação do indivíduo. Maior detalhamento sobre essa cadeia de eventos pode ser encontrado no Capítulo 23.

Em qualquer desses casos, *impacto* se refere, principalmente, à influência exercida por esses eventos sobre o desempenho subseqüente do participante em tarefa similar àquela aprendida por meio do programa instrucional. O *impacto* de TD&E no trabalho nem sempre significa *transferência* positiva desses eventos. Uma vez aprendidas, habilidades metacognitivas, estratégias de autogerenciamento, uso de ferramentas de informática, lógica, metodologia científica e técnicas de estimulação da criatividade podem afetar o desempenho do indivíduo em muitas atividades que executa dentro da organização, o comprometimento desse indivíduo com o trabalho e sua abertura a mudanças, entre outros efeitos. Apesar disso, em psicologia, o *impacto de TD&E no trabalho* vem sendo estudado, na maior parte das vezes, com base no conceito de *transferência de TD&E* ou *transferência de aprendizagem*.

Os termos *transferência de treinamento* e *transferência de aprendizagem* são usados na psicologia de forma geral, enquanto as expressões *impacto no cargo, mudança no cargo* e termos similares são usadas mais especificamente nas pesquisas em TD&E. Como essas expressões são usadas como sinônimos, na área de psicologia organizacional, *transferência de treinamento TD&E* e *transferência de aprendizagem* assumem um uso bastante restrito: efeitos de experiências de sobre o *desempenho* no trabalho. Maior detalhamento sobre o fenômeno da transferência de aprendizagem e suas características pode ser encontrado em Abbad e Borges-Andrade (2004).

Para o propósito deste capítulo, vale destacar que a transferência de TD&E pode ser definida como o grau em que os participantes aplicam, em seus trabalhos, os CHAs adquiridos em TD&E (Latham, 1989). Isso significa dizer que as pessoas aprendem um conjunto de CHAs e transferem essa aprendizagem para uso em outro contexto da sua vida profissional e pessoal.

Em síntese, o conceito de *transferência de aprendizagem* inclui, em sua essência, a questão da mudança na forma de desempenhar as atividades de trabalho, a partir das aprendizagens ocorridas nos eventos de TD&E. O foco está no grau de aplicação dos CHAs aprendidos e na sua capacidade de influenciar o desempenho subseqüente. Quanto aos resultados esperados pelas organizações, considerada a aplicação das aprendizagens pode ser condição essencial para que haja mudanças, mas a produção de *mudanças observáveis no desempenho* do indivíduo treinado já reflete outro conceito, que é o impacto de TD&E. O que é considerado desempenho?

Segundo Abbad e colaboradores (2004), o conceito de *desempenho* no trabalho é usado para exprimir conjuntos de comportamentos ligados a *tarefas, papéis, normas, expectativas, metas* e *padrões* de eficiência e eficácia estabelecidos em ambientes organizacionais. O desempenho inclui *o que, como, onde, quando, para que* e *com que padrões* as tarefas são executadas pelas pessoas. Quando alguém diz "O desempenho de Pedro na elaboração de relatórios mensais foi excelente" quer dizer que Pedro, além de saber *o que* (conteúdo) registrar em seus relatórios, sabia *como* fornecer as informações para a organização, respeitando padrões ou critérios previamente estabelecidos. O conceito de desempenho compreende os conceitos de habilidades, capacidades, atitudes e motivações, os quais são disposicionais por exprimirem não apenas ocorrências, mas também relações entre comportamentos, condições e motivos. No exemplo, foi destacado o desempenho eficaz de Pedro, mas o desempenho humano no trabalho pode apresentar diferentes gradações em termos de eficácia.

Para que o desempenho seja eficaz, é necessário um conjunto de condições. Abbad e colaboradores (2004) descrevem essas condições da seguinte forma. As pessoas precisam saber fazer e querer fazer a tarefa de acordo com um certo padrão. As pessoas também necessitam de suporte organizacional para execução eficaz do trabalho. Assim, para que o desempenho "digitar ou datilografar correspondências, observando padrões estéticos usuais em sua unidade de trabalho e apresentando o trabalho sem erros" ocorra a contento, são necessários: suporte organizacional (máquina de escrever ou microcomputador com processador de texto em condições de uso, endereços dos destinatários, prazo realista para a execução do trabalho, etc.), domínio da tarefa (treinamento em datilografia, editoração de texto, experiência em digitação de textos, etc.) e motivação para realizá-lo de acordo com as exigências da organização.

O "querer fazer" é outra condição necessária para que alguém apresente um desempenho eficaz, de acordo com expectativas, normas e padrões bem especificados. As metas pessoais podem sintonizar-se com as organizacionais quando, por exemplo, os indivíduos valorizam o seu próprio desempenho ou as conseqüências associadas a ele ou quando esse desempenho serve de instrumento para o alcance de objetivos pessoais.

Assim, o desempenho no trabalho pode ser visto como o conjunto de ações humanas voltadas para a realização de metas, passíveis de julgamento em termos de adequação, eficiência e eficácia e, portanto, muito sensíveis a normas e padrões culturais. O vínculo entre desempenho e impacto de TD&E se consolida na medida em que as ações de TD&E são sistematicamente planejadas para promover o aperfeiçoamento dos desempenhos dos indivíduos no presente ou no futuro. Ao formular e executar uma ação de TD&E, a organização espera que o indivíduo aprenda o conjunto de desempenhos, foco da ação de aprendizagem, que os transfira para a situação real de trabalho e que essa aplicação gere melhorias efetivas no desempenho do ex-participante.

O impacto de TD&E, então, só é observado quando a pessoa treinada aplica os CHAs aprendidos e quando essa aplicação gera melhorias significativas na vida pessoal ou profissional. Isso significa que o impacto é o resultado positivo da transferência de aprendizagem e que pode haver transferência sem impacto significativo. Assim, pode-se conceituar impacto de TD&E no desempenho do indivíduo como a ocorrência de melhorias significativas no desempenho específico ou no desempenho geral da pessoa treinada, como resultado da aplicação, no trabalho, dos CHAs aprendidos em TD&E. A próxima seção descreve os possíveis e diversificados efeitos de TD&E sobre o desempenho.

INDICADORES DE IMPACTO: OS POSSÍVEIS EFEITOS DE TD&E

Os indicadores de impacto podem ser organizados em diversas categorias. Eles podem se diferenciar em termos de:

- comportamentos e resultados;
- complexidade da medida (profundidade ou largura);
- nível a que se refere (indivíduo, grupos e organização).

No primeiro caso, os indicadores podem descrever processos e operações desempenhadas pelas pessoas treinadas para atingir um determinado objetivo ou retratar diretamente o objetivo esperado com a melhoria desses processos e operações. Por exemplo: "coordenar o trabalho da equipe, buscando conciliar interesses pessoais e organizacionais" é um indicador de processo para um gestor de equipe, porque especifica o que o mesmo precisa fazer, ou seja, gerir a equipe. Um indicador similar de resultado seria "manter a equipe motivada e satisfeita com seu trabalho". Nesse caso, a ênfase não está no processo, mas no resultado esperado. A coordenação eficaz do trabalho da equipe pode ser considerada um comportamento necessário para atingir esse resultado, mas podem ser necessários outros.

Quanto à complexidade, o indicador de impacto pode ser de *profundidade* ou de *largura*. O indicador de *profundidade* representa o conjunto de melhorias no desempenho em tarefas diretamente relacionadas aos objetivos e conteúdos ensinados no evento de TD&E. O foco da avaliação é estritamente o previsto no programa de TD&E, mesmo que isso não esteja escrito e que seja necessário fazer um levantamento exploratório. Os instrumentos de coleta de dados mensuram o uso dos conhecimentos e habilidades aprendidos ou atitudes desenvolvidas, ou o seu impacto no trabalho. Na maioria das vezes, esse tipo de conceito é usado como sinônimo de transferência de treinamento. O indicador de *largura* se caracteriza pela especificação de efeitos do TD&E em dimensões mais gerais do comportamento, além daqueles diretamente relacionados aos CHAs previstos no programa de TD&E.

Por outro lado, a categoria *nível* representa a posição do indicador em relação à cadeia de efeitos esperados de TD&E. Teoricamente, espera-se que um dado evento promova efeitos no desempenho do participante, da sua equipe e da sua organização. Esses efeitos podem ser diferenciados em cada nível estudado. Birdi (2000) propôs uma taxonomia em vários níveis (do indivíduo, da equipe e da organização) para classificar esses possíveis efeitos, aqui denominados indicadores de impacto. Um resumo da proposta deste autor, para esses três níveis, está apresentado no Capítulo 17.

Vale ressaltar que efeitos de TD&E no desempenho de equipes ou grupos de trabalho é o nível menos investigado. A pesquisa dos resultados de TD&E neste nível pode auxiliar a compreensão de como os efeitos das ações de TD&E no desempenho do indivíduo se combinam para gerar efeitos no desempenho da organização, pois as equipes representam o nível intermediário. O estudo de Freitas (2005) mostra como avaliar efeitos de TD&E neste nível e as variáveis a ele associadas. Para a finalidade deste capítulo, é mais relevante o leitor considerar os efeitos indicados por Birdi (2000) para os níveis do indivíduo e da organização.

Todos os possíveis efeitos descritos por esse autor, no nível individual, referem-se a impacto gerado na pessoa. Esses efeitos podem ser relativos tanto ao trabalho quanto podem extrapolar as fronteiras da organização. Isso significa que, ao transferir os CHAs aprendidos em TD&E, a pessoa pode fazê-lo em qualquer contexto que julgue pertinente. O ser humano é capaz de generalizar o que adquire e aprender continuamente. Os indicadores propostos por Birdi, para o nível da organização, também são abrangentes. Como no nível anterior, a escolha do tipo de indicador vai depender essencialmente da natureza do evento e dos seus objetivos. Portanto, cabe ao avaliador selecionar os indicadores mais apropriados para a realidade do programa de TD&E.

A próxima seção descreve em detalhes as questões relevantes a serem consideradas na escolha e elaboração da medida de impacto de TD&E nas organizações.

INSTRUMENTOS DE MEDIDA PARA AVALIAÇÃO DE IMPACTO DE TD&E

Inicialmente, serão apresentadas as medidas ou instrumentos para avaliação de impacto de TD&E no desempenho do indivíduo e, em seguida, para o desempenho na organização. Nos dois casos, as perguntas fundamentais que norteiam a escolha das medidas, segundo Borges-Andrade (2002), são:

- O que medir: Comportamento ou resultado?
- Em que nível de complexidade: Profundidade ou largura?
- Como medir: Observar ou perguntar?

As respostas a essas questões dependem de condicionantes como disponibilidade de recursos humanos e financeiros no subsistema de avaliação, natureza dos objetivos de TD&E, tipo de cargo ou função, cultura da organização e tipo de clientela a ser avaliada.

Medidas de impacto de TD&E no desempenho individual

A decisão sobre *o que medir* é tomada após uma análise dos objetivos formulados para a ação de aprendizagem, que geralmente deveriam estar descritos no planejamento instrucional do curso. Na maioria dos casos, essa análise sugere que o foco permaneça em comportamentos, mas há também situações em que ele fica em resultados deduzidos a partir dos comportamentos descritos nos objetivos. Quando existe descrição de objetivos, eles freqüentemente estão dispostos em um nível de especificidade apropriado para o planejamento da instrução, mas excessivamente detalhado para uma avaliação de impacto no cargo. Neste caso, é necessário eliminar os detalhes ou os objetivos estritamente instrucionais. Geralmente este tipo de objetivo trata da finalidade de cada atividade didática, não sendo pertinente para avaliar o desempenho esperado no trabalho. Outra análise que pode auxiliar na formulação dos objetivos é a das justificativas utilizadas para implementar o evento ou o diagnóstico de necessidades de TD&E.

A partir das análises do material didático e documental, elabora-se uma lista de itens que descrevem comportamentos ou resultados esperados no trabalho. Além disso, é útil entrevistar os planejadores do curso ou instrutores para verificar a adequação dos itens de impacto formulados para avaliação. Após os ajustes sugeridos e considerados adequados, é solicitado aos respondentes que opinem, com o apoio de uma escala tipo Likert, sobre o grau de impacto gerado pelo evento. Neste caso, está se falando claramente da opção por avaliar impacto de TD&E em profundidade, uma vez que os itens listados se referem aos efeitos do evento em desempenhos específicos, diretamente relacionados aos conteúdos do curso.

O primeiro grande desafio ocorre quando não existem objetivos formulados em termos de comportamentos esperados do participante, daí a questão: *em que nível de complexidade medir – profundidade ou largura*? A falta de especificação dos objetivos pode ocorrer por diversos motivos: porque o planejamento segue uma abordagem que rejeita essa formulação de objetivos, ou só os formula em termos do que é esperado dos instrutores, ou só os formula no decorrer do próprio evento, após discussão com os participantes, ou só faz listagens de conteúdos a serem abordados. Outras razões, bem mais prosaicas, são as de que o sistema de TD&E é tão desorganizado que não existe documentação registrando os planejamentos ou é totalmente terceirizado, a ponto de não fazer sentido o arquivamento desse tipo de informação. Neste caso, há duas alternativas possíveis: tentar construir esses objetivos e optar pela avaliação em profundidade ou decidir por avaliar o impacto de TD&E em largura.

Na primeira alternativa, a estratégia sugerida é de se fazer um levantamento exploratório, de caráter qualitativo, utilizando entrevistas e leitura de documentos, abrangendo todas as pessoas que estiveram envolvidas com o evento: participantes, instrutores, área de TD&E responsável pelo curso e áreas demandantes. Assim, é feito um grande esforço de recuperação e sistematização de informações que estão dispersas ou existentes somente na memória das pessoas. Esse tipo de alternativa se caracteriza por ser mais dispendioso para a organização, em termos de recursos financeiros e humanos. A organização vai pagar um preço alto por não ter documentado e organizado seu subsistema de planejamento de TD&E ou de ter decidido terceirizá-lo. Apesar de todo o esforço, essa alternativa pode não servir para qualquer tipo de cargo ou função, clientela de TD&E ou cultura organizacional.

A segunda alternativa se caracteriza por construir itens de impacto de TD&E que possam servir para avaliar o impacto de qualquer evento, independentemente da abordagem de TD&E da empresa. A busca é por efeitos gerais observados no desempenho do indivíduo e que poderiam ser decorrentes da ação de TD&E. Para esse caso, já existe instrumento validado no Brasil. A medida mais utilizada nas pesquisas brasileiras e em consultorias é a desenvolvida por Abbad (1999) e posteriormente divulgada por Abbad e colaboradores (2004).

Pilati e Abbad (2005) descrevem de forma mais minuciosa a medida de impacto de TD&E em largura. Essa medida foi baseada na revisão conceitual de transferência de aprendizagem, nos elementos teóricos descritos em modelos clássicos de avaliação de treinamento (Kirkpatrick, 1976; Hamblin, 1978) e em estudos que avaliaram o seu impacto no trabalho (Lima, Borges-Andrade e Vieira, 1989; Paula, 1992; Leitão, 1996). Esse instrumento possui indicadores de melhoria do desempenho no trabalho (diminuição do número de erros, aumento da qualidade e velocidade do trabalho), motivação para realização das atividades ocupacionais (aumento da motivação) e atitude favorável à modificação da forma de se realizar o trabalho (receptividade às mudanças da lógica de trabalho). A autora elaborou 12 itens, associados a uma escala de concordância do tipo Likert de 5 pontos. Esse instrumento passou por um processo de validação semântica, para testar o grau de compreensão dos itens redigidos. Em seguida, o instrumento foi submetido a uma análise psicométrica, encontrando uma estrutura empírica unifatorial, com cargas entre 0,43 a 0,90 e com elevado índice de consistência interna, acima de 0,90. A solução fatorial escolhida explicou aproximadamente 40% da variação total do fenômeno investigado. O leitor que desejar aprofundar seu conhecimento sobre análise psicométrica deve consultar o Capítulo 18. Diversos autores têm utilizado essa medida e têm concluído sobre a sua adequação. Os 12 itens que compõem o instrumento são apresentados no Quadro 24.1.

Quadro 24.1
ITENS DO INSTRUMENTO DE IMPACTO DO TREINAMENTO EM LARGURA OU AMPLITUDE DE ABBAD (1999)

Itens
1. Utilizo, com freqüência, em meu trabalho atual, o que foi ensinado no treinamento.
2. Aproveito as oportunidades que tenho para colocar em prática o que me foi ensinado no treinamento.
3. As habilidades que aprendi no treinamento fizeram com que eu cometesse menos erros, em meu trabalho, em atividades relacionadas ao conteúdo do treinamento.
4. Recordo-me bem dos conteúdos ensinados no treinamento.
5. Quando aplico o que aprendi no treinamento, executo meu trabalho com maior rapidez.
6. A qualidade do meu trabalho melhorou nas atividades diretamente relacionadas ao conteúdo do treinamento.
7. A qualidade do meu trabalho melhorou mesmo naquelas atividades que não pareciam estar relacionadas ao conteúdo do treinamento.
8. Minha participação no treinamento serviu para aumentar minha motivação para o trabalho.
9. Minha participação nesse treinamento aumentou minha autoconfiança. (Agora tenho mais confiança na minha capacidade de executar meu trabalho com sucesso.)
10. Após minha participação no treinamento, tenho sugerido, com mais freqüência, mudanças nas rotinas de trabalho.
11. Esse treinamento que fiz tornou-me mais receptivo a mudanças no trabalho.
12. O treinamento que fiz beneficiou meus colegas de trabalho, que aprenderam comigo algumas novas habilidades.

A análise fatorial confirmatória, utilizando o instrumento com os 12 itens, realizada por Pilati e Abbad (2005), com respostas de 2.966 funcionários de sete organizações, confirmou que a estrutura é unifatorial. Os itens que compõem esse instrumento auxiliam a descrição dos fenômenos relacionados à mudança no desempenho individual promovida pela ação de aprendizagem. Tendo em vista a qualidade da medida em termos psicométricos e conceituais, esse é um instrumento que pode ser utilizado pelas organizações que optarem por mensurar o impacto de TD&E em largura.

Outra alternativa diferente da proposta por Abbad (1999), que tem sido utilizada pelas organizações como medida de impacto em largura, é construir os itens de impacto com base no sistema de avaliação de desempenho da empresa. Tal procedimento foi adotado pelo Banco do Brasil, que identificou as descrições de desempenhos esperados de todos os funcionários da empresa, denominadas de fatores corporativos de desempenho, discutidos durante o planejamento estratégico da empresa e amplamente conhecidos como parâmetros de avaliação de desempenho individual. Essas descrições eram avaliadas pelos respondentes utilizando-se uma escala tipo Likert a respeito do nível de impacto em cada um dos fatores avaliados. Aliada a essa medida, a empresa também utiliza avaliação de impacto em profundidade. Pilati e colaboradores (1999) utilizaram uma estratégia de mensuração em profundidade e largura extremamente similar a esta experiência do Banco do Brasil, para avaliar treinamentos operacionais em uma empresa privada de televisão por assinatura. Nas duas empresas, os índices de confiabilidade das medidas (*alfa de Cronbach*) foram superiores a 0,80.

A decisão sobre o nível de complexidade da medida (profundidade ou largura) depende das possibilidades da organização e de seus objetivos com o sistema de mensuração. A avaliação de impacto de TD&E em largura, caracterizada pelo uso de itens idênticos para todos os eventos, parece ser mais apropriada para situações em que a natureza dos objetivos não permite a elaboração de listas de desempenhos esperados para cada evento ou quando o sistema de TD&E é extremamente grande e a organização deseja avaliar comparativamente todos os eventos realizados. Já a tomada de decisão no sentido de elaborar instrumentos específicos para cada evento exige que se disponha de recursos financeiros, de pessoal capacitado para construí-los e de uma cultura organizacional que compreenda os procedimentos de pesquisa e esteja disposta a aguardar pelos seus produtos e a rever suas ações. Vale alertar que, se a organização não dispõe de tais requisitos, ela pode usar instrumento já desenvolvido, cuja adequação foi demonstrada, mas ele não permite que se levem em conta medidas de comportamento no cargo específicas de cada ambiente organizacional.

Estratégias de mensuração em largura têm também outras limitações. Não cabe ao subsistema de avaliação de TD&E o papel de definir os desempenhos esperados em toda a organização e, se isso for tentado, poderá ser considerado, em muitas culturas organizacionais, como uma intromissão indevida. Além disso, a constante mudança no papel ocupacional tem colocado à prova as práticas de descrição de cargos e funções. Uma esperança, para os que desejam desenvolver medidas nesse nível de complexidade, é o movimento de gestão de competências, que tem retomado essas práticas de descrição e indica uma maior estabilidade.

A terceira questão a ser respondida diz respeito a *como a medida será realizada – observar ou perguntar*? O uso da observação para mensuração do impacto de TD&E no comportamento no cargo limita a avaliação do que pode ser diretamente observado, durante o tempo em que houver observador presente. Isso acontece porque a presença do observador altera a forma com que os indivíduos se comportam. Além disso, do ponto de vista operacional, fica complicado planejar as sessões de observação considerando que, atualmente, a maioria dos eventos espera que as pessoas desenvolvam uma ampla variedade de desempenhos complexos e difíceis de serem observados em ambientes e tempos predefinidos (por exemplo, habilidades para solucionar problemas, estratégias cognitivas e posturas éticas e de civismo organizacionais ou extra-organizacionais). Além disso, na maioria dos eventos, pode-se esperar mudanças de desempenhos em períodos posteriores muito diversificados, com papéis ocupacionais amplos, ou em que cada equipe define como e quando cada tarefa será realizada. Isso exigiria muitas sessões de observação e em tempos preestabelecidos. Talvez por todas essas razões, acrescidas do fato de que a presença de observadores é vista como ingerência indesejável em muitas culturas organizacionais (especialmente quando os eventos são gerenciais ou estratégicos) e que procedimentos de observação requerem atividades de coordenação e treinamento que demandam muitos recursos, a mensuração tem sido freqüentemente utilizado por meio de perguntas.

Desta forma, a opção é utilizar questionário de avaliação de impacto de TD&E, onde está descrito um conjunto de efeitos esperados, em profundidade ou largura, ou em ambos. Então, é pedido a um conjunto de informantes que avaliem, usando uma escala Likert de freqüência ou de concordância, o grau em que as aprendizagens ocorridas são aplicadas no trabalho ou o quanto o evento contribuiu para a melhoria do desempenho do indivíduo no trabalho. É fundamental, no uso de instrumentos, que os avaliadores procurem buscar informações de múltiplas fontes de avaliação de impacto, visando diminuir os possíveis efeitos deletérios da mensuração feita por auto-avaliações perceptuais dos efeitos no desempenho.

As questões já discutidas em relação aos instrumentos de mensuração de impacto no desempenho do indivíduo também serão orientadoras da apresentação das medidas para impacto de TD&E na organização.

Medidas de impacto de TD&E na organização

A sistematização metodológica para o nível da organização é inferior à existente para a medida de impacto no desempenho individual. Muitas vezes, os princípios de mensuração desenvolvidos pela psicometria, para o nível do indivíduo, não podem ser aplicados no nível organizacional, conforme justificado no Capítulo 18. Mesmo assim, pode-se fazer alguns paralelos.

Quanto à questão *O que medir?*, o que se pretende efetivamente mensurar são mudanças que a ação de TD&E possa ter provocado na organização. O foco deve ser no comportamento da organização ou de suas unidades e, contrariando o nível anterior, nunca nos seus resultados relacionados aos seus objetivos estratégicos, pois isso já significaria estar no próximo nível: o de valor final, último nível de avaliação descrito por Hamblin (1978). Outra questão pode ser relevante: que indicadores de efeitos no comportamento da organização devem ser utilizados? Neste caso, pode-se vislumbrar o uso de indicadores de melhoria nos processos organizacionais (por exemplo, agilidade na utilização de novas tecnologias, análise de mercado mais eficiente, clima organizacional favorável, tempestividade na criação de novos produtos) ou indicadores denominados duros (aumento de clientes, melhoria na satisfação do cliente, redução do número de horas na fila, número de novos produtos lançados). O mesmo processo de avaliação pode contemplar os dois tipos de indicadores. A identificação de quais indicadores utilizar vai depender da natureza do evento de TD&E em avaliação e dos resultados que se esperava atingir com a implementação desse evento.

No que se refere a *Como medir?*, a medida pode ser feita mediante uso de observação (isso inclui documentos), perguntas em questionários e realização de entrevistas. As decisões dependerão dos condicionantes já descritos, mas sabe-se que o processo de avaliação seria muito facilitado se existisse um sistema de controle e avaliação organizacionais em funcionamento e se este incluísse indicadores minimamente sensíveis para a detecção de efeitos de TD&E.

Infelizmente, isso raramente acontece, pois esses sistemas (quando existem) não são desenhados com o foco em TD&E, o que, para seus construtores, é "micro" demais para ser levado em consideração no nível "macro" em que aqueles sistemas são desenvolvidos. Fazendo uma analogia com o nível anterior, seria como dispor de boas descrições de cargos, funções ou competências que pudessem servir de parâmetros para verificar o impacto do evento. A diferença é que se estaria esperando por indicadores equivalentes, no nível da organização como um todo ou de suas unidades. Se a presença de tais indicadores, no nível anterior, já não é tão freqüente, talvez fosse otimismo em demasia acreditar que pudessem existir e estar apropriadamente definidos para servirem ao presente nível de mensuração. Vale destacar também que a avaliação de impacto de TD&E em unidades utiliza o mesmo método de mensuração que o usado para impacto na organização, não podendo ser confundida com impacto no nível do grupo de trabalho ou de equipes.

A alternativa, então, é desenvolver a medida de impacto de TD&E para o nível da organização a partir das indicações do próprio evento. Em princípio, as mudanças de comportamento da organização a serem verificadas deveriam ser derivadas dos desempenhos esperados do conjunto dos indivíduos treinados, que, por sua vez, deveriam ser deduzidos dos objetivos dos eventos. Ao desafio anteriormente descrito, de deduzir desses objetivos, acrescenta-se aqui o de derivar mudanças de comportamento da organização, a partir de desempenhos individuais esperados, que raramente estão definidos. As mudanças desejadas são no nível da organização e poderiam estar localizadas na cultura, em processos ou em estruturas organizacionais. O desafio, neste caso, é identificar os indicadores apropriados.

O ideal seria encontrar em qualquer planejamento de TD&E os objetivos esperados para cada um desses níveis (comportamento no cargo, organização e valor final). O planejamento instrucional poderia definir prioritariamente até que nível se espera a contribuição do evento e, então, explicitá-los em cada um desses níveis possíveis. A lógica de planejamento poderia ser a de formular os objetivos do nível de valor final e deles derivar os objetivos do nível da organização, e assim por diante, até os objetivos do nível do indivíduo. Desta forma, ficaria claro o que se espera dos indivíduos após o evento e em que aspectos a organização poderia estar aperfeiçoando seu desempenho. De novo, este é um desejo e não uma realidade.

Apesar desses aspectos ausentes que, sem dúvida, poderiam ajudar em muito o trabalho de avaliação, é possível medir o impacto na organização das ações de TD&E. A alternativa é identificar, com o uso de diversas análises, descritas na próxima seção, quais seriam os melhores indicadores de melhoria no nível da organização. As experiências descritas na literatura retratam trabalhos de reconstrução, em que esses indicadores são levantados *a posteriori*, depois que o curso já foi planejado ou executado. Neste sentido, pode-se, dependendo do momento, buscar a identificação de efeitos reais, percebidos pelos diversos atores em suas unidades, ou pode-se definir, antes da execução do evento, em conjunto com os técnicos responsáveis, quais seriam esses indicadores, o que a empresa espera com o evento. Exemplos dessas experiências serão descritos ao final do presente capítulo.

Como já afirmado anteriormente, em termos de *complexidade*, o impacto de TD&E na organização pode ser medido em profundidade e largura. Novamente, a escolha depende da disponibilidade de informações sobre a ação de TD&E e do quanto a organização está disposta a investir no processo de avaliação.

PROCEDIMENTOS DE COLETA DE DADOS PARA AVALIAÇÃO DE IMPACTO

As questões relativas aos procedimentos de coleta de dados envolvem também três questões básicas:

- Quais eventos avaliar?
- Quem deve fornecer os dados? Participantes, supervisores, colegas ou clientes?
- Quando avaliar?

Como já feito anteriormente, essas questões serão analisadas inicialmente para impacto de TD&E no desempenho individual e, posteriormente, para impacto na organização.

Impacto de TD&E no desempenho individual

A primeira questão se refere a *quais eventos avaliar*. Como escolher adequadamente os eventos? Essa questão é relevante se considerarmos o fato de que o processo de avaliação é dispendioso, em termos de tempo, recursos humanos e financeiros. Quanto maior for o porte da organização e a quantidade de opções de aprendizagem que ela oferece, mais importante se torna essa análise. Para essa questão não existe uma resposta, mas possibilidades. A organização pode definir critérios de escolha dos eventos de acordo com a sua própria história e valores. São exemplos de critérios: o grau de vinculação da ação de aprendizagem com a estratégia da empresa, o volume de investimentos realizados, a quantidade de pessoas treinadas em determinado período, o nível de efeitos esperados do evento, a sua duração, o tipo de mídia utilizada, dentre outros fatores.

A escolha dos eventos pode ter maior ou menor sucesso dependendo, por exemplo, do grau de envolvimento dos profissionais de TD&E com a definição desses critérios e com a escolha final dos eventos a serem avaliados. Esse aspecto também é importante para garantir que os resultados da avaliação sejam efetivamente usados pela empresa para melhoria das ações de TD&E. Como a idéia de avaliar traz consigo a de juízo de valor, e, em muitos casos, os profissionais também se sentem avaliados, é comum encontrar resistências ao processo de avaliação. Muitas vezes, essas resistências se caracterizam em escolhas de eventos inadequados, pouco relevantes e não-estratégicos para a empresa. Em outros momentos, a resistência se configura em críticas, não fundamentadas, quanto ao método de avaliação ou à dificuldade de se obter uma avaliação totalmente isenta de erros. Estar atento a cada um desses sinais para tentar revertê-los é outro desafio fundamental para o subsistema de avaliação de TD&E. Disso depende sua continuidade e confiabilidade dentro da organização.

A segunda análise a ser feita se refere à questão de *Quem deve fornecer os dados?* As perguntas podem ser respondidas pelos próprios ex-participantes (autoavaliação), por seus supervisores, colegas ou clientes (heteroavaliação) ou por uma combinação desses tipos de respondentes. Contudo, se os eventos foram feitos de forma massificada, aos gerentes caberá avaliar simultaneamente o seu impacto em todos os indivíduos de seu setor, o que significará a suspensão ou redução de suas atividades, para poderem responder a tantos questionários. Em culturas organizacionais mais tradicionais, pode não ser bem vista a consulta a colegas ou clientes. A combinação de estratégias seria o ideal porque permitiria a verificação de diferenças e coincidências de opiniões. No entanto, a combinação também exige mais recursos, pois demanda grande esforço de coordenação na coleta de dados, para que a correspondência entre eles não seja perdida, no momento da análise.

Não é comum, entre as experiências descritas na literatura, o uso de colegas como fontes de informação. No entanto, para garantir maior quantidade de dados de heteroavaliação, algumas empresas indicam para o ex-participante a possibilidade de pedir a um colega que avalie o impacto, caso o superior imediato tenha algum impedimento, como, por exemplo, estar de férias ou ter sido transferido. Nesse caso, o colega funciona como um substituto do superior hierárquico.

Outra fonte que pode ser usada, mas que também não é comum, é o cliente. Embora, em muitos casos, o cliente possa contribuir para avaliar os efeitos do evento, solicitar tal avaliação diretamente pode não ser uma boa estratégia para a imagem da empresa. Além disso, para usar tal fonte, é preciso garantir que o cliente tenha condições de perceber as diferenças de comportamento do indivíduo antes e depois do evento. Isso pode ser complicado porque nem sempre o cliente é atendido pela mesma pessoa ou busca as mesmas coisas quando se dirige à organização. No caso de eventos massificados voltados para o atendimento ao cliente, pode-se verificar esse efeito se a empresa utilizar sistematicamente pesquisa de satisfação do cliente.

A terceira questão diz respeito a *Quando avaliar?* Novamente, não há uma resposta padrão; é necessário ter tempo suficiente para que o indivíduo treinado retorne ao trabalho e tenha condições de aplicar o que aprendeu. Isso significa que o tempo depende da natureza do evento, o que, em alguns casos, pode ser imediatamente, um mês após o curso, mas, em outros casos, requerer muito mais tempo. Por exemplo, um curso voltado para o uso de aplicativos de microinformática pode ser prontamente utilizado no trabalho, desde que haja os equipamentos disponíveis. Já um curso que busca como resultado o gerenciamento da própria carreira, que requer o planejamento de ações, a implementação e o exercício de novos cargos, precisa de tempo considerável para ser avaliado. As ações que ele exige dos ex-participantes demandam tempo, esforço e existência de vagas na organização, tanto para a participação em eventos quanto para os cargos pretendidos.

Impacto de TD&E na organização

Para a pergunta sobre *que eventos avaliar*, a resposta parece simples: aqueles dos quais se espera impacto no nível da organização. Nesse caso, os critérios mais importantes são a vinculação estratégica e a quantidade de pessoas treinadas. Quanto mais pessoas envolvidas em toda a organização, maior é a probabilidade de que os objetivos sejam alcançados. Não vale a pena buscar efeitos no nível da organização para qualquer evento. A escolha precisa ser estratégica porque o investimento nesse tipo de medida é alto. Poucas organizações investem nesse tipo de avaliação e, quando o fazem, restringem-se a algumas experiências.

No que se refere às *fontes de informação*, os dados podem ser fornecidos pela mesma variedade de atores do nível anterior: participantes do evento, seus superiores imediatos, colegas, gestores de unidades, clientes, etc. Podem ser usados dados secundários já existentes na organização que não necessitam ser solicitados a essas fontes, pois, geralmente, fazem parte dos sistemas informatizados ou de arquivos específicos da organização.

O *prazo para avaliar o impacto de TD&E na organização*, por sua vez, depende novamente da natureza do evento, das competências exigidas e do tipo de mudanças organizacionais esperadas. Geralmente é necessário mais tempo para capturar efeitos no nível da organização do que no dos indivíduos. O primeiro efeito é na atuação da pessoa treinada, depois em seu grupo ou unidade e só a partir daí se propaga para toda a organização. Dependendo da intensidade da mudança desejada e do porte da organização, podem ser necessários alguns anos. Discutir com a área da organização que demandou o evento pode ajudar a definir o tempo adequado para iniciar a coleta de dados sobre seu impacto na organização.

Em síntese, quanto mais diversifcas as fontes e maior o envolvimento das pessoas relacionadas com a demanda, o planejamento, a execução e o acompanhamento da ação de TD&E, maiores serão as possibilidades de serem capturados efeitos reais desejado no nível da organização.

RELATO DE EXPERIÊNCIAS EM AVALIAÇÃO DE IMPACTO DE TD&E

Foram escolhidas três experiências de mensuração de impacto de TD&E nos desempenhos do indivíduo e da organização. Duas foram realizadas no Brasil e uma na América Latina e Caribe. Essas experiências foram organizadas em ordem cronológica.

Experiência do Isnar

Esse estudo foi realizado por Borges-Andrade e colaboradores (2002). Os autores avaliaram um programa de TD&E oferecido para membros de 26 organizações que operam na América Latina e no Caribe. O programa foi oferecido pelo Isnar (*International Service for National Agricultural Research*), uma agência internacional de prestação de serviços em administração de ciência e tecnologia. Essa agência apóia organizações de pesquisa agropecuária em países em desenvolvimento no mundo inteiro. Em 1996, o Isnar iniciou um projeto de avaliação de impacto institucional de suas ações.

O programa oferecido pelo Isnar era no formato de *workshops* ou oficinas de trabalho e tinha uma lista bem clara de comportamentos e resultados esperados, na área de planejamento, acompanhamento e avaliação da pesquisa agrícola (PM&A). As mudanças esperadas no nível da organização foram destacadas principalmente nos processos e estruturas que deveriam ser modificados nas instituições, como resultado dos cursos sobre planejamento, controle e avaliação da pesquisa agrícola. Mudanças esperadas na cultura e no desempenho organizacionais também foram incluídas.

Em uma fase seguinte à realização dos *workshops*, o Isnar decidiu experimentar uma estratégia complementar. Para tanto, foram escolhidos quatro países da América Latina e do Caribe (Panamá, Venezuela, Costa Rica e Cuba), denominados casos-piloto. Nesses países, os eventos alcançaram um maior número de pessoas, havendo também acordos de apoio institucional e envio de sucessivas missões de orientação, das quais participaram os instrutores dos eventos, que também eram os autores dos materiais escritos. Em outras palavras, durante sua implementação, o projeto evoluiu de uma suposição de que seus eventos seriam capazes de produzir mudanças nos indivíduos e nas organizações para uma que passava a acreditar na necessidade de produzir alterações nos ambientes destes indivíduos e organizações, de modo que isso pudesse dar suporte aos efeitos dos eventos. Portanto, era preciso utilizar um modelo de investigação que fosse capaz de detectar efeitos nos indivíduos e nas organizações, mas também em seus ambientes. Foi escolhido o modelo de avaliação institucional desenvolvido por Lusthaus, Anderson e Murphy (1995), que inclui quatro categorias de variáveis: ambiente, motivação, capacidade e desempenho.

Assim, a mensuração do impacto de TD&E nos desempenhos do *indivíduo* e da *organização* se baseou no modelo de avaliação institucional. Dessa forma, esperava-se obter impactos nos desempenhos nesses dois níveis nas quatro categorias citadas. Para cada uma das categorias em cada nível, foram criados indicadores de impacto específicos. No total, foram elaborados 43 itens de impacto (Borges-Andrade et al., 2002).

As quatro questões centrais derivadas dos objetivos da avaliação foram: Quais são os impactos? Quais as diferenças entre as fontes de informação sobre eles? Como os impactos se diferenciam, entre casos pilotos e os demais países? O que mais foi alcançado?

Para responder a essas questões, foram elaborados questionários de impacto de TD&E nas línguas inglesa e espanhola para serem respondidos pelos ex-participantes, supervisores e por um colega do participante. As cópias dos três questionários foram enviadas a 379 participantes dos *workshops*, entre 1993 e junho de 1997. Os questionários deveriam ser devolvidos pelo correio, por meio de envelopes pré-endereçados. Os participantes foram instruídos a responder seus questionários e a entregar os outros dois a seus supervisores e a colegas de sua preferência. Estes deveriam conhecer bem o trabalho do participante e ter alguma noção das atividades do Projeto de PM&A do Isnar.

A amostra final obtida engloba participantes, seus supervisores e colegas de 22 países da América Latina e do Caribe, sendo que 131 questionários (34,6% de retorno) foram recebidos até abril de 1998. As instituições de 79% dos respondentes são organizações nacionais de pesquisa agropecuária. Esses respondentes dedicam 30% de seu tempo às tarefas administrativas, 28% às atividades de PM&A e 19% às tarefas de pesquisa. A extensão e o ensino tomam menos de 10% cada. Esses números indicam que a distribuição da carga de trabalho era compatível com o foco do Projeto Isnar e que os respondentes estariam na posição ocupacional apropriada para utilizarem o que aprenderam no projeto.

O Projeto Isnar teve o seu maior impacto no desempenho *individual* no nível da motivação de seus participantes, seguido de suas capacidades e de seu desempenho. Já o menor impacto registrado foi no ambiente dos participantes. Assim, o projeto atingiu seus melhores resultados em indicadores relativos ao nível de efeitos de aprendizagem, seguidos daqueles concernentes ao nível de efeitos de comportamento no cargo.

Os maiores impactos observados no nível organizacional foram equivalentes aos encontrados no nível do indivíduo: nas dimensões de motivação e capacidade. Além disso, os impactos foram sistematicamente maiores no nível individual que no organizacional. Isso pode ser explicado pelo fato de o projeto e de qualquer tecnologia de TD&E trabalhar com pessoas e esperar que elas façam a diferença nas suas organizações. Portanto, o efeito é menos visível no nível organizacional, demandando mais tempo para resultar em mudanças neste nível.

Quanto às diferenças de percepções de impacto entre as fontes, constatou-se que, em 93% dos casos, não havia diferenças de opiniões entre os participantes e seus supervisores e colegas de trabalho. Isso sugere que as diferentes fontes compartilham opiniões muito similares quanto aos impactos do Projeto relatados.

Nos quatro países participantes do piloto, houve uma percepção significativamente maior de impacto. Desse modo, foram fortalecidos os argumentos dos autores que têm discutido a necessidade de serem levadas em conta as variáveis de suporte ou clima para transferência, ao serem estudados impactos em indivíduos e em organizações.

Também era esperado que o projeto propiciasse a multiplicação de capacidades na América Latina e no Caribe. Os participantes dos *workshops* foram treinados e avisados que se esperava que treinassem outros. Do total de respondentes, 55% treinaram outras pessoas. Do total de 116 respondentes na questão específica, 57 treinaram um total de 4.425 indivíduos em eventos que eles organizaram e 41 deles treinaram 2.445 indivíduos em eventos organizados por outros. Na percepção dos respondentes, o projeto promoveu mudanças significativas na pesquisa agropecuária, mas que no instante da avaliação estariam ainda limitadas às mudanças internas, se comparadas aos produtos e às mudanças externas.

Experiência do Banco do Brasil

O estudo de Freitas e Borges-Andrade (2004) é o segundo estudo escolhido e identificou as contribuições do curso MBA *Marketing* para o desempenho dos egressos e para a organização. O curso foi realizado no Banco do Brasil, no período de 1996 a 2000, totalizando sete turmas, com média de 31 participantes em cada uma, totalizando 218 funcionários. O evento avaliado era um curso de especialização (*lato sensu*), de modalidade presencial, com 360 horas distribuídas em 20 disciplinas, desenvolvido em parceria com duas diferentes instituições de ensino de renome. O evento foi destinado aos técnicos da administração central da empresa, responsáveis pelo desenvolvimento de produtos e serviços e pela cultura de valorização do cliente.

Os objetivos de aprendizagem do MBA *marketing* foram diversificados em cada uma destas disciplinas. Como resultados esperados no desempenho dos funcionários treinados estavam a criação, a implementação e a avaliação de ações e procedimentos voltados para a atração e manutenção dos clientes da empresa.

Foram encaminhados questionários aos 199 treinados que permaneceram na empresa e que haviam concluído o curso há no mínimo um ano. A elaboração desses questionários seguiu, em linhas gerais, o procedimento adotado na *experiência do Isnar*, adaptado às características do evento estudado conforme destacam os próximos parágrafos.

Os itens sobre impacto do MBA *marketing* no desempenho dos indivíduos foram construídos a partir da análise do material instrucional do curso e foram validados semanticamente por um conjunto de 10 participantes do curso. Foram elaborados 27 itens que refletiam o efeito dos conteúdos aprendidos nos desempenhos específicos (avaliação em profundidade).

Para construção dos itens de impacto no nível da organização, segundo a percepção dos funcionários, foram utilizadas análises do material didático, dos "pareceres" para contratação do evento e quatro entrevistas com representantes das principais unidades do banco. O objetivo da entrevista era identificar as mudanças ocorridas nas unidades que podiam ser vistas como contribuições do curso. Dessa forma, o instrumento continha itens sobre o impacto esperado, resultante da análise documental, e itens que refletiam o impacto real, já percebido pelos entrevistados em suas unidades. No total, foram construídos 26 itens, que passaram por um processo de validação semântica, realizada com 13 representantes das unidades dos treinados.

Foram construídos dois questionários: um para auto-avaliação e outro para heteroavaliação. O primeiro instrumento foi respondido pelos treinados, sendo formado por questões fechadas e abertas, divididas em cinco partes:

a) Dados demográficos.
b) Avaliação da necessidade e do grau de utilização da aprendizagem no trabalho, além das razões da não utilização.
c) Percepção sobre impacto do evento no trabalho (27 itens).
d) Percepção sobre suporte à transferência de curso (10 itens).
e) Percepção sobre seu impacto na organização (26 itens).

O questionário de heteroavaliação, respondido pelos pares ou superior imediato do indivíduo treinado, foi composto apenas das partes c e e do questionário de auto-avaliação.

Depois de coletados e analisados os dados, foram identificados os 10 maiores impactos na organização, na opinião das pessoas treinadas e seus superiores. Em seguida, foram selecionadas áreas da empresa responsáveis pela gestão desses resultados e realizadas 10 entrevistas com representantes dessas áreas para obter indicadores reais das mudanças percebidas.

Os resultados desse estudo ressaltam que o impacto percebido do curso, nos desempenhos esperados, foi entre bom e ótimo para 74% dos desempenhos individuais e 96% dos desempenhos organizacionais. A única variável relacionada ao impacto no nível individual foi suporte psicossocial. Quanto aos desempenhos organizacionais percebidos como mais afetados pelo evento, em 75% deles foi possível identificar indicadores de melhoria do desempenho organizacional. Alguns desses indicadores foram: elevação do nível de competência em *marketing*, maior disseminação da cultura de *marketing* na organização, melhoria da comunicação do banco com os clientes e aumento da base de clientes.

Variáveis do contexto organizacional, como tecnologia, reestruturações e implantação de gestão por resultados, foram indicadas pelos entrevistados como fatores que, aliados ao curso, também contribuíram para esses resultados organizacionais. Esse achado sugere que o contexto é importante para apoiar a geração de efeitos também no nível da organização e, portanto, necessita ser gerenciado.

Experiência da Fenapae

O terceiro trabalho escolhido foi o descrito por Mourão e Borges-Andrade (2005) e desenvolvido na tese de doutorado da primeira autora. Foi avaliada a contribuição de um programa público para os três níveis de impacto proposto por Hamblin (1978): comportamento no cargo, mudança organizacional e valor final. O programa foi realizado pela Federação Nacional das Associações dos Pais e Amigos dos Excepcionais (Fenapae) e tinha como objetivo fundamental capacitar os professores que atuavam na formação dos indivíduos com deficiência mental. O objetivo final era promover a integração na sociedade a partir da geração de empregos para esse público (valor final). Neste capítulo, serão descritos os procedimentos realizados apenas para os dois primeiros níveis. O Capítulo 25 descreve os procedimentos relativos ao terceiro nível.

A coleta de dados foi feita por meio de questionários estruturados e análise de dados secundários. A coleta ocorreu no período de maio de 2001 a outubro de 2003. Para a avaliação do impacto de TD&E no desempenho do indivíduo, o questionário continha os instrumentos de auto e heteroavaliação de impacto propostos por Abbad (1999), sendo que o primeiro foi validado pela autora, e o segundo, por Borges-Andrade e colaboradores (1999a; 1999b), Pantoja e colaboradores (2001) e Pilati e colaboradores (1999). Esses instrumentos vêm sendo amplamente utilizados em pesquisas nacionais sobre impacto de TD&E e representam medidas em amplitude ou largura.

Para a avaliação no nível de mudança organizacional, foram incluídas, no instrumento de coleta, variáveis organizacionais específicas, mensuradas antes e depois da intervenção (realização dos cursos) para verificar possíveis alterações. Os itens para a mensuração do impacto nos níveis da mudança organizacional foram elaborados a partir de entrevista realizada com a coordenadora nacional da educação profissional da

Fenapae e com os 27 coordenadores estaduais de educação profissional.

Os indicadores definidos para mudança organizacional foram: número de aprendizes nas Associações de Pais e Amigos dos Excepcionais (APAEs) e número de oficinas profissionalizantes nas APAEs. Assim, era esperado, com a formação dos professores, um aumento do número de oficinas oferecidas aos alunos e também um número maior de aprendizes.

A amostra para auto e heteroavaliação de impacto do programa no nível de comportamento no cargo totalizou 2.468 sujeitos, assim divididos: 617 treinados (professores das APAEs que participaram dos cursos de capacitação), 617 chefes de treinados (em geral, coordenadores da educação profissional nas APAEs), 617 colegas (professores das APAEs que não participaram do programa) e 617 clientes dos treinados (pais das pessoas com deficiência mental). Os questionários desses sujeitos foram pareados para verificar se há diferença significativa entre as avaliações desses quatro grupos de avaliadores.

O desenho de pesquisa para impacto de TD&E no desempenho da organização foi quase-experimental (ver Capítulo 18, para compreender melhor esse e outros tipos de delineamentos). A amostra para mensuração do impacto no nível da mudança organizacional incluiu 360 APAEs, divididas em três grupos de tratamento do mesmo tamanho (120 APAEs):

- Grupo-experimental principal (formado por APAEs que tiveram o coordenador e pelo menos três professores participando do programa).
- Grupo-experimental secundário (formado por APAEs que tiveram apenas o coordenador participando do programa).
- Grupo-controle (formado por APAEs que não tiveram nenhum participante no programa).

Além disso, foi realizado um grupo focal com os 27 coordenadores estaduais de educação profissional e uma entrevista com 30 pessoas com deficiência mental que participam da educação profissional nas APAEs e que são alunos dos professores treinados. Esse trabalho teve como objetivo identificar as mudanças ocorridas nos desempenhos dos professores treinados, após o curso.

Foram propostos como antecedentes de impacto nos dois níveis variáveis da clientela, do programa e organizacionais. Encontraram-se quatro preditores para o impacto do programa no nível do comportamento no cargo: aplicação na vida pessoal e na comunidade, adequação do material didático e acessibilidade do local do curso. Os resultados indicaram que o programa promoveu melhorias no desempenho dos funcionários treinados, de acordo com a percepção das quatro fontes de informação. Foi igualmente confirmado o impacto no nível de mudança organizacional (houve maior aumento no número de oficinas e de aprendizes em educação profissional), quando comparados o grupo-experimental e o grupo-controle.

Para ilustrar os métodos de avaliação utilizados nos três estudos apresentados e seus principais resultados, foi organizada o Quadro 24.2.

As três experiências anteriormente resumidas demonstraram que é possível investigar efeitos nos níveis individual e organizacional, mas que é necessário desenvolver outras metodologias capazes de capturar esses resultados no nível da organização. Parece, também, que essas metodologias podem ser diferenciadas, de acordo com os efeitos que se espera alcançar com o evento (entrevistas, questionários, grupos-foco, pesquisa documental, desenhos quase-experimentais etc.).

Outro destaque relevante é para a variável tempo. Freitas e Borges-Andrade (2004) ressaltam que considerar o aspecto temporal é essencial. Avaliar o impacto na organização, alguns meses após o término do curso, pode ser frustrante, pois o processo de produção dos resultados é por emersão (começa no indivíduo treinado, se propaga pelos grupos ou unidades dos quais ele faz parte e se concretiza em resultados organizacionais). Em todas as experiências descritas, o tempo para mensuração dos efeitos no desempenho da organização foi uma variável cuidadosamente analisada. Na primeira experiência, no entanto, parece que o tempo necessário foi subestimado. Se a coleta de dados tivesse aguardado pelo menos mais um ano, a probabilidade de encontrar resultados no nível organizacional provavelmente teria sido mais elevada.

CONSIDERAÇÕES FINAIS

O aumento intensivo de investimento em ações de TD&E tem indicado a necessidade crescente de avaliar a contribuição dessas ações para os desempenhos das pessoas e das organizações. Essa é uma realidade com a qual os profissionais de gestão de pessoas das organizações têm de lidar diariamente.

Neste capítulo, foram destacadas as possibilidades de medidas a serem utilizadas para mensurar o impacto de TD&E nos desempenhos do indivíduo e das organizações. Escolher quais medidas utilizar em cada caso é uma tarefa que só a própria organização e o profissional de TD&E podem realizar. Para tanto, esses profissionais necessitam imaginar quais são os

Quadro 24.2
SÍNTESE DO MÉTODO E DOS PRINCIPAIS RESULTADOS DOS ESTUDOS

Estudo	Nível de avaliação	Complexidade	Instrumento de coleta de dados	Fontes de coleta de dados	Impactos observados
Isnar	Impacto no indivíduo.	Profundidade.	Questionários.	Participante, superior e colega.	Dimensões motivação, capacidade e desempenho.
Pesquisa agrícola	Impacto na organização.	Profundidade.	Questionários.	Participante, superior e colega.	Dimensões motivação e capacidade.
BB	Impacto no indivíduo.	Profundidade e largura.	Questionários.	Participantes e seu superior ou colega.	Melhoria dos processos de trabalhos vinculados a *marketing*.
Financeira	Impacto na organização.	Profundidade e largura.	Análise documental. Os mesmos usados para impacto no cargo, acrescida a realização de entrevistas.	Material didático. As mesmas, acrescida a participação de representantes das unidades e a análise de pareceres de criação do evento.	Melhoria na competência em *marketing*; na disseminação da cultura de *marketing*; na comunicação com os clientes e aumento da base de clientes.
Fenapae	Impacto no indivíduo.	Largura.	Questionários, entrevistas e dados secundários.	Participante, superior, colega e cliente.	Percepção de melhoria de desempenho (qualidade do trabalho, rapidez, redução de erros e motivação) pelas quatro fontes pesquisadas.
Educação	Impacto na organização.	Profundidade.	Questionários e entrevistas.	Coordenação das APAEs.	Aumento no número de oficinas e de aprendizes em educação profissional.

condicionantes que favorecem ou dificultam o uso desta ou daquela medida, além de considerar as vantagens e as desvantagens associadas à adoção de cada uma delas.

Com relação aos dois níveis de avaliação tratados neste capítulo, pode-se concluir que ainda há muito que avançar no que se refere ao desenvolvimento de medidas no nível organizacional. O caminho a seguir parece ser análogo ao trilhado no nível dos indivíduos, caso em que os métodos de avaliação já estão bem consolidados.

Implementar um sistema eficiente de mensuração de impacto de TD&E ainda continua sendo um desafio para a maioria das organizações. Muitas vezes, consegue-se avaliar ações de TD&E em alguns níveis, e não nos outros. É mais comum avaliar reações que os demais níveis. Em outras organizações, pode ser constatada a existência de ciclos, em determinados momentos da vida organizacional: iniciativa, implementação do processo e exclusão. Essas experiências de recomeço nem sempre são resultado somente das dificuldades metodológicas ou orçamentárias, mas principalmente da falta de envolvimento e compromisso da própria área de TD&E com o processo de avaliação. Além disso, há a resistência dos técnicos envolvidos no planejamento ou na contratação dos eventos. As pessoas nem sempre se sentem à vontade para discutir genuinamente a avaliação de um evento ou os resultados encontrados. Isso enfraquece o subsistema de avaliação. Por isso, muitas vezes as organizações optam por avaliar apenas alguns eventos e o fazem com uso de consultores externos, teoricamente mais isentos, mas também com pouco conhecimento sobre a cultura organizacional e os seus valores.

Uma dificuldade metodológica imposta pela realidade, que muitas vezes serve como desculpa para diminuir a importância da avaliação de TD&E, é a impossibilidade de mensurar a magnitude da contribuição dessa disciplina de forma isolada. Por isso, é importante salientar que todos os indicadores de impacto de TD&E identificados em um processo de avaliação sempre são de atribuição de impacto, e não evidências incontestáveis de que, sem o evento, tais efeitos não ocorreriam ou que somente com o evento seria possível que se tivessem obtido tais efeitos. Outras variáveis estão presentes e influenciam os resultados.

Parece que uma alternativa plausível é considerar "a vida como ela é". Isso significa compreender e aceitar que é muito difícil isolar variáveis, dentro de uma organização, e então identificar que outro conjunto de variáveis também pode ter contribuído para que os desempenhos das pessoas e da organização fossem aperfeiçoados. Este tipo de procedimento pode auxiliar as organizações a se perceberem, na prática, como sistemas integrados, nos quais a atuação de uma unidade favorece ou desfavorece a atuação das outras e da organização como um todo. TD&E se insere em um leque de outras práticas que precisam estar alinhadas para gerar os resultados organizacionais esperados.

Finalmente, vale destacar que avaliar a contribuição de TD&E para o desempenho dos indivíduos e da organização é uma ação estratégica para a área de gestão de pessoas, pois pode evidenciar como os processos da área podem favorecer o alcance dos resultados da organização. Assim, essa avaliação tem dois propósitos fundamentais: o técnico, vinculado à necessidade de melhoria contínua dos programas de TD&E, e o político, evidenciado pela necessidade de reconhecimento institucional das contribuições do sistema TD&E para o desempenho da organização. Uma avaliação de TD&E bem-sucedida precisa manter como direcionadores estes dois propósitos.

Espera-se que o presente capítulo tenha contribuído para a compreensão do leitor sobre as possibilidades de medidas e os dilemas comumente encontrados na avaliação de impacto de TD&E no desempenho dos indivíduos e das organizações.

QUESTÕES PARA DISCUSSÃO

Com base na leitura desse capítulo e da sua experiência profissional, discuta as questões a seguir:

- Por que avaliar o impacto de TD&E é relevante para a organização?
- De quais fatores dependem o sucesso de um sistema de avaliação de TD&E?
- É melhor avaliar impacto em profundidade ou largura? Em que situações uma medida pode ser mais apropriada que a outra?
- Por que é importante utilizar múltiplas fontes na avaliação de impacto de TD&E?
- Como medir impacto de TD&E no desempenho do indivíduo? E na organização?
- Vale a pena avaliar o impacto de TD&E na organização em todos os eventos implementados? Por quê?

REFERÊNCIAS

ABBAD, G. *Um modelo integrado de avaliação do impacto do treinamento no trabalho – IMPACT*. 1999. 262f. Tese (Doutorado em Psicologia) – Universidade de Brasília, Brasília, 1999.

ABBAD, G.; BORGES-ANDRADE, J.E. Aprendizagem humana em organizações de trabalho. In: ZANELLI, J.C.; BORGES-ANDRADE, J.E.; BASTOS, A.V.B. (Org.). *Psicologia, organizações e trabalho no Brasil*. Porto Alegre: Artmed, 2004. p. 237-275.

ABBAD, G.S.; BORGES-ANDRADE, J.E.; SALLORENZO, L.H. Self-assessment of training impact at work: validation of a measurement scale. *Revista Interamericana de Psicologia*, Porto Alegre, v. 38, n. 2, p. 277-284, 2004.

BIRDI, K. *The bigger picture*: identifying the factors influencing training effectiveness. Mimeo. Apresentado no Seminário "Working to Learn", em 29 de março de 2000. Sheffield, UK: ESRC/University of Sheffield.

BORGES-ANDRADE, J.E. Desenvolvimento de medidas em avaliação de treinamento. *Estudos de Psicologia (UFRN)*, Natal, v. 7, p. 31-43, 2002. Número especial.

BORGES-ANDRADE, J.E; GAMA, A.LG; OLIVEIRA-SIMÕES, J T. *Impacto de treinamentos no trabalho*: o caso Banco do Brasil. In: REUNIÃO ANUAL DE PSICOLOGIA DA SOCIEDADE BRASILEIRA DE PSICOLOGIA, 29., 1999, Ribeirão Preto, *Resumos...* p.53c, 1999a.

_____ . Impacto do treinamento no trabalho: um estudo de caso na Eletronorte. In: REUNIÃO ANUAL DE PSICOLOGIA DA SOCIEDADE BRASILEIRA DE PSICOLOGIA 29., 1999, Ribeirão Preto. *Resumos ...* 1999b. p.53b-53c.

BORGES-ANDRADE, J.E. et al. Impactos individual e organizacional de treinamento: uma análise com base num modelo de avaliação institucional e na teoria multinível. *Psicologia Organizações e Trabalho*, Florianópolis, v. 2, n. 1, p. 117-146, 2002.

FREITAS, I. A. Impacto de treinamento nos desempenhos do indivíduo e do grupo de trabalho: suas relações com crenças sobre treinamento e suporte á aprendizagem contínua. 2005. 278f. Tese (Doutorado em Psicologia) – Universidade de Brasília, Brasília, 2005.

FREITAS, I. A.; BORGES-ANDRADE, J. E. Efeitos de treinamento nos desempenhos individual e organizacional. *Revista de Administração de Empresas*, v.44, n.3, p.44-56, 2004.

HAMBLIN, A C. *Avaliação e controle do treinamento*. São Paulo: McGraw-Hill, 1978.

KIRKPATRICK, D.L. Evaluation of training. In: CRAIG, R. L. (Org.). *Training and development handbook*. New York: McGraw Hill, 1976. p. 87-112.

LATHAM, G. P. Behavioral approaches to the training and learning process. In: GOLDSTEIN, I. (Org.). *Training and development in work organizations:* frontiers of industrial and organizacional psychology. San Francisco: Jossey Bass, 1989. p.35-52.

LEITÃO, J. S. S. Clima organizacional na transferência de treinamento. *Revista de Administração*, v.31, n. 3, p.53-62, 1996.

LIMA, S. M. V.; BORGES-ANDRADE, J. E.; VIEIRA, S. B. A. Cursos de curta duração e desempenho em instituições de pesquisa agrícola.*Revista de Administração*, v. 24, n. 2, p. 36-46, 1989.

MOURÃO, L.; BORGES-ANDRADE, J. E. Avaliação de programas públicos de treinamento: um estudo sobre o impacto no trabalho e na geração de emprego. *Organizações e Sociedade*, Salvador, 2005. No prelo.

PANTOJA, M. J. B.; LIMA, S. M. V.; BORGES-ANDRADE, J. E. Avaliação de impacto de treinamento na área de reabilitação: preditores individuais e sociais. *RAUSP – Revista de Administração*, v.36, n.2, p.46-56, 2001.

PAULA, S. M. A. *Variáveis preditoras de impacto de treinamento no trabalho:* análise da percepção dos treinandos de duas organizações. Dissertação (Mestrado em Psicologia) – Universidade de Brasília, Brasília, 1992.

PILATI, R.; ABBAD, G. Impacto do treinamento no trabalho. *Teoria e Pesquisa*, v. 21, n. 1 p. 43-51, 2005.

PILATI, R.; BORGES-ANDRADE, J.E.; AZEVEDO, L. P. S. Impacto do treinamento em amplitude e profundidade: relações com suporte à transferência, gestão do desempenho e liberdade decisória. In: REUNIÃO ANUAL DE PSICOLOGIA DA SOCIEDADE BRASILEIRA DE PSICOLOGIA, 29., Ribeirão Preto. *Resumos...*1999. p.53a-53b.

25

Medidas de valor final e retorno de investimento em avaliação de TD&E

Luciana Mourão, Jairo E. Borges-Andrade e Tatiana Junqueira Salles

Objetivos

Ao final deste capítulo, o leitor deverá:

- Definir o conceito de retorno de investimento em TD&E.
- Descrever medidas de retorno de investimento em TD&E.
- Identificar as principais variáveis relacionadas à avaliação de TD&E no nível de valor final.
- Discutir o uso de indicadores para mensurar o retorno sobre o investimento em TD&E.

INTRODUÇÃO

As transformações no mundo do trabalho têm impulsionado mudanças importantes nos sistemas de treinamento, desenvolvimento e educação (TD&E). Em decorrência desse cenário e como parte dele, tem ocorrido um aumento dos investimentos nesses sistemas. Salas e Cannon-Bowers (2001) observaram que, nas décadas de 1970, 1980 e 1990, houve um grande crescimento de pesquisas para melhor compreender o funcionamento desses sistemas, que resultou em mais teorias, modelos, resultados empíricos, revisões e metanálises. Para esses autores, houve uma mudança dramática para melhor, com abundância de teorias.

> Pesquisadores estão adotando uma visão de sistemas de treinamento e se preocupam mais com o contexto organizacional. Há novos modelos de pesquisa, incluindo variáveis também novas para a área de treinamento. A evolução do paradigma tradicional de treinamento foi ampliada, há ferramentas melhores para realizar avaliações de treinamento, e desenhos experimentais melhores e mais práticos emergiram. (Salas e Cannon-Bowers, 2001, p.472)

Segundo Borges-Andrade (2002), existe crescente demanda por avaliação nas organizações que tradicionalmente fizeram altos investimentos em sistemas de TD&E, bem como naquelas que mais recentemente descobriram os valores estratégicos do conhecimento e do esforço na contínua qualificação de seu pessoal. Essa demanda sinaliza que as organizações estão mais conscientes de que esses sistemas não são soluções infalíveis para todos os males e que, portanto, é preciso avaliá-los. Na mesma linha, Salas e Cannon-Bowers (2001) analisam que há preocupação crescente nas organizações de que esse investimento seja justificado em termos de melhoria organizacional, aumento da produtividade ou do desempenho. No Brasil, isso passou a ser interesse de profissionais e de cientistas.

A avaliação como um processo de coleta de dados e emissão de juízo de valor considera esses sistemas como fenômenos complexos. Esse julgamento tem levado à criação ou adoção de modelos de avaliação. Dois modelos clássicos são internacionalmente conhecidos e usados: o de Kirkpatrick (1976) e o de Hamblin (1978). O primeiro autor sugere quatro níveis de avaliação de TD&E:

I. reações;
II. aprendizagem;
III. desempenho no cargo;
IV. resultados.

O segundo autor subdivide este quarto nível em (IV) mudança organizacional e (V) valor final.

No Nível I, são coletados dados sobre satisfação e opiniões dos indivíduos acerca dos diversos aspectos dos eventos de TD&E dos quais participaram. No Nível II, são investigadas as diferenças entre o que esses participantes sabiam ou eram capazes de fazer antes e o que sabem ou são capazes de fazer imediatamente após terem participado desses eventos. No Nível III, é levado em conta o desempenho desses participantes no seu trabalho, antes e depois dos mencionados eventos. No Nível IV, a avaliação toma como critério o funcionamento da organização, ou mudanças que nela possam ter ocorrido em decorrência daqueles eventos. No Nível V, de valor final, o foco é na produção ou no serviço prestado pela organização, o que geralmente implica comparar custos e benefícios que podem ser de natureza econômica. Os quatro primeiros níveis de avaliação foram o foco de atenção dos Capítulos 19, 20,22, 23 e 24, enquanto o presente capítulo trata do Nível V.

Nos quatro primeiros níveis, como afirma Borges-Andrade (2002), a descrição das questões para tomada de decisão e das experiências de mensuração tem como base os modelos e quadros referenciais vindos da psicologia, educação e administração. Os indicadores que têm sido usados para realizar a avaliação de TD&E no nível de valor final, bem como os procedimentos que levam à sua obtenção, pertencem a outra disciplina. Esses modelos se baseiam em uma tradição de cálculo de retorno de investimentos que teve seu apogeu há mais de 30 anos, principalmente na economia da educação. Como exemplos, ver Becker (1960), Schultz (1961), Mincer (1962), Hansen (1963) e Blaug (1965), embora o trabalho pioneiro seja muito mais antigo (Walsh, 1935). O uso desses métodos foi, em seguida, freqüentemente feito no Brasil, com a exigência dos bancos internacionais de desenvolvimento de que os empréstimos que concediam fossem objeto de avaliações dessa natureza. Textos da época, que podem ser consultados, são os de Patrick e Kehrberg (1973) e Ribeiro (1979).

O primeiro desafio para realizar estudos de avaliação de TD&E no quinto nível é o de contar com profissionais capacitados para usar esses métodos. O segundo desafio é identificar parâmetros de avaliação para esse nível. É preciso perguntar sobre as mudanças organizacionais e de comportamento individual esperadas do sistema de TD&E e, além disso, conhecer os seus objetivos instrucionais. Se não houve planejamentos nos níveis anteriores, ou se esse planejamento não foi documentado na organização ou nas ações desse sistema, será preciso recuperar essas informações em todos os quatro níveis anteriores. Definidos os parâmetros específicos da organização e do sistema de TD&E, os parâmetros de avaliação certamente envolverão indicadores de custos diretos e indiretos (isso deve incluir até os salários diretos e indiretos dos participantes, durante o período em que estiveram participando dessas ações) e de benefícios diretos, como a parcela do aumento de produtividade e lucro atribuível àquelas ações, e às vezes indiretos (esses são extremamente difíceis de serem estimados e por isso são muitas vezes ignorados). O problema, em seguida, é coletar os dados e depois fazer os cálculos, para os quais já existe método sistematizado (estimativa de retorno de investimentos) em economia da educação.

A dificuldade para mensurar os Níveis IV e V é uma das principais razões para que a maior parte das avaliações de TD&E ainda se limite à avaliação de reação e, em alguns casos, de aprendizagem. Philips (1997) realizou um estudo que evidenciou que apenas 4% das empresas americanas conduzem avaliações de TD&E até os níveis organizacionais, enquanto 100% costumam realizar avaliações no Nível I. Taschereau (1998) argumenta que os questionários de reação não bastam nas avaliações de eventos de TD&E porque não determinam se e em que medida esses eventos afetam a *performance* dos participantes no trabalho, tampouco se essa possível modificação se dá por um período curto ou prolongado. Mesmo a avaliação da *performance* dos treinados não indica em que medida essa alteração no desempenho individual afeta a organização. Ocorre que o problema não está em saber da necessidade de se medir o impacto nos níveis de resultado, mas nas dificuldades para fazê-lo. Entre as dificuldades para a mensuração nos Níveis III, IV e V, estão a necessidade de conduzir o estudo em um período após a realização do evento, para que haja tempo de se verificar os impactos, e o fato de que nem todos os eventos de TD&E têm o objetivo de atingir os níveis de mudança organizacional e valor final. Por fim, há a própria dificuldade de se mensurar a relação de custo-benefício, sobretudo os benefícios, para cada evento realizado.

Assim, raramente se consegue implementar avaliações de TD&E no nível de valor final, apesar de esse método não ser recente. Ávila e colaboradores (1983) foram pioneiros no Brasil, realizando um estudo que teve como objetivo a verificação do retorno dos investimentos em programas de capacitação contínua e pós-graduação da Empresa Brasileira de Pesquisa Agropecuária (Embrapa). Esses autores precisaram montar uma equipe especial e interdisciplinar (que incluía economia, agronomia, veterinária, biologia, administração, educação, sociologia e psicologia), para realizar esse trabalho. Os pesquisadores utilizaram procedimentos de cálculo de todos os custos desses programas e de rentabilidade social de investimentos, concentrando-se unicamente em efeitos sociais, verificados em termos de novas tecnologias agrícolas geradas pelos ex-treinandos e adotadas por produtores rurais. Os autores levaram em conta um período médio de sete anos entre o final dos eventos de TD&E e o início dos lucros advindos das tecnologias adotadas pelos produtores rurais. A motivação para a montagem dessa equipe foi determinada pela demanda de bancos internacionais de desenvolvimento e pelo desejo especialmente grande da alta direção daquela empresa. Borges-Andrade (2002) alerta para o fato de que é preciso levar em conta esses fatores condicionantes, antes de uma tomada de decisão semelhante. Outros fatores que devem ser ponderados são que a coleta de dados geralmente precisa cobrir períodos de tempo longos e grandes investimentos em TD&E.

O CONCEITO E AS MEDIDAS DE RETORNO DE INVESTIMENTO EM TD&E

A avaliação no nível de valor final busca identificar em que medida os programas de TD&E contribuem para a organização cumprir seus objetivos finalísticos. Por ser essa a sua função, o retorno sobre o investimento em TD&E visa monitorar, em geral com base em indicadores financeiros, diferentes variáveis da organização, servindo de elo entre o plano estratégico de TD&E e o planejamento orçamentário da organização.

A maior parte dos autores defende que a medida de valor final seja obtida por meio de indicadores financeiros relativos ao retorno do investimento (*Return on Investment*, ROI). Taschereau (1998) e Freitas e Borges-Andrade (2004), porém, argumentam que avaliar no nível da organização pode ser mais abrangente que utilizar ROI. Esses autores consideram que é necessário mensurar outras mudanças organizacionais ocorridas em função das ações de TD&E, tais como efeitos nos processos de trabalho, na produtividade, no clima e na cultura da organização. É proposta a análise de efeitos relativos à aquisição de recursos, tais como novos clientes, compra de outras organizações; processos internos, em termos da adoção de novas tecnologias, clima organizacional, absenteísmo, rotatividade e taxas de acidentes de trabalho; metas de produtos referentes à quantidade, qualidade e variedade do que a organização produz, e metas do sistema em termos de crescimento e lucro da organização, ROI, satisfação de consumidores e acionistas, e imagem organizacional.

O conceito de retorno de investimento em TD&E não difere muito do conceito de ROI empregado para as demais áreas das empresas e das organizações públicas. O cálculo do retorno busca utilizar indicadores de médio e longo prazos usados no desenvolvimento do plano estratégico da organização. Esses indicadores, em última instância, estão relacionados ao monitoramento de quanto a organização tem conseguido cumprir a sua missão e os seus objetivos estratégicos. ROI é uma avaliação muito utilizada pelas empresas americanas, mas é extremamente raro o seu uso com o foco em TD&E. Existem várias formas de cálculo, sendo a ótica do acionista uma das mais comuns. Nessa ótica, calcula-se ROI a partir das informações gerenciais da organização, levando em conta a abordagem do retorno dos acionistas. A base do cálculo se centra, portanto, no patrimônio líquido, e a mecânica de cálculo é mostrada na Figura 25.1.

Um dos problemas desse método de cálculo do ROI é que só se obtém o percentual de retorno de um dado ano, sendo ignorados todos os demais períodos não incluídos na análise. Além disso, se a realização dos eventos de TD&E e seu impacto no trabalho não coincidirem com o calendário do ano contábil, esse tipo de indicador ficará prejudicado. Outra consideração a fazer sobre esse cálculo é que ele trata do resultado total da empresa obtido no período, e, como sabemos, esse resultado não depende somente dos programas de TD&E. Assim, é preciso verificar que percentual desse resultado se deve a esses programas. Mas a lógica de cálculo do ROI a partir da abordagem do retorno dos acionistas não é a única opção que pode ser utilizada. Outra forma de cálculo é a que considera o investimento realizado, e não o resultado no período e o patrimônio líquido, levando em conta também o custo do capital. O custo do capital é um aspecto importante porque o investimento realizado em programas de TD&E poderia ser direcionado a outras áreas, inclusive a investimentos financeiros. Assim, nesse caso, deve ser subtraído, do resultado do valor do benefício, o valor do investimento. Esse outro tipo de cálculo está demonstrado na Figura 25.2.

Nessa proposta, a maior dificuldade está no cálculo de quanto valem os benefícios gerados com os programas de TD&E. Para esse cálculo, é preciso levantar dados que considerem as demandas que não estão atendidas pela organização, o que Barney (2002) chama de "discrepância do negócio" ou *business gap*. Para o autor, esses potenciais benefícios são exatamente uma oportunidade de mudança na *performance*, visando à redução dessa discrepância. Assim, uma fór-

$$ROI = \frac{\text{Resultado líquido do período}}{\text{Patrimônio líquido sem o resultado do período}}$$

Figura 25.1 Alternativa de mecânica do cálculo do ROI.

$$ROI = \frac{\text{Benefício} - \text{Investimento} [(\text{Investimento})(\text{Custo do Capital})]}{\text{Investimento}}$$

Figura 25.2 Segunda alternativa de mecânica para cálculo do ROI.

mula para calcular esses benefícios seria levar em conta o valor dos negócios potenciais perdidos pela organização, isto é, quanto ela deixa de faturar no mercado. Esse valor pode ser obtido a partir do "mercado compartilhado" ou *market share* da empresa (percentual que é obtido pela divisão do mercado atingido pela empresa pelo mercado-alvo total da empresa). Em outras palavras, considerando todo o mercado que a empresa pretende atingir e o que ela já conseguiu atingir (mercado compartilhado), quanto falta para ser atingido? Esse resultado deve ser dimensionado em unidades monetárias, para que sejam calculados os benefício que aqueles programas podem gerar.

No entanto, como dito, os programas de TD&E não são responsáveis por todo o sucesso ou fracasso das organizações. Assim, é preciso calcular que percentual do valor dessa discrepância se deve realmente a falhas na *performance* humana e que percentual dessa *performance* poderia ser modificado a partir de conhecimentos, habilidades e atitudes (CHAs) aprendidos e desenvolvidos nesses programas. Não há uma fórmula para o cálculo desses percentuais. Uma sugestão é que esses valores sejam calculados em reuniões de especialistas de recursos humanos da instituição, devendo-se levar em conta as descrições e análises dos postos de trabalho e as avaliações de desempenho. Além disso, é preciso que sejam levantados os déficits de desempenho e quais seriam os (CHAs) capazes de reduzir esses déficits. Considerando esses dados, o valor da discrepância seria calculado como mostra a Figura 25.3.

No entanto, o benefício gerado precisa levar em conta também a efetividade dos programas de TD&E. Para o cálculo dessa efetividade, podem-se utilizar os instrumentos de impacto de TD&E no trabalho das pessoas (ver Capítulo 24), devendo-se considerar o valor percentual da efetividade obtida. Assim, o cálculo do valor dos benefícios obtidos com os programas seria realizado da forma como mostra a Figura 25.4.

Como pode ser visto, o cálculo do ROI, a partir do investimento feito em programas de TD&E, demanda o cálculo de três aspectos separadamente: o valor da discrepância, o valor dos benefícios e o percentual de efetividade desses programas. Além do mais, é ne-

BENEFÍCIOS = (valor da discrepância) x (efetividade dos programas TD&E)

Figura 25.4 Mecânica do cálculo do valor dos benefícios.

cessário conhecer qual é o custo do capital e o valor total investido nos programas que são avaliados. Para mostrar como isso pode ser feito, daremos um exemplo. Consideremos que a empresa Alfa investiu 800 mil reais em programas de TD&E no ano de 2004. A Alfa fatura 20 milhões de reais por ano e detém 25% do mercado. No entanto, a empresa sabe que poderia atender 35% desse mercado, isto é, o valor da sua discrepância é de 8 milhões (o que corresponderia ao faturamento se fosse atingido mais 10% do mercado-alvo). Nos cálculos do percentual dessa discrepância devido à *performance* humana, os especialistas definiram que o índice é de 60% e avaliaram que 80% da *performance* pode ser modificada com novos CHAs. No cálculo da efetividade dos programas de TD&E realizados, chegou-se a um resultado médio de 50% de aproveitamento do que foi ensinado, o que significa que os participantes dos programas de TD&E conseguiram transferir para o ambiente de trabalho 50% dos CHAs aprendidos. Por sua vez, o departamento de finanças informou que o custo do capital empregado nesses programas é de 10% para aquele período. O cálculo resultante seria o mostrado na Figura 25.5. Assim, nesse exemplo, a empresa Alfa teria obtido um retorno de 30% sobre o investimento que fez em TD&E.

Contudo, a fórmula apresentada corresponde apenas a um dos tipos de ROI que poderia ser utilizado. Uma pergunta que se poderia fazer é: "Qual o típico cálculo de ROI em avaliação de TD&E?" Não há uma resposta fácil para essa questão, pois os programas de TD&E podem ser usados para se atingirem inúmeros objetivos, alguns com resultados essencialmente qualitativos. Em organizações que não mensuram seus resultados em participação no mercado, seria difícil proceder ao cálculo anterior, pois os benefícios teriam de ser calculados de outra forma. Além disso, mesmo em organizações do setor privado que visam ao lucro, as variações para o cálculo são inúmeras porque um mesmo programa, implantado com as mesmas funcionalidades em empresas de portes e setores econômicos semelhantes, pode trazer resultados completamente diferentes. Isso pode acontecer porque os resultados podem estar relacionados, por exemplo, a quanto as atividades de TD&E conseguiram produzir mudanças no desempenho dos treinados, o que, por sua vez, costuma estar relacionado ao grau de suporte psicossocial recebido por esses participantes (ver Capítulo 20). Ou seja, a maneira como os colegas e chefes apóiam as mudanças no comportamento daqueles que

VALOR DA DISCREPÂNCIA = (valor em R$ correspondente ao mercado não atingido) x (% devida à performance humana) x (% da performance que pode ser modificada com novos conhecimentos, habilidades e atitudes)

Figura 25.3 Mecânica de cálculo do valor da discrepância.

$$ROI = \frac{\text{Benefício} - \text{Investimento} [(\text{Investimento})(\text{Custo do Capital})]}{\text{Investimento}}$$

$$ROI = \frac{\text{Benefício} - 800.000 - [(800.000)(10\%)]}{800.000}$$

$$ROI = \frac{\text{Benefício} - 800.000 - 80.000}{800.000} = \frac{\text{Benefício} - 720.000}{800.000}$$

BENEFÍCIOS = (discrepância) x (efetividade dos programas TD&E)

BENEFÍCIOS = (discrepância) x (50%)

discrepância = (valor em R$ correspondente ao mercado não atingido) x (% devida à *performance* humana) x (% da *performance* que pode ser modificada com novos conhecimentos, habilidades e atitudes)

discrepância = (R$8.000.000) x (60%) x (80%)

discrepância = (R$1.920.000)

VALOR DOS BENEFÍCIOS = R$1.920.000 x (50%) = 960.000

$$ROI = \frac{\text{Benefício} - 720.000}{800.000} = \frac{960.000 - 720.000}{800.000} = 0,30$$

Figura 25.5 Exemplo do uso de uma mecânica para cálculo do ROI aplicado a TD&E.

participaram do evento de TD&E costuma influenciar se o evento traz ou não resultados no nível do valor final para a organização. Assim, há muitas variáveis que podem modificar significativamente o cálculo e o resultado obtido em ROI e a própria definição dos indicadores que irão compor essa medida.

ROI também pode ser medido por indicadores não-financeiros, como a posição da marca na mente dos consumidores (imagem junto ao público ou *share of mind*) ou o percentual de cidadãos que é atingido por determinada organização pública. Ainda na linha dos indicadores não-financeiros, Mourão (2004) realizou uma pesquisa[1] em que o valor final de um programa de TD&E foi mensurado com o número de empregos gerados a partir deste programa. Como o programa avaliado pela autora visava à formação profissional, e a entidade responsável por ele buscava a colocação de seus clientes no mercado de trabalho, a obtenção de emprego foi adotada como um indicador "duro"[2] do impacto no nível do valor final daquele programa.

Contudo, considerando que existe a chamada taxa natural de desemprego ou taxa de desemprego de "pleno emprego", não é possível, de forma alguma, erradicar o desemprego. Segundo Larrain e Sachs (1995), o significado da taxa natural de desemprego é que esta taxa nunca é nula, pois, por diversas razões, novos trabalhadores estão sempre entrando na força de trabalho, e, ao mesmo tempo, outros trabalhadores também saem de um emprego para procurar outro. Alguns trabalhadores poderiam recusar-se a aproveitar oportunidades que lhes seriam oferecidas, e outros poderiam não se beneficiar, sobretudo pelo número limitado de vagas. Por outro lado, fatores alheios ao programa de TD&E podem reduzir o desemprego de trabalhadores não ou pouco qualificados: as condições econômicas poderiam gerar mais empregos; os empregadores poderiam decidir empregar trabalhadores menos capacitados para pagar salários mais baixos, e, também, poderiam ser abertas novas empresas, demandando trabalhadores menos qualificados. Mais ainda, Rossi e Freeman (1989) lembram que poderiam ser iniciados outros programas sociais ao mesmo tempo daquele que estaria sendo avaliado, o que dificultaria atribuir os resultados a um ou a outro. Além disso, poderiam ser oferecidos incentivos especiais aos empregadores que contratassem desempregados.

Portanto, um delineamento de pesquisa, para determinar se os projetos específicos de capacitação incrementam a empregabilidade de determinado público, precisa levar em conta o fato de que as tendências de emprego respondem a muitos outros fatores além do programa de TD&E. Portanto, é necessário controlar as principais variáveis que podem atuar como intervenientes. O delineamento de uma avaliação de impacto na empregabilidade é complexo e não pode centrar-se apenas na análise de preditores. É preciso determinar se o programa produz efeitos diferentes daqueles que teriam ocorrido sem a intervenção. Para isso, é necessário optar por delineamentos de pesquisa experimentais ou quase-experimentais, nos quais há um grupo-controle ou de comparação.

Entre os vários indicadores que podem ser utilizados para mensurar o retorno do investimento, vale a pena considerar alguns quesitos levantados por Steiner (1997) para indicadores de longo prazo em processos de planejamento estratégico, que também se aplicam em processos de TD&E. O autor sugere os seguintes quesitos:

- Estar atrelado ao propósito da organização (missão e valores), contribuindo para que se mova para o direcionamento correto. Objetivos neutros, ou sem contribuições reais ou ainda conflitantes para tais elementos, são inadequados.
- Ser passível de ser mensurado durante certo espaço de tempo, sem o que fica impossível avaliar de maneira objetiva o seu atingimento.
- Ser factível no sentido de que será atingido, evitando objetivos não-realistas e que só servem para deixar os gestores pouco motivados.
- Ser aceitável pelas pessoas da organização, pois deverá ser implementado a partir da definição de responsabilidades.
- Ser flexível no sentido de que pode ser modificado, caso alguma contingência apareça. Não significa que seja volátil, mas, sim, claro e firme o suficiente para garantir direcionamento aos profissionais.
- Ser motivador, já que são as pessoas que irão desenvolver suas atividades e proporcionar os resultados esperados. Dessa maneira, o grau de agressividade deve ser dosado para obter o nível de motivação que se deseja.
- Ser compreensível. Ao menos conceitualmente, deve ser entendido com poucas palavras.
- Poder ser objeto de compromisso por quem irá desenvolver ações para que seja atingido.
- Permitir a participação dos profissionais na sua definição, pois isso é fundamental para que seja validado.
- Garantir a consistência de relacionamento entre os diversos objetivos (nos vários níveis hierárquicos e

na organização), já que a área de TD&E também deve dispor de objetivos relacionados com aqueles, hierarquicamente maiores, objetivos de longo prazo da organização.

É fato que não há uma fórmula única para o cálculo de ROI em programas de TD&E, mas considerar esses quesitos pode ser bastante útil. Não há, tampouco, uma única forma de mensurar os eventos de TD&E quando estes são considerados um investimento financeiro. Cascio (1989) desenvolveu uma análise de custo-benefício aplicada a tais eventos fundamentada na idéia de utilidade econômica. Para esse autor, os eventos de TD&E devem ser incorporados, de maneira explícita, às estratégias de planejamento para entrar em novos mercados, para melhorar a qualidade do produto e para o uso de novas tecnologias. A vantagem desse método está na possibilidade de comparar custos e benefícios de diferentes tipos de programas de TD&E. Sob a ótica do investimento, a proposta de avaliação de Cascio (1989) é similar a ROI, por esse motivo ambos necessitam de um delineamento cuidadoso dos custos de TD&E, o que pode vir a ser uma grande desvantagem, especialmente para os casos em que não há uma base de dados sobre custos implementada na organização.

Em relação à construção de medidas de "valor final" ou de ROI, a primeira questão a ser colocada para pesquisadores e profissionais da área é: o que deve ser medido? Para responder, precisamos levar em conta a própria missão da organização e seus objetivos estratégicos, isto é, verificar em que medida os programas de TD&E contribuem para o cumprimento dessa missão e objetivos. Isso pode ser feito por meio do estabelecimento de indicadores (financeiros ou não) que possam ser verificados, preferencialmente, antes e depois da realização desses programas, a fim de mensurar o quanto os mesmos auxiliaram naquele cumprimento. Além do estabelecimento de indicadores, é preciso tomar cuidado para avaliar se o resultado, obtido após a realização desses programas, está mesmo relacionado a eles ou se existem explicações alternativas. Por exemplo, uma empresa tem como objetivo estratégico exportar 20% de seus produtos para empresas européias. Ela desenvolve um programa de TD&E com foco em negociação empresarial e exportação. Antes da realização do programa, a empresa exportava 5% de sua produção para países europeus e, seis meses após o mesmo, passou a exportar 20% para tais países. A princípio poderia se considerar que o mencionado programa foi responsável por este resultado. Contudo, será que não há outras explicações para o cumprimento desse objetivo? Uma mudança na legislação de exportação pode ser a grande responsável pelo incremento das vendas para os países europeus ou, talvez, os fornecedores que atendiam a tal mercado podem ter tido algum tipo de problema, o que fez com que os importadores da Europa buscassem outros fornecedores, abrindo oportunidade para essa empresa. Esse exemplo demonstra que avaliar TD&E no nível de valor final não é simples.

Apesar dessa dificuldade, há algumas formas para aumentar a confiabilidade da medida. Uma delas é analisar as explicações alternativas. No exemplo citado, a organização precisaria controlar algumas variáveis como a legislação sobre importação/exportação dos países envolvidos, a política de comércio exterior adotada por esses países nesse período, o comportamento do mercado consumidor no período da pesquisa (pois um aumento do consumo poderia ser responsável pela melhoria dos resultados de exportação em vez dessa melhoria ser explicada pelo programa de TD&E desenvolvido pela empresa).

No estudo realizado por Mourão (2004), como o indicador de impacto no nível de valor final foi a obtenção de emprego, a pesquisadora analisou a influência de explicações alternativas como o índice de desemprego no período, o crescimento do Produto Interno Bruto (PIB) e a taxa básica de juros, pois tais variáveis estão relacionadas à geração de emprego e poderiam ser o efetivo fator determinante do resultado aparentemente obtido. O estudo contemplou um levantamento realizado no período de 2001 a 2003. O comportamento do PIB neste período não justificaria um aumento na geração de empregos, pois nesses dois anos foi baixo o crescimento da economia brasileira. A taxa de juros básica cobrada no país manteve-se bastante elevada durante o período da intervenção, até com aumento da taxa básica, o que certamente tenderia a reduzir o número de empregos. Na mesma linha, a série temporal da taxa de desemprego mostrou que este foi elevado de 2001 para 2003. Portanto, sem o programa de TD&E, a tendência esperada seria a de reduzir, e não a de ampliar o número de pessoas empregadas.

Não há dúvida de que uma forma para evitar viés na avaliação de TD&E no nível do valor final é optar por delineamentos experimentais ou quase-experimentais. Esses delineamentos adotam grupos-controle; portanto, se as condições a que o grupo-experimental e o grupo-controle estiverem expostos forem as mesmas, a não ser pela participação no programa de TD&E, fica mais fácil atribuir os resultados obtidos ao programa. Todavia, muitas organizações não podem trabalhar com esse tipo de delineamento. Uma forma de adotar esse modelo é implementar o programa de TD&E em algumas filiais ou regionais, e não aplicar o programa em outras. Se as demais condições forem mantidas e as filiais nas quais o programa foi implementado obtiverem resultados significativamente melhores, poder-se-á atribuir tais resultados ao programa de TD&E. Entretanto, será preciso demonstrar que outras condições foram mantidas constantes entre essas filiais.

Além disso, há a possibilidade do estabelecimento de parâmetros, contra os quais será comparado o desempenho da organização antes e depois do programa de TD&E. A utilização de séries temporais é bastante indicada para o estabelecimento desses parâmetros, pois apresenta a vantagem de não trabalhar apenas com dados de um momento isolado, mas de vários momentos, permitindo a análise de tendências para diferentes indicadores.

No entanto, nem sempre o impacto das ações de TD&E no nível do valor final precisa ser mensurado por indicadores "duros". Esse impacto também pode ser medido por meio de perguntas, isto é, pode-se criar e validar um instrumento que permita mensurar o retorno obtido com um determinado programa de TD&E e contrapor esse retorno com o valor que foi investido no referido programa. Contudo, autores como Borges-Andrade (2002) e Carvalho (2003) sugerem que o valor final seja mensurado considerando-se não só medidas perceptuais, mas também medidas "duras".

Como a avaliação no nível do valor final está intimamente relacionada ao cumprimento da missão e ao alcance dos objetivos organizacionais, o ideal é que sejam considerados em conjunto todos os programas ou políticas organizacionais em TD&E. É igualmente recomendável que a coleta de dados seja feita em médio ou longo prazo, pois ações isoladas de TD&E dificilmente produzirão impacto nesse nível.

CONSIDERAÇÕES FINAIS

Os indicadores e procedimentos que têm sido utilizados para realizar a avaliação de TD&E no nível de valor final pertencem ao campo das finanças corporativas, estando fundamentados em cálculos de retorno sobre investimento. O uso pouco freqüente desse método ocorre pela exigência da combinação de habilidades específicas para a realização do trabalho, além das dificuldades relativas ao tempo e ao custo despendidos para essa avaliação. É bastante complexo dimensionar o retorno do investimento, pois não basta calcular, para cada unidade monetária investida, quanto se aumentou na produtividade ou outros indicadores dessa natureza.

Apesar da dificuldade de mensuração de indicadores financeiros, é válido insistir em considerá-los, pois a função instrumental é uma das centrais na concepção contemporânea de trabalho (Soares, 1992; Mourão e Borges-Andrade, 2001). Lima (1986) desenvolveu uma pesquisa quantitativa e qualitativa com diferentes categorias de trabalhadores, com crianças de classe operária e de classe burguesa e com um grupo indígena, e demonstrou que as pessoas, no sistema capitalista, tendem a colocar o trabalho no centro de suas vidas. A principal conclusão da autora é a de que o sistema produtivo é o principal determinante do significado atribuído ao trabalho e que o trabalho é um mito na nossa sociedade, sendo considerado a fonte de todas as expectativas e realizações humanas.

A função instrumental do trabalho, no sistema capitalista, ocupa papel central não só para trabalhadores, mas também para as empresas. Daí a necessidade de se associar valor final a indicadores financeiros, pois, em última instância, as organizações desejam mensurar se o investimento feito no sistema de TD&E trouxe ou não o retorno que dele era esperado. Por outro lado, não se pode perder de vista a importância dos indicadores sociais, estatísticas que levam em conta elementos atinentes à condição social e do bem-estar dos diversos segmentos da população, inclusive a evolução desses elementos no tempo. Todavia, é preciso considerar duas ressalvas:

a) as estatísticas nem sempre constituem um retrato fiel e fidedigno da realidade porque são estáticas, enquanto a realidade é dinâmica, e
b) alguns aspectos dessa realidade dificilmente podem ser transformados em números, requerendo outros métodos tais como os grupos de discussão focal e as entrevistas em profundidade.

Cada vez mais, as empresas são valorizadas por resultados que vão além da área financeira, o que se nota, inclusive, com o surgimento de expressões como *responsabilidade social das empresas* e *balanço social*. A era em que à iniciativa privada cabia apenas a produtividade e a contribuição para o crescimento do PIB está cedendo espaço para uma nova era em que é grande a necessidade de se discutir questões sociais. Portanto, o aspecto financeiro não é mais o único a ser considerado na avaliação de programas de TD&E no nível de valor final. Nessa linha, Taschereau (1998) defende que maior ênfase deve ser dada aos ganhos sociais (e não apenas financeiros) que são gerados por esses programas. Assim, as medidas a serem desenvolvidas para uso no nível de valor final precisam considerar tanto indicadores financeiros como sociais.

QUESTÕES PARA DISCUSSÃO

- Quais as diferenças entre o modelo de Kirkpatrick (1976) e o de Hamblin (1978), em relação à avaliação de TD&E?
- Em linhas gerais, como você resumiria o conceito de retorno de investimento em TD&E?
- Considerando o sistema de TD&E da organização na qual você atua, que variáveis você apontaria como relacionadas ao nível de valor final?
- Que argumentos podem ser usados para defender a utilização de indicadores sociais no cálculo do retorno sobre o investimento em TD&E? O que poderia fundamentar a opção pelos indicadores financeiros?

NOTAS

1. Esta pesquisa utilizou um delineamento quase-experimental com a coleta de dados por meio de questionários estruturados e análise de dados secundários, avaliando TD&E nos Níveis III, IV e V.
2. Indicador duro é aquele que não se baseia em medidas perceptuais, mas em dados numéricos relativos a um determinado fenômeno.

REFERÊNCIAS

ÁVILA, A. F. D. et al. *Formação do capital humano e retorno dos investimentos em treinamento na Embrapa*. Brasília: Embrapa-DDM/DRH, 1983.

BARNEY, M. Measuring ROI in corporate universities. In: ALLEN, M. (Ed.). *The corporate university handbook*. AMACOM, 2002.

BECKER, G. S. Under investment in college education? *The American Economic Review*, v.50, n.2, p.346-354, 1960.

BLAUG, M. The rate of return on investment in education in Great Britain. *The Manchester School of Economic and Social Studies*, v.33, p.205-251, 1965.

BORGES-ANDRADE, J.E. (2002). Desenvolvimento de medidas em avaliação de treinamento. *Revista Estudos de Psicologia*, v.7, p.31-43, 2002. Número especial.

CARVALHO, R.S. *Avaliação de treinamento a distância via internet:* reação, suporte à transferência e impacto do treinamento no trabalho. Dissertação (Mestrado) – Universidade de Brasília, Brasília, 2003.

CASCIO, W. F. Using utility analysis to assess training outcomes. In: GOLDSTEIN, I.L. (Org.). *Training and development in organizations*. San Francisco: Jossey Bass, 1989. p.63-88.

FREITAS, I. A.; BORGES-ANDRADE, J. E. Efeitos de treinamento nos desempenhos individual e organizacional. *Revista de Administração de Empresas*, Rio de Janeiro, v.44, n.3, p.44-56, 2004.

HAMBLIN, A. C. *Avaliação e controle do treinamento*. São Paulo: McGraw-Hill do Brasil, 1978.

HANSEN, W. L. Total and private rates of returns to investment in schooling. *The Journal of Political Economy*, v.71, n.1, p.128-140, 1963.

KIRKPATRICK, D. L. *Evaluation of training*. In: CRAIG, R.L. (Org.). *Training and development handbook*. New York: McGraw-Hill, 1976. p.18.1-18.27.

LARRAIN, F.; SACHS, J. D. *Macroeconomia*. São Paulo: Makron Books, 1995.

LIMA, M. E. A. *O significado do trabalho humano:* mito e ilusões do homem moderno. Dissertação (Mestrado) –Faculdade de Ciências Econômicas, UFMG, Belo Horizonte, 1986.

MINCER, J. On-the-job training: costs, returns and some implications. *The Journal of Political Economy*, v.70, n.5, p.50-80, 1962. Supl.

MOURÃO, L. *Avaliação de programas públicos de treinamento:* um estudo sobre o impacto no trabalho e na geração de emprego. Tese (Doutorado) – Brasília: Instituto de Psicologia – Universidade de Brasília, 2004.

MOURÃO, L.; BORGES-ANDRADE, J.E. Significado do trabalho: caminhos percorridos e sinalização de tendências. *Revista de Estudos Organizacionais*, Maringá, v.2, p.59-76, 2001.

PATRICK, G. F.; KEHRBERG, E. W. Costs and returns of education in five agricultural areas of Eastern Brazil. *American Journal of Agricultural Economics*, v.55, n.2, p.145-153, 1973.

PHILIPS, J.J. *Handbook of training evaluation and measurement methods*. Houston: Gulf, 1997.

RIBEIRO, J. L. A contribuição da educação na produção agrícola. *Revista de Economia Rural*, v.17, n.4, p.85-118, 1979.

ROSSI, P.; FREEMAN, H. Evaluácion: un enfoque sistemático. New York: Sage, 1989. *Estrategias para análisis de impacto*. Cap.5.

SALAS, E.; CANNON-BOWERS, J.A. The science of training: a decade of progress. *Annual Review of Psychology*, v. 52. p. 471-499, 2001.

SCHULTZ, T. W. Investment in human capital. *The American Economic Review*, v.51, n.1, p.1-17, 1961.

Soares, C. R. V. *Significado do trabalho:* um estudo comparativo das categorias ocupacionais. Dissertação (Mestrado) – Brasília: Instituto de Psicologia – UnB, 1992.

STEINER, G. A. *Strategic planning:* what every manager must know. New York: Free Press, 1997.

TASCHEREAU, S. *Evaluating the impact of trainning and institutional development programs*: a collaborative approach. Washington, D.C.: Economic Development Institute of The World Bank, 1998.

WALSH, J. R. Capital concept applied to man. *The Quarterly Journal of Economics*, v.49, n.1, p.255-285, 1935.

26

Estratégias de análise de dados e retroalimentação do sistema de TD&E

Ronaldo Pilati, Marcus Riether e Juliana Barreiros Porto

Objetivos

Ao final deste capítulo, o leitor deverá:
- Elaborar relatórios de devolução em processos de avaliação de TD&E.
- Descrever métodos e resultados.
- Discutir alternativas de ação, com base no modelo de avaliação.

INTRODUÇÃO

A avaliação de treinamento (AT) envolve o uso de procedimentos rigorosos na busca de informações válidas que possam servir de apoio para as tomadas de decisões sobre o sistema de treinamento, desenvolvimento e educação (TD&E) e outros sistemas organizacionais, como veremos adiante. Para que este processo seja útil e gere modificações e aprimoramentos dos diversos subsistemas, é necessário um cuidado especial na análise e apresentação dos resultados dos processos de AT. Além disso, os resultados têm que ser transmitidos de forma adequada para que sejam interpretados pelos gestores e técnicos, auxiliando-os na correção dos processos e gerenciamento das ações organizacionais de educação. A clareza e objetividade desses relatórios são condições necessárias para que os resultados dos processos de AT surtam o impacto desejado na organização. Este capítulo tem como objetivos:

a) Apresentar a estrutura de relatórios técnicos de resultados de avaliação de treinamento.
b) Descrever as técnicas estatísticas mais utilizadas para avaliar treinamentos.
c) Relacionar as estratégias de análise de dados às respostas buscadas pela avaliação.

O capítulo está organizado em três partes. A primeira apresenta e define a estrutura dos relatórios de AT. A segunda apresenta as técnicas estatísticas de análise de dados e a análise de dados qualitativos em AT. Também é função dessa segunda parte a discussão dos tipos de respostas que podem ser obtidas a partir das estratégias de análise de dados escolhidas. A terceira parte faz uma breve descrição sobre o impacto dos resultados de AT sobre outros sistemas organizacionais, como avaliação de desempenho e sistemas de acompanhamento de comportamento organizacional, além de descrever como os dados dos diferentes sistemas podem ser relacionados e intercambiados.

ESTRUTURA DO RELATÓRIO DE AT

Um relatório de AT deve conter, ao menos, quatro partes, a saber:

- Introdução técnica sobre o assunto de AT.
- Descrição sucinta da metodologia utilizada pelo sistema de avaliação.
- Apresentação dos resultados da avaliação, utilizando todos os recursos necessários para sumarização e apresentação dos dados, como tabelas e gráficos.
- Discussão dos dados apresentados, com a proposição de recomendações para melhoria do sistema de TD&E organizacional e de outros sistemas organizacionais quando for o caso.

A introdução teórica do relatório de AT tem como objetivo inicial situar o leitor a respeito da importância do processo de avaliação para a organização e do referencial teórico, incluindo o modelo de avaliação utilizado no sistema de AT. A introdução teórica deve descrever aspectos do sistema de AT, como o modelo teórico de subsídio e as variáveis, advindas desse modelo, que são priorizadas no sistema de avaliação. A descrição do modelo deve apresentar o conjunto de indicadores que são avaliados (insumos, processos, procedimentos, apoio, disseminação, entre outros. Ver Capítulo 17), bem como descrever quais são os níveis do sistema de avaliação para resultados a curto e longo prazo considerados, ou seja, deve-se informar se o sistema envolve medidas de nível individual (aprendizagem, reação e comportamento no cargo) e/ou organizacional (mudança na organização e valor final). Assim, o leitor será informado sobre quais variáveis estão sendo mensuradas, em que momento ocorre a mensuração e quais fontes são utilizadas para a avaliação (treinando, supervisores, colegas, clientes, etc.). Em resumo, a introdução deve apresentar a justificativa e a fundamentação teórica da avaliação.

A segunda parte, de metodologia da AT, tem como objetivo descrever para o leitor todos os procedimentos e instrumentos de medida utilizados para o levantamento sistemático de informações no sistema de avaliação. Essa descrição é essencial para que o leitor do relatório possa compreender:

a) que público participou da avaliação;
b) quais instrumentos foram utilizados para coletar as informações e quais as suas características;
c) como foi realizada a coleta de dados do sistema, incluindo a forma de obtenção dos dados (primária ou secundária) e as estratégias de análise de dados que são utilizadas no relatório, entre outras questões.

A seção de resultados do relatório tem como objetivo apresentar ao leitor os resultados das análises de dados realizadas no banco do sistema de avaliação. Nessa seção deve-se procurar sistematizar as informações de forma a apresentá-las sumarizadas em recursos como tabelas e gráficos, sem omitir nenhuma informação essencial para a compreensão da avaliação. Esses recursos devem ser adequados ao tipo de análise realizada, para que a estrutura dos resultados seja lógica e de fácil compreensão para o leitor do relatório. Assim, pode-se recorrer a manuais de elaboração de relatórios e/ou metodologia de pesquisa e análise de dados (Sommer e Sommer, 2001; Tabachnick e Fidel, 2001; Moore, 2000), caso seja necessária a consulta a procedimentos de apresentação de resultados estatísticos.

A quarta parte tem um papel extremamente relevante, já que tem como objetivo apresentar as recomendações de modificação do sistema de treinamento a partir dos indicadores observados no levantamento de informações, bem como indicar quais aspectos funcionam de forma adequada. Essas recomendações podem ser relativas apenas ao sistema organizacional de TD&E, como, por exemplo, a melhoria do subsistema de levantamento de necessidades de treinamento ou a modificação de questões relativas ao planejamento e à execução do treinamento. As recomendações também podem ser expandidas para outros sistemas organizacionais que estão relacionados com o sistema de TD&E ou ao ambiente organizacional de forma mais geral. Caso o sistema de AT recolha informações ambientais, pode-se detectar, por exemplo, que existem questões do ambiente pós-treinamento que dificultam o processo de transferência do aprendido, o que levaria a uma recomendação de intervenção no sistema de gerenciamento dos funcionários. Assim, a parte final do relatório cumpre o papel de elemento influenciador nas tomadas de decisão e funciona como eixo de ligação entre o sistema de AT e os outros componentes do sistema organizacional, propiciando a apresentação de soluções adequadas para fatores diagnosticados como problemáticos.

Com essa estrutura básica, os relatórios de AT fornecerão os subsídios necessários para que os outros componentes do sistema de educação da organização possam ser reajustados, de acordo com os resultados encontrados. Um sistema completo de AT deve levar em consideração não apenas variáveis diretamente relacionadas ao contexto instrucional, mas também variáveis do contexto organizacional. Com essa abordagem de AT será possível identificar um conjunto de fatores de comportamento organizacional que influenciam o resultado do treinamento a longo prazo, bem como a influência provocada pelas ações instrucionais sobre o comportamento humano no trabalho. Essas questões serão abordadas na última parte do presente capítulo.

PROCEDIMENTOS DE ANÁLISE DE DADOS EM AT

Nesta seção são descritas algumas das técnicas estatísticas comumente utilizadas em avaliação de sistemas de TD&E. Longe de se ter a pretensão de esgotar o assunto nesta breve exposição, espera-se que o aluno de graduação ou mesmo profissionais não só da área de TD&E, mas também de áreas em que a estatística aplicada é útil como ferramenta de trabalho, possam conhecer situações práticas nas quais essas técnicas podem ser utilizadas. As técnicas, portanto, são apresentadas em um formato que leve o leitor desde o entendimento dos conceitos gerais e indispensáveis ao seu bom uso até as funções e possibilidades da técnica, para que tenha uma visão aplicada e de fácil acesso.

Importa destacar que, hoje, a utilização de técnicas estatísticas é algo bastante simples diante da verdadeira abundância de pacotes estatísticos existentes no mercado e de computadores cada vez mais potentes. Mais importante ainda, é preciso lembrar ao usuário destes pacotes que não se deixe enganar pela facilidade de uso que oferecem em detrimento do estudo adequado sobre as técnicas que deseja aplicar em situações reais. As técnicas estatísticas, sobretudo quando se fala no ajustamento de modelos aos dados, são exigentes. Para sua correta aplicação, elas requerem do pesquisador o atendimento de pressupostos, sem os quais os modelos "criados" pelo observador perdem precisão ou mesmo sua validade, podendo levar a conclusões equivocadas. Assim, diante de um problema real, é preciso que o pesquisador conheça quais as técnicas passíveis de aplicação, quais os pressupostos de cada uma delas e o que fazer, que alternativas buscar, quando os pressupostos não forem atendidos.

Não se pode deixar, também, de tocar no assunto da aleatoriedade. A estatística é a ciência que estuda padrões de aleatoriedade, ou seja, testa a probabilidade de ocorrência na população das variações do fenômeno observado na amostra com o objetivo de investigar se as ocorrências observadas na amostra são sistemáticas ou fruto do acaso. Na grande maioria das pesquisas em que o comportamento humano esteja envolvido, não é possível acessar todos os elementos da população em estudo, sendo necessário o uso de amostras de participantes. Em trabalhos de TD&E, é comum o uso de amostras não-aleatórias ou amostras de conveniência, dadas as características das populações estudadas. A aplicação de testes de hipóteses, por exemplo, não faz sentido sem uma estrutura probabilística subjacente aos dados. Testes de hipóteses são afirmações probabilísticas e se prestam à verificação sobre flutuações que os dados apresentam como decorrência de sua observação ao acaso. O uso de amostras de conveniência põe igualmente em cheque afirmações sobre o poder dos testes, também vinculados a estruturas probabilísticas.

Por outro lado, um dos maiores argumentos para o que se tem desenvolvido em avaliação em TD&E nos últimos anos prende-se à observação sobre a regularidade de respostas apresentadas por um grande número de estudos já realizados. A partir de um volume grande de estudos, é possível perceber padrões de comportamento que certas variáveis ou grupos de variáveis apresentam, quando estudados sob condições semelhantes.

Uma questão que deve ser considerada pelos analistas de treinamento diz respeito ao tamanho da amostra de participantes do treinamento. Naturalmente que o ideal é que o sistema de avaliação procure cobrir a totalidade de participantes de um evento instrucional. Sabemos que a realidade dos programas de capacitação é rigorosamente diferente entre as organizações brasileiras. Enquanto algumas organizações treinam 50 ou 100 funcionários anualmente, outras, muito grandes, chegam a treinar o equivalente a população de uma pequena cidade, como algo em torno a 20 ou 30 mil funcionários. Essas distintas realidades moldarão as características do sistema de avaliação de treinamento, como a quantidade de pessoas que participarão da avaliação e a quantidade de recursos disponibilizados pela organização para que a avaliação seja realizada.

O ideal que se persegue, em toda pesquisa ou avaliação, é que a totalidade de participantes das ações de capacitação seja envolvida no processo de avaliação. Isso possibilita a realização de um censo[1] (acesso a todos os elementos da população), o que impõe maior robustez aos dados avaliados, uma vez que, nesse caso, os dados não sofrem impactos decorrentes de variações amostrais. Vale lembrar, todavia, que o quadro funcional das organizações não é estático ao longo do tempo, o que implica dizer que as inferências construídas a partir de um certo conjunto de dados são, portanto, direcionadas àquele conjunto específico em um determinado momento.

De qualquer forma, o analista deve estar atento para uma das especificidades das técnicas estatísticas de análise de dados. As técnicas clássicas, por exemplo, necessitam de um número de sujeitos de moderado a grande, sobretudo no caso de análises que envolvam comparação entre grupos. Há, entretanto, técnicas alternativas, como as de reamostragem ou as técnicas bayesianas, que oferecem possibilidades de obtenção de resultados de boa qualidade em amostras de tamanho bastante mais reduzido. O leitor interessado não deve deixar de procurar maiores informações na literatura sobre análise estatística de dados, onde encontrará farto material a respeito das técnicas analíticas e suas pressuposições. Sugerimos ao leitor que consulte alguns desses manuais (Tabachnick e Fidell, 2001; Moore, 2000) para uma pormenorização dessas questões.

Outra questão que o técnico em AT deve ter em mente diz respeito à ausência de respostas em dados de avaliação. Os dados omissos ou faltosos são característica comum e freqüente das pesquisas em ciências sociais e comportamentais. As pessoas deixam de responder a todos os instrumentos de medida ou à parte dos mesmos por diversos motivos. As coletas de informações em AT têm uma forte característica de ausência de resposta, principalmente nas medidas de comportamento no cargo (ver Capítulo 17 sobre níveis dos modelos de avaliação). É muito comum uma taxa de resposta de questionários da ordem de 30% (de cada 100 questionários enviados apenas 30 retornam). Ainda não existem pesquisas que apontem os motivos de tão grande mortalidade de respondentes. Em outros níveis de avaliação, como reações e aprendizagem, essa taxa de mortalidade é muito menor, principalmente porque o aplicador tem maior controle sobre os respondentes, uma vez que esses dados são geralmente coletados ainda durante a ação instrucional.

Como é uma característica inerente a qualquer levantamento de dados em AT, o técnico deve estar atento para o fato de que terá que resolver esses problemas de dados faltosos, uma vez que as técnicas estatísticas também têm restrições para a ausência de respostas. A primeira providência a ser tomada é o estudo desses dados faltosos para identificar a característica dos mesmos e se estariam associados a algum aspecto em particular, por exemplo, a grupos específicos dentro da população avaliada. Little e Rubin (1987) definem que existem três tipos de dados omissos: sistemáticos, randômicos e completamente randômicos. Para esse autor, dependendo do tipo de casos faltosos presentes no banco, diferentes procedimentos de resolução do problema devem ser adotados. Quanto menor for a característica sistemática dos dados omissos, mais fácil será o tratamento dos mesmos. Por exemplo, uma estratégia que pode ser adotada é a substituição dos casos omissos pela média da variável no grupo, caso esses sejam em pequena quantidade (menor que 2% do banco de dados) e completamente randômicos. Existem várias estratégias de tratamento de dados faltosos. As mais robustas possuem modelos matemáticos sofisticados para a imputação múltipla de dados, com base em estimadores estatísticos que se baseiam nos dados presentes (máxima verossimilhança, métodos de simulação, regressão múltipla). Sugerimos que questões sobre esse tema devem ser aprofundadas em publicações específicas, como Little e Rubin (1987).

Sobre o debate entre as visões qualitativa e quantitativa em análise de dados, parece-nos que é inócuo. De forma objetiva, em ambas as correntes o que se procura são padrões de comportamento. Quando um padrão é encontrado, é porque há estruturas que se repetem em alguma dimensão, como tempo ou espaço. Se há algo que se repete, é porque pode ser quantificado. Por sua vez, tudo o que é quantificado tem que ser interpretado, para que faça sentido no mundo real, sob o risco de se tornar um ente matemático não entendido. Surge, assim, a questão de medidas, números, que não encontram interpretação prática. Uma das situações em que isso acontece é quando se calculam médias de variáveis mensuradas em escalas Likert, por exemplo. Imagine uma escala interpretada de cinco pontos tipo A a E, normalmente transformados em números inteiros de 1 a 5 para fins de análise. Em uma escala desse tipo, o que significa uma média de 2,6 pontos? Esse tipo de reflexão é um convite ao pesquisador para que invista no entendimento de ferramentas estatísticas mais apropriadas à exploração de seu objeto de trabalho, para que ouse conhecer e aplicar novos e mais poderosos métodos.

Por último, é preciso estar alerta para treinamentos em que a relação entre as matérias estudadas e os próprios participantes tem algum vínculo não-explícito, como, por exemplo, numa atividade de capacitação profissional sem custo para os participantes e em que a maior parte deles tenha interesse pessoal em participar. Nesse caso, espera-se que os participantes respondam de forma favorável aos instrumentos de pesquisa, principalmente aos instrumentos sobre satisfação. Por esse motivo é que os instrumentos de reação às ações educacionais nas organizações devem ser cuidadosamente analisados e, preferencialmente, nunca utilizados como únicos elementos de avaliação, exatamente por serem altamente susceptíveis a desejabilidade social na resposta. Sem dúvida essa questão da desejabilidade ocorre com grande freqüência nas medidas em ciências sociais e comportamentais. Existem várias formas de enfrentar esse dilema, desde a elaboração cuidadosa de itens e instruções dos questionários até a aplicação de uma medida de desejabilidade social para que ela sirva como variável de controle. Inevitavelmente, mesmo com o uso de artifícios estatísticos para controle e adequação da desejabilidade social na resposta das medidas, esse é um problema inerente a esse tipo de levantamento de dados, e o avaliador sempre deve ter em mente que é algo associado aos questionários de avaliação.

A seleção dos procedimentos de análise de dados em AT está estreitamente relacionada aos objetivos do sistema de AT. Por exemplo, caso a função do sistema seja apenas relacionada à descrição dos indicadores de avaliação, o conjunto de técnicas empregadas será de tipo descritivo. Caso o sistema tenha como objetivo a descrição da relação entre indicadores de AT, então, dever-se-á utilizar outros recursos estatísticos para análise e interpretação dos dados. Obviamente que, se um sistema de AT tem como objetivo relacionar um conjunto de indicadores, isso não implica que as análises descritivas dos dados também não possam ser feitas. Compreendendo-se a questão de forma sistematizada, poder-se-ia organizar de maneira hierárquica as técnicas de análise de dados em AT, indo das descritivas até as relacionais multivariadas.

Seguindo a lógica de sistematização das técnicas de análise de dados em AT, esse segmento do presente capítulo será organizado em subseções.

A descrição de dados em AT

A análise de fenômenos de diversas naturezas, aí incluídos os fenômenos sociais e, é claro, o treinamento em organizações, envolve o estudo do comportamento de elementos que integram esses fenômenos ou que com eles interagem. Ora tomados como agentes causadores, ora como respostas que seriam causadas pelo fenômeno sobre o qual se quer conhecer algo mais, o estudo do comportamento desses agentes exige que eles sejam representados de alguma forma. Em termos práticos, sua representação é feita por meio de sua associação com variáveis. Os agentes assim representados, sejam eles os causadores ou os "causados", são quantificados em escalas, assumindo valores numéricos. A utilização de escalas, portanto, faz com que as informações colhidas sobre o fenômeno em estudo assumam posições relativas entre si. Por meio da acumulação de dados, o pesquisador torna-se, então, capaz de visualizar a forma como esses dados se agregam, levantando suspeitas sobre como seu objeto de estudo se comporta.

Em termos estatísticos, um agregado de dados denomina-se uma distribuição, e o termo de fato traduz a forma como os dados coletados sobre o fenômeno se distribuem, se espalham. Com o posicionamento de um conjunto de dados em uma escala, podemos então visualizar o espalhamento ou a distribuição em relação a diversos pontos de referência. Pode-se, por exemplo, ter interesse em se saber qual o dado de menor valor em uma distribuição, o mínimo. Nesse caso, estaríamos olhando para um conjunto de dados no qual todas as medidas observadas estariam colocadas ao lado desse mínimo. Normalmente, em função da convenção que se adota para a visualização de escalas numéricas, estaríamos olhando para uma reta ordenada da esquerda para a direita e assim todos os valores estariam posicionados à direita do valor mínimo da distribuição.

Noutras situações, o interesse recai sobre o ponto que divide a distribuição exatamente em seu meio, fazendo com que uma metade das observações esteja acima do valor médio, e a outra metade fique abaixo desse ponto. Esse ponto médio é tratado em estatística como a mediana de uma distribuição e é uma das chamadas medidas de tendência central.

É preciso ainda que se fale em medidas retiradas de uma população e medidas calculadas a partir de amostras. Em outras palavras, uma distribuição pode representar todos os elementos de uma população ou apenas parte dela. No caso de pesquisas realizadas com dados amostrais, o pesquisador deve ter em mente que quaisquer números calculados a partir desse conjunto não representam o todo de forma direta, mas são quantidades que necessariamente incorrem em um certo erro, além de erros decorrentes do próprio instrumento utilizado e aqueles gerados pela omissão de respostas por parte daqueles que fornecem os dados de pesquisa. Os valores calculados a partir de uma amostra são ditos estimativas, e o erro de estimação é denominado erro padrão de estimativa. Os chamados erros não-amostrais não são computados em pesquisas, mas podem representar quantidades por vezes elevadas, devendo ser evitados por meio da aplicação de instrumentos de validade e confiabilidade asseguradas, além de procedimentos de pesquisa o mais padronizados possível.

Esse conjunto de procedimentos de análise de dados funciona para dar respostas descritivas sobre os indicadores do sistema de avaliação. A descrição de dados serve como um instrumento de avaliação dos indicadores com base em parâmetros preestabelecidos de análise, como os valores obtidos em uma escala com mínimo e máximo predefinido, ou pela comparação dos valores brutos obtidos em diferentes momentos de aferição dos indicadores do sistema. As estatísticas descritivas também são muito úteis como estratégia de análise exploratória dos dados, para conhecê-los mais pormenorizadamente antes de submetê-los a, por exemplo, análises de relacionamento.

Essas técnicas descritivas são aqui divididas em três grandes grupos: medidas de tendência central, medidas de posição e medidas de dispersão. Certamente, por motivos didáticos e de objetivos do presente capítulo, podem ser encontradas, na literatura especializada em estatística, outras formas de agrupamento dessas técnicas descritivas. Os autores deste capítulo compreendem que a seleção aqui realizada é mais útil para a elaboração de relatórios em AT, focando a atenção dos leitores em aspectos essenciais da análise de dados nos sistemas de avaliação de treinamento.

Medidas de tendência central

As medidas de tendência central constituem-se em peças que permitem ao pesquisador resumir um conjunto de informações que, quando tomado em sua totalidade, torna-se muito grande para ser entendido de forma clara. Diante dessa situação, é preciso que se encontre um ponto de referência para todo o conjunto. A medida mais usada como ponto de referência de uma distribuição é a chamada média aritmética,[2] informalmente tratada apenas como média.

Retomando algo do que dissemos anteriormente, o cálculo da média também tem suas exigências, sendo útil quando se trabalha com variáveis em escalas intervalares ou de razão. Não é incomum que escalas ordinais com 15 ou mais pontos também possam ser tratadas como intervalares, a depender de que exista interpretação para todo o *continuum* de pontos utilizado.

Aqui serão apresentadas e definidas três medidas de tendência central: *moda*, *mediana* e *média*. Cada uma dessas medidas tem vantagens e desvantagens em seu uso, e as duas primeiras são adequadas para variáveis qualitativas[3] e quantitativas[4], enquanto a terceira apenas pode ser aplicada para variáveis quantitativas (escalas intervalares e de razão).

Dada uma distribuição de dados de, por exemplo, impacto do treinamento no trabalho (ver Exemplo 1, p.520), a *moda* define-se como o valor mais freqüente observado no banco de dados. No caso do Exemplo 1, como pode ser observado, esse valor é igual a 4,25, pois é o valor mais freqüentemente observado nesse banco de informações. Já a *mediana*, nesse exemplo, tem valor 4,167 (no caso de distribuições de números pares, como é o Exemplo 1, a mediana define-se como a média dos dois valores centrais). Essa medida define-se como o valor que divide o rol (todos os valores da distribuição organizados de forma crescente) da distribuição em duas metades iguais, ou seja, é aquela observação que está exatamente no meio de todos os valores organizados do menor para o maior.

Já a média possui características distintas do que a simples observação de todos os valores do banco de dados, como ocorre com as duas outras medidas de tendência central. A noção conceitual da média passa pela tentativa de representação numérica, em um único indicador, de toda a informação contida em uma distribuição de dados/informações. Para isso, esse indicador é um composto de todos os números presentes nessa distribuição, como pode ser observado na Equação 1:

$$\bar{x} = \frac{\sum x_i}{n}$$ Equação 1

no qual o componente superior da equação é o somatório dos valores observados da variável em estudo, e a parte inferior é o número de casos da variável.

Medidas de posição

As medidas de posição têm como objetivo identificar uma observação dentro de uma distribuição de dados de forma relativa às outras observações. Essas medidas comparam, a partir da ordenação da distribuição em um rol, uma observação em relação às outras. Assim, é possível identificar, por exemplo, qual a porcentagem de observações que se encontram acima ou abaixo da observação que é objeto de interesse. A principal medida desse tipo é o *percentil*, mas existem variações dessa medida que dividem o rol em partes menores, a saber, o *decil* e o *quartil*.

Dada uma distribuição organizada em um rol (ver Exemplo 1), podemos dividi-la em 100 partes; organizamos todos os casos nessas 100 partes. Assim, é possível tomar mais que um ponto como referência na descrição de um conjunto de dados. Os *percentis*, dos quais a mediana é um exemplo – a mediana representa o percentil 50 –, auxiliam na visualização de outros pontos onde se pode dividir uma distribuição, encontrando sua principal aplicação na comparação de duas ou mais distribuições. O uso de *percentis* permite ao pesquisador conhecer, por exemplo, quais os valores de uma distribuição que delimitam faixas de observações, como "25% dos dados observados estão abaixo de um determinado valor" ou "75% dos dados observados estão acima de um determinado valor". O Exemplo 1 ilustra os valores dos *percentis* 25, 50 e 75, que são, respectivamente 3,85; 4,167 e 4,31.

O *decil* e o *quartil* funcionam conforme o mesmo princípio lógico do percentil, mas dividem o rol, respectivamente, em 10 (decil) e em 4 partes (quartil). Assim o primeiro *quartil* corresponderia ao *percentil* 25, e o primeiro *decil*, ao *percentil* 10.

Medidas de dispersão

Se as medidas de posição servem como ponto de referência, as medidas de dispersão oferecem ao analista uma idéia sobre o espalhamento de um conjunto de dados em torno de algum ponto de referência. Em geral, dadas as facilidades matemáticas que a média apresenta, esta é tomada como ponto de referência, e a dispersão dos dados é medida pela variância ou pelo desvio padrão, este último com a vantagem de ser apresentado na mesma unidade de medida da média. As medidas de dispersão são importantes para que se possa verificar a homogeneidade ou heterogeneidade das respostas dos indivíduos a cada variável. Na AT, esta informação pode ser um bom indício para que se levantem hipóteses sobre aspectos do treinamento que não estão padronizados ou fatores específicos que estão influenciando a percepção de alguns indivíduos sobre a questão.

A primeira medida de dispersão de interesse é a *diferença interquartil*. Dado o conceito de quartil apresentado na seção de medidas de posição, a diferença entre os quartis pode ser considerada uma medida de dispersão. Dada a informação obtida por meio da magnitude da diferença, é possível visualizar-se as características de dispersão de uma distribuição. Outro indicador de dispersão é a *amplitude* da distribuição, obtida por meio da diferença entre o valor máximo e o valor mínimo. Da mesma forma que a *diferença interquartil*, a *amplitude* dará uma magnitude que, quanto maior for, maior também será a dispersão da distribuição. As vantagens dessas duas medidas são relativas a sua aplicação, que pode ser feita para qualquer tipo de variáveis (quantitativas e qualitativas). Observe que, no Exemplo 1, a amplitude é igual a 1,50.

As medidas de dispersão que tomam um ponto de referência na distribuição são a *variância* e o *desvio padrão*. A *variância* define-se como o quadrado médio dos desvios em relação à média, e pode ser expressa da seguinte maneira

$$s^2 = \frac{1}{n-1} \sum (x_i - \bar{x})^2 \qquad \text{Equação 2}$$

onde a expressão entre parêntese $(x_i - x)$ refere-se ao quadrado dos desvios em relação à média, o que caracteriza o ponto central de referência da dispersão. Essa expressão ao quadrado também evita que existam valores negativos, forçando que o resultado da equação seja diferente de zero.

O *desvio padrão* é a raiz quadrada da *variância*, transformando, assim, a soma de todos os desvios quadráticos em uma escala de mesma métrica (números semelhantes) da média da distribuição. Essas duas medidas de posição são aplicáveis apenas a variáveis quantitativas, nas quais faz sentido estabelecer a dispersão em relação a um ponto médio central. Tomando-se os dados do Exemplo 1, observa-se que o desvio padrão é de 0,41, e a variância, que é o quadrado do desvio, é igual a 0,17.

Exemplo 1: Em um modelo de avaliação de impacto do treinamento no trabalho, um dos indicadores mais importantes é a percepção dos treinados a respeito do efeito que o treinamento provoca em seu desempenho no trabalho. A Tabela 26.1 apresenta os escores fatoriais de 20 treinados de uma empresa privada de telecomunicações. Esses dados de impacto são referentes a um treinamento para capacitação em tarefas operacionais relativas ao cargo de técnico em instalação e reparos de equipamentos de telecomunicação.

Descrição de dados por meio de gráficos

Outra estratégia muito importante de ser utilizada em relatórios de AT é a representação das distribuições por meio de gráficos. Da mesma forma que os

Tabela 26.1
ESCORES DE IMPACTO DO TREINAMENTO NO TRABALHO DE UMA AMOSTRA DE 20 TREINADOS

Treinado	1	2	3	4
Escore	3,83	4,33	4,42	3,17
Treinado	5	6	7	8
Escore	4,25	3,67	3,50	4,33
Treinado	9	10	11	12
Escore	4,25	3,92	4,08	4,08
Treinado	13	14	15	16
Escore	3,17	4,67	3,92	4,25
Treinado	17	18	19	20
Escore	4,17	4,25	4,50	4,17

indicadores numéricos, na representação gráfica também existem tipos específicos de gráficos de acordo com os tipos de variáveis em estudo. Poderíamos organizar a descrição de dados gráficos em duas grandes famílias:

a) representações para variáveis qualitativas;
b) representações para variáveis quantitativas.

Os gráficos destinados a variáveis qualitativas mais comumente utilizados em relatórios de AT são o gráfico de pizza e o gráfico de barras. Veja os exemplos abaixo nas Figuras 26.1 e 26.2.

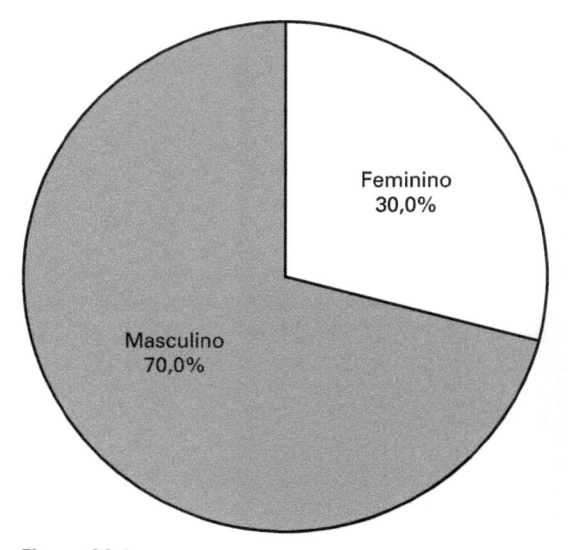

Figura 26.1 Exemplo de gráfico de pizza da variável sexo em uma amostra de AT.

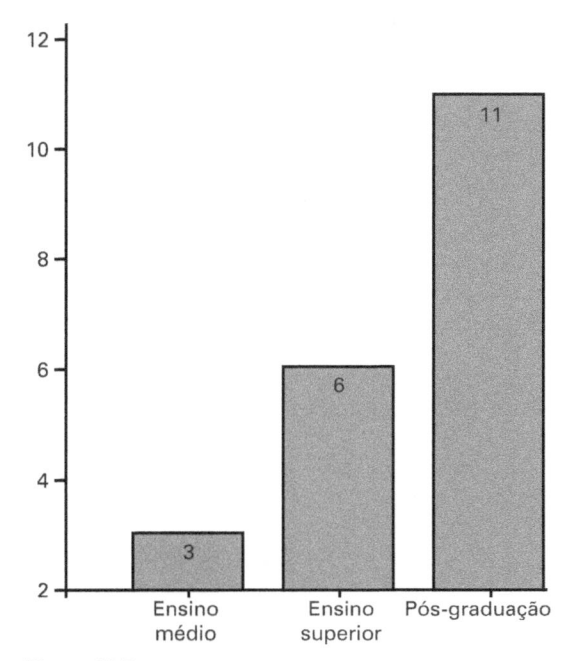

Figura 26.2 Exemplo de gráfico de barras da variável escolaridade de uma amostra de AT.

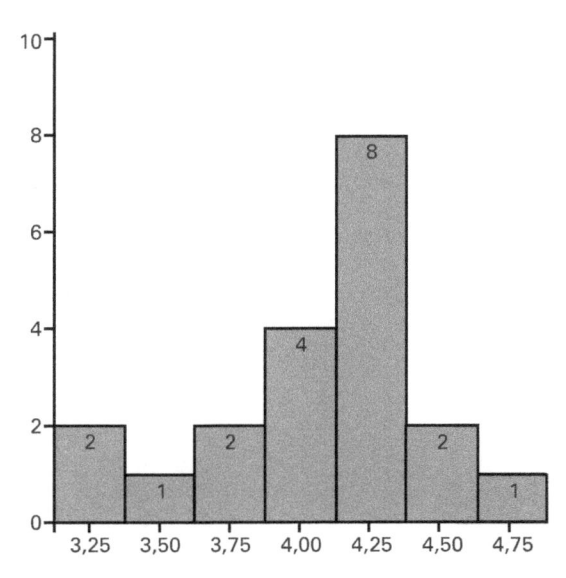

Figura 26.3 Exemplo de histograma da variável impacto do treinamento no trabalho do Exemplo 1.

Já para as variáveis quantitativas existem vários tipos de gráficos. O mais comumente utilizado em relatórios de AT é o histograma, mas existem outros como o ramo-e-folhas e o gráfico de caixa. A Figura 26.3 apresenta um exemplo de histograma sobre os dados do Exemplo 1. O gráfico de caixa é especialmente interessante porque apresenta várias informações de uma distribuição (mínimo, máximo, primeiro, segundo e terceiro quartil) em um esquema simples de compreensão.

O gráfico apresentado na Figura 26.3 lembra o gráfico de barras, apresentado anteriormente, mas a diferença fundamental centra-se no fato de que a contagem para cada barra é feita a partir de intervalos definidos para representar a distribuição. Assim, o valor de cada barra corresponde ao número de observações contidos naquele intervalo específico. Este gráfico apresenta ao leitor informações tanto sobre as medidas de tendência central quanto de dispersão das respostas.

Ressaltamos que o analista de dados deve tomar muito cuidado principalmente na formatação dos relatórios, pois a manipulação desigual dos lados dos gráficos pode trazer sérias distorções de proporções, indicando características irreais das distribuições.

Nesta seção buscou-se apenas mostrar ao leitor que a representação gráfica de dados de AT é uma excelente estratégia ilustrativa para a apresentação dos resultados. Ela resume muita informação para o leitor, facilitando o acesso a um grande conjunto de informações que os índices estatísticos fornecem isoladamente. Novamente encorajamos o leitor a buscar mais informações sobre esse tema nas referências especializadas.

Análise de relações entre variáveis de AT

As análises de relacionamentos entre variáveis em sistemas de AT têm como função responder perguntas tais como: há diferença no resultado do treinamento entre homens ou mulheres, ou há diferença para pessoas com nível educacional diferente? Ou ainda, qual é o efeito provocado pelas variáveis ambientais (suporte à transferência de treinamento) sobre o resultado do treinamento no trabalho? Essas perguntas apenas podem ser respondidas se o avaliador lançar mão de técnicas de análise de dados que permitam testar tais relações. Como dito anteriormente, essas técnicas são diferentes daquelas apresentadas até aqui, as descritivas. As técnicas de relacionamento necessitam de informações descritivas sobre as características das distribuições de dados para poderem ser realizadas, mas respondem perguntas diferentes, mais sofisticadas e próximas da complexa realidade existente na avaliação de fenômenos educacionais nas organizações de trabalho.

Como as técnicas descritivas, essas análises de relacionamento possuem famílias distintas, sendo algumas direcionadas apenas para variáveis qualitativas e outras adequadas para variáveis quantitativas. Neste capítulo serão apresentadas as técnicas de qui-quadrado (destinada a dados qualitativos), ANOVA de uma via, correlação bivariada simples de Pearson e análise de regressão. Essas técnicas darão uma visão geral ao leitor sobre as estratégias de análise de dados comumente utilizadas em AT, mas não sendo, em hipótese alguma, um esgotamento do assunto, que deve ser mais cuidadosamente estudado em manuais de análise de dados.

Novamente, como já apontado na parte introdutória da segunda seção do presente capítulo, essas técnicas de estudo de relacionamentos entre variáveis exigem que vários pressupostos sejam respeitados (tratamento de dados faltosos, independência entre as observações, adequação da técnica ao tipo de variáveis em estudo). A situação mais simples que se apresenta sob o tema da comparação entre dois conjuntos de dados (ou amostras) é aquela em que se deseja conhecer se há diferença entre os resultados dos dois conjuntos, após terem sido submetidos a diferentes estímulos ou tratamentos. Não se tem em mente, num primeiro momento, o estudo dos efeitos dos tratamentos em si mesmos. Esse tipo mais simples de análise busca responder questões como, por exemplo, a diferença de escores de impacto do treinamento no trabalho entre pessoas de diferentes escolaridades. Essa comparação de dois conjuntos pode ocorrer entre amostras ditas pareadas ou em amostras independentes. No primeiro caso, selecionam-se pares de indivíduos com características similares, aplicando-se aos diferentes indivíduos os estímulos cuja diferença de efeitos se quer estudar. O caso de amostras independentes surge quando se deseja comparar os dois conjuntos de dados em relação a alguma medida de interesse, por exemplo, conhecer se duas populações apresentam médias iguais calculadas sobre uma mesma variável.

Na maioria dos casos, as técnicas estatísticas de análise de relacionamentos funcionam com base na comparação dos dados obtidos na amostra em estudo no sistema de AT com os padrões de comportamento de alguns tipos de distribuição já previamente estudados e conhecidos. A partir dessa comparação é que se torna possível generalizar ou não os dados obtidos em amostras para a população. É exatamente sobre essa imposição dos modelos estatísticos aos dados que se sustenta toda a estatística inferencial e, assim, torna-se ainda mais evidente a necessidade de adequação dos dados em estudos aos pressupostos que essas técnicas de relacionamento exigem.

Qui-quadrado (χ^2)

A distribuição de qui-quadrado (χ^2) tem aplicação em uma ampla gama de situações. Em especial, há pelo menos dois tipos de situações práticas e bastante comuns em análises de dados nas quais essa distribuição tem um papel essencial:

a) em testes de hipóteses, nos quais se enquadram os testes de independência de dois atributos em tabelas de contingência[5] 2 X 2 e a construção de intervalos de confiança para estimativas de variância populacional;

b) em testes de ajustamento de curvas.

O raciocínio geral dos testes de χ^2, todavia, não difere entre as aplicações e pode ser ilustrado pela equação

$$\chi^2 = \frac{\sum (f - F)^2}{F} \qquad \text{Equação 3}$$

que expressa a apuração do χ^2 por meio da soma das diferenças relativas entre valores observados como resposta a um estímulo (freqüência observada f) e valores baseados em alguma hipótese preliminar sobre o comportamento esperado das respostas a tal estímulo (freqüência esperada F).

Em AT, uma das situações em que o teste de χ^2 pode ser útil "como uma aproximação"[6] se dá, por exemplo, na comparação entre um grupo de empregados que tenha sido submetido a uma atividade de treinamento e um segundo grupo que não tenha participado da atividade. Na avaliação de impacto, é possível que se queiram comparar os dois grupos com relação a diferenças de desempenho em algum dos atributos desenvolvidos pelo treinamento, estabelecendo-se, para tanto, uma medida de desempenho para o atributo avaliado. Com base na hipótese de que não há diferença entre os grupos com relação ao atributo testado, calculam-se as proporções de empregados de cada amostra que alcançam o nível desejado de desempenho no atributo, tomando-se essas proporções como se fossem estimativas para uma mesma quantidade.

O exemplo a seguir contém todas essas idéias de forma prática.

Exemplo 2: Considere a situação descrita por meio da Tabela 26.2, na qual os números 117, 950, 54 e 348 representam as freqüências observadas f.

Sob a hipótese – chamada de hipótese nula – de que as proporções de empregados que alcançaram o

Tabela 26.2
PARTICIPAÇÃO DE EMPREGADO NO TREINAMENTO

	Participaram do treinamento	Não participaram do treinamento	Totais
Alcançaram o desempenho desejado	117	54	171
Não alcançaram o desempenho desejado	950	348	1.298
Totais	1.067	402	1.469

desempenho desejado no atributo testado são iguais para os grupos dos que participaram e dos que não participaram do treinamento, a melhor estimativa para esta proporção é dada pela proporção 171/1.469 (11,6%), encontrada na amostra combinada, ou, em outras palavras, tomando-se a amostra total como se não houvesse divisão em grupos.

Uma vez que 1.067 empregados participaram do treinamento, o número esperado de empregados treinados que alcançam o desempenho desejado no atributo testado é aproximadamente igual a 124, obtido pela expressão 11,6% x 1.067. Esse mesmo raciocínio vale para encontrar qualquer das freqüências esperadas em qualquer das células (ou celas) da tabela. Assim, por exemplo, a freqüência esperada de empregados que participaram do treinamento e que não alcançaram o desempenho desejado é dada por 1.298/1.469 (= 88,4%), multiplicado pelo número total de empregados que participaram do treinamento (1.067). Portanto, a freqüência esperada é de 88,4% x 1.067 (= 943).

Com todas as freqüências esperadas calculadas dessa forma, monta-se a Tabela 26.3 para cálculo das somas das diferenças relativas entre as freqüências observadas e as freqüências esperadas.

Como a partir de qualquer número calculado é possível encontrar-se os demais, o valor da tabela χ^2 que deve ser usado para comparação do valor calculado é encontrado na linha de valores para 1 grau de liberdade. O valor p encontrado nesse caso é de 0,19, apontando para uma diferença não-significativa entre as proporções de empregados que participaram e aqueles que não participaram do treinamento em relação ao desempenho no atributo avaliado. Em termos práticos, seria dizer que não há evidências nos dados analisados que suportem a hipótese de que o treinamento tenha surtido o efeito desejado. Mais uma vez, porém, é válido lembrar ao leitor sobre o paralelo entre os números obtidos por modelagem estatística e a realidade presente: se não se pode afirmar que o treinamento é bom, é preciso retornar ao planejamento de suas atividades e ao conjunto de variáveis do ambiente de trabalho que restringem o impacto do treinamento no trabalho e descobrir o que precisa ser mudado, repensado para que seja eficaz.

ANOVA de uma via

A análise de variância (ANOVA) é uma técnica, ao contrário do que indica seu nome, para testar a diferença entre médias de variáveis. A exemplo de muitas outras técnicas estatísticas, essa possui diferentes modelos, desenvolvidos para distintas aplicações de delineamentos de pesquisa. Essa técnica desenvolveu-se acentuadamente nas pesquisas experimentais, pois é extremamente útil para comparar efeitos provocados por diferentes tratamentos experimentais sobre uma ou mais variáveis que se originam como resposta a esses tratamentos (variáveis dependentes).

Tabela 26.3
FREQÜÊNCIAS OBSERVADAS E ESPERADAS PARA AS QUATRO CÉLULAS E RESPECTIVAS DIFERENÇAS

f		F		f - F	
117	54	124	47	-7	+7
950	348	943	355	+7	-7

Como não é pretensão desse texto esgotar nenhuma técnica aqui tratada, escolhemos apresentar apenas a mais simples e comumente utilizada em avaliação de treinamento, a ANOVA de uma via. Esse complemento a seu nome indica que é uma técnica para testar a influência que uma variável (uma via) independente ordinal com múltiplos níveis exerce sobre uma variável dependente. A lógica básica dessa análise é comparar se existem diferenças de magnitude na variável dependente quando aferida de forma isolada nos múltiplos grupos da variável independente. É bom noticiar ao leitor que essa técnica possui modelos que são adequados para diferentes situações e propósitos de pesquisa, como, por exemplo, múltiplas variáveis independentes (múltiplas vias), ou múltiplas variáveis dependentes (MANOVA), que é um caso particular de ANOVA.

O pressuposto de análise básico da ANOVA diz respeito à comparação dos dados observados na AT com uma distribuição teórica chamada distribuição F. Essa distribuição F possui um padrão predefinido, já estudado e compreendido pelos estatísticos há muitos anos. O princípio todo se embasa no pressuposto de que, quando mesclamos a variação dentro do grupo de análise e a variação entre os grupos, chegamos a uma distribuição F que tem suas características previamente conhecidas, o que nos possibilita inferir sobre o comportamento desse fenômeno.

Por exemplo: em AT mensuramos o grau de impacto que o treinamento provoca no desempenho dos indivíduos no trabalho. Suponhamos que também perguntamos a eles sobre sua escolaridade, sendo essa variável dividida em quatro níveis: ensino fundamental, ensino médio, ensino superior e pós-graduação. As pessoas que compõem cada um dos níveis da variável escolaridade formam um grupo, e esse grupo tem características peculiares (com médias, desvios padrões e variâncias), que diferem dos outros grupos, o que caracteriza a variância intergrupo. Ao mesmo tempo cada indivíduo dentro de cada um dos grupos diferiu na sua avaliação de impacto do treinamento no trabalho, o que caracteriza a variância intragrupo. O valor de F é obtido a partir da seguinte relação entre essas variâncias

$$F = \frac{MSG}{MSE} \qquad \text{Equação 4}$$

onde MSG é a variação entre os diferentes grupos em análise (nesse nosso exemplo as diversas escolaridades), e MSE, a variância dentro de cada um dos grupos.

De posse do valor de F assim obtido, é possível compará-lo com tabelas da distribuição F teórica, permitindo-se julgar se esse valor representa ou não uma diferença significativa entre os grupos. Essa significância apenas será obtida a partir do número de componentes da amostra do estudo. Para exemplificar a aplicação da ANOVA de uma via, veja a técnica aplicada ao Exemplo 1. Tome como variável independente escolaridade, apresentada no gráfico da Figura 26.2. Submetendo esses dados à análise de variância, observa-se que o F tem valor igual a 0,488, o que indica ausência de significância estatística ($p \geq 0,05$). Quanto maior for o valor desse indicador F, maior será a probabilidade de que a diferença observada entre grupos seja observada na população em estudo.

Correlação bivariada (coeficiente de Pearson)

Uma das questões mais freqüentemente analisadas em dados de AT diz respeito ao grau de associação das variáveis em estudo. Esse grau de associação pode ser mensurado com base em coeficientes de correlação. A quantidade de coeficientes de correlação observados na literatura de estatística é muito grande. Cada um deles serve para um dos diferentes tipos de variáveis. Por exemplo, os coeficientes tetracórico e *phi* foram desenvolvidos para variáveis qualitativas dicotômicas; os coeficientes de Spearman, *thau* e policórico são direcionados para variáveis qualitativas ordinais; e os coeficientes de covariância e de Pearson, este último o mais largamente utilizado, são direcionados para variáveis quantitativas intervalares e de razão. Todos eles têm a mesma função, ou seja, captar o grau de variação conjunta (covariação) que duas variáveis possuem. Mais uma vez, alertamos o leitor para que procure entender com clareza os pressupostos da técnica de sua escolha.

De forma prática, o coeficiente de correlação de Pearson pode ser descrito como

$$r = \frac{1}{n-1} \sum \left(\frac{x_i - \bar{x}}{S_x} \right) \left(\frac{y_i - \bar{y}}{S_y} \right) \qquad \text{Equação 5}$$

onde x_i e y_i representam as observações das duas variáveis em estudo; s_x e s_y, as respectivas variâncias. O efeito de se dividirem quantidades observadas pelo desvio padrão de suas distribuições é que a quantidade assim obtida elimina a magnitude das escalas originais. Assim, essa fórmula nos indica que o coeficiente obtido a partir de sua aplicação é uma medida padronizada, ou seja, sua métrica estará contida dentro de um contínuo de –1 a +1. Quanto mais próximo a 1 for o valor do coeficiente, maior será a associação das variáveis. O sinal (positivo ou negativo) indica a direção da associação: se positivo, quando o valor de uma variável aumenta, o valor da outra também aumenta; se negativo, quanto menor for o valor de uma variável, maior será o valor da outra.

Muitas vezes é muito útil e importante aplicar a análise de correlação em variáveis de AT, uma vez que a compreensão proporcionada por essa análise é muito elucidativa para que os gestores de ações de educação nas organizações possam compreender que conjuntos de fatores atuam em conjunto para restringir ou fortalecer a efetividades das ações de capacitação.

Regressão linear simples

As técnicas de regressão constituem uma ampla família de ferramentas de análise de dados. Em termos práticos, uma primeira divisão que se tem nessa família é entre os modelos lineares e os não-lineares. Neste capítulo, apenas se faz referência ao primeiro grupo. A bem da verdade, o grupo dos modelos lineares também encontra divisões internas, podendo-se classificar seus diferentes modelos segundo a natureza das situações a que melhor se aplicam.

A gama de modelos é realmente impressionante, e não faltam textos específicos para cada uma das variações que os métodos de regressão apresentam. Para o aprofundamento nos métodos clássicos, dos quais o modelo aqui apresentado é um exemplar, recomenda-se Snedcor e Cochran (1989), Neter e colaboradores (1996) e Tabachnick e Fidell (2001).

A forma mais elementar de regressão é o modelo de regressão linear simples (MRLS), cuja aplicação se dá quando se deseja estudar a força do relacionamento entre duas variáveis Y e X, por exemplo. Nesse caso, toma-se por hipótese que Y se trata de uma resposta que os elementos em estudo fornecem ao serem submetidos a algum estímulo ou tratamento. Por estímulo ou tratamento podem-se entender, dentro da área de TD&E, atividades de capacitação ou treinamento às quais pessoas tenham sido submetidas e por meio das quais se espera que essas pessoas modifiquem sua relação com o ambiente de trabalho. A variável Y é, assim, novamente chamada de variável-resposta, critério ou variável dependente. Essa última terminologia sutilmente indica que a forma como os valores de Y se distribuem na amostra observada guarda uma relação de dependência com algum fator, o que em geral ocorre com respeito a alguma característica da própria amostra ou do contexto em que a observação teve lugar. O registro de uma característica qualquer da amostra ou de um particular aspecto contextual sobre o qual se tenha interesse é feito por meio de uma nova variável, que aqui denominaremos de X[7]. À variável X associam-se nomes como variável preditora, explanatória ou variável independente.

É preciso frisar que a relação entre Y e X não necessariamente é uma relação de causa ou conseqüência. O modelo clássico de regressão presta-se à realização de estudos correlacionais. Estudos sobre relações de causa exigem mais do que a simples aplicação de modelos adequados, aos quais precedem necessariamente desenhos experimentais que permitam a construção de inferências nessa linha.

A correta aplicação do MRLS requer o atendimento (pelo menos) das seguintes premissas:

a) para cada valor específico de X, os valores observados de Y obedecem a uma distribuição normal;
b) a distribuição normal de Y correspondente a cada X específico tem média dada por

$$\mu_Y = \beta_0 + \beta_1 X \qquad \text{Equação 6}$$

chamada de reta de regressão populacional. O leitor deve notar que μ_Y guarda uma relação linear com X, no que se refere aos parâmetros b0 e b1. b0 e b1 são parâmetros populacionais que descrevem, respectivamente, o intercepto (ponto onde a reta de regressão toca o eixo Y) e a declividade da reta de regressão (veja Figura 26.4). A declividade da reta, especificamente, é uma medida da variação média que Y sofre em função de variações nas unidades de X;

c) as distribuições normais de Y a cada ponto da escala X são independentes e têm todas a mesma variância (sY2).

Assim, a descrição matemática do modelo de regressão é feita por meio das três premissas referidas. De forma concisa, a reunião das premissas se traduz pela expressão

$$Y = \beta_0 + \beta_1 X + \varepsilon \qquad \text{Equação 7}$$

onde ε é um resíduo aleatório que se distribui com média igual a 0 e variância igual a σ_Y^2.

Essa última notação traz consigo a informação de que a cada valor observado de Y associa-se um certo resíduo ou erro de observação. Em poucas palavras, o erro de observação é fruto de elementos como variação amostral, erro de medida oriundo do instrumento aplicado e de outros erros não-amostrais que devem ser evitados, tanto quanto possível, via desenho dos procedimentos de aplicação.

O entendimento de uma relação entre duas variáveis Y e X por meio de um MRLS é grandemente facilitado pelo uso de gráficos como o que se apresenta na Figura 26.4 do Exemplo 3 a seguir.

Em torno de uma reta que descreve o comportamento médio de Y em função de valores de X, aparece uma nuvem de pontos que correspondem aos valores efetivamente observados. Dessa forma, a distância vertical entre a reta e cada ponto é uma medida de um erro de observação em particular. No método mais usual de estimação dos parâmetros populacionais β_0 e β_1, chamado de mínimos quadrados ordinários (MQO), os erros de observação têm um papel fundamental. O raciocínio subjacente ao MQO é o de encontrar uma reta que, quando ajustada aos dados observados, torna mínima a soma dos quadrados dos erros de observação, o que matematicamente se expressa por

$$\text{Minimizar} \sum (Y - \mu_Y)^2 \qquad \text{Equação 8}$$

Os resíduos, definidos como a distância vertical entre a reta de regressão e os valores de Y observados (pontos no gráfico), têm, portanto, papel fundamental na análise de regressão. Assim como qualquer outro conjunto de dados, os resíduos também se agrupam em distribuições. Deve-se ressaltar que erros sistemáticos de aplicação, como grupos de indivíduos que respondem ao instrumento de avaliação pautados em questões de desejabilidade social, quebram a (esperada) estrutura aleatória dos resíduos. Dessa forma, os resíduos são elementos cuja distribuição deve ser averiguada após o ajuste da reta de regressão. Espera-se, assim, que tenham distribuição com média próxima de zero e variância constante ao longo da escala da variável independente.

Exemplo 3[8]: Em uma avaliação de *performance* aplicada a 10 empregados de uma empresa, foram realizados testes em dois períodos diferentes, no meio do ano e ao final do mesmo ano, representados pelas variáveis Y (variável dependente ou resposta) e X (perfil de meio do ano – variável independente ou explanatória ou preditora). A Figura 26.4 claramente sugere que há uma relação (linear) entre os resultados das avaliações de meio e de fim de ano, no sentido de que melhores *performances* no meio do ano tendem a alcançar também melhores *performances* ao final do ano. A relação, todavia, não é perfeita, mas há variações de natureza aleatória (mais erros de medida do instrumento) nas medidas de fim de ano não diretamente associadas às avaliações de meio do ano.

Outro componente essencial da análise de regressão é chamado R^2, também conhecido como coeficiente de determinação, com variação no intervalo (0,1). Esse

Resultados de *performance*
Diagrama de dispersão

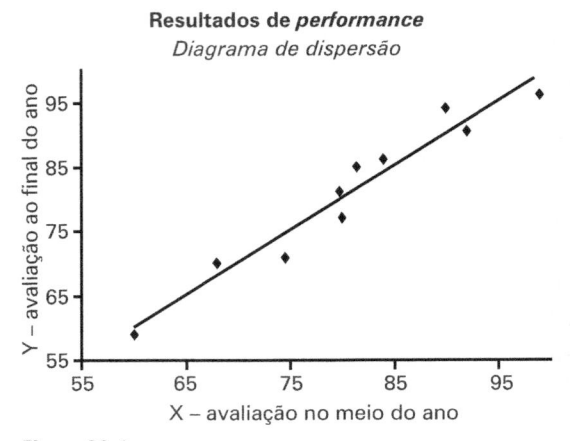

Figura 26.4 Diagrama de dispersão com reta de regressão do método MQO.

componente fornece uma indicação (resumida em um coeficiente) da percentagem de variação compartilhada que as variáveis em estudo possuem. Sua base é o coeficiente de correlação (r), que descreve em um coeficiente a magnitude da relação entre duas variáveis. Quanto mais próxima estiver a nuvem de observações em um gráfico de dispersão, maior será a associação entre as variáveis, e, conseqüentemente, mais próximo de 1 será o coeficiente de variação conjunta (R^2).

Como nota final, deve ser registrado que, diferentemente de cálculos de medidas de correlação, os modelos de regressão clássicos pressupõem que a variável X apresenta valores fixos durante a modelagem e são obtidos sem erro, o que, na prática, é pouco plausível. De qualquer forma, se, por um lado, essa pressuposição surge como uma fraqueza do modelo, as técnicas de regressão são uma ferramenta indispensável para o estudo de dados observacionais, dada sua aplicabilidade em muitas situações em que se busca entender a força de um relacionamento entre variáveis. Cabe ressaltar ainda que, pela inclusão de outras variáveis explanatórias no modelo, supostamente também correlacionadas com Y e, portanto, também condizentes com a teoria subjacente ao campo de estudo em foco, o MRLS se estende a um modelo chamado de modelo de regressão linear múltipla (MRLM).

Técnicas de análise de dados qualitativos em AT

Comumente as técnicas qualitativas de análise de dados funcionam em uma perspectiva exploratória de descrição e compreensão inicial de fenômenos. Por seu caráter indutivo, essas técnicas são mais bem empregadas quando o pesquisador não tem um conhecimento teórico robusto sobre os fenômenos em análise e quer levantar hipóteses para estudos posteriores ou quando se quer explorar temas complexos. Como já dito anteriormente, não existe nenhum motivo lógico para acreditar ou defender que um tipo de técnica é melhor ou pior, tendo em vista que, ao final, o que se busca é a observação de padrões, exatamente para que seja possível a produção de conhecimentos sobre os fenômenos em estudo. Dessa feita o que se torna essencial é a adequada escolha das técnicas de levantamento e análise de dados, uma vez que a depender do objetivo e necessidade do pesquisador poderá haver necessidade do uso de múltiplas técnicas simultaneamente.

Como nos modelos de AT já existe uma boa descrição das variáveis que afetam o resultado do treinamento e uma construção teórica robusta, o uso de análises qualitativas de dados é importante na exploração de informações sobre indicadores pouco descritos nos modelos vigentes ou na obtenção de dados exploratórios sobre casos específicos ou questões mais complexas do sistema de treinamento, que inicialmente não puderam se levantadas de outra forma. Além disso, podem-se usar as entrevistas para gerar novas idéias sobre as variáveis que influenciam o sistema de treinamento, fazendo assim um aperfeiçoamento nos sistemas de treinamento, tornado-os mais completos e eficientes em seus objetivos.

Desta forma, o avaliador pode construir questionários abertos ou realizar entrevistas com participantes de treinamentos para levantar informações relevantes para a descrição de variáveis novas ou relevantes apenas em contextos organizacionais específicos. Esses dados, então, seriam submetidos a técnicas de análises de dados qualitativos.

Segundo Zanelli (2002), a literatura sobre metodologia de análise de dados qualitativos procura diferenciar as distintas técnicas, mas para esse autor essa diferenciação não é bem-sucedida. Ele enumera quatro tipos de técnicas: análise do discurso, análise de verbalizações, análise de narrativas e análise da conversação. Os dados coletados são provenientes das verbalizações dos participantes da avaliação e essas podem se obtidas por meio de entrevistas estruturadas, semi-estruturadas e abertas ou por meio de partes abertas dos questionários, em que os participantes da avaliação podem expressar livremente o que quiserem sobre os treinamentos. Após os dados terem sido coletados, essas verbalizações devem ser organizadas em um meio que facilite sua análise, como, por exemplo, transcritas para arquivos de editores de texto. Organizadas dessa forma, as verbalizações podem ser tratadas.

Ao final do procedimento de organização dos dados (as verbalizações das entrevistas) de forma interessante para o analista, é possível a criação e/ou identificação de categorias. Essa identificação pode ser feita antes ou depois (*a priori* ou *a posteriori*) da análise dos dados. Essa identificação de categorias realizadas antes ou depois define de forma fundamental o nível de exploração da análise qualitativa de dados, tendo em vista que a definição *a priori* já indica um grau de conhecimento inicial sobre a matéria em estudo.

A análise dos dados pode ser feita com o auxílio de um programa de análise qualitativa, que ajuda sobremaneira na identificação dos padrões presentes nas verbalizações dos participantes da avaliação. Após a identificação das categorias e contagem das mesmas, faz-se possível a inserção dessas informações no relatório de AT e a relação dessas com questões relevantes do sistema de avaliação. Além disso, com o auxílio de um programa de análise de dados qualitativos, é possível fazer a correlação entre as categorias em análise, identificando características comuns entre essas categorias, dando melhores indicações sobre o padrão de comportamentos das questões em estudo.

Indubitavelmente, partilhamos da perspectiva de que a melhor abordagem para o desenvolvimento de pesquisas e avaliações em ciências sociais e comportamentais é a abordagem multimetodológica, como defendido por Sommer e Sommer (2001). O que deve guiar a ação do avaliador é sua necessidade de obter respostas. Isso deve direcionar seu método de levantamento e tratamento de informações, e não concepções específicas de hegemonia de um método sobre o outro. Dessa forma, torna-se possível o uso de técnicas qualitativas nos sistemas de avaliação de treinamento, a depender do tipo de informação que o avaliador deve levantar.

IMPACTO DOS RESULTADOS DE AT EM OUTROS SISTEMAS DE GESTÃO DE PESSOAS

Levando em consideração os atuais modelos de avaliação de treinamento (Borges-Andrade, 1982; Goldstein, 1993), os sistemas instrucionais nas organizações têm grande relação com outros subsistemas organizacionais. Por este motivo é que a AT pode trazer um conjunto importante de informações que dizem respeito a outras ações organizacionais de gestão de pessoas.

A literatura especializada já levantou um conjunto significativo de evidências de que o ambiente organizacional influencia o comportamento humano no trabalho (Abbad, Pilati e Borges-Andrade, 1999;

Abbad, 1999). Por exemplo, no caso do resultado provocado pelo treinamento no trabalho dos treinados, há uma série de fatores ambientais que restringem ou facilitam a aplicação do aprendido no trabalho (Sallorenzo, 2000). Além disso, as ações de treinamento também procuram surtir efeitos no desempenho ocupacional dos treinados, pois, em última instância, é por esse motivo que as organizações investem em capacitação de sua força de trabalho.

Por esses motivos é que a AT também pode servir como um meio para levantar informações sobre outros subsistemas de gestão de pessoas e mais especificamente sobre o comportamento organizacional. Além da inclusão dessas variáveis nos sistemas de avaliação melhorarem a compreensão da própria avaliação do treinamento, ainda subsidiarão o processo de tomada de decisões da área de gestão de pessoas, incrementando o conjunto de informações sobre comportamento no trabalho.

Devemos lembrar ainda que os indicadores gerados por outros sistemas organizacionais servem também como insumos para o sistema de AT. Podemos citar como exemplos os resultados dos sistemas de avaliação de desempenho que podem ser utilizados como indicadores da AT, tendo em vista que dão informações sobre o desempenho produtivo dos colaboradores organizacionais e indicam a necessidade de treinamentos específicos. Dessa forma, uma associação das informações provenientes dos dois sistemas é bastante salutar, uma vez que o avaliador poderá controlar o efeito provocado pelo treinamento no desempenho ou na mudança de desempenho dos trabalhadores.

Assim, deve-se compreender e tratar um conjunto de dados levantados no sistema de AT de forma interligada e associada a outros fenômenos no ambiente organizacional, pois, compreendidos como subsistemas interdependentes, as ações de gestão nunca surtem efeito em apenas um dos componentes do sistema organizacional. É salutar que os relatórios de avaliação de treinamento também gerem recomendações sobre questões correlatas ao resultado do treinamento na organização e associe os resultados dos demais subsistemas às suas ações.

LISTAGEM DE AÇÕES DO AVALIADOR DE TREINAMENTOS NA ELABORAÇÃO DE RELATÓRIOS

Como forma de facilitar a organização das ações do avaliador de treinamentos nas organizações, propomos abaixo uma lista de ações que podem ser empreendidas para a elaboração adequada de relatórios de retroalimentação de sistemas de TD&E.

- Elaborar a introdução do relatório, descrevendo: aspectos gerais de AT, modelo teórico de AT, indicadores do sistema e justificativa para a avaliação.
- Descrever os objetivos do relatório, identificando quais perguntas serão respondidas pela avaliação.
- Selecionar as técnicas de análise de dados de acordo com os objetivos do relatório, se apresentação de dados descritivos ou de relacionamento entre variáveis.
- Descrever a metodologia do sistema de AT: fontes de coleta de informações, tipos de instrumentos de coleta de dados utilizados, estratégias de análise de dados.
- Analisar os dados do sistema de avaliação: utilizar técnicas adequadas a depender do tipo de variáveis (tanto as técnicas gráficas quanto as numéricas).
- Elaborar a seção de resultados, organizando a apresentação dos dados de acordo com o objetivo do relatório: análise descritiva de dados e análises de relacionamento entre variáveis.
- Desenvolver as recomendações do relatório, organizadas em: indicações de melhorias do sistema instrucional, indicações de intervenções no ambiente do treinamento (em todos os momentos de acordo com o Modelo MAIS de Borges-Andrade, 1982), indicações de melhorias em outros sistemas de RH que a AT tenha levantado informações.

CONSIDERAÇÕES FINAIS

Este capítulo foi desenvolvido em linguagem simples e tão clara quanto possível, e os exemplos trazidos são todos da área de avaliação de treinamento. Esse texto pretende ser uma descrição geral e introdutória sobre métodos e técnicas para a elaboração de relatórios de retroalimentação dos sistemas de TD&E e, portanto, não oferecerá uma discussão aprofundada nem pormenorizada das técnicas estatísticas de análise de dados.

Procurou-se também trazer uma série de problematizações sobre o uso da estatística em AT, principalmente no que concerne aos pressupostos estatístico-matemáticos das análises, como dados faltosos, tipo de variáveis, linearidade, entre outras questões.

Toda essa discussão tem como objetivo despertar o interesse do leitor pelo aprofundamento das técnicas de análise de dados, que devem ser feitas por meio da leitura de livros especializados (algumas sugestões são apresentadas pelos autores na seção de referências do capítulo) e da frequência em cursos de estatística básica e avançada dirigida para as ciências sociais.

Os autores têm a expectativa de que este capítulo seja útil para servir como guia geral de possibilidades de análise de dados dos profissionais ligados a área de avaliação de treinamento das organizações de trabalho, no entanto é necessário que o leitor tenha noções básicas de metodologia de pesquisa e análise de dados.

QUESTÕES PARA DISCUSSÃO

- Descreva e compare dois métodos de análise de resultados em processos de avaliação de TD&E.
- Descreva a estrutura do relatório de avaliação de TD&E.
- Apresente um resumo sintético para cada um dos procedimentos de análise de dados em avaliação de TD&E:
  a) medidas de tendência central;
  b) medidas de posição;
  c) medidas de dispersão.
- Sobre a análise de relações entre variáveis em avaliação de TD&E, explique, com suas palavras, qui-quadrado ($\chi2$), ANOVA de uma via, correlação bivariada (coeficiente de Pearson) e regressão linear simples.
- Que cuidados são necessários com as técnicas de análise de dados qualitativos em avaliação de TD&E? Cite dois e explique.

NOTAS

1. Lembramos que uma população em avaliação de treinamento é definida como a totalidade de participantes de uma ação de capacitação da organização. Sendo assim, poderíamos tratar como nível de análise um treinamento oferecido, e a população desse seria todos os trabalhadores que o realizaram. Caso o nível de análise seja todo o programa de capacitação da organização, o critério para definição do que seria a população seria de todos os envolvidos no programa de treinamento organizacional. Dependendo do nível de avaliação de interesse do sistema (ver Capítulo 17 deste livro, no qual os possíveis níveis de avaliação são apresentados), o critério de definição populacional deve ser rigorosamente considerado e estipulado.
2. Há vários tipos diferentes de médias, tal como a média geométrica, a média harmônica, dentre outras, cada uma delas utilizada em situações específicas.
3. Variáveis qualitativas são dados em que os números representam valores que designam categorias das variáveis (p. ex., sexo feminino e masculino) ou o ordenamento de valores.
4. Variáveis quantitativas são dados em que qualquer valor em uma determinada amplitude é possível. Não existem lacunas entre os valores.
5. O teste de χ^2 e a comparação de proporções em amostras independentes por meio do teste z são ambos aproximações para a mesma situação, diferindo no fato de que o primeiro engloba os casos nos quais as amostras testadas têm tamanhos diferentes, e o segundo, apenas os casos em que as amostras testadas têm mesmo tamanho.
6. A palavra "aproximação" aparece aqui para destacar o fato de que a seleção dos empregados para participação no treinamento provavelmente não é aleatória, fazendo com que, na prática, as amostras não sejam realmente independentes.
7. Ao adentrar o reino dos modelos de regressão, o pesquisador irá deparar-se com muitas variações no que se refere à notação matemática.
8. Adaptado de Neter e colaboradores (1996, p.4, 5).

REFERÊNCIAS

ABBAD, G. *Um modelo integrado de avaliação de impacto de treinamento no trabalho*. Tese (Doutorado) – Instituto de Psicologia, Universidade de Brasília, 1999.

ABBAD-OC, G.; PILATI, R.; BORGES-ANDRADE, J. E. Percepção de suporte organizacional: desenvolvimento e validação de um questionário. *Revista de Administração Contemporânea*, v.3, n.2, p. 29-52, 1999.

BORGES-ANDRADE, J. E. Avaliação somativa de sistemas instrucionais: integração de três propostas. *Tecnologia Educacional*, v.11, n.46, p.29-39, 1982.

GOLDSTEIN, I. L. *Training in organizations*. California: Pacific Grove, 1993.

LITTLE, R. J. A.; RUBIN, D. B. *Statistical analysis with missing data*. New York, 1987.

MOORE, D. S. *The basic practice of statistics*. New York: W. H. Freeman and Company, 2000.

NETER, J. et al. 4th ed. New York: McGraw-Hill, 1996.

SALLORENZO. L. H. *Avaliação de impacto de treinamento no trabalho:* analisando e comparando modelos de predição. Dissertação (Mestrado) – Instituto de Psicologia, Universidade de Brasília, 2000.

SCHAFER, J.L. *Analysis of incomplete multivariate data*. Chapman & Hall: CRC. Monographs on Statistics and Applied Probability.

SNEDCOR, G.W.; COCHRAN, W.G. *Statistical methods*. 8th ed. Ames: Iowa State University, 1989.

SOMMER, B.; SOMMER, R. *La investigación del comportamiento:* una guía práctica con técnicas y harramientas. México: Oxford University, 2001.

TABACHNICK, B.; FIDELL, L. S. *Using multivariate statistics*. 4. ed. San Francisco: Allyn & Bacon, 2001.

ZANELLI, J. C. Pesquisa qualitativa em pesquisas de gestão de pessoas. *Estudos de Psicologia*, v.7, p.79-88, 2002. Número especial.

Parte IV
TD&E em organizações e trabalho: Casos

27. "Excelência profissional": um programa de treinamento do Banco do Brasil
28. Metodologia ativa em TD&E com ênfase no *role-playing*
29. "Cuidar-se para cuidar": avaliação de um programa de desenvolvimento de pessoas de um hospital

"A ponte não é de concreto, não é de ferro
Não é de cimento
A ponte é até onde vai o meu pensamento
A ponte não é para ir nem pra voltar
A ponte é somente pra atravessar
Caminhar sobre as águas desse momento"
A Ponte (Lenine e Lula Queiroga)

27

"Excelência profissional": um programa de treinamento do Banco do Brasil

Luiza Helena Branco Greca da Cunha,
Valeska Rodrigues Velloso Cordeiro e Christine Marie Cormier Chaim

Objetivos

Ao final deste capítulo, o leitor deverá:
- Analisar o caso descrito, desde o levantamento de necessidades até a avaliação.
- Confrontar o caso do Banco do Brasil com a teoria apresentada neste livro.

INTRODUÇÃO

Os desafios para o desenvolvimento profissional no mundo do trabalho e das organizações são enormes, principalmente diante de um cenário que se transforma a cada momento. Por isso, a utilização adequada da tecnologia instrucional no desenvolvimento de estratégias de TD&E desempenha papel importante para a gestão de pessoas.

O objetivo de apresentar o caso do programa de treinamento do Banco do Brasil é possibilitar ao leitor a confrontação da teoria de tecnologia instrucional, discutida nos capítulos anteriores, com a prática exercida dentro de uma determinada organização.

O caso do Banco do Brasil foi escolhido como exemplo de atividade instrucional porque não se trata somente de um treinamento, mas de um programa de capacitação, que compreende uma grande quantidade e variedade de elementos que intervêm e compõem as diversas etapas do processo de desenvolvimento de ações de TD&E. Acredita-se que a análise do caso aqui apresentado poderá proporcionar ao leitor a realização da "ponte" entre a teoria e a prática da tecnologia instrucional, adotada por uma determinada organização.

O caso *Excelência profissional: um programa do Banco do Brasil* está assim estruturado: em um primeiro momento, com o propósito de situar o leitor em relação à instituição em que se passa o caso, é apresentado um resumo da história da empresa. Em seguida, relatam-se os elementos determinantes do contexto organizacional e do ambiente externo, na época em que o caso ocorreu. Apesar de ter acontecido em 1999, para efeito de estudo, o caso é atemporal. A seguir, apresenta-se como foram realizados o levantamento de necessidades de treinamento (LNT), o planejamento e, finalmente, a avaliação do programa e as sugestões de melhorias decorrentes do processo avaliativo.

UM POUCO DE HISTÓRIA DO BANCO DO BRASIL

Desde a sua fundação em 1808, o Banco do Brasil (doravante BB) sempre participou da história e da cultura brasileira e tem sido um aliado do governo na construção do país.

A instituição tem quase 200 anos de existência e, ao longo desse tempo, passou por muitas transformações. De Banco da Coroa Portuguesa, a organização passou a banco fomentador da agricultura e Banco de governo, até se transformar, a partir de 1986, em conglomerado financeiro.

Diante dos crescentes desafios, o BB teve de ajustar suas estruturas, reduzir despesas e quadro de pessoal, automatizar serviços, racionalizar sua rede de distribuição e adequar políticas e estratégias. Além disso, era fundamental manter um quadro de funcionários preparados, motivo pelo qual, em 1965, o BB criou o Departamento de Desenvolvimento de Pessoal (Desed), sinalizando a valorização dos espaços educativos na vida de seus profissionais.

Desde aquela época, a metodologia de ensino adotada pelo Desed era baseada em processo dialógico, cooperativo e permanente. Os princípios metodológicos que orientam a educação empresarial privilegiam programas que têm estreita vinculação com o trabalho. O participante é sujeito ativo da educação e, a partir da problematização da realidade, desenvolve capacidade crítica e consciência profissional e social.

Com a inauguração de sua universidade corporativa em 2001, o BB consolida sua tradição em investir no aperfeiçoamento contínuo de seus colaboradores e amplia seus referenciais quando desenvolve programas de treinamento baseado nas premissas das quatro aprendizagens essenciais que a Unesco definiu para o aprendiz do século XXI: aprender a conhecer, aprender a fazer, aprender a conviver e aprender a ser.

Além disso, os programas de treinamento têm forte compatibilidade com as estratégias de mercado definidas pela empresa e com a crença de que o treinando é o centro do processo de aprendizagem, seja no espaço físico das salas de aula, seja nas salas de aula virtuais ou seja no próprio local de trabalho.

CONTEXTO ORGANIZACIONAL E AMBIENTE EXTERNO

No início de 1998, a área de treinamento (educação empresarial) do BB recebeu a incumbência de desenvolver um programa de treinamento com o objetivo de preparar novos profissionais que seriam recrutados pela empresa. Tradicionalmente, o ingresso dos novos funcionários no banco ocorre mediante seleção externa, que é realizada por meio de concurso público para suprimento de vagas em nível inicial da carreira administrativa.

Fazia oito anos que a empresa não realizava concurso e, por conseguinte, registrava-se uma enorme carência de pessoal, notadamente no Estado de São Paulo. Resolveu-se, então, realizar provas para preenchimento das vagas existentes nas agências paulistas.

Os candidatos deveriam possuir o segundo grau completo e submeter-se a provas objetivas de conhecimentos bancários, português, matemática, atualidades econômicas, políticas e sociais, noções de informática e inglês básico. Os aprovados desempenhariam atividades de atendimento ao público, incluindo a prestação de informações aos clientes e usuários e a divulgação e venda de produtos e serviços do banco.

Na ocasião, o setor financeiro já caracterizava pela concorrência acirrada entre bancos nacionais e internacionais e era regulado pela oferta de alta tecnologia, agilidade e qualidade dos serviços. Em razão da similaridade de produtos e serviços oferecidos, o diferencial desse mercado estava fortemente relacionado à qualidade do atendimento prestado aos clientes.

Por essa razão, a empresa elegia a melhoria do atendimento ao cliente como prioridade número um para aquele ano. A seleção e o treinamento dos novos profissionais recrutados se revestiam, portanto, de caráter estratégico para a instituição, já que esses funcionários seriam alocados na "linha de frente" das agências, em contato direto com clientes e usuários. O desempenho desses profissionais contribuiria sobremaneira para a melhoria da qualidade do atendimento prestado pelo banco.

Além do foco no cliente, outro aspecto bastante enfatizado pela diretoria do banco quando da formulação da demanda de treinamento era a necessidade de se buscar o comprometimento do novo funcionário com seu autodesenvolvimento e crescimento profissional.

LEVANTAMENTO DE NECESSIDADES DE TREINAMENTO (LNT)

A fim de identificar as competências a serem desenvolvidas no treinamento, foram efetuadas entrevistas com gerentes de diversas agências do banco e coletadas as percepções dos mesmos sobre os conhecimentos, habilidades e atitudes necessários aos novos profissionais.

Comparando-se os termos da demanda da diretoria do banco com os resultados do levantamento realizado, definiram-se as competências a serem desenvolvidas. Em função das características do público-alvo, da natureza dos conteúdos a serem trabalhados e dos resultados obtidos em outros treinamentos introdutórios já realizados pela empresa, optou-se pelo desenvolvimento de curso presencial, com ênfase no desenvolvimento de:

- Conhecimentos acerca da empresa e de seus principais produtos e serviços.
- Habilidades de atendimento, negociação e vendas.
- Atitudes reveladoras de compromisso com os objetivos da empresa e de compartilhamento dos valores organizacionais.

Assim, foi criado o curso Excelência Profissional, com objetivo de levar o treinando a assimilar valores da empresa e adquirir conhecimentos básicos de atendimento, negociação e venda de produtos e serviços. As atividades desenvolvidas procuraram ser bastante dinâmicas, dando ênfase ao autodesenvolvimento. Definiu-se que a carga horária do curso seria de 32 horas.

Em 1999, o BB abriu concurso público para todo o Brasil, pois a necessidade de novos funcionários não era apenas para o Estado de São Paulo, mas para todo o país. A sinalização da empresa era de que ingressariam aproximadamente 10 mil pessoas para preencher os cargos existentes.

Já havia a experiência de treinamento realizada com os recém-admitidos que ingressaram mediante o concurso de 1998. Naquela ocasião, foram treinados 4.500 funcionários por meio do curso Excelência Profissional. Para aperfeiçoar esse treinamento, foi realizada uma pesquisa junto aos funcionários que ingressaram em São Paulo, com os seus gerentes e com os educadores. O resultado da pesquisa evidenciou a qualidade do treinamento, porém registrou-se a necessidade de mais tempo, principalmente para as questões relativas a produtos e serviços e ao conhecimento mais operacional do dia-a-dia da agência. Informações mais detalhadas sobre a metodologia de pesquisa podem ser vistas no Capítulo 11.

Também foi realizada pesquisa com outros bancos para verificar como eram realizadas as inserções de novos funcionários para que, dessa forma, se obtivessem maiores subsídios para a melhoria do treinamento. As informações colhidas foram as mais diversas. Alguns bancos não possuíam nada formalizado, pois o ingresso de novas pessoas em seu quadro de pessoal ocorria esporadicamente. Nesses casos, a preparação dos novos funcionários ficava a critério de cada gerente. Outras instituições apenas forneciam ao recém-empossado uma fita de vídeo que trazia informações sobre como era a empresa. Outras empresas realizavam treinamentos compostos de um módulo a distância e outro presencial, com duração de aproximadamente três dias.

Sabia-se que a dificuldade era enorme porque a logística de todo o processo (recrutamento e seleção, exames admissionais, posse, treinamento e efetivo exercício das funções) seria bastante complexa. Além disso, a expectativa da empresa era de que os novos funcionários fossem capacitados o mais rápido possível e de uma maneira bastante consistente para que pudessem ingressar imediatamente no processo produtivo das agências.

PLANEJAMENTO

Além de analisar o cenário interno e externo para elaborar proposta de programa que atendesse às expectativas da empresa, tinha-se consciência de que a preparação de novos funcionários deveria cercar-se de cuidados especiais no tocante à inserção destes na cultura do BB.

Mais do que uma simples ação de capacitação, a formação de novos funcionários possuía as características de um rito de passagem.[1] No caso específico, a formação era como um rito de entrada na organização. A legitimação dos novos funcionários estaria em curso desde o instante em que seu nome aparecesse na lista dos aprovados (ritual de separação), durante o treinamento (estágio liminar) até sua posse e efetivo exercício das funções (ritual de integração).

O desafio era grande: além de possibilitar o desenvolvimento das habilidades e dos conhecimentos necessários ao exercício da função, o planejamento do programa deveria levar em conta os principais aspectos desse rito de passagem, a fim de facilitar a inserção do novo funcionário na empresa. Além disso, em função dos custos envolvidos e da urgência na inclusão desse profissional no processo produtivo, o treinamento não poderia prolongar-se.

Em razão dos aspectos mencionados, decidiu-se que as questões relacionadas à cultura e às habilidades em atendimento e negociação seriam trabalhadas em sala de aula, por instrutor experiente, oriundo dos quadros do BB. Surgiu, assim, a *primeira etapa do programa*.

Etapa I – Excelência Profissional (Módulo I) – treinamento presencial (32 horas), aplicado nas salas de aula dos Centros de Formação Profissional, no dia seguinte à posse, ministrado por educadores preparados pela área de Recursos Humanos, com foco nos valores e crenças da empresa, nas possibilidades de desenvolvimento profissional e no atendimento como diferencial competitivo.

Resolvida a questão da cultura e das habilidades de atendimento e de negociação, passou-se a trabalhar para desenvolver uma solução educacional que promovesse o desenvolvimento das competências técnico-operacionais do novo funcionário (conhecimento dos principais produtos e serviços do BB, sistemas, aplicativos e terminais de auto-atendimento).

Primeiramente, pensou-se em criar agências-escola, reproduzindo-se o ambiente de uma agência, em que o funcionário pudesse realizar seu treinamento sem o temor de errar e acarretar prejuízos para a empresa. Entretanto, essa solução foi considerada inviável em função dos custos de implementação e do pouco tempo que se dispunha para mobilizar os intervenientes. Por esse motivo, decidiu-se pela realização de treinamento na própria agência onde era alocado o novo funcionário. Desse modo, ele teria a oportunidade de vivenciar as atividades do dia-a-dia, prosseguindo ao mesmo tempo em seu processo de inserção na empresa. Nessa etapa, ele contaria com orientador experiente, que o auxiliaria no seu processo de socialização e na aprendizagem prática do que havia sido trabalhado no Módulo I. Surgiu, assim, *a segunda etapa do programa*.

Etapa II – Excelência Profissional (Módulo II) – Constitui treinamento em serviço (30 horas, logo após o curso presencial), aplicado na própria agência onde o novo funcionário toma posse, sob orientação de um funcionário experiente. Este módulo tem enfoque instrumental e socializante. A finalidade é inserir o funcionário no dia-a-dia da agência, a partir do contato direto com serviços que farão parte de suas atribuições e promover a integração no ambiente de trabalho, mediante o compartilhamento de experiências e habilidades com os funcionários da sua equipe.

As competências trabalhadas nas duas etapas precedentes eram o mínimo necessário para o efetivo exercício na agência. Na medida em que o novo funcionário iniciasse suas atividades, novos conhecimentos teriam de ser agregados a fim de propiciar seu crescimento profissional. Assim, surgiu a *terceira etapa do programa*, como ponto de partida para um plano de desenvolvimento pessoal e reflexão sobre as possibilidades de carreira na empresa.

Etapa III – Cursos auto-instrucionais – Visa ampliar a capacitação do funcionário, mediante realização de treinamentos a distância, constantes do catálogo de cursos da empresa. Esses cursos deveriam ser definidos em comum acordo com o gerente, em função das carências do novo funcionário e da sua área de atuação dentro da agência (com duração variável, esta etapa pode ser iniciada durante o estágio probatório[2]).

Definidas as estratégias educacionais do programa, foi constituída a equipe encarregada de desenvolvê-las, que contava com os seguintes cargos: colaboradores da própria empresa, com experiência em atendimento, negociação e vendas e prática bancária (conteudistas), um funcionário com experiência em planejamento de ensino (planejador instrucional) e um funcionário novo, que se agregaria ao grupo com o objetivo de tornar o treinamento próximo da realidade de trabalho. Além de profissionais das agências do banco, os conteudistas também eram educadores da área de atendimento e negociação com nível de excelência em suas avaliações.

Com a equipe constituída, foram definidos os desempenhos esperados em cada posto de trabalho, para as duas primeiras etapas do treinamento. Para isso, foram consideradas as atribuições do cargo explicitadas no edital do concurso. Seguem exemplos de desempenhos esperados no posto de trabalho com a realização das duas etapas da capacitação:

- Prestar atendimento de qualidade, alavancando a venda de produtos e serviços do banco.
- Inserir-se no dia-a-dia da agência a partir do contato direto com serviços que fazem parte das atribuições deste.
- Integrar-se no ambiente de trabalho, mediante compartilhamento de experiências com os funcionários da equipe.

A partir dos desempenhos esperados, foram definidos os *conteúdos e objetivos*. A primeira etapa (presencial) do programa contaria com *cinco unidades de conteúdo*: a primeira focaria a missão do BB, sua arquitetura organizacional, suas crenças e valores. A segunda etapa trataria da importância do atendimento para uma empresa do setor de serviços. A terceira etapa abordaria os principais produtos e serviços. A quarta etapa iria ocupar-se das técnicas de negociação e a quinta e última enfocaria compromissos, responsabilidades e possibilidades de desenvolvimento profissional do funcionário do BB.

Na segunda etapa (Módulo II), os *conteúdos* foram assim distribuídos: primeira unidade, integração do novo funcionário na equipe de trabalho e introdução ao sistema de informações do BB; segunda e terceira unidades, principais produtos e serviços; quarta unidade, terminais de auto-atendimento e orientação aos clientes; última unidade, rotinas de trabalho.

Os objetivos das duas etapas foram definidos com base na taxonomia de Bloom, mesclando-se os domínios cognitivo, afetivo e motor, conforme discutido no Capítulo 14. A ênfase no domínio cognitivo foi dada, por exemplo, na aprendizagem dos principais produtos e serviços do BB e nas técnicas de atendimento e negociação, no domínio afetivo, para buscar comprometimento e compartilhamento de valores da empresa e no motor, para possibilitar a operacionalização dos aplicativos que dão suporte à venda e aprendizagem do funcionamento dos terminais de auto-atendimento. Alguns exemplos de objetivos nos três módulos:

- Identificar as características de alguns produtos do banco.
- Praticar a orientação a clientes no auto-atendimento;
- Cadastrar clientes e abrir contas.
- Posicionar-se favoravelmente ao BB.
- Predispor-se a conduzir negociações, preservando o comportamento ético.

Na seqüência, procurou-se selecionar *procedimentos e recursos* de acordo com o domínio dos objetivos. Vale ressaltar que esses procedimentos estavam fundamentados em metodologia socializadora e dialógica, que tem como pressuposto o "educando como sujeito ativo do processo de educação".

Para atingir os objetivos do domínio afetivo, foram selecionados procedimentos ou estratégias, como simulações e dramatizações que, por meio da vivência de papéis exercidos no dia-a-dia da empresa, propiciassem a reflexão e o debate sobre atitudes e comportamentos adotados no trabalho. Para facilitar o processo de identificação do profissional com o banco, foram utilizados recursos de natureza simbólica como a distribuição ao funcionário e a seu orientador do treinamento em serviço de camisetas com as marcas do banco e do programa. Os objetivos eram desenvolver no novo funcionário o sentimento de fazer parte do time do BB e facilitar sua chegada à agência, por meio do gesto de presentear seu orientador. Outros recursos, tais como a entrega de uma sacola com as cores e os símbolos do BB, para acondicionar os materiais distribuídos ao longo do curso, buscavam ainda reforçar a questão da identificação do novo funcionário com a empresa e sua cultura.

Com relação às estratégias e recursos utilizados para atingimento de objetivos do domínio cognitivo, foram escolhidos painéis, debates, leituras dirigidas e exposições ativo-participativas com o apoio de transparências e textos diversos. Uma das exposições era realizada por um administrador da agência no último dia do treinamento presencial, com o objetivo de promover um "bate papo" entre gerente e funcionário e marcar a passagem da situação de treinamento para a atividade real de trabalho.

Para atingir objetivos do domínio motor, foram realizadas simulações de atividades do dia-a-dia, tais como a abertura de uma conta-corrente, utilizando-se os sistemas do banco e terminais de auto-atendimento com apoio de apostila.

Um outro recurso bastante utilizado no programa foi o vídeo. No dia da posse do novo funcionário e primeiro dia do treinamento, por exemplo, como não era possível ao diretor de Recursos Humanos comparecer a todos os eventos, que podiam ocorrer simultaneamente em todo o país, foi realizado um vídeo com sua mensagem de boas-vindas aos novos funcionários.

Entre os vídeos utilizados em sala de aula, merece destaque o vídeo *O primeiro ano a gente nunca esquece*. O objetivo desse vídeo era apresentar depoimentos de funcionários e seus gerentes sobre os desafios dos primeiros meses na empresa e as diversas formas de enfrentá-los.

Assim, concluído o planejamento, partiu-se para a *diagramação do material*. É importante ressaltar que a apresentação gráfica do programa procurou guardar coerência com a concepção do programa como um todo, a fim de garantir que as linguagens escrita e visual transmitissem a mesma idéia. Para isso, foi criado um desenho estilizado de um jovem (representando o novo), indo em direção à empresa (representando o mundo do trabalho). Esse desenho foi colocado nas capas das apostilas, nas transparências, nas sacolas, nas camisetas, enfim, em todo o material que compunha o programa.

Providenciado o material, era necessário *formar os educadores* para ministrar o Módulo I (presencial). Foram formados, naquela ocasião, cerca de 200 educadores, recrutados entre aqueles que já ministravam cursos de atendimento e negociação e o próprio curso na versão de 1998, isso porque eram os cursos que guardavam mais similaridade com os conteúdos do programa. Dessa forma, ganhou-se tempo no recrutamento, seleção e formação. Foram necessários apenas cinco dias para vivenciar o planejamento do curso, uma vez que os educadores já tinham experiência em sala de aula.

Além dos educadores, era necessário preparar também todos *os envolvidos no processo*: as unidades regionais de formação de pessoal, responsáveis pela operacionalização do programa; as superintendências estaduais e regionais, responsáveis pelo funcionamento das agências sob sua jurisdição e os administradores e funcionários dessas agências. Para isso, foi criado um vídeo, denominado *Reforço na equipe*, que trazia depoimentos de gerentes e de novos funcionários, que ingressaram no banco, no concurso de 1998. No vídeo, os gerentes relataram ações desenvolvidas no sentido de acolher os recém-admitidos; e os novos funcionários, por sua vez, contavam como foi a recepção e de como se sentiram quando efetivamente ingressaram no trabalho.

Outra ação empreendida foi a confecção de um fascículo denominado *Em Sintonia* (fevereiro/março de 2000), com circulação apenas entre os administradores. Nele foram inseridos textos explicativos sobre o programa, a sua importância para a empresa e o papel dos gerentes na orientação do novo funcionário, entre outros. A seguir, um trecho de um dos textos:

> Ainda que o processo de integração do novo funcionário seja uma responsabilidade de todos, é indispensável que algumas ações sejam realizadas pelo próprio gerente da equipe em que ele vai trabalhar. A primeira delas é, sem dúvida, a de conversar com o grupo para que todos colaborem para o processo. Igualmente, é receber o novo funcionário pessoalmente, conversar com ele, conhecer sua experiência e apresentá-lo às pessoas. Isto é, promover o primeiro momento de integração [...]

Entre o início do planejamento do programa (setembro de 1999), formação de educadores (dezembro de 1999) e a realização do primeiro curso (fevereiro de 2000), passaram-se seis meses. Foi um tempo de muito trabalho e ansiedade porque não se tinha realizado uma etapa essencial em todo processo de desenvolvimento de programas de treinamento: a etapa de validação (testagem), uma vez que o piloto deve ser feito sempre com o público-alvo envolvido. Neste caso, só se teria o público-alvo no momento da posse, e, portanto, não havia como testar. Era necessário aguardar as avaliações dos primeiros eventos para corrigir distorções que porventura fossem detectadas.

Para compreender a teoria de todo o processo de planejamento, consultar os Capítulos 13 e 15.

AVALIAÇÃO

As primeiras notícias que chegaram sobre o programa, que foi aplicado em todo o país ao longo do ano 2000, eram as melhores possíveis. Os *feedbacks* vinham por meio de avaliações de reação ao programa e também por meio de gestos como abraços e mensagens de agradecimento das turmas para seus educadores.

Após um ano e meio de funcionamento, em meados de 2001, o programa foi indicado para ser submetido à avaliação de impacto no trabalho com base no Modelo de Avaliação Integrado e Somativo (MAIS) apresentado no Capítulo 17. Essa avaliação foi feita não só em função dos investimentos realizados, mas, principalmente, por ser um programa estratégico para a empresa.

Esse tipo de avaliação é utilizado pela empresa para apurar os efeitos proporcionados pelo treinamento em termos de aplicação no posto de trabalho. Para isso, foram distribuídos questionários aos participantes do treinamento, a seus superiores imediatos e a um colega de trabalho. O tratamento dos dados englobou a análise quantitativa com o uso do SPSS[3], e qualitativa e os resultados foram apresentados em relatório.

Os resultados da pesquisa apontaram bom nível de contribuição dos Módulos I e II do Programa Excelência Profissional para o desempenho do treinando. Tal programa obteve a maior média entre os já avaliados pela instituição, seus resultados indicaram que os novos funcionários aplicam o treinamento no trabalho em termos de desempenhos esperados e objetivos específicos e gerais. Mas apontaram, também, diferenças entre o número de participações na Etapa I (módulo presencial) em relação à Etapa II (módulo em serviço). Considerando que o programa de inserção ao BB possui três etapas seqüenciais e complementares: presencial, em serviço e a distância, a não realização de uma das etapas frustra os objetivos do programa, prejudicando o desenvolvimento do novo funcionário.

Para verificar essa questão apontada no relatório de avaliação de impacto no trabalho, buscou-se a confirmação no cadastro de formação dos funcionários e a discrepância se confirmou. Além disso, procuraram-se informações nos questionários de avaliação de reação ao programa e nas correspondências de críticas e sugestões. Foram apontaram dificuldades em conciliar o treinamento em serviço com o dia-a-dia da agência.

Dado esse contexto e considerando a necessidade de investigar mais profundamente as causas da não-realização do módulo em serviço, realizou-se pesquisa qualitativa para subsidiar o processo de reformulação do programa. Para a consecução da pesquisa, foi utilizado método de trabalho dividido em três etapas:

- *Pesquisa com grupo focal*: a indicação do uso do grupo focal foi adequada em função da utilização explícita da interação grupal para produzir dados e *insigths* que seriam menos acessíveis se utilizássemos apenas entrevistas a distância ou questionários de pesquisa quantitativa. A principal vantagem do grupo focal é a oportunidade de observar uma quantidade maior de interações a respeito de um tema em um período limitado de tempo. Participaram das entrevistas tanto funcionários novos que fizeram o módulo em serviço quanto que não fizeram, além de orientadores e funcionários da gerência média.
- *Entrevista individual*: a entrevista individual é uma técnica flexível de coleta de dados bastante adequada para a obtenção de informações acerca do que as pessoas sabem, crêem, esperam, fazem ou fizeram, e suas explicações ou razões a respeito de determinado tema. Foram realizadas entrevistas com administradores de agências em Brasília e São Paulo.
- *Questionário*: o questionário possibilita atingir grande número de pessoas, com um número reduzido de questões para complementar as representações pesquisadas pelos outros instrumentos. Os questionários foram enviados para todas as unidades regionais de gestão de pessoas responsáveis pela operacionalização do programa.

As entrevistas foram gravadas após consentimento dos entrevistados. O conteúdo das gravações foi transcrito e agrupado de acordo com a natureza das informações. O aplicativo utilizado para identificar o público-alvo consolidou os dados por estado, estabelecendo correlações entre unidades da federação e realização do módulo em serviço. A análise dos dados foi realizada por grupo multifuncional.

O resultado da pesquisa não só apontou as causas da não-realização do módulo em serviço como vários outros aspectos.

Como aspecto positivo, o módulo presencial foi considerado "empolgante, motivador, energizador", e os participantes compreenderam a importância de realizar o módulo em serviço logo na semana seguinte. Nenhum entrevistado se furta da responsabilidade e do interesse em realizar ou tornar possível a realização do treinamento. Todos os respondentes julgaram imprescindível e necessária a preparação do novo funcionário antes de sua inserção nos processos de trabalho.

A totalidade das agências pesquisadas tem a cultura da boa recepção e apoio aos funcionários novos. Os respondentes afirmaram se sentirem bem acolhidos e já se consideraram como parte do grupo logo na primeira semana.

Em algumas agências, a logística, o ambiente e os equipamentos adequados são elementos que contribuem para que os treinandos possam se preparar para o trabalho. O apoio da administração e da gerência média é determinante do sucesso de qualquer agência que investe no desenvolvimento dos funcionários. Para compreender melhor a questão de suporte à aprendizagem e sua transferência para as organizações, consultar o Capítulo 20.

A cultura da metodologia Fazendo e Aprendendo,[3] o preparo da gerência média em treinamento de *coaching*,[4] material promocional distribuído e a rede de agentes instalada, facilitaram a realização do módulo em serviço.

Entre os aspectos negativos, o número reduzido de funcionários nas agências foi apontado como a principal causa da dificuldade em realizar a Etapa II (módulo em serviço). Outras causas levantadas foram: funcionários novos são esperados com uma certa ansiedade para ocupar, imediatamente, posição no processo produtivo; as atribuições do dia-a-dia não permitem ao orientador dedicar-se inteiramente à orientação; os treinandos revelam sentirem-se "inconvenientes em pedir ajuda" e constrangidos em "estudar" enquanto os demais estão "produzindo".

Além disso, foram apontados outros dificultadores como: espaço e equipamentos inadequados em alguns pontos de trabalho, administração que não compreende a filosofia do programa, não apóia a realização do treinamento e reivindica funcionários prontos para assumir o posto de trabalho, ausência e/ou fragilidade da orientação como papel instituído, grande número de funcionários novos empossados em curto espaço de tempo, *turnover* e rotatividade interna, impotência do funcionário novo em lidar com a complexidade da agência. Pode-se deduzir, que o maior obstáculo para a não realização da Etapa II (módulo em serviço) foi a falta de suporte organizacional, pois, nas agências onde isso ocorreu, a aprendizagem foi mais efetiva.

Portanto, a pesquisa confirma a necessidade de preparar melhor todos os envolvidos no processo: gerentes, orientadores, equipe de trabalho, educadores, superintendências e centros de formação. Além disso, é necessário redimensionar o tempo nas duas etapas para que o novo funcionário possa assumir o seu posto de trabalho com mais segurança.

Uma das recomendações do relatório de pesquisa foi realizar ações de atualização de educadores corporativos, por meio de comunicação envolvendo programas internos de TV e publicações diversas que promovessem a integração e mobilização de todos os agentes existentes.

O papel do orientador foi considerado preponderante por se tratar de apoio e modelo de referência. Contudo, será necessário redimensioná-lo e revigorá-lo por meio do desenvolvimento de oficinas, material de apoio e avaliação para que a atual estrutura das agências não o exclua da função de principal agente local da aprendizagem.

Outra recomendação, é desenvolver a Etapa II (módulo em serviço) em unidades por grupamentos de agências (varejo, comercial, governo), levando em consideração o tamanho da empresa, sua dinamicidade e respeitando as características de uma nova pessoa que vem agregar valor ao banco, mas que ainda não participa da cultura organizacional (desconhece as rotinas de trabalho, práticas e comportamentos organizacionais).

Na prática, criar uma atmosfera saudável e trabalhar as variáveis intervenientes que possibilitam uma educação continuada aos novos funcionários e, sobretudo, em sintonia com as estratégias da empresa renova a capacidade da organização em assegurar sua competitividade futura.

CONSIDERAÇÕES FINAIS

É preciso ressaltar que o sucesso de uma ação de treinamento não se resume apenas a traçar objetivos tecnicamente perfeitos e escolher as melhores estratégias para que a aprendizagem ocorra. Obviamente, essas estratégias são importantes, mas é a preparação cuidadosa de cada etapa do processo (leitura de contexto interno e externo, levantamento de necessidades de treinamento, definição dos desempenhos esperados no trabalho, definição de objetivos, conteúdos, estratégias e recursos, avaliação e preparação de todos os envolvidos), que leva os treinandos (público-alvo) a efetivamente adquirirem ou aperfeiçoarem as competências necessárias, desenvolvendo-se, assim, como pessoa e como profissional.

O processo de fato nunca termina porque ele é sempre renovado e recriado a cada momento como se fosse uma grande espiral.

QUESTÕES PARA DISCUSSÃO

- Que benefícios o processo de socialização pode fornecer para uma organização?
- O Programa Excelência Profissional proporciona aos seus participantes o conhecimento dos propósitos organizacionais, capacitando-os para a entrada no processo produtivo da empresa?
- Que cuidados deve-se ter no processo de planejamento de um programa de treinamento com o objetivo de garantir que a aprendizagem ocorra?

NOTAS

1. Momentos de mudanças, marcados de maneira bem-acentuada (via cerimonia específica formal ou informal), de tal modo que toda uma sociedade tome conhecimento dessa transformação. São nesses ritos que a sociedade transmite seus valores centrais, assegurando a manutenção de sua cultura (Gennep, A. V. *Os ritos de passagem*).
2. Estágio que o novo funcionário deve cumprir, 90 dias, durante os quais é avaliado pelo seu gerente.
3. Statistical Package for the Social Sciences.

28

Metodologia ativa em TD&E com ênfase no *role-playing*

Helena Tonet e Leida Maria de Oliveira Mota

Objetivo

Ao final deste capítulo, o leitor deverá:
- Discutir a aplicabilidade das estratégias ativas de ensino em eventos de TD&E, com ênfase no *role-playing*.
- Discutir a eficácia dessas estratégias.

INTRODUÇÃO

O conteúdo deste capítulo está relacionado à etapa do processo de planejamento instrucional (ver Capítulo 15), que corresponde à seleção ou criação de procedimentos ou estratégias em treinamento, desenvolvimento e educação (TD&E). Sendo assim, cabe lembrar, em primeiro lugar, que o uso de estratégias ativas de ensino, como qualquer outra estratégia, está condicionado aos objetivos instrucionais. Isso significa que a questão principal é se esta ou aquela estratégia pode ou não facilitar o processo de ensino-aprendizagem.

Por que dedicar um capítulo deste livro à discussão da aplicabilidade e eficácia das estratégias ativas em eventos de TD&E? É o que veremos a seguir, a partir de uma breve análise de problemas de pesquisa, seguida de uma discussão a respeito da mudança de paradigmas na área de TD&E, desde a época da Segunda Revolução Industrial até o início deste século.

As revisões de literatura mais recentes, tanto nacionais quanto internacionais, demonstram que a fase de planejamento instrucional, que corresponde ao segundo componente do processo de TD&E, é a que tem recebido menos atenção dos pesquisadores, em comparação com a primeira fase – diagnóstico de necessidades – e a última – avaliação de treinamento. No que diz respeito, especificamente, à seleção e à criação de estratégias instrucionais, é notável a necessidade de estudos e pesquisas relacionados à aplicabilidade e eficácia de diferentes tipos de estratégia, em relação a uma dada situação de aprendizagem.

Segundo Mota (2002), isto é preocupante, tendo em vista que essa lacuna acaba sendo preenchida com "qualquer coisa", favorecendo, inclusive, os vendedores de "pacotes" de treinamento, já que um espaço não ocupado acaba sendo invadido indevidamente. Assim, é urgente a necessidade de preenchê-lo com resultados de pesquisas.

Quanto aos métodos e técnicas que serão discutidos neste capítulo, principalmente as dramatizações, jogos de papéis e jogos de treinamento, faz-se necessário questionar a maneira inadequada como eles são freqüentemente aplicados, o que contribui para o fortalecimento de um estereótipo negativo a esse respeito. Sobre essa questão, Medeiros (1999, p.379) salienta que:

> propor e dirigir um exercício dessa natureza pode não ser uma das atividades mais difíceis e complicadas. Entretanto, saber fazer leituras isentas e realísticas do que foi desvelado e, mais que isso, facilitar ao grupo fazê-las por si mesmo é, sem dúvida, ainda mais adequado, embora difícil. Conseguir reunir de forma lógica e convincente tudo isso, para fixar o aprendizado vivencial e até orientar para o que pode e deve ser feito, é imprescindível.

É importante considerar, ainda, a evolução de paradigmas da área de TD&E, conforme Mattos (1992), no intuito de elucidar as concepções que cercam a utilização de estratégias ativas, em contextos de treinamento. Segundo o autor, a evolução da área compreende três fases principais: a fase de administração científica, que se desenvolveu com base nas contribuições teórico-práticas de Taylor, Fayol e Ford (1900 a 1930); a fase de desenvolvimento de recursos humanos, que é marcada pelo surgimento do Movimento de Relações Humanas (1930 a 1950), e a fase de desenvolvimento humano, que anuncia um novo paradigma, ainda incipiente nas organizações. Para maiores detalhes a respeito desse processo histórico, o leitor pode consultar o Capítulo 8, que trata especificamente desse assunto. O que se faz necessário, neste capítulo, é discutir a mudança de paradigmas que ocorreu ao longo do processo, na relação indivíduo-trabalho-organização.

Na fase de administração científica, havia uma separação bastante rígida entre a concepção e a execução do trabalho, de modo que os operários deveriam apenas executar o que era prescrito pelas "cabeças pensantes". Já no início da fase de desenvolvimento de recursos humanos, começa a haver espaço para uma participação maior do trabalhador na definição dos procedimentos de trabalho e nas tomadas de decisão.

Na fase de desenvolvimento humano, o homem passa a ser visto como sujeito do desenvolvimento político, econômico e social. Dessa forma, resgata-se a dimensão afetiva da relação indivíduo-trabalho, dando espaço para a criatividade, autonomia profissional e interdependência, ação reflexiva e crítica, consenso e dissenso, espontaneidade e flexibilidade. Mattos (1992) enfatiza que esta fase está ainda em processo de construção, visto que pressupõe um modelo democrático de atuação dos atores do processo de TD&E, em que é realizado um trabalho conjunto, a partir de parcerias previamente estabelecidas. Tal modelo parte do pressuposto de que os gestores e os futuros treinandos são capazes de identificar as suas próprias necessidades de treinamento e de auxiliar na elaboração, execução e avaliação dos programas, cabendo aos profissionais de TD&E fornecer as tecnologias apropriadas e preparar os demais atores do processo, para que eles sejam capazes de criar as condições necessárias à transferência e aplicação dos conteúdos do treinamento. Também é estabelecida uma parceria com os instrutores, com vistas à definição do conteúdo programático e das estratégias e meios a serem utilizados no treinamento.

Tais mudanças implicam a necessidade de desenvolvimento de determinadas competências humanas, relacionadas, principalmente, ao domínio de aprendizagem afetivo ou atitudinal.[1] Tais resultados de aprendizagem podem ser mais bem obtidos por meio de estratégias ativas, o que não significa que tais estratégias não sejam úteis para o desenvolvimento de habilidades cognitivas e psicomotoras.[2]

Cabe ainda ressaltar as transformações socioeconômicas que caracterizam a conjuntura atual e que passam a exigir o desenvolvimento de novas competências profissionais. Tais transformações, a exemplo da globalização da economia, avanços tecnológicos, abertura das comunicações, dentre outras, têm produzido um impacto bastante significativo sobre o mundo do trabalho. No âmbito das organizações, observa-se a implementação de uma série de estratégias de sobrevivência, denominadas de reestruturação competitiva, que, por sua vez, provocam diversas mudanças no contexto organizacional. A Figura 28.1 exemplifica as estratégias que compõem o processo de reestruturação competitiva e as consequências de tal processo para o cotidiano do trabalho (Ferreira e Mendes, 2003).

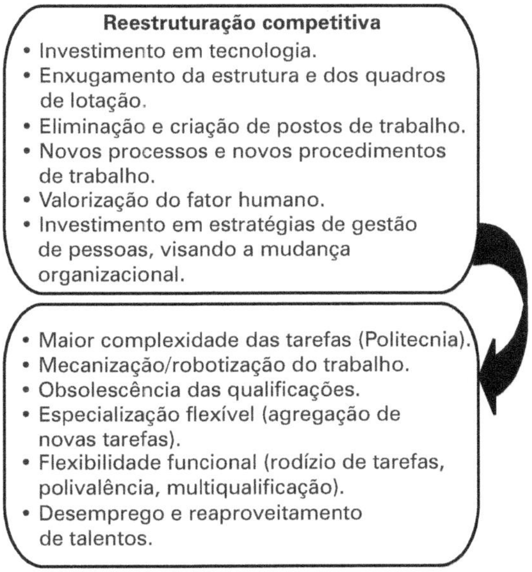

Reestruturação competitiva
- Investimento em tecnologia.
- Enxugamento da estrutura e dos quadros de lotação.
- Eliminação e criação de postos de trabalho.
- Novos processos e novos procedimentos de trabalho.
- Valorização do fator humano.
- Investimento em estratégias de gestão de pessoas, visando a mudança organizacional.

- Maior complexidade das tarefas (Politecnia).
- Mecanização/robotização do trabalho.
- Obsolescência das qualificações.
- Especialização flexível (agregação de novas tarefas).
- Flexibilidade funcional (rodízio de tarefas, polivalência, multiqualificação).
- Desemprego e reaproveitamento de talentos.

Figura 28.1 Representação gráfica das estratégias que compõem o processo de reestruturação competitiva e suas conseqüências para a organização do trabalho.

Segundo os autores, tais mudanças requerem o desenvolvimento de novas competências profissionais, à medida que os trabalhadores passam a ter que assumir novos papéis e novas responsabilidades. O Quadro 28.1 demonstra as principais competências profissionais requeridas no cenário atual.

Analisando-se esse conjunto de competências, nota-se que a primeira se refere aos domínios cognitivo e psicomotor, dependendo da situação; a segunda, ao domínio cognitivo, e as demais, aos domínios afetivo e cognitivo. Lembremos, ainda, que as duas primeiras competências também estão relacionadas ao domínio

Quadro 28.1
NOVO TRABALHADOR: NOVAS COMPETÊNCIAS

- Manejar novas ferramentas tecnológicas
- Lidar com problemas menos estruturados
- Relacionar-se socialmente (habilidades de comunicação, negociação e resolução de conflitos)
- Trabalhar em equipes
- Assumir novas responsabilidades, para atuar em ambientes com maior incerteza, papéis pouco definidos e equipamentos altamente sofisticados

afetivo, uma vez que implicam revisão de valores, crenças e mudança de atitudes. Sendo assim, faz-se necessário o uso de estratégias ativas para o desenvolvimento das novas competências exigidas do trabalhador, pois tais estratégias possibilitam simular situações bastante próximas da realidade, em que o aprendiz participa como protagonista da ação, o que é essencial para a promoção de aprendizagem no domínio afetivo. Cabe ainda ressaltar que a quantidade de informações que os trabalhadores precisam absorver hoje, para manter a sua qualificação profissional, é enorme, o que também requer o uso de diferentes estratégias instrucionais; não só para motivar o treinando, mas, sobretudo, para facilitar o processo de aprendizagem.

A seguir, serão apresentados os principais conceitos utilizados no texto, a descrição de estratégias ativas consagradas e uma experiência prática coordenada por uma das autoras do presente capítulo.

ESTRATÉGIAS DE ENSINO E ESTRATÉGIAS ATIVAS DE ENSINO

Tendo em vista os objetivos do presente capítulo, importa diferenciar os conceitos de estratégias de ensino e estratégias ativas de ensino, bem como rever as seguintes questões: a escolha de estratégias de ensino, a utilização de estratégias de ensino e a escolha e aplicação de tais estratégias com aprendizes adultos.

Estratégias de ensino

Já vimos no Capítulo 15 que, dentre as principais estratégias de ensino estão: exposição oral, estudo de casos, dramatização, exposição dialogada, painel integrado, discussão em grupo e simulação. Além dessas, existem muitas outras, algumas mais centradas no desempenho do professor, outras que buscam envolver mais o aluno e estimular a sua participação e, devido a isso, são identificadas como estratégias de ensino centradas no aluno. É bom lembrar que muitos recursos instrucionais, como textos, filmes, equipamentos e outros poderão ser mobilizados para a execução de uma estratégia, mas eles são entendidos apenas como recursos, não representam a estratégia em si. O professor poderá usar como estratégia levar os alunos a observarem cenas de um filme, anotando, mediante um roteiro apresentado previamente, os aspectos significativos para uma dada aprendizagem, aspectos esses que serão discutidos em grupos, visando a conclusões finais. Nesse exemplo, a estratégia de ensino é o conjunto de ações do professor, que inclui a proposta feita, a elaboração do roteiro para observação do filme, os grupos de discussão e a discussão final, com vistas às conclusões. O filme é um recurso importante que viabiliza a pretensão do professor, mas, mesmo assim, apenas um recurso.

Quanto aos termos *professor* e *facilitador* da aprendizagem, empregados anteriormente, a diferenciação entre eles decorre da relação dos atores do processo de ensinar e aprender. O termo *professor/instrutor*, dependendo do contexto, traz implícito o sentido de que alguém – no caso o professor/instrutor – possui um conhecimento que será repassado a outrem que não o possui ou que o possui de forma incompleta, ou seja, o aprendiz. De um lado está o professor que ensina e do outro, aquele que aprende. Já o termo facilitador da aprendizagem corresponde ao ato de assumir o papel de orientador de outros – os aprendizes – a encontrarem os seus próprios caminhos ou formas de aprender. Na prática, a expressão estratégia de ensino tende a ser relacionada ao papel de professor/instrutor, aquele que ensina, e a expressão estratégia de aprendizagem é mais associada ao papel de facilitador, aquele que facilita que outros aprendam. Esta segunda expressão, além disso, tem outra conotação em psicologia cognitiva: a do uso, pelo aprendiz, de estratégias para guiar seu próprio processo de aprendizagem (por exemplo, reflexões intrínseca e extrínseca, repetição mental sobre o que foi dito ou lido, busca de ajuda interpessoal para resolver um problema, observar e repetir o comportamento do outro). Entretanto, essa última conotação não está no foco do presente capítulo.

A escolha das estratégias está condicionada aos objetivos de ensino, aos resultados esperados e à situação em que o ensino ocorre. Não existem estratégias únicas nem universalmente válidas para qualquer objetivo ou situação. Conforme Lowman (2004, p.193) "nenhum método isolado [...] é o melhor modo de ensinar". Entre os elementos que interferem na escolha das estratégias de ensino, estão os dados demográficos e as aprendizagens anteriores da clientela, os recursos disponíveis, o contexto que envolve todo o processo do treinamento, a situação e os interesses de cada aprendiz, entre outros. Ou seja, a escolha de uma estratégia sempre deverá estar relacionada com os objetivos de aprendizagem pretendidos, com os sujeitos que devem vivenciar as estratégias e aprender por meio delas, com o contexto e o clima vivenciados pelos participantes e com os recursos disponíveis. Quanto mais essas condições forem atendidas, melhores serão os resultados de aprendizagem. Na prática, sabemos que atender a todas essas condições nem sempre é viável, mas isso não invalida o esforço nesse sentido.

Em se tratando de eventos de TD&E, a maior finalidade das estratégias ou procedimentos de ensino é propiciar oportunidade de prática aos aprendizes. Vários autores entendem que a aprendizagem decorre de condições internas ao indivíduo, tais como aprendizagens anteriores, motivação para aprender e aspectos físicos e biológicos, e de condições externas que interferem na aprendizagem. Pozo (2002, p.90) difere da maioria desses autores e postula que "as condições ficam restritas ao componente externo, já que o interno se vincularia aos processos de aprendizagem". As condições, para o autor, seriam tudo aquilo que poderia ser manipulado, independentemente das características do aluno, como as práticas adotadas para viabilizar as aprendizagens.

A quantidade e a especificidade das práticas são fundamentais para que a aprendizagem ocorra. Muitos projetos de treinamento fracassam exatamente porque não é dado o tempo necessário aos aprendizes para praticarem aquilo que estão aprendendo. Existe uma diferença muito grande entre ouvir a respeito de um conhecimento verbalizado por um professor/instrutor ou acessado por meio de uma projeção de uma série de *slides* e transformar o que foi ouvido e visto em conhecimento pessoal. Além disso, internalizar um conhecimento não é a mesma coisa que saber fazer uso desse conhecimento. Uma forma de superar a diferença existente entre esses pólos é o exercício prático dos conhecimentos envolvidos, a fim de diminuir a distância entre a teoria e realidade vivenciada. Guardadas algumas restrições quanto às condições internas do indivíduo que condicionam a aprendizagem, quanto mais uma coisa é praticada, maior será a probabilidade de ser aprendida. Estratégias de ensino bem escolhidas, bem formuladas, adequadas a cada domínio de aprendizagem pretendido, são de grande valia para o professor/instrutor que busca ser efetivo naquilo que faz.

As estratégias de ensino exigem que o professor/instrutor saiba com precisão o que espera que os alunos façam, onde deverão chegar e que resultados deverão obter. Para tanto, tais estratégias deverão ser planejadas com atenção e a sua execução acompanhada de perto pelo professor/instrutor. Os aprendizes deverão ser informados sobre os objetivos pretendidos com a estratégia, compreender o que irão fazer e por que deverão cumprir a estratégia, o que certamente exigirá uma reflexão consciente dos participantes sobre os procedimentos empregados (Pozo, 2002).

Bordenave e Pereira (2004, p.124) entendem que "as atividades são os veículos usados pelo professor para criar situações e abordar conteúdos que permitam ao aluno viver as experiências necessárias para sua própria transformação" e indicam cinco critérios principais para a escolha de estratégias ou atividades de ensino: consideração dos objetivos, estrutura do assunto a ser ensinado, características intrínsecas às atividades de ensino, etapa do processo de ensino e tempo e condições físicas disponíveis. Para atingir os objetivos de aprendizagem, dizem esses autores que o aluno é exposto a conteúdos de diferentes naturezas, "fatos, situações, fórmulas, teorias, princípios, conceitos, processos, sistemas, figuras, etc.", elementos esses que se apresentam interligados em conjuntos com determinadas estruturas, dos quais fazem parte. "Aprender uma série de fatos ou datas não envolve o mesmo tipo de aprendizagem que aprender uma teoria. Nem a aprendizagem de uma língua estrangeira enfrenta a mesma estrutura que a aprendizagem do manejo de um trator". Os autores formulam uma tipologia de atividades, que, associada aos critérios anteriormente indicados, tem como finalidade orientar a escolha das atividades de aprendizagem; essa tipologia tem como foco as capacidades que são esperadas dos aprendizes, como resultado do processo de aprendizagem: capacidade de observar, de analisar, de teorizar, de sintetizar, de aplicar e transferir o aprendido.

O Quadro 28.2 associa algumas estratégias de ensino, ou atividades, com as respectivas capacidades esperadas dos aprendizes, conforme proposto por Bordenave e Pereira (2004).

Tyler (1977) postula cinco princípios gerais úteis na seleção de experiências de aprendizagem, dos quais o primeiro associa o objetivo pretendido com a oportunidade de prática oferecida pelo professor. Conforme o autor, o aprendiz deverá ser exposto a experiências que lhe dêem oportunidades de exercitar os comportamentos inerentes ao objetivo da aprendizagem esperada. Suponha que o objetivo do treinamento seja o de desenvolver a habilidade para elaborar perguntas, mais do que receber modelos de diferentes formas de perguntar segundo as finalidades da pergunta. O aprendiz deverá ter condições de praticar, de construir as perguntas, de forma a descobrir, por si mesmo, os mecanismos de raciocínio e junção de palavras que permitam adquirir proficiência na elaboração de perguntas. O segundo princípio lembra que a experiência de aprendizagem deve ocorrer de forma a que o aprendiz obtenha satisfação ao adotar os comportamentos inerentes aos objetivos. "Se as experiências forem insatisfatórias ou desagradáveis, haverá pouca probabilidade de ocorrer a aprendizagem que se tem em mira" (Tyler, 1977, p.60). A aplicação desse princípio remete para a importância de o professor/instrutor estar informado sobre a realidade dos apren-

Quadro 28.2
ESTRATÉGIAS DE ENSINO RELACIONADAS ÀS CAPACIDADES ESPERADAS DOS APRENDIZES

Capacidades esperadas	Estratégias de ensino
Observar	Excursão e visitas; exame de objetos; desenho de objetos; elaboração de relatórios; construção de maquetes; censo de problemas; etc.
Analisar	Estudos de caso; discussão dirigida; painel de discussão; painel de oposição; pergunta circular; comparação de teorias; comparação de objetos; estudo dirigido; análise de projetos, etc.
Teorizar	Pesquisa individual e grupal; leitura de relatórios de pesquisa; leitura de textos sobre pesquisas; redação de resenhas; estudo dirigido; etc
Sintetizar	Tempestade mental; redigir resenhas; solucionar problemas; reorganizar textos alheios; resumir textos técnicos; resumir entrevistas feitas; etc.
Aplicar e transferir	Elaborar projetos; desenhar fluxo de ações; reformular instrumentos; solucionar casos; solucionar problemas; etc.

dizes, seus interesses e demandas, de conhecer múltiplas estratégias de ensino e suas respectivas aplicabilidades, e de estar apto para avaliar as potencialidades e os resultados passíveis de serem obtidos com as estratégias que utiliza.

O terceiro princípio lembra que os resultados esperados da aprendizagem precisam guardar relação com as possibilidades dos aprendizes em obter tais resultados; o professor/instrutor precisa partir daquilo que o aprendiz é capaz de realizar, de forma a progredir, paulatinamente, para níveis mais complexos ou diferenciados de aprendizagem. Mais uma vez, poderá se valer de diferentes estratégias de ensino para identificar tais potencialidades dos seus alunos, principalmente de estratégias ativas, que oferecem melhores evidências das áreas e graus de autonomia dos participantes. O quarto princípio alerta que existem muitas alternativas de experiências que poderão atender aos objetivos de ensino e conduzir aos resultados de aprendizagem esperados. Isso significa que o professor/instrutor tem à sua disposição inúmeras estratégias que lhe permitirão diversificar, na medida da sua criatividade, o atendimento às especificidades dos objetivos, às individualidades dos alunos e aos condicionantes das situações em que trabalha, muitas vezes adversas, como a limitação de recursos, escassez de tempo, existência de conflitos e outras. O quinto princípio, por fim, evidencia que uma mesma experiência de aprendizagem poderá levar a diversos resultados, podendo o participante aprender bem mais do que o professor/instrutor é capaz de prever. Este aspecto é mais facilmente administrável quando o condutor do processo toma o papel de facilitador da aprendizagem dos participantes, em vez de assumir a responsabilidade de ensinar a eles tudo o que devem aprender. O uso de estratégias ativas de ensino costuma evidenciar, com freqüência, o que postula esse princípio. Não é raro que aprendizes façam observações sobre aspectos para os quais o professor/instrutor nunca havia atentado, ou que cheguem a conclusões que levam o professor/instrutor a reformular as suas próprias posições ou formas de ver uma dada questão.

Estratégias ativas permitem que, juntamente com a aprendizagem dos conteúdos em discussão, ocorram outras tantas aprendizagens, de significado vivencial, às vezes até mais importantes do que a posse de informações sobre uma determinada matéria ou área de conteúdo. Senso de oportunidade, disciplina, prática de negociação, entendimento e respeito das diferenças pessoais, reconhecimento da contribuição recebida de alguém, valorização do mérito de outras pessoas, liderança, gestão do tempo, são exemplos de resultados que podem ser obtidos por meio de práticas e vivências típicas das estratégias ativas. Tais estratégias têm como princípio que aprender é conquistar o *saber*, o *saber fazer* e o *saber ser*, por meio da elaboração, organização, estruturação e confrontação de saberes já detidos e em aquisição pelo indivíduo. Permitem que os participantes se envolvam com os conteúdos e suas práticas, e se comprometam com os resultados de sua própria aprendizagem. Estimulam a reflexão, a criatividade e a busca de soluções mais apropriadas para as questões em estudo.

Estratégias ativas de aprendizagem

Já vimos que estratégias de ensino são meios e formas de atuação que o professor/instrutor adota, com o objetivo de promover a aprendizagem. As estratégicas ativas, por sua vez, são práticas, exercícios, vivências, usadas no processo de aprendizagem, que permitem envolver o aprendiz e construir, a partir dele e com ele, tanto o processo de aprender como os resultados que serão obtidos desse processo. Conforme Nérici (1987), as estratégias ativas facilitam que o aprendiz elabore, por si mesmo, os conhecimentos desejados ou os comportamentos esperados, em um processo no qual a procura, a realização e a reflexão são constantemente solicitadas. Estudos de caso, figuração, expressão através de recursos multissensoriais, construção coletiva e vivência de situações simuladas são exemplos de estratégias ativas. Nesse tipo de situação, o aprendiz deve se manter mental, emocional e fisicamente ativo, o que implica utilizar diferentes aspectos de si mesmo para aprender. Debater, negociar, julgar, decidir, desenhar, medir, cortar, garimpar recursos, mover-se, equilibrar-se sobre uma linha imaginária, dar apoio físico, apoiar-se fisicamente em alguém ou em alguma estrutura, ganhar e perder são alguns exemplos de comportamentos solicitados nessas ocasiões.

Pode-se dizer, então, que estratégias ativas são formas de organizar as atividades, dando ênfase à participação do indivíduo na construção da sua aprendizagem e ao compartilhamento horizontal de saberes. Para Lowman (2004, p.194) "tais técnicas [...] têm maior probabilidade de fazer com que os alunos sejam participantes ativos e não passivos das aulas". Entre as muitas estratégias ativas conhecidas, estão o painel integrado, Phillips 66, debate e fórum de juízes. Uma subdivisão das estratégias ativas de aprendizagem são os jogos didáticos ou jogos de aprendizagem ou, ainda, jogos de treinamento – que é a denominação adotada neste capítulo.

Existe consenso entre autores de que estratégias ativas ou métodos ativos produzem resultados melhores do que os obtidos com a utilização de estratégias ou métodos passivos de aprendizagem (Rogers, Miller, Hennigan, 1981). Ensinar não é simplesmente transferir aquilo que o instrutor sabe, e sim criar as possibilidades necessárias para a produção ou a construção do conhecimento (Freire, 1997). É óbvio que cada conjunto de conteúdos, ou cada proposta de aprendizagem, requer estratégias próprias, como já discutido no Capítulo 15, o que fortalece a importância da escolha de diversas formas de conduzir os processos de aprendizagem, de modo a estimular os aprendizes a participarem ativamente de todas as atividades propostas, incluindo, muitas vezes, a escolha e definição dessas próprias atividades.

O aprendiz tende a aprender mais o que ele mesmo tem a oportunidade de fazer, e não o que o professor/instrutor diz ou faz frente à turma. Não é raro que duas pessoas estejam lado a lado, em um dado contexto de aprendizagem, tendo, simultaneamente, experiências diferentes. Uma delas, interessada em uma demonstração feita pelo professor/instrutor, acompanha atenta tudo o que ele faz, refletindo sobre cada expressão apresentada e estabelecendo elos com suas vivências pessoais, fazendo perguntas, questionando os procedimentos e resultados apresentados pelo professor/instrutor. A outra, embora presente fisicamente, se mantém alheia, mais ocupada em rever mentalmente alguns detalhes de uma situação pessoal na qual está mais interessada, naquele momento. Mesmo estando na mesma sala, diante do mesmo professor/instrutor, não estão vivenciando a mesma experiência (Tyler, 1977).

Embora a aprendizagem dependa da motivação e das condições dos aprendizes para aprender, e suas experiências sejam, em última análise, individuais, próprias de cada um, "o professor pode fornecer uma experiência educacional, criando um ambiente e estruturando a situação, de modo a estimular o tipo de reação desejada" (Tyler, 1977, p.58). Para tanto, o professor/instrutor precisará conhecer os aprendizes, informar-se sobre seus interesses e necessidades, experiências anteriores, o que fazem e o que esperam fazer em suas vidas pessoal e profissional. Não resta dúvida de que essa não é uma tarefa fácil, pois existe hoje a tendência de as pessoas se envolverem com muitas atividades; o professor/instrutor muitas vezes trabalha simultaneamente em vários projetos, conduz várias turmas, tem múltiplos encargos pessoais. Mas conhecer os aprendizes é parte do "negócio" do professor/instrutor; os alunos são os seus clientes mais diretos e precisam ser atendidos em suas necessidades e expectativas.

Todo aprendiz tem necessidades próprias que devem ser atendidas nos processos de ensino. As atividades que abrem espaço para idéias divergentes, para percepções próprias, e que permitem movimentos físicos, são mais estimuladoras e fazem com que as pessoas se envolvam por inteiro, expondo suas crenças e evidenciando as suas experiências. Com base nas correntes pedagógicas mais recentes, pode-se dizer que os aprendizes costumam apresentar melhores resultados de aprendizagem, quando as metodologias adotadas permitem confrontar os novos conteúdos e as práticas às quais são submetidos com as experiências que possuem e as crenças que postulam. Isto é, quando as informações a eles repassadas encontram eco em conceitos preexistentes em sua estrutura cognitiva. Práticas e exercícios que demandem a aplicação de múltiplas habilidades, dramatizações, jogos e simulações são exemplos de estratégias ativas que podem estimular aprendizagens mais significativas.

Nos eventos de TD&E, existe sempre uma grande probabilidade de que os participantes tenham experiências pessoais diferentes, mesmo nas situações em que aparentemente se trabalha com turmas homogêneas. Isso implica que o instrutor crie situações que atendam a cada um em particular, diversificando as atividades propostas, propondo atividades com diferentes níveis de complexidade e diferentes tipos de desafios a serem vencidos. A apreensão e retenção de novos conhecimentos e habilidades são maiores se o aprendiz conta com repetidas oportunidades de prática ou repetidos momentos em que pode exercitar ou aplicar o que aprendeu. Mesmo estratégias expositivas, desde que mais centradas na participação do aluno, como a exposição verbal dialogada ou a demonstração com interferência dos alunos, permitem que a aprendizagem ocorra mais facilmente do que as estratégias puramente centradas no professor/instrutor. Esta última questão será aprofundada no tópico a seguir.

DESCRIÇÃO DE ESTRATÉGIAS ATIVAS CONSAGRADAS E DE EXPERIÊNCIA PRÁTICA

Estratégias ativas consagradas

Neste item, vamos discorrer sobre algumas estratégias de ensino já consagradas e, de certa forma, já bastante descritas na literatura. O objetivo de trazê-las para este espaço é, de um lado, o de reunir, em um livro especializado em TD&E, informações sobre algumas estratégias de ensino que já se mostraram úteis na prática de instrutoria e, de outro lado, completar a descrição das principais características de tais estratégias, com detalhes advindos da experiência pessoal das autoras, no uso de estratégias de ensino em suas atividades como professoras e facilitadoras de aprendizagem em programas de TD&E.

Estudo de caso

É uma das *estratégias ativas* de ensino mais úteis, principalmente quando o facilitador busca transmitir conhecimentos relacionados com processos de gestão, como planejamento, decisão, negociação, definição de políticas, avaliação, formação de equipes, liderança, dentre outros. Consiste em apresentar uma situação fictícia ou real – o caso – para ser discutida, visando chegar a conclusões ou soluções desejadas. Tem como origem a convicção de que a realidade humana é formada por um conjunto de elementos sociológicos, tecnológicos, psicológicos, morais, profissionais e outros e que a atuação das pessoas, em situações concretas, exigirá delas que saibam diagnosticar, estabelecer relações, avaliar alternativas, decidir, isto é, um saber que é adquirido com a vivência dessas situações. A proposta dessa estratégia de ensino é levar para a sala de aula situações da vida real, de forma a oferecer aos alunos a oportunidade de pelo menos refletirem e de se posicionarem sobre elas. Embora conhecido desde a Idade Média, o início do emprego sistemático do método do caso data de 1908, sendo atribuída a Malvin T. Copeland, professor da Universidade de Harvard, a sua introdução como estratégia de ensino.

O estudo de caso permite colocar o participante em contato com opiniões, idéias e comportamentos dos demais, semelhantes ou diferentes dos seus, permitindo ver incoerências, intransigências, subjetividades, distorções e tantos outros aspectos que caracterizam o agir das pessoas. Durante o estudo do caso, cada indivíduo amplia a sua informação, mediante as descobertas dos demais. O grupo desempenha papel importante nessa estratégia de ensino, uma vez que, juntamente com a discussão e as soluções do caso em si, pode tornar evidente características dos indivíduos, traços de personalidade, atitudes, desejos e preconceitos.

Existem pelo menos três tipos de estudo de casos: o primeiro engloba casos que descrevem uma determinada situação ou fato, com detalhes às vezes não muito evidentes, que se interligam em uma trama que deverá ser estudada e discutida pelos participantes, buscando a resposta ou solução correta para o caso, solução essa que o facilitador apresenta ao final do estudo, comparando com as soluções encontradas pelos alunos e discutindo erros e acertos. O segundo tipo descreve um problema para o qual os alunos deverão encontrar uma ou mais soluções. O terceiro visa fomentar a discussão e criar interações entre os participantes, tendo a resposta ou solução do caso uma importância secundária.

Bordenave e Pereira (1977) apontam dois tipos:

- O caso-análise, que permite o desenvolvimento da capacidade analítica dos participantes, ou seja, apreensão das relações de causalidade, associação, oposição, independência e outras, existentes entre variáveis, e distinção entre observações, inferências e julgamentos; o caso-análise também visa evidenciar a diversidade de posições possíveis, diante de uma situação, e não tem o consenso como objetivo.

- O caso-problema, que tem como finalidade levar os participantes a identificarem a melhor solução para o que é proposto ou descrito, considerando o conjunto de dados oferecidos. O alvo neste tipo de caso é a adoção de uma linha de conduta, a tomada de decisão frente a um problema, consideradas as variáveis que o condicionam. O caso-problema visa o consenso.

De forma geral, os casos usados em sala de aula tendem a ser redigidos em poucos parágrafos, no máximo uma folha, mas existem casos bem mais extensos, com até várias páginas, que descrevem em detalhes situações da vida real, ou que são construídos de forma a incorporar princípios teóricos que deverão ser assimilados pelos participantes, resultado que é facilitado quando discutem o caso e tentam justificar as suas interpretações e decisões tomadas. Embora variem conforme o objetivo do caso, geralmente os participantes de um estudo dessa natureza são levados a refletir sobre questões como: que regras ou princípios deixaram de ser cumpridos? Quem foi o responsável pelo sucesso ou pelo fracasso? Quem acertou e quem errou? Quem tem razão e quem não tem? Que alternativas existem para solucionar a questão? Que fatos justificam a decisão tomada?

Verbalização versus ressonância (ou GV x GR)

Trata-se de uma *estratégia ativa* em que o facilitador deverá dividir os participantes em dois grupos, um de verbalização (GV) e outro de ressonância (GR), dispostos de forma que o primeiro fique no centro do círculo, e o segundo, à sua volta. Se a turma for muito grande, poderá ser dividida em quatro grupos, dois de verbalização e dois de ressonância, funcionando um par V-R simultaneamente ao outro. A seguir, o facilitador fornece o tema para a discussão e marca o tempo, geralmente 10 minutos. O grupo de verbalização começa o trabalho; em torno dele, o grupo de ressonância apenas escuta e faz anotações, para poder dar continuidade à discussão, quando chegar o seu momento de discutir. Vencido o período de tempo, faz-se um rodízio nos grupos: o que observava passa para o centro e dá continuidade à discussão do grupo anterior, procurando enriquecer com novas idéias e fatos o que foi dito anteriormente. Esse rodízio poderá continuar até que se esgote o assunto e se obtenham as conclusões necessárias.

O facilitador poderá intervir a qualquer momento e até mesmo interromper os trabalhos em algum ponto que ache interessante, ou que possa servir de base para uma nova atividade, como, por exemplo, uma exposição oral dialogada. O facilitador também poderá estabelecer com antecedência o assunto a ser discutido, visando ao preparo do grupo quanto ao mesmo, ou poderá revelar o assunto na hora do debate, visando forçar a reflexão e levantar indagações sobre o mesmo.

Essa atividade tem como objetivos: estimular a aplicação dos conhecimentos e das experiências dos participantes a diferentes situações evidenciadas pelos conteúdos em estudo; desenvolver a capacidade de ouvir e construir sobre argumentos de outras pessoas; desenvolver a flexibilidade de raciocínio; despertar a atenção dos participantes para situações típicas do campo ou área de conhecimento em estudo e para as diferentes interpretações que possa sofrer; otimizar e ampliar a organização cognitiva de informações previamente adquiridas.

Discussão Philips 66

É uma *estratégia ativa* atribuída a J. Donald Philips (Beal, Bohlen e Raudabaugh, 1972). Tem como finalidade principal facilitar a discussão por meio do fracionamento de um grupo grande em grupos de seis pessoas, nos quais cada pessoa tem apenas um minuto para expor suas idéias, daí a denominação 6x6. Terminado esse tempo, os participantes voltam para o grande grupo, e nele um representante de cada subgrupo apresenta uma síntese das idéias surgidas no seu grupo. Finalizada essa etapa, o facilitador poderá estimular a discussão do tema, de forma aberta, devendo, ao final, fazer os seus comentários e conclusões.

Entre as principais vantagens do uso da técnica estão: permitir que todos os participantes falem, expondo suas idéias e se envolvendo com o assunto tratado; encorajar a participação dos mais retraídos; inibir a participação excessiva dos mais falantes; criar um clima informal e descontraído; gerar visão abrangente e rápida do assunto tratado. A desvantagem mais citada é a superficialidade do tratamento do tema, no pequeno grupo.

Díades ou tríades

São *estratégias ativas* que fracionam um grupo grande em vários grupos menores, de duas pessoas ou pares e de três pessoas ou trios. Poderão ser utilizadas com diferentes objetivos, como facilitar a discussão de um tema complexo; estimular que todos falem e se posicionem sobre um assunto; facilitar a transferência horizontal, dentre outros. Para fracionar o grupo, o facilitador poderá proceder de várias maneiras: distribuir cartões numerados, de tal forma que o total de participantes seja dividido por dois ou por três, conforme pretenda trabalhar com díade ou trio; se o grupo é composto por 30 alunos, distribuirá números de 1 a 15, duplicados, ou de 1 a 10 triplicados, que resultarão em 15 grupos de duas pessoas ou 10 grupos de três pessoas. Poderá também usar a sua criatividade, por exemplo, escrevendo frases incompletas em tiras de papel e solicitar aos alunos que encontrem a complementação das suas respectivas frases, que estará na mão de um colega, orientando que, depois de se encontrarem, procedam ao estudo-alvo. Em uma outra variação, poderá recortar figuras, formando um quebra-cabeça, e pedir que as pessoas busquem reunir as frações recebidas, reconstruindo a figura. Ou, simplesmente, o facilitador poderá pedir que os alunos se agrupem aos pares, ou em trios.

Um aspecto importante a ser observado diz respeito à finalização do exercício com díades ou tríades, caso os grupos devam apresentar aos demais os resultados do estudo ou da discussão feita. Se 15 grupos estudaram a mesma coisa, devendo todos apresentar as suas conclusões, é quase certo que após a quinta ou sexta apresentação apenas alguns valorosos e heróicos participantes continuarão atentos. Para evitar tal situação, o facilitador poderá atribuir tarefas, de forma que cada grupo, ou pelo menos cada conjunto de dois ou três grupos, estudem aspectos diferentes de um mesmo assunto.

Dramatização

A dramatização é uma *estratégia ativa* que pode ser utilizada em diversos contextos de aprendizagem e desenvolvimento de pessoas. Pode ser definida como uma representação de uma situação-problema (real ou imaginária), tendo em vista o resgate da espontaneidade e da criatividade. É importante salientar que não se trata dos "teatrinhos" que às vezes são realizados em programas de TD&E, cujos objetivos são discutíveis. A dramatização, como um tipo de estratégia ativa, visa ampliar a percepção dos participantes a respeito da situação-problema, englobando uma série de técnicas psicodramáticas que implicam papéis que são colocados em ação. As técnicas fundamentais – duplo, espelho e inversão de papéis, assim como a concretização, dentre outras – oportunizam ao treinando-protagonista[3] a representação dos papéis e contrapapéis que constituem o seu drama atual. Ao tomar tais papéis no contexto de treinamento, ele pode vislumbrar novas possibilidades de interação consigo mesmo e com o outro, jogando-os de diversas formas, até liberar a sua espontaneidade e criatividade, dando um caráter pessoal à representação.

O duplo é utilizado quando o diretor[4] (ou o ego auxiliar[5]) percebe a necessidade de expressar, num dado momento, aquilo que o protagonista não está conseguindo fazer (Gonçalves, Wolff e Almeida, 1988). O espelho, por sua vez, ocorre quando o protagonista assume o papel de observador, enquanto o diretor (ou o ego auxiliar) toma o seu lugar na dramatização (Gonçalves, Wolff e Almeida, 1988). A inversão de papéis, segundo Bustos (1982), (a) consiste em trocar o papel que o protagonista está fazendo com o de seu interlocutor ou interlocutores; (b) tem como base o exercício de colocar-se no lugar do outro, o que permite, muitas vezes, entender atitudes incompreensíveis, quando não são levadas em conta as circunstâncias reais que cercam o comportamento do outro. Fazer a troca de papéis permite investigar mais profundamente os conteúdos do outro e, muitas vezes, revela fatos aparentemente desconhecidos para o protagonista, atuando em seu próprio papel.

A concretização corresponde à representação de objetos inanimados, entidades abstratas (emoções, conflitos), partes corporais, doenças orgânicas, através de fala, imagens e movimentos dramáticos, o que é feito pelo próprio protagonista ou pelo ego-auxiliar (Gonçalves, Wolff e Almeida, 1988).

Ao realizar uma dramatização em atividades de TD&E, o instrutor deve seguir as etapas propostas por Yozo (1996), psicodramatista brasileiro, com relação à aplicação de jogos dramáticos: aquecimento inespecífico, aquecimento específico, dramatização, compartilhar, processamento e processamento teórico. Estas duas últimas etapas foram acrescentadas à proposta original de Rojaz-Bermudez, psicodramatista argentino, em relação à sessão de psicodrama, na área clínica. Cabe ressaltar que o modelo desenvolvido por Yozo (1996) aplica-se à utilização de qualquer estratégia ativa. A Figura 28.2 sintetiza as etapas propostas pelo autor.

Cabe destacar, aqui, o sentimento de descrédito relatado por alguns treinandos, no momento da avaliação de reações do treinamento, justamente por que o instrutor não fez ou não soube fazer o processamento teórico. Neste caso, a dramatização perde toda a possibilidade de ser uma estratégia instrucional, passando a ser percebida como um "teatrinho" ou uma "brincadeira", o que desqualifica todos os esforços empreendidos por Moreno (1975) e seus seguidores.

Jogos de treinamento

Os jogos de treinamento são uma modalidade especial de *estratégias ativas* de ensino. Também identi-

a) **Aquecimento inespecífico** – Inicia-se a partir do primeiro contato do facilitador com o grupo e se estende até a escolha da cena a ser dramatizada, que pode corresponder a uma situação-problema já ocorrida (cena real) ou a uma cena temida pelos treinandos (cena imaginária).

b) **Aquecimento específico** – Nesta fase, os participantes são preparados para a realização na dramatização, através da construção do cenário e definição de papéis.

c) **Dramatização** – Corresponde à fase de representação de papéis, em que costumam emergir as situações-problema e os conflitos interpessoais. A dramatização pode se referir a fatos acontecidos ou não acontecidos. Neste caso, a finalidade é a de conhecer, desvelar, no cenário dramático, o sentido e o significado desta "realidade" para o protagonista.

d) **Comentários (ou compartilhar)** – Os participantes são incentivados a compartilhar as sensações, percepções, sentimentos e emoções experimentados durante a dramatização, iniciando-se por aqueles que participaram diretamente da cena (protagonistas e egos-auxiliares).

e) **Processamento** – Diz respeito à releitura da dramatização e dos comentários, que é realizada pelo facilitador do grupo, de acordo com os objetivos instrucionais.

f) **Processamento teórico** – Corresponde à relação que deve ser estabelecida entre o que foi vivenciado, os respectivos temas e subtemas do conteúdo programático e o dia-a-dia do trabalho, para que a dramatização possa fazer sentido para os participantes e esteja de acordo com os objetivos instrucionais.

Figura 28.2 Etapas de uma sessão de dramatização.
Fonte: Adaptado de Yozo (1996).

ficados como jogos de aprendizagem ou jogos educativos, são conjuntos de procedimentos concebidos para estimular a aprendizagem individual e coletiva, por meio de ações cooperativas, competitivas ou de aliança. Embora antigo como atividade de lazer, somente nas últimas décadas é que o jogo passou a ser considerado como uma atividade pedagógica ou um recurso facilitador da aprendizagem, sendo hoje muito usado em programas de TD&E, principalmente a modalidade jogo de empresa. Neste capítulo, o interesse recai sobre os tipos de jogos que contribuem para facilitar a aprendizagem em sala de aula, no tocante a conhecimentos, habilidades e atitudes (CHAs). De forma geral, o jogo de treinamento tem como finalidade fazer o aprendiz confrontar-se com situações que demandam a posse de informações ou conhecimentos nem sempre disponíveis, supõem a tomada de decisões e exigem comportamentos de competição, cooperação, estabelecimento de alianças ou um conjunto deles.

O jogo sempre esteve ligado à vida do homem, primeiro como atividade lúdica, depois como estratégia competitiva ou de guerra e, por fim, como recurso para o ensino e aprendizagem. A identidade dos povos sempre incorporou uma ou mais espécies de jogo, como o *buzkashi*, que é o jogo nacional do Afeganistão; o loto, ou bingo, que surgiu em 1530, na Itália, com o nome de Il Gioco Del Lotto Del Itália e é jogado até hoje, inclusive entre nós; o chaturanga, uma espécie de antepassado do jogo de xadrez, surgido na Índia, no século VI; o tangran, provavelmente inventado na China, no início do século XI (Abril, s.a.).

O jogo é um fenômeno antropológico que se deve considerar no estudo do ser humano. É uma constante em todas as civilizações, esteve sempre unido à cultura dos povos, à sua história, ao mágico, ao sagrado, ao amor, à arte, à língua, à literatura, aos costumes, à guerra. (Murcia, 2005, p.9)

Moreno Palos (1992) afirma que os jogos nascem nas sociedades para atender a necessidades lúdicas, trazem as marcas particulares dessas sociedades e têm pelo menos duas características, o fato de se constituir uma criação cultural genuína ou adaptada de uma comunidade e a transmissão, ao longo do tempo, de uns para outros, supondo uma inter-relação entre o adulto e a criança, de grande transcendência educativa.

Murcia (2005) fez uma extensa revisão do conceito de jogo, concluindo que o termo tem origem etimológica no vocábulo latino *iocus*, que significa brincadeira, diversão, rapidez, passatempo; acrescentando que para o seu estudo deve ser considerado também o significado da palavra *ludus-i*, que significa o ato de jogar. Para Vila e Falcão (2002), o jogo é uma interação entre jogadores, dentro de um conjunto definido de regras, que tem como suporte a teoria dos jogos, proposta em 1947 pelo matemático alemão John Von Neumann.

A utilização de atividades lúdicas em sala de aula é considerada, na pedagogia contemporânea, um recurso para a aprendizagem e o amadurecimento das pessoas, independente da idade que possuam. Um jogo de aprendizagem pressupõe ações competitivas e/ou cooperativas entre um certo número de participantes, organizados individualmente ou em equipes; conta com instruções estrategicamente repassadas aos participantes, de forma a estimular o engajamento das pessoas e orientar as ações; permite seguir um certo número de cursos de ação e chegar a resultados previsíveis; demanda recursos materiais e ambiente físico adequados. Em um jogo, nem sempre todos têm as mesmas instruções ou os mesmos recursos para agir. A busca ou conquista desses elementos muitas vezes se constitui o próprio jogo.

Exercícios de role-playing

O *role-playing* ou jogo com papéis ou jogo do desempenho de papéis, segundo Rojaz-Bermúdez (1977), corresponde ao processo de aprendizagem de um papel. Para Gonçalves, Wolff e Almeida (1988), consiste em jogar o papel, explorando simbolicamente suas possibilidades de representação.

Antes de definir as características e etapas dos exercícios de *role-playing*, é importante revisar os tópicos principais da teoria de papéis, de Jacob Levi Moreno. Para tanto, faz-se necessário delimitar o conceito de papel, descrever o processo e os níveis de desenvolvimento de um papel.

Conceito de papel

Segundo Torres (1990), o conceito de papel é um dos mais significativos para a teoria psicodramática, uma vez que constitui uma teoria da personalidade e uma teoria das relações interpessoais. Entretanto, cabe estender a definição do conceito, dentro dos limites impostos pelo objetivo do presente capítulo, antes de discuti-lo à luz da contribuição do psicodrama. Rubini (1995) apresenta diferentes conceitos e significados do termo "papel", em artigo originalmente publicado na *Revista Brasileira de Psicodrama*[6], a partir das contribuições de diversos autores, dentro do âmbito das ciências sociais, dentre os quais se destacam Rocheblave-Spenlé (1962) e Holland (1977). O primeiro autor analisa as concepções dos precursores e primeiros teóricos do papel; o segundo enfoca as conclusões de autores que estudaram as relações entre papel e personalidade. Segundo a Nova Enciclopédia Barsa, publicada em 1998, o conceito de papel está presente em várias teorias relacionadas às ciências sociais, sendo que foi o antropólogo americano Ralph Linton, em *The study of man: an introduction* (1936), que trouxe o conceito de papel social para a terminologia das ciências sociais. A sociologia preocupa-se com as inter-relações do papel com a estrutura social, enquanto que a psicologia dedica-se a estudar o seu significado para o indivíduo, considerando a relação entre o desempenho de papéis e a construção da identidade.

A organização articulada de papéis possibilita ao indivíduo atingir seus objetivos como pessoa e como integrante de uma coletividade. Ainda segundo Rubini (1995), o processo de tomada de um papel é extremamente complexo, pois caracteriza a socialização do indivíduo, por meio do esforço de ajustamento da personalidade a estímulos internos e externos.

Sendo assim, o papel social pode ser definido como um padrão de comportamento determinado pela posição que um indivíduo ocupa no grupo social de que faz parte (Rubini,1995). Tal conceito pressupõe interação e relacionamento interpessoal, já que traz a noção de grupo, que, por sua vez, diz respeito a um conjunto de dois ou mais indivíduos, que interagem entre si, em prol de um objetivo comum.

O processo individual de assumir ou incorporar um papel é bastante complexo, caracterizando o grau de socialização do indivíduo, à medida que corresponde ao esforço de ajustamento de sua personalidade aos desafios e expectativas do ambiente que o circunda. Tais expectativas correspondem às normas relacionadas a cada posição social, segundo um código de deveres e direitos que configuram um determinado *status*. Além disso, elas podem ser geradas pelo próprio indivíduo, como uma tentativa de adaptação às atitudes de outrem.

O papel social desdobra-se em diferentes facetas, cujo desempenho pode ser observado ao longo das diversas etapas da vida e em cada uma delas, de forma a assinalar o comportamento em função da faixa etária, do sexo, do padrão de vida (com seus múltiplos componentes), da situação familiar, do sistema de crenças e valores e da classe social. Sendo assim, é muito comum o mesmo indivíduo apresentar diferentes modalidades de papéis em interação, em dado momento de sua vida, o que pode resultar em conflitos de personalidade ou em polimorfismo de atitudes, dependendo dos fatores determinantes de sua ação.

Moreno (1975) define papel como a forma de funcionamento que o indivíduo assume, no momento específico em que reage a uma situação específica, na qual outras pessoas ou objetos estão envolvidos.

Analisando-se tal definição, observa-se que está implícita a idéia de complementaridade de papéis, o que significa que todo papel é uma resposta a outro (de outra pessoa). Para Fonseca Filho (1980, p.20), "papel é uma experiência interpessoal e necessita de dois ou mais indivíduos para ser posta em ação. Todo papel é uma resposta a outro (de outra pessoa). Não existe papel sem contra-papel". Por exemplo, o papel de líder requer, por si só, a complementaridade do papel de seguidor e vice-versa; o papel de opressor implica a existência do papel de oprimido, ou seja, não se pode conceber a existência de um na ausência do outro.

Há outras definições de papel apresentadas por Moreno (1975), ao longo de sua obra. O termo também foi definido pelo autor como a unidade de experiência sintética em que se fundiram elementos privados, sociais e culturais; como uma cristalização final de todas as situações em uma zona especial de operações pelas quais o indivíduo passou (por exemplo, o comedor, o pai, o piloto de avião); como uma pessoa imaginária, criada por um autor dramático – *Hamlet*, *Otelo* ou *Fausto*; como a unidade da cultura, na qual ego e papel estão em contínua interação; como um modelo para a existência, como *Fausto*, ou uma imitação dela como *Otelo*; como uma parte ou um caráter assumido por um ator; como uma personagem ou função assumida na realidade social, tais como policial, médico, juiz; ou, finalmente, como as formas reais e tangíveis que o *eu* adota.

Sintetizando as diferentes concepções do termo papel propostas, Moreno (1975), Gonçalves, Wolf e Almeida (1988, p.68) tem-se que papel é como a unidade de condutas inter-relacionais observáveis, resultante de elementos constitutivos da singularidade do agente e de sua inserção na vida social.

Seja qual for a definição, nota-se que os papéis são fenômenos observáveis; são desempenhados; representam aspectos tangíveis do eu; correspondem a padrões de conduta relacionados ao momento histórico de uma dada sociedade e são facilitadores das relações, devido à sua previsibilidade.

Processo de desenvolvimento do papel

O desenvolvimento de um novo papel, segundo Moreno (1975), passa por três fases: *role-taking* – tomada do papel previamente estabelecido, a partir da imitação de um modelo; *role-playing* – jogo, representação ou desempenho de papéis, explorando suas possibilidades de atuação; *role-creating* – desempenho do papel de forma espontânea e criativa, acrescido de características do próprio indivíduo. Há diversas situações do cotidiano que clarificam esse processo de desenvolvimento. Quando um indivíduo assume o papel de chefe pela primeira vez em sua vida, por exemplo, a tomada do papel costuma ocorrer de forma estereotipada, com base em algum modelo existente em seu repertório. Assim, se tal modelo vestia-se e se comportava de uma determinada forma, o indivíduo procura imitá-lo, na tentativa de ser aceito por seus superiores, pares e subordinados. À medida que forem surgindo situações diversas e dependendo das reações dos indivíduos responsáveis pelos contra-papéis em questão, é provável que o indivíduo experimente novas possibilidades de atuação, jogando o papel com mais espontaneidade. Em um estágio posterior, espera-se que ele consiga dar um toque pessoal ao desempenho do papel, criando diversas formas de atuação, de acordo com as demandas de cada momento.

Níveis de desenvolvimento de um papel

Os papéis podem ser mensurados, de acordo com o seu nível de desenvolvimento. Moreno (1975) salienta que um papel pode estar rudimentarmente desenvolvido, normalmente desenvolvido ou hiperdesenvolvido, quase ou totalmente ausente numa pessoa e pervertido numa função hostil. Em qualquer uma das três categorias, o papel também pode ser classificado, segundo o autor, do ponto de vista do seu desenvolvimento no tempo: nunca esteve presente; está presente em relação a uma pessoa, mas não em relação à outra, e esteve presente em relação a uma pessoa, mas agora está extinto.

A utilização do *role-playing* em processos de TD&E

Segundo Rubini (1995), Moreno dá bastante ênfase à técnica do *role-playing* com todo seu desdobramento pedagógico (aprendizagem e treinamento de papéis) e terapêutico, sendo que a finalidade do *role-playing* é proporcionar ao ator uma visão do ponto de vista de outras pessoas, ao atuar no papel dos outros, seja em cena, seja na vida real, para que ele possa recuperar a capacidade de realizar mudanças efetivas em sua vida, nas suas relações e no meio onde vive.

O *role-playing* é uma técnica psicodramática que tem sido largamente utilizada em processos de TD&E, visando à melhoria do desempenho do papel profissional. Cabe ressaltar, entretanto, que este resultado depende do nível de domínio do instrutor, em relação aos conceitos e teorias do Psicodrama, que dão suporte à aplicação da técnica.

Segundo Romaña (1996), o *role-playing* destina-se ao papel que será desenvolvido e ao seu complementar. Pontes (1998) afirma que, através do *role-playing*, pode-se preparar indivíduos para que estes venham a assumir novos papéis, ou para possibilitar questionamentos a respeito dos papéis que estão sendo desempenhados. Desta forma, o *role-playing* propicia a tomada de consciência das conservas culturais[7] e proporciona a experiência de emitir novas respostas dentro de um clima protegido, no qual os "erros" servem apenas como referencial, em busca de acertos. Além disso, o *role-playing* pode conduzir a uma aprendizagem mais integrada, por envolver diferentes níveis de aprendizagem – cognitivo, motor e afetivo-emocional. Por meio do desempenho do próprio papel, no contexto do "como se" (contexto dramático), os medos e desafios são experienciados em um campo mais relaxado, o que muitas vezes possibilita o *role-creating*, a partir dos *insights* dos indivíduos que estão (re)vivenciando a cena e/ou do grupo que compõe o público. O *role-playing* também permite o desenvolvimento da percepção de si mesmo e do outro, bem como a inversão de papéis e a espontaneidade, competências estas que certamente beneficiarão os indivíduos nos desempenhos de todos os seus papéis. Entretanto, é importante considerar, também, as limitações do treinamento de papéis. A função de treinamento, que, segundo Nadler (1984), está relacionada à tentativa de melhoria do desempenho de tarefas atuais, orienta-se para a reprodução de papéis previamente estabelecidos. Por um lado, de acordo com Salto (1998), isso pode servir como ponto de referência para a produção de respostas espontâneo-criativas ou, por outro lado, para a cristalização do papel. Já o desenvolvimento, que objetiva o crescimento do indivíduo (Nadler, 1984), permite maior flexibilidade ao desempenho de papéis, possibilitando uma atuação mais criativa (*role-creating*). Na área de desenvolvimento gerencial, por exemplo, fala-se em estilos gerenciais, o que significa que as organizações toleram e até incentivam a diversidade de papéis.

Condução do processo

Em se tratando de uma técnica psicodramática, o *role-playing* é conduzido, em processos de TD&E, a partir de uma dramatização, seguindo-se as etapas propostas por Yozo (1996), já descritas anteriormente: aquecimento inespecífico; aquecimento específico; dramatização; comentários, processamento e processamento teórico.

O *role-playing* é realizado entre as etapas de dramatização e comentários, sendo que não é necessário que a dramatização da cena seja realizada exatamente como ela ocorreu, ou seja, do início ao fim, pois tanto o facilitador-diretor quanto os treinandos-atores podem solicitar o "congelamento" da cena, à medida que sentem necessidade de discutir o *role-playing*. Os treinandos que assistiram ao desenrolar da cena (componentes do público) também têm direito à voz, depois que os protagonistas já se pronunciaram. Neste momento, questiona-se a turma a respeito da conduta dos protagonistas e egos auxiliares que tomaram os papéis e contrapapéis inerentes à cena, explorando os pontos fortes de tal atuação, bem como os pontos a serem melhorados. Após a troca de *feedbacks*, pergunta-se se os treinandos-voluntários desejam repetir a cena, a fim de buscar a melhoria do desempenho do seu papel. Caso estes se recusem, dá-se oportunidade à participação de outros treinandos, para que a cena seja dramatizada novamente, visando o desenvolvimento das habilidades e atitudes inerentes ao processo, ou seja, buscando-se o *role-creating*.

Ao final de cada processo de dramatização e *role-playing*, realiza-se o *compartilhar*, o *processamento* e o *processamento teórico*, momentos estes em que o facilitador pode compartilhar a sua experiência profissional com os treinandos, buscando encorajá-los a transferir e aplicar os CHAs recém-adquiridos, com vistas ao enfrentamento das situações-problema do cotidiano de trabalho. Para tanto, importa que o facilitador tenha como foco os objetivos instrucionais, definidos anteriormente.

É importante frisar alguns aspectos éticos, em relação à aplicação das técnicas de dramatização e *role-playing*. Por serem técnicas vivenciais, que simulam situações reais com bastante fidelidade, é comum os participantes entrarem em contato com conflitos intrapsíquicos e interpessoais, que não se restringem ao ambiente de trabalho, muitas vezes relacionados a situações atuais (ou pregressas) mal resolvidas. Esta é uma das questões mais polêmicas do treinamento atitudinal, pois como o objetivo do treinamento não é terapêutico, cabe ao instrutor/facilitador estabelecer e respeitar os limites da sua atuação. Para tanto, faz-se necessário que ele tenha bastante clareza dos objetivos instrucionais e que, ao longo das dramatizações/ *role-playing* não perca o foco em relação aos papéis profissionais que estão sendo desenvolvidos.

Vamos exemplificar essa questão com uma situação verídica. Um dos objetivos específicos de um treinamento gerencial era que os participantes se tornassem capazes de comunicar os resultados da avaliação de desempenho aos colaboradores, evidenciando os pontos fortes e os pontos a serem melhorados. O tema central deste objetivo é a comunicação interpessoal. Tal tema desdobra-se em outros: elementos da comunicação, tipos de comunicação, barreiras e estímulos à comunicação interpessoal, comunicação assertiva. Para trabalhar este último subtema, o instrutor decidiu usar as técnicas de dramatização e *role-playing*, solicitando que os treinandos relatassem situações do dia-a-dia de trabalho, em que eles tivessem sentido dificuldade de falar a respeito de deficiências de desempenho com os seus colaboradores. Uma das situações relatadas foi a seguinte: o empregado X, que atuava na área de atendimento ao público, estava apresentando desempenho insatisfatório. Ele foi observado, várias vezes, brincando no computador ou "batendo papo" ao telefone, enquanto os clientes aguardavam atendimento. O gerente anotou esses incidentes, procedeu à avaliação de forma criteriosa, mas sentia dificuldade de comunicar os resultados ao empregado. O Quadro 28.3 descreve o processo de dramatização e *role-playing* que se desenrolaram a seguir.

Não caberia ao instrutor, nessa sessão, mesmo ele sendo psicólogo e tendo formação clínica, fazer perguntas a respeito das relações familiares do gerente, muito menos investigar a origem do problema. Nota-se aqui, claramente, o limite entre o pedagógico e o terapêutico, pois, se essa mesma cena tivesse ocorrido em contexto clínico, o psicoterapeuta provavelmente trabalharia a relação do gerente-protagonista com os filhos, assim como as demais relações em que essa pessoa estivesse tendo dificuldade de comunicar-se com assertividade, buscando, conforme a abordagem teórico-metodológica, as razões que a levaram a desenvolver tais dificuldades.

A seguir são relatadas três experiências vivenciadas na condução de estratégias ativas de aprendizagem: a primeira, caracterizada como uma técnica de estudo; a segunda, como técnica de aprofundamento de aprendizagem, e a terceira, como uma técnica de desenvolvimento de habilidades interpessoais.

Experiência prática

A experiência a ser aqui descrita foi realizada com estudantes de um curso de graduação em psicologia, sob a modalidade de estágio supervisionado. Utilizou-se o método construtivista, privilegiando-se, portanto, a participação e a troca de idéias e conhecimentos entre o professor-supervisor e o corpo discen-

---

Quadro 28.3

EXEMPLO DE UMA SESSÃO DE DRAMATIZAÇÃO/*ROLE-PLAYING* EM CONTEXTO DE TREINAMENTO GERENCIAL

O gerente foi convidado a simular uma entrevista de *feedback*, em que ele teria a oportunidade de treinar as habilidades de comunicação que estavam sendo trabalhadas no treinamento. Para tanto, ele escolheu outro treinando para desempenhar o papel do empregado, e ele mesmo se colocou no seu papel. Entretanto, ele não conseguia expressar-se de forma alguma, demonstrando um certo constrangimento na situação. O instrutor "congelou" a cena e repassou ao gerente as regras de *feedback* discutidas anteriormente, a fim de ajudá-lo a se posicionar. O gerente disse que ele sentia esse mesmo tipo de dificuldade com os filhos e que acabava de perceber que o tal empregado era bastante parecido com o seu filho mais velho. O instrutor disse que foi importante ele ter observado isso, para limpar o seu campo de percepção, e o encorajou a enfrentar a situação simulada, para que treinasse as habilidades/atitudes a serem desenvolvidas. O gerente retomou a cena e conseguiu ter um bom desempenho. No momento do compartilhar, ele disse que a experiência tinha sido bastante válida, que acreditava que teria mais facilidade de comunicar-se com os seus subordinados e que tinha percebido que precisava também aprender a exercer melhor a sua autoridade com os filhos. O instrutor pontuou que talvez fosse interessante ele procurar ajuda clínica nesse sentido.

te. Foram também observados os princípios da andragogia – aprendizagem de adultos, tendo em vista os objetivos citados anteriormente. Os referenciais teórico-metodológicos utilizados foram os seguintes: teorias e técnicas psicodramáticas e teorias e técnicas específicas do campo da psicologia organizacional e do trabalho. O trabalho foi desenvolvido conforme explicitado no Quadro 28.4.

Clientela-Alvo

A maioria dos alunos pertence ao sexo feminino (de 80 a 90%), tendo em vista que na profissão e em cursos de psicologia predominam as mulheres. Possuem idades em torno de 21 a 22 anos, sendo que há também alunos de meia-idade. Provêm da classe média e classe média alta. Alguns já trabalham, e outros, não.

Descrição das dramatizações e role-playings

Tais técnicas são aplicadas, com vistas ao desenvolvimento do papel de psicólogo organizacional e do trabalho, já que a maior parte dos alunos não têm experiência prática nesse sentido.

O psicólogo organizacional e do trabalho precisa desenvolver uma série de competências, para que se torne capaz de desempenhar os seguintes papéis, conforme explicitado por Gil (2001): papel de comunicador, papel de analista de cargos e salários, papel de selecionador, papel de treinador, papel de avaliador, papel de motivador, papel de líder, papel de negociador, papel de gestor da qualidade e papel de *coach*.

O papel de comunicador diz respeito à habilidade de comunicação interpessoal que o psicólogo organizacional e do trabalho precisa utilizar na maioria das atividades que exerce, pois é muito comum ele ser solicitado no sentido de exprimir-se oralmente ou comunicar-se com uma ou mais pessoas. Os papéis de analista de cargos e salários, selecionador, treinador e avaliador referem-se, respectivamente, às funções de análise e descrição de cargos, seleção, treinamento e avaliação de desempenho, que compõem os departamentos de recursos humanos ou de gestão de pessoas das organizações. O papel de motivador compreende a habilidade de identificar fatores capazes de promover a motivação dos empregados e o domínio de técnicas adequadas para mobilizá-la. O papel de líder corresponde à capacidade de gerar resultados por meio de pessoas. O papel de negociador refere-se à habilidade de conciliar interesses divergentes. O papel de gestor da qualidade diz respeito à responsabilidade de coordenar o programa de qualidade total. O papel de *coach* consiste em dar apoio a outrem, visando

---

Quadro 28.4
ATIVIDADES TEÓRICO-PRÁTICAS DESENVOLVIDAS COM OS ESTAGIÁRIOS

1. Preparação dos alunos-estagiários, em termos de CHAs necessários ao bom desempenho do papel de psicólogo organizacional e do trabalho. Esta primeira etapa compreende alguns passos específicos, conforme detalhado a seguir:
    - Preparação teórica – breve fundamentação teórica sobre o campo de atuação do Psicólogo, no contexto das organizações de trabalho.
    - Preparação técnica – elaboração conjunta de projetos específicos e instrumentos de diagnóstico e intervenção; desenvolvimento do papel de psicólogo organizacional e do trabalho, por meio de realidade suplementar (dramatizações de cenas imaginárias e temidas) e *role-playing*.
    - Formação de subgrupos, de acordo com as demandas das organizações-clientes, observando-se as características dos alunos, bem como as necessidades dos projetos específicos.
    - Apresentação dos alunos às organizações-clientes.

2. Realização do estágio supervisionado, por parte dos alunos-estagiários, compreendendo as seguintes atividades:
    - Aplicação dos instrumentos de diagnóstico.
    - Análise dos dados coletados.
    - Aplicação de procedimentos de intervenção, de acordo com os resultados encontrados.
    - Acompanhamento e avaliação.
    - Apresentação e validação dos resultados.
    - Elaboração de relatório final.

melhorar seu desempenho e promover seu desenvolvimento profissional e pessoal, lembrando, de certa forma, o papel de *personal trainner* (Gil, 2001).

Dentre as abordagens teórico-metodológicas do campo da psicologia, o psicodrama é uma das menos conhecidas pelos alunos. Sendo assim, faz-se necessário explicar os principais fundamentos de tal abordagem, bem como preparar os alunos para a realização das dramatizações e *role-playings*. Desta forma, eles se tornam capazes, inclusive, de aplicar as técnicas psicodramáticas em procedimentos de diagnóstico e intervenção nas organizações.

Essa preparação é feita com o seguimento das fases de uma sessão de psicodrama, considerando-se que o trabalho é realizado no contexto socioeducacional – aquecimento inespecífico e específico; dramatização; compartilhar; processamento e processamento teórico.

Na fase de aquecimento, são aplicados exercícios de respiração e alongamento, para que os alunos possam entrar em contato com sensações e sentimentos relacionados ao exercício do papel de psicólogo organizacional e do trabalho. A seguir, faz-se uma retrospectiva de todo o curso de psicologia, a fim de facilitar a tomada do papel em formação.

No início da sessão, solicita-se que os alunos caminhem pela sala e que procurem regular o seu ritmo respiratório, inspirando o ar pelo nariz e expirando-o pela boca. Em seguida, pede-se que prestem atenção às diversas partes de seu corpo, continuando a caminhar pela sala e que façam exercícios de alongamento, conforme as suas próprias necessidades e condições físicas.

Por fim, os alunos são convidados a relembrar todas as fases do curso, desde a realização da matrícula, até o momento atual, em que estão preparando-se para a elaboração e execução de um projeto relacionado à área de psicologia organizacional e do trabalho. Pede-se, então, que os alunos façam uma projeção para o futuro próximo, em que entrarão em contato com gestores e profissionais da área de recursos humanos, de uma dada organização do trabalho.

Ao final do aquecimento, solicita-se que os alunos retornem aos seus lugares e que façam um desenho, uma colagem ou uma escultura representativa das sensações e sentimentos que predominaram no momento em que se projetaram para o futuro. Eles voltam a caminhar pela sala, mostrando as suas representações para os colegas. Em seguida, pede-se que os alunos formem subgrupos, a partir do critério de similaridade, ou seja, buscando representações similares às suas.

Formados os subgrupos, solicita-se que os alunos conversem a respeito da vivência, procurando identificar os padrões de sentimentos e sensações que foram expressos através das representações, e que imaginem situações em que tais sentimentos e sensações poderiam estar presentes. Ao final deste trabalho, pede-se que cada subgrupo eleja uma situação específica que contenha as principais expectativas e temores relativos ao desempenho do papel de psicólogo organizacional e do trabalho. Em seguida, "abre-se a roda", e o "grupão" elege uma ou mais situações, para que se dê início à dramatização.

Realiza-se, então, o processo de aquecimento específico dos atores que irão compor a cena em questão, sendo que a professora-supervisora assume o contra-papel do papel de psicólogo, que pode ser o papel de um gerente de área ou de um outro profissional de Recursos Humanos. Os demais atores são voluntários. Definidos os papéis, faz-se a montagem do cenário, utilizando-se, para tanto, os móveis disponíveis na sala de supervisão, bem como adereços diversos, tais como gravatas, paletós, pastas, etc.

A dramatização é então realizada, de modo que os alunos-voluntários podem solicitar o "congelamento" da cena, à medida que sentem necessidade de ajuda. Neste caso, outro aluno é convidado a tomar o contra-papel até então assumido pela professora-supervisora, sendo que esta se posiciona ao lado dos alunos-voluntários, solicitando que eles relatem como se sentiram ao longo da dramatização, que dificuldades tiveram, etc.

Inicia-se, então, o *role-playing*, sendo que os alunos que compõem o público também têm direito à voz, depois que os protagonistas já se pronunciaram. Neste momento, questiona-se a turma a respeito da conduta dos alunos que tomaram o papel de psicólogo, explorando os pontos fortes de tal atuação, bem como os pontos a serem melhorados. Após a troca de *feedbacks*, pergunta-se se os alunos-voluntários desejam repetir a cena, a fim de buscar a melhoria do desempenho do seu papel. Caso estes se recusem, dá-se oportunidade à participação de outros alunos (componentes do público), para que a cena seja dramatizada novamente.

Caso haja tempo hábil, são realizadas outras dramatizações, de acordo com as situações criadas pelos próprios alunos. Ao final de cada dramatização, realiza-se o compartilhar, o processamento e o processamento teórico, momento em que a professora-supervisora compartilha a sua experiência profissional com os alunos, buscando encorajá-los a enfrentar as situações temidas.

Termina, então, a fase de preparação técnica dos alunos. Em seguida, são formados os subgrupos que irão desenvolver os projetos específicos nas organizações-clientes. Neste momento, a professora-supervisora emite *feedbacks* pontuais aos alunos, evidenciando as potencialidades que foram observadas durante as dramatizações e os *role-playings*, de modo a facilitar a escolha de cada um. Se um aluno destacou-se quanto à capacidade de persuasão, por exemplo, ele é indicado a participar de um projeto que esteja em fase inicial (fase de aplicação de procedimentos de diagnóstico), em que os gerentes da organização ainda não estão convencidos a respeito da importância do papel do psicólogo. Se outro aluno demonstrou facilidade em transmitir conhecimentos relacionados à área de psicologia, ele pode ser indicado a desenvolver um projeto relacionado à área de T&D, assim por diante.

Espera-se que a descrição dessa experiência tenha sido útil para a compreensão da aplicabilidade das estratégias ativas e jogos de aprendizagem no contexto de TD&E. Espera-se, também, que outros autores se motivem a descrever as suas experiências profissionais, para que haja uma maior troca de idéias e conhecimentos em nossa área de atuação.

CONSIDERAÇÕES FINAIS

O objetivo do presente capítulo foi discutir a aplicabilidade e eficácia das estratégias ativas de ensino em eventos de TD&E, com ênfase no *role-playing*, tendo em vista o uso crescente de tais estratégias, em função das mudanças que vêm ocorrendo no mundo do trabalho, desde a Revolução Industrial até os tempos atuais. Em pleno século XXI, os trabalhadores precisam desenvolver diversas competências técnico-administrativas e político-sociais, a fim de saber lidar com os problemas e oportunidades do cotidiano de trabalho. Não basta mais que o trabalhador tenha domínio dos conhecimentos e das tecnologias inerentes à sua área de atuação. Ele também precisa adquirir conhecimentos e habilidades de áreas correlatas. Além disso, espera-se que ele se relacione bem com os outros e que desenvolva estratégias de enfrentamento e resolução de situações de conflito. Tudo isso implica em necessidades de treinamento que requerem o uso de estratégias instrucionais diversificadas, dentre as quais foram destacadas, neste capítulo, as que possibilitam a simulação e a resolução de situações-problema, bem como o jogo e o desenvolvimento de papéis.

Acreditamos que o objetivo foi atingido com relação à aplicabilidade das estratégias ativas, mas que muitos estudos e pesquisas são ainda necessários para que possam ser tiradas conclusões mais seguras quanto à eficácia desse tipo de estratégia instrucional.

Como foi comentado aqui, o segundo componente do processo de TD&E – o planejamento instrucional – carece mais que os demais de investigações científicas. Segundo Mota (2002), se há falhas metodológicas em relação a um dos componentes de TD&E, estarão os esforços empreendidos, no estudo dos outros, trazendo resultados significativos? O que se observa na prática, em muitas situações, é que os modismos seduzem e as necessidades de TD&E são levantadas de maneira superficial ou incompleta. Quando são avaliadas corretamente, desconsideram-se os dados obtidos, para que a atenção seja desviada para eventos de TD&E mais "atraentes". Em muitos casos, esses eventos não são avaliados devidamente. Se houver um esforço maior de pesquisas sobre o mencionado componente, é possível que essas práticas apressadas sejam revistas e que a área de TD&E consiga, então, alcançar uma posição ainda mais estratégica nas organizações. Cabe aqui um convite aos profissionais que atuam como coordenadores de eventos de TD&E e/ou como instrutores, no sentido de que procurem dar também a sua contribuição para a construção de conhecimento. São tantas as práticas realizadas! Se tais práticas passarem a ser investigadas cientificamente e devidamente publicadas, os avanços certamente serão bastante significativos!

QUESTÕES PARA DISCUSSÃO

- Os treinamentos em que são utilizadas estratégias ativas podem ter um impacto maior na vida pessoal dos treinandos? Justifique a sua resposta.
- Como aumentar a eficácia dos treinamentos que utilizam estratégias ativas?
- Até que ponto os limites entre o pedagógico e o terapêutico são claros em treinamentos que privilegiam o uso de estratégias ativas?
- Será possível utilizar estratégias ativas em treinamentos a distância, ou elas se restringem a cursos presenciais? Que mídias poderiam ser utilizadas nesse sentido?

NOTAS

1. O Capítulo 15 descreve a classificação dos objetivos instrucionais, a partir dos domínios de aprendizagem.
2. O Capítulo 14 descreve um sistema de classificação que possibilita uma compreensão sobre as diferenças entre esses tipos de habilidades.
3. "[...] é a pessoa em torno da qual se centraliza a dramatização. Traz o tema para dramatizar e, ao mesmo tempo, o desempenha" (Bermúdez, 1980); "a palavra vem do grego: *proto* = primeiro, principal; *agonistes* = lutador, competidor. Dá-se esse nome ao sujeito que emerge para a ação dramática, simbolizando os sentimentos co-

muns que permeiam o grupo, recebendo por parte deste aquiescência para representá-lo [...] (Gonçalves e colaboradores).

4. "[...] é o responsável pelo psicodrama, nos seus diferentes aspectos" (Rojas-Bermúdez, 1977).
5. O ego auxiliar "[...] tem função tríplice: ator, auxiliar do protagonista e observador social. Como ator, representa papéis, estando para isso habituado a utilizar seus iniciadores e a colaborar na manutenção do aquecimento específico [...] É observador social, porque observa as inter-relações da microssociedade reproduzida em cena, do ponto de vista de alguém que dela participa. Comunica ao Diretor aspectos que escapam a este, uma vez que o Diretor não está interagindo com o protagonista, do mesmo modo" (Gonçalves, Wolff e Almeida, 1988).
6. Volume 3, fascículo I, 1995.
7. "[...] são objetos materiais (incluindo-se obras de arte), comportamentos, usos e costumes, que se mantêm idênticos, em uma dada cultura" (Gonçalves, 1988).

REFERÊNCIAS

BALLY, G. *El juego como expresión de libertad*. 2.ed. Buenos Aires: Fonde de Cultura Econômica, 1964.

BEAL, G.M.; BOHLEN, J.M.; RAUDABAUGH, J.N. *Liderança e dinâmica de grupo*. Rio de Janeiro: Zahar, 1972.

BUSTOS, D. M. *O psicodrama*. São Paulo: Summus, 1982.

BOOG, G. G. (org.). *Manual de treinamento e desenvolvimento*. 3.ed. São Paulo: Makron Books, 1999.

BONFIN, D. *Pedagogia no treinamento*. Rio de Janeiro: Qualitymark, 2004.

BORDENAVE, J. D.; PEREIRA, A. M. *Estratégias de ensino-aprendizagem*. Petrópolis: Vozes, 2004.

EDITORA ABRIL. *Os melhores jogos do mundo*, s/a.

ELGOOD, C. *Manual de jogos de treinamento*. São Paulo: Siamar, 1987.

FÁVERO, M. H. *Psicologia e conhecimento*. Brasília: UnB, 2005.

FERREIRA, M.C.; MENDES, A. M. *Trabalho e riscos de adoecimento*: o caso dos auditores-fiscais da previdência social brasileira. Brasília: Ler, pensar, Agir, 2003.

FONSECA-FILHO, J. S. *Psicodrama da Loucura*. São Paulo: Ágora, 1980.

FREIRE, P. *Pedagogia da autonomia*: saberes necessários à prática educativa. São Paulo: Paz e Terra, 1997.

GARDNER, H. *Inteligências múltiplas*. Porto Alegre: Artmed, 1995.

GIL, A.C. *Gestão de pessoas*: enfoque nos papéis profissionais. São Paulo: Atlas, 2001.

GONÇALVES, C. S.; WOLFF, J. R.; ALMEIDA, W. C. *Lições de psicodrama*: introdução ao pensamento de J.L. Moreno. São Paulo: Ágora, 1988.

HOLLAND, R. *Eu e o contexto social*. Rio de Janeiro: Zahar, 1979.

LINDSEY JR., C.W. *Educação com participação*. Rio de Janeiro: Record, 1988.

LOWMAN, J. *Dominando as técnicas de ensino*. São Paulo: Atlas, 2004.

MASETTO, T. M. *Aulas vivas*. São Paulo: MG Editores Associados, 1992.

MASINI, E. F. S. (Org.). *Psicopedagogia na escola*. São Paulo: Inimarco, 1993.

MATTOS, R. A. *De recursos a seres humanos*: o desenvolvimento humano na empresa. Brasília: Livre, 1992.

MEDEIROS, A. M. Técnicas de simulação e jogos de empresa. In: BOOG, G.G (Org.). *Manual de treinamento e desenvolvimento*. ABTD. 3. ed. São Paulo: Makron Books, 1999.

MONTEIRO, R. F. *Jogos dramáticos*. São Paulo: McGraw-Hill, 1979.

MORENO, J. L. *Psicodrama*. São Paulo: Cultrix, 1975.

MORENO PALOS, C. *Aspectos recreativos de los juegos y deportes tradicionales em Espana*. Madri: Gymnos, 1992.

MOTA, L. M. O. *Treinamento e prazer-sofrimento psíquico no trabalho*. Dissertação (Mestrado) – Universidade de Brasília, Brasília-DF, 2002.

MURCIA, J. A. M. *Aprendizaje através del juego*. Aljibe, 2002.

NADLER, L. (Ed.). *The handbook of human resources development*. New Work: Wiley, 1984. p. 1.1-1.47.

NÉRICI, I.G. *Didática geral dinâmica*. São Paulo: Atlas, 1987.

PONTES, R. L. P. F. A Ação psicodramática na empresa. CONGRESSO BRASILEIRO DE PSICODRAMA, 11., Campos do Jordão – SP, 1998. Publicações científicas.

POZO, J. I. *Aprendizes e mestres*. Porto Alegre: Artmed, 2002.

ROCHEBLAVE-SPENLÉ, A. M. *La notion de role en psychologie sociale*. Paris: PUF,1969.

ROGERS, M.; MILLER, N.; HENNIGAN, K. Cooperative games as an intervention to promote cross-racial acceptance. *American Educational Research Journal*, v.18, n.4, p.513-516, 1981.

ROJAS-BERMUDEZ, J. G. *Introdução ao psicodrama*. São Paulo: Mestre Jou, 1977.

_____. *Introdução ao psicodrama*. Belo Horizonte: Interlivros, 1977.

ROMAÑA, M. A. *Do psicodrama pedagógico à pedagogia do drama*. Campinas: Papirus, 1996.

ROSAMILHA, N. *Psicologia do jogo e aprendizagem infantil*. São Paulo: Pioneira, 1979.

RUBINI, C. J. O conceito de papel no psicodrama. *Revista Brasileira de Psicodrama*, v.3, n.1, p.45-62, 1995.

SALTO, M. C. E. Gestação e nascimento do papel de diretor: um desenvolvimento para a atualização da cena. CONGRESSO BRASILEIRO DE PSICODRAMA, 11., Campos do Jordão – SP, 1998. Publicações científicas. p.194-211.

SOLER, R. *Jogos cooperativos*. Rio de Janeiro: Sprint, 2005.

TORRES, M. P. S. M. Psicodrama com pauta pré-estabelecida. PSICODRAMATIZANDO. CONGRESSO BRASILEIRO DE PSICODRAMA, 7. Anais...Rio de Janeiro: FEBRAP, 1990. p.74-93.

TYLER, R.W. *Princípios básicos de currículo de ensino*. Rio de Janeiro: Globo, 1977.

VILA, M; FALCÃO, P. *Focalização de jogos em T&D*. Rio de Janeiro: Qualitymark, 2002.

YOZO, R. Y. K. *100 Jogos para grupos*: uma abordagem psicodramática para empresas, escolas e clínicas. São Paulo: Ágora, 1996.

29

"Cuidar-se para cuidar": avaliação de um programa de desenvolvimento de pessoas de um hospital[1]

Sônia Regina Pereira Fernandes, Antonio Virgílio Bittencourt Bastos,
Márcia Oliveira Staffa Tironi e Anderson César Veloso Viana

Objetivos

Ao final deste capítulo, o leitor deverá:

- Identificar, em uma situação concreta, as decisões que configuraram o processo de avaliação de um programa de desenvolvimento de pessoas.
- Identificar o tipo de avaliação utilizada no caso, considerando a literatura em avaliação de TD&E.
- Avaliar a contribuição e os limites da estratégia de confrontar auto e heteroavaliações dos impactos do programa no caso específico.
- Discutir os resultados gerados pelo processo de avaliação à luz do modelo de avaliação utilizado.
- Avaliar os ajustes necessários ao modelo de avaliação adotado, considerando a especificidade do programa foco da avaliação (tipo de habilidades, grau de organização de todo o processo das atividades de TD&E na organização).

INTRODUÇÃO

As demandas por qualificação do trabalhador para lidar com as novas exigências de contextos organizacionais e sociais em acelerada transformação têm conduzido empresas, especialmente as de maior porte e com sistemas de gestão de pessoas mais fortes e estruturados, a maiores investimentos em treinamentos e outras ações de desenvolvimento de pessoas. Tais ações, evidentemente, não são novidade, pois estiveram a serviço de diferentes modelos de organização do trabalho e, em decorrência, ajudaram a consolidar e/ou a transformar paradigmas que marcaram as organizações ao longo do último século (ver Capítulo 8).

Há, certamente, uma crença bastante generalizada de que treinamento é algo benéfico e necessário, não constituindo custos, mas investimentos organizacionais. Talvez até mesmo devido à difusão de tal crença, como já tivemos oportunidade de discutir nos Capítulos 3 e 9, quase sempre, as ações de treinamento não costumam ser acompanhadas de cuidadosos processos de avaliação dos seus resultados, quer imediatos, quer a médio ou longo prazos. Há dificuldades de ordem técnica que se aliam a uma cultura pouco propícia à implantação de sistemas confiáveis e rigorosos de avaliação, em toda a sua extensão, das práticas de treinamento, desenvolvimento e educação (TD&E). Como também tivemos oportunidade de discutir ao longo de todo o livro, não é comum a existência de um sistema articulado de ações de treinamento que considerem todas as etapas, desde o levantamento de necessidades (ver Capítulos 10 e 11) até a avaliação dos seus impactos (Capítulos 24 e 25).

O presente caso relata a experiência de uma consultoria para um hospital privado de Salvador, Bahia, que apresentou uma clara demanda: a necessidade de desenvolver competências na equipe de recursos humanos em avaliação de programas por ela desenvolvidos, como estratégia para justificar os investimentos e a função estratégica de tais programas junto à direção da organização. O programa escolhido, *Cuidar-se para Cuidar*, foi uma decisão conjunta entre consultoria e equipe de recursos humanos (RH). Tal escolha será mais bem justificada adiante.

O caso aqui relatado para exame e discussão parte exatamente dessa realidade que parece dominante no cenário nacional: programas de desenvolvimento de pessoas que nascem, são implantados e persistem no tempo sem um cuidadoso conjunto de ações avaliativas em todas as etapas do processo. O processo de avaliação dos impactos termina, portanto, cumprindo a função de deixar explícito que todo o processo precisa ser repensado. Na realidade, a avaliação termina constituindo-se em um processo de reconstrução da experiência, trazendo à tona elementos anteriormente inconscientes para os atores, tanto profissionais de TD&E quanto trabalhadores-alvo dos programas.

Há, no entanto, outra dimensão importante e muitas vezes esquecida pelos profissionais de TD&E quando implementam e avaliam seus programas. Tais programas não ocorrem em um vácuo social. Pelo contrário, eles se inserem em relações interpessoais, intergrupais, interdepartamentais que afetam o cotidiano das pessoas e, por esse motivo, são práticas constitutivas da própria organização. Tais práticas são afetadas pela cultura e, simultaneamente, ajudam a modelar padrões culturais da organização, fixando rotinas, *scripts*, modos de entendimento que são fundamentais para a criação de um sentido partilhado sobre as ações empreendidas em conjunto.

Como teremos oportunidade de revelar mais adiante, além de apresentar a lógica e as ações ancoradas no modelo desenvolvido pela equipe central do Pronex[2] de avaliação de treinamento (ver os Capítulos 17 a 26), a experiência busca chamar a atenção para o papel que as ações de avaliação cumprem nos processos organizativos mais gerais, contribuindo para fortalecer o compartilhamento de significados que, em essência, é o que podemos denominar de aprendizagem organizacional.

Para que o caso cumpra essa dupla função, é importante que o leitor resgate alguns elementos teóricos relevantes introduzidos no Capítulo 6, que trata de aprendizagem organizacional e geração de conhecimento. Uma atenção especial é necessária aos pontos mencionados a seguir.

O primeiro ponto se refere à transição da aprendizagem individual para a organizacional, envolvendo a complexa questão de não se antropomorfizar a organização (Kim, 1998). O autor enfatiza a questão da transferência de aprendizagem por meio da permuta de modelos mentais individuais e compartilhados. Segundo o autor, "os ciclos de aprendizagem individual afetam a aprendizagem no nível organizacional por meio de sua influência nos modelos mentais compartilhados da organização" (p.78).

O segundo reporta à discussão sobre a natureza técnica *versus* social dos processos de aprendizagem. Como assinalam Easterby-Smith e Araújo (2001), no primeiro caso, supõe-se que a aprendizagem organizacional consiste no processamento eficaz de informações, enquanto, no segundo, o foco incide sobre os modos pelos quais os indivíduos atribuem significado a suas experiências de trabalho. Ou seja, a aprendizagem, a exemplo do que foi apresentado em relação ao conceito de qualificação (ver Capítulo 1) é vista como um fenômeno socialmente construído.

Finalmente, um terceiro ponto nos remete à questão da geração e difusão do conhecimento. Os programas de TD&E devem ser entendidos como experiências de aprendizagem individual e organizacional, assim como o momento de avaliação de programas dessa natureza. Segundo Patton (apud Rowe e Jacobs, 1998), a avaliação deve servir a propósitos de geração de conhecimento para promover desenvolvimento e melhoria contínua de intervenções para mudança organizacional.

Como afirmado nos Capítulos 17 a 26, todo processo de avaliação é, em si, carregado de complexidade e desafios. É marcado por elementos subjetivos, que exigem cuidados no momento de fixar indicadores, tanto quanto na coleta de informações. O grande desafio que cerca as ações de avaliação consiste em assegurar os vieses naturais de percepção e que, assim sendo, garantam um conhecimento que possa ser compartilhado e tomado como base para decisões. Essa complexidade já se manifesta mesmo quando estamos avaliando intervenções cujos resultados são claramente especificáveis, mais facilmente traduzíveis em indicadores objetivos e que permitam maior consenso entre os julgadores. Quando se deixa o terreno do conhecimento conceitual e se passa a lidar com um conhecimento que envolva habilidades mais complexas ou competências, o desafio se torna bem maior.

Trabalha-se, portanto, com o pressuposto, discutido no Capítulo 9, de que o momento de avaliação deve ser entendido como gerador de conhecimento e competência, e, portanto, estreitamente ligado aos processos de aprendizagem organizacional. Quando os produtos de toda ordem são avaliados, a organização obtém um *feedback* da efetividade de suas ações, quer em seu ambiente interno, quer no externo. Outra articulação necessária entre aprendizagem e avaliação é que a última pode se configurar, a depender do modelo implantado, como um momento de incremento da *aprendizagem organizacional*, na medida em que, ao se construírem indicadores para avaliação, os atores envolvidos em todo o processo passam a partilhar, de forma mais intensa, seus modelos mentais. Quando isso acontece, a organização ganha em termos de conhecimento e principalmente competência, passando a depender cada vez menos de atores individuais ou grupos seletos. Por fim, deve-se dizer que o papel do desenvolvimento e treinamento de recursos humanos nas organizações contemporâneas assume uma posição cada vez mais alinhada às estratégias empresariais (Lam e Schaubroeck, 1998). Nesse sentido, a avaliação de ativos intangíveis torna-se mais necessária na medida em que estão diretamente relacionados com a capacidade de aprendizagem e sobrevivência da organização.

Este capítulo tem como propósito a análise do processo avaliativo de um programa de recursos humanos que teve por objetivo o desenvolvimento pessoal e interpessoal de seus egressos, o que foi caracterizado pela organização como uma aprendizagem complexa, de difícil acesso e mensuração.

Como um estudo de caso (relato de uma avaliação que se apoiou em uma pesquisa envolvendo participantes e gestores), a experiência é descrita em suas etapas constituintes e nos seus resultados obtidos. Mais importante do que os resultados em si são as decisões que foram configurando a experiência pela singularidade do programa tomado como foco. À guisa de conclusão, são apresentadas reflexões que, de maneira geral, buscam examinar a experiência como uma prática social que se insere nos processos de construção de significados essenciais à vida organizacional.

O CONTEXTO ORGANIZACIONAL – O HOSPITAL E SUA POLÍTICA DE QUALIFICAÇÃO

A organização foco do presente estudo é um hospital (centro de internamento) que integra um complexo de saúde formado ainda por um centro clínico (consultórios) e um centro de diagnóstico (laboratórios). O complexo fora assim concebido de forma a integrar, inclusive espacialmente, múltiplas ações de saúde, de forma a, "facilitar a vida dos clientes e dos médicos".

Inaugurada em outubro de 1990, a instituição propriamente dita se define como um hospital geral, abrangendo múltiplas especialidades. Possuía, na época, 119 leitos incluindo os da UTI. Trata-se de uma organização de corpo clínico aberto, possuindo três tipos de médicos a ele vinculados: os funcionários que são plantonistas, os profissionais do centro médico e aqueles da comunidade que podem utilizar as instalações e os equipamentos para atender a seus clientes internados.

O complexo de saúde fora concebido para oferecer um serviço de alta qualidade e extremamente diferenciado à comunidade de Salvador, buscando ser um centro de referência na área. Procurava, assim, ocupar um nicho de mercado na capital do Estado, que não contava com hospitais modernos e com tecnologia de última geração. Para assegurar a qualidade dos serviços, o hospital trabalhou, durante o mês que antecedeu a sua inauguração, de forma simulada para testar todos os seus processos e rotinas. O funcionamento parcial refletia a necessidade de treinamento e qualificação da mão-de-obra. A inexistência de convênios e o conseqüente atendimento exclusivo de clientes particulares era justificado por estes serem clientes mais exigentes, o que seria importante para consolidar um padrão de atendimento de elevada qualidade. Com o tempo, o hospital incorporou também o atendimento a pacientes de convênios de saúde.

Um dos elementos básicos da filosofia que apóia o funcionamento do hospital é a valorização das pessoas, que são vistas como a pedra fundamental. Procura-se, nessas pessoas, capacidade técnica, características pessoais como capacidade de trabalho em equipe, abertura à mudança, trabalho com qualidade. O diagnóstico dos contextos externo e interno, que, entre outras conclusões, delineou a necessidade de trabalho em equipes, permitiu ampliar a ênfase no processo educacional e identificar as novas exigências do perfil dos profissionais.

Nos seus primeiros anos de funcionamento, o setor de RH deixou de se estruturar em áreas ou funções clássicas, com suas decisões mais centralizadas, passando a ser organizado a partir da ação de consultores internos. Tal mudança implicou uma diversificação das habilidades e dos conhecimentos requeridos dos profissionais de RH. Após quase um ano de treinamento e preparação interna, cada profissional de RH se tornou responsável por atender determinadas áreas da organização em suas necessidades de gestão de pessoal, em um processo bastante articulado com os executivos de linha.

Após a seleção, todos os empregados passam por treinamentos específicos, voltados, inclusive, para o trabalho em equipe. O grupo de auxiliares de enfermagem tem ensino técnico e participa de um programa de reciclagem, em uma escola de enfermagem que funciona dentro do próprio hospital e é reconhecida pelo Ministério da Educação. Nesse programa de reciclagem, com duração de três meses, os participantes não recebem apenas treinamento técnico, como também reavaliam seus procedimentos e práticas buscando identificar melhorias passíveis de serem implantadas.

Na ocasião, existiam alguns programas de treinamento não requisitados pelos gerentes, os quais foram criados pelo pessoal de RH: atendimento com qualidade, desenvolvimento de informática, reuniões de qualidade, parcerias em cursos de longa duração (mestrado ou especialização) e promoção da saúde. Além desses programas, existiam os programas de capacitação técnica, que eram solicitados sempre que um gerente identificava uma necessidade na sua equipe. Os treinamentos, em geral, comportavam dimensões que vão além do adestramento para o trabalho, incorporando uma dimensão cultural e formativa. A eles se adicionava um conjunto de atividades culturais com clara preocupação em ampliar o nível de formação geral dos empregados – *Na tela do cinema* (filmes mensais para os quais o funcionário pode levar um acompanhante), incentivo para a descoberta de novos talentos artísticos (cantar, declamar, representar, etc.), coral, que recebe apoio financeiro da organização, Projeto Ler, no qual a praça de encontros fica aberta das 11h às 13h com jornais e revistas da cidade para que todos possam ter acesso à informação.

Neste contexto organizacional é que se insere o programa *Cuidar-se para Cuidar*, objeto de avaliação do impacto aqui descrita.

O FOCO DA AVALIAÇÃO – O PROGRAMA *CUIDAR-SE PARA CUIDAR*

Objeto central do presente projeto, cabe descrever em linhas gerais o programa *Cuidar-se para Cuidar*, concebido e desenvolvido pela equipe de RH da organização e escolhido como caso singular e interessante para o desenvolvimento da habilidade de avaliação dos impactos dos programas nesta área, foco central do trabalho de consultoria.

A escolha do programa teve o objetivo de desenvolver uma estratégia de avaliação dos impactos das ações de qualificação no trabalho e pautou-se pelo desafio de avaliar os seus produtos e, em especial, a transferência das complexas e subjetivas dimensões de habilidades que procura fortalecer entre os seus participantes. Esse aspecto fica bastante claro quando se observam, a seguir, as características do programa *Cuidar-se para Cuidar*.

Entre as ações da área de RH, este programa possui características peculiares, uma vez que se caracteriza como *grupo de crescimento* realizado por meio de uma metodologia participativa e vivencial, objetivando:

- promover o autoconhecimento como estratégia para melhorar os processos interpessoais;
- propiciar o conhecimento de técnicas que possam auxiliar na melhoria da qualidade de vida dos profissionais e consequentemente dos pacientes e da sua família.

O programa *Cuidar-se para Cuidar* foi desenvolvido para profissionais que prestam assistência direta ao paciente (enfermeiros, fisioterapeutas, médicos, entre outros profissionais) e que, no seu cotidiano de trabalho, convivem com o sofrimento, a dor e o risco de vida, buscando criar um espaço de troca e compartilhamento de formas de lidar com esta realidade.

O programa, desenvolvido por meio de palestras e vivências grupais, foi estruturado em três módulos interligados:

Módulo I – Harmonia pessoal como fonte de equilíbrio.
Módulo II – Consciência corporal.
Módulo III – Trabalho e saúde.

Quando do início da avaliação, o programa já havia sido implementado em quatro turmas, atendendo a 84 empregados. Coerente com a natureza do programa, isto é, a de *grupo de crescimento*, a participação dos empregados foi voluntária, ocorrendo uma prévia divulgação para estimular as inscrições.

O PROCESSO DE AVALIAÇÃO

Uma primeira constatação relevante para a compreensão do processo de avaliação é a de que o programa escolhido era guiado por dois objetivos muito gerais e por um conjunto flexível de atividades, sem qualquer planejamento mais rigoroso de objetivos em termos de competências a serem desenvolvidas nos participantes. Além disso, o programa não contava com um sistema mais sofisticado de avaliação, que não o levantamento do nível de satisfação de participantes após cada atividade. Tal realidade é que determinou o seguinte conjunto de ações.

Planejando a avaliação

Construindo os indicadores de avaliação

Inicialmente, procurou-se identificar os *produtos almejados*, tanto na perspectiva da organização como dos empregados. Nesse sentido, analisaram-se as expectativas expressas pelos participantes ao iniciarem o programa e também o material disponível sobre o evento – folhetos, transparências e relatórios parciais.

Realizaram-se entrevistas individuais com os técnicos da equipe e com uma amostra de participantes do programa. Entrevistaram-se 15% dos participantes, buscando identificar os principais resultados obtidos e os problemas ocorridos na realização do programa. Essas informações subsidiaram a construção dos indicadores que integraram o esboço inicial da *matriz de avaliação*. Esses indicadores foram agrupados em duas grandes categorias. Na primeira, incluíam os produtos que descreviam habilidades pessoais e resultados do programa no plano existencial. Na segunda, reuniam-se os resultados em nível do exercício das atividades laborais, com especial ênfase para as alterações pretendidas no plano das relações intra-equipe e entre o profissional e o cliente.

Validando o conjunto de indicadores

Em seguida, realizou-se uma reunião grupal e adotaram-se estratégias de *grupo focal* (Stewart e Shamdasani, 1990; Dawson, Manderson e Tallo, 1993) com participantes do programa que não haviam sido entrevistados, visando explorar os aspectos não identificados nas entrevistas individuais, assim como o grau de importância atribuído aos indicadores de avaliação.

A estratégia de hierarquizar os indicadores em termos de importância cumpriu a função de auxiliar a equipe na decisão de que indicadores manter no modelo final de avaliação. A busca de um instrumento mais enxuto, no presente caso, se tornava imperiosa pela pulverização de indicadores que, muitas vezes, diferenciavam-se muito pouco uns dos outros e refletiam diferentes formas de expressão de um mesmo resultado (o que é mais comum de ocorrer quando se lida com estados subjetivos). Esta etapa permitiu, assim, em muitos casos, selecionar a "melhor" redação para uma mesma idéia expressa pelos participantes.

Finalmente, o *grupo focal* foi utilizado para validar os indicadores anteriormente identificados nas entrevistas individuais, buscando consenso em torno dos principais indicadores.

Definindo a matriz de avaliação

Após a realização das entrevistas individuais, análises dos dados secundários (informações sobre o programa) e realização do grupo focal, os indicadores preliminarmente definidos foram redefinidos, quando pertinente, chegando-se ao produto esperado: a *matriz de avaliação* que deveria nortear a construção dos instrumentos de coleta de dados.

Essa matriz foi submetida à equipe técnica do programa, que procedeu a uma exaustiva análise (com a participação de nove técnicos e consultores), quando cada técnico, considerando os produtos almejados com a realização do programa, atribuía uma nota para cada indicador, variando de 1 a 10, sendo o escore 1 associado a uma alta prioridade do indicador para efeito de avaliação do programa. Calculou-se a média aritmética das avaliações, e estabeleceu-se a ordem de prioridade de cada indicador na *matriz de avaliação*.

Considerando os objetivos do estudo, foram realizadas análises descritivas para caracterização dos participantes e também para criar escores através da aglutinação de itens. Neste sentido, foram construídos a partir dos itens três grandes fatores de avaliação: *pessoal/existencial, pessoal/organizacional* e *suporte social existente na organização*.

Delineando a estratégia de avaliação

Definido *o que* avaliar, estabeleceu-se a estratégia geral de como proceder a avaliação do programa. Duas decisões foram fundamentais e se apoiaram em estudos desenvolvidos por Borges-Andrade (1995), Borges-Andrade e Siri (1997, 1998) e Mackay e Borges-Andrade (1998) sobre como avaliar impactos de treinamento.

O confronto entre o aprendido e o usado. Em se tratando de uma avaliação da transferência de aprendizagem impunha-se captar dos participantes não apenas o seu nível de aprendizagem resultante do programa; importava, especialmente, a sua avaliação do quanto daquilo aprendido estava sendo usado no seu cotidiano, de trabalho e de vida pessoal.

O confronto entre auto e heteroavaliação. Face aos conhecidos efeitos dos processos psicológicos na confiabilidade dos resultados de uma auto-avaliação, o presente projeto incorporou uma medida externa ao sujeito. A heteroavaliação foi definida como uma informação indispensável para balizar os resultados da auto-avaliação, tendo-se escolhido o gestor da equipe como a pessoa adequada para avaliar alguns dos produtos esperados pelo programa.[3]

Informações adicionais sobre essas duas decisões, seus condicionantes e conseqüências podem ser encontrados nos Capítulos 18, 23 e 24.

A lógica geral do planejamento do processo avaliativo está sintetizada na Figura 29.1.

Três outros elementos foram incorporados à estratégia geral da avaliação do programa. São eles:

a) *Avaliação dos impactos do programa na realização de valores centrais da organização.* Esse elemento foi incorporado de forma a estabelecer vínculos entre as ações específicas de qualificação desenvolvidas pelo setor de recursos humanos e a necessária visão estratégica do negócio da organização. Ou seja, buscou-se retirar a avaliação do programa de uma microperspectiva limitada aos contextos específicos de trabalho em que o egresso se inseria, buscando evidências do quanto tais ações poderiam estar contribuindo para a concretização da filosofia do hospital e permitindo atingir suas metas gerais. Isto é, houve um interesse em investigar mudanças nos desempenhos das pessoas e da organização, como propõe o Capítulo 24.

b) *Inclusão de indicadores que avaliassem o suporte social disponibilizado pelo grupo* de trabalho à transferência das aprendizagens adquiridas no programa. Esse talvez seja um dos elos críticos no sucesso das experiências de qualificação no trabalho. Na inexistência de uma ambiência que estimule o uso e reforce os novos desempenhos, as aprendizagens tendem a se perder, como discutem os Capítulos 12 e 20.

c) Inclusão, também baseada em um julgamento subjetivo, do *acréscimo na produtividade* no trabalho gerada pela experiência.

Com base nessas diretrizes gerais, foram construídos os instrumentos de coleta de dados.

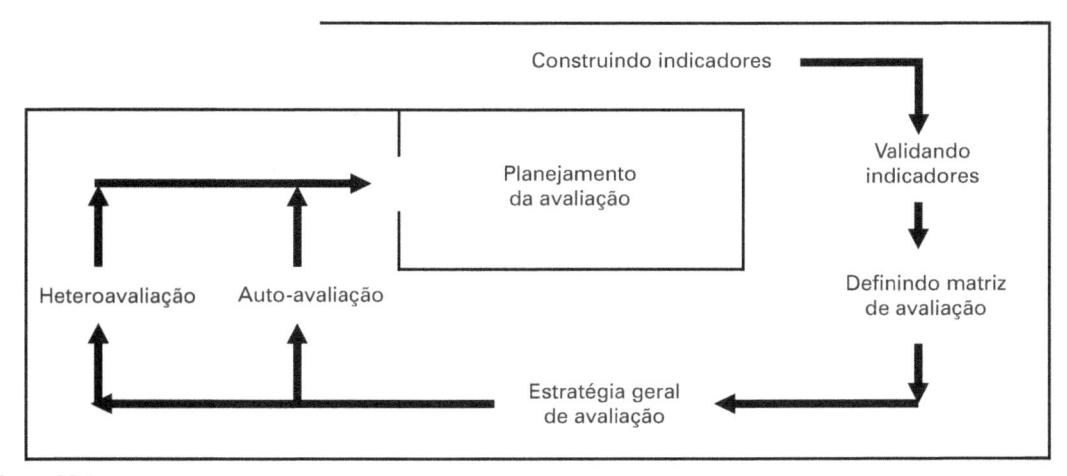

Figura 29.1 Planejamento da avaliação.

Os instrumentos de coleta de dados

Foram utilizados dois questionários, um voltado para o participante do programa e outro voltado para o seu gestor imediato, ator escolhido para realizar a heteroavaliação.

Questionário para a auto-avaliação

O questionário é composto de itens visando:

a) Caracterização da natureza básica do trabalho (técnica, administrativa, gerencial).
b) Avaliação dos resultados no plano pessoal/existencial, no plano pessoal/organizacional, especialmente, distinguindo os resultados decorrentes de aprendizagens[4] no programa e o emprego destas aprendizagens no cotidiano da organização.
c) Avaliação dos resultados do programa nos valores e metas organizacionais.
d) Avaliação do apoio sociotécnico do contexto de trabalho para aplicação das aprendizagens adquiridas.

Finalmente, o instrumento contém uma escala para avaliação do impacto do programa na produtividade do participante.

Exemplo de alguns itens que foram incluídos no questionário de auto-avaliação para avaliar cada dimensão estabelecida na matriz

No quadro a seguir encontram-se várias frases que expressam resultados desejáveis do programa *Cuidar-se para Cuidar*. Em seguida, existem duas colunas – **A** e **B**. Leia atentamente cada item e o avalie em duas escalas:

A. O quanto você atingiu os resultados esperados do programa (habilidades, atitudes, posturas, hábitos, sentimentos, conhecimentos, aqui chamados genericamente de *aprendizagens*);
B. O quanto as "aprendizagens" (habilidades, atitudes, etc.) adquiridas no programa estão sendo utilizadas no seu dia a dia de trabalho.

Para cada sentença avalie, na coluna **A**, a quantidade de aprendizagem que você obteve participando do programa, segundo a seguinte escala:

ESCALA A				
1	2	3	4	5
Nada aprendi	Aprendi uma pequena parte	Aprendi mais ou menos a metade	Aprendi a maior parte	Aprendi tudo

Em seguida, na coluna **B** avalie o quanto você utiliza aquilo que aprendeu, no momento atual, segunda a seguinte escala:

ESCALA B				
1	2	3	4	5
Nunca utilizo	Utilizo pouco	Utilizo moderadamente	Utilizo muito	Utilizo sempre

Resultados no plano pessoal/existencial	A	B
Atitude de auto-reflexão buscando aprimorar continuamente o meu autoconhecimento		
Observar os meus próprios limites quando me deparo com novas exigências ou desafios		
Dividir mais adequadamente o tempo que dedico às diferentes esferas da minha vida (família, trabalho, lazer)		
Manter as minhas diversas atividades de forma mais organizada		
Dedicar algum tempo para atividades físicas		
Resultados no plano pessoal/organizacional		
Estratégias para minimizar o estresse provocado por situações de trabalho		
Lidar com o sofrimento do outro reduzindo o desgaste emocional		
Lidar com situações de conflito com menor desgaste emocional		
Conviver melhor com as diferenças das pessoas		

A seguir serão listados alguns valores e metas cultivados pela organização. Para responder, leia atentamente cada um deles e avalie, de acordo com a escala que será apresentada abaixo, quanto os resultados do programa *Cuidar-se para Cuidar* repercutiram nestes objetivos.

Lembre-se de que *este questionário não tem como objetivo avaliar o seu desempenho*, mas apenas verificar quanto o programa foi efetivo em ajudá-lo(a) a alcançar os objetivos da organização.

Atenção: utilize somente os números de 1 a 5, para responder o quadro seguinte.

1	2	3	4	5
Nenhum impacto	Pouco impacto	Impacto moderado	Grande impacto	Impacto muito grande

Valores e metas institucionais	Impacto
1. Prestar um serviço de excelência aos seus clientes	
2. Manter um ambiente de trabalho saudável nas relações entre funcionários do Hospital	
3. Desenvolver um maior compromisso do funcionário para com o Hospital	
4. Favorecer um maior envolvimento do funcionário com o trabalho que executa	

Questionário para a heteroavaliação

Formulado a partir do instrumento de auto-avaliação, inclui apenas os itens que permitem a avaliação externa. Assim, é composto das seguintes partes:

a) Avaliação dos resultados no plano pessoal/organizacional.
b) Avaliação dos resultados do programa nos valores e metas organizacionais.
c) Avaliação do impacto do programa na produtividade do participante.

No tocante ao suporte social ao uso das aprendizagens, o instrumento, incorporou cinco itens que visam à auto-avaliação da chefia imediata sobre o apoio dado ao participante para empregar as aprendizagens adquiridas no programa. Nesse sentido, os dados da auto-avaliação do participante passam a fornecer um parâmetro externo para balizar as respostas das chefias.

Em ambos os instrumentos, foi inserida uma questão aberta de forma a propiciar a indicação de sugestões e críticas ao programa.

Exemplo de alguns itens que foram incluídos no questionário de heteroavaliação para avaliar cada dimensão estabelecida na matriz

Abaixo, você encontrará uma lista de itens relativa a possíveis resultados decorrentes do que foi trabalhado durante o programa *Cuidar-se para Cuidar*.

Leia atentamente cada item e avalie o quanto as "aprendizagens" (habilidades, atitudes, etc.) adquiridas no programa estão sendo utilizadas no dia-a-dia de trabalho pelo colaborador citado no cabeçalho deste questionário. O que nos interessa é a sua percepção do impacto do programa. Pense no colaborador antes e depois da experiência no programa e compare as mudanças na sua postura e atitudes no trabalho. Assim, escolha o ponto na escala que melhor descreve o quanto você percebe que o colaborador que está avaliando passou a manifestar os resultados esperados do programa.

ESCALA				
1	2	3	4	5
Nunca demonstra	Demonstra pouco	Demonstra moderadamente	Demonstra muito	Demonstra sempre

Resultados do programa CUIDAR-SE	Impacto
Ter maior habilidade nas relações interpessoais	
Ter maior habilidade para lidar com o grupo de trabalho	
Perceber uma forma mais integrada (equipe, paciente, família) de atuar profissionalmente	
Oferecer um atendimento de melhor qualidade ao cliente	

A seguir serão listados alguns valores e metas cultivados pela organização. Para responder, leia atentamente cada um deles e avalie, de acordo com a escala que será apresentada a seguir, quanto os resultados do programa repercutiram nestes objetivos. Lembre-se de que *este questionário não tem como objetivo avaliar o desempenho do colaborador*, mas apenas verificar quanto o programa foi efetivo em ajudá-lo(a) a alcançar os objetivos da organização.

Atenção: utilize somente os números de 1 a 5, para responder o quadro seguinte.

1	2	3	4	5
Nenhum impacto	Pouco impacto	Impacto moderado	Grande impacto	Impacto muito grande

Valores e metas Institucionais:	Impacto
Prestar um serviço de excelência aos seus clientes	
Manter um ambiente de trabalho saudável nas relações entre funcionários do hospital	
Desenvolver um maior compromisso do funcionário para com o hospital	
Favorecer um maior envolvimento do funcionário com o trabalho que executa	

Seleção dos participantes

Considerando o número total de empregados que participaram do programa nas suas quatro turmas e a necessidade de examinar o maior número possível de informações, dado o caráter exploratório do estudo, decidiu-se incluir todos os participantes (aproximadamente 80 egressos do programa) e suas respectivas chefias neste processo de avaliação.

Os questionários foram distribuídos para preenchimento, ficando a supervisão sob a responsabilidade da equipe de RH. O preenchimento e a devolução foram em torno de 50% (40 de auto-avaliação e 41 de heteroavaliação).

AVALIANDO OS RESULTADOS

A seguir faz-se uma apresentação sintética dos principais resultados obtidos, seguindo a lógica que guiou todo o processo avaliativo. Não foi possível realizar os procedimentos de análise psicométrica.

O impacto do programa na perspectiva do participante

Considerando-se o uso de uma escala de cinco intervalos (1 a 5), para efeito das considerações ao longo da apresentação dos resultados, consideramos como avaliações claramente negativas os escores inferiores a 2,5; escores entre 2,6 e 3,5 foram considerados moderados; entre 3,6 e 4,5 estamos diante de avaliações claramente positivas do item. Escores superiores a 4,5 foram considerados como fornecendo uma avaliação muito positiva.

O modelo construído para que os egressos avaliassem o programa estruturou-se em duas grandes dimensões: a primeira refere-se ao uso da aprendizagem gerada pelo programa, envolvendo uma comparação entre o aprendido e o utilizado no trabalho. A segunda dimensão reporta-se à natureza das mudanças geradas pelo programa – se ocorreram no plano pessoal ou organizacional.

Os escores das aquisições no plano pessoal/existencial se revelam ligeiramente inferiores aos do plano pessoal/organizacional e com uma relação invertida quando se comparam o aprendido e o utilizado. Ou seja, verifica-se uma tendência do grupo a perceber que as habilidades pretendidas pelo programa e voltadas para permitir uma forma mais efetiva de lidar com aspectos existenciais são utilizadas em menor proporção, sinalizando uma maior dificuldade de transferência para a vida fora do programa; por outro lado, as habilidades que facilitam o desempenho do seu trabalho na organização são utilizadas em um nível mais acentuado do que aquele desenvolvido no próprio programa. Em outras palavras, esse conjunto de habilidades já pode ser visto como resultado de experiências acumuladas que, em certo sentido, ultrapassam a experiência específica do programa.

Uma visão mais detalhada de como se comportou a avaliação do grupo, nestes diversos aspectos, é apresentada a seguir.

Objetivos no plano pessoal/existencial

Apenas frente a dois indicadores constata-se um posicionamento do grupo no sentido de que o uso da habilidade é superior àquilo que foi desenvolvido no programa – algo interpretado, aqui, como se significasse que esta habilidade já se encontra desenvolvida como produto de outras experiências pessoais. Neste caso encontram-se a busca de auto-conhecimento e a observação dos limites pessoais frente aos desafios.

Outra informação importante que emerge dos dados refere-se à percepção de quais aspectos foram mais efetivamente aprendidos no programa. Ultrapassam o ponto 3 da escala apenas dois indicadores: a consciência da importância da saúde emocional e de hábitos alimentares mais saudáveis.

Objetivos no plano pessoal/organizacional

Os resultados frente aos diversos indicadores utilizados para avaliar os impactos do programa no desempenho no trabalho revelam a tendência geral de que o uso das habilidades tomadas como indicadores, quase sempre, mostra-se superior ao nível do que fora aprendido no programa específico.

Impactos nos valores, objetivos institucionais e na produtividade

Há evidências de que as ações voltadas para a qualificação do trabalhador extrapolam os seus objetivos especificamente voltados para o desempenho do trabalho e constituem estratégias que fortalecem as relações indivíduo-organização, consolida práticas culturais que singularizam o contexto organizacional e, neste sentido, terminam contribuindo para uma relação mais positiva da organização com o seu entorno ou contexto.

As avaliações realizadas dos indicadores utilizados não diferem significativamente, o que significa o reconhecimento de um grande impacto do programa. No entanto, esse impacto é ligeiramente mais bem avaliado nas dimensões de favorecer o desenvolvimento e aprendizagem do empregado e criar um ambiente de trabalho mais saudável.

Um último aspecto avaliado pelos participantes quanto aos impactos do programa refere-se ao julgamento do nível de efeito sobre a produtividade no trabalho. Buscou-se identificar as percepções de quanto o programa teria contribuído para aumentar a sua produtividade no trabalho. O ganho médio de produtividade do grupo em uma escala de 0 a 10 situou-se em 5,58 %, o que pode considerar-se bastante satisfatório.

Embora a avaliação da produtividade com base em uma estimativa subjetiva do próprio sujeito seja uma medida sujeita a viéses perceptivos, ela nos fornece uma importante informação: o quanto a relação experiência no programa – produtividade é forte para o próprio sujeito.

Suporte organizacional à transferência de aprendizagens do programa

O último aspecto do modelo de avaliação empregado consiste em identificar, ainda na ótica dos participantes, o nível em que o ambiente intra-organizacional oferece suporte necessário para a utilização das competências adquiridas ao longo da experiência de aprendizagem. Os resultados obtidos nas avaliações tendem ao pólo positivo, embora os escores não sejam tão elevados.

Um único resultado chama atenção pela sua discrepância em relação aos demais. Trata-se do nível em que os participantes consideram que recebem *feedback* dos seus colegas quanto a possíveis mudanças de comportamento decorrentes do programa. Considerando-se que as demais avaliações do suporte oferecido pelo grupo são claramente mais positivas, tal avaliação pode ser decorrente de variáveis que podem interferir no aprendizado organizacional.

Os impactos do programa na perspectiva da chefia

Neste segmento são descritos os dados obtidos junto às chefias que avaliaram, nos diversos indicadores, as mudanças observadas no desempenho dos participantes do programa que estão sob a sua coordenação.

Objetivos no plano pessoal/organizacional

A avaliação realizada pelas chefias sobre o impacto do programa no plano pessoal/organizacional foi positiva em todos os itens.

Impactos sobre os valores e metas organizacionais

Foi avaliado como positivo o impacto do programa em todos os itens específicos sobre valores e metas institucionais: prestar serviços de excelência, manter um ambiente de trabalho saudável, maior compromisso do empregado com o hospital, maior envolvimento do empregado com o trabalho e, por fim, favorecer o aprendizado e desenvolvimento do empregado.

Suporte social oferecido para a transferência das aprendizagens

As chefias realizaram uma auto-avaliação positiva relativa ao suporte que oferecem aos subordinados (participantes do programa) quanto à aplicação das aprendizagens adquiridas no decorrer do mesmo. As melhores avaliações reportam-se a atitudes e comportamentos que indicam a sua disposição em apoiar as mudanças provenientes do programa. Concordando com o resultado da auto-avaliação, é apenas na avaliação do apoio oferecido pelos colegas para a aplicação destas aprendizagens que os gerentes fazem uma avaliação menos positiva.

Impacto do programa sobre a produtividade

No geral, a avaliação realizada pelas chefias sobre o impacto do programa na produtividade dos seus egressos é bastante positiva e se situa no patamar médio de 4,92%. Trata-se de um índice expressivo, que fortalece a avaliação de que os benefícios advindos do programa superam em muito os seus custos.

Embora a medida do impacto sobre a produtividade seja uma estimativa pessoal, feita pelo gestor, do ganho em produtividade no trabalho advindo da participação no programa, observou-se que as avaliações feitas pelos gestores não foram contaminadas por uma visão global e positiva do programa, já que foram precisos ao discriminarem níveis distintos de desempenho entre os seus subordinados.

Comparando os resultados da auto e heteroavaliação

Ao se compararem as avaliações realizadas pelos participantes do programa e pelas chefias, observa-se que, frente às dimensões integrantes do modelo de avaliação do programa (impactos nos níveis pessoal/organizacional, valores e metas organizacionais e suporte social), as auto-avaliações tenderam a apresentar níveis mais positivos do que as heteroavaliações.

Essa variabilidade pode ser explicada pela tendência, há longo tempo identificada, que diferencia as percepções de atores e observadores. No geral, os atores ao fazerem auto julgamentos têm acesso a informações sobre si próprios e sobre o contexto em que agem e se encontram mais envolvidos com fatores motivacionais e outros fatores intrínsecos voltados para a preservação da auto-imagem do que o observador externo.

Examinando-se os questionários nos quais foi possível confrontar as informações da auto e heteroavaliação, observa-se a confirmação da tendência de melhor resultado na auto-avaliação.

Interessante a comparação sobre o incremento na produtividade que em ambas as avaliações foi positiva. Entretanto, os participantes do programa (auto avaliação) tenderam a maximizar os resultados na produtividade.

CONSIDERAÇÕES FINAIS

O presente estudo apresenta os resultados de um desafio: a experiência de avaliar o impacto de um complexo programa de aprendizagem voltado para desenvolver habilidades sutis em um nível pessoal. O exame das atividades e o processo de construção da avaliação do programa permitiram, adicionalmente, perceber que estávamos diante de um processo de aprendizagem organizacional, no sentido apresentado no Capítulo 6. Na realidade, junto ao desenvolvimento de habilidades pessoais e interpessoais, o programa atuava no sentido de construir um sentido compartilhado sobre o que significa ser um profissional de saúde em uma instituição com características culturais próprias. Além de gerar aprendizagens individuais (as pessoas é que aprendem, efetivamente), o programa implicou em processos de *conversão do conhecimento* ao envolver, claramente, mecanismos de socialização – compartilhamento de crenças e posturas de como lidar com os fatores estressantes do cotidiano hospitalar. Por outro lado, o processo de avaliação, da forma como foi conduzido, gerou documentos que codificam a experiência e, portanto, a torna disponível e acessível para toda a organização, não se restringindo ao âmbito de cada um dos participantes do programa. Socialização e codificação são dois processos, como destacado no Capítulo 6, como básicos para se falar de uma aprendizagem coletiva e não apenas individual.

As linhas mestras desta avaliação foram traçadas em conjunto – consultores e equipe de contrapartida. No seu desenvolvimento, contamos fortemente com o apoio das pessoas envolvidas com o projeto na delimitação dos indicadores, na validação prévia dos instrumentos, no próprio processo de coleta de dados.

Neste sentido, vale destacar alguns resultados que nos parecem bastante significativos:

- As avaliações tenderam a ser sempre positivas ou muito positivas, nas diversas dimensões de avaliação que integram o modelo construído para o projeto. A experiência pode ser considerada enriquecedora no plano pessoal, facilitadora dos processos de trabalho e das relações interpessoais. Pode ser vista, ainda, como concretizadora de importantes valores e objetivos da organização e, o mais importante, impactadora na qualidade do atendimento e na produtividade no trabalho.
- Há, portanto, forte evidência de que os resultados das aprendizagens durante o programa são trans-

feridos para as situações concretas do exercício profissional. Aqui, percebemos um elemento interessante: o uso das habilidades complexas que utilizamos como indicadoras para avaliar o programa se revela maior do que o próprio nível de aprendizagem garantido pelo mesmo. A natureza das habilidades que integram o modelo de avaliação, por si só, explica esse resultado. Elas são tão complexas e tão fortemente integradas às características pessoais que, de fato, não podem resultar de um único programa de qualificação. Neste sentido, o programa oferece um suporte ao desenvolvimento e à manutenção destas habilidades, posturas, valores e visão de mundo e de trabalho. Os resultados da avaliação, no entanto, sugerem que o clima de transferência de competência entre colegas de trabalho pode estar ainda deficiente, necessitando maior iintervenção.

- Todo o trabalho envolvido na construção do modelo de avaliação, as suas dimensões básicas e os respectivos indicadores, parece ter nos conduzido a um instrumento que, apesar de ainda razoavelmente extenso, possui qualidade intrínseca bastante satisfatória, em se considerando a natureza dos fenômenos avaliados.

Algumas recomendações sobre a estratégia de avaliação emergiram da experiência e nos parecem importantes, neste momento.

- Os programas de RH deveriam desenvolver, *a priori*, um modelo de avaliação que, necessariamente, envolvesse o árduo exercício de fixar seus objetivos com clareza. Essa explicitação de objetivos não pode se vincular, apenas, à montagem da avaliação. Objetivos claros são um requisito para o próprio engajamento do empregado no processo do programa. São um elemento indispensável, também, para que o sistema de treinamento, aqui incluído o levantamento das necessidades do pessoal, funcione a contento (ver Capítulos 13 e 15). Não podemos perder de vista a perspectiva sistêmica envolvida nas ações de desenvolvimento de pessoal. A fixação de objetivos é principalmente um momento de aprendizagem organizacional, na medida em que a equipe de RH é requisitada para explicitar seus modelos mentais e alinhá-los.
- Envolver os participantes por meio de arranjos metodológicos específicos (individual e/ou grupalmente; quantitativas e/ou qualitativas) no processo de definir indicadores de avaliação dos programas nos parece uma medida necessária e é bastante discutido no Capítulo 9. No presente caso, essa participação trouxe dimensões de análise e avaliação não-previamente pensadas, até pela equipe de concepção do programa. Esse processo, além de poder constituir-se em um fator motivacional, cumpre um papel central na construção de significados socialmente compartilhados, contribuindo para transformar a aprendizagem individual em organizacional.
- Manter o sistema de auto e heteroavaliação também nos parece uma decisão metodológica importante quando se trata de avaliar os impactos ou a transferência de aprendizagens (ver Capítulo 24). As duas medidas, mais do que dados objetivos, remetem aos processos intersubjetivos implicados no cotidiano das organizações e que possuem grande impacto para o êxito das ações de TD&E. Ou seja, o confronto de percepções coloca em cena a necessidade de que gestores e trabalhadores sejam co-responsáveis pela construção de experiências de aprendizagens e que possam compartilhar as dificuldades e êxitos de tais experiências.

Finalmente, a título de conclusão, registra-se, aqui, a reflexão desenvolvida pela equipe de consultoria sobre a experiência de avaliação conduzida.

Como assinalado anteriormente, a avaliação do programa *Cuidar-se para Cuidar* constituiu um processo de reconstrução de uma experiência já em curso. Esse programa não foi guiado por objetivos e uma estratégia previamente definidos no momento da sua concepção. Esse fato nos chama a atenção para uma dimensão importante à qual devemos estar atentos, mesmo na situação em que as ações de TD&E se inserem em um modelo sistemático e cuidadoso de planejamento e avaliação – por mais que sejam previamente delineadas, quaisquer experiências são sempre reconstruídas, pessoal e coletivamente, ao longo e após a sua conclusão.

Nesse sentido, o processo de avaliação do *Cuidar-se para Cuidar* pôde ser visto como um mecanismo gerencial de construção de sentido que redimensiona o programa, conferindo legitimidade às suas propostas. Por outro lado, o processo de avaliação confirma, retroalimenta e fortalece um sistema interpretativo que tem se mostrado de grande importância para a organização e sua missão de prestar serviços de saúde com padrão de excelência. Assim, a partir dos dados coletados, pode-se inferir que a avaliação constituiu-se num elemento organizativo, contribuindo para tornar conscientes, pedaços da experiência antes ignorados.

Assim, a avaliação de um programa de desenvolvimento de pessoas insere-se nos processos organizacionais que revelam mecanismos pelos quais indivíduos e grupos constroem sentido para suas ações. Nessa perspectiva, é possível afirmar que o conjunto de questionários utilizados para a avaliação deve ser visto como um mapa que forneceu pistas salientes para construção de sentidos comuns ligadas a experiência, o território mapeado. Ao fornecer essa estrutura, os questionários permitiram uma leitura mais direcionada e relevante para o programa e constituíram filtros através dos quais o ambiente social foi construído e interpretado.

Após esse processo de avaliação, o programa *Cuidar-se para Cuidar* foi redimensionado, valorizando os aspectos indicados como positivos e incorporando as sugestões oferecidas pelos egressos. O programa, depois de reformulado, continuou a ser realizado e assumiu um papel de grande importância na estratégia da organização de excelência no atendimento.

Em síntese, esta reflexão final procura trazer à tona o fato de que todas as ações de TD&E não podem ser vistas apenas como elementos do sistema técnico de gestão. Elas, como todas as ações gerenciais e técnicas, possuem uma intrínseca relação com o comportamento humano em contextos de trabalho e são, portanto, práticas sociais que configuram a própria organização, aqui entendida mais como processos organizativos do que uma entidade fixa e acima das pessoas que a integram.

QUESTÕES PARA DISCUSSÃO

- Quais as vantagens de se elaborar previamente a estratégia de avaliação de impacto de um programa de desenvolvimento?
- Qual a importância da identificação de contexto, valores e metas da organização para avaliação de resultados de seus programas de desenvolvimento?
- Qual a importância de se mensurar o impacto de programas de desenvolvimento?
- Demonstre, com base no caso, a importância de se confrontar auto e heteroavaliação.
- Quais as etapas a serem consideradas no planejamento de avaliação de treinamento?
- Indique os aspectos a serem considerados para a análise dos resultados de uma avaliação de programa de treinamento.
- Como se articulam, no caso relatado, os processos de aprendizagem individual e organizacional?

NOTAS

1. Agradecemos à organização onde foi realizada a intervenção, pela possibilidade de publicação da experiência realizada.
2. Núcleo de Excelência "Treinamento e Comportamento no Trabalho", ao qual pertencem os autores deste livro, apoiado pelo Pronex/CNPq/MCT.
3. No presente programa, como muitos indicadores descrevem habilidades intrínsecas, subjetivas e de difícil acesso a um observador externo, apenas os indicadores mais observáveis foram incluídos na medida do avaliador externo.
4. Habilidades, atitudes, posturas, hábitos, sentimentos, conhecimentos.

REFERÊNCIAS

BORGES-ANDRADE, J. E. Conditions related to the effects of training on work performance. *The First Instructional Systems Academic Forum and Reunion*. Department of Educational Research: The Florida State University, 1995.

BORGES-ANDRADE, J. E.; SIRI, C. Evaluación del proyecto PSyE: resultados preliminares collectados en 1997. apresentação no *"Taller Final de Síntesis y Evaluación del Proyecto Isnar*. Quito, 1997.

_____ . Impacts of the project's training activities. Apresentação feita no «*Review Synthesis Workshop: Assessment of Organizational Impacts of Isnar's PM&E Project*», Washington DC, 1998.

DAWSON, S.; MANDERSON, L.; TALLO, V. L. *A manual for use of focus groups*. Boston: infdc, 1993.

EASTERBY-SMITH, M.; ARAÚJO, L. Aprendizagem organizacional: oportunidades e debates atuais. In: EASTERBY-SMITH, M.; BURGOYNE, J.; ARAÚJO, L. *Aprendizagem organizacional e organização de aprendizagem*: desenvolvimento na teoria e na prática. São Paulo: Atlas, 2001. p. 15-38.

KIM, D. O. Elo entre a aprendizagem individual e a aprendizagem organizacional. In: KLEIN, D.A. *A gestão estratégica do capital intelectual*: recursos para uma economia baseada em conhecimento. Rio de janeiro: Qualitymark, 1998.

LAM, S.; SCHAUBROECK, J. Integrating HR planning and organizational strategy. *Human Resource Management Journal*, v. 8, n.3, p. 5-19, 1998.

MACKAY, R.; BORGES-ANDRADE, J. E. Evaluation of the institutional impacts of Isnar's PM&E project in Latin America and the Caribbean. Apresentação feita no encontro organizado pelo *"Impact Assessment and Evaluation Group"* do CGIAR/World Bank, Kona, Hawaii, 1998.

ROWE, W.; JACOBS, N. Principles and pratices of organizationally integrated evaluation. *The Canadian Journal of Program Evaluation*, v. 13, n.1, p. 115-138, 1998.

STEWART, D. W.; SHAMDASANI, P. N. *Focus groups:* theory and pratice. London: Sage, 1990.

Apêndice

Pesquisas em TD&E no Brasil: Um guia de estudo.

*"As coisas têm peso,
Massa, volume, tamanho,
Tempo, forma, cor,
Posição, textura, duração
Densidade, cheiro, valor
Consistência, profundidade,
Contorno, temperatura,
Função, aparência e preço
Destino, idade, sentido,
As coisas não têm paz"*

As Coisas (Gilberto Gil e Arnaldo Antunes)

Apêndice

Pesquisas em TD&E no Brasil: um guia de estudo

Kátia C. de Lira Todeschini
Ana Rachel Carvalho Silva
Clarissa Tolentino Ribeiro Sales
Acileide Cristiane F. Coelho
Rafaella de Andrade Vieira
Vanessa Porto Brixi

O Apêndice deste livro encontra-se em ambiente virtual e pode ser acessado no *site* www.artmed.com.br por todos que tiverem interesse em conhecer as pesquisas em TD&E no Brasil.

Ele apresenta uma amostra da produção intelectual de pesquisadores ligados ao Núcleo de Excelência em Treinamento e Comportamento no Trabalho, publicada no período de 1999 a 2005. Aqui estão compilados os resumos dos seguintes tipos de produção intelectual:

1. *Artigos completos publicados em revistas científicas.*
2. *Dissertações de mestrado.*
3. *Teses de doutorado.*
4. *Artigos completos apresentados em congressos.*

Além disso, resolvemos apresentar algumas referências bibliográficas de textos completos e de capítulos de livro publicados recentemente no Brasil.

Este apêndice pode ser utilizado como um guia ao leitor, em suas buscas, análises e revisões de literatura. Para isso, alguns trabalhos científicos foram colocados em um quadro analítico para comparação de características metodológicas e de alguns dos principais resultados de pesquisas. Os aspectos conceituais e teóricos que embasaram as pesquisas não serão apresentados neste apêndice, pois já foram tratados pelos autores deste livro em vários capítulos. Se o leitor não compreender os resumos, sugerimos que volte e releia os capítulos que tratam de cada tema.

O Quadro 1 mostra em quais capítulos o leitor encontrará informações sobre os constructos, transformados nos resumos em expressões ou palavras-chave, que fundamentam as pesquisas aqui descritas.

A leitura dos resumos e das referências é apenas um ponto de partida para quem estiver realizando uma análise aprofundada da literatura especializada em TD&E. O passo seguinte, nesses casos, deverá ser a leitura atenta dos textos completos e a busca de mais publicações nacionais e estrangeiras em fontes de informação bibliográfica confiável.

Para que este apêndice não ficasse com informações repetitivas, nos casos em que um trabalho completo foi apresentado em congresso com posterior publicação, apresenta-se apenas o resumo da publicação em artigo de periódicos científicos.

Índice

A

Análise de dados e retroalimentação do sistema de TD&E 514-529
    estrutura do relatório de AT 514-515
    impacto dos resultados de AT em outros sistemas de gestão de pessoas 527-528
    listagem de ações do avaliador de treinamentos na elaboração de relatórios 528
    procedimentos 515-527
        análise de relações entre variáveis 521-526
        descrição de dados 518-521
        técnicas de análise de dados qualitativos 526-527
Aprendizagem em organizações 114-134
    principais debates, tendências e modelos de análises 115-121
        aprendizagem como processo técnico ou como processo social 118-119
        aprendizagem individual ou aprendizagem organizacional 116-118
        aquisição externa 125-126
        aquisição interna 126-128
        conceitos de conhecimento e processo de aprendizagem 122-124
        modelos de aprendizagem organizacional 119-121
        processo de conversão do conhecimento organizacional 128-132
            codificação do conhecimento 130-132
            socialização do conhecimento 128-130
        processos de aquisição de conhecimento organizacional 123-125
    relação entre conhecimento e aprendizagem 121-132
    teorias de aprendizagem que fundamentam o planejamento instrucional 259-268
Aprendizagem individual 116-118, 256-268
Avaliação de Necessidades em TD&E
    aspectos metodológicos do diagnóstico de competências em organizações 216-230
    bases teóricas e conceituais em avaliação de necessidades em TD&E 199-215
    conceito de competência 200-207
    medindo competências 207-215
    contexto de trabalho, desempenho competente e necessidades em TD&E 231-254
Avaliação em TD&E
    integrada e somativa em 343-357
        concepção de um plano de avaliação com o uso do MAIS 353-357
        definições e proposições 343-346
        modelo de avaliação 346-353
    medidas de aprendizagem em 469-487
        conceitos 469-473
        instrumentos de medida 474-484
            aplicação e avaliação dos resultados 481-484
            formato de itens de avaliação 479-481
            tipos de avaliação 476-479
        medidas, instrumentos, fontes, meios e procedimentos de avaliação 473-474
        pesquisas com aprendizagem 484-486
    medidas de avaliação de procedimentos, processos e apoio instrucionais 443-468
        conceitos 443-446
        instrumentos de medida 457-464
            características e aplicação 457-464
        procedimentos de avaliação 446-457
            instrumentos, fontes e meios 446-457
        relações empíricas entre os níveis de avaliação 464-465
    medidas de características da clientela 422-442
        características cognitivo-comportamentais 435-439
        características do repertório de entrada 426-428
        características motivacionais 433-435
        características psicossociais 430-433
        características sociodemográficas 428-429
        conceitos, variáveis e medidas 422-425
        estratégias de coleta, análise e devolução de informações 439-441
    medidas de disseminação 385-394
        comunicação e disseminação de informação nas organizações 385-387
        estudos sobre disseminação de informação 389-391
        função da comunicação e disseminação de informação 387
    processo da comunicação 387-389
    processo de disseminação de informação 389
    questão da medida 392-393
    medidas de impacto de TD&E no trabalho e nas organizações 489-504
        conceitos, tipos de impacto, indicadores 489-492
        instrumentos, procedimentos, medidas 492-498
        problemas e relatos de avaliação de impacto em TD&E 498-504
    medidas de suporte em 395-420
        conceitos 395-402
        procedimentos de avaliação 402-413
            instrumentos, fontes e meios 402-413
        resultados de pesquisas que incluíram variáveis de apoio 413-418
    medidas de valor final e retorno de investimentos 505-512

B

Banco do Brasil 106-111, 499-500, 533-539

C

Contexto de trabalho, desempenho competente e necessidades em TD&E 231-253
    apoio e contexto em avaliação de necessidades 233-238
    conceitos básicos 238-242
        aplicação 239-242
    suporte e avaliação de necessidades de TD&E em múltiplos níveis de análise 246-250
    suporte organizacional e conceitos correlatos 242-245

Competências
    conceito 32-34, 90-95, 99-106, 202-207, 216-219, 238-242
    diagnóstico de necessidades 219-228, 246-249
    do profissional de TD&E 177-181, 193-194
    medidas 207-211, 224-226
    organizacionais 217-219
    relação com desempenho e contexto de trabalho 249-252
    taxonomias 283-287
Construção de medidas e delineamentos em avaliação de TD&E 359-382
    características da medida psicométrica 362-363
        validade e fidedignidade 362-363
    delineamento correlacional 379-382
    delineamento experimental 375-379
    delineamentos de pesquisa em avaliação 374-375
    medida em psicometria e em avaliação 361
    medidas de aprendizagem 366-367
    medidas de avaliação 363
        características e problemas 363
    medidas de comportamento no cargo 367-371
    medidas de reação 364-366
    medidas de valor final 372-374
    medidas organizacionais 371-372
    mensuração em ciências sociais e comportamentais 359-361
        teoria da medida 359-361
    níveis de e suas medidas 363-364
        características e estratégias 363-364

D

Diagnóstico de competências em organizações, aspectos metodológicos 216-229
    conceito de competência e seus pressupostos 216-219
        competência individual 218
        competência organizacional 217-218
        gestão organizacional baseada em competências 218-219
    métodos e técnicas de pesquisa 219-229
        descrição de competências organizacionais e individuais 219-222
        processo de identificação de competências 222
        projeto de diagnóstico de competências 222-228
Disseminação de informações, medidas em avaliação de TD&E 385-394
    comunicação e disseminação de informação nas organizações 385-387
    estudos sobre disseminação de informação 389-391
    função da comunicação e disseminação de informação 387
    processo da comunicação 387-389
    processo de disseminação de informação 389
    questão da medida 392-393

E

Educação a distância: TD&E 322-339
    características, vantagens e limitações 322-324
    evolução e mídias utilizadas 324-330
        1ª geração: tecnologias distributivas 325
        2ª geração: tecnologias interativas 325-326
        3ª geração: tecnologias colaborativas 326330
    modelo para planejamento instrucional em EAD 333, 335
    público-alvo: necessidades individuais 330-333, 334
        Educação Corporativa 150-155

F

Formação profissional 41-63
    avaliação de programas 53-62
    avanços e defasagens no Brasil 45-53
    conceitos e aspectos centrais 41-45

G

Gestão de produção e de pessoas e TD&E, práticas inovadoras em 65-83
    inovação e gestão da produção 68-71
    inovação e gestão de pessoas 68-71
    mudança organizacional e demanda pela inovação 66-68
    práticas inovadoras e indústria brasileira 71-73
    relações entre necessidade e avaliação de TD&E e domínio de habilidades dos trabalhadores 77-82
        avaliação de TD&E *versus* domínio de habilidades do trabalhador 80-82
        necessidade de treinamento *versus* avaliação em TD&E 77-78
        necessidade em TD&E *versus* domínio de habilidades do trabalhador 78-80
    TD&E e práticas inovadoras de gestão 73-77

H

História de TD&E 159-176

I

Impacto do Treinamento no Trabalho conceitos, tipos de impacto, indicadores 489-492
    instrumentos, procedimentos, medidas 492-498
    problemas e relatos de avaliação de impacto em TD&E 498-504
Impacto das Transformações do Trabalho nas Organizações 25-27
    das novas tecnologias na qualificação do trabalhador 29, 38
Impacto de programas de formação profissional 47-56
Impacto das mudanças nas organizações 66-76
Inovação nas organizações
    demanda por inovação 66-68
Inovação e gestão de pessoas 68-71
Inovação em organizações brasileiras 71-77
Indicadores sociais na mensuração de retorno sobre o investimento em TD&E 511-512
Indicadores de impacto 489-492, 507-512

J

Jogos em TD&E 548-553

L

Levantamento de Necessidades de Treinamento (LNT) 534-535
    apoio e contexto em avaliação de necessidades de TD&E 223-238
    desenvolvimento tecnológico na avaliação de necessidades de treinamento 159-167
    necessidade e avaliação em TD&E 77-82
    suporte em avaliação de necessidades de TD&E 246-250

M

Medidas de impacto de TD&E no trabalho e nas organizações 489-503
    conceitos 490-491
    importância da mensuração 489-490
    indicadores 491-492
    instrumentos de medida 492-496
        na organização 495-496
        no desempenho individual 492-495
    procedimentos de coleta de dados 496-498
        desempenho individual 496-497
        organização 497-498
    relato de experiências 498-501
        experiência da Fenapae 500-501

experiência do Banco do Brasil 499-500
experiência do Isnar 498-499
Metodologia ativa com ênfase no *role-playing* em TD&E 540-557
   descrição de estratégias ativas consagradas e de experiência prática 546-556
      estratégias ativas consagradas, 546-551
      experiência prática 553-556
      utilização do *role-playing* em processo de TD&E 552-553
   estratégias ativas de aprendizagem 545-546
   estratégias de ensino 542-546
Modernidade organizacional, políticas de gestão de pessoas e competências profissionais 85-95
   competências 90-92
      atual do contexto dos negócios e as competências individuais requeridas 91-92, 93, 94
   modernidade no contexto da sociedade e organizações 86-89
      organizações brasileiras 89
   relações entre modernidade organizacional e competências individuais 92-95

N

Necessidades de Treinamento
   apoio e contexto em avaliação de necessidades de TD&E 223-238
   conceito 77-79
   diagnóstico 78-82

O

Organizações
   aprendizagem em 114-134
   modernidade nas 86-88
   mudanças 25-27, 65-68

P

Planejamento de TD&E, abordagens instrucionais 255-287
   análise de teorias de aprendizagem e planejamento instrucional 259-268
   aplicação de abordagens do desenho instrucional 268-279
   conceitos 255-256
   teorias de aprendizagem, teorias instrucionais e abordagens de desenho instrucional 256-259
Planejamento instrucional 289-321
   ajustes do plano 319-320
   definição dos critérios de avaliação de aprendizagem 315-318
      criação de medidas de avaliação 317-318
      transformação de objetivos em critérios de avaliação 316-317
   escolha da modalidade de entrega da instrução 296-300
      análise do perfil dos aprendizes 296-298
      avaliação e escolha da modalidade de entrega 298-300
   estabelecimento da seqüência de objetivos e conteúdos 300-307
      classificação dos objetivos 300-304
      definição da seqüência de objetivos e dos conteúdos 304-307
   redação de objetivos instrucionais 289-296
      avaliação da qualidade do objetivo instrucional 294
      especificação de objetivos instrucionais 291-294
      especificações dos níveis de análise 294-296
      transformação de necessidades em objetivos instrucionais 290
   seleção ou criação dos procedimentos instrucionais 308-315
      escolha dos meios instrucionais e recursos 310-314
      preparação de materiais de ensino 314-315
      seleção e criação de situações de aprendizagem 308-310
   teste do desempenho instrucional 318-319
      avaliação do plano instrucional 319
      delineamento da validação 318-319

Procedimentos relacionados a TD&E
   procedimentos de análise de dados em AT 515-527
   procedimentos de avaliação de aprendizagem 482-484
   procedimentos de avaliação, instrumentos, fontes e meios 402-413, 446-457
   procedimentos de coleta de dados para avaliação de impacto 496-498
   procedimentos instrucionais 308-315
   procedimentos instrucionais e características da clientela 435-439
   procedimentos, processos e apoio: apresentação conceitual 443-445
Profissional de TD&E, competência técnica e política do 177-194
   formação e competência 178-181
   tecnologia instrucional 186-193
   "tecnologia" vigente 181-186
Programa de desenvolvimento de pessoas 558-570
   avaliação dos resultados 566-568
      comparação dos resultados da auto e heteroavaliação 568
      impacto do programa na perspectiva do participante 566-567
      impactos do programa na perspectiva da chefia 567-568
   contexto organizacional 560
   foco da avaliação 561
   processo de avaliação 561-566
      delineamento da estratégia 562-563
      instrumentos de coleta de dados 563-566
      planejamento 561-562
      seleção dos participantes 566
Programa "Excelência profissional": Banco do Brasil 533-539
   avaliação 537-539
   contexto organizacional e ambiente externo 534
   história do Banco do Brasil 533-534
   levantamento de necessidades de treinamento (LNT) 534-535
   planejamento 535-537

Q

Qualificação 23-39
   cenário de transformações no mundo do trabalho 23-27
      globalização e mudanças socioeconômicas e tecnológicas 24-25
      impacto nas organizações 25-27
   rumos da qualificação no capitalismo contemporâneo, teses 34-36
      desqualificação 35-36
      requalificação 35
   trabalho e qualificação 27-34
      dimensões do conceito 29-31
      qualificação como constructo social 31-32
      qualificação como conteúdo do trabalho 31
      qualificação como grau de autonomia 31
      qualificação e centralidade em um mundo em transição 27-29
      tensão entre qualificação e competência 32-34

R

Retorno de investimentos em TD&E 505-512
Reestruturação produtiva 23-27
Role-playing
   utilização em processos de TD&E 549-553

S

Suporte organizacional
   suporte à transferência de treinamento 402-419
   suporte em avaliação de necessidades de TD&E 246-250
   suporte organizacional e conceitos correlatos 242-245
   suporte organizacional, ambiente, apoio 395-402

T

Taxonomias de objetivos em TD&E 282-287
    etimologia do termo e parâmetros 282-284
    âmbito da aprendizagem e da instrução 282-283
        do domínio afetivo 283
        do domínio cognitivo 283
        do domínio psicomotor 283-284
    validade empírica 286
    visão telescópica 284-286
Treinamento, desenvolvimento e educação (TD&E)
    a distância 322-339
    análise de dados e retroalimentação do sistema 514-529
    aprendizagem em avaliação 469-487
    avaliação 343-357, 395-420, 422-442, 443-468, 469-487
        somativa 343-357
    bases conceituais 137-157
        desenvolvimento 141-142
        educação 142
        educação a distância 149-150
            pluralidade de conceitos 150
        educação aberta 145-148
        educação continuada 148-149
        educação corporativa 150-151
        e-learning 155-156
            estratégia 156
            origem 155-156
        informação 139
        instrução 139-140
        origem da expressão 138-139
        treinamento 140-141
        universidade corporativa 151-155
            estrutura 154-155
            origem 152-154
    bases conceituais e teóricas de avaliação de necessidades 199-214
        abordagens de competências para o desenvolvimento humano e organizacional 211
    casos: TD&E em Organizações e Trabalho 533-570
    conceito de competência 200-207
        em psicologia e educação 200-201
        em teoria organizacional 202-204
        gestão estratégica com base em recursos e gestão estratégica de recursos humanos 204-207
        perspectiva do desenvolvimento humano nas organizações 201-202
    construção de medidas e delineamentos em avaliação 359-381
    contexto de trabalho, desempenho competente e necessidades 231-253
    educação a distância 322-339
    "cuidar-se para cuidar": avaliação de um programa de desenvolvimento de metodologia ativa com ênfase no *role-playing* 540-557
    excelência profissional: um programa de treinamento do Banco do Brasil 533-539
    gestão de produção e de pessoas, práticas inovadoras 65-83
    história e importância 159-175
        atual papel de TD&E 172-174
        descrição histórica das ações de TD&E nas organizações 160-162
        desenvolvimento tecnológico em TD&E 162-170
            na avaliação de necessidades de treinamento 165-167
            na avaliação de treinamento 169-170
            nos métodos e estratégias de treinamento 167-169
        TD&E e comportamento organizacional 170-172
    medidas de avaliação de disseminação de informações 385-394
    medidas de avaliação de procedimentos, processos e apoio instrucionais 443-468
    medidas de características da clientela em avaliação 422-442
    medidas de disseminação de informações em avaliação 385-394
    medidas de impacto no trabalho e nas organizações 489-503
    medidas de suporte em avaliação 395-420
    medidas de valor final e retorno de investimentos em avaliação 505-512
    medindo competência 207-211
        abordagens de desenvolvimento organizacional 209-210
        abordagens psicológicas e de desenvolvimento humano 207-208
        gestão estratégica com base em recursos e gestão estratégica de recursos humanos 210-211
    metodologia ativa com ênfase no *role-playing* 540-557
    pessoas em um hospital 558-570
    planejamento, abordagens instrucionais 255-287
    profissional de TD&E, competência técnica e política do 177-194
    taxonomia de objetivos 282-287
    trilhas de aprendizagem 97-112
    valor final e retorno de investimentos em avaliação de 505-512
Trabalho e qualificação
    cenário de transformações no mundo do trabalho 23-27
        globalização e mudanças socioeconômicas e tecnológicas 24-25
        impacto nas organizações 25-27
    rumos da qualificação no capitalismo contemporâneo, teses 34-36
        desqualificação 35-36
        requalificação 35
    trabalho e qualificação 27-34
        dimensões do conceito 29-31
        qualificação como constructo social 31-32
        qualificação como conteúdo do trabalho 31
        qualificação como grau de autonomia 31
        qualificação e centralidade em um mundo em transição 27-29
        tensão entre qualificação e competência 32-34
Trilhas de aprendizagem como estratégia de TD&E 97-112
    caso do Banco do Brasil 106-111
        base teórica 107
        concepção metodológica 107-108
        divulgação do sistema 110-111
        objetivo do sistema 107
        trilhas de aprendizagem e aperfeiçoamento do desempenho atual 108-109
        trilhas de aprendizagem por direcionamento estratégico 110
        trilhas de aprendizagem por domínio temático 109-110
    estratégias de TD&E, concepção de 103-106
    interdependência entre a competência e aprendizagem 99-102
    noção e gestão de competências 97-99
    trilhas de aprendizagem como alternativa ao desenvolvimento 102-103

U

Universidades corporativas 151-155

V

Valor final e retorno de investimentos em avaliação de TD&E 505-512
    conceito e medidas de retorno de investimento 507-511